Schuldrecht Besonderer Teil I

Vertragliche Schuldverhältnisse

D1995159

Schuldrecht
Besonderer Teil I

Vertragliche Schuldverhältnisse

von

Dr. jur. Henning Wenzel

und

Ass jur. Christiane Wilken

7. Auflage 2015

Wenzel, Henning/Wilken, Christiane: Schuldrecht Besonderer Teil I (vertragliche Schuld-Verhältnisse)
7. völlig neu bearbeitete und aktualisierte Neuauflage - Grasberg bei Bremen 2015
ISBN 978-3-86651-132-3; Preis 21,50 €

© Copyright 2015: Dieses Buch ist urheberrechtlich geschützt. Die dadurch begründeten Rechte, insbesondere die des Nachdrucks, der Entnahme von Abbildungen und Prüfungsschemata, der Funksendung, der Wiedergabe auf photomechanischem oder ähnlichem Wege und der Speicherung in Datenverarbeitungsanlagen bleiben, auch nur bei partieller Verwertung, dem Verlag Dr. Rolf Schmidt GmbH vorbehalten.

Autoren: Dr. Henning Wenzel/Christiane Wilken c/o Verlag Dr. Rolf Schmidt GmbH
Druck: Druckhaus Pinkvoss GmbH, 30519 Hannover
Verlag: Dr. Rolf Schmidt GmbH, Wörpedorfer Ring 40, 28879 Grasberg bei Bremen
Tel. (04208) 895 299; Fax (04208) 895 308; www.verlag-rolf-schmidt.de
E-Mail: verlagrs@t-online.de

Für Verbraucher erfolgt der deutschlandweite Bezug über den Verlag versandkostenfrei

Vorwort

Das vorliegende Buch in seiner 7. Auflage befasst sich mit den vertraglichen Schuldverhältnissen. Behandelt werden der Kauf-, Schenk-, Werk- und Werklieferungsvertrag, der Dienstvertrag, die Miete, Pacht, Leihe und der Auftrag, die entgeltliche Geschäftsbesorgung, das Leasing und das Darlehensrecht.

Das Arztvertragsrecht wird wegen seiner engen Verbundenheit mit dem Deliktsrecht bei *R. Schmidt*, SchuldR BT II behandelt. Das Kreditsicherungsrecht ist bei *R. Schmidt*, Sachenrecht II behandelt.

Die Art der Darstellung wurde so gewählt, dass - wie man es auch in der Fallbearbeitung zu tun hat - zunächst die Anwendbarkeit des jeweiligen Rechtsinstituts und dessen Verhältnis zu anderen Rechtsinstituten geklärt wird, bevor die Voraussetzungen und schließlich die Rechtsfolgen untersucht werden.

Das behandelte Rechtsgebiet ist kompliziert. Anders als von einigen anderen Lehrbuchautoren wird jedoch nicht der Versuch einer stark vereinfachenden Darstellung unternommen, sondern der Stoff wird so aufbereitet, dass die Darstellung den Anforderungen, die an einen Leistungsnachweis gestellt werden, gerecht wird. Zur Konkretisierung und Veranschaulichung werden zahlreiche **Beispielsfälle mit Lösungsvorschlägen** formuliert.

Im Wesentlichen ist die Konzeption des Buches gegenüber den Vorauflagen unverändert geblieben. **Zusammenfassungen**, **Prüfungsschemata**, hervorgehobene **Lerndefinitionen** und **Klausurhinweise** runden die Darstellung ab und erleichtern die Prüfungsvorbereitung erheblich.

Kritik und Verbesserungsvorschläge sind auch weiterhin willkommen und werden unter *hw@jura-institut.de* erbeten.

Tremsbüttel, im Januar 2015

Dr. jur. Henning Wenzel
Ass. jur. Christiane Wilken

Inhaltsverzeichnis

1. Kapitel - Einführung und Überblick 1

2. Kapitel - Kaufrecht... 3

A. Wesen und Begriff des Kaufvertrags 3

I. Bedeutung... 3

II. Übersicht 3

III. Abgrenzung 4

1. Tauschvertrag und Doppelkauf 4

2. Schenkung 5

3. Mietvertrag 5

IV. Abstraktionsprinzip 5

1. Grundlagen 5

2. Handkauf 5

3. Auswirkungen des Trennungsprinzips 6

B. Zustandekommen eines Kaufvertrags (Vertragsschluss) 6

I. Vertragsgegenstand 6

1. Sachen 6

2. Rechte 8

II. Gegenleistung: Der Kaufpreis 8

1. Grundlagen 8

2. Bestimmbarkeit des Preises 9

3. Preisbestimmungsklauseln 9

4. Umsatzsteuer 10

5. Zinsen 10

III. Form des Kaufvertrags 10

C. Rechte und Pflichten der Vertragsparteien 11

I. Sachkauf 11

1. Pflichten des Verkäufers 11

a. Hauptpflichten nach § 433 I S. 1 BGB 11

aa. Übergabe der geschuldeten Sache, d.h. Übertragung des Besitzes 11

bb. Verschaffen des Eigentums 12

cc. Zubehör 13

b. Hauptleistungspflicht nach § 433 I S. 2 BGB 13

c. Nebenpflichten 14

2. Pflichten des Käufers 15

a. Hauptpflicht: Kaufpreiszahlung 15

b. Pflicht zur Abnahme der Kaufsache nach § 433 II BGB 15
c. Weitere Nebenpflichten des Käufers 17
II. Rechtskauf 18
1. Grundlagen 18
2. Verität 18
3. Freiheit von Rechtsmängeln 18
4. Auswirkungen des § 276 BGB auf den Rechtskauf 20
5. Verjährung 20
III. Kauf sonstiger Gegenstände 21
D. Gefahrtragung beim Kauf 21
I. Allgemeine Regeln 22
II. Sonderregeln für die Preisgefahr 23
1. Gefahrübergang bei der Übergabe 24
a. Grundlagen 24
b. Nutzungen nach § 100 BGB 25
c. Immobilien 25
d. Aufschiebend oder auflösend bedingter Kaufvertrag 26
e. Erhalt von Ansprüchen aus einem Mangel 26
f. Abdingbarkeit 27
2. Gefahrübergang beim Versendungskauf 27
a. Einleitung 27
b. An einen anderen Ort als den Erfüllungsort 27
aa. Bringschuld 27
bb. Platzkauf 27
cc. Versendung von einem anderen als dem Leistungsort 28
dd. Streckengeschäft 30
c. Auf Verlangen des Käufers 30
d. Versendung der „verkauften Sache" 31
e. Auslieferung an die Transportperson 31
aa. Einsatz eigener Leute zum Transport 31
bb. Tatsächliche Auslieferung 32
cc. Umleitung der Ware 32
f. Rechtsfolge des § 447 I BGB 33
E. Leistungsstörungsrecht/Sachmängelhaftung 35
I. Allgemeines 35
II. Sachmangel: Der subjektiv-objektive Fehlerbegriff 36
1. Einführung 36
2. Begriff der Beschaffenheit 37

3. Subjektiver Fehlerbegriff 38
a. Vereinbarung, § 434 I S. 1 BGB 39
b. Vertraglich vorausgesetzte Verwendung, § 434 I S. 2 Nr. 1 BGB 41
4. Objektiver Fehlerbegriff 42
a. Objektiv bestimmte Freiheit von Sachmängeln nach § 434 I S. 2 Nr. 2 BGB 42
b. Erweiterung auf öffentliche Aussagen nach § 434 I S. 3 BGB 45
c. Erweiterung auf Montagefehler oder fehlerhafte Montageanleitung nach § 434 II BGB 49
5. Mangelverdacht 51
III. Lieferung eines *aliud* nach § 434 III BGB 52
1. Einleitung 52
2. *aliud*-Lieferung 53
3. Quantitätsabweichungen (Mankolieferung) 57
4. Verjährung 57
IV. Rechtsmangel 57
V. Gefahrübergang 60
VI. Rechtsfolgen 61
1. Die gesetzliche Systematik der Rechtsfolgen eines Sachmangels 61
2. Anspruch auf Nacherfüllung 63
a. Einleitung 64
b. Voraussetzungen 65
aa. Unmöglichkeit nach § 275 I BGB 66
bb. Unzumutbarkeit nach § 439 III BGB 66
cc. Grobes Missverhältnis nach § 275 II BGB 71
dd. Eigenverschulden des Käufers 71
ee. Kenntnis des Käufers vom Mangel nach § 442 BGB 71
a.) Vorsatz 71
b.) Grobe Fahrlässigkeit 72
ff. Vertraglicher Ausschluss 73
gg. Verfristung des Anspruchs 74
hh. Haftungsausschluss nach § 377 HGB 74
c. Inhalt des Anspruchs 76
aa. Nachlieferung (Ersatzlieferung) 76
a.) Gattungskauf 76
b.) Stückkauf 77
bb. Mangelbeseitigung 79
cc. Kosten 80
dd. Unberechtigte Verweigerung 84

ee. Selbstvornahme 85
ff. Abwicklung 85
3. Rücktritt 86
a. Rücktrittsvoraussetzungen 87
aa. Fällige Leistung 87
bb. Angemessene Frist 88
a.) Maßstab der Fristbestimmung 88
b.) Ausnahme von einer Fristsetzung 89
aa.) Unmöglichkeit der Nacherfüllung nach § 275 I BGB 89
bb.) Ausnahmen nach § 323 II BGB 90
cc.) Ausnahmen nach § 440 BGB 90
(a.) Unverhältnismäßigkeit der Nacherfüllung gem. § 440 S. 1 Var. 1 BGB 90
(b.) Fehlschlagen der Nacherfüllung gem. § 440 S. 1 Var. 2 BGB 91
(c.) Unzumutbarkeit der Nacherfüllung gem. § 440 S. 1 Var. 3 BGB 92
cc. Kein Ausschluss 93
a.) Keine Unerheblichkeit nach §§ 437 Nr. 2 Var. 1, 323 V S. 2 BGB 93
b.) Kein Verursachen des Mangels durch den Käufer 95
b. Rechtsfolge 95
aa. Rückgewährschuldverhältnis 95
bb. Gestaltungsrecht 95
cc. Rücknahme- und Demontagepflicht 96
4. Minderung des Kaufpreises 96
a. Einleitung 97
b. Voraussetzungen 97
c. Rechtsfolge 98
aa. Rechte und Pflichten 98
bb. Berechnung 98
cc. Rückgewähr einer Überzahlung 99
dd. Einrede der Verjährung 99
ee. Mitverantwortung des Käufers für den Mangel 100
ff. Gesamtpreis bei einer Mehrheit von Gegenständen 100
gg. Teilbeträge 100
hh. Kombinierbarkeit von Rechtsbehelfen nach § 325 BGB 100
5. Schadensersatz und Aufwendungsersatz 101
a. Schadensersatz 101
aa. Einleitung und systematische Zuordnung 101
bb. Schadensersatz statt der Leistung wegen Ausschlusses der Leistung

(Unmöglichkeit) ... 104
a.) Schadensersatz statt der Leistung wegen anfänglicher Unmöglichkeit ... 104
aa.) Zeitpunkt der Unmöglichkeit ... 104
bb.) Abgrenzung zum § 281 BGB bei Anwendung des § 439 III BGB ... 105
cc.) Bezugspunkt der Kenntnis ... 106
dd.) Haftung nach § 122 BGB analog ... 106
b.) Schadensersatz statt der Leistung wegen nachträglicher Unmöglichkeit . 106
aa.) Zeitpunkt der Unmöglichkeit ... 107
bb.) Abgrenzung zum § 281 BGB ... 107
cc.) Bezugspunkt der Kenntnis ... 108
cc. Schadensersatz statt der Leistung wegen nicht oder nicht wie geschuldet erbrachter Leistung ... 110
a.) Schadensersatz statt der Leistung wegen nicht erbrachter Leistung gem. §§ 437 Nr. 3, 280 I u. III, 281 I S. 1 Var. 1 BGB ... 110
aa.) Pflichtverletzung durch Nichtleistung ... 110
bb.) Bezugspunkt des Vertretenmüssen ... 111
b.) Schadensersatz statt der Leistung wegen nicht wie geschuldet erbrachter Leistung gem. §§ 437 Nr. 3, 280 I u. III, 281 I S. 1 Var. 2 BGB ... 112
aa.) Pflichtverletzung durch Schlechterfüllung ... 112
bb.) Bezugspunkt des Vertretenmüssens ... 112
cc.) Relatives Fixgeschäft ... 114
dd.) Rechtsfolge ... 114
(a.) Rechtliche Behandlung von Mangelfolgeschäden ... 114
(b.) Abgrenzung Mangel- und Mangelfolgeschaden ... 115
(c.) Mitverschulden des Käufers ... 116
dd. Einfacher Schadensersatz nach § 280 I BGB ... 117
a.) Pflichtverletzung ... 117
b.) Bezugspunkt des Vertretenmüssen ... 117
c.) Rechtsfolgen ... 118
b. Aufwendungsersatz ... 119
VII. Verjährung ... 121
1. Verjährung nach 2 Jahren bzw. 5 Jahren ... 121
2. Arglistiges Verhalten ... 121
3. Verjährung nach 30 Jahren ... 121
4. Anwendbarkeit des allgemeinen Rechts ... 122
5. Verjährung bei Pflichtverletzungen ohne Zusammenhang mit Mängelhaftung ... 122
6. Allgemeine Geschäftsbedingungen ... 122
7. Konkurrierende Ansprüche ... 123

8. Mangelfolgeschaden ... 123
9. Kettengewährleistungen ... 123
a. Hemmung nach § 203 BGB ... 124
b. Anerkenntnis i.S.d. § 212 I Nr. 1 BGB ... 124
c. Versteckter Sachmangel nach Nachbesserungsversuch ... 125
d. Vertraglicher Ausschluss der Kettengewährleistung ... 127
VIII. Konkurrenz zu anderen Instituten ... 128
1. Verhältnis zur Anfechtung nach §§ 119 ff. BGB ... 128
a. Vorüberlegungen ... 128
b. Anfechtungsgrund nach § 119 I BGB durch den Käufer ... 128
c. Anfechtungsgrund nach § 123 BGB durch den Käufer ... 129
d. Anfechtungsgrund nach § 119 II BGB durch den Käufer ... 129
aa. Gleichzeitige Sachmängelhaftung ... 130
bb. Andere verkehrswesentliche Eigenschaften ... 131
e. Anfechtungsgrund nach § 119 II BGB durch den Verkäufer ... 131
2. Verhältnis zum Verschulden bei Vertragsschluss (c.i.c., § 311 II BGB) ... 131
a. Fahrlässigkeit ... 132
b. Vorsatz ... 132
3. Verhältnis zur Positiven Vertragsverletzung (§§ 280 I, 241 II BGB) ... 133
a. Nicht mangelbezogene Nebenpflichten ... 133
b. Mangelbezogene Nebenpflichten ... 134
aa. Vor Gefahrübergang ... 134
bb. Nach Gefahrübergang und vor Annahme ... 135
cc. Beim Gefahrübergang sachmängelfrei und nachträgliche Beschädigung ... 135
4. Verhältnis zur Störung der Geschäftsgrundlage (§ 313 BGB) ... 135
5. Bereicherungsrecht ... 135
a. Zuviellieferung ... 136
b. Zu wertvolles aliud ... 136
c. Weniger wertvolles aliud ... 136
6. Deliktsrecht (§§ 823 ff. BGB) ... 137
a. Fehlerbegriff ... 137
b. Anknüpfungspunkt des Schadens am Rechtsgut ... 137
aa. Schaden an anderen Rechtsgütern ... 137
bb. Weiterfressender Mangel ... 138
F. Die Garantie ... 140
I. Überblick ... 140
II. Typologie ... 141
1. Beschaffenheitsgarantie und Haltbarkeitsgarantie ... 142

2. Verkäufer- und insbesondere Herstellergarantie ... 143
III. Inhaltliche Ausgestaltung ... 144
1. Überblick ... 144
2. Beschaffenheitsgarantie ... 145
3. Haltbarkeitsgarantie ... 146
IV. Sonderbestimmungen für Garantien (§§ 443, 477 BGB) ... 147
G. Der Eigentumsvorbehalt (§ 449 BGB) ... 149
I. Überblick ... 149
II. Rechtliche Konstruktion ... 150
III. Schuldrechtliche Folgen des Eigentumsvorbehalts ... 150
IV. Dingliche Folgen der aufschiebend bedingten Übereignung ... 150
V. Störungen der Vertragsabwicklung ... 151
VI. Ausprägungen des Eigentumsvorbehalts ... 152
1. Einfacher Eigentumsvorbehalt ... 152
2. Verlängerter Eigentumsvorbehalt ... 152
3. Erweiterter Eigentumsvorbehalt ... 152
H. Verbrauchsgüterkauf ... 153
I. Überblick ... 153
II. Auswirkungen ... 156
1. Zwingendes Recht ... 156
2. Anwendbarkeit des § 447 BGB beim Verbrauchsgüterkauf ... 156
3. Verjährung ... 157
4. Ausnahme Schadensersatz ... 157
III. Besonderheiten ... 157
1. Beweislastumkehr ... 157
a. Art der Sache oder des Mangels ... 158
b. Fristberechnung ... 159
2. Versandhandel ... 159
IV. Rückgriff des Unternehmers ... 161
1. Überblick ... 162
2. Regress nach § 478 I BGB ... 163
a. Spezielle Voraussetzungen ... 164
b. Auswirkungen ... 165
aa. Beweislastumkehr ... 165
bb. Befreiung von der Nachfristsetzung ... 166
3. Regress nach § 478 II BGB ... 168
I. Kauf auf Probe ... 170
I. Einleitung ... 170

II. Abgrenzung 170
III. Voraussetzungen 171
IV. Kein Vertragsschluss 172
J. Wiederkauf 172
I. Einleitung 172
II. Voraussetzungen 173
III. Haftung 175

3. Kapitel - Schenkung 176
A. Anspruch aus dem Schenkungsvertrag 176
I. Vertragsanordnung 176
1. Funktion 176
2. Abgrenzung 176
a. Gefälligkeitsverhältnis 177
b. Unbenannte Zuwendungen unter Ehegatten 177
c. Unentgeltliche Gebrauchsüberlassung 177
II. Voraussetzungen/Tatbestandsmerkmale 178
1. Vertragsschluss 178
a. Zuwendung 178
b. Unentgeltlichkeit 179
aa. Grundlagen 179
bb. Problematische Konstellationen 179
2. Form 186
3. Schenkung unter einer Auflage 187
4. Ausschlussgründe 189
a. Rückforderung wegen Bedürftigkeit des Schenkers 189
aa. Einrede des Notbedarfs 189
bb. Rückforderung 190
a.) Rückforderung wegen Nichterfüllung einer Auflage 190
b.) Rückforderung wegen Verarmung des Schenkers 190
b. Widerruf der Schenkung wegen groben Undanks 191
III. Rechtsfolge 193
1. Rechte und Pflichten des Schenkers 193
2. Rechte und Pflichten des Beschenkten 193
B. Gewährleistungsrecht/Haftung 193
I. Allgemeines 193
II. Haftung für Sachmängel 195

4. Kapitel - Werk- und Werklieferungsvertrag ... 198

A. Der Werkvertrag ... 198

I. Vorbemerkung ... 198

II. Begriff des Werkvertrags ... 198

III. Die Parteien im Werkvertrag ... 200

1. Der Unternehmer ... 200

a. Mehrheit von Unternehmern ... 201

b. Nebeneinander mehrerer Unternehmer ... 202

2. Der Besteller ... 203

IV. Entstehen des Werkvertrags ... 203

V. Wirksamkeitshindernisse, §§ 134, 138 BGB ... 204

VI. Inhalt des Werkvertrags/Abgrenzung zu anderen Vertrags-typen ... 204

1. Kaufvertrag ... 204

2. Dienstleistungsvertrag ... 204

a. Wille der Parteien, §§ 133, 157 BGB ... 205

b. Abgrenzungskriterien ... 205

c. Konventionelle Einordnung ... 206

VII. Rechtsfolgen aus dem Werkvertrag ... 207

1. Rechte des Bestellers, §§ 631, 633 I BGB ... 207

a. Hauptleistungspflichten des Unternehmers ... 207

aa. Mangelfreie Herstellung des Werks ... 207

bb. Übergabe des Werks ... 208

b. Neben(leistungs)pflichten des Unternehmers ... 208

aa. Aufklärungs- und Beratungspflichten ... 208

bb. Obhuts- und Verwahrungspflichten ... 210

cc. Sicherungs- und Fürsorgepflichten ... 210

2. Rechte des Unternehmers ... 211

a. Hauptleistungspflichten des Bestellers ... 211

aa. Abnahme, § 640 BGB ... 211

bb. Zahlung des Werklohns ... 215

b. Neben(leistungs)pflichten des Bestellers ... 221

aa. Mitwirkungspflichten, § 642 BGB ... 221

bb. Aufklärungspflichten ... 223

cc. Obhuts-, Sicherungs- und Schutzpflichten ... 223

VIII. Gewährleistungsrecht im Werkvertrag ... 223

1. Einleitung ... 223

2. Sach- und Rechtsmangel, § 633 BGB ... 224

a. Überblick ... 224

b. Sachmangel 225
aa. Subjektiver Fehlerbegriff 225
a.) Beschaffenheitsvereinbarung 225
b.) Nach dem Vertrag vorausgesetzte Eignung 226
bb. Objektiver Fehlerbegriff 226
cc. Aliud und Mankoleistung 227
dd. Werbeaussagen 228
c. Rechtsmangel 229
d. Beweislast 229
3. Die Rechte des Bestellers 230
a. Nacherfüllungsanspruch, §§ 634 Nr. 1, 635 BGB 230
b. Selbstvornahme 238
c. Rücktritt, §§ 634 Nr. 3 Var. 1, 323, 326 V BGB i.V.m. § 636, 346 ff. BGB 243
d. Minderung, §§ 634 Nr. 3 Var. 2, 638 BGB 245
e. Schadensersatz, §§ 634 Nr. 4, 280, 281, 283, 311a BGB 246
f. Mängeleinrede 246
IX. Das Verhältnis der §§ 633 ff. BGB zu anderen Normen 247
1. Das Verhältnis zur Anfechtung nach §§ 119 ff. BGB 247
a. Anfechtung wegen § 119 I BGB 247
b. Anfechtung wegen § 119 II BGB bzgl. verkehrswesentlicher Eigenschaften der Sache 247
c. Anfechtung wegen § 119 II BGB bzgl. verkehrswesentlicher Eigenschaft der Person 249
d. Anfechtung wegen § 123 BGB 249
2. Verschulden bei Vertragsschluss (c.i.c.) 249
3. Nebenpflichtverletzung, insbesondere i.S.d. §§ 280 I, 241 II BGB 250
4. Deliktsrecht 251
5. Produkthaftungsgesetz 253
6. Leistungsstörungsrechte anderer Vertragstypen 253
X. Verjährung 253
1. Werkvertragliche Verjährung nach dem objektiven System bei *Ansprüchen*, §§ 634a I Nr. 1 und 2, II, 634 Nr. 1, 2 und 4 BGB 254
2. Regelmäßige Verjährung gem. §§ 634a I Nr. 3, 195 ff. BGB 256
3. Besonderheiten bei Arglist, § 634a III BGB 256
4. Besonderheiten für die Gestaltungsrechte, § 634a IV, V BGB 256
XI. Maßgeblicher Zeitpunkt für die Rechte aus § 634 BGB 257
1. Grundsätzlich Gleichlauf mit dem Kaufvertrag (ab Gefahrübergang) 257
2. Keine Ausnahme beim Werkvertrag bzgl. Selbstvornahmerecht 257

XII. Gefahrtragung 258
1. Leistungsgefahr 258
2. Preisgefahr 259
a. § 644 I S. 1 und 2, II BGB 259
b. § 644 I S. 3 BGB 259
c. § 645 I BGB 259
XIII. Sicherungsrechte des Unternehmers 263
1. Unternehmerpfandrecht, § 647 BGB 263
a. Gesicherte Forderung und Sicherungsobjekt 263
b. Voraussetzungen 264
c. Erlöschen oder Verwertung 265
2. Sicherungshypothek, § 648 BGB 265
3. Bauhandwerkersicherung, § 648a BGB 266
XIV. Kündigungsrecht des Bestellers, § 649 BGB 268
B. Werklieferungsvertrag 269
I. Bewegliche Sache 269
1. Verkörperte geistige Werke 269
2. Grundstücke 269
a. Scheinbestandteile 269
b. Flankierende Maßnahmen 270
II. Herstellung oder Erzeugung 270
III. Lieferung 271
IV. Rechtsfolge 272
1. Grundlagen 272
2. Recht zur Selbstvornahme 273

5. Kapitel - Reisevertragsrecht 274
A. Vorbemerkung 274
B. Begriff des Reisevertrags 274
C. Die Parteien im Reisevertrag 275
D. Entstehen des Reisevertrags 277
E. Inhalt des Reisevertrags 277
F. Rechtsfolgen aus dem Reisevertrag 278
I. Die Position des Reiseveranstalters 278
1. Anspruch auf Zahlung des Reisepreises 278
2. Pflichten des Reiseveranstalters 279
II. Die Position des Reisenden 279
1. Anspruch auf mangelfreie Reise 279

2. Pflichten des Reisenden 280

G. Gewährleistungsrecht im Reisevertrag 280

I. Der Reisemangel 281

1. Fehler 281

2. Eigenschaften 282

II. Abhilfeverlangen, § 651c II BGB 282

III. Selbstvornahme und Aufwendungsersatz, § 651c III BGB 283

IV. Minderung, § 651d BGB 283

V. Kündigung, § 651e BGB 284

1. Anwendbarkeit 284

2. Voraussetzungen des § 651e BGB 284

3. Rechtsfolgen 286

VI. Schadensersatz, § 651f BGB 287

1. Konkurrenzen 287

2. Voraussetzungen 287

a. Für den Anspruch aus § 651 f I BGB 287

b. Für den Anspruch aus § 651f II BGB 288

3. Umfang des Schadensersatzanspruchs 288

a. Aus § 651f I BGB 288

b. Aus § 651f II BGB 289

VII. Haftungsbeschränkung 289

VIII. Ausschlussfrist und Verjährung, § 651g BGB 290

H. Die Rücktritts- und Kündigungsmöglichkeiten 291

I. Für den Reiseveranstalter 291

II. Für den Reisenden 291

III. Für den Reisenden und den Veranstalter 292

I. Besonderheiten bei Gastschulaufenthalten, § 651l BGB 293

6. Kapitel - Dienstvertrag 295

A. Begriff des Dienstvertrags 295

B. Die Parteien im Dienstvertrag 296

C. Entstehen des Dienstvertrags 297

D. Inhalt des Dienstvertrags 298

E. Rechtsfolgen aus dem Dienstvertrag 298

I. Rechte des Dienstberechtigten, §§ 611 ff. BGB 298

1. Hauptleistungspflichten des Dienstverpflichteten 298

2. Nebenleistungspflichten des Dienstverpflichteten 299

II. Rechte des Dienstverpflichteten, §§ 611, 617, 618 BGB 301

1. Hauptleistungspflicht des Dienstberechtigten ... 301
a. Höhe der Vergütung ... 301
b. Fälligkeit der Vergütung ... 301
c. Vergütung bei Annahmeverzug des Dienstberechtigten, § 615 BGB ... 301
d. Vergütung bei vorübergehender Dienstverhinderung, § 616 BGB ... 303
2. Nebenleistungspflichten des Dienstberechtigten ... 303
a. Schutzpflichten ... 304
b. Nebenpflichten ... 305
F. Beendigung des Dienstverhältnisses ... 305
I. Rechtsgeschäftliche Beendigungsgründe ... 305
1. Ordentliche Kündigung, §§ 621, 622 BGB ... 306
2. Außerordentliche Kündigung, § 626 BGB ... 306
II. Selbsttätige Beendigungsgründe ... 308

7. Kapitel - Miete, Pacht ... 310
A. Mietvertrag ... 310
I. Einleitung ... 310
II. Ansprüche des Mieters und des Vermieters ... 311
1. Wirksamer Mietvertrag sowie Übergang ... 311
a. Grundlagen ... 311
b. Form ... 312
c. Mehrpersonenverhältnisse ... 312
aa. Wechsel aufseiten des Vermieters ... 312
bb. Wechsel aufseiten des Mieters ... 313
2. Fortbestand des Vertrags ... 313
3. Rechtsfolge ... 314
a. Ansprüche des Mieters ... 314
aa. Gebrauchsgewährung ... 314
bb. Erhaltung des vertragsgemäßen Zustands ... 315
a.) Grundlagen ... 315
b.) Verkehrssicherungspflicht ... 316
c.) Schönheitsreparaturen ... 316
d.) Keine Pflicht zur Neuherstellung ... 317
e.) Schadensersatzpflichten ... 318
cc. Verteilung der auf der Mietsache ruhenden Lasten ... 318
b. Ansprüche des Vermieters ... 318
aa. Primäranspruch: Mietzinszahlung ... 318
a.) Arten der Mietzinsbestimmung ... 319

b.) Unangemessen hohe Miete 320
c.) Aufteilung der Mietzinszahlungen 320
d.) Vorübergehender Fortfall oder Einschränkung der Zahlungspflicht 320
e.) Zahlungsverzug 321
f.) Typenkombination bei Mietverträgen 321
bb. Duldungspflichten des Mieters 323
a.) Instandhaltung der Mietsache 323
b.) Treu und Glauben 326
cc. Schadensersatzansprüche 326
a.) Grundlagen 326
b.) Obhutspflichten des Mieters 327
c.) Rückgabepflicht des Mieters 328
aa.) Entschädigung nach § 546a I BGB 329
bb.) Entschädigung nach § 546a II BGB 329
cc.) Zwangskauf durch Schadensersatz statt der Leistung 330
dd. Unterlassungsansprüche 330
a.) Grundlagen 330
b.) Gebrauchsüberlassung an Dritte 331
aa.) Untermietvertrag 331
bb.) Aufnahme von Dritten in die Wohnung 331
ee. Beseitigungsanspruch nach § 1004 BGB 332
III. Gewährleistungsrechte 333
1. Abgrenzungen 333
a. Unmöglichkeit/Unvermögen 333
aa. Anfängliches Unvermögen 333
bb. Anfängliche Unmöglichkeit 334
cc. Nachträgliches Unvermögen und nachträgliche Unmöglichkeit 335
b. Erfüllungsanspruch 337
c. culpa in contrahendo gem. § 311 II BGB 338
d. Anfechtung 339
2. Schlechterfüllung 341
a. Mängelgewährleistungsrecht 341
aa. Minderung 341
a.) Sach- und Rechtsmangel 342
b.) Überlassen 345
c.) Mängelanzeige 346
d.) Gewährleistungsausschluss 346
aa.) Vertraglicher Ausschluss 347

bb.) Kenntnis vom Mangel 347
cc.) Verwirkung 348
dd.) Mangelverursachung durch den Mieter 349
e.) Rechtsfolge 350
aa.) Vollständige Unbrauchbarkeit 350
bb.) Teilweise Unbrauchbarkeit 351
cc.) Angemessenheitsprüfung 352
dd.) Minderung kraft Gesetzes 352
ee.) Minderung bei Mangeleintritt während eines Zahlungszeitraums 353
ff.) Ausschluss der Minderung 353
gg.) Irrtum des Mieters über die Minderungshöhe 354
bb. Schadensersatz nach § 536a I BGB 354
b. Erfüllungsanspruch und Nachbesserung 361
IV. Beendigung des Mietverhältnisses (durch Kündigung) 362
1. Die ordentliche Kündigung 362
a. Kündigungserklärung 364
aa. Personenmehrheit 364
bb. Schriftform 365
cc. Begründung der Kündigung 365
b. Kündigungsgrund 366
aa. Begriff des Wohnraums 366
bb. Berechtigtes Interesse an der Beendigung des Mietverhältnisses 367
a.) Grundlagen 367
b.) Ersetzung von Kündigungsgründen seitens des Vermieters 368
c.) Ausschluss des Rücktrittsrechts 368
d.) Ausschluss der auflösenden Bedingung 369
e.) Berechtigtes Interesse des Vermieters 369
aa.) Schuldhafte Pflichtverletzung des Mieters 369
bb.) Eigenbedarf des Vermieters 371
cc.) Angemessene wirtschaftliche Verwertung 372
dd.) Berechtigtes Interesse nach § 573 I BGB 374
(a.) Werkswohnung 374
(b.) Öffentliches Interesse 375
(c.) Fortgesetzte Verstöße gegen vertragliche Pflichten 375
ee.) Kein berechtigtes Interesse 375
ff.) Ausnahmen nach §§ 573a, 573b BGB 376
c. Kündigungsfrist 376
aa. Wohnraummietverhältnisse 376

bb. Andere Mietverhältnisse 377
d. Widerspruch des Mieters 378
e. Unwirksamkeit der ordentlichen Kündigung durch fristgerechte Nachzahlung ... 379
f. Besonderheiten des Zeitmietvertrags 379
2. Außerordentliche befristete Kündigung 381
3. Außerordentliche fristlose Kündigung 381
4. Nachmieterstellung durch den Mieter 382
B. Pacht 385
I. Vertragseinordnung 385
II. Pflichten der Parteien 385
III. Besonderheiten 386

8. Kapitel - Leihe 387
A. Wesen des Leihvertrags 387
B. Abgrenzung zu anderen Instituten 387
I. Allgemeiner Sprachgebrauch 387
II. Sachdarlehensvertrag 387
III. Gefälligkeitsverhältnisse 388
C. Pflichten des Verleihers 389
D. Pflichten des Entleihers 389
E. Übertragung der Haftungsprivilegierung auf sonstige Gefälligkeitsverhältnisse 390

9. Kapitel - Auftrag und entgeltliche Geschäftsbesorgung 392
A. Der Auftrag 392
I. Wirksamer Vertrag 392
1. Geschäftsbesorgung 392
a. Inhalt 392
b. Vertragsschluss 395
c. Abgrenzung zum Gefälligkeitsverhältnis 396
2. Kein Untergang/Erlöschen 397
a. Widerruf und Kündigung 397
b. Tod 399
3. Rechtsfolge 400
II. Ansprüche des Auftraggebers 401
1. Hauptleistungspflicht des Beauftragten 401
2. Herausgabe des Erlangten 403
3. Auskunftspflicht des Beauftragten 404
4. Anzeige bei Abweichung von Weisungen des Auftraggebers 404

III. Ansprüche des Beauftragten 406
1. Ersatz der notwendigen Aufwendungen 406
a. Einleitung 406
b. Verzinsung 407
c. Ersatz von beim Beauftragten entstandenen Schäden 407
aa. Verschulden des Auftraggebers 407
bb. Zufälliger Schadenseintritt 408
cc. Verursachung durch den Beauftragten 409
d. Ersatz der Arbeitskraft 410
2. Vorschuss 411
B. Der Geschäftsbesorgungsvertrag 411
I. Wirksamer Vertragsschluss 412
1. Ausrichtung des Vertrags auf eine Tätigkeit 412
2. Selbstständigkeit 412
3. Wirtschaftlichkeit 412
4. Vermögensbezug 413
5. Fremdnützigkeit 413
6. Entgeltlichkeit 413
II. Rechtsfolge 413
1. Gesetzliche Analogie zum Auftragsrecht 413
2. Außergesetzliche Analogie zum Auftragsrecht 414
III. Nichtigkeit des Geschäftsbesorgungsvertrags oder des Auftrags 415

10. Kapitel - Finanzierungsrecht 416
A. Leasingvertrag 416
I. Leasingformen 416
1. Operating-Leasing 416
2. Finanzierungs-Leasing 417
3. Hersteller-Leasing 418
II. Besonderheiten beim Leasing 419
1. Deckungskauf 419
2. Leasinggeschäft 419
a. Pflicht zur Gebrauchs- und Instandhaltung 419
b. Schlechterfüllung 422
aa. AGB-Kontrolle 422
bb. Nacherfüllung 422
cc. Rückabwicklung 424
dd. Einrede des nicht erfüllten Vertrags 427

c. Versicherungspflicht des Leasingnehmers 427
d. Kündigung des Leasingvertrags 428
B. Darlehensvertrag 428
I. Inhalt und Bedeutung des Darlehensvertrags 428
II. Abgrenzung 429
1. Leihvertrag, §§ 598 ff. BGB 429
2. Mietvertrag, §§ 535 ff. BGB 430
3. Schenkung, §§ 516 ff. BGB 430
4. Verwahrung, §§ 688 ff. BGB 430
III. Darlehensarten 430
1. Unterscheidung nach Sicherheiten 431
2. Unterscheidung nach Rückzahlungsart 431
3. Kreditverträge, die in Verbindung mit anderen Verträgen gewährt werden 432
4. Sonstige Darlehensarten 433
IV. Parteien des Darlehensvertrags 434
V. Entstehen des Darlehensvertrags 435
VI. Wirksamkeitshindernisse 435
1. Wucher 435
2. Sittenwidrigkeit 436
VII. Ansprüche aus dem Darlehensvertrag 437
1. Ansprüche des Darlehensnehmers/Pflichten des Darlehensgebers 437
a. Überlassung des Geldes 437
b. Nebenpflichten 438
2. Ansprüche des Darlehensgebers/Pflichten des Darlehensnehmers 438
a. Abnahme des Geldes bei verzinslichen Darlehen 438
b. Zahlung der Zinsen 438
3. Rückzahlung der Darlehenssumme 439
4. Sonstige Nebenpflichten 439
VIII. Pflichtverletzungen 439
IX. Beendigung des Darlehensvertrags 440
1. Fristablauf 441
2. Kündigung 441
a. Ordentliche Kündigung 441
b. Außerordentliche Kündigung 443
aa. Kündigung des Darlehensgebers gem. § 490 I BGB 443
bb. Kündigung des Darlehensnehmers gem. 490 II BGB 444
cc. Weitere Kündigungsmöglichkeiten gem. § 490 III BGB 444
X. Besondere Formen des Darlehensvertrags 445

1. Verbraucherdarlehensvertrag 445
a. Anwendungsbereich 445
b. Form und Inhalt 446
c. Das Widerrufsrecht gem. § 495 BGB 449
d. Einwendungen des Darlehensnehmers gem. § 496 I BGB 449
e. Der Verzug des Darlehensnehmers und dessen Folgen 450
f. Das Kündigungsrecht des Darlehensgebers gem. § 498 BGB bei Teilzahlungsdarlehen 450
g. Verbundene Verträge, § 358 BGB 451
2. Andere Finanzierungshilfen 452
a. Zahlungsaufschub, § 506 I BGB 452
b. Finanzierungshilfen, Finanzierungsleasing usw., § 506 II BGB 452
c. Teilzahlungsgeschäfte, § 506 III BGB 453
d. Ratenlieferungsvertrag, § 510 BGB 453

11. Kapitel - Maklervertrag 454

A. Begriff des Maklervertrags 454
I. Bedeutung und Inhalt des Maklervertrags 454
II. Abgrenzung 454
1. Maklerdienstvertrag 455
2. Maklerwerkvertrag 455
3. Versicherungsvertreter 455
4. Auftrag/Geschäftsbesorgungsvertrag 456

B. Parteien des Maklervertrags 456
I. Der Makler 456
II. Der Auftraggeber 456

C. Abschluss des Maklervertrags 456
I. Die Willenserklärung des Maklers 457
II. Die Willenserklärung des Auftraggebers 457

D. Ansprüche aus dem Maklervertrag 458
I. Ansprüche des Maklers/Pflichten des Auftraggebers 458
1. Anspruch auf Maklerlohn gem. §§ 652 I S. 1, 653 BGB 458
2. Anspruch auf Aufwendungsersatz 461
3. Schadensersatzanspruch des Maklers 462
II. Ansprüche des Auftraggebers/Pflichten des Maklers 462

E. Beendigung des Maklervertrags 462

F. Besondere Formen des Maklervertrags 462

G. Sonderbestimmungen 463

Abkürzungsverzeichnis

a.A.	andere(r) Ansicht(en)
a.a.O.	am angegebenen Ort
a.E.	am Ende
a.F.	alte Fassung
Abs.	Absatz
AcP	Archiv für die civilistische Praxis
AG	Aktiengesellschaft, in Zitaten Amtsgericht
AGB	Allgemeine Geschäftsbedingungen
AGBG	Gesetz zur Regelung der allgemeinen Geschäftsbedingungen
Art.	Artikel
AT	Allgemeiner Teil
BAG	Bundesarbeitsgericht
BB	Der Betriebsberater
BGB	Bürgerliches Gesetzbuch
BGB-InfoV	BGB-Informationspflichten-Verordnung
BGH(Z)	Bundesgerichtshof (Entscheidungen des Bundesgerichtshofs in Zivilsachen)
BVerfG	Bundesverfassungsgericht
bzw.	beziehungsweise
c.i.c.	culpa in contrahendo
d.h.	das heißt
DAR	Deutsches Autorecht
DB	Der Betrieb
DNotZ	Deutsche Notar-Zeitschrift
EBV	Eigentümer-Besitzer-Verhältnis
EGBGB	Einführungsgesetz zum Bürgerlichen Gesetzbuch
EntGFortzG	Entgeltfortzahlungsgesetz
etc.	et cetera (lat.: und so weiter)
EuGH	Gerichtshof der Europäischen Union
EV	Eigentumsvorbehalt
f.	folgende (r/s)
FamRZ	Zeitschrift für das gesamte Familienrecht
ff.	fortfolgende
Fn	Fußnote
FS	Festschrift
G	Gesetz
GbR	Gesellschaft bürgerl. Rechts (BGB-Gesellschaft nach §§ 705 ff. BGB)
GewO	Gewerbeordnung
GG	Grundgesetz
GK	Grundkurs
GmbH	Gesellschaft mit beschränkter Haftung
GoA	Geschäftsführung ohne Auftrag
grds.	grundsätzlich
h.L.	herrschende Lehre
h.M.	herrschende Meinung
Halbs.	Halbsatz
HGB	Handelsgesetzbuch

i.d.F.	in der Fassung
i.d.R.	in der Regel
i.H.v.	in Höhe von
i.S.d.	im Sinne des/der
i.S.v.	im Sinne von
i.V.m.	in Verbindung mit
JA	Juristische Arbeitsblätter (Zeitschrift)
JR	Juristische Rundschau (Zeitschrift)
Jura	Juristische Ausbildung (Zeitschrift)
JuS	Juristische Schulung (Zeitschrift)
JW	Juristische Wochenschrift (Zeitschrift)
JZ	Juristen-Zeitung (Zeitschrift)
KG	Kammergericht (das für Berlin zuständige Oberlandesgericht), auch Kommanditgesellschaft
KO	Konkursordnung (jetzt: Insolvenzordnung)
KSchG	Kündigungsschutzgesetz
LG	Landgericht
LM	Lindenmaier-Möhring, Nachschlagewerk des Bundesgerichtshofs in Zivilsachen
m.E.	meines Erachtens
M.M.	Mindermeinung
m.w.N.	mit weiteren Nachweisen
MDR	Monatsschrift für Deutsches Recht
n.F.	neue Fassung
NJW	Neue juristische Wochenschrift (Zeitschrift)
NJW-RR	NJW-Rechtsprechungsreport Zivilrecht (Zeitschrift)
Nr.	Nummer
NZV	Neue Zeitschrift für Verkehrsrecht
o.Ä.	oder Ähnliche(s)
OHG	Offene Handelsgesellschaft
OLG(Z)	Oberlandesgericht (Entscheidungen der OLGe in Zivilsachen)
ProdHaftG	Produkthaftungsgesetz
pVV	positive Vertragsverletzung
RG(Z)	Reichsgericht (Entscheidungen des Reichsgerichts in Zivilsachen)
Rn	Randnummer
Rspr.	Rechtsprechung
S.	Seite oder Satz
s.o./u.	siehe oben/unten
SGB	Sozialgesetzbuch
sog.	so genannt (-e), (-er)
StGB	Strafgesetzbuch
str.	streitig
u.Ä.	und Ähnliche(s)
u.a.	unter anderem
u.E.	unseres Erachtens
u.U.	unter Umständen
UKlaG	Unterlassungsklagengesetz

UrhG	Urheberrechtsgesetz
UWG	Gesetz gegen den unlauteren Wettbewerb
v.	von/vom
Var.	Variante
VerbrKrG	Verbraucherkreditgesetz (jetzt im BGB integriert)
VersR	Versicherungsrecht (Zeitschrift)
vgl.	vergleiche
VOB	Verdingungsordnung für Bauleistungen
VVG	Versicherungsvertragsgesetz
WE	Willenserklärung(en)
WM	Wertpapiermitteilungen (Zeitschrift)
z.B.	zum Beispiel
z.T.	zum Teil
ZGS	Zeitschrift für das gesamte Schuldrecht
ZIP	Zeitschrift für Wirtschaftsrecht
ZPO	Zivilprozessordnung

Lehrbücher, Grundrisse und Kommentare

Brox, Hans/Walker, Wolf-Dietrich: Besonderes Schuldrecht 38. Auflage 2014

Canaris, Claus-Wilhelm: Schuldrechtsmodernisierung 2002

Dauner-Lieb, Barbara/Arnold, Arnd/Dötsch, Wolfgang/Kitz, Volker: Fälle zum Neuen Schuldrecht, 2002

Ehmann, Horst/Sutschet, Holger: Modernisiertes Schuldrecht, 2002

Ernst, Wolfgang/Zimmermann, Reinhard: Zivilrechtswissenschaft und Schuldrechtsreform, 2001

Esser, Josef/Weyers, Hans-Leo: Schuldrecht Band II Besonderer Teil, 8. Auflage 2000

Henssler, Martin/Westphalen, Friedrich Graf von: Praxis der Schuldrechtsreform, 2001

Huber, Peter/Faust, Florian: Schuldrechtsmodernisierung, 2002

Hütte, Felix/Hütte, Marlena: Sachenrecht I (Mobiliarsachenrecht), 6. Auflage 2013

Jauernig, Othmar: Bürgerliches Gesetzbuch. Kommentar, 15. Auflage 2014

Köhler, Helmut: BGB Allgemeiner Teil, 38. Auflage 2014

Kropholler, Jan: Studienkommentar BGB, 14. Auflage 2013

Larenz, Karl/Canaris, Claus-Wilhelm: Lehrbuch des Schuldrechts 2. Band - Besonderes Schuldrecht, 2. Hbd., 13. Auflage 1994

Lorenz, Stephan/Riehm, Thomas: Lehrbuch zum neuen Schuldrecht, 2002

Luther, Andersen: Die Schuldrechtsreform, 2001

Medicus, Dieter/Petersen, Jens: Bürgerliches Recht, 24. Auflage 2013

Münchener Kommentar zum BGB, 5. Auflage 2006 ff.; 6. Auflage 2012 ff.

Nomos-Kommentar zum BGB, Band 2/1, Schuldrecht, §§ 241-610; 2. Auflage 2012

Oechsler, Jürgen, Vertragliche Schuldverhältnisse, 2. Auflage 2007

Oetker, Hartmut/Maultzsch, Felix: Vertragliche Schuldverhältnisse, 4. Auflage 2013

Palandt, Otto: Bürgerliches Gesetzbuch, 74. Auflage 2015

Schlechtriem, Peter Schuldrecht Besonderer Teil, 6. Auflage 2005

Schmidt, Rolf: Allgemeiner Teil des BGB, 12. Auflage 2015; Schuldrecht Allgemeiner Teil, 9. Auflage 2014; Schuldrecht Besonderer Teil II, 9. Auflage 2014

Schmidt-Räntsch, Jürgen: Das neue Schuldrecht, 2002

Soergel: Bürgerliches Gesetzbuch. Kommentar, 12. Auflage 1988 ff.; 13. Auflage 1999 ff.

Staudinger, J. von: Kommentar zum BGB, 13. Auflage 1993 ff.

Wenzel, Henning: Fälle zum BGB I (Allgemeiner Teil; Schuldrecht Allgemeiner Teil), 4. Auflage 2010

Wenzel, Henning/Hütte, Felix: Fälle zum BGB II (Schuldrecht Besonderer Teil), 2. Auflage 2008

Weitere Literatur, insbesondere Aufsatzliteratur, ist in den Fußnoten angegeben.

1. Kapitel - Einführung und Überblick

Das Zivilrecht gilt für Studierende vielfach zu Recht als das komplizierteste Rechtsgebiet, weil es durch seine Vielschichtigkeit und den großen Umfang an Regelungen schwer zu überschauen ist. Dadurch scheint eine Systematisierung nicht immer sofort möglich. Für eine gute, umfassende Falllösung ist es jedoch unabdingbar, die richtige **Anspruchsgrundlage** zu finden und innerhalb der einzelnen Rechtsgebiete eine sorgfältige und umfassende **Abgrenzung** zu erreichen.[1] 1

Im 2. Buch des BGB ist zunächst zwischen den *gesetzlichen* und den *vertraglichen Schuldverhältnissen* zu unterscheiden. Gesetzliche Schuldverhältnisse sind die GoA, das EBV, das Deliktsrecht und die Vorschriften der Bereicherung. 2

Bei den in diesem Buch behandelten vertraglichen Schuldverhältnisse muss weiterhin zwischen den *Primär-* und den *Sekundäransprüchen* unterschieden werden. Primäransprüche sind solche, die die Primärpflichten beinhalten wie z.B. §§ 433, 631, 535 BGB. Diese sind die konkreten Pflichten, die unmittelbar aus einem Vertrag resultieren, also durch ihn primär bezweckt sind. Die Sekundärpflichten hingegen entstehen erst dann, wenn in einem Schuldverhältnis Leistungsstörungen auftreten. In dem Fall können Pflichten entstehen, die zwar nicht unmittelbar bezweckt waren, aber gleichwohl ihre Grundlage in diesem Vertrag finden. 3

Diese Sekundärpflichten können des Weiteren dahingehend unterschieden werden, ob es sich um eine *Nichtleistung* oder um eine *Schlechtleistung* handelt, wobei bei der Nichtleistung die Vorschriften der Unmöglichkeit der Leistung und der Verzug in Betracht kommen. Diese Vorschriften sind grundsätzlich im Allgemeinen Teil des Schuldrechts geregelt, wobei es allerdings Ausnahmevorschriften wie §§ 446, 447 BGB (zu § 326 I BGB) im Besonderen Teil des Schuldrechts gibt. 4

Viele der im BGB geregelten Typenverträge haben besondere Regelungen im Schlechtleistungsrecht. Sie sehen häufig die Möglichkeit des *Rücktritts* bzw. der *Kündigung*, der *Minderung* oder des Schadensersatzes vor. Teilweise können diese Rechte aber erst geltend gemacht werden, wenn vorab eine erfolgreiche Nacherfüllung vom Vertragspartner erfolglos verlangt wurde. Eigentlich ist der Nacherfüllungsanspruch eine modifizierte Form des ursprünglichen Erfüllungsanspruchs. Jedoch tritt dieses Regime erst dann in Kraft, wenn die Sache mangelhaft ist. Dies ist aber im Grundsatz nach der oben verwendeten Definition des Sekundäranspruchs auch systematisch dem Leistungsstörungsrecht zuzuordnen. Der Nacherfüllungsanspruch nimmt insofern eine Zwitterstellung ein. 5

Der Gesetzgeber hat sich wegen der Bedeutung bestimmter Vertragsarten entschlossen, diese als **Typenverträge** dem Rechtsanwender zur Verfügung zu stellen. Die wichtigsten Verträge sind z.B. der Kaufvertrag, der Werkvertrag oder die Miete. 6

Bei der Bestimmung der Primär- und Sekundäransprüche ist es erforderlich, schnell und sicher die einzelnen Vertragstypen voneinander abgrenzen zu können. Hierfür ist die Kenntnis der Gemeinsamkeiten und Unterschiede von entscheidender Bedeutung. In der nachfolgenden Tabelle werden die jeweiligen Vertragstypen auf den Kern ihres Anwendungsbereichs zurückgeführt und entsprechend katalogisiert. 7

Der Kaufvertrag, die Schenkung, der Miet- und Leihvertrag lassen sich mit den Kriterien dauerhafter/vorübergehender Übergang der Sache zum Vertragspartner, Entgeltlichkeit und Gegenleistung voneinander abgrenzen. Während der Kaufvertrag darauf ausgerich- 8

[1] Vgl. dazu weiterführend *Wenzel*, Fälle zum BGB I, Kap. 1 Rn 7 bis 36.

tet ist, dass die Sache, die Gegenstand des Vertrags ist, dauerhaft beim Käufer verbleibt und hierfür vom Käufer eine entgeltliche Gegenleistung zu erbringen ist, muss beim Mietvertrag zwar ebenfalls eine entgeltliche Gegenleistung erbracht werden, aber die Mietsache verbleibt beim Mieter nur vorübergehend und muss am Ende des Vertragsverhältnisses wieder an den Vermieter zurückgegeben werden. Die Schenkung unterscheidet sich gegenüber dem Kaufvertrag dadurch, dass keine entgeltliche Gegenleistung zu erbringen ist; beim Leihvertrag braucht in Abgrenzung zum Mietvertrag ebenfalls eine solche nicht erbracht zu werden, zusätzlich ist wie beim Mietvertrag der Verbleib des Vertragsgegenstands nur vorübergehend.

	Dauerhafter Verbleib	**Entgeltlichkeit**	**Gegenleistung**
Kaufvertrag	Ja	Ja	Ja
Tausch	Ja	Nein	Ja
Schenkung	Ja	Nein	Nein
Miete	Nein	Ja	Ja
Leihe	Nein	Nein	Nein

9 Zu berücksichtigen ist die Tatsache, dass nicht nur Sachen Gegenstand eines Vertrags sein können, sondern vielmehr auch Rechte (z.B. Patentrechte) und sonstige Gegenstände (z.B. Unternehmenskauf). Dann bleiben die Abgrenzungskriterien dieselben.

10 Bei dem Werk- und Dienstvertrag hingegen steht nicht so sehr der Austausch von Sachen oder Rechten im Vordergrund, sondern es geht vielmehr darum, inwieweit ein besonderes Werk herzustellen oder lediglich die Erbringung von Diensten vertraglich geschuldet war. Übereinstimmungen haben beide Verträge hinsichtlich der Entgeltlichkeit und damit des Gegenseitigkeitsverhältnisses.

	Geschuldetes Werk	**Entgeltlichkeit**	**Gegenseitigkeit**
Werkvertrag	Ja	Ja	Ja
Dienstvertrag	Nein	Ja	Ja

11 Damit ist zwar ersichtlich, welche Merkmale welcher Typenvertrag hat, allerdings muss berücksichtigt werden, dass gerade diese Abgrenzungen im Einzelfall erhebliche Probleme bereiten können.

12 Neben den hier dargestellten Typenverträgen gibt es eine Reihe weiterer Typenverträge wie z.B. das Gelddarlehen, das Schuldanerkenntnis oder den Maklervertrag. Aber auch bei diesen ist es erforderlich, dass die Normen genau und umfassend gelesen werden, da sich die Voraussetzungen aus dem Wortlaut entnehmen lassen.

13 Ein weiteres Problem stellen die Vertragsformen dar, die sich erst in letzter Zeit entwickelt haben und bislang vom Gesetzgeber noch nicht kodifiziert wurden, wie dies z.B. beim *Leasingvertrag* der Fall ist. Hier ist zwar auf der einen Seite bekannt, was der Vertragsgegenstand ist und welcher Zweck mit dieser Vertragsform verfolgt werden soll. Schwierigkeiten entstehen jedoch auf der anderen Seite, wenn es um die genaue dogmatische Einordnung geht: Ist es ein Vertrag sui generis oder kann der Leasingvertrag z.B. dem Mietvertrag zugeordnet werden? Bei einer Zuordnung zum Mietvertrag wäre eine weitere Frage, ob es sich um eine Sonderform des Mietvertrags handelt oder lediglich die Vorschriften analog anzuwenden sind.

2. Kapitel - Kaufrecht

A. Wesen und Begriff des Kaufvertrags

I. Bedeutung

Der Kaufvertrag ist in einer modernen, arbeitsteiligen und kapitalistischen Gesellschaft der Grundpfeiler des wirtschaftlichen Handelns. Denn für eine arbeitsteilige Gesellschaft ist kennzeichnend, dass eine Spezialisierung auf bestimmte Tätigkeitsbereiche vorgenommen wird. Demnach ist es unerlässlich, z.B. Nahrungsmittel bei anderen Marktteilnehmern zu erwerben. Denkbar wäre in dem Zusammenhang aber auch, dass die Marktteilnehmer einem die Waren schenken oder im Austausch gegen andere materielle Güter oder Dienstleistungen erbringen. Ein Prinzip des Kapitalismus ist, dass dieser Warenaustausch zumeist *entgeltlich* erfolgt, wobei das Entgelt in **Geld** erbracht wird. Daher ist der Kaufvertrag in der heute bestehenden Wirtschaftsform das häufigste Umsatzgeschäft und damit der wichtigste Vertragstyp. **14**

Damit hat der Vertragstyp Kaufvertrag den **Tausch** in seiner Bedeutung abgelöst. Der dem Kaufvertrag artverwandte Tausch wird demzufolge lediglich im Anschluss an den Kaufvertrag in § 480 BGB geregelt. Hierbei sind die Regeln des Kaufvertrags entsprechend anwendbar. Der Tausch könnte jedoch dann z.B. eine erhebliche Bedeutung erlangen, wenn es - wie am 25. Oktober 1929 - erneut einen „schwarzen Freitag" an der Börse gäbe und dadurch eine schwere Wirtschaftsdepression entstünde, die zu einer Geldentwertung führte. Dann versuchten die Wirtschaftssubjekte wahrscheinlich, mit ihren materiellen Gütern im Austausch an andere lebensnotwendige Lebensgüter heranzukommen. **15**

Beispiel: Tausch von Kartoffeln gegen Benzin oder Zigaretten

II. Übersicht

Aufgrund der häufigen Anwendung des Typenvertrags und der damit einhergehenden Bedeutung hat der Gesetzgeber entgegen den sonstigen Typenverträgen beim Kaufrecht eine besonders weitgehende und umfassende Differenzierung hinsichtlich der Ausgestaltung des Kaufrechts vorgenommen. Neben dem allgemeinen Recht des Kaufvertrags existieren weitere besondere Formen eines Kaufvertrags: **16**

- der Kauf unter Eigentumsvorbehalt gem. § 449 BGB,
- der Kauf auf Probe gem. §§ 454 f. BGB,
- der Wiederkauf gem. §§ 456 - 462 BGB,
- der Vorkauf gem. §§ 463-473 BGB
- und der Verbrauchsgüterkauf gem. §§ 474-479 BGB.
- Daneben enthält das HGB für den Handelskauf in §§ 373-381 HGB ergänzende Vorschriften, die dann zu berücksichtigen sind, wenn es sich um ein Handelsgeschäft handelt.
- Hinzu kommt auf dem Gebiet des Erbrechts der Erbschaftskauf in §§ 2371-2385 BGB.

Der Kaufvertrag kann sich darüber hinaus auf unterschiedliche Verkaufsobjekte beziehen. Leitbild des Kaufvertrags ist nach § 433 I S. 1 BGB der Verkauf von **Sachen**. Sachen sind nur körperliche Gegenstände, d.h., sie sind im Raum abgrenzbar. Dies kann entweder durch eigene körperliche Begrenzungen, durch Fassung in Behältern oder sonstige künstliche Mittel wie Grenzsteine oder Kennzeichnungen in Karten geschehen. Auf diesem Leitbild bauen zunächst die Regeln des Kaufrechts auf. In § 453 I Var. 1 BGB werden für den **Rechtskauf** allerdings die Vorschriften des Kaufs von Sachen für ent- **17** sprechend anwendbar erklärt. Hierdurch wurde die Rechtsfolgeseite dem Sachkauf angepasst, weshalb eine Abgrenzung zwischen Rechts- und Sachkauf grundsätzlich an Bedeutung verliert. Dennoch ist im Einzelfall zu beachten, dass der Rechtskauf gegenüber dem Sachkauf Besonderheiten aufweisen kann, die zu einer differenzierten Betrachtung und Anwendung führen müssen. Dies wird methodisch dadurch gewährleistet, dass die Regeln lediglich entsprechend anzuwenden sind.

Beispiel: Nach § 453 II BGB trägt beim Rechtskauf der Verkäufer die Kosten der Begründung und Übertragung des Rechts. Nach § 448 BGB wird beim Sachkauf hingegen nach Übergabe und Abnahme sowie Versendung der Ware differenziert.

18 Als eine Art Auffangtatbestand ist in § 453 I Var. 2 BGB noch der Kauf von **sonstigen Gegenständen** geregelt worden. Sonstige Gegenstände sind solche, die weder eine Sache nach §§ 90 ff. BGB noch ein Recht darstellen.[2]

Beispiele: Elektrizität und Fernwärme; EDV-Programme; Unternehmen und freiberufliche Praxen

III. Abgrenzung

19 Der Kaufvertrag ist von den artverwandten Typenverträgen Tausch-, Schenkungs- sowie Mietvertrag abzugrenzen.

Der typisierte **Kauf** als schuldrechtliches Verpflichtungsgeschäft ist ein **gegenseitiger** Vertrag, in dem sich der Verkäufer verpflichtet, einen Vermögensgegenstand endgültig gegen Entgelt an den Käufer zu übertragen.

1. Tauschvertrag und Doppelkauf

20 Beim gegenseitig verpflichtenden **Tauschvertrag** verpflichten sich die Parteien dazu, endgültig einen Umtausch eines individuellen Wertes gegen einen anderen individuellen Wert vorzunehmen, ohne dass das Tauschmittel Geld gezahlt und damit zwischengeschaltet wird. Der Tauschvertrag stellt eine gesetzliche Form der Typenkombination dar.

21 Ein besonderes Problem stellt der so genannte **Doppelkauf** dar. Denn dabei werden zwei Gegenstände in zeitlichem und sachlichem Zusammenhang jeweils dem anderen Vertragspartner verkauft.

Beispiel: A verkauft B ein Auto für 50.000,- €, wohingegen B dem A ein Boot für ebenfalls 50.000,- € verkauft.

22 Maßgeblich ist darauf abzustellen, ob der Vertragsinhalt nach dem Willen der Parteien darin besteht, dass die Gegenstände jeweils verschafft werden sollen, ohne dass es auf die Begleichung der Gegenleistung in Geld ankommen soll. Dabei spielt die Bezeichnung der Verträge ebenso wenig eine Rolle wie der Abschluss zweier getrennter Vertragsurkunden. Ein Tausch liegt hingegen nicht vor, wenn sich die Parteien jeweils zu der Übertragung eines Gegenstands um des Erhalts einer Geldsumme willen verpflichtet haben, die gegenseitigen Geldansprüche aber lediglich im Rahmen einer Aufrechnung verrechnen. Der Doppelkauf ist daher vom Tausch im Zweifel danach abzugrenzen, ob mit jeder der beiden Veräußerungen ein eigenständiger Umsatzzweck dergestalt verfolgt wird, dass die Verpflichtungen zu den Veräußerungen nach dem Parteiwillen auch selbstständig hätten erfolgen sollen.

---

[2] *Schellhammer*, MDR 2002, 485, 488.

Beispiel: Kommt es A und B gerade darauf an, das Auto im Gegenwert zum Boot jeweils dem anderen zu verschaffen, liegt nach deren Willen ein Tausch vor. Sind die Verträge rein zufällig in zeitlicher Nähe abgeschlossen worden und kommt es den Vertragsparteien darauf an, dass die Sachen auch unabhängig voneinander den Eigentümer wechseln, liegt ein Kaufvertrag vor.

2. Schenkung

Die **Schenkung** als einseitig verpflichtender Vertrag hat zum Vertragsinhalt, dass der Schenker dem Beschenkten einen Gegenstand aus seinem Vermögen zuwendet, ohne dass er von dem Beschenkten dafür eine Gegenleistung verlangen kann. **23**

Die Schenkung unterscheidet sich vom Kaufvertrag demzufolge gerade darin, dass der endgültigen Übertragung keine Gegenleistung gegenübersteht.

3. Mietvertrag

Beim **Mietvertrag** müssen zwei übereinstimmende Willenserklärungen vorliegen, die darauf gerichtet sind, dass dem einen Vertragspartner die Sache, wobei die Sache eine solche des § 90 BGB ist, zum Gebrauch vorübergehend überlassen wird und der andere Vertragspartner dafür ein Entgelt leistet. **24**

Der maßgebliche Unterschied zum Kaufvertrag besteht demnach darin, dass die Sache dem Vertragspartner nicht dauerhaft verschafft, sondern diese nach vertragsgemäßem Gebrauch an den Eigentümer zurückgegeben wird. Der Gebrauch wird also nur vorübergehend eingeräumt. **25**

IV. Abstraktionsprinzip[3]

Besonders ist im BGB auf das Trennungs- bzw. Abstraktionsprinzip zu achten. Danach muss grundsätzlich strikt zwischen dem schuldrechtlichen **Verpflichtungsgeschäft** und dem **Erfüllungs- bzw. Verfügungsgeschäft** differenziert werden. **26**

1. Grundlagen

Das Verpflichtungsgeschäft stellt den Rechtsgrund für das Erfüllungsgeschäft dar, aus dem Verpflichtungsgeschäft Kaufvertrag ergibt sich dementsprechend die Verpflichtung, die Sache zu übergeben und zu übereignen. Die Eigentumslage hinsichtlich der Kaufsache bleibt allerdings durch das Verpflichtungsgeschäft noch unberührt. Die tatsächliche Änderung der sachenrechtlichen Zuordnung wird von diesem Geschäft nicht erfasst, dazu ist vielmehr das zusätzliche Erfüllungsgeschäft in der Form eines dinglichen Vertrags notwendig. Durch die Erfüllungsgeschäfte werden die gekaufte Sache und der Kaufpreis übereignet. Es sind demgemäß drei Rechtsgeschäfte erforderlich, um den Kauf vollends abzuwickeln. Der Kaufvertrag ist demnach i.S.d. § 362 BGB erfüllt, wenn die sich aus diesem Verpflichtungsgeschäft ergebenden Pflichten der Vertragsparteien vollständig durch die Verfügungsgeschäfte erfüllt wurden. **27**

2. Handkauf

Diese Trennung ist auch im Fall des sog. Handkaufs strikt zu beachten. Beim Handkauf fallen äußerlich Erfüllungsgeschäft und Verpflichtungsgeschäft zu einem einzigen tatsächlichen Vorgang zusammen.[4] **28**

---

[3] Umfassende dogmatische Ausführungen finden sich bei *R. Schmidt*, BGB AT, Rn 69 ff.
[4] OLG Hamm NJW-RR 1998, 199.

Beispiel: A will in dem Lebensmittelmarkt B drei Joghurts kaufen. Er nimmt diese aus der Truhe und geht mit diesen zur Kasse und gibt dort der Kassiererin den entsprechenden Kaufpreis. Äußerlich fallen hier Verpflichtungs- und Erfüllungsgeschäfte zusammen. Dennoch sind nach dem Abstraktionsprinzip die jeweiligen Geschäfte zu trennen. Zunächst erklärt A durch schlüssiges Handeln in Form des Vorzeigens den Willen, einen Kaufvertrag über die Ware abzuschließen. Die Kassiererin nimmt den Vertrag durch Eintippen des Preises in die Kasse an (*Verpflichtungsgeschäft*). Durch das Weiterschieben der Waren auf dem Laufband macht sie ein schlüssiges Angebot zur Eigentumsübertragung, die der Kunde durch Einpacken der Ware annimmt (*1. Erfüllungsgeschäft*). Danach gibt der Kunde durch das Hingeben des Geldes konkludent eine Willenserklärung zur Übereignung des Geldes ab, die die Kassiererin durch Einlegen des Geldes in die Kasse schlüssig annimmt (*2. Erfüllungsgeschäft)*. Hiermit liegen bei einem wirtschaftlichen Vorgang **drei** Rechtsgeschäfte vor.

3. Auswirkungen des Trennungsprinzips

29 Dieses besondere Rechtssystem kann aber dazu führen, dass bei der Abwicklung des Kaufvertrags Störungen eintreten, die zu einem Auseinanderfallen in Verpflichtungs- und Erfüllungsgeschäft führen.

Beispiele:

(1) Der Kaufvertrag ist wegen der Minderjährigkeit des einen Vertragspartners nichtig, der Eigentumserwerb des Kaufgegenstands nach §§ 929, 145 ff., 107 BGB aber wirksam. Um diese interessenwidrige Situation rechtskonform zu bereinigen, sind vom Gesetzgeber die Kondiktionstatbestände gem. §§ 812 ff. BGB geschaffen worden.[5]

(2) Der Verkäufer verkauft die Sache mehrmals an verschiedene Personen, obgleich er die Sache ausschließlich einmal hat. In dem Fall kann diese nur einmal übereignet werden. Die restlichen Käufer können dann lediglich einen Anspruch aus §§ 280 ff., 275 I BGB geltend machen.

30 Das Trennungsprinzip führt also auch dazu, dass die Unwirksamkeit des Verpflichtungsgeschäfts grundsätzlich keine Auswirkung auf das Erfüllungsgeschäft hat und umgekehrt. Davon sind aber gesetzliche oder vertragliche Ausnahmen möglich.

Beispiel: Sittenwidrigkeit eines Verpflichtungsgeschäfts führt auch zur Sittenwidrigkeit des Erfüllungsgeschäfts[6]

B. Zustandekommen eines Kaufvertrags (Vertragsschluss)

31 Voraussetzung des Kaufvertrags ist die Einigung der Parteien über die *essentialia negotii,* also über die wesentlichen Vertragsinhalte. Als Mindestanforderung ist neben dem Vertragsgegenstand auch der Kaufpreis zu nennen.

I. Vertragsgegenstand

32 Nach § 433 I S. 1 BGB wird dem Verkäufer die Verpflichtung auferlegt, dem Käufer die Sache zu übergeben und das Eigentum daran zu verschaffen.

1. Sachen

33 Sachen i.S.d. Kaufrechts sind sowohl die Mobilien in Form der beweglichen Gegenstände als auch die Immobilien. Zudem können Tiere Gegenstand eines Kaufvertrags sein, da sie gemäß § 90a BGB wie Sachen zu behandeln sind.[7]

---

[5] Vgl. dazu ausführlich *R. Schmidt*, SchuldR BT II, Rn 196 ff.
[6] Vgl. hierzu ausführlich *R. Schmidt*, BGB AT, Rn 1209 ff., insb. 1262.
[7] Zum Tierkauf vgl. ausführlich *Schmoeckel/Stolte/Glasner*, JA 2005, 704 ff.; *Eichelberger/Zentner*, JuS 2009, 201 ff.

Die Sache kann von den Parteien im Vertrag entweder konkret, d.h. nach individuellen Merkmalen, bestimmt oder aber nur nach allgemeinen Merkmalen gekennzeichnet sein. Ist die Sache nach individuellen Merkmalen bestimmt worden, handelt es sich um einen **Stückkauf**. Ein **Gattungskauf** liegt dagegen vor, wenn die Sache anhand allgemeiner Merkmale beschrieben wurde. 34

Beispiele:

(1) A will bei dem Autohändler B den Porsche kaufen, der im Verkaufsraum steht und ihm gut gefällt. Hier wird die Sache nach individuellen Merkmalen bestimmt, denn im Kaufvertrag werden die Fahrzeugnummer und andere Merkmale aufgeführt. Es handelt sich um einen *Stückkauf*.

(2) A will beim Autohändler B einen Porsche kaufen, findet im Verkaufsraum allerdings keinen passenden Wagen. Er vereinbart mit B lediglich die Ausstattungsmerkmale und die Baureihe Porsche 911 Cabrio, wodurch nur allgemein aufzuweisende Merkmale vereinbart werden. Demnach liegt ein *Gattungskauf* vor.

Nach der gesetzgeberischen Intention soll dieser Unterscheidung allerdings keine rechtliche Bedeutung zukommen.[8] Der Gesetzgeber hat versucht, eine Angleichung von Stück- und Gattungskauf vorzunehmen, was ihm aber nur teilweise gelungen ist. 35

Darüber hinaus ist es für die Bestimmung des Kaufgegenstands nicht erforderlich, dass die verkaufte Sache bereits **existiert**. Es kann also auch eine noch zu produzierende Ware Gegenstand eines Kaufvertrags sein. 36

Beispiele:

(1) Kauf eines nach den Wünschen und Vorstellungen des Käufers gefertigten, fabrikneuen Fahrzeugs

(2) Kauf einer Polstergarnitur, die erst angefertigt werden muss

Bei derartigen noch *nicht* existierenden Sachen muss jedoch unterschieden werden: 37

- Soll der Vertrag lediglich dann wirksam werden, wenn die betreffende Sache tatsächlich entsteht, liegt ein Sachkauf in der Form vor, dass er unter einer entsprechenden aufschiebenden Bedingung gem. § 158 I BGB abgeschlossen wurde. Ein Indiz für einen aufschiebend bedingten Kaufvertrag ist die Höhe des von den Parteien vereinbarten Kaufpreises: Handelt es sich dabei um den üblicherweise zu bezahlenden Preis, ist von einem aufschiebend bedingten Kaufvertrag auszugehen. 38

- Soll hingegen der Kaufpreis nach dem Vertragsinhalt unabhängig von dem Entstehen der Sache geschuldet sein, ist nicht die künftige Sache Gegenstand des Kaufvertrags, sondern die bloße Erwerbschance als sonstiger Gegenstand i.S.d. § 453 I Var. 2 BGB. Als Indiz kann erneut der vereinbarte Preis herangezogen werden: Haben die Parteien einen geringeren Kaufpreis als den üblichen Preis vereinbart, ist zu vermuten, dass nur die Chance genutzt werden sollte, dass aber nicht der reale Gegenstand gekauft wurde. 39

  Beispiel: Kauf eines (noch nicht geborenen) Kalbs[9]

---

[8] BT-Drs. 14/6040 S. 205 re.Sp.

[9] Es liegt eine *aufschiebende* Bedingung der Lebendgeburt vor. Der Käufer muss nur zahlen, wenn das Tier lebend geboren wird.

2. Rechte

40 Gemäß § 453 I Var. 1 BGB können auch Rechte – insoweit sie übertragbar sind – Gegenstand eines Kaufvertrags sein.

Beispiele: Forderungen, Grundpfandrechte, Erbbaurechte und Immaterialgüterrechte wie Patent, Marken, Gebrauchs- oder Geschmacksmuster

41 Auch bei Rechten kann sich der Vertrag auf das zukünftige Entstehen des Rechts erstrecken, weshalb die Regeln bezüglich der in der Zukunft entstehenden Sache entsprechend anzuwenden sind.

Beispiel: Der Kauf eines Gewinnloses beinhaltet die Gewinnchance in Form eines Anspruchs auf das gewonnene Geld. Daraus muss geschlussfolgert werden, dass das Gewinnlos nach § 453 I Var. 1 BGB zu behandeln ist.[10]

42 Aufgrund der Vertragsfreiheit des § 311 I BGB können die Vertragsparteien nun auch gem. § 453 I Var. 2 BGB einen Kaufvertrag abschließen, der solche Gegenstände erfasst, die keine Sachen oder Rechte sind; somit können auch **andere Vermögenswerte** Gegenstand des Kaufvertrags sein.

Beispiel: Sach- und/oder Rechtsgesamtheiten, insbesondere ein Unternehmen, Unternehmensteile[11]

Hinweis für die Fallbearbeitung: Der Verkauf einer Sachgesamtheit, z.B. eines Unternehmens, kann in einem einzigen Kaufvertrag erfolgen; erfüllt wird der Vertrag dann aber durch die Übereignung eines jeden einzelnen Gegenstands.

43 Voraussetzung für das Vorliegen eines tauglichen Kaufobjekts in diesem Sinn ist immer, dass der jeweilige Gegenstand von der Person des Verkäufers abgetrennt werden kann. Daher kann die mit der Person verbundene Arbeitskraft generell kein sonstiger Gegenstand i.S.d. § 453 I Var. 2 BGB sein. Dementsprechend können Profisportler entgegen der Umgangssprache nicht gekauft werden.[12] Vielmehr werden diese im Rahmen eines Werk- oder Dienstvertrags eingesetzt.

44 Nicht erforderlich ist, dass der Verkäufer tatsächlich Inhaber des Eigentums an der Sache oder des Rechts ist. Er kann auch über solche Vermögenswerte Kaufverträge abschließen und sich anschließend in einem weiteren Deckungsgeschäft absichern.

Beispiel: A verkauft B Aktien über die HW-AG zu einem Preis von 50,- € je Stück. Liefertermin ist nach Ablauf von 14 Tagen. A hat jedoch solche noch nicht in seinem Portfolio. Daher erwirbt er in einem Deckungsgeschäft eine entsprechende Stückzahl. Liegt der Aktienkurs zwischenzeitlich beim Deckungsgeschäft niedriger als 50,- €, kann A Kursgewinne realisieren, liegen diese höher als 50,- €, muss A Kursverluste hinnehmen.

II. Gegenleistung: Der Kaufpreis

1. Grundlagen

45 Der Käufer muss gem. § 433 II BGB den Kaufpreis in **Geld** entrichten. Der Kaufpreis ist in der Regel in inländischer oder ausländischer Währung zu bemessen. Begriffsnotwen-

[10] Vgl. *Köhler*, in: Staudinger (1995), vor § 433 Rn 57; *Beckmann*, in: Staudinger (2014), vor § 433 Rn 243; dagegen aber *Huber*, in: Soergel, vor § 433 Rn 76.
[11] *Huber*, in: Huber/Faust, Kap. 16 Rn 5 ff.
[12] Ein solcher Vertrag wäre zudem wegen § 134 BGB nichtig, da Menschenhandel verboten ist (vgl. §§ 232 ff. StGB).

dig ist dies jedoch nicht, denn der Preis kann auch an der Bemessungsgrundlage von Sachwerten, Gewinnanteilen usw. festgestellt werden.

Da Vertragsfreiheit besteht, braucht der Kaufpreis kein angemessener oder gerechter zu sein. Die **Höhe** des Kaufpreises unterliegt vielmehr der freien Vereinbarung der Vertragsparteien, allerdings ist der Spielraum auf die Grenzen der §§ 134, 138 BGB beschränkt. 46

Der Kaufpreis steht im **Synallagma** i.S.d. §§ 320 ff. BGB zur Leistungspflicht des Verkäufers. 47

Wegen der Regelung in § 271 BGB ist, sofern nichts anderes vereinbart wurde, der Kaufpreis **mit seiner Entstehung** zur Zahlung **fällig**. Maßgebender Zeitpunkt ist also der Abschluss des Kaufvertrags. Ergibt sich aus dem Vertrag, aus den Umständen des Einzelfalls oder aus § 474 III BGB (vgl. dazu Rn 625a ff.) keine abweichende Regelung, sind sowohl die Leistung als auch die Gegenleistung sofort fällig. 48

2. Bestimmbarkeit des Preises

Da der Preis eine der *essentialia negotii* des Kaufvertrags ist, muss dieser in jedem Fall *bestimmbar* sein. Dies kann zum einen durch die Angabe eines konkreten Preises geschehen, zum anderen können die Parteien auch auf objektive Bezugsgrößen Bezug nehmen. 49

Beispiel: Festsetzung eines Preises für eine Wareneinheit: Verkauf einer Ernte

Fehlt hingegen eine ausdrückliche Vereinbarung, kann dennoch im Rahmen einer schlüssigen Vereinbarung der Preis bestimmbar sein, wenn 50

- der im Geschäftsbetrieb des Verkäufers <u>übliche</u> Kaufpreis, d.h. der Laden-/Listenpreis
- oder der Börsen- oder Marktpreis

als vereinbart angenommen wurden. Ist der Kaufpreis weder ausdrücklich noch schlüssig vereinbart worden, kann der Preis durch den Verkäufer im Wege der Leistungsbestimmung nach §§ 315, 316 BGB erfolgen oder durch ergänzende Vertragsauslegung[13] ermittelt werden, sofern bei den Parteien eine endgültige Vertragsbindung gewollt war.

3. Preisbestimmungsklauseln

In dem Zusammenhang sind die so genannten Preisbestimmungsklauseln ein besonderes Problem. Diese Klauseln können folgenden Inhalt haben: 51

- *Preisvorbehaltsklauseln* geben dem Verkäufer das Recht, den zunächst noch nicht festgelegten Preis einseitig festzulegen.
- *Preisänderungsklauseln* räumen dem Verkäufer die Möglichkeit ein, einen ursprünglich verbindlich festgesetzten Preis nachträglich zu verändern.

Preisbestimmungsklauseln können in Individualverträgen wegen §§ 315, 316 BGB ohne weiteres frei vereinbart werden. Werden die Klauseln allerdings in **AGB** i.S.d. § 305 BGB verwandt, muss die Klausel grundsätzlich die Preiserhöhungsfaktoren konkretisieren, damit der Käufer den Umfang der auf ihn zukommenden Preissteigerungen bei Vertragsschluss aus der Klausel erkennen und die Berechtigung einer Preiserhöhung an der Klausel selbst messen kann.[14] 52

---

[13] OLG Hamm NJW 1976, 1212.
[14] BGH NJW 1986, 3134, 3135.

> **Hinweis für die Fallbearbeitung:** Ist die Klausel unwirksam, ist die Lücke durch eine ergänzende Vertragsauslegung auszufüllen. Dazu ist in der Regel auf einen aktuellen Tagespreis zurückzugreifen.[15]

4. Umsatzsteuer

53 Umfasst ist grundsätzlich auch die **Umsatzsteuer**[16]; sie ist Teil der Kaufpreisforderung. Fraglich ist nur die Situation, in welcher der Preis die Umsatzsteuer nicht gesondert ausweist und die Parteien nicht ausdrücklich oder schlüssig vereinbart haben, ob der Kaufpreisbetrag mit oder ohne diese gesetzliche Steuer nach dem Umsatzsteuergesetz vereinbart ist. In einem solchen Fall braucht der Käufer aufgrund einer abweichenden Vereinbarung oder eines Handelsbrauchs nur den bezifferten Kaufpreis zu bezahlen.[17]

5. Zinsen

54 Vom Kaufpreis nicht erfasst sind die **Zinsen** für den verspätet gezahlten oder gestundeten Kaufpreis.

III. Form des Kaufvertrags

55 Nach den Grundsätzen der Vertragsfreiheit kann der Kaufvertrag **grundsätzlich formfrei** geschlossen werden. Er ist also in gleicher Weise wirksam, gleichgültig ob er schriftlich, mündlich oder durch schlüssiges Verhalten zustande kommt.

56 In einigen wichtigen Fällen, in denen mindestens eine der Vertragsparteien eines besonderen Schutzes durch das Gesetz bedarf, sind **Formvorschriften** zur Wirksamkeit des Kaufvertrags zu beachten[18]:

Notarielle Beurkundungen sind erforderlich

- beim **Grundstückskaufvertrag** nach § 311b I BGB,
- beim Kauf des **gegenwärtigen Vermögens** oder Vermögensteils des Verkäufers nach § 311b III BGB,
- beim Kauf eines **gesetzlichen Erbteils oder Pflichtteils** nach § 311b V BGB,
- beim **Erbschaftskauf** nach § 2371 BGB.

57

> **Hinweis für die Fallbearbeitung:** Im praktisch wichtigsten Fall der notariellen Beurkundung eines Grundstückskaufvertrags ist zu beachten, dass der **Formmangel** gem. § 311b I S. 2 BGB durch die Auflassung und Eintragung i.S.d. §§ 873, 925 BGB **geheilt** wird. Der zunächst nicht beurkundete und damit wegen Verstoßes gegen Formvorschriften nach § 125 BGB nichtige Kaufvertrag wird durch die vollzogene Rechtsänderung in vollem Umfang wirksam.
> Darüber hinaus ist zu berücksichtigen, dass die **Vollmacht des Vertreters** zum Abschluss eines Immobilienkaufvertrags **grundsätzlich formfrei** ist, § 167 BGB. Ist die Vollmacht aber Teil eines einheitlichen Veräußerungs- oder Erwerbsvertrags, umfasst der Formzwang des Gesamtvertrags auch die Vollmacht.[19] Dies gilt nach ständiger Rechtsprechung auch für die widerrufliche Vollmacht, wenn sie eine tatsächliche oder rechtliche Bindung des Vollmachtgebers zum Erwerb oder zur Veräußerung des Grundstücks begründet.[20] Ist die Vollmacht lediglich dazu bestimmt, die Vollziehung des Grundstückskaufvertrags zu sichern, kann sie hingegen formfrei erteilt werden.

---

[15] BGHZ 82, 21, 23; BGH NJW 1983, 1603, 1604; kritisch aber *Köhler*, in: Staudinger (1995), § 433 Rn 76; *Beckmann*, in: Staudinger (2014), § 433 Rn 94.
[16] BGHZ 103, 287 m.w.N.; umgangssprachlich wird von *Mehrwertsteuer* gesprochen.
[17] BGH WM 1972, 414.
[18] Zu den Formvorschriften des BGB vgl. ausführlich *R. Schmidt*, BGB AT, Rn 1097 ff.
[19] RGZ 94, 150; BGHZ 103, 300; BGH NJW-RR 1989, 1099.
[20] BGH DNotZ 1965, 549; BGH NJW 1979, 2306.

C. Rechte und Pflichten der Vertragsparteien

Die Pflichten der Kaufvertragsparteien sind durch den Gesetzgeber in § 433 BGB normiert worden. Zu unterscheiden ist zwischen Haupt- und Nebenpflichten. Die Hauptpflichten der Parteien stehen in einem synallagmatischen Verhältnis i.S.d. §§ 320 ff. BGB zueinander. Dabei sind die Pflichten - wie bereits ausgeführt - primär auf den Sachkauf ausgerichtet; auf den Rechtskauf finden die Vorschriften aber nach § 453 I Var. 1 BGB entsprechende Anwendung. **58**

I. Sachkauf

1. Pflichten des Verkäufers

a. Hauptpflichten nach § 433 I S. 1 BGB

Den Verkäufer trifft nach § 433 I S. 1 BGB zunächst die **Pflicht**, die geschuldete Sache zu übergeben und das Eigentum an dieser zu verschaffen. **59**

aa. Übergabe der geschuldeten Sache, d.h. Übertragung des Besitzes

Der Verkäufer hat also die Pflicht, dem Käufer die Sache zu übergeben, ihm den Besitz an der Sache zu verschaffen. Unter Übergabe ist dabei grundsätzlich die Pflicht zu verstehen, den *unmittelbaren* Besitz durch Einräumung der tatsächlichen Sachherrschaft i.S.d. § 854 I BGB zu vermitteln. In Ausnahmefällen kann es für die Pflichterfüllung aus § 433 I S. 1 BGB ausreichen, eine Einigung gem. § 854 II BGB abzuschließen, wenn der Erwerber in der Lage ist, die Gewalt über die Sache auszuüben. **60**

> **Beispiel:** A verkauft B ein Neufahrzeug. Da in letzter Zeit bei A sehr viel gestohlen wurde, hat A den Wagen bei dem Sicherheitsunternehmen C abgestellt und lässt ihn dort bewachen. B kann in dem Fall selbst zu C gehen und dort den Wagen gegen Vorlage des Kaufvertrags abholen.

Die Pflicht zur Besitzverschaffung ist erst dann erfüllt, wenn der Käufer den Besitz tatsächlich erlangt hat und damit der vom Verkäufer geschuldete Erfolg eingetreten ist. Nicht ausreichend ist dafür, dass der Verkäufer die Ware abgesandt hat. **61**

Wurde der Besitz **vor** der Eigentumsübertragung bereits übertragen, räumt der Besitz in Verbindung mit dem Kaufvertrag ein Recht zum Besitz nach § 986 I S. 1 BGB ein. Der Käufer ist demzufolge gegenüber einem Herausgabeverlangen des Verkäufers nach § 985 BGB geschützt. **62**

> **Beispiel:** A und B haben bezüglich des verkauften und an B herausgegebenen Fahrzeugs einen Eigentumsvorbehalt vereinbart, nach dem B erst das Eigentum erhalten soll, wenn er den Kaufpreis vollständig bezahlt hat. Da A mit dem Wagen eine Wochenendfahrt machen möchte, verlangt er sein Eigentum nach § 985 BGB von B heraus. B ist jedoch durch § 986 I S. 1 BGB geschützt.

Die Übergabepflicht entfällt, wenn der Käufer bereits im Besitz der verkauften Sache ist. Gleiches gilt auch bei Grundstücken, da bei ihnen die Eigentumsübertragung nach §§ 873, 925 BGB vollzogen wird, ohne dass es einer Besitzverschaffung bedarf. Demnach ist dies für den Kaufvertrag für Grundstücke ebenfalls nicht notwendig. **63**

Für die Besitzverschaffung reicht der bloße *mittelbare* Besitz nach § 868 BGB grundsätzlich nicht aus. Die Parteien können aber etwas anderes explizit vereinbaren. Maßgebend muss allerdings die gesetzliche Wertung diesbezüglich sein: Der Käufer hat nach § 446 S. 2 BGB ab der Übergabe der Kaufsache die Lasten zu tragen und kann die Nutzen aus der Sache ziehen. Der Käufer hat dementsprechend ab dem Zeitpunkt der Übergabe die **64**

Gefahr des zufälligen Untergangs oder der Verschlechterung zu tragen. Aus dieser gesetzlichen Wertung ergibt sich, dass der Käufer als Korrelat für das Risiko in den vollen Genuss der Vorteile kommen muss, die sich aus der Kaufsache ergeben. Als Übergabe i.S.d. Kaufvertrags kann die Einräumung des mittelbaren Besitzes ausschließlich dann ausreichend sein, wenn das Besitzmittlungsverhältnis aus Sicht des Käufers eigennützig ist, er aus diesem einen Vorteil ziehen kann.

Beispiel: A kauft bei B in dessen Galerie ein wertvolles Gemälde des zeitgenössischen Künstlers Peter Nagel. Da das Bild Teil einer Ausstellung ist, bittet B darum, das Bild bis zum Ende der Ausstellung in drei Wochen in der Galerie hängen zu lassen. A stimmt dem zu. Das Bild wird im Anschluss an die Ausstellung nach §§ 929, 930 BGB übereignet. Nach zwei weiteren Wochen wird das Bild von Dieben ohne Verschulden des B in den Abendstunden entwendet. Wäre zwischen B und A ein Besitzverhältnis nach § 868 BGB aufgrund eines Leihvertrags geschlossen worden, widerspräche dies der Intention des Gesetzes und die Kaufsache wäre nicht übergeben worden. Die Sachgefahr läge weiterhin bei B, da er seiner Verpflichtung aus dem Kaufvertrag, die Sache zu übergeben, nicht nachgekommen wäre. Hätten allerdings A und B einen Mietvertrag über das Bild abgeschlossen, zöge A aus diesem Vertrag entgeltliche Nutzungen, weshalb nach dem gesetzlichen Leitbild die Sache übergeben worden wäre. B wäre seiner Verpflichtung aus dem Kaufvertrag zur Übergabe der Sache nachgekommen.

bb. Verschaffen des Eigentums

65 Der Verkäufer hat aus dem Kaufvertrag die Pflicht, dem Käufer das Eigentum an der Sache zu verschaffen. Erst wenn er dem Käufer dieses Eigentum durch dinglichen Vertrag verschafft hat, ist seine Pflicht aus dem schuldrechtlichen Kaufvertrag erfüllt. Beim *Stückkauf* bezieht sich die Pflicht zur Übereignung auf den von den Parteien individuell bestimmten Gegenstand. Bei einem *Gattungskauf* bezieht sich hingegen die Pflicht auf einen der Gattung zugehörigen Gegenstand. Wie die Gattungssache beschaffen zu sein hat, ergibt sich aus § 243 I BGB. Danach muss der Kaufgegenstand von mittlerer Art und Güte sein.

66 Die Erfüllung der Verschaffungspflicht aus dem Kaufvertrag erfolgt in der Regel durch ein Rechtsgeschäft in Form eines dinglichen Vertrags i.S.d. §§ 929 ff. BGB.[21] Die rechtsgeschäftliche Übertragung von Eigentum an Sachen erfolgt durch Übereignung, wobei deren rechtliche Durchführung sich danach richtet, ob es sich um eine Immobilie (§§ 873, 925 BGB) oder eine Mobilie (§§ 929 ff. BGB) handelt.

67
- Schwierigkeiten können allerdings bei einem *Stückkauf* auftreten, wenn der Verkäufer **nicht Eigentümer** der zu verkaufenden Sache ist, er also keine Verfügungsbefugnis über die Sache hat. Allerdings sieht das Sachenrecht für solche Fälle in aller Regel eine Lösungsmöglichkeit vor: Der Käufer kann das Eigentum dennoch dann erwerben, wenn er i.S.d. §§ 892, 932-935 BGB gutgläubig ist. Liegen allerdings die Voraussetzungen des gutgläubigen Erwerbs nicht vor, muss sich der Verkäufer bis zur Zumutbarkeitsgrenze des § 275 II S. 1 und 2 BGB darum bemühen, die Voraussetzungen einer Eigentumsübertragung an den Käufer herbeizuführen.[22] Ist dies im Ausnahmefall aus tatsächlichen Gründen i.S.d. § 275 I BGB oder wegen der Zumutbarkeitsgesichtspunkte i.S.d. § 275 II S. 1 und 2 BGB nicht möglich, wird er gem. § 275 I oder II BGB von seiner Leistungspflicht frei. Dann aber kann der Käufer gem. §§ 311a II oder 280 ff. BGB Schadensersatz verlangen.

68
- Beim *Gattungskauf* erscheint es hingegen in den meisten Fällen unwahrscheinlich, dass ein Fall des § 275 I oder II BGB eintritt. In der heutigen modernen Gesellschaft werden Güter in ausreichender Zahl und Qualität produziert, sodass der Verkäufer sich im Rahmen

---

[21] In Betracht kommt auch eine gesetzliche Verschaffung des Eigentums i.S.d. §§ 946 ff. BGB.
[22] Vgl. BT-Drs. 14/6040, S. 129 ff.; ausführlich hierzu *Canaris*, JZ 2004, 214 ff.

eines Deckungsgeschäfts nachträglich die Sache verschaffen kann. Hinzu kommt, dass Preissprünge bzw. -schübe in der Regel bei einer stabilen Marktwirtschaft nicht vorkommen. Daher liegt ein Fall der Unmöglichkeit etwa nur dann vor, wenn die Gattung bereits vollends aufgebraucht oder durch die speziellen Besonderheiten des Markts die Sache durch einen erheblichen überproportionalen Preisanstieg derart verteuert wurde, dass es unzumutbar wäre, diese im Rahmen des Deckungsgeschäfts zu besorgen.

Beispiele:

(1) Die Firma Porsche hat sich entschlossen, einen Wagen lediglich tausendmal zu produzieren. A hat B einen Neuwagen aus dieser Serie verkauft, obgleich er bislang keinen entsprechenden Wagen eingekauft hat. Bei der Zuteilung wird er übergangen, wodurch A den B nicht beliefern kann. A schafft es auch nicht, von einer anderen Person den Wagen zu erwerben. Die Gattung von Neufahrzeugen dieser speziellen Baureihe ist demnach erschöpft. Das Fahrzeug kann nur noch als Gebrauchtfahrzeug erworben werden. Es liegt ein Fall des § 275 I BGB vor.

(2) A hat B Aktien verkauft, ohne diese im Depot zu haben. Die Wertpapiere sollen aus steuerlichen Gründen erst ein halbes Jahr später übergeben und übereignet werden. Zwischenzeitlich ist der Börsenwert aber um 600 % gestiegen. Hier liegt ausnahmsweise ein Fall des § 275 II BGB vor.

cc. Zubehör

Nach § 311c BGB erstreckt sich im Zweifel die Verpflichtung zur Übergabe des Besitzes und zur Verschaffung des Eigentums auch auf das Zubehör i.S.d. §§ 97 f. BGB. **69**

b. Hauptleistungspflicht nach § 433 I S. 2 BGB

Nach § 433 I S. 2 BGB gehört es auch zu der im Synallagma stehenden Hauptpflicht[23], dem Käufer die Sache **frei von Sach- und Rechtsmängeln** zu verschaffen. **70**

Die *Sachmangelfreiheit* gehört somit zur *primären* Leistungspflicht des Verkäufers.[24] Ein Verstoß gegen diese Pflicht begründet nach dem Wortlaut der §§ 437 Nr. 1, 439 I BGB grundsätzlich einen **Nacherfüllungsanspruch**. Dieser besteht gem. § 439 I BGB nach der Wahl des Käufers in der *Beseitigung* des Mangels oder in der *Lieferung* einer mangelfreien Sache. Freilich setzt beides voraus, dass der Verkäufer überhaupt nacherfüllen kann. Beim Gattungskauf ist dies jeweils ohne weiteres denkbar. Beim Stückkauf treten hingegen, wie noch zu zeigen sein wird, konstruktive Schwierigkeiten auf (vgl. hierzu ausführlich Rn 338 ff.). **71**

Beispiele:

(1) V verkauft K einen Gebrauchtwagen als unfallfrei, obwohl es sich bei dem Wagen in Wirklichkeit um einen wiederhergestellten Unfallwagen handelt. Trotz größtmöglicher Anstrengung ist es unmöglich, aus dem wiederhergestellten Unfallwagen einen unfallfreien Wagen zu machen.

(2) V verkauft K einen „Picasso". Doch schon einen Tag nach der Übergabe stellt sich heraus, dass es sich bei dem Gemälde um eine - wenn auch gute - Fälschung handelt. Ob V doch noch das geschuldete Gemälde übereignen kann, hängt davon ab, ob es tatsächlich noch existiert und auch vom jetzigen Eigentümer abgegeben wird. Verneint man zumindest Ersteres, ist die Übergabe des Bildes von V auf K unmöglich. Wegen § 311a I BGB bleibt der Kaufvertrag zwischen V und K auch dann bestehen, wenn der verkaufte „Picasso" überhaupt nicht existiert. Der Ausgleich findet dann auf der Ebene der Rechtsbehelfe (Rücktritt vom Vertrag, Schadensersatz) statt. Existiert das Bild,

---

[23] *Büdenbender*, in: Dauner-Lieb/Heidel/Lepa/Ring, Das neue Schuldrecht, § 8 Rn 21; *Huber*, in: Huber/Faust, Kap. 12 Rn 3 f.

[24] BT-Drs. 14/6040, S. 209; *Grigoleit/Herresthal*, JZ 2003, 118, 118 f.

steht es aber im Eigentum eines Dritten, trifft V eine Beschaffungsschuld. Kann er das Bild dennoch nicht beschaffen, haftet er ebenfalls auf Schadensersatz.

72 Kommen also weder die Beseitigung des Mangels noch die Lieferung einer (anderen) mangelfreien Sache in Betracht (oder ist die Mangelbeseitigung für den Verkäufer unverhältnismäßig, vgl. § 439 III BGB), stehen dem Käufer bestimmte Sekundäransprüche (Rücktritt vom Vertrag, Schadensersatz wegen Nichterfüllung) zu.

73 **Sach- und Rechtsmängel** wurden durch den Gesetzgeber im Gleichklang geregelt. Sie werden gleichermaßen dem Gewährleistungsrecht unterstellt, welches wiederum umfassend auf das allgemeine Leistungsstörungsrecht verweist.[25]

c. Nebenpflichten

74 Die zahlreichen Nebenpflichten, die sich aus einem Kaufvertrag ergeben und je nach Fallgestaltung variieren können, sind vielfach gesetzlich nicht geregelt, da sich z.B. leistungsbezogene Nebenpflichten, deren Eingreifen, Umfang und Ausgestaltung ganz von den Umständen des einzelnen Vertrags abhängen, einer allgemeinen Regelung entziehen.[26] Werden diese Nebenpflichten verletzt, kann der Käufer ggf. Schadensersatzansprüche geltend machen (vgl. dazu ausführlich Rn 412 ff., 523 ff.).

75 Im Einzelfall kommen unter anderem folgende Nebenpflichten des Verkäufers in Betracht:

(1) *Beratung* und *Aufklärung* bezüglich des sachgemäßen Gebrauchs oder einer eventuellen Gefährlichkeit des Kaufgegenstands; auf Fragen des Käufers hat der Verkäufer diesbezüglich Auskunft zu erteilen. Geht von der Kaufsache eine besondere schwerwiegende *Gefährlichkeit* aus, muss der Verkäufer einen Hinweis bzw. eine Warnung erteilen.

(2) In besonderen Fallkonstellationen kann sich aus dem Kaufvertrag für den Verkäufer eine allgemeine Nebenpflicht auf Bevorratung und Vorhalt von Ersatzteilen (z.B. Verschleißteile wie Bremsen bei KFZ) ergeben, die durchaus bis zu 10 Jahre andauern kann.[27]

(3) Tätigkeiten wie *Verpackung*, *Versendung* oder *Versicherung* der Ware.

(4) Nach § 434 II S. 2 BGB („IKEA-Klausel") muss die Kaufsache bei Bestimmung zur Montage als Nebenleistungspflicht eine *fehlerfreie Montageanleitung* enthalten.

(5) *Unterweisen in Handhabung und Wartung*: Bei technisch besonders komplexen Kaufgegenständen ist es teilweise erforderlich, dem Käufer eine Einführung in die ordnungsgemäße technische Handhabung und Wartung des Gegenstands zu geben[28] und teilweise Ersatzteile vorzuhalten.

76 Zu unterscheiden ist in diesem Zusammenhang, ob es sich um so genannte leistungsbezogene Nebenpflichten i.S.d. § 242 BGB handelt oder um solche, die den Schutz der Rechtsgüter des Käufers i.S.d. § 241 II BGB betreffen.

Beispiele:

(1) Leistungsbezogene Nebenpflicht: Lieferung eines Benutzerhandbuchs beim Verkauf eines PC

(2) Schutz der Rechtsgüter des Käufers: A kauft bei dem Möbelhändler B eine vom Händler zu montierende Küche. Während der Montage verursachen die Handwerker

---

[25] Vgl. hierzu *Schmidt-Räntsch*, Rn 744 ff.; *Schwab*, JuS 2002, 1, 5; *Schubel*, JuS 2002, 313, 315.
[26] BT-Drs. 14/6040 S. 203.
[27] Vgl. dazu ausführlich *Nietsch*, JZ 2014, 229 bis 236.
[28] BGHZ 47, 312.

des B ständig Schäden im Haus. Gegen dieses Verhalten ist der Käufer nach § 241 II BGB geschützt.

2. Pflichten des Käufers

a. Hauptpflicht: Kaufpreiszahlung

Nach § 433 II BGB schuldet der Käufer primär die Zahlung des Kaufpreises, die in einem **synallagmatischen** Verhältnis i.S.d. §§ 320 ff. BGB zu den Pflichten des Verkäufers steht. **77**

Die Pflicht zur Kaufpreiszahlung bedeutet dabei die *Übergabe* des Kaufpreises *in bar* - und zwar in der von den Vertragsparteien vereinbarten Währung - sowie Übereignung der Geldscheine und Geldstücke nach § 929 BGB in der vereinbarten Höhe an den Verkäufer Zug um Zug gegen Übergabe und Übereignung der Kaufsache. **78**

Wie bei Rn 48 ausgeführt, besteht, wenn im Vertrag kein Zahlungszeitpunkt vorgesehen wurde, die Zahlungspflicht nach § 271 BGB **mit Abschluss des Kaufvertrags**, sofern nicht § 474 III BGB eingreift. Der Käufer ist aber nicht vorleistungspflichtig, d.h. bis zur Erfüllung des Kaufvertrags durch den Verkäufer steht dem Käufer die Einrede des nicht erfüllten Vertrags nach § 320 BGB gegen dessen Zahlungsanspruch zu. **79**

Hinweis für die Fallbearbeitung: Die Parteien können aber auch eine *Vorleistungspflicht* des Verkäufers oder Käufers vereinbaren.

Im Übrigen kann auch die gesetzlich vorgesehene Barzahlungspflicht von den Parteien abweichend durch die Möglichkeiten *an Erfüllungs statt* oder *erfüllungshalber* geregelt werden. **80**

Beispiele für die heute allgemein übliche Gestattung eines bargeldlosen Zahlungsverkehrs:

- Angabe der Kontoverbindungen auf Rechnung und Auftragsbestätigung
- Annahme der ec-, Geld- oder Kreditkarte
- Annahme eines Schecks

Hinweis: Allerdings ist bei allen Formen des bargeldlosen Zahlungsverkehrs zu beachten, dass der Kaufpreisanspruch erst dann erlischt, wenn der Betrag auf dem Konto des Verkäufers gutgeschrieben ist, weil er erst von diesem Zeitpunkt an über das Geld verfügen kann.

Erbringt der Käufer eine andere Leistung anstelle von Geld, setzt dies eine entsprechende Vereinbarung der Parteien voraus. Diese Abrede muss nicht zwingend bereits bei Vertragsabschluss getroffen werden; ihnen steht es frei, zu welchem Zeitpunkt sie eine solche Vereinbarung abschließen. **81**

b. Pflicht zur Abnahme der Kaufsache nach § 433 II BGB

Die nur beim Sachkauf auftretende Pflicht zur Abnahme der Kaufsache gibt dem Käufer auf, die vom Verkäufer vertragsgemäß bereitgestellte Kaufsache an sich zu nehmen. Dabei handelt es sich um eine im Rahmen einer Leistungsklage einklagbare Pflicht des Käufers. Zweck dieser Regelung ist es insbesondere, den Verkäufer zu entlasten und ihn von der Sorge um die Erhaltung und Aufbewahrung des Kaufgegenstands zu befreien.[29] **82**

[29] Mot. II, 318; Prot. II, 52 ff.

aa. Pflichtinhalt

83 Der Käufer hat damit bei *Mobilien* die vertragliche Pflicht, dem Verkäufer die Ware abzunehmen. Regelmäßig bedeutet dies die Mitwirkung an der Übergabehandlung des Verkäufers. Bei den *Immobilien* hingegen gibt es keine körperliche Übergabe wie bei den Mobilien. Bei ihnen richtet sich die Abnahmepflicht auf die Mitwirkung an der Eigentumsübertragung durch Auflassung und Eintragung.

84 Der **Zeitpunkt** und **Ort** der Abnahmeverpflichtung richten sich zunächst nach den konkreten vertraglichen Vereinbarungen im Kaufvertrag. Sind diesbezüglich jedoch keine besonderen Absprachen getroffen worden, ergeben sich Leistungsort und -zeit aus §§ 269, 271 BGB.

85 Die Abnahmepflicht ist aber **teilweise begrenzt**. Denn nach § 433 I S. 2 BGB hat der Verkäufer die Primärleistungspflicht, eine sach- und rechtsmangelfreie Sache zu liefern. Der Käufer braucht also seiner Abnahmepflicht dann nicht nachzukommen, wenn die zur Abnahme bereitgestellte Sache i.S.d. §§ 434, 435 BGB mangelhaft ist.[30]

> **Hinweis für die Fallbearbeitung:** Die Weigerung des Käufers, die Ware wegen eines Sach- oder Rechtsmangels abzunehmen, stellt eine rechtshemmende Einrede i.S.d. § 320 BGB dar: Kommt also der Käufer seiner Abnahmepflicht nicht nach, ist jeweils zu prüfen, ob dem Anspruch des Verkäufers auf Abnahme der Sache deren Mangelhaftigkeit entgegensteht.

86

Außerdem kann die Abnahmepflicht aufgrund ihres **dispositiven Charakters** ausgeschlossen werden.

bb. Auswirkungen der Nichtabnahme

87 Grundsätzlich ist die Pflicht zur Abnahme eine *Nebenleistungspflicht* des Käufers.[31] Sie steht nicht im Synallagma zu den Pflichten des Verkäufers, da der Verkäufer in der Regel den Kaufvertrag nicht wegen der Abnahme des Kaufgegenstands, sondern wegen des Kaufpreises abgeschlossen hat.

> **Hinweis für die Fallbearbeitung:** In dem Zusammenhang ist zu berücksichtigen, dass §§ 282, 324 BGB nicht auf die Abnahmepflicht des § 433 II BGB anwendbar sind.[32]

88 Für den Verkäufer kann es in besonders gelagerten Fällen erforderlich sein, auf die Nichtabnahme zu reagieren. Eine solche Reaktion könnte der **Rücktritt nach § 323 I BGB** sein. Uneinigkeit besteht dahingehend, welche Möglichkeiten der Verkäufer bei einer Nichtabnahme dennoch herleiten kann.

Entgegen einer neueren Literaturmeinung[33], die dieses Recht nur bei einem Erstarken der Abnahmepflicht zur Hauptleistungspflicht einräumt, ist zu berücksichtigen, dass die Anwendung des § 323 I BGB zwar einen gegenseitigen Vertrag – wie z.B. beim Kaufvertrag – erfordert, die verletzte Leistungspflicht aber nicht in einem Synallagma stehen muss.[34] Für die Anwendbarkeit des § 323 I BGB spielt es insofern keine Rolle, aus welchen Gründen die Leistung nicht vertragsgemäß erbracht wurde; explizit bedeutet das: „Die Schlechtleistung kann auf der Verletzung einer Haupt-, sie kann aber auch auf der Verletzung einer Nebenleistungs-

---

[30] Nunmehr nachfolgend *Oechsler*, NJW 2004, 1825, 1827 f.
[31] Vgl. *Lorenz/Riehm*, Rn 476; BGH NJW 1972, 99; a.A. aber *Huber*, in: Soergel, § 433 Rn 275.
[32] Ausführlich hierzu *Wenzel*, DB 2003, 1887 f.
[33] So aber *Saenger*, in: Hk-BGB, § 433 Rn 15; *Berger*, in: Jauernig, § 433 Rn 30.
[34] BT-Drs. 14/6040, S. 183 re.Sp.

pflicht beruhen".[35] Systematisch nicht richtig wäre es deshalb, aus dieser Formulierung den Schluss zu ziehen, dass bei § 323 I Var. 1 BGB der nicht erbrachten fälligen Leistung ausschließlich die Hauptleistungspflicht erfasst wäre. Denn in § 323 I BGB wird unter Berücksichtigung einer objektiven Normauslegung[36] eine Differenzierung nach unterschiedlichen Leistungsbegriffen nicht vorgenommen. Die Norm stellt vielmehr insgesamt auf einen einheitlichen Leistungsbegriff ab. Hinzu kommt noch, dass es keinen Unterschied macht, ob sich die Nebenpflicht aus einem Vertrag oder aus dem Gesetz ergibt.[37]

Insofern ist ein Rücktritt des Verkäufers nach § 323 I BGB bei Vorliegen der Voraussetzungen möglich, wenn der Käufer seiner Abnahmepflicht nicht nachkommt.[38] Entsprechend kann er nach **§ 280 I BGB** und **§§ 280 I und III, 281 BGB** Schadensersatz geltend machen.[39]

c. Weitere Nebenpflichten des Käufers

Nebenpflichten des Käufers können sich aus dem Gesetz, aber auch aus dem Vertrag ergeben. 89

Gesetzliche Nebenpflichten sind z.B.: 90

- Übernahme der Kosten der Abnahme und der *Versendung* der Sache zu einem anderen Ort als dem Erfüllungsort, § 448 I BGB,
- Übernahme der Kosten der *Beurkundung* eines Grundstückskaufvertrags, der Auflassung, der Eintragung im Grundbuch und der zur Eintragung erforderlichen Erklärungen, § 448 II BGB.

Unter Beachtung der Verkehrssitte (etwa Handelsbräuche) kommen als **vertragliche Nebenpflichten** in Betracht: 91

- Aufklärung,
- Verzinsung des Kaufpreises,
- Übernahme der Transportkosten,
- Abruf der Ware, wenn die Lieferung auf Abruf vereinbart ist,
- und Rückgabe des Verpackungsmaterials.

Die wenigsten Nebenpflichten sind also gesetzlich normiert worden, vielmehr ergeben sich solche Pflichten des Käufers hauptsächlich aus § 242 BGB und müssen vielfach durch §§ 133, 157 BGB ermittelt werden. 92

Beispiel: Beim Kauf von Limonade in Flaschen können die Flaschen mitverkauft sein, sodass keine Rückgabepflicht besteht. Es ist aber auch denkbar, dass die Flasche wieder zurückgegeben werden soll, und zwar entweder an denselben Hersteller oder als Einheitslimonadenflasche, wobei es sich dabei um eine darlehensähnliche Gattungsschuld handelt.[40] Schließlich kann das neben dem Kaufpreis bezahlte „**Flaschenpfand**" auch als Vertragsstrafe zwischen den Parteien vereinbart sein.[41]

---

[35] BT-Drs. 14/6040, S. 184 re.Sp.
[36] Dazu *Schapp*, JA 2002, 763 ff.
[37] Vgl. *Lorenz/Riehm*, Rn 189.
[38] Ohne Begründung im Ergebnis gleich *Oetker/Maultzsch*, § 2 Rn 417; *Weidenkaff*, in: Palandt, § 433 Rn 46; *Grüneberg*, in: Palandt, § 323 Rn 10; *Lorenz/Riehm*, Rn 476.
[39] Vgl. *Lorenz/Riehm* Rn 476; *Faust*, in: Bamberger/Roth, § 433 Rn 61.
[40] BGH NJW 1956, 298.
[41] BGH BB 1963, 1400.

II. Rechtskauf

1. Grundlagen

93 Nach § 453 I BGB sind die Regeln über den Sachkauf nach §§ 433 ff. BGB auf den Kauf von Rechten **entsprechend** anwendbar: Der Verkäufer hat entsprechend § 433 I S. 1 BGB die Pflicht, dem Käufer das Recht durch Begründung oder Übertragung zu verschaffen.[42] Nach § 453 II BGB trägt der Verkäufer die Kosten der Begründung oder Übertragung des Rechts.

2. Verität

94 Der Verkäufer hat im Grundsatz für die Verität[43] des Rechts einzustehen. Verität bedeutet dabei, dass der Verkäufer für den einredefreien Bestand der Forderung und auch deren Übertragbarkeit haftet. Liegt eine solche Verität bei dem verkauften Recht hingegen nicht vor, ist der Vertrag wegen § 311a I BGB selbst dann wirksam, wenn diese von vornherein fehlte. Allerdings tritt in diesem Fall das Haftungsregime des § 437 BGB analog ein.

a. Gesetzliche Garantiehaftung durch § 276 I S. 1 BGB

95 Wird nach § 437 Nr. 3 BGB analog Schadensersatz i.S.d. §§ 440, 280 ff, 311a II BGB geltend gemacht, tritt aufgrund dieser Vorschriften keine gesetzliche Garantiehaftung ein, da die Schadensersatzvorschriften an ein Verschulden anknüpfen.

Teilweise wird daher die Auffassung vertreten, dass sich über die flexible Ausgestaltung des § 276 I S. 1 BGB aus dem Inhalt des Kaufvertrags über ein Recht eine solche Garantiehaftung ergeben müsse, da der Verkäufer mit dem Abschluss des Kaufvertrags gleichzeitig für den rechtlichen Bestand einstehen wolle.[44] Dem ist aber entgegenzuhalten, dass sich der Gesetzgeber durchgängig für das Modell einer Verschuldenshaftung entschieden hat. Selbst bei der anfänglichen Unmöglichkeit ist ein entsprechender Verschuldensmaßstab in § 311a II BGB eingeführt worden. Es ist für die Parteien und Interessen sachgerecht, an diesem Prinzip festzuhalten. Denn das Verschulden wird jeweils durch §§ 280 I S. 2, 311 II S. 2 BGB vermutet, wodurch für den Verkäufer dann diesbezüglich eine Haftung eintritt, wenn er sich nicht entlasten kann. Ihn treffen dementsprechend die aufwendige Beweispflicht und das Bemühen, eine Haftung abzuwenden. Kann er den Entlastungsnachweis tatsächlich führen, wäre es verfehlt, ihn dennoch pauschal haften zu lassen.

Eine entsprechende aus dem Schuldverhältnis folgende Garantiehaftung ist daher **abzulehnen**.[45]

b. Vertragliche Garantiehaftung

96 Unbenommen ist den Parteien jedoch die Möglichkeit, *ausdrücklich* oder *schlüssig* eine vertragliche Garantiehaftung für die Verität zu vereinbaren. Eine Garantiehaftung kann demnach dann angenommen werden, wenn sich aus dem Vertrag konkrete und eindeutige Anhaltspunkte für die Garantievereinbarung ergeben: Die bloße Tatsache, dass ein Recht verkauft wurde, kann hierfür allerdings nicht ausreichen.

3. Freiheit von Rechtsmängeln

97 Der Verkäufer hat dem Käufer das Recht frei von Mängeln zu verschaffen. Von dieser Vorschrift werden alle Rechte erfasst, solange sie veräußerlich sind, und zwar unabhängig davon,

---

[42] *Schellhammer*, MDR 2002, 485, 487.
[43] Einführend *Bosak*, JA 2002, 858 ff.
[44] Vgl. *Haas*, BB 2001, 1313, 1317; *Westermann*, JZ 2001, 530, 532; *Zimmer*, in: Ernst/Zimmermann, 191, 196; wohl auch *Zimmer/Eckhold*, Jura 2002, 145, 146; *Graf von Westphalen*, in: Henssler/Graf von Westphalen § 453 Rn 3.
[45] *Faust*, in: Huber/Faust, Kap. 7 Rn 28 ff.

- ob es sich um obligatorische oder dingliche Rechte handelt,
- an welcher Stelle sie sich im Gesetz befinden
- und welchen Inhalt sie haben.

Mängel beim Rechtskauf unterliegen infolge der §§ 437 Nr. 2, 3, 453 I BGB einheitlich dem **allgemeinen Leistungsstörungsrecht**, modifiziert durch die Sonderregelungen im Kaufrecht der §§ 439-441, 453 I, III BGB. 98

Generell hat der Verkäufer eines Rechts wegen der §§ 453 I, 433 I S. 2 BGB dafür Sorge zu tragen, dem Käufer das Recht **frei von Rechtsmängeln** zu verschaffen. 99

Entsprechend § 435 BGB ist das verkaufte Recht **mangelhaft**, wenn es Rechten Dritter ausgesetzt ist, die auch gegen den Käufer wirken. 100

In dem Fall ist der Käufer grundsätzlich berechtigt, aber auch verpflichtet, vom Verkäufer **Nacherfüllung** analog § 437 Nr. 1 BGB zu verlangen. Zweifelhaft ist jedoch, ob eine *Ersatzlieferung* i.S.d. § 439 I BGB in Bezug auf den Rechtskauf möglich ist. In jedem Fall erscheint es vorstellbar, dass eine Nacherfüllung in Form der *Mangelbeseitigung* in Betracht kommt. Nach Fristsetzung stehen dem Käufer auch die weitergehenden Rechte aus § 437 BGB entsprechend zu: 101

- **Rücktritt/Minderung** nach § 437 Nr. 2 BGB
- sowie **Schadensersatz** nach § 437 Nr. 3 BGB.

Der Anspruch des Käufers auf Nacherfüllung ist gerichtet auf die **Beseitigung** der im Widerspruch zu dem Rechtskauf stehenden Rechte Dritter. 102

Die Anwendbarkeit **des § 434 BGB** auf den Rechtskauf ist jedoch stark eingeschränkt. 103

- Grundsätzlich ist § 434 BGB auf den Rechtskauf nicht entsprechend anwendbar, da Gegenstand des Kaufvertrags nicht eine Sache, sondern ein davon zu unterscheidendes Recht ist. 104
- Eine *Ausnahme* hiervon gilt aber gem. § 453 III BGB, wonach der Verkäufer beim **Verkauf eines Rechts, das zum Besitz einer Sache berechtigt**, nicht nur dieses frei von Rechtsmängeln zu verschaffen hat, sondern der Käufer hat auch Anspruch darauf, dass ihm der Besitzgegenstand frei von Rechts- und Sachmängeln übergeben wird.[46] Damit unterliegt der Verkäufer insbesondere dem sich aus §§ 433 I S. 2, 434, 437 ff. BGB ergebenden Nacherfüllungsanspruch nach § 439 BGB.

  Beispiele:
  (1) das Grundstück beim Kauf eines Erbbaurechts
  (2) die Eigentumswohnung beim Kauf des Sondereigentums und des Anteils am Miteigentum am Grundstück[47]

  Den Verkäufer trifft in derartigen Konstellationen eine gesetzliche Pflicht zur doppelten Mangelfreiheit. Gleichgültig ist diesbezüglich, ob der Käufer einen Anspruch auf Nutzung hat oder ob ihm gerade diese Nutzungsmöglichkeit nicht zusteht. 105

  Beispiele:
  (1) Beim *Pfandrecht* steht dem Käufer des Rechts kein Nutzungsrecht an der Pfandsache zu.
  (2) Anders ist es beim *Erbbaurecht.*

---

[46] BGH NJW 1986, 1605 f.; RegE BR-Drs. 338/01 S. 569 f.
[47] *Ott*, in: Ott/Lüer/Heussen, Rn 483.

106 In derartigen Fällen handelt es sich zwar um einen Rechtskauf nach § 453 I BGB; aus der Sicht des Käufers steht aber das Recht zum Besitz an der Sache im Vordergrund. Daher erschien es dem Gesetzgeber sachgerecht, den Verkäufer **nicht nur für Rechts**-, sondern **auch für Sachmängel**, die bei der Übergabe der Sache bestehen, haften zu lassen.

4. Auswirkungen des § 276 BGB auf den Rechtskauf

107 Nach dem Willen des Gesetzgebers ist § 276 BGB mit dem dort geregelten **Verschuldensmaßstab** auch auf den Rechtskauf anzuwenden.[48] Dieser Umstand ist von entscheidender praktischer Bedeutung:

- Aufgrund der Verpflichtung zur mangelfreien Verschaffung des Rechts kann der Verkäufer, entsprechend den Regeln beim Sachkauf, auch beim Rechtskauf **ausdrücklich oder stillschweigend Garantien**, etwa für den Bestand der Forderung, übernehmen. In diesem Zusammenhang ist es auch denkbar, dass **selbstständige Garantien** gemäß § 443 BGB vorkommen.[49]

  Beispiel: Der Käufer erwirbt einen Elektrowärmespeicher für eine Fabrikhalle, für den der Verkäufer das Erreichen einer bestimmten Innentemperatur garantiert hat.[50]

- Zu prüfen ist daher stets, ob eine besondere ausdrückliche oder schlüssige Parteivereinbarung existiert, aufgrund derer der Verkäufer eines Rechts verschuldensunabhängig haftet.

> **Hinweis für die Fallbearbeitung:** Diese Schlussfolgerung ist aber nicht zwingend; vielmehr bleibt es bei der einzelfallbezogenen Auslegung des § 276 I BGB.

108 Um haftungsrechtliche Unklarheiten zu beseitigen, sollte eine vertragliche Regelung gefunden werden, und zwar nicht zuletzt wegen der **unterschiedlichen Haftung** beim Verkauf eines bereits bestehenden bzw. eines künftigen Rechts. Wegen des Gefahrübergangs im Zeitpunkt der Übertragung des bestehenden Rechts durch den Verkäufer auf den Käufer nach § 434 I S. 1 BGB sind in diesem Zusammenhang stets die Überlegungen zur garantiemäßigen Übernahme der Haftung i.S.d. §§ 443, 444 BGB heranzuziehen. Hat der Verkäufer **zugesichert**, dass eine bestimmte Beschaffenheit der Sache bestehen bleibe oder künftig entstehen werde, ist von einer verschuldensunabhängigen Garantiehaftung auszugehen.[51] Dies ist entsprechend bei § 276 I S. 1 BGB zu beachten.

5. Verjährung

109 Die Vorschriften des § 438 BGB sind auch auf den Rechtskauf anwendbar. Danach verjähren die Ansprüche gemäß § 438 I Nr. 3 BGB in **zwei** Jahren. Schwierigkeiten bereitet die **Feststellung** des Verjährungsbeginns wegen der Anknüpfung an die Übergabe (§ 438 II BGB). Ist mit dem Rechtskauf ein Recht zum Besitz verbunden, ist auch hier die **Übergabe** maßgebend. In den anderen Fällen, in denen es eine Unterscheidung zwischen Übergabe und Übereignung nicht gibt, ist hinsichtlich des Verjährungsbeginns nach § 438 II BGB auf die Übertragung des Rechts in seiner mangelhaften Form abzustellen.

> **Hinweis für die Fallbearbeitung:** Bei der Festlegung des Beginns der Verjährung auf den Zeitpunkt der Übertragung des Rechts darf nicht übersehen werden, dass der Käufer bei der Übergabe der Sache in der Lage ist, die Sachmangelfreiheit zu prüfen, wohingegen diese Prüfungsmöglichkeit beim Rechtskauf nicht ohne weiteres möglich ist. Dass es dennoch bei dem **Zeitpunkt der Übertragung der Sache** bleiben soll,

[48] RegE BR-Drs. 338/01 S. 569; vgl. auch *Schmidt-Räntsch*, Rn 905 ff.
[49] *Westermann*, NJW 2002, 246, 247.
[50] Vgl. BGH NJW 1965, 148, der hier einen selbstständigen Garantievertrag bejaht hat.
[51] *Graf von Westphalen*, in: Henssler/Graf von Westphalen, § 453 Rn 4.

folgt aus dem Umstand, dass § 438 II BGB entsprechend auch auf die Fälle des Rechtsmangels anwendbar ist, obwohl der Käufer auch hier allein aufgrund der Übergabe der Sache noch nicht in der Lage ist, die Mangelfreiheit problemlos feststellen zu können.

III. Kauf sonstiger Gegenstände

Die Vorschriften über den Sachkauf sind nach § 453 I Var. 2 BGB auch auf den **Kauf von sonstigen Gegenständen** entsprechend anwendbar. 110

Beispiele:

(1) entgeltliche Übertragung von Unternehmen bzw. Unternehmensteilen oder einer freiberuflichen Praxis[52]

(2) Elektrizität, Gas, Wasser, Fernwärme (jeweils in leitungsgebundener Form)

(3) technisches Know-how, Software, Erfindungen, gleichgültig, ob es sich bereits um ein gewerbliches Schutzrecht handelt oder (noch) nicht

Zwar können sonstige Gegenstände in ihrer Gesamtheit zusammenhängend verkauft werden, aber wenn aus dem Kaufvertrag über sonstige Gegenstände eine Pflicht zur Übertragung von Sachgesamtheiten oder Rechtsgesamtheiten (wie beim Unternehmenskauf) entsteht, müssen die jeweiligen Sachen und Rechte nach dem Spezialitätsprinzip unter Einhaltung der für sie geltenden Bestimmungen übertragen und ggf. übergeben werden. 111

D. Gefahrtragung beim Kauf

Gefahrübergang gem. §§ 446, 447 BGB

1. Wirksamer Kaufvertrag gem. § 433 BGB: Zustandekommen und Wirksamkeit

2. Ausschluss der Gegenleistungspflicht nach § 326 I BGB?

a. Schuldner braucht gem. § 275 I bis III BGB nicht zu leisten.

b. Es liegt kein Fall des § 326 II BGB vor, wenn der Gläubiger nicht für den Umstand verantwortlich ist, der zum Leistungshindernis des Schuldners geführt hat.

c. Rechtsfolge: Grundsätzlich entfällt die Gegenleistung (Kaufpreis).

3. Ausnahme:

a. Gefahrüberübergang nach § 446 BGB

⇨ Bei Übergabe der Sache geht nach § 446 BGB die Gefahr auf den Gläubiger (Käufer) über.

⇨ Anwendungsbereiche sind allerdings nur der zufällige Untergang oder die Verschlechterung der Sache. Bei einem Verschulden des Schuldners hat der Gläubiger einen Schadensersatzanspruch nach §§ 280 ff. BGB. Bei Verschulden des Gläubigers hingegen greift die Vorschrift des § 326 II BGB ein!

⇨ War die Sache mangelhaft i.S.d. § 434 BGB und kommt der Verkäufer seiner Nacherfüllungspflicht gem. §§ 437, 439 BGB nach, hat er während dieser Zeit für beim Transport oder in seinem Einflussbereich entstehende Schäden zu haften.

⇨ Es ist zu beachten: Der Käufer behält seine Mängelgewährleistungsrechte; er kann also nach Untergang noch vom Vertrag zurücktreten, wenn die Sache mangelbehaftet war.

[52] Vgl. BGH NJW 2001, 2462.

b. Gefahrübergang nach § 447 BGB mit Risikoverlagerung zugunsten des Schuldners (Verkäufers)

aa. Grundsätzlich *keine* Anwendbarkeit des § 447 BGB im Anwendungsbereich des § 474 IV BGB: Hier verbleibt es im Hinblick auf die Preisgefahr bei der Risikoverteilung des § 326 I BGB zulasten des Unternehmers.

bb. Voraussetzungen:

a.) *An einen anderen Ort als den Erfüllungsort*:

⇨ Bei einer Bringschuld ist ein Versendungskauf nicht möglich, da in diesem Fall Leistungs- und Erfüllungsort beim Gläubiger (Käufer) sind.

⇨ § 447 BGB ist auch beim Platzkauf (derselbe Ort oder dieselbe Stadt) anwendbar.

⇨ Beim Streckengeschäft geht das Transportrisiko auf den Käufer über.

⇨ Strittig sind die Konstellationen, in denen der Schuldner (Verkäufer) die Ware von einem anderen Ort als dem Leistungsort versendet: Zu differenzieren ist, ob die Transportroute dieselbe (analoge Anwendung des § 447 BGB) oder eine andere ist (nur eine analoge Anwendung, sofern zwischen Schuldner und Gläubiger ein derartiges Vorgehen vereinbart ist).

b.) *Versendung der „verkauften" Sache*

c.) *Auslieferung an die Transportperson*

⇨ Auslieferung an die Transportperson und Vornahme aller sonstigen notwendigen Maßnahmen für einen Versand

⇨ Strittig ist die Situation, in der sich der Schuldner eigener Leute für den Transport bedient. Grundsätzlich ist hier § 447 BGB bei einer Schickschuld analog anwendbar; allerdings sind §§ 276, 278 BGB zulasten des Schuldners zu berücksichtigen.

d.) *Rechtsfolge*: Infolge des Gefahrübergangs trägt der Käufer die Gefahr der Beförderung, d.h. er muss den Kaufpreis auch dann bezahlen, wenn die Ware nach Übergabe an den Transporteur untergegangen, beschädigt oder zerstört ist. Gegen den Schuldner stehen dem Gläubiger keine Gewährleistungsansprüche zu. Davon sind nach strittiger Ansicht auch atypische Schäden erfasst.

I. Allgemeine Regeln

112 Übergibt und übereignet der Verkäufer die Kaufsache an den Käufer, geht zu diesem Zeitpunkt das mit dem Eigentum verbundene Risiko auf den Käufer über. Denn mit der Übergabe an den Käufer verliert der Verkäufer die tatsächliche Möglichkeit, auf die Sache Einfluss zu nehmen. Daher enden für den Verkäufer dann seine Pflichten. Der Käufer hat den Kaufpreis auch in dem Fall zu zahlen, wenn die Kaufsache anschließend zerstört wird.

113 Fallen allerdings die Zeitpunkte der Übergabe und der Übereignung auseinander, können sich daraus spezielle Probleme ergeben. Die Leistungspflichten des Verkäufers und des Käufers gem. §§ 433, 453 BGB sind entsprechend den obigen Erwägungen synallagmatisch miteinander verknüpft. Daraus ergibt sich, dass der rechtliche Bestand der Kaufpreisforderung wegen der §§ 320, 326 BGB von dem rechtlichen Bestand der Pflicht zur Übereignung und Besitzverschaffung des § 433 I BGB abhängt. Entfällt diese Pflicht des Verkäufers als Schuldner seiner Leistungspflicht wegen § 275 BGB, entfällt gem. § 326 I S. 1 BGB zugleich auch die Pflicht des Käufers zur Erbringung seiner Kaufpreisschuld. Daraus lässt sich folgender grundlegender Schluss ziehen: Der Käufer trägt wegen der Regelungsintention des § 275 BGB die Gefahr, seinen Anspruch aus §§ 433 I, 453 I und III BGB zu verlieren, da dieser wegen Unmöglichkeit nicht mehr vom Schuldner erbracht werden kann (Leistungsgefahr); der Schuldner (Verkäufer) hingegen trägt wegen § 326 I BGB die spezielle Gefahr, im Zuge dessen regelmäßig seinen Gegenleistungsanspruch

in Form des Kaufpreises ebenfalls zu verlieren (Gegenleistungs- bzw. Preisgefahr). Zusammenfassend ist festzustellen, dass im Grundsatz weder Schuldner noch Gläubiger jeweils einen Anspruch auf die Leistung des Vertragspartners haben, sofern dem Schuldner eine Leistung i.S.d. § 275 BGB unmöglich wird. Hieraus ergeben sich einige Fragestellungen und Konsequenzen:

- Bei der **Sachgefahr** geht es also um die Frage, wer für den Verlust der Sache einzustehen hat. Diese Gefahr trägt der *Eigentümer*. Daraus ergibt sich aber noch keine Aussage darüber, welche Rechtsfolgen dieser Umstand für das Verhältnis zwischen Käufer und Verkäufer nach sich zieht. Relevanz erlangt dieses Problem beim Untergang der Kaufsache. 114

- Die **Leistungsgefahr** ist das Risiko des Verkäufers, noch einmal leisten zu müssen, wenn der erste Versuch der Leistung aus einem Grund, den weder er noch der Käufer zu vertreten hat, fehlgeschlagen ist. Dabei ist zunächst danach zu unterscheiden, ob es sich um einen Stück- oder einen Gattungskauf handelt. Beim *Stückkauf* schuldet der Verkäufer eine Sache, die im Vertrag nach individuellen Merkmalen konkret bestimmt ist, wohingegen beim *Gattungskauf* nur ein nach allgemeinen Kriterien gekennzeichneter Gegenstand zu leisten ist. Hier ist der Verkäufer gemäß § 243 I BGB nur zur Leistung einer Sache mittlerer Art und Güte verpflichtet, die zu dem im Vertrag vorausgesetzten Gebrauch geeignet ist und etwaige zugesicherte Eigenschaften aufweist. 115

  Beispiel: Der Verkäufer V verkauft am 2.4. einen antiken Bauernschrank an K. Am 4.4. soll der Schrank übergeben und - bei Zahlung des Kaufpreises - auch übereignet werden. Infolge einer Brandstiftung durch einen unbekannten Dritten am 3.4. wird nicht nur der Lagerraum, in dem sich der Schrank befunden hat, sondern auch der Schrank zerstört.

  Fraglich ist, ob V nach § 433 I S. 1 BGB verpflichtet ist, an K einen Bauernschrank zu übergeben und zu übereignen. Eine solche Pflicht besteht dann nicht, wenn ihm die Pflicht zwischenzeitlich i.S.d. § 275 I BGB unmöglich geworden ist. Der Bauernschrank ist am 3.4. durch das Feuer untergegangen bzw. zerstört worden, insoweit liegt eine Unmöglichkeit i.S.d. § 275 BGB vor, nach der V von seiner Leistungspflicht frei wird.

- Da es sich beim Kauf um einen gegenseitigen Vertrag handelt, ist es von besonderer Relevanz, ob im Rahmen der **Gegenleistungs- bzw. Preisgefahr** nach dem Erlöschen der Leistungspflicht des Verkäufers die geschuldete Gegenleistung in Form des Kaufpreises dennoch vom Käufer zu erbringen ist oder ob er auch von dieser Pflicht befreit wird. Hierbei trifft die Gefahr des *zufälligen Untergangs* oder der *unverschuldeten Verschlechterung* in der Zeit zwischen Vertragsschluss und Erfüllung grundsätzlich den Verkäufer. 116

Diese Grundsätze erfahren sowohl im Allgemeinen Teil des Schuldrechts wie in § 326 II BGB als auch im Besonderen Teil einige Durchbrechungen. Im Kaufrecht wird die synallagmatische Verknüpfung durch §§ **446, 447 BGB** hinsichtlich der Preisgefahr durchbrochen. 117

> **Hinweis für die Fallbearbeitung:** Demnach ergibt sich folgende Prüfungsabfolge: Zunächst sind die Voraussetzungen des § 326 I BGB zu prüfen. In diesem Zusammenhang ist die Ausnahmeregelung des § 326 II BGB zu beachten. Erst wenn feststeht, dass § 326 I BGB in dem Sinn grundsätzlich erfüllt ist, muss im Weiteren die Ausnahmeregelung des § 446 BGB gutachterlich bearbeitet werden.

II. Sonderregeln für die Preisgefahr

Die Abwicklung der Pflichten des Verkäufers kann in mindestens zwei Varianten erfüllt werden. Entweder übergibt der Verkäufer seinem Vertragspartner die Sache direkt, dann ist der Anwendungsbereich des § 446 BGB eröffnet, oder die Kaufsache wird an den 118

Käufer auf dessen Verlangen versandt, wobei in dem Fall § 447 BGB anzuwenden ist. In beiden Vorschriften werden Ausnahmen für § 326 I BGB dafür aufgestellt, dass der Kaufgegenstand zufällig untergeht oder verschlechtert wird.

- **Untergang** ist die körperliche Vernichtung oder der Besitzverlust, der v.a. durch einen Dritten in Form der widerrechtlichen unwiederbringlichen Entziehung des Kaufgegenstands in Betracht kommt.
- **Verschlechterung** ist dagegen jede Qualitätsminderung wie z.B. die Beschädigung oder der Verderb des Kaufgegenstands.

119 Durch diese Ausnahmeregelungen der §§ 446, 447 BGB bleibt dem Verkäufer der Kaufpreisanspruch also auch erhalten, obgleich er von seiner Leistungsverpflichtung befreit wurde.

1. Gefahrübergang bei der Übergabe

a. Grundlagen

120 § 446 BGB betrifft den Zeitpunkt des Gefahrübergangs. Hierbei beschränkt sich der Regelungsbereich des **§ 446 BGB** auf den **zufälligen Untergang** der Sache oder deren **zufällige Verschlechterung**. Denn in der Konstellation, in der der Verkäufer den Untergang oder die Verschlechterung verursacht hat, kann der Käufer nach der Maßgabe der §§ 280 ff. BGB Schadensersatz verlangen. Liegt das Verschulden hingegen beim Käufer, greift bereits die Vorschrift des § 326 II BGB ein, nach der der Verkäufer den Anspruch auf den Kaufpreis behält.

121 **Zufall** bezeichnet danach den Umstand, dass weder der Verkäufer noch der Käufer den Verlust oder die Verschlechterung der Sache zu vertreten haben.

> **Beispiel:** V verkauft am 28.3. eine ganz spezielle, im Laden stehende Musikanlage an K. Die Anlage wird K – damit dieser sie über Ostern auf einem Konzert einsetzen kann – sofort übergeben. Am 2.4. soll sie mit Zahlung des Kaufpreises übereignet werden. Bei dem Konzert am 30.3. kommt es zu einem Brand in der Konzerthalle, bei dem auch die Anlage zerstört wird. V möchte wissen, ob er einen Anspruch auf Zahlung des Kaufpreises hat.
>
> V könnte einen Anspruch auf Zahlung des Kaufpreises gem. § 433 II BGB gegenüber K haben. Der Kaufpreisanspruch ist gem. § 326 I S. 1 BGB wegen des geschilderten Tatbestands grundsätzlich untergegangen. Auch § 326 II S. 1 BGB führt zu keinem anderen Ergebnis, da K den Brand nicht verursacht hat und ihn auch keine Sorgfaltspflichten trafen, die er verletzt hatte. Allerdings könnte sich aus § 446 S. 1 BGB ein Übergang der Preisgefahr ergeben haben. Dafür muss die Sache dem Käufer übergeben worden sein. In dem Zeitpunkt trug der Käufer die Gefahr des zufälligen Untergangs und der zufälligen Verschlechterung. Die Anlage wurde bereits am 28.3., also vor dem 30.3., an K übergeben. Damit trägt K das Risiko des zufälligen Untergangs oder einer Verschlechterung hinsichtlich der Sache, weshalb er die Preisgefahr trägt. Eine Ausnahme zu § 326 I S. 1 BGB liegt vor. K muss gem. §§ 433 II, 446 BGB den Kaufpreis zahlen.

122 Nach § 446 S. 1 BGB trägt der Verkäufer die Preisgefahr bis zum Zeitpunkt der Übergabe an den Käufer, danach wechselt diese auf den Käufer über.

> **Hinweis für die Fallbearbeitung:** Erneut ist darauf hinzuweisen, dass der Anwendungsbereich des § 446 BGB ausschließlich auf den Zeitraum zwischen Übergabe und späterer Übereignung beschränkt ist. Ist die Sache auch übereignet, kann dem Verkäufer wegen seiner Erfüllungsleistung der Anspruch auf die Gegenleistung grundsätzlich nicht mehr genommen werden.

Besonderheiten gelten im Anwendungsbereich des § 446 BGB in Bezug auf die **Sachmängelgewährleistung**. § 434 I S. 1 BGB setzt hinsichtlich der Definition des Sachmangels voraus, dass dieser „bei Gefahrübergang" vorliegen muss. Daraus folgt u.E. die rechtliche Einschätzung, dass ein Gefahrübergang auch stattfindet, wenn die Sache einen Sach- oder Rechtsmangel aufweist, denn ansonsten wäre rechtssystematisch ein Sachmangel i.S.d. § 434 BGB im Regelungsbereich des § 446 BGB nicht möglich.[53] War die Sache gem. § 434 I BGB bei Gefahrübergang aber mangelhaft und sollte bei dieser entsprechend §§ 437 Nr. 1, 439 BGB im Rahmen der Nacherfüllung der Mangel beseitigt werden, trägt der Verkäufer nach §§ 437, 440, 346 BGB das Risiko des berechtigten Rücktritts, wenn die Sache während des neuerlichen Transports oder in seinem Machtbereich beschädigt wird oder sogar untergeht. Der Verkäufer trägt insoweit in dieser Konstellation über das gesetzliche Gewährleistungsrecht wieder das Risko der Preisgefahr. 123

b. Nutzungen nach § 100 BGB

Vom Zeitpunkt der Übergabe der Kaufsache an gebühren dem Käufer nach § 446 S. 2 BGB die **Nutzungen** i.S.d. § 100 BGB, obgleich er noch nicht Eigentümer der Sache geworden ist. Im Gegenzug dazu hat er nach § 446 S. 2 BGB auch von diesem Moment an die **Lasten** zu tragen. 124

Beispiele: Erhaltungskosten, Steuern, Versicherungsbeiträge

Die Modalitäten bezüglich der Nutzungen und Lasten sind dagegen in §§ 101, 103 BGB geregelt. 125

§ 446 S. 3 BGB regelt die gesetzliche Gleichstellung der Übergabe mit dem **Annahmeverzug**. Die Verzugsvoraussetzungen ergeben sich aus §§ 293 ff. BGB.[54] Die Gleichstellung von Übergabe und Gläubigerverzug ergibt sich bereits weitgehend aus den Rechtsfolgen des Gläubigerverzugs gem. §§ 300 ff. BGB. 126

- Von besonderer Bedeutung ist § 446 S. 3 BGB jedoch für die *Sachmangelhaftung*, da über § 446 S. 3 BGB der maßgebliche Zeitpunkt für § 434 BGB festgelegt wird. Tritt während der Verzugsphase ein Sachmangel ein, hat der Verkäufer für diesen nicht i.S.d. § 437 ff. BGB einzustehen, selbst wenn er diesen verschuldet hat (vgl. dazu weiter Rn 273 f.). Zwar haftet der Schuldner bei Gläubigerverzug grundsätzlich nach § 300 I BGB für Vorsatz und grobe Fahrlässigkeit, jedoch ist diese Vorschrift im Anwendungsbereich des § 434 BGB aufgrund des Sinns und Zwecks des Gesetzes nicht anzuwenden, da § 434 I BGB auf den rein zeitlichen Aspekt abstellt und das Sachmängelgewährleistungsrecht verschuldensunabhängig seitens des Verkäufers ausgestaltet ist.[55]
- Für die Nutzung konkretisiert § 446 S. 3 BGB den Anwendungsbereich des § 302 BGB; im Bereich der *Lasten* hat der Gesetzgeber klargestellt, dass diese ab der Verzugsphase bereits vom Käufer zu tragen sind. Insoweit kann der Verkäufer in der Verzugsphase aufgewandte Lasten vom Käufer nach §§ 446 S. 3 u. S. 2 BGB ersetzt verlangen.

c. Immobilien

Der Käufer von Immobilien trägt nach § 446 S. 1 BGB mit der Übergabe des Hausgrundstücks das **Risiko für zufällige Beeinträchtigungen** wie Erdbeben, Überschwem- 127

---

[53] Vgl. *Beckmann*, in: Staudinger (2014), § 446 Rn 28; *Oetker/Maultzsch*, § 2 Rn 385; a.A. *Skamel*, Nacherfüllung beim Sachkauf, S. 149, der zwar einen Gefahrübergang ablehnt, diesen aber hypothetisch annimmt. *Berger*, in: Jauernig, § 446 Rn 3, lässt überhaupt keinen Gefahrübergang zu; vgl. auch *Köhler*, in: Staudinger (1995), § 446 Rn 24 und die Vorauflage dieses Buches.

[54] Ausführlich hierzu *R. Schmidt*, SchuldR AT, Rn 746 ff.

[55] Vgl. *Faust*, in: Bamberger/Roth, § 446 Rn 15.

mungen oder Blitzschlag, und zwar schon vor Eintragung der Eigentumsänderung im Grundbuch.

Beispiel: Das Haus liegt nahe an der Elbe und wird durch ein Hochwasser überflutet.

128 Darüber hinaus hat der Käufer **im Innenverhältnis** zum Verkäufer auch die Steuern, Abgaben und Versicherungsbeiträge zu tragen.

d. Aufschiebend oder auflösend bedingter Kaufvertrag

129 Schwierigkeiten ergeben sich jedoch, wenn der Kaufvertrag **aufschiebend** oder **auflösend** bedingt i.S.d. § 158 BGB abgeschlossen wurde.

130 - Beim *aufschiebend bedingten Kaufvertrag* gem. §§ 433, 158 I BGB steht dem Käufer nur ein Anwartschaftsrecht zu, welches erst mit dem Eintritt der Bedingung zum Vollrecht erstarkt.[56] Mit der vollen Wirksamkeit tritt auch erst die Rechtsänderung ein. Fällt in dem Zusammenhang die Bedingung aus, entsteht das Vollrecht nicht, § 446 BGB kann demnach auch keine Wirkung entfalten.[57] Der Käufer brauchte den Kaufpreis mangels vertraglicher Abrede nicht zu entrichten, weshalb er ihn gem. § 812 BGB zurückverlangen kann, sofern er ihn dennoch bereits gezahlt hatte. Tritt hingegen die Bedingung nach dem zufälligen Untergang oder der zufälligen Verschlechterung ein, ist der Vertrag von Anfang an wirksam[58], wonach auch § 446 BGB entsprechende Wirkung entfalten muss[59]; diese Rechtsfolge erscheint deshalb sachgerecht, da aufgrund des Anwartschaftsrechts und des Rechtsgedankens des § 159 BGB dem Käufer ja auch die Nutzungsmöglichmöglichkeiten zustand.[60]

131 - Mit Eintritt der *auflösenden Bedingung* endet die Wirkung des Kaufvertrags. Die noch nicht erfüllten Pflichten erlöschen damit, ein noch nicht gezahlter Kaufpreis muss demnach nicht erbracht werden. Ist hingegen der Kaufpreis bereits gezahlt worden, braucht dieser vom Verkäufer an den Käufer nicht zurückgezahlt zu werden.[61] Aus §§ 158 II, 446 BGB ergibt sich eine Wertung, die gegen eine Rückzahlungspflicht spricht: Der auflösend bedingte Kaufvertrag war zunächst bis Bedingungseintritt wirksam. Durch Übergabe der Sache ging entsprechend § 446 BGB die Gefahr auf den Käufer rechtskonform über. Eine rückwirkende Aufhebung der Wirkung des § 446 BGB ist wegen der gesetzlichen Intention des § 158 II BGB nicht möglich.

e. Erhalt von Ansprüchen aus einem Mangel

132 Ist die Sache untergegangen, nachdem der Käufer nach § 446 BGB die Preisgefahr trug, behält der Käufer dennoch seine Rechte oder Ansprüche, die sich aus einem Mangel der untergegangenen Sache ergeben. Hat z.B. die Kaufsache einen Mangel i.S.d. § 434 BGB gehabt, kann der Käufer wegen dieses Mangels, obgleich die Sache untergegangen ist, von dem Kaufvertrag nach §§ 434, 437 Nr. 2 Var. 1, 440, 326 V, 323 BGB zurücktreten. Unter Beachtung der in § 346 III S. 1 Nr. 3 BGB aufgestellten Sorgfaltsmaßstäbe braucht der Käufer bei der Rückabwicklung in Bezug auf den Rücktritt auch keinen Wertersatz hinsichtlich der untergegangenen Kaufsache zu leisten. War der Verkäufer zudem dauerhaft zur Verschaffung des Eigentums unvermögend, mindert sich der Kaufpreis auf den bloßen Besitzwert, dem zufolge der Käufer nach § 326 I S. 1 Halbs. 2 BGB den Kaufpreis nach § 441 III BGB analog mindern bzw. nach § 437 Nr. 2 Var. 1 BGB zurücktreten kann.

---

[56] *Ellenberger*, in: Palandt, § 158 Rn 1.
[57] *Beckmann* in: Staudinger (2014), § 446 Rn 16; *Huber*, in: Soergel, § 446 Rn 45; *Weidenkaff*, in: Palandt, § 446 Rn 11; BGH NJW 1975, 776; dagegen aber *Larenz/Canaris*, § 42 IIa.
[58] *R. Schmidt*, BGB AT, Rn 527.
[59] *Oetker/Maultzsch*, § 2 Rn 384 m.w.Nachw.
[60] *Oetker/Maultzsch*, § 2 Rn 384; *Larenz*, § 42 IIa.
[61] Vgl. *Larenz/Canaris*, § 42 IIa; *Beckmann*, in: Staudinger (2014), § 446 Rn 17; *Huber*, in: Soergel, § 446 Rn 47.

f. Abdingbarkeit

Die Regelung des § 446 BGB ist abdingbar[62], weshalb die Vertragsparteien insgesamt etwas anderes vereinbaren können. Dies gilt nicht nur hinsichtlich des Gefahrübergangs, sondern in gleicher Weise für die Nutzen und Lasten der Sache. **133**

2. Gefahrübergang beim Versendungskauf

Versendet der Verkäufer auf Verlangen des Käufers die verkaufte Sache nach einem anderen Ort als dem Erfüllungsort, geht die Gefahr auf den Käufer über, sobald der Verkäufer die Sache dem Spediteur, dem Frachtführer oder der sonst zur Ausführung der Versendung bestimmten Person oder Anstalt ausgeliefert hat. **134**

a. Einleitung

Nach § 447 BGB, der damit einen weiteren Fall des Gefahrübergangs regelt, geht die Preisgefahr beim Kauf beweglicher Sachen dementsprechend in dem Augenblick auf den Käufer über, in dem der Verkäufer die Kaufsache auf Verlangen des Käufers an die Transportperson **ausgehändigt** hat. Der Käufer hat demnach bereits die Gefahr zu tragen, obgleich er die Ware noch nicht in Händen hält und diese nicht nutzen kann. **135**

Beim Versendungskauf handelt es sich um einen Kaufvertrag, bei dem der Verkäufer dafür zu sorgen hat, dass die gekaufte Ware **an einen anderen Ort als den Erfüllungsort** verbracht wird. Da der Verkäufer, mangels Anwesenheit des Käufers, nicht am Ort seiner Niederlassung erfüllen kann, befreit er sich **durch Übergabe des Kaufgegenstands an die Transportperson** von der Gefahr des zufälligen Untergangs oder der Beschädigung der Sache.

> **Hinweis für die Fallbearbeitung:** Zu beachten ist jedoch, dass § 447 BGB wegen § 474 II BGB **nicht** auf den **Verbrauchsgüterkauf** anwendbar ist (vgl. hierzu ausführlich Rn 605 ff.).

b. An einen anderen Ort als den Erfüllungsort

Grundvoraussetzung des § 447 BGB ist, dass die Sache an einen anderen Ort als den Erfüllungsort versandt werden soll. Erfüllungsort bzw. Leistungsort ist der Ort, an dem der Schuldner die *Leistungshandlung* unabhängig davon vorzunehmen hat, an welchem Ort deren Erfolg tatsächlich eintritt. **136**

aa. Bringschuld

Bei einer Bringschuld hat der Verkäufer hingegen die Leistungshandlung an dem Ort des Gläubigers vorzunehmen. Hier ist es bereits Teil des Vertrags und damit Pflicht des Verkäufers, dass er die Ware zu dem Käufer transportiert, weshalb der Anwendungsbereich des Versendungskaufs nicht eröffnet ist. Ob allerdings eine Bringschuld vereinbart wurde, ist anhand des § 269 BGB zu beurteilen. § 269 I BGB sieht im Zweifel vor, dass keine Bringschuld vorliegt. Bei der richtigen rechtlichen Einschätzung ist diesbezüglich § 269 III BGB zu beachten, nach dem aus dem Umstand, dass der Schuldner die Kosten der Versendung übernommen hat, nicht entnommen werden kann, dass der Ort, an den die Sache versandt wurde, auch der Leistungsort sein soll. **137**

bb. Platzkauf

In der Handelssprache wird unter einem Platzkauf der Verkauf innerhalb desselben Ortes wie z.B. Berlin verstanden. § 447 I BGB geht im Gesetzestext jedoch davon aus, dass die **138**

---

[62] Vgl. BGH NJW 1982, 1278; *Weidenkaff*, in: Palandt, § 446 Rn 3.

Ware an „einen anderen Ort" versendet werden muss. Insoweit stellt sich die Frage, ob der Platzkauf, also die Versendung innerhalb derselben Gemeinde oder Ortschaft, vom Anwendungsbereich des § 447 I BGB erfasst ist.

Bei der Beantwortung ist zu beachten, dass es alltäglicher Rechtsbrauch ist, beim Platzkauf eine Schickschuld zu vereinbaren. Nach § 269 BGB sind Erfüllungsort nur die Wohnung oder die Niederlassung des Verkäufers. Daher ist jede im Zusammenhang mit einem Kaufvertrag getroffene Abrede über die Verbringung der Ware an einen anderen Ort als den Erfüllungsort ein Versendungskauf.

Zudem ist eine Abgrenzung nach einer Gemeindeeinteilung nicht möglich, da die Gemeindegrenzen zum einen rein willkürlich festgelegt wurden, wodurch die Anwendbarkeit des § 447 I BGB ebenfalls der Willkür unterläge. Zum anderen gäbe es Situationen, in denen kurze Lieferentfernungen durch eine Gemeindegrenze getrennt werden, wohingegen weitere Lieferstrecken innerhalb einer Gemeinde wie z.B. Hamburg nicht erfasst wären. Dies aber verstößt u.E. gegen den Gleichheitssatz und gegen das Willkürverbot.

Ausgangspunkt für eine Bestimmung muss daher vielmehr der Ort sein, an dem der Schuldner eigentlich zu erfüllen hätte. Dieser sind bei der Holschuld und bei der Schickschuld der Firmensitz oder der Wohnort des Schuldners. Dann werden die Probleme adäquat gelöst: Befindet sich der Käufer auf demselben (Industrie-)Grundstück wie der Verkäufer, kann § 447 BGB keine Anwendung finden. Wird der Kaufgegenstand hingegen an einen anderen Ort als den Erfüllungsort verbracht, kann § 447 BGB Anwendung finden.[63]

cc. Versendung von einem anderen als dem Leistungsort

139 Fraglich ist jedoch, ob der Regelungsbereich zuungunsten des Käufers auch dann eingreift, wenn der Verkäufer die Ware nicht von seinem Leistungsort, sondern von einem anderen Ort aus versendet.

> **Beispiel:** Die A-GmbH und die B-AG sind beide Kaufleute i.S.d. § 6 HGB, demnach liegt ein Handelsgeschäft nach §§ 343 HGB vor. Die A-GmbH hat der B-AG eine Maschine zur Verpackung von Produkten verkauft. Die Maschine steht aber nicht in der Firma der A-GmbH, sondern bei dem Produzenten C-OHG. Von dieser soll die Maschine direkt an die B-AG versandt werden.

140 Hierbei ist zu unterscheiden, ob die Transportroute von der üblichen Route zwischen Leistungs- und Erfolgsort abweicht.

141
- Ist die *Transportroute dieselbe*, weil z.B. die Produktionsstätte des Produzenten auch in dem Gewerbegebiet, in dem der Verkäufer ansässig ist, liegt, muss es bei der Wertung des § 447 BGB verbleiben. Denn in dem Fall gibt es keine relevanten Unterschiede, die eine andersartige Entscheidung erlaubten: Der Weg und die damit einhergehenden Gefahren sind dieselben.

142
- In den weit überwiegenden Fallkonstellationen wird diese *Übereinstimmung* des *Transportwegs jedoch <u>nicht</u> gegeben* sein:

[63] Vgl. LG Hamburg MDR 1955, 545; *Grunewald,* in: Erman, § 447 Rn 5; *Weidenkaff,* in: Palandt, § 447 Rn 12; *Wertenbruch,* JuS 2003, 625, 628; a.A. *Huber,* in: Soergel, § 447 Rn 24.

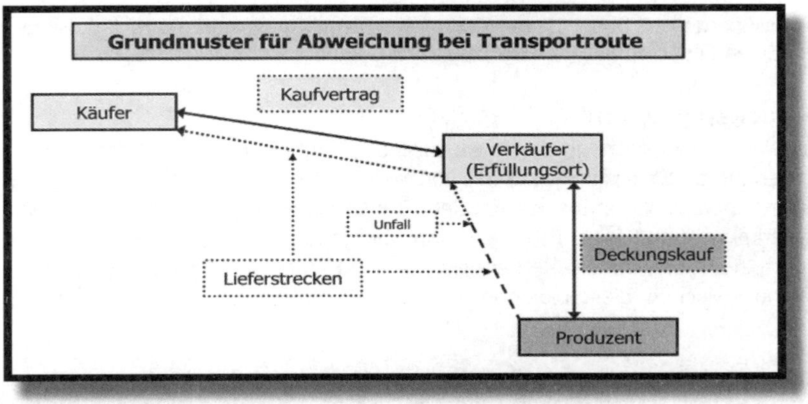

Bei der Beantwortung der Rechtsfrage ist zu beachten, dass der Verkäufer grundsätzlich am Leistungsort seine vertragliche Leistungspflicht zu erbringen hat. An diesem soll dem gesetzgeberischen Willen nach der Gefahrübergang stattfinden. Räumte man hingegen dem Verkäufer die Möglichkeit ein, eigenständig den Auslieferungsort zu bestimmen, gewährte man dem Verkäufer das Recht, den Gefahrübergang einseitig und zulasten des Käufers zu bestimmen und entgegen den gesetzlichen Regelungen zu verschieben. Denn der Abtransport ab dem Werk des Vertragspartners des Verkäufers ist das Deckungsgeschäft und fällt damit der Intention nach in den Risikobereich des Verkäufers.

Als Konsequenz ergibt sich daher, dass ausschließlich dann der Verkäufer entsprechend § 447 BGB begünstigt ist, **wenn zwischen Verkäufer und Käufer ein solches Vorgehen vereinbart wurde, der Käufer also einverstanden ist.**[64] Die Parteien können eine solche Vereinbarung auch konkludent treffen: „Lieferung ab Werk", „ab Lager" usw. Ist eine solche Vereinbarung von den Vertragsparteien getroffen worden, braucht der Käufer die näheren Umstände der Abwicklung hingegen nicht zu kennen.

Beispiel: Der Käufer K (ein Einzelhändler) hat seinen Firmensitz in Stuttgart und kauft beim Großhändler G in Göppingen eine Waschmaschine. Göppingen wird als Leistungsort (= Erfüllungsort) vereinbart. Der Verkäufer sollte auf ausdrückliches Verlangen des Käufers die Waschmaschine nach Stuttgart transportieren lassen. Die Produktion erfolgt in Kirchheim. Der Verkäufer lässt die Waschmaschine durch die Spedition von Kirchheim nach Stuttgart transportieren. Kurz vor Göppingen gerät der LKW des Spediteurs ohne dessen Verschulden in Brand. Die für den Käufer bestimmte Waschmaschine wird dadurch unbrauchbar. Muss der Käufer den Kaufpreis bezahlen?
G könnte einen Anspruch auf den Kaufpreis gem. § 433 II BGB gegen K haben. Ein wirksamer Kaufvertrag ist zustande gekommen. Durch das Feuer ist die Waschmaschine zerstört worden, wodurch G die Lieferung nach § 275 I BGB unmöglich geworden ist. Damit kann er den Kaufpreisanspruch gem. § 326 I S. 1 BGB grundsätzlich nicht beanspruchen. Möglicherweise tritt aber die Ausnahme des § 447 BGB ein. Es liegt kein Verbrauchsgüterkauf i.S.d. § 474 I BGB vor, insofern ist die Vorschrift über den Versendungskauf gem. § 474 II BGB anwendbar. Weiterhin müsste aber die Gegenleistungsgefahr auf den Käufer übergegangen sein. Die Parteien vereinbarten ausdrücklich einen solchen Versendungsverkauf und die Ware ist ebenfalls an den Spediteur übergeben worden. Zu beachten ist hier jedoch, dass sich der Unfall noch vor dem Erfüllungsort ereignete. Eine diesbezügliche Vereinbarung über die gewählte Fahrtroute gab es zwischen den Parteien nicht. Der Käufer konnte davon ausgehen, dass der Transport vom Lager des G ausginge. Insoweit konnte die Preisgefahr wegen der bereits oben ausgeführten Argumente nicht auf den

---

[64] Vgl. BGH NJW 1991, 915, 916; *Westermann*, in: MüKo, § 447 Rn 4; *Beckmann*, in: Staudinger (2014), § 447 Rn 15; *Weidenkaff*, in: Palandt, § 447 Rn 13; a.A. LG Köln NJW-RR 1989, 1457, 1458; *Huber*, in: Soergel, § 447 Rn 20; *Pallasch*, BB 1996, 1121; *Wertenbruch*, JuS 2003, 625, 627.

Käufer übergehen. Daher ist der Kaufpreisanspruch gem. § 326 I S. 1 BGB ausgeschlossen. Einen Anspruch aus § 433 II BGB kann G daher nicht geltend machen.

dd. Streckengeschäft

143 Wird die Ware entsprechend der Anweisung des Käufers an einen Dritten versandt, liegt ein so genanntes **Streckengeschäft** vor.[65] Dies ist deshalb zulässig, weil es Sache des Käufers ist, den Bestimmungsort für den Transport festzulegen. In dem Verhältnis zwischen Verkäufer und Käufer tritt der Gefahrübergang mit der Übergabe der Sache an die Transportperson ein, in dem Verhältnis zwischen Käufer und Abkäufer (Dritter) hingegen nur, wenn zwischen diesen beiden Parteien ein entsprechendes Vorgehen vereinbart war.

Beispiel: A ist Händler für komplexe Druckmaschinen. B will für seine Druckerei eine neue Maschine kaufen. Daher wendet er sich an A; beide schließen einen Kaufvertrag über eine Maschine ab. Nunmehr tritt A an C heran, der Produzent von Druckmaschinen ist, und kauft als sog. Deckungskauf bei ihm eine Maschine ein. A und C vereinbaren, die Maschine nicht zum Firmensitz des A, sondern direkt an B (Abkäufer) auszuliefern.

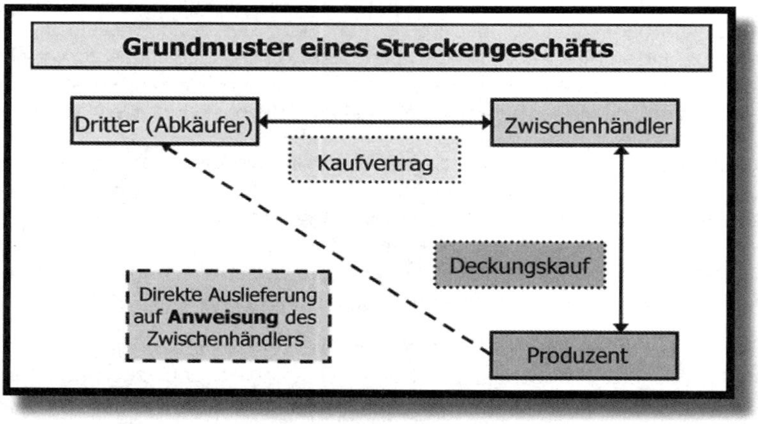

c. Auf Verlangen des Käufers

144 Die Ware muss auf Weisung des Käufers an einen anderen Ort als den Erfüllungsort versandt worden sein. Damit wird zum Ausdruck gebracht, dass die Versendung nicht gegen oder ohne den Willen des Käufers erfolgt sein darf:[66] Sie muss demzufolge dem ausdrücklichen oder stillschweigenden Willen des Käufers entsprechen.

145 Bei einer *Holschuld* des Käufers ist § 447 BGB im Grundsatz nicht anwendbar, denn bei dieser hat der Gläubiger die Leistung beim Schuldner zu holen, der Schuldner die Leistung also nur zur Annahme bereitzuhalten. In Betracht kommt allerdings der Versendungsverkauf in solchen Fällen, in denen zwar der Käufer die Ware abzuholen hat, der Verkäufer dennoch auf Bitten des Käufers aus Gefälligkeit die Ware an den Käufer versendet.

146 Die Vertragsparteien können aufgrund einer Vereinbarung oder unter Berücksichtigung der üblichen Verkehrssitte und Handelsbräuche von vornherein vereinbart haben, dass die Ware dem Käufer im Rahmen einer *Schickschuld* zuzusenden ist. Bei gewerblichen Distanzgeschäften ist seit langer Zeit bereits Verkehrssitte und Handelsbrauch, die Wa-

---

[65] Vgl. *Grunewald*, in: Erman, § 447 Rn 4.
[66] Vgl. *Westermann,* in MüKo, § 447 Rn 7; *Wertenbruch*, JuS 2003, 625, 626.

ren dem Käufer an einen von diesem bestimmten Ort zuzusenden, damit dieser dort die Ware überprüfen und abnehmen (beim Handelskauf ergibt sich sogar eine entsprechende Pflicht aus § 377 HGB) kann.[67] Ein Versendungsverlangen des Käufers ist in derartigen Fällen konkludent im Vertragsschluss enthalten.

d. Versendung der „verkauften Sache"

Selbstverständlich muss es sich bei der versandten Sache auch um die vertragliche Sache handeln. Ein Gefahrübergang kann dementsprechend nicht in Betracht kommen, wenn der Verkäufer ein *aliud* an den Käufer versendet. 147

> **Beispiel:** A hat in dem Geschäft B einen bestimmten im Geschäft stehenden Billardtisch bestellt. Dieser soll entsprechend § 447 BGB an A versandt werden. Durch eine Verwechslung wird jedoch eine Tischtennisplatte an den Spediteur zur Lieferung an A übergeben. Wenig später wird der Billardtisch durch ein Feuer im Geschäft B zerstört.
>
> Es wurde ein aliud an den Spediteur übergeben; ein Gefahrübergang nach § 447 BGB liegt nicht vor. A wird nach §§ 326 I, 275 BGB von seiner Gegenleistungspflicht frei.

Beim *Stückkauf* ist ein Gefahrübergang dann gegeben, wenn das entsprechende vertragliche Stück an die Transportperson übergeben wurde. 148

Beim *Gattungskauf* hingegen tritt der Gefahrübergang gem. § 447 BGB dann ein, wenn die Sache entsprechend § 243 I BGB eine solche mittlerer Art und Güte ist und dementsprechend nach § 433 I S. 2 BGB keinen Mangel aufweist. Liegt jedoch ein Mangel i.S.d. §§ 434, 435 BGB vor, kann i.S.d. § 243 II BGB keine Konkretisierung eintreten, ein Gefahrübergang nach § 447 BGB ist nicht möglich. Geht diese mangelhafte Sache beim Transport unter, wird der Verkäufer entsprechend § 275 I BGB nicht frei, da es ihm weiterhin möglich ist, aus der Gattung zu liefern. Etwas anderes kann nur dann gelten, wenn die entsprechende Gattung bereits vollständig erschöpft ist oder denselben unbehebbaren Mangel aufweist. 149

e. Auslieferung an die Transportperson

Transportpersonen sind neben dem Spediteur und dem Frachtführer auch die Bahn, die Post oder sonstige Personen, die den Transport durchführen[68], also solche Personen, die nicht zum Kreis des Verkäufers gehören. 150

aa. Einsatz eigener Leute zum Transport

Streitig ist in dem Zusammenhang die Frage, ob § 447 BGB auf den Einsatz von *eigenen Leuten* des Verkäufers für den Transport **entsprechend** angewendet werden kann. Hierbei muss aber danach differenziert werden, ob es sich um eine Schick- oder um eine Bringschuld handelt. 151

- Ist der Versand (wie bei Versandgeschäften des täglichen Lebens) üblich, handelt es sich in aller Regel um eine **Bringschuld,**[69] d.h. die Gefahr des zufälligen Untergangs geht auf den Käufer über, wenn ihm die Sache übergeben wird. Die Regelungen des § 447 BGB sind dann auch nicht entsprechend anwendbar. 152
- Liegt demgegenüber ein Fall einer Hol- oder Schickschuld vor, ist § 447 BGB nach strittiger Ansicht entsprechend anwendbar.[70] Geht die Kaufsache durch Zufall unter, bleibt es 153

---

[67] BGH NJW 1991, 915.
[68] Z.B. UPS, DPD, GLS oder sonstige private Unternehmen zur Beförderung von Gütern.
[69] Vgl. *Huber*, in: Soergel, § 447 Rn 38.
[70] Vgl. *Grunewald*, in: Erman, § 447 Rn 9; *Faust*, DB 1991, 1556 ff.; *Westermann*, in: MüKo, § 447 Rn 19; dagegen aber *Huber*, in: Soergel, § 447 Rn 35 f.; *Wertenbruch*, JuS 2003, 625, 628.

demzufolge bei der Risikoverteilung des § 447 BGB. Haben die eigenen Leute des Verkäufers den Untergang aber **schuldhaft** verursacht, haftet der Verkäufer nach §§ 276, 278 BGB. Denn der Verkäufer schuldet zwar den Transport an den Käufer nicht mehr, jedoch treffen ihn die Obliegenheiten des § 241 II BGB, solange er die Sache nicht aus dem eigenen Einflussbereich entlassen hat. Liegt ein solcher Fall vor, kann § 447 BGB ausnahmsweise entsprechend der konkreten Ausgestaltung der Analogie nicht angewendet werden.

154 Übernimmt der Verkäufer durch die Versendung der Ware die Aufgabe, die sonst von einem selbstständigen Beförderer ausgeführt wird, darf dieser Umstand nicht dazu führen, dass der Verkäufer schlechter gestellt wird, als hätte er eine **dritte** Person zur Beförderung des Kaufgegenstands beauftragt. Gleiches muss in dem Fall auch für den Käufer gelten: Er kann gegenüber dem Verkäufer die Ansprüche geltend machen, die er auch gegen die Transportperson hätte geltend machen können, wenn diese die Beförderung übernommen hätte.

Hinweis für die Fallbearbeitung: Der Verkäufer wird in einem solchen Fall, wenn er die Beförderung selbst oder durch eigene Personen vornimmt, nicht zum Spediteur i.S.d. § 453 HGB. Der Käufer hat also keinen Anspruch gegen den Verkäufer aus einem Speditionsvertrag. Vielmehr stehen ihm Ansprüche aus §§ 280 ff., 276, 278 BGB zu.

bb. Tatsächliche Auslieferung

155 Der Kaufgegenstand muss an den Beförderer ausgeliefert und alle weiteren notwendigen Maßnahmen müssen zudem durchgeführt worden sein, um einen Gefahrübergang herbeizuführen.

Beispiele:[71] richtige Adressierung und Verpackung; ordnungsgemäße und sorgfältige Auswahl der Transportpersonen; Versendung zur richtigen Zeit; möglicherweise Versicherung der Ware

156 Zur Leistungsvornahme des Versendens der Kaufsache an den vom Käufer bestimmten Ort gehört nach strittiger Ansicht grundsätzlich auch der Transport der Sache zum Transporteur wie Bahn oder Post, und zwar gleichgültig, ob sich der Verkäufer hierzu eigener oder fremder Gehilfen bedient. Die Gefahr geht demzufolge erst über, wenn die Sache an den Transporteur tatsächlich ausgeliefert wurde.[72]

cc. Umleitung der Ware

157 Weist der Verkäufer allerdings den Spediteur an, eine **Umleitung der Ware** vorzunehmen, muss sich dies auch auf die Voraussetzungen des § 447 BGB auswirken. Unter Umleitung ist zu verstehen, dass die Ware an einen anderen Ort (z.B. einen anderen Gläubiger) geliefert wird oder zurückzubringen ist.

158 Ein Problem ist, inwieweit der Verkäufer überhaupt die Befugnis dazu hat, eine Umleitung der Ware vorzunehmen. Mit Übergabe der Ware an den Spediteur ist auch bei Gattungsschulden eine Konkretisierung i.S.d. § 243 II BGB eingetreten. Fraglich ist in dem Zusammenhang, ob eine derartige Konkretisierung bei einem Versendungsverkauf vom Verkäufer wieder rückgängig gemacht werden darf.

---

[71] Ausführlich zu den Beispielen *Beckmann*, in: Staudinger (2014) § 447 Rn 29 ff.
[72] *Huber*, in: Soergel, § 447 Rn 27; wohl auch *Weidenkaff*, in: Palandt, § 447 Rn 14; dagegen RGZ 96, 258, 259; *Esser/Weyers*, § 8 III 3 c.

Im Gegensatz zur Theorie der Rekonkretisierung[73] ist eine Loslösung von der Konkretisierung grundsätzlich nicht möglich.[74] Eine Lösung ist nur in den eng begrenzten Fällen eines Verstoßes gegen § 242 BGB möglich, wenn nämlich der Gläubiger die Ware grundlos als mangelhaft zurückgesandt hat. In dem Fall muss es dem Verkäufer wieder möglich sein, die Ware erneut zu verkaufen. Auch muss eine Ausnahme möglich sein, wenn der Verkäufer statt der konkretisierten Ware dem Gläubiger eine Ersatzware zugesandt und der Gläubiger diese akzeptiert hat. Zudem kann sich noch eine Ausnahme ergeben, wenn die Parteien Entsprechendes vereinbart haben.

Hinweis für die Fallbearbeitung:
1. Liegt eine dieser Ausnahmen vor, wird der Gefahrübergang wieder aufgehoben. Das Risiko trägt nunmehr der Schuldner (Verkäufer). Zudem hat der Verkäufer erneut Ware an den Käufer zu versenden, die Voraussetzungen hinsichtlich dieser Versendung sind erneut sorgfältig zu prüfen. Liegt ein solcher Fall vor, kann ein Streitentscheid dahinstehen. Beide Ansichten kommen zu demselben Ergebnis.

2. Ist hingegen keine Rekonkretisierung eingetreten, verbleibt es bei dem Gefahrübergang. Der Verkäufer wird von der Gefahr befreit. Erzielt dieser mit der Ware dennoch durch einen anderen Verkauf einen erhöhten Kaufpreis, gebühren dem Gläubiger die erzielten Mehreinnahmen. Geht die Sache bei dem umgeleiteten Transport unter, wird der Verkäufer von einer Lieferung gem. § 275 I BGB frei. Ihm steht dann nicht das Recht zu, erneut Ware an seinen Gläubiger zu versenden. Darin ist eine unaufgeforderte Zusendung von Waren zu sehen.[75]

f. Rechtsfolge des § 447 I BGB

Infolge des Gefahrübergangs trägt der Käufer die **Gefahr der Beförderung**, d.h. er muss den Kaufpreis bezahlen, auch wenn der Kaufgegenstand nach der Auslieferung an den Beförderer untergeht, beschädigt oder zerstört wird. Wegen etwaiger aufgetretener **Transportschäden** stehen dem Käufer gegen den Verkäufer **keine Gewährleistungsansprüche** zu. **159**

Hinweis für die Fallbearbeitung: Nochmals ist darauf hinzuweisen: Die Vorschrift § 447 BGB als Ausnahme von § 326 I BGB greift nur ein, wenn der Verkäufer die Leistungsbefreiung nicht zu vertreten hat. Ein Vertreten ist auch dann anzunehmen, wenn er die Sache nicht ordnungsgemäß auf den Weg gebracht hat, so bei der Auswahl einer unzuverlässigen Transportperson oder unzureichender Verpackung usw.

aa. Rechtsfolgen beim Schuldnerverzug

Die Rechtsfolge des § 447 BGB kann aus gesetzessystematischen Gründen nicht eintreten, wenn der Verkäufer mit der Auslieferung bzw. Versendung der Sache in Verzug i.S.d. § 286 BGB geraten ist. Denn es ist diesbezüglich die Vorschrift des § 287 BGB zu beachten, nach der der Schuldner, wenn er sich mit der Leistung in Verzug befindet, jede Fahrlässigkeit zu vertreten hat. Nach § 287 S. 2 BGB wird der Haftungsmaßstab zudem auch auf die Fälle ausgedehnt, in denen der Schaden durch Zufall eingetreten ist. Dies gilt nur dann nicht, wenn der Schaden auch bei rechtzeitiger Leistung eingetreten wäre. **160**

[73] *Berger*, in: Jauernig, § 243 Rn 11; *Hager*, AcP 190, 332; *Medicus*, JuS 1966, 297, 300 ff.; offengelassen von *Wertenbruch*, JuS 2003, 625, 631.
[74] Vgl. *Grundmann*, in: MüKo, § 243 Rn 33 ff.; strenger *Huber*, in: Festschrift f. Ballerstedt, 1975, 327, 339 ff.
[75] OLG Köln NJW 1995, 3128 f.

bb. Atypische Transportrisiken

161 Ein weiteres Problem in Bezug auf die Abwicklung des Versands ist die Reichweite der Gefahrtragung des Käufers. Denn neben den typischen können sich auch **atypische Transportrisiken** realisieren.

Beispiel: Die Firma A hat bei der Firma B Säcke bestellt, um diese in ihrer Baumschule einzusetzen, wobei ein Versand nach § 447 BGB vereinbart wird. Nach ordnungsgemäßer Übergabe an den Transporteur sollen diese über Pirnau an den Lieferort gebracht werden. Wegen eines bedrohlichen Elbhochwassers werden jedoch die Sandsäcke in Pirnau beschlagnahmt, um mit ihnen die Deiche zu sichern.

162 Bei einer systematischen Auslegung der Norm muss berücksichtigt werden, dass der Versand auf das Verlangen des Käufers erfolgt ist. Die Schickschuld ist dementsprechend entgegen der ansonsten geltenden Gefahrregelung zusätzlich vereinbart worden. Daher muss der Käufer sich nach der Intention des § 447 BGB auch so behandeln lassen. Zudem sieht § 447 BGB entgegen § 446 BGB nicht vor, dass die Gefahr eines zufälligen Untergangs oder der zufälligen Verschlechterung erfasst wird, sondern § 447 BGB knüpft ausschließlich daran an, dass den Verkäufer bei einer Schickschuld das Schicksal der Kaufsache nach der Vornahme seiner Leistungshandlung in Form der Einleitung der Versendung nicht mehr betrifft: Die „Gefahr geht auf den Käufer" über. Dementsprechend muss § 447 BGB sämtliche Gefahren erfassen, wozu auch die atypischen Gefahren zählen.[76]

Der Verkäufer wird demnach von der Haftung für die Sache frei, wenn diese bei dem Transport beschädigt wird oder untergeht, gleich ob typische oder atypische Transportschäden eintreten. Die Schäden können nämlich dem Verkäufer **nicht** nach § 278 BGB zugerechnet werden.[77]

cc. Verschulden des Transporteurs

163 Ist der Schaden durch ein Verschulden des Transporteurs verursacht worden, hat der Käufer gegenüber diesem, wenn dieser die Transporte als sein Gewerbe i.S.d. §§ 407 ff. HGB betreibt, das Recht, nach § 421 I S. 2 Halbs. 1 HGB die Ansprüche des Auftraggebers aus § 425 HGB im eigenen Namen geltend zu machen.[78]

dd. Untergang der Sache durch Verschulden Dritter

164 Geht die Sache während des Transports unter und haben eine nicht gewerbliche Transportperson oder ein anderer Dritter den Untergang verschuldet, gestaltet sich die Geltendmachung des Schadensersatzanspruchs schwierig:

- Der *Verkäufer* bleibt bis zur Eigentumsübertragung der Ware deren Eigentümer. Wegen des Gefahrübergangs und des nach §§ 433 II, 447 BGB einhergehenden weiter bestehenden Kaufpreisanspruchs hat der Verkäufer keinen Schaden in Bezug auf einen Schadensersatzanspruch nach § 823 I BGB erlitten.
- Der *Käufer* hat im Gegensatz dazu den Schaden erlitten; er ist nicht Vertragspartner des Transporteurs und wird zudem grundsätzlich nicht in den Schutzbereich des Vertrags mit einbezogen, wodurch keine vertraglichen Schadensersatzansprüche vom Käufer geltend gemacht werden können. Ferner ist der Verkäufer noch Eigentümer der Sache, weshalb dem Käufer keine deliktsrechtlichen Schadensersatzansprüche direkt zustehen.

---

[76] Vgl. *Beckmann*, in: Staudinger (2014), § 447 Rn 26; a.A. wohl *Weidenkaff*, in: Palandt, § 447 Rn 15 f.
[77] *Faust*, DB 1991, 1556, 1557; BGHZ 50, 32, 35; dagegen *Schultz*, JZ 1975, 240.
[78] Ausführlich *Oetker*, JuS 2001, 833 ff.

- Um diese rechtlich nicht hinnehmbare Situation interessengerecht zu lösen, finden zugunsten des Käufers die Grundsätze der **Drittschadensliquidation**[79] Anwendung: Der Verkäufer kann entweder den Schadensersatzanspruch gegenüber dem Anspruchsgegner geltend machen und gem. § 285 BGB den Schadensersatz an den Käufer herausgeben oder der Käufer kann bis zur Abtretung der Ansprüche, die der Verkäufer gegen die schädigende Transportperson hat, die Zahlung des Kaufpreises nach § 320 BGB verweigern.

ee. Abweichen von Anweisungen

Der Verkäufer hat in begrenztem Umfang auch nach Auslieferung **Leistungstreuepflichten**, die darauf gerichtet sind, auch nach dem Gefahrübergang dafür Sorge zu tragen, dass der Leistungserfolg tatsächlich eintritt: Erteilt der Verkäufer nachträglich Weisungen bezüglich des Transportablaufs, dürfen diese, sofern sie überhaupt zulässig sind, keine Gefährdung der Sache darstellen. **165**

Weicht der Verkäufer von den Anweisungen des Käufers bei der Versendung der Kaufsache **ab**, bleibt es grundsätzlich beim Gefahrübergang nach § 447 I BGB. Unter den in § 447 II BGB genannten Voraussetzungen kann der Käufer den Verkäufer bei einer besonderen Anweisung auf Schadensersatz in Anspruch nehmen, sofern dem Käufer dadurch ein Schaden entstanden ist. Der Verkäufer hat ggf. den Käufer auf die Unzweckmäßigkeit der Anweisung hinzuweisen.[80] **166**

III. Kosten für die Übergabe

Die **Kosten für die Übergabe** und die damit verbundenen weiteren Kosten regelt die Vorschrift des § 448 BGB. **167**

In § 448 II BGB hat der Gesetzgeber für den Fall, dass keine anderweitige Vereinbarung zwischen den Parteien getroffen wurde, festgelegt, dass der **Käufer** eines Grundstücks auch die **Kosten der notariellen Beurkundung des Kaufvertrags** zu tragen hat. Da diese Vorschrift keinen zwingenden Charakter hat, sondern **dispositiv** ist, können die Parteien davon abweichende Vereinbarungen treffen.[81]

E. Leistungsstörungsrecht/Sachmängelhaftung

I. Allgemeines

Im Rahmen des allgemeinen Leistungsstörungsrechts[82] fasst das Recht in **§ 280 BGB** die einzelnen Leistungsstörungstatbestände in einer Generalklausel, der sog. **„Pflichtverletzung"**, zusammen. Diese umfasst daher auch die Lieferung einer verkauften mangelhaften Sache. Im Bereich des Kaufrechts ist die Norm aber durch das spezielle Gewährleistungsrecht überlagert. Ausgangspunkt ist hier die Norm des § 433 I S. 2 BGB: Der Verkäufer hat dem Käufer die Sache **frei von Sach- und Rechtsmängeln** zu verschaffen. Dabei erstreckt sich der Begriff der mangelfreien Sache auch auf den **Stückkauf**.[83] **168**

Liegt eine Pflichtverletzung vor, gewährt das Gesetz dem Käufer in § 437 Nr. 1 BGB (i.V.m. § 439 BGB) einen Anspruch auf **Nacherfüllung**. Einen solchen Anspruch kann das Gesetz dem Käufer deshalb gewähren, weil es die Pflichten des Verkäufers auf die Mangelfreiheit erstreckt. So gesehen, lässt sich der Nacherfüllungsanspruch als „modifi- **169**

---

[79] Ausführlich *R. Schmidt*, SchuldR AT, Rn 1089 ff.
[80] BGH LM Nr. 2.
[81] *Ott*, in: Ott/Lüer/Heussen, Rn 470.
[82] Zum Zusammenspiel von allgemeinem und besonderem Schuldrecht im Kaufvertragsrecht *Lorenz*, NJW 2013, 1343 ff.
[83] BT-Drs. 14/6040, 208 f.; BT-Drs. 14/7052, 251; vgl. auch *Schubel*, JuS 2002, 313; *Schmidt-Räntsch*, Rn 678.

zierte Fortsetzung" des ursprünglichen Erfüllungsanspruchs begreifen.[84] Konsequenterweise setzt der Anspruch auf Nacherfüllung **nicht** voraus, dass der Verkäufer die Mangelhaftigkeit der Sache **zu vertreten hat**. Erforderlich für einen Gewährleistungsanspruch ist lediglich die Lieferung einer bei Gefahrübergang mangelhaften Sache.

II. Sachmangel: Der subjektiv-objektive Fehlerbegriff

1. Einführung

170 Ein **Sachmangel** liegt vor, wenn die *Ist*-Beschaffenheit nicht der geschuldeten *Soll*-Beschaffenheit entspricht.[85]

171 Mit dieser Grundsatzdefinition ist lediglich das Gerüst vorgezeichnet. Wie sich die Abweichung hingegen bestimmt, lässt sich ihr nicht entnehmen. Der Gesetzgeber hat sich deshalb bei der Novellierung vernünftigerweise[86] dafür entschieden, den Sachmangel weitreichend und detailliert auszugestalten. Dadurch werden für die Zukunft Grundsatzstreitigkeiten weitgehend vermieden und der Gesetzesanwender hat vor allem Anhaltspunkte bei bislang unbekannten Problemen, wie diese zu lösen sind.

172 Der Gesetzgeber hat sich für den „subjektiv-objektiven"[87] Sachmangelbegriff entschieden. Bei dieser Konzeption steht der subjektive Wille der Vertragsparteien im Hinblick auf die Beschaffenheit der Sache zunächst im Vordergrund. Nach ihren Vorstellungen und Vereinbarungen richtet sich die Beurteilung, ob ein Sachmangel vorliegt. Dadurch kommt es wegen der Parteivereinbarung in erster Linie auf den konkreten Einzelfall an. Erst wenn eine solche Vereinbarung zwischen den Parteien nicht getroffen wurde, ist auf objektive Momente zurückzugreifen.

173 Die Sache ist nach § 434 I BGB nur dann frei von Sachmängeln („Fehlern"), wenn sie bei Gefahrübergang die vereinbarte **Beschaffenheit** hat. Voraussetzung für einen Sachmangel ist also eine auf den Vorstellungen der Parteien beruhende **Vereinbarung** über die Beschaffenheit oder den Verwendungszweck der gekauften Sache.[88] Lediglich wenn eine diesbezügliche Vereinbarung nicht vorliegt, kommen die in § 434 I S. 2 Nr. 2 BGB genannten objektiven Kriterien zur Anwendung. Die Sache ist dann **sachmängelfrei**, wenn

- sie den <u>vertraglich vereinbarten</u> Beschaffenheitsmerkmalen entspricht,
- sie sich für die <u>vertraglich vorausgesetzte</u> Verwendung
- *oder* für die <u>gewöhnliche</u> Verwendung eignet und so beschaffen ist, wie dies bei <u>gleichartigen Sachen üblich</u> ist und wie der Käufer dies nach der <u>Art der Sache erwarten</u> kann.

> **Hinweis für die Fallbearbeitung:** Hieraus ergibt sich eine klare und eindeutige Rangfolge des Prüfungsablaufs. Zunächst ist danach zu fragen, ob die Parteien eine Beschaffenheit vereinbart haben; erst wenn dies nicht der Fall sein sollte, kann darauf abgestellt werden, ob sich dies aus dem Zweck des Vertrags ergibt. Sollte auch daraus kein hinreichendes Ergebnis zu ziehen sein, ist auf objektive Gesichtspunkte in Form der Üblichkeit und der Art der Sache zurückzugreifen.

---

[84] *Bitter/Meidt*, ZRP 2001, 2114, 2116; *Schubel*, JuS 2002, 313, 316.
[85] *Lorenz/Riehm*, Rn 481; *Grigoleit/Herresthal*, JZ 2003, 118, 120.
[86] Überzogen kritisch dagegen *Schellhammer*, MDR 2002, 241, 242.
[87] *Westermann*, NJW 2002, 241, 243.
[88] Vgl. *Jorden/Lehmann*, JZ 2001, 952, 953 f.; *Westermann*, NJW 2002, 241, 243 ff.

Der Sachmangelbegriff des § 434 I BGB verfolgt maßgeblich drei Kriterien[89]: 174

- Zunächst dient ein derartiger Sachmangelbegriff dem *Äquivalenzinteresse*: Die Beschaffenheit ist das zentrale Entscheidungskriterium des Käufers für eine bestimmte Sache, insoweit hängen der Abschluss und Bestand des Kaufvertrags von dieser Beschaffenheit ab.
- Hinzu kommt nach typischer Betrachtung der *Kontrollgedanke*: Im Allgemeinen hat der Verkäufer einen erheblichen Wissens- und Prüfungsvorsprung im Hinblick auf Produktion, Beschaffenheit oder Sachherrschaft der zu verkaufenden Sache. Der Verkäufer hat nämlich in der Regel die physische Herrschaft über die Sache und insoweit ist überwiegend nur ihm und nicht dem Käufer die Kontrolle faktisch und rechtlich möglich.
- Abschließend kommt noch der *Vereinfachungsgedanke* hinzu: Der Kaufvertrag ist einer der am häufigsten gewählten Typenverträge des Wirtschaftsverkehrs. Insofern besteht ein praktisches und rechtliches Bedürfnis der Wirtschaft und der Konsumenten, einen detaillierten und umfassenden Regelungskanon zu haben, an dem sie sich bei Problemen leicht und kostengünstig orientieren können. Dies gilt vor allem vor dem Hintergrund, dass Kaufverträge in der Regel Massengeschäfte regeln.

2. Begriff der Beschaffenheit

Der Gesetzgeber hat bewusst den Begriff der Beschaffenheit nicht normiert.[90] Vielmehr sollte es der Praxis überlassen bleiben, ob bei der Bestimmung der Beschaffenheit auch Umstände heranzuziehen sind[91], die auch außerhalb der Sache liegen, oder lediglich solche zu berücksichtigen sind, die ausschließlich der Sache selbst anhaften. 175

Der Gesetzgeber hat mit dem Rückgriff auf den **subjektiven Fehlerbegriff als Ausgangspunkt der Bestimmung** der Beschaffenheit den Vertragsparteien explizit die Möglichkeit eingeräumt, alle für sie in dem besonderen Fall maßgeblichen Faktoren, die die Beschaffenheit betreffen sollen, selbst zu bestimmen. Ihnen obliegt es also, die Kaufsache nach ihren eigenen Ideen und Wünschen zu charakterisieren und einen Rahmen für die Mangelfreiheit festzulegen. Dementsprechend muss ihnen das Recht zugestanden werden, auch über solche Umstände eine Vereinbarung abzuschließen, die nicht der Sache direkt anhaften, sondern außerhalb der Sache liegen.[92] Eine Begrenzung auf die Fälle, in denen die Parteien eine Vereinbarung getroffen haben, ist indes nicht vorzunehmen. Denn der Gesetzgeber hat einen einheitlichen Beschaffenheitsbegriff geschaffen, ohne danach zu differenzieren, ob die Beschaffenheit nach objektiven oder subjektiven Kriterien bestimmt wird.[93] Gerade auch im Hinblick auf die einheitlichen Haftungsinstitute nach §§ 437 ff. BGB sind daher insgesamt alle physischen, wirtschaftlichen oder rechtlichen Umstände maßgeblich, die nach der Verkehrsanschauung für die Brauchbarkeit oder den Wert der Sache bedeutsam sind. 176

Demgemäß können nicht nur **körperliche** Merkmale, sondern auch die **tatsächlichen**, **wirtschaftlichen**, **sozialen** oder **rechtlichen** Beziehungen der Sache in Betracht kommen, wenn diese für die Brauchbarkeit oder den Wert der Sache bedeutsam sind und der Sache in irgendeiner Weise zumindest anhaften.[94] 177

---

[89] Vgl. ausführlich herleitend *Grigoleit/Herresthal*, JZ 2003, 118, 121.
[90] BT-Drs. 14/4060, S. 213 li.Sp.
[91] BT-Drs. 14/4060, S. 213 li.Sp.
[92] Im Ergebnis ebenso *Huber*, in: Huber/Faust, Kap. 12 Rn 23 f.; *Lorenz/Riehm*, Rn 482; *Grigoleit/Herresthal*, JZ 2003, 118, 123 f.; wohl auch *Weidenkaff*, in: Palandt, § 434 Rn 14; wohl dagegen *Oetker/Maultzsch*, § 2 Rn 51.
[93] So aber *Saenger*, in: Hk-BGB, § 434 Rn 9.
[94] Vgl. ausführlich herleitend *Berger*, JZ 2004, 276 ff.; *Grigoleit/Herresthal*, JZ 2003, 118, 123; weitergehend *Dauner-Lieb/Thiessen*, ZIP 2002, 108, 110.

Beispiele:

(1) Die Beschaffenheit *Neufahrzeug* liegt nur so lange vor, wie das Neufahrzeug noch als Modell produziert wird[95] und keine Standzeit länger als 12 Monate hat.[96] Das Modelljahr eines *gebrauchten* Pkw kann als Beschaffenheit vereinbart werden.[97]

(2) fehlende Bebaubarkeit eines Grundstücks aufgrund öffentlichen Rechts

Diese (vorgenannten) Umweltbeziehungen der Sache können demnach nur dann zu einer Beschaffenheitsvereinbarung führen, wenn nach den Umständen des Einzelfalls die Beschreibung der Umweltbeziehung durch den Verkäufer bzw. die stillschweigende Erwartung des Käufers gerade bestimmte physische Merkmale der Sache voraussetzt.

3. Subjektiver Fehlerbegriff

Subjektiver Fehlerbegriff i.S.d. § 434 BGB

Die Bestimmung, dass die Sache frei von Mängeln ist, kann sich entweder daraus ergeben, dass die Parteien eine bestimmte Beschaffenheit vereinbart haben, oder sie kann sich nach der im Vertrag vorausgesetzten Verwendung ergeben.

1. Vereinbarung nach § 434 I S. 1 BGB:

- Die Beschaffenheitsvereinbarung kommt durch zwei übereinstimmende Willenserklärungen zustande.
- Die Vereinbarung kann gem. § 311 I BGB auch noch nachträglich geschlossen werden.
- Der Verkäufer hat eine Gewährleistung für die Beschaffenheitsvereinbarung während der Gewährleistungsfrist des § 438 I Nr. 3 BGB zu übernehmen.
- Bei leicht verderblichen Waren oder Waren mit einer hohen Abnutzung ist davon auszugehen, dass die Vertragsparteien konkludent eine Fehlerfreiheit zum Zeitpunkt des Gefahrübergangs und allenfalls wenige Tage danach vereinbart haben.
- Ein **Mangel** liegt vor, wenn die *Ist*- Beschaffenheit der Sache von der von den Parteien vereinbarten *Soll*-Beschaffenheit negativ zuungunsten des Käufers abweicht.

2. Vertraglich vorausgesetzte Verwendung i.S.d. § 434 I S. 2 Nr. 1 BGB

- Die Vorschrift dient als Auffangtatbestand.
- Zur ausdrücklichen oder konkludenten Vereinbarung ist hinsichtlich der vertraglich vorausgesetzten Verwendung danach abzugrenzen, ob die Vorstellungen der Parteien nicht auf einzelne Merkmale, sondern darauf gerichtet sind, dass die Sache für einen bestimmten Verwendungszweck geeignet ist.
- Die bestimmte, maßgebliche Verwendung muss im Vertrag ausdrücklich oder konkludent festgehalten werden. Ferner müssen die Vertragsparteien die Verwendungsfähigkeit rechtsgeschäftlich vereinbaren.
- Ein Mangel liegt vor, wenn die *Ist*-Beschaffenheit der Sache von der von den Parteien nach dem Vertrag vorausgesetzten vereinbarten *Soll*-Beschaffenheit zuungunsten des Käufers negativ abweicht.

178 Die Bestimmung, dass die Sache frei von Mängeln ist, kann sich entweder daraus ergeben, dass die Parteien eine bestimmte Beschaffenheit vereinbart haben, oder sie kann aus der im Vertrag vorausgesetzten Verwendung entnommen werden.

---

[95] BGH MDR 2003, 1287 f.

[96] BGH NJW 2004, 160 f.; *Roth*, NJW 2004, 330 f.; LG Berlin NJW 2005, 2163 f.

[97] BGH NJW 2005, 2019, 2020.

a. Vereinbarung, § 434 I S. 1 BGB

Die Vertragsparteien können hinsichtlich der Beschaffenheit nach § 434 I S. 1 BGB diese vereinbaren. 179

Dabei handelt es sich um einen Vertragsbestandteil des Kaufvertrags. Daher bedarf es für die Vereinbarung zweier übereinstimmender Willenserklärungen. Einseitige Hoffnungen oder Wünsche des Käufers führen hingegen wegen der mangelnden übereinstimmenden Willenserklärungen nicht zu einer Beschaffenheitsvereinbarung.[98]

Neben der ausdrücklichen Erklärung reicht es jedoch auch aus, die notwendigen Erklärungen *konkludent* abzugeben.[99] In dem Fall bedarf es einer Auslegung nach §§ 133, 157 BGB. Die Einigung über die Beschaffenheit kann daher ebenso aus anderen Erklärungen oder Handlungen der Parteien abgeleitet werden. Eine solche kann unter Umständen bei Beachtung des Einzelfalls sein, wenn der Käufer seine Vorstellungen konkret über die Verwendung vorträgt und diese vom Verkäufer unwidersprochen bleiben; dies kann zumindest bei einem unternehmerisch handelnden Verkäufer der Fall sein.[100] Darüber hinaus kann die Vereinbarung in Ausnahmefällen auch durch die Verkehrsübung oder Handelsbräuche zustande kommen. Insgesamt muss allerdings eine Annahme der (konkludenten) Beschaffenheitsvereinbarung zurückhaltend vorgenommen werden, da dem Verkäufer ansonsten eine erweiterte Mängelhaftung drohte, gegen die er sich kaum erwehren könnte.[101] 180

Eine Beschaffenheitsvereinbarung wurde vereinbart, wenn der Kaufvertrag von vornherein oder nachträglich i.S.d. § 311 I BGB die Pflicht des Verkäufers bestimmt, die verkaufte Sache in dem Zustand zu übergeben und zu übereignen, wie dies die von den Parteien festgelegte Beschaffenheit (Soll-Beschaffenheit) vorsieht. 181

Beispiele:

(1) Wird ein Unfallfahrzeug als solches ausdrücklich ausgezeichnet, haben die Vertragsparteien dadurch beim Abschluss des Kaufvertrags die Unfallbehaftung als Beschaffenheit vereinbart, weshalb verborgen gebliebene Unfallmängel beim Kfz keinen Sachmangel darstellen.[102]

(2) Wird beim Ankauf eines Gebrauchtwagens durch den Händler im Vertrag ausdrücklich die Unfallfreiheit als gegeben vorausgesetzt, haben die Vertragsparteien diesen Umstand ausdrücklich als Beschaffenheit vereinbart; liegt trotz der Vereinbarung ein Unfallschaden vor, ist ein Sachmangel gegeben.[103]

Es reicht demnach insgesamt aus, wenn die Parteien die Beschaffenheit des Vertragsgegenstands inhaltlich beschreiben. 182

Auch für Sachen, die sich durch einen hohen Verschleiß oder durch eine kurze Haltbarkeit auszeichnen, können die Vertragsparteien eine Beschaffenheitsvereinbarung vornehmen. 183

Beispiele:

(1) *kurze Haltbarkeit*: verderbliche Lebensmittel, Schnittblumen usw.

(2) *hoher Verschleiß*: Reifen für Kfz, Aufsätze für Trennschleifer

---

[98] Nun auch *Grigoleit/Herresthal*, JZ 2003, 233, 235; BGH NJW 2009, 2807.

[99] Vgl. *Zerres*, JA 2002, 713, 715; *Saenger*, in: Hk-BGB, § 434 Rn 8.

[100] Vgl. *Grigoleit/Herresthal*, JZ 2003, 233, 235.

[101] Vgl. BGH NJW 2008, 1517, 1518.

[102] Vgl. BGH ZGS 2005, 314, 316 ff.; kritisch hierzu *Schinkels*, ZGS 2005, 333, 334.

[103] Vgl. BGH, JA 2013, 546 ff.

Allerdings können sich für den Verkäufer im Hinblick auf das Sachmangelgewährleistungsrecht aus der getroffenen Vereinbarung weitreichende wirtschaftliche Folgen ergeben. Ausgangspunkt der Überlegungen ist die Gewährleistungsfrist, nach der der Verkäufer gem. § 438 I Nr. 3 BGB zwei Jahre für die Sachmangelfreiheit einzustehen hat. Daraus könnte der wirtschaftlich (nicht hinnehmbare) Schluss gezogen werden, dass für diese Art der Sachen auch noch eine Gewährleistung vorgenommen werden müsste, obgleich die entsprechende Lebensdauer bereits abgelaufen ist.

Beispiel: A betreibt einen großen Lebensmittelgroßhandel. Dafür kauft er bei dem Großhändler B 1000 Kilo Äpfel zu 1.000,- € ein. Als Beschaffenheit vereinbaren A und B, dass die Äpfel aus biologischer Herstellung stammen sollen. A verkauft diese in seinem Großhandel als Bioäpfel weiter. 400 Kilo kann er verkaufen, der Rest der Äpfel kann er allerdings nicht umsetzen. Nach einem Monat werden die Äpfel faulig. In dem Zeitpunkt erfährt er durch Dritte, dass es sich bei seinen gekauften Äpfeln überhaupt nicht um Bioware handelt. Die Gewährleistungsfrist läuft noch 23 Monate. Kann A trotz der Fauligkeit seiner Äpfel von B Neulieferung zumindest von 600 Kilo aufgrund der nicht vorhandenen vereinbarten Beschaffenheit verlangen?

184 Ausgangspunkt bei der Lösung dieses Rechtsproblems ist nach § 434 I S. 1 BGB der Zeitpunkt des Übergangs der Sachgefahr. Zu diesem Zeitpunkt hat die vereinbarte Beschaffenheit nicht vorgelegen, es liegt damit ein Sachmangel vor; insoweit müsste der Verkäufer grundsätzlich für das Nichtvorhandensein der Beschaffenheit im Zeitpunkt des Gefahrübergangs haften. Es ist allerdings bei dieser Überlegung auch zu bedenken, dass der Verkäufer ausschließlich nur für die Mangelfreiheit bei Gefahrübergang einzustehen hat, nicht hingegen fällt in seine Obliegenheit die Brauchbarkeit als solche innerhalb der gesamten Gewährleistungszeit.[104]

- Fällt der Sachmangel aufgrund der Beschaffenheitsvereinbarung noch *im Zeitraum der Nutzbarkeit* der Sache auf, kann ohne weiteres das Gewährleistungsrecht durch den Käufer in Anspruch genommen werden, auch wenn die Sache bereits genutzt wurde.

  Beispiel: A kauft bei B Batterien, die 100 Stunden funktionieren sollen. A und B vereinbaren als Beschaffenheit, dass diese auf keinen Fall auslaufen können. Nach 3 Monaten und einer Nutzungsdauer von 90 Stunden laufen die Batterien aus.

  Hier kann A Sachmängelgewährleistungsrechte geltend machen und z.B. Nachlieferung von mangelfreier Ware verlangen, auch wenn er die Sache zwischenzeitlich zu 90 % verbraucht hat.

- Tritt der Sachmangel bzgl. der Beschaffenheitsvereinbarung aber zu einem Zeitpunkt auf, in dem *keine Nutzbarkeit* mehr möglich ist, wird die Lösungsfindung schwieriger, da der Käufer den Nutzen aus der Sache vollständig während der Gebrauchsdauer gezogen hatte. In dem Zusammenhang muss noch danach unterschieden werden, ob es sich um einen normalen Kaufvertrag oder um einen Verbrauchsgüterkaufvertrag handelt. Insoweit könnte der Gewährleistungsanspruchs durchaus im konkreten Einzelfall wegen der Interessenabwägung aus Treu und Glauben gem. § 242 BGB und unter Beachtung des Parteiwillens der nur zeitlich begrenzten Nutzung ausgeschlossen sein.[105] Allerdings ist auch unter Berücksichtigung der Vorgaben des § 242 BGB zu beachten, dass der Verkäufer sich zu der Beschaffenheitsvereinbarung durchgerungen hat, die Vertragsbestandteil des Kaufvertrags wurde. Er will für diese Beschaffenheit im Rahmen des Gewährleistungsrechts zum Zeitpunkt des Gefahrübergangs einstehen, wobei die Gewährleistungszeit die Dauer

[104] *Schubel*, JuS 2002, 313, 315.
[105] Vgl. dazu *Grüneberg*, in: Palandt § 242 Rn 38 ff.

der Nutzbarkeit durchaus übersteigen kann. Daher kann ein derartiger Ausschluss nach § 242 BGB nur in begrenzten, besonders gelagerten Einzelfällen vorgenommen werden.[106]

Es lässt sich feststellen: Ein **Mangel** liegt vor, wenn die *Ist*- Beschaffenheit der Sache von der von den Parteien vereinbarten *Soll*-Beschaffenheit für den Käufer negativ, also zuungunsten des Käufers abweicht. **185**

b. Vertraglich vorausgesetzte Verwendung, § 434 I S. 2 Nr. 1 BGB

Liegt eine Vereinbarung hingegen nicht vor, muss bei der Feststellung der Soll-Beschaffenheit als Nächstes überprüft werden, ob sich nach § 434 I S. 2 Nr. 1 BGB eine solche aus der vertraglich vorausgesetzten Verwendung ergibt. **186**

Danach ist die Sache **frei von Sachmängeln**, wenn sie sich für die nach dem Vertrag vorausgesetzte Verwendung eignet. Oder anders formuliert: Ein Mangel liegt vor, wenn die *Ist*-Beschaffenheit der Sache von der von den Parteien nach dem Vertrag vorausgesetzten vereinbarten *Soll*-Beschaffenheit zuungunsten des Käufers, also negativ abweicht.

Abzugrenzen ist daher diese Variante von der Vereinbarung einer Beschaffenheit. Dabei ist zu berücksichtigen, dass die Parteien nicht immer die Beschaffenheit vereinbaren. Je alltäglicher das Geschäft ist, desto eher wird es an einer solchen Vereinbarung fehlen. **187**

Beispiel: A geht zu dem Lebensmittelmarkt M und kauft dort Eis der Firma L in der Geschmacksrichtung Kirschsahne. Hier wird an der Kasse nicht über spezielle Beschaffenheitsmerkmale wie Geschmack, Haltbarkeit und Genießbarkeit gesprochen.

In derartigen Situationen richten sich die Vorstellungen der Vertragsparteien vielfach darauf, dass die Sache für einen bestimmten Vertragszweck tauglich sein soll. Demnach muss zwischen den beiden Vorschriften danach abgegrenzt werden, ob die Parteien explizit einige Angaben speziell benannt und vertraglich ausdrücklich oder konkludent fixiert haben (dann handelt es sich ohne weiteres um eine Vereinbarung) oder ob die Vorstellungen der Parteien nicht auf einzelne Merkmale, sondern darauf gerichtet sind, dass die Sache für einen bestimmten Verwendungszweck geeignet ist.[107] Insofern handelt es sich um den wohl wichtigsten Auffangtatbestand im Hinblick auf die Beschaffenheitsfeststellung. **188**

Hinweis für die Fallbearbeitung: Die Abgrenzung hat wegen der gleichlautenden Rechtsfolge allerdings nicht die weitreichende Bedeutung. Hinzu kommt auch, dass in Ausnahmesituationen beide Vorschriften gleichzeitig vorliegen können, wenn z.B. die Parteien eine gewisse Gerätekompatibilität bei mehreren Computern voraussetzen: Dies können sowohl der Verwendungszweck als auch eine Beschaffenheitsangabe sein.

Zwar lässt es der Gesetzgeber dahinstehen, ob es sich um eine **vertragliche Vereinbarung** handeln muss oder ob die Vorstellungen der Parteien im Vorfeld des Vertrags ausreichen,[108] jedoch ist von den Parteien zu verlangen, dass sie die bestimmte Verwendung im Vertrag voraussetzen.[109] Dies kann neben einer ausdrücklichen Einbindung in den Vertrag auch konkludent geschehen.[110] **189**

---

[106] Weitergehend allerdings *Wenzel/Wilken*, SchuldR BT I, 5. Aufl., Rn 184; a.A. *Schubel*, JuS 2002, 313, 315, der wohl generell annimmt, dass ein Gewährleistungsanspruch aufgrund einer konkludenten zusätzlichen Vereinbarung nur innerhalb der Nutzungsdauer besteht.
[107] BT-Drs. 14/6040, S. 213 re.Sp.
[108] Bewusst in BT-Drs. 14/6040, S. 213 re.Sp. offengelassen.
[109] Vgl. *Huber*, in: Huber/Faust, Kap. 12 Rn 30; wohl auch *Saenger*, in: Hk-BGB, § 434 Rn 11.
[110] BT-Drs. 14/6040, S. 213 re.Sp.

190 Die Parteien müssen die **Verwendungsfähigkeit vertraglich voraussetzen**. Dies geschieht dadurch, dass der Käufer zumindest noch beim Vertragsschluss den Zweck des Kaufs der Sache dem Verkäufer zur Kenntnis bringt und der Verkäufer dem ausdrücklich oder konkludent zustimmt.

Beispiele:

(1) A will bei B einen LKW kaufen, der eine bestimmte Ladekapazität hat.

(2) Wird ein Altbau aus den 60er Jahren verkauft und sind sich Käufer und Verkäufer einig, dass das Haus in der Zwischenzeit nicht saniert wurde, richtet sich der Vertragszweck auf den Erhalt eines Gebäudes mit dem Bauzustand aus den 60er Jahren. Platzen später die Rohre, ist nach § 434 I S. 2 Nr. 1 BGB eine Beschaffenheit anzunehmen, die das Risiko solcher Schäden als vertragsgemäß einordnet. Ein Sachmangel liegt demnach nicht vor.[111]

4. Objektiver Fehlerbegriff

a. Objektiv bestimmte Freiheit von Sachmängeln nach § 434 I S. 2 Nr. 2 BGB

Objektiver Fehlerbegriff i.S.d. § 434 I S. 2 Nr. 2 BGB
▪ Mangelfreiheit bedeutet die Übereinstimmung mit den allgemeinen Standards und Gepflogenheiten, Mangelhaftigkeit hingegen deren Unterschreitung. ▪ Als erster Bestimmungsansatz für einen Mangel ist auf die *gewöhnliche Verwendung* abzustellen: Hierbei ist die gewöhnliche Verwendbarkeit objektiv aus der Art der Sache und den Verkehrskreisen, denen der Käufer angehört, abzuleiten. Eignet sich bereits die Sache in dieser bestimmten Weise nicht, liegt ein Sachmangel vor (bei Unikaten ist dieses Kriterium allerdings untauglich und daher nicht anwendbar). ▪ Zudem muss *die übliche Beschaffenheit* vorhanden sein: Die Sache muss weiterhin eine Beschaffenheit aufweisen, die bei Sachen gleicher Art erwartet werden kann. Beim Erwartungshorizont ist auf den eines Durchschnittkäufers abzustellen. Bei einem Gattungskauf lässt sich diese Bestimmung bereits anhand § 243 I BGB ermitteln. Es kommt bei einem Vergleich nicht auf denselben Hersteller an, es stehen vielmehr ausschließlich die Sachen im Vordergrund, die denselben Quantitäts- und Qualitätsstandards unterliegen. Bei gebrauchten Sachen sind demnach auch gebrauchte Sachen als Vergleichsmaßstab heranzuziehen.

aa. Überblick

191 § 434 I S. 2 Nr. 2 BGB bringt hilfsweise objektive Kriterien zur Anwendung, sofern weder eine Beschaffenheitsvereinbarung noch eine nach dem Vertrag vorausgesetzte Verwendung vorliegen: Die Kaufsache ist sachmängelfrei, wenn sie sich für die gewöhnliche Verwendung eignet und eine Beschaffenheit aufweist, die bei Sachen der gleichen Art üblich ist und die der Käufer nach der Art der Sache erwarten kann.

192 **Mangelfreiheit** bedeutet die Übereinstimmung mit den allgemeinen Standards und Gepflogenheiten, Mangelhaftigkeit hingegen deren Unterschreitung.

193 Hierbei ist insbesondere darauf zu achten, dass es keinen einheitlichen Standard für die Bestimmung gibt, vielmehr müssen jeweils der **Einzelfall und seine Besonderheiten** berücksichtigt werden. Denn es macht einen Unterschied, ob die Ware neu oder ge-

[111] Beispiel nach *Zerres*, JA 2002, 713, 715.

braucht ist, als Gebrauchs- oder Luxusartikel, für alltägliche Aufgaben oder Extremsituationen dient.

bb. Gewöhnliche Verwendung

194 Zunächst muss sich die Sache grundsätzlich für diejenigen Zwecke eignen, für die Güter der gleichen Art gewöhnlich gebraucht werden. Die gewöhnliche Verwendbarkeit ist objektiv aus der Art der Sache und den Verkehrskreisen, denen der Käufer angehört, abzuleiten. Die Sache muss in dieser Weise geeignet sein, damit kein Sachmangel vorliegt.

Beispiele: Geländewagen für einen Jäger; EDV-Anlagen für eine bestimmte Branche

195 Auf die gewöhnliche Verwendung kann in den Ausnahmefällen jedoch dann nicht abgestellt werden, wenn Gegenstand des Kaufvertrags ein Unikat ist, dem ein Vergleichsmaßstab nicht zur Verfügung steht. Hier versagt das Kriterium und muss daher in den Hintergrund treten.

Beispiel: ein einzigartiges Boot aus dem 16. Jahrhundert

cc. Übliche Beschaffenheit

196 Um sachmängelfrei zu sein, muss die Sache weiterhin eine Beschaffenheit aufweisen, die bei Sachen der *gleichen Art erwartet* werden kann.

197 Beim Maßstab eines **Erwartungshorizonts** ist auf den eines Durchschnittkäufers abzustellen.[112] Die im Einzelfall überzogenen Ansprüche des konkreten Käufers bleiben hingegen unbeachtlich, auch wenn dies für den Verkäufer erkennbar war. Eine Relevanz kann sich lediglich aus einer Vornahme einer Beschaffenheitsvereinbarung ergeben.

> **Hinweis für die Fallbearbeitung:** Diesbezüglich muss genau geprüft werden, ob nicht tatsächlich diese speziellen Vorstellungen des Käufers nach § 434 I S. 1 BGB bzw. § 434 I S. 2 Nr. 1 BGB subjektiv vereinbart worden sind. Denn nur wenn dies nicht der Fall ist, kann auf den objektiven Fehlerbegriff zurückgegriffen werden.

198 Es ist vor allem zu berücksichtigen, ob es sich um einen Gattungs- oder einen Stückkauf handelt. Beim Gattungskauf ist auf § 243 I BGB zurückzugreifen, nach dem die Sache im Sinn des § 434 I S. 2 Nr. 2 BGB zumindest eine solche der mittleren Art und Güte zu sein hat. Beim Stückkauf werden in der Regel gleichwertige Sachen existieren, womit auf diese als Vergleichsmaßstab zurückgegriffen werden kann, um die durchschnittliche Beschaffenheit zu bestimmen.

199 Hinsichtlich der Sachen der gleichen Art ist zu beachten: Vergleichsmaßstab sind die Sachen, die demselben Qualitätsstandard und Quantitätsumfang entsprechen, dagegen kommt es nicht auf den denselben Hersteller an. In Bezug auf die Eigenschaften kommt es darauf an, welchen Maßstab der Durchschnittskäufer beim Kauf von Sachen der gleichen Art der Kaufsache erwartet.

Beispiele:

(1) Vergleichbares Herstellungsmaterial oder Größe und Menge einer Charge

(2) Verkauf einer Musik-CD, die einen Kopierschutz beinhaltet, der dazu führt, dass diese auf älteren CD-Playern nicht mehr abgespielt werden kann.[113] Ein Fehler liegt aber

[112] BT-Drs. 14/6040, S. 214.

[113] Ausführlich *Wiegand*, MMR 2002, 722, 723 ff.

dann nicht vor, wenn ein entsprechender gut sichtbarer Aufkleber auf der CD angebracht wurde, da in dem Fall eine derartige Beschaffenheitsvereinbarung abgeschlossen wurde, durch die die CD nicht mangelhaft i.S.d. § 434 BGB ist.

200 Bezüglich dieser Bestimmung ist vor allem zu berücksichtigen, ob die Sache **neuwertig** ist oder ob sie als **gebrauchter Gegenstand** verkauft wird.[114] Denn wenn eine *gebrauchte Sache* Gegenstand eines Kaufvertrags ist, muss auf einen solchen Vergleichsgegenstand abgestellt werden, der in etwa das gleiche bzw. entsprechende Alter[115], einen gleichen Typ oder Verschleiß usw. hat.[116] Insoweit stellt der normale Verschleiß eines gebrauchten Gegenstands keinen Mangel dar.[117]

Beispiele:

(1) Ein Sachmangel liegt unter Beachtung des konkreten Typs, des jeweiligen Alters sowie des Verschleißes vor, wenn ein Boot nach vier Jahren erhebliche Risse im Rumpf aufweist, die eigentlich erst bei der vorliegenden normalen Beanspruchung bei Booten desselben Typs nach 30 Jahren auftreten.

(2) **Nicht** hingegen ist die lediglich längere Standzeit bei einem Gebrauchtfahrzeug als Sachmangel i.S.d. § 434 I S. 2 Nr. 2 BGB anzunehmen, vielmehr liegt nur ein Mangel in Bezug auf diese Standzeit vor, wenn aufgrund dieser Standzeit ein konkreter Mangel entstanden ist, der bei gleichartigen Fahrzeugen ohne einer solchen Standzeit üblicherweise nicht auftritt.[118]

201 In dem Zusammenhang kann ferner eine Rolle spielen, ob der Artikel als **Markenartikel** oder als sog. No-name-Produkt verkauft wurde, da der Markenname in der Regel zu einem verminderten Wertverlust führen wird.[119] Maßgeblich ist bei Gebrauchsgegenständen damit die durchschnittliche Abnutzung, die eine Sache des betreffenden Alters typischerweise aufweist: Eine übermäßige Abnutzung der gebrauchten Sache kann demzufolge zu einem Sachmangel nach § 434 I S. 2 Nr. 2 BGB führen.

Hinweis für die Fallbearbeitung: Nicht immer können beide Termini in Form des *Erwartungshorizonts* und *Sachen der gleichen Art* sorgfältig auseinandergehalten werden, da vielfach die Bestimmung ineinander greift.

202 Bei **Unikaten** gibt es keinen konkreten Vergleichsmaßstab bezüglich der Eigenschaften der Sachen der *gleichen Art*, die *erwartet* werden können. Hier muss, um dennoch eine Wertung zu erhalten, ein entsprechender Vergleich abstrakt bzw. normativ angestellt werden. Der Rechtsanwender hat daher objektiv zu bestimmen, wie eine Sache gleicher Art wäre und welche Erwartungen an diese nach dem Verkehrskreis zu setzen wären, wenn es diese tatsächlich gäbe.

---

[114] Vgl. *Saenger*, in: Hk-BGB, § 434 Rn 13.
[115] Vgl. *Kessler*, ZRP 2001, 70, 71; *Westermann*, JZ 2001, 530, 535.
[116] Vgl. BT-Drs. 14/6040, S. 214.
[117] Vgl. BGH ZGS 2006, 72, 73.
[118] BGH ZGS 2009, 229, 230; dazu auch *Fischinger/Lettmaier*, ZGS 2009, 394, 397.
[119] *Huber*, in: Huber/Faust, Kap. 12 Rn 36.

b. Erweiterung auf öffentliche Aussagen nach § 434 I S. 3 BGB

Erweiterung des objektiven Fehlerbegriffs auf öffentliche Aussagen nach § 434 I S. 3 BGB

- Der Verkäufer haftet nicht nur für eigene öffentliche Aussagen, sondern er muss sich die vom Hersteller oder seinem Gehilfen getätigten Werbemaßnahmen oder Produktbeschreibungen „über seinen Kopf hinweg" zurechnen lassen.
- Diese Fehlerbestimmung ist von der Beschaffenheitsvereinbarung abzugrenzen: Die Vertragsparteien können Angaben des Verkaufsprospektes oder von Werbeaussagen auch vertraglich vereinbaren. In einem derartigen Fall bedarf es keines Rückgriffs auf § 434 I S. 3 BGB.
- Als Personenkreis für derartige Aussagen kommen der *Händler*, der *Hersteller* oder *dessen Gehilfen* in Betracht.
- Die Werbeaussagen müssen, um überhaupt i.S.d. § 434 I S. 3 BGB relevant zu sein, konkrete Eigenschaften der Kaufsache betreffen. Eine Bestimmung ist nach einem objektiven Empfängerhorizont zu beurteilen: Der Verkäufer muss sich solche Aussagen zurechnen lassen, von deren Werbeeffekt auch sein Absatz profitiert. Rein anpreisende und reißerische Aussagen können aber nicht berücksichtigt werden.
- Die öffentlichen Aussagen müssen dem Käufer nicht bekannt sein. Seine Kaufentscheidung braucht zudem von dieser Aussage nicht explizit abzuhängen (str.).
- Dem Verkäufer stehen durch § 434 I S. 3 Halbs. 2 BGB drei gesetzliche Ausschlussgründe zu, sich aus dieser Haftung zu befreien.

aa. Überblick

§ 434 I S. 3 BGB erweitert die Haftung nach § 434 I S. 2 Nr. 2 BGB grundsätzlich auch auf jene Eigenschaften, die der Käufer nach öffentlichen Äußerungen des Verkäufers oder des Herstellers bzw. dessen „Gehilfen" in der Werbung oder bei der Warenkennzeichnung erwarten kann.[120] Erfasst werden dadurch vor allem Werbeaussagen (dazu ausführlich *Wenzel*, Fälle zum BGB I, Kap. 3, Fall 02 Rn 17 ff.). 203

Erfolgt die öffentliche Äußerung durch eine andere Person als den Verkäufer (i.d.R. durch den Hersteller), muss dieser sich die Äußerung nur dann zurechnen lassen, wenn 204

- er die Äußerungen kannte
- oder er sie hätte kennen können
- oder die öffentlichen Äußerungen objektiv die Kaufentscheidung des Käufers beeinflussen konnten.

Diese Fallkonstellation ist insbesondere von der Beschaffenheitsvereinbarung nach § 434 I S. 1 BGB **abzugrenzen**. Denn Werbeprospekte und Werbeaussagen können von den Parteien explizit in den Vertragsverhandlungen zur Sprache gebracht, anschließend zur Grundlage des Vertrags gemacht und demnach als Vereinbarung in diesen aufgenommen werden. Damit sind die Werbeaussagen Bestandteil des Vertrags geworden und stellen bereits eine Beschaffenheitsvereinbarung dar, eines Rückgriffs auf die Konstellation des § 434 I S. 3 BGB bedarf es nicht. Die in § 434 I S. 3 BGB geregelte Situation geht demgegenüber über die vertraglichen Fälle hinaus. Es werden auch solche öffentlichen Aussagen erfasst, die gerade nicht in konkrete Vertragsverhandlungen mit einbezogen worden sind. Allein die Bewerbung von bestimmten Eigenschaften kann schon ausreichend sein. 205

---

[120] Zur Kritik an dieser – recht konturlosen – Übernahme des Art. 2 II lit. d der Verbrauchsgüterkaufrichtlinie vgl. *Westermann*, NJW 2002, 241, 245; weiterführend *Kasper*, ZGS 2007, 172 ff.

Beispiel: A hat bei B eine Videokamera gekauft und hat sich auf die Feststellung in der Broschüre des Herstellers C verlassen, dass der Akku mindestens 100 Stunden halten werde, um eine möglichst große Unabhängigkeit zu erreichen. Während des Verkaufsgesprächs wird auf diesen Umstand von A und B jedoch nicht eingegangen. Dennoch ist die Kamera nach § 434 I S. 3 BGB mangelhaft, wenn sie nicht den öffentlichen Aussagen des Herstellers entspricht.

206 Aufgrund der Formulierung „es sei denn ..." trägt der Verkäufer in beiden Fällen die **Beweislast**. Einen Haftungsausschluss für unzutreffende Werbeaussagen kann der Verkäufer aber dadurch erklären, dass er sie im Zeitpunkt des Vertragsschlusses in gleichwertiger Weise berichtigt.[121]

bb. Personenkreis

207 Als Personenkreis, der entsprechende öffentliche Aussagen i.S.d. Gesetzes tätigen kann, sieht § 434 I S. 3 BGB den Verkäufer, den Hersteller oder seine Gehilfen vor.

208 Dabei ist es konsequent, den **Verkäufer** ebenfalls mit in den Kreis der potentiellen Erklärenden einzubeziehen, denn auch dieser bewirbt seine Ware in den Medien, ohne dass er sich auf andere Personen beziehen muss. Denn vielfach schaltet der Verkäufer in Tageszeitungen und Anzeigenblättern auf eigene Rechnung und in eigenem Namen Werbeanzeigen, in denen er bestimmte öffentliche Angaben zu Eigenschaften des Produkts macht. In den folgenden Kaufgeschäften wird vielfach wegen der Alltäglichkeit der Geschäfte kein ausdrücklicher oder konkludenter Bezug auf einen subjektiv zu bestimmenden Mangel genommen.

Beispiel: A bewirbt in einer Beilage zur Tageszeitung „Kieler Nachrichten" seine Fleischereiprodukte: „Alle Mettwurstsorten sind wegen BSE aus Schweinefleisch oder Geflügel." Die Kunden kaufen daraufhin bei ihm besonders viel Fleisch. Während der kurzen Verkaufsgespräche wird weitgehend nicht über die Beschaffenheit gesprochen.

Die Wurst ist nach § 434 I S. 3 BGB fehlerhaft, wenn sie geringe Mengen Rindfleisch enthält und dadurch nicht der öffentlichen Aussage entsprechend die beworbenen Eigenschaften aufweist.

Hinweis für die Fallbearbeitung: Bei Werbeaussagen des Verkäufers ist besonders darauf zu achten, ob diese öffentlichen Aussagen zu Eigenschaften der Sache nicht ausdrücklich oder zumindest konkludent im Rahmen des Verkaufsgesprächs in Bezug genommen werden und damit Beschaffenheitsvereinbarungen darstellen.[122] Z.B: „Ich möchte bitte 100 g der Wurst aus ihrer Werbung." Denn es bleibt auch hier dabei, dass stets Beschaffenheitsangaben den Vorrang genießen.[123]

209 Die Definition des **Herstellers** ergibt sich gem. § 434 BGB aus § 4 I u. II ProdHaftG. Danach sind Hersteller:

- der Hersteller des Endprodukts,
- ein Zulieferer des Herstellers des Endprodukts, der Teilprodukte produziert,
- der Importeur aus einem Drittland in das Gemeinschaftsgebiet der EU,
- jede natürliche oder juristische Person, die nach außen als Hersteller auftritt.[124]

210 Der **Begriff des Gehilfen** ist zwar unklar, gewinnt aber dann an eigenständiger Bedeutung, wenn man ihn weiter fasst als den Erfüllungsgehilfen in § 278 BGB: Gehilfen sind

[121] *Ott*, in: Ott/Lüer/Heussen, Rn 410.
[122] BT-Drs. 14/6040, S. 214 li.Sp.
[123] Vgl. *Peifer*, JR 2001, 265, 268.
[124] Zum ProdHaftG vgl. *R. Schmidt*, SchuldR BT II, Rn 1029 ff.

diejenigen Personen, die vom Hersteller bei Äußerungen über Tatsachen eingeschaltet werden.[125] Erfasst werden aber auch **Werbeaussagen** selbstständiger Glieder in der Vertriebskette des Herstellers, mit denen der Hersteller konzern-, gesellschafts- oder vertragsrechtlich verbunden ist.

Beispiel: autorisierte Kundendienststelle

cc. Öffentliche Aussagen

Der Verkäufer haftet dementsprechend nicht nur für eigene öffentliche Aussagen, sondern er muss sich die vom Hersteller oder seinem Gehilfen getätigten Werbemaßnahmen oder Produktbeschreibungen „über seinen Kopf hinweg" zurechnen lassen. 211

Zurechenbar sind jedoch nicht alle Aussagen, sondern es findet eine Beschränkung der Relevanz von Werbeaussagen und sonstigen Kennzeichnungen des Herstellers auf **konkrete Eigenschaften** der Kaufsache[126] statt. Damit wird sichergestellt, dass rein anpreisende oder reißerische Aussagen („Red Bull verleiht Flügel") nicht die Qualität einer Eigenschaftszusicherung erlangen können. Lediglich nach einem objektiven Empfängerhorizont[127] zu beurteilende Eigenschaftszusagen des Herstellers, von deren Werbeeffekt auch sein Absatz profitiert, muss sich der Verkäufer zurechnen lassen. 212

Beispiel: Wird in einem Werbeprospekt eines Autoherstellers zu einem bestimmten Fahrzeug angegeben, es fahre mit sog. Normalbenzin, stellt dieser Werbeprospekt eine öffentliche Äußerung des Herstellers dar.[128]

Die öffentlichen Aussagen brauchen dem Käufer zudem **nicht bekannt** zu sein; auch braucht er seine Kaufentscheidung von diesen **nicht** explizit **abhängig zu machen.**[129] 213

Ausreichend ist vielmehr, dass die öffentlichen Aussagen tatsächlich in dem für die Öffentlichkeit zugänglichen Bereich verbreitet wurden und objektiv dazu geeignet waren, für potentielle Kunden als Orientierung zu dienen. 214

Denn mit der Vorschrift soll eine *Schutzlücke* im Hinblick auf Werbemaßnahmen und sonstige Produktbeschreibungen geschlossen werden, da die Kunden in aller Regel auf solche Aussagen des Verkäufers, Herstellers oder seines Gehilfen vertrauen können und teilweise müssen.[130] Dieser Schutz wäre dann wieder eingeschränkt, wenn man für die konkrete Kaufentscheidung eine Kausalität zur öffentlichen Aussage forderte.[131] Es ist nämlich in der ganz überwiegenden Anzahl von Fällen nachträglich nicht mehr oder nur unter unverhältnismäßig hohem Aufwand möglich, ausreichend exakt nachzuvollziehen, welche konkreten Beweggründe den Käufer zu seinem Vertragsschluss veranlasst haben. Mag dies bei komplizierten oder kostenintensiven Verträgen noch denkbar sein, erscheint es bei den alltäglichen Massengeschäften wie beim Kauf eines Videorecorders, von Kleidung oder Fahrrädern vielfach unmöglich. Die Schutzlücke entstünde daher durch die Beweisbarkeit, da der Käufer die ihm günstigen Umstände wie hier die Kausalität in einem Gerichtsverfahren darzulegen und zu beweisen hätte. Einer Kausalität bedarf es daher explizit nicht.[132] 215

---

[125] *Huber*, in: Huber/Faust, Kap. 12 Rn 43.
[126] BT-Drs. 14/6040, S. 211.
[127] Vgl. *Lorenz/Riehm*, Rn 487.
[128] OLG München, ZGS 2005, 237.
[129] Vgl. *Oetker/Maultzsch*, § 2 Rn 67 f.; wohl auch *Jorden/Lehmann*, JZ 2001, 952, 955; dagegen aber *Büdenbender*, in: Dauner-Lieb/Heidel/Lepa/Ring, Das neue Schuldrecht, § 8 Rn 33.
[130] Vgl. BT-Drs. 14/6040, S. 214; ausführlich auch *Jorden/Lehmann*, JZ 2001, 952, 955.
[131] So aber *Büdenbender*, in: Dauner-Lieb/Heidel/Lepa/Ring, Das neue Schuldrecht, § 8 Rn 33; *Berger*, in: Jauernig, § 434 Rn 17.
[132] Im Ergebnis gleich *Weidenkaff*, in: Palandt, § 434 Rn 39.

216 Die **öffentlichen Aussagen** können in vielfältiger Weise geschehen. Das Gesetz nennt in § 434 I S. 3 Halbs. 1 BGB selbst zwei Möglichkeiten in Form der *Werbeaussagen* und der *Kennzeichnung bestimmter Eigenschaften* der Sache.

dd. Ausschlussgründe

217 Da dem Verkäufer teilweise öffentliche Aussagen von Dritten über Eigenschaften der Sache zugerechnet werden und er für diese gegenüber seinem Kunden einzustehen hat, räumt ihm der Gesetzgeber in § 434 I S. 3 Halbs. 2 BGB drei gesetzliche Möglichkeiten ein, sich aus der Haftung zu befreien.

a.) Weder kannte noch kennen musste

218 Unerheblich bleiben zunächst solche öffentlichen Aussagen des Herstellers oder seiner Gehilfen, die der Verkäufer bei Abschluss des Vertrags weder kannte noch kennen musste. „Kennen musste" bedeutet nach § 122 II BGB keine fahrlässige Unkenntnis. Infolgedessen schadet dem Verkäufer jedwede Form der Fahrlässigkeit. Bei der Beurteilung der Fahrlässigkeit ist eine differenzierte Betrachtung notwendig:

- Aufgrund der starken Verbreitung der Medien in der Öffentlichkeit (Fernsehen, Radio, Zeitungen und Zeitschriften sowie neue Medien wie Internet oder Handy) wird es dem *gewerblichen* Verkäufer schwer gelingen, sich entsprechend seiner Darlegungs- und Beweislast entlasten zu können.[133] Dem Verkäufer kann jedoch nicht die Pflicht auferlegt werden, jedes tatsächlich vorkommende Veröffentlichungsmedium zu studieren und zu analysieren. Den Verkäufer kann nur eine bedingte Beobachtungs- und Marktinformationspflicht treffen. Falsch wäre es hingegen, daraus den Schluss zu ziehen, dass diese Pflichten sich lediglich auf die Massenmedien bezögen.[134] Einzubeziehen sind selbstverständlich Werbebroschüren,[135] Kataloge oder Veröffentlichungen in Fachheften wie Kammerzeitschriften u.Ä. Denn diesbezüglich ist der Regelungszweck zu beachten, nach dem Aussagen eher in den Risikobereich des Verkäufers fallen. Danach muss das Risiko auf solche öffentlichen Aussagen ausgedehnt werden, die in irgendeinem der Allgemeinheit zugänglichen Medium publiziert wurden.
- Etwas anderes kann aber dann gelten, wenn der Verkäufer eine *Privatperson* ist und es sich bei dem Kaufgegenstand um eine gebrauchte Sache handelt. Ein solcher Verkäufer muss in aller Regel nicht über sämtliche Publikationen Kenntnis haben, die bis zum Verkauf der Sache veröffentlicht wurden. Diesbezüglich bedarf es einer Begrenzung auf das angemessene Maß, das bei einem objektiven verständigen Verkäufer zu erwarten ist.

b.) In gleichwertiger Weise berichtigt

219 Keinen Einfluss auf die Leistungspflicht des Verkäufers haben weiterhin solche Angaben, die im Zeitpunkt des Vertragsschlusses „in gleichwertiger Weise" berichtigt wurden. Hierfür müssen in etwa das gleiche Medium und der gleiche Verbreitungsgrad gewählt werden, die bei der Gegendarstellung in etwa *gleich öffentlichkeitswirksam* sind. Insoweit kann entsprechend auf die Ausführungen des BVerfG hinsichtlich der Gegendarstellungen bei Verletzung von Persönlichkeitsrechten abgestellt werden. Die Aussage muss deshalb in demselben Medium mit der gleichen Reichweite und derselben Aufmachung erfolgen. Eine Fortsetzung der Werbung unter dem Verzicht auf die jeweilige Äußerung reicht hingegen nicht aus, ohne dass eine Gegendarstellung erfolgt ist.

---

[133] *Huber*, in: Huber/Faust, Kap. 12 Rn 47; *Lorenz/Riehm*, Rn 487.
[134] So wohl *Büdenbender*, in: Dauner-Lieb/Heidel/Lepa/Ring, Das neue Schuldrecht, § 8 Rn 33.
[135] Vgl. OLG München ZGS 2005, 237.

c.) Kaufentscheidung des Käufers nicht beeinflusst

Der Verkäufer kann sich ferner durch einen Nachweis entlasten, dass die öffentlichen Aussagen die Kaufentscheidung des Käufers nicht beeinflussen konnten. Eine solche mangelnde Beeinflussung ist gegeben, wenn sie für die Willensbildung des Käufers nicht maßgeblich sein konnte,[136] da er die öffentliche Aussage bzw. Werbung nicht wahrnehmen konnte. Dies ist der Fall, wenn diese in einer Sprache verfasst wurde, die der Käufer nachweislich nicht versteht, oder der Käufer von einer Richtigstellung Kenntnis genommen hat, obgleich diese entgegen § 434 I S. 3 Halbs. 2 Var. 2 BGB nicht in gleicher Weise veröffentlicht wurde. 220

Entgegen einer Strömung in der Literatur[137] kommt es nicht auf den durchschnittlichen Käufer, sondern ausschließlich subjektiv auf die Person des konkreten Käufers an. Seine Entscheidung ist maßgeblich, die sich ausschließlich aus einem inneren Vorgang ergibt. Auch wenn der Verkäufer einen solchen Vorgang schwerer beweisen kann, ist dies kein Grund, davon abzurücken. Denn das Risiko für die öffentlichen Aussagen fällt eher in den Bereich des Verkäufers. Hinzu kommt die Entscheidung des Gesetzgebers, dem Verkäufer die Darlegungs- und Beweislast aufzuerlegen. 221

c. Erweiterung auf Montagefehler oder fehlerhafte Montageanleitung nach § 434 II BGB

Erweiterung des objektiven Fehlerbegriffs auf Montagefehler oder fehlerhafte Montageanleitung nach § 434 II BGB

- Ein Sachmangel liegt auch dann vor, wenn eine unsachgemäße Durchführung der Montage vorliegt oder eine mangelhafte Montageanleitung beigelegt wurde.
- Bei der Bestimmung, inwieweit ein solcher Fall gegeben ist, muss auf die Wertung des § 434 I BGB entsprechend zurückgegriffen werden.
- Eine *unsachgemäße Durchführung* der Montage durch den Verkäufer oder dessen Erfüllungsgehilfen i.S.d. § 278 BGB liegt in den Fällen vor, in denen eine zunächst mangelfreie Sache durch den Montagevorgang mangelhaft wurde oder die Sache selbst mängelfrei bleibt, aber die Montage fehlerhaft ist.
- Ein Sachmangel liegt auch vor, wenn eine *mangelhafte Montageanleitung* der Sache beigelegt wurde, sofern die Sache nicht ohne diese Anleitung fehlerfrei montiert werden kann oder montiert wurde (sog. Ikea-Klausel).
- Die Vorschrift findet auch auf Gebrauchsanweisungen bzw. falsche Betriebsanleitungen Anwendung (str.).

Schließlich wird der Sachmangelbegriff des § 434 I S. 2 Nr. 2 BGB durch § 434 II BGB erweitert, indem die Sache mit einem **Sachmangel** behaftet ist, wenn eine unsachgemäße Durchführung der Montage vorliegt oder der Sache eine mangelhafte Montageanleitung beigelegt wurde. 222

Bei der Bestimmung, inwieweit eine fehlerfreie Montage oder Montageanleitung vorliegt, ist auf die Wertungen des § 434 I BGB entsprechend zurückzugreifen.[138]

aa. Unsachgemäße Montage

Eine unsachgemäße Durchführung der Montage durch den Verkäufer oder dessen Erfüllungsgehilfen i.S.d. § 278 BGB[139] liegt in den Fällen vor, in denen eine zunächst mangel- 223

---

[136] Wie hier *Oetker/Maultzsch*, § 2 Rn 68; weitergehend *Huber*, in: Huber/Faust, Kap. 12 Rn 49.

[137] *Huber*, in: Huber/Faust, Kap. 12 Rn 50.

[138] Vgl. *Westermann*, JZ 2001, 530, 533.

freie Sache durch den Montagevorgang mangelhaft wurde oder die Sache selbst mängelfrei bleibt, aber die Montage fehlerhaft ist.

Beispiele:

(1) Die Firma M liefert eine Küche. Die Küchenelemente sind bei Anlieferung vollständig mängelfrei. Bei dem Einbau der Elemente werden die Schränke teilweise sehr schief eingebaut. Dadurch reißen die Türen der Schränke großflächig ein. In dem Fall führt die unsachgemäße Durchführung der Montage zu einem Mangel der Sache.

(2) Die Firma M baut wie im ersten Beispiel die Küchenelemente ein. Wiederum werden die Elemente schief an der Wand angeschraubt. Diesmal reißen die Türen jedoch nicht ein. Lediglich die Elemente sind mangelhaft angebracht worden. Hier ist allein die Montage fehlerhaft.

224 Die Parteien müssen beim Vertragsschluss die **Montage zur Vertragspflicht** des Verkäufers gemacht haben. Hierdurch wird die Montagepflicht zur Hauptleistungspflicht des Verkäufers. Liegt eine mangelhafte Montage vor, wird der Sachmangel ausschließlich dem Kaufrecht unterstellt, ohne dass es einer Abgrenzung zum Werkvertrag bedürfte oder die Regeln eines gemischttypischen Vertrags Anwendung fänden.[140] Denn auch wenn es sich primär um einen Werklieferungsvertrag nach § 651 S. 1 BGB handelte, wäre das Kaufrecht entsprechend anwendbar.

225 Unerheblich ist zudem, ob die Montageverpflichtung des Verkäufers den Wert der unmontierten Sache erreicht oder sogar übersteigt, wenn die Montage derart umfangreich ist.

bb. Mangelhafte Montageanleitung

226 Ein Sachmangel liegt auch vor, wenn eine mangelhafte Montageanleitung der Sache beigelegt wurde, sofern die Sache ohne diese Anleitung nicht fehlerfrei montiert werden kann oder montiert wurde (sog. IKEA-Klausel).[141]

Beispiel: K kauft in einem Möbel-Abholmarkt einen im Ausland hergestellten Kleiderschrank zur Selbstmontage. Ist die Montageanleitung nur dürftig oder fehlerhaft in die deutsche Sprache übersetzt, ist die Sache mit einem Mangel behaftet und K hat wegen der Pflichtverletzung einen Schadensersatzanspruch nach §§ 280 ff. BGB. Gelingt es K aber, den Schrank dennoch ordnungsgemäß aufzubauen, entfallen der Sachmangel und damit auch der Schadensersatzanspruch.

227 Eine Pflicht zum Montageversuch des Käufers bedarf es nicht, sofern sich nicht aus § 242 BGB etwas anderes ergibt, weil nur sehr geringfügige Mängel bei der Montageanleitung vorliegen. Ist allerdings die Sache i.S.d. § 434 II S. 2 Halbs. 2 BGB montiert worden, trägt der Verkäufer die **Darlegungs- und Beweislast** dafür, dass der Käufer ohne Zuhilfenahme der Montageanleitung montiert hat, etwa weil er ein besonderes handwerkliches Geschick hat.

cc. Gebrauchsanweisung bzw. falsche Betriebsanleitung

228 Nicht geregelt ist die Frage, ob § 434 II S. 2 BGB auch auf die **Gebrauchsanweisung** bzw. **falsche Betriebsanleitung** Anwendung findet. Der Wortlaut der Vorschrift spricht dagegen. Allerdings liegt hier eine ausfüllungsbedürftige Regelungslücke vor, die durch

---

[139] BT-Drs. 14/6040, S. 215.

[140] *Saenger*, in: Hk-BGB, § 434 Rn 18; *Huber*, in: Huber/Faust, Kap. 12 Rn 52.

[141] Weiterführend *Haedicke*, ZGS 2006, 55, 56 ff.

Analogie zu schließen ist.[142] Denn die Gebrauchsanweisung bzw. Betriebsanleitung hat ebenso wie die Montageanleitung den Zweck, die Kaufsache in einen funktionsfähigen Zustand zu versetzen. Führt sie zu Bedienungsfehlern, liegt demnach ein Sachmangel vor. Dieser tritt nur scheinbar erst nach Gefahrübergang und jenseits des Geltungsbereichs der §§ 437 ff. BGB ein. Denn infolge der mangelhaften Bedienungsanleitung waren die Gefahr einer fehlerhaften Bedienung der Kaufsache und ein daraus resultierender Mangel bereits bei Gefahrübergang angelegt.

5. Mangelverdacht

Wie bereits ausführlich in Rn 118 ff. aufgezeigt, spielt es eine entscheidende Rolle, wann **229** die Preisgefahr übergeht. Insoweit gilt dies selbstverständlich auch für den Zeitpunkt des Sachmangels. Dieser muss, wie noch weiter unter Rn 272 ff. ausgeführt wird, zum Zeitpunkt des Gefahrübergangs vorhanden sein.

Es gibt allerdings Situationen, in denen nicht mit letzter Klarheit festzustellen ist, ob **230** tatsächlich ein Sachmangel gegeben ist, jedoch gewisse, nicht von der Hand zu weisende *objektive* Umstände dafür sprechen, dass ein Sachmangel vorhanden ist. Solche Konstellationen werden **Mangelverdacht** genannt.

Bislang war in der Rechtsprechung anerkannt, dass ein solcher Mangelverdacht im Hin- **231** blick auf einen schwerwiegenden Mangel der Kaufsache einen Mangel darstellen kann, über den der Verkäufer den Käufer aufklären muss. Ansonsten haftet der Verkäufer dem Käufer aus §§ 437 Nr. 3, 280 I u. III, 281 I S. 1 BGB unter Beachtung der zusätzlichen Voraussetzungen.[143] Diese Rechtsprechung ist nunmehr durch ein Instanzgericht für das geltende Recht bestätigt worden.[144]

Anknüpfungspunkt für die Mangelbestimmung ist die Tatsache, dass, wenn der Sache **232** ein schwerwiegender Mangelverdacht anhaftet, durch den Rechtsverkehr dieser ein geringerer Verkehrswert beigemessen wird; die Sache bleibt demnach bei einer Wertbestimmung unter dem eigentlich von den Parteien vorausgesetzten Preis zurück. Solange dieser Verdacht der Sache anhaftet, ist die Sache zumindest nach § 434 I S. 2 Nr. 1 BGB beeinträchtigt. Der Mangel kann allerdings dadurch behoben werden, dass der Verdacht durch den Verkäufer restlos ausgeräumt wird.

Es kommt allerdings nicht darauf an, dass der Verdacht tatsächlich begründet ist, viel- **233** mehr reicht es aus, dass **erhebliche** und **ernsthafte objektive** Anhaltspunkte für einen Mangel bestehen.

Daraus darf allerdings nicht geschlossen werden, dass damit jeder Verdacht im Hinblick **234** auf die Bestimmung eines Mangels ausreicht. Damit kommen *entfernte Mangelmöglichkeiten* nicht in Betracht. Vielmehr besteht eine Offenbarungspflicht nur in den Fällen, in denen nach allgemeinen Grundsätzen der andere Teil nach der im Verkehr herrschenden Auffassung redlicherweise eine Aufklärung erwarten darf.[145]

> **Hinweis für die Fallbearbeitung:** Dem Bearbeiter obliegt es also, an dieser Stelle anhand des Einzelfalls genau und umfassend zu argumentieren.

---

[142] So auch *Wenzel*, DB 2003, 1887, 1889; anders dagegen *Berger*, in: Jauernig, § 434 Rn 19, der die fehlerhafte Gebrauchsanweisung als einen Fall des § 434 I BGB ansieht.
[143] Vgl. dazu BGHZ 52, 51; BGH NJW 2001, 64: jeweils zu § 459 BGB a.F.
[144] LG Bonn NJW 2004, 74.
[145] *Grüneberg*, in: Palandt, § 242 Rn 37.

235 Der Mangelverdacht kann zudem bei einem beidseitigen Handelsgeschäft zu einer *Rügeobliegenheit* i.S.d. § 377 HGB des Käufers führen.[146] Das gilt vor allem dann, wenn der Käufer von seinen Abnehmern Bemängelungen der Ware erhält. Dann hat der Käufer die Ware erneut zu untersuchen.

III. Lieferung eines *aliud* nach § 434 III BGB

1. Einleitung

236 Die Lieferung einer **anderen als der gekauften Sache**, sei es eine Falschlieferung (**aliud**) *oder* eine **Mindermenge**, steht nach § 434 III BGB einem Sachmangel gleich. Die Falschlieferung wird demnach ausschließlich dem Sachmängelrecht unterstellt: Jede Abweichung der gelieferten Sache vom vertraglich geschuldeten Programm führt zur Anwendung des Gewährleistungsrechts und dessen Rechtsfolgen. Gleichgültig ist, ob die Sache beim Gattungskauf nicht zu der vereinbarten Gattung gehört[147] oder beim Stückkauf eine andere Sache als das individuell bestimmte Stück (**Identitätsaliud**) geliefert wurde[148], auch wenn das aliud offensichtlich von der geschuldeten Leistung abweicht.[149]

Beispiele:

(1) **Aliud** beim *Stückkauf:* Eine andere als die von den Parteien durch individuelle Merkmale bestimmte Sache wird geliefert: A kaufte von B einen spezifizierten Mercedes SLK 200, ausgeliefert wurde stattdessen ein BMW Z 3.

(2) *Aliud* beim *Gattungskauf*: Eine Sache einer anderen Gattung als die der vereinbarten wird geliefert: Statt Kartoffeln werden Möhren geliefert.

(3) Eine *Mindermenge* liegt dann vor, wenn weniger als die vertragliche Menge geliefert wird: Nicht 1 Tonne, sondern lediglich 500 kg Kartoffeln werden geliefert.

237 Bei der Falschlieferung im Rahmen eines *Gattungskaufs* ist eine **Nacherfüllung** durch Lieferung einer anderen Sache, die die vereinbarte Qualifikation hat, ohne weiteres möglich. Nach § 243 I BGB schuldet der Verkäufer die Ware einer bestimmten Gattung in mittlerer Art und Güte. Die Lieferung minderer Qualität aus der vereinbarten Gattung ist ein gewöhnlicher Sachmangel. Falsch liefert der Verkäufer erst dann, wenn die gelieferte Sache einer anderen als der vereinbarten Gattung angehört. Maßstab ist auch hier der im Kaufvertrag erklärte Parteiwille und nicht etwa die Verkehrsanschauung.

Beispiel: Winterweizen statt Sommerweizen[150]

238 Beim *Stückkauf* ist nach der hier vertretenen Auffassung das vertragsgerechte Stück im Rahmen der Nacherfüllung gem. §§ 437 Nr. 1, 439 I Var. 2 BGB an den Käufer zu liefern.

239 Ein **Nachbesserungsanspruch** wird beim *aliud* im Hinblick auf eine *Gattungssache* i.d.R. ausscheiden, ist aber nicht gänzlich undenkbar, wenn z.B. ein Gerät durch ein zusätzliches Instrument umgerüstet werden kann. Bei einem *aliud* in Form eines individuell bestimmten *Stücks* scheidet hingegen der Nachbesserungsanspruch von vornherein generell aus.[151]

---

[146] Brüggemann, in: Staub, § 377 HGB Rn 124.
[147] *Huber*, in: Huber/Faust, Kap. 12 Rn 60.
[148] Vgl. *Huber*, NJW 2002, 1004, 1006; *Tiedtke/Schmitt*, JZ 2004, 1092, 1093; unklar BT-Drs. 14/6040 S. 216 f.; dagegen *Westermann*, NJW 2002, 241, 246; *Thier*, AcP 203, 399, 403.
[149] Ausführlich *Brors*, JR 2002, 133, 134 ff.
[150] BGH NJW 1968, 640.
[151] Vgl. BT-Drs. 14/6040 S. 216 re.Sp.

2. *aliud*-Lieferung

Lieferung eines *aliud* gem. § 434 III BGB

- Die Lieferung einer **anderen als der gekauften Sache**, sei es eine Falschlieferung (**aliud**) *oder* eine **Mindermenge**, steht nach § 434 III BGB einem Sachmangel gleich. Die Falschlieferung wird demnach ausschließlich dem Sachmängelrecht unterstellt.
- Eine solche irrtümliche, **nicht** unter § 434 III BGB fallende, Falschlieferung liegt vor, wenn bei der Lieferung - erkennbar für den Käufer - die Leistung nicht in Erfüllung der vertraglichen Verbindlichkeit, sondern aufgrund einer anderen Verbindlichkeit erbracht wurde.
- Bei der *aliud*-Lieferung kann es vorkommen, dass ein Gegenstand geliefert wurde, dessen **Wert deutlich höher** liegt als bei der nach Kaufvertrag geschuldeten Sache: Mit dieser Sache hat der Verkäufer gegenüber dem Käufer gem. § 362 I BGB erfüllt. Der Verkäufer kann die Tilgungsbestimmung grundsätzlich nur dann anfechten, wenn er nicht als Kaufmann gehandelt hat. Das Verschulden der Erfüllungsgehilfen ist dem Kaufmann zuzurechnen. Dies gilt nur dann nicht, wenn es sich bei dem Vertragsgegenstand um einen solchen des Alltagslebens bzw. ein Massenprodukt handelt.
- Die Vertragsparteien können sich nachträglich gem. § 311 I BGB hinsichtlich des wertvolleren *aliud* einigen, indem sie den Vertrag diesbezüglich abändern bzw. ergänzen. Nach diesem Abänderungsvertrag gilt das *aliud* als das vertraglich Vereinbarte, weshalb der Käufer keine Rechte aus §§ 437, 434 III BGB herleiten kann. Nicht ausreichend ist für eine solche Vereinbarung bzw. Billigung, dass der Käufer die Lieferung des *aliud* angenommen oder der Verkäufer eine Rechnung übersandt hat, die den höheren Preis und das *aliud* zudem richtig bezeichnet.
- Bei der Mankolieferung ist zwischen der *offenen* und *verdeckten* Mankolieferung zu unterscheiden: Bei der verdeckten Mankolieferung liegt ein Fall des § 434 III BGB vor. Bei der offenen Mankolieferung steht dem Käufer gem. § 266 BGB das Recht zu, die Teilleistung des Verkäufers zurückzuweisen. Zudem hat der Käufer das Recht, die Primärleistung aus § 433 I BGB weiterhin geltend zu machen, oder er kann vom Vertrag nach § 323 BGB zurücktreten bzw. Schadensersatz statt der Leistung oder Verzugsschaden gem. §§ 280, 281, 286 BGB geltend machen.

a. Einleitung

Kommt der Verkäufer mit der entsprechenden Sache nicht seiner Verpflichtung aus § 433 I BGB nach, ist das Sachmängelrecht wegen § 434 III BGB entsprechend anwendbar, auch wenn die Störung in einer Mindermenge oder in einem aliud besteht. 240

Beispiel: Landwirt K kauft von Landwirt V Sommerweizen. Noch vor der Aussaat bemerkt K, dass V versehentlich Winterweizen geliefert hat. Wie ist die Rechtslage für K?

K könnte einen Anspruch auf Nacherfüllung nach §§ 439 I, 437 Nr. 1, 434 III BGB haben, wenn die Lieferung des Winterweizens einen Sachmangel darstellt. § 434 III BGB bestimmt auch die Lieferung einer anderen Sache als der geschuldeten als einen Sachmangel. Jede Falschlieferung wird der Sachmangelhaftung unterstellt, ohne dass es auf die Genehmigungsfähigkeit ankommt. Die Lieferung von Winter- statt Sommerweizen stellt einen Sachmangel dar. K kann daher Nacherfüllung in Form einer Lieferung von Sommerweizen verlangen. Die falsche Lieferung muss K zurückgeben. Der Ersatzlieferungsanspruch verjährt in 2 Jahren ab Ablieferung.
K könnte u.U. auch vom Vertrag zurücktreten oder den Kaufpreis mindern. Dies setzt aber den fruchtlosen Ablauf einer Fristsetzung voraus. K kann also nicht sofort vom Vertrag zurücktreten.

241 Voraussetzung für die Gleichstellung des § 434 III BGB von Sachmangel mit einer Falsch- oder Zuweniglieferung ist, dass der Verkäufer die Leistung als Erfüllung seiner Pflicht erbringt und für den Käufer[152] gerade dieser Zusammenhang zwischen der erbrachten Leistung und der Verpflichtung des Verkäufers erkennbar ist.

Beispiel: Der Versandhandel O sendet seiner Kundin A ein Paket zu, welches eigentlich B zugesandt werden sollte, weil einer Mitarbeiterin beim Aufkleben des Etiketts ein Fehler unterlaufen ist. Der Inhalt unterscheidet sich deutlich von dem, den A tatsächlich bestellt hatte. Statt eines Fernsehgeräts werden A Babyartikel zugesandt. Fraglich ist, ob ein Fall des § 434 III BGB vorliegt. Dafür ist Voraussetzung, dass die Firma O als Verkäufer die Leistung als Erfüllung ihrer Pflicht erbracht und die Käuferin A objektiv den Zusammenhang zwischen der erbrachten Leistung und der Verpflichtung der Firma O erkannt hat. Fraglich ist bereits, ob die Firma O die Leistung als Erfüllung ihrer Pflicht erbracht hat. Dafür ist i.S.d. § 362 BGB die Bewirkung der vertraglich vereinbarten Leistung grundsätzlich Voraussetzung. Der Unterschied zwischen den Babyartikeln und dem Fernsehgerät ist gravierend. Insofern könnte der Schluss naheliegen, dass die Firma O die Leistung als Erfüllung ihrer Pflicht nicht erbracht hat. Dies könnte allerdings dann dahinstehen, wenn sich aus objektiver Sicht der Käuferin bereits ein Zusammenhang nicht ergibt. Aus objektiver Sicht der Käuferin stellt sich die Situation in der Art dar, dass der Versandfirma O beim Etikettieren der Ware wegen des erheblichen und grundlegenden Unterschieds zwischen der bestellten und der tatsächlich zugesandten Ware ein Fehler unterlaufen ist. Bei ordnungsgemäßer, fehlerfreier Bearbeitung fiele auf, wenn statt eines Fernsehgerätes Babykleidung geliefert wird. (Etwas anderes wäre es, wenn die Firma O anstatt eines Fernsehers mit Plasmabildtechnik einen solchen mit einer konventionellen Bildröhre an den falschen Kunden verschickt hätte. In dem Fall wäre aus objektiver Sicht der Kundin A der Unterschied zwischen den Produkten nicht derart gravierend, dass sie einen Zusammenhang zwischen der erbrachten Leistung und der Verpflichtung der Firma O erkannt hätte.) Insoweit besteht aus objektiver Sicht der Käuferin kein Zusammenhang zwischen der erbrachten Leistung und der Pflichterfüllung durch die Firma O. Dementsprechend kann es dahinstehen, ob die Firma O die Leistung überhaupt als Erfüllung ihrer Pflicht erbracht hat.
Es liegt demnach kein *aliud* i.S.d. § 434 III BGB vor. A kann weiterhin nach § 433 I S. 1 BGB ihren Anspruch geltend machen.

Hinweis für die Fallbearbeitung:

1. Im Grundsatz kann eine derartige Differenzierung dahinstehen, da die Rechtsfolgen dieselben sind. In der Falllösung kann sie daher bei Sachverhalten, die noch viele weitergehende Probleme haben, i.d.R. offengelassen werden. Allerdings ist strikt auf eine genaue Abgrenzung zu achten, wenn die Verjährungsfrist des § 438 BGB (2 Jahre) abgelaufen ist, die Frist des § 195 BGB (3 Jahre) aber noch läuft. In einem derartigen Fall kann die Einordnung unter § 434 III BGB entscheidend für die Durchsetzung des Anspruchs sein.

2. Ist kein Fall des § 434 III BGB gegeben, ist das Gewährleistungsrecht der §§ 437 ff. BGB (wichtig für die Anwendbarkeit des § 438 BGB, s.o.) nicht anwendbar; die Rechtsfolgen ergeben sich vielmehr ausschließlich aus §§ 280 ff., 320 ff. BGB. Der Käufer kann nach § 433 I S. 1 BGB seinen Anspruch weiterhin geltend machen. Die ursprünglich gelieferte Sache kann der Verkäufer nach § 812 I S. 1 Var. 1 BGB herausverlangen.

242 Dem gleichzusetzen ist, wenn der Käufer bei der Erfüllungshandlung bereits die aliud-Lieferung oder eine Lieferung einer Mindermenge erkennt **und** daher die angebotene

[152] Vgl. *Lorenz*, JuS 2003, 36, 38; BT-Drs. 14/6040, s. 216 re.Sp.

Sache als nicht geschuldet zurückweist.[153] In derartigen Fällen liegt eine Nichterfüllung der Leistungspflicht aus § 433 I S. 1 BGB vor.

b. Aliud mit deutlich höherem Wert

Bei der aliud-Lieferung kann es vorkommen, dass ein Gegenstand geliefert wurde, dessen **Wert deutlich höher** liegt als bei der nach Kaufvertrag geschuldeten Sache. Es stellt sich daher die Frage, ob der Verkäufer anschließend die Sache zurückverlangen kann. Dies ist teilweise konträr erörtert worden. 243

aa. Erfüllung nach § 362 I BGB

Anknüpfungspunkt für eine Lösungsmöglichkeit ist zunächst, ob der Verkäufer mit dieser Form der aliud-Lieferung überhaupt i.S.d. § 362 I BGB erfüllt hat. 244

Das Schuldverhältnis i.S.d. § 362 I BGB ist erfüllt, wenn das Leistungsinteresse des Gläubigers (Käufers) befriedigt wurde.[154] Die Leistung entspricht grundsätzlich dem Interesse des Gläubigers im Fall der vertraglichen Beschaffenheit; wird mehr geleistet, wird damit aber auch das Leistungsinteresse des Gläubigers erfüllt und führt damit zum Bewirken der Leistung.[155] Dieser Ansatz wird auch noch durch den Regelungszweck der §§ 433 I S. 2, 434 III BGB dogmatisch unterstützt. Von den Vorschriften wird lediglich das negative Abweichen vom Soll und nicht das positive erfasst. Daher hat der Verkäufer mit einem wertvolleren aliud seine Pflichten aus § 433 I BGB i.S.d. §§ 362 ff. BGB erfüllt.[156]

> **Hinweis für die Fallbearbeitung:** Dieser Streit hat Auswirkungen darauf, inwieweit eine Kondiktion nach § 812 I S. 1 Var. 1 BGB möglich ist, wenn der Verkäufer die Ware wieder zurückhaben möchte.[157] Das dargestellte Problem ist unter dem Prüfungspunkt „ohne Rechtsgrund" zu erörtern.[158]
>
> Will hingegen der Käufer diese Ware nicht haben, kann er seine Gewährleistungsrechte aus §§ 433 I S. 2, 434 III, 437 ff. BGB geltend machen.

bb. Anfechtung der Tilgungsbestimmung

Ein weiterer Gesichtspunkt ist, ob der Verkäufer die gemachte Tilgungsbestimmung i.S.d. §§ 142 I, 119 II BGB anfechten kann, um an die an den Käufer gelieferte Ware zu kommen. Hierbei muss danach differenziert werden, ob es sich bei dem Verkäufer um eine *Privatperson* oder um einen *Kaufmann* i.S.d. §§ 1 ff. HGB handelt. 245

Bei der *Privatperson* kommt eine Anwendung des § 119 II BGB in Betracht. Gegen die Anwendung des § 119 II BGB spricht zwar, dass es im Rahmen des Konkurrenzverhältnisses zwischen Anfechtung und Gewährleistung zu einem Ausschluss der Irrtumsanfechtung kommen muss (der Verkäufer soll sich nicht durch Irrtumsanfechtung seiner Gewährleistungspflichten entziehen können). Allerdings darf nicht unberücksichtigt bleiben, dass der Ausschluss nur dann eingreift, wenn durch die Anwendung der Irrtumsregelung tatsächlich die Gewährleistungsvorschriften umgangen werden sollen. Diese Situation besteht in der vorliegenden Konstellation aber gerade nicht. Es geht dem Verkäufer nicht darum, die Gewährleistungsregeln zu umgehen, sondern ausschließlich darum, seinen Vermögenswert zurückzubekommen. Der Verkäufer hat daher die Mög- 246

---

[153] Vgl. *Huber*, in: Huber/Faust, Kap. 12 Rn 62 f.
[154] Vgl. *Schulze*, in: Hk-BGB, § 362 Rn 1.
[155] *Wenzel*, DB 2003, 1887, 1890.
[156] So auch mit umfangreicher Begründung *Wenzel*, DB 2003, 1887, 1890; vgl. auch *Brors*, JR 2002, 133, 135 f.; *Wilhelm*, JZ 2001, 861, 868; *Faust*, in: Bamberger/Roth, § 434 Rn 109 f.; dagegen wohl *Lorenz*, JuS 2003, 36, 39; *Oetker/Maultzsch*, § 2 Rn 146 ff.; vgl. auch *Tiedtke/Schmitt*, JZ 2004, 1092, 1095 u. 1098.
[157] So auch *Lorenz*, JuS 2003, 36, 39.
[158] Zu dieser Frage ausführlich *Tiedtke/Schmitt*, JZ 2004, 1092, 1098 f.

lichkeit, den Vertrag bzw. seine Willenserklärung wegen Irrtums über eine verkehrswesentliche Eigenschaft gem. § 119 II BGB **anzufechten**, um seine Sache im Wege der Kondiktion nach § 812 I S. 1 Var. 1 BGB zurückzuerhalten.[159]

247 Dem *Kaufmann* ist generell das Anfechtungsrecht mit der Begründung versagt, dass ihm im Rahmen der Sorgfalt eines Kaufmanns das (unternehmerische) Risiko des Irrtums obliege. Bezüglich seines Handelns gelten strenge Maßstäbe, die er zu beachten und zu befolgen hat. In dem üblichen Geschäftsgang obliegt es ihm demnach, die geschäftlichen Vorgänge sorgfältig zu steuern und ggf. zu kontrollieren. Kommt er diesen Verpflichtungen nicht nach, müssen ihn entsprechend die Konsequenzen treffen. Für das konkrete Problem bedeutet dies, dass, wenn er diese Sorgfalt bei der richtigen Auswahl der zur Erfüllung geeigneten Sache nicht obwalten lässt, er für das Auswahlverschulden hinsichtlich der Sache auch bezüglich des Handelns seiner Angestellten einzustehen hat.[160]

248 Bei der Haftung für die Angestellten ist allerdings danach zu differenzieren, ob es sich um besondere oder Alltagsgeschäfte handelt.[161]

- Bei **Luxusgütern** oder anderen hochwertigen Waren wie Industrieerzeugnissen verbleibt es wegen des besonderen Sorgfaltsmaßstabs eines Kaufmanns und der damit besonderen Vertragspflichten aus § 433 I S. 2 BGB dabei, dass er umfassend und gründlich zu kontrollieren hat, ob es sich um den Vertragsgegenstand handelt, da diese Kontrolle gleichzeitig mit der jeweiligen Qualitätskontrolle erfolgen kann.
- Bei den **Alltagsgeschäften** wie dem Verkauf von Lebensmitteln oder normalen Konsumgütern handelt es sich um Massengeschäfte, bei denen vielfach innerhalb kurzer Zeit eine erhebliche Stückzahl umgesetzt wird. Müsste hier der Kaufmann für seine Erfüllungsgehilfen einstehen, überforderte dies den von ihm zu erbringenden Sorgfaltsmaßstab des ordentlichen Kaufmanns. In dem Fall steht dem Kaufmann ausnahmsweise ein Anfechtungsrecht zu.

cc. Nachträglicher Änderungsvertrag

249 Eine zweite Möglichkeit ist, dass sich die Vertragsparteien nachträglich gem. § 311 I BGB hinsichtlich des wertvolleren *aliud* einigen, indem sie den Vertrag diesbezüglich abändern bzw. ergänzen. Nach diesem Abänderungsvertrag gilt das *aliud* als das vertraglich Vereinbarte, weshalb der Käufer keine Rechte aus §§ 437, 434 III BGB herleiten kann. Das Sachmängelgewährleistungsrecht greift allerdings dann ein, wenn auch der jetzt vertraglich vereinbarte Gegenstand einen Sachmangel nach § 434 I o. II BGB aufweist. Zu beachten ist bei der Vertragsänderung ferner, inwieweit sich der Kaufpreis wegen der Höherwertigkeit der Sache nach oben verschoben hat.

250 Ob eine Vertragsänderung vorgenommen wurde, muss, sofern nicht eine ausdrückliche Vereinbarung abgeschlossen wurde, durch Vertragsauslegung nach §§ 133, 157 BGB beurteilt werden.

251 Nicht ausreichend für eine solche Vereinbarung bzw. Billigung ist im Hinblick auf die Auslegung, dass der Käufer die Lieferung des *aliud* angenommen oder der Verkäufer eine Rechnung übersandt hat, die den höheren Preis und das *aliud* richtig bezeichnet.

252 Ansonsten bestünde für den Käufer die Gefahr, dass der Verkäufer wegen eines z.B. höheren Gewinns dem Käufer eine höherwertige Sache als *aliud* liefert, um mit diesem

[159] Im Ergebnis ebenso *Lorenz/Riehm*, Rn 493; in die gleiche Richtung *Lettl*, JuS 2002, 866, 870 f.
[160] Ausführlich *Wenzel*, DB 2003, 1887, 1890; im Ergebnis ebenso *Wilhelm*, JZ 2001, 861, 868.
[161] Vgl. insgesamt *Wenzel*, DB 2003, 1887, 1890.

entgegen der eigentlichen Intention des Käufers einen Kaufvertrag über die höherwertige Sache abzuschließen. Auch den privaten Käufer träfen in solchen Fällen dann durch die „Hintertür" Untersuchungs- und Rügepflichten, die der Gesetzgeber ausschließlich für Kaufleute in § 377 HGB vorgesehen hat. Eine Analogie ist zudem nicht zulässig, da den Kaufmann besondere kaufmännische Sorgfaltspflichten treffen, die in der Art für die Privatperson nicht gelten.

Etwas anderes kann unter Umständen dann gelten, wenn dem Käufer bewusst ist, dass ihm ein wertvolleres *aliud* geliefert wurde (offene Falschlieferung), und er anschließend die Rechnung vollständig begleicht, in der der höhere Kaufpreis ausgewiesen ist und auf die Lieferung des *aliud* hingewiesen wurde. Da dies für den Verkäufer günstige Umstände sind, obliegt es allerdings ihm, in streitigen Fällen die Vertragsänderung darzulegen und zu beweisen. **253**

3. Quantitätsabweichungen (Mankolieferung)

Bei der Mankolieferung ist zwischen der *offenen* und *verdeckten* Mankolieferung zu unterscheiden. **254**

- Eine *verdeckte* Mankolieferung ist eine Zuweniglieferung, bei der der Verkäufer die Mindermenge als Erfüllung seiner *ganzen* Schuld liefert; er bringt demnach, abstellend auf den Horizont des Käufers, erkennbar zum Ausdruck, dass die Leistung zur vollständigen Erfüllung der Verbindlichkeit erfolgt.[162] In einer solchen Situation liegt ein Fall des § 434 III BGB vor. Die Rechtsbehelfe des Käufers richten sich daher ausschließlich nach §§ 434, 437 ff. BGB, der Nacherfüllungsanspruch aus §§ 437 Nr. 1, 439 BGB tritt an die Stelle des ursprünglichen Erfüllungsanspruchs.[163] **255**
- Die *offene* Mankolieferung hingegen beinhaltet, dass der Verkäufer nicht die vollständige Schuld erfüllen, sondern lediglich eine Teilleistung erbringen will. In dieser Konstellation steht dem Käufer gem. § 266 BGB das Recht zu, die Teilleistung des Verkäufers zurückzuweisen. Zudem hat der Käufer das Recht, die Primärleistung aus § 433 I BGB weiterhin geltend zu machen, oder er kann vom Vertrag nach § 323 BGB zurücktreten bzw. Schadensersatz statt der Leistung oder Verzugsschaden gem. §§ 280, 281, 286 BGB geltend machen. Nimmt der Käufer dennoch die Teilleistung an, verbleibt ihm weiterhin das Recht, die restliche Teilleistung aus § 433 I BGB zu verlangen. **256**

Ebenfalls nicht geregelt ist das Problem, dass der Verkäufer **quantitativ mehr** liefert, als er vertraglich zu leisten hatte. Hierbei sind prinzipiell die gleichen Erwägungen in Bezug auf die Vertragsänderung wie bei dem wertvolleren aliud anzustellen. Kommt es hingegen zu keiner solchen Vertragsänderung, kann der Verkäufer die überzählige Ware nach §§ 812 ff. BGB kondizieren. **257**

4. Verjährung

Liegt ein Fall des § 434 III BGB vor, ist die Verjährung entgegen der regelmäßigen Verjährung gem. § 195 BGB auf zwei Jahre begrenzt. Liefert der Verkäufer allerdings **vorsätzlich** die falsche Ware bzw. die richtige Ware in zu geringer Anzahl, greift § 438 III BGB ein, wonach die regelmäßige Verjährungsfrist anzuwenden ist. **258**

IV. Rechtsmangel

Nach § 435 S. 1 BGB ist eine Sache frei von Rechtsmängeln, wenn Dritte in Bezug auf die Sache keine oder nur die im Kaufvertrag übernommenen Rechte gegen den Käufer **259**

[162] Vgl. BT-Drs. 14/6040, S. 216 re.Sp.
[163] Vgl. *Brors*, JR 2002, 133, 136; ausführlich *Windel*, Jura 2003, 793 ff.

geltend machen können. Es reicht nicht aus, dass ein Dritter ein Recht bereits geltend macht, nur ein **tatsächlich bestehendes Recht** stellt einen Rechtsmangel dar.

Rechte i.S. dieser Vorschrift sind

⇨ sowohl *dingliche* Rechte wie Eigentum[164], Nießbrauch, Pfandrecht, Grundschulden, Hypotheken, Dienstbarkeiten[165], Immaterialgüterrechte, Anwartschaftsrecht[166]

⇨ als auch *obligatorische* Rechte[167] wie Miet- und Pachtrecht eines Dritten[168].

260 Für die Rechtsmängelhaftung kommt es maßgeblich darauf an, was die Parteien im Kaufvertrag vereinbart haben. Denn nur solche Rechte Dritter sind für die Haftung des Verkäufers von Bedeutung, die **im Kaufvertrag ausdrücklich vorgesehen** sind und vom Käufer übernommen wurden. Insoweit handelt es sich um eine **Haftungsbeschränkung** zugunsten des Verkäufers.

Beispiel: Im Grundbuch ist nur eine Grundschuld zugunsten der X-Bank eingetragen. Diese Grundschuld soll der Käufer übernehmen. Eine entsprechende Regelung ist im Kaufvertrag vorgesehen. Dass die Gemeinde ein Betretungsrecht wegen der zu errichtenden Hochspannungsleitung beantragt hat, war dem Verkäufer nicht bekannt.

261 Eine stillschweigende Abrede ist nicht zulässig, da der Käufer die betreffenden Rechte nach § 435 S. 1 BGB **übernehmen** muss. Dabei kann es sich sowohl um Baubeschränkungen[169] als auch um Beschränkungen öffentlich-rechtlicher Art[170] handeln.

262 Gemäß § 435 S. 2 BGB werden auch nicht bestehende, aber **eingetragene Buchrechte** erfasst und einem Rechtsmangel gleichgestellt. Auch nach der alten Rechtslage war der Verkäufer verpflichtet, derartige Rechte auf seine Kosten zur Löschung zu bringen, soweit sie das dem Käufer zu verschaffende Recht beeinträchtigen könnten.

263 Das **berechtigte Interesse** des Käufers an der Löschung nicht existierender, aber eingetragener Rechte ist in der Behinderung der Verfügungsmöglichkeit des Käufers über das Grundstück zu sehen,[171] auch wenn deren Bestehen seine Rechtsstellung nicht unmittelbar verschlechtert. Schließlich muss berücksichtigt werden, dass derartige Rechte durch einen gutgläubigen Erwerb eines Dritten zu einem tatsächlichen Recht erstarken.

Da der **Besitz** nur die tatsächliche Sachherrschaft über eine Sache zum Inhalt hat, die Pflicht zur Besitzverschaffung aber schon aus § 433 I S. 1 BGB folgt, ist der fremde Besitz ohne Besitzrecht kein Rechtsmangel.

264 Die durch einen Rechtsmangel ausgelösten **Rechtsfolgen** entsprechen denen beim Sachmangel, §§ 433 I S. 2, 437 ff. BGB. Der Verkäufer ist bei Abschluss des Kaufvertrags verpflichtet, eine mangelfreie Sache zu liefern, und zwar in Bezug auf Sach- und Rechtsmängel.

Eine der **wichtigsten Folgen** der **Gleichstellung** von **Sach- und Rechtsmängeln** ist im Bereich der Rechtsmängelhaftung die Möglichkeit, den **Kaufpreis zu mindern**. We-

---

[164] Vgl. *Scheuren-Brandes*, ZGS 2005, 295, 296 ff.; a.A. wohl OLG Karlsruhe ZGS 2004, 477; vgl. hierzu auch OLG Hamm ZGS 2005, 318.
[165] BGH NJW 2000, 803.
[166] *Weidenkaff*, in: Palandt, § 435 Rn 8; *Köhler*, in: Staudinger (1995), § 434 Rn 6.
[167] *Beckmann*, in: Staudinger (2014), § 435 Rn 15.
[168] BGH NJW 1991, 2700.
[169] BGH NJW 1992, 1384.
[170] BGHZ 67, 134.
[171] RegE BR-Drs. 338/01, S. 510.

gen der Gleichstellung sind auch die Rechtsfolgen der Sachmängelhaftung auf die Rechtsmängelhaftung anzuwenden. Diese sieht, wenn die Nacherfüllung nicht möglich oder fehlgeschlagen ist, neben dem Rücktritt auch die Möglichkeit der Minderung des Kaufpreises vor.

Zu berücksichtigen ist ferner der **Einfluss der Kenntnis oder des Kennenmüssens** des Käufers von Rechtsmängeln. Nach der Regelung in § 442 II BGB werden dagegen sämtliche im Grundbuch eingetragenen Rechte von dieser Regelung ausgenommen. Danach besteht beim Immobilienkauf eine umfassende Verpflichtung des Verkäufers zur Freistellung von Lasten.[172] 265

Allerdings dürften bei der Haftung des Verkäufers auf Schadensersatz wegen eines Rechtsmangels häufig **Beschaffenheitszusagen** nach § 276 BGB in besonderer Weise zu berücksichtigen sein mit der Folge, dass der Verkäufer verschuldensunabhängig haftet.[173] Hinsichtlich der Reichweite der Risikoübernahme ist nach den allgemeinen Grundsätzen der Rechtsgeschäftslehre durch Auslegung zu ermitteln, welche Zusagen der Verkäufer, unter Berücksichtigung der Umstände des Einzelfalls, gegeben hat. Dabei kann grundsätzlich davon ausgegangen werden, dass der Verkäufer bei marktbezogenen Geschäften seine Fähigkeit zur Überwindung typischer Beschaffenheitshindernisse garantieren will,[174] d.h. insbesondere das Vorhandensein der nötigen Kenntnisse, der geschäftlichen Verbindungen und der finanziellen Mittel. Nicht erfasst werden von der Risikoübernahme solche Gefahren, die nicht mit der Eigenart der Beschaffenheitsschuld zusammenhängen. 266

Beispiel: unvorhersehbare Krankheit des Verkäufers

Hinweis für die Fallbearbeitung: Wegen der gesetzlich angeordneten Vorrangigkeit der Parteivereinbarung nach § 434 I BGB ist im Zweifel von einem Sachmangel auszugehen, sofern nicht besonders gravierende Gründe in der Weise für die Anwendung des § 435 BGB vorliegen, dass ein Dritter Rechte an der Kaufsache gegen den Käufer geltend macht.

Die **Rechtsfolgen** eines Rechtsmangels ergeben sich aus den für alle Mängel geltenden §§ 437 ff. BGB. Nach § 436 BGB stellen **öffentlich-rechtliche Lasten**, die jeden Grundstückseigentümer treffen, **keinen** Rechtsmangel dar. Andere öffentlich-rechtliche Beschränkungen wurden vom Gesetzgeber ausdrücklich nicht geregelt.[175] Zu denken ist an 267

- Erschließungsbeiträge
- oder sonstige Anliegerbeiträge für Maßnahmen, die bis zum Tag des Vertragsabschlusses bautechnisch begonnen wurden, § 436 I BGB.

Eine Lösung dieses Problems könnte darin liegen, dass privatrechtliche oder gesetzliche Beschränkungen dann einen Sachmangel darstellen, wenn sie ihren **Ursprung in der Beschaffenheit der Sache** haben.[176] 268

Beispiele: Lage des Grundstücks; Art der zulässigen Bebauung

---

[172] BT-Drs. 14/6040, S. 237.
[173] *Zimmermann*, in: Ernst/Zimmermann, S. 191, 194; einschränkend OLG Karlsruhe NJW 2005, 989 f.; vgl. hierzu auch *Wenzel*, Fälle zum BGB II, Kap. 4.
[174] BT-Drs. 14/6040, S. 132.
[175] BT-Drs. 14/6040, S. 217.
[176] *Köhler*, in: Staudinger (1995), § 434 a.F. Rn 21.

269 Entscheidend ist demnach entweder die Beschaffenheit, welche von den Parteien vereinbart wurde, oder der vorausgesetzte oder gewöhnliche Verwendungszweck der Kaufsache.

270 **§ 436 I BGB** regelt nicht die Rechtsmängelhaftung, sondern bestimmt den Verkäufer als Beitragsschuldner für diese Beiträge, auch wenn an sich der Käufer die Beiträge zu zahlen hätte. Kommt der Verkäufer seiner Verpflichtung nicht nach, wird auf das allgemeine Leistungsstörungsrecht und auf §§ 280 ff. BGB verwiesen. Nach § 436 II BGB haftet der Verkäufer eines Grundstücks allerdings **nicht für die Freiheit von öffentlichen Abgaben** und sonstigen Lasten, die zur Eintragung ins Grundbuch nicht geeignet sind.[177]

271 Die Ansprüche des Käufers wegen Rechtsmängel **verjähren** in gleicher Weise nach § 438 BGB. Ausnahmsweise sieht § 438 I Nr. 1a BGB für das dingliche Recht eines Dritten (den wohl wichtigsten Rechtsmangel) eine 30-jährige Verjährungsfrist vor. Dadurch wird die Gewährleistungsfrist der Verjährungsfrist dinglicher Rechte nach § 197 I Nr. 1 BGB angepasst und es werden Wertungswidersprüche vermieden.

V. Gefahrübergang

272 Die Beurteilung, ob ein gesetzlich relevanter Sachmangel vorliegt, den der Käufer geltend machen kann, hängt gem. § 434 I S. 1 BGB zunächst vom Gefahrübergang ab. Der maßgebliche Zeitpunkt bestimmt sich damit nach §§ 446, 447, 474 BGB, weshalb zunächst auf die dort gemachten Ausführungen verwiesen werden kann (vgl. Rn 118 ff.).

273 Ein besonderes Abgrenzungsproblem hinsichtlich des Gefahrübergangs besteht, wenn der Regelungsgehalt des § 446 S. 3 BGB eingreift. Danach trägt der Käufer die Gefahr der Mangelhaftigkeit, wenn diese während der Zeit eintritt, in der er als Gläubiger i.S.d. §§ 293 ff. BGB mit der **Annahme im Verzug** ist; insoweit steht der Annahmeverzug des Käufers der Übergabe durch den Verkäufer gleich.

Ist allerdings der Mangel bereits vor Übergabe durch den Verkäufer bzw. vor Annahmeverzug des Käufers vorhanden, trifft den Käufer die Gefahr dieser bzw. einer späteren weiteren Mangelhaftigkeit nicht. Ist in diesem Fall der Gegenstand beim avisierten Gefahrübergang mangelhaft, kann der Käufer wegen §§ 433 I S. 2, 294 BGB entgegen § 433 II BGB die Annahme der Leistung verweigern, da dem Verkäufer nach § 433 I S. 2 BGB die Hauptleistungspflicht obliegt, die Sache frei von Sach- und Rechtsmängeln zu verschaffen. Hinzu kommt der Regelungsbereich des § 294 BGB mit der Vorgabe, dass der Verkäufer die Sache entsprechend zu bewirken hat, ansonsten kommt der Käufer nicht gem. § 293 BGB in Annahmeverzug. Dies gilt selbst dann, wenn der Käufer sich nicht auf den Mangel beruft oder von diesem Kenntnis hat.

273a Insoweit ist aber fraglich, welches Rechtsregime auf diesen Zeitraum zwischen Vertragsschluss und Gefahrübergang anwendbar ist. Eine direkte Anwendung des Gewährleistungsrechts aus §§ 437 ff. BGB ist wegen des Wortlauts des § 434 I S. 1 BGB nicht möglich, weil diese Vorschrift explizit auf den Gefahrübergang abstellt und sich § 437 BGB auf diesen Mangelbegriff ausdrücklich bezieht.

Teilweise soll aber eine analoge Anwendung der §§ 437 ff. BGB ermöglicht werden.[178] Dem ist aber entgegenzutreten, da das allgemeine Leistungsstörungsrecht diese Form der Leistungsstörung durchaus erfasst und hierdurch keine Lücke besteht, die im Rah-

---

[177] BT-Drs. 14/6040, S. 219.

[178] *Schwab*, JuS 2013, 1031, 1032; *Balthasar/Bolten*, ZGS 2004, 411 ff.; *Ackermann*, JZ 2003, 1154 f.

men einer Analogie auszufüllen wäre[179]; demnach ist z.B. eine vorherige Minderung nach §§ 437 Nr. 2 Var. 2, 441 BGB insoweit nicht möglich.

Allerdings kann der Käufer in den sehr engen Grenzen des allgemeinen Leistungsstörungsrechts vor dem Hintergrund der besonderen Wertungen der §§ 433 I S. 2, 437 Nr. 1 BGB vor Gefahrübergang nach § 323 BGB vom Vertrag zurücktreten, wenn i.S.d. § 323 IV BGB nachweisbar feststeht, dass die Sache hinsichtlich des Mangels auch zum Zeitpunkt des Gefahrübergangs mangelhaft bleiben und dieser nicht behebbar sein wird oder der Verkäufer sich bereits vor bzw. zum Zeitpunkt des Gefahrübergangs endgültig und ernsthaft weigert, den vorhandenen Mangel zu beseitigen.

Im Übrigen hat der Käufer im Hinblick auf die von ihm nach § 433 II BGB geschuldete Kaufpreiszahlung ein Leistungsverweigerungsrecht aus § 320 BGB.

Es reicht für die Anwendbarkeit der Gewährleistungsrechte in Bezug auf den Gefahr- **274**
übergang aber aus, dass im Zeitpunkt dieses Gefahrübergangs zumindest die Ursache für den Mangel gesetzt ist; demzufolge werden auch solche Mängel erfasst, die zur Zeit des Gefahrübergangs bereits angelegt waren, sich aber erst später auswirken.

> **Beispiel:** A hat bei dem Händler B einen Sattelschlepper gekauft. Bei der Produktion wurden bei dem Auflieger des Sattelschleppers versehentlich falsche Bolzen verwandt, sodass der Auflieger eine deutlich niedrigere Auflagelast hat, als dies als Beschaffenheit vereinbart wurde. Nach einigen Wochen, nachdem der Sattelschlepper mehrfach i.S. der vereinbarten Beschaffenheit genutzt worden ist, brechen die Bolzen und der Auflieger wird dadurch unbrauchbar.

Entsprechend diesen Vorgaben haftet der Verkäufer auch für solche Mängel, die erst **275**
nach dem Abschluss des Kaufvertrags eingetreten, aber noch bei dem Gefahrübergang vorhanden sind.

> **Beispiel:** A kauft bei dem Händler B einen neuen SLK 320 Kompressor von Mercedes, der bei B in der Verkaufshalle steht. Beim Abschluss des Kaufvertrags ist der Wagen makellos. Kurz vor der Auslieferung, die für die nächste Woche vereinbart wurde, kommt die unachtsame Verkäuferin C mit ihrem Brillantring gegen die Tür dieses Wagens und verursacht auf diese Weise einen etwa 10 cm langen Kratzer in der Tür. Der Kratzer wird nicht bemerkt und ist am Tag der Übergabe noch vorhanden.

Aus den vorherigen Ausführungen ergibt sich insoweit die Möglichkeit für den Verkäufer, **276**
die Mängel vor Gefahrübergang zu beseitigen. Damit sind solche Mängel für die weitere Beurteilung unerheblich, die zwar beim Abschluss des Kaufvertrags bestanden, die aber vor dem Gefahrübergang noch fachgerecht vollständig beseitigt wurden.

VI. Rechtsfolgen

1. Die gesetzliche Systematik der Rechtsfolgen eines Sachmangels

Die Lieferung einer mangelhaften Leistung wird dogmatisch wegen § 433 I S. 2 BGB als **277**
Nichterfüllung der Verkäuferpflichten charakterisiert.[180] Durch diese systematische Einordnung der Sachmängelhaftung in das Leistungsstörungsrecht hat es der Gesetzgeber ermöglicht, für die Rechtsfolge mangelhafter Leistung weitgehend auf das allgemeine Leistungsstörungsrecht zu verweisen. Dieses allgemeine Leistungsstörungsrecht wird

---

[179] Im Ergebnis gleich *Weidenkaff*, in: Palandt, § 434 Rn 8a; *Faust*, in: Bamberger/ Roth, § 437 Rn 4 ff.; ausführlich *Fest*, ZGS 2005, 18, 19 ff.
[180] BT-Drs. 14/6040, S. 219 re.Sp. u. 208 ff.

lediglich durch §§ 439 bis 441 BGB in einigen Belangen in Bezug auf die Besonderheiten des Kaufrechts *modifiziert*.[181]

> **Hinweis für die Fallbearbeitung:** Daher sind insbesondere zusätzlich die allgemeinen Vorschriften in Form der §§ 276 bis 284 sowie 323 ff. BGB zu berücksichtigen.

278 Die Modifikation besteht insbesondere in folgenden Regelungen:

- Einführung von Nacherfüllung und der Minderung
- Die in § 437 BGB genannten Rechtsbehelfe stehen unter dem Vorbehalt, dass „nicht ein anderes bestimmt ist".

279 Die Vorschrift des § 437 BGB dient beim Gewährleistungsrecht des Kaufvertrags insoweit als Drehscheibe, nach der der Käufer die im Schaubild dargestellten Rechte geltend machen kann (vgl. ausführlich *Wenzel/Hütte*, Fälle zum BGB II, Kap. 4 Fall 01 Rn 1 ff.).

> **Hinweis für die Fallbearbeitung:** Wegen der *§§ 323 I, 281 I BGB* gilt für das Verhältnis der Nacherfüllung zu den weiteren Rechten des § 437 Nr. 2 und 3 BGB, dass der Käufer einer mangelhaften Sache grundsätzlich erst diese (Sekundär)Rechte geltend machen kann, wenn er dem Verkäufer zuvor eine angemessene Frist[182] zur Nacherfüllung gesetzt hat und diese Frist erfolglos verstrichen ist. Damit wurde die Nacherfüllung als grundsätzlich *vorrangiges* auf erster Stufe stehendes Recht (Recht des Verkäufers auf eine „zweite Andienung") konzipiert, wohingegen die weiteren Gewährleistungsregeln nur *nachrangig* geltend gemacht werden können; sie stehen insoweit auf der zweiten Stufe.

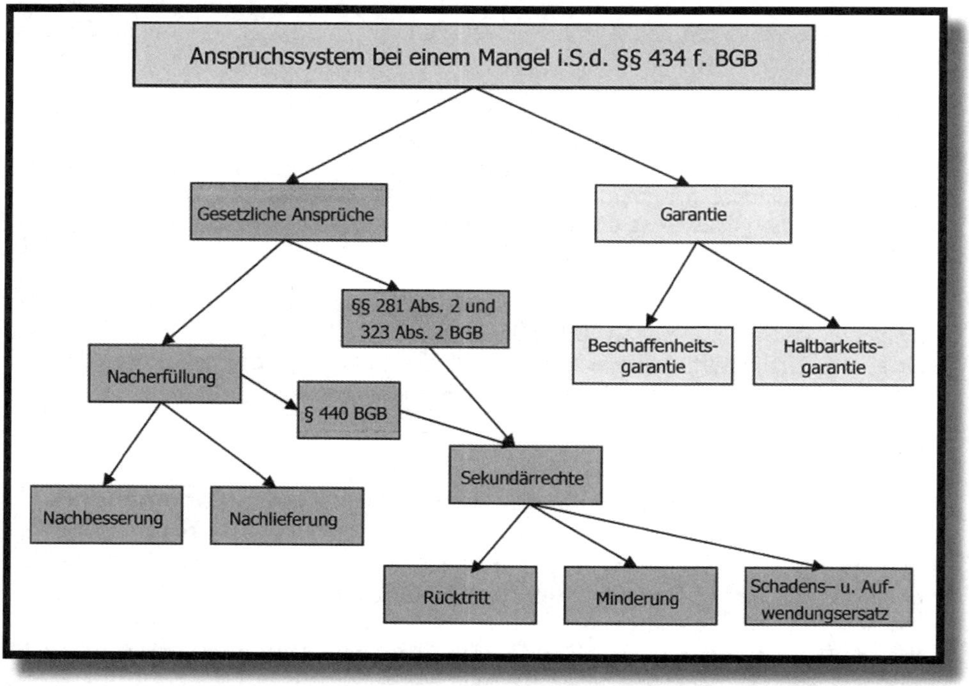

[181] BT-Drs. 14/6040, S. 220 li.Sp.

[182] Zu der besonderen Problematik der Fristsetzung mit Ablehnungsandrohung in Bezug auf das Verlangen einer Nacherfüllung vgl. *Derleder/Zänker*, NJW 2003, 2777 ff.

2. Anspruch auf Nacherfüllung

Der Nacherfüllungsanspruch gem. §§ 437 Nr. 1, 439 BGB

1. Einleitung:

- In dogmatischer Hinsicht handelt es sich bei dem Nacherfüllungsanspruch um eine modifizierte Form des ursprünglichen Erfüllungsanspruchs des Käufers aus § 433 I S. 2 BGB. Der Nacherfüllungsanspruch tritt an die Stelle des Primäranspruchs, wodurch dieser im Synallagma mit der Pflicht des Käufers aus § 433 II BGB steht: Kommt der Verkäufer demnach seiner weiteren Verpflichtung aus dem dem Käufer zustehenden Anspruch der Nacherfüllung nicht nach, kann der Käufer gem. § 320 BGB die Zahlung des Kaufpreises verweigern.
- Dem Käufer steht das Wahlrecht bzgl. der Nacherfüllungsvarianten zu.
- Bei der Wahl des Käufers hinsichtlich der verschiedenen Art und Weise der Nacherfüllung handelt es sich nicht um eine Wahlschuld, sondern um eine elektive Konkurrenz (str.).

2. Voraussetzungen:

Der Anspruch des Käufers auf **Nacherfüllung** setzt voraus,

- dass der Verkäufer
- zum Zweck der Erfüllung seiner Verpflichtung
- aus dem wirksamen Kaufvertrag (§ 433 BGB)
- bei Gefahrübergang (s.o.: §§ 446, 447 BGB)
- eine mangelhafte Sache geliefert (s.o.: §§ 434, 435 BGB) hat,
- der Käufer eine Nacherfüllung vom Verkäufer verlangt (dies ist eine formfreie, empfangsbedürftige Willenserklärung i.S.d. § 130 BGB)
- und die Nacherfüllung nicht ausgeschlossen ist:
    - ⇨ Es darf keine *Unmöglichkeit* des § 275 I BGB vorliegen. Bezieht sich die Unmöglichkeit auf beide Formen der Nacherfüllung, ist die Nacherfüllung insgesamt ausgeschlossen. Ist lediglich eine Variante unmöglich i.S.d. § 275 I BGB, beschränkt sich die Nacherfüllungspflicht auf die noch mögliche Nacherfüllungsvariante.
    - ⇨ Es darf keine *Unzumutbarkeit* nach § 439 III BGB vorliegen. Danach darf der Verkäufer die vom Käufer gewählte Art der Nacherfüllung verweigern, wenn sie nur mit unverhältnismäßigen Kosten verbunden ist. In dem Fall hat der Verkäufer die jeweils andere Variante der Nacherfüllung zu leisten, sofern diese aus diesem Grund nicht ebenfalls unzumutbar ist. Die Schwelle der Unzumutbarkeit ist dabei gegenüber § 275 II BGB niedriger. Bei dieser Unzumutbarkeitsprüfung ist neben dem Gläubigerinteresse (Käufer) auch das Verschulden des Verkäufers bei der Verursachung des Mangels mit einzubeziehen.
    - ⇨ Auch kommt eine *Unzumutbarkeit* nach § 275 II BGB in Betracht.
    - ⇨ Das Recht auf Nacherfüllung ist auch ausgeschlossen, wenn der *Käufer* i.S.d. § 442 BGB *Kenntnis* von dem Mangel hatte.
    - ⇨ Eine besondere Konstellation ist, dass der Mangel von dem *Käufer selbst verursacht* wurde: Der Nacherfüllungsanspruch kennt zwar keine mit §§ 323 VI, 326 II S. 1 BGB vergleichbare Regelung, aber der aus dieser Norm resultierende Rechtsgedanke ist auch auf die Nacherfüllung anzuwenden. Die sich aus § 276 BGB ergebenden Maßstäbe sind entsprechend dem Verhalten des Gläubigers heranzuziehen. Ist der Käufer für den Mangel mitverantwortlich, ist dies nach dem Rechtsgedanken des § 254 BGB zu berücksichtigen.
    - ⇨ Die Vertragsparteien dürfen keinen *vertraglichen Gewährleistungsausschluss* vereinbart haben: In dem Zusammenhang sind die Restriktionen der §§ 475, 309 Nr. 8b, 444 BGB zu beachten.
    - ⇨ Es darf keine *Verjährung* nach § 438 BGB eingetreten sein (vgl. dazu Rn 481 ff.).

3. Rechtsfolge:

Liegen die Voraussetzungen eines Nacherfüllungsanspruchs vor, hat der Käufer gem. § 439 I BGB das Recht, zwischen **Mangelbeseitigung** und **Ersatzlieferung** zu wählen.

- Beim *Gattungskauf* kann der Verkäufer zumeist unproblematisch der Wahl des Käufers nachkommen: Die Sache kann entweder nachgebessert werden oder aber der Verkäufer leistet aus der Gattung im Rahmen der Ersatzlieferung neu. Dies hat nach § 243 I BGB eine Sache mittlerer Art und Güte zu sein. Bei der Mankolieferung ist die geschuldete Restmenge nachzuliefern. Beim Stückkauf ist bei einem Identitätsaliud das richtige Stück zu liefern. Ist das richtige Stück geliefert worden, ist es für die vertretbaren Sachen str., ob bei diesen Sachen ein Nachlieferungsanspruch anzuwenden ist. **Nach h.M. soll** ein solcher Nachlieferungsanspruch in derartigen Konstellationen möglich sein. Ansonsten bleibt nur die Nachbesserung in Form der Reparatur.
- Die zur Nacherfüllung erforderlichen Aufwendungen hat ausnahmslos der Verkäufer nach § 439 II BGB zu tragen.
- Eine Selbstvornahme ist nicht erlaubt (str.).

a. Einleitung

280 In dogmatischer Hinsicht handelt es sich bei dem Nacherfüllungsanspruch um eine **modifizierte Form des ursprünglichen Erfüllungsanspruchs** des Käufers aus § 433 I S. 2 BGB.[183] Beide Ansprüche haben eine mangelfreie Verschaffung der Kaufsache zum Inhalt. Insofern tritt der Nacherfüllungsanspruch an die Stelle des Primäranspruchs, wodurch dieser im Synallagma mit der Pflicht des Käufers aus § 433 II BGB steht. Kommt der Verkäufer demnach seiner weiteren Verpflichtung aus dem dem Käufer zustehenden Anspruch der Nacherfüllung nicht nach, kann der Käufer gem. § 320 BGB die Zahlung des Kaufpreises verweigern.

281 Der Gesetzgeber hat sich explizit dafür entschieden, dem Käufer das **Wahlrecht** hinsichtlich der unterschiedlichen Möglichkeiten der Nacherfüllung zu geben.[184]

Dies ist daher sach- und interessengerecht, weil es die primäre Aufgabe des Verkäufers ist, seiner Verpflichtung aus § 433 I S. 2 BGB zur mangelfreien Lieferung nachzukommen. Mit der mangelhaften Lieferung verstößt er gegen diese Obliegenheit. Dem gegenüber stehen der Wunsch und Anspruch des Käufers, eine mangelfreie Sache zu erhalten. Es ist also die Pflichtverletzung des Verkäufers, die zu einer Störung der Vertragsabwicklung geführt hat. In einer solchen Situation wäre es dem Käufer nicht zuzumuten, eine Wahl des Verkäufers, wie er die Nacherfüllung erfüllen möchte, hinzunehmen, wenn bereits durch diese Pflichtverletzung sein Vertrauen in die Leistungsfähigkeit des Schuldners möglicherweise erschüttert ist.[185]

282 Hierbei steht das Wahlrecht in dem Verhältnis einer **elektiven Konkurrenz** (str.);[186] der Käufer kann also, solange der Verkäufer der bislang gewählten Art der Nacherfüllung noch nicht ordnungsgemäß nachgekommen ist, grundsätzlich zu der jeweils anderen Form der Nacherfüllung überwechseln.

283 Die elektive Konkurrenz ermöglicht dem Käufer jedoch nicht in jedem Fall, einen Wechsel vorzunehmen. Vielmehr ist das Wahlrecht auch bei dieser dogmatischen Einordnung im Einzelfall begrenzt:

- Der Käufer hat bei dem Wechsel von einer Nacherfüllungsvariante zur anderen Variante stets die Gebote aus Treu und Glauben – vor allem das Verbot des widersprüchlichen Ver-

[183] Vgl. auch *Lorenz/Arnold*, JuS 2014, 7 ff.
[184] *Huber*, NJW 2002, S. 1004, 1005.
[185] BT-Drs. 14/6040, S. 231 li.Sp.
[186] Vgl. zur Begründung ausführlich *Wenzel*, DB 2003, 1887, 1891; *Lorenz/Riehm*, Rn 504; *Faust*, in: Bamberger/Roth, § 439 Rn 9; a.A. *Büdenbender*, AnwKom, § 439 Rn 1; wohl auch *Berger*, in: Jauernig, § 439 Rn 9; *Grüneberg*, in: Palandt, § 262 Rn 1 (Wahlschuld i.S.d. § 262 BGB).

haltens und des Rechtsmissbrauches – zu beachten.[187] Ein Wechsel, ohne einen sachlichen Grund zu haben und ohne hinreichende Reaktionszeiten zu gewähren, führt insoweit zu einem Verstoß gegen die Gebote aus Treu und Glauben.

- In dem Sinn ist der Käufer zudem ausnahmsweise an seine Wahl gebunden,
  - ⇨ wenn der Verkäufer bereits die *gewählte Nacherfüllungsvariante erbracht* hat,
  - ⇨ der Käufer hinsichtlich der gewählten Variante in *Annahmeverzug* geraten ist
  - ⇨ *oder* der Verkäufer *rechtskräftig* zu einer *bestimmten* Nacherfüllungsvariante *verurteilt* wurde.
- Ein Wechsel muss zudem dann nach dem Rechtsgedanken aus § 241 II BGB ausscheiden, wenn der Verkäufer kurz vor der vollständigen und erfolgreichen Nacherfüllung steht; der Käufer ist insofern den Interessen des Verkäufers verpflichtet.

Beispiel: A hat bei der Firma B einen neuen Fernseher gekauft, der jedoch mangelhaft ist. A entscheidet sich dafür, die Mängel beseitigen zu lassen. Der Monteur der Firma B kommt am nächsten Tag in die Wohnung des A und beginnt dort, den Fernseher zu reparieren. Es müssen nur noch ein letztes Kabel angeschlossen und die Rückwand des Fernsehers angeschraubt werden, als A aus privaten Gründen die Wohnung verlassen möchte. Um den Monteur nicht alleine zurückzulassen, will A nunmehr einen neuen Fernseher haben. Hier ist ein Wahlrecht des Käufers A wegen der kurz bevorstehenden vollständigen und erfolgreichen Nacherfüllung wegen § 241 II BGB ausgeschlossen.

Auseinanderzuhalten sind allerdings der Nacherfüllungsanspruch des Käufers und das **Nacherfüllungsrecht des Verkäufers**, da beide nicht immer korrelieren; wenn z.B. ein Fall des § 439 III BGB vorliegt, braucht der Verkäufer nicht dem Nacherfüllungsanspruch des Käufers nachzukommen, da ein solches Recht dem Käufer nicht zusteht; der Verkäufer kann aber sein Recht auf Nacherfüllung geltend machen und nacherfüllen, obgleich es für ihn ungünstig ist. Der Verkäufer und nicht der Käufer kann also im Fall der §§ 275 II, 439 III BGB über den Nacherfüllungsanspruch entscheiden. **284**

b. Voraussetzungen

Der Anspruch des Käufers auf **Nacherfüllung** setzt voraus, dass der Verkäufer zum Zweck der Erfüllung seiner Verpflichtung[188] aus dem wirksamen Kaufvertrag[189] bei Gefahrübergang[190] eine mangelhafte Sache[191] geliefert,[192] der Käufer gegenüber dem Verkäufer das Verlangen auf Nacherfüllung erklärt[193] hat[194] und die Nacherfüllung nicht ausgeschlossen ist.[195] **285**

Hinweis für die Fallbearbeitung: Das Sachgewährleistungsrecht baut auf den Normen des allgemeinen und des besonderen Schuldrechts auf. Deshalb müssen stets die rechtlichen, fein strukturierten Verknüpfungen beachtet werden. Durch diese Bezugnahmen auf Normen und die Beziehungen der Normen zueinander ergeben sich zahlreiche dogmatische Fragestellungen, bei deren Beantwortung neben dem sorgfältigen methodischen Arbeiten ein erhebliches dogmatisches Wissen hinsichtlich der jeweiligen Normen erforderlich ist, um die relevanten Fragen exakt beantworten zu können.

---

[187] Vgl. BGH ZGS 2008, 429, 431.
[188] Dazu *R. Schmidt*, SchuldR AT, Rn 126 ff.
[189] Vgl. ausführlich Rn 37 ff.
[190] Vgl. ausführlich Rn 112 ff.
[191] Vgl. ausführlich Rn 170 ff.
[192] Vgl. *Huber*, NJW 2002, 1004 f.; *Schellhammer*, MDR 2002, 301; vgl. auch BT-Drs. 14/6040, S. 231.
[193] Zu Fragen von einseitig empfangsbedürftigen Willenserklärungen siehe *R. Schmidt*, BGB AT, Rn 304 ff.
[194] Vgl. *Weidenkaff*, in: Palandt, § 437 Rn 10.
[195] Vgl. *Faust*, in: Bamberger/Roth, § 439 Rn 7.

286 In den obigen Ausführungen wurden bereits die Probleme der positiven Voraussetzungen der Definition dargestellt. Neben den positiven Voraussetzungen sind aber auch die Ausschlussgründe zu beachten, die zahlreich sind.

aa. Unmöglichkeit nach § 275 I BGB

287 Die Unmöglichkeit der Nacherfüllung ist in § 439 III BGB nicht besonders erwähnt worden, da sich die Voraussetzungen und Rechtsfolgen bereits aus den allgemeinen Vorschriften ergeben: Nach § 275 I BGB ist der Anspruch des Käufers auf Nacherfüllung bei Unmöglichkeit ausgeschlossen. Beschränkt sich die Unmöglichkeit auf eine Art der Nacherfüllung, also entweder auf die Nachlieferung oder auf die Nachbesserung, ist der Nacherfüllungsanspruch nur insoweit und in Bezug auf diesen Teil ausgeschlossen („soweit" in § 275 I BGB).[196] Der Anspruch des Käufers beschränkt sich dann auf die noch mögliche Art der Nacherfüllung. Ist diese für den Verkäufer ebenfalls unmöglich, wird er nach § 275 I BGB von seiner Nacherfüllungspflicht gänzlich frei.

> **Hinweis für die Fallbearbeitung:** Da die Nacherfüllungsvarianten separat zu prüfen sind, muss zusätzlich darauf geachtet werden, ob eventuell die dem Käufer verbleibende Variante dem Verkäufer nicht dennoch nach §§ 439 III, 275 II u. III BGB unzumutbar ist und er dies als Einrede geltend macht.

bb. Unzumutbarkeit nach § 439 III BGB

a.) Einleitung

288 Sozusagen als Interessenausgleich zu der den Verkäufer belastenden Regelung des § 439 II BGB kann dieser nach § 439 III BGB die vom Käufer *gewählte* Art der Nacherfüllung verweigern, wenn sie nur mit **unverhältnismäßigen Kosten** realisierbar ist. Er wird aber dadurch zunächst nicht von seiner Pflicht zur Leistung frei, sondern er hat die *andere* Art der Nacherfüllung zu erbringen (*relative Unzumutbarkeit*). Ist auch diese nur mit unverhältnismäßigen Aufwendungen möglich, kann der Verkäufer die Leistung insgesamt verweigern (*absolute Unzumutbarkeit*).

289 Nach § 439 III S. 3 BGB ist die Unzumutbarkeit separat für jede der beiden Möglichkeiten der Nacherfüllung zu prüfen. Daraus ergibt sich, dass, wenn die vom Käufer gewählte Nacherfüllungsvariante nach § 439 III S. 1 u. 2 BGB unzumutbar ist, sich der Käufer grundsätzlich auf die verbleibende Variante berufen kann bzw. muss, sofern diese nicht ebenfalls für den Verkäufer unzumutbar ist.

> **Hinweis für die Fallbearbeitung:** Der Verkäufer kann sich nicht auf die Unzumutbarkeit einer Nacherfüllungsvariante gerade wegen der Möglichkeit der anderen Variante berufen. Insoweit ist die Prüfung der doppelten Unzumutbarkeit beschränkt, da ansonsten der Verkäufer sich möglicherweise auch auf die Unzumutbarkeit der zweiten Variante berufen könnte.

290 Liegt ein insgesamt nicht behebbarer Sachmangel vor und ist die Lieferung einer Ersatzware unmöglich (was insbesondere beim Stückkauf in Betracht kommt), entfällt für den Verkäufer die Pflicht zur Lieferung einer mangelfreien Sache.[197] Er wird nach § 275 I BGB von seiner **Primärleistungspflicht frei**. § 439 I BGB ist nicht anwendbar.

> **Hinweis für die Fallbearbeitung:** Bei der Regelung des § 439 III BGB handelt es sich um eine *rechtshemmende* Einrede des Verkäufers. Dieser kann also die Art des

[196] *Schmidt-Räntsch*, Rn 860.
[197] Ausführlich dazu *Wieser*, JR 2002, 269, 270 f.

Nachlieferungsanspruchs oder diesen sogar gänzlich verweigern. Bei der Prüfung der Unverhältnismäßigkeit sind im Rahmen einer umfassenden Gesamtabwägung i.S.d. § 439 III S. 1 BGB zudem die nachfolgenden Kriterien des § 439 III S. 2 BGB, die eine <u>nicht</u> abschließende Aufzählung darstellen, mit einzubeziehen:

- Wert der Sache in mangelfreiem Zustand,
- Bedeutung des Mangels,
- Möglichkeit des Rückgriffs auf die andere Art der Nacherfüllung ohne erhebliche Nachteile für den Käufer,
- Art und Weise sowie Umfang der Verantwortung des Verkäufers für den Mangel[198].

- Bei der Frage der „Nachteile für den Käufer" kommt es nicht darauf an, dass eventuell kleinere Mängel verbleiben könnten, sondern ob dem Käufer durch die gewählte Art der Nacherfüllung Unannehmlichkeiten entstehen wie z.B. lange Reparaturdauer, wenn die Ersatzlieferung möglich gewesen wäre.[199]

Hierbei stellt § 439 III BGB eine besondere Ausprägung des allgemeinen Grundsatzes dar, der sich aus § 275 II BGB ergibt. § 439 III BGB sieht eine gegenüber § 275 II BGB niedrigere Schwelle für die Geltendmachung der Einrede des Verkäufers vor.[200] **291**

b.) Relative Unzumutbarkeit

Die relative Unzumutbarkeit ergibt sich aus dem Vergleich der beiden Nacherfüllungsvarianten. Dabei kann bei dieser relativen Unzumutbarkeit immer nur eine der beiden Varianten der Nacherfüllung unverhältnismäßig sein; das ist immer die Variante, die dem Verkäufer die höheren Kosten verursacht. **292**

Hinweis für die Fallbearbeitung: Ist bereits eine der Arten der Nacherfüllung nach § 275 BGB ausgeschlossen, kann sich die Frage nach einer relativen Unzumutbarkeit nicht stellen. Gleiches gilt selbstverständlich, wenn bereits eine absolute Unzumutbarkeit gegeben ist.

Die Unzumutbarkeit ist anhand einer umfangreichen, detaillierten Abwägung der einzelnen Interessen vorzunehmen, die das zu minimierende Kosteninteresse des Verkäufers dem Interesse des Käufers auf die Erfüllung gerade seiner gewählten Nacherfüllungsvariante gegenüberstellt. Daraus ergibt sich grundsätzlich die Schlussfolgerung, dass nicht immer die teurere Nacherfüllungsart die unverhältnismäßige ist, sofern die Interessen des Käufers die des Verkäufers überwiegen. **293**

Zentrales Abwägungskriterium ist dennoch der Kostenfaktor des Verkäufers. Bei der Beurteilung ist auf einen objektiven Maßstab abzustellen. Hingegen können besondere Umstände des jeweiligen Verkäufers nicht hinzugezogen werden.[201] **294**

Beispiel: Der Verkäufer führt an, bei ihm gebe es keine entsprechende Organisation, um die Sache zu reparieren. Dies muss bei der Betrachtung außen vor bleiben.[202] Der Händler muss also grundsätzlich dem Nachbesserungswunsch des Käufers nachkommen und die Sache, wenn er nicht selbst eine entsprechend ausgestattete Werkstatt hat, an eine Fremdfirma geben.

---

[198] *Huber*, NJW 2002, 1004, 1007; *Gruber*, in: Jb junger Zivilrechtswissenschaftler, 2001, 187, 197.

[199] Vgl. dazu *Bitter/Meidt*, ZIP 2001, 2114, 2122; *Schubel*, JuS 2002, 313, 316; vgl. auch *Faust*, in: Bamberger/Roth, § 439 Rn 44.

[200] BT-Drs. 14/6040, S. 232 li.Sp.

[201] Vgl. *Bitter/Meidt*, ZIP 2001, 2114, 2122 f.

[202] So wie hier *Faust*, in: Bamberger/Roth, § 439 Rn 43; anders wohl aber *Gruber*, in: Jb.J.ZivRWiss. 2001, 187, 196.

295 Daraus ergibt sich als eine erste Konsequenz, dass bei geringwertigen Sachen des *alltäglichen Bedarfs* eine Nachbesserung durch den Verkäufer unverhältnismäßig, eine Ersatzlieferung dagegen verhältnismäßig und daher in der Regel allein durchsetzbar ist.[203]

> **Beispiel:** Das Gewinde einer Schraube, die lediglich 0,15 € kostet, ist defekt. Eine Nachbesserung kostet dagegen 2,50 €.

296 Bei den höherwertigen Verbrauchsgütern wird es in der Regel umgekehrt sein.

> **Beispiel:** Die Waschmaschine ist defekt. Der Defekt wird durch ein schadhaftes Netzteil ausgelöst. Es ist kostengünstiger, dieses auszutauschen, anstatt eine neue Maschine zu liefern.

297 Zu berücksichtigen ist diesbezüglich, dass ein Verweis auf die jeweils andere Form der Nacherfüllung auch dann nicht zulässig ist, wenn sie zwar kostengünstiger ist, jedoch nicht dazu führt, dass der Käufer bei der Sache eine völlige Mangelfreiheit erhält.[204] In einem solchen Fall gehen das Interesse des Käufers und die Mangelfreiheit vor. Ein Verweis auf die jeweils andere Variante, insbesondere die Nachbesserung, ist demnach dann nicht möglich, wenn bei dieser Mängel nachbleiben.

> **Beispiel:** Die Waschmaschine ist wie gerade beschrieben defekt. Der Defekt kann aber nicht repariert werden, ohne ein elektronisches, nicht austauschbares Bauteil zu beschädigen. Eine vollständige Mangelbeseitigung ist demnach durch die Reparatur nicht möglich.

298 Als zweite Konsequenz muss festgehalten werden, dass in Anlehnung an § 275 II BGB bei der Unzumutbarkeitsprüfung auch das „Gläubigerinteresse" berücksichtigt werden muss. Zwar ist in § 439 III S. 1 BGB ein solches nicht explizit vorgesehen, wegen der Bezugnahme des Gesetzgebers auf § 275 II BGB erscheint es jedoch als sinnvoll und wichtig, diese Voraussetzung dennoch zu fordern, da ansonsten der Verkäufer die Möglichkeit eingeräumt bekäme, bereits wegen einer auf seiner Seite bestehenden Unrentabilität die Leistung zu verweigern.[205] Das Gläubigerinteresse ist darauf gerichtet, den Nutzungsausfall bei der vorzunehmenden Nacherfüllung möglichst gering zu halten. Ferner ist zu berücksichtigen, ob es in der Wohnung des Käufers zu weiteren Beeinträchtigungen für diesen kommt.

> **Beispiel:** Der Verkäufer muss die Waschmaschine im Badezimmer zerlegen und kann die Reparatur nicht innerhalb eines Tages beenden, sodass die Nutzung des Badezimmers für eine längere Zeit beeinträchtigt ist.

299 Zudem muss hinsichtlich der Unzumutbarkeitsbeurteilung auch einfließen, ob der Schuldner den Mangel zu vertreten hat.[206]

Hinweis für die Fallbearbeitung:
1. Um eine Vereinfachung der vorgenannten Kriterien zu erreichen, sind von verschiedenen Verfassern Prozentangaben entwickelt worden, bei deren Vorliegen eine relative Unzumutbarkeit anzunehmen sei. Dabei reichen die Angaben von starren bis zu variablen Vorgaben. Nach wohl momentan h.M.[207] ist von Folgendem auszugehen: Ist die vom Käufer gewählte Variante der Nacherfüllung um mehr als 10 % teurer als die andere, nicht gewählte Variante, kann der Verkäufer diese Form der Nacherfüllung

---

[203] Vgl. *Huber*, NJW 2002, 1004, 1007.
[204] Vgl. *Haas*, BB 2001, 1313, 1316.
[205] Vgl. *Bitter/Meidt*, ZIP 2001, 2114, 2121; *Huber*, in: Huber/Faust, Kap. 13 Rn 41; *Huber*, NJW 2002, 1004, 1007.
[206] *Gruber*, in: Jb junger Zivilrechtswissenschaftler, 2001, 187, 197.
[207] Vgl. *Bitter/Meidt*, ZIP 2001, 2114, 2122 f.; *Huber*, NJW 2002, 104, 1008; *Wenzel*, DB 2003, 1887, 1892; dagegen *Faust*, in: Bamberger/Roth, § 439 Rn 47m.w.N. und Berechnungen.

verweigern und der Käufer muss sich auf die jeweils andere Variante verweisen lassen.[208] Andere wollen hingegen einen Schwellenwert von 20 % ansetzen.[209]

2. Bei der Anwendung dieser Prozentangaben ist allerdings Vorsicht geboten. Die jeweilige Angabe muss in der Lösung hergeleitet werden; nicht ausreichend erscheint es, diese lediglich als feststehend auszugeben. Dies verträgt sich nicht mit den Grundsätzen der vorzunehmenden Abwägung. Als Richtschnur hingegen eignen sie sich durchaus sehr gut.[210]

c.) Absolute Unzumutbarkeit

Die absolute Unzumutbarkeit liegt entsprechend den obigen Ausführungen vor, wenn eine Nacherfüllung insgesamt, also jegliche Nacherfüllung, für den Verkäufer unzumutbar ist. Mithin kann eine solche absolute Unzumutbarkeit auch dann vorliegen, wenn bereits eine Nacherfüllungsvariante wegen relativer Unzumutbarkeit oder Unmöglichkeit ausgeschieden ist und die verbleibende Nacherfüllungsvariante den Schuldner übermäßig belastet. 300

Dabei ist vom Gesetzgeber und der ganz h.M. grundsätzlich anerkannt, dass § 439 III S. 1 u. 3 Halbs. 2 BGB auch die absolute Unzumutbarkeit umfasst.[211] 301

Bei der Bestimmung, ob eine absolute Unzumutbarkeit vorliegt, ist u.E. bei dem einzubeziehenden maßgeblichen Wert der Sache nunmehr auf den objektiven Wert zum Zeitpunkt des Vertragsschlusses und nicht auf den Kaufpreis abzustellen (str.).[212] Dies kann im konkreten Einzelfall der von den Vertragsparteien vereinbarte Kaufpreis sein, jedoch kann der objektive Wert auch über diesen Kaufpreis hinausgehen, wenn der Käufer im Rahmen der Vertragsverhandlungen einen günstigen Kaufpreis ausgehandelt hat. Dieser objektive Wert wird bei allgemeinen Massengütern regelmäßig der übliche Durchschnittspreis bzw. der allgemeine Marktwert sein.

Allerdings ist bislang ungeklärt, wo diese Grenze zu ziehen ist. Zumindest muss nach der hier vertretenen Auffassung festgestellt werden, dass eine pauschale Unzumutbarkeitsgrenze nicht gezogen werden kann, weil es bei der Bewertung vor allem zu berücksichtigen ist, ob der Verkäufer den Sachmangel zu vertreten hat oder nicht.

Hinweis für die Fallbearbeitung: Dieses Vertreten ist anhand des Maßstabes der §§ 276, 278 BGB zu prüfen.

Hat der Verkäufer den Mangel nicht verschuldet oder nicht anderweitig zu vertreten, bemisst sich die Grenze der Zumutbarkeit an dem Mangelunwert der Sache. Der Mangelunwert ist nichts anderes als der Minderungsbetrag, der sich aus § 441 III BGB ergibt. Als absolute Grenze der Zumutbarkeit ergeben sich daher **100 %**[213] **des Wertes der Sache**, da der Verkäufer dem Käufer einen darüber hinausgehenden Wert nicht versprochen hat.[214] 302

---

[208] *Berger*, in: Jauernig, § 439 Rn 15; wohl auch *Bitter/Meidt*, ZIP 2001, 2114, 2122 f.; vgl. auch *Huber*, NJW 2002, 1004, 1008.
[209] Vgl. LG Ellwangen NJW 2003, 517.
[210] Vgl. *Kirsten*, ZGS 2005, 66, 71.
[211] So auch *Weidenkaff*, in: Palandt, § 439 Rn 16a; *Oetker/Maultzsch*, § 2 Rn 216; anders neuerdings *Faust*, in: Bamberger/Roth, § 439 Rn 50 f.
[212] Ähnlich OLG Braunschweig NJW 2003, 1053, 1054; OLG Celle NJW-RR 2007, 633 f.; OLG Karlsruhe ZGS 2004, 432 f; *Saenger*, in: Hk-BGB, § 439 Rn 4; *Weidenkaff*, in: Palandt, § 439 Rn 16a; *Kirsten*, ZGS 2005, 66, 68; anders noch in der 6. Auflage; LG Braunschweig Aktz.: 5 O 1417/02 v. 05.11.2002
[213] *Bitter/Meidt*, ZIP 2001, 2114, 2121 f. nehmen hingegen einen Wert von 150 % an.
[214] Vgl. *Huber*, NJW 2002, 1004, 1008.

Beispiel: Das Notebook kostet bei A 999,- €. Es wurde im Deckungsgeschäft für 1.200,- € eingekauft. Verkauft wird es in der Regel für 1.500,- €. Der Preis von 999,- € wird gemacht, um ein so genanntes Lockvogelangebot machen zu können. Wenn das Notebook defekt ist und der gewerbliche Käufer eine Nachlieferung wünscht, muss sich A auf dem freien Markt ein Notebook im Deckungsgeschäft verschaffen, auch wenn es dort 1.500,- € kostet. Dies gilt selbst dann, wenn den Händler kein Verschulden trifft.

Mit dem Abstellen auf den objektiven Wert der Sache zum Zeitpunkt des Abschlusses des Kaufvertrags sowie auf die Begrenzung auf 100 % des Wertes der Sache werden u.E. die alltäglichen Rechtsgeschäfte sachgerecht sowie umfassend erfasst und nur in Einzelfällen dürften Fallkonstellationen nicht erfasst werden, in denen kein Verschulden des Verkäufers vorliegt.

Beispiel: Der Verkäufer veräußert einen Neuwagen der Marke M an den gewerblichen Käufer für 55.000,- €, was dem objektiven Wert zum Zeitpunkt des Vertragsschlusses entspricht. Der Wagen hat nach wenigen Kilometern einen Motorschaden, das Verdeck ist undicht, die Achsaufhängung ist defekt und der Lack ist schadhaft. Der Mangelunwert ergibt sich aus dem Minderungsbetrag. Dieser wird bei derart gravierenden Mängeln bei einem Neufahrzeug bei 100 % liegen, also 55.000,- €. Bis zu diesem Wert hat der Verkäufer eine Nacherfüllung zu erbringen. Dies wird wahrscheinlich die Nachlieferung eines Neufahrzeugs zu demselben Preis sein. Ist der Wagen in der Zwischenzeit um 5.500,- € teurer geworden und kostet nun 60.500,- €, übersteigt der Wert der Nacherfüllung um 10 % den Mangelunwert von 100 %, also insgesamt 110 %, wodurch die Nacherfüllung für den Verkäufer absolut unzumutbar ist.

303 Bei einem Verschulden des Verkäufers kann hingegen die aufgezeigte Begrenzung bei der Bestimmung der absoluten Unzumutbarkeit nicht gelten. Denn dann hat der Verkäufer durch sein eigenes Verhalten das Interesse des Käufers an einer mangelfreien Sache vereitelt. Das Interesse des Käufers an der mangelfreien Sache, das im Übrigen in § 433 I S. 2 BGB als Hauptleistungspflicht des Verkäufers normiert wurde, überwiegt das Interesse des Verkäufers, nur in einem für ihn zumutbaren Maße nachzuerfüllen. Berücksichtigung muss allerdings auch der Ansatz finden, dass der Anspruch auf Nacherfüllung nicht zu einem zweiten Schadensersatzanspruch werden darf. Denn der Käufer kann den Verkäufer entsprechend §§ 437 Nr. 3 Var. 1, 440, 280 ff. BGB auf Schadensersatz verklagen. In diesem Spannungsverhältnis muss sich die absolute Obergrenze bewegen. Daraus ergeben sich folgende Schlussfolgerungen: Der Grad des Verschuldens bestimmt das Maß, das über den Wert der Kaufsache hinausgeht.[215] Eine *Kappungsgrenze* liegt aber in Abgrenzung zum Schadensersatzanspruch bei maximal **130 %**[216] des Wertes.[217]

Beispiel: Im obigen Beispiel wäre für die Kappungsgrenze bei Verschulden ein Wert bis zu 71.500,- € anzusetzen. Insoweit wäre es dem Verkäufer zumutbar, die Nacherfüllung zu leisten.

304 Von den vorhergehenden Grundlagen zur absoluten Unzumutbarkeit ist hinsichtlich des **Verbrauchsgüterkaufvertrags** i.S.d. § 474 I BGB eine Ausnahme zu machen[218], denn der Gesetzgeber hat mit der EU-Verbrauchsgüterkaufrichtlinie erreichen wollen, dass der Verkäufer dem Käufer für jede Vertragswidrigkeit haftet, die zum Zeitpunkt der Lieferung des Verbrauchsguts besteht.[219] Vor diesem Hintergrund entspricht diese nationale Regelung der absoluten Unzumutbarkeit i.S.d. § 439 III S. 3 Halbs. 2 BGB nicht den Vorgaben

---

[215] So auch *Faust*, in: Huber/Faust, Kap. 2 Rn 68.

[216] *Bitter/Meidt*, ZIP 2001, 2114, 2121 f. nehmen dagegen einen Wert von 200 % an; *Feuersänger*, MDR 2004, 922, 923 will als Grenze 300 % zulassen und leitet dies aus § 641 III BGB her.

[217] *Huber*, NJW 2002, 1004, 1008; *Berger*, in: Jauernig, § 439 Rn 15.

[218] *Weidenkaff*, in: Palandt, § 439 Rn 16a.

[219] Vgl. EuGH ZGS 2011, 363, 365 Rz. 43.

des Art. 3 II u. III der Verbrauchsgüterkaufrichtlinie.[220] Wegen dieser nicht richtlinienkonformen Regelung in § 439 III S. 3 Halbs. 2 BGB ist diese planwidrig unvollständig und muss bei der derzeitigen Gesetzeslage durch eine teleologische Reduktion, bezogen auf den Verbrauchsgüterkauf, geschlossen werden.[221]

Diese teleologische Reduktion führt dazu, dass die Regelung einschränkend anzuwenden ist, wenn innerhalb eines Verbrauchsgüterkaufs nur eine Art der Nacherfüllung möglich ist oder der Verkäufer die andere Art der Nacherfüllung zu Recht verweigert.[222] Der Verkäufer hat dann generell die verbleibende Nacherfüllungsvariante – Nachbesserung oder Nachlieferung – durchzuführen, ohne dass er sich grundsätzlich auf die daraus resultierenden Kosten berufen könnte.[223]

> **Hinweis für die Fallbearbeitung:** Allerdings muss der Verkäufer nicht unbeschränkt die Kosten für diese Nacherfüllung übernehmen, ggf. sind diese partiell beschränkt (vgl. dazu ausführlich Rn 349a).

cc. Grobes Missverhältnis nach § 275 II BGB

In § 439 III BGB wird durch den Gesetzgeber ausdrücklich klargestellt, dass der Anwendungsbereich des § 275 II BGB neben § 439 III BGB eröffnet ist. Allerdings wird diese Vorschrift kaum Anwendung finden können, da nach dem ausdrücklichen Willen des Gesetzgebers § 439 III BGB eine niedrigere Schwelle für das Leistungsverweigerungsrecht des Verkäufers darstellt.[224] Im Übrigen wird auf die Ausführungen bei *R. Schmidt*, SchuldR AT, Rn 394 ff. verwiesen. **305**

dd. Eigenverschulden des Käufers

Eine besondere Konstellation ist, dass der Mangel *vom Käufer selbst* verursacht wurde. Der Nacherfüllungsanspruch kennt zwar keine mit § 323 VI BGB vergleichbare Regelung, aber der aus §§ 323 VI, 326 II S. 1 BGB resultierende Rechtsgedanke ist auch auf die Nacherfüllung anzuwenden.[225] Die sich aus § 276 BGB ergebenden Maßstäbe sind entsprechend auf das Verhalten des Gläubigers anzuwenden. Trifft den Käufer insoweit die alleinige oder weit überwiegende Verantwortlichkeit[226] für den Mangel, entfällt sein Nacherfüllungsanspruch gegenüber dem Verkäufer. **306**

Ist der Käufer lediglich für den Mangel mitverantwortlich, ist dies nach dem Rechtsgedanken des § 254 BGB zu berücksichtigen, der Käufer ist an den Kosten zu beteiligen, die Zumutbarkeit verringert sich entsprechend.[227]

ee. Kenntnis des Käufers vom Mangel nach § 442 BGB

a.) Vorsatz **307**

Die Rechte des Käufers wegen eines Mangels sind allerdings nach § 442 I S. 1 BGB auch dann ausgeschlossen, wenn er bei Vertragsschluss den Mangel kennt. **Kenntnis** setzt

---

[220] Vgl, ausführlich EuGH, ZGS 2011, 363, 368 Rz. 63 ff.; BGH, NJW 2012, 1073, 1075.
[221] Ausführlich BGH NJW 2012, 1073, 1077 m.w.N.; *Bauerschmidt/Harnos*, JA 2012, 256, 258 m.w.N.; kritisch *Looschelders*, JA 2012, 386, 388; a.A. *Greiner/Benedix*, ZGS 2011, 489, 495 f.; der Gesetzgeber hat sich derzeit entschieden, entgegen der ursprünglichen Planung die neue Rspr. des EuGH und BGH gesetzgeberisch nicht umzusetzen, BT-Drs. 17/12637, S. 99 li.Sp.
[222] BGH NJW 2012, 1073, 1077.
[223] EuGH ZGS 2011, 363 LS 2; BGH NJW 2012, 1073 LS 2.
[224] BT-Drs. 14/6040, S. 232.
[225] Vgl. *Faust*, in: Bamberger/Roth, § 439 Rn 63; *Büdenbender*, in: AnwKom, § 439 Rn 32.
[226] Vgl. dazu *R. Schmidt*, SchuldR AT, Rn 476 u. 421 ff.
[227] A.A. *Jaensch*, NJW 2012, 1025, 1029.

positives Wissen bezüglich des Mangels voraus. Ein bloßer Verdacht, auch wenn dieser dringend ist, reicht für die Annahme der Kenntnis nicht aus.

308 Die Kenntnis muss sich auf die Umstände beziehen, die den Mangel begründen. Hierbei muss strikt danach differenziert werden, wie die Beschaffenheit bestimmt wird.

- Bei einer *Beschaffenheitsvereinbarung* nach § 434 I S. 1 BGB muss der Käufer positiv wissen, dass die Sache gerade diese Beschaffenheit nicht hat. Nicht erheblich ist allerdings, ob der Käufer die genaue, konkrete Ist-Beschaffenheit der Sache kennt. Wenn allerdings der Käufer *keine* Kenntnis über den **Umfang** des Mangels hat, reicht dies nicht für ein positives Wissen aus.
- Liegt hingegen ein Mangel aufgrund des § 434 I S. 2 Nr. 1 oder Nr. 2 BGB vor, genügt es nicht, dass der Käufer Kenntnis von der Beschaffenheit der Sache hat, vielmehr muss noch das Wissen hinzukommen, dass die ihm bekannte Beschaffenheit die betreffende Verwendung auch tatsächlich beeinträchtigt.

309 **Maßgeblicher Zeitpunkt** ist der des Vertragsschlusses, d.h. der Zeitpunkt, in dem der Vertrag zustande kommt.

Beispiel: Bei einem Kaufvertrag über ein Grundstück ist der maßgebliche Zeitpunkt der, bei dem i.S.d. § 311b I BGB die Beurkundung des Kaufvertrags vorgenommen wird.[228]

310 Daher kommt es nicht darauf an, wann der Vertrag wirksam wird. Ausschließlich maßgebend ist der Zeitpunkt, in dem der Käufer seine auf den Vertragsschluss gerichtete Willenserklärung abgibt.[229]

Beispiele:

(1) Wird der Kaufvertrag zwischen einem Erwachsenen und einem *minderjährigen*, bedingt Geschäftsfähigen abgeschlossen, wird der Vertrag erst wirksam, wenn nach §§ 106, 107 ff. BGB eine Genehmigung durch die Erziehungsberechtigten erteilt wurde. Erlangt der Minderjährige in der Zwischenzeit zwischen seiner Erklärung und der Genehmigung durch die Erziehungsberechtigten i.S.d. § 108 I BGB Kenntnis vom Mangel, schadet ihm dies i.S.d. § 442 I S. 1 BGB nicht.

(2) Handelt ein *vollmachtloser Vertreter*, ist der Zeitpunkt entscheidend, in dem nach § 184 BGB eine Genehmigung erteilt wird.[230]

311 Als **Rechtsfolge** ergibt sich der Ausschluss der Gewährleistungsansprüche. Dies gilt selbst dann, wenn der Verkäufer arglistig gehandelt hat.

312

b.) Grobe Fahrlässigkeit

Nach § 442 I S. 2 BGB schadet grundsätzlich auch die grob fahrlässige Unkenntnis. Diese bestimmt sich nach den allgemeinen Maßstäben. Die grobe Fahrlässigkeit ist lediglich dann nicht erheblich, wenn der **Verkäufer** bezüglich des Mangels **arglistig gehandelt** hat.

313 Hinsichtlich der Feststellung der groben Fahrlässigkeit ist zu beachten, dass der Käufer grundsätzlich nicht verpflichtet ist, die Sache zu untersuchen oder einen Sachverständigen hinzuzuziehen. Etwas anderes kann jedoch dann gelten, wenn der Käufer eine be-

---

[228] Weitergehende Ausführungen bei *Faust*, in: Bamberger/Roth, § 442 Rn 9.

[229] Vgl. *Faust*, in: Bamberger/Roth, § 442 Rn 7.

[230] Weitergehend *Faust*, in: Bamberger/Roth, § 442 Rn 8 zu dem Themenkomplex der aufschiebenden Bedingung nach § 158 I BGB: Hier ist danach zu differenzieren, ob der Bedingungseintritt vom Willen des Käufers abhängt oder nicht. Im ersten Fall ist der Zeitpunkt maßgeblich, zu dem der Käufer die Bedingung herbeiführt, im zweiten Fall hingegen bereits der Zeitpunkt der Willenserklärung.

sondere, ausgeprägte Fachkunde besitzt oder wenn die Umstände zu einer besonderen Vorsicht mahnen.[231]

Beispiele:

(1) Ein Grundstück muss grundsätzlich besichtigt und untersucht werden, sofern es sich nicht um ein weiter entferntes Anlageobjekt handelt.

(2) Beim Kauf eines Kraftfahrzeugs soll dieses besichtigt und bei Gestattung durch den Verkäufer auch zur Probe gefahren werden.

Nichts anderes kann auch beim Handelskauf gelten. Denn die Untersuchungs- und Rügepflichten des § 377 HGB sehen erst die entsprechende Untersuchung nach *Ablieferung* der Sache vor. **314**

Die grobe Fahrlässigkeit erfordert danach eine besonders schwere Vernachlässigung derjenigen Sorgfalt, die von jedem Verkehrsteilnehmer erwartet werden kann, um sich selbst oder den Verkäufer vor Schaden zu bewahren.[232] **315**

ff. Vertraglicher Ausschluss

Dem Grunde nach können die Vertragsparteien aufgrund der Privatautonomie i.S.d. § 311 I BGB gem. § 444 BGB die Gewährleistungsrechte vertraglich ausschließen oder beschränken. **316**

Es gibt aber von diesem Grundsatz eine ganze Reihe von Ausnahmen, die sich aufgrund von gesetzlichen Einschränkungen ergeben.

Zunächst ist der Anwendungsbereich des vertraglichen Ausschlusses nach § 444 BGB derart beschränkt, dass sich der Verkäufer nicht auf diesen Ausschluss berufen kann, wenn er den Mangel **arglistig verschwiegen** oder eine **Garantie für die Beschaffenheit** der Sache übernommen hat. Hinsichtlich des arglistigen Verschweigens kommt es nicht darauf an, ob der verschwiegene Sachmangel ursächlich für den Willensentschluss des Käufers war, der Verkäufer hat vielmehr nach objektiven Gesichtspunkten den Käufer über vorhandene wesentliche Mängel der Sache aufzuklären.[233] Wenn also ein Umstand so gewichtig ist, dass er einen Mangel begründet, darf der Verkäufer den Käufer nicht im Unklaren lassen, gleich wie geringfügig ein Mangel sein kann.[234]

Hinweis für die Fallbearbeitung: Diese mangelnde Kausalität bei § 444 BGB stellt einen Unterschied zu dem Anwendungsbereich des § 123 BGB dar, bei dem eine Kausalität durch den Anfechtenden dazulegen und ggf. zu beweisen ist.[235]

Ein arglistiges Verhalten i.S.d. § 444 BGB liegt vor, wenn der Verkäufer den konkreten Mangel kennt oder diesen für möglich hält.[236] Eine solche Situation ist erfüllt, wenn der Verkäufer „ins Blaue hinein" bzw. willkürlich falsche Angaben macht und mit der Unrichtigkeit rechnet. Nicht arglistig handelt hingegen derjenige, der unterhalb dieser Schwelle gutgläubig falsche Angaben macht, selbst wenn diese fehlerhaften Angaben auf Fahrlässigkeit oder sogar Leichtfertigkeit beruhen.

---

[231] Vgl. *Berger*, in: Jauernig, § 442 Rn 5; kritisch allerdings *Faust*, in: Bamberger/Roth, § 442 Rn 21.
[232] *Berger*, in: Jauernig, § 442 Rn 5.
[233] Vgl. BGH NJW 2011, 3640; BGH JA 2012, 64 ff. m.Anm. *Looschelders*.
[234] *Faust*, JuS 2012, 354, 355.
[235] Vgl. ausführlich *R. Schmidt*, BGB AT, Rn 1406 ff.
[236] BGH JA 2012, 628, 629.

317 Eine der wichtigsten Einschränkungen hat der Gesetzgeber zusätzlich in **§ 475 BGB** für den **Verbrauchsgüterkauf** normiert. Wegen des Sachzusammenhangs wird auf die dortigen Ausführungen ab Rn 595 ff. verwiesen.

318 Ein weiterer Maßstab, an dem sich der vertragliche Gewährleistungsausschluss messen lassen muss, sind die Vorschriften der **AGB-Kontrolle** in §§ 307 ff. BGB.[237]

Hinweis für die Fallbearbeitung: Die AGB-Kontrolle kommt allerdings nur dann in Betracht, wenn nicht die Klausel bereits aufgrund des § 475 BGB unwirksam ist.

319 In § 309 Nr. 8b BGB werden dezidiert bestimmte Ausschlussgründe aufgeführt. Allerdings ist zu beachten, dass sich die Vorschrift ausdrücklich nur auf *neu* hergestellte Sachen bezieht.

320 Problematisch ist zudem die Konstellation, in der ein *Handelskauf* vorliegt, also Verkäufer und Käufer Kaufleute i.S.d. § 1 ff. HGB sind. Nach § 310 I BGB sind §§ 308, 309 BGB auf solche Rechtsverhältnisse nicht anwendbar, sobald die AGB gegenüber einem Unternehmer i.S.d. § 14 BGB gestellt wurden. In deren Rechtsverhältnis gilt lediglich § 307 BGB. Allerdings strahlen die Rechtsgedanken der §§ 308, 309 BGB auf die Prüfung des § 307 BGB aus, sodass sie im Rahmen des § 307 BGB *entsprechend* heranzuziehen sind. Denn § 310 I S. 2 BGB normiert, dass § 307 BGB auch insoweit Anwendung findet, als dies zur Unwirksamkeit von in §§ 308, 309 BGB genannten Vertragsbestimmungen führt.

Ein Verstoß gegen § 307 BGB scheidet bei einem *Handelskauf* insofern nur dann aus, wenn durch besondere Interessen im kaufmännischen Geschäftsverkehr dieses ausnahmsweise gerechtfertigt ist.[238]

321 Aber selbst wenn die Vertragsparteien außerhalb eines Verbrauchsgüterkaufs eine individualvertragliche Ausschlussklausel vereinbaren, sind die Restriktionen des § 444 BGB zu beachten. Der Verkäufer kann sich danach auf eine Ausschlussklausel nicht berufen, wenn er den Mangel arglistig verschwiegen hat oder eine Garantie für die Beschaffenheit der Sache abgab (zu den besonderen Problemen der Garantie vgl. Rn 547 ff.).

gg. Verfristung des Anspruchs

322 Der Nacherfüllungsanspruch darf zudem nicht i.S.d. § 438 BGB verfristet sein. Siehe dazu die Ausführungen im Kapitel Verjährung (vgl. Rn 481 ff.).

hh. Haftungsausschluss nach § 377 HGB

323 Ein weiterer in der Praxis sehr wichtiger und für die Lehre interessanter Haftungsausschlussgrund ist § 377 HGB.[239]

324 Gemäß § 377 II HGB gilt die Ware als **genehmigt**, wenn der Käufer eine Anzeige eines **Mangels unterlässt** oder die **Anzeige nicht gehörig vornimmt**, es sei denn, dass es sich um einen Mangel handelt, der bei der Untersuchung nicht erkennbar war. Für den Käufer der Ware tritt dann ein Rechtsverlust bezüglich der Rechte aus § 437 BGB ein.[240] Hierbei handelt es sich um eine gesetzliche Fiktion, wodurch ein Rechtsverlust nicht in anderer Weise abgewendet werden kann.[241] Der Umfang des Ausschlusses ist umfas-

---

237 Ausführlich hierzu *Stölting*, ZGS 2005, 299 ff.
238 Vgl. *Oechsler*, Rn 278.
239 Vgl. dazu ausführlich *Hartmann*, HandelsR, Rn 587 ff.
240 *Roth*, in: Koller/Kindler/Roth/Morck, 377 HGB Rn 20.
241 BGH NJW 1980, 784.

send, wodurch er nicht nur die gesetzlichen Rechte aus § 437 BGB, sondern auch vertragliche Ansprüche wie Umtausch oder Vertragsverletzungsvereinbarungen verliert.[242]

Die Voraussetzungen für den Haftungsausschluss ergeben sich aus § 377 I HGB. Danach muss es sich für beide Parteien[243] um ein Handelsgeschäft i.S.d. § 343 HGB handeln; der Käufer hat die Ware unverzüglich nach der Ablieferung durch den Verkäufer zu untersuchen, soweit dies nach dem ordnungsgemäßen Geschäftsgang tunlich ist, und bei einem Mangel, der für den Käufer i.S.d. § 377 II HGB erkennbar war, dem Verkäufer unverzüglich Anzeige zu erstatten. 325

Hinweis für die Fallbearbeitung: Diese Norm eignet sich gerade für Examensarbeiten und Fortgeschrittenenübungen, um das Systemverständnis der Bearbeiter abzufragen. Über die Rechtsfolge der Norm, den Ausschluss des jeweils geprüften Rechts aus § 437 BGB, wird eine Prüfung von HGB-rechtlichen Normen und Problemen eröffnet. Hierbei ist es wichtig, die Normen besonders sorgfältig zu lesen und zu zitieren. Aus diesen ergibt sich der Tatbestand in aller Regel sehr deutlich; z.B. spricht § 343 HGB vom Geschäft eines Kaufmanns. Dies stellt einen Verweis auf §§ 1 ff. HGB dar, die in dem Zusammenhang zu prüfen sind. Insofern ergibt sich eine Prüfungskette ausgehend von § 377 II HGB auf § 377 I, 343 ff., 1 ff. HGB.

Um ein **beidseitiges Handelsgeschäft** handelt es sich nach § 343 HGB dann, wenn beide Vertragsparteien Kaufleute i.S.d. §§ 1 ff. HGB sind und das konkrete Geschäft zum Betrieb ihrer Handelsgewerbe gehört. Hierbei ist bezüglich der Zugehörigkeit des Geschäfts zum Betrieb eines Handelsgewerbes ein objektiver Maßstab anzusetzen, sodass das Geschäft in einem Funktionszusammenhang mit dem Handelsgewerbe stehen muss.[244] Dazu zählen alle Haupt-, Hilfs- und Nebengeschäfte sowie vorbereitenden Geschäfte, die den Betrieb in irgendeiner Weise fördern. Zu beachten ist in dem Zusammenhang die Vermutung des § 344 HGB, wonach die von einem Kaufmann vorgenommenen Rechtsgeschäfte im Zweifel zum Betrieb seines Handelsgewerbes gehören. 326

Hinweis für die Fallbearbeitung: Die Regelung kommt dann nicht zum Tragen, wenn der Kaufmann eine Handelsgesellschaft i.S.d. § 6 HGB ist, da Handelsgesellschaften keine Privatsphäre haben (str.).

Damit wird erreicht, dass nur solche Geschäfte nicht dem Handelsgeschäft unterfallen, die einen eindeutigen privaten Charakter haben. 327

Die **Unverzüglichkeit** bemisst sich an den in § 121 BGB aufgestellten Maßstäben. Insoweit kann auf diese verwiesen werden. Hierbei sind allerdings die besonderen Umstände des Handelsgeschäfts zu berücksichtigen. Je verderblicher eine Ware und damit dringender ihre Untersuchung ist, desto kurzfristiger und schneller hat die Untersuchung zu erfolgen. 328

Ein **offener Mangel** besteht dann, wenn der Käufer bereits Kenntnis von diesem Mangel hat. Dem stehen offen zutage tretende Mängel gleich. Diese sind solche, die bereits durch schlichte sinnliche Wahrnehmung, also „auf den ersten Blick", auch ohne Probe und Untersuchung festzustellen sind. Zu den offenen Mängeln sind auch die zu rechnen, die der Käufer durch eine Untersuchung tatsächlich erkannt hat oder die bei ordnungsgemäßer, sorgfältiger oder gehöriger Untersuchung erkannt worden wären. 329

---

[242] *Brüggemann*, in: Staub, § 377 HGB Rn 166.
[243] Zu der Frage, ob § 377 HGB analog auf einseitige Handelsgeschäfte anzuwenden ist, vgl. ausführlich *Brüggemann*, in: Staub, § 377 Rn 21 ff.
[244] *Roth*, in: Koller/Kindler/Roth/Morck, § 343 HGB Rn 4.

330 Alle Mängel, die nicht bei einer sorgfältigen unverzüglichen Untersuchung erkannt worden sind, gelten als **verdeckte Mängel** und führen zu der Rechtsfolge des § 377 II, III HGB. Der Mangel muss in dem Fall, wenn er schließlich entdeckt wird, unverzüglich gegenüber dem Verkäufer angezeigt werden. Ansonsten verliert der Käufer wie in § 377 I, II HGB seine Rechte. Es genügt der Mangelverdacht (vgl. Rn 229 ff.).

331 Um die Rechte des Käufers zu erhalten, reicht gem. § 377 IV HGB seine **rechtzeitige Absendung** der Anzeige. Hierbei ist die Anzeige eine *rechtsgeschäftsähnliche Handlung*, auf die die Regelungen über Willenserklärungen entsprechend anzuwenden sind.[245] Die Anzeige bedarf einer Bestimmbarkeit, weshalb jeder einzelne Mangel, der bei der Sache zutage getreten ist, gesondert zu rügen ist. Wurden mehrere und/oder verschiedene Geräte bzw. Produkte geliefert, muss eine Spezifikation auf das entsprechende Gerät bzw. Produkt vorgenommen werden.

c. Inhalt des Anspruchs

332 Liegt ein Nacherfüllungsanspruch des Käufers vor, hat dieser gem. § 439 I BGB das Recht, zwischen **Mangelbeseitigung** und **Ersatzlieferung** zu wählen.[246]

aa. Nachlieferung (Ersatzlieferung)

333 Die Ersatzlieferung bedeutet, dass der mangelhafte Gegenstand durch den Verkäufer gegen einen mangelfreien vertragsgerechten Gegenstand ersetzt werden muss. Der Verkäufer erbringt insofern eine komplette Neuleistung seiner vertraglichen Pflicht aus § 433 I BGB.

a.) Gattungskauf

334 Zu differenzieren ist diesbezüglich zwischen dem Gattungs- und dem Stückkauf. Bei einem Gattungskauf ist das Wahlrecht zumeist unproblematisch. Der Verkäufer hat die Möglichkeit, sich in einem Deckungsgeschäft die vertragsgerechte Sache zu besorgen, um diese an den Käufer zu liefern. Insoweit hat der Käufer das volle Wahlrecht.

Der Verkäufer hat also aus derselben im Kaufvertrag benannten Gattung einen neuen Gegenstand zu liefern, der den Anforderungen des § 243 I BGB entspricht (vgl. Rn 198).

> **Beispiel:** V liefert K 5 Zentner Kartoffeln. Beim Einlagern stellt sich heraus, dass ein Großteil der Ware mit Schimmel befallen ist. K ruft V an und erklärt diesem, er könne seine „Gammelware" wieder abholen und dabei gleich „ordentliche" Ware mitbringen.

335 Beim **Qualifikationsaliud**, also der Lieferung aus einer falschen Gattung, ist die Nacherfüllung durch Lieferung einer Sache mittlerer Art und Güte aus der gerade vertraglich geschuldeten Gattung vorzunehmen.[247]

336 Ergänzend sei angemerkt, dass unter Umständen alternativ zur Nachlieferung eine Mangelbeseitigung möglich ist, die zu einer Veränderung der Gattung führen kann.

> **Beispiel:** Denkbar ist der Fall des Einbaus eines zusätzlichen Aggregats in eine Maschine, wodurch diese in eine Sache einer anderen Gattung umgerüstet werden kann.[248]

---

[245] *Roth*, in: Koller/Kindler/Roth/Morck, § 377 HGB Rn 11.
[246] Anders verhält es sich im Werkvertragsrecht. Verlangt der Besteller Nacherfüllung, kann der *Unternehmer* nach *seiner* Wahl den Mangel beseitigen oder ein neues Werk herstellen (vgl. § 635 I BGB).
[247] *Lorenz/Riehm*, Rn 508; *Schmidt-Räntsch*, Rn 735; *Tiedtke/Schmitt*, JZ 2004, 1092, 1094 führen zudem aus, dass ein Qualifikationsaliud bei einem Stückkauf begrifflich bereits nicht möglich sei, es sich vielmehr um einen Fehler i.S.d. § 434 I S. 1 BGB handele (str.).
[248] BT-Drs. 14/6040, S. 216.

Bei der **Mankolieferung** (Rn 254 ff.) ist die Nacherfüllung auf die Lieferung der vertraglich geschuldeten Restmenge ausgerichtet. 337

Hierbei sind allerdings Fälle denkbar, in denen diese Lieferung nicht hinreichend den vertraglichen Pflichten entspricht. Es kann daher vertraglich angezeigt sein, ausschließlich eine komplette Neulieferung der richtigen Menge aus der vertraglich fixierten Gattung vorzunehmen.

> **Beispiel:** Bei gemusterten und farblich aufeinander abgestimmten Fliesen kommt es maßgeblich darauf an, dass die Gesamtlieferung aus derselben Partie stammt.

Der Anspruch auf Nachlieferung ist entsprechend den vorhergehenden Ausführungen beim Gattungskauf darauf gerichtet, dem Käufer eine mangelfreie und damit vertragsgerechte Sache aus der Gattung zu verschaffen. Dieses Recht besteht beim Käufer auch dann, wenn er die Sache bereits über einen längeren Zeitraum verwandt hat. Dieser Rückschluss ergibt sich daraus, dass § 433 I S. 2 BGB den mangelfreien Erwerb ins Synallagma zur Kaufpreiszahlung stellt;[249] der Verkäufer ist also seiner vertraglichen Primärleistungspflicht aus § 433 I BGB solange nicht nachgekommen, wie er nicht dem Käufer eine mangelfreie Sache verschafft hat. Dieses Verschaffungsrecht des Käufers wird allein dadurch begrenzt, dass sich der Verkäufer ausnahmsweise auf die §§ 275 I, 439 III BGB berufen kann (dazu ausführlich Rn 287 ff.). 337a

Der Käufer hat allerdings im Rahmen der §§ 439, 346 I BGB grds. Nutzungsersatz zu leisten, sofern nicht der § 474 V S. 1 BGB eingreift (dazu Rn 355 ff.). Dieser Umstand wird umso wichtiger, je länger der Käufer die zuvor mangelhafte Sache genutzt hat.

Zudem ist zu berücksichtigen, dass eine solche Nachlieferung auch kurz vor Ablauf der Gewährleistungsfrist i.S.d. § 438 BGB stattfinden kann, weshalb sich nachfolgende spezielle Verjährungsprobleme im Rahmen einer Kettengewährleistung ergeben (dazu ausführlich Rn 490 ff.).

b.) Stückkauf

Beim Stückkauf stellt sich die Lage hingegen komplizierter dar. Denn beim Stückkauf ist die Leistungspflicht zunächst auf einen konkreten Gegenstand individualisiert. Fraglich ist, inwieweit es dem Verkäufer nach § 275 I BGB unmöglich geworden ist, dem Käufer im Rahmen der Ersatzlieferung eine andere Sache zu liefern. 338

> **Beispiel:** A hat beim Autohändler B einen gebrauchten BMW Z8 gesehen. A und B schließen über diesen Wagen einen Kaufvertrag. Der Vertrag beinhaltet die Pflicht des B, ausschließlich diesen Wagen zu liefern. Wird der Wagen zerstört, kann dieser nicht mehr geliefert werden.

Zu unterscheiden ist danach, ob der *vertraglich vereinbarte Gegenstand* bereits an den Kunden übergeben oder dem Kunden ein *Identitätsaliud* geliefert wurde. 339

aa.) Erhalt von vertraglich vereinbartem Gegenstand

Hinsichtlich des Stückkaufs, bei dem der Käufer den vertraglich vereinbarten Gegenstand erhalten hat, wird das Kaufrecht maßgeblich von den §§ 90 ff. BGB beeinflusst. Es ist danach zu differenzieren, ob der vertragliche Gegenstand eine vertretbare Sache i.S.d. § 91 BGB oder keine solche vertretbare Sache ist. 340

---

[249] Vgl. ausführlich Rn 280.

Bei den *nicht vertretbaren Gegenständen* herrscht insoweit weitgehend Einigkeit, dass eine Nachlieferung innerhalb eines Stückkaufs konstruktiv nicht möglich ist und daher rechtlich auszuscheiden hat, da unvertretbare Gegenstände nicht bzw. nicht ohne weiteres entsprechend vom Verkäufer ein zweites Mal beschafft werden können.[250]

(a.) Nachlieferung bei vertretbaren Sachen

341 Anders verhält es sich hingegen bei solchen Stückschulden, die i.S.d. § 91 BGB vertretbare Sache sind, also nach Zahl, Maß oder Gewicht bestimmt zu werden pflegen. Dadurch besteht grundsätzlich die tatsächliche Möglichkeit, sich aus dieser noch vorhandenen Gattung einen vergleichbaren Gegenstand zu beschaffen und mit diesem seiner Nacherfüllungspflicht nachzukommen (ausführlich *Wenzel*, Fälle zum BGB II, Kap. 4, Fall 02 Rn 8 ff.).

Beispiele: Geld, fabrikneue Kraftfahrzeuge,[251] Lebensmittel

342 Nach der nunmehr wohl h.M. wird davon ausgegangen, dass ein Nachlieferungsanspruch beim Stückkauf dann in Betracht komme, wenn es sich um einen Kaufvertrag über eine solche *vertretbare Sache* i.S.d. § 91 BGB[252] bzw. um eine der vertretbaren Sache *wirtschaftlich entsprechende* und das Leistungsinteresse des Käufers zufrieden stellende Sache handele.[253]

Dem ist allerdings aus rechtsdogmatischen Gründen entgegenzutreten, da hierbei zu beachten ist, dass der Nacherfüllungsanspruch wie der ursprüngliche Erfüllungsanspruch aus § 433 I S. 1 BGB auf den Inhalt des vertraglichen Schuldverhältnisses bezogen ist; Gegenstand der Nacherfüllung kann demnach ausschließlich das sein, was vom Kaufvertrag vertraglich umfasst wird.[254] Maßgeblich ist also die exakte, systematische Abgrenzung zwischen Stückschuld und Gattungsschuld, die sich an der Gesetzesintention und an den Vorstellungen der Vertragsparteien zu orientieren hat.[255] Vertragsgegenstand des Stückkaufs ist durch die Individualisierung ausschließlich der konkrete Gegenstand[256] und nicht eine beschränkte Gattungsschuld oder ein bestimmter Vorrat beim Händler. Zudem ergibt die Systematik des § 362 I BGB, dass der Schuldner sich nur von seiner Leistungspflicht befreien kann, wenn er die geschuldete Leistung bewirkt. Geschuldet ist bei der Stückschuld unstreitig aber ausschließlich die individualisierte Sache. Der Gläubiger muss also nicht hinnehmen, dass ihm eine andere Sache aufgedrängt wird, der Nacherfüllungsanspruch i.S.d. der Nachlieferung ist damit bereits von vornherein ausgeschlossen.

343 Das Wahlrecht des Käufers ist also nach der hier vertretenden Rechtsmeinung auf die Mangelbeseitigung wegen einer Unmöglichkeit der Ersatzlieferung beschränkt.[257]

---

250 Vgl. hierzu *R. Schmidt*, BGB AT, Rn 150.

251 Zu den zeitlichen Voraussetzungen der Fabrikneuigkeit *Fischinger/Lettmaier*, ZGS 2009, 394; BGH NJW 2004, 160.

252 Vgl. *Bitter/Meidt*, ZIP 2001, 2114, 2119 f.; *Canaris*, JZ 2003, 831, 832 ff.; *Berger*, in: Jauernig, § 439 Rn 13; wohl auch OLG Braunschweig NJW 2003, 1053; differenzierend BGH NJW 2006, 2839, 2841 f.; *Pammler*, NJW 2003, 1992, 1993 f. (bei neuen Sachen ja, bei gebrauchten Sachen nein); *Wagner*, ZGS 2007, 331, 333 mit Antworten zur Frage der Gleichartigkeit und Gleichwertigkeit; unklar BT-Drs. 14/6040, S. 209 re.Sp.

253 LG Ellwangen NJW 2003, 517; *Weidenkaff*, in: Palandt, § 439 Rn 15.

254 *Ackermann*, JZ 2002, 378, 379.

255 Vgl. dazu auch nachfolgend Rn 344; in diese Richtung nunmehr auch *Dieckmann*, ZGS 2009, 9, 10 f.

256 Vgl. *Köhler*, in: Staudinger (1995), vor § 433 ff. Rn 15; *Beckmann*, in: Staudinger (2014), vor § 433 ff. Rn 207.

257 Vgl. OLG Schleswig ZGS 2006, 76, 77; OLG Koblenz JA 2004, 778 f.; ausführlich *Ackermann*, JZ 2002, 378, 379 ff.; *Huber*, NJW 2002, 1004, 1006; *Schwab*, JuS 2002, 1, 6; *Schubel*, JuS 2002, 313, 316; *Jorden/Lehmann*, JZ 2001, 952, 958; *Lorenz*, JZ 2001, 742, 744; *Lorenz/Riehm*, Rn 505; *Faust*, in: Bamberger/Roth, § 439 Rn 9 f.; *Wenzel*, DB 2003, 1887, 1891.

Hinweis für die Fallbearbeitung: Im Einzelfall ist aber stets zu prüfen, ob die Parteien wirklich einen Stückkauf vereinbart haben oder ob ein beschränkter Gattungskauf vorliegt.

(b.) Bestimmung bzw. Abgrenzung von Stück- und Gattungskauf

Vor diesem Hintergrund ist es entscheidend herauszuarbeiten, wann die Vertragsparteien überhaupt einen Stück- und wann sie einen Gattungskauf vereinbaren wollten. Beim Gattungskauf wird der Gegenstand des Kaufvertrags anhand allgemeiner Merkmale beschrieben, im Fall des Stückkaufs einigen sich die Vertragsparteien auf eine individualisierte, also nach individuellen Merkmalen bestimmte Sache. Die Pflicht zur Übereignung bezieht sich nur auf den von den Parteien individuell bestimmten Gegenstand. Der Käufer will diesen und keinen anderen Gegenstand käuflich erwerben, der Verkäufer disponiert ausschließlich über diesen Gegenstand. **344**

Ein **Stückkauf** liegt vor, wenn nach dem Vertragsinhalt die Erfüllung nur durch eine bestimmte Sache vorgesehen und möglich sein soll.[258] Beim Gattungskauf ist es den Parteien allein wichtig, dass die Sache eine bestimmte Beschaffenheit aufweist; welcher konkrete Gegenstand zur Erfüllung verwandt wird, ist ihnen gleichgültig. **345**

Beispiel: In Supermärkten geht der Käufer zu einem Regal und findet dort von einem bestimmten Produkt eine Mehrzahl dieses Produkts vor. Wenn er eines dieser Produkte herausnimmt und damit zur Kasse geht und dort genau dieses Produkt kauft, kann darin dennoch keine Individualisierung gesehen werden. Denn es kommt dem Käufer nicht darauf an, dass gerade mit dieser bestimmten Sache und zudem ausschließlich mit dieser durch den Verkäufer erfüllt werden soll. Vielmehr ist es dem Käufer gleichgültig, welche der vielen Packungen er mit nach Hause nimmt, die Auswahl ist eher zufällig getroffen worden. Ihm ist nur wichtig, dass die Ware in Ordnung ist. Wird z.B. an der Kasse ein Defekt an der Ware festgestellt, spricht für den Kunden nichts dagegen, eine andere Sache desselben Produkts mitzunehmen. Der Verkäufer gestattet bezüglich seiner Erfüllungsleistung dem Käufer lediglich, eine Vorauswahl zu treffen.

bb.) Identitätsaliud

Liefert der Verkäufer hingegen eine gänzlich andere Sache als die Vereinbarte - *Identitätsaliud* - an den Käufer, ist rechtsdogmatisch stets eine Nacherfüllung in Form des Nachlieferungsanspruchs möglich; denn der Verkäufer hat bislang das vertraglich vereinbarte Stück noch nicht an den Käufer übergeben, dieses befindet sich vielmehr regelmäßig noch in seinem Besitz. Es besteht daher schon aus rein tatsächlichen Gründen die Möglichkeit der Übergabe an den Käufer, weshalb keine Unmöglichkeit i.S.d. § 275 I BGB vorliegt. **346**

bb. Mangelbeseitigung

Mangelbeseitigung bedeutet bei einem Sachkauf die nachträgliche Angleichung der vertragswidrigen Ist-Beschaffenheit an die vertraglich geschuldete Soll-Beschaffenheit. Die Angleichung wird anhand einer „Nachbesserung" vorgenommen. Es wird demnach kein vollständig neuer Gegenstand geliefert, sondern es werden lediglich die Komponenten bzw. Bereiche ausgetauscht oder repariert, die einen Mangel aufweisen. **347**

---

[258] *Putzo*, in: Palandt (61. Aufl.), § 480 a.F. Rn 1; *Dieckmann*, ZGS 2009, 9, 11 ff.

Der Umfang der Mangelbeseitigung umfasst die **vollständige** und vor allem **nachhaltige Beseitigung** des Mangels, eine ausschließliche Verbesserung des Mangels reicht nicht aus.[259]

cc. Kosten bzw. Aufwendungsersatz

348 Im Gegensatz zu den anderen Ansprüchen wie Rücktritt, Minderung oder Schadensersatz erfordert die Nacherfüllung unmittelbare Leistungen des Verkäufers, die in aller Regel Kosten verursachen. Nach § 439 II BGB hat der *Verkäufer* die zum Zweck der Nacherfüllung **erforderlichen Aufwendungen** zu tragen. Dabei hat er nicht nur seine eigenen Aufwendungen, sondern grundsätzlich auch die des Käufers zu tragen.

349 Das Gesetz ist trotz Nennung von deklaratorischen Beispielen in Form von „Transportkosten, Wegekosten, Arbeitslöhne, Materialkosten" nicht abschließend, was sich aus dem Wort „insbesondere" ausdrücklich ergibt. Der Verkäufer hat also grundsätzlich alle erforderlichen Aufwendungen zu tragen, die in irgendeiner Art und Weise mit der Nacherfüllung **kausal** zusammenhängen, wobei es bei der Beurteilung der im Einzelfall bestehenden Kostentragungspflicht auf die gewählte Nacherfüllungsvariante und auf den Vertragsgegenstand ankommt. Nach dem BGH sind auch die Kosten eines Sachverständigengutachtens Aufwendungen i.S.v. § 439 II BGB[260] und daher zu ersetzen, ohne dass es auf ein Verschulden des Verkäufers für den Mangel ankäme. Die Literatur kritisiert dies, da Sachverständigenkosten sonst nur im Rahmen des verschuldensabhängigen Schadensersatzanspruchs (Mangelfolgeschäden) anerkannt seien.[261]

349a Bei der **Nachbesserung** sind insbesondere die Material- und Arbeitskosten durch den Verkäufer zu tragen; es können aber auch sog. Wegekosten hinzukommen.

> **Beispiele:** Abholung und Rücktransport bei Reparatur der Sache in der Werkstatt; An- und Abfahrt des Monteurs, um die Sache vor Ort nachzubessern

Insbesondere bei der Nachbesserung können für den Verkäufer dadurch Aufwendungen entstehen, dass er Dritte zur Nachbesserung an der mangelhaften Sache einschaltet; der Verkäufer hat auch diese Kosten zu tragen und kann sie nicht dem Käufer in Rechnung stellen.

> **Hinweis für die Fallbearbeitung:** Bei den Überlegungen ist darauf hinzuweisen, dass der Verkäufer einen Regressanspruch nach §§ 437 ff., 478 BGB gegenüber seinem Lieferanten als Vertragspartner haben kann, mit dem er sich letztlich in der Lieferkette schadlos halten kann.[262]

349b Bei der **Nachlieferung** besteht hinsichtlich der vom Verkäufer zu tragenden Kosten Einvernehmen, dass der Verkäufer die Kosten zu tragen hat, die durch erneute Lieferung bzw. Besitzverschaffung einer nunmehr mangelfreien Sache entstehen, um damit der bestehenden Hauptleistungspflicht i.S.d. § 433 I S. 2 BGB nachzukommen. Der Käufer soll während der Durchführung der Nachlieferung monetär so gestellt werden, als ob der Kaufvertrag von Anfang an ordnungsgemäß erfüllt worden wäre.[263] Damit sind bereits nach dem Wortlaut des § 439 II BGB die Kosten umfasst, die die Wege- und Transportkosten umfassen. Unter Berücksichtigung des jeweiligen Belegenheitsorts der Sache (vgl. dazu Rn 352) sind die Aufwendungen des Transports der mangelfreien Sache zum

---

[259] BGH NJW 2013, 1365 Rz. 12.
[260] BGH NJW 2014, 2351 f.
[261] *Lorenz*, NJW 2014, 2319 f.
[262] EuGH ZGS 2011, 363, 367 Rz. 58.
[263] BGH JA 2009, 382 ff.

Käufer sowie des Rücktransports der mangelhaften Sache, wenn diese nach § 439 IV BGB zurückgegeben wird, mit eingeschlossen.

Problematisch ist aber der Fall, in dem die **mangelhafte Sache verbaut** wurde und nunmehr ausgetauscht werden muss. **349c**

> **Beispiel:** A kauft bei B Fliesen für sein neu zu bauendes Haus, die von C verlegt werden. Nach Verlegen und Ingebrauchnahme stellt sich heraus, dass diese Fliesen mangelhaft sind. Sie müssen daher ausgetauscht werden.[264]

Durch den Abbau und den erneuten Einbau der Sache entstehen Kosten, wobei zu entscheiden ist, ob diese Kosten noch durch § 439 II BGB mit umfasst sind. Nunmehr haben der EuGH und im Anschluss daran der BGH entschieden, dass, wenn die Vertragsparteien einen *Verbrauchsgüterkauf* i.S.d. § 474 I BGB abgeschlossen haben, diese Kosten vom Verkäufer grundsätzlich über § 439 I Var. 2 BGB zu tragen sind;[265] der Verkäufer hat demzufolge entweder den Ausbau der mangelhaften und den Einbau der mangelfreien Sache selbst oder durch einen von ihm beauftragten Dritten durchzuführen oder der Verkäufer hat die Aufwendungen des Käufers für diesen Ein- und Ausbau zu ersetzen.[266]

Diese Vorgabe gilt allerdings nur, wenn der Käufer als Verbraucher vor dem Auftreten des Mangels die Sache *gutgläubig* gemäß seiner Art und seines Verwendungszwecks eingebaut hat oder hat einbauen lassen.[267] **349d**

Die Frage, wann der Käufer insoweit gutgläubig ist, bleibt in § 439 I BGB, im Urteil des EuGH sowie in der maßgeblichen Richtlinie[268], aber auch im Urteil des BGH unbeantwortet. U.E. ist im Rahmen der Auslegung darum rechtssystematisch auf bereits vorhandene Regelungen zurückzugreifen, um diesen Begriff der Gutgläubigkeit innerhalb des § 439 I BGB rechtsmethodisch auszufüllen. Der Gesetzgeber hat in §§ 932 I BGB, 366 I HGB das Tatbestandsmerkmal „guter Glaube" hinsichtlich des Erwerbs von Eigentum eingeführt. Nach § 932 II BGB ist eine Person nicht im guten Glauben, wenn sie Kenntnis von dem Umstand oder sie grob fahrlässig gehandelt hat. Innerhalb des Kaufrechts hat sich der Gesetzgeber ohne konkrete Nennung des Begriffs „guter Glaube" in § 442 I BGB mit der Kenntnis des Käufers auseinandergesetzt. Stark vereinfacht ist dort formuliert, dass nach dieser Vorschrift dem Grunde nach die Geltendmachung des Rechts ausgeschlossen ist, wenn der Rechteinhaber Kenntnis oder grob fahrlässige Unkenntnis vom maßgeblichen Umstand hat. Insoweit ist im Zuge des EuGH-Urteils und unter Würdigung des § 439 I BGB bei rechtssystematischer Auslegung die Gutgläubigkeit gleichfalls so auszulegen, dass der Käufer die entstandenen Kosten für Aus- und Einbau nicht beanspruchen kann, wenn die Sache trotz Kenntnis oder grober Fahrlässigkeit des Käufers nicht ihrer Art und ihrem Bestimmungszweck entsprechend eingebaut wurde.

Allerdings ist diese Kostenübernahmepflicht der Höhe nach auf einen „angemessenen Betrag" begrenzt.[269] Wann allerdings ein derartiger angemessener Betrag erreicht wurde und insoweit eine Kappung der Aufwendungsübernahme seitens des Verkäufers rechtmäßiger Weise vorzunehmen ist, ist eine Einzelfallfrage. Bei der sachgerechten Bestimmung dieses Betrags sind auf der einen Seite insbesondere der Wert der mangelfreien **349e**

---

[264] Nach OLG Köln ZGS 2006, 77, 78 f.
[265] EuGH ZGS 2011, 364, 367; BGH NJW 2012, 1073, 1077; anders noch BGH JA 2009, 382 ff.; *Höpfner*, ZGS 2009, 270, 271 ff.; *Ayad/Hesse*, BB 2008, 1926 ff.; *Skamel*, NJW 2008, 2820, 2822.
[266] Vgl. zu den sich daraus ergebenden Regressproblemen Rn 652.
[267] EuGH ZGS 2011, 363, 367.
[268] Vgl. Richtlinie 1999/44/EG v. 25.5.1999.
[269] EuGH ZGS 2011, 363, 369 78.

Sache und die Bedeutung des Mangels zu berücksichtigen, auf der anderen Seite ist zu gewährleisten, dass durch die Beschränkung der Kostenübernahme des Verkäufers das Recht des Käufers auf Erstattung der Aus- und Einbaukosten nicht ausgehöhlt wird.[270]

Unter Beachtung dieser Grundsätze sollte u.E. dabei zunächst gelten, dass bei solchen Aufwendungen die Bagatellkosten, die bei einer Grenze von maximal 200,- € liegen, vom Verkäufer vollständig selbst zu tragen sind, gleich wie hoch der Verkaufspreis ist; dies ergibt sich u.E. daraus, dass die Rspr. den Verkäufer mit der Vorgabe von angemessener Kostenbeteiligung nur vor solchen Kosten schützen wollte, die den Verkäufer über Gebühr belasten und ein erhebliches Kostenrisiko für diesen darstellt. Übersteigt der Aufwand die Bagatellgrenze, muss u.E. der Bezug zwischen Wertigkeit der Sache und Auswirkungen des Mangels in den Vordergrund rücken. Je hochwertiger eine Ware und/oder je höher die optische, technische oder sonstige Beeinträchtigung durch den Mangel ist, desto mehr hat der Verkäufer die aus dem Austausch der Sache resultierenden Aufwendungen zu tragen. Dies kann durchaus seitens des Verkäufers zu übernehmende Aufwendungen von bis zu 100 % zur Folge haben, wenn es sich um eine sehr teure Sache oder um einen Mangel handelt, der einen sehr hohen Grad der Beeinträchtigung verursacht.

> **Beispiel:** In dem Haus von A wird ein strapazierfähiges, sehr hochwertiges und teures Parkett im Gesamtpreis von 15.000,- € verlegt, das wegen einer fehlerhaften Versiegelung sofort aufquillt und dadurch unbrauchbar wird. Der Austausch soll 5.000,- € kosten. Hier handelt es sich um eine sehr hochwertige Sache und um einen gravierenden Mangel, der nicht nur zu optischen Beeinträchtigungen führt, sondern auch die Gebrauchstauglichkeit stark herabsetzt. In einem solchen Fall ist u.E. eine vollständige Kostenübernahme des Verkäufers als angemessen anzusehen.

Je niedriger hingegen der Wert der Sache und/oder je geringer der Mangel hinsichtlich seiner oben beschriebenen Auswirkung ausfallen, desto weniger hat der Verkäufer oberhalb der Bagatellgrenzen zu tragen.

Beispiele:

(1) In dem Haus des A werden Marmorfliesen verlegt, die einen Gesamtwert von 15.000,- haben. Der Mangel besteht darin, dass bei einem abendlichen Sonneneinfall teilweise fehlerhaft unterschiedliche, matte Schattierungen auftreten. Der Ausbau kostet 5.000,- €. Hier handelt es sich zwar auch um ein sehr hochwertiges Produkt, jedoch ist der Mangel nur eine bedingte temporäre und optische Beeinträchtigung. Dieser Mangel ist daher eher als gering einzustufen, was sich bei der Angemessenheit widerspiegeln muss. Allerdings ist wegen der Hochwertigkeit der Ware die Angemessenheit nicht zu niedrig anzusetzen. U.E. könnte hier eine Kostenbeteiligung von 3.000,- € gerechtfertigt sein.

(2) A verbaut in seinem Haus fehlerhafte Wandfliesen, die einen objektiven Wert von 1.382,- € sowie Schattierungen als Mangel haben. Die Aufwendungen für den Austausch betragen 5.830,- €. Hier liegt ein eher geringerwertiges Produkt vor, bei dem für den Austausch in Relation zum Wert der Sache sehr hohe Aufwendungen entstünden. Aufgrund des geringeren Werts der Sache und des eher untergeordneten optischen Mangels kommt der BGH zu der Einschätzung, dass die angemessene Kostenbeteiligung des Verkäufers hinsichtlich der Aufwendungen zum Austausch der Fliesen bei 600,- € liegt.[271]

---

[270] Vgl. BGH NJW 2012, 1073, 1077 35.
[271] BGH NJW 2012, 1073, 1079.

> **Hinweis für die Fallbearbeitung:** Verlangt der Verkäufer hinsichtlich dieser Ein- und Ausbaukosten die Beteiligung des Käufers, kann dieser statt der Nacherfüllung auf die Minderung oder den Rücktritt umschwenken. [272] Insoweit kommt rechtlich das Beteiligungsverlangen des Verkäufers einer Verweigerung des Verkäufers wegen absoluter Unzumutbarkeit i.S.d. § 439 III BGB gleich.

Der Verkäufer kann sich allerdings in dem Zusammenhang weigern, den Ausbau selbst oder durch einen von ihm beauftragten Dritten vorzunehmen; dann steht dem Käufer jedoch das Recht zu, die notwendigen Arbeiten selbst durchführen zu lassen und die entstandenen, im obigen Sinne angemessenen Aufwendungen dem Verkäufer nach § 439 I BGB in Rechnung zu stellen.[273] Hierbei kann der Käufer seinen Aufwendungsanspruch auch bereits vor Aus- und Neueinbau dadurch geltend machen, dass er einen abrechenbaren Vorschuss verlangt.[274] **349f**

Die vorhergehenden Ausführungen sind aber nur dann anzuwenden, wenn es sich um einen Verbrauchsgüterkaufvertrag i.S.d. § 474 I BGB handelt. Eine darüber hinausgehende Ausdehnung der obigen Grundsätze auf *Kaufverträge unter Kaufleuten* oder *unter Privatleuten* hat nunmehr die u.E. richtige h.M. abgelehnt (str.).[275] Insoweit sind bei derartigen Vertragskonstellationen die Aus-[276] und Einbaukosten[277] grundsätzlich nicht vom Verkäufer zu tragen. **349g**

Etwas anderes muss u.E. aber dann bei Kaufverträgen unter Kaufleuten gelten, wenn die Vertragspartner im Kaufvertrag die *Montage* durch *den Verkäufer vereinbart* haben; denn dann ist nicht nur die Besitz- und Eigentumsverschaffung als Hauptleistungspflicht i.S.d. § 433 I S. 1 BGB vereinbart worden, sondern die vertraglich vereinbarte Montage wird ebenfalls Hauptleistungspflicht des Kaufvertrags.[278] In den Kaufpreis ist die Leistung der Montage durch den Verkäufer mit eingepreist worden. Der Verkäufer hat die Kosten des Ausbaus der mangelhaften Sache und den anschließenden Einbau der mangelfreien Kaufsache auf eigene Rechnung zu übernehmen. **349h**

Sind dem *Käufer* außerhalb der Aus- und Einbaukosten wegen des Mangels Aufwendungen entstanden, kann er diese nach § 439 II BGB ebenfalls durch den Verkäufer ersetzt verlangen, allerdings nur soweit er diese analog § 670 BGB für erforderlich halten durfte. **350**

> **Beispiel:** Untersuchung des Gegenstands, um den Mangel feststellen zu können

In die Aufwendungen nach § 439 II BGB sind solche Kosten nicht mit einzubeziehen, die in den Regelungsbereich des § 241 II BGB fallen. Entstehen also bei der Vornahme der Nacherfüllung Schäden an anderen Rechtsgütern des Käufers, müssen diese nach §§ 280 ff. BGB ersetzt werden. **351**

> **Beispiel:** A hat bei B eine neue Küche erworben, die B vertragsgemäß bei A einbaut. Bei der Inbetriebnahme stellt sich aber heraus, dass der Herd defekt ist. B kommt beim erneuten Betreten der Wohnung, um den Herd zu reparieren, mit seinem Werkzeugkasten an einen wertvollen antiken Tisch und bricht das Tischbein durch. Die Kosten für die Re-

---

[272] EuGH ZGS 2011, 363, 369.
[273] Vgl. BGH NJW 2012, 1073, 1079; a.A. *Bauerschmidt/Harnos*, JA 2012, 256, 260.
[274] Vgl. *Bauerschmidt/Harnos*, JA 2012, 256, 260; BGH NJW 2012, 1073, 1079.
[275] BGH NJW 2013, 220, 222; *Looschelders*, JA 2013, 150; *Lorenz*, NJW 2011, 2241, 2244; *Lorenz*, NJW 2013, 207, 208 f.
[276] Vgl. BGH JA 2009, 382 ff.; *Höpfner*, ZGS 2009, 270, 271 ff.; *Ayad/Hesse*, BB 2008, 1926 ff.; *Skamel*, NJW 2008, 2820, 2822; wohl auch *Kleinhenz*, Jura 2008, 281, 286; a.A. OLG Frankfurt a.M. ZGS 2008, 315 LS 1; *Witt*, ZGS 2008, 369, 370 f.; einschränkend *Katzenstein*, ZGS 2009, 29, 31 f.
[277] Vgl. BGH NJW 2013, 220, 222; OLG Frankfurt a.M. ZGS 2008, 315, 317 f.; *Lorenz*, NJW 2009, 1633; *Katzenstein*, ZGS 2008, 450, 452 ff. m.w.N.; a.A. OLG Karlsruhe MDR 2005, 135; *Witt*, ZGS 2008, 369, 371 ff.
[278] Vgl. dazu Rn 224.

paratur des Tisches sind nicht nach § 439 II BGB, sondern nach §§ 280 ff., 241 II BGB geltend zu machen.

352 Die geschuldete Nacherfüllung ist am jeweiligen **Belegenheitsort der Sache** zu erbringen, wobei dies grundsätzlich der Ort des Wohnsitzes oder der Geschäftssitz des Käufers ist (str.).[279]

Beispiel: A kauft bei B, einem Möbel-Abholmarkt, eine Couch-Garnitur und nimmt diese im eigenen Transporter mit nach Hause. In der Folgezeit zeigen sich viele Mängel an der Couch. Obgleich es sich um einen Möbel-**Abholmarkt** handelt, ist der Verkäufer verpflichtet, die Nacherfüllung am Belegenheitsort, hier der Wohnung des A, vorzunehmen (str.).[280] Dies gilt selbst dann, wenn während der Nacherfüllung erheblicher technischer Aufwand wie z.B. ein Hubwagen erforderlich ist, um die Nacherfüllung erfolgreich durchzuführen.

Diesbezüglich sind auch die Kosten für Transport oder Anreise vom Verkäufer zu tragen.[281]

Hinweis für die Fallbearbeitung: Der aufgezeigte Streitpunkt des Belegenheitsortes spielt regelmäßig keine Rolle, da der Verkäufer für die Kosten der Nacherfüllung grundsätzlich aufzukommen hat. Insoweit kommen grundsätzlich beide Lösungsansätze zu demselben tatsächlichen monetären Ergebnis. Von Interesse ist die Frage jedoch dann, wenn besondere Konstellationen vorliegen, bei denen sich in der Abwicklung von Nacherfüllungen Probleme ergaben.

Beispiele:

(1) Der Käufer weigert sich, die Ware an den Leistungsort der mangelhaften Primärleistung (z.B. Werkstatt des Verkäufers) zu bringen, wobei der Verkäufer die Sache ebenfalls nicht beim Käufer abholt. Eine Nachbesserung ist dann nicht ohne weiteres durch den Verkäufer möglich. Hier stellt sich die Frage, ob der Käufer wegen der nicht erbrachten Nacherfüllung vom Vertrag zurücktreten kann.[282]

(2) Über das Vermögen des Verkäufers droht die Eröffnung eines Insolvenzverfahrens: Müsste der Käufer die mangelbehaftete Sache zum Verkäufer zunächst auf eigene Kosten nach str. Ansicht zum Belegenheitsort des Primäranspruches transportieren lassen, trüge er das Insolvenzrisiko hinsichtlich der gemachten Aufwendungen, da diese im Fall einer dann eintretenden Insolvenz des Verkäufers nicht mehr ersetzt werden könnten. Folgte man der diametralen Ansicht hinsichtlich des Belegenheitsortes, müsste der Verkäufer die mangelhafte Ware beim Käufer abholen, da dort der Belegenheitsort ist. Der Käufer müsste dann keine finanziellen Auslagen tätigen, womit kein finanzieller Ausfall drohte.

dd. Unberechtigte Verweigerung

353 Verweigert der Verkäufer die vom Käufer gewählte Art der Nacherfüllung *unberechtigt* (etwa weil er sich über die Beurteilung der Verhältnismäßigkeit irrt), ist der Käufer nach §§ 323 II Nr. 1, 281 II BGB berechtigt, ohne weitere Fristsetzung vom Vertrag zurückzutreten und ggf. Schadensersatz zu verlangen. Dies gilt nicht nur bei der absoluten, sondern auch bei der relativen Unzumutbarkeit.

[279] Vgl. *Jaensch*, NJW 2012, 1025, 1030; BGH ZGS 2008, 151, 152; OLG München ZGS 2006, 155; OLG Köln ZGS 2006, 77; AG Menden NJW 2004, 2171 ff.; a.A. BGH, NJW 2011, 2278, 2280 f. Rz. 31 ff.; OLG München ZGS 2007, 398; *Muthorst*, ZGS 2007, 370 ff.; *Skamel*, ZGS 2006, 227, 228 ff.: Hier soll der Belegenheitsort der ursprüngliche Leistungsort des durch den Kaufvertrag begründeten Primäranspruches sein, wenn nicht die Parteien konkret etwas anderes vereinbart haben.

[280] AG Menden NJW 2004, 2171 ff.

[281] Kritisch für Kaufverträge, die nicht Verbrauchsgüterkauf sind, *Huber*, in: Huber/Faust, Kap. 13 Rn 28.

[282] Vgl. dazu auch *Cziupka*, NJW 2013, 1043 ff.

Allerdings sind an die endgültige Verweigerung strenge Anforderungen zu stellen, weshalb es für eine endgültige, ernsthafte Leistungsverweigerung noch nicht ausreicht, wenn der Verkäufer den Mangel zunächst bestreitet; vielmehr muss sich aus den Umständen des Einzelfalls ergeben, dass sich der Verkäufer auch nicht durch eine Nachfristsetzung mit Ablehnungsandrohung umstimmen lassen wird.[283] Eine unberechtigte Verweigerung liegt in dem Fall nicht vor, wenn der Käufer dem Verkäufer die Überprüfung der Sache auf Mängel nicht am Erfüllungsort der Nacherfüllung ermöglicht und der Verkäufer daraufhin die vom Käufer eingeforderte Nacherfüllung nicht durchführt.

ee. Selbstvornahme

Nach inzwischen gefestigter h.M. soll dem Käufer das – aus dem Werkvertragsrecht bekannte (vgl. § 637 BGB) – Recht zur **Selbstvornahme** zu Recht nicht zur Verfügung stehen[284], da das Kaufrecht ein solches Recht selbst nicht vorsieht und die im BGB verankerten Rechte des Käufers auf eine solche Situation nicht anwendbar sind. Die Selbstvornahme ist zudem weder gem. § 326 II S. 2 BGB noch analog § 326 II S. 2 BGB herzuleiten; ebenfalls können solche Ansprüche, die aufgrund einer Selbstvornahme entstanden sind, nicht auf der Grundlage einer Geschäftsführung ohne Auftrag (GoA)[285] oder eines Bereicherungsanspruchs[286] verlangt werden (vgl. dazu ausführlich *Wenzel*, Fälle zum BGB I, Kap. 3, Fall 02 Rn 36 ff.).[287] Nunmehr ist zudem vom BGH entschieden worden, dass ein solches Selbstvornahmerecht grundsätzlich auch nicht in Allgemeinen Geschäftsbedingungen vereinbart werden kann.[288] **354**

ff. Abwicklung

Hat der Verkäufer in Erfüllung seiner Pflicht aus § 439 BGB nachträglich die mangelfreie Sache geliefert, kann er die mangelhafte Kaufsache vom Käufer gemäß §§ 439 IV i.V.m. 346 bis 348 BGB zurückverlangen. **355**

Durch diesen Verweis des § 439 IV BGB auf § 346 BGB hat der Gesetzgeber neben der Rückgabe der mangelbehafteten Sache zudem grundsätzlich vorgegeben, dass der Käufer für diese Sache, die er zuvor trotz ihrer Mangelhaftigkeit benutzen konnte, dem Verkäufer die **Nutzungen** nach § 346 I BGB zu ersetzen hat; die ursprüngliche Intention des Gesetzgebers war es, eine Bereicherung des Käufers an der Mangelhaftigkeit zu unterbinden (str.).[289] **356**

Nach dieser ursprünglichen Intention des Gesetzgebers war dieser Nutzungsersatz auch bei Verbrauchsgüterkaufverträgen zu leisten. Der EuGH[290] und daran im Anschluss der BGH[291] haben jedoch entschieden, dass diese gesetzliche Regelung nicht mit den Vorga-

---

[283] BGH JA 2013, 785, 786; *Schwab*, JuS 2013, 931 ff. Ausführlich auch *R. Schmidt*, SchuldR AT, Rn 466 ff.

[284] Vgl. BGH ZGS 2005, 194 ff.; *Zurth*, JA 2014, 494 ff.; dagegen *Bydlinski*, ZGS 2005, 129, 130 f. m.w.N.; *Herresthal/Riehm*, NJW 2005, 1457 m.w.N.

[285] Vgl. *Wenzel*, DB 2005, S. 1000; *Weidenkaff*, in: Palandt, § 437 Rn 57; *Dauner-Lieb*, ZGS 2005, 169, 170; a.A. *Oechsler*, NJW 2004, 1825, 1826; LG Bielefeld ZGS 2005, 79 f. mit der Einschränkung dahingehend, dass es sich um Tiere handelt, die im Notfall versorgt werden müssen, und der Anspruch auf die Notfallbehandlung beschränkt ist.

[286] Vgl. *Wenzel*, DB 2005, 1000 f.; *Weidenkaff*, in: Palandt, § 437 Rn 58; *Dauner-Lieb/Arnold*, ZGS 2005, 10, 12 f.; a.A. *Katzenstein*, ZGS 2005, 184, 187 ff. u. 305 ff.; *Lamprecht*, ZGS 2005, 266, 269 ff.

[287] BGH ZGS 2005, 433 f.

[288] Vgl. BGH ZGS 2006, 26 ff.; *Ruttloff*, ZGS 2008, 88 f., die allerdings davon ausgehen, dass ein solches Selbstvornahmerecht in AGB vereinbart werden könne, wenn dieses Selbstvornahmerecht dem des § 637 BGB angenähert sei.

[289] BT-Drs. 14/6040, S. 233; BGHZ 179, 27, 33 ff. (Vorlage zum EuGH am 16. Aug. 2006; Generalanwältin EuGH, ZGS 2008, 61, 63 ff. sieht eine Verletzung von EU-Recht); dazu weiterführend *Gsell*, NJW 2003, 1969 ff.; *Matusche-Beckmann*, in: Staudinger (2004), § 439 Rn 56; *Tiedtke/Schmitt*, DStR 2004, 2060; *Reischl*, JuS 2003, 630, 636; a.A. aber *Sutschet*, JuS 2007, 161, 162; *Muthorst*, ZGS 2006, 90 ff.; *Wagner/Michal*, ZGS 2005, 368, 369 ff. m.w.N.; LG Nürnberg-Fürth ZGS 2005, 399 f.; OLG Nürnberg ZGS 2005, 438 ff.; vermittelnd *Herrler/Tomasic*, ZGS 2007, 209, 211 ff.

[290] Vgl. ausführlich EuGH ZGS 2008, 226, 228 ff.

[291] Ausführlich BGH NJW 2009, 427, 428 ff.

ben der Richtlinie[292] in Fällen der Verbrauchsgüterkaufverträge übereinstimmt. Der Gesetzgeber hat diese richterlichen Vorgaben in § 474 V S. 1 BGB umgesetzt.[293] Danach sind bei den in der Praxis sehr verbreiteten *Verbrauchsgüterkaufverträgen keine Nutzungen* herauszugeben oder durch ihren Wert zu ersetzen.

Die Gesetzesänderung betrifft nach dem ausdrücklichen Willen des Gesetzgebers allerdings ausschließlich die Fälle des Verbrauchsgüterkaufrechts,[294] sodass im Übrigen der Nutzungsersatz entsprechend §§ 439 IV, 346 I BGB weiter zu gewähren ist; damit sind auf der einen Seite Kaufverträge unter Kaufleuten und auf der anderen Seite Kaufverträge unter Privatleuten betroffen.

357 Sieht das Gesetz vor, dass Nutzungsersatz zu leisten ist, kann es dennoch zu Ausnahmen kommen, in denen ein Nutzungsersatz unbillig wäre. Das ist unter anderem dann der Fall, wenn im Anschluss an die Geltendmachung einer Nacherfüllung die mangelfreie Sache *eigenmächtig nicht geliefert* wurde.

> **Beispiel:** Der Händler A kauft bei dem Möbelhändler I eine Lampe im Wert von 7,- €. Diese weist nach einiger Zeit einen Mangel i.S.d. § 434 BGB auf. A verlangt die Nachbesserung. Da die Produktion zwischenzeitlich eingestellt wurde und keine Lagerbestände mehr bestehen sowie die Reparatur der Lampe 40,- € kostet, verweigert I die Nacherfüllung und schreibt A einen Betrag von 5,- € auf seinem Kundenkonto gut; die Lampe wird nicht zurückverlangt. 2,- € behält I wegen der gezogenen Nutzungen ein.

Dieses im Beispiel aufgezeigte eigenmächtige Vorgehen des Verkäufers ist mit dem geltenden Recht nicht vereinbar. Zwar ist § 346 I BGB anwendbar, gleich ob der Käufer aufgrund der Weigerung des Verkäufers zurücktritt (vgl. §§ 437 Nr. 2 Var. 1, 440, 323, 326 V, 346 ff. BGB) oder eine Minderung (vgl. §§ 437 Nr. 2 Var. 2, 441 IV S. 2, 346 I BGB) von 100 % verlangt, jedoch bedarf es in dieser Konstellation einer Einschränkung i.S.e. teleologischen Reduktion der Zurückgewährung der gezogenen Nutzungen. Denn dem Käufer wurden der Rücktritt oder die Minderung durch den Verkäufer genauso aufgedrängt wie die separate Nutzungsmöglichkeit der mangelhaften Sache.[295]

3. Rücktritt

Der Rücktritt §§ 437 Nr. 2 Var. 1, 440, 323, 326 V BGB

1. Einleitung

- Das Rücktrittsrecht ist ein **Gestaltungsrecht**
- Das Gestaltungsrecht wird durch eine **einseitige empfangsbedürftige Willenserklärung** ausgeübt.

2. Voraussetzungen

Ein Recht zum Rücktritt setzt voraus:

- Wirksamer Kaufvertrag
- Fälligkeit der Leistung
- Sachmangel in Bezug auf Kaufgegenstand
- Bestehen des Sachmangels im Ztp. des Gefahrübergangs (§§ 446 f. BGB)
- Im Fall des § 323 I BGB hat Käufer eine angemessene Frist gesetzt hat und Verkäufer isr innerhalb der Frist seiner Nacherfüllungspflicht nicht nachgekommen.
  - ⇨ Die vom Käufer gesetzte Frist muss derart bemessen sein, dass dem Verkäufer die

[292] Richtlinie 1999/44/EG des Europäischen Parlaments vom 25.05.1999 zu bestimmten Aspekten des Verbrauchsgüterkaufs und der Garantien für Verbrauchsgüter.
[293] Vgl. BT-Drs. 16/10607, S. 5 re.Sp.
[294] Vgl. BT-Drs. 16/10607, S. 5 re.Sp.; BT-Drs. 17/13951, S. 69 li.Sp.
[295] Ausführlich *Feuersänger*, MDR 2004, 922, 923 f.; vgl. hierzu auch *Schwab*, JuS 2002, 630, 637; *Büdenbender*, in: AnwKom, § 439 Rn 16.

Nacherfüllung objektiv möglich ist.

- ⇨ Vom Fall des § 343 IV BGB abgesehen, kann Frist nicht bereits vor Fälligkeit beginnen, wenn noch nicht geleistet wurde. Anders ist aber u.E. dann zu entscheiden, wenn der Verkäufer bereits vor Fälligkeit die Leistung erbracht hat. Dann kann der Käufer ab dem Zeitpunkt der Leistung noch vor Fälligkeit der Leistung eine angemessene Frist zur Nacherfüllung setzen. In dem Fall kann die Frist nicht vor dem Eintritt der Fälligkeit enden.
- ⇨ Eine Fristsetzung kann aber entbehrlich sein:
  - ⇨ Wird dem Verkäufer die Nacherfüllung unmöglich, greifen selbstverständlich die jeweiligen Regelungen des Unmöglichkeitsrechts ein. Ein Rücktritt wird dadurch aber nicht ausgeschlossen (vgl. § 326 V BGB)
  - ⇨ Eine Fristsetzung ist auch dann entbehrlich, wenn die Voraussetzungen des § 323 II BGB vorliegen.
  - ⇨ Ein zusätzlicher Ausnahmetatbestand sind die besonderen Bestimmungen für Rücktritt und Schadensersatz nach § 440 BGB.

- Im Fall der Unmöglichkeit greift § 326 V BGB (s.o.); danach findet § 323 BGB mit der Maßgabe entsprechende Anwendung, dass die Fristsetzung entbehrlich ist.
- Käufer hat den Rücktritt erklärt (§ 349 BGB)
- Nichteingreifen von Ausschlussgründen:
  - ⇨ Käufer darf bei Vertragsschluss keine Kenntnis vom Mangel haben (§ 442 BGB)
  - ⇨ Sachmangel darf nicht vom Käufer i.S.d. § 323 VI BGB zu verantworten sein
  - ⇨ Sachmangel darf nicht unerheblich i.S.d. § 323 V S. 2 BGB sein
  - ⇨ Es darf kein Gewährleistungsausschluss vereinbart worden sein
  - ⇨ Rücktrittsrecht darf außerdem nicht durch die Einrede der Verjährung bzgl. des Nacherfüllungsanspruchs gem. §§ 438 IV S. 2, 218 BGB unwirksam sein

3. Rechtsfolge

- Mit der Ausübung des Rücktrittsrechts „wandelt" sich das vertragliche Kaufverhältnis in ein gesetzliches **Rückgewährschuldverhältnis** mit den Rechtsfolgen der §§ 346 ff. BGB: Die vertraglichen Erfüllungsansprüche aus § 433 BGB erlöschen, soweit sie noch nicht erfüllt sind.
- Nach § 346 I BGB sind die empfangenen Leistungen zurückzugeben: Zumindest wenn der Käufer ein gesteigertes Interesse an einer Rücknahme hat, muss der Verkäufer dem nachkommen und die Sache zurücknehmen. Es besteht eine Demontagepflicht des Verkäufers.

a. Rücktrittsvoraussetzungen

Ein Recht zum **Rücktritt** besteht unter den Voraussetzungen der §§ 434, 437 Nr. 2 Var. 1, 440, 323 (bzw. 326 V) BGB, sofern keine Ausschlussgründe gegeben sind. **358**

Hinweis für die Fallbearbeitung: Anders als beim Schadensersatz ist nicht erforderlich, dass den *Verkäufer* ein Verschulden trifft. Auch bedarf es keiner vorherigen Ablehnungsandrohung durch den Käufer.

aa. Fällige Leistung

§ 323 I BGB setzt grundsätzlich voraus, dass die Leistung **fällig** ist, bevor der Gläubiger vom Vertrag zurückgetreten kann. Fälligkeit bedeutet dabei nicht nur das Verstreichen des Leistungszeitpunkts i.S.d. § 271 BGB, sondern umfasst auch die Durchsetzbarkeit der Leistung. Allerdings verweist § 437 Nr. 2 BGB auch auf § 323 IV BGB. In § 323 IV BGB ist eine Ausnahme von dem Fälligkeitserfordernis vorgesehen: Der Käufer kann schon vor Fälligkeit zurücktreten, wenn offensichtlich ist, dass die Voraussetzungen des Rücktritts eintreten werden. Hierbei muss mit an Sicherheit grenzender Wahrscheinlich- **359** keit feststehen, dass die Voraussetzungen eintreten werden; eine Glaubhaftmachung reicht nicht aus.

360 Da der Sachmangel nach § 434 I S. 1 BGB erst mit Gefahrübergang **rechtserheblich** wird, bedeutet die Verweisung in § 437 Nr. 2 BGB auf § 323 IV BGB, dass der Käufer schon vor Fälligkeit seines Lieferanspruchs zurücktreten darf, wenn die Kaufsache bereits mangelhaft ist und der Verkäufer den Sachmangel bis zur Lieferung nicht wird beseitigen können oder die Beseitigung verweigert. Hierbei handelt es sich allerdings nur um eine eng auszulegende Ausnahme.

bb. Angemessene Frist

361 Dem Käufer obliegt es grundsätzlich, dem Verkäufer eine **angemessene Frist** zu setzen, innerhalb derer die Nacherfüllung vorzunehmen ist. Hinzu muss die Nichtvornahme der Nacherfüllung seitens des Verkäufers kommen. Nach § 323 I BGB muss der Gläubiger (Käufer) die Frist in Gang setzen.

a.) Maßstab der Fristbestimmung

362 Die Frist muss derart bemessen sein, dass dem Verkäufer die Nacherfüllung objektiv möglich ist.

aa.) Anknüpfungspunkt der Frist

363 Sie darf dabei grundsätzlich nicht stets an einem optimalen und gut organisierten Betrieb ausgerichtet sein, erforderlich ist aber auch nicht, dass sie derart lang bemessen ist, dass der Verkäufer die Nacherfüllung lediglich im allgemeinen Geschäftsgang vornehmen kann. Vielmehr sind diese die beiden äußersten Determinanten, innerhalb derer eine angemessene Frist gesetzt werden kann. Wenn es für den Käufer aus wirtschaftlichen Gründen besonders wichtig ist, kann die Frist kürzer bestimmt werden, als wenn es sich um eine besonders komplizierte Nacherfüllung in Form der Nachbesserung handelt.

364 Wurde die Frist zu kurz bemessen, schadet dies der Fristsetzung grundsätzlich nicht. Statt der unangemessenen zu kurzen Frist wird eine angemessene Frist in Gang gesetzt, innerhalb derer der Verkäufer zu leisten hat.

> **Beispiel:** Der Käufer verlangt von dem Verkäufer, dass der Computer innerhalb von 24 Stunden nachgebessert wird. Eine Reparatur ist aber wegen der Kompliziertheit nur innerhalb einer schon knapp bemessenen Frist von 2 Wochen möglich. In dem Fall tritt an die Stelle der zu kurzen Frist von 24 Stunden die Frist von 2 Wochen.

Im Anschluss an diese Überlegungen muss der Käufer in der Fristsetzung zudem kein konkretes Datum als Endtermin oder Zeitspanne nennen, zudem oder innerhalb dieser die Nacherfüllung erfolgt sein muss (str.).[296] Es reicht vielmehr aus, wenn der Käufer den Verkäufer mit den Worten „umgehend", „sofort", „unverzüglich" oder mit ähnlich eindeutigen Formulierungen auffordert, die Sache zu reparieren bzw. wiederherzustellen. Durch diese (offene) Art der Fristsetzung wird eine angemessene Frist in Gang gesetzt.

bb.) Zeitpunkt

365 Fraglich ist allerdings, zu welchem Zeitpunkt die Frist bestimmt werden darf. Einigkeit besteht dahingehend, dass die Frist nicht bereits vor Fälligkeit beginnen kann, wenn noch nicht geleistet wurde. Mit der Nachfristsetzung soll erreicht werden, dass dem Verkäufer die besondere Situation eindringlich vor Augen geführt, ihm der Ernst der Situati-

---

[296] Vgl. BGH ZGS 2009, 435 f.

on deutlich wird. Dies kann aber erst geschehen, wenn überhaupt eine Leistung pflichtwidrig verletzt wurde. In dem Fall muss erst die Leistung abgewartet werden, bevor eine angemessene Frist gesetzt werden kann.

Anders ist aber u.E. dann zu entscheiden, wenn der Verkäufer bereits vor Fälligkeit die Leistung erbracht hat. In dem Fall kann der Käufer ab dem Zeitpunkt der Leistung noch vor Fälligkeit der Leistung eine angemessene Frist zur Nacherfüllung setzen. Bereits mit der Leistungserbringung vor Fälligkeit verhält sich der Verkäufer gegenüber dem Käufer durch die mangelhafte Leistung pflichtwidrig. Diese Pflichtwidrigkeit kommt aus der Sphäre des Verkäufers. Es ist nicht einzusehen, warum er nun noch eine Schonzeit bis zur Fälligkeit erhalten soll, wenn die Pflichtwidrigkeit bereits offen zutage getreten ist. **366**

Zu beachten ist in dem Fall aber, dass die Frist nicht vor dem Eintritt der Fälligkeit enden kann. Der Verkäufer hat sich nur verpflichtet, zur Zeit der Fälligkeit zu leisten. Dies ist auch nicht dadurch aufgehoben, dass er bereits vorzeitig überobligationsmäßig geleistet hat. Die Frist muss also dann über die Fälligkeit hinausgehen, auch wenn eigentlich eine kürzere Frist angemessen gewesen wäre. **367**

b.) Ausnahme von einer Fristsetzung

Einer Fristsetzung bedarf es aber nicht in jedem Fall. Von diesem Erfordernis gibt es zahlreiche Ausnahmen. Diese sind deshalb sinnvoll, weil ansonsten die Frist ausschließlich wegen der Form gesetzt würde, ohne dass sich das materielle Ergebnis änderte. Diese Ausnahmen haben insbesondere Auswirkungen auf die Regel des Vorrangs der Nacherfüllung vor dem Rücktritt. **368**

Die Ausnahmen sind in dem Kontext erforderlich, weil die Nachlieferung als vorrangiges Gewährleistungsrecht nur dann sinnvoll sein kann, wenn es überhaupt die technische oder tatsächliche Möglichkeit einer Nacherfüllung gibt; ausnahmsweise muss die formale Bindung auch dann durchbrochen werden, wenn der Verkäufer deutlich zu erkennen gegeben hat, dass er eine Nacherfüllung nicht erbringen will oder andere besondere Umstände vorliegen. **369**

aa.) Unmöglichkeit der Nacherfüllung nach § 275 I BGB

Zunächst ist die **Unmöglichkeit der Nacherfüllung** zu beachten. Wird dem Verkäufer die Nacherfüllung unmöglich, greifen selbstverständlich die jeweiligen Regelungen des Unmöglichkeitsrechts ein. Insbesondere kann nach § 326 V Halbs. 2 BGB ein Rücktritt sofort erklärt werden, ohne dass es einer Fristsetzung bedarf. Gleichgültig ist grundsätzlich nach § 275 I BGB, ob die Unmöglichkeit des Verkäufers auf subjektiven oder objektiven Umständen beruht.[297] Zu unterscheiden ist jedoch in der Hinsicht, ob dem Verkäufer die Nacherfüllung gänzlich oder nur bezüglich einer Variante unmöglich wird. **370**

- Denn wenn dem Verkäufer ausschließlich die Nacherfüllung einer Variante nicht mehr möglich ist, muss sich der Käufer auf die andere noch mögliche Variante verweisen lassen und kann sich nicht auf die weiteren Gewährleistungsrechte berufen, da § 275 I BGB ausschließlich hinsichtlich des unmöglichen Teils wirkt. Da die Nacherfüllung nicht insgesamt unmöglich ist, kann der Käufer nicht sofort auf den Rücktritt überwechseln bzw. Schadensersatz geltend machen, er hat vielmehr bezüglich der verbliebenen Variante der Nacherfüllung eine angemessene Frist zu setzen (siehe dazu auch die Ausführungen bei der Nacherfüllung).

[297] Vgl. BT-Drs. 14/6040, S. 128 li.Sp.

> **Hinweis für die Fallbearbeitung:** Die Nacherfüllungsvarianten sind separat zu prüfen, daher muss zusätzlich darauf geachtet werden, ob eventuell die dem Käufer verbleibende Variante dem Verkäufer nicht dennoch nach §§ 439 III, 275 II u. III BGB unzumutbar ist und er dies eventuell als Einrede geltend macht.

- Anders ist die Situation dann zu beurteilen, wenn die Nacherfüllung insgesamt nach § 275 I BGB unmöglich ist. Bei der *Stückschuld* ist nach den erarbeiteten Ergebnissen eine solche bereits unmöglich, wenn die Nacherfüllung in Form der Beseitigung (Reparatur) wegen eines unbehebbaren Mangels nicht möglich ist (str.). Bei der *Gattungsschuld* hingegen müssen sowohl die Beseitigung als auch die Nachlieferung nicht mehr möglich sein, was deutlich seltener der Fall sein wird. Hier kann der Käufer gem. § 437 BGB die ihm verbleibenden Rechte wie Rücktritt ohne ein Fristsetzungserfordernis nach §§ 326 V, 323 BGB, Minderung nach § 441 BGB, Schadensersatz nach §§ 311a II, 280 I, 283 BGB oder Ersatz vergeblicher Aufwendungen nach § 284 BGB geltend machen.[298]

bb.) Ausnahmen nach § 323 II BGB

Als weiterer Ausnahmetatbestand kommt die Entbehrlichkeit nach § 323 II BGB in Betracht, soweit die jeweiligen Voraussetzungen erfüllt sind.

371 - Nach § 323 II Nr. 1 BGB bedarf es einer Fristsetzung nicht, wenn der Schuldner die Leistung zu Unrecht *ernsthaft* und *endgültig* verweigert.[299]

> **Hinweis für die Fallbearbeitung:** Abzugrenzen ist § 323 II Nr. 1 BGB vor allem von §§ 440 S. 1, 439 III BGB. Zwar können die Anwendungsbereiche deckungsgleich sein, jedoch ist zu beachten, dass die endgültige und ernsthafte Verweigerung auch andere Fallkonstellationen erfassen kann, die von §§ 440 S. 1, 439 III BGB nicht erfasst werden. Zu § 323 II Nr. 2 BGB vgl. *R. Schmidt*, SchuldR AT, Rn 468 ff.

372 - Eine im Kaufrecht weitere wichtige Ausnahme ist § 323 II Nr. 3 BGB, nach der eine Fristsetzung entbehrlich ist, wenn besondere Umstände vorliegen, die unter Abwägung der beiderseitigen Interessen den sofortigen Rücktritt rechtfertigen: Solche Umstände können vorliegen, wenn der Verkäufer den Käufer *arglistig getäuscht* hat. Zwar ist nicht jede arglistige Täuschung ausreichend; allerdings ist es hinreichend, wenn ein vorhandener Mangel arglistig verschwiegen worden ist.[300] Dies gilt insbesondere dann, wenn der Verkäufer selbst den Mangel beheben oder ihn nach seinen Maßgaben beheben lassen soll; in dem Fall ist das Vertrauen des Käufers derart erschüttert, dass die Interessen des Verkäufers einer sofortigen Rückabwicklung nicht entgegenstehen können.[301]

cc.) Ausnahmen nach § 440 BGB

373 Ein spezieller Ausnahmetatbestand sind die besonderen Bestimmungen für Rücktritt und Schadensersatz nach § 440 BGB. Neben den Bestimmungen in § 323 II BGB statuieren §§ 437 Nr. 2 Var. 1, 440 BGB besondere Tatbestände, bei deren Vorliegen der Käufer ohne eine erfolglose Nachfristsetzung im Hinblick auf die Nacherfüllung auf die weiteren Gewährleistungsrechte zurückgreifen kann.

(a.) Unverhältnismäßigkeit der Nacherfüllung gem. § 440 S. 1 Var. 1 BGB

374 Eine erste wichtige Vorschrift ist die Unverhältnismäßigkeit der Nacherfüllung gem. § 440 S. 1 Var. 1 BGB. Als eine Ergänzung zu §§ 326 V, 323 II Nr. 1 BGB hat der Gesetzgeber

---

[298] So wohl auch *Lorenz/Riehm*, Rn 516.
[299] Vgl. ausführlich Rn 353
[300] Vgl. BGH ZGS 2008, 195, 197.
[301] Durch § 441 I S. 1 BGB finden diese Grundsätze auch Anwendung auf die Minderung.

dem Käufer die Möglichkeit gegeben, auf die Fristsetzung zu verzichten, wenn der Verkäufer das Recht hat, seine Leistungspflicht nach § 439 III BGB wegen Unzumutbarkeit *insgesamt* zu verweigern, und er sich mit seiner Einrede auf dieses Recht auch tatsächlich beruft. Verweigert der Verkäufer hingegen die Nacherfüllung zu Unrecht, weil er z.B. irrig glaubt, dies könne ihm nicht zugemutet werden, ist das nicht ein Fall des § 440 S. 1 Var. 1 BGB, sondern dann entfällt die Nachfristsetzung bereits nach § 323 II Nr. 1 BGB.

(b.) Fehlschlagen der Nacherfüllung gem. § 440 S. 1 Var. 2 BGB

Eine weitere Ausnahme von der Pflicht zur Fristsetzung ist das Fehlschlagen der Nacherfüllung gem. § 440 S. 1 Var. 2 BGB. Eine in der Praxis sehr häufig vorkommende Variante ist die, dass der Verkäufer versucht, den Fehler durch eine Reparatur zu beseitigen, diese Beseitigung aber misslingt. Vielfach wollen die Verkäufer die Kaufsache mehrfach reparieren, um derart nach erfolgreicher Reparatur die Gegenleistung zu behalten. Von §§ 323 II Nr. 3, 281 II BGB wird diese Sachverhaltskonstellation jedoch nur unzureichend erfasst, da danach nur bei besonderen Gründen und unter Abwägung des beiderseitigen Interesses auf eine Fristsetzung verzichtet werden kann.[302] Der Gesetzgeber hat darauf reagiert und eine Klarstellung in § 440 BGB vorgenommen. Denn wenn die Nacherfüllung fehlgeschlagen ist, kann dem Käufer nicht zugemutet werden, dass er erneut eine Nachfrist für einen weiteren Versuch stellen muss, bevor er die weiteren Gewährleistungsrechte geltend machen kann.[303] 375

> **Hinweis für die Fallbearbeitung:** Voraussetzung bei dieser Variante ist, dass der Käufer zunächst eine Nacherfüllung verlangt und dafür dem Verkäufer eine entsprechende angemessene Nachfrist gesetzt hat.

Fehlgeschlagen ist die Nacherfüllung, wenn trotz entsprechender Versuche des Verkäufers oder seiner Gehilfen keine Abhilfe hinsichtlich des Mangels geschaffen wurde.[304] Hierunter sind die ungebührliche Verzögerung und der misslungene Versuch der Nachlieferung bzw. Nachbesserung zu sehen. 376

Nach § 440 S. 2 BGB ist die Nachbesserung dann unwiderlegbar fehlgeschlagen, wenn bei Verträgen, bei denen keine besonderen bzw. außergewöhnlichen Umstände vorliegen, diese auch beim zweiten Versuch erfolglos geblieben ist. Diese Richtgröße ist für die Nachlieferung gem. § 439 I Var. 2 BGB entsprechend anzuwenden. 377

> **Hinweis für die Fallbearbeitung:** Nach der Entgegennahme der nachgebesserten Sache trägt der Käufer die Beweislast für das Fehlschlagen des Nachbesserungsversuchs; bleibt die Ursache des Mangels aufgrund einer fehlgeschlagenen Nachbesserung *oder* alternativ aufgrund eines unsachgemäßen Umgangs des Käufers ungeklärt, geht dies zulasten des Käufers.[305] Ein Fehlschlagen ist dann nicht anzunehmen.

§ 440 S. 2 Halbs. 2 BGB lässt allerdings Raum für Sachverhaltskonstellationen, in denen eine abweichende Regelung zugunsten des Käufers gefunden werden muss.

Eine solche abweichende Regelung liegt vor, wenn der Verkäufer bei der ersten Nacherfüllung gravierende Ausführungsfehler begangen hat oder dieser erste Nacherfüllungsversuch von vornherein nicht auf eine nachhaltige, sondern auf eine provisorische Män-

---

[302] BT-Drs. 14/6040, S. 233 re.Sp.
[303] Vgl. BT-Drs. 14/6040, S. 233 re.Sp.; vgl. auch OLG Bremen ZGS 2008, 471, 472, wonach dies selbst dann gilt, wenn noch nach der letzten gesetzten Frist weitere Abhilfehandlungen seitens des Verkäufers vorgenommen werden.
[304] BT-Drs. 14/6040, S. 233 re.Sp.
[305] Vgl. BGH ZGS 2009, 184, 185.

gelbeseitigung ausgerichtet war.[306] In einem solchen Fall ist dem Käufer eine weitere Fristsetzung nicht mehr zuzumuten, sodass die zweite Fristsetzung zur Nacherfüllung entbehrlich wird.[307] Ein solcher gravierender Ausführungsfehler liegt im Übrigen dann vor, wenn der Zustand des Vertragsgegenstandes sich durch den Nachbesserungsversuch nicht verbessert, sondern vielmehr gegenüber dem ursprünglichen Zustand verschlechtert hat.

377a Der Käufer kann sich allerdings nicht während einer weiteren Nachbesserung ohne weiteres darauf berufen, dieser weitere Nachbesserungsversuch sei unzumutbar, wenn er den weiteren Nachbesserungsversuch selbst initiiert und veranlasst hat. Der Rückgriff auf § 440 S. 1 Var. 2 BGB ist damit regelmäßig nur vor einer erneuten Beauftragung zur Nachbesserung möglich.[308]

(c.) Unzumutbarkeit der Nacherfüllung gem. § 440 S. 1 Var. 3 BGB

378 Eine besondere Ausprägung der vorhergehend ausgeführten Ausnahme ist die Unzumutbarkeit der Nacherfüllung für den Käufer gem. § 440 S. 1 Var. 3 BGB.

379 Grundsätzlich muss sich der Käufer auf **die andere Variante** der Nacherfüllung einlassen, wenn die erste aus den bisher geschilderten rechtlich zulässigen Gründen (z.B. §§ 275 I, 439 III BGB) nicht durchführbar ist. Hiervon macht aber § 440 BGB hinsichtlich der Unzumutbarkeit eine Ausnahme. Der Käufer muss sich nicht auf die jeweils andere Variante der Nacherfüllung verweisen lassen, wenn sich der dem Käufer zustehende und gewählte Versuch der Nacherfüllung bei der Vornahme als unzumutbar erwiesen hat.[309] Anderenfalls würde das Wahlrecht des Käufers vollständig ausgehöhlt und der Verkäufer könnte aus einem unrechtmäßigen Verhalten einen Vorteil ziehen.

380 Die **Unzumutbarkeit** richtet sich nach dem konkreten Einzelfall und dessen besonderen Umständen. Dabei spielen Art und Zweck des Gegenstands eine entscheidende Rolle sowie die möglicherweise sofortige Verfügbarkeit des Gegenstands.

> **Hinweis für die Fallbearbeitung:** Eine pauschale Festlegung ist u.E. nicht möglich, vielmehr muss im konkreten Einzelfall sorgfältig eine umfassende Abwägung vorgenommen werden.

381 Die Vorschrift ist wegen §§ 474, 475 I S. 1 BGB gerade in Hinsicht auf den Verbrauchsgüterkauf **nicht** zulasten des Käufers **abdingbar**. Außerhalb des Verbrauchsgüterkaufs ist es hingegen rechtlich zulässig, das Erfordernis der Nachfristsetzung entgegen § 440 BGB als Voraussetzung für Rücktritt und Schadensersatz zu vereinbaren.

382 Teilweise wird angenommen, der Rücktritt könne auch dann noch geltend gemacht werden, wenn die Nacherfüllung *erfolgreich abgeschlossen* worden, dieser Erfolg aber nur wegen erheblicher Unannehmlichkeiten des Käufers möglich gewesen sei.[310]

Dem ist nicht zuzustimmen. Denn Aufgabe der Nacherfüllung ist es, den rechtlich geschuldeten Erfolg herbeizuführen. Ist dieser herbeigeführt, erlischt die Schuld des Verkäufers nach § 362 BGB. Der Verkäufer darf allerdings nicht jedes Mittel wählen, um seiner Verpflichtung nachzukommen, vielmehr muss er auf die berechtigten Belange seines Vertragspartners Rücksicht nehmen. Dies ergibt sich bereits aus § 241 II BGB. In

---

[306] OLG Saarbrücken NJW-RR 2013, 1388 ff.
[307] Vgl. *Schwab*, JuS 2014, 358, 359.
[308] Vgl. BGH ZGS 2008, 429, 431 f.; vgl. zudem Rn 283.
[309] Vgl. *Jorden/Lehmann*, JZ 2001, 952, 960 f.
[310] Vgl. *Ernst/Gsell*, ZIP 2001, 1410, 1417 f.; *Gsell*, JZ 2001, 65, 70; *Hoffmann*, ZRP 2001, 347, 350.

diesem Sinn soll der Käufer es nicht erdulden müssen, wenn die Nacherfüllung ganz erhebliche Unannehmlichkeiten für ihn mit sich bringt. Dann soll der Käufer diese abwenden und die Konsequenzen daraus ziehen dürfen. § 440 BGB hat für den Käufer insofern eine Präventivwirkung. Hat der Käufer nicht rechtzeitig reagiert oder die Unzumutbarkeiten zunächst erduldet und ist der Erfüllungserfolg eingetreten, bedarf es dieser Präventivwirkung nicht mehr. Eine Rückabwicklung widerspräche der Aufgabe der Nacherfüllung.

Hinweis: Der Anwendungsbereich des § 440 S. 1 Var. 3 BGB erstreckt sich demnach nur auf den Zeitpunkt vor oder während der Nacherfüllung.[311]

Aber der Käufer kann selbstverständlich seine Rechte aus §§ 437 Nr. 3, 280 I BGB geltend machen, indem er für die erheblichen Unannehmlichkeiten Schadensersatz verlangt. 383

cc. Kein Ausschluss

Es darf zudem **kein Ausschluss** des Rücktrittsrechts vorliegen. 384

a.) Keine Unerheblichkeit nach §§ 437 Nr. 2 Var. 1, 323 V S. 2 BGB

Der Mangel darf zudem nicht gem. §§ 437 Nr. 2 Var. 1, 323 V S. 2 BGB **unerheblich** sein. Die Bestimmung der Unerheblichkeit ergibt sich aus dem (geringfügigen) Maß, in dem die Gebrauchstauglichkeit bzw. der Wert des Kaufgegenstands durch den Mangel gemindert ist.[312] 385

Hinweis für die Fallbearbeitung: Für die Beurteilung der Unerheblichkeit ist auf den konkreten *Zeitpunkt* abzustellen, zu dem die Rücktrittserklärung erfolgte.[313] Maßnahmen, die im Anschluss an die Rücktrittserklärung erfolgen, können grundsätzlich nicht dazu führen, dass die zuvor erheblichen Mängel bei teilweise oder vollständiger nachträglicher Behebung nunmehr unerheblich werden, sofern kein treuwidriges Verhalten des Käufers vorliegt. Ein solches treuwidriges Verhalten kann z.B. nur dann angenommen werden, wenn die nachträgliche Mangelbeseitigung mit Einverständnis des Käufers erfolgte.

Mit dem Ausschluss des Rücktrittsrechts wegen Unerheblichkeit soll der Verkäufer davor geschützt werden, auch bei Bagatellfällen den Vertrag und damit die Gegenleistung zu verlieren. Dies gilt selbst dann, wenn der Verkäufer zur Nacherfüllung verpflichtet ist, diese jedoch nicht erbringt. Gemeint können damit jedoch nur derartige Fälle sein, bei denen das Leistungsinteresse des Gläubigers im Grunde nicht gestört ist. 386

Beispiele:

(1) Bei einem Neufahrzeug (Kleinwagen) ist der Türverschluss konstruktionsbedingt fehlerhaft, wodurch die Türen nicht bündig abschließen; ist dies jedoch optisch kaum wahrnehmbar, liegt hierin ein unerheblicher Mangel.[314]

(2) Anders ist aber zu urteilen, wenn der Neuwagen einen Kraftstoffmehrverbrauch von 13 % gegenüber den Angaben des Werks hat.[315]

---

[311] *Tonner/Crellwirtz/Echtermeyer*, in: Micklitz/Pfeiffer/Tonner/Willingmann (Hrsg.), Schuldrechtsreform und Verbraucherschutz, 2001, 293, 324.
[312] Vgl. BT-Drs. 14/6040, S. 222 f.
[313] BGH ZGS 2009, 89, 90; BGH JA 2012, 146, 147 m. Anm. *Looschelders*.
[314] OLG Düsseldorf NJW 2005, 2235 f.; ausführlich zu dem Themenkomplex *Erger*, NJW 2013, 1485 ff.
[315] Vgl. hierzu auch *M. Schmidt*, NJW 2005, 329 ff.; *Fischinger/Lettmaier*, ZGS 2009, 394, 396 f.; BGH NJW 2007, 2111, der einen Mehrverbrauch zwar als Sachmangel ansieht, einen Mehrverbrauch von unter 10 % aber als unerheblich i.S.d. § 323 V S. 2 BGB einstuft.

387 Bei der Bestimmung der Unerheblichkeit ist auf den konkreten Einzelfall abzustellen, bei dem objektive Anhaltspunkte zur Entscheidung heranzuziehen sind. Innerhalb dieser Einzelfallprüfung ist jedoch stets zu beachten, dass im Rahmen des Regel-Ausnahmeverhältnisses der Rücktritt regelmäßig zulässig ist, der Ausschluss des Rücktritts die Ausnahme bleiben muss, der Begriff der Unerheblichkeit ist also als Ausnahmetatbestand grds. eng auszulegen.[316] Insoweit ist das objektive Ausmaß der Beeinträchtigung des Äquivalenzinteresses des Käufers dem Interesse des Verkäufers am Festhalten des Vertrags gegenüberzustellen.[317]

387a Bei dieser Überrpüfung sind in diesem vorgenannten Sinne vor allem zu berücksichtigen, welche Kosten aufzuwenden sind, um den Mangel fachgerecht und endgültig[318] zu beseitigen. In diesem Kontext ist aber bei *un*behebbaren Mängeln die funktionelle und/oder ästhetische Beeinträchtigung zu beurteilen.[319] Darüber hinaus ist das Verschulden des Verkäufers mit in die Wertung einzubeziehen (str.), da sich sein Verschulden maßgeblich auf das Vertragsverhältnis auswirkt;[320] handelt der Verkäufer arglistig, kann u.E. bereits deshalb aus wertenden Gesichtspunkten nicht mehr von einer Unerheblichkeit des Mangels ausgegangen werden, da er u.A. seinen Vertrauensschutz durch sein eigenes Verhalten verwirkt hat.[321]

Beispiele:

(1) Das neue Fahrzeug verbraucht durchschnittlich 5,4 Liter/100 km statt der im Katalog angegebenen 5,35 Liter/100 km, der Mangel ist insoweit unerheblich.

(2) Vereinbaren die Parteien ein bestimmtes Modelljahr, hat dies erhebliche Bedeutung für die Wertbildung des Fahrzeugs, weshalb ein Rückgriff auf eine Unerheblichkeit der Pflichtverletzung nicht möglich ist.[322]

387b Auch unter Berücksichtigung der obigen Vorgaben, dass die konkreten Umstände des Einzelfalls maßgeblich sind, ist dennoch im Rahmen einer Typisierung unter Beachtung der Systematik und Teleologie des Gesetzes eine Obergrenze zu beachten. Nach bislang h.M. ist dies zumindest bei 10 % des Minderwertes des Falls[323]; überschreitet also der Minderwert diese Grenze, ist der Mangel erheblich.

387c Nach nunmehr vertretener und u.E. richtiger Auffassung des BGH liegt bei einem *Neuwagenwagenkauf* die Bagatellschwelle des § 323 V S. 2 BGB im Rahmen der auf der Grundlage der Einzelfallumstände vorzunehmenden Interessenabwägung i.d.R. vor, wenn der Mängelbeseitigungsaufwand einen Betrag von 5 % des Kaufpreises beträgt.[324] Eine generelle Erhöhung der Erheblichkeitsschwelle über diesen Prozentsatz hinaus sei mit dem durch den Gesetzeswortlaut und durch die Gesetzesmaterialien klar zum Ausdruck gebrachten Willen des Gesetzgebers, dem Sinn und Zweck des § 323 V S. 2 BGB sowie der Systematik der Rechte des Käufers bei Sachmängeln nicht zu vereinbaren. Die Erheblichkeitsschwelle von (nur) 5 % des Kaufpreises stehe auch im Einklang mit den Vorgaben der EU-Verbrauchsgüterkaufrichtlinie.[325] U.E. sollte diese geringere Schwelle

---

[316] Vgl. *Huber*, in: Huber/Faust, Kap. 13 Rn 75.
[317] OLG Düsseldorf ZGS 2007, 157, 159.
[318] Anders *Woitkewitsch*, MDR 2004, 862 und *Grüneberg*, in: Palandt, § 323 Rn 32, die eine Mangelbeseitung ausreichen lassen, die den Mangel soweit behebt, als dass er unerheblich wird.
[319] *Grüneberg*, in: Palandt, § 323 Rn 32 m.w.N.
[320] BGH NJW 2006, 338; *Grüneberg*, in: Palandt, § 323 Rn 32; a.A. *Lorenz*, NJW 2006, 1925; *Kulke*, ZGS 2006, 412.
[321] Vgl. ausführlich BGH ZGS 2006, 236 ff.
[322] Vgl. OLG Nürnberg ZGS 2005, 239 f.
[323] Vgl. BGH NJW 2007, 2111; BGH JuS 2009, 373 m. Anm. Faust; *Gröschler*, NJW 2005, 1601, 1604; a.A. aber *Ernst*, in: Müko, § 323 Rn 243 ff; *Müller/Matthes*, AcP 204, 732, 748, die auf eine grundsätzliche obere Schwelle von 15 % abstellen.
[324] BGH NJW 2014, 3229, 3230.
[325] BGH NJW 2014, 3229, 3230.

aufgrund des Schutzbedürfnisses des Käufers einer mangelhaften Sache auch auf die anderen Bereiche des Wirtschaftsverkehrs ausgedehnt und generalisierend werden.

§ 323 V S. 2 BGB ist aber im Kontext mit anderen Regelungen des BGB zu sehen. Hieraus ergibt sich, dass der Anwendungsbereich nicht grenzenlos ist, sondern in einigen Anwendungsbereichen **Einschränkungen** erfährt. Neben dem bereits oben ausgeführten Ausschluss wegen arglistigen Verhaltens des Verkäufers ist der Anwendungsbereich des § 323 V S. 2 BGB auch für den Fall beschränkt, in dem der Verkäufer für das Vorhandensein der Beschaffenheit (oder anders formuliert: für die Vertragsgemäßheit der Sache) eine **Garantie** übernommen hat.[326] Das Rücktrittsrecht bleibt bei einer Garantieübernahme ausnahmsweise erhalten, da diese dazu führt, dass bezüglich des Sachmangels nicht mehr von einer nur unerheblichen Pflichtverletzung gesprochen werden kann.[327] **388**

b.) Kein Verursachen des Mangels durch den Käufer

Der **Käufer** darf zudem nicht gem. §§ 437 Nr. 2 Var. 1, 323 VI BGB den Umstand, der ihn zum Rücktritt berechtigen würde, allein oder weit überwiegend **verursacht** haben. Die Verantwortlichkeit ergibt sich aus der analogen Anwendung des § 276 BGB.[328] Gleiches gilt nach diesen Vorschriften, wenn bei **Annahmeverzug** des Käufers infolge eines nicht vom Verkäufer zu vertretenden Umstands der Sachmangel eintritt. **389**

b. Rechtsfolge

aa. Rückgewährschuldverhältnis

Mit der Ausübung des Rücktrittsrechts „wandelt" sich das vertragliche Kaufverhältnis in ein gesetzliches Rückgewährschuldverhältnis mit den Rechtsfolgen der §§ 346 ff. BGB. Die vertraglichen Erfüllungsansprüche aus § 433 BGB erlöschen, soweit sie noch nicht erfüllt sind. Nach § 346 I BGB sind die empfangenen Leistungen zurückzugeben: Der Käufer hat Anspruch auf Rückzahlung des Kaufpreises, muss seinerseits die Kaufsache aber zurückgeben und – falls er bereits Eigentum erworben hat – dieses zurückübertragen. Außerdem hat der Käufer die gezogenen Nutzungen herauszugeben. Kann der Käufer die Kaufsache nicht mehr unversehrt herausgeben, muss er den Wert ersetzen. **390**

bb. Gestaltungsrecht

Das Rücktrittsrecht ist ein Gestaltungsrecht.[329] Dieser Umstand hat zur Folge, dass ein Wechsel der Ansprüche (etwa von Rücktritt auf Minderung) nicht mehr möglich ist, sobald das Gestaltungsrecht hinsichtlich des Rücktritts bereits ausgeübt wurde.[330] Allerdings kann nach § 325 BGB neben dem erklärten Rücktritt weiterhin Schadensersatz verlangt werden. Insoweit können der Rücktritt und der Schadensersatz kombiniert werden. **391**

Beispiele:

(1) Der Käufer tritt wegen eines Mangels vom Kaufvertrag nach §§ 433 I S. 2, 434, 437 Nr. 2 Var. 1, 440, 323 ff., 346 ff. BGB zurück und verlangt den Kaufpreis heraus. Gleichzeitig macht er einen Schadensersatz statt der Leistung gem. §§ 433 I S. 2, 434, 437 Nr. 3 Var. 1, 440, 280 I u. III, 281 ff. BGB wegen eines teureren Ersatzgeschäfts geltend.

---

[326] BT-Drs. 14/6040, S. 223 li.Sp.
[327] BT-Drs. 14/6040, S. 223 li.Sp.
[328] *Fest*, ZGS 2006, 173, 176 f.
[329] Vgl. *Schellhammer*, MDR 2002, 303; hierzu auch BGH ZGS 2007, 149 ff.
[330] *Steimle*, in: *Luther*, S. 74.

(2) Nach § 325 BGB wird durch den Rücktritt vom Kaufvertrag auch nicht das Recht ausgeschlossen, einen **Nutzungsausfallschaden** (vgl. Rn 470 ff.) i.S.d. §§ 437 Nr. 3, 440, 280 ff. BGB geltend zu machen.[331]

cc. Rücknahme- und Demontagepflicht

392 Von besonderer Bedeutung kann es bei der Rückabwicklung des Vertrags i.S.d. §§ 346 ff. BGB sein, ob der Käufer vom Verkäufer verlangen kann, die mangelhafte Sache wieder zurückzunehmen. Zumindest wenn der Käufer ein gesteigertes Interesse an einer derartigen Rücknahme hat, muss der Verkäufer dem nachkommen und die Sache zurücknehmen.[332] Erfüllungsort für die Rücknahmepflicht ist der Belegenheitsort der mangelhaften Sache, unabhängig davon, ob dieser vertragsgemäß ist oder nicht. Selbst wenn der Käufer die Sache eingebaut hat, muss sie der Verkäufer wieder ausbauen. Insoweit kann von einer **Demontagepflicht** des Verkäufers gesprochen werden.

4. Minderung des Kaufpreises

Die Minderung gem. §§ 437 Nr. 2 Var. 2, 441 BGB

1. Einleitung

- Das Minderungsrecht steht gleichrangig neben dem Rücktrittsrecht.
- Allerdings unterscheiden sich beide Rechtsbehelfe dadurch, dass sich beim Rücktritt das Rechtsverhältnis in ein Rückgewährschuldverhältnis wandelt, bei der Minderung hingegen das ursprüngliche Schuldverhältnis aus dem Kaufvertrag unverändert bestehen bleibt.
- Der Verkäufer behält bei der Minderung anders als beim Rücktritt den Anspruch auf Kaufpreiszahlung nach § 433 II BGB. Dieser wird allerdings um den Minderwert gem. § 441 III S. 1 BGB wegen der Verletzung der Hauptleistungspflicht der mangelfreien Lieferung nach § 433 I S. 2 BGB verringert.
- Rechtstechnisch ist zu beachten, dass die Minderung wie das Rücktrittsrecht lediglich ein Gestaltungsrecht darstellt, das mit dem Zugang der Erklärung beim Verkäufer bewirkt ist.

2. Voraussetzungen

Ein Recht zur Minderung liegt dementsprechend dann vor, wenn

- ein wirksamer Kaufvertrag abgeschlossen wurde,
- die Leistung fällig ist,
- der Kaufgegenstand einen Sachmangel
- bei Gefahrübergang (§§ 446 f BGB) aufweist
- und der Verkäufer seine in angemessener Frist vorzunehmende Nacherfüllung nicht geleistet,
- der Käufer die Minderung erklärt hat
- und kein Ausschlussgrund besteht.
  - ⇨ Gemäß § 442 BGB darf der Käufer *keine Kenntnis* von dem Mangel bei Vertragsschluss haben. Der Sachmangel darf nicht vom Käufer i.S.d. § 323 VI BGB *zu verantworten* sein.
  - ⇨ Zudem darf kein vertraglicher, wirksamer Gewährleistungsausschluss vereinbart worden sein.
  - ⇨ Das Minderungsrecht darf außerdem nicht durch die Einrede der Verjährung bzgl. des Nacherfüllungsanspruchs gem. §§ 438 V, 218 BGB unwirksam sein.

3. Rechtsfolge

- Der Kaufvertrag besteht mit allen seinen Rechten und Pflichten der Vertragsparteien

[331] BGH ZGS 2008, 101, 102 f.
[332] Vgl. BGHZ 87, 104, 109.

fort. Allerdings wird der Kaufpreis mit Zugang der Minderungserklärung auf den Betrag herabgesetzt, der sich nach § 441 III BGB ergibt.
- Die **Berechnung** des Minderungsbetrags erfolgt entsprechend dem Prinzip der relativen Berechnung: Der Kaufpreis ist gem. § 441 III S. 1 BGB in dem Verhältnis herabzusetzen, in welchem zur Zeit des Vertragsschlusses der Wert der Sache in mangelfreiem Zustand zu dem wirklichen Wert gestanden hätte.
- Ist der Käufer für den Mangel **mitverantwortlich**, muss nach dem Rechtsgedanken des § 254 BGB dieses Mitverschulden bei der Minderungsberechnung mit angerechnet werden.

a. Einleitung

Das Minderungsrecht steht gleichrangig neben dem Rücktrittsrecht. Allerdings sind beide Rechtsbehelfe dahingehend unterschiedlich, **393**

- dass sich beim Rücktritt das Rechtsverhältnis in ein Rückgewährschuldverhältnis wandelt (Sache wird grds. dem Verkäufer zurückgegeben),
- bei der Minderung hingegen das ursprüngliche Schuldverhältnis aus dem Kaufvertrag unverändert bestehen bleibt (Sache bleibt grds. beim Käufer).

Da bei der Minderung also gerade kein Rückgewährschuldverhältnis eintritt, behält der Verkäufer bei der Minderung – anders als beim Rücktritt – den Anspruch auf Kaufpreiszahlung nach § 433 II BGB. Dieser wird allerdings um den Minderwert gem. § 441 III S. 1 BGB verringert, der sich aus der Verletzung der Hauptleistungspflicht in Form der mangelfreien Lieferung nach § 433 I S. 2 BGB ergibt.

Macht der Verkäufer vor der Erklärung der Minderung den vollen Kaufpreis geltend, kann der Käufer nach §§ 320, 441 BGB die Einrede des nicht erfüllten Vertrags erheben. **394**

Rechtstechnisch ist zu beachten, dass die Minderung wie das Rücktrittsrecht lediglich ein Gestaltungsrecht darstellt, das mit dem Zugang der Erklärung beim Verkäufer bewirkt ist. Mit Zugang der Erklärung erlischt das Wahlrecht des Käufers zwischen den in § 437 Nr. 2 BGB zur Verfügung gestellten Ansprüchen Rücktritt oder Minderung. Ein Wechsel ist ab diesem Zeitpunkt nicht mehr möglich, da die Rechtsfolge unmittelbar und bindend einsetzt. **395**

Allerdings kann der Käufer auch, nachdem er die Minderung geltend gemacht hat, in analoger Anwendung des § 325 BGB auf den kleinen oder den Schadensersatz statt der Leistung umschwenken.[333] Durch den Schadensersatz statt der Leistung kann der Käufer als eine Rechtsfolge die Rückabwicklung des Kaufvertrags vornehmen.[334] **395a**

b. Voraussetzungen

Das Minderungsrecht ergibt sich aus §§ 437 Nr. 2, 441 I BGB. Die Ausübung des Minderungsrechts setzt aber gem. der Formulierung „statt zurückzutreten" voraus, dass die sonstigen Voraussetzungen des Rücktrittsrechts vorliegen: **396**

Ein **Recht zur Minderung** liegt dementsprechend dann vor, wenn ein wirksamer Kaufvertrag abgeschlossen wurde, die Leistung fällig ist, der Kaufgegenstand einen Sachmangel bei Gefahrübergang (§§ 446 f. BGB) aufweist, der Verkäufer seine in angemessener Frist vorzunehmende Nacherfüllung nicht geleistet, der Käufer die Minderung erklärt hat sowie keine Ausschlussgründe gegeben sind. **397**

---

333 OLG Stuttgart ZGS 2008, 479, 480; *Berscheid*, ZGS 2009, 17, 18 f.; *Derleder*, NJW 2003, 998, 1001 f.

334 Vgl. *R. Schmidt*, SchuldR AT, Rn 693.

398 Grundsätzlich kann auf die Ausführungen zum Rücktrittsrecht verwiesen werden, die entsprechend auch bei der Minderung Anwendung finden.

399 Allerdings sind hinsichtlich der Erklärung der Minderung einige Besonderheiten zu beachten. Die Minderung ist wie bei der Geltendmachung der Nacherfüllung oder dem Rücktritt eine einseitige empfangsbedürftige Willenserklärung, die den allgemeinen Regeln, insbesondere denen des § 130 BGB, unterfällt. Die Erklärung kann auch konkludent abgegeben werden.

Hinweis für die Fallbearbeitung: In dem Fall muss jedoch sorgfältig überprüft werden, ob der Käufer tatsächlich mindern will oder vielmehr einen Anspruch auf kleinen Schadensersatz geltend macht.

400 Die **Minderungshöhe** muss allerdings nicht miterklärt werden. Diese ergibt sich bereits aus der gesetzlichen Vorschrift des § 441 III BGB.

401 Sind auf der Seite des Käufers oder auf der Seite des Verkäufers mehrere beteiligt, kann die Minderung nach § 441 II BGB nur von allen oder gegen alle erklärt werden. Daraus ergibt sich die Konsequenz, dass, wenn aufseiten des Käufers eine **Personenmehrheit** steht, diese sich über die Vornahme der Minderung einig sein muss. Besteht eine derartige Einigkeit nicht, bedarf es einer Auseinandersetzung und notfalls gerichtlicher Durchsetzung auf Zustimmung im Innenverhältnis der Personenmehrheit (Gesellschaft oder Gemeinschaft), bevor eine Minderung gegenüber dem Verkäufer geltend gemacht werden kann.

402 Ist die Sache von mehreren verkauft worden, muss die Minderungserklärung grundsätzlich gegenüber jedem Verkäufer erklärt werden, es sei denn, einer der Verkäufer ist im Innenverhältnis passiv befugt.

c. Rechtsfolge

aa. Rechte und Pflichten

403 Der Kaufvertrag besteht mit allen seinen Rechten und Pflichten der Vertragsparteien fort. Allerdings wird der Kaufpreis mit Zugang der Minderungserklärung auf den Betrag herabgesetzt, der sich nach § 441 III BGB ergibt.

bb. Berechnung

404 Die Berechnung des Minderungsbetrags erfolgt entsprechend dem Prinzip der relativen Berechnung: Der Kaufpreis ist gem. § 441 III S. 1 BGB in dem Verhältnis herabzusetzen, in welchem zur Zeit des Vertragsschlusses der Wert der Sache in mangelfreiem Zustand zu dem wirklichen Wert gestanden hätte. Gegebenenfalls ist nach § 441 III S. 2 BGB der Minderungsbetrag durch Schätzung zu ermitteln. Nicht der Gesamtbetrag der Minderung ist dabei zu schätzen, sondern es sind ausschließlich die Einzelbeträge zu ermitteln, die in die Gleichung einzusetzen sind.

$$\text{Geminderter Kaufpreis} = \frac{\text{Istwert x Kaufpreis}}{\text{Sollwert}}$$

Beispiele:

(1) K kauft von V einen Computer zum Preis von 1.000,- € (Kaufpreis). In mangelfreiem Zustand wäre der PC 1.200,- € (Sollwert) wert gewesen, aufgrund eines Sachmangels ist er aber nur 600,- € (Istwert) wert. K kann den Kaufpreis also in Höhe von 500,- € mindern. Der Kaufpreis beträgt nur noch 500,- €. (600,- x 1.000,-/1.200,- = 500,-).

(2) K kauft bei V ein Boot zum Preis von 140.000,- € (Kaufpreis). Das Boot weist leichte Schrammen am Bug auf. In mangelfreiem Zustand wäre das Boot 120.000,- € (Sollwert) wert gewesen. Der tatsächliche Wert beträgt mit den leichten Mängeln 115.000,- € (Istwert). Der Kaufpreis beträgt danach nur noch 134.166,67 € (115.000,- x 140.000,-/120.000,-). Der Käufer hat bereits 140.000,- € gezahlt. Er kann daher nach § 441 IV BGB 5.833,33 € vom Verkäufer zurückverlangen.

Die Minderung kann den Kaufpreis maximal um 100 % auf 0,- € absenken. In einem derartigen Fall ist der Käufer aber nach Treu und Glauben zur Rückgabe der Kaufsache verpflichtet. 405

Hinweis für die Fallbearbeitung: Im Gegensatz zum Rücktritt ist die Minderung auch bei nur *unerheblichen* Mängeln möglich, da die Bagatellklausel des § 323 V S. 2 BGB in § 441 I S. 2 BGB ausdrücklich ausgenommen wird.

cc. Rückgewähr einer Überzahlung

Nach § 441 IV BGB kann der Käufer den Betrag zurückverlangen, den er wegen der Minderung zu viel bezahlt hat (Beispiel 2). Hierbei stellt **§ 441 IV BGB** keinen Verweis auf das Bereicherungsrecht dar, sondern **begründet einen selbstständigen vertraglichen Anspruch**.[335] Voraussetzung hierfür ist, dass der Käufer den Kaufpreis bereits ganz oder teilweise bezahlt hat, bevor er die Minderung gegenüber dem Verkäufer erklärte, und der gezahlte Betrag den geminderten Kaufpreis übersteigt. 406

Hinweis für die Fallbearbeitung: In derartigen Fallkonstellationen treten §§ 812 ff. BGB zurück und sind nicht anwendbar.[336] Die in § 441 I S. 2 BGB für anwendbar erklärten Vorschriften der §§ 346 I und 347 I BGB finden nur entsprechende Anwendung und betreffen vorrangig den Nutzungsersatz. Etwas anderes gilt allerdings in der Fallkonstellation, in der der Käufer erst die Minderung erklärt und danach mehr als den geminderten Kaufpreis bezahlt. Dann ist nicht § 441 IV BGB, sondern das Bereicherungsrecht nach §§ 812 ff. BGB anzuwenden.

Beispiel: K kauft bei V ein Boot zum Preis von 140.000,- € (Kaufpreis). Das Boot weist leichte Schrammen am Bug auf. In mangelfreiem Zustand wäre das Boot 120.000,- € (Sollwert) wert gewesen. Der tatsächliche Wert beträgt mit den leichten Mängeln 115.000,- € (Istwert). Der Kaufpreis beträgt danach nur noch 134.166,67 € (115.000,- x 140.000,-/120.000,-). Der Käufer hat erst *nach* der Erklärung und Feststellung der Minderungshöhe die Summe von 140.000,- € gezahlt, da er den falschen Überweisungsträger bei der Bank abgegeben hat. Er kann daher nur nach § 812 I S. 1 Var. 1 BGB 5.833,34 € vom Verkäufer zurückverlangen. Zu berücksichtigen ist hier ggf. § 818 III BGB.

dd. Einrede der Verjährung

Nach § 438 V BGB findet auf das Minderungsrecht die Vorschrift des § 218 BGB entsprechende Anwendung; dies ist erforderlich, da § 194 BGB lediglich die Verjährung eines Anspruchs regelt. Daher werden von § 194 BGB die Gestaltungsrechte Rücktritt und Minderung nicht direkt erfasst. Mit § 218 BGB wird jedoch bzgl. dieser Gestaltungsrechte 407

[335] BT-Drs. 14/6040, S. 236 li.Sp.

[336] *Weidenkaff*, in: Palandt, § 441 Rn 20.

ein rechtlicher Gleichlauf mit den weiteren Rechten aus § 437 BGB hergestellt. Danach sind Minderung (und Rücktritt) unwirksam, wenn der Anspruch auf die Leistung aus § 433 I BGB bzw. auf die Nacherfüllung gem. §§ 437 Nr. 1, 439 BGB verjährt ist und der Schuldner eine entsprechende Einrede erhoben hat.

ee. Mitverantwortung des Käufers für den Mangel

408 Keine Regelung enthält das Gesetz für die Fälle, in denen der **Käufer für den Mangel mitverantwortlich** ist. Der Gesetzesbegründung ist zu entnehmen, dass diese Frage nach den allgemeinen Vorschriften sowie nach dem Rechtsgedanken des § 254 BGB, der auch bei der Berechnung des Minderungsbetrags anzuwenden ist, zu beantworten ist.[337] Zu unterscheiden ist danach,

- ob der Käufer den Mangel allein oder überwiegend verschuldet hat: Dann ist sein Minderungsrecht nach §§ 441 I S. 1 i.V.m. 323 VI BGB ausgeschlossen.
- Liegt der Mitverantwortungsanteil des Käufers unterhalb der Schwelle der „**weit überwiegenden Verantwortlichkeit**", ist der von ihm geltend gemachte Minderungsbetrag um seinen Anteil zu kürzen. Der Käufer ist „weit überwiegend verantwortlich", wenn der Anteil des Verkäufers so gering ist, dass er im Rahmen des § 254 BGB außer Acht gelassen würde.[338]

ff. Gesamtpreis bei einer Mehrheit von Gegenständen

409 Eine besondere vertragliche Konstellation liegt vor, wenn sich die Vertragsparteien über mehrere Gegenstände in einem einheitlichen Kaufvertrag einigen und für diese Sachen einen **Gesamtpreis** vereinbaren. Eine spezielle Vorschrift hierzu gibt es allerdings nicht. Bei der Lösung dieses Rechtsproblems ist zu beachten, dass sich die Vertragsparteien explizit auf einen Preis einigten, sie wollten insofern eine einheitliche und keine isolierte Abrechnung vornehmen. Daraus ergibt sich die Schlussfolgerung, dass der Preis für die geminderte Ware nicht aus dem Gesamtbetrag herauszurechnen, sondern dass der Gesamtpreis zu mindern ist. Dieser ist daher unter Berücksichtigung der Werte aller verkauften Sachen unter Einbeziehung der schadhaften Sache zu mindern.

gg. Teilbeträge

410 Haben die Vertragsparteien Teilbeträge vereinbart oder ist der Kaufpreis bereits teilweise bezahlt, fällig und im Übrigen gestundet, wird die Minderung auf jede Rate anteilig angerechnet. Aus Vereinfachungsgründen sollten dabei ausschließlich die zukünftigen Raten gemindert werden, eine Rückrechnung und Rückzahlung können damit in der Regel vermieden werden.

hh. Kombinierbarkeit von Rechtsbehelfen nach § 325 BGB

411 Hat der **Verkäufer schuldhaft eine mangelhafte Sache geliefert**, kann dem Käufer neben der Minderung auch Schadensersatz für etwaige Mangelfolgeschäden zustehen. Diese in § 325 BGB ausdrücklich genannte Kombinierbarkeit der Rechtsbehelfe gilt wegen der parallelen Behandlung beider Gestaltungsrechte in §§ 437 Nr. 2, 438 V BGB nicht nur im Verhältnis von Rücktritt und Schadensersatz, sondern auch im Verhältnis von Minderung und Schadensersatz.

Hinweis für die Fallbearbeitung: Zu beachten ist, dass der Käufer wirtschaftlich den Minderungswert auch als Schadensposition im Rahmen eines einheitlichen Scha-

---

[337] BT-Drs. 14/6040, S. 235.
[338] BT-Drs. 14/6040, S. 187.

densersatzanspruchs geltend machen kann. Verfahrensrechtlich liegt die besondere Bedeutung der Kombinierbarkeit von Minderung und Schadensersatz darin, dass die Minderung verschuldensunabhängig ist, wogegen es beim Schadensersatz zu Beweisschwierigkeiten bezüglich des Verschuldens des Verkäufers kommen kann.[339]

5. Schadensersatz und Aufwendungsersatz

a. Schadensersatz

aa. Einleitung und systematische Zuordnung

Da das seit 2002 geltende Leistungsstörungsrecht in **§ 280 BGB** die einzelnen Leistungsstörungstatbestände in einer Generalklausel (sog. „**Pflichtverletzung**") zusammenfasst, findet sich in der Vorschrift des § 437 Nr. 3 BGB nichts anderes als eine längere Verweisungskette. Besondere Vorschriften für den Kauf finden sich allerdings in § 440 BGB und – für den Verbrauchsgüterkauf – in § 475 III BGB. **412**

§ 475 III BGB erlaubt es den Vertragsparteien, für den Anspruch auf Schadensersatz Vereinbarungen zu treffen, die von den gesetzlichen Bestimmungen auf eine für den Verbraucher nachteilige Weise abweichen. Freilich sind aufgrund der Formulierung in § 475 III BGB „unbeschadet der §§ 307 bis 309 BGB" die von den Vorschriften über die Allgemeinen Geschäftsbedingungen gezogenen Grenzen zu beachten (vgl. insb. § 309 Nr. 7 BGB). **413**

§ 437 Nr. 3 Var. 1 BGB verweist also auf den Schuldrecht AT. Durch den Verweis wollte der Gesetzgeber insgesamt eine Vereinheitlichung erreichen, die einen möglichst hohen Grad an Rechtssicherheit entstehen lassen soll. Dennoch verbleibt eine Reihe von Problemen, die nicht vollends durch Subsumtion unter das Gesetz zu lösen sind. **414**

Hinweis für die Fallbearbeitung: Zwar greifen auch die Anspruchsgrundlagen, die Schadensersatz statt der Leistung gewähren, auf die Vorschrift des Schadensersatzes aus § 280 I BGB zurück. Zusätzlich sind in einer ganzen Reihe von Fallkonstellationen die Rechtsfolgen der unterschiedlichen Anspruchsgrundlagen §§ 281, 282, 283 BGB identisch, dennoch muss *dringend empfohlen* werden, dass bei der Bearbeitung von Fällen sorgfältig auf eine exakte Differenzierung der Anspruchsgrundlagen, aus denen der Schadensersatz hergeleitet werden soll, geachtet wird. Eine richtige Lösung kann nämlich nur dann erreicht werden, wenn die jeweiligen Besonderheiten der entsprechenden Schadensersatzansprüche umfassend beachtet wurden. Hinzu kommt, dass der Bearbeiter nur bei genauer Definition und Subsumtion der Anspruchsgrundlagen beweisen kann, dass er mit dem Gesetz umgehen und die Anwendungsbereiche der einzelnen Anspruchsgrundlagen herleiten kann.

Durch den Verweis des § 437 Nr. 3 Var. 1 BGB auf das Allgemeine Schuldrecht besteht nunmehr das Problem, alle Anspruchsgrundlagen ausfindig zu machen und gesetzessystematisch und entsprechend den tatsächlichen Umständen des Einzelfalls einzuordnen. Durch den Verweis werden sechs verschiedene Schadensersatzansprüche angesprochen: **415**

1. **Einfacher Schadensersatz** nach §§ 437 Nr. 3 Var. 1, 280 I BGB,
2. Schadensersatz statt der Leistung wegen **nicht oder nicht wie geschuldet erbrachter Leistung** nach §§ 437 Nr. 3 Var. 1, 280 I u. III, 281 BGB,
3. Schadensersatz statt der Leistung wegen **Verletzung einer Pflicht nach § 241 II BGB** gem. §§ 437 Nr. 3 Var. 1, 280 I u. III, 282, 241 II BGB (zu beachten ist allerdings, dass in § 437 Nr. 3 Var. 1 BGB ein Verweis auf § 282 BGB nicht vorgesehen ist),

[339] *Büdenbender,* in: Dauner-Lieb/Heidel/Lepa/Ring, § 441 Rn 9.

4. Schadensersatz statt der Leistung **bei Ausschluss der Leistungspflicht** gem. §§ 437 Nr. 3 Var. 1, 280 I u. III, 283 BGB,
5. Schadensersatz statt der Leistung bei **Leistungshindernis bei Vertragsschluss** gem. §§ 437 Nr. 3 Var. 1, 311a II BGB
6. und Schadensersatz wegen **Verzögerung der Leistung** nach §§ 437 Nr. 3 Var. 1, 280 I u. II, 286 BGB.

Hinweis für die Fallbearbeitung: Es empfiehlt sich folgender schematischer Ablauf zur Bestimmung des richtigen Anspruchs (*Faust*, in: Bamberger/Roth, § 437 Rn 50):

1. Zunächst ist vom Bearbeiter zu ermitteln, welche *Schadensersatzvariante* in Betracht kommt. Es ist also zwischen einfachem Schadensersatz, dem Schadensersatz statt der Leistung und dem Schadensersatz wegen Verzögerung der Leistung zu differenzieren.

2. Wenn im ersten Schritt eine Festlegung auf eine dieser Formen erfolgt ist, ist im zweiten Schritt die *konkrete Anspruchsgrundlage* zu ermitteln.

3. Daran schließt sich die Überlegung an, auf welchen Begriff bzw. welche Art und Weise der *Pflichtverletzung* innerhalb des ermittelten Anspruchs abzustellen ist.

4. Bei der gedanklichen Vorüberlegung ist zu entscheiden, ob der Schadensersatzanspruch dem *Regime des § 437 Nr. 3 BGB* untersteht, was zu einer Anwendbarkeit der Sondervorschriften des Gewährleistungsrechts, insbesondere des § 438 BGB, führte, oder ob der Anspruch außerhalb dieses Regimes steht, was die originäre Anwendbarkeit des Allgemeinen Schuldrechts – v.a. auch der §§ 194 ff. BGB – zur Folge hätte.

416 Wie gerade ausgeführt wurde, muss zwischen dem einfachen Schadensersatz, dem Schadensersatz wegen Verzögerung der Leistung und dem Schadensersatz statt der Leistung differenziert werden. Systematisch und inhaltlich liegen der einfache Schadensersatz und der Schadensersatz statt der Leistung in der Regel sehr nahe beisammen, wohingegen Schadensersatz wegen Verzögerung einer Leistung eine davon zu unterscheidende Konstellation erfasst. Hierbei kann danach unterschieden werden, ob die Schadensersatzansprüche auf solche Pflichtverletzungen zurückgehen, bei denen entweder eine Haupt- oder eine Nebenleistungspflicht nicht ordnungsgemäß erfüllt wurden.

Beispiele:
(1) Die Sache hatte bereits bei Vertragsschluss einen unbehebbaren Mangel, weshalb eine Nacherfüllung bereits zum Zeitpunkt des Vertragsschlusses ausgeschlossen war.
(2) Bei Anlieferung der Ware (Sauna) in die Wohnung des Käufers zerstört der Verkäufer Gegenstände. In den folgenden Tagen wiederholt sich dies während der Montage der Sauna.
(3) Durch einen Bremsendefekt an dem neuen Fahrrad stürzt der Käufer, wobei er sich verletzt. Zudem wird seine Kleidung beschädigt (Mangelfolgeschaden).

417 Derartige Schadensersatzansprüche können zu einer Kategorie zusammengefasst werden.

418 Auf der anderen Seite verbleibt der Schadensersatz wegen Verzögerung der Leistung, der dann Anwendung findet, wenn der Schaden sich gerade aus der Verzögerung der Nacherfüllung ergibt.

Beispiel: Der Käufer erwirbt beim Verkäufer eine Produktionsmaschine, die bei Anlieferung einen Defekt aufweist. Dieser Defekt wird bemerkt, als die Maschine das erste Mal in Betrieb genommen werden soll. Der Käufer setzt dem Verkäufer eine angemessene Frist von 14 Tagen. Während dieser Zeit kann die Produktionsstraße, in der die neue Maschine eingebunden wurde, nicht genutzt werden. Dafür macht der Käufer Betriebsausfallkosten geltend. Nach h.M. ist dies ein Fall des Schadensersatzes wegen Leistungsverzögerung.

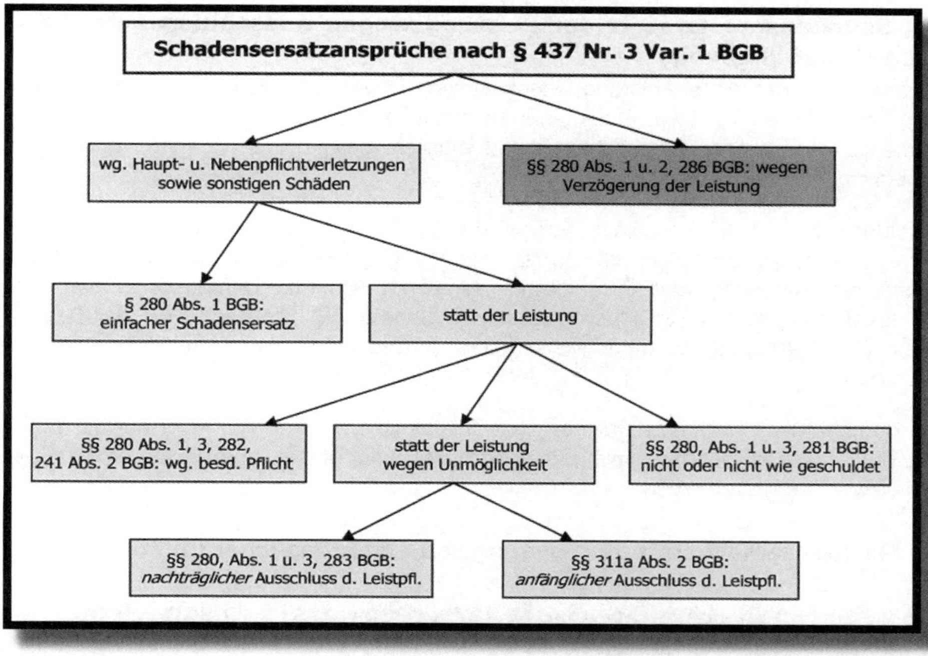

[Ein entsprechender systematischer Aufbau ergibt sich für das *Werkvertragsrecht* aus der Verweisungsnorm des § 634 Nr. 4 Var. 1 BGB.]

Hinweis für die Fallbearbeitung: Sind Schadensersatzansprüche zu prüfen, liegt in der Regel zumindest ein Schwerpunkt im Bereich der Abgrenzung der Schadensersatzansprüche zueinander (vgl. dazu *Wenzel/Hütte*, Fälle zum BGB II, Kap. 4 Fall 06).

Eine Schadensersatzpflicht besteht gem. § 280 I S. 2 BGB aber nicht, wenn der Verkäufer nachweist, dass er die Pflichtverletzung, also die Lieferung einer mit Mängeln behafteten Sache, nicht zu vertreten hat. Mit dieser Gesetzessystematik wird klargestellt, dass die Haftung auf Schadensersatz grundsätzlich **verschuldensabhängig** i.S.d. §§ 276 ff. BGB ist und der **Verkäufer** die **Darlegungs**- und **Beweislast** für das Nichtvertretenmüssen trägt. **419**

Da der Gesetzgeber in der amtlichen Begründung aber explizit ausführt, dass von demjenigen, der als gewerblicher Verkäufer mit industriell hergestellten Massenartikeln handelt, nicht stets erwartet werden könne, seine Waren auf Konstruktions- und Fertigungsmängel zu untersuchen, und sogar davon ausgeht, dass der Verkäufer einer Ware nicht der Erfüllungsgehilfe (vgl. § 278 BGB) des Produzenten sei[340], dürfte dem Verkäufer gerade beim Verbrauchsgüterkauf der Beweis des „Nichtvertretenmüssens“ nicht besonders schwer fallen.[341] Etwas anderes gilt nach der Vorstellung des Gesetzgebers möglicherweise aber dann, wenn es sich um besonders hochwertige oder fehleranfällige Produkte handelt, sowie dann, wenn der Verkäufer eine besondere Sachkunde besitzt.

[340] Vgl. BT-Drs. 14/6050, S. 210.
[341] Vgl. *Schubel*, JuS 2002, 313, 318.

bb. Schadensersatz statt der Leistung wegen Ausschlusses der Leistung (Unmöglichkeit)

420 Schadensersatz statt der Leistung wegen *Unmöglichkeit* kann sich, wie sich bereits aus dem Schaubild ergibt, sowohl aus einer *anfänglichen* als auch aus einer *nachträglichen* Unmöglichkeit ergeben. Dementsprechend müssen diese beiden Formen voneinander abgegrenzt werden.

421 Eine **anfängliche** Unmöglichkeit i.S.d. §§ 437 Nr. 3 Var. 1, 311a II BGB ist dann gegeben, wenn die Umstände bereits vor der Entstehung des Schuldverhältnisses vorgelegen haben, eine **nachträgliche** Unmöglichkeit hingegen, wenn die Unmöglichkeit erst nach der Entstehung dieses Schuldverhältnisses eingetreten ist. Hierbei ist bei der Bestimmung des Zeitpunkts der Unmöglichkeit darauf abzustellen, wann die *Unbehebbarkeit* des Sachmangels bzw. Unmöglichkeit der mangelfreien Leistung entstanden ist.[342]

422 Die Unmöglichkeit bestimmt sich nach § 275 I bis III BGB, weshalb nicht nur die *wirkliche* Unmöglichkeit, sondern auch die *praktische* Unmöglichkeit und die *persönliche* Unzumutbarkeit erfasst werden.

a.) Schadensersatz statt der Leistung wegen anfänglicher Unmöglichkeit

Schadensersatz gem. §§ 437 Nr. 3 Var. 1, 311a II BGB

I. Kaufvertrag gem. § 433 BGB

II. Freiwerden von einer Leistung wegen eines anfänglichen Leistungshindernisses aus § 275 I bis III BGB

- Anfängliche Unmöglichkeit liegt vor, wenn das Leistungshindernis bereits vor dem Vertragsschluss vorgelegen hat, es also bei Vertragsschluss existiert.
- Bei dieser anfänglichen Unmöglichkeit i.S.d. §§ 437 Nr. 3 Var. 1, 311a II BGB muss also die sachmangelfreie Leistung bei Vertragsschluss unmöglich sein, d.h., dass auch die Nacherfüllung insgesamt nach § 275 I bis III BGB unmöglich zu sein hat.
- Der Anwendungsbereich des § 439 III BGB ist ein Sonderfall des § 275 II BGB, weshalb Fälle des § 439 III BGB unter Umständen von §§ 437 Nr. 3 Var. 1, 311a II BGB erfasst werden können (str.).

III. Zu vertretende Unkenntnis

Die zu vertretende Unkenntnis richtet sich nicht nur auf den Mangel bei Vertragsschluss, sondern vielmehr auch auf den besonderen Umstand, dass dieser Mangel nicht behebbar ist, also eine Nacherfüllung insgesamt ausscheidet.

IV. Rechtsfolge: Schadensersatz statt der Leistung

aa.) Zeitpunkt der Unmöglichkeit

423 Der Ausschluss der Leistungspflicht wegen der anfänglichen Unmöglichkeit hinsichtlich der Verpflichtung des Verkäufers aus § 433 I S. 2 BGB setzt konkret voraus, dass es schon vor dem Vertragsschluss unmöglich war, diese verkaufte Sache entsprechend §§ 433 I S. 2, 434 BGB mängelfrei zu liefern. Demzufolge muss die Nacherfüllung insgesamt ausgeschlossen sein. Sachlogisch reicht es nämlich nicht aus, wenn nur eine der beiden gesetzlich vorgesehenen Nacherfüllungsmöglichkeiten wegen Unmöglichkeit aus § 275 I bis III BGB ausgeschlossen ist, da der Verkäufer nach Vertragsschluss noch die Möglichkeit hat, den Mangel mit der jeweils anderen Nacherfüllungsvariante zu beseitigen, die nicht von § 275 I bis III BGB erfasst wird.

---

[342] *Lorenz*, NJW 2002, 2497, 2501.

Beispiele:

(1) A ist Kfz-Händler und verkauft B im Rahmen eines Gattungskaufs ein Fahrzeug. Dieses Fahrzeug hatte jedoch einen derartigen Rahmenschaden beim Transport erlitten, dass der Schaden irreparabel ist und eine Nachbesserung nach § 439 I Var. 1 BGB ausscheidet. Der Händler hat aber noch im Zusammenhang mit der Nachlieferung die Möglichkeit, ein neues Fahrzeug aus der Gattung an den Käufer zu liefern.[343] Eine anfängliche Unmöglichkeit läge nur dann vor, wenn die Nachlieferung ebenfalls nach § 275 I BGB unmöglich oder bereits vor Vertragsschluss für den Verkäufer unzumutbar nach § 275 II BGB wäre.

(2) A erwirbt bei B ein gebrauchtes Kfz, das einen Sachmangel schon vor Vertragsschluss aufweist. Eine Nachlieferung ist wegen dieser Form des Stückkaufs grds. nach § 275 I BGB ausgeschlossen, es verbleibt jedoch noch die Möglichkeit der Nachbesserung.[344] Solange diese vor dem Vertragsschluss möglich war, liegt keine anfängliche Unmöglichkeit vor. Wenn jedoch der Wagen schon vorher irreparabel beschädigt oder eine Reparatur zur Zeit des Vertragsschlusses unzumutbar nach § 275 II BGB gewesen wäre, läge eine anfängliche Unmöglichkeit vor.

§ 275 II und III BGB sind als Einreden konzipiert.[345] Deshalb muss zwar der Grund der Unzumutbarkeit bereits im Zeitpunkt des Vertragsschlusses vorliegen. Der Schuldner, also hier der Verkäufer, hat jedoch die Möglichkeit, trotz Unzumutbarkeit nach § 275 II BGB die Nacherfüllung durchzuführen. Wenn er sich entscheidet, eine Nacherfüllung wegen dieser Unzumutbarkeit überhaupt nicht beginnen zu wollen, muss er die Einrede der Unzumutbarkeit geltend machen. In dem Fall wirkt diese auf den Zeitpunkt des Vertragsschlusses zurück. Es liegt insofern eine anfängliche Unmöglichkeit vor. **424**

bb.) Abgrenzung zum § 281 BGB bei Anwendung des § 439 III BGB

Ein *spezielles* Abgrenzungsproblem zum Schadensersatz statt der Leistung gem. §§ 437 Nr. 3 Var. 1, 280 I u. III, 281 BGB besteht darin, wie die Fälle zu lösen sind, in denen eine Form der Nacherfüllung nach **§ 275 I BGB** ausgeschlossen und die zweite Variante der Nacherfüllung gem. **§ 439 III BGB** für den Verkäufer schon bei Abschluss des Kaufvertrags unzumutbar ist. **425**

Daraus könnte der Schluss gezogen werden, dass der Fall der Unzumutbarkeit nach § 439 III BGB nicht unter § 311a II BGB zu subsumieren, sondern ein Fall der §§ 280 I u. III, 281 I BGB sei.[346]

Dafür spricht der Wortlaut des § 311a I BGB, denn dieser führt nur solche Ausschlussgründe auf, die sich aus § 275 I bis III BGB ergeben. Aus dogmatischer, teleologischer sowie systematischer Sicht ist die besondere Ausprägung des § 275 II BGB im Hinblick auf § 439 III BGB jedoch mit in die Erwägung einzubeziehen. Der Gesetzgeber hat § 439 III BGB als einen *Sonderfall* des § 275 II BGB verstanden. Zwar sind die Voraussetzungen des § 439 III BGB gegenüber § 275 II BGB in der Intensität bzw. Strenge geringer, jedoch baut der Regelungsgehalt des § 439 III BGB gerade auf dem des § 275 II BGB implizit auf. Insoweit muss dogmatisch § 439 III BGB als ein Sonderfall des § 275 II BGB verstanden werden, **es ist daher ein der Unmöglichkeit gleichstehender Tatbestand.**[347]

Hinweis für die Fallbearbeitung: Zwar beinhalten beide Ansprüche dieselbe Rechtsfolge, jedoch ist die Diskussion nicht rein akademischer Natur. Das Vertreten-

[343] Zur Frage beim Stückkauf vgl. Rn 338 ff.

[344] Vgl. aber BGHZ 168, 64 ff. (bei Kauf eines gebrauchten Kfz mit Unfallschaden ist eine Ersatzlieferung trotz Vorliegens einer Stückschuld nicht von vornherein ausgeschlossen) – dazu *R. Schmidt*, SchuldR AT, Rn 371.

[345] *R. Schmidt*, SchuldR AT, Rn 366; anders *Freitag*, NJW 2014, 113, 114 ff.: Einwendungen.

[346] *Faust*, in: Bamberger/Roth, § 437 Rn 74 f.

[347] *Lorenz/Riehm*, Rn 536; *Lorenz*, NJW 2002, 2497, 2501; unklar *Schulze*, in: Hk-BGB, § 281 Rn 3; vgl. dazu auch BT-Drs. 14/6040, S. 232.

müssen hat jeweils einen unterschiedlichen Anknüpfungspunkt (dazu gleich), sodass unterschiedliche Ergebnisse hinsichtlich der Haftung möglich sind, je nachdem welche Schadensersatznorm für anwendbar erklärt wird.

cc.) Bezugspunkt der Kenntnis

426 Die Kenntnis oder zu vertretende Unkenntnis des § 311a II BGB beziehen sich nicht nur auf den Mangel bei Vertragsschluss, sondern vielmehr auch auf den besonderen Umstand, dass dieser Mangel nicht behebbar ist, also eine Nacherfüllung insgesamt nach den gerade herausgearbeiteten Kriterien ausscheidet. Kennt der Verkäufer den Mangel bereits bei Vertragsschluss oder muss er ihn zu diesem Zeitpunkt kennen, wird er die Unbehebbarkeit des Mangels zumindest ebenfalls kennen müssen. Insoweit besteht nämlich für den Verkäufer eine Informationspflicht, ob der Mangel noch zu beheben ist.[348]

427 Bezugspunkt der Kenntnis oder der zu vertretenden Unkenntnis kann auch eine **Pflicht zur Untersuchung** sein. Wenn eine solche Pflicht besteht und der Verkäufer eine solche nicht vorgenommen hat, muss er sich gefallen lassen, dass bei einem von Anfang an nicht behebbaren Mangel dieser dem Verkäufer zugerechnet wird, er also seine Unkenntnis zu vertreten hat.[349] Vorsicht ist allerdings bei der Annahme oder einer Bestimmung einer Untersuchungspflicht geboten. Hieran sind strenge Anforderungen zu stellen, eine Untersuchungspflicht ist nicht die Regel, sondern die Ausnahme. Es müssen ganz besondere Umstände hinsichtlich der Ausgestaltung des Kaufvertrags oder der besonderen Fähigkeiten des Verkäufers bestehen.[350]

Beispiele: Beratungspflichten als Haupt- oder Nebenleistungen, Handelsbrauch, Anlass zu Misstrauen bzgl. Mangelfreiheit

Die im Einzelfall bestehenden Untersuchungspflichten des Verkäufers bestehen jedoch nicht unbeschränkt, sondern sind im Spannungsverhältnis mit den Obliegenheiten des Käufers in Einklang zu bringen. Insoweit sind z.B. die Vorschriften der §§ 442 BGB, 377 HGB zu beachten.

428 Die Beweislast trägt der Verkäufer wegen § 311a II S. 2 BGB, insoweit liegt wie bei § 280 I S. 2 BGB eine Beweislastumkehr vor.

dd.) Haftung nach § 122 BGB analog

429 Nicht möglich ist eine Haftung nach § 122 BGB analog, wenn sich der Schuldner entlasten kann (str.).[351]

b.) Schadensersatz statt der Leistung wegen nachträglicher Unmöglichkeit

Schadensersatz gem. §§ 437 Nr. 3 Var. 1, 280 I u. III, 283 BGB

I. Kaufvertrag gem. § 433 BGB

II. Freiwerden von einer Leistung wegen eines nachträglichen Leistungshindernisses aus § 275 I bis III BGB

- Der Kaufgegenstand ist bei Vertragsschluss mängelfrei und wird nach diesem unbe-

348 *Schur*, ZGS 2002, 243, 247.

349 Vgl. *Ehmann/Sutschet*, JZ 2004, 62, 66.

350 Ungenau *Ehmann/Sutschet*, JZ 2004, 62, 66; ausführlich und weiterführend *Stoppel*, ZGS 2006, 49 ff.

351 Vgl. *Faust*, in: Bamberger/Roth, § 437 Rn 112.

hebbar mangelhaft.
- Die Sache ist bereits bei Vertragsschluss mangelhaft, die Nacherfüllung ist noch möglich. Nach Vertragsschluss tritt die Unmöglichkeit der Nacherfüllung nach § 275 I bis III BGB auf, wobei beide Varianten der Nacherfüllung unmöglich sein müssen.

III. Vertretenmüssen nach § 280 I S. 2 BGB
- Der Bezugspunkt des Vertretens der Pflichtverletzung hängt davon ab, ob die Sache bereits i.S.d. §§ 362 f. BGB geliefert wurde oder ob die Lieferung noch vorzunehmen wäre.
- Im letzteren Fall muss der Verkäufer es zu vertreten haben, dass er nicht in der Lage ist, eine solche mangelfreie Ware zu liefern.
- Im ersten Fall kann auf zwei unterschiedliche Pflichtverletzungen, die der Verkäufer zu vertreten hat, abgestellt werden. Zum einen liegt eine Pflichtverletzung darin, dass er die Lieferung einer mangelfreien Ware nicht vorgenommen hat, als dies noch möglich war; er hat also die richtige Zeit nutzlos verstreichen lassen. Zum anderen kann das vorwerfbare Verhalten auch die Herbeiführung der Unmöglichkeit selbst sein.

IV. Rechtsfolge: Schadensersatz statt der Leistung

aa.) Zeitpunkt der Unmöglichkeit

Der Anwendungsbereich dieses Schadensersatzanspruchs ist in den Fällen eröffnet, in denen **nach Vertragsschluss** eine Unmöglichkeit nach § 275 I BGB oder die Einreden nach § 275 II u. III BGB eingetreten sind, wobei sich der Verkäufer hinsichtlich der Einreden aus § 275 II u. III BGB auf diese berufen muss. Hierbei sind zwei verschiedene Konstellationen denkbar, bei denen sich im Hinblick auf die Rechtsfolge allerdings keine Unterschiede ergeben. **430**

- Der Kaufgegenstand ist bei Vertragsschluss mängelfrei und wird nach diesem mangelhaft, wobei der Mangel nach § 275 I bis III nicht behoben werden kann.
- Die Sache ist bereits bei Vertragsschluss mangelhaft. Allerdings ist die Nacherfüllung zu diesem Zeitpunkt noch möglich. Nach Vertragsschluss tritt zum Mangel zusätzlich die Unmöglichkeit der Nacherfüllung nach § 275 I bis III BGB hinzu.

Hinweis für die Fallbearbeitung: Wie bei § 311a II BGB wird auch bei § 283 BGB konsequenterweise § 439 III BGB dem § 275 II BGB gleichgesetzt. Insofern kann auf die oben gemachten Ausführungen verwiesen werden.

bb.) Abgrenzung zum § 281 BGB

Abzugrenzen ist der Anwendungsbereich der §§ 437 Nr. 3 Var. 1, 280 I u. III, 283 BGB von §§ 437 Nr. 3 Var. 1, 280 I u. III, 281 BGB. Wird nur eine Nacherfüllungsvariante unmöglich und verbleibt die jeweils andere Form möglich, bleibt der Verkäufer zur mangelfreien Lieferung wegen §§ 433 I S. 2, 437 Nr. 1, 439 I BGB verpflichtet. **431**

Beispiel: Der Verkäufer liefert aufgrund eines Gattungskaufs einen irreparabel beschädigten Fernseher. Hier kann der Verkäufer grundsätzlich aus der Gattung ein anderes Gerät liefern. Die Variante der Nachlieferung ist also noch möglich.

In dem Fall muss der Käufer dem Verkäufer eine angemessene Frist zur verbleibenden Nacherfüllung setzen. Leistet der Verkäufer dennoch mangelhaft oder verweigert er die Nacherfüllung, kann der Käufer Schadensersatz aus §§ 437 Nr. 3 Var. 1, 280 I u. III, 281 BGB verlangen, der Anwendungsbereich des § 283 BGB ist hingegen nicht eröffnet. **432**

Beispiel: Im obigen Beispiel liefert der Verkäufer erneut ein mangelhaftes Gerät, obgleich es mangelfreie Geräte innerhalb der Gattung gibt.

433 Ist aber der Anwendungsbereich der §§ 280 I u. III, 283 BGB eröffnet, gehen diese dem Schadensersatz aus §§ 280 I u. III, 281 I BGB vor; dieser Schadensersatzanspruch ist also gegenüber dem Schadensersatzanspruch bei Ausschluss der Leistungspflicht gem. § 283 BGB subsidiär.[352]

cc.) Bezugspunkt der Kenntnis

434 Hinsichtlich des Anknüpfungspunkts des **Vertretenmüssens** ergeben sich jedoch Unterscheidungen daraus, ob die Unmöglichkeit **vor** bzw. **nach der Lieferung** i.S.d. §§ 362 f. BGB der Ware eintritt.

(a.) Unmöglichkeit vor der Lieferung

435 Tritt die Unmöglichkeit zeitlich vor der Lieferung i.S.d. §§ 362 f. BGB ein, wird der Verkäufer sachlogisch von seiner Pflicht zur mangelfreien Lieferung nach § 433 I S. 2 BGB wegen § 275 I bis III BGB befreit; Anknüpfungspunkt für das Vertretenmüssen ist insoweit die Verletzung der Pflicht, eine mangelfreie Sache gem. § 433 I S. 2 BGB zu liefern.

436 Der Verkäufer muss es also zu vertreten haben, dass er nicht in der Lage ist, eine solche mangelfreie Ware zu liefern.

437 Das Vertretenmüssen richtet sich nach §§ 276, 278 BGB. Von besonderem Interesse ist, ob der Verkäufer eine *Garantie* i.S.d. § 276 I S. 1 letzter Halbs. BGB übernommen hat. Bei der Stückschuld muss zumindest davon ausgegangen werden, dass der Verkäufer eine solche Garantie nur für Mangelfreiheit zum Zeitpunkt des Vertragsschlusses übernehmen wollte, ein nachträgliches Eintreten soll in der Regel nicht vom Garantiewillen mit übernommen werden. Eine Garantie setzt voraus, dass der Verkäufer in vertragsgemäßer Weise die Gewähr für das Vorhandensein einer Eigenschaft übernimmt und damit seine Bereitschaft zu erkennen gibt, für alle Folgen des Fehlens dieser Eigenschaft einzustehen.[353] Wird lediglich eine Beschaffenheitsvereinbarung i.S.d. § 434 I S. 1 BGB abgeschlossen, kann daraus alleine noch keine Garantie entnommen werden.

438 Möglicherweise hat der Verkäufer auch ein so genanntes *Beschaffungsrisiko* für die Ware übernommen. Bei diesem übernimmt der Verkäufer nicht nur das vertragliche Risiko, die verkaufte Sache zu beschaffen, sondern vielmehr auch das Risiko, bei einer Mangelhaftigkeit dieser ursprünglich beschafften Sache eine Ersatzware zu besorgen.

Hinweis für die Fallbearbeitung: Typischerweise handelt es sich, wenn ein Beschaffungsrisiko vereinbart wurde, um einen Gattungskauf. Ausnahmsweise kann ein solches Risiko beim Stückkauf eingegangen werden, wenn der Verkäufer sich verpflichtet, im Rahmen eines Deckungskaufs einen ganz bestimmten Gegenstand, der dem Kaufvertrag zugrunde gelegt wird, zu besorgen.

439 Ob und in welcher Reichweite ein solches Beschaffungsrisiko vereinbart wurde, hängt maßgeblich von den vertraglichen Vereinbarungen ab. Im Zweifel wird der Verkäufer entsprechend seinen Marktfunktionen ein Risiko eingehen wollen. Für den Hersteller gilt daher, dass er in der Regel nur aus seiner eigenen Produktion liefern will, ein Rückgriff auf Produkte von Konkurrenten hingegen ist nicht gewollt. Bei Händlern ist das Beschaffungsrisiko in der Regel auf die Warenströme ausgerichtet. Sie beziehen diese Waren

[352] BT-Drs. 14/6040, S. 138 li.Sp.; *Huber*, in: Huber/Faust, Kap. 13 Rn 129.
[353] BGHZ 135, 393, 396.

von Großhändlern oder den Produzenten der Waren selbst. Hierauf ist das Beschaffungsrisiko in der Regel begrenzt. Eine Pflicht, bei anderen Händlern derselben Handelsstufe die Ware zu beziehen oder sogar Ware von Kunden zurückzuerwerben, besteht hingegen nicht.

(b.) Unmöglichkeit nach der Lieferung

Komplexer und differenzierter ausgestaltet ist die Situation, wenn der Umstand des § 275 BGB nach Lieferung der Ware eintritt. Zumindest erfordert der Anspruch, dass die Nacherfüllung insgesamt unmöglich geworden ist.[354] **440**

Das **Vertretenmüssen** kann an zwei verschiedene Pflichtverletzungen anknüpfen[355]: **441**

- Auf der einen Seite ist Anknüpfungspunkt die Tatsache, dass der Verkäufer vor Übergabe den Mangel noch hätte beheben können und vor allem wegen seiner Pflicht aus § 433 I S. 2 BGB ihn auch hätte beheben müssen. Dieses Versäumnis muss der Verkäufer gem. §§ 280 I S. 2, 276, 278 BGB zu vertreten haben. Seine Pflichtverletzung liegt in Bezug auf die spätere Unmöglichkeit der Nacherfüllung also darin, diese nicht vorgenommen zu haben, als dies noch möglich war, er hat also die richtige Zeit nutzlos verstreichen lassen. Daher kann, sobald beide Formen der Nacherfüllung unmöglich werden, ein Schadensersatzanspruch gestellt werden. **442**

  Beispiel: Der Verkäufer A hat dem Käufer B einen bestimmten Golf II verkauft (Stückkauf). Der Wagen wird geliefert und weist durch Materialfehler einen erheblichen Fehler in der Vorderachsaufhängung auf. Dies bemerken B und A auch bei der ersten Testfahrt. Dennoch kümmert sich A nicht um eine Behebung des Mangels. Bei der zweiten Fahrt bricht die Vorderachse und der Wagen wird dadurch irreparabel beschädigt; beide Formen der Nacherfüllung sind ausgeschlossen: Nachlieferung ist bei einem Stückkauf einer gebrauchten Sache nach § 275 I BGB ausgeschlossen (str.). Die Nacherfüllung in Form der Nachbesserung ist wegen der irreparablen Schäden[356] nach § 275 I BGB nicht möglich. A hätte die Nachbesserung vor der zweiten Fahrt des B erfolgreich vornehmen können. Das hat er jedoch versäumt. Er müsste also das Verstreichenlassen der Zeit vor Eintritt der Unmöglichkeit zu vertreten haben. Dies hängt maßgeblich von den Umständen des Einzelfalls ab. Eine Entlastung nach § 280 I S. 2 BGB ist nicht vorgetragen worden, sodass er die Pflichtverletzung und damit den Eintritt des Umstands des § 275 I BGB zu vertreten hat.

- Auf der anderen Seite hat der Verkäufer entgegen seiner Pflicht aus §§ 433 I S. 2, 437 Nr. 1, 439 BGB nicht nacherfüllt. Die Pflichtverletzung kann also auch darin liegen, dass er es zu einer Unmöglichkeit der Nacherfüllung hat kommen lassen. Diesen Umstand muss er auch gem. §§ 280 I S. 2, 276, 278 BGB zu vertreten haben. Das vorwerfbare Verhalten ist hier also die Herbeiführung der Unmöglichkeit selbst. Aus seinem vertretbaren Verhalten hat sich erst die Unmöglichkeit der gesamten Nacherfüllung ergeben. **443**

  Beispiel: Ausgangspunkt ist das obige Beispiel. A erkennt sofort den erheblichen Mangel an dem Fahrzeug und verspricht B, diesen im Laufe der Woche zu beseitigen. Anstatt aber den Wagen sofort zu reparieren, wird dieser auf dem Werkstatthof abgestellt. Da der Hof sehr eng ist, muss der Mechaniker M, ein Angestellter des A, den Wagen mehrmals täglich rangieren. Bei einer dieser Rangierfahrten bricht die Vorderachse, ein irreparabler Schaden tritt ein. Hier wurde die Unmöglichkeit der Nacherfüllung in Form der Nachbesserung erst durch M herbeigeführt, die sich A gem. §§ 280 I S. 2, 276, 278 BGB zurechnen lassen muss.

---

[354] Vgl. *von Wilmowsky*, JuS 2002 Beil. Heft 1, 23.
[355] So nun auch *Tetenberg*, JA 2009, 1, 5 f.
[356] Zu Fragen des Rücktritts bei derartigen Schäden siehe *Scholz*, JA 2004, 65 f.

cc. Schadensersatz statt der Leistung wegen nicht oder nicht wie geschuldet erbrachter Leistung

Schadensersatz gem. §§ 437 Nr. 3 Var. 1, 280 I u. III, 281 BGB
I. Wirksamer Kaufvertrag gem. § 433 BGB
II. Leistung nicht oder nicht wie geschuldet ▪ Eine *Nichtleistung* liegt grundsätzlich bei jedem Ausbleiben der Leistung vor, ohne dass es auf die Voraussetzungen des § 286 BGB ankommt; maßgeblich sind nur die speziellen Tatbestandsvoraussetzungen der §§ 280 I u. III, 281 BGB. Unter diese Voraussetzungen ist auch die Konstellation zu subsumieren, in der der Verkäufer zwar zu einer Nacherfüllung verpflichtet ist, dieser jedoch nicht nachkommt. Die konkrete Pflichtverletzung des Verkäufers liegt darin, dass er gegenüber dem Käufer seiner Nacherfüllungshandlung nicht bis zum Fristablauf nachgekommen ist. ▪ Die **Pflichtverletzung** im Rahmen des Merkmals „nicht wie geschuldet" liegt darin, dass der Verkäufer die Leistung nicht mängelfrei erbracht hat. Daraus lässt sich ableiten, dass eine Pflichtverletzung immer dann vorliegt, wenn ein Mangel i.S.d. §§ 434, 435 BGB der Sache bzw. dem Recht anhaftet.
III. Fälligkeit des Anspruchs nach § 271 BGB
IV. Durchsetzbarkeit des Anspruchs
V. Nachfrist und Nachfristablauf bzw. Entbehrlichkeit der Nachfristsetzung (z.T. Abmahnung)
VI. Vertretenmüssen nach § 280 I S. 2 BGB
VII. Eigene Vertragstreue
VIII. Rechtsfolge: Schadensersatz statt der Leistung

> **Hinweis für die Fallbearbeitung:** Im Anwendungsbereich des § 281 I BGB muss sorgfältig danach differenziert werden, ob auf die Nichtleistung („nicht") oder auf die Leistung „nicht wie geschuldet erbracht" abgestellt wird. Zwar ergeben sich aus beiden Pflichtverletzungen dieselben Rechtsfolgen, jedoch ist das Vertretenmüssen an die jeweilige Pflichtverletzung gekoppelt und ist daher unterschiedlich zu bestimmen.

a.) Schadensersatz statt der Leistung wegen nicht erbrachter Leistung gem. §§ 437 Nr. 3, 280 I u. III, 281 I S. 1 Var. 1 BGB

aa.) Pflichtverletzung durch Nichtleistung

444 Eine Nichtleistung liegt grundsätzlich bei jedem Ausbleiben der Leistung vor, ohne dass es auf die Voraussetzungen des § 286 BGB ankommt; maßgeblich sind nur die speziellen Tatbestandsvoraussetzungen der §§ 280 I u. III, 281 BGB. Hierbei kommt es auf das vertragliche Gesamtverhalten des Verkäufers an, Besonderheiten des Kaufvertrags wie die Vereinbarung einer Schickschuld oder Bringschuld und damit §§ 446, 447, 474 II BGB sind zu beachten. Wenn der Verkäufer diesen Verpflichtungen nachgekommen ist, können Schadensersatzansprüche aus § 281 I S. 1 Var. 1 BGB nicht mehr geltend gemacht werden, es verbleibt allerdings die Möglichkeit, einen solchen Anspruch nach § 281 I S. 1 Var. 2 BGB geltend zu machen, wenn die entsprechende Leistung mangelhaft i.S.d. § 434 BGB ist.

Hinweis: Ein besonderes Problem ist die Konstellation, in der der Verkäufer dem Käufer mengenmäßig zu wenig liefert, insoweit also eine Mankolieferung vorliegt. Zur rechtlichen Einordnung in § 281 I S. 1 Var. 1 BGB oder § 281 I S. 1 Var. 2 BGB siehe ausführlich *R. Schmidt*, SchuldR AT, Rn 697.

Vom Anwendungsbereich wird demnach die Leistungsverzögerung erfasst.[357] **445**

Unter diese Voraussetzungen ist auch die Konstellation zu subsumieren, in der der Verkäufer zwar zu einer Nacherfüllung verpflichtet ist, dieser jedoch nicht nachkommt. Es wird demnach nicht die ursprünglich mangelhafte Leistung erfasst, sondern vielmehr ist alleiniger Anknüpfungspunkt die Säumnis bezüglich der Pflicht zur Nacherfüllung. Dafür ist zunächst Voraussetzung, dass ein solcher Anspruch auf Nacherfüllung überhaupt besteht.

Hinweis für die Fallbearbeitung: Ist der Nacherfüllungsanspruch im Gutachten nicht bereits positiv festgestellt worden, muss an dieser Stelle eine Inzidentprüfung vorgenommen werden.

Die konkrete Pflichtverletzung des Verkäufers liegt darin, dass er gegenüber dem Käufer **446**
seiner Nacherfüllungshandlung nicht bis zum Fristablauf nachgekommen ist. Dabei muss auf die konkreten Umstände des Einzelfalls abgestellt werden. Waren konkret eine Nachbesserung oder Nachlieferung vom Käufer gefordert worden, bezieht sich die Pflichtverletzung auf das Ausbleiben gerade dieser speziell geforderten Nacherfüllungsvariante; eine Nacherfüllung in der jeweils anderen Variante, die vom Käufer nicht gewählt wurde, genügt der Pflicht des Verkäufers nicht. Er hat in der Variante innerhalb der gesetzlichen Grenzen nachzuerfüllen, die der Käufer dem Verkäufer vorgibt.

Hinweis für die Fallbearbeitung: Zu beachten ist hierbei allerdings, dass die vom Käufer gewählte Variante auch möglich und zumutbar sein muss; bei einer Unzumutbarkeit muss sich der Verkäufer freilich auf diese berufen. Der Schadensersatzanspruch ist also nur durchsetzbar, wenn der Nacherfüllungsanspruch durchsetzbar ist.

Hat sich der Käufer, was durchaus zulässig ist, hingegen entschieden, dem Verkäufer **447**
das Wahlrecht der Nacherfüllungsvariante zu übertragen, liegt die Pflichtverletzung in dem Verhalten, dass der Verkäufer überhaupt nicht nacherfüllt hat.

bb.) Bezugspunkt des Vertretenmüssen

Das Vertretenmüssen setzt daran an, dass den Verkäufer ein Verschulden gerade an der **448**
Nichtleistung treffen muss. Für die Nichtvornahme der Nacherfüllung gilt insbesondere entsprechend den obigen Ausführungen zur Pflichtverletzung, dass das Verschulden nur darauf gerichtet ist, inwieweit Hinderungsgründe seitens des Verkäufers vorlagen, die dieser zu vertreten hat.[358] Bei der Beurteilung ist die Exkulpationsmöglichkeit des Verkäufers nach § 280 I S. 2 BGB zu berücksichtigen.

Allerdings wird es in *aller Regel keine* Exkulpation geben können, wenn die Nacherfül- **449**
lung nicht innerhalb der Nachfrist vorgenommen wurde.[359] Der Verkäufer müsste darlegen und notfalls beweisen, dass ihn kein Verschulden an dem Ausbleiben der Nachbesserung oder Nachlieferung trifft. Dies können nur sehr begrenzte Ausnahmesituationen sein, denn sowohl die Nachbesserung als auch die Nachlieferung sind in der Regel für

---

[357] Vgl. BT-Drs. 14/6040, S. 138 li.Sp.
[358] Vgl. *Lorenz*, NJW 2002, 2497, 2503.
[359] *Ernst*, in: MüKo, § 280 Rn 52.

den Verkäufer innerhalb der angemessenen Nacherfüllungsfrist durchführbar. Vor allem hat dies für einen Kaufmann zu gelten; von diesem können ein professionelles Fristmanagement und daneben eine an der kaufmännischen Sorgfaltspflicht ausgerichtete Geschäftsorganisation erwartet werden.

450 Eine Exkulpation kann allerdings dann gelingen, wenn den Verkäufer im Rahmen der Nacherfüllung eine unvertretbare Handlung trifft und er unverschuldet an dieser verhindert war oder der Verkäufer sich in einem entschuldbaren Rechtsirrtum hinsichtlich der Nacherfüllung befand.[360]

451 Eine Garantie kann sich ausnahmsweise darauf beziehen, dass der Verkäufer sich verpflichtet, im Fall eines Mangels diesen im Zuge der Nacherfüllung zu beseitigen. Diese Form der Garantie ist allerdings eher ungewöhnlich, weil der Verkäufer in der Regel gegenüber dem Käufer zusichert, dass eine Mangelfreiheit der Kaufsache selbst vorliege.

> **Hinweis für die Fallbearbeitung:** Der Anwendungsbereich einer solchen Garantie, bei der die Nacherfüllung garantiert ist, kommt nur dann zum Tragen, wenn sich der Verkäufer im Rahmen des § 280 I u. III, 281 I S. 1 Var. 2 BGB exkulpieren kann und dort keine Garantie abgegeben hat; dann kann es darauf ankommen, dass die Nacherfüllung schuldhaft ausgeblieben ist. Kann er sich auch hier exkulpieren, ergibt sich die Rechtsfolge aus der Garantie.

452 Bezüglich des Beschaffungsrisikos kann auf die bereits oben gemachten Ausführungen verwiesen werden.[361]

b.) Schadensersatz statt der Leistung wegen nicht wie geschuldet erbrachter Leistung gem. §§ 437 Nr. 3, 280 I u. III, 281 I S. 1 Var. 2 BGB

aa.) Pflichtverletzung durch Schlechterfüllung

453 Das Gesetz spricht von der Leistung, die nicht so erbracht wurde, wie sie geschuldet wird. Darunter ist zu verstehen, dass es sich um eine Schlechterfüllung handelt.[362] Die **Pflichtverletzung** liegt also darin, dass der Verkäufer die Leistung nicht mängelfrei erbracht hat.[363] Daraus lässt sich ableiten, dass eine Pflichtverletzung immer dann vorliegt, wenn ein Mangel i.S.d. §§ 434, 435 BGB der Sache bzw. dem Recht anhaftet.

bb.) Bezugspunkt des Vertretenmüssens

454 Ansatz des Vertretenmüssens ist der Umstand, dass der Verkäufer keinen mangelfreien Vertragsgegenstand geliefert hat. Sein Verschulden kann sich demzufolge nach strittiger Auffassung darauf richten,

- dass der Mangel überhaupt eintrat
- *oder* er den Mangel nicht bis zur Lieferung beseitigt hat.

> **Hinweis:** Bei Rn 448 wird der Bezugspunkt des Vertretenmüssens bzgl. des Unterbleibens bei der Nacherfüllung erläutert. In diesem Abschnitt bezieht sich der Bezugspunkt auf den Umstand, dass überhaupt ein Mangel eingetreten ist. Aus dieser Pluralität bzw. Differenzierung der Anspruchsgrundlagen ergibt sich, dass eine Alternativität

[360] Vgl. *Lorenz*, NJW 2002, 2497, 2503.
[361] Vgl. auch *Faust*, in: Bamberger/Roth, § 437 Rn 103; *Lorenz*, NJW 2002, 2497, 2502.
[362] Vgl. BT-Drs. 14/6040, S. 138 li.Sp.
[363] *Oechsler*, Rn 228.

der beiden Anspruchsgrundlagen besteht. Es reicht also für einen Schadensersatzanspruch, wenn eine der beiden Anspruchsgrundlagen erfüllt ist (str.).[364]

Strittig ist, wie mit einer reinen *Kenntnis vom Mangel* oder einer *zu vertretenden Unkenntnis* rechtlich umzugehen ist. **455**

Daraus wird teilweise der Schluss gezogen, dass die bloße Kenntnis oder die zu vertretende Unkenntnis des Verkäufers nicht ausreichen könnten.[365]

Dem ist allerdings **entgegenzuhalten**, dass der Verkäufer aus § 433 I S. 2 BGB die Hauptleistungspflicht als Obliegenheit hat, die Sache im Zeitpunkt der Pflichterfüllung aus § 433 I S. 1 BGB mängelfrei zu verschaffen. Deshalb richtet sich auch das Vertretenmüssen darauf, dass er den Mangel nicht bis zur Lieferung wieder beseitigt hat. Aus der Kenntnis des Mangels muss jedoch dem Verkäufer in der Regel unterstellt werden, dass er diesen nicht beseitigen wollte. Das führt jedoch zwangsläufig zu dem vorsätzlichen Nichtbeheben bzw. -beseitigen des Mangels, was ein Verschulden bezüglich der Pflichtverletzung darstellt. Eine Ausnahme wäre nur konstruktiv denkbar, wenn die Beseitigung gem. § 275 I bis III BGB unmöglich ist; diese Konstellation wird jedoch von §§ 311a II, 283 BGB erfasst.

Der Gesetzgeber hat sich zudem dafür entschieden, dass der Verkäufer einen Mangel auch bei fahrlässigem Verhalten zu vertreten hat.[366] Daraus könnte der Schluss gezogen werden, dass den Verkäufer stets eine **Untersuchungspflicht** hinsichtlich der Sache trifft, um einem Schadensersatz zu entgehen. Dies kann daraus hingegen nicht gefolgert werden. Vielmehr ist bei der Bestimmung des Sorgfaltsmaßstabs die im Verkehr erforderliche Sorgfalt zu beachten;[367] es bedarf daher nunmehr einer genauen Bestimmung der dem Verkäufer obliegenden Pflichten.[368] Maßgeblich sind damit der konkrete Geschäftskreis und Inhalt des Kaufvertrags. Es ist daher eine sorgfältige Differenzierung vorzunehmen, die den jeweiligen Einzelfall berücksichtigt.[369] Für einen Kaufmann gilt zumindest, dass je hochwertiger oder störanfälliger und spezieller die Güter sind, die er verkauft, desto höher sein Sorgfaltsmaßstab sein muss. Er hat also zumindest bei konkreten Anhaltspunkten die vertragliche Pflicht, sich zu vergewissern, ob die Sache sachmängelfrei ist, und bei einem entsprechenden Mangel für die Beseitigung zu sorgen. Diesen Verkäufer trifft danach eine Untersuchungspflicht im Hinblick auf Fertigungs- und Konstruktionsmängel.[370] Entsprechend ist mit den Verkäufern zu verfahren, die über eine bestimmte herausragende Sachkunde verfügen. Aus dem Umkehrschluss ist zu folgern, dass Privatleute und Kaufleute, die alltägliche Massenartikel verkaufen, nur in absolut begrenzten und seltenen Ausnahmefällen eine solche Pflicht zur Untersuchung haben.

Hinweis: Im Hinblick auf die Garantie i.S.d. § 276 I S. 1 BGB und das Beschaffungsrisiko kann auf die im Zusammenhang mit § 311a II BGB gemachten Ausführungen verwiesen werden.

Die Variante der schuldhaften Herbeiführung eines Mangels wird nur in Bezug auf die Stückschuld und eine Gattungsschuld, bei der die gesamte Gattung mit einem Mangel behaftet ist, relevant. Ansonsten hat der Verkäufer bei der Gattungsschuld ohne weiteres die Möglichkeit, eine mangelfreie Sache aus der Gattung zu liefern. Hierbei ist es unerheblich, wann der Verkäufer die verkehrsübliche Sorgfalt außer Acht gelassen hat. Selbst der Sorgfaltsverstoß, der vor dem Vertragsschluss liegt, wird erfasst, denn mit **456**

[364] So auch *Tetenberg*, JA 2009, 1, 2 m.w.N.; *Reischel*, JuS 2003, 453, 456; *Fest*, Jura 2005, 735, 737; *Tiedtke/Schmitt*, BB 2005, 615, 622; enger *Lorenz/Riehm*, Rn 535; *Unberath*, in: Bamberger/Roth, § 281 Rn 12, die lediglich auf die Pflichtverletzung der Nichtbeseitigung des Mangels abstellen; noch enger *Hirsch*, Jura 2003, 289, 293 will kumulative Pflichtverletzung des Mangels und der Nichtbeseitigung dieses Mangels; differenzierend *Ludes/Lube*, ZGS 2009, 259, 261 ff.

[365] Vgl. *Huber*, in: Huber/Faust, Kap. 13 Rn 111 Fn 99; *Faust*, in: Bamberger/Roth, § 437 Rn 76.

[366] BT-Drs. 14/6040, S. 210 li.Sp.

[367] BT-Drs. 14/6040, S. 210 li.Sp.

[368] Vgl. *Ehmann/Sutschet*, 207.

[369] Instruktiv BT-Drs. 14/6040, S. 210 li.Sp.

[370] Vgl. BT-Drs. 14/6040, S. 210 li.Sp.

dem Abschluss des Kaufvertrags übernimmt der Verkäufer im Hinblick auf den Gegenstand des Vertrags für künftiges und vergangenes Verhalten eine Gewähr.

457 Der **Händler** arbeitet in der Regel mit Erfüllungsgehilfen, daher haftet er bei der Variante der Verursachung des Mangels nach § 278 BGB für deren Verschulden. Zu beachten ist jedoch, dass der Hersteller der verkauften Ware terminologisch und dogmatisch nicht als Erfüllungsgehilfe des Händlers angesehen werden kann, eine Haftung des Händlers aus § 278 BGB wegen Produktionsmängel scheidet demzufolge aus.[371]

cc.) Relatives Fixgeschäft

458 In § 281 I u. II BGB nicht genannt ist das **einfache, relative Fixgeschäft**. Das legt den Schluss nahe, der Käufer müsse dem Verkäufer hinsichtlich des Schadensersatzanspruchs eine Nachfrist setzen. Doch wird man in diesem Fall das Vorliegen eines besonderen Umstands annehmen müssen, der unter Abwägung der beiderseitigen Interessen eine Fristsetzung entbehrlich macht.

> **Beispiel:** Ein *einfaches* Fixgeschäft liegt bei einem **Just-in-time-Vertrag** vor.[372] Bei diesen Vertragsgestaltungen ist der eine Vertragspartner dem anderen verpflichtet, eine bestimmte Menge und Art von Waren, Zwischenprodukten oder Werkstoffen zu einer bestimmten Zeit an einen bestimmten Ort zu liefern, damit dieser ohne Verzögerung die Produktion weiterführen kann. Bleibt die Lieferung aus, muss der Käufer sofort eine Ersatzbeschaffung durchführen, um seine betrieblichen Ausfallverluste in Grenzen zu halten. Daher ist es gerechtfertigt, diese Verträge unter das Merkmal des § 281 II Var. 2 BGB der besonderen Umstände zu subsumieren.

dd.) Rechtsfolge

459 Als Rechtsfolge kann der Käufer wie bei §§ 311a II, 283 BGB Schadensersatz statt der Leistung geltend machen. Diesbezüglich ergeben sich aus dem Kaufrecht zunächst keine Unterschiede zum Allgemeinen Schuldrecht. Der Käufer kann neben dem kleinen auch den großen Schadensersatz fordern.[373] Vom Schadensersatz statt der Leistung werden also solche Schäden ersetzt, die insgesamt nicht eingetreten wären, wenn der Verkäufer im spätmöglichsten Zeitpunkt ordnungsgemäß nacherfüllt hätte, weshalb der mangelbedingte Minderwert oder die Reparaturkosten bei dem kleinen Schadensersatz erfasst werden; bei dem großen Schadensersatz können der Wert im mangelfreien Zustand oder die Kosten für einen Deckungskauf angesetzt werden.[374] Erfasst sind damit grundsätzlich die Mangelschäden. Insoweit bestehen keine Probleme. Allerdings gibt es über diese Form der Schadenspositionen noch hinausgehende Schäden.

(a.) Rechtliche Behandlung von Mangelfolgeschäden

460 Bei Schäden an anderen Rechtsgütern wie z.B. an Sachen oder der Gesundheit des Käufers (sog. „**Mangelfolgeschäden**") ist fraglich, ob Anspruchsgrundlage allein § 280 I BGB ist oder ob (wegen des expliziten Verweises in § 280 III BGB) zusätzlich die Voraussetzungen des § 281 I BGB (Nachfristsetzung) vorliegen müssen (str.).

Wenn man davon ausgeht, dass es bei den Mangelfolgeschäden nicht um Schadensersatz *statt* der Leistung geht, sondern ausschließlich um den Ersatz von Schäden, die durch die Verwendung der mangelhaften Sache an anderen Rechtsgütern als an der Sache selbst einge-

---

[371] Vgl. BT-Drs. 14/6040, S. 210 li.Sp.; *Huber*, in: Huber/Faust, Kap. 13 Rn 123; dagegen *Grundmann*, in: MüKo, § 278 Rn 31; *Faust*, in: Bamberger/Roth, § 437 Rn 86.
[372] BT-Drs. 14/6040, S. 140 re.Sp.
[373] *Ehmann/Sutschet*, 211.
[374] Dazu ausführlich *Ackermann*, JuS 2012, 865, 868 f.

treten sind, macht die Nachfristsetzung keinen Sinn. Der Verkäufer kann durch eine Nacherfüllung diese Mangelfolgen nicht beseitigen. Besonders wird dies bei den Gesundheitsschäden deutlich. Der Verkäufer kann die Gesundheit weder im Zuge der Nachlieferung noch der Nachbesserung wieder herstellen. Allenfalls kann ein Arzt den Heilungsprozess fördern; es ist jedoch davon auszugehen, dass der Verkäufer nicht ein Arzt ist. Zudem dient die Nachfristsetzung ausschließlich dem Recht der zweiten Andienung und will damit dem Verkäufer die Chance ermöglichen, seiner vertraglichen Verpflichtung nach Lieferung einer mangelfreien Sache doch noch nachzukommen. Mit dem Ersatz von Mangelfolgeschäden hat das Recht des Verkäufers zur zweiten Andienung also nichts zu tun. Dementsprechend muss bereits aus diesen sachlogischen und dogmatischen Gründen die Anwendbarkeit des § 281 BGB ausgeschlossen werden. Ein alleiniger Rückgriff auf diese Norm verbietet sich somit. Mithin ist der Schadensersatz stets über §§ 437 Nr. 3 Var. 1, 280 I BGB geltend zu machen; einer Fristsetzung bedarf es nicht[375] (vgl. *Wenzel/Hütte*, Fälle zum BGB II, Kap. 4 Fall 06 Rn 16).

Beispiel: V verkauft K eine Waschmaschine vom Typ „Sauberer geht´s nicht". Doch als K damit seine Wollsachen bei 30° wäscht, stellt sich heraus, dass der Temperaturregler defekt ist und dass die Wäsche bei 90° „gekocht" worden ist. K kann den Ersatz der Wäsche verlangen, ohne dass er eine Nachfrist setzen muss.

Allenfalls kann der Mangelfolgeschaden, sofern die Voraussetzungen des § 280 I BGB erfüllt sind, unter bestimmten Voraussetzungen als eine Art *Rechnungsposten* in den Anwendungsbereich der §§ 280 I u. III, 281 ff. BGB einzubeziehen sein.[376] Eine Einbeziehung als Rechnungsposten kommt aber nur dann in Betracht, wenn der Mangelfolgeschaden <u>nach</u> dem Zeitpunkt des Verlangens des Schadensersatzanspruchs statt der Leistung eingetreten ist.

(b.) Abgrenzung Mangel- und Mangelfolgeschaden

Damit bleibt allerdings die Frage bestehen, wann ein Mangelfolge- und wann ein Mangelschaden gegeben sind. In der oben ausgeführten Konstellation ist die Abgrenzung eindeutig und leicht vorzunehmen. Mangelfolgeschäden sind solche Schäden, bei denen nicht an der Sache, die Gegenstand des Kaufvertrags ist, Schäden entstehen, sondern an anderen Rechtsgütern (Leben, Gesundheit, Eigentum usw.) des Käufers oder von Dritten. Entstehen hingegen Schäden an der Sache selbst, sind diese grundsätzlich Mangelschäden. **461**

Allerdings gibt es auch solche Schäden, bei denen der Mangel der Kaufsache zu einer *weiteren Zerstörung dieser Kaufsache* führt. **462**

Beispiel: A hat bei B ein Boot gekauft. Das Boot ist mit einem sehr leistungsstarken Motor ausgestattet. Die Schraubenwelle hat jedoch eine erhebliche Unwucht, sodass sie, als A den Motor voll belastet, aus den Verankerungen reißt und dadurch in der Bordwand ein Loch entsteht, durch welches Wasser in die Yacht eindringt.

Dieser Schadensverlauf wird vielfach als so genannter „**Weiterfresserschaden**" bezeichnet; die Diskussion darüber wird primär als Rechtsproblem des § 823 I BGB angesehen. Aber nunmehr ist diese Auseinandersetzung auch im Kaufrecht von Interesse. **463**

Entgegen der Problematik des Schadensersatzanspruchs aus § 823 I BGB, bei der auf die Unterscheidung zwischen Äquivalenz- und Integritätsinteresse[377] abgestellt wird, muss bei der Abgrenzung von Mangelfolge- und Mangelschaden die Intention des Gesetzes im **464**

---

[375] Vgl. BT-Drs. 14/6040, S. 225 li.Sp.; *Brüggemeier*, WM 2002, 1376, 1382; *Lorenz*, NJW 2002, 2497, 2500; *Lorenz/Riehm*, Rn 548; *Jorden/Lehmann*, JZ 2001, 952, 961; *Medicus*, JuS 2003, 521, 527 f.; *Otto*, in: Staudinger (2004), § 280 Rn E 27, 29; wohl auch *Westermann*, in: MüKo, § 437 Rn 31 ff.; differenzierend *Schwarze*, in: Staudinger (2014), § 280 Rn 24.

[376] *Westermann*, in: Erman, § 281 Rn 26 u. § 280 Rn 14; *Grüneberg*, in: Palandt, § 280 Rn 18 und § 281 Rn 18.

[377] So aber auch für den Mangelfolgeschaden *R. Schmidt*, SchuldR AT, Rn 737.

Vordergrund stehen. Der Gesetzgeber wollte mit der Nacherfüllung erreichen, dass die Vertragsparteien zunächst möglichst lange an dem von ihnen abgeschlossenen Vertrag festhalten sollen. Ein frühzeitiger Ausstieg des Käufers soll verhindert werden. Dem Verkäufer wird deshalb ein Recht zur zweiten Andienung eingeräumt. Er hat in der Regel die sachliche und fachliche Kompetenz, die Sache selbst (oder durch Dritte) nachzubessern oder durch Ersatzlieferung auszutauschen, weshalb ein Festhalten am Vertrag aus Sicht der Vertragsparteien interessen- und erwartungsgerecht ist.[378] Daher ist es aus gesetzessystematischer Sicht sinnvoll, dem Verkäufer zunächst die Möglichkeit einzuräumen, die nun weitergehend beschädigte Sache zu reparieren bzw. vollständig neu zu liefern. Dadurch wird dem Käufer in jedem Fall gedient sein. Sein Schaden an der Sache selbst wurde beseitigt. Mit dem Vorrang der Nacherfüllung vor dem Schadensersatz korrespondiert die Pflicht, nach § 281 I S. 1 BGB eine Nachfrist zur Mangelbeseitigung zu setzen, der es nur in Ausnahmesituationen der §§ 281 II, 440 BGB nicht bedarf. Damit muss jedoch diese Form des Schadens als Mangelschaden eingestuft werden, der erst geltend gemacht werden kann, wenn die Voraussetzungen der §§ 280 I u. III, 281 BGB erfüllt sind.[379]

465 Daraus ergibt sich folgender Schluss: Ein Mangelfolgeschaden liegt immer dann (in solchen Konstellationen) vor, wenn die durch die Pflichtverletzung entstandenen Schäden endgültig entstanden sind und *nicht* durch Nachbesserung oder Nachlieferung beseitigt werden können. Ein Mangelschaden hingegen tritt ein, wenn er noch durch eine Nachlieferung oder Nachbesserung beseitigt werden kann.

(c.) Mitverschulden des Käufers

466 Der Schaden kann durch eine Ursache oder mehrere verschiedene Ursachen entstehen. Wenn sich der Schaden aus der Verknüpfung von mehreren Verursachungsbeiträgen ergibt, ist von besonderem Interesse, inwieweit der Schaden nur durch den Verkäufer verursacht wurde oder der Käufer eventuell einen eigenen Beitrag zu dem Schaden geleistet hat. Im Allgemeinen Teil des Schuldrechts wird dafür die Regelung des **Mitverschuldens nach § 254 BGB** zur Verfügung gestellt.

- Teilweise[380] wird angenommen dass der Anwendungsbereich des § 254 BGB wegen der besonderen Regelung des § 442 BGB gesperrt sei. Die Sperre des § 442 BGB wirke sich jedoch nur auf solche Sachverhalte aus, die von § 254 I BGB erfasst werden.
- Im Gegensatz dazu wird herrschend[381] vertreten, dass der Anwendungsbereich des § 254 BGB ab dem Zeitpunkt nach Vertragsschluss ohne weiteres anwendbar sei. Vorher sei § 442 BGB eine abschließende Regelung.
- Stellungnahme: Der zuerst genannten Auffassung ist entgegenzuhalten, dass der Gesetzgeber in § 442 I BGB ausdrücklich den Fall geregelt hat, bei dem der Käufer gerade zum Zeitpunkt des *Vertragsschlusses* eine Kenntnis vom Mangel gehabt hat. Anknüpfungspunkt der Regelung ist damit ausschließlich ein konkreter Zeitpunkt, der eine Zäsur darstellt. Eine nach diesem Zeitpunkt liegende Kenntnisnahme des Käufers vom Mangel schadet i.S.d. § 442 I BGB hingegen nicht mehr. Der Anwendungsbereich des § 442 I BGB ist damit ab diesem Zeitpunkt nicht mehr eröffnet und kann demnach die Anwendung des § 254 I BGB nicht mehr sperren. Demzufolge ist § 254 BGB in seinem gesamten Regelungsbereich anzuwenden.

---

378 BT-Drs. 14/6040, S. 220 li.Sp.
379 Im Ergebnis gleich *Faust*, in: Bamberger/Roth, § 437 Rn 65; *Klose*, MDR 2003, 1215, 1216; *Grüneberg*, in: Palandt, § 280 Rn 18 m.w.N.
380 *Oechsler*, Rn 226.
381 *Oetker*, in: MüKo, § 254 Rn 9; *Faust*, in: Bamberger/Roth, § 442 Rn 6; unklar, aber wohl weitergehend *Schulze*, in: Hk-BGB, § 254 Rn 3; *Weidenkaff*, in: Palandt, § 442 Rn 5; *Heinrichs*, in: Palandt, § 254 Rn 8.

Entsprechend der h.M. ist zu berücksichtigen, dass der Gesetzgeber mit der Vorschrift des § 442 BGB eine Sondernorm für eine ganz bestimmte Konstellation geschaffen hat. Hat der Käufer im Zeitpunkt des Vertragsschlusses Kenntnis vom Mangel oder ist ihm dieser wegen grober Fahrlässigkeit unbekannt geblieben, kann er einen Schadensersatzanspruch nicht geltend machen. Insofern ist dieser ausgeschlossen, auf den Regelungsbereich des § 254 BGB zum Zeitpunkt des Vertragsschlusses kommt es bereits nicht mehr an. Der Regelungsbereich des § 442 BGB geht vielmehr über den des § 254 BGB sogar hinaus. Es findet keine Verschuldensanrechnung statt, sondern vielmehr wird zulasten des Käufers der Anspruch vollständig ausgeschlossen. Der Anwendungsbereich des § 254 BGB kann also grundsätzlich nur für solche Ereignisse in Betracht kommen, die nach Vertragsschluss eintreten.

Aber selbst wenn der Anwendungsbereich dogmatisch eröffnet ist, muss beachtet werden, dass es Konstellationen gibt, in denen eine Anwendung des § 254 BGB dennoch gegen Treu und Glauben verstieße. Kommt z.B. ein Verkäufer beharrlich seiner Nacherfüllungspflicht nicht nach und entsteht dem Käufer dadurch ein Schaden, kann sich der Verkäufer nicht darauf berufen, dass bei einem anderen Verhalten des Käufers der entstandene Schaden niedriger ausgefallen wäre. **466a**

Beispiel: A kauft bei B ein Auto, das er an C weiterverkaufen will. Das Auto weist einen Sachmangel auf, der den Wert des Fahrzeugs um 700,- € herabsetzt. B weigert sich beharrlich, die von A gewählte Nacherfüllung vorzunehmen. Eine Reparatur hätte dagegen nur 350,- € gekostet. B meint nun, A hätte den Wagen reparieren lassen müssen und hätte keinen so hohen Abschlag beim Weiterverkauf an C wegen des Mangels in Höhe von 700,- € gewähren dürfen.

Zwar ist in solchen Fällen das Verhalten des Käufers über § 254 BGB grundsätzlich zu berücksichtigen, jedoch ist bei derartigen Verstößen des Verkäufers eine Anpassung über die Prinzipien Treu und Glauben i.S.d. § 242 BGB vorzunehmen, die eine Verschiebung der Verschuldensbeiträge oder sogar den Ausschluss eines Mitverschuldens zur Folge haben können.

dd. Einfacher Schadensersatz nach § 280 I BGB

a.) Pflichtverletzung

Die Pflichtverletzung in Bezug auf den einfachen Schadensersatz kann darin liegen, **467**

- dass der Verkäufer ursprünglich nicht mängelfrei geleistet hat
- oder dass eine nichtleistungsbezogene Nebenpflicht i.S.d. § 241 II BGB verletzt wurde (vgl. dazu auch Rn 523 ff.).

Hinweis für die Fallbearbeitung: Zu beachten ist bei der Anwendung des § 280 I BGB, dass es auf der einen Seite Fälle gibt, bei denen dieser Schadensersatzanspruch über § 437 Nr. 3 Var. 1, 440 BGB Anwendung findet, wodurch die Verjährung sich nach § 438 BGB richtet. Auf der anderen Seite sind Fallkonstellationen möglich, bei denen § 280 I BGB direkt ohne die Verweisung des § 437 Nr. 3 Var. 1 BGB anzuwenden ist, sodass die Verjährung sich nach §§ 195 ff. BGB richtet (zu den vorzunehmenden Abgrenzungen siehe die Ausführungen in Rn 523 ff.).

b.) Bezugspunkt des Vertretenmüssens

Das Vertretenmüssen richtet sich wie bei den anderen Schadensersatzansprüchen strikt **468** nach der entsprechenden Pflichtverletzung. Der Verkäufer muss es demzufolge nach §§ 276, 278 BGB zu vertreten haben, dass er entweder ursprünglich nicht mängelfrei geleistet hat oder aber eine nichtleistungsbezogene Nebenpflicht i.S.d. § 241 II BGB verletzt wurde.

c.) Rechtsfolgen

469 Durch den einfachen Schadensersatz werden alle **Schäden** erfasst, die auch bei ordnungsgemäßer Nacherfüllung im spätesten Zeitpunkt bestehen blieben, sodass eine Fristsetzung nicht sinnvoll wäre. Damit ergibt sich der Schluss, dass alle Schäden, die nicht zum Schadensersatz statt der Leistung gehören, grundsätzlich beim einfachen Schadensersatz geltend zu machen sind. Der Schaden hätte demnach auch nicht durch die Nacherfüllung vermieden werden dürfen. Zu diesen Schäden gehört, wie bereits oben ausführlich dargelegt wurde, auch der Mangelfolgeschaden.

aa.) Nutzungsausfallschäden

470 Problematisch ist jedoch, ob die so genannten *Nutzungsausfallschäden* bzw. ***Betriebsausfallschäden*** ein Fall des § 280 I BGB oder ob diese Schäden unter Beachtung der besonderen Voraussetzungen der §§ 280 II, 286 BGB geltend zu machen sind. In derartigen Fällen kann der Käufer die Sache, während die Nacherfüllungsfrist noch läuft, nicht in der vertraglich vorgesehenen Weise nutzen.

Beispiel: A kauft für eine Fabrikationsstraße eine Maschine, die in diese Straße eingefügt werden soll. Die Maschine funktioniert nach dem Einbau nicht, sodass sie nachgebessert werden muss. Während dieser Nacherfüllungszeit von z.B. 2 Wochen kann die Fabrikationsstraße jedoch nicht genutzt werden. Dadurch entstehen dem Käufer Betriebsausfälle.

471 Der Gesetzgeber hat diese Schadensform in den einfachen Schadensersatz eingeordnet.[382] Dadurch ergibt sich allerdings die dogmatisch zweifelhafte Situation, dass derjenige, der überhaupt nicht leistet, wegen der besonderen Voraussetzungen des § 286 BGB besser gestellt ist als derjenige, der seiner Leistungspflicht mangelhaft nachkommt; dadurch könnte man der Auffassung sein, dieser Schaden müsse über §§ 437 Nr. 3 Var. 1, 440, 280 II, 286 BGB geltend gemacht werden.[383] Der Gesetzgeber wollte jedoch mit dieser Einordnung einen weiten Anwendungsbereich für den Nutzungsausfall erreichen, weshalb ein Rückgriff auf § 286 BGB dieser Intention des Gesetzgebers zuwider liefe. Zwar könnte man die Geltendmachung dieses Schadens als eine Mahnung i.S.d. § 286 BGB qualifizieren, jedoch muss beachtet werden, dass damit der Schaden, der vor diesem Zeitpunkt liegt, nicht mehr eingefordert werden kann.[384] Demzufolge ist der Nutzungsausfallschaden ein Fall des einfachen Schadensersatzes nach § 280 I BGB.[385] Zudem ist zu beachten, dass es nicht um die Chance der zweiten Andienung, sondern um den Ersatz bereits eingetretener (Mangel-)Folgeschäden geht.

bb.) Verzögerte Nacherfüllung

472 Schließlich ist die Frage zu beantworten, welche Schäden der Verkäufer im Fall der *verzögerten Nacherfüllung* zu ersetzen hat. In der Gesetzesbegründung ist die Auffassung formuliert, es könne nicht um den Ersatz von Nutzungsausfallschäden gehen, weil diese der Verkäufer ohnehin schon (von Anfang an) zu tragen habe.[386] Doch ist zu bedenken, dass der Verkäufer hier den Mangel zu vertreten haben muss, was aber - wie bereits gesagt - gerade beim Verbrauchsgüterkauf eher die Ausnahme sein dürfte. Es dürften

---

[382] BT-Drs. 14/6040, S. 225 li.Sp.
[383] *Büdenbender*, DStR 2002, 312, 318.
[384] Vgl. ausführlich *Faust*, in: Bamberger/Roth, § 437 Rn 60 ff.
[385] BGH NJW 2009, 2674 ff. m.w.N.; *Grüneberg*, in: Palandt § 280 Rn 18 u. 20; *Faust*, in: Huber/Faust, § 437 Rn 61 m.w.N; *Lorenz*, NJW 2005, 1889, 1891.
[386] Vgl. BT-Drs. 14/6040, S. 225.

also solche Fälle zu erwarten sein, in denen der Verkäufer zwar nicht die mangelhafte Lieferung, wohl aber die nicht fristgerechte Nacherfüllung zu vertreten hat. Dies gilt insbesondere für den Fall der unberechtigten Verweigerung der Nacherfüllung (vgl. § 439 III BGB). Hier ist dem Käufer über §§ 280, 286 I BGB mit dem grundsätzlichen Erfordernis einer Mahnung ein Schadensersatzanspruch zu gewähren. Einer Mahnung bedarf es nur dann nicht, wenn der Verkäufer die Nacherfüllung ernsthaft und endgültig verweigert.[387]

> **Hinweis für die Fallbearbeitung:** In der Verweisung des § 437 Nr. 3 BGB wird der Schadensersatz aus § 280 II, 286 BGB nicht aufgeführt. Die Anwendbarkeit ergibt sich jedoch aus der Verweisung auf § 280 BGB, der nicht nur § 280 I BGB, sondern auch § 280 II BGB umfasst.

b. Aufwendungsersatz

Aufwendungsersatz gem. §§ 437 Nr. 3 Var. 2, 284 BGB

I. Kein Ausschluss (ausführlich *Wenzel/Hütte*, Fälle zum BGB II, Kap. 4, Fall 03, Rn 13 ff.)
- § 347 II BGB führt zu keinem Anwendungsausschluss (str.).
- Der Anspruch ist auch anwendbar auf kommerzielle Zwecke.
- Neben dem „Schadensersatz neben der Leistung" kann auch Aufwendungsersatz verlangt werden; nicht hingegen kann der Anspruch neben dem „Schadensersatzanspruch statt der Leistung" gestellt werden (str.).

II. Tatbestand
- Abschluss eines Kaufvertrags i.S.d. § 433 BGB
- Mangel bei Gefahrübergang i.S.d. §§ 434, 435 BGB
- Der Käufer hat Aufwendungen i.S.d § 284 BGB auf die Sache gemacht,
- die er im Vertrauen auf den Erhalt einer mangelfreien Sache machte und
- billigerweise machen durfte.
- Angemessene Nachfrist zur Nacherfüllung i.S.d. § 281 I S. 1 BGB
- Der Verkäufer hat den Mangel verschuldet.
- Kein Ausschluss i.S.d § 284 Halbs. 2 BGB: keine Zweckerreichung

III. Durchsetzbarkeit des Anspruchs

IV. Rechtsfolge: Vergeblichkeit der Aufwendungen

aa. Grundlagen

Nach § 437 Nr. 3 BGB i.V.m. § 284 BGB kann der Käufer bei Lieferung einer mangelhaften Sache anstelle eines „Schadensersatzanspruchs statt der Leistung" auch Ersatz seiner **Aufwendungen**, also seiner **freiwilligen Vermögenseinbußen**, die er im Hinblick auf den Erhalt der vereinbarungsgemäßen Leistung tätigt, verlangen. **473**

Aus der Formulierung in § 284 BGB „anstelle des Schadensersatzes" ergibt sich, dass dem Käufer nur dann ein Aufwendungsersatz zusteht, wenn auch die Voraussetzungen eines Schadensersatzanspruchs (§ 280 i.V.m. §§ 281, 282, 283 BGB oder § 311a II BGB) vorliegen.

Voraussetzung dafür ist, dass ein Kaufvertrag gem. § 433 BGB über eine Sache abgeschlossen wurde, die verkaufte Sache einen Mangel i.S.d. §§ 434, 435 BGB bei Gefahrübergang aufweist, der Käufer i.S.d. § 284 BGB Aufwendungen auf diese Sache gemacht **474**

---

[387] *Schubel*, JuS 2002, 313, 318.

hat, er diese Aufwendungen auch im Vertrauen auf den Erhalt einer mangelfreien Sache gemacht hat und auch billigerweise machen durfte, der Käufer i.S.d. § 281 I S. 1 BGB zudem eine angemessene Frist zur Nacherfüllung gesetzt hat, der Verkäufer den Mangel i.S.d. § 280 I S. 2 BGB verschuldet hat und kein Ausschlussgrund nach § 284 Halbs. 2 BGB vorliegt.

bb. Spezielle Fragestellungen[388]

475 Der Käufer kann nur solche Aufwendungen ersetzt verlangen, die er **billigerweise** für erforderlich halten durfte. Insoweit soll lediglich an die Möglichkeit eines Mitverschuldens erinnert werden, wobei dies sehr streng zu handhaben ist.[389] Die Aufwendungen müssen danach objektiv vernünftig sein und der Schuldner musste mit diesen rechnen können. Macht der Käufer hingegen **vorschnell** Aufwendungen, obwohl er aufgrund objektiver Kriterien mit dem Scheitern des Vertrags rechnen musste, kann er hierfür keinen Ersatz verlangen.[390]

476 Fraglich ist in diesem Zusammenhang, inwieweit der Käufer seine **eigene Arbeitsleistung** in Ansatz bringen kann mit dem Anspruch, diese ersetzt zu bekommen. Dafür spricht, dass es wertmäßig unerheblich ist, ob die Leistung durch Dritte oder durch den Käufer selbst erbracht wird.[391] Jedenfalls kann nicht die ablehnende Beurteilung der Ersatzfähigkeit eigener Arbeitsleistungen i.S.d. § 670 BGB herangezogen werden, da diese im Zusammenhang mit der Unentgeltlichkeit des Auftrags steht und nicht ohne weiteres auf das Leistungsstörungsrecht übertragen werden kann.

477 Hinsichtlich des **Verschuldens** gilt dasselbe wie beim Schadensersatz. Der Gesetzgeber macht den Anspruch des Käufers auf Aufwendungsersatz nach § 284 i.V.m. §§ 281, 280 I BGB von einem *vermuteten Verschulden* des Verkäufers abhängig. Der Gegenbeweis durch den Verkäufer ist allerdings gem. § 280 I S. 2 BGB möglich.

478 Der Aufwendungsersatzanspruch **scheidet** nach § 284 Halbs. 2 BGB **aus**, wenn der Zweck auch ohne die Pflichtverletzung nicht erreicht worden wäre. Denn dann fehlt es an der notwendigen Ursächlichkeit zwischen der eingetretenen Leistungsstörung und der Vergeblichkeit der vom Käufer unternommenen Anstrengungen.

> **Beispiel:** Das für den Transport der Kaufsache angemietete Fahrzeug kann nicht verwendet werden, weil es zu klein ist. Der dafür getätigte Aufwand war vergeblich, kann aber nicht nach § 284 BGB ersetzt verlangt werden.

Bei der Weigerung des Verkäufers handelt es sich um den **Einwand des rechtmäßigen Alternativverhaltens**, wobei die Beweislast aufgrund der Formulierung in § 284 BGB „es sei denn, ..." beim Verkäufer liegt.[392] Der Gesetzgeber begründet diese Ansicht mit der bisherigen Rechtsprechung zur Rentabilitätsvermutung, wonach der Käufer in den Fällen Ersatz seiner Aufwendungen verlangen kann, in denen nach der bisherigen Rechtsprechung die Rentabilitätsvermutung als widerlegt anzusehen gewesen wäre.[393]

cc. Rechtsfolgen

479 **Vergebliche Aufwendungen** sind freiwillige Vermögensopfer, die der Gläubiger im Vertrauen auf den Erhalt der Leistung erbracht hat, die sich aber wegen der Nicht-

---

[388] Weiterführend *Schenk*, ZGS 2008, 54 ff.; *Fischinger/Wabnitz*, ZGS 2007, 139, 140 ff.
[389] *Canaris*, JZ 2001, 499, 517.
[390] *Canaris*, JZ 2001, 499, 516 f.
[391] Vgl. *Schenk*, ZGS 2008, 54, 57 m.w.N.
[392] Vgl. auch *Canaris*, JZ 2001, 499, 517.
[393] BT-Drs. 14/6040, S. 144.

leistung oder der nicht vertragsgerechten Leistung des Schuldners als nutzlos erweisen. Gleichgültig ist in dem Zusammenhang, ob die im Vertrauen auf den erworbenen Kaufgegenstand gemachten Aufwendungen anderweitig verwendet werden können.

Der Aufwendungsersatzanspruch ist **nicht identisch** mit dem Anspruch auf Ersatz des **Vertrauensschadens**. Ersterer kann dahinter zurückbleiben. Umgekehrt hat der Gesetzgeber in § 284 BGB bewusst keine Begrenzung auf das Erfüllungsinteresse vorgenommen, da die Aufwendungen, für die der Käufer Ersatz erhalten soll, nicht sachgerecht anhand des Erfüllungsinteresses bemessen werden können[394] (vgl. zum Umfang weiter *Wenzel/Hütte*, Fälle zum BGB II, Kap. 4, Fall 03, Rn 30 ff.). **480**

> **Beispiel:** Der Käufer kann nicht dafür Ersatz verlangen, dass er die vom Verkäufer geschuldete Leistung bei einem Dritten inzwischen hätte billiger beziehen können, aber im Vertrauen auf den Bestand und die ordnungsgemäße Erfüllung des Vertrags darauf verzichtet bzw. dieses unterlassen hat.[395]

VII. Verjährung

1. Verjährung nach 2 Jahren bzw. 5 Jahren

Die Mängelansprüche des Käufers auf Nacherfüllung, Schadensersatz und Ersatz vergeblicher Aufwendungen nach § 437 Nr. 1 und 3 BGB verjähren gemäß § 438 I Nr. 3 i.V.m. II BGB grundsätzlich in **2 Jahren nach Ablieferung der Sache**. Eine Ausnahme gilt für kaufrechtliche Mängelansprüche bei Grundstücken und Bauwerken und bei Mängeln von in Gebäuden eingebauten Sachen: Ansprüche, die sich auf derartige Mängel beziehen, verjähren gem. § 438 I Nr. 2 i.V.m. II BGB in **5 Jahren nach Übergabe bzw. Abnahme**. Bauwerk ist dabei eine unbewegliche, durch Verwendung von Arbeit und Material in Verbindung mit dem Erdboden hergestellte Sache[396], wobei nicht nur Neuerrichtungen erfasst werden, sondern auch Erneuerungs-, Umbau- und Reparaturarbeiten sowie Veränderungen an einem bestehenden Bauwerk, sofern diese für die Erneuerung, Erhaltung oder Benutzbarkeit des Gebäudes bzw. Gebäudeteils von wesentlicher Bedeutung und die verwendeten Materialien fest mit dem Bauwerk verbunden sind.[397] Die Vorschrift des § 438 I Nr. 2 BGB findet aber keine Anwendung auf bloße Schönheitsreparaturen oder auf die Beseitigung einzelner Schäden;[398] insoweit verbleibt es bei der 2-jährigen Verjährungsfrist für Gewährleistungsansprüche nach § 438 I Nr. 3 BGB. **481**

2. Arglistiges Verhalten

Bei Vorliegen von arglistigem Verhalten des Verkäufers gilt in den o.g. Fällen die Regelverjährungsfrist von **3 Jahren** nach § 195 BGB (vgl. § 438 III BGB). Der Verjährungsbeginn richtet sich in diesem Fall nach § 199 BGB, wonach die Verjährungsfrist erst mit Ablauf des Jahres zu laufen beginnt, in dem der Anspruch fällig wird und der Käufer Kenntnis über die Person des Schuldners erlangt. **482**

3. Verjährung nach 30 Jahren

Im Übrigen verjähren die Mängelansprüche des Käufers nach § 438 I Nr. 1 BGB nach 30 Jahren, wenn der Mangel **483**

- in einem dinglichen Recht eines Dritten, aufgrund dessen Herausgabe der Kaufsache verlangt werden kann (sog. **Eviktionsfälle**, Ziff. a),

---

[394] BT-Drs. 14/6040, S. 144.
[395] BT-Drs. 14/6040, S. 144; *Canaris*, JZ 2001, 499, 517.
[396] BGHZ 57, 60, 61 m.w.N.
[397] *Sprau*, in: *Palandt*, § 638 Rn 11.
[398] BT-Drs. 14/6040 S. 227.

- oder in einem sonstigen Recht, das im Grundbuch eingetragen ist (Ziff. b), besteht.
- Ist im Zeitpunkt der Ablieferung der Kaufsache der dingliche Herausgabeanspruch des Dritten bereits verjährt, kommt nur die 2-jährige Verjährungsfrist des § 438 I Nr. 3 BGB zur Anwendung.
- Ist im Zeitpunkt der Ablieferung der Kaufsache der dingliche Herausgabeanspruch nach § 985 BGB noch nicht verjährt, ist zu differenzieren:
  - ⇨ Beträgt die Frist nach § 197 I Nr. 1 BGB noch mindestens 2 Jahre, verdrängt die speziellere Vorschrift des § 438 I Nr. 1 Ziff. a BGB die Frist des § 438 I Nr. 3 BGB. Der Käufer kann also bis zur Verjährung des Herausgabeanspruchs des Dritten seine Ansprüche aus § 437 Nr. 1 und 3 BGB gegenüber dem Verkäufer geltend machen.
  - ⇨ Verjährt der Herausgabeanspruch aber innerhalb von 2 Jahren ab der Ablieferung der Kaufsache, geht § 438 I Nr. 1 Ziff. a BGB nur bis zum Ablauf der Frist des § 197 I Nr. 1 BGB vor; danach kommt die nachrangige Regelung des § 438 I Nr. 3 BGB mit ihrer 2-jährigen Gewährleistungsfrist zur Anwendung.

Mit **§ 438 I Nr. 1 b BGB** berücksichtigt das Gesetz den Umstand, dass **zwischen dem Zeitpunkt des Vertragsschlusses und dem des Gefahrübergangs** Rechte zur Eintragung gelangen können, die der Käufer nicht übernehmen muss und von deren Existenz er erst bei der später erfolgenden Umschreibung des Eigentums Kenntnis erlangt.[399]

4. Anwendbarkeit des allgemeinen Rechts

484 Soweit § 438 BGB keine **abweichende Regelung** trifft, sind die allgemeinen Regeln der §§ 194 ff. BGB, insbesondere die Vorschriften zur Hemmung und zum Neubeginn der Verjährung, anwendbar. Zu den abweichenden Regeln gehören nicht nur die kaufrechtlichen Fristen, sondern auch die Vorschriften zum Beginn der Verjährung in § 438 II BGB. Das Gewährleistungsrecht aus §§ 438, 194 ff. BGB wird zudem durch besondere Vorschriften des Verbrauchsgüterkaufs nach §§ 474 II BGB, 479 BGB modifiziert. Aufgrund der Anwendbarkeit des allgemeinen Rechts und unter Beachtung aus § 438 BGB können sich die Vertragsparteien außerhalb eines Verbrauchsgüterkaufs unter Beachtung der §§ 202, 138 BGB individualvertraglich über eine kürzere Verjährungsfrist einigen.[400] Bei formularmäßig verkürzter Frist ist allerdings § 309 Nr. 7a, b und Nr. 8b Ziffer ff) BGB zu beachten. In den sonstigen Fällen kann die Verjährungsfrist auf ein Jahr ab dem gesetzlichen Verjährungsbeginn verkürzt werden.

5. Verjährung bei Pflichtverletzungen ohne Zusammenhang mit Mängelhaftung

485 Ansprüche aus Pflichtverletzungen, die in *keinem* Zusammenhang mit der Mängelhaftung stehen, unterliegen der Regelverjährungsfrist des § 195 BGB. Diese beginnt nach § 199 I Nr. 1 BGB mit dem Schluss des Jahres, in dem der Anspruch entstanden ist.

Beispiele: Verletzung einer Nebenpflicht aus dem Kaufvertrag, Vertragsverstoß durch den Käufer

6. Allgemeine Geschäftsbedingungen

486 In allgemeinen Geschäftsbedingungen können die Vertragsparteien eine kürzere Verjährungsfrist vereinbaren. Allerdings ist diesbezüglich zu berücksichtigen, dass § 309 Nr. 8b ff) BGB eine Untergrenze von einem Jahr vorsieht.

---

399 *Mansel,* in: Dauner-Lieb/Heidel/Lepa/Ring, Das neue Schuldrecht, § 1 Rn 145.
400 *Oetker/Maultzsch*, § 2 Rn 309; *Weidenkaff,* in: Palandt, § 438 Rn 4.

7. Konkurrierende Ansprüche

Bei konkurrierenden Ansprüchen, also bei Ansprüchen aus Vertrag und Delikt, werden die kaufrechtlichen Verjährungsvorschriften nicht übertragen; vielmehr bleibt es bei der regelmäßigen Verjährung des § 195 BGB.[401] 487

8. Mangelfolgeschaden

Besondere Probleme ergeben sich jedoch in der Fallkonstellation des Mangelfolgeschadens. Denn es können Mängel nach Ablauf der Gewährleistungsfrist i.S.d. § 438 BGB auftreten, die zu Mangelfolgeschäden wie Gesundheitsbeschädigungen oder Beschädigungen an anderen Sachen des Käufers führen. Obgleich die schadensersatzrechtlichen Voraussetzungen erfüllt sein können, ist es fraglich, ob der Schadensersatzanspruch wegen einer möglichen Verjährung überhaupt durchsetzbar ist. 488

Es ist daher zu prüfen, ob § 438 BGB auf die Konstellation des Mangelfolgeschadens anzuwenden ist. Dies ist inzwischen in der Literatur lebhaft umstritten. 489

Teilweise[402] wird angenommen, dass die spezielle Verjährungsvorschrift des § 438 BGB auf den Mangelfolgeschaden nicht anzuwenden sei. Dies wird daraus geschlussfolgert, dass beim Mangelfolgeschaden ein Vertretenmüssen vorausgesetzt sei, weshalb die Regelverjährung die sachrichtige und interessengerechte Lösung der Verjährungsfrage sei.

Dagegen ist jedoch einzuwenden, dass der Gesetzgeber sich eindeutig positioniert hat. Denn er hat ausgeführt, dass es nicht sinnvoll sei, die aus einer Mangelhaftigkeit einer Sache herrührenden Ansprüche unterschiedlichen Verjährungsregimes zu unterwerfen.[403] Hinzu kommt noch, dass der Gesetzgeber mit der Gestaltung der Schadensersatzansprüche aus §§ 280 ff. BGB, die einheitlich auf den Begriff der Pflichtverletzung abstellen, eine einheitliche Regelung auch im Hinblick auf Schadensersatzansprüche aus Kaufvertrag schaffen wollte; es sollte dadurch ein einheitliches Rechtsregime zur Verfügung gestellt werden.[404] Insoweit hat sich der Gesetzgeber explizit entschlossen, eine Vereinheitlichung auch hinsichtlich des Mangelfolgeschadens durchzuführen.[405]

Die Entscheidung des Gesetzgebers ist zu respektieren und entsprechend ist § 438 BGB auch auf den Mangelfolgeschaden anzuwenden.[406] Darum ist eine Differenzierung bezüglich Mangel- und Mangelfolgeschaden abzulehnen.

9. Kettengewährleistungen

Ein weiteres besonderes Verjährungsproblem ergibt sich hinsichtlich der Nacherfüllung. 490

> **Beispiel:** A kauft bei B ein neues Cabrio. Nach 23 Monaten stellt sich heraus, dass ein Mangel beim Cabrioverdeck i.S.d. § 434 BGB vorliegt. Der Käufer verlangt Nachbesserung i.S.d. §§ 437 Nr. 1, 439 I S. 1 Var. 1 BGB. Der Wagen kommt in die Vertragswerkstatt des Verkäufers, in der ein neues Verdeck eingebaut wird. Da es bereits Oktober ist, wird der Wagen nunmehr nicht mehr gefahren. Erst im nächsten Frühjahr stellt sich heraus, dass beim neuen Verdeck der Mangel fortbesteht. Fraglich ist in dem Zusammenhang, ob der Gewährleistungsanspruch nunmehr wegen § 438 I Nr. 3 BGB mit Ablauf der 24 Monate (also zwei Jahre) verjährt ist.

---

[401] *Steimle*, in: *Luther*, S. 87.
[402] Vgl. *Canaris*, ZRP 2001, 329, 335; *Brüggemeier*, WM 2002, 1376, 1382; *Wagner*, JZ 2002, 475, 479 f.
[403] Vgl. BT-Drs. 14/6040, S. 229 li.Sp.
[404] Vgl. BT-Drs. 14/6040, S. 94 li.Sp.
[405] Vgl. BT-Drs. 14/6040, S. 133 li.Sp.
[406] Vgl. *Matusche-Beckmann*, in: Staudinger (2014), § 438 Rn 30; *Faust*, in: Huber/Faust, Kap. 14 Rn 20; *Faust*, in: Bamberger/Roth, § 438 Rn 9; *Mansel*, NJW 2002, 89, 95; *Arnold*, ZGS 2002, 438 ff.; *Westermann*, in: MüKo, § 438 Rn 9 m.w.N.

491 In diesem Zusammenhang wird mit der Erbringung von Nacherfüllungen gem. § 437 Nr. 1 BGB von Kettengewährleistungen gesprochen.

492 Bei der Lösung des Problems muss zum Teil zwischen den Formen der Nacherfüllung differenziert werden. Denn Nachbesserung und Nachlieferung führen zu unterschiedlichen Bedürfnissen im Hinblick auf die Untersuchung und Erprobung des Kaufgegenstands. Wird eine neue Sache geliefert, können sich nach einiger Zeit ganz andere, neue Probleme zeigen, die es bei der ursprünglich gelieferten und durch die Nachlieferung ausgetauschten Sache nicht gab. Bei der Nachbesserung ist die Sache hingegen bekannt, es geht lediglich um die Überprüfung der Mangelbeseitigung.

493 Bei der für die Verjährungsfrage problematischeren Nachbesserung i.S.d § 439 I S. 1 Var. 1 BGB steht also im Vordergrund, die Maßnahmen darauf hin zu untersuchen, ob der Mangel an der Sache nunmehr vollständig abgestellt wurde. Bei der Nachlieferung hingegen erhält der Käufer einen völlig neuen Gegenstand, den er in seiner Beschaffenheit und Güte noch überhaupt nicht kennt.

Es wäre daher in beiden Konstellationen, in denen die Verjährung kurz bevorsteht, verfehlt, die Verjährung vollständig und ohne Anpassung an die Situation weiterlaufen zu lassen.

a. Hemmung nach § 203 BGB

494 Daher wird zunächst hinsichtlich der Nachbesserung und der Nachlieferung § 203 BGB angewendet.[407] Hierbei ist der Begriff **Verhandlungen** weit auszulegen, weshalb es bereits hinreichend ist, wenn überhaupt ein Meinungsaustausch über den Schadensfall zwischen dem Berechtigten (hier: der Käufer) und dem Verpflichteten (hier: dem Verkäufer) vorgenommen wird, sofern nicht bereits sofort, eindeutig und abschließend jeglicher Ersatz vom Verpflichteten ausgeschlossen wird.

Während der Zeit der Nachbesserung ist der Ablauf der Gewährleistungszeit gehemmt, die Nachbesserungszeit ist also entsprechend § 209 BGB nicht mit einzurechnen. Der Verjährungszeitpunkt verschiebt sich nach hinten.

> **Beispiel:** Am 1.4. läuft die Gewährleistungsfrist ab. Am 1.3. bringt A das Auto zu dem Händler B. Dieser erklärt sich sofort und unter Bezugnahme auf § 439 BGB bereit, die geforderte Nachbesserung auszuführen. Das dauert bis zum 1.6. ⇨ Während dieser Zeit tritt keine Verjährung ein.

495 Kommt der Verkäufer seiner **Nachbesserungspflicht** beim vorgenommenen Nachbesserungsversuch **nicht ordnungsgemäß** nach und ist dies sofort ersichtlich, kann der Käufer das Recht zur erneuten Nachbesserung oder unter Umständen die weitergehenden Sekundärrechte des § 437 Nr. 2 u. 3 BGB unter dem Schutz des § 203 S. 1 BGB geltend machen. In dem Fall hilft bereits das vorhandene Regelungsregime der §§ 203 ff. BGB.

b. Anerkenntnis i.S.d. § 212 I Nr. 1 BGB

496 Daneben ist nach § 212 I Nr. 1 BGB der Neubeginn der Verjährung möglich. Hierfür muss der Schuldner - der Verkäufer - die Nacherfüllung anerkennen. Das Anerkenntnis ist eine rechtsgeschäftsähnliche Handlung, die unabhängig vom Willen des Schuldners

---

[407] Vgl. BGH ZGS 2007, 73 f.; für analoge Anwendung: *Westermann*, in: MüKo, § 438 Rn 41 m.w.N.; *Reinking*, ZGS 2002, 140, 142; ausführlich auch *Auktor/Mönch*, NJW 2005, 1686, 1687 f.; dagegen wohl *Graf von Westphalen*, ZGS 2002, 19, 21 ff.

eintritt. Bei der Bestimmung des Inhalts des Anerkenntnisses sind die §§ 133, 157 BGB entsprechend heranzuziehen. Das Anerkenntnis bezieht sich demnach auf das rein tatsächliche Verhalten des Schuldners gegenüber seinem Gläubiger. Insoweit genügen ein schlüssiges Verhalten oder sogar ein bloßes Stillschweigen des Verkäufers oder seiner Vertreter.[408]

Ein solches Anerkenntnis ist wohl unter Beachtung dieser Vorgaben dann anzunehmen, wenn der Verkäufer unzweifelhaft und unzweideutig zum Ausdruck bringt, dass er sich der Existenz der Nacherfüllungspflicht bewusst sei und diese Pflicht auch ohne weiteres erfüllen wolle. Maßgeblich ist allerdings der konkrete Einzelfall.[409]

Dies bedeutet, dass bei der *Nachlieferung* ohne weiteres ein Anerkenntnis unter diesen Voraussetzungen anzunehmen ist.[410] Hinsichtlich der *Nachbesserung* ist jedoch einschränkend zu beachten, dass ein Anerkenntnis vom Verkäufer regelmäßig nicht gewollt ist, wenn es sich um unwesentliche Nachbesserungsarbeiten handelt.[411]

Hinweis für die Fallbearbeitung: Insgesamt ist dieser Rechtsanwendungsbereich schwer zu subsumieren. Wichtig ist daher, exakt auf §§ 133, 157 BGB zurückzugreifen und innerhalb dieser Prüfung die Interessenlage anhand der Systematik und Teleologie des Gesetzes genau herauszuarbeiten.

Beispiel: Der Neubeginn der Verjährung beginnt nach § 212 I Nr. 1 BGB mit der Fertigstellung der Nachbesserung.

Anders ist es jedoch, wenn der Verkäufer den Anspruch zunächst anzweifelt, sich auf Gegenrechte beruft. Hierin kann kein Anerkenntnis gesehen werden. Durch das Anzweifeln findet aber, wie gerade ausgeführt, ein Verhandeln i.S.d. § 203 S. 1 BGB mit der Wirkung des § 209 BGB statt. Werden die Verhandlungen endgültig abgebrochen, ist die Frist entsprechend § 203 S. 2 BGB zu bestimmen. **497**

c. Versteckter Sachmangel nach Nachbesserungsversuch

So klar und eindeutig die vorgenannten Rechtsausführungen sind, so komplex sind z.T. **498**
die tatsächlichen Sachverhaltsgestaltungen. Rechtlich nicht mehr eindeutig ist die Konstellation, in der sich ein fortbestehender Mangel nicht sofort nach dem Nachbesserungsversuch zeigt, sondern später erneut auftritt oder der Käufer aus bestimmten rechtlich anzuerkennenden Umständen nicht zeitnah die Mangelfreiheit testen kann.

Dieses Problem wird umso relevanter, je kürzer die Nacherfüllung vor der Verjährung geltend gemacht wurde. Denkbar ist z.B., dass sie am Vortag der Verjährung geltend gemacht wurde und nur der Schutz durch § 203 S. 1 BGB eintritt. Zwar tritt dann die Verjährung wegen § 203 S. 2 BGB erst drei Monate nach dem Ende der Hemmung ein, jedoch kann auch diese Zeitspanne zu kurz sein.

Beispiel: Die Sache kann mehr als die von § 203 S. 2 BGB vorgesehenen drei Monate witterungsbedingt nicht genutzt werden. Z.B. weist ein Schneemobil gegen Ende der Saison kurz vor Ablauf der Gewährleistungsfrist, die am 1.4. endet, einen Mangel an den Schneeketten auf. Nach Beendigung der Nachbesserung am 1.5 liegt sechs Monate kein Schnee mehr, wodurch sich der Mangel wegen fehlender Nutzungsmöglichkeit nicht feststellen lässt.

---

[408] *Ellenberger*, in: Palandt, § 212 Rn 3.
[409] *Auktor/Mönch*, NJW 2005, 1686, 1687.
[410] Vgl. *Ellenberger*, in: Palandt, § 212 Rn 4; einschränkend aber *Gramer/Thalhofer*, ZGS 2006, 250, 252 ff.
[411] *Grothe*, in: MüKo, 212 Rn 15.

> **Hinweis für die Fallbearbeitung:** Tritt allerdings der Mangel erneut innerhalb der Frist des § 203 S. 2 BGB auf, bedarf es im Gutachten zunächst keiner Überlegung, ob die Frist erneut zu laufen beginnt, wenn im Anschluss der erneuten Nachbesserung der Mangel dauerhaft behoben wurde. Denn in derartigen Fallkonstellationen kommt es auf eine Ausdehnung der Verjährungsfrist nicht an. Die Erweiterung der Verjährungszeit ist demnach nur dann abschließend zu diskutieren, wenn der Mangel sich außerhalb der Fristen der §§ 438, 203 ff. BGB zeigt.

aa. Nachbesserung

499 Bei der Nachbesserung wird ein konkreter Mangel gerügt, der von dem Verkäufer im Rahmen seiner Obliegenheiten zu beseitigen ist. Um die aufgezeigten Probleme bei der Erprobung dieses Nachbesserungsversuchs zu beseitigen, müssen u.E. die Verjährungsfrist für den konkret gerügten Mangel und die damit zusammenhängenden Mängelgewährleistungsrechte analog § 212 I Nr. 1 BGB neu zu laufen beginnen (str.).[412]

> **Beispiel:** Wie im obigen Beispiel, jedoch erkennt der Verkäufer nicht sofort an. Aber auch nach der hier vertretenen Auffassung fängt die Verjährung ab dem Rückgabezeitpunkt 1.5. erneut an zu laufen. Ein erneutes Nachbesserungs- oder Nachlieferungsverlangen wäre also auch sechs Monate später nicht verjährt. A könnte also auch im nächsten Sommer, nachdem er den Mangel erneut festgestellt hätte, seine Rechte durchsetzen.

Ansonsten würde der Käufer, gegenüber dem der Verkäufer die Nacherfüllungspflicht nicht sofort i.S.d. § 212 I Nr. 1 BGB anerkennt, schlechter gestellt als der Käufer, gegenüber dem der Verkäufer seine Verpflichtung ohne weiteres anerkennt. Die Reichweite der Verjährung hinge also ausschließlich vom Entgegenkommen des Verkäufers ab.

Treten allerdings nachfolgend zusätzliche Mängel auf, die mit dem zunächst konkret gerügten Mangel in keinem Zusammenhang stehen, können diese wegen einer Verjährung i.S.d. § 438 BGB nicht mehr geltend gemacht werden, wenn die ursprüngliche Verjährungsfrist abgelaufen ist.

> **Beispiel:** Wie im vorherigen Beispiel kann das Schneemobil erst im nächsten Winter genutzt werden. Beim Betrieb stellt sich nunmehr heraus, dass der Motor ein Ölleck hat. Dieser Mangel kann am 10.11. nicht mehr geltend gemacht werden, da Verfristung i.S.d. § 438 I Nr. 3 BGB am 1.4. eingetreten ist. Der Neubeginn der Gewährleistungsfrist bezog sich nur auf die Ketten des Schneemobils.

500 Etwas anderes gilt allerdings für die Schadensersatzansprüche, die sich auf die ursprüngliche Mangelhaftigkeit der Sache beziehen; für diese muss die ursprüngliche Verjährungsfrist weiterlaufen.

bb. Nachlieferung

501 Konnte bei der Nachbesserung eine Lösung gefunden werden, die auf den konkret gerügten Mangel bezogen war, gestaltet sich die rechtliche und tatsächliche Situation bei der Nachlieferung komplexer. Denn es wird ein gänzlich neuer Gegenstand geliefert. Eine Beschränkung auf den konkreten Mangel ist damit schon sachlogisch nicht möglich.

In diesem Kontext ist zu berücksichtigen, dass der Käufer bei einer Nachlieferung nicht schlechter gestellt sein darf, als er bei einer Nachbesserung gestellt wäre. Dabei kannte er das Produkt bereits besser und konnte dieses einschätzen. Erhält er ein neues ande-

---

[412] Vgl. BGH ZGS 2006, 26, 28 f.; *Ernst/Gsell*, ZIP 2000, 1410, 1420 f.; *Graf von Westphalen*, ZGS 2002, 19, 21 f.; a.A. *Bolthausen/Rinker*, ZGS 2006, 12, 13 f.

res Produkt, können ihm notwendige Erfahrungswerte fehlen, um die Sachmangelfreiheit einschätzen zu können.

Für die Nachlieferung i.S.d. § 439 I S. 1 Var. 2 BGB muss u.E. daher die Verjährungsfrist ebenfalls erneut analog § 212 I Nr. 1 BGB zu laufen beginnen, da der Käufer ansonsten nicht die Möglichkeit hat, die neu gelieferte Sache angemessen zu überprüfen (str.).[413] Bei der Nachlieferung bezieht sich die Frist allerdings im Gegensatz zur Nachbesserung auf die gesamte Sache.

> **Beispiel:** Wie im obigen Beispiel ist das Schneemobil defekt, es wird aber nicht repariert, sondern am 1.5. ausgetauscht. Am 10.11. stellt sich beim neu gelieferten Schneemobil ein Motordefekt heraus. Durch den Neubeginn der Verjährungsfrist bezogen auf das ganze Schneemobil ist dieser Mangel in diesem Fall von dem Gewährleistungsrecht erfasst.

Aber auch hier gilt, dass solche Schadensersatzansprüche, die sich auf die ursprüngliche Mangelhaftigkeit beziehen, nicht in den neuen Lauf der Gewährleistungsfrist fallen, sondern dass die alte Verjährungsfrist gilt. **502**

d. Vertraglicher Ausschluss der Kettengewährleistung

Da die Kettengewährleistung bei der Nachlieferung für den Verkäufer, in der Regel ein Unternehmer, erheblichen finanziellen und organisatorischen Mehraufwand bedeutet, wird neuerdings diskutiert, ob und in welchem Umfang die Vertragsparteien eine solche Kette vertraglich ausschließen können. Beim vertraglichen Ausschluss ist zwischen dem individualvertraglichen und dem formularvertraglichen Handeln zu differenzieren. **502a**

- <u>Individualvertraglicher Ausschluss</u>: Bei dieser Form liegt eine individuelle und auf dem bewussten Parteiwillen beruhende Entscheidung beider Vertragsparteien vor, eine allgemeine Beschränkung des Ausschlusses liegt entsprechend § 202 I BGB nicht vor. Unproblematisch können daher bei Kaufverträgen von jeweils *Kaufleuten* untereinander[414] oder jeweils *Privatpersonen* untereinander[415] solche Ausschlüsse vereinbart werden.[416]
  Rechtlich problematisch wird es hingegen beim *Verbrauchsgüterkaufvertrag*. In § 475 II ist normiert worden, dass auch hinsichtlich der Nachlieferung keine Erleichterung der Verjährung vor Mitteilung des Mangels durch Vereinbarung erfolgen kann, sofern die Vereinbarung zu einer kürzeren Verjährungsfrist als zwei Jahre bei neuen Sachen und ein Jahr bei gebrauchten Sachen führte. Der Gesetzgeber intendiert mit dieser Vorschrift den besonderen Schutz der Verbraucher, die in dem komplexen tatsächlichen und rechtlichen Gefüge zwischen Unternehmen und Verbraucher besonders schutzwürdig sind. Es soll in jeder Hinsicht vermieden werden, dass eine Umgehung bzw. Verkürzung der Verjährungsfrist erfolgen kann, es ist ein weitreichender Schutz des Verbrauchers angestrebt.[417] Es sollen damit alle Vereinbarungen kategorisch unterbunden werden, die zu einer kürzeren Frist als zwei Jahre ab Lieferung der Kaufsache führen. Aufgrund des weitreichenden Schutzzweckes dieser Vorschrift in Verbindung mit der gesetzlichen Intention des Nacherfüllungsrechts als zweite Andienung im Rahmen der Primärleistungspflicht in Form der mangelfreien Lieferung sowie der obigen Überlegungen zur Kettengewährleistung bei Nachlieferung kann zwischen dem Verbraucher und dem Unternehmer kein vertraglicher Ausschluss vereinbart werden, da dadurch das gesetzlich gewollte Schutzniveau letztlich nicht erreicht wird (str.).[418]

---

413 Vgl. *Weidenkaff*, in: Palandt, § 438 Rn 16a; *Westermann*, in: MüKo, § 438 Rn 41 m.w.N.
414 Nachfolgend nur Kaufleute.
415 Nachfolgend nur Privatpersonen.
416 Vgl. nur *Grothe*, in: MüKo, § 202 Rn 5; *Henrich*, in: Bamberger/Roth, § 202 Rn 3.
417 Vgl. BT-Drs. 14/6040, S. 244 f.
418 A.A. *Mengers*, ZGS 2008, 457, 458.

- Formularvertraglicher Ausschluss: Bei *Verbrauchsgüterkaufverträgen* ist unter Berücksichtigung der oben gemachten Erwägungen und unter Beachtung des § 307 I, II Nr. 1 BGB ein formularvertraglicher Ausschluss nicht möglich. Aber auch bei *Kaufleuten* und *Privatpersonen* ist die Anwendung des formularvertraglichen Ausschlusses rechtlich sehr problematisch und allenfalls in sehr engen Grenzen möglich.[419] Diese Problematik kann praktisch wohl nur bei Kaufverträgen unter Kaufleuten auftreten. Ob die dortigen Restriktionen überhaupt einen Vorteil für die Verkäufer zulassen, mag bezweifelt werden.

VIII. Konkurrenz zu anderen Instituten

1. Verhältnis zur Anfechtung nach §§ 119 ff. BGB

a. Vorüberlegungen

503 Die praktische Relevanz der Konkurrenzprobleme liegt in den unterschiedlichen Verjährungen der einzelnen Rechte. Ansprüche aus den Gewährleistungsvorschriften verjähren regelmäßig in **zwei Jahren nach Ablieferung der Sache**, § 438 I Nr. 3, II BGB. Ob der Käufer die Mängel und Schäden erst nach Ablauf dieser Frist *erkennen* konnte, ist *unbeachtlich*. Sein Interesse muss hier hinter der durch die Verjährung bezweckten Rechtssicherheit zurückstehen. Eine Anfechtung gem. § 123 BGB kann dagegen gem. § 124 I BGB innerhalb eines Jahres **ab Kenntnis** der Täuschungshandlung, spätestens aber gem. § 124 III BGB bis zu *zehn* Jahre nach Abgabe der Willenserklärung ausgeübt werden. Ansprüche aus dem allgemeinen Leistungsstörungsrecht, z.B. aus §§ 280 I, 311 II, 241 II BGB (Verschulden bei Vertragsverhandlungen, c.i.c.), verjähren erst drei Jahre nach Kenntniserlangung des Geschädigten, spätestens aber *zehn* Jahre nach Entstehung des Schadens, §§ 195, 199 BGB. Wenn der Käufer z.B. erst nach sieben Jahren die Mängel der gekauften Sache entdeckt, ist es für ihn also günstiger, sich auf die allgemeinen Rechte zu berufen. Erkennt er den Mangel dagegen kurz nach der Ablieferung der Sache, wird er sich auf §§ 434 ff. BGB berufen wollen.

Hinweis für die Fallbearbeitung: Die sich ergebenden Konkurrenzprobleme lassen sich in der Regel auch ohne ein detailliertes Einzelfallwissen lösen. Die Frage, welche Vorschriften neben dem Gewährleistungsrecht Anwendung finden und welche verdrängt werden, lässt sich nämlich aus einer wertenden Betrachtung ermitteln. Dabei ist grundsätzlich zu beachten, dass das Gewährleistungsrecht **Sondervorschriften** für den Fall eines mangelhaften Rechts oder Gegenstands beinhaltet. Andere Ansprüche, die der Käufer gerade **aufgrund** der Mangelhaftigkeit geltend machen will, sind regelmäßig **verdrängt**. Damit wird insbesondere eine Umgehung der besonderen Regelungen der §§ 434 ff. BGB verhindert. **Ausnahmen** hiervon können aber dann gemacht werden, wenn der Verkäufer nicht schutzwürdig ist, weil er den Käufer arglistig getäuscht hat. In diesem Fall ist ihm zuzumuten, dass dem Käufer auch weitere Rechte neben denen der §§ 434 ff. BGB zustehen.

b. Anfechtungsgrund nach § 119 I BGB durch den Käufer

504 Sofern der Käufer bei Vertragsabschluss einem Willensmangel gem. § 119 I BGB unterlag, steht ihm grundsätzlich das Gestaltungsrecht der Anfechtung zu, und zwar unabhängig davon, ob er auch Gewährleistungsrechte geltend machen könnte. Die Anfechtungsmöglichkeit wegen eines Inhalts- oder Erklärungsirrtums steht damit **neben** den Rechten der §§ 434 ff. BGB.[420]

Beispiel: V und K unterhalten sich über den Verkauf eines Warensortiments, gehen dabei aber nicht näher auf den Preis ein. V bittet K nur, ihm ein Angebot zuzusenden. In diesem

[419] Vgl. hierzu umfassend *Mengers*, ZGS 2008, 457, 458 ff.
[420] *Hattenhauer*, JuS 1998, 684, 689.

Angebot verschreibt sich K und bietet V den Kauf des Warensortiments für 15.000.- € an, obwohl er in Wirklichkeit nur 1.500.- € zahlen wollte. V nimmt das Angebot freudig an. K will an dem Vertrag nicht festhalten und möchte anfechten.

Fraglich ist, ob V einen Anspruch auf Zahlung des Kaufpreises in Höhe von 15.000,- € hat. Es ist zunächst ein wirksamer Kaufvertrag zwischen V und K über das Warensortiment für 15.000.- € zustande gekommen. Möglicherweise könnte K diesen Vertrag mit der Wirkung des § 142 I BGB anfechten. Dafür müssten die Anfechtungsvoraussetzungen vorliegen. Eine Anfechtungserklärung liegt vor. Weiterhin müsste auch ein Anfechtungsgrund gegeben sein. K hat subjektiv etwas anderes erklären wollen, als er in dem Angebot erklärte, insofern liegt grundsätzlich der Anfechtungsgrund nach § 119 I Var. 2 BGB vor (vgl. aber Schadensersatz nach § 122 BGB!). Dieser müsste auch neben dem Gewährleistungsrecht anwendbar sein. Hierbei ist es unbeachtlich, ob er bei einer schlechten Ware auch noch Gewährleistungsrechte, z.B. Rücktritt oder Schadensersatz, geltend machen kann. Der *Irrtum* nach § 119 I BGB bezieht sich *nicht auf die Mangelfreiheit* der Sache. Eine Kollision mit §§ 434 ff. BGB ist daher ausgeschlossen. Der Anfechtungsgrund des § 119 I BGB ist auch neben dem Gewährleistungsrecht anwendbar. Die weiteren Voraussetzungen wie etwa die Frist nach § 121 BGB liegen ebenfalls vor. K hat somit erfolgreich mit der Wirkung des § 142 I BGB angefochten. V hat daher keinen Kaufpreisanspruch gegen K in Höhe von 15.000,- €.

c. Anfechtungsgrund nach § 123 BGB durch den Käufer

Selbstverständlich gilt Gleiches für einen Irrtum nach § 123 BGB. Allerdings stellt sich in dem Zusammenhang die Frage, ob neben der Anfechtung wegen eines arglistigen Verhaltens des Verkäufers der Käufer auch noch Schadensersatzansprüche aus § 437 Nr. 3 Var. 1 BGB geltend machen kann. In *analoger* Anwendung des § 325 BGB ist darauf abzustellen, dass bei einem gegenseitigen Vertrag Schadensersatz, seien es der kleine oder große Schadensersatz, verlangt werden kann, selbst wenn eine Anfechtung nach §§ 142 I, 123 BGB erklärt wurde.[421] 505

d. Anfechtungsgrund nach § 119 II BGB durch den Käufer

Anders dagegen verhält es sich bei einem Irrtum über verkehrswesentliche Eigenschaften der Sache im Sinn des § 119 II BGB. 506

Eigenschaften in diesem Sinn sind neben den auf natürlicher Beschaffenheit beruhenden Merkmalen auch alle rechtlichen und tatsächlichen Merkmale, die einer Person oder einer Sache unmittelbar, gegenwärtig und für eine gewisse Dauer anhaften und die für die Wertschätzung von Bedeutung sind (sog. wertbildende Faktoren).[422] 507

Beispiele: Echtheit oder Alter eines Kunstwerks, Lage und Bebaubarkeit eines Grundstückes etc.

Vorübergehende Erscheinungen, künftige oder nur mittelbare Umstände fallen nicht unter § 119 II BGB. 508

Beispiele: Der **Wert** oder **Marktpreis** sind *keine* Eigenschaften, da diese der Sache nicht unmittelbar anhaften und (nur) von den Gegebenheiten des Markts (Angebot und Nachfrage) abhängen. Der Wert oder Preis stellt vielmehr die *Summe* der wertbildenden Faktoren dar.

Verkehrswesentlich ist eine Eigenschaft, wenn sie aufgrund ausdrücklicher oder stillschweigender Vereinbarung zur Grundlage des Geschäfts gemacht wurde, wobei nach 509

---

[421] Vgl. ausführlich *Derleder*, NJW 2004, 969, 970 f.
[422] Vgl. BGHZ 16, 54, 57; 34, 32, 41; 88, 240, 245; *Ellenberger*, in: Palandt, § 119 Rn 24.

dem Sinn und Zweck des § 119 II BGB von dem konkreten Rechtsgeschäft auszugehen ist.

510 Als verkehrswesentliche Eigenschaften einer Sache kommen alle wertbildenden Faktoren in Betracht, die der Sache unmittelbar anhaften.

Beispiele: Material, Baujahr, Lage und Bebaubarkeit eines Grundstücks

511 Da die konkrete Beschaffenheit einer Sache auch einen Sachmangel darstellen kann, ist das Konkurrenzverhältnis zwischen § 119 II BGB und §§ 434 ff. BGB zu klären. Die praktische Relevanz dieses Konkurrenzverhältnisses wurde bereits ausführlich beschrieben: Die kurze Verjährungsfrist des kaufrechtlichen Sachmangelgewährleistungsrechts, die hinsichtlich der Rechtssicherheit eine schnelle und endgültige Abwicklung bezweckt, würde durch die Zulassung einer Irrtumsanfechtung wegen eines Sachmangels, die innerhalb von 10 Jahren erfolgen kann (vgl. § 121 II BGB), praktisch wieder aufgehoben. Die starke Diskrepanz zwischen den Verjährungsfristen hat sich durch die Schuldrechtsreform bzgl. des § 438 BGB zwar verringert, da § 438 I Nr. 2 und 3 BGB zwei bzw. fünf Jahre vorsieht, während die Anfechtung nach maximal zehn Jahren ausgeschlossen ist (§ 121 II BGB), gleichwohl ist auch nach neuem Recht § 119 II BGB unanwendbar, weil die Argumente durch die Reform zwar abgeschwächt, nicht aber obsolet geworden sind.[423] Aus diesen Überlegungen ergeben sich folgende Konsequenzen:

aa. Gleichzeitige Sachmängelhaftung

512 Soweit es um einen Irrtum über verkehrswesentliche Eigenschaften geht, die gleichzeitig eine Sachmängelhaftung nach §§ 434 ff. BGB begründen, ist eine Anfechtung des ***Käufers*** nach § 119 II BGB *nach* Gefahrübergang **ausgeschlossen**.[424]

Beispiel[425]**:** Kunstliebhaber K kauft vom Galeristen G einen Kandinsky für 10.000.- €. Nach zweieinhalb Jahren stellt sich heraus, dass es sich nur um eine - wenn auch gut gemachte - Fälschung handelt.

K stehen an sich Sachmängelgewährleistungsansprüche nach § 437 BGB zu, die jedoch gem. § 438 I Nr. 3 BGB bereits verjährt und somit nicht mehr durchsetzbar sind. Die Echtheit des Gemäldes war als wertbildender Faktor zugleich eine verkehrswesentliche Eigenschaft des Bildes i.S.d. § 119 II BGB. Trotzdem kann K den Kaufvertrag nicht anfechten, da sonst die (hier eingreifende) kurze Verjährung umgangen würde.

513 Aufgrund der o.g. Wertung neigt der Gesetzgeber weiterhin zu der Ansicht, dass es nicht mehr darauf ankomme, ob ein **Gefahrübergang** (§§ 446, 447 BGB) stattgefunden habe, da die Anfechtung nach § 119 II BGB von vornherein ausgeschlossen sei.[426] Die Entscheidung will er hingegen „der Rechtsprechung überlassen".[427]

Teilweise wird daraus geschlossen, dass das Anfechtungsrecht in einer solchen Fallkonstellation Anwendung finden könne, sofern die Gefahr noch nicht auf den Käufer übergangen sei, denn das Gewährleistungsrecht erfordere als Voraussetzung gerade diesen Gefahrübergang.[428] Dennoch muss die vom Gesetzgeber geschaffene Vorschrift des § 442 BGB berücksichtigt werden, in der die Kenntnis des Käufers vom Sachmangel bei Vertragsschluss geregelt ist. Hier werden nämlich seine Rechte versagt, wenn er den Mangel bei Vertragsschluss kannte oder hätte kennen müssen. Ließe man jedoch die Anfechtung vor Gefahrübergang zu,

---

[423] Vgl. auch BT-Drs. 14/6040, S. 210.
[424] *R. Schmidt*, BGB AT, Rn 1481.
[425] *R. Schmidt*, BGB AT, Rn 1482.
[426] BT-Drs. 14/6040, S. 210 re.Sp.
[427] BT-Drs. 14/6040, S. 210 re.Sp.
[428] Vgl. *Weidenkaff*, in: Palandt, § 437 Rn 53; wohl auch *Saenger*, in: Hk-BGB, § 437 Rn 24.

könnte der Käufer diese Regelung umgehen und sich seiner Verantwortung entgegen § 442 BGB entziehen. Dies wäre ein eklatanter Wertungswiderspruch im Gewährleistungsrecht, das zudem dem Allgemeinen Teil des BGB im Anwendungsbereich vorgeht.

Dementsprechend ist das Anfechtungsrecht des Käufers **ab Abschluss** des Kaufvertrags **gänzlich ausgeschlossen**, wenn ein Irrtum über eine verkehrswesentliche Eigenschaft vorliegt, die gleichzeitig eine Sachmängelhaftung nach §§ 434 ff. BGB begründet[429], unabhängig davon, ob bereits ein Gefahrübergang stattfand.

Auch wenn die Haftung nach §§ 434 ff. BGB zulässigerweise vertraglich ausgeschlossen wurde (vgl. aber die Grenzen des § 444 BGB und des § 475 BGB), bleibt dennoch die Anfechtung nach § 119 II BGB ausgeschlossen. **514**

bb. Andere verkehrswesentliche Eigenschaften

Die Anfechtung wegen Irrtums über verkehrswesentliche Eigenschaften ist dagegen *nicht* ausgeschlossen, wenn sich der Irrtum des Anfechtenden auf *andere* verkehrswesentliche Eigenschaften bezieht, die *nicht* zugleich Gewährleistungsmängel darstellen.[430] **515**

e. Anfechtungsgrund nach § 119 II BGB durch den Verkäufer

Will dagegen der *Verkäufer* nach § 119 II BGB anfechten, besteht schon von vornherein kein Konkurrenzverhältnis zu den Sachmängelansprüchen, da dem Verkäufer naturgemäß keine Gewährleistungsrechte zustehen. Gleichwohl ist fraglich, ob ihm nicht aus anderen Gründen die Irrtumsanfechtung versagt ist. Die Zulässigkeit der Irrtumsanfechtung führt nämlich zur Vernichtung des Vertrags und damit zum Wegfall der Mängelgewährleistungsrechte des Käufers. Dieser wäre dann nur auf die Geltendmachung des Vertrauensschadens nach § 122 BGB verwiesen. In diesem Fall bedeutete die Anfechtung eine *deutliche Einschränkung der Rechte des Käufers*. Im Hinblick darauf kann dem Verkäufer daher nur dann ein Anfechtungsrecht nach § 119 II BGB eingeräumt werden, wenn dadurch die Rechte des Käufers auf Geltendmachung seiner Gewährleistungsansprüche nicht eingeschränkt werden.[431] Im Ergebnis lässt sich daher sagen, dass das Recht des Verkäufers auf Ausübung des Anfechtungsrechts nur dann nicht ausgeschlossen ist, wenn die Gewährleistungsrechte des Käufers aus §§ 434 ff. BGB nicht tangiert werden. **516**

2. Verhältnis zum Verschulden bei Vertragsschluss c.i.c., § 311 II BGB

Das Institut der *culpa in contrahendo* ist in § 311 II BGB geregelt. Bei der Verletzung vorvertraglicher Sorgfaltspflichten durch den Verkäufer können dem Käufer damit Rechte wie z.B. Schadensersatz gem. §§ 280 I, 311 II, 241 II BGB entstehen. **517**

Hinweis für die Fallbearbeitung: Unproblematisch ist lediglich der Fall, in dem ein Kaufvertrag **nicht** wirksam zustande gekommen ist. Hier sind ausschließlich §§ 311 II, 280 I, 241 II BGB anwendbar.

Aufgrund des auf c.i.c. gestützten Anspruchs auf sofortige Vertragsaufhebung bei einem bestehenden Vertrag im Fall des Vorliegens eines behebbaren Mangels besteht aber die Gefahr, dass der den Vorrang genießende Nacherfüllungsanspruch umgangen wird.[432] **518**

---

[429] Vgl. *Huber*, in: Huber/Faust, Kap. 14 Rn 1 ff.; *Lorenz/Riehm*, Rn 573.
[430] Vgl. *Weidenkaff*, in: Palandt, § 437 Rn 53.
[431] So auch *Huber*, in: *Huber/Faust*, Kap. 14 Rn 8 ff.; *Lorenz/Riehm*, Rn 573.
[432] So *Lorenz/Riehm*, Rn 576.

a. Fahrlässigkeit

519 Um diese Umgehungsgefahr, die nicht nur im Rahmen der Sachmängelhaftung, sondern auch für die Rechtsmängelhaftung besteht, einzudämmen, besteht wenigstens weitgehend Einigkeit darüber, dass es notwendig ist, die Ansprüche zumindest aus *fahrlässiger* (gleichgültig ob aus grober oder einfacher Fahrlässigkeit) c.i.c. in §§ 311 II und III, 280 I BGB infolge der Spezialität sowohl für die Sach- als auch für die Rechtsmängelgewährleistung auszuschließen,[433] wenn sich die vorvertraglichen Pflichten auf einen Mangel des Kaufgegenstands i.S.d. §§ 434, 435 BGB beziehen und ein Gefahrübergang stattgefunden hat.[434]

Beispiel: Hat der Verkäufer seine Pflicht, über Rechtsmängel aufzuklären, verletzt oder hat er fahrlässig eine falsche Information gegeben, scheidet eine Haftung aus c.i.c. wegen des Verschweigens eines Rechtsmangels aus.

520 Damit ist die entscheidende Frage, ob der jeweilige Umstand Gegenstand einer Beschaffenheitsvereinbarung sein kann. Dies ist anhand der Regelungen der §§ 434, 435 BGB festzustellen.

521 Die Ansprüche aus c.i.c. sind auch dann **ausgeschlossen**, wenn es dem Käufer nicht gelingen sollte, die konkrete Eigenschaft, die eine Beschaffenheit der Sache sein kann, tatsächlich zum Gegenstand einer vertraglichen Beschaffenheitsvereinbarung i.S.d. § 434 BGB zu machen.[435]

b. Vorsatz

522 Strittig ist hingegen die Frage, inwieweit die c.i.c. auch ausgeschlossen ist, wenn eine *vorsätzliche* Verletzung vorvertraglicher Pflichten begangen wurde.

Eine Abgrenzung könnte nach der *Tatbestandslösung* vorgenommen werden.[436] Sei die Sachmangelgewährleistung mit den speziellen Vorschriften anzuwenden, scheide eine c.i.c. generell aus, also auch bei einem vorsätzlichen Handeln des Verkäufers.

Dem ist allerdings entgegenzuhalten, dass eine Schonung des Verkäufers dann nicht in Betracht kommt, wenn er vorsätzlich bzw. arglistig gehandelt hat. Anknüpfungspunkt ist das wissentliche und vor allem auch willentliche Handeln des Verkäufers, das zu den Problemen und vor allem Schäden des Käufers geführt hat. Der Verkäufer gefährdet nicht nur den Vertrag, sondern konterkariert diesen ausnahmslos zu seinem eigenen Vorteil. Zwar ist es billigenswert, dass die Parteien die eigenen Ziele verfolgen, jedoch nur in dem gesetzlich zulässigen Rahmen. Im Gleichklang mit § 123 BGB kann es dem Verkäufer also nur zum Nachteil gereichen, wenn er den Käufer vorsätzlich schädigt. Insofern muss die allgemeine Haftung der §§ 280 I, 241 II, 311 II BGB neben dem Kaufgewährleistungsrecht bestehen bleiben, gleichgültig, ob sich die Pflichtverletzung auf die Beschaffenheit der Kaufsache bezieht oder nicht.[437]

Hinweis für die Fallbearbeitung: Hat der Verkäufer hingegen eine besondere Beratungspflicht im Rahmen eines *selbstständigen Beratungsvertrags* übernommen oder werden andere *Informationspflichten* verletzt, besteht wieder Einigkeit, dass eine von

[433] Vgl. *Huber*, in: Huber/Faust, Kap. 14 Rn 22 ff.; *Lorenz/Riehm*, Rn 576; nunmehr a.A. *Emmerich*, SchuldR BT, § 5 Rn 53 m.w.N.; *Reischel*, JuS 2003, 1076, 1079.

[434] Vgl. BGH ZGS 2009, 284, 286 m.w.N.; *Weidenkaff*, in: Palandt, § 437 Rn 51; kritisch *Faust*, in: Bamberger/Roth, § 437 Rn 186 ff.

[435] Enger *Grigoleit/Herresthal*, JZ 2003, 118, 126: Die Beschaffenheitsangabe muss zur vertraglichen Pflicht des Verkäufers erhoben worden sein.

[436] Vgl. *Weiler*, ZGS 2002, 249, 254; *Grigoleit/Herresthal*, JZ 2003, 118, 126; *Weidenkaff*, in: Palandt, § 437 Rn 51; *Grüneberg*, in: Palandt, § 311 Rn 43 ff.

[437] So auch BGH ZGS 2009, 284, 286 m.w.N.; *Huber*, in: Huber/Faust, Kap. 14 Rn 29; offengelassen in LG Bonn NJW 2004, 74, 76.

§§ 437 ff. BGB unabhängige Haftung des Verkäufers vorliegt, auch wenn sich die Beratung auf eine Eigenschaft der Kaufsache bezieht.[438]

3. Verhältnis zur Positiven Vertragsverletzung, §§ 280 I, 241 II BGB

a. Nicht mangelbezogene Nebenpflichten

Vertragliche Nebenpflichtverletzungen können, auch wenn sie keinen Bezugspunkt zum Mangel haben, nach §§ 280 I ff., 241 II BGB geltend gemacht werden. Die Verletzung vertraglicher Nebenpflichten, die mit einem Sach- oder Rechtsmangel in *keinem Zusammenhang* stehen, führen auch nach der gesetzlichen Neuregelung zu einem Schadensersatzanspruch, welcher den allgemeinen Verjährungsvorschriften der §§ 195 ff. BGB und nicht der Verjährungsvorschrift des § 438 BGB unterliegt.[439] **523**

Beispiele:

(1) Verletzt der Verkäufer den Käufer bei der Lieferung der Kaufsache, haftet er wegen dieser Pflichtverletzung nach § 241 II BGB auf Schadensersatz gemäß § 280 I BGB, wobei das Vertretenmüssen des Verkäufers nach § 280 I S. 2 BGB vermutet wird.

(2) Werden bei der Anlieferung der Ware Wohnungsgegenstände beschädigt, kann ein Schadensersatz aus §§ 280 I, 241 II BGB geltend gemacht werden, wobei sich die Verjährung nach §§ 195 ff. richtet.

Hinweis für die Fallbearbeitung:

1. In zeitlicher Hinsicht ist wegen einer möglichen Verjährung nach § 438 BGB eine genaue Abgrenzung dann vorzunehmen, wenn bereits eine Verjährung nach § 438 BGB (2 Jahre) eingetreten ist, jedoch die Verjährungsfrist nach §§ 195 ff. BGB (3 Jahre) noch läuft.

2. Es ist aber auch noch dahingehend genau abzugrenzen, ob nicht eine mangelbezogene Pflichtverletzung vorliegt. Dies hat Auswirkungen auf das Konkurrenzverhältnis zu § 437 Nr. 3 BGB. Entscheidend ist der Einzelfall, anhand dessen eine Lösung erarbeitet werden muss.

3. Diese Situation ist zudem vom sog. Mangelfolgeschaden zu unterscheiden. Beim Mangelfolgeschaden entsteht der weitere Schaden an Rechtsgütern des Käufers, weil die Sache einen Mangel aufweist und sich dieser Mangel auf Rechtsgüter des Käufers nachteilig auswirkt. Die in Beispiel 1 und 2 geschilderte Art der Verletzung von Rechtsgütern des Käufers basiert jedoch nicht auf einem Mangel der Kaufsache, die Ursache wird vielmehr durch eine externe, vom Vertragsgegenstand losgelöste Ursache hervorgerufen.

Beispiele:

(1) Eine unzureichende Verpackung kann auf der einen Seite zu einer Pflichtverletzung außerhalb eines Mangels nach §§ 280 I, 241 II BGB führen, wenn etwa die schadhafte Verpackung zu einem Austreten von färbendem Verpackungsmaterial führt und hierdurch die Kleidung des Käufers bei der Abholung der Sache beschädigt wird. Auf der anderen Seite kann die Pflichtverletzung der schadhaften Verpackung auch zu einem Sachmangel führen, sofern durch diese schadhafte Verpackung die verpackte Sache beschädigt wurde und nun diese Sache in ihrem Wert gemindert ist.

(2) Besonderheiten gelten diesbezüglich für die Lieferung von Benzin. Werden z.B. Super- und Normalbenzin vertauscht, können dadurch erhebliche Schäden an den Motoren der Kunden der Tankstelle entstehen (viele Motoren erfordern das höherwertige Su-

[438] Vgl. *Grigoleit/Herresthal*, JZ 2003, 118, 126; wohl auch *Weidenkaff*, in: Palandt, § 437 Rn 51; unklar *Huber*, in: Huber/Faust, Kap. 14 Rn 27.

[439] Ausführlich *Lorenz/Riehm*, Rn 580; vgl. auch *Faust*, in: Bamberger/Roth, § 437 Rn 196.

perbenzin oder Superplusbenzin). Fraglich ist, woraus der Schadensersatz herzuleiten ist. §§ 437 Nr. 3, 440, 280 I BGB setzen unter anderem voraus, dass es sich um einen Sachmangel handelt.

⇨ Im Fall einer *Bringschuld* bewirkt das Einfüllen des Benzins in die Vorratsbehälter erst den Gefahrübergang. Nach § 434 I S. 1 BGB haben die Parteien zumindest für das Superbenzin ausdrücklich oder in jedem Fall konkludent[440] eine bestimmte Oktanzahl als Beschaffenheitsvereinbarung getroffen. Wird diese mit der Oktanzahl des Normalbenzins unterschritten, weicht die vereinbarte Solleigenschaft von der tatsächlichen Ist-Beschaffenheit ab. Insoweit liegt ein Sachmangel vor (für das Normalbenzin, das nunmehr die Eigenschaft der erhöhten Oktanzahl des Superbenzins hat, liegt ein Mangel nach § 434 III BGB vor; siehe dazu die Problematik des zu gut gelieferten aliud).

⇨ Liegt hingegen eine *Schickschuld* im Rahmen eines Versendungskaufs nach § 447 BGB vor, ist die Gefahr bereits beim Einfüllen in den Lieferwagen übergegangen. Tritt die Vermischung erst beim Einfüllen in die Lagertanks des Käufers ein, fand ein ordnungsgemäßer, sachmangelfreier Gefahrübergang statt. Ein Sachmangel nach § 434 I S. 1 BGB liegt demnach nicht vor. Aber das falsche Einfüllen stellt einen Montagefehler nach § 434 II S. 1 BGB zumindest analog dieser Vorschrift dar.[441]

In beiden Fallvarianten liegt demnach ein Sachmangel vor. Insoweit ist jeweils eine Mangelbezogenheit der Sache gegeben. Rechtsfolgen können nur aus §§ 437 Nr. 3, 280 I ff. BGB hergeleitet werden.

b. Mangelbezogene Nebenpflichten

524 Schwierigkeiten bereitet dagegen die Frage, welche Folgen eine auf den Mangel bezogene Nebenpflichtverletzung des Verkäufers hat.

Beispiel: Der Verkäufer unterlässt es schuldhaft, den Käufer über die Mangelhaftigkeit der gelieferten Sache zu informieren. Der Käufer bemerkt den Mangel erst nach Ablauf der Gewährleistungsfrist gem. § 438 BGB.

525 Hier besteht ein **echtes Konkurrenzproblem** zwischen dem kaufrechtlichen Gewährleistungsrecht und dem allgemeinen Leistungsstörungsrecht. Dabei muss strikt danach differenziert werden, zu welchem Zeitpunkt die mangelbezogene Pflichtverletzung eingetreten ist:

aa. Vor Gefahrübergang

526 Zunächst ist die Situation denkbar, in der durch eine Nebenpflichtverletzung, die ***vor*** dem Gefahrübergang lag, die **Sache mangelhaft** wird. In derartigen Fällen besteht kein Bedürfnis für die Anwendbarkeit der Haftung aus § 280 I BGB. Dies liegt darin begründet, dass zum einem der Verkäufer bis zum Gefahrübergang die Möglichkeit hat, den Sachmangel noch rechtzeitig zu beheben. Bis die Sache übergeben wird, besteht deshalb ohnehin noch kein Bedürfnis für eine Haftung. In dem Fall, in dem die Sache mit diesem Mangel übergeben wurde, kann nur das Gewährleistungsrecht Anwendung finden. Dies liegt darin begründet, dass ansonsten das fein strukturierte Gewährleistungsrecht umgangen und damit ausgehöhlt werden könnte. Zum einen gibt es eine gegenüber § 195 ff. BGB verkürzte Verjährungsregel in Form des § 438 BGB. Zum anderen könnte ansonsten die grundsätzlich vorher zu verlangende Nacherfüllung zugunsten des

---

440 Vgl. *Berger*, in: Jauernig, § 434 Rn 9: Die Abgrenzung zu § 434 I S. 2 Nr. 1 BGB ist hierbei allerdings sehr schwierig.

441 Vgl. *Faust*, in: Bamberger/Roth, § 437 Rn 196.

Schadensersatzes umgangen werden, der Sinn und Zweck des Vorrangs, nämlich zunächst ein Sichern und Erhalten des Kaufvertrags, wären gefährdet.

bb. Nach Gefahrübergang und vor Annahme

Weiterhin sind derartige Fallkonstellationen denkbar, in denen durch eine Nebenpflichtverletzung die Sache noch *vor* Annahme i.S.d. § 363 BGB des Käufers, aber *nach* Gefahrübergang mangelhaft wird. In diesen Fällen ergibt sich jedoch kein relevanter Unterschied zu der vorhergehenden Situation: Auch hier übernimmt der Käufer eine mangelhafte Sache vom Verkäufer. Insofern gelten die vorhergehenden Argumente auch hier. Dem ist gleichzusetzen, wenn ein Montagefehler durch den Verkäufer verursacht wird. **527**

cc. Beim Gefahrübergang sachmängelfrei und nachträgliche Beschädigung

Zuletzt können noch Probleme auftreten, wenn die Sache *beim* Gefahrübergang sachmängelfrei war, jedoch durch ein Verhalten des Verkäufers im *Nachhinein* (also nach Annahme der Sache) beschädigt wurde. **528**

> **Beispiel:** Der Verkäufer liefert die neue Waschmaschine an. Vereinbart ist zwischen den Vertragsparteien, dass die alte Maschine einige Tage später abgeholt wird. Durch Unachtsamkeit stoßen die Gehilfen des Verkäufers mit der alten Maschine kräftig an die Scheibe der neuen Waschmaschine, sodass diese reißt und in naher Zukunft vollständig zersplittert.

In einer solchen Situation kommt der Verkäufer nicht mehr seinen originären Pflichten aus dem Kaufvertrag nach, sondern er ist eher mit jedem Dritten zu vergleichen, der in die Wohnung des Käufers kommt; einen Vertrauenstatbestand im Hinblick auf die nunmehr entstehenden Mängel hat die Annahme der Sache nicht geschaffen. Insofern ist nicht mehr das Mängelgewährleistungsrecht, sondern es sind die Vorschriften des § 280 I BGB anwendbar. **529**

Anders muss dies jedoch dann zu entscheiden sein, wenn der Verkäufer zur *Nacherfüllung* verpflichtet ist. In dieser Situation gehen seine Pflichten hinsichtlich der Vertragssache über die Pflichten eines Dritten deutlich hinaus. Er hat im Rahmen der Nacherfüllung vertraglich besonders darauf zu achten, dass keine Schäden an der ihm anvertrauten Sache entstehen. Während dieser Nachbesserungsphase trägt er daher die Gefahr der Verschlechterung und des zufälligen Untergangs. Die Gewährleistungsregeln leben in diesem Zusammenhang im vollen Umfang wieder auf. **530**

4. Verhältnis zur Störung der Geschäftsgrundlage, § 313 BGB

Da das Institut von der Störung der Geschäftsgrundlage (nun in § 313 BGB kodifiziert) dem Ziel dient, eine Vertragsanpassung für den Fall vorzunehmen, dass sich nach Vertragsschluss Umstände, die zur Grundlage des Vertrags geworden sind, schwerwiegend verändert haben und die Parteien den Vertrag nicht oder mit anderem Inhalt geschlossen hätten, wenn sie diese Veränderungen vorausgesehen hätten, gehen die Vorschriften der §§ 434 ff. BGB über Gewährleistungsrechte als die spezielleren dem § 313 BGB vor. **531**

5. Bereicherungsrecht

Durch die **Gleichstellung des Sachmangels in § 434 III BGB mit dem *aliud*** entsteht, ähnlich wie im Handelsrecht, nunmehr auch im Kaufrecht die Frage nach dem **532**

Verhältnis von Gewährleistungsrecht und Leistungskondiktion nach § 812 I S. 1 Var. 1 BGB.[442]

a. Zuviellieferung

533 Dieses Problem stellt sich bei einer Mengenabweichung nicht, da § 434 III BGB die Zuviellieferung nicht erfasst. Nach wie vor bleibt es bei der Beurteilung, dass die Lieferung eines *aliud* die Lieferung einer nicht geschuldeten Sache darstellt.

b. Zu wertvolles aliud

534 Ob bei einem zu wertvollen aliud die Kondiktion in Betracht kommt, ist nach der hier vertretenen Ansicht keine Frage der Anwendbarkeit, sondern vielmehr ein Problem, ob die Tatbestandsvoraussetzungen erfüllt sind. Nach der hier vertretenen Meinung[443] ist im Rahmen des Prüfungspunkts „ohne Rechtsgrund" das Problem zu erörtern, ob mit diesem wertvolleren aliud nach § 362 I BGB erfüllt wurde; ist demnach eine Erfüllung eingetreten, liegt ein Rechtsgrund vor und die Tatbestandsvoraussetzungen des § 812 I S. 1 Var. 1 BGB sind nicht erfüllt. Hat der Verkäufer den Kaufvertrag im Ganzen oder speziell die Tilgungsbestimmung nach § 142 I, 119 II BGB angefochten, sofern ihm ein solches Recht überhaupt zusteht, kommt die Kondiktion ohne weiteres zum Zuge.

c. Weniger wertvolles aliud

535 Liefert der Verkäufer hingegen ein weniger wertvolles aliud, stehen dem Käufer die Gewährleistungsrechte zu. Er muss aber dem Verkäufer eine **Frist zur Nacherfüllung** setzen. Die Nacherfüllung wird meist in Form einer Neulieferung erfolgen, wobei der Käufer das *aliud* zurückgeben wird, § 439 I Var. 2, IV BGB. Fordert der Verkäufer vor Ablauf der Nacherfüllungsfrist den Käufer zur Rückgabe der Kaufsache auf und bietet er zugleich die geschuldete Ware an, entzieht sich der Verkäufer nicht der Gewährleistung, sondern realisiert nur sein „Recht zur zweiten Andienung".

Würde man nur die Rückforderung zulassen, ohne dass der Verkäufer gleichzeitig die geschuldete Leistung anbietet, hätte das die Beseitigung der Fristsetzung mit der Möglichkeit, das Minderungsrecht auszuüben, zur Folge. In diesem Fall könnte der Käufer nur hinsichtlich des Erfüllungsanspruchs eine Frist nach §§ 280 I u. III, 281 I oder § 323 BGB setzen und nach fruchtlosem Fristablauf nur Schadensersatz statt der Leistung verlangen oder vom Vertrag zurücktreten; Voraussetzung dafür ist aber, anders als bei der Minderung, ein Vertretenmüssen des Verkäufers. Mit **Ablauf der Nacherfüllungsfrist** endet das Recht des Verkäufers zur zweiten Andienung, weil der Käufer, dessen Nacherfüllungsanspruch weiter bestehen geblieben ist, die Wahl zwischen den Rechtsbehelfen des § 437 BGB hat. Wegen der Möglichkeit der Umgehung des Wahlrechts bei Zulassung der Leistungskondiktion würde dies bedeuten, dass sich der Verkäufer dem Mängelgewährleistungsrecht entziehen könnte. Gleiches gilt auch dann, wenn die Nachfristsetzung aus anderen Gründen entbehrlich ist und der Käufer sich unmittelbar und frei zwischen den Rechtsbehelfen des Gewährleistungsrechts entscheiden kann. Im Übrigen ist auf § 439 IV BGB hinzuweisen, wonach der Verkäufer Rückgewähr der mangelhaften Sache nach Maßgabe der §§ 346 bis 348 BGB verlangen kann. Insofern ist § 439 IV lex specialis zu § 812 BGB. Eine Anwendbarkeit ist daher abzulehnen.

---

[442] Zum Bereicherungsrecht vgl. ausführlich *R. Schmidt*, SchuldR BT II, Rn 272 ff.
[443] Vgl. dazu Rn 243 ff.

6. Deliktsrecht, §§ 823 ff. BGB

Schwierigkeiten bereitet auch die Abgrenzung des Gewährleistungsrechts zum Deliktsrecht. 536

a. Fehlerbegriff

Eine erste Abgrenzung ist hinsichtlich des Fehlerbegriffs beider Rechtsinstitute vorzunehmen, weil sie nicht den identischen Begriff verwenden. Denn im Rahmen der §§ 823 ff. BGB kommt es nicht auf den Beschaffenheitsbegriff an. 537

Vielmehr ist eine Sache hinsichtlich der §§ 823 ff. BGB fehlerhaft, wenn sie nicht von der Beschaffenheit ist, die man erwarten muss, um sie unter Beachtung der im Verkehr erforderlichen Sorgfalt und unter Berücksichtigung der speziellen Anweisung des Herstellers oder Verkäufers gefahrlos benutzen zu können. 538

Hierdurch können sich durchaus Unterschiede ergeben. Denn die Sache kann zwar an sich mängelfrei i.S.d. §§ 434 ff. BGB sein, aber dennoch eine Fehlerhaftigkeit i.S.d. §§ 823 ff. BGB aufweisen. 539

Beispiel: A produziert und vertreibt ein Lösungsmittel für das Entfernen von Farbresten auf Wänden. B kauft dieses Produkt und verwendet es in seiner Wohnung. Dabei öffnet er entsprechend der im Verkehr erforderlichen Sorgfalt alle Fenster, damit die möglicherweise giftigen Gase zügig abziehen können. Dennoch wird seine Lunge leicht verätzt. Der Produzent hat verschwiegen, dass das Einatmen dieser Lösungsmittel generell schon in kleinsten Konzentrationen gesundheitsschädlich sein kann. Ein Sachmangel liegt nicht vor, da die Farbe vollständig von der Wand entfernt wurde. Jedoch liegt ein Fehler i.S.d. §§ 823 ff. BGB vor, da das Produkt nicht gefahrlos genutzt werden kann (siehe dazu auch §§ 1 ff. ProdHaftG).

b. Anknüpfungspunkt des Schadens am Rechtsgut

Eine zweite Abgrenzung findet dahingehend statt, an welcher Sache bzw. an welchen Rechtsgütern der Schaden eingetreten ist. Denn dieser kann sich an der Vertragssache genauso realisieren wie an fremden Rechtsgütern, die nicht in einem Zusammenhang mit dem Vertragsgegenstand stehen. 540

aa. Schaden an anderen Rechtsgütern

Unbestritten ist der Anwendungsbereich des Schadensersatzrechts aus Delikt in den Konstellationen, in denen ausschließlich an anderen Rechtsgütern als dem Vertragsgegenstand Schäden eingetreten sind.[444] Hier stehen die deliktischen Schadensersatzansprüche aus §§ 823 ff. BGB neben den vertraglichen aus §§ 437 Nr. 3, 280 ff. BGB.[445] Wegen der gravierenden Folgen für den Käufer des Produkts ist es akzeptabel, die unterschiedlichen Verjährungsfristen hinzunehmen, denn anderenfalls wäre der Käufer schlechter gestellt als jeder beliebige Dritter, der durch die verkehrswidrige Sache in gleicher Weise geschädigt wird.[446] Voraussetzung ist jedoch, dass den Verkäufer eine Verkehrssicherungspflicht trifft, die in einer Prüfungs- oder Hinweispflicht bestehen kann.[447] 541

Beispiel: Die Feuerwerks-AG (F-AG) importiert aus dem asiatischen Raum Feuerwerkskörper für Privatkunden und verkauft diese in ihren Filialen. Dabei führt sie auch Raketen, die besonders aufwendig verarbeitet sind. Als Nebenfolge werden die Raketen nach einer

---

[444] Für alle *Honsell*, in: Staudinger (1995), vor §§ 459 a.F. Rn 50.
[445] Vgl. BGH NJW-RR 1996, 1121 f.; *Klose*, MDR 2003, 1215, 1217.
[446] BGHZ 101, 337.
[447] Vgl. *Larenz/Canaris*, § 41a.

gewissen Dauer jedoch leichter entzündlich. Die F-AG trifft daher, bevor die Ware an den Kunden verkauft wird, die Verkehrssicherungspflicht, die Lagerzeit zu überprüfen und ggf. den Kunden auf die gesteigerten Gefahren hinzuweisen.

bb. Weiterfressender Mangel

542 Problematisch wird es hingegen in den Fallgestaltungen, in denen Schäden an der Kaufsache selbst verursacht werden, die ihre Ursache in einem Mangel nach § 434 BGB haben.

543 In diesen Fällen des „weiterfressenden Mangels" unterscheidet der BGH in ständiger Rechtsprechung zwischen dem Interesse des Käufers, eine mangelfreie Sache zu bekommen (sog. *„Nutzungs- und Äquivalenzinteresse"*), und dem Interesse des Eigentümers an der Erhaltung der Sache (sog. *„Integritätsinteresse"*).
Als Grundsatz ist zu beachten, dass ausschließlich das Integritätsinteresse durch das Deliktsrecht geschützt wird, während das Nutzungs- und Äquivalenzinteresse durch die Vorschriften über die Sachmängelhaftung ausgeglichen werden.

544 Die Abgrenzung zwischen beiden Interessen nimmt der BGH danach vor, ob der später eingetretene Schaden sich mit dem Unwert der Sache aufgrund des im Zeitpunkt des Eigentumsübergangs vorhandenen Mangels deckt, mit ihm „stoffgleich" ist.[448] Ist der später an der ganzen Sache aufgetretene Schaden demnach „stoffgleich" mit dem eigentlichen Sachmangel, liegt nach Auffassung des BGH **keine** Eigentumsverletzung i.S.d. § 823 I BGB vor. Raum für einen deliktischen Schadensersatzanspruch bleibt demnach nur für einen darüber hinausgehenden Schaden, der zwar durch den Sachmangel verursacht wurde, sich von diesem aber dadurch unterscheidet, dass sich der ursprüngliche Mangel, der zunächst auf das fehlerhafte Bauteil begrenzt war, nach Übereignung noch auf andere Teile auswirkte, die vorab vertragsgemäß beschaffen waren. Dieser nachträglich durch den Sachmangel entstandene zusätzliche Wertverlust an den übrigen Bestandteilen der Sache ist mit dem ursprünglichen Sachmangel nicht stoffgleich.

Beispiele:

(1) Der Käufer eines Pkw verursacht mit dem Fahrzeug wiederholt Unfälle, nachdem die Garantiefrist abgelaufen ist. Als Grund wird ein defekter Gaszug ermittelt, der dazu führt, dass der Pkw auch dann beschleunigt, wenn das Gaspedal nicht betätigt wird.[449] Der Händler ist von der Zentrale über solche Vorkommnisse bereits im Zeitpunkt des Verkaufs informiert und angewiesen worden, den Käufer vorsorglich auf den Mangel hinzuweisen. Hier liegt zwar ein Mangel in Bezug auf den Gaszug vor, jedoch ist dieser Mangel auf das konkrete Bauteil begrenzt und wirkt sich erst später durch weitere Umstände bei diesem (etwa Korrosion) aus. Hier ist das *Integritätsinteresse* des Käufers betroffen. Der Käufer kann Schadensersatz nach § 823 I BGB geltend machen.

(2) Ein Zulieferbetrieb des Kfz-Gewerbes produziert Zentralverriegelungen für Kraftfahrzeuge. Bestandteil dieser Zentralverriegelungen sind Steuergeräte, in die u.a. Transistoren eingebaut sind. Diese Transistoren werden wiederum von einem weiteren Subunternehmer hergestellt. In der Folgezeit kommt es bei ausgelieferten Fahrzeugen zu Ausfällen der Zentralverriegelungen, die auf mangelhafte Transistoren zurückzuführen sind. Der Zulieferbetrieb möchte vom Transistorenhersteller den Schaden ersetzt bekommen, den er dadurch erleidet, dass er dem Fahrzeughersteller Schadensersatz leisten musste.[450] Auch hier ist lediglich ein begrenztes Bauteil beschädigt. Der Mangel

---

[448] Zur Anwendung dieses Rechtsinstituts im neuen Kaufrecht vgl. *Masch/Herwig*, ZGS 2005, 24 ff.
[449] In Anlehnung an BGHZ 86, 256 ff.
[450] BGHZ 138, 230 ff.; dazu *Brüggemeier*, JZ 1999, 99, 100; *Franzen*, JZ 1999, 702 f.; *Timme*, JuS 2000, 1154; vgl. auch OLG Stuttgart NJW-RR 2002, 25, 26.

wirkt sich später auf die bis dahin heilen Bauteile aus, weshalb bezüglich dieser das *Integritätsinteresse* betroffen war.

(3) Schließlich sei der sog. **Chipfall**[451] erwähnt. Fehlerhaft programmierte Chips wurden irreversibel mit Leiterplatten verbunden und zusammen mit anderen Bauteilen zu einem Modul verarbeitet, das in Digital-Schaltuhren eingebaut wurde. Nach Auffassung des OLG Stuttgart umfasst der Schadensersatzanspruch wegen Eigentumsverletzung nur die Kosten des Materials, das beim Ausbau nicht mehr verwendet werden kann, also den Wert der zuvor einwandfreien Teile, nicht dagegen die Kosten, die durch den Ausbau der fehlerhaften Zulieferteile entstanden sind. Diese letzteren Kosten seien nur dem verletzten Äquivalenzinteresse zuzuordnen.

Hinweis für die Fallbearbeitung: Ein Teil der Literatur[452] lehnt hingegen eine derartige Differenzierung ab. Sie nimmt dagegen an, dass, wenn ein „weiterfressender Mangel" vorliege, ausschließlich das vertragliche Gewährleistungsrecht anwendbar sei.

Allerdings kann durch diese Anspruchskonkurrenz die Situation entstehen, dass die Fristen des Gewährleistungsrechts und die des Deliktsrechts beide noch laufen. **545**

Beispiel: Die Sache wurde am 2.1.2015 gekauft. Der Schaden tritt am 1.5.2015 ein.

Das Gewährleistungsrecht des Kaufrechts sieht jedoch vor, dass grundsätzlich zunächst ein Nacherfüllungsanspruch durch den Käufer geltend zu machen ist, bevor auf ein Schadensersatzverlangen nach §§ 437 Nr. 3, 440, 280 ff. BGB übergegangen werden kann. Zu berücksichtigen ist aber, dass der Schadensersatzanspruch des Deliktsrechts sofort entstehen kann; ein vorgehendes primäres Nacherfüllungsverlangen ist im Deliktsrecht nicht vorgesehen. Das kann zur Konsequenz haben, dass zwar das Deliktsrecht bereits einen Schadensersatzanspruch vorsieht, das Gewährleistungsrecht diesen jedoch wegen der Vorrangigkeit der Nacherfüllung noch ausschließt. **546**

Eine Lösungsmöglichkeit wäre, nach § 387 BGB eine Aufrechnung mit einem Schadensersatzanspruch des Verkäufers gem. §§ 280 I, 241 II BGB vorzunehmen, der sich daraus ergibt, dass der Käufer gegen die Treuepflicht aus § 241 I u. II BGB verstößt und dadurch nicht auf die berechtigten Interessen des Verkäufers Rücksicht genommen hätte.[453]

Diese rechtliche Konstruktion, die auf den ersten Blick einleuchtend und beeindruckend ist, könnte aber zu einer Erlaubnis eines Rechts zur Selbstvornahme werden. Über §§ 823 I, 249 ff. BGB können auch die Kosten für die Wiederherstellung einer Sache verlangt werden. Der Käufer kann aufgrund dessen die Sache bei einem anderen Fachbetrieb reparieren lassen und die Erstattung der dafür entstandenen Kosten vom Verkäufer nach §§ 823 I, 249 ff. BGB fordern, ohne diesem eine Frist zur Nacherfüllung gesetzt zu haben. Dadurch entstünde durch die Hintertür ein Recht zur Selbstvornahme. Dieses Recht, wie bereits oben ausgeführt wurde, sieht der Gesetzgeber jedoch im Kaufrecht gerade nicht vor (vgl. dazu ausführlich *Wenzel*, Fälle zum BGB I, Kap. 3, Fall 02 Rn 39). Die Intention des Gesetzes ist, dass der Käufer zunächst eine Nacherfüllung zu verlangen hat, sofern nicht die gesetzlichen Ausnahmen des § 281 II BGB eingreifen. Solange diese jedoch nicht vorliegen, hat der Verkäufer das Recht, den Mangel durch Nacherfüllung zu beseitigen und sich dadurch den Kaufpreis nach § 433 II BGB zu verdienen. Erst wenn die Voraussetzungen des § 440 BGB eingreifen, kann der Käufer von Nacherfüllung auf Schadensersatz umschwenken. Dieses sehr klare, strukturierte und fein gesponnene System wäre jedoch durchbrochen; die rechtliche Balance zwischen Käufer und Verkäufer wäre nicht mehr gegeben.

---

[451] OLG Stuttgart NJW-RR 2002, 25 f.; vgl. auch *Kullmann*, NJW 2002, 30, 31.
[452] *Honsell*, in: Staudinger (1995), vor §§ 459 a.F. Rn 50 ff.; *Oetker/Maultzsch*, § 2 Rn 335 ff. jeweils m.w.Nachw.
[453] *Klose*, MDR 2003, 1215, 1217.

Daher muss aus dogmatischen und gesetzessystematischen Erwägungen der Anwendungsbereich des § 823 I BGB so lange ausgeschlossen sein, wie ein Anspruch aus dem Gewährleistungsrecht geltend gemacht werden kann. Mit anderen Worten kommt ein deliktischer Schadensersatzanspruch erst dann in Betracht, wenn das Gewährleistungsrecht des Kaufvertrags verjährt ist.

F. Die Garantie

547 Die (praktischen) Fallkonstellationen und rechtlichen Differenzierungen sind derart weitreichend und umfangreich, dass es an dieser Stelle nur möglich ist, die Garantie in ihren Grundzügen darzustellen. Für eine tiefergehende Beschäftigung mit dieser Thematik ist es daher erforderlich, auf spezielle Literatur zurückzugreifen, die teilweise in den Fußnoten genannt wird.

I. Überblick

548 Vertragliche Modifikationen des Gewährleistungsrechts zugunsten des Käufers sind selbstverständlich für den Käufer wegen der Vertragsfreiheit nach § 311 I BGB möglich, solange die gesetzlichen Grenzen von den Vertragspartnern eingehalten werden.

549 Besondere Bedeutung erlangt für den Käufer die **Garantie**. Denn die Garantie lässt die Gewährleistungsrechte im Rahmen der konkreten vertraglichen Vereinbarung meist unberührt und gibt dem Käufer ein zusätzliches Recht, das neben den Gewährleistungsrechten steht.[454] Dies wird, wenn eine in § 443 BGB explizit geregelte Garantie vorliegt, sogar entsprechend festgeschrieben, da die Vorschrift in § 443 I BGB ausdrücklich klarstellt, dass dem Käufer trotz einer Garantieerklärung die gesetzlichen Ansprüche und Rechte erhalten bleiben.[455] Hinzu kommt ferner, dass mit diesem Rechtsinstitut der Käufer nicht nur seine Rechte gegenüber dem Verkäufer modifizieren kann. Ihm steht es vielmehr offen, direkt mit dem Hersteller in vertragliche Beziehungen zu treten. Aus dem Kaufvertrag selbst ergibt sich nämlich eine solche Vertragsbeziehung nicht.

> **Hinweis für die Fallbearbeitung:** Zwar ist es systematisch denkbar, dass der Käufer (Verbraucher) in den *Schutzbereich* des Vertrags zwischen dem Verkäufer (Unternehmer) und dessen Vertragspartner (Lieferanten) einbezogen wird. Voraussetzung für die Einbeziehung eines Dritten in den Vertrag ist jedoch eine personenrechtliche Beziehung zwischen dem Vertragsgläubiger und dem Dritten, sodass der Gläubiger für das "Wohl und Wehe" des Dritten mitverantwortlich ist. In den ganz überwiegenden Fällen steht bei dem Abschluss des Kaufvertrags zwischen Unternehmer und Lieferanten in keinerlei Weise fest, welcher Verbraucher der Vertragspartner des Unternehmers sein wird. Insoweit liegt keine Situation vor, die es rechtfertigen könnte, eine Einbeziehung in diesen *Schutzbereich* entsprechend anzunehmen.
>
> Eine weitere Möglichkeit könnte das Rechtsinstitut der *Drittschadensregulierung* sein. Diese Überwälzung des Anspruchs vom Unternehmer auf den Käufer ist allerdings mit den Prinzipien des Schadensrechts nicht vereinbar. Denn es gilt im Schadensersatzrecht der wichtige Grundsatz, dass lediglich der Geschädigte selbst seinen Schaden geltend machen darf und soll. Eine Popularklage soll hingegen unzulässig sein. Nur in wenigen besonderen Ausnahmesituationen bedarf es eines Ausgleichs und daher einer Ausnahme. Eine solche liegt in diesem Verhältnis hingegen nicht vor.[456]
>
> Ein dritter und letzter Gedankenansatz ist § 311 III BGB. Danach kann ein Schuldverhältnis mit den Pflichten des § 241 II BGB entstehen, wenn der Dritte *in besonderem Maße Vertrauen für sich in Anspruch genommen* hat und dadurch die Vertragsver-

[454] BT-Drs. 14/6040, S. 237 re.Sp.

[455] BT-Drs. 14/6040, S. 238; BT-Drs. 17/12637, S. 68 li.Sp.; vgl. auch *Lorenz/Riehm*, Rn 565.

[456] Vgl. BGHZ 51, 91, 93 ff.; *Larenz/Canaris*, § 41a.

handlungen oder den Vertragsschluss maßgeblich beeinflusst. Insofern passt es vordergründig konstruktiv, wenn Lieferanten oder Produzenten in einem erheblichen Maße Werbung für das Produkt gemacht haben, die für die Entscheidungen des Käufers bzw. Verbrauchers maßgeblich war. Dagegen spricht jedoch, dass der Gesetzgeber bereits diesen Umstand in § 434 I S. 3 BGB berücksichtigt und den Käufer umfangreich abgesichert hat. Ein zweites Argument ist die Intention des Gesetzgebers hinsichtlich § 311 III BGB. Erfasst werden soll mit der Vorschrift der so genannte Sachwalter, der als Sachverständiger oder andere Auskunftsperson, die eine besondere Rolle hinsichtlich Objektivität und Neutralität einnimmt, beschrieben werden kann.[457]

Auch reichen die gesetzlichen Schuldverhältnisse wie Deliktsrecht und Produkthaftungsgesetz nicht, da diese nicht das Erfüllungsinteresse an einer mangelfreien und mängelfrei bleibenden Sache abdecken. 550

Besonderheiten ergeben sich bei dem Abschluss der Garantie zwischen Käufer und Hersteller der Ware nur in einem Punkt. Es sind insofern die Vorschriften der §§ 145 ff. BGB anzuwenden. Anzuwenden ist insbesondere auch § 151 BGB, wenn der Hersteller seine Garantieerklärung dem Produkt beilegt: Die *Garantiehaftung* des Garantiegebers (Herstellers) entsteht durch Abschluss eines Garantievertrags in aller Regel in der Weise, dass der Verkäufer als unmittelbarer Vertragspartner des Herstellers gehalten ist, bei Abschluss des Kaufvertrags mit dem Endkunden den Garantieschein auszufüllen und diesen dem Kunden auszuhändigen.[458] Die Übergabe des ordnungsgemäß ausgefüllten Garantiescheins stellt das Angebot zum Abschluss des Garantievertrags mit dem Hersteller dar. Nach § 151 BGB wird auf den Zugang der Annahmeerklärung des Kunden gegenüber dem Hersteller verzichtet, sie erfolgt stillschweigend.[459] 551

Schwierigkeiten ergeben sich hingegen aus dem Regelungsbereich der §§ 147 II, 148 BGB. Denn Art. 6 I Verbrauchsgüter-RL sieht explizit vor, dass derjenige, der eine Garantie anbietet, unbegrenzt an sein Angebot gebunden ist, bis derjenige, an den sie gerichtet war, über sie entschieden hat.[460] Damit passen aber die gesetzlichen Regelungen nicht und können daher ausnahmsweise keine Anwendung finden. 552

Hinweis für die Fallbearbeitung: Die Garantie ist deutlich abzugrenzen gegenüber der Mängelgewährleistung. Sachmängel sind nach § 434 I S. 1 BGB Fehler bei Gefahrübergang, während sich die Garantie auf die Haltbarkeit und Funktionsfähigkeit der Kaufsache nach Gefahrübergang bezieht und sowohl vom Verkäufer als auch von Dritten wie Herstellern, Importeuren oder Vorlieferanten gegeben werden kann.

II. Typologie

Der Garantievertrag ist in seinem Regelungsumfang und der konkreten Ausgestaltung vielseitig einsetzbar und vielschichtig in den Rechtsproblemen, die mit der Garantie zusammenhängen.[461] Daher ist es von besonderer Wichtigkeit, die einzelnen Garantieformen zu typologisieren. Zunächst ist strikt danach zu unterscheiden, ob eine selbstständige oder unselbstständige Garantie zwischen den Vertragspartnern vereinbart wurde.[462] 553

---

[457] BT-Drs. 14/6040, S. 163 re.Sp.
[458] *Graf von Westphalen*, in: Henssler/Graf von Westphalen, § 443 Rn 9; unklar *Büdenbender*, in: Dauner-Lieb/Heidel/Lepa/Ring, Das neue Schuldrecht, § 8 Rn 45.
[459] Vgl. zum alten Recht (d.h. vor 2002) BGH BB 1981, 14, 15.
[460] Vgl. dazu *Medicus*, in: Grundmann/Medicus/Rolland, Europäisches Kaufgewährleistungsrecht, 2001, 219, 229.
[461] Vgl. BT-Drs. 14/6040, S. 237 f.
[462] BT-Drs. 14/6040, S. 237 li.Sp.

1. Beschaffenheitsgarantie und Haltbarkeitsgarantie

554 Die Garantie nach § 443 I BGB sieht vor, dass der Garantiegeber eine Garantie explizit dafür übernimmt, dass der Kaufgegenstand im Zeitpunkt des Gefahrübergangs[463] bestimmte Merkmale aufweist; die Garantie kann sich auf die Beschaffenheit der Sache oder auf andere als die Mängelfreiheit betreffende Anforderungen der Sache beziehen.

Beispiel[464]**:** A und B (beide Unternehmer) verhandeln über den Verkauf eines gebrauchten Kfz. Bei den Vorverhandlungen hat der Verkäufer auf die ausdrückliche Frage des Käufers bezüglich der Gesamtfahrleistung geantwortet, dass diese mit dem Tachostand übereinstimme.

Der Garantiegeber übernimmt explizit bei einer Garantie die Gewähr dafür, dass der Kaufgegenstand im Zeitpunkt des Gefahrübergangs bestimmte Merkmale aufweist. Dadurch, dass der Verkäufer ausdrücklich in den Vorverhandlungen erklärte, die Gesamtfahrleistung stimme mit dem Tachostand überein, hat er zum Ausdruck gebracht, er wolle explizit für das bestimmte Merkmal der Tachorichtigkeit und für die damit zusammenhängende Gesamtfahrleistung einstehen, also die Sache solle das bestimmte Merkmal aufweisen. Insoweit liegt eine Beschaffenheitsgarantie bzgl. des Gebrauchtwagens vor, wodurch nach § 444 BGB ein vertraglicher Gewährleistungsausschluss nicht eingreifen kann.[465] In einer solchen Konstellation ist der Verkäufer gegenüber dem Käufer bei Vorliegen der Voraussetzungen schadensersatzpflichtig, selbst wenn ihn kein Verschulden trifft.

Hinweis für die Fallbearbeitung:

1. Die Garantie bei Beschaffenheitsmerkmalen (Beschaffenheitsgarantie) ist wegen der Sachnähe zur Beschaffenheitsvereinbarung nach § 434 I S. 1 BGB gegenüber dieser abzugrenzen. ⇨ Diese Garantie geht über die vertragliche Beschaffenheitsvereinbarung deutlich hinaus. **Nicht** gemeint ist mit der Beschaffenheitsgarantie des § 443 I BGB die Abgabe einer Garantie, dass der Garantiegeber sich vertraglich dazu verpflichtet, beim Fehlen der vereinbarten Beschaffenheit *verschuldensunabhängig* i.S.d. § 276 I Halbs. 2 Var. 1 BGB wegen Schadensersatzes nach § 437 Nr. 3 Var. 1 BGB zu haften.[466] Durch § 443 I BGB gibt der Garantiegeber eine über § 276 I Halbs. 2 Var. 1 BGB hinausgehende Garantie ab.
Dies zeigt sich besonders im Zusammenhang mit § 444 BGB. Der Anwendungsbereich kann nur durch eine über § 276 I Halbs. 2 Var. 1 BGB hinausgehende Garantie ausgelöst werden. Ein weiteres Unterscheidungsmerkmal kann sein, dass der Verkäufer dem Käufer bei einem Mangel der Sache zusichert, die nächsthöhere Warengruppe zu liefern oder für den Übergangszeitraum einer Nachlieferung kostenlos Ersatz für die Übergangszeit zur Verfügung zu stellen.

2. Die Garantie führt dazu, dass ein Verschulden i.S.d. § 276 I S. 1 BGB nicht vorliegen muss, da es sich nach § 276 I S. 1 BGB um eine Garantie im Sinn des Wortlauts handelt.[467] Einer Abgrenzung im Zusammenhang nur mit dem Verschulden bedarf es daher nicht. Kommt es jedoch auf weiterführende Rechte wie etwa § 444 BGB an, muss zwischen den Garantiearten sorgfältig differenziert werden.

555 Aufgrund der allgemeinen Vertragsfreiheit der Vertragsparteien sowie des Wortlauts des § 443 I BGB, der mit dem Wortlaut „insbesondere" den Regelungsbereich für weitere vertragliche Regelungen öffnet,[468] können die Garantievereinbarungen Rechte enthalten, die dem Käufer im Fall des Fehlens der garantierten Beschaffenheit usw. ein Anspruch

---

[463] Handelt es sich hingegen um ein Recht i.S.d. § 453 BGB, ist der maßgebliche Zeitpunkt die Rechtsverschaffung.
[464] Nach OLG Koblenz NJW 2004, 1670 f.
[465] Wenn allerdings ein *Verbrauchsgüterkauf* i.S.d. § 474 I BGB vorliegt, greift bereits § 475 I BGB ein, der einen Ausschluss des Gewährleistungsrechts bei gebrauchten Sachen ebenfalls ausschließt.
[466] Vgl. BT-Drs. 14/6857, S. 28 u. 61; *Hilgard/Kraayvanger*, MDR 2002, 678, 680; *Westermann*, NJW 2002, 241, 248.
[467] Vgl. dazu *Grüneberg*, in: Palandt, § 276 Rn 29; OLG Koblenz NJW 2004, 1670, 1671.
[468] Vgl. BT-Drs. 17/13951, S. 69 li.Sp.

gewährt wird, der deutlich über die Ansprüche der §§ 437 ff. BGB hinausgeht.[469] Die Garantie der Beschaffenheit kann so weit reichen, dass der Garantiegeber so lange nachzuliefern hat, bis der vereinbarte Maßstab der vertraglichen Beschaffenheit erreicht wurde[470], freilich innerhalb der Grenzen des § 275 II u. III BGB.

Beispiel: Der Garantiegeber kann versuchen, mit der Nachbesserung den garantierten Standard zu erreichen. Er kann jedoch auch eine neue Sache nachliefern. Gelingt ihm bei einer derartigen Vertragsgestaltung ein Erreichen der garantierten Beschaffenheit nicht, kann er seiner Garantieverpflichtung auch dadurch nachkommen, dass er ein Produkt einer höherwertigen Klasse nimmt, das die garantierten Merkmale aufweist.

Bei der **Haltbarkeitsgarantie** nach § 443 II BGB gewährt der Garantiegeber die Man- **556**
gelfreiheit für einen bestimmten Zeitraum oder eine bestimmte Nutzungsdauer über den Bestimmungszeitraum des Sachmangels nach § 434 BGB hinaus. Sie bietet gegenüber den gesetzlichen Mängelgewährleistungsansprüchen und der Beschaffenheitsgarantie damit den klaren Vorteil, dass der Anspruch unabhängig davon geltend gemacht werden kann, ob im Zeitpunkt des Gefahrübergangs der Mangel bereits vorgelegen hat.

Der Garantienehmer kann dadurch seine Rechte in Anspruch nehmen, wenn die von den **557**
Parteien vorgesehene Beschaffenheit vor der vorgesehenen Frist (Garantiefrist) entfällt, ohne dass dies auf einer äußeren Einwirkung beruht.

Gegenstand der **Garantie** ist also primär nur, dass die Kaufsache während der Garantie- **558**
zeit für den Käufer in entsprechender Weise insgesamt nutzbar bleibt. Maßgeblich ist damit das Zeitmoment.

Beispiel: Der Verkäufer räumt dem Käufer eines Notebooks eine Garantiezeit von 3 Jahren ein. Nach 2 ½ Jahren fällt das Display durch Verschleiß aus, sodass das Gerät durch den Käufer nicht mehr genutzt werden kann. Hier geht es nicht um das Vorliegen bestimmter Beschaffenheitsmerkmale, sondern lediglich um die Nutzbarkeit bzw. Haltbarkeit innerhalb der Garantiefrist. Daher liegt eine Haltbarkeitsgarantie vor. Gewährleistungsrechte sind nicht anwendbar, da sie verfristet sind <u>und</u> der Mangel nicht im Zeitpunkt des Gefahrübergangs vorlag.

> **Hinweis für die Fallbearbeitung:** Ob allerdings eine Beschaffenheits- oder Haltbarkeitsgarantie von den Vertragsparteien vereinbart wurde, ist im Zweifel durch Auslegung nach §§ 133, 157 BGB zu bestimmen.

2. Verkäufer- und insbesondere Herstellergarantie

Der Gesetzgeber hat in § 443 I BGB explizit normiert, dass der Verkäufer, der Hersteller **559**
oder auch Dritte eine Garantie übernehmen können.

Bei der **Verkäufergarantie** i.S.d. § 443 I BGB handelt es sich um eine *unselbstständige* **560**
Garantie, die die Rechte des Kaufvertrags entsprechend dem Garantieversprechen inhaltlich modifiziert. Der Verkäufer kann demnach als unselbstständige Garantien die Beschaffenheits- und die Haltbarkeitsgarantie abgeben. Darüber hinaus steht es dem Verkäufer aber auch frei, eine selbstständige Garantie abzugeben, die über die Garantie der Beschaffenheit noch hinausgeht.

---

[469] BR-Drs. 338/01, S. 52; BT-Drs. 17/12637, S. 68 re.Sp.
[470] Vgl. BT-Drs. 14/6857, S. 61; *Hilgard/Kraayvanger*, MDR 2002, 678, 680.

Beispiel: die Garantie für einen bestimmten Ertragswert eines Unternehmens beim *Unternehmenskauf*[471]

561 Bei der **Herstellergarantie** gibt der Hersteller unabhängig vom Verkäufer eine zusätzliche Garantie gegenüber dem Käufer ab. Dadurch wird der Hersteller jedoch nicht mit in den Kaufvertrag einbezogen, der Verkäufer bleibt insoweit ausschließlich der alleinige Vertragspartner des Kaufvertrags. Durch den Garantievertrag tritt vielmehr ein zusätzlicher eigenständiger Vertrag zum Kaufvertrag hinzu, der Garantievertrag ist mithin ein *selbstständiger* Garantievertrag. Dessen Inhalt muss sich konkret aus dem Garantievertrag (Garantieschein) ergeben.

Regelmäßig wird der Hersteller durch diesen Garantievertrag lediglich die Pflicht übernehmen, eine Nacherfüllung vorzunehmen, also die Ware nachzubessern oder eine mangelfreie Sache zu liefern;[472] wohingegen fast immer keine Schadensersatzansprüche für Mangelfolgeschäden aus seinem Produkt abgedeckt werden.[473] Aus systematischen Gründen sind ein Rücktritt oder eine Minderung hinsichtlich des Vertrags nicht möglich, da die Parteien des selbstständigen Garantievertrags nicht Vertragspartner in Bezug auf den Kaufvertrag sind. Allerdings kann der Garantiegeber die konkrete Garantie abgeben, im vertraglich vereinbarten Garantiefall den Kaufpreis zu erstatten.

Dem *Verkäufer* ist es, wenn eine Herstellergarantie abgeschlossen wurde, zudem nach § 309 Nr. 8b aa BGB untersagt, sich durch AGB gänzlich von seiner eigenen Gewährleistungspflicht durch den Verweis auf die abgeschlossene Herstellergarantie freizuzeichnen. Insoweit sind die Schranken des § 309 Nr. 8b aa BGB strikt zu beachten.

III. Inhaltliche Ausgestaltung

1. Überblick

562 Mit § 443 BGB soll zunächst die grundlegende Wirkung einer Garantie geregelt werden, nicht hingegen wird durch § 443 BGB ein bestimmter Mindeststandard festgelegt.[474] Garantiezusagen werden nämlich vom Garantiegeber freiwillig gegeben und unterliegen hinsichtlich Gegenstand, Inhalt und Reichweite der **Privatautonomie.** Sie sind zudem für den Garantiegeber bindend.[475] Wie eingangs bereits ausgeführt, kann die inhaltliche Ausgestaltung weitreichend variieren. Ausgenommen von der Garantiezusage sind weitgehend

- Verschleißteile,
- Qualitätseinbußen infolge von Fehlverhalten des Käufers,
- Beschädigung/Zerstörung durch Dritte.

Hinweis für die Fallbearbeitung: Dabei stellt nicht § 443 BGB die Anspruchsgrundlage für die Geltendmachung der Garantie dar, der Anspruch ergibt sich aus dem Garantievertrag selbst.

563 Ein besonderes Problem ergibt sich aus der Verwendung der Formulierung "**der einschlägigen Werbung**", da eine hinreichende Klarstellung durch den Gesetzgeber nicht erfolgt ist. Sachgerecht ist es aber, um einen einheitlichen Maßstab zu erhalten, auf die Vorschrift des § 434 I S. 3 BGB zurückzugreifen. Damit können sich die Garantiebedin-

---

[471] Zum Unternehmenskauf ausführlich *Jaques*, BB 2002, 417 ff.; *Böttcher*, ZGS 2007, 20 ff.; Gomille, JA 2012, 487 ff.
[472] BT-Drs. 14/6040, S. 238 re.Sp.
[473] Einschränkend *Weidenkaff*, in: Palandt, § 443 Rn 22.
[474] BT-Drs. 14/6040, S. 239 li.Sp; BT-Drs. 17/12637, S. 36 re.Sp.
[475] BT-Drs. 14/6040, S. 235 li.Sp.

gungen inhaltlich auch aus Katalogen, Werbeprospekten u.Ä. ergeben, solange erkennbar ist, dass der Garantiegeber für die angepriesene Sachmangelfreiheit auch durch Garantie einstehen will.

Hinweis für die Fallbearbeitung: Die einschlägige Werbung kann allerdings nur für die inhaltliche Bestimmung als Auslegungshilfe herangezogen werden, für das rechtliche Zustandekommen des Garantievertrags ist die Prüfung, ob ein Vertragsabschluss vorliegt, dennoch notwendig. Ein solcher kann also nicht ohne weiteres der Werbung als konkludentem Vertragsschluss entnommen werden.[476]

Damit werden auch Aussagen des Herstellers oder Dritter erheblich. Diese einschlägigen Werbeaussagen müssen gem. § 443 I BGB vor oder bei Abschluss des Kaufvertrags verfügbar gewesen sein.

Beispiel: Die A-AG bewirbt ihr Produkt in großen Zeitungsanzeigen und schreibt dort unter anderem: "Wir stehen dazu und verbürgen uns: Unser Fahrzeug verbraucht ausschließlich weniger als 2 Liter Kraftstoff auf 100 km".

Nicht ausreichend hingegen sind die allgemeinen Produktbeschreibungen bzw. Einstu- **564**
fungen in Leistungsklassen.

Beispiele: "hervorragend geeignet" oder "besser als"

Hinzukommen muss ferner, dass die Werbung einschlägig ist. Dies ist lediglich dann der **565**
Fall, wenn sie sich konkret auf das Produkt bezieht.

Sehr wichtig ist die gesetzliche Vorgabe, dass dem Garantienehmer die gesetzlichen **566**
Ansprüche unbeschadet der Garantie zustehen. Der Käufer behält insofern seine gesetzlichen Gewährleistungsrechte aus §§ 437 ff. BGB. Dies gilt selbst dann, wenn es sich um eine Herstellergarantie handelt. Der Verkäufer hat neben den Ansprüchen des Käufers gegenüber dem Hersteller selbst weiterhin für die Sachmangelfreiheit des Kaufgegenstands einzustehen, sofern er nicht außerhalb des Verbrauchsgüterkaufs die Rechte abbedungen oder modifiziert hat. Der Verkäufer und der Hersteller werden in aller Regel im Außenverhältnis Gesamtschuldner i.S.d. §§ 421 ff. BGB sein.

Allerdings gibt es bezüglich der Beschaffenheits- und Haltbarkeitsgarantie einige Beson- **567**
derheiten, die bei ihrer Anwendung zu beachten sind.

2. Beschaffenheitsgarantie

Bei der Beschaffenheitsgarantie findet eine Inhaltskontrolle der Garantiebedingungen am **568**
Maßstab der §§ 307 bis 309 BGB vorbehaltlich der Überprüfung einer Verständlichkeit **nicht** statt, da dispositive Vorschriften fehlen, von denen zum Nachteil des Garantienehmers abgewichen werden könnte. Insoweit kann der Garantiegeber, wenn ihn eigentlich überhaupt keine entsprechenden Pflichten treffen, diese auch beliebig einschränken. Daher kann der Garantiegeber frei entscheiden, auf welche Teile der Kaufsache die Garantie beschränkt werden soll;[477] bei Geldschulden kann in ähnlicher Weise eine Beschränkung wie bei einer Höchstbetragsbürgschaft gesetzt werden.

---

[476] Vgl. auch BGH 2011, 2653, 2656 Rz 29; *Matusche-Beckmann*, in: Staudinger (2014), § 443 Rn 35.
[477] BT-Drs. 14/6040, S. 239 li.Sp.

3. Haltbarkeitsgarantie

569 Etwas anderes muss jedoch teilweise für die Haltbarkeitsgarantie gelten, da der Gesetzgeber in § 443 II BGB die **widerlegbare Vermutung**[478] vorgesehen hat, dass ein während ihrer Geltungsdauer aufgetretener Sachmangel die Rechte aus der Garantie begründet. Diese widerlegliche Vermutung führt zu einer **Umkehr der Beweislast** zugunsten des Käufers.

Beispiel: K kauft bei V eine Waschmaschine. Nach Abschluss des Kaufvertrags händigt V dem K eine Garantieurkunde des Herstellers H aus, in der dieser 2 Jahre die kostenlose Reparatur aller auftretenden Mängel zusagt. Wie ist die Rechtslage, wenn nach 8 Monaten die Trommel nicht mehr funktioniert und unklar ist, ob es sich um einen bereits bei Gefahrübergang vorhandenen Materialfehler des Geräts oder die Folge einer unsachgemäßen Behandlung durch K handelt?

1. Teil: Ansprüche K gegen V
K könnte gegen V einen Nacherfüllungsanspruch nach §§ 437 Nr. 1, 434 I S. 2 Nr. 2 BGB haben. Die dort genannten Voraussetzungen liegen vor. Auch ist der Anspruch noch nicht verjährt, da die Verjährungsfrist nach § 438 I Nr. 3 BGB erst 2 Jahre nach Übergabe abgelaufen ist. Im vorliegenden Fall muss K aber aufgrund der Regelung des § 476 BGB beweisen, dass die Waschmaschine bereits bei Gefahrübergang mangelhaft war. Da er jedoch mit dieser Waschmaschine 8 Monate ohne Probleme Wäsche gewaschen hat, wird K den Nachweis schwer führen können. Gewährleistungsansprüche gegen V scheiden bei Unbeweisbarkeit des Mangels zum Zeitpunkt des Gefahrübergangs daher aus.

2. Teil: Ansprüche K gegen H
Der Anspruch auf Nachbesserung könnte sich aus der Garantie i.V.m. § 443 BGB ergeben. H hat gegenüber K eine Haltbarkeitsgarantie abgegeben. Damit kann dieser die Rechte aus § 443 I BGB i.V.m. dem Garantievertrag geltend machen. Inhalt der Garantiezusage ist die kostenlose Reparatur von Mängeln für die Dauer von zwei Jahren ab Gefahrübergang. Ein derartiger Mangel ist bei einem Defekt der Waschtrommel nach 8 Monaten ab Übergabe gegeben. Fraglich ist, ob dieser Fehler auf einer unsachgemäßen Behandlung durch K beruht. Für diesen Fall wollte V nicht einstehen. Nach § 443 II BGB wird zugunsten des Käufers vermutet, dass der aufgetretene Mangel die Rechte aus der Garantie zur Folge hat. Ist es dem Garantiegeber H möglich, hinreichend darzulegen und nachzuweisen, dass der *Defekt durch äußere Einwirkungen* wie z.B. durch die Fehlbedienung des Garantienehmers K verursacht wurde, wird der Garantiegeber von der Garantiezusage befreit.[479] Gelingt ihm der Beweis nicht, hat K aufgrund der Garantie Anspruch auf eine kostenlose Reparatur der Waschmaschine.

570 Bei dem Nachweis, dass der Defekt auf äußerem Einwirken beruht, kann es für den Garantiegeber wegen seiner gesetzlich weitreichenden Darlegungs- und Beweislast nicht ausreichen, lediglich den Beweis zu führen, die Sache sei bei der Herstellung technisch einwandfrei produziert worden,[480] vielmehr muss der Garantiegeber darlegen und beweisen können, dass durch den Käufer eine falsche Behandlung oder ein sonstiges von außen auf die Sache einwirkendes Ereignis den Sachmangel hervorgerufen haben.[481]

571 Die **Vermutungsregelung** des § 443 II BGB stellt zwingendes Recht dar, denn ansonsten könnte sich der Garantiegeber entgegen der gesetzlichen Intention allzu leicht von seiner Verpflichtung frei zeichnen, wodurch der mit § 443 II BGB verfolgte Schutzzweck hinfällig wäre. Daher besteht bei der Haltbarkeitsgarantie entgegen der Beschaffenheitsgarantie im Hinblick auf die Prüfung der AGB durch die §§ 307 ff. BGB eine Einschrän-

---

[478] BT-Drs. 14/6040, S. 238.
[479] Vgl. BGH NJW 1996, 2504, 2505.
[480] BT-Drs. 14/6040, S. 239 re.Sp.
[481] BT-Drs. 14/6040, S. 239 re.Sp.

kung, weshalb nach § 307 I u. II Nr. 1 BGB ein Verstoß gegen den gesetzlichen Grundgedanken vorliegt, wenn von den Regelungen des § 443 BGB bezüglich der Haltbarkeitsgarantie zu*un*gunsten des Käufers abgewichen wird.

Ein weiteres Problem stellt sich bei der Haltbarkeitsgarantie im Hinblick auf die **Verjährung** der Ansprüche, da von der Garantie auch solche Mängel erfasst werden, die nach Gefahrübergang aufgetreten sind. Insofern muss eine Differenzierung zwischen der Verjährung der Garantie und der Verjährungsregelung des § 438 BGB gefunden werden. Für die Garantie muss gelten, dass eine Verfristung auch in dem Fall *nicht* eintreten soll, wenn der Garantiefall unmittelbar vor Ablauf der Frist eintritt, jedoch dieser nicht mehr rechtzeitig beim Garantiegeber angezeigt werden kann; denn die Haltbarkeitsgarantie soll innerhalb der von den Vertragsparteien vorgesehenen Frist vollständig dem Käufer zustehen und vor allem durchsetzbar sein. Daraus ergibt sich der Rückschluss, dass innerhalb der Garantiefrist der Mangel lediglich auftreten muss; liegt ein solcher innerhalb der Frist tatsächlich vor, hat der Garantienehmer, der Käufer, hingegen in analoger Anwendung des § 438 I BGB innerhalb dieser ab dem Garantieeintritt beginnenden Frist den Mangel anzuzeigen (str.). 572

Beispiele:

(1) A hat bei dem Verkäufer B am 4.8.2014 einen Computer gekauft. Auf diesen wurde von B eine Haltbarkeitsgarantie von 1 Jahr gegeben. Am 4.8.2015 tritt bei dem Computer ein Mangel auf. Der Mangel ist wegen § 187 I BGB innerhalb der Garantiefrist aufgetreten. Nun hat A innerhalb der Frist des § 438 I BGB analog Zeit, den Mangel bei dem Garantiegeber B anzuzeigen. Der Anspruch aus der Haltbarkeitsgarantie kann demnach auch noch nach dem 4.8.2015 geltend gemacht werden.

(2) Entgegen dem Ausgangsfall hat der Verkäufer B eine Haltbarkeitsgarantie mit einer Frist von 5 Jahren abgegeben. Der Garantiefall tritt bereits nach 8 Monaten auf. Nun muss der Garantienehmer A den Mangel wegen § 438 I Nr. 3 BGB analog innerhalb der nächsten zwei Jahre anzeigen. **Nicht** möglich hingegen ist es, die Frist von fünf Jahren Garantiezeit vollständig auszunutzen.[482]

IV. Sonderbestimmungen für Garantien, §§ 443, 477 BGB

1. Sonderbestimmungen für Garantien nach § 477 BGB

Die Garantie gewährt dem Verbraucher neben den in § 443 BGB genannten Vorteilen zusätzliche, d.h. über die gesetzlichen Ansprüche hinausgehende Ansprüche. Nach § 477 BGB, einer ergänzenden Sondervorschrift zu § 443 BGB, müssen eine selbstständige oder unselbstständige Garantieerklärung **einfach und verständlich abgefasst** sein und im Rahmen eines Verbrauchervertrags die normierten Inhalte aufweisen. 573

Unklarheiten in der Formulierung in AGB gehen nach § 305c II BGB zulasten des Verkäufers.[483] Dadurch soll der Verbraucher erkennen, dass die **Garantie** ein **zusätzliches Leistungsversprechen** darstellt, das über die gesetzlich vorgesehenen Rechte hinaus geht, diese aber nicht ersetzt. Es soll unter allen Umständen vermieden werden, dass der Verbraucher durch eine unklare Fassung der Garantie davon abgehalten wird, die ihm zustehenden gesetzlichen Rechte geltend zu machen.[484] 574

Die Verletzung der in § 477 I BGB enthaltenen Vorgaben ist aufgrund der gesetzlichen Regelung in § 477 III BGB nahezu sanktionslos, denn dort wird bestimmt, dass die Garantieverpflichtung auch dann wirksam sein soll, wenn eine der vorstehenden Anforde-

---

[482] Vgl. BGH NJW 1985, 1927,1928.
[483] Vgl. *Saenger*, in: Hk-BGB, § 447 Rn 4.
[484] Vgl. *Schmidt-Räntsch*, Rn 936 ff.

rungen nicht erfüllt wird. Die Wirksamkeit der Garantieverpflichtung schließt die Haftung des Verkäufers wegen Verletzung von Schutz- und **Aufklärungspflichten**[485] und den daraus resultierenden Anspruch auf Schadensersatz nach §§ 311 II, 241 II, 280 BGB ein. Nur unter besonderen Umständen, d.h., wenn die fehlerhafte Unterrichtung über die Garantie ursächlich war für den Abschluss des Vertrags, führt dies zu einer Rückabwicklung des Kaufvertrags.

575 **Sanktionsmöglichkeiten** bei einem Verstoß gegen § 477 I BGB bestehen aber **in wettbewerbsrechtlicher Hinsicht**. Verwendet der Hersteller unklare und/oder missverständliche Garantiebedingungen, kann dies zum Zweck irreführender Werbung i.S.d. § 5 UWG erfolgen. Zusätzlich stellt ein derartiges Verhalten auch einen Verstoß gegen die Generalklausel des § 3 UWG und damit einen Rechtsbruch dar. Darüber hinaus ist, in Anbetracht des Ziels, den Verbraucher zu informieren, der Verstoß gegen das Transparenzgebot nach § 307 I S. 2 BGB eine Pflichtverletzung, die nach § 280 I BGB zum Schadensersatz verpflichtet und bei einem entsprechenden Ursächlichkeitszusammenhang zu einem Anspruch auf Vertragsaufhebung führen kann.[486]

576 Im Übrigen können derartige, unklare Garantiebedingungen auch einen **Verstoß gegen** eine in § 241 II BGB geregelte **Nebenpflicht** begründen und folglich Ansprüche nach §§ 311 II, 280 I, 241 II BGB auf Schadensersatz oder auf Unterlassung nach § 2 UklaG auslösen. Auch in AGB können sie zur Unwirksamkeit nach § 307 I S. 2 BGB führen. § 478 II BGB gewährt dem Verbraucher einen einklagbaren Anspruch auf Aushändigung der Garantieerklärung in Textform.[487]

2. Auslegungsproblem bei § 444 BGB

577 In § 444 BGB hat der Gesetzgeber festgeschrieben, dass sich der Verkäufer auf eine Vereinbarung, in der die Rechte des Käufers wegen eines Mangels ausgeschlossen oder beschränkt wurden, nicht berufen kann, wenn er den Mangel arglistig verschwiegen oder eine Garantie für die Beschaffenheit der Sache übernommen hat. In § 444 BGB hat der Gesetzgeber, um die Rechte des Käufers zu stärken,[488] für spezielle Fälle zusätzlich einen Haftungsausschluss normiert. Denn die Vorschrift hat lediglich dann eigenständige Bedeutung, wenn nicht ohnehin der Schutz des § 475 BGB bei den Verbrauchsgüterkäufen eingreift.[489]

578 Unklar bleiben allerdings der Bezug und Inhalt des Begriffs "Garantie" hinsichtlich der vom **Verkäufer** abgegebenen Versprechen. Zwar äußert sich der Gesetzgeber zu dem Begriff ansatzweise, lässt aber vor allem das Verhältnis zu dem auch in anderen Zusammenhängen verwendeten Begriff Garantie (vgl. nur §§ 276 I S. 1, 443, 445 BGB) offen. Hierdurch entstehen Abgrenzungsschwierigkeiten, die vor allem dann weitreichende rechtliche und damit wirtschaftliche Folgen haben können, wenn selbstständige Garantien gegeben werden.[490] Bislang hat sich weitgehend die Ansicht durchgesetzt, dass sich diese Schwierigkeiten überwinden ließen, indem auf den jeweiligen Sachzusammenhang der entsprechenden Vorschrift geachtet werde.[491] Die "Garantie" in §§ 276, 444, 445 BGB entspreche einer Art "Zusicherung" des Verkäufers dafür, dass die Sache keinen Sachmangel aufweist. Daraus lässt sich der Schluss ziehen, dass eine derartige Garantie

[485] Hierzu ausführlich *Gröschler*, NJW 2005, 1601 ff.; OLG Köln NJW 2005, 1666.
[486] Vgl. BT-Drs. 14/6040, S. 247.
[487] *Ott*, in: Ott/Lüer/Heussen, Rn 506.
[488] Vgl. BT-Drs. 14/6040, S. 240 li.Sp.
[489] BT-Drs. 14/6040, S. 240 li.Sp.
[490] Vgl. *Hilgard/Kraayvanger*, MDR 2002, 678 f.; *Wolf/Kaiser*, DB 2002, 411 ff.
[491] *Wolf/Kaiser*, DB 2002, 411, 419 f.; *Hilgard/Kraayvanger*, MDR 2002, 678, 679 ff.; *Triebel/Hölzle*, BB 2002, 521, 528 ff.; *Dauner-Lieb/Thiessen*, ZIP 2002, 108, 110 ff.; *Lorenz/Riehm*, Rn 563; kritisch *Graf von Westphalen*, ZIP 2002, 545, 546 ff.

vorliegt, wenn der Verkäufer versprochen hat, für die *betreffende* Beschaffenheit **verschuldensunabhängig** einstehen zu wollen.

Hinweis für die Fallbearbeitung: Damit ist die Garantie i.S.d. § 444 BGB nach strittiger Ansicht ausschließlich auf solche Fälle beschränkt, in denen der Verkäufer für die *konkrete* Beschaffenheit eine Garantiezusage gemacht hat.[492] Die Sperre des § 444 BGB hinsichtlich des Gewährleistungsausschlusses bezieht sich demzufolge ausschließlich auf die Beschaffenheit, die durch den Verkäufer explizit garantiert wurde. Liegt ein Mangel außerhalb dieser garantierten Beschaffenheit vor, kann ein Ausschlussgrund im Hinblick auf das Gewährleistungsrecht Geltung entfalten.

Erfasst werden damit ausschließlich die unselbstständigen Garantien des Verkäufers.[493] 579
Dagegen wird entsprechend der Intention des Gesetzgebers das selbstständige Garantieversprechen durch § 444 BGB nicht erfasst.[494] In diese Richtung geht der Garantiebegriff des § 443 I BGB, da durch die Beschaffenheitsgarantie i.S.d. § 443 I BGB ein weitreichender Anwendungsbereich erfasst ist, der auch solche Beschaffenheitsvereinbarungen beinhaltet, die gerade nicht zu einer verschärften Haftung nach §§ 444, 445, 276 I Var. 1 BGB führen sollen.[495]

Beispiel: Der Garantiegeber kann versuchen, mit der Nachbesserung den garantierten Standard zu erreichen. Er kann jedoch auch eine neue Sache nachliefern. Gelingt ihm bei einer derartigen Vertragsgestaltung ein Erreichen der garantierten Beschaffenheit nicht, kann er seiner Garantieverpflichtung auch dadurch nachkommen, dass er ein Produkt einer höherwertigen Klasse nimmt, das die garantierten Merkmale aufweist. Darauf kann die Garantie explizit beschränkt bleiben. Erfasst wird daher nicht automatisch eine verschuldensunabhängige Haftung des Verkäufers aus §§ 437 Nr. 3 Var. 1, 276 I BGB.

G. Der Eigentumsvorbehalt, § 449 BGB

I. Überblick

Ein Verkäufer kann auch an Geschäften interessiert sein, die der Käufer nicht sofort bezahlen kann oder möchte, wenn er seine Waren sofort absetzen will. Dieses Geschäft ist 580
für den Verkäufer riskant, da er in Vorleistung treten muss. Unter Umständen kann er noch nicht einmal seine Kaufpreisforderung realisieren, weil der Käufer mittellos ist. Ein Recht an der Kaufsache steht ihm nicht mehr zu, wenn er diese übereignet hat. Nur wenn er ein **Sicherungsrecht** an der Sache für die noch ausstehende Kaufpreisforderung hat, ist er ausreichend geschützt. Dies könnte in der Weise geschehen, dass der Verkäufer Eigentümer bleibt. Um dieses Ergebnis zu erreichen, kann die Sache zwar übergeben werden, die Parteien müssen sich aber darüber einig sein, dass das Eigentum so lange beim Verkäufer bleibt, bis die Kaufpreiszahlung (vollständig) erfolgt ist. Beim **Kauf unter Eigentumsvorbehalt** handelt es sich also um eine Art **Kreditkauf**, der den Verkäufer verpflichtet, die Kaufsache unter der aufschiebenden Bedingung der vollständigen Kaufpreiszahlung zu übergeben. Der Verkäufer behält sich also das Eigentum so lange vor, bis der Käufer den Kaufpreis bezahlt hat.

---

[492] Vgl. *Weidenkaff*, in: Palandt, § 444 Rn 12; dagegen aber *Graf von Westphalen*, ZIP 2001, 2107; *Gronstedt/Jörgens*, ZIP 2002, 52, 56; *Jacques*, BB 2002, 417; *Knott*, ZIP 2002, 696, 697; *Seibt/Raschke/Reiche*, NZG 2002, 256.
[493] Vgl. *Hilgard/Kraayvanger*, MDR 2002, 678, 681.
[494] Vgl. *Dauner-Lieb/Thiessen*, ZIP 2002, 108, 114.
[495] *Huber*, in: Huber/Faust, Kap. 13 Rn 173.

II. Rechtliche Konstruktion

581 Die rechtliche Konstruktion des Eigentumsvorbehalts ergibt sich wie folgt:

- *Schuldrechtlich* ist die Vereinbarung des Eigentumsvorbehalts ein Bestandteil des Kaufvertrags und bedeutet die Verpflichtung zur aufschiebend bedingten Übereignung der Kaufsache.
- *Dinglich* ist die Lieferung unter Eigentumsvorbehalt eine aufschiebend bedingte Übereignung gemäß §§ 929, 158 I BGB. Der Eigentumserwerb beim Käufer erfolgt erst bei vollständiger Zahlung des Kaufpreises. Bis zu diesem Zeitpunkt hat er ein Anwartschaftsrecht.

582 Zur Wirksamkeit des Vorbehaltskaufs bedarf es der entsprechenden **Vereinbarung** zwischen Käufer und Verkäufer. Diese ist i.d.R. im Kaufvertrag enthalten. Allerdings ist auch der in **AGB** enthaltene vorformulierte Eigentumsvorbehalt grundsätzlich wirksam.[496] Voraussetzung dafür ist die wirksame Einbeziehung der AGB in den Vertrag und zwar im Zeitpunkt des Vertragsabschlusses.

> **Beispiel:** Enthalten die AGB des Verkäufers einen Eigentumsvorbehalt und schließen die AGB des Käufers einen Eigentumsvorbehalt aus, gelten weder die AGB des Verkäufers noch die des Käufers.[497] Der Käufer erlangt aber dadurch noch kein unbedingtes Eigentum, denn die Übersendung der Ware gilt, wegen der Kenntnis der AGB, als Angebot zur Übertragung des bedingten Eigentums.[498]
>
> Mit einer **Abwehrklausel** in seinen Einkaufsbedingungen kann also der Käufer, sofern er kein Endverbraucher ist, die Einbeziehung des Eigentumsvorbehalts verhindern,[499] nicht aber den einseitigen Eigentumsvorbehalt des Verkäufers.[500]

III. Schuldrechtliche Folgen des Eigentumsvorbehalts

583
- Pflicht zur Übergabe der Kaufsache und aufschiebend bedingte Eigentumsverschaffung
- Übergang der Preisgefahr bei Übergabe der Kaufsache
- Beim Vorbehaltskauf leistet der Verkäufer teilweise vor, indem er dem Käufer den Kaufgegenstand übergibt und aufschiebend bedingt übereignet. Daher ist dann zwischen Leistungshandlung und Leistungserfolg zu trennen: Die Lieferpflicht des Verkäufers bleibt bis zum endgültigen unbedingten Eigentumserwerb bestehen. So beschränkt sich die Leistungshandlung auf die Übergabe und die bedingte Übereignung, wohingegen der Eintritt des Leistungserfolgs nur noch von der Zahlung des Kaufpreises durch den Käufer abhängt, den der Verkäufer einseitig nicht mehr verhindern kann.
- Die Pflicht zum lastenfreien Erwerb ist erst im Zeitpunkt des Eigentumsübergangs erfüllt.

IV. Dingliche Folgen der aufschiebend bedingten Übereignung

584
- Der **Verkäufer** ist Eigentümer und mittelbarer Besitzer der Kaufsache, und zwar bis zum Eintritt der Bedingung. Er hat einen Herausgabeanspruch gegen jedermann nach § 985 BGB an den Käufer (§ 986 I S. 2 BGB). Darüber hinaus kann er die Besitzschutzansprüche des § 869 BGB geltend machen.
- Der **Käufer** hat das Recht zum Besitz, solange der Kaufvertrag wirksam ist. Wirksam ist der Kaufvertrag bis zum Zeitpunkt des Rücktritts von diesem Vertrag durch den Verkäufer. Der Käufer hat mit der bedingten Übereignung eine rechtlich geschützte, dingliche An-

[496] BGHZ 98, 303; 125, 83.
[497] BGHZ 61, 282.
[498] BGH NJW 1982, 1751.
[499] BGH NJW 1995, 1671.
[500] BGH NJW 1989, 3213.

wartschaft, auf welche §§ 985, 1004 und 823 BGB anwendbar sind. Wenn die Bedingung nicht mehr eintreten kann, erlischt das Anwartschaftsrecht.

V. Störungen der Vertragsabwicklung

In § 449 II BGB hat der Gesetzgeber festgelegt, dass der Vorbehaltsverkäufer die Sache nur herausverlangen kann, wenn er vom Vertrag **zurückgetreten** ist. Damit kann der Verkäufer die Kaufsache nicht schon bei Zahlungsverzug herausverlangen.[501] Der Verkäufer hat demnach, bevor er die Ware herausverlangen kann, dem Käufer grundsätzlich eine angemessene Nachfrist i.S.d. § 323 BGB zu setzen.[502] Erst dann kann er von dem Vertrag zurücktreten. Hat der Verkäufer vorgeleistet und die Ware bereits aus der Hand gegeben, muss er sie dem Käufer also belassen, solange der Kaufvertrag wirksam ist. Nach erfolglosem Verstreichen der Frist kann der Verkäufer vom Vertrag zurücktreten und aus dem vorbehaltenen Eigentum vorgehen. Eine Fristsetzung ist nur unter den Voraussetzungen des § 323 II Nr. 1 bis 3 BGB entbehrlich. **585**

Allerdings können Verkäufer und Käufer einen individualvertraglichen Verzicht hinsichtlich einer Nachfristsetzung für den Fall vereinbaren, dass der Käufer in Zahlungsverzug gerät. Ausgeschlossen wird durch § 309 Nr. 4 BGB hingegen die Möglichkeit, eine solche Vereinbarung durch AGB zwischen den Parteien zu vereinbaren. Gleiches gilt auch dann, wenn es sich um ein Geschäft i.S.d. § 310 I S. 1 BGB zwischen Unternehmen handelt, denn in dem Fall folgt die Unwirksamkeit der Klausel aus § 307 I BGB.[503] Aufgrund der weitreichenden Wirkungen der Vertragsaufhebung kommt dem Erfordernis der Nachfristsetzung eine bedeutende Schutzfunktion zu, der der Vorrang gegenüber dem Wunsch des Gläubigers nach sofortiger Vertragsaufhebung gebührt. **586**

> **Hinweis für die Fallbearbeitung:** Besonderheiten sind diesbezüglich vor allem bei Verbraucherschutzrechten i.S.d. §§ 499 ff. BGB zu beachten. Hier gelten besondere weitergehende Voraussetzungen hinsichtlich eines Rücktritts.[504]

Nach §§ 218 I S. 3, 216 II S. 2 BGB kann der Rücktritt auch dann noch erklärt werden, wenn der Anspruch bereits nach §§ 195, 218 I BGB eigentlich verjährt ist und sich der Schuldner darauf beruft. Dadurch wird ein Gleichlauf hinsichtlich der Verjährungsfristen des Rücktrittsrechts bei vorbehaltenem Eigentum und den Herausgabeansprüchen aus Eigentum erreicht, denn nach § 197 I Nr. 1 BGB verjährt dieser Anspruch erst nach 30 Jahren. **587**

Die **Rückabwicklung** des Vertrags findet wegen § 449 II BGB über das Rücktrittsrecht nach §§ 346 ff. BGB statt, bezüglich der Rückabwicklung der Sache finden zusätzlich die dinglichen Ansprüche Anwendung. Der Käufer erhält demnach die bereits vorgenommenen Kaufpreiszahlungen nach § 346 I BGB zurück, der Verkäufer kann im Gegenzug nach §§ 346 I, 347 BGB die Sache zurückverlangen und ggf. Nutzungsentschädigung geltend machen. **588**

---

[501] Vgl. *Schulze/Kienle*, NJW 2002, 2842, 2843.
[502] BT-Drs. 14/6040, S. 241.
[503] Vgl. *Habersack/Schürnbrand*, JuS 2002, 833, 834 f.; a.A. *Schulze/Kienle*, NJW 2002, 2842, 2843 f.
[504] Siehe dazu ausführlich *Habersack/Schürnbrand*, JuS 2002, 833, 835 f.

VI. Ausprägungen des Eigentumsvorbehalts

589 Es sind verschiedene Arten des Eigentumsvorbehalts zu unterscheiden:

1. Einfacher Eigentumsvorbehalt

590 Die Kaufpreisforderung wird dadurch gesichert, dass der Käufer nur mit einer entsprechenden Ermächtigung über das Eigentum des Verkäufers an dem Vorbehaltsgut weiter verfügen darf, § 185 BGB.

Beispiel: K bestellt bei der Buchhandlung V ein Buch, das ihm mit einer Rechnung zugestellt wird. V hat in seinen AGB einen Eigentumsvorbehalt aufgenommen.

2. Verlängerter Eigentumsvorbehalt

591 Der Käufer bedarf zur Weiterveräußerung der unter Eigentumsvorbehalt stehenden Ware der Ermächtigung des Verkäufers, die dieser in aller Regel zusammen mit der Vereinbarung des verlängerten Eigentumsvorbehalts erteilt. Wegen der dadurch gewährten Zustimmung zur Eigentumsübertragung wird der Verkäufer in folgender Weise abgesichert: Der Verkäufer lässt sich im Gegenzug zur **Ermächtigung** die künftige Kaufpreisforderung des Käufers aus dem **Weiterverkauf** abtreten und erteilt dem Käufer eine **treuhänderische Einziehungsermächtigung** hinsichtlich des Kaufpreises.[505] Die Kaufsache kann dann im gewöhnlichen Geschäftsgang veräußert, verbaut oder sonst verarbeitet werden, obwohl sie dem Käufer nicht zu Eigentum gehört. Er hat lediglich ein Anwartschaftsrecht. Sodann kann der Käufer die abgetretene Kaufpreisforderung aus dem Weiterverkauf einziehen und mit dem Erlös den Kaufpreis bezahlen.[506]
Der Kunde des Käufers wird Eigentümer nach §§ 929, 185 I BGB; der Verkäufer verliert sein Eigentum. Zur Absicherung der Kaufpreisforderung des Verkäufers hat dieser sich die Forderungen des Käufers gegen seinen Kunden abtreten zu lassen. Im Fall der Verarbeitung von gekauften Waren schützt eine sog. **Verarbeitungsklausel** die Interessen des Verkäufers: Dieser wird als Hersteller Eigentümer nach § 950 BGB.[507]

Beispiel: Der Klempner kauft beim Sanitärgroßhändler Ware zum Einbau in die Häuser der Eigentümer unter Eigentumsvorbehalt. Mit dem Sanitärgroßhändler hat der Klempner die Weiterveräußerung dieser Waren an die Hauseigentümer vereinbart, um den Kaufpreis für die Kaufgegenstände bezahlen zu können.

3. Erweiterter Eigentumsvorbehalt

592 Im Fall des erweiterten Eigentumsvorbehalts wird der Käufer nicht schon mit Zahlung der letzten Kaufpreisrate Eigentümer der Kaufsache, sondern erst mit Erfüllung sämtlicher Zahlungsverpflichtungen gegenüber dem Verkäufer. Daher sichert der sog. **Kontokorrentvorbehalt** in erster Linie die Saldoforderung aus der laufenden Geschäftsverbindung.[508] Dieser Vorbehalt ist vor allem aufgrund von AGB weitgehend üblich und wird zwischen Kaufleuten grundsätzlich als zulässig erachtet.[509]

593 Bedenken ergeben sich hier insbesondere im Hinblick auf eine **Übersicherung** des Verkäufers, weil der Eigentumserwerb erst erfolgt, wenn alle Forderungen des Verkäufers erfüllt sind, obgleich der Kaufpreis für die konkrete Sache längst bezahlt ist.

---

505 BGH NJW 1994, 1154.
506 BGH NJW 1986, 1175.
507 BGHZ 46, 117.
508 BGH NJW 1968, 885; 1978, 632.
509 BGHZ 42, 58; BGH NJW 1978, 632; *Mühl*, in: Soergel, § 455 a.F. Rn 49.

Beispiel: K kauft bei V Zulieferteile für die Reparatur von Fahrzeugen unter Eigentumsvorbehalt und tritt alle Forderungen aus künftigen Weiterverkäufen der reparierten Fahrzeuge an V ab.

Hinweis für die Fallbearbeitung: Wegen Missbrauchs der Vertragsfreiheit kann die Vereinbarung eines erweiterten Eigentumsvorbehalts nach § 138 BGB nichtig sein. Ist Derartiges in den AGB geregelt, kommt ein Verstoß gegen § 307 I und II BGB in Betracht.

Beim **Konzernvorbehalt** wird das Eigentum so lange vorbehalten, bis der Käufer auch die Forderungen aller anderen Gläubiger erfüllt hat, die zum Konzern des Verkäufers gehören.[510] Nach § 449 III BGB sind diese Regelungen allerdings nichtig.[511] Die Nichtigkeit erfasst nicht nur die Aufnahme der entsprechenden Klausel in den Kaufvertrag, sondern auch die Bedingung hinsichtlich des Verfügungsgeschäfts, ohne dass dies allerdings Auswirkungen auf die gesamte Wirksamkeit des Vertrags hat. 594

H. Verbrauchsgüterkauf

I. Überblick

Nach der Legaldefinition des § 474 I S. 1 BGB handelt es sich beim Verbrauchsgüterkauf um einen Kaufvertrag, der zwischen einem **Verbraucher** i.S.d. § 13 BGB und einem **Unternehmer** i.S.d. § 14 BGB über eine bewegliche Sache abgeschlossen wurde. Ein Verbrauchsgüterkauf liegt nach § 474 I S. 2 BGB aber auch dann vor, wenn neben dem Verkauf einer beweglichen Sache die Erbringung einer Dienstleistung durch den Unternehmer zwischen den Vertragsparteien vereinbart wurde. 595

Hinweis für die Fallbearbeitung: Die Darlegungs- und Beweislast für das Vorliegen eines Verbrauchsgüterkaufs obliegt demjenigen, der sich auf die Voraussetzungen eines solchen Kaufvertrags beruft.[512]

Regelungsgegenstand des § 474 I S. 1 BGB sind daher der Kauf einer beweglichen Sache durch eine *natürliche* Person, der weder ihrer gewerblichen noch ihrer selbstständigen beruflichen Tätigkeit zuzurechnen ist, 596

Hinweis für die Fallbearbeitung: Gerade diese Zurechnung kann im Einzelfall zu erheblichen Abgrenzungsschwierigkeiten führen. Denn die Kaufsache kann sowohl gewerblich als auch privat genutzt werden (dual use). In einem solchen Fall kommt es auf den erklärten Parteiwillen an; es ist also durch Auslegung der konkrete Inhalt des Vertrags zu ermitteln.[513] Entscheidungserheblich ist damit das konkrete Auftreten des Käufers gegenüber dem Verkäufer und wie dieser es unter Berücksichtigung der konkreten Lebens- und Berufssituation des Käufers verstehen konnte. Tritt er hierbei also als Privatperson auf (z.B. Angabe im Vertrag als Privatperson, Unterschrift der Privatperson und nicht der Firma usw.), kommt er über die Subsumtion unter § 13 BGB in den Genuss der Verbraucherrechte i.S.d. § 475 ff. BGB; dies gilt selbst dann, wenn zu einem späteren Zeitpunkt eine gewerbliche Nutzung vorliegt. Umgekehrt muss sich ein Verbraucher an dem von ihm freiwillig, bewusst gesetzten Schein als Unternehmer

---

[510] BGHZ 125, 83.
[511] Ausführlich dazu *Habersack/Schürnbrand*, JuS 2002, 833, 837 ff.
[512] KG ZGS 2007, 78.
[513] OLG Celle ZGS 2007, 354, 355.

festhalten lassen, die Verbraucherschutzvorschriften treten dann wegen des Grundsatzes aus Treu und Glauben zurück;[514] allerdings scheidet eine Umgehung des Verbraucherschutzrechts auf Veranlassung bzw. Bestreben des Unternehmers kategorisch aus.

und der Verkauf dieser Sache durch eine natürliche oder juristische Person, die beim Verkauf in Ausübung ihrer gewerblichen oder selbstständigen beruflichen Tätigkeit agiert. Zu dieser gewerblichen Tätigkeit des Unternehmers gehören auch seine branchenfremden Nebengeschäfte.[515]

596a Die Erfassung von solchen Verträgen i.S.d. § 474 I S. 2 BGB, in denen neben dem Verkauf auch noch Dienstleistungsmerkmale hinzutreten, ist als Verbrauchsgüterkaufvertrag deshalb geboten, weil der Dienstleistung in Relation zum Kaufvertrag und den damit verbundenen Pflichten der Vertragsparteien nur eine untergeordnete Rolle zukommt. Mit dieser zusätzlichen Dienstleistung soll also letztlich nur die praktische Umsetzung des Kaufvertrags erreicht werden. Es handelt sich dabei um solche Fallkonstellationen, in denen der Unternehmer die verkaufte Sache beim Käufer montiert, installiert, anpasst oder sonstige Handreichungen durchführt.[516] Der Verkäufer erbringt also diese Dienstleistung als eine Nebenleistungspflicht zu seinen Hauptleistungspflichten in Form der Übergabe und Übereignung der Sache an den Käufer.

597 Von §§ 474 ff. BGB werden hingegen **nicht erfasst**:

- Kaufverträge zwischen Verbrauchern,
- Kaufverträge zwischen Unternehmern,
- Verkäufe eines Verbrauchers an einen Unternehmer,
- Immobilienkaufverträge,
- Kaufverträge über Güter, die keine Sachen i.S.d. § 90 BGB[517] sind.

Hinweis für die Fallbearbeitung: Gerade im *Gebrauchtwagenhandel* wird immer wieder versucht, durch Gestaltungen der Vertragsverhältnisse die Anwendbarkeit des Verbrauchsgüterkaufrechts zu umgehen. In derartigen Fallkonstellationen ist bei Vorliegen der Voraussetzungen des Verbrauchsgüterkaufrechts die Anwendung der Rechtsvorschriften zwingend. Daher muss sorgfältig geprüft werden, ob tatsächlich beim Gebrauchtwagenhandel ein Verbrauchsgüterkauf abgeschlossen wird.[518] Ohne weiteres kann dies angenommen werden, wenn der Vertrag z.B. „auf 1000 kg rollender Schrott", „Bastlerfahrzeug" usw. abgeschlossen wurde. Hierin ist eine Umgehung des geltenden Rechts zu sehen, das Verbrauchsgüterkaufrecht ist anwendbar.

598 So eindeutig die vorgenannten rechtlichen Vorgaben auf den ersten Blick erscheinen mögen, so schwierig ist es, die in der Rechtswirklichkeit vorkommenden Vertragsgestaltungen unter diese oben ausgeführten Vorgaben zu subsumieren. Dies liegt daran, dass vielfach versucht wird, die Vorschriften des Verbrauchsgüterkaufs zu umgehen. Es bedarf daher in jedem Einzelfall einer entsprechenden Wertung und Einordnung des jeweiligen Kaufvertrags.

599 Problematisch wird es zunächst bei sog. **Agenturgeschäften**, bei denen der Autohändler als Vermittler zwischen (vermeintlich) privatem Verkäufer und privatem Käufer auftritt. In derartigen Fällen unterfällt ein Kaufvertrag nur §§ 474 ff. BGB, wenn er sich bei wirtschaftlicher Betrachtungsweise als Kaufvertrag zwischen Händler und Verbrauchs-

---

[514] Vgl. ausführlich *Najdecki*, ZGS 2009, 155, 156 f. m.w.N.; vgl. auch *Najdecki*, Umgehung der Schutzvorschriften für den Verbrauchsgüterkauf, 2008.
[515] BGH JuS 2011, 1121, 1122 m. Anm. *Faust*; *Steimle*, in: *Luther*, S. 89; vgl. auch *Berger/Skamel*, JuS 2005, 923 ff.
[516] Vgl. BT-Drs. 17/12637, S. 69 li.Sp.
[517] Z.B. Elektrizität, Gas.
[518] Weiterführend *Girkens/Baluch/Mischke*, ZGS 2007, 130 ff.

käufer darstellt, weil der Händler im Verhältnis zum ursprünglichen Privatverkäufer das wirtschaftliche Risiko des Gebrauchtwagenverkaufs tragen soll.[519] Die §§ 474 ff. BGB sind allerdings in solchen Konstellationen nicht auf das Verhältnis der Verbraucher untereinander entsprechend anzuwenden, vielmehr muss die Klage in einem solchen Fall gegen den Unternehmer gerichtet werden.[520]

Schwierigkeiten bei der Einordnung ergeben sich auch bei der rechtlichen und tatsächlichen Konstellation, in der auf der Verkäuferseite unstreitig ein Unternehmer tätig ist und auf der anderen Seite objektiv ein Verbraucher mit dem Unternehmer kontrahiert hat, jedoch gegenüber diesem **wahrheitswidrig erklärt, er sei Unternehmer**. In einem solchen Fall kann sich der Verbraucher als Käufer später nicht mehr auf das Vorliegen eines Verbrauchsgüterkaufs und dessen Vorschriften berufen.[521] Damit greifen die Schutzvorschriften zugunsten des Käufers nicht ein, wenn der Käufer als Leistungsempfänger seinem Vertragspartner, dem Verkäufer, einen gewerblichen Geschäftszweck vortäuscht. Der Käufer muss sich in derartigen Konstellationen so behandeln lassen, als ob ein Kaufvertrag unter Unternehmern zustande gekommen wäre. **600**

Es kann aber auch den umgekehrten Fall geben, in dem ein Unternehmer die Gegenstände bei einem auftretenden Mangel zwecks Abschlusses eines Verbrauchsgüterkaufvertrags an seine Mitarbeiter als Verbraucher verkauft, um auf diesem Weg einen Regress nach § 478 I BGB gegenüber dem Lieferanten des Unternehmers vornehmen zu können. **601**

Beispiel: A hat sich bei B Computer für sein Unternehmen gekauft. Als diese Probleme bereiten, verkauft er die Computer an seine Mitarbeiter, obgleich die Computer weiterhin in der Firma verbleiben und dort genutzt werden. Die Mitarbeiter sollen in dem Zusammenhang ihre Gewährleistungsrechte wie Rücktritt geltend machen, damit A gegenüber B einen Regress nach § 478 BGB durchführen kann.

In derartigen Fallkonstellationen ist auf §§ 117, 242 BGB zurückzugreifen.[522] In der Regel wird es sich um ein Scheingeschäft handeln, wodurch die Rechtsfolge des § 117 BGB eintritt, nach der die zum Schein abgegebenen Willenserklärungen nichtig sind. Zumindest aber kann die Einrede des Rechtsmissbrauchs nach § 242 BGB geltend gemacht werden.

Eine **wichtige gesetzliche Ausnahme** vom Anwendungsbereich ist in § 474 II S. 2 BGB zu finden, wonach der Verkauf von **gebrauchten Sachen** im Wege einer **öffentlichen Versteigerung**, an welcher der Verbraucher persönlich teilnehmen kann, keinen Verbrauchsgüterkauf darstellt. Die öffentliche Versteigerung bestimmt sich nach § 383 III S. 1 BGB,[523] wonach die Versteigerung durch einen für den Versteigerungsort bestellten Gerichtsvollzieher, zu Versteigerungen befugten anderen Beamten oder öffentlich angestellten Versteigerer öffentlich zu erfolgen hat. **602**

Beispiel: Versteigerung von Fundsachen

Die Entscheidung, ob eine Sache gebraucht ist, kann jedoch nicht durch die Vertragsparteien getroffen werden, sondern orientiert sich anhand objektiver Kriterien, da ansonsten die Vertragsparteien den Verbraucherschutz aushöhlen könnten;[524] insoweit ist eine

---

[519] OLG Stuttgart NJW 2004, 2169, 2170 f.; BGH NJW 2005, 1039, 1040 f.; weiterführend *Maultzsch*, ZGS 2005, 175 ff.
[520] Vgl. BGH ZGS 2007, 70, 71; OLG Celle ZGS 2007, 79.
[521] Ausführlich zur dogmatischen Begründung BGH NJW 2005, 1045, 1046 f.
[522] Vgl. *Jacobs*, JZ 2004, 225, 226.
[523] Vgl. ausführlich BGH ZGS 2006, 115, 116 f.
[524] Vgl. *Liauw*, Jura 2014, 388, 389.

Sache bereits dann gebraucht, wenn sie bereits benutzt wurde[525] oder z.B. die Sache bereits älter ist, wenn dies maßgeblich für die Beschaffenheit ist.

II. Auswirkungen

1. Zwingendes Recht

603 Nach §§ 474 II S. 1, 475 I BGB sind die Regelungen zum Verbrauchsgüterkauf zwingendes Recht. Abweichende Vereinbarungen zwischen den Vertragsparteien, die zulasten des Verbrauchers gehen, sind daher nicht möglich.[526] Der Grund dafür ist darin zu sehen, dass diese Vorschriften der Verbesserung des Verbraucherschutzes dienen und durch sie ein **Mindestschutz** gewährleistet werden soll.[527] § 475 I S. 1 BGB stellt dies klar. Der Unternehmer kann sich nach § 475 I S. 1 BGB im Rahmen eines Verbrauchsgüterkaufvertrags also nicht auf Vereinbarungen berufen, die vor der Mitteilung des Mangels getroffen wurden und zum Nachteil des Verbrauchers abweichend zu den Vorschriften

- des Kaufvertrags (§ 433 BGB),
- des Sach- und Rechtsmangels (§§ 434, 435 BGB),
- zu den Ansprüchen auf Nacherfüllung (§ 439 BGB), Rücktritt (§§ 437, 440 BGB), Minderung (§ 441 BGB) und Aufwendungsersatz (§§ 437, 440 BGB),
- zur Kenntnis des Käufers vom Mangel (§ 442 BGB)
- und der Garantieerklärung (§ 443 BGB)

sind.

604 Vor allem gilt Entsprechendes auch für die Vorschriften des Verbrauchsgüterkaufs selbst. Des Weiteren ist eine irgendwie geartete Umgehung der genannten Normen durch anderweitige Ausgestaltungen nach § 475 I S. 2 BGB verboten.

2. Keine Anwendbarkeit des § 447 II BGB beim Verbrauchsgüterkauf

605 Daraus ergibt sich als eine der wichtigsten Konsequenzen, dass gem. § 475 I u. III BGB durch eine Vereinbarung, die vor Mitteilung des Mangels abgeschlossen wurde, die Gewährleistungsrechte des Verbrauchers gegenüber dem Unternehmer weder ausgeschlossen noch in irgendeiner anderen Weise beeinträchtigt werden können.

In Anknüpfung daran wird vertreten, dass unter diesen besonderen Schutz allerdings nicht die Regelung der §§ 474 V, 447 BGB fallen solle; die Vertragsparteien könnten demnach entgegen § 474 V S. 2 BGB eine vertragliche Anwendbarkeit des § 447 BGB vereinbaren.[528]

Dem ist jedoch der klare und eindeutige Wortlaut des § 475 I S. 1 BGB entgegenzusetzen. In diesem heißt es, dass sich der Unternehmer auf eine Abweichung „von den Vorschriften dieses Untertitels" nicht berufen könne. Der im Gesetz verwendete Begriff *„Untertitel"* erfasst dem Wortlaut nach schon sämtliche Normen, die innerhalb dieses Regelungsabschnitts normiert sind. Schon aus diesem systematischen Zusammenhang muss geschlossen werden, dass die Festschreibung des § 475 I BGB nicht nur auf diese Norm und nachfolgende Normen ausstrahlt, sondern jede Norm erfasst, die innerhalb des Untertitels steht. Damit ist die Anwendung des § 474 V BGB **zwingendes** Recht.[529]

---

[525] Vgl. BGH NJW 2007, 674, 676.
[526] Zu Einzelfragen *Tiedtke/Burgmann*, NJW 2005, 1153 ff.; *Lettl*, JA 2009, 241 ff.
[527] Vgl. *Schmidt-Räntsch*, Rn 925 ff.
[528] Vgl. *Lorenz*, JuS 2004, 105, 107; *Canaris*, SchRModR, S. XXXIV.
[529] *Berger*, in: Jauernig, § 474 Rn 7; *Haas/Medicus/Rolland/Schäfer/Wendtland*, Das neue Schuldrecht, Kap. 5 Rn 452.

3. Verjährung

Hinzu kommt gem. § 475 II BGB, dass die Verjährung der in § 437 BGB bezeichneten Ansprüche in entsprechender Weise nicht durch Rechtsgeschäft erleichtert werden kann, wenn die Vereinbarung zu einer Verjährungsfrist von weniger als zwei Jahren, bei gebrauchten Sachen von weniger als einem Jahr führt. Davon erfasst werden nicht nur eine Verkürzung der Verjährungsfrist, sondern auch Regelungen, die nur mittelbaren Einfluss auf das Gewährleistungsrecht haben, z.B. die Vorverlegung des Verjährungsfristbeginns.[530] **606**

4. Ausnahme Schadensersatz

Diese Einschränkungen gelten gemäß § 475 III BGB unbeschadet einer AGB-Prüfung **nicht für** den Anspruch auf **Schadensersatz**. Da der Schadensersatzanspruch von der EG-Richtlinie nicht gefordert ist, kann er in den allgemeinen Grenzen (§§ 138, 242, 307 ff. BGB) modifiziert werden. Der Schadensersatzanspruch darf (zeitlich) beschränkt oder insgesamt ausgeschlossen werden. **607**

In diesem Zusammenhang ist das **Klauselverbot des § 309 Nr. 7a BGB** von besonderer Bedeutung. Danach ist ein Haftungsausschluss bei Verletzung von Leben, Körper und Gesundheit, die der Verwender zu vertreten hat, nicht zulässig. Die Haftung für Mangelfolgeschäden am Körper kann daher durch AGB nicht ausgeschlossen werden. **608**

III. Besonderheiten

1. Beweislastumkehr

Zeigt sich *innerhalb von 6 Monaten seit Gefahrübergang* ein Sachmangel, wird gem. § 476 BGB beim Verbrauchsgüterkauf **widerlegbar** vermutet, dass die Kaufsache bereits bei Gefahrübergang mangelhaft war.[531] **609**

> **Hinweis für die Fallbearbeitung:** Anknüpfungspunkt der Beweislastregelung ist also, dass ein *tatsächlich vorhandener Mangel* zum Zeitpunkt des Gefahrübergangs vorlag. § 476 BGB ist hingegen nicht auf die Frage anwendbar, **ob** überhaupt ein Sachmangel gegeben ist.[532] § 476 BGB ist demnach nur auf die Frage des **Wann** anzuwenden. Der Käufer hat konkret darzulegen und zu beweisen, dass innerhalb von sechs Monaten nach Gefahrübergang ein Mangel an dem Kaufgegenstand eingetreten ist; kann dieser Beweis durch den Käufer erbracht werden, wird zu seinen Gunsten vermutet, dass dieser Mangel auch schon im Zeitpunkt des Gefahrübergangs vorgelegen hat.[533]

Insoweit wird die Beweislast zugunsten des Käufers umgekehrt. Dem Verkäufer obliegt es nunmehr, den Beweis dafür zu führen, dass der Mangel nicht bereits zum Zeitpunkt des Gefahrübergangs dem Vertragsgegenstand anhaftete.

Wegen des Verbraucherschutzes ist es nicht erforderlich, dass der Mangel tatsächlich erst nach Gefahrübergang erkennbar wird, vielmehr greift die Vermutungsregelung auch ein, wenn sich der Mangel dem Käufer erst nach Übergabe offenbart, er ihn aber bei genauer Untersuchung hätte schon zuvor erkennen können. Dabei können auch solche Mängel Gegenstand der Beweislastumkehr sein, die der Sache äußerlich anhaften.[534]

---

[530] *Steimle*, in: *Luther*, S. 90.
[531] Vgl. hierzu auch *Kieselstein*, ZGS 2005, 338 ff.
[532] BGH NZV 2009, 135, 136 f.; BGH ZGS 2006, 72, 74; instruktiv *Witt*, ZGS 2007, 386 ff.; *Höpfner*, ZGS 2007, 410, 411 ff.; *Fischinger*, NJW 2009, 563, 565 f.
[533] Vgl. dazu auch BGH JA 2014, 625, 626 f.
[534] *Kieselstein*, ZGS 2006, 171.

Beispiel: A kauft bei B einen Vorführwagen. Er besichtigt diesen Wagen von außen und stellt keine Schäden fest. Bei einem Radwechsel wird der Wagen auf die Hebebühne genommen. Als der Wagen oben ist, sieht A, dass der Wagen erhebliche Aufsetzspuren hat und die Unterbodengruppe dadurch beschädigt wurde. A hätte diesen Mangel bei genauer Untersuchung bei Besichtigung des Wagens durch Untersuchung der Unterbodengruppe bemerken können.

a. Art der Sache oder des Mangels

610 Der Gesetzgeber hat jedoch von dieser Beweislastumkehrregel eine Ausnahme für die Fälle normiert, in denen die *Art der Sache* oder *des Mangels* mit der gesetzlichen Vermutung in § 476 S. 1 BGB nicht vereinbar ist.

Beispiele:
(1) „Art der Sache": gebrauchte Waren, bei denen noch kein Erfahrungssatz besteht
(2) „Art des Mangels": Tierkrankheiten, bei denen die Ansteckung sowohl vor als auch nach Gefahrübergang erfolgt sein kann[535]

Bei der Bestimmung der Art der Sache oder des Mangels ist jedoch zu berücksichtigen, dass der Verbraucherschutz im Vordergrund zu stehen hat und dieser nicht durch die Korrekturvorschrift leerlaufen darf. Daher ist die Vorschrift des § 476 Halbs. 2 BGB sehr restriktiv anzuwenden, sie ist mithin auf absolute Ausnahmefälle beschränkt.

611 Besondere Bedeutung wird in der Rechtspraxis die Variante *„Art des Mangels"* erlangen, da es Mangelbilder gibt, die für den Kaufgegenstand ganz typisch sind.

In dem Sinn ist jedoch nicht ein Mangel zu verstehen, bei dem selbst bei sorgfältiger Untersuchung (versteckter Mangel) durch den Käufer oder Verkäufer nicht erkennbar gewesen wäre, dass ein entsprechender Mangel vorhanden war.[536] Die besseren Erkenntnismöglichkeiten der jeweiligen Vertragsparteien können nicht zu einer Typisierung des Mangelbildes führen; allein ein versteckter Mangel kann demnach noch nicht zu der Ausnahme im Hinblick auf die Beweislastumkehr führen.

612 Insoweit kann festgestellt werden, dass die gesetzliche Vermutung nach § 476 BGB nur ausgeschlossen ist, wenn es sich um einen Mangel handelt, der generell typischerweise jederzeit eintreten kann und daher keine hinreichende Wahrscheinlichkeit für einen Rückschluss auf das Vorliegen eines Mangels zum Zeitpunkt des Gefahrübergangs gegeben ist.[537]

Beispiel: Ein Gebrauchtfahrzeug mit einem Turbo-Diesel-Motor hat nach fünf Monaten einen Defekt an dem Turbolader[538]

613 In dem Zusammenhang hat der Unternehmer die Tatsachen voll zu beweisen, die die ernstlichen Zweifel dahingehend begründen, dass der Mangel typischerweise jederzeit hätte eintreten können. Ein genereller Ausschluss ist hingegen nicht möglich, es kommt vielmehr auf eine Einzelfallbetrachtung an, in der die Gesamtumstände zu würdigen sind.

---

[535] Vgl. hierzu AG Herne ZGS 2005, 199.
[536] BGH ZGS 2007, 347, 348.
[537] Vgl. *Faust*, in: Bamberger/Roth, § 476 Rn 4; Enger BGH ZGS 2005, 434, 436, der darauf abstellt, ob die äußerlichen Beschädigungen einem fachlich nicht versierten Käufer hätten auffallen müssen; BGH ZGS 2007, 347, 348.
[538] Ausführlich OLG Stuttgart ZGS 2005, 156 ff.; weiterführend *Graf von Westphalen*, ZGS 2005, 210 ff. für die Bereiche des *Verschleißes* und der *Bedienungsfehler*, dagegen OLG Stuttgart ZGS 2005, 276 f.

Fraglich ist in dem Zusammenhang der rechtliche Umgang mit typisierten Situationen. 614

- Bei einer *Mankolieferung* besteht das Problem, dass zwar zum Zeitpunkt des Gefahrübergangs gerade dieses Manko bereits vorlag, jedoch kann es auch jederzeit typischerweise während der Nutzung des Gegenstands eingetreten sein. Insoweit spricht die Vermutung in der Regel nicht für den Käufer;[539] etwas anderes muss jedoch im Einzelfall gelten, wenn die Ware originalverpackt ist und sich in diesem Zusammenhang eine Mankolieferung ergibt, da sich zu wenig in dieser Verpackung befindet. Ob es allerdings in diesem speziellen Fall auf die Beweislastumkehr ankommt, kann bezweifelt werden. 615
- Ein weiteres Problem stellen die *Montagefehler* dar. U.E. greift hier die Beweislastumkehrung, da die Vornahme als solche nicht geeignet ist, eine Situation anzunehmen, in der bereits der Mangel typischerweise jederzeit auftreten kann.[540] Vielmehr stellt die Montage für das Eintreten eines späteren Mangels zunächst einen neutralen Vorgang dar, der zwar das Risiko eines Mangeleintritts erhöht, es jedoch nicht derart ausweitet, dass es sich zu einem typischen, jederzeitig eintretenden Ereignis ausweitet. 616

Der Regelungsbereich des § 476 BGB ist zudem nicht nur auf **neue**, sondern auch auf **gebrauchte** Gegenstände anwendbar.[541] 617

b. Fristberechnung

Die Fristberechnung richtet sich für den Fristbeginn nach § 187 I BGB, wohingegen das Fristende sich nach § 188 BGB bestimmt; nicht anzuwenden ist jedoch die Regelung des § 193 BGB, da es bei dieser Bestimmung um keine Willenserklärungen oder vorzunehmenden Handlungen geht (str.).[542] 618

Tritt bei Montagearbeiten ein Fehler auf, richtet sich der Fristlauf nach dem Zeitpunkt, in dem die Montage abgeschlossen worden ist (str.).[543] 619

Die Problematik, ob und in welcher Weise die Frist des § 476 BGB erneut beginnt, wenn zwischenzeitlich eine Nacherfüllung vorgenommen wurde, ist genauso zu entscheiden wie die Fristproblematik des § 438 BGB. Insoweit ist auf die dort gefundenen Ergebnisse (Rn 490 ff.) zu verweisen. 620

Tritt der Mangel allerdings nach dem Ablauf von sechs Monaten nach Gefahrübergang auf, trägt der Käufer wieder die Darlegungs- und Beweislast. 621

2. Versandhandel

Besonderheiten ergeben sich bei dem in der Wirtschaft sehr wichtigen und häufig vorkommenden **Versandhandel**. Entsprechend der obigen Herleitung (Rn 605) ist nach § 474 V S. 2 BGB die Vorschrift des § 447 II BGB über den Versendungskauf generell *nicht* anzuwenden. Jedoch kann § 447 I BGB im Versandhandel in der Sonderkonstellation ausnahmsweise angewendet werden, in der der Käufer den Spediteur, den Frachtführer oder die sonst zur Ausführung der Versendung bestimmte Person mit dieser Ausführung beauftragt hat und der Unternehmer dem Käufer diese Person nicht zuvor benannt hat. In diesem Ausnahmefall der §§ 474 IV, 447 I BGB geht die Gefahr des zufälligen Untergangs oder der zufälligen Verschlechterung auf den Käufer über. Durch den § 474 IV BGB werden also solche Sachverhaltskonstellationen erfasst, in denen der Käufer den Transport eigenverantwortlich ohne Rückgriff auf Vorschläge des Verkäufers organisiert. 622

---

[539] Vgl. *Lorenz*, in: MüKo § 476 Rn 21.
[540] Vgl. *Faust*, in: Bamberger/Roth, § 476 Rn 4 a.E.; a.A. *Lorenz*, in: MüKo, § 476 Rn 23.
[541] BGH BB 2007, 1809, 1810; ZGR 2004, 309; *Grunewald*, in: Erman, § 476 Rn 5; *Gsell*, JuS 2005, 967, 968.
[542] *Matusche-Beckmann*, in: Staudinger (2014), § 476 Rn 24; a.A. *Weidenkaff*, in: Palandt, § 476 Rn 6.
[543] Vgl. *Faust*, in: Bamberger/Roth, § 476 Rn 5; kritisch jedoch *Matusche-Beckmann*, in: Staudinger (2014), § 476 Rn 25.

Damit ist außerhalb dieser speziellen gesetzlichen Ausnahmeregelung der Anwendungsbereich des § 447 I BGB ebenfalls gesetzgeberisch ausgeschlossen.[544]
Bestellt der Verbraucher den Kaufgegenstand im Versandhandel, reist die Ware entsprechend den vorher gemachten Ausführungen regelmäßig auf die Gefahr des Verkäufers. Die Preisgefahr geht also nach § 446 BGB erst bei Eintreffen der Sache beim Käufer auf diesen über.[545] Insofern ist in dem Fall, in dem während des Transports an der Sache ein Mangel entsteht, das Gewährleistungsrecht mit den Rechten nach §§ 437 ff. BGB anzuwenden, da zum Zeitpunkt des Gefahrübergangs dieser Mangel der Sache anhaftet. Wird die Sache auf dem Transportwege zu dem Käufer zerstört, braucht dieser die Kaufsache nach §§ 326 I, 446 BGB nicht zu bezahlen.

623 Auf der anderen Seite übernimmt der Versender der Ware auch beim Versandhandel im Rahmen eines Verbrauchsgüterkaufs grundsätzlich keine Bringschuld, wodurch sich auch bei einem Gattungskauf die Schuld gem. § 243 II BGB auf die an die Transportperson übergebene Sache konkretisiert hat.[546] Geht diese Sache während des Transports unter bzw. verloren, wird der Verkäufer gem. § 275 I BGB von seiner Verpflichtung zur Leistung frei. Insoweit gelten die allgemeinen Regeln.[547]

624 Dieses Ergebnis stimmt auch mit der Norm des § 474 IV u. V S. 2 BGB überein. Diese sieht nämlich nur den Regelungsgehalt vor, dass wegen des Ausschlusses des § 447 BGB die Preisgefahr bei der Versendung nicht auf den Käufer übergeht, die Leistungsgefahr selbst wird durch den Norminhalt des § 474 V S. 2 BGB selbstverständlich nicht berührt;[548] diese wird auch weiterhin durch die allgemeinen Regeln des Schuldrechts bestimmt.

625 Aufgrund dieser gesetzlichen Vorgaben ergibt sich, dass der Versender sich an die von ihm beauftragte Transportperson halten muss, um gegen sie Ansprüche aus der Verletzung des Transportvertrags, z.B. aus § 280 BGB, geltend zu machen. Der Gesetzgeber begründet diese Regelung damit, dass der Unternehmer mehr Einfluss auf die Beförderung habe als der Verbraucher, da er neben der Verpackung auch die Art der Beförderung und die Transportperson bestimme. Auf diese Weise soll die Abwicklung schadensersatzrechtlicher Ansprüche im jeweiligen Vertragsverhältnis erfolgen, um dadurch die Konstruktion der **Drittschadensliquidation** zu vermeiden.[549]

Beispiel: Wegen § 474 IV u. V S. 2 BGB findet § 447 BGB auf den Verbrauchsgüterkauf keine Anwendung, sodass der Käufer unter den Voraussetzungen des § 326 I BGB von seiner Pflicht zur Kaufpreiszahlung frei wird. Der Käufer erleidet somit keinen Schaden, der auf dem Umweg über den Verkäufer bei der Transportperson geltend gemacht werden müsste. Der Schaden des Verkäufers kann gegenüber der Transportperson wegen § 280 BGB abgerechnet werden.[550]

Hinweis für die Fallbearbeitung: Sollte der Verbraucher dennoch ausnahmsweise einen Schaden erleiden, muss ihm, um eine Schlechterstellung gegenüber dem gewöhnlichen Käufer zu vermeiden, auch im Rahmen des Verbrauchsgüterkaufs die Möglichkeit der Drittschadensliquidation eingeräumt werden.

---

[544] Vgl. BT-Drs. 17/1263, S. 70 re.Sp.
[545] Hierzu AG Miesbach ZGS 2005, 159 f.
[546] Vgl. BGH MDR 2004, 22 f.
[547] *Lorenz*, JuS 2004, 105, 106.
[548] Vgl. *Rautenkranz*, JA 2004, 91, 94.
[549] BT-Drs. 14/6040, S. 243 f. Vgl. auch *R. Schmidt*, SchuldR AT, Rn 1098; *Schermaul*, JuS 2014, 781 ff.
[550] *Huber* in: Huber/Faust, Kap. 15 Rn 8; *Schmidt-Räntsch*, Rn 910 f.

3. Fälligkeit

Haben die Vertragsparteien beim Verbrauchsgüterkauf eine Zeit zur Erfüllung ihrer vertraglichen Pflichten vereinbart, ist § 271 II BGB ohne weiteres auf den Verbrauchsgüterkauf anzuwenden. 625a

> **Beispiel:** V und K einigen sich, dass die Sache genau zwei Monate nach Vertragsschluss geliefert werden soll. In dem Fall kann K gem. § 271 II BGB die Leistung der Warenlieferung nicht vor dieser Zeit verlangen, V kann aber die Warenlieferung vor Ablauf der zwei Monate erbringen.

Wurde hingegen durch die Vertragsparteien im Rahmen des Vertragsschlusses keine Zeit für die nach § 433 BGB zu erbringenden Leistungen bestimmt, kann der Gläubiger gem. § 474 III S. 1 BGB die Leistung abweichend zu § 271 I BGB nur unverzüglich verlangen.

> **Hinweis für die Fallbearbeitung:** Eine Zeit zur Erfüllung ist allerdings nach § 474 III S. 1 BGB dann bestimmt, wenn sich diese aus den konkreten Umständen des Vertragsschlusses ergibt.

Der Regelungsbereich des § 474 III BGB erstreckt sich hierbei jedoch nur auf die *primären* Leistungspflichten des Kaufvertrags.[551]

Der **Unternehmer** hat demzufolge gem. § 474 III S. 1 BGB die Sache unverzüglich, jedoch gem. § 474 III S. 2 BGB spätestens innerhalb von 30 Tagen nach Abschluss des Vertrags an den Käufer zu übergeben. Mit dieser Vorschrift soll erreicht werden, dass der Käufer im Rahmen des Verbrauchsgüterkaufs die Sache kurzfristig erhält, er also Rechtssicherheit darüber erhält, zu welchem Zeitpunkt er die Ware übergeben bekommt.[552] 625b

Der **Verbraucher** hat im Gleichklang zu diesen Obliegenheiten des Unternehmers ebenfalls seine Pflicht zur Kaufpreiszahlung unverzüglich i.S.d. § 474 III S. 1 BGB zu erbringen.

Der Gesetzgeber hat durch die Einführung des § 474 III BGB eine Milderung gegenüber der strikten Regelung des § 271 I BGB eingeführt. Denn der Anwendungsbereich des § 271 I BGB sieht eine *sofortige* Erbringung der vertraglichen Leistung durch den Schuldner vor, die Leistung ist also so schnell zu erbringen, wie dies nach objektiven Maßstäben unter Berücksichtigung einer u.U. vorzunehmenden Vorbereitung möglich ist.[553] *Unverzüglich* i.S.d. § 474 III BGB bedeutet hingegen, dass die Schuldner ihre Pflicht aus dem Vertrag ohne schuldhaftes Zögern i.S.d. § 121 I BGB zu erfüllen haben.[554] Dadurch wird bei der Fristbestimmung nicht auf einen objektiven, sondern auf einen subjektiven Maßstab abgestellt, nach dem bei der Fristbestimmung zu berücksichtigen ist, in welchem Zeitraum dem Gläubiger die Erfüllung zugemutet werden kann.[555] 625c

In den täglichen Massengeschäften ist es daher den Vertragsparteien in der Regel zumutbar, unmittelbar nach dem Vertragsschluss die wechselseitigen Pflichten zu erfüllen. Etwas anderes kann allerdings in den Kaufverträgen gelten, in denen z.B. besondere Vereinbarungen getroffen wurden oder es sich um besondere Sachen handelt, bei denen die verkaufte Sache erst in einem Deckungsgeschäft erworben werden muss.

---

[551] Vgl. BT-Drs. 17/13951, S. 69 li.Sp.
[552] Vgl. BT-Drs. 17/12637, S. 69 re.Sp.; zu Recht weist *Kohler*, NJW 2014, 2817 ff. kritisch auf diese Regelung hin, da sie sprachlich missglückt ist und die rechtlichen Ungenauigkeiten Verwirrung beim Verbraucher stiften können.
[553] Vgl. *R. Schmidt*, Schuld AT, Rn 91.
[554] BT-Drs. 17/12637, S. 70 li.Sp.
[555] *R. Schmidt*, BGB AT, Rn 1460.

Beispiel: V und K haben die besondere Vereinbarung getroffen, dass vor Auslieferung die Sache noch nach den Sonderwünschen des Käufers angepasst wird.

In Anlehnung an den Rechtsgedanken des § 271 II BGB können die Vertragsparteien ihre Leistungen gem. § 474 III S. 3 BGB auch sofort erfüllen.

Hinweis für die Fallbearbeitung: Kommt der Schuldner allerdings seine Leistungspflicht nicht unverzüglich nach, liegt eine Nichtleistung trotz Fälligkeit wie bei § 271 I BGB vor, weshalb er ggf. unter Berücksichtigung des § 286 BGB in Verzug geraten kann. Der Gläubiger kann dann die Rechte, die aus Verzug resultieren, auch bei § 474 III BGB geltend machen.

IV. Rückgriff des Unternehmers

1. Überblick

626 In der modernen arbeitsteiligen Wirtschaftsgestaltung werden Produkte regelmäßig über so genannte Handelsketten vertrieben, bis sie bei dem Konsumenten ankommen. Zwischen dem Einzelhändler und dem Produzenten sind nämlich vielfach weitere Stufen des Einzelhandels wie z.B. der Großhandel oder Importeure zwischengeschaltet.

627 Durch den Verbrauchsgüterkaufvertrag hat der Gesetzgeber den besonderen Verbraucherinteressen weitreichenden Schutz gewährt. Dieser Schutz wirkt sich vor allem in Bezug auf das Risikomanagement des Verkäufers (Unternehmers) aus. Dieser steht nach § 474 I BGB gegenüber dem Käufer (Verbraucher) in der Pflicht. Vor allem kann er sich gem. § 475 BGB nicht der Haftungspflicht entziehen. Hinzu kommt die Beweislastumkehr des § 476 BGB. Hierdurch entstehen dem Unternehmer zusätzliche Kosten, die er zunächst zu tragen hat. Dies wäre dann nicht problematisch, wenn er einen Regress innerhalb der Verjährungsfrist bei seinem Lieferanten geltend machen könnte. Vielfach werden jedoch die Verjährungsfristen der verschiedenen Stufen der Handelskette auseinanderfallen.

628 Dementsprechend besteht die Gefahr, dass der Verkäufer, selbst wenn er den Mangel an der Kaufsache z.B. wegen einer Verursachung durch den Lieferanten nicht zu verantworten hat, dennoch für diesen Mangel endgültig haften muss, da die allgemeinen Vorschriften des Kaufrechts einen Regress nicht (mehr) ermöglichten.

Beispiel: Der Privatmann A kauft bei dem Unternehmer B ein Neufahrzeug der Marke XY. Der Wagen hat bereits nach 2 Monaten und 10.000 km Laufleistung einen derartigen Motorschaden, dass die Reparatur fast die Hälfte des Neuwertes des Wagens ausmacht. A geht gegen B nach §§ 437 Nr. 1, 439 I Var. 1, 474, 476 BGB vor. Der Verkäufer kann jedoch nicht als Entlastungsbeweis anführen, dass der Mangel zum Zeitpunkt des Gefahrübergangs nicht vorhanden war. Wäre das allgemeine Kaufrecht anwendbar, läge zusätzlich bei ihm der Beweis gegenüber seinem Lieferanten, den er ebenfalls nicht erbringen könnte. Der Schaden verbliebe bei ihm.

Insofern entstünde für den Unternehmer, der an einem Verbrauchsgüterkauf beteiligt ist, eine so genannte Regressfalle.

629 Es ist zwar nicht Aufgabe des Gesetzgebers, jegliche Risiken einer Handelskette zu regeln und auszugleichen. Allerdings muss der Gesetzgeber, wenn er besondere und weitreichende Formen des Kaufrechts einführt, eine gewisse Synchronisation vornehmen, die einen gewissen Ausgleich zwischen den Gliedern der Handelskette schafft. Dies soll dadurch geschehen, dass dem Unternehmer eine Erleichterung gewährt wird, gegen

seinen Vertragspartner im Regress vorzugehen, indem er seine Gewährleistungsansprüche geltend machen kann. Die Regelungen des Regresses verdrängen nicht die Vorschriften des Kaufrechts, sondern führen gegenüber den allgemeinen Regelungen der §§ 433 ff. BGB einige Erleichterungen ein.

Der Händlerregress kann allerdings ausschließlich nach der Konzeption der §§ 478, 479 BGB gegenüber dem jeweiligen Vertragspartner geltend gemacht werden. Nicht zulässig ist demzufolge ein Durchgriff auf den Hersteller bzw. Produzenten, wenn er nicht zugleich der Vertragspartner des Verkäufers ist. Dem Unternehmer wird also ausschließlich ein effektiver Rückgriff gegenüber seinem eigenen Vertragspartner zur Verfügung gestellt. Der Gesetzgeber hat jedoch auch durch §§ 478 V, 479 III BGB vorgesehen, dass der Regress in jeder Stufe der Lieferkette jeweils durchgeführt werden kann. Es findet insofern eine Art „Rückabwicklung" innerhalb der Kette nach unten statt.[556] 630

Dem Unternehmer werden gegenüber dem Lieferanten als seinem Vertragspartner weitgehend dieselben Rechte eingeräumt, die ein Verbraucher gegenüber dem Unternehmer hat: 631

- Erleichterungen nach § 478 I u. III BGB in Bezug auf § 437 BGB, die er gegenüber seinem Lieferanten i.S.d. § 478 I BGB geltend machen kann,
- ein Ersatzanspruch nach § 478 II BGB für solche Aufwendungen, die er wegen einer Nacherfüllung gegenüber dem Verbraucher tätigen musste,
- eine Anpassung der Verjährungsvorschrift § 438 BGB durch § 479 BGB,
- Ausweitung des Regresses auf die gesamten Glieder der Leistungskette.

Die Vorschriften sind wie bei dem Verbrauchsgüterkauf selbst zwingendes Recht. Davon gibt es lediglich eine gesetzliche Ausnahme. Dem Unternehmer kann nach § 478 IV BGB ein gleichwertiger Ausgleich eingeräumt werden. Dies können u.a. pauschale Ausgleichssysteme sein.[557] Als solche kommen besonders hohe Rabatte im Rahmen von pauschalen Abrechnungen, weitreichende Stundungen oder Ähnliches in Betracht. 632

2. Regress nach § 478 I BGB

Regress nach § 478 I BGB

1. Voraussetzungen

Ein Recht zum Regress nach § 478 I BGB liegt vor, wenn

- ein *wirksamer Kaufvertrag* zwischen dem Unternehmer und seinem Lieferanten abgeschlossen wurde,
- am Ende der Handelskette ein **Verbrauchsgüterkauf** gem. § 474 BGB vorlag,
- der Verbrauchsgüterkauf sich auf eine **„neu hergestellte Ware"** bezog,
- der Verkäufer gegenüber dem Verbraucher **verpflichtet** war, die Sache infolge der Mangelhaftigkeit **zurückzunehmen** oder eine **Minderung** zu akzeptieren,
- der Lieferant seinerseits Unternehmer i.S.d. § 14 BGB war
- und die Rechte des Unternehmers gegenüber seinem Lieferanten auf §§ 433 I S. 2, 437 BGB zurückzuführen sind (neben den speziellen Voraussetzungen des § 478 I BGB sind also grundsätzlich auch die weiteren Voraussetzungen für die Geltendmachung der in § 437 BGB genannten Ansprüche und Rechte gegenüber dem Lieferanten erforderlich; es hat also eine Inzidentprüfung stattzufinden, wenn die Ansprüche nicht bereits

[556] Zu den besonderen Konstellationen, in denen sich die Unternehmereigenschaft des Verkäufers zwischenzeitlich ändert *Jacobsen*, JZ 2004, 225 226.
[557] Vgl. BT-Drs. 14/6040, S. 249.

außerhalb des § 478 I BGB geprüft wurden).

2. Auswirkungen

- Durch § 478 BGB wird keine eigene Anspruchsgrundlage, sondern ausschließlich eine Modifikation des allgemeinen Kaufrechts geschaffen.
- Der Lieferant trägt innerhalb der ersten sechs Monate die **Beweislast** dafür, dass die Sache bei **Gefahrübergang keinen Mangel** aufgewiesen hat.
- Die Frist beginnt erst mit dem Zeitpunkt, in dem die Gefahr auf den Verbraucher übergegangen ist.
- Im Hinblick auf die Geltendmachung der Rechte aus § 437 BGB ist der Unternehmer gegenüber seinem Lieferanten von der **Nachfristsetzung** befreit, wodurch er ohne weiteres den Rücktritt, die Minderung erklären oder Schadensersatz statt der ganzen Leistung geltend machen kann.

632a Die Vorschrift des § 478 I BGB impliziert die *unselbstständigen* Regressansprüche des Unternehmers als Verkäufer. Die Ansprüche des Unternehmers gegen seinen Lieferanten richten sich nach den allgemeinen Regeln des Kaufrechts i.S.d. § 437 BGB, die Ansprüche bzw. Rechte werden demzufolge nicht modifiziert.[558] Die Regressvorschrift des § 478 I BGB ist also keine eigene Anspruchsgrundlage, sondern modifiziert in dem besonderen Rechtsverhältnis des Unternehmers gegenüber seinem Lieferanten Teilbereiche zugunsten des Unternehmers. Mit dieser Regelung soll entsprechend den obigen Vorgaben sichergestellt werden, dass der Unternehmer innerhalb seiner Lieferkette die mangelbehaftete Sache problemlos weiterreichen kann.

a. Spezielle Voraussetzungen

633 Zunächst muss am Ende der Handelskette ein **Verbrauchsgüterkauf** gem. § 474 BGB vorliegen. Insoweit ist auf die Regelungen der §§ 13, 14 BGB zu verweisen.

634 Der Verbrauchsgüterkauf hat zudem, wenn der Unternehmer bei seinem Lieferanten Regress nehmen will, nach § 478 I eine **„neu hergestellte Ware"** zum Gegenstand zu haben (str.).[559] Der Gesetzgeber hat sich dafür entschieden, gebrauchte Waren auszugrenzen, da bei diesen Waren in der Regel keine geschlossenen Vertriebsketten vorliegen, die eine Erleichterung bei einem Regress rechtfertigen könnten.[560]

635 Des Weiteren bedarf es der Verpflichtung des Verkäufers gegenüber dem Verbraucher als Käufer der Sache, diese infolge der Mangelhaftigkeit **zurückzunehmen**. Unter dem Begriff der Zurücknahme ist jede Art der Gewährleistung erfasst, die in § 437 Nr. 2 u. 3 BGB geregelt ist (str.):[561]

- Rücktritt,
- Schadensersatz statt der ganzen Leistung
- sowie Minderung (der kleine Schadensersatz ist in analoger Anwendung der Minderung gleichzustellen).

636 **Nicht** hingegen reicht es für einen Regress aus, wenn der Verkäufer die Ware aus anderen Gründen zurückgenommen hat, die nicht mit der Mangelhaftigkeit und deren Rechts-

---

[558] Vgl. *Lorenz*, in: MüKo, § 478 Rn 24.
[559] Vgl. *Jacobs*, JZ 2004, 225, 227.
[560] Vgl. BT-Drs. 14/6040, S. 248 li.Sp.
[561] Wie hier *Salewski*, ZGS 2008, 212 ff.; *Büdenbender*, in: AnwKom, § 478 Rn 30 ff.; *Reinicke/Tiedtke*, Rn 770; *Tiedtke/Schmitt*, ZIP 2005, 681, 682; a.A. BT-Drs. 14/6040, S. 247 re.Sp.; *Lorenz/Riehm* Rn 589; *Lorenz*, in: MüKo, § 478 Rn 18 m.w.N., die auch die Nachlieferung einer mangelfreien Sache unter Zurücknahme der mangelhaften Sache bei der Nacherfüllung i.S.d. § 437 Nr. 1 BGB als Zurücknehmen i.S.d. § 478 I BGB ansehen.

folgen zusammenhängen.[562] Vertragliche Regelungen des Unternehmers mit dem Verbraucher können hiermit nicht zulasten des Lieferanten gehen.

- Es liegt ein Regressausschluss bei Rücknahme oder Umtausch aufgrund von *Kulanz* vor. Gleiches gilt auch dann, wenn der Käufer sein *vertraglich gewähltes Rücktrittsrecht* wahrnimmt oder ein ihm zustehendes *Widerrufsrecht* ausübt.[563]
- Damit scheidet auch die vertragliche Gestaltung aus, in der der Verbraucher den Unternehmer ausschließlich aufgrund einer *unselbstständigen Garantie* in Anspruch genommen hat.

Der Lieferant muss gem. § 478 I BGB seinerseits Unternehmer i.S.d. § 14 BGB sein. **637**

Hinweis für die Fallbearbeitung: Da durch § 478 BGB keine eigene Anspruchsgrundlage, sondern ausschließlich Modifikationen des allgemeinen Kaufrechts geschaffen werden, sind im Übrigen neben den speziellen Voraussetzungen auch die weiteren Voraussetzungen für die Geltendmachung der in § 437 BGB genannten Ansprüche und Rechte gegenüber dem Lieferanten erforderlich.[564] Durch die Modifikationen erfahren diese aber für den Unternehmer eine gewisse Erleichterung.

b. Auswirkungen

aa. Beweislastumkehr

Mit am wichtigsten ist die Erstreckung der Beweislastumkehr des § 476 BGB durch § 478 III BGB auch auf den Regress. Damit trägt der Lieferant innerhalb der ersten sechs Monate die **Beweislast** dafür, dass die Sache bei **Gefahrübergang keinen Mangel** aufgewiesen hat. Die Frist beginnt erst mit dem Zeitpunkt, in dem die Gefahr auf den Verbraucher übergegangen ist. Damit werden die Beweisschwierigkeiten, die der Unternehmer gegenüber dem Verbraucher hat, an den Lieferanten weitergegeben. Dies verbessert die Chance, die Kosten aus der Gewährleistung an den Handelspartner durchzureichen.[565] **638**

Für die Mangelbestimmung ist auf die allgemeinen Vorschriften der §§ 434, 435 BGB zurückzugreifen. In der Regel werden wegen des einheitlichen Mangelbegriffs keine besonderen Schwierigkeiten auftreten. **639**

Dennoch können Situationen entstehen, in denen ein Regress ausgeschlossen ist, da ein Sachmangel im Verhältnis Unternehmer ⇔ Lieferant nicht vorliegt. **640**

a.) Ausnahme wegen unterschiedlicher Beschaffenheitsmerkmale

Zunächst können Fallkonstellationen auftreten, in denen **unterschiedliche Beschaffenheitsmerkmale** in den einzelnen Leistungsgliedern vereinbart waren. **641**

Beispiele:

(1) A produziert Waschmaschinen. A verkauft diese an den Händler B mit einem Nachlass von 25 %, da die Maschinen einer Serie angehören, die nicht die gewünschte Trockenwirkung beim Schleudern erreicht. Dies wird zwischen B und A als entsprechende Beschaffenheit vereinbart. B verkauft eine Waschmaschine an den Verbraucher C und erklärt, es handele sich um eine Maschine, die im Katalog als besonders gut beschrieben sei.

---

[562] BT-Drs. 14/6040, S. 248 li.Sp.
[563] BT-Drs. 14/6040, S. 248 li.Sp.
[564] BT-Drs. 14/6040, S. 248 li.Sp.
[565] BT-Drs. 14/6040, S. 247 re.Sp.

(2) Das Produkt wird von dem Lieferanten an den Unternehmer mangelfrei geliefert. Nach Ablieferung und vor Verkauf der Ware an den Verbraucher bewirbt der Lieferant die Ware jedoch mit z.T. überzogenen Aussagen über ihre Eigenschaften. Daraufhin entschließt sich ein Kunde, das Produkt beim Unternehmer zu kaufen. Hier liegt ausschließlich im Verhältnis Verbraucher und Unternehmer ein Sachmangel vor. Der Unternehmer hat zwar keinen Anspruch auf Regress i.S.d. §§ 478, 479 BGB, kann aber, sofern die Voraussetzungen vorliegen, einen Schadensersatzanspruch nach § 280 I BGB geltend machen.[566] Sind zwischenzeitlich mehrere Zwischenhändler eingeschaltet gewesen und hat dann erst der Produzent diese Werbeaussagen getätigt, wird der letzte Unternehmer in der Lieferkette durch den Erstvertrag zwischen dem Hersteller und dem (gewerblichen) Erstkäufer mitgeschützt.[567]

642 In solchen Fällen entsteht für den Unternehmer eine Haftungslücke, wenn er die Sache an den Verbraucher zu einem höheren Qualitätsstandard verkauft hat, als er sie selbst vom Lieferanten erworben hat.[568]

b.) Ausnahme wegen des Anwendungsbereichs nach § 377 HGB

643 Nach § 478 VI BGB bleibt § 377 HGB unberührt. Nach § 377 I HGB hat der Käufer die Ware unverzüglich nach der Ablieferung durch den Verkäufer zu untersuchen und bei eventuellen Mängeln dem Verkäufer diese anzuzeigen.

> **Hinweis für die Fallbearbeitung:** Der Käufer eines Handelskaufs muss auch bei einer angeforderten Nachlieferung i.S.d. §§ 437 Nr. 1, 439 I Var. 2 BGB seinen Verpflichtungen aus § 377 HGB nachkommen.[569]

644 Nach § 377 II HGB gilt der Mangel als genehmigt, wenn diese Anzeige unterbleibt. Hieraus ergibt sich für den Regress eine weitreichende Konsequenz: Wenn der Mangel offensichtlich ist und der Unternehmer es versäumt, den Mangel anzuzeigen, verliert er seinerseits die Regressansprüche gegenüber dem Lieferanten.[570] Damit wird der Unternehmer entsprechend seiner Stellung hinreichend geschützt,[571] denn von einem Kaufmann kann erwartet werden, dass er offene Mängel sogleich gegenüber seinem Vertragspartner rügt, damit dieser darauf schnell und umfassend reagieren kann. Der Regress bleibt allerdings auf jeden Fall dann bestehen, wenn es sich, wie wohl in den meisten Fällen, um so genannte versteckte Mängel handelt; auf diese erstreckt sich die Rügeverpflichtung und Genehmigungsfiktion des § 377 I u. II HGB nicht.[572]

bb. Befreiung von der Nachfristsetzung

645 Weiterhin sehr wichtig für den Unternehmer ist, dass er im Hinblick auf die Geltendmachung der Rechte aus § 437 BGB von der Nachfristsetzung nach § 478 I BGB befreit ist, wodurch er ohne weiteres den Rücktritt bzw. die Minderung erklären oder Schadensersatz statt der ganzen Leistung geltend machen kann.

> **Hinweis für die Fallbearbeitung:** Die volle Tragweite entsteht für den Unternehmer erst, wenn die übrigen gesetzlichen Ausschlüsse in Bezug auf die Nachfrist wie §§ 323 II, 440 BGB nicht eingreifen.

---

[566] BT-Drs. 14/040, S. 247 re.Sp.; *Lorenz/Riehm*, Rn 592; weiterführend zu diesem Thema *Jacobs*, JZ 2004, 225, 228.
[567] Vgl. BR-Drs. 338/01, S. 584; *Oechsler*, Rn 325 will hingegen die Drittschadensliquidation in dem Zusammenhang anwenden.
[568] *Huber*, in: Huber/Faust, Kap. 15 Rn 28.
[569] Vgl. OLG Düsseldorf ZGS 2005, 117 f.
[570] Eingehend *Canaris*, Handelsrecht, § 29 Rn 72 ff.; *Oetker*, Handelsrecht, § 8 Rn 52 ff.
[571] BT-Drs. 14/6857, S. 40 f.
[572] *Huber*, in: Huber/Faust, Kap. 15 Rn 37.

a.) Keine zeitliche Verzögerung

Er kann demnach ohne große zeitliche Verzögerungen den Anspruch gegen seinen Lieferanten geltend machen und infolge dessen an ihn durchreichen. Dies erscheint deshalb als sachgerecht, weil der Unternehmer als Wiederverkäufer vielfach kein Interesse an einer Nacherfüllung hat.[573] Dies gilt selbst dann, wenn der Unternehmer es versäumt hat, innerhalb der Frist die Nacherfüllung zu leisten, weshalb der Verbraucher zurückgetreten ist.[574] Es spielt insofern für den Regress hinsichtlich der Nachfrist aus Sicht des Gesetzes keine Rolle, inwieweit das Verhalten des Unternehmers zu der Ausübung der Sekundärrechte durch den Endverbraucher nach § 437 Nr. 2 u. 3 BGB geführt hat.[575] **646**

b.) Überschießende Privilegierung

Problematisch hingegen ist die Situation, in der der Unternehmer ein Regressrecht geltend macht, welches über die Reichweite oder Intensität des von dem Verbraucher gewählten Rechts hinausgeht. **647**

> **Beispiel:** Der Verbraucher hat wegen eines Mangels den Kaufpreis gemindert. Der Minderwert beträgt 20 %. Der Unternehmer erklärt gegenüber dem Lieferanten dagegen den Rücktritt.

Eine solche Situation wird als *„überschießende Privilegierung"* bezeichnet. Zu beachten ist diesbezüglich aber die Intention des Gesetzgebers. Denn er wollte mit § 478 BGB erreichen, dass der Einzelhändler nicht alleine die Nachteile eines verbesserten Verbraucherschutzes zu tragen hat, die sich vor allem daraus ergeben werden, dass nicht der Mangel aus seinem Bereich entstammt, sondern vielmehr auf den Herstellungsprozess zurückzuführen ist.[576] **648**

Durch den Rückgriff soll sich der Unternehmer in Teilen schadlos halten können. Ausgangspunkt muss dementsprechend die Belastung des Unternehmers sein. Der Regress soll dazu dienen, die entstandenen Kosten und die damit verbundenen Auswirkungen in der Leistungskette an denjenigen durchzureichen, der für den Mangel verantwortlich ist. Bemessungsgrundlage kann demnach nur das vom Verbraucher konkret gewählte Rechtsinstitut sein. Daher ist es durchaus sachgerecht, die Geltendmachung von Ansprüchen und Rechten im Rahmen des Regresses derart zu beschränken, dass das reine Regressinteresse des Unternehmers nicht überschritten wird. Im Zuge einer teleologischen Reduktion ist der Regressanspruch daher auf das Maß zu beschränken, das durch den Verbraucher vorgegeben wird.

Daher kann der Unternehmer im Rahmen seines durchgeführten Regresses ausschließlich das Recht geltend machen, das in Ausmaß und Intensität mit dem Recht des Verbrauchsgüterkaufs vergleichbar ist, sofern er sich auf §§ 478, 479 BGB beruft.

> **Beispiel/Gegenbeispiel:**
>
> **(1)** Wie oben hat der Verbraucher wegen eines Mangels den Kaufpreis gemindert. Der Minderwert beträgt 20 %. Der Unternehmer kann hier nur entsprechend mindern bzw. den kleinen Schadensersatz geltend machen, sofern dessen Voraussetzungen (insbesondere Verschulden) vorliegen. Nicht möglich sind hingegen der Rücktritt oder Schadensersatz statt der ganzen Leistung.

---

[573] *Lorenz/Riehm*, Rn 590.
[574] Beispiel nach *Ernst/Gsell*, ZIP 2001, 1389, 1398.
[575] Dazu kritisch, jedoch ohne Lösungsvorschläge, *Ernst/Gsell*, ZIP 2001, 1389, 1398.
[576] BT-Drs. 14/6040, S. 247.

(2) Anders ist es aber, wenn der Verbraucher den Rücktritt erklärt. Dann kann der Unternehmer neben dem Rücktritt auch eine Minderung als weniger einschneidendes Recht durchsetzen und die Sache anderweitig günstiger verkaufen.

649 Die teleologische Reduktion bezieht sich allerdings aus systematischen und dogmatischen Gründen ausschließlich auf die Anwendung der §§ 478, 479 BGB. Kann der Unternehmer gegenüber dem Lieferanten auch ohne Anwendung der speziellen Regressvorschriften seine Gewährleistungsansprüche geltend machen, sind diese nicht begrenzt. Dann stehen ihm sämtliche Optionen offen, sofern die Voraussetzungen erfüllt sind.

3. Regress nach § 478 II BGB

650 Im Gegensatz zu § 478 I BGB stellt § 478 II BGB einen eigenständigen Anspruch dem Unternehmer an die Seite.[577] Der Anspruch kann jedoch erst geltend gemacht werden, wenn der Unternehmer die Aufwendungen seinerseits erbracht hat, eine Befreiung nach § 257 BGB kann er nicht verlangen.

651 Nach § 478 II BGB kann der Unternehmer beim Verkauf einer neu hergestellten Sache von seinem Lieferanten Ersatz der Aufwendungen verlangen, die der Unternehmer im Verhältnis zum Verbraucher nach § 439 II BGB zu tragen hatte, wenn der vom Verbraucher geltend gemachte Mangel bereits beim Übergang der Gefahr auf den Unternehmer vorhanden war. In dem Kontext ist insbesondere zu beachten, dass ein Verschulden des Lieferanten *nicht* erforderlich ist.[578]

652 Innerhalb der Lieferketten werden regelmäßig Waren unverändert weiterverkauft. In dieser Sachverhaltskonstellation ist es unproblematisch, den Regress nach § 478 II BGB durchzuführen. Es kommt allerdings auch vor, dass innerhalb der Leistungskette Waren als teilfertige Produkte weiterverarbeitet werden. In dem Fall kauft ein Unternehmer von seinem Lieferanten ein Produkt, das er dann anschließend weiterverarbeitet und in diesem bearbeiteten Zustand im Anschluss wieder veräußert.

Beispiel: Unternehmer B kauft bei seinem Lieferanten A vorgeschnittenes und vorgeschliffenes Holz. Dieses Holz verarbeitet B zu Holzmöbeln weiter, die er anschließend an private Kunden verkauft.

Fraglich bleibt, ob § 478 II BGB diese Lieferkette mit umfasst. § 478 I, II BGB gibt dem Wortlaut nach vor, dass es sich um eine „neu hergestellte Sache" handeln müsse. Daraus ist bei rechtsmethodischer Auslegung zu entnehmen, dass der Regress innerhalb der Lieferkette nur möglich ist, wenn die neu hergestellte Sache als solche innerhalb der Lieferkette gehandelt wird. Aus dem Sinnzusammenhang ist aber zu entnehmen, dass eine Sache nur als neu hergestellte Sache im Rahmen der Produktionsteilung und der Produktionsprozesse gilt, wenn diese endgültig fertig produziert wurde; daran schließt sich der Absatz als Leistungsverwertung der neu hergestellten Sache an. Denn der Gesetzgeber wollte mit der Vorschrift sicherstellen, dass solche Waren, die an einen Verbraucher verkauft werden, innerhalb der Lieferkette über den Großhändler an den ursprünglichen Produzenten bzw. Hersteller finanziell wirksam zurückgegeben werden können.[579] Insoweit endet die Regresskette in dem Augenblick, wenn teilfertige Waren gehandelt werden, da diese noch nicht i.S.d. § 478 BGB neu hergestellte Sachen sind;[580] es muss sich mithin um dieselbe Sache handeln, die durch den Unternehmer an den Verbraucher verkauft wurde. Dieses Ergebnis ist im Übrigen auch auf den Anwendungsbereich des § 478 I BGB zu übertragen.

---

[577] Vgl. BT-Drs. 14/6040, S. 248 re.Sp.; *Westermann*, NJW 2002, 241, 252.
[578] BT-Drs. 14/6040, S. 248 re.Sp.
[579] Vgl. BT-Drs. 14/6040, S. 247 li.Sp.
[580] Auch so *Keiser*, JuS 2014, 961, 963 f.; *Lorenz*, in: MüKo, § 478 Rn 15; *Faust*, in: Bamberger/Roth, § 478 Rn 10; a.A. *Ball*, ZGS 2002, 49, 52; *Tröger*, AcP 204, 115, 133 f.

Die *Rechtsfolge* des § 478 II BGB sieht vor, dass nur die Aufwendungen zu ersetzen sind, die der Unternehmer als Letztverkäufer als Unternehmer gegenüber dem Käufer als Verbraucher „zu tragen hatte". Darunter ist zu verstehen, dass der Unternehmer solche Kosten als Aufwendungen ersetzt verlangen kann, die durch die Nachbesserungs- bzw. durch die Ersatzlieferungskosten i.S.d. § 439 II BGB entstanden sind. **653**

Besondere Bedeutung kommt § 478 II BGB zu, da der Unternehmer gegenüber dem Käufer, wenn dieser Verbraucher ist, im Zuge der Nacherfüllung auch solche Nacherfüllungskosten zu übernehmen hat, die mit dem Ein- und Ausbau bei mangelhaften Sachen zusammenhängen (vgl. dazu Rn 349c ff.). Denn die Rechtsprechung hat entschieden, dass der Unternehmer gegenüber seinem Lieferanten grundsätzlich keinen Schadensersatzanspruch statt der Leistung geltend machen kann, wenn der Unternehmer Aufwendungen gegenüber dem Verbraucher als Käufer für den Ausbau der mangelbehafteten Sache und den Einbau der mangelfreien Sache hat.[581] Der maßgebliche Mangel der Sache entsteht aber vielfach bereits schon während des Produktionsvorgangs oder innerhalb der Transportkette, weshalb sich aus dieser neuen Rechtsprechung eine Regressfalle für den Unternehmer als Letztverkäufer gegenüber dem Verbraucher im Verhältnis zu seinen Handelspartnern ergeben kann. **654**

Handelt es sich um einen offenen Mangel, greift bereits wegen der §§ 478 VI BGB, 377 HGB – entsprechend den obigen Ausführungen (vgl. Rn 643 f.) – ein Ausschluss der Regressmöglichkeit des Unternehmers ein. Bei einem verdeckten Mangel hingegen ist der Anwendungsbereich des § 478 II BGB zugunsten des Unternehmers gegenüber dem Lieferanten dem Grunde nach eröffnet, sofern die weiteren Voraussetzungen erfüllt sind. Fraglich ist aber, ob solche Kosten des Ein- und Ausbaus noch unter den § 478 II BGB zu subsumieren sind. Dies könnte deshalb problematisch sein, weil diese Ein- und Ausbaukosten laut BGH unter § 439 I Var. 2 BGB zu subsumieren sind. Der Regress des § 478 II BGB umfasst vom Wortlaut her zunächst nur solche Aufwendungen, die im Zusammenhang mit § 439 II BGB angefallen sind. Allerdings hat der Gesetzgeber diese Sachverhaltskonstellation in Form der Notwendigkeiten des Aus- und Einbauens nicht gesehen; die Rechtsprechung hat im Zuge dessen die Rechte des Käufers deutlich ausgeweitet; das Gesetz weist mithin eine Lücke auf, die analog § 478 II BGB zu schließen ist.[582]

Übernimmt der Verkäufer im Wege der Kulanz zusätzliche Kosten, um z.B. Kundenpflege zu betreiben, können diese Kosten hingegen nicht über § 478 II BGB innerhalb der Lieferkette abgewickelt werden.[583] Allerdings kristallisiert sich zunehmend mit unterschiedlicher Reichweite heraus, dass der Unternehmer innerhalb der Leistungskette auch besondere Kosten als Aufwendungen geltend machen kann, wenn diese direkt mit der konkreten Abwicklung der Nacherfüllung i.S.d. § 439 I BGB im Zusammenhang stehen.[584] So können z.B. auch in bestimmten Sachverhaltssituationen Personalkosten, Kosten für Lagerflächen oder Maschinen geltend gemacht werden, wenn diese einen konkreten, kausalen Bezug zu den konkreten Nacherfüllungen aufweisen; „Sowieso-Kosten" können hingegen vom Unternehmer nicht im Rahmen des § 478 II BGB beansprucht werden. Das sind solche Kosten, die beim Unternehmen auch ohne die Nacherfüllungsvorgänge auflaufen. **654a**

---

[581] BGH NJW 2014, 2183, 2184 Rz. 27; *Witt*, NJW 2014, 2156, 2157.

[582] Im Ergebnis ähnlich, aber in der Methodik unklar *Keiser*, JuS 2014, 961, 963, und *Matusche-Beckmann*, in: Staudinger (2014), § 478 Rn 58, die allerdings § 478 II BGB wohl direkt anwenden will, weil die Ein- und Ausbaukosten letztlich über § 439 II BGB und nicht über § 439 I BGB zu regulieren sind; a.A. *Ernst*, MDR 2003, 4, 7.

[583] Vgl. BT-Drs. 14/6040, S. 249 li.Sp.

[584] Dazu ausführlich *Büdenbender*, in: NK, § 478 Rn 42 f.; *Lorenz*, in: MüKo, § 478 Rn 29a ff.

I. Kauf auf Probe

I. Einleitung

655 Eine besondere Art des Kaufs ist der sog. „Kauf *auf* Probe", der in §§ 454, 455 BGB geregelt ist. Die besondere Form des „Kaufs *nach* Probe" ist hingegen durch den Beschaffenheitsbegriff des § 434 I S. 1 BGB abgedeckt und nicht durch die §§ 454, 455 BGB geregelt. Denn in den Fällen, in denen eine Beschaffenheit eines Musters oder einer Probe Grundlage für die Entscheidung des Käufers zum Kauf darstellt, ist diese bereits als Beschaffenheit der Kaufsache nach § 434 I S. 1 BGB vereinbart.[585] Eine Abweichung von dieser von den Parteien vereinbarten Beschaffenheit begründet somit einen Sachmangel i.S.d. § 434 I S. 1 BGB. Der Käufer kann infolgedessen Gewährleistungsansprüche geltend machen.

II. Abgrenzung

656 Der **Kauf auf Probe** oder auf Besichtigung ist ein Kaufvertrag unter der aufschiebenden oder auflösenden Bedingung, dass der Käufer den Kauf durch eine gesonderte Willenserklärung billigt oder missbilligt.

Nach § 454 I BGB steht dementsprechend die Billigung des gekauften Gegenstands im **alleinigen** Belieben des Käufers.

> **Beispiel[586]:** Durch den Verkäufer wird ein Testkoffer mit elektronischen Geräten an den Käufer übergeben, damit er in Ruhe prüfen kann, ob er sie verwenden kann und will.

657 Bei dem *aufschiebend bedingten Kauf* hingegen handelt sich um einen Kauf, bei dem zwar auch eine Bedingung vereinbart wurde, der konkrete Eintritt dieser Bedingung jedoch nicht in das Belieben des Käufers gestellt ist. Die Parteien haben vielmehr vereinbart, dass das Zustandekommen des Kaufvertrags von einer positiven Erprobungs- oder besser Eignungsprüfung abhängen soll, die der Käufer oder ein Dritter vornehmen. Die Billigung hängt in dem Fall von den objektiv nachprüfbaren Ergebnissen ab. Ergibt die Nachprüfung, dass die an die Kaufsache gestellten Anforderungen gegeben sind, ist der Käufer an den Kaufvertrag gebunden.

> **Beispiel:** Die Parteien schließen einen Vertrag bezüglich eines Rennbootes ab. Der Vertrag soll aber nur zustande kommen, wenn das Boot mindestens eine Geschwindigkeit von 60 km/h bei flachem Wasser fahren kann. Dafür muss der Käufer das Boot erst bei entsprechenden Umweltbedingungen testen. Liegen die vereinbarten Bedingungen objektiv vor, steht es nicht im Ermessen des Käufers, den Vertrag zu billigen, sondern er ist verpflichtet, aufgrund der Ergebnisse den Vertrag zu billigen.

658 Der *Kauf zur Probe* beinhaltet als Vertragselement eine auflösende Bedingung, bei der der Käufer unverbindlich in Aussicht stellt, dass er noch weitere Sachen vom Verkäufer erwerben werde, wenn ihn die vorliegende „Probe" zufrieden stellen werde.[587] Hinsichtlich des "Probegegenstands" ist entgegen dem Kauf auf Probe ein unbedingter Kaufvertrag zustande gekommen. Kommt es zu einer entsprechenden Folgebestellung, kann dieser „Probe" die Bedeutung eines Musters zukommen. Seine Beschaffenheit wird auch bezüglich der weiteren Gegenstände als vereinbart angesehen.

---

585 *Marx/Wenglorz*, Schuldrechtsreform 2002, S. 114.
586 Nach Köln NJW- RR 1996, S. 499.
587 Vgl. OLG Schleswig NJW-RR 2000, 1696.

Beispiel: Der Käufer kauft beim Verkäufer einen Computer und erklärt dem Verkäufer, er werde sein gesamtes Unternehmen mit diesen Geräten ausstatten, wenn der Test mit diesem gekauften Gerät positiv ausfalle. Dann sollten baugleiche Computer geliefert werden.

Der *Umtauschkauf* zeichnet sich gerade dadurch aus, dass die Parteien einen Kaufvertrag unbedingt abschließen. Sie vereinbaren aber vertraglich ein Rückgaberecht des Käufers dahingehend, dass der Käufer die unversehrte und völlig unverbrauchte Sache zurückgeben und sich eine neue gleichwertige Sache innerhalb einer bestimmten Frist aussuchen kann. Insofern wird lediglich der Kaufgegenstand verändert. **659**

Beispiel: A hat zum Geburtstag seiner Freundin C einen schönen Mantel bei B gekauft. Er weiß jedoch nicht, ob dieser C auch gefällt. Daher vereinbart er, dass C innerhalb von 2 Monaten den Mantel gegen andere Kleidungsstücke umtauschen kann, wenn er ihr nicht gefällt.

III. Voraussetzungen

Neben dem Kaufvertrag müssen die Parteien vereinbart haben, dass der Kauf von der Billigung des Käufers abhängen soll. Die zu erklärende Billigung beim Kauf auf Probe ist in das freie Belieben des Käufers zu stellen. Es kommt demnach nicht auf die Eignung der Sache für den vertraglichen Zweck oder die Brauchbarkeit der Sache an, sondern der Käufer kann sich frei von jeglichen Vorgaben gegen den Kauf entscheiden. Ausschlaggebend sind ausschließlich die autonomen Gründe des Käufers. **660**

Bis zur Erklärung der Billigung durch den Käufer ist der Kauf in einem rechtlichen **Schwebezustand**. Der Verkäufer ist bereits durch den Vertrag an die in diesem Vertrag gemachten Vereinbarungen gebunden. **661**

Die Billigung ist eine einseitige, rechtsgestaltende, empfangsbedürftige Willenserklärung. Haben die Parteien allerdings nicht ausdrücklich oder konkludent vereinbart, ob der Billigungsvorbehalt eine aufschiebende oder auflösende Wirkung haben soll, ist dies grundsätzlich anhand einer Auslegung gem. §§ 133, 157 BGB zu ermitteln. Kann ein Auslegungsergebnis nicht gefunden werden, kommt die vom Gesetzgeber vorgesehene Zweifelsfallregelung des § 454 I S. 2 BGB zur Geltung, nach der es sich „im Zweifel" um eine aufschiebende Bedingung handelt. Von einer Missbilligung als auflösende Bedingung i.S.d. § 158 II BGB kann dann ausgegangen werden, wenn der Käufer den Kaufpreis bereits bezahlt hat. **662**

Da der Verkäufer ein berechtigtes Interesse daran hat, möglichst bald Klarheit über das Bestehen oder Nichtbestehen des Kaufvertrags zu haben, kann er dem Käufer gem. § 455 S. 1 BGB eine **angemessene** Frist zur Erklärung setzen, ob er den Kauf billigt oder nicht. Eine unangemessene Frist setzt eine entsprechend angemessene Frist zur Billigung in Lauf, die unangemessene Frist entfaltet keine rechtliche Wirkung. Die Angemessenheit der Frist bestimmt sich nach **663**

- der Art des Kaufobjekts (z.B. danach, ob eine komplizierte Untersuchung erforderlich ist),
- den Vertragsparteien (bei Kaufleuten kann aufgrund ihrer Obliegenheitspflichten eine kürzere Frist gesetzt werden),
- der Verkehrssitte
- sowie der Zeit, die seit Erhalt der Probe bereits verstrichen ist.

Die Parteien können aber auch nach § 455 S. 1 BGB eine Frist vertraglich vereinbaren. **664**
Äußert sich der Käufer hingegen in der ihm gesetzten Frist nicht, tritt die Fiktionswirkung des § 455 S. 2 BGB ein, nach der ein **Schweigen** jedenfalls dann als Billigung gilt, wenn

ihm die Kaufsache zum Zweck der Probe oder Besichtigung übergeben worden ist. Damit wird der Kaufvertrag durch die Erklärungsfiktion wirksam.

Hinweis für die Fallbearbeitung: Eine Anfechtung wegen der Erklärungsfiktion scheitert wegen eines nicht vorhandenen Anfechtungsgrunds. Denn der Käufer kann nicht mit der Begründung i.S.d. § 119 I BGB die Willenserklärung anfechten, dass er sich über die Wirkung seines gesetzlich fingierten Schweigens im Unklaren gewesen sei.

665 Versäumt es der Verkäufer dagegen, eine Frist zu setzen, und war auch keine Frist vereinbart worden, bleibt der Vertrag weiterhin in der Schwebe.

666 Der Verkäufer hat dem Käufer nach § 454 II BGB die Ware zur Untersuchung zur Verfügung zu stellen, damit der Käufer eine Entscheidung über die Billigung treffen kann.

IV. Kein Vertragsschluss

667 Kommt es hingegen nicht zum Vertragsschluss, muss der Käufer das Muster bzw. die bereits erhaltene Ware nach den Grundsätzen der §§ 812, 820 BGB herausgeben. Dabei hat der Käufer sowohl die Kosten der Besichtigung als auch der Aufbewahrung zu tragen. Inwieweit der Käufer für die speziellen Kosten der Rücksendung aufzukommen hat, muss anhand der Vertragsauslegung ermittelt werden. Billigt der Käufer den Kauf nicht, entsteht für den Verkäufer dadurch kein Anspruch auf Nutzungsvergütung, wenn der Kaufgegenstand bereits in den Besitz des Käufers übergegangen ist.[588]

668 Durch die Billigung begibt sich der Käufer nicht seiner Gewährleistungsrechte. Diese bestimmen sich ebenfalls nach § 437 BGB. Allerdings ist für § 442 BGB neben dem Zeitpunkt des Kaufvertragsschlusses auch derjenige der Billigung maßgeblich.

669 Kommt der Käufer schuldhaft seiner Rückgabepflicht nicht nach, kann der Verkäufer aus § 280 I BGB Schadensersatz verlangen. Gleiches gilt dann, wenn der Käufer gegen seine Obhutspflicht i.S.d. § 241 II BGB verstößt.

J. Wiederkauf

I. Einleitung

670 Der Wiederkauf gem. §§ 456 ff. BGB ist wie der Kauf auf Probe eine besondere Ausgestaltung des Kaufvertrags. Bei dem Wiederkaufsrecht handelt es sich um eine besondere Vereinbarung zwischen dem Käufer (Wiederverkäufer) und dem Verkäufer (Wiederkäufer), die den Käufer dazu verpflichtet, die Sache gegen Erstattung eines vereinbarten Wiederkaufspreises dem Verkäufer wieder herauszugeben.[589]

671 Das gesetzlich geregelte Wiederkaufsrecht des Verkäufers ist von dem vom Gesetz nicht erfassten **Wiederverkaufsrecht** des Käufers zu unterscheiden. Bei diesem hat sich der Käufer das Recht einräumen lassen, durch eine einseitige Erklärung gegenüber dem Verkäufer diesem den gekauften Gegenstand zu einem bestimmten Preis zurückzuverkaufen.[590] Hier geht also die Initiative nicht vom Verkäufer, sondern vom Käufer aus. Die Vorschriften über den Wiederkauf sind analog anzuwenden, zu berücksichtigen ist dabei aber die besondere teleologische Ausprägung dieser Vertragsabrede.[591]

---

[588] OLG Schleswig NJW 2000, 1656.
[589] *Mader*, in: Staudinger (1995), vor §§ 497 a.F. Rn 1.
[590] *Vollkommer/Heinemann*, JZ 2000, 50, 51 ff.; *Emmerich*, Jus 1999, 819 f.
[591] Vgl. dazu BGHZ 110, 183, 191.

Nach der inzwischen ganz herrschenden Ansicht ist das Wiederkaufsrecht eine **Vertragsvereinbarung**, die einer aufschiebenden Bedingung gem. § 158 I BGB gleichgestellt werden kann.[592] Dabei liegt die Bedingung in der Ausübung des „Gestaltungsrechts" des Wiederkaufsberechtigten; der bedingt abgeschlossene Wiederkaufsvertrag wird also durch den Eintritt der Bedingung wirksam.[593] **672**

Mit dem Abstellen auf § 158 I BGB entsteht das bedingte Recht bereits bei Abschluss der Wiederkaufsvereinbarung. **673**

Beispiel: Gegenstand des Kaufvertrags ist eine Zuchthündin, die für den weiteren Zuchtverlauf eine bestimmende Rolle spielen kann. Daher kann das Wiederkaufsrecht der Sicherung des Zugriffs des Verkäufers auf diese Kaufsache dienen, wenn der Verkäufer diese nicht endgültig aus der Hand geben will.[594]

Das Wiederkaufsrecht dient verschiedenen Zwecken. **674**

Beispiele:

(1) Mit dem Wiederkaufsrecht wird dem Verkäufer die rechtliche Möglichkeit an die Hand gegeben, die Sache wiederzuerlangen, nachdem eine wirtschaftliche Notlage abgeklungen ist. Mit dem Verkauf kann diese Notlage also gemildert bzw. abgewendet werden.

(2) Im gesellschaftsrechtlichen Bereich kann das Wiederkaufsrecht dazu dienen, vorgeschriebene oder anderweitig erzwungene Konzernentflechtungen bei nächster Gelegenheit rückgängig zu machen.[595]

(3) Der Wiederkauf kann zudem als Verdeckung und Sicherung von Kreditoperationen eingesetzt werden, da dieser Vertragstyp wie eine Sicherungsübereignung wirkt.[596] Allerdings ist in diesem Zusammenhang zu beachten, dass die Vorschriften des Wiederkaufsrechts nach §§ 456 ff. BGB nur auf das nicht gewerbsmäßig eingeräumte Wiederkaufsrecht anwendbar sind, da ein gewerbsmäßig eingeräumtes Rück- und Wiederkaufsrecht als ein Pfandleihgewerbe i.S.d. §§ 34, 38 GewO rechtlich zu qualifizieren ist.[597]

Hinweis für die Fallbearbeitung: Strikt zu trennen ist hinsichtlich des Wiederkaufsrechts zwischen den schuldrechtlichen Ansprüchen und den sachenrechtlichen Vorschriften. Der Käufer verpflichtet sich nämlich zwar schuldrechtlich, den Gegenstand nach Bedingungseintritt an den Verkäufer zurückzugeben, aber damit sind ein zwischenzeitlicher Verkauf an eine andere Person und vor allem eine rechtlich wirksame Übereignung nach § 929 BGB an den Dritten zulässig. Danach hat der Wiederkäufer keine rechtliche Option mehr, die Kaufsache zurückzuerlangen. Allerdings macht sich der Wiederverkäufer nach § 457 II BGB schadensersatzpflichtig.

II. Voraussetzungen

Die vertragliche Klausel kann sowohl im Kaufvertrag selbst als auch nachträglich in einem gesonderten Vertrag abgeschlossen werden. Der auf dieser vorab getroffenen Vereinbarung basierende tatsächliche Abschluss des Wiederkaufvertrags kommt durch die einseitige empfangsbedürftige Willenserklärung des Verkäufers zustande. Der Vorbehalt ist aber in jedem Fall Bestandteil des Kaufvertrags.[598] **675**

---

[592] Vgl. BGHZ 38, 369, 371; OLG Karlsruhe MDR 1998, 93; dagegen *Larenz/Canaris*, § 44 II.
[593] Vgl. BGHZ 29, 107, 110.
[594] LG Fulda NJW-RR 1993, 886.
[595] Vgl. dazu auch BGH WM 1965, 356 ff.
[596] Vgl. *Mader*, in: Staudinger (1995), vor §§ 497 a.F. Rn 2.
[597] BGHZ 110, 183 ff.
[598] BGHZ 38, 369; BGH NJW 1994, 3299.

676 Die Vereinbarung des Rückkaufsrechts begründet bereits mit Abschluss der Vertragsklausel einen aufschiebend bedingten Anspruch des Verkäufers auf die Rückübereignung der Kaufsache.[599]

- Als solcher ist der Anspruch auf Rückübereignung vormerkungsfähig.[600]
- Darüber hinaus ist das Rückkaufsrecht übertragbar.[601]
- Mithin ist dieses auch pfändbar oder verpfändbar; das kann jedoch durch eine vertragliche Regelung ausgeschlossen werden.

677 Die **Formbedürftigkeit** des Kaufvertrags führt auch zur Formbedürftigkeit der Abrede über das Wiederkaufsrecht des Verkäufers.

Beispiel: Bei Kaufverträgen über Grundstücke ist deshalb nach § 311b I BGB die vertragliche Abrede des Wiederkaufsrechts entsprechend formbedürftig.

Nach § 456 I S. 2 BGB bedarf hingegen die Erklärung, dass das Wiederkaufsrecht ausgeübt wird, entgegen der Formvorschrift des § 311b I BGB **nicht** der für den Kaufvertrag bestimmten Form.

678 Steht das Rückkaufsrecht mehreren Verkäufern **gemeinschaftlich** zu, kann es nach § 461 S. 1 BGB nur im Ganzen ausgeübt werden.

679 Die Ausübung des Wiederkaufsrechts unterliegt auch grundsätzlich der gesetzlichen **Ausschlussfrist**. Nach § 462 S. 1 BGB kann der Rückkauf bei Grundstücken nur innerhalb von dreißig Jahren, bei anderen Gegenständen nur innerhalb der deutlich kürzeren Frist von drei Jahren nach der Vereinbarung des Vorbehalts erklärt werden. Danach erlischt das Recht automatisch.[602] Die Vorschrift ist aber dispositiv. Demnach kann durch Parteivereinbarung eine kürzere oder längere Frist bestimmt werden. Insbesondere können Fristvereinbarungen an den Eintritt eines bestimmten (künftigen) Ereignisses geknüpft werden.[603]

Beispiele: Tod einer natürlichen Person; Bestand einer juristischen Person[604]

680 Nicht rechtlich zulässig ist hingegen eine solche Vereinbarung, die ein **unbefristetes** Wiederkaufsrecht vorsieht, da ansonsten der Käufer dauerhaft gerade in Hinsicht auf die Haftung des § 457 BGB unkalkulierbare Risiken einginge. Dies wäre mit den Grundsätzen aus § 138 BGB nicht vereinbar, da der Käufer neben dem Haftungsrisiko zusätzlich ständig mit der Ausübung des Wiederkaufsrechts rechnen müsste und dementsprechend über die Sache dauerhaft entgegen § 903 BGB nicht disponieren könnte. Bei einer aufschiebenden Bedingung muss daher auch bei einer vertraglichen Vereinbarung ein **fester Endzeitpunkt** festgelegt sein.

681 Die Frist kann wegen der Dispositivität nachträglich geändert werden, sofern die Vereinbarung innerhalb der gesetzlichen Frist eine Änderung erfährt. Grundsätzlich unterliegt diese Abänderung nicht dem besonderen Formerfordernis des § 311b I BGB.[605]

---

599 BGHZ 75, 288.
600 RGZ 125, 247.
601 BGH NJW-RR 1991, 526.
602 BGHZ 47, 390.
603 OLG Hamburg MDR 1982, 668.
604 OLG Schleswig NJW-RR 1999, 283.
605 BGH NJW 1973, 37.

Hinweis für die Fallbearbeitung: Zu beachten ist, dass die Ausschlussfrist nur für die Ausübung des Rückkaufsrechts gilt, nicht betroffen ist der innerhalb dieser Frist bereits wirksam entstandene Erfüllungsanspruch aus § 457 I BGB.

III. Haftung

Der Käufer hat vom Zeitpunkt des Abschlusses der Wiederkaufsvereinbarung die Pflicht zur Erhaltung der Kaufsache, wobei sich dies aus dem Rechtsgedanken des § 457 BGB ergibt. **682**

Der Käufer hat Schadensersatz nach § 457 II S. 1 BGB an den Verkäufer zu leisten, wenn der Wiederverkäufer vor der Ausübung des Wiederkaufrechts eine Verschlechterung, den Untergang oder eine aus einem anderen Grund eingetretene Unmöglichkeit der Herausgabe des gekauften Gegenstands verschuldet hat bzw. der Wiederverkäufer den Gegenstand wesentlich verändert hat, bevor das Wiederkaufsrecht durch den Verkäufer ausgeübt wurde. **683**

Eine **Minderung** des Kaufpreises kann hingegen nach § 457 II S. 2 BGB nicht verlangt werden, sofern sich der Anspruch auf einen solchen bezieht, der vor dem Zeitpunkt des Bedingungseintritts liegt. **684**

Treten hingegen Störungen **nach** Ausübung des Wiederkaufsrechts ein, ergeben sich die Pflichten entsprechend der kaufrechtlichen Grundregel: Der Käufer hat dem Verkäufer die Sache nach § 457 I BGB nebst Zubehör nach § 929 BGB zurückzuübertragen. Im Fall einer Beschädigung, des Untergangs und der Unmöglichkeit der Herausgabe haftet er wie bei jedem Kauf, ohne dass die Beschränkungen des § 457 II BGB eingreifen. **685**

> **Beispiel:** Der Käufer A hat von dem Verkäufer B eine Rennyacht erworben. B war wegen Börsengeschäften in akuter Finanznot. Der Kaufvertrag enthält ein Wiederkaufsrecht, das auf ein Jahr befristet ist. Nach der Ausübung des Wiederkaufsrechts fährt A noch ein Rennen, bei dem das Boot durch einen Mastbruch bei stürmischer See beschädigt wird. In einem solchen Fall kann B den vereinbarten Wiederkaufspreis nach §§ 437 Nr. 2 Var. 2, 441 BGB mindern.

Der Verkäufer hat den vereinbarten **Wiederkaufspreis** an den Käufer zu bezahlen. Ist ein solcher nicht explizit vereinbart worden, ist nach der Zweifelsfallregelung des § 456 II BGB der Kaufpreis zu entrichten, der bereits beim originären Kaufvertrag vereinbart war. **686**

Auf Verlangen des Käufers muss der Verkäufer Ersatz für Verwendungen leisten, sofern diese sich wertsteigernd auf die Sache ausgewirkt haben. **687**

3. Kapitel – Schenkung

A. Anspruch aus dem Schenkungsvertrag

Anspruch aus einem Schenkungsvertrag
1. Wirksamer Vertrag: Zustandekommen und Wirksamkeit a. Zustandekommen aa. Einigung bb. Zuwendung cc. Unentgeltlichkeit b. Wirksamkeit aa. Form (§§ 125, 518 BGB) bb. allgemeine Regeln (Geschäftsfähigkeit, Zugang u.a.) **2. Ansprüche des Beschenkten** a. Erfüllung Ausnahme: Einrede des Notbedarfs (§ 519); Widerruf (§ 530) b. Leistungsstörungen **3. Ansprüche des Schenkers** a. Vollziehung der Auflage b. Rückforderung wegen aa. Nichtvollziehung der Auflage (§ 527 BGB) bb. Verarmung (§ 528 BGB) cc. Widerrufs (§§ 530 - 534 BGB)

I. Vertragsanordnung

1. Funktion

688 Neben der Leihe, dem Auftrag und der unentgeltlichen Verwahrung ist die Schenkung eine weitere Art eines **unentgeltlichen Rechtsgeschäfts**. Die unentgeltliche Zuwendung eines Vermögensvorteils kann aus unterschiedlichen Gründen erfolgen:

- Es kann sich entweder um eine auf einer **sittlichen Pflicht** beruhende Schenkung handeln
- oder um eine sog. **Anstandsschenkung**, die erfolgt, um einem gesellschaftlichen Zwang nachzukommen.

2. Abgrenzung

689 Die **Schenkung** ist gem. § 516 BGB ein einseitig verpflichtender Schuldvertrag, der eine unentgeltliche Zuwendung zum Inhalt hat.

690 Der Schenker wendet dem Beschenkten einen Gegenstand aus seinem Vermögen zu, ohne dass er von dem Beschenkten dafür eine Gegenleistung verlangen kann.

> **Beispiel:** Dauerhafte und endgültige Überlassung eines Boots, ohne dass damit eine Gegenleistung verbunden wäre.

691 Voraussetzung für den Schenkungsvertrag ist, dass die Vertragsparteien einen rechtlich erheblichen **Bindungswillen** besitzen, der im Vertragsschluss deutlich zum Ausdruck kommt.

Bei einer **Schenkung** müssen sich die Parteien darüber einig sein, dass der Schenker aus seinem Vermögen einen Teil auf den Beschenkten überträgt und sich dadurch um diesen Betrag entreichert und die Zuwendung im Einverständnis beider Teile unentgeltlich und freiwillig erfolgt. **692**

Bezüglich der Schenkung ist zwischen der **Handschenkung** nach § 516 BGB und dem **Schenkungsversprechen** i.S.d. § 518 BGB zu unterscheiden. Bei der Handschenkung wird die Schenkung sofort vollzogen, das Verpflichtungs- und Verfügungsgeschäft fallen dementsprechend zeitlich zusammen bzw. das Verfügungsgeschäft folgt dem Verpflichtungsgeschäft unmittelbar nach. Der Schenkungsvertrag fungiert insofern lediglich als eine Rechtsgrundabrede. Das an sich bei einer Schenkung bestehende Formerfordernis des § 518 I BGB ist unbedeutend, da der Formmangel nach § 518 II BGB geheilt ist. **693**

Beispiel: Die Mutter schenkt ihrem Sohn zum bestanden Examen ein Cabriolet und übergibt es ihm anschließend.

a. Gefälligkeitsverhältnis

Das Gefälligkeitsverhältnis unterscheidet sich von der Schenkung dadurch, dass es im ersten Fall an einem Schuldverhältnis mangelt. Darüber hinaus fehlt auch ein dem Schuldverhältnis inhärenter **Rechtsbindungswille**. Die Abgrenzung eines Gefälligkeitsverhältnisses von einem **Schuldverhältnis mit Rechtsbindung** muss mittels Auslegung erfolgen (vgl. dazu die Ausführungen zur Leihe). **694**

Beispiele:

(1) **für Schenkung:** Der Erbonkel schenkt seinem Lieblingsneffen aus Zuneigung einen Porsche Cabrio im Wert von 140.000,- €.

(2) **eine Gefälligkeit:** Der Erbonkel überlässt dem Neffen seine 40-Meter Motoryacht, damit dieser einen Sommer lang auf dem Mittelmeer mit seiner zukünftigen Frau verbringen kann.

b. Unbenannte Zuwendungen unter Ehegatten

Bei den unbenannten Zuwendungen unter Ehegatten handelt es sich um ehebezogene Rechtsgeschäfte *sui generis* zur Gestaltung und Verwirklichung der ehelichen Lebensgemeinschaft;[606] der Zuwendende geht vom Fortbestand der Ehe und davon aus, dass ihm daher der dem Partner zugewendete Gegenstand letzten Endes erhalten bleiben wird.[607] Damit erfolgt aber die ehebedingte Zuwendung in erster Linie um der Ehe willen und nicht als Schenkung.[608] **695**

Beispiel: Die Ehegatten erwerben ein Wohnhaus zu je hälftigem Miteigentum, um es als Familienwohnsitz mit den Kindern zu nutzen. Der allein verdienende Ehemann übernimmt sämtliche Zins- und Tilgungsleistungen, die haushaltsführende Ehefrau erhält durch die Tilgung des Darlehens ein stetig anwachsendes Vermögen als Zuwendung.[609]

Da es sich bei diesen Leistungen nicht um eine Schenkung i.S.d. § 516 BGB handelt, ist insbesondere die Anwendung der Vorschrift des § 530 BGB ausgeschlossen. **696**

c. Unentgeltliche Gebrauchsüberlassung

Die unentgeltliche Gebrauchsüberlassung eines Vermögensgegenstands ist nicht Schenkung, da die Willenserklärungen nicht auf eine endgültige und dauerhafte Übertragung **697**

---

[606] BGHZ 116, 167 m.w.N.
[607] *Sandweg*, NJW 1989, 1965 f.
[608] BGH FamRZ 1993, 285, 290.
[609] BGH FamRZ 1989, 599; OLG Stuttgart FamRZ 1994, 1326.

des Eigentums gerichtet sind. Vielmehr kann es sich um eine Leihe oder die Gewährung eines zinslosen Darlehens handeln. Dies gilt auch dann, wenn die Gebrauchsüberlassung längerfristig vereinbart wurde.

II. Voraussetzungen/Tatbestandsmerkmale

1. Vertragsschluss

698 Der Abschluss eines Schenkungsvertrags unterliegt grundsätzlich den allgemeinen Grundsätzen eines Vertragsschlusses. In der Regel ist ein *Schweigen* auf eine Willenserklärung in Form eines Angebots überhaupt keine Erklärung oder gelegentlich fingiert das Gesetz das Schweigen wie in §§ 108 II S. 2, 177 II S. 2, 415 II S. 2 BGB explizit als Ablehnung. Nur in sehr eng begrenzten und sehr seltenen Ausnahmen fingiert das Gesetz das Schweigen als Annahme; dies jedoch immer nur dann, wenn dafür ein besonderes und weitreichendes Bedürfnis besteht.

Beispiel: Bei Handelsgeschäften i.S.d. §§ 343, 344 HGB wird in § 362 HGB normiert, dass das Schweigen eines Kaufmanns als Annahme eines Angebots gilt, wenn die besonderen Tatbestandsvoraussetzungen erfüllt sind.

699 Das Schenkungsrecht enthält eine solche von den allgemeinen Regeln abweichende Vorschrift. Bei der Schenkung wird nach § 516 II S. 2 BGB ebenfalls das Schweigen des Beschenkten in bestimmten Fällen als Annahme der Schenkung fingiert. Dies ist deshalb gerechtfertigt, weil der Schenker aufgrund der Unentgeltlichkeit an einer raschen Entscheidung bezüglich des Schenkungsvertrags interessiert ist. Allerdings müssen dafür die Voraussetzungen des § 516 II S. 1 BGB gegeben sein. Lehnt der Beschenkte das Schenkungsangebot rechtzeitig ab, wird die bereits vorgenommene tatsächliche Zuwendung gem. § 516 II S. 3 BGB nach den Vorschriften einer ungerechtfertigten Bereicherung abgewickelt.

Hinweis für die Fallbearbeitung: Bei § 516 II S. 3 BGB handelt es sich um eine Rechtsgrundverweisung, weshalb zusätzlich die Voraussetzungen der §§ 812 ff. BGB vorliegen müssen.

700 Die gesetzliche Fiktion ist jedoch nicht auf die *gemischte Schenkung* oder die *Schenkung unter Auflage* anzuwenden.[610]

a. Zuwendung

701 Inhalt der **Schenkung** ist die gegenstandsbezogene Zuwendung eines Vermögenswertes, der beim Schenker zu einer Entreicherung, beim Beschenkten zu einem Vermögenszuwachs führt.

Beispiel: Erlass von Schulden

702 Der Begriff **Vermögen** ist in dem Zusammenhang im wirtschaftlichen Sinn zu verstehen. Nicht erforderlich ist es, dass eine Stoffgleichheit zwischen dem Vermögensvorteil beim Beschenkten und dem Vermögensnachteil besteht, den der Schenker erleidet. Der Gegenstand der Schenkung braucht auch nicht zuvor im Eigentum des verfügenden Schenkenden gestanden zu haben, denn er kann in einem Deckungsgeschäft im Rahmen eines Vertrags zugunsten Dritter diesen erst beschaffen. Aufgrund der wirtschaftlichen Sichtweise muss der Vermögensgegenstand jedoch eine Vermögenssubstanz haben.

---

[610] *Chiusi*, in: Staudinger (2013), § 516 Rn 80.

Beispiele: Sachen, Rechte

Daher kann eine rein persönliche Zuwendung in Form von Diensten wie Hilfeleistungen nicht als Schenkung eingeordnet werden.[611] Unerheblich ist es hingegen für eine Schenkung, ob die gemachte Zuwendung wirtschaftlich oder tatsächlich einen Gewinn für den Beschenkten bedeutet. **703**

b. Unentgeltlichkeit

aa. Grundlagen

Die Schenkung ist als ein einseitig verpflichtender Vertrag vom Gesetzgeber ausgestaltet worden. Er hat demnach als positive Voraussetzung der Schenkung normiert, dass die Parteien sich explizit darüber einig sein müssen, dass die Zuwendung unentgeltlich erfolgt. Die Unentgeltlichkeit gehört deshalb bei der Schenkung zu den wesentlichen Vertragsbestandteilen, über die sich die Parteien zu einigen haben. **704**

Die gesetzliche Anforderung an die Unentgeltlichkeit geht so weit, dass eine von den Parteien vorgenommene subjektive Bestimmung dieser Unentgeltlichkeit nicht ausreicht, vielmehr muss die Leistung auch **objektiv** unentgeltlich sein. **705**

Beispiel: A will B etwas zuwenden, da er eine andere Leistung des B an ihn damit begleichen will. Ist dies nach §§ 133, 157 BGB für den Vertragspartner erkennbar, liegt keine positive Vereinbarung über die Unentgeltlichkeit vor. Vielmehr ist darin eine Erfüllung der Verbindlichkeit des A zu sehen.

Für die Einordnung der Zuwendung als Schenkung kommt es dementsprechend ausschließlich auf den **Willen** der Parteien an, gerade unentgeltlich zu verfügen. Nicht relevant hingegen sind Motive, die hinter der Schenkungsleistung stehen. **706**

Hinweis für die Fallbearbeitung: Es spielt insoweit keine Rolle, ob diese eigennützig, karitativ oder aus einer sittlichen Verpflichtung heraus erfolgt.

Wie es auf die Motive nicht ankommt, kann auch die vertragliche Bezeichnung eines derartigen Vertrags nicht den Willen der Parteien ersetzen. Diese kann aber ein Indiz für den Willen der Parteien sein. **707**

Beispiele:

(1) Eine Leistung, die auf eine Schuld hin erbracht wird, kann generell keine unentgeltliche Leistung darstellen. Dies gilt auch dann, wenn es sich um unvollkommene Verbindlichkeiten handelt.

(2) Eine Schenkung kann hingegen eine Erfüllung einer vorhandenen *moralischen* Pflicht oder eine so genannte *Dankesschuld* sein. Diese stellen nämlich lediglich einen ideellen Wert dar und können daher nicht unter den Begriff Unentgeltlichkeit subsumiert werden.

bb. Problematische Konstellationen

Es ist aber nicht immer eindeutig feststellbar, ob sich die Parteien tatsächlich darauf geeinigt haben, dass die Leistung unentgeltlich zu erfolgen habe. Abzugrenzen ist daher gegenüber der **Entgeltlichkeit** des Rechtsgeschäfts. Wann allerdings eine solche Entgeltlichkeit rechtlich anzunehmen ist, ist im Einzelfall nicht immer leicht zu bestimmen. Denn eine solche Entgeltlichkeit könnte womöglich angenommen werden, wenn nach dem konkreten Inhalt des Vertrags oder einer später hinzutretenden gesonderten Ver- **708**

---

[611] Vgl. BGHZ 127, 48, 51.

einbarung eine andere Leistung der „Schenkungsleistung" gegenübersteht und diese beiden in einer derartigen Form miteinander verbunden sind. Zu beachten ist auch, dass die Verknüpfung der beiden miteinander verbundenen Leistungen unterschiedlich *intensiv* sein kann. Hinzu kommt noch die Tatsache, dass diese Konstruktion von der rechtlich zulässigen *Schenkung unter Auflage* gem. § 525 BGB abzugrenzen ist.

a.) Synallagmatische Gegenleistungen

709 Unproblematisch haben die Parteien keine Unentgeltlichkeit vereinbart, wenn sie die beiden Leistungen synallagmatisch miteinander als Leistung und Gegenleistung verbunden haben. Diese synallagmatische Verbindung liegt dann vor, wenn die Leistungen gerade wegen der jeweils anderen Leistung erbracht werden.[612]

Beispiele:

(1) Der Arbeitgeber will dem Arbeitnehmer für ausgezeichnete Leistungen eine Gratifikation zukommen lassen. Hier liegt eine objektive Verknüpfung mit dem Arbeitsverhältnis vor, weshalb eine Unentgeltlichkeit durch die Parteien nicht vereinbart wurde.

(2) Werden Leistungen im Rahmen einer Ehe, einer eingetragenen Lebenspartnerschaft oder einer eheähnlichen Lebensgemeinschaft getätigt, sind sie in aller Regel über eine kausale Abrede mit dem Bestand der Ehe verknüpft, weshalb es ihnen an der für Schenkungen konstitutiven Unentgeltlichkeit fehlt.[613]

Damit stehen sich Leistung und Gegenleistung gleichrangig gegenüber.

b.) Konditionale Verknüpfung

710 Eine Entgeltlichkeit liegt aber auch dann vor, wenn zwar die Intensität der Verknüpfung geringer als die der synallagmatischen Gegenleistung ist, aber eine *konditionale* Verknüpfung von den Parteien vorgenommen wurde.

Dies ist der Fall, wenn die Leistung final so an die Bedingung geknüpft wird, dass diese ausschließlich dann erbracht wird, wenn der Empfänger anschließend ebenfalls eine andere Gegenleistung erbringt.

In Abgrenzung zur synallagmatischen Verknüpfung liegt hier eine solche Verknüpfung vor, bei der der Empfänger seinerseits keine Leistungspflicht übernimmt, sondern seine Leistung lediglich zur Vorbedingung der Zuwendung macht oder erbringt.

Beispiel: Eine solche Situation liegt bei der *Auslobung* nach § 657 BGB vor. Hier verspricht der Auslobende eine Zuwendung, wenn eine andere Person durch eine Handlung einen bestimmten Erfolg herbeiführt. Der Auslobende ist verpflichtet, sein Versprechen einzulösen, wenn die Voraussetzungen erfüllt sind. Der Handelnde hingegen übernimmt keine Pflicht; er erhält die Prämie selbst dann, wenn er nicht mit Rücksicht auf die Auslobung gehandelt hat.

711 Wesentliches Merkmal dieser Konstruktion ist demnach, dass die erbrachte Leistung des Zuwendungsempfängers und die Leistungspflicht des Zuwendenden über das Rechtsinstitut der Bedingung miteinander verknüpft sind. Daraus ergibt sich die Konsequenz, dass für den Zuwendenden auch keine Leistungspflicht besteht, wenn die Bedingung nicht eintritt.

---

[612] Vgl. BGH WM 1955, 353, 354.

[613] BGH NJW 1992, 238, 239; vgl. auch Köln NJW-RR 1996, 518; OLG Düsseldorf NJW-RR 1998, 1498 m.w.N.; BGHZ 129, 259, 263 f. m.w.N.; OLG Düsseldorf NJW-RR 1994, 1411; weitergehende Ausführungen bei *Lohnig*, JA 2001, 376 ff.

c.) Schenkung unter Auflage

Bei der Schenkung unter Auflage hingegen hängt die schenkweise Zuwendung gerade nicht von einer Bedingung ab, ob die Auflage erfüllt wird. Es besteht die unbedingte, von der Auflage unabhängige Verpflichtung des Zuwendenden, das Vermögen dem Zuwendungsempfänger zu verschaffen. Der Zuwendende kann lediglich im Nachhinein verlangen, dass die Auflage auch tatsächlich erfüllt wird. Damit bleibt die *Vermögensverschaffung selbst unentgeltlich*. Der Erfüllungsanspruch bezieht sich lediglich auf die gemachte Auflage. **712**

d.) Dreiecksschenkung bzw. mittelbare Schenkung

Bei einer so genannten **Dreiecksschenkung bzw. mittelbaren Schenkung** schenkt der Zuwendende dem Empfänger einen bestimmten Vermögensgegenstand (Valutaverhältnis), muss diesen aber erst noch bei einem Dritten besorgen (Deckungsverhältnis). **713**

> **Beispiel:** Der Vater schenkte seinem Sohn zum bestandenen Ersten Juristischen Staatsexamen ein Segelboot. Ein Segelboot war aber vor dem Examen noch nicht im Vermögen des Vaters. Da der Tag der mündlichen Prüfung im Winter war, gab es kein hinreichendes Angebot. Deshalb wartet er mit der Beschaffung des Boots bis zum Frühjahr. Als er ein geeignetes Boot findet, kauft er es und übergibt es anschließend dem Sohn.

Im Valutaverhältnis liegt eine Vereinbarung über die Unentgeltlichkeit vor. Es schadet der Annahme dieser Unentgeltlichkeit im Valutaverhältnis auch nicht, wenn im Deckungsverhältnis ein entgeltlicher Vertrag abgeschlossen wird, sei es auch ein Vertrag zugunsten Dritter. **714**

e.) Gemischte Schenkung

Ein besonderes Problem bereitet die Situation, in der in einem Vertragsgefüge die Gegenleistung wertmäßig nicht der Leistung entspricht, sondern z.T. deutlich niedriger ist. **715**

> **Hinweis für die Fallbearbeitung:** In einer solchen Situation kann es sich unter anderem um eine zumindest von einer Partei ungewollte Differenz handeln, die zu einer Sanktionierung gem. § 138 BGB führt. Auf der anderen Seite besteht jedoch auch die Möglichkeit, dass die Parteien sich bewusst auf eine entsprechende Abrede im Vertragswerk geeinigt haben, weil sie damit bestimmte Motive verfolgen.

Ein Vertragswerk, in dem die Parteien auf der einen Seite einen Teil des Vertrags entgeltlich ausgestalten, auf der anderen Seite jedoch ein Leistungsbereich im Rahmen des einheitlichen Vertrags unentgeltlich erbracht werden soll, wird als **gemischte Schenkung** bezeichnet. **716**

> **Beispiel:** A wird in Dresden ihre erste Arbeitsstelle nach dem Studium antreten und möchte sich dort eine Wohnung kaufen. Ihr Vater hat im Rahmen der steuerlichen Förderung dort Anfang der 90er Jahre mehrere Wohnungen errichtet. Da der Vater wegen des guten Examens sehr stolz auf seine Tochter ist, vereinbart er mit ihr, dass sie von dem Kaufpreis von 300.000,- € lediglich 50.000,- € an ihn zahlen müsse. Den Rest schenke er ihr zum Examen.

Bei der gemischten Schenkung handelt es sich um einen Austauschvertrag; durch den entgeltlichen Teil des Vertrags haben die Vertragsparteien gerade nicht die Unentgeltlichkeit positiv vereinbart. Die gemischte Schenkung kann insofern nicht als Schenkungsvertrag eingeordnet werden, wobei sich nach der vertraglichen Intention der Parteien ein überschießender Teil dieser Leistungsbeziehung als Schenkung erweist. **717**

Bei der **gemischten Schenkung** sind sich also die Vertragsparteien darüber einig, dass die Vermögenszuwendung teils entgeltlich, teils unentgeltlich erfolgen soll.

aa.) Begriffsbestimmung des Typenverschmelzungsvertrags und des Typenkombinationsvertrags

718 Das Gesetz hat für derlei Vertragsgestaltungen keine eigene Regelung getroffen. Daher ist eine rechtliche Einordnung der gemischten Schenkung schwierig. Einigkeit besteht in der Rechtsprechung und Literatur darüber, dass die **gemischte Schenkung** ein Fall eines **Typenverschmelzungsvertrags** und nicht der eines *Typenkombinationsvertrags* ist.

719 - Der *Typenkombinationsvertrag* zeichnet sich dadurch aus, dass der Vertrag Elemente mehrerer gesetzlich geregelter Typen enthält, die sich auf unterschiedliche Bestandteile der Leistung bzw. Gegenleistung beziehen.

  Beispiel: Die Gegenleistung einer Anfertigung eines Werkstücks für seine Massagepraxis wird durch den Masseur durch eine Dienstleistung in Form einer Massage erbracht.

720 - Ein *Typenverschmelzungsvertrag* liegt dagegen dann vor, wenn es sich um eine einzige gegenständlich unteilbare Leistung handelt, die aber zwischen zwei verschiedenen Vertragstypen steht. Hier sind also nicht Leistungen, die zu verschiedenen Vertragstypen gehören, aneinandergereiht, sondern ein Bestandteil des Vertrags stellt sich gleichzeitig als ein anderer Vertragstypus dar.

bb.) Rechtliche Ausgestaltung des Typenverschmelzungsvertrags

721 Mit der Einordnung als Typenverschmelzungsvertrag ist jedoch noch nicht viel gewonnen, da hierdurch noch nicht die Frage beantwortet wird, wie das Rechtsproblem konkret in seinen Einzelheiten gelöst werden soll.

(a.) Absorptionsmethode bzw. Einheitstheorie

722 Die Absorptionsmethode[614], auch als Einheitstheorie bezeichnet, geht davon aus, dass die Vertragsbeziehung einem einzigen Vertragstyp unterstellt bzw. untergeordnet werden kann. Dafür solle das dominierende Element des Vertrags herausgefiltert werden, welches das Vertragswerk am ehesten charakterisiere. Die untergeordneten Elemente des Vertrags würden hingegen durch die dominierenden Elemente absorbiert.

Beispiel: In dem obigen Beispiel bedeutet dies, dass hinsichtlich der Wohnung ausschließlich Schenkungsrecht zur Anwendung käme.

Gegen diese Methode ist die Unanwendbarkeit bei Fallkonstellationen einzuwenden, bei denen sich die jeweiligen Vertragselemente in etwa in der Waage befinden, da eine Bestimmung nicht mehr möglich ist. Hinzu kommt noch die ungenügende Erfassung der Vielgestaltigkeit der vertraglichen Beziehung[615], da es bei Beachtung nur eines vermeintlich dominierenden Rechtssystems zu rechtlich und wirtschaftlich nicht zu tolerierenden Benachteiligungen eines der Vertragspartner kommen kann.

Beispiel: A ist Eigentümerin eines roten Ferrari. Aufgrund der freundschaftlichen Beziehung zu B überlässt sie ihm das Fahrzeug statt zu einem Preis von 100.000,- € für lediglich 50.000,- €. Bei einer späteren Inspektion stellt sich heraus, dass das „Stottern" des Motors nur durch den Austausch des Motors behoben werden kann. Von der Erheblichkeit

---

[614] *Lotmar*, Der Arbeitsvertrag, Band 1, S. 176 ff.
[615] *Löwisch*, in: Staudinger (1979), § 305 a.F. Rn 31.

des Schadens hatte A fahrlässig keine Kenntnis. B möchte von A die Kosten in Höhe von 30.000,- €. erstattet haben. Wie ist die Rechtslage?

Ist die Absorptionstheorie anzuwenden, ist ein Überwiegen eines Vertragselements wegen 50/50 nicht festzustellen; ein ausschließlich anzuwendendes Haftungsregime ist nicht zu ermitteln. Wegen der Freundschaft und des erheblich niedrigeren Preises müsste die Schenkung überwiegen. Zu beachten ist dann die Haftungsmilderung des § 524 I BGB. Die geforderte Arglist liegt nicht vor. Die zusätzlichen Kosten für die Reparatur kann B nicht verlangen, was dem kaufrechtlichen Element widerspricht.

Insofern ist die Absorptionstheorie als alleiniger Ansatzpunkt abzulehnen.

(b.) Kombinationsmethode bzw. Trennungstheorie

Im Gegensatz zur Absorptionstheorie zerlegt die Kombinationsmethode[616] bzw. Trennungstheorie das Rechtsgeschäft in seine Bestandteile, d.h. in einen entgeltlichen und einen unentgeltlichen Teil. Für jeden Bestandteil werden die dann geltenden Regeln angewendet.[617] Insoweit werden also die verschiedenen Rechtsvorschriften der Vertragstypen zusammengeführt bzw. kombiniert.[618] 723

Zu beachten ist jedoch, dass Schenkungsgegenstände nicht teilbar sein können. Dann kann es zu erheblichen Systemwidersprüchen kommen. Dies lässt sich besonders gut an der Formbedürftigkeit des Vertrags nach § 518 BGB zeigen. Wird der unentgeltliche Teil nicht beurkundet, ist der Schenkungsteil nach §§ 125 I, 518 I S. 1 BGB nichtig, der kaufrechtliche hingegen unterliegt keiner entsprechenden Form und bliebe daher wirksam. Zudem ist zu bedenken, dass es nicht immer wirtschaftlich und tatsächlich möglich ist, einen Gegenstand (z.B. Kfz) in wertmäßige Teile zu zerlegen. Die Kombinationsmethode kommt ebenfalls vielfach zu keinen systemkonformen oder praktikablen Ergebnissen.

(c.) Gemilderte Trennungstheorie bzw. Zweckwürdigungstheorie

Die inzwischen ganz herrschende Ansicht[619] kommt bei der gemischten Schenkung daher dazu, dass die anwendbare gesetzliche Regelung individuell nach dem Zweck des Vertrags einerseits und der in Frage kommenden Rechtsnormen andererseits zu ermitteln sei. Insofern kann von der **gemilderten Trennungstheorie** oder **Zweckwürdigungstheorie** gesprochen werden. Es wird also genauso auf die Absorptions- wie auf die Kombinationsmethode zurückgegriffen, teilweise kommen auch Zwischenlösungen in Betracht. Es ist daher zunächst darauf abzustellen, welche Bedeutung der unentgeltliche Teil nach dem Parteiwillen für den Gesamtvertrag hat. 724

cc.) Rechtliche Auswirkungen

Daraus ergeben sich für einige besonders relevante Themen bestimmte verallgemeinerungsfähige Ergebnisse[620]: 725

(a.) Formerfordernis

Das Formerfordernis des § 518 BGB ist, soweit es den unentgeltlichen Teil des Vertrags betrifft, zunächst zu beachten.[621] Dies ist deshalb systemgerecht, weil die Formvorschrift auch bei der Schenkung dem Übereilungsschutz und der Beweissicherung dient. Hat der 726

---

[616] RGZ 54, 107, 110 f.; 148, 236, 238 ff.
[617] RGZ 54, 107, 110; 68, 326; 148, 225, 236; abweichend dann RGZ 101, 99, 100; zurückhaltend BGHZ 30, 120; deutlicher BGH NJW 1992, 2566.
[618] *Planck/Knoke*, BGB, 4. Aufl. 1924, § 516 Anm. 6.
[619] BGHZ 30, 120; *Kollhosser*, in: MüKo[4], § 516 Rn 31; *Mühl*, in: Soergel, § 516 Rn 21.
[620] Es entstehen zudem weitergehende Probleme im Bereich der Kondiktion von gemischten Schenkungsverträgen (dazu *R. Schmidt*, SchuldR BT II, Rn 420).
[621] RGZ 148, 236, 240.

unentgeltliche Teil hingegen nach dem Parteiwillen nur eine ganz untergeordnete Bedeutung, kann dadurch die Formbedürftigkeit allerdings entfallen, da es dieses Schutzes aufgrund der Intention der Vertragspartner, einen entgeltlichen formlosen Vertrag abzuschließen, nicht bedarf.

727 Ist der Gegenstand *teilbar* und überwiegt kein Vertragsteil, hat der unentgeltliche Teil der Form des § 518 BGB zu entsprechen. Ist dagegen verstoßen worden, muss gem. § 139 BGB beurteilt werden, ob sich die Nichtigkeit auf den gesamten Vertrag bezieht.

728 Ist allerdings der geschenkte Gegenstand *unteilbar*, muss ein Verstoß gegen § 518 BGB wegen seines Gesetzeszwecks und der mangelnden Wertteilbarkeit zu einer vollständigen Nichtigkeit des Rechtsgeschäfts führen. Hierbei kann es demnach auch nicht auf die Voraussetzungen des § 139 ankommen.

Hinweis für die Fallbearbeitung: Bei einem Grundstückskaufvertrag erfasst die Form des § 311b I BGB auch das darin enthaltene Schenkungsversprechen.

(b.) Haftungsprivileg des § 521 BGB

729 In Bezug auf das Haftungsprivileg des § 521 BGB hat der Verkäufer, fällt ihm nur *leichte* Fahrlässigkeit zur Last, einen eingetretenen Nichterfüllungs- oder Verzugsschaden des Käufers i.S.d. §§ 280 ff. BGB nur bzgl. des entgeltlichen Teils zu tragen, d.h. nur einen auf diesen Teil bezogenen Schaden zu ersetzen. Es ist also nur der entsprechende Anteil des Schadensersatzes aufzubringen.

730 Gleiches gilt für den Schadensersatz wegen eines Rechts- oder Sachmangels. Hier treten die Haftungserleichterungen nur hinsichtlich des unentgeltlichen Teils ein.

731 Ist hingegen Gegenstand des Schadensersatzes, dass Schutzgüter des § 241 II BGB verletzt worden sind, kann die Haftungserleichterung des § 521 BGB keine Anwendung finden, denn die Uneigennützigkeit des Schenkers rechtfertigt es nicht, von ihm einen geringeren Grad an Sorgfalt zu verlangen.

(c.) Sachmangel

732 Die Sache kann aber auch **fehlerhaft** sein, indem ein Sachmangel i.S.d. § 434 BGB vorliegt. Hätten sich die Vertragsparteien ausschließlich im Rahmen eines Kaufvertrags über den Vertragsgegenstand geeinigt, könnte der Käufer die Rechte aus § 437 BGB geltend machen.

(aa.) Nacherfüllung

733 Dies ist zunächst für den Käufer die Möglichkeit, gem. § 437 Nr. 1 i.S.d. § 439 BGB Nacherfüllung zu verlangen.

734 Für die **Gattungsschuld** hat der Gesetzgeber bei der Schenkung mit § 524 II BGB eine eigene Regelung bezüglich des Sachfehlers getroffen. Danach soll der Schenker zur Nachlieferung verpflichtet sein, eine fehlerfreie Sache nachzuliefern, wenn er die verschenkte Sache erst noch nach dem Schenkungsversprechen erwerben muss und bei diesem Erwerb den Sachmangel kennt oder ihn aufgrund von grober Fahrlässigkeit nicht kennt. Damit hat der Gesetzgeber eine zum Kaufrecht differenzierte Regelung getroffen. Aufgrund des teilweise unentgeltlichen und altruistischen Charakters ist an dieser Vorschrift bei der gemischten Schenkung festzuhalten. Sie verdrängt wegen der Besonderheit des Schenkungsanteils grundsätzlich die Vorschriften des Kaufrechts. Der Nachlieferungsanspruch ist demnach bei einer gemischten Schenkung auf die Fälle des § 524 II

BGB beschränkt entgegen dem weitreichenderen Anspruch des Kaufrechts i.S.d. § 439 I BGB. Etwas anderes kann nur dann gelten, wenn der unentgeltliche Teil des Vertrags ganz erheblich in den Hintergrund tritt.

Handelt es sich bei dem Vertragsgegenstand hingegen um eine **Stückschuld**, kennt das Schenkungsrecht eine Nacherfüllung überhaupt nicht. Im Kaufrecht erstreckt sich die Nacherfüllung allerdings bei der Stückschuld in der Regel lediglich auf die Mangelbeseitigung (str.). Aber selbst die Mangelbeseitigung geht somit über die Rechte bei der Schenkung hinaus. Es wäre unbillig, in dieser Konstellation die Rechte des Käufers derart zu beschneiden, ihm die Nacherfüllung nicht zuzusprechen. Denn er hat für den Vertragsgegenstand als Gegenleistung ein Entgelt entrichtet. Aus § 433 I S. 2 BGB hat er einen Primäranspruch auf eine mangelfreie Sache. Eine Aufteilung auf die unentgeltlichen wie entgeltlichen Teile des Vertrags ist praktisch kaum möglich, denn die Mangelbeseitigung kommt in aller Regel der gesamten Sache zugute. Daher ist bei der gemischten Schenkung für eine Stückschuld der Nacherfüllungsanspruch in Form der Mangelbeseitigung anzuwenden. Im Einzelfall kann dann etwas anderes geboten sein, wenn der kaufrechtliche Teil an der gemischten Schenkung deutlich gegenüber der Schenkung in den Hintergrund tritt. Dann dominiert die Unentgeltlichkeit den Vertragszweck; es besteht kein Bedürfnis aufgrund des mit der Schenkung verfolgten Zwecks mehr, die Besonderheiten des Kaufrechts diesbezüglich zu berücksichtigen. **735**

(bb.) Rücktritt

Nach § 437 Nr. 2 Var. 1 BGB kann der Käufer aber auch vom Vertrag zurücktreten. Vom Wortlaut her wäre die Vorschrift zunächst ausschließlich auf den kaufrechtlichen Teil anzuwenden. Allerdings widerspräche es den Interessen des Begünstigten, ausschließlich vom Kaufvertrag zurücktreten zu können, wohingegen er am unentgeltlichen Schenkungsteil festgehalten werden könnte. Er möchte gerade den Gegenstand insgesamt nicht mehr haben. Zu bedenken ist auch der systematische Gesichtspunkt, dass sich die Parteien nach § 346 I BGB die empfangenen Leistungen grundsätzlich zurückzugewähren haben. Kann bei einem teilbaren Gegenstand unter Umständen und in wenigen Fällen eine sinnvolle Aufteilung vorgenommen werden, ist dies zumindest bei einem unteilbaren Vertragsgegenstand generell nicht möglich. Daher ist das Rücktrittsrecht nach den Gedanken der Absorption auf den gesamten Vertrag anzuwenden. Der Rücktritt erstreckt sich demnach auf die gesamte gemischte Schenkung. **736**

(cc.) Minderung

Bei der Minderung nach §§ 437 Nr. 2 Var. 2 BGB, 441 BGB ist es dagegen rechtlich und tatsächlich möglich, den unentgeltlichen und den entgeltlichen Teil festzustellen. Dies lässt sich nämlich anhand des zu zahlenden Preises und seines tatsächlichen Marktwertes feststellen. Die Vorschriften der Minderung können daher Anwendung finden. Sie sind aber ausschließlich auf den entgeltlichen Teil der gemischten Schenkung zu beschränken. Nur dessen Wert ist maßgeblich für die Minderungsberechnung. Insofern haben die Grundsätze der Trennungstheorie in dem Fall Anwendung gefunden. **737**

(d.) Widerruf der Schenkung wegen groben Undanks

Beim Widerruf der Schenkung wegen groben Undanks nach § 530 BGB muss differenziert werden. Liegt nach dem Parteiwillen der Schwerpunkt des Vertrags auf dem Schenkungsteil, da der Vertrag ohne diesen nicht abgeschlossen worden wäre, kann der Schenker den Vertragsgegenstand gegen Erstattung der Gegenleistung zurückfordern.[622] **738**

---

[622] BGHZ 112, 40, 53.

Anders ist dies aber, wenn der Vertrag auch ohne den schenkungsrechtlichen Teil zustande gekommen wäre. Dann kann grundsätzlich nur die Differenz zwischen dem verkehrsüblichen und dem vereinbarten Preis zurückverlangt werden.[623] In besonders schwerwiegenden Fällen kann es dagegen geboten sein, die Absorbtionsmethode anzuwenden und die Sache gegen Rückgabe der entgeltlichen Gegenleistung zurückzugewähren.

Beispiel: A hat B eine Eigentumswohnung in einem Haus zu einem Preis von 150.000,- € verkauft. Den Rest von 50.000,- € hat er B geschenkt, da sie seit langer Zeit befreundet sind. Die übrigen fünf Wohnungen in diesem Haus gehören weiterhin A. Wenig später vergewaltigt B die hübsche und attraktive 18-jährige Tochter des A. B verhöhnt und verprügelt A zusätzlich, als dieser B zur Rede stellen will. Unzweifelhaft liegt ein Fall des groben Undanks vor. A und seiner Familie wäre es nicht zuzumuten, mit B weiterhin in diesem Haus zusammenzuleben. Er kann die Rückübereignung der Wohnung gegen Erstattung des Kaufpreises verlangen.

2. Form

739 Der Schenkungsvertrag bedarf entgegen der ansonsten grundsätzlich geltenden Formfreiheit nach § 518 I BGB der notariellen Beurkundung. Die Formgebundenheit dient zum einen der Warnung des Schenkers vor unüberlegten Vermögenstransaktionen und zum anderen einem Übereilungsschutz. Daneben soll aber auch eine Klarstellung bzw. Beweisfunktion der Einigung über eine Unentgeltlichkeit des Rechtsgeschäfts erreicht werden.

740 Ausgenommen ist, wie eingangs erwähnt, die *Handschenkung*. Denn es ist in der Praxis kaum durchführbar, bei jedem unbedeutenden Rechtsgeschäft eine notarielle Beurkundung vornehmen zu lassen. Der Gesetzgeber hat infolgedessen in § 518 II BGB die Möglichkeit geschaffen, diesen Formmangel durch das tatsächliche Bewirken der Leistung zu heilen. Der Schenker braucht demnach das Geschenk lediglich zu übergeben und zu übereignen, um den Formmangel zu heilen.

Beispiele: Geburtstags- und Weihnachtsgeschenke

741 Voraussetzung dafür ist allerdings, dass die Parteien auch bei Übergabe des Geschenks sich noch über die Unentgeltlichkeit der Zuwendung einig sind und dass die versprochene Schenkung tatsächlich vollzogen wird. Die Rechtsfolge tritt auch dann ein, wenn die Leistung in Unkenntnis der Unwirksamkeit des Schenkungsversprechens erfolgte.[624]

742 Durch die Ausführung der Schenkung und die damit verbundene Änderung der Eigentumszuordnung wird der Mangel der Form geheilt und damit wird der zunächst unwirksame Schenkungsvertrag nachträglich wirksam.

743 Eine Besonderheit sieht allerdings § 311b III BGB vor. Denn wenn das gegenwärtige Vermögen oder ein Bruchteil dessen unentgeltlich im Wege der Schenkung übertragen werden sollen, bedarf der gesamte Vertrag der Form. Es reicht hierbei nicht ein schriftlicher Vertrag aus, vielmehr muss dieser notariell beurkundet werden. Ein Verstoß dagegen hat die Nichtigkeit nach § 125 BGB zur Folge.

744 Nicht erforderlich ist, dass der Leistungserfolg tatsächlich eintritt; vielmehr ist es ausreichend, dass die Leistungshandlung erbracht wird, denn durch sie sind sämtliche Formzwecke erreicht.

---

[623] BGHZ 112, 40, 53; BGH NJW 1999, 1623, 1627.
[624] *Mansel*, in: Jauernig, § 518 Rn 6.

Beispiele:

(1) Bei der Schenkung von Gesellschaftsanteilen ist der Formmangel geheilt und mithin die Schenkung vollzogen, wenn die Anteile übertragen wurden.[625]

(2) Es kann auch ausreichen, wenn der Gesellschafter am Gesellschaftsvermögen beteiligt wird.[626]

Die bloße Vorbereitung oder Sicherung der unentgeltlichen Zuwendung sind kein Vollzug i.S.d. § 518 II BGB. **745**

3. Schenkung unter einer Auflage

Unter Auflage ist eine Vereinbarung zwischen dem Schenker und dem Beschenkten zu verstehen, durch die sich der Beschenkte zu einer Leistung aus dem Wert des Geschenks verpflichtet, wobei der Schenker die Auflage näher konkretisieren kann.[627] **746**

Durch die Auflage wird der Schenkungscharakter nicht beseitigt, es müssen vielmehr auch bei der Schenkung alle Voraussetzungen einer solchen vorliegen. Daher muss auch bei dieser Art von Schenkung insbesondere der Wille der Parteien darauf gerichtet sein, eine Vermögensbereicherung des Beschenkten herbeizuführen sowie eine Unentgeltlichkeit der Schenkung zu vereinbaren. Die Erbringung bzw. Erfüllung der Auflage darf insofern keine Gegenleistung darstellen. Die Auflagenerfüllung ist lediglich ein „Nebenwerk" der Schenkung[628]; sie stellt insofern lediglich eine Zwecknebenbestimmung dar, die eine Rechtsverpflichtung des Beschenkten zu einer Leistung zum Inhalt hat. **747**

Beispiel: Die Großmutter schenkt ihren vier Enkelkindern einen Großteil ihres Geldvermögens mit der Auflage, dass dieses Geld, sollte sie einmal ein Pflegefall werden, dazu verwendet werden muss, ihr professionelle Pflege in ihrer eigenen Wohnung zu ermöglichen, um nicht in einem Heim untergebracht zu werden.

Der **Inhalt der Auflage** kann darin bestehen, dass eine Verpflichtung zu einem bestimmten Verhalten materieller oder immaterieller Art besteht.[629] Es ist nicht erforderlich, dass die Auflagenerfüllung gerade kausal aus dem Wert der Schenkung erfüllt wird, denn dies ist bereits bezüglich der immateriellen Auflage vielfach unmöglich. **748**

Beispiel: A ist bereits 95 Jahre alt und möchte ungern ins Pflegeheim. Daher schenkt sie ihrer Enkelin ein Vermögen von 1 Mio. € unter der Auflage, sie in den letzten Tagen zu besuchen und ein wenig aufzuheitern.

Da es sich auch um eine Schenkung handelt und eine Vermögensmehrung bei dem Beschenkten eintreten muss, tritt der Schenker zunächst in **Vorleistung**. Sobald er geleistet hat, kann er seinerseits die Auflagenvollziehung vom Beschenkten verlangen. Gleichgültig ist in diesem Zusammenhang, ob es sich bei dem Vertrag um eine Handschenkung oder um ein Schenkungsversprechen handelt. Dies kann der Schenker notfalls gerichtlich durchsetzen, d.h., er kann den Anspruch auf Auflagenerfüllung einklagen. Wird dennoch die Auflage nicht erfüllt, hat der Schenker wegen der *Rechtsfolgenverweisung* des § 527 BGB einen Herausgabeanspruch nach §§ 818 ff. BGB. Der Rückforderungsanspruch ist jedoch nach § 527 I BGB auf das beschränkt, was zur Vollziehung der Auflage hätte verwandt werden müssen. **749**

---

[625] OLG Frankfurt a.M. NJW-RR 1996, 1124.
[626] BGH NJW 1990, 2618.
[627] BGH NJW 1982, 818, 819; a.A.: *Mezger,* in: RGRK, § 525 Rn 2.
[628] RGZ 105, 305, 308.
[629] BGH FamRZ 1970, 185, 186.

Hinweis für die Fallbearbeitung: In welcher Gestalt und in welchem Umfang die Schenkungssache wieder herauszugeben ist, hängt von der konkreten Fallgestaltung ab. Einzufließen hat insbesondere bei der Beurteilung, ob es sich um eine vertretbare Sache oder eine individuelle Sache gehandelt hat, welche Höhe die Auflage umfasste usw.[630]

750 Es ist ebenso wegen der Systematik aus § 526 BGB rechtlich zulässig, dass der Wert der zu erbringenden Auflage fast den Wert der Schenkung erreicht, also dieser nur wenig höher als der der Auflage ist. **Keine** Schenkung liegt hingegen mehr vor, wenn der Schenkungswert vollständig durch die Auflage aufgezehrt wird und auch kein immaterieller Wert bei dem Beschenkten verbleibt, denn bei der Schenkung unter Auflage muss der Wille der Parteien immer noch auf eine Bereicherung des Empfängers gerichtet sein. Es muss also die besondere Absicht einer Schenkung auch dann noch erkennbar sein, wenn der Beschenkte zu einer bestimmten Leistung verpflichtet werden soll.

Beispiel: A bekommt von dem bereits sehr kranken B 5.000.000,- € geschenkt. Aus dieser Schenkung soll er aber das Familienunternehmen unterstützen, wenn es in wirtschaftliche Schwierigkeiten kommt. Nach dem 11. September 2001, an dem Terroristen mit Passagierflugzeugen Attentate in den USA verübten, sinkt der Absatz dramatisch. Bei der folgenden Überbrückungsphase wendet A die vollständige Schenkung für das Unternehmen auf.

751 Gegen den Anspruch des Schenkers auf Vollziehung der Auflage kann der Beschenkte die Vollziehung der Auflage nach § 526 BGB verweigern, wenn aufgrund eines Rechts- oder Sachmangels der Wert der geschenkten Sache unterhalb des Wertes liegt, den die Erfüllung der Auflage als Aufwendungen erfordert. Vollzieht der Beschenkte dennoch ohne sein Wissen vom Mangel die Auflage, kann er gem. § 526 S. 2 BGB, eine gegenüber § 242 BGB besondere Billigkeitsregel, die durch die Vollziehung verursachten zusätzlichen den Wert des Geschenks übersteigenden Aufwendungen verlangen, die kausal durch den Mangel des Geschenks hervorgerufen wurden.

752 Generell gehen die Parteien aber davon aus, dass das Geschenk oder sein Wert für die Erfüllung der Auflage ausreichen. Dennoch ist neben der bereits ausgeführten Situation, in der ein Sach- oder Rechtsmangel vorliegt, denkbar, dass auch anderweitige Situationen entstehen können, in denen sich die Parteien verkalkuliert oder über die Intensität der Auflage getäuscht haben.

Beispiel: Die sterbenskranke B schenkt dem geliebten Enkel A 3.000,- € unter der Auflage, dass A, solange sie noch lebt, einmal im Monat von München nach Kiel kommt, um sie im Krankenhaus bzw. im Pflegeheim zu besuchen. Jeder Flug kostet A rund 300,- €. Durch einen sehr glücklichen Umstand stabilisiert sich der Gesundheitszustand und A lebt noch zwei Jahre. Bereits nach 10 Monaten ist jedoch das vollständige Geschenk durch die Kosten für die Flüge aufgebraucht. Ein Rechts- oder Sachmangel liegt nicht vor.

In einer solchen Konstellation ist § 526 BGB **analog** anzuwenden.[631]

753 Die Schenkung ist zudem gegenüber anderen Rechtsinstituten **abzugrenzen**:

754
- Zunächst ist eine Unterscheidung zu der **entgeltlichen** Zuwendung vorzunehmen. Handelt es sich bei der Zuwendung um eine im synallagmatischen Zusammenhang zu einer anderweitig zu erbringenden Leistung, ist dies als entgeltlich zu subsumieren. Ein entgeltlicher Vertrag liegt also dann vor, wenn die dem Empfänger auferlegte Leistung, die er

[630] Weitergehend *Chiusi*, in: Staudinger (2013), § 527 Rn 11: insbesondere für die gemischte Schenkung.
[631] *Kollhosser*, in: MüKo[4], § 526 Rn 4; *Koch*, in: MüKo, § 526 Rn 5.

aus seinem Vermögen zu erbringen hat, ein direkter Ausgleich für die Zuwendung darstellen soll.

Beispiel: Der Arbeitgeber verspricht dem Arbeitnehmer mit Rücksicht auf das Arbeitsverhältnis eine Altersversorgung.[632]

- Des Weiteren ist die Schenkung auch von der sog. **Zweckschenkung** zu unterscheiden: 755

Die sog. Zweckschenkung liegt vor, wenn nach dem Inhalt des Rechtsgeschäfts oder nach dessen Geschäftsgrundlage ein über die Zuwendung an den Beschenkten hinausgehender Zweck verfolgt wird, aber im Gegensatz zur Schenkung unter Auflage kein gesetzlicher Anspruch auf eine Vollziehung besteht.

Beispiele:
(1) Schenkung von Goldbarren im Wert von 1 Mio. €. durch die Eltern an ihr Kind und das Schwiegerkind in der Erwartung, die Ehe werde fortbestehen[633]
(2) Die Schenkung zwischen Lebenspartnern zur Aufrechterhaltung bzw. Festigung der Beziehung ist **keine** Zweckschenkung.[634]

4. Ausschlussgründe

Der Gesetzgeber hat sich bei der Schaffung des BGB durch den Gedanken der Privatautonomie leiten lassen. Danach sollte ein abgeschlossener Vertrag für die Parteien bindend sein und grundsätzlich nicht rückgängig gemacht werden können. Allerdings sieht das Gesetz für ganz bestimmte Situationen dennoch ein gesetzliches Rückforderungsrecht des Geschenks vor. 756

a. Rückforderung wegen Bedürftigkeit des Schenkers

aa. Einrede des Notbedarfs

Nach § 519 I BGB steht dem Schenker die Einrede des Notbedarfs zu. Dafür ist aber erforderlich, dass der Schenker aus **wirtschaftlichen** Gründen nicht in der Lage ist, die versprochene, aber noch nicht vollzogene Schenkung zu erbringen, da ansonsten sein angemessener Unterhalt oder eine ihm nach dem Gesetz obliegende Unterhaltsverpflichtung nicht mehr möglich wären. Diese Einrede kann allerdings nur ein Mitschuldner der Schenkung ausüben[635], nicht aber der Bürge oder gar ein Erbe. 757

Hinweis die Fallbearbeitung: Siehe zu den Unterhaltspflichten §§ 1360 ff., 1569 ff. und 1601 ff. BGB.

In **prozessualer** Hinsicht ist es dem Schenker möglich, im Rahmen der durch den Beschenkten angestrengten Klage auf Erfüllung des Schenkungsvertrags diese Einrede geltend zu machen. Ist die Einrede begründet, wird die Leistungsklage des Beschenkten als zurzeit unbegründet abgewiesen. Insofern besteht ein prozessuales Leistungshindernis, solange die Einrede erhoben wird. Der Beschenkte kann allerdings dann erneut auf Erfüllung klagen, wenn er Tatsachen im neuen Prozess darlegt und durch sie beweisen kann, dass der Notbedarf nach dem Schluss der mündlichen Verhandlung des vorherigen Prozesses weggefallen oder geringer geworden ist. 758

Hinweis für die Fallbearbeitung: Gelingt ihm dieser entsprechende Beweis hingegen nicht, steht der nunmehr angestrengten Klage die materielle Rechtskraft des kla-

[632] BAG NJW 1966, 76.
[633] Vgl. OLG Köln NJW 1994, 1540; vgl. auch OLG Oldenburg FamRZ 1994, 1245.
[634] OLG Köln NJW-RR 1996, 518.
[635] *Mezger*, in: RGRK, § 519 Rn 2.

geabweisenden Urteils des ersten Prozesses nach § 322 ZPO entgegen. Die zweite Klage ist als unzulässig abzuweisen. Ein Prozesshindernis wie die präjudizielle Rechtskraft hat der Richter von Gesetzes wegen generell von sich aus zu beachten, sofern er von dem früheren Urteil erfährt.

759 Wurde dem Beschenkten dagegen der Anspruch auf Erfüllung des Schenkungsvertrags durch erstinstanzliches Urteil zugesprochen, kann der nunmehr bedürftig gewordene Schenker im Rahmen einer Berufung gem. §§ 511 ff. ZPO gegen das Urteil vorgehen. Ist das erstinstanzliche Urteil hingegen formell rechtskräftig oder für vorläufig vollstreckbar erklärt worden, kann der Beklagte als Schenker auch die Vollstreckungsabwehrklage gem. § 767 ZPO anstrengen, die vielfach auch als Vollstreckungsgegenklage[636] bezeichnet wird.

bb. Rückforderung

760 Das Gesetz sieht auf der anderen Seite auch Rückforderungsrechte für den Fall vor, dass die Schenkung bereits vollzogen wurde.

a.) Rückforderung wegen Nichterfüllung einer Auflage

761 Unter den Voraussetzungen des § 527 BGB kann der Schenker sein Geschenk herausverlangen, wenn die Schenkungsauflage i.S.d. § 525 BGB nicht vollzogen wird.

b.) Rückforderung wegen Verarmung des Schenkers

762 Der Schenker kann nicht nur die Einrede des Notbedarfs vor Vollziehung der Schenkung erheben, sondern ihm wird auch das Recht vom Gesetz zugestanden, gem. § 528 I BGB gegen den Beschenkten einen Anspruch auf Herausgabe nach den Vorschriften einer **ungerechtfertigten Bereicherung** des Geschenks zu erheben, sofern er nach der Vollziehung der Schenkung bedürftig wird.

Hinweis für die Fallbearbeitung: § 528 I S. 1 BGB ist insofern eine *Rechtsfolgenverweisung*, denn die Voraussetzungen einer Verpflichtung zur Rückgewähr werden in § 528 BGB abschließend geregelt.[637]

763 Eine solche **Bedürftigkeit** liegt in entsprechender Weise wie in § 519 BGB dann vor, wenn der Schenker nicht mehr in der Lage ist, seinen eigenen angemessenen Unterhalt zu bestreiten und die ihm obliegende gesetzliche Unterhaltspflicht seinen Verwandten bzw. seinem Ehegatten gegenüber zu erfüllen.

Beispiel: Eine kinderlose alte Frau verschenkt ihr kleines Häuschen an ein junges Ehepaar, welches sich um sie gekümmert hat, weil dieses dringend eine Wohnung sucht. Sie selbst zieht zu ihrer Freundin. Als diese stirbt, muss die alte Frau die Wohnung ihrer Freundin räumen. Da sie sonst keine Bleibe hat, geht sie ins Altenheim. Mit der nur kärglichen Rente kann sie die Kosten des Heimplatzes nicht bezahlen. Sie kann daher nach § 528 BGB vorgehen.[638]

764 Nicht erforderlich ist im Hinblick auf die Beurteilung der Bedürftigkeit, dass der Schenker zur Aufrechterhaltung seiner Leistungsfähigkeit sein Vermögen **unwirtschaftlich** verwertet. Muss er allerdings Unterhaltspflichten nachkommen, kann von ihm verlangt werden, dass er für deren Erfüllung seinen **Vermögensstamm** angreift, bevor er den Schenkgegenstand vom Beschenkten zurückfordert.

---

[636] Vgl. *Seiler* in: Thomas/Putzo, ZPO, § 767 Rn 1.
[637] OLG Köln FamRZ 1986, 988, 989.
[638] Vgl. auch hierzu BGH NJW 2005, 670 f.

Dem Anspruch des Schenkers darf allerdings nicht der Regelungsgehalt des § 529 BGB entgegenstehen. 765

- Der Schenker darf die Bedürftigkeit also weder vorsätzlich noch grob fahrlässig selbst verursacht bzw. herbeigeführt haben. Insofern reicht eine *Gefährdung* seines angemessenen Unterhalts oder der seiner Angehörigen nicht aus.
- Der Eintritt der Bedürftigkeit darf nicht mehr als **zehn Jahre** seit der Leistung der Schenkung zurückliegen
- oder bei dem Beschenkten darf keine dem § 519 BGB vergleichbare Situation vorliegen.

Der Beschenkte kann auch gem. § 528 I S. 2 BGB den Herausgabeanspruch dadurch abwenden, dass er dem Schenker den für den Unterhalt erforderlichen Betrag bezahlt. 766

Bezüglich der Rechtsfolge ist grundsätzlich auf die Anwendung der §§ 818 ff. BGB zu verweisen. Insbesondere ist auch § 822 BGB *analog* anzuwenden, wenn der Beschenkte seinerseits die Sache an einen Dritten weiter verschenkt hat.[639] 767

Besonderheiten gelten jedoch dann, wenn es sich um einen **unteilbaren höherwertigen Gegenstand** handelt. Dann wird dem Herausgabeanspruch nach §§ 818 ff. BGB insoweit genüge getan, wenn der Beschenkte den entsprechenden Wertanteil an den Schenker ausbezahlt, der insgesamt notwendig ist, um ihm einen angemessenen Unterhaltsbedarf zu gewährleisten; der zurückzugewährende Wert darf aber den Wert des Schenkungsgegenstands nicht übersteigen.[640] 768

Hat der Schenker mehrere Personen gleichzeitig bedacht, haften diese im Fall der Rückforderung wegen Notbedarfs als **Gesamtschuldner** nach § 421 BGB und sind einander nach § 426 BGB ausgleichspflichtig.[641] 769

b. Widerruf der Schenkung wegen groben Undanks

Nach § 530 I BGB kann der Schenker die bereits vollzogene Zuwendung widerrufen, wenn der Beschenkte eine schwere Verfehlung gegen den Schenker oder dessen nahe Angehörigen begangen hat. Dies wird auch als grober Undank bezeichnet. Voraussetzung für das Widerrufsrecht sind objektiv **eine gewisse Schwere der Verfehlung** und subjektiv eine tadelnswerte Gesinnung.[642] Nicht erforderlich ist in dem Zusammenhang, dass der Beschenkte zwangsläufig gegen eine Rechtspflicht verstößt. Die schwere Verfehlung muss zwar nicht schuldhaft im Rechtssinn, wohl aber moralisch vorwerfbar sein. In aller Regel wird das Verhalten vorsätzlich begangen worden sein. Zumindest aber muss ersichtlich sein, dass in dem Verhalten ein **Mangel an Dankbarkeit** deutlich zu erkennen ist. 770

Beispiele: Bedrohung des Lebens oder körperliche Misshandlung des Schenkers; grundlose Strafanzeige gegen den Schenker[643] oder üble Nachrede über den Schenker

> **Hinweis für die Fallbearbeitung:** Zu achten ist darauf, dass keine pauschale oder voreilige Verurteilung vorgenommen wird, sondern dass die Gesamtumstände einzufließen haben. Es ist auch das Verhalten des Schenkers mit zu berücksichtigen.[644]

---

[639] BGHZ 106, 354; vgl. dazu ausführlich *R. Schmidt*, SchuldR BT II, Rn 409 ff.
[640] BGHZ 137, 76, 83 f.
[641] BGHZ 137, 76, 81 ff. (str.).
[642] BGH NJW- RR 1993, 1410, 1411.
[643] BGHZ 112, 259.
[644] BGHZ 87, 145, 149; 91, 273, 279.

771 Mit dem Zugang der Widerrufserklärung gem. § 531 I BGB beim Beschenkten entfällt der Rechtsgrund für die Zuwendung. Nach § 531 II BGB ist der Schenkungsgegenstand nach den Regeln einer ungerechtfertigten Bereicherung herauszugeben.

> **Hinweis für Fallbearbeitung:** § 531 II BGB fungiert lediglich als *Rechtsgrundverweisung*. Anspruchsgrundlage sind §§ 812 I S. 2 Var. 1, 531 II BGB. Die Voraussetzungen der §§ 530 ff. BGB sind zusätzlich zu berücksichtigen.

772 Für den Fall, dass es sich bei der Schenkung um eine solche aus einer sittlichen oder eine vom Anstand auferlegte Pflicht handelt, ist ein Widerruf der Schenkung gem. § 534 BGB ausgeschlossen.

773 Eine **Anstandsschenkung** liegt vor, wenn es sich um gebräuchliche Gelegenheitsgeschenke handelt, deren Unterlassen zu einer Einbuße des Ansehens und der Achtung in dem betreffenden Personenkreis führte, wobei im jeweiligen Einzelfall die Ansichten und Gepflogenheiten dieser sozial Gleichgestellten zu berücksichtigen sind.[645]

Beispiel: Geburtstags- und Weihnachtsgeschenke

> **Hinweis für die Fallbearbeitung:** Das Schuldrechtsmodernisierungsgesetz hat zu einer gesetzlichen Regelung der Störung der Geschäftsgrundlage in § 313 BGB geführt. Allerdings ist diese gegenüber der gesetzlichen Sonderregelung in § 530 BGB **subsidiär**, d.h., § 313 BGB ist nur insoweit anwendbar, als die Sonderregelungen (wie §§ 528, 530 BGB) weder vom Tatbestand noch von der geforderten Rechtsfolge her eingreifen.

774 Nach dem Gesetz ist gemäß § 531 BGB grundsätzlich nur der Schenker berechtigt, die Schenkung zurückzufordern. Dabei handelt es sich um ein höchstpersönliches, weder vererbliches noch abtretbares Recht, für das lediglich ein Widerrufsvorbehalt vertraglich vereinbart werden kann. Nur in den engen Grenzen des § 530 II BGB ist es den **Erben** gestattet, die Schenkung zu widerrufen. Dabei handelt es sich um die Verwirklichung strafrechtlichen Unrechts, indem der Beschenkte den Schenker entweder am Widerruf der Schenkung gehindert oder der Beschenkte den Schenker vorsätzlich und widerrechtlich getötet hat.

775 Der Widerruf ist an keine Form gebunden und kann daher formlos gegenüber dem Beschenkten, auch durch ein Testament, erklärt werden.

776 Der Widerruf ist gem. § 532 S. 1 BGB innerhalb eines Jahres, gerechnet von dem Zeitpunkt, in welchem der Widerrufsberechtigte vom Eintritt der Voraussetzungen seines Rechts Kenntnis erlangt hat, zu erklären. Wird das Widerrufsrecht nicht ausgeübt, erlischt dieses durch Verzicht. Darüber hinaus führt nach § 532 S. 1 BGB auch die **Verzeihung** zu einem Verlust des Rechts, die unentgeltliche Zuwendung zu widerrufen.

777 Eine **Verzeihung** ist die Kundgabe des Wegfalls der Kränkungsempfindung.[646]

778 Die Verzeihung ist zunächst ein innerer Vorgang. Rechtlich relevant wird er dann, wenn zusätzlich **äußere Faktoren** auf diese innere Haltung schließen lassen.

Beispiel: Händedruck in der Öffentlichkeit; erneute Schenkung

---

[645] BGH NJW 1981, 111.
[646] BGHZ 91, 273, 280 f. m.w.N.

III. Rechtsfolge

Das Schenkungsrecht normiert entgegen der üblichen Regelungssystematik im Besonderen Teil des Schuldrechts keine Leistungsverpflichtungen. Die Pflicht zur Verschaffung von Besitz und Eigentum an dem **versprochenen** Geschenk ergibt sich aus der Natur der Sache und wird vom Gesetzgeber vorausgesetzt (arg. e § 519 II BGB). **779**
Handelt es sich um eine **Handschenkung,** liegt eine Besonderheit vor, da der Schenkungsvertrag lediglich als Rechtsgrundabrede fungiert, die Verpflichtung ohnehin sofort mit der Erklärung der Schenkung vollzogen wurde. Daher können sich aus dem Schenkungsvertrag bei dieser Schenkungsform lediglich Schutzpflichten aus § 241 II BGB ergeben.

1. Rechte und Pflichten des Schenkers

Aufgrund des Schenkungsvertrags ist der Schenker bei einem **Schenkungsversprechen** auch verpflichtet, den Gegenstand der Schenkung tatsächlich dem Beschenkten zu verschaffen. Er hat also dem Beschenkten, sofern es sich um eine Sache handelt, das Eigentum und den Besitz zu übertragen. Bei Rechten hingegen ist dem Beschenkten das Recht zu übertragen. **780**

> **Beispiel:** A schenkt B eine Forderung, die gegenüber C besteht. A hat dementsprechend B die Forderung nach § 398 BGB abzutreten.

2. Rechte und Pflichten des Beschenkten

Bei der **Handschenkung** treffen den Beschenkten keinerlei Verpflichtungen. Daher ist sie für den Minderjährigen lediglich rechtlich vorteilhaft i.S.d. § 107 BGB. **781**

Werden hingegen ein Grundstück bzw. Wohnungseigentum einem Minderjährigen geschenkt, ist die Frage, ob die Schenkung dem Minderjährigen lediglich einen rechtlichen Vorteil bringt, aus einer Gesamtbetrachtung des schuldrechtlichen **und** dinglichen Vertrags heraus zu beurteilen.[647] **782**

Eine gleichfalls sorgfältige Betrachtung erfordert das Schenkungsversprechen.

B. Gewährleistungsrecht/Haftung

Das Schenkungsrecht trifft ausschließlich abschließende Regelungen von Rechts- und Sachmängeln. Dagegen sind die Leistungsstörungsregelungen, die nicht einen solchen Mangel betreffen, daneben anwendbar. **783**

I. Allgemeines

Bei einem Schenkungsversprechen kann, wie bei den anderen einseitig verpflichtenden Verträgen auch, eine Reihe von Pflichtverletzungen begangen werden. **784**

1. Unmöglichkeit oder Verzug

Zunächst können Leistungsstörungen derart eintreten, dass die Leistungspflichten nicht unmittelbar erfüllt werden. Diese können entweder die *Unmöglichkeit* oder der *Verzug* sein. **785**

> **Hinweis für die Fallbearbeitung:** In diesem Zusammenhang ist unbedingt darauf zu achten, dass *ausschließlich* die Regeln der §§ 280 ff. BGB Anwendung finden können,

[647] BGHZ 78, 28 ff.; mit Bespr. v. *Löhnig*, JA 2002, 466 ff.

nicht hingegen die Reglungen der §§ 320 ff. BGB, da die Schenkung ein einseitig verpflichtender Vertrag ist.

786 Bei den Ansprüchen aus § 280 ff. BGB ist jedoch in Bezug auf die Unmöglichkeit oder den Verzug darauf zu achten, dass für die Schenkung ein besonderer Haftungsmaßstab gem. § 521 BGB gilt. Dies ist deshalb gerechtfertigt, weil der Schenker in aller Regel ausnahmslos uneigennützig handelt; er hat also nur das Wohl des Beschenkten im Auge. Das nach § 281 I S. 2 BGB erforderliche Verschulden i.S.d. § 276 I BGB wird durch § 521 BGB auf grobe Fahrlässigkeit und Vorsatz begrenzt; der Schenker wird damit bezüglich der Haftung privilegiert. Diese Folge erstreckt sich auch auf das Verschulden des Erfüllungsgehilfen nach § 278 BGB.

787 Hinsichtlich des *Verzugs* wird der Schenker durch das Gesetz zusätzlich auch in Bezug auf die Verzugszinsen privilegiert. Zwar hat er Schadensersatz nach §§ 280 I u. II, 286 BGB zu zahlen, allerdings hat er gem. § 522 BGB generell keine Zinsen an den Beschenkten zu entrichten, wenn er nach §§ 286 f. BGB in Verzug kommt.

Hinweis für die Fallbearbeitung: Die Vorschriften der §§ 288, 290 BGB sowie des § 352 HGB sind damit von der Anwendung ausgeschlossen. Kein Ausschluss hingegen liegt bei den Prozesszinsen nach § 291 BGB vor.

788 Ist der Schenker trotz der Haftungsprivilegierung des § 521 BGB in Verzug geraten, haftet er nach § 287 S. 1 BGB für jede Fahrlässigkeit während dieses Verzugs.[648] Dies ist deshalb gerechtfertigt, weil der Schenker bereits bei der Haftung des Verzugseintritts gem. §§ 286 IV, 521 BGB geschützt ist. Für eine doppelte Haftungsbeschränkung hingegen besteht kein Anlass.

2. Reichweite des § 521 BGB in Bezug auf §§ 241 II, 280 I BGB

789 Sowohl bei der Handschenkung als auch bei dem Schenkungsversprechen treffen den Schenker die besonderen Schutzpflichten aus § 241 II BGB. Wird hiergegen von ihm verstoßen, hat er gem. § 280 I BGB Schadensersatz zu leisten. Streitig ist insofern aber, ob auch auf diesen Anspruch die Privilegierung des § 521 BGB anzuwenden ist.

Zu berücksichtigen bei der Findung einer Lösung ist, dass der Gesetzgeber mit § 241 II BGB insbesondere klarstellen wollte, dass die Vertragsparteien eine besondere Rücksichtspflicht gegenüber dem Vertragspartner haben. Diese Schutzpflichten aus § 241 II BGB stellen dabei unter anderem Sorgfaltspflichten dar, die über die in § 823 I BGB normierten Rechtsgüter deutlich hinausgehen. Dabei können die Pflichten sogar so weit reichen, dass der Pflichtige von sich aus mögliche Schäden bei dem Vertragspartner durch sein konkretes aktives Tun zu vermeiden hat. Von ihm wird also sogar in bestimmten Situationen verlangt, den Vertragspartner aktiv zu schützen. Verstößt er dagegen, soll er dafür haften. Insofern ist auch das Argument verfehlt, dass die Privilegierung des § 521 BGB auf die Schutzpflichten des § 241 II BGB ausgedehnt werden müsse, da durch § 280 I BGB die Pflichtverletzung insgesamt erfasst werde.[649] Damit werden auch vom Gesetzgeber normierte Nuancen eingeebnet. Es kann daher die Privilegierung des § 521 BGB zumindest nicht generell auf eine Haftung gem. §§ 280 I, 241 II BGB angewendet werden.[650]

Die Rechtsprechung hat, bevor der § 241 II BGB eingeführt wurde, danach differenziert, ob die Schutzpflicht einen Bezug zu dem Geschenk hat; dann solle § 521 BGB Anwendung finden.

---

[648] *Mansel*, in: Jauernig, § 521 Rn 1; *Cremer*, in: Staudinger (1995), § 521 Rn 1; *Weidenkaff*, in: Palandt, § 521 Rn 4; dagegen aber *Kollhosser*, in: MüKo[4], § 521 Rn 4.
[649] So aber *Oetker/Maultzsch*, § 4 Rn 33 f.
[650] So aber *Mühl*, in: Soergel, § 521 Rn 2; *Enneccerus/Lehmann*, § 121 IV 2c.

Beispiel: Das Geschenk ist feuergefährlich.

Wenn die Schutzpflicht vom Leistungsgegenstand hingegen losgelöst sei, solle der allgemeine Haftungsmaßstab nach § 276 BGB gelten.[651]

Beispiel: Der geschenkte Fernseher wird durch Unachtsamkeit beschädigt.

Diese Differenzierung ist nach der Einführung des § 241 II BGB u.E. nicht mehr haltbar. Der Pflichtige soll generell den Vertragspartner vor Gefahren schützen, die mit dem Vertragsverhältnis verbunden sind, und auf seine Interessen Rücksicht nehmen. Damit sollen die Schutzpflichten gerade auch solche Konstellationen erfassen, bei denen sich die Gefährdung aus dem Vertragsgegenstand ergibt. Besonders problematisch erweist sich die Situation, wenn der Schenker fahrlässig eine Aufklärung hinsichtlich einer Gefährlichkeit des Geschenks nicht vorgenommen hat und dadurch Schäden bei dem Beschenkten eingetreten sind. Ließe man in einem solchen Fall eine Haftungsprivilegierung des Schenkers nach § 521 BGB zu, verminderte man zumindest mittelbar den vom Schenker aufzubringenden Sorgfaltsmaßstab bezüglich seiner Schutzpflichten. Denn ohne eine „Sanktion" bzw. einen „Ausgleich" seiner vertragswidrigen Sorglosigkeit könnte die Vorschrift des § 241 II BGB nicht mehr vollends greifen. Der geringere Sorgfaltsmaßstab kann auch nicht dadurch gerechtfertigt werden, dass die Sache geschenkt wurde und damit der Schenker insofern altruistisch gehandelt hat. Mittelpunkt des Schutzzwecks des § 241 II BGB ist der Vertragspartner. Ihn gilt es zu schützen; dies gilt besonders dann, wenn von dem Vertragsgegenstand eine besondere Gefahr wie z.B. eine Brandgefahr ausgeht. Die Schutzpflicht trifft aber auch den Schenker. Er hat genauso wie ein Verkäufer darauf zu achten, dass den Vertragspartner aus dieser besonderen Eigenschaft der Sache kein Schaden trifft. Wenn aber die Intensität dieselbe ist, muss der Schenker auch in derselben Intensität haften. Er hat für den Schutz einzustehen und für sein Verschulden zu haften.

Daher ist zumindest nach derzeit geltendem Recht die Haftungsprivilegierung auf den Schenker in Bezug auf § 241 II BGB generell **nicht** anzuwenden.[652]

Hinweis für die Fallbearbeitung:

⇨ Erst recht kann dann auch eine **Haftungsprivilegierung bei §§ 823 ff. BGB nicht** in Betracht kommen. Dies wird aber wie bei §§ 280, 241 II BGB von der Rechtsprechung[653] und Teilen der Literatur[654] anders beurteilt.

⇨ Gleich welcher Ansicht gefolgt wird, muss diese *konsequent* vom Bearbeiter bei den verschiedenen Anspruchsgrundlagen beibehalten werden.

II. Haftung für Sachmängel

Der Gesetzgeber hat mit § 280 I BGB eine zentrale Schadensersatzvorschrift geschaffen, **790** die bis auf die Ausnahme des § 311a II BGB einzige Anspruchsgrundlage für Schadensersatz aufgrund eines Vertrags oder eines anderen Schuldverhältnisses ist.[655] Allerdings regelt § 524 I BGB ebenfalls einen Schadensersatzanspruch des Beschenkten, wenn das Geschenk einen Sachmangel hat. Insofern bedarf es einer systematischen Einordnung und Abgrenzung gegenüber dem allgemeinen Haftungsinstitut des § 280 I BGB.

Der Beschenkte soll nach dem Willen des Gesetzgebers bei einem Sachmangel aus- **791** schließlich so gestellt werden, wie er gestanden hätte, wenn er den Schenkungsvertrag

---

651 BGHZ 93, 23, 28; zustimmend *Saenger*, in: Hk-BGB, § 521 Rn 1; *Weidenkaff*, in: Palandt, § 521 Rn 5.
652 Ebenso (allerdings für das alte Recht) *Larenz/Canaris*, § 47 II a.
653 BGHZ 93, 23, 29.
654 *Cremer*, in: Staudinger, § 521 Rn 2; *Chiusi*, in: Staudinger (2013), § 521 Rn 11.
655 BT-Drs. 14/6040, S. 135 re.Sp.

nicht abgeschlossen hätte.[656] Daher soll dem Beschenkten lediglich der Schaden ersetzt werden, der in seinem Vertrauen auf das Geschenk entstanden ist; er erhält damit also nur das **negative** Interesse ersetzt, wohingegen bei § 280 I BGB der Schadensersatzanspruch auf das positive Interesse gerichtet ist. Ein weiterer Unterschied liegt auch in der Reichweite der Haftung. Während bei § 280 I BGB die Haftung nach § 276 I BGB sich auch auf Fahrlässigkeit erstreckt, haftet der Schenker gem. § 524 I BGB nur für Arglist. Daher ist § 524 BGB *lex specialis* zu §§ 280, 276 BGB; er verdrängt damit in seinem Anwendungsbereich entgegen der eigentlichen Intention des Gesetzgebers die Vorschrift des Allgemeinen Teils.

> **Hinweis für die Fallbearbeitung:** Es erscheint durchaus möglich, dass der Gesetzgeber eine Anpassung des § 524 BGB an die Zentralnorm des § 280 I BGB versäumt hat. Dafür spricht unter anderem der Befund, dass in § 524 I BGB noch vom „Fehler" gesprochen wird, er sich ansonsten jedoch für die Terminologie des Sachmangels entschieden hat.

792 In § 524 BGB ist insoweit die Haftung des Schenkers für **Sachmängel** geregelt. Entsprechend den vorhergehenden Ausführungen ist die Haftung wegen der Uneigennützigkeit des Schenkers deutlich eingeschränkt, da er nach § 524 I u. II BGB im Grundsatz nicht für Sachmängel haftet.

793 Ein Anspruch auf **Haftung** nach **§ 524 I BGB** kommt nur dann in Betracht, wenn der Schenker den Sachmangel der zu schenkenden Sache kannte und diesen dem Beschenkten arglistig verschwiegen hat; nur in dem Fall hat der Schenker dem Beschenkten den aus dem Sachmangel entstandenen Schaden zu ersetzen.

Damit hat der Gesetzgeber eine gegenüber § 521 BGB noch weitreichendere Privilegierung des Schenkers durch die Spezialregelungen der §§ 523, 524 BGB vorgesehen.

Der Sachmangel bestimmt sich in entsprechender Anwendung der kaufrechtlichen Grundsätze i.S.d. § 434 BGB.[657] Gleiches gilt für den Begriff der Arglist, der sich nach den in den §§ 438 III, 442 I S. 2, 444 BGB aufgestellten Vorgaben richtet.

Die Rechtsfolge des § 524 I BGB ist Schadensersatz, der sich nach den §§ 249 ff. BGB bemisst, wobei entsprechend den obigen Ausführungen allerdings nur das negative Interesse ersetzt wird.

794 Vom Gesetzgeber ist durch die Einführung der Generalnorm des § 280 I BGB explizit der so genannte **Mangelfolgeschaden** mit erfasst worden.[658]

Fraglich ist insoweit, ob eine Haftungsprivilegierung im Rahmen des Verschuldens bei § 280 I BGB vorgenommen werden kann, die sich aus § 524 I BGB ableiten lässt.[659] Dagegen sprechen aber erneut die im Zusammenhang mit §§ 280 I, 241 II, 521 BGB bereits ausführlich vorgebrachten Argumente, die in dieser Konstellation sinngemäß gelten. Der Schenker haftet damit für Mangelfolgeschäden also nach den strengen Vorschriften der §§ 280 I, 276 BGB für Vorsatz und jede Form der Fahrlässigkeit.[660]

795 Der Anwendungsbereich des § 524 I BGB erstreckt sich zudem grundsätzlich auf die Stück- und teilweise auf die Gattungsschuld. Bei einem Geschenk aus der Gattung ist

---

[656] Vgl. Prot BGB II, S. 29.
[657] *Chiusi*, in: Staudinger (2013), § 524 Rn 1; *Weidenkaff*, in: Palandt, § 524 Rn 1.
[658] BT-Drs. 14/6040, S. 225; *Mansel*, in: Dauner-Lieb/Heidel/Lepa/Ring, Das neue Schuldrecht, § 1 Rn 151.
[659] So *Oetker/Maultzsch*, § 4 Rn 37; *Weidenkaff*, in: Palandt, § 524 Rn 6.
[660] Im Ergebnis auch *Kollhosser*, in: MüKo[4], § 521 Rn 12; *Koch*, in: MüKo, § 521 Rn 7.

aber § 524 I BGB nur auf die Konstellation anwendbar, bei der der Schenker die Sache bereits in seinem Besitz und Eigentum hat.

Für solche Geschenke, die lediglich der *Gattung* nach bestimmt sind und erst in einem *Deckungsgeschäft* vom Schenker besorgt werden müssen, findet § 524 II BGB Anwendung. Dem Beschenkten steht hiernach grundsätzlich neben der Erfüllung durch Lieferung einer fehlerfreien Sache auch ein Schadensersatz wegen Nichterfüllung zu. **796**

Der Schenker ist auch bei der Schenkung einer Sache i.S.d. § 524 II BGB grundsätzlich verpflichtet, dem Beschenkten die Sache frei von Sachmängeln zu übergeben. Er hat ihm das Eigentum zu verschaffen und den Besitz einzuräumen. Liegt an einer solchen geschenkten Sache ein Sachmangel vor, hat der Beschenkte gegen den Schenker gem. § 524 II S. 1 BGB einen Anspruch auf Lieferung einer fehlerfreien Sache. Allerdings ist dieser Anspruch durch die dort normierte Haftungserleichterung begrenzt; ein Anspruch auf Nachlieferung der mangelfreien Sache steht dem Beschenkten nur zu, wenn der Schenker im Rahmen des Deckungsgeschäfts den Mangel an der Sache gekannt oder aber grob fahrlässig nicht erkannt hat. **796a**

Liegen diese Voraussetzungen vor, hat der Schenker entsprechend §§ 524 II S. 3, 437 Nr. 1, 439 I Var. 2 BGB eine neue mangelfreie Sache entsprechend den für den Verkäufer geltenden Regelungen zu liefern. Hierbei sind insbesondere auch die Verjährungsvorschrift des § 438 BGB sowie die Kenntnis des Beschenkten i.S.d. § 442 BGB entsprechend zu berücksichtigen.[661]

Hat der Schenker den Fehler hingegen **arglistig** gegenüber dem Beschenkten verschwiegen, kann der Beschenkte statt der Lieferung einer fehlerfreien Sache Schadensersatz wegen Nichterfüllung verlangen. Dieser Schadensersatzanspruch ist dabei gem. den §§ 524 II S. 3, 437 Nr. 3 BGB als Schadensersatz statt der Leistung auf das Erfüllungsinteresse gerichtet. Dem Beschenkten steht hierbei das Wahlrecht zu, zwischen den Ansprüchen auf *Nachlieferung* und auf *Schadensersatz* frei zu wählen. **796b**

---

[661] Vgl. *Weidenkaff*, in: Palandt, § 524 Rn 9.

4. Kapitel - Werk- und Werklieferungsvertrag

A. Der Werkvertrag

I. Vorbemerkung

797 Neben den speziellen Sonderregelungen im Werkvertragsrecht hat der Gesetzgeber – wie im Kaufrecht – ein vereinheitlichtes Gewährleistungsrecht vorgesehen, bei dem jedoch die einzelnen Vorschriften an die allgemeinen Vorschriften des Leistungsstörungsrechts anknüpfen und daher angepasst sind. Wie im Kaufrecht bilden daher die Gewährleistungsvorschriften des Werkvertragsrechts mit dem Allgemeinen Schuldrecht ein komplexes, verknüpftes Regelungswerk, bei dem die Normen des Allgemeinen Teils des Schuldrechts einen großen Einfluss auf die Rechtsfindung haben.

Hinweis für die Fallbearbeitung: Dieser Umstand der engen Verknüpfung ist besonders bei Auslegungsfragen und methodischen Untersuchungen wie z.B. bei Analogieprüfungen oder teleologischen Reduktionen zu berücksichtigen.

798 Innerhalb des Werkvertragsrechts ist zudem grundsätzlich noch darauf zu achten, dass auf den Regelungsbereich der **Herstellung beweglicher Sachen** gem. § 651 BGB weit überwiegend **Kaufrecht** Anwendung findet. Dies hat seinen Grund darin, dass die vom Gesetzgeber im BGB umgesetzte EU-Verbrauchsgüterkaufrichtlinie auch für Werkverträge über die Herstellung beweglicher Sachen gelten soll. Insoweit ist der praktische Anwendungsbereich der §§ 631 ff. BGB eingeschränkt.

Hinweis für die Fallbearbeitung: Innerhalb der rechtlichen und tatsächlichen Prüfung eines Sachverhalts ist es daher ggf. notwendig, sorgfältig darauf zu achten, den Werkvertrag i.S.d. § 631 BGB vom Werklieferungsvertrag i.S.d. § 651 BGB abzugrenzen.[662] Dies ist insb. der Fall, wenn es um die Gewährleistungsregelungen geht, da hier zum Teil gravierende Unterschiede in den gesetzlichen Vorgaben existieren; im Werkvertragsrecht existiert z.B. anders als im Kaufrecht (und damit im Werklieferungsvertragsrecht) ein gesetzliches Selbstvornahmerecht i.S.d. § 634 Nr. 2, 637 BGB.

II. Begriff des Werkvertrags

799 Der **Werkvertrag** ist gem. § 631 BGB ein gegenseitiger, entgeltlicher Vertrag, bei dem sich die eine Partei (*Unternehmer*) gegenüber der anderen Partei (*Besteller*) verpflichtet, einen bestimmten **Erfolg** herbeizuführen. Der Besteller ist dann seinerseits gem. § 631 I Halbs. 2 BGB verpflichtet, dem Unternehmer den Erfolg zu vergüten.

Beispiel: Der Unternehmer U verpflichtet sich gegenüber dem Besteller B, einen Wintergarten anzufertigen und an die Maße des Wohnhauses von B anzupassen. Diese Herstellung und den Anbau des Wintergartens vergütet B dem U.

800 Dabei können das vom Unternehmer nach § 631 II BGB geschuldete Werk sowohl die Herstellung oder Veränderung einer Sache als auch ein anderer durch Arbeit und Dienstleistung herbeizuführender Erfolg sein. Der Werkvertrag kann sich mithin auf körperliche und unkörperliche Arbeitsergebnisse beziehen. Unter den **körperlichen Werken** versteht man Arbeitsergebnisse an Sachen. Zu differenzieren ist dabei zwischen der Herstellung und der Veränderung einer Sache:

---

[662] Siehe zur Abgrenzung Werkvertrag und Werklieferungsvertrag Rn 1064 ff.

- Hinsichtlich der *Herstellung* einer Sache bezieht sich der Werkvertrag nur auf *unbewegliche* Sachen, z.B. auf die Herstellung eines Gebäudes. Wird die Herstellung einer beweglichen Sache geschuldet, liegt ein Werklieferungsvertrag i.S. des § 651 BGB vor.[663]

- Bezüglich der *Veränderung* einer Sache ist der Begriff der Sache in § 631 II BGB nicht als abschließend i.S.d. § 90 BGB zu verstehen. Gegenstand einer Werkleistung können also auch an Menschen vorgenommene Arbeitshandlungen - z.B. ein Haarschnitt oder eine Tätowierung - sein. Auch ist für die Werkleistung unerheblich, ob auf die Substanz der Sache eingewirkt wird oder nicht, z.B. beim Beförderungsvertrag.

  Beispiel: Unternehmer U verpflichtet sich dazu, das Pferd des Bestellers B zu seinem Jockey J zu bringen. Als Erfolg schuldet U einen ordnungsgemäßen Transport und das unversehrte Eintreffen des Pferdes bei J. Dabei wurde auf die Substanz der Sache, hier auf den Körper des Tieres, vgl. § 90a BGB, nicht eingewirkt.

Ist die Veränderung einer Sache, z.B. die Reparatur eines Autos, vereinbart, kommt es **801**
nicht darauf an, ob die Sache grundlegend oder mit einer bestimmten Intensität verändert wurde. Die Veränderung einer Sache trägt vielmehr immer werkvertraglichen Charakter, sofern sie nur entgeltlich erfolgt und ein Erfolg als vertragliche Leistung des Unternehmers geschuldet wird.

Beispiel: Näht Schneider U dem B gegen ein Entgelt nur eine kleine Naht zu, stellt dies keine grundlegende Veränderung der Jacke des B dar. Dennoch ist der Erfolg, nämlich die genähte Naht, gegen ein Entgelt geschuldet.

Unter den **unkörperlichen Werken** versteht man andere durch Arbeit oder Dienstleis- **802**
tung herbeigeführte Erfolge, die nicht Sachen sind. Der geschuldete Erfolg kann z.B. auch in einer Theater- oder Konzertaufführung liegen.[664] Entscheidend für das Vorliegen eines Werkvertrags ist allein, dass der Unternehmer verpflichtet ist, durch seine Tätigkeit einen bestimmten Erfolg herbeizuführen, und ihm dafür durch den Besteller eine Vergütung entrichtet wird. Da dabei eine werkvertragliche Abnahme aber nicht möglich ist, tritt grundsätzlich nach § 646 BGB an deren Stelle die Vollendung des Werks. Unkörperliche Werke können auch geistige Arbeitsergebnisse wie das Erstellen einer Diagnose oder eines Gutachtens sein. Bei diesen Werkleistungen entspricht es gefestigter Rechtsprechung, dass sie i.S.d. § 640 BGB abnahmefähig sind.[665]

Der Werkvertrag verpflichtet den Unternehmer dazu, einen bestimmten Erfolg herbeizu- **803**
führen. Dabei ist der Erfolg nur als Ergebnis der vorgenommenen Arbeitsleistung des Unternehmers zu verstehen. *Nicht* erfasst wird von dem Begriff der vom Besteller erhoffte wirtschaftliche Erfolg.

Beispiele: Der Unternehmer U schuldet dem Besteller B durch Werkvertrag die Errichtung eines Gebäudes. Dabei ist er verpflichtet, das Bauwerk ordnungsgemäß herzustellen. Nicht aber schuldet er dem Besteller, dass dieser das Gebäude auch vermieten kann.

Der zu erreichende **Erfolg** ergibt sich unter Beachtung der §§ 133, 157 BGB aus der **804**
Vereinbarung zwischen dem Besteller und dem Unternehmer. Hierbei ist jede Vereinbarung in den Grenzen der §§ 134, 138 BGB möglich. Die Vereinbarung über den Erfolg

---

[663] Zur näheren Abgrenzung siehe die Ausführungen zum Werklieferungsvertrag, Rn 1064 ff.
[664] Wobei solche Verträge als typengemischte Verträge auch noch weitere Elemente enthalten können, z.B. die Miete des Sitzplatzes; nach AG Ludwigslust NJW 2005, 610 f. handelt es sich jedoch eher um einen Dienstleistungsvertrag.
[665] BGHZ 48, 257, 262.

muss bei Vertragsabschluss nicht bis ins letzte Detail konkret bestimmt sein. Ein Werkvertrag hat demnach auch dann wirksamen Bestand, wenn das Ziel der Tätigkeit des Unternehmers bei Vertragsabschluss noch weitgehend offen ist. Es reicht aus, wenn der Besteller seine Wünsche und Vorstellungen hinsichtlich des Werks darlegt, was grundsätzlich in Form einer für den Unternehmer verwertbaren Leistungsbeschreibung erfolgt. Bei der Durchführung des Vertrags kann es dazu kommen, dass sich anfängliche Vorstellungen des Bestellers über das herzustellende Werk ändern und er nachträglich eine Änderung vornehmen will. In einem solchen Fall muss der Unternehmer, soweit ihm die Änderung der zu erbringenden Leistung nach Treu und Glauben zuzumuten ist, dieser Vertragsänderung zustimmen. Der Besteller darf jedoch nicht eine ganz andere als die geschuldete Sache verlangen.

Beispiel: Besteller B plant, ein neues Einkaufscenter zu errichten. Er schließt mit dem Architekten A einen Vertrag über dieses Vorhaben unter Festlegung seiner maximalen Kostenbelastung. Bei Vertragsabschluss hat B aber noch keine genauen Vorstellungen darüber, wie das Center zu gestalten ist. A muss zunächst eine Planung entwerfen, die sich an den Wünschen und Bedürfnissen des B orientiert. Auch wenn B im Laufe des Gebäudebaus seine Vorstellungen über Gestaltung und zu verwendendes Material ändert, hat A diese im Rahmen seiner Zumutbarkeit in das Vorhaben einzubeziehen.

III. Die Parteien im Werkvertrag

805 Die Parteien des Werkvertrags werden nach § 631 I BGB als Unternehmer und als Besteller bezeichnet. Besteller oder Unternehmer können jede natürliche oder juristische Person oder auch teilrechtsfähige Gesellschaften, z.B. eine OHG, sein.

1. Der Unternehmer

806 **Unternehmer** ist derjenige, der dem Besteller den vertraglich vereinbarten Erfolg schuldet.

807 Kennzeichnend für den Werkvertrag ist die **soziale Selbstständigkeit** des Unternehmers. Dieser stellt das Werk, also den geschuldeten Erfolg i.S.d. § 631 BGB,

- in eigener Verantwortung,
- unter Einsatz seiner eigenen Arbeitskraft oder der seiner Erfüllungsgehilfen
- und mit seinem besonderen Fachwissen

her. Mit „eigener Verantwortung" ist gemeint, dass der Unternehmer an keinerlei Weisungen oder Vorgaben über seine Arbeitszeit und deren Dauer gebunden ist. Anders verhält es sich mit den Vorgaben und Weisungen hinsichtlich der Ausgestaltung des Werks. Hieran muss sich der Unternehmer halten, soweit diese vertraglich vereinbart sind. Auch an die Vereinbarung, das Werk bis zu einem bestimmten Zeitpunkt herzustellen, hat er sich zu halten.

Beispiel: Vereinbart U mit B, ihm sein Auto so zu verändern, dass dieses silberfarbene Türen bekommt, muss sich U an diese Weisungen des B halten. Wann U aber an diesem Auto arbeitet und wie viele Stunden er insgesamt arbeitet, bleibt ihm überlassen. Solange die Werkleistung, hier die Veränderung des Wagens, in der vertraglich vereinbarten Frist erfolgt, kann B dem U keine weiteren Vorschriften über die Arbeitszeit und -dauer machen.

808 Darüber hinaus steht es dem Unternehmer im Rahmen seiner eigenen Verantwortung frei, ob er zur Herstellung des Werks die Arbeiten selbst durchführt, oder ob er seinen **Erfüllungsgehilfen** (§ 278 BGB) mit dieser Aufgabe beauftragt.

Schließt der Unternehmer über Teile des zu erbringenden Werks seinerseits Werkverträge mit anderen Unternehmern, so genannten **Subunternehmern**, ist grundsätzlich die Zustimmung des Bestellers erforderlich. Dies ergibt sich daraus, dass der Besteller darauf vertrauen darf, dass die Herstellung des Werks vom Unternehmer selbst oder von seinem Betrieb erfolgt; alleiniger Vertragspartner des Bestellers bleibt auch beim Einschalten von Subunternehmern der Hauptunternehmer.[666] Es bestehen also keinerlei vertragliche Beziehungen zwischen dem Besteller und dem Subunternehmer, sodass Haupt- und Subunternehmer dem Besteller auch nicht als Gesamtschuldner i. S. d. § 427 BGB haften.[667] Dies gilt zumindest uneingeschränkt für die Primärleistungspflichten der Unternehmer.[668] Der (Haupt)Unternehmer muss vielmehr für Verschulden des Subunternehmers dem Besteller gegenüber nach § 278 BGB haften.[669]

Hinweis für die Fallbearbeitung: Inwieweit sich der Hauptunternehmer im Wege des Regresses dann wieder an den Subunternehmer wenden kann, ergibt sich aus dem zwischen den beiden Parteien geschlossenen (Werk-) Vertrag.

Unter dem Begriff der eigenen Verantwortung ist darüber hinaus zu verstehen, dass der Unternehmer allein das **Risiko** des Gelingens des Werks trägt. Dies ergibt sich zunächst aus seiner Vorleistungspflicht gegenüber dem Besteller, aber auch daraus, dass es dem Hauptunternehmer nicht gestattet ist, Risiken aus seiner Beziehung zum Besteller auf den Subunternehmer abzuwälzen. **809**

a. Mehrheit von Unternehmern

Auch mehrere Personen können **gemeinschaftlich** als Unternehmer auftreten. Man spricht dann von einer **Arbeitsgemeinschaft** („Arge"). In der Regel liegt eine Arge vor, wenn sich mehrere Unternehmer gemeinschaftlich dem Besteller gegenüber zur Herstellung eines konstruktiv einheitlichen Werks verpflichten.[670] Besonders in der Bauwirtschaft, in der die Aufträge größer und wegen der Unterschiedlichkeit der Leistungen selten von einem einzelnen Unternehmer zu bewältigen sind, treten Arges auf. Zu einer solchen schließen sich die beteiligten Personen meist in Form einer **Gesellschaft bürgerlichen Rechts** (GbR) zusammen. Das hat zur Folge, dass die in Personenmehrheit auftretenden Unternehmer dem Besteller gegenüber als Gesamtschuldner, und zwar grundsätzlich unbeschränkt, haften. Die internen Rechtsbeziehungen zwischen den einzelnen Unternehmern bestimmen sich dann nach den Regelungen für die GbR. Für einen Vertrag zwischen einer Arge und dem Besteller ist seit einer grundlegenden BGH-Entscheidung[671] über die Rechtsfähigkeit der Gesellschaft bürgerlichen Rechts kein gemeinschaftliches Angebot der Gesellschafter einer Arge mehr erforderlich. Ansonsten ergeben sich hinsichtlich des Werkvertrags zwischen einer Arge und einem Besteller keine Unterschiede zu einem Vertrag zwischen einem Unternehmer als natürliche Person und einem Besteller. **810**

Hinweis für die Fallbearbeitung: Ist in einer Klausur ein Werkvertrag zwischen einer Arge und einem Besteller zu prüfen, sollte kurz auf den über die Rechtsfähigkeit der GbR bestehenden Streit eingegangen werden.[672]

[666] BGH NJW 1981, 1779.
[667] BGH NJW 1981, 1779.
[668] Vgl. *Jäckel*, JA 2004, 1, 2.
[669] BGHZ 66, 43, 45.
[670] BGH NJW 1952, 217.
[671] Hierzu ausführlich BGH NJW 2001, 1056.
[672] BGH NJW 2001, 1056.

b. Nebeneinander mehrerer Unternehmer

811 Der Besteller kann an der Herstellung eines Werks auch **mehrere Unternehmer nebeneinander** beteiligen. Er schließt dann mit jedem einzelnen Unternehmer einen gesonderten Werkvertrag ab. Diese Verträge haben voneinander unterscheidbare, in der Regel zeitlich einander nachgeordnete Abschnitte des Gesamtwerks zum Inhalt. Dabei ergibt sich die Verpflichtung der einzelnen Unternehmer gegenüber dem Besteller allein nach dem jeweils mit dem Besteller abgeschlossenen Vertrag.

Beispiel: Besteller B ist Bauherr für sein neues Wohnhaus. Er schließt einen Vertrag mit X, der ihm zunächst das Fundament gießen soll. Mit Y vereinbart B, dass dieser, sobald das Fundament von X fertig erstellt ist, die Wände für das Gebäude mauern soll. Mit Z hat B einen Vertrag geschlossen, damit er ihm die Fliesen im Eingangsbereich legen soll. Somit hat er mehrere einzelne Werkverträge mit X, Y und Z abgeschlossen. Y kann mit der Erfüllung seines Vertrags jedoch erst beginnen, wenn X sein Werk bereits erstellt hat. Und auch Z muss mit dem Fliesenlegen warten, bis X und Y ihre Arbeit getan haben. Hat B auch einen Vertrag mit dem Parkettleger P geschlossen, könnte dieser zeitlich parallel zu Z anfangen zu arbeiten.

812 Schließt der Besteller mit mehreren Unternehmern einzelne Verträge, stehen diese mangels anderer Vereinbarung in keiner vertraglichen Beziehung zueinander. Dies gilt auch dann, wenn das Gesamtwerk erst nach vollständiger Fertigstellung vom Besteller abgenommen wird.[673] Die einzelnen Unternehmer schulden also jeweils nur ihr eigenes Werk. Sie müssen sich daher grundsätzlich auch nicht ein Verschulden der anderen Unternehmer gem. § 278 BGB zurechnen lassen.

812a Baut ein Unternehmer auf einer Leistung eines anderen Unternehmers auf, obliegt ihm die Prüfpflicht, ob diese dafür geeignet ist;[674] notfalls hat der nachfolgende Unternehmer auch Erkundigungen beim zuvor tätigen Unternehmer einzuholen.

Hinweis für die Fallbearbeitung: Die Prüfungs- und Hinweispflicht ist jedoch nicht grenzenlos ausgestaltet, sondern richtet sich am Maßstab der Zumutbarkeit aus. Einzubeziehen sind damit die konkreten Umstände des Einzelfalls, weshalb in erster Linie das vom Unternehmer zu erwartende Fachwissen und darüber hinaus die Einzelumstände, die für den Unternehmer bei hinreichender sorgfältiger Prüfung als bedeutsam erkennbar sind, entscheidungserheblich sind.

Kommt der nachfolgende Unternehmer diesen besonderen Obliegenheiten nicht nach, könnte ihm der Besteller eigenes Verschulden vorwerfen und seine Arbeit als mangelhaft zurückweisen.

813 Der BGH hat zudem in einer besonderen Konstellation der Mängelhaftung entschieden, dass im Hinblick auf die Gewährleistungsrechte des Bestellers gegenüber den einzelnen Unternehmern ein Gesamtschuldverhältnis unter den Unternehmern i.S.d. § 421 BGB besteht.[675] Diese Konstellation erfordert aber die vertragliche Ausgestaltung, nach der der Besteller bei der Herstellung des Werks mehrere Unternehmer beteiligt, die aufgrund gesonderter Verträge abgrenzbare Aufgaben erbringen.

Beispiel: U3 ist für den Rohbau ab Erdgeschoss verantwortlich, nachdem bereits der Keller durch U2 erstellt wurde. U3 unterlaufen jedoch Fehler, sodass später bei Abnahme des Hauses erhebliche Risse in den Wänden vorhanden sind. Hierdurch wurden auch die Putzarbeiten des U4 mangelhaft. Der Mangel in Form der Risse kann nur einheitlich dadurch

[673] BGH NJW 1970, 38, 39.
[674] BGH ZGS 2008, 68, 71.
[675] BGH NJW 2003, 2980, 2980 f.; zustimmend *Jäckel*, JA 2004, 1, 2 f.

behoben werden, dass zunächst der Rohbau ausgebessert und anschließend die Wände neu verputzt werden. Insoweit haften U3 und U4 als Gesamtschuldner.

Dies ist damit zu begründen, dass die gegen jeden Unternehmer bestehenden Gewährleistungsansprüche demselben Zweck dienen, nämlich den Gesamtmangel an dem Werk zu beseitigen; durch die Beseitigung des einen Gewerks ist zwangsläufig auch das Werk des anderen Unternehmers mit betroffen.[676] Dies gilt vor allem dann, wenn das Werk nicht durch jeweils zeitlich nachfolgende Sanierungsmaßnahmen der einzelnen Unternehmer ausgebessert werden, sondern wenn die Sanierung nur durch eine einheitliche, umfassende Maßnahme vorgenommen werden kann. Demzufolge besteht im Innenverhältnis der Unternehmer ein Ausgleichanspruch gem. § 426 BGB. 814

2. Der Besteller

Besteller ist derjenige, dem der Unternehmer den vertraglich vereinbarten Erfolg schuldet und der diesem seinerseits gem. § 631 I BGB eine Vergütung zu entrichten hat. 815

Dabei muss der Besteller nicht zwingend Eigentümer oder Besitzer der zu bearbeitenden Sache sein. Tritt der Besteller als Mehrheit von Personen auf, sind diese gem. § 428 BGB hinsichtlich der Werkleistung Gesamtgläubiger, und hinsichtlich des Werklohns gem. § 427 BGB Gesamtschuldner. 816

Hinweis für die Fallbearbeitung: Sofern der Besteller nicht Eigentümer einer zu bearbeitenden Sache ist und der Unternehmer die Sache schuldhaft beschädigt, kann ein Fall der Drittschadensliquidation vorliegen. Das heißt, der Besteller könnte den vertraglichen (!) Schadensersatzanspruch für den Eigentümer geltend machen bzw. ihm den Anspruch abtreten.

IV. Entstehen des Werkvertrags

Ein Werkvertrag entsteht durch eine **wirksame Einigung** zwischen dem Besteller und dem Unternehmer i.S.d. §§ 145 ff. BGB. Dabei muss das vom Unternehmer herzustellende Werk nicht konkret bestimmt sein. Eine Einigung erfolgt also nur darüber, dass der Unternehmer für den Besteller eine bestimmte Sache herstellt oder verändert. Für die Wirksamkeit des Vertrags ist es hingegen nicht erforderlich, dass sich die Parteien über die konkrete Ausgestaltung des herzustellenden Werks einigen. In besonderen Ausnahmefällen kann ein Werkvertrag formbedürftig sein, so z.B. wenn der Werkvertrag eine rechtliche Einheit mit einem formbedürftigen Grundstückskaufvertrag bildet.[677] Von einer *rechtlichen Einheit* wird dann ausgegangen, wenn die Vereinbarungen nach dem Willen der Parteien derart voneinander abhängig sind, dass sie miteinander stehen und fallen sollen.[678] 817

Beispiel: A und B haben vereinbart, dass B auf dem Grundstück des A ein Einfamilienhaus baut. Zur Finanzierung des Vorhabens regelt der Vertrag zugleich, dass ein Teil des Grundstücks des A auf B übertragen werden soll. Bei Vertragsschluss war beiden Parteien klar, dass der Vertrag ohne die Grundstücksübertragung nicht vorgenommen werden würde. Damit liegt eine rechtliche Einheit vor; der Formzwang des § 311b I BGB erstreckt sich hier auch auf den Werkvertrag, sodass dieser mangels notarieller Form gem. § 125 S. 1 BGB nichtig wäre.

---

[676] *Jäckel*, JA 2004, 1, 2; OLG Hamm NJW-RR 1996, 273, 274.
[677] BGH MDR 2002, 1187, 1187: bei Abhängigkeit eines Grundstücksgeschäftes vom (Bau-)Werkvertrag.
[678] BGHZ 101, 396; BGH NJW 1997, 252.

V. Wirksamkeitshindernisse, §§ 134, 138 BGB

818 Der Wirksamkeit eines Werkvertrags können gem. §§ 134, 138 BGB Hindernisse entgegenstehen. Unter anderem besteht ein gesetzliches **Koppelungsverbot**, durch das jede, den freien Wettbewerb beeinträchtigende, Bindung an einen bestimmten Unternehmer bei Erwerb eines Grundstücks unterbunden werden soll.

Beispiel: Erwirbt A ein Grundstück, kann er sich weder durch ausdrückliches noch durch schlüssiges Verhalten dazu verpflichten, für die Planung und Ausführung eines Bauwerks einen bestimmten Ingenieur oder Architekten in Anspruch zu nehmen. Ebenso ist es dem Veräußerer V verboten, A das Grundstück nur unter einer Auflage zu veräußern, die diesen an einen bestimmten Architekten binden soll.[679]

819 Darüber hinaus ist ein Werkvertrag gem. § 134 BGB nichtig, wenn das Gesetz das Verhalten für alle Beteiligten mit Strafe oder Bußgeld bedroht. Das betrifft vor allem den Verstoß gegen Steuervorschriften und das Schwarzarbeitsbekämpfungsgesetz („Ohne-Rechnung-Absprache")[680] oder die Zahlung von Schmiergeldern.

VI. Inhalt des Werkvertrags/Abgrenzung zu anderen Vertragstypen

820 Der Werkvertrag hat gem. § 631 I BGB die **Herstellung** eines Werks durch den Unternehmer und die **Vergütung** des Werks durch den Besteller zum Inhalt.

1. Kaufvertrag

821 Dadurch unterscheidet er sich vom Kaufvertrag i.S.d. §§ 433 ff. BGB, bei dem nicht die Herstellung eines Gegenstands geschuldet ist, sondern der Vertrag sich vielmehr auf die Übereignung eines **fertigen** Gegenstands richtet, sodass es an einer Werkschöpfung für den Besteller fehlt.[681]

2. Dienstleistungsvertrag

822 Auch werden beim Werkvertrag die Arbeit oder die Dienstleistung, die der Unternehmer bei Herstellung des Werks erbringt, nicht als solche, sondern nur als Mittel für den herzustellenden Erfolg geschuldet; Aufgabe des Unternehmers ist es also, ein bestimmtes Endergebnis seiner Tätigkeit herbeizuführen.[682] Wenn er hingegen nur die Tätigkeit schuldet, handelt es sich um einen Dienstvertrag, §§ 611 ff. BGB.

Hinweis für die Fallbearbeitung: In einer Klausur kann es also zu Beginn der Prüfung erforderlich sein, den Werkvertrag gegenüber anderen Vertragstypen - z.B. dem Dienstvertrag - abzugrenzen.

823 Eine Abgrenzung zwischen dem Dienst- und dem Werkvertrag ist strukturell kompliziert, da auch die Tätigkeit im Dienstverhältnis Erfolg haben soll. Im Dienstvertrag ist der Erfolg als Endergebnis jedoch nicht geschuldet, sondern nur das Tätigsein.

Beispiel: Eine Putzfrau schuldet grundsätzlich als Erfolg nicht eine saubere Wohnung, sondern nur das Saubermachen. Anders wäre es, wenn die Putzfrau allein aus dem Grund bestellt würde, einen Schmutzfleck aus einem Sofakissen zu entfernen.

---

[679] BGH WM 1982, 158, 159.
[680] Vgl. BGH NJW 2013, 3167 ff. und NJW 2014, 1805, 1806 f. - dazu unten Rn 927a sowie *R. Schmidt*, BGB AT, Rn 1170.
[681] BGH NJW 1983, 1489, 1490.
[682] BGHZ 58, 225, 225.

a. Wille der Parteien, §§ 133, 157 BGB

Eine Zuordnung des in Frage stehenden Vertrags zum Werk- oder Dienstrecht muss 824
zunächst durch Auslegung des in den Vertragserklärungen zum Ausdruck kommenden Willens der Parteien gem. §§ 133, 157 BGB ermittelt werden.[683] Maßgeblich für den Willen der Parteien ist dabei, wie er in der Ausgestaltung ihrer Rechte und Pflichten zum Ausdruck kommt.[684] Daraus lässt sich schließen, was die Parteien als **Leistungsgegenstand** angesehen haben. Ist vereinbart, dass ein Erfolg herbeizuführen ist, trägt die Abmachung werkvertraglichen Charakter. Besteht dagegen die Verpflichtung des „Beauftragten" nur darin, sich vertragsgemäß um den Erfolg zu bemühen, ist die Abmachung als Dienstvertrag zu werten. Dabei muss jedoch beachtet werden, dass die Ausdrucksweise der Parteien, also die von ihnen gewählte Formulierung zur Beschreibung der Vertragsinhalte, nicht entscheidend ist (*falsa demonstratio non nocet*).[685]

Für die Abgrenzung des Werkvertrags gegenüber dem Dienstvertrag ist auch im Hinblick 825
auf die Gefahrtragung die **vertragliche Risikoverteilung** verwertbar. Ist der zu einer Tätigkeit verpflichtete Vertragspartner gehalten, die Vergütungsgefahr zu tragen, ist dies ein Wesensmerkmal des Werkvertrags.

> **Hinweis für die Fallbearbeitung:** Eine solche Vertragsgestaltung ist nur im Rahmen der §§ 134, 138 BGB möglich. Ein Vertrag ist z.B. unwirksam, in welchem sich ein Rechtsanwalt dazu verpflichtet, den Prozess zu gewinnen, und der Mandant nur dann bezahlen muss, wenn der Erfolg auch eingetreten ist.

b. Abgrenzungskriterien

Bei der Auslegung des Willens der Parteien gibt es als Richtschnur entwickelte, **objek-** 826
tive Kriterien, die eine Abgrenzung zwischen Dienst- und Werkvertrag erleichtern können. Zunächst kann als Abgrenzungskriterium dienen, dass ein Dienstvertrag meistens ein dauerndes Beschäftigungsverhältnis begründet, wohingegen der Werkvertrag mit Herbeiführung des Erfolgs endet.

> **Beispiel:** B vereinbart mit A, ihm einen Wirkstoff gegen Sodbrennen herzustellen.
> A schuldet B also den Erfolg seiner Forschungsarbeit, sodass von einem Werkvertrag auszugehen ist. Anders wäre es, wenn A den B für die Stunden, die dieser forschend tätig wird, entlohnte, ohne dass ein verwertbarer Wirkstoff gegen Sodbrennen entstünde. Dann läge ein Dienstvertrag vor.

Für die Frage, ob der Unternehmer für den *Erfolg* einstehen will, kann auch von Bedeu- 827
tung sein, mit welcher Wahrscheinlichkeit nach der Parteivorstellung der Erfolg eintreten wird.[686] Darüber hinaus gibt es weitere Indizien, die <u>für</u> die Annahme eines <u>Werkvertrags</u> und gegen die eines Dienstvertrags sprechen:

- die Eigenverantwortlichkeit und Weisungsfreiheit des Tätigen, da bei strikter Weisungsgebundenheit der werkvertraglich geschuldete Erfolg dem Unternehmer nicht mehr zumutbar ist,
- die soziale Unabhängigkeit des Unternehmers,
- das besondere Fachwissen,
- die Vergütung nach Erfolgen und nicht nach zeitlichem Aufwand,
- die Risikotragung des Unternehmers für das Gelingen des geschuldeten Arbeitsergebnisses, §§ 633, 644 BGB.

---

[683] BGH NJW 2002, 3323.
[684] BGH LM, § 611 Nr. 3.
[685] BGHZ 101, 350, 352.
[686] BGH NJW 2002, 3323, 3324.

c. Konventionelle Einordnung

828 Der Wille der Parteien kann dann nicht ausschlaggebend für die Einordnung des Vertrags sein, wenn die Zuordnung eindeutig ist. So ist z.B. der **Bauvertrag** - das errichtete Gebäude wird als Erfolg geschuldet - **immer als Werkvertrag** einzuordnen. Genauso ist der **Arbeitsvertrag** - das Tätigsein für einen anderen wird unabhängig vom Erfolg geschuldet - **immer ein Dienstvertrag**.

> **Hinweis für die Fallbearbeitung:** Die im Folgenden exemplarische Aufzählung klassischer Werk- und Dienstverträge ist nicht abschließend. Begegnet einem in der Klausur ein Vertrag, den man nicht konventionell zum Werk- oder Dienstvertrag einordnen kann, wird es den Korrektor überzeugen, wenn eine Abgrenzung nach dem Willen der Parteien unter den oben dargestellten Kriterien vorgenommen wird.

aa. Klassische Werkverträge

829 Es gibt Verträge, die durch gefestigte Rechtsanwendung grundsätzlich dem Werkvertragsrecht zuzuordnen sind.

830 ▪ Der **Bauvertrag** ist ein klassischer Werkvertrag.[687] Er begründet für den Bauunternehmer die Pflicht, Leistungen körperlicher Art – also die Gebäudeherstellung oder -veränderung – zu erbringen. Es ist somit der Erfolg, namentlich der zu errichtende, verändernde oder zu beseitigende Bau als Endergebnis geschuldet und nicht die verändernde oder errichtende Tätigkeit. Beim Bauvertrag ist jedoch zu beachten, dass nicht nur das gesetzliche Werkvertragsrecht, sondern auch die Regelungen der Vergabe- und Vertragsordnung für Bauleistungen (**VOB**) weitgehend das Recht des Bauvertrags bestimmen können.

> **Hinweis für die Fallbearbeitung:** Anders als in der Praxis wird in einer Klausur die VOB praktisch nie zur Geltung kommen, da die Einbeziehung der VOB in den Vertrag *dort* regelmäßig nicht vereinbart sein wird.

831 ▪ Auch der **Architektenvertrag** ist grundsätzlich ein Werkvertrag.[688] Dabei bezieht sich ein solcher Vertrag auf sämtliche Architektenleistungen, also auf die Planung und die ordnungsgemäße Bauleitung. Als Vertragsschwerpunkt ist die Planung anzusehen; alle weiteren vom Architekten geschuldeten Leistungen dienen nur der Verwirklichung dieses Plans. Aber auch dann, wenn der Gegenstand des Architektenvertrags sich allein auf eine ordnungsgemäße Bauleitung bezieht, liegt nach gefestigter Rechtsprechung kein Dienstvertrag vor.[689] Sowohl die planende als auch die bauleitende Tätigkeit des Architekten dienten der Herbeiführung desselben Erfolgs, nämlich der Erstellung des Bauwerks.[690]

> **Hinweis für die Fallbearbeitung:** Zu beachten ist in diesem Zusammenhang auch das Institut des Vertrags mit Schutzwirkung zugunsten Dritter. Erstellt z.B. ein Architekt ein Gutachten über das Haus des E, kann unter Umständen auch der Käufer des Hauses K in den Schutzbereich des Gutachtenvertrags zwischen E und A miteinbezogen sein. Tritt der Architekt bei den Vertragsverhandlungen von E und K als Vertreter des E auf, kann sich für ihn u.U. auch eine Sachwalterhaftung aus § 311 III BGB ergeben.

832 ▪ Durch einen **Beförderungs- oder Transportvertrag** verpflichtet sich die eine Partei, die zu befördernde Person oder Sache unversehrt an den Bestimmungsort zu bringen. Auch wenn ein solcher Vertrag Elemente der Verwahrung, des Auftrags oder der Dienstleistung aufweisen kann, wird doch primär mit der Ortsveränderung ein Erfolg i.S. des

---

[687] BGH NJW 1973, 368, 368.
[688] BGHZ 62, 204, 206 ff.; BGH NJW 2004, 2588 f.
[689] BGHZ 82, 100.
[690] BGH NJW 1982, 879, 880.

§ 631 BGB geschuldet. Das Werkvertragsrecht wird jedoch durch besondere Gesetze zur Beförderung von Personen und Gütern stark in den Hintergrund gedrängt.

- **Wartungsverträge** sind Werkverträge i.S.d. § 631 BGB. Diese Verträge haben die Erhaltung der Funktionstüchtigkeit des Wartungsgegenstands für den nächsten Zeitabschnitt und somit einen Erfolg zum Inhalt.[691] 833

bb. Klassische Dienstverträge

Andere Vertragsarten sind konventionell dem Typ des Dienstvertrags zuzuordnen. 834

Der **Anwaltsvertrag** ist **grundsätzlich ein Dienstvertrag**, soweit der Anwalt mit einem Rechtsstreit seines Mandanten betraut ist, der eine dauernde Beratung und die Führung eines Prozesses mit sich bringt.[692] Ein solcher Vertrag ist auf das Bemühen des Anwalts gerichtet, den Mandanten möglichst erfolgreich zu beraten und im Prozess zu vertreten. Ein bestimmter Erfolg wie das Gewinnen eines Prozesses kann jedoch nicht geschuldet sein. **Ausnahmsweise** ist der Anwaltsvertrag ein **Werkvertrag**, wenn der Anwalt konkrete Leistungen schuldet wie z.B. eine Rechtsauskunft, die Erstellung eines Gutachtens oder das Ausformulieren eines Vertrags. Der Vertrag hat dann die Verpflichtung des Unternehmers zum Gegenstand, ein geistiges Werk als Endergebnis herzustellen, und nicht eine um den Erfolg nur bemühte ständige Betreuung und Vertretung seines Mandanten. 835

> **Hinweis für die Fallbearbeitung:** Ist eine rechtliche Einordnung des Vertrags vorzunehmen, empfiehlt es sich, gedanklich in 3 Schritten vorzugehen:
> **(1)** Was haben die Parteien vereinbart? Worauf richtet sich der Wille der Parteien?
> **(2)** Welche Kriterien des Vertrags sprechen für/gegen einen Werkvertrag?
> **(3)** Ist der vereinbarte Vertrag konventionell einzuordnen?

VII. Rechtsfolgen aus dem Werkvertrag

Liegt ein wirksamer Werkvertrag zwischen den Parteien vor, ergeben sich für den Unternehmer und für den Besteller **Haupt- und Neben(leistungs)pflichten**. 836

1. Rechte des Bestellers, §§ 631, 633 I BGB

Die Rechte des Bestellers ergeben sich aus den Haupt- und Nebenleistungspflichten des Unternehmers. 837

a. Hauptleistungspflichten des Unternehmers

Der Besteller hat gegen den Unternehmer einen Anspruch auf Erfüllung der Hauptleistungspflicht. 838

aa. Mangelfreie Herstellung des Werks

Die Hauptleistungspflicht des Unternehmers liegt nach § 631 I BGB in der **rechtzeitigen und vertragsgemäßen Herstellung** des versprochenen Werks. Dabei richtet sich die Pflicht des Unternehmers nicht nur darauf, dass er zur Herstellung des Werks tätig wird, sondern vor allem auf das herzustellende Werk. Mit welchen Eigenschaften und bis zu welchem Zeitpunkt das Werk hergestellt werden soll, entscheidet dabei der Inhalt des Vertrags. Der Besteller hat nach § 631 I BGB einen Anspruch darauf, dass ihm vom Unternehmer ein an den vertraglichen Vorgaben orientiertes Werk so hergestellt wird, dass es nicht mit Mängeln behaftet ist, die den Wert oder die Gebrauchstauglichkeit aufheben oder mindern. Dabei hat der Unternehmer dafür einzustehen, dass er die anerkannten 839

---

691 OLG Stuttgart BB 1977, 118, 119.
692 BGH LM, § 675 Nr. 28.

Regeln seiner Kunst, seines Fachs oder seines Handwerks beherrscht und sich über technische Neuentwicklungen in seinem Arbeitsbereich informiert.[693]

bb. Übergabe des Werks

840 Über die Herstellung des vertraglich geschuldeten Werks hinaus hat der Besteller einen Anspruch auf Ablieferung des Werks durch den Unternehmer, da hinsichtlich des vom Unternehmer herzustellenden und abzuliefernden Werks diesen eine Vorleistungspflicht trifft. Erst dann, wenn er seinen werkvertraglichen Verpflichtungen nachgekommen ist und sein Werk beim Besteller abgeliefert hat, *kann* gem. § 641 I S. 1 BGB die Fälligkeit der Vergütung eintreten. Der Werkvertrag begründet dabei für den Unternehmer nur die *Verpflichtung*, das versprochene Werk herzustellen, ein *Recht* auf Herstellung besteht hingegen nicht; denn der Besteller kann wegen § 649 BGB bis zur Vollendung des Werks den Vertrag jederzeit kündigen.

b. Neben(leistungs)pflichten des Unternehmers

841 Neben dem Anspruch auf Erfüllung der Hauptleitungspflicht hat der Besteller ein Recht auf Wahrung der Neben(leistungs)pflichten durch den Unternehmer.

> **Hinweis für die Fallbearbeitung:** Der Besteller hat gem. §§ 631, 633 BGB einen Anspruch gegen den Unternehmer auf Erfüllung der Hauptleistungspflichten. Hinsichtlich der Nebenleistungspflichten steht dem Besteller kein *Anspruch*, sondern nur das *Recht* auf Wahrung durch den Unternehmer zu. Dem Besteller ist es damit nicht möglich, auf Beachtung dieser Rechte zu klagen. Bei Nichtbeachtung können sich dann aber Ansprüche für ihn ergeben, insbesondere aus § 280 I BGB i.V.m. § 241 II BGB.

842 Die Nebenleistungspflichten des Unternehmers ergeben sich aus §§ 242, 241 II BGB, nach denen jeder Vertragspartner dazu gehalten ist, gegenüber der anderen Partei Rücksicht zu üben und diese vor Schaden zu bewahren. Im Einzelnen bestehen für den Unternehmer **Aufklärung- und Beratungspflichten**, **Obhuts- und Verwahrungspflichten** sowie **Sicherungs- und Fürsorgepflichten**.

aa. Aufklärungs- und Beratungspflichten

843 Der Unternehmer hat die Pflicht, den Besteller hinsichtlich der Herstellung des Werks über die zu **erwartenden Kosten** und über eine am **Verwendungszweck des Bestellers orientiere Beschaffenheit** des Werks aufzuklären und zu beraten.

844 Eine solche Pflicht für den Unternehmer ergibt sich aus seiner grundsätzlich vorausgesetzten **Wissensüberlegenheit** gegenüber dem Besteller. Es wird dabei davon ausgegangen, dass der Unternehmer die auf seinem Fachgebiet erforderlichen Kenntnisse und Fertigkeiten zu beherrschen hat.[694] Selbst wenn der Unternehmer keine Wissensüberlegenheit und auch keine Kenntnisse auf seinem Fachgebiet besitzt, verletzt er bei nicht hinreichender Aufklärung seine Pflicht.

845 Insbesondere gehört es zur Pflicht des Unternehmers, den Besteller so zu beraten, dass das bestellte Werk für den vom Besteller vorgesehenen Zweck tauglich ist und seinen Bedürfnissen entspricht.[695] Die Hinweispflichten des Unternehmers werden durch vorhandene eigene Sachkunde des Bestellers zwar eingeschränkt, aber nicht aufgehoben. Dabei sind die an den Unternehmer zu stellenden Anforderungen streng gefasst.

---

693 BGH WM 1978, 1411, 1412.
694 BGHZ 20, 164, 169.
695 BGH BauR 1970, 57, 58.

Beispiele: Der Unternehmer muss darauf hinweisen, dass vorhandene Anlagen für das neue Werk nicht geeignet oder dass bei der Reparatur einer Sache neue Fehler zum Vorschein gekommen sind.[696]

Teilt der Unternehmer seine Bedenken dem Besteller über das geplante Werk mit, hat dies mit einem gewissen Nachdruck zu erfolgen. Der Unternehmer muss sich dabei sicher sein, dass der Besteller seine Bedenken auch verstanden hat.

Beispiele:

(1) B will eine Hundehütte aus Marmor bauen lassen. Beauftragt er U mit der Herstellung, hat U zunächst die Pflicht zu überprüfen, ob dieses Material für den Bau einer Hundehütte überhaupt geeignet ist. Hierbei hat er nicht nur seine eigenen, sondern auch fremde Fachkenntnisse zur Absicherung der Baumaßnahme heranzuziehen. Stellt er bei dieser Prüfung eine Untauglichkeit des Materials fest, hat er dies B verständlich mitzuteilen.

> **Hinweis für die Fallbearbeitung:** Dennoch kann der Besteller trotz des Hinweises an der Herstellung des Werks nach seinen Wünschen festhalten. Die Aufklärungs- und Beratungspflicht des Unternehmers beinhaltet mithin keine Pflicht zur Umstimmung des Bestellers.

(2) Der Unternehmer hat beim Verlegen von empfindlichem Parkett die Pflicht, den Besteller auf die richtigen Reinigungsmittel hinzuweisen, um eine nachträgliche - nach Abnahme - Beschädigung zu vermeiden.

> **Hinweis für die Fallbearbeitung:** Die Aufklärungspflichten des Unternehmers bestehen zu jeder Zeit:
>
> - vor Vertragsschluss: Abschluss eines zweckmäßigen Vertrags (bei nicht mehr lohnenden Reparaturen kein Abschluss: sonst jeweils u.U. §§ 311 II, 280 I, 241 II BGB)
> - während der Vertragsabwicklung (sonst u.U. § 280 I BGB)
> - nach Abnahme: Einweisung in den Gebrauch einer Sache
> - nach Verjährung der Gewährleistungsansprüche: z.B. Pflicht zur Auskunftserteilung über Art und Weise der Herstellung, um Reparatur zu ermöglichen

Unter die Aufklärungs- und Beratungspflicht fällt auch nach § 650 II BGB die Pflicht des Werkunternehmers, eine **wesentliche Überschreitung des Kostenvoranschlags** dem Besteller anzuzeigen. Kündigt der Besteller daraufhin den Vertrag, kann der Unternehmer gem. §§ 650 I, 645 I BGB „einen der geleisteten Arbeit entsprechenden Teil der Vergütung" und Ersatz seiner bereits getätigten Auslagen verlangen. Unterlässt der Unternehmer eine solche Anzeige beim Besteller über die zu erwartenden erhöhten Kosten gegenüber dem Kostenvoranschlag, ist er dem Besteller gegenüber nach §§ 280 I BGB i.V.m. § 241 II BGB zum Schadensersatz verpflichtet. Die Ersatzpflicht erstreckt sich auf den Schaden des Bestellers, der gerade durch das Unterbleiben der Anzeige oder deren verzögerte Mitteilung entstanden ist. Wird wegen unterlassener oder verspäteter Anzeige das Werk weiter hergestellt, nachdem der Unternehmer Kenntnis von der Kostenüberschreitung hatte, steht ihm eine Vergütung zunächst nur in Höhe des Kostenvoranschlags zu. Anzurechnen auf den Schadensersatzanspruch des Bestellers ist dabei aber auch die Vermögensmehrung, die bei ihm – nach objektiv zulässiger Überschreitung – durch das verbleibende Werk eingetreten ist. **846**

Kann der Unternehmer hingegen beweisen, dass der Besteller auch bei rechtzeitiger Anzeige *nicht* gekündigt hätte, entfällt seine Schadensersatzverpflichtung. Dasselbe gilt, **847**

[696] BGH LM, § 242 Nr. 37.

wenn der Besteller auch ohne Anzeige des Unternehmers von der Überschreitung des Kostenvoranschlags anderweitig Kenntnis erlangte.

bb. Obhuts- und Verwahrungspflichten

848 Dem Unternehmer obliegt auch die Pflicht zur Obhut und Verwahrung. Dies gilt sowohl hinsichtlich der ihm vom Besteller zur Herstellung des Werks **überlassenen Sachen** als auch hinsichtlich der bereits fertig gestellten, aber dem Besteller noch nicht abgelieferten **Teile der Werkleistung**.[697] Überlässt der Besteller dem Unternehmer zur Herstellung des Werks Sachen, hat der Unternehmer alle erforderlichen Maßnahmen zu treffen, damit das Eigentum des Bestellers nicht gefährdet oder beschädigt wird. Zu den dem Unternehmer zu überlassenden Gegenständen sind auch Leistungen zu zählen, die von einem Vorunternehmer erstellt worden sind und auf denen der Unternehmer aufzubauen hat.

Beispiel: Lässt B zum Zweck der Reparatur durch A sein Auto bei A in der Werkstatt stehen, ist dieser dazu verpflichtet, die Werkstatt ordnungsgemäß zu verriegeln und den Zündschlüssel im Auto des B abzuziehen.

849 Die Obhutsverpflichtung des Unternehmers erstreckt sich insoweit auch auf **bereits erbrachte Werkleistungen**, als sie an der zu bearbeitenden Sache des Bestellers vorgenommen wurden. Diese Leistungen hat der Unternehmer vor jeder Beeinträchtigung oder Beschädigung zu bewahren. Durch eine solche Pflicht wird der Gefahr begegnet, dass das Eigentum des Bestellers durch nochmaliges Einwirken zur Behebung der vom Unternehmer verursachten Beschädigung beeinträchtigt wird. Einer Obhutsverpflichtung für Werkleistungen, die nicht mit dem Eigentum des Bestellers im Zusammenhang stehen, bedarf es hingegen nicht. Nach der Gefahrtragungsregel des § 644 BGB trägt der Unternehmer nämlich ohnehin die Vergütungsgefahr bis zur Abnahme des Werks, sodass der zufällige Untergang oder Verschlechterungen immer zu seinen Lasten gehen.

cc. Sicherungs- und Fürsorgepflichten

850 Darüber hinaus obliegen dem Unternehmer **Verkehrssicherungspflichten**, die ihn verpflichten, jeglichen Schaden vom Besteller abzuwenden.[698] Insoweit ist der Werkvertrag ein **Vertrag mit Schutzwirkung zugunsten Dritter** auf der Seite des Bestellers, insbesondere für seine Familienangehörigen, wobei sich die Bestimmung des erfassten Personenkreises nach den allgemeinen Vorschriften dieses Rechtsinstituts richtet.

Beispiel: Soll G die große Eiche im Garten des B fällen, darf auch die in der Sandkiste spielende Tochter des B keine Verletzungen erleidet.

Hinweis für die Fallbearbeitung: Verletzt der Unternehmer eine dieser Nebenpflichten gegenüber dem Besteller, kann dies unterschiedliche Rechtsfolgen begründen:

- Rücktritt nach §§ 324, 241 II BGB
- Schadensersatz nach §§ 280 I, 241 II BGB oder sogar über § 280, 282 BGB Schadensersatz statt der Leistung
- Kommt es infolge der Pflichtverletzung zu einem Mangel des Werks, stehen dem Besteller die Gewährleistungsrechte der §§ 633 ff. BGB zu.

---

[697] BGH NJW 1983, 113.
[698] BGH NJW 1989, 2115, 2116.

2. Rechte des Unternehmers

Die Rechte des Unternehmers ergeben sich aus den werkvertraglichen Haupt- und Nebenpflichten des Bestellers. 851

a. Hauptleistungspflichten des Bestellers

Die Hauptleistungspflichten für den Besteller ergeben sich aus §§ 631, 640 BGB. 852

aa. Abnahme, § 640 BGB

Der Besteller hat zunächst die synallagmatische Hauptleistungspflicht zur Abnahme des vertragsgemäß hergestellten Werks. 853

Unter der **Abnahme** versteht man zum einen die **körperliche Entgegennahme** des vom Unternehmer hergestellten Werks und zum anderen die damit verbundene Erklärung des Bestellers, dass er das Werk als **in der Hauptsache vertragsgerecht erbracht anerkennt**.[699] 854

Grundvoraussetzung für die Abnahme ist zunächst die **Vollendung des Werks**.[700] Der Unternehmer muss also das versprochene Werk so hergestellt haben, dass es als vollendet angesehen werden kann. Stehen noch Leistungen an dem Werk aus, müssen diese von solch untergeordneter Bedeutung sein, dass das Werk bei natürlicher Betrachtungsweise als Erfüllung der vertraglich geschuldeten Leistung erscheint und die ihm zugedachten Funktionen erfüllt.[701] Die Gebrauchsfähigkeit des Werks darf also durch die ausstehenden Restarbeiten nicht eingeschränkt sein.[702] 855

Hinweis für die Fallbearbeitung: Wenn die Voraussetzungen für die Abnahme vorliegen, hat der Unternehmer einen einklagbaren Anspruch auf Abnahme. Dieser steht ihm auch dann zu, wenn das Werk noch *unwesentliche* Mängel aufweist, § 640 I S. 2 BGB. Dadurch hat er die Möglichkeit, im Wege einer Klage die Fälligkeit seines Zahlungsanspruchs zu bewirken, § 641 I BGB.[703] Hiervon wird er allerdings praktisch keinen Gebrauch machen müssen, weil er gem. § 640 I S. 3 BGB die Abnahme durch eine Fristsetzung fingieren kann. Wenn der Besteller die Abnahme unberechtigt und ausdrücklich verweigert, ist die Frist sogar entbehrlich.

Grundsätzlich hat der Besteller das Werk **selbst abzunehmen**. Soll das Werk von einem Dritten, z.B. von einem Kunden oder einem Hausverwalter, abgenommen werden, kann dies nur erfolgen, wenn der Besteller die Erklärung des Dritten auf der Grundlage einer Ermächtigung oder aus anderen Gründen gegen sich gelten lassen muss. Für die Abnahme durch einen Dritten bedarf es demnach einer **Vertretungsmacht**, die auch in Form einer **Anscheinsvollmacht** bestehen kann.[704] 856

Beispiel: A, B, C und D lassen sich von Unternehmer U Neubauwohnungen in einem Haus errichten. Nach Fertigstellung des Neubaus wird von ihnen vereinbart, dass der Verwalter V eine vollständige Abnahme des Hauses vornehmen soll. Als Folge müssen A, B, C und D als zukünftige Eigentümer der Wohnungen die Abnahme des V gegen sich gelten lassen. Findet B danach, dass seine Wohnung nicht dem vertraglich vereinbarten Erfolg entspricht, hat er *keine* Möglichkeit, die Abnahme des V rückgängig zu machen.

---

[699] BGHZ 33, 236, 237; BGHZ 50, 160, 162.
[700] BGHZ 50, 160, 162.
[701] BGH NJW 1993, 1063, 1064; *Henkel*, MDR 2004, 361 ff.
[702] BGH BauR 1973, 192, 193.
[703] *Sprau*, in: Palandt, § 641 Rn 4; zur Möglichkeit einer Klage auf Werklohn Zug um Zug gegen die noch ausstehende Beseitigung von Mängeln vgl. BGH DB 2002, 1551.
[704] BGHZ 97, 224, 226.

a.) Körperliche Entgegennahme

857 Für die Abnahme muss das Werk beim Besteller durch den Unternehmer abgeliefert werden. Dabei kann die körperliche Entgegennahme durch den Besteller in einer Übergabe des Werks vom Unternehmer erfolgen. Das heißt, der Unternehmer muss dem Besteller den Besitz an seiner Werkleistung verschaffen. Ob in dem Zusammenhang auch eine Eigentumsübertragung erfolgt, ist für die Abnahme ohne Bedeutung.

> **Hinweis für die Fallbearbeitung:** Die Eigentumsübertragung ist insbesondere deswegen für die Abnahme ohne Bedeutung, da der Besteller auch nicht zwingend Eigentümer der zu bearbeitenden Sache sein bzw. werden muss. Steht hingegen die zu bearbeitende Sache im Eigentum des Bestellers, erwirbt er regelmäßig wegen §§ 946 ff. BGB bereits vor der Abnahme das Eigentum.

858 Häufig scheidet eine durch Übergabe zu bewirkende Ablieferung des Werks deswegen aus, weil der **Besteller bereits im Besitz** der Werkleistung ist, z.B. wenn der Unternehmer eine Werkleistung am Gebäude des Bestellers vornimmt. Auch dann kann der Besteller das Werk körperlich entgegennehmen. Die körperliche Entgegennahme des vom Unternehmer erstellten Werks erfolgt dann dergestalt, dass der Besteller seinen Besitz auf das fertig gestellte Werk erstreckt und dies nach außen zum Ausdruck bringt, indem er es z.B. benutzt, erprobt, begeht oder prüft.

Beispiel: A baut B eine Sauna in dessen Wohnhaus ein. Eine Übergabe der fertig gestellten Sauna scheidet deswegen aus, weil B schon vorher im Besitz der Sauna war; B ist auch der Besitzer seines Wohnhauses. Eine für die Abnahme notwendige körperliche Entgegennahme findet also dadurch statt, dass B die Sauna prüft, ausprobiert und sie so behandelt, als sei sie seine eigene.

859 Auch bei **geistigen Leistungen** ist eine Hinnahme möglich, sofern diese verkörpert geschuldet sind. Dies ist z.B. bei einem Architekten[705] oder bei einem Gutachter[706] der Fall, wenn die geistigen Leistungen in Form von Plänen oder Gutachten geschuldet sind und übergeben werden können. Kann das Werk hingegen nach seiner Beschaffenheit nicht vom Besteller körperlich entgegengenommen werden, tritt nach § 646 BGB an die Stelle der Abnahme die Vollendung des Werks. Dies ist der Fall, wenn das Werk nicht gegenständlich ist, z.B. bei Theateraufführungen, Konzerten oder Beförderungen.

Beispiel: Die Bandmitglieder der „Purpels" haben sich gegenüber A verpflichtet, ein selbst komponiertes Lied auf der Silberhochzeit des A zu spielen. Die Vorführung auf der Hochzeit bleibt unkörperlich und kann darum nicht als Gegenstand übergeben werden. Hierbei findet mithin **keine** körperliche Entgegennahme im Wege der Besitzübertragung statt. Vielmehr tritt an deren Stelle die Vollendung des Werks, also hier die Vorführung des Lieds.

> **Hinweis für die Fallbearbeitung:** Zu beachten ist, dass die Vollendung des Werks nach § 646 BGB nur an die Stelle der körperlichen Entgegennahme tritt. Die Abnahme besteht jedoch nach h. M. aus **zwei** relevanten Elementen, nämlich aus der körperlichen Entgegennahme und der *Billigung* des Werks. Ist also eine Abnahme wegen der Beschaffenheit des Werks ausgeschlossen, besteht die „Abnahme" in der *gebilligten* Vollendung des Werks.

---

705 BGHZ 37, 341, 345.
706 BGH NJW-RR 1992, 1078.

b.) Billigung des Werks

Für die Abnahme muss neben der körperlichen Entgegennahme das Werk als vertragsgemäße Erfüllung vom Besteller **anerkannt** werden. Dabei ist die Anerkennung nur eine Billigung, dass das Werk im Wesentlichen vertragsgerecht hergestellt wurde. Nicht jedoch bezieht sich die Anerkennung auf die vollkommene und mangelfreie Erfüllung des Werkvertrags. Die Abnahme ist daher keine Anerkennung der Mangelfreiheit und beinhaltet auch keinen Verzicht auf Mängelansprüche (vgl. aber § 640 II BGB). Dabei kann der Besteller das Werk als vertragsgerecht anerkennen, nachdem er es besichtigt und geprüft hat. Ihm steht es aber auch frei, das Werk ohne eine Besichtigung abzunehmen. Die Abnahme setzt mithin eine Prüfung des Werks durch den Besteller nicht voraus.[707] Gleichwohl kann der Besteller die Abnahme aber so lange vorübergehend verweigern, bis ihm Gelegenheit zur Überprüfung des Werks gegeben wurde. **860**

> **Beispiel:** Der Besteller kann bei einer vom Unternehmer fertig gestellten Maschine jedenfalls einen Probelauf verlangen, bevor er sich über das Werk und dessen Vertragsgemäßheit erklären muss.

c.) Abnahmeerklärung durch den Besteller

Die Abnahme kann durch *ausdrückliche Erklärung* gegenüber dem Unternehmer erfolgen. Es genügt aber auch ein *schlüssiges Verhalten*, das bei verständiger Würdigung als Billigung des Werks zu verstehen ist. Eine durch schlüssiges Verhalten erklärte Abnahme zeigt sich insbesondere in der Bezahlung des Werklohns.[708] Dies gilt sogar auch dann, wenn der Besteller den vertraglich vereinbarten Einbehalt für eventuell bestehende Mängel nicht ausbezahlt oder einen Einbehalt wegen konkret aufgetretener Mängel vornimmt (vgl. § 641 III BGB). Darüber hinaus kann eine durch schlüssiges Verhalten erfolgende Abnahme auch in der Freigabe einer gestellten Sicherheitsleistung, in dem Weiterverkauf des fertigen Werks[709] oder in der bestimmungsgemäßen Benutzung des Werks[710] gesehen werden. **861**

> **Hinweis für die Fallbearbeitung:** Wird das Werk vom Besteller in Gebrauch genommen, kann dies als stillschweigende Abnahme gesehen werden. Zu beachten ist dabei aber, dass die erste feststellbare Nutzung hierfür nicht genügt. Erforderlich ist eine gewisse, von den Umständen des Einzelfalls abhängige Nutzungsdauer im normalen Gebrauch. Es reicht also nicht aus, wenn der Bauherr sein neu gebautes Haus betritt und auch Zeit darin verbringt. Für eine stillschweigende Abnahme ist vielmehr der gewollte Einzug des Bauherrn in das Haus erforderlich. Erfolgt hingegen der Bezug des neuen Hauses unter Druck, da die bisherige Wohnung bereits gekündigt war, genügt dies nicht für eine stillschweigende Abnahme.

Die für die Abnahme grundsätzlich erforderliche Anerkennung des Werks liegt bei der stillschweigenden Abnahme in dem Verhalten des Bestellers. Von diesem Verhalten muss der Unternehmer Kenntnis erlangen. Darüber hinaus muss das Verhalten des Bestellers unter Berücksichtigung der Verkehrssitte und der Grundsätze aus Treu und Glauben vom Unternehmer so ausgelegt werden dürfen, dass der Besteller die Leistung als im Wesentlichen vertragsgemäß billige. Rein interne Vorgänge beim Besteller, z.B. die Billigung des Werks gegenüber Mitarbeitern, reichen hierfür nicht aus. Es muss sich vielmehr um ein Verhalten handeln, das gerade auch für den Unternehmer den Schluss auf die Billigung des Werks durch den Besteller zulässt und zulassen soll. **862**

---

[707] BGH NJW 1970, 421, 422.
[708] BGH NJW 1963, 806.
[709] BGH NJW-RR 1996, 883, 884.
[710] BGH NJW 1974, 95, 96.

d.) Fristsetzung zur Abnahme, § 640 I S. 3 BGB

863 Der Unternehmer hat gem. § 640 I S. 3 BGB die Möglichkeit, dem Besteller eine Frist zur Abnahme zu setzen. Der erfolglose Ablauf dieser Frist steht einer Abnahme gleich. Voraussetzung für § 640 I S. 3 BGB ist, dass der Unternehmer einen Anspruch auf Abnahme durch den Besteller hat. Das heißt, er muss ein im Wesentlichen vertragsgerechtes und weitestgehend mangelfreies Werk beim Besteller abgeliefert und dem Besteller eine *angemessene* Frist *gesetzt* haben. Wann eine Frist angemessen ist, wird nach objektiven Kriterien bestimmt. Dabei sind die Interessen der Parteien zu berücksichtigen. Muss der Besteller z.B. wegen fehlender eigener Sachkunde einen Sachverständigen zur Beurteilung des Werks hinzuziehen, ist die Frist vergleichsweise länger zu bemessen. Dabei setzt eine zu kurz bemessene Frist eine angemessene Frist in Gang.

864 Ist die Frist erfolglos verstrichen, gilt das Werk als vom Besteller abgenommen. Hierbei ist jedoch zu beachten, dass eine durch Fristsetzung vorgenommene „Abnahme" durch den Unternehmer in den Rechtsfolgen regelmäßig nicht einer Abnahme durch den Besteller vollständig gleich steht. Werden nämlich nach Fristablauf Mängel am Werk durch den Besteller gerügt, muss der Unternehmer beweisen, dass er ein mangelfreies Werk abgeliefert hat. Eine erfolglos abgelaufene Frist hat also nur bei einem hinreichend mangelfreien Werk Bedeutung. Nach Fristablauf beginnt die Gewährleistungsfrist des § 634a BGB zu laufen.

e.) Fertigstellungsbescheinigung, § 641a BGB a.F.

865 Einer Abnahme stand es gem. § 641a BGB a.F. gleich, wenn ein Gutachter den abnahmefähigen Zustand des Werks feststellte. Die mit dieser Vorschrift gewünschte Beschleunigung des Zahlungsvorganges wurde nicht erreicht, die Vorschrift stellte sich zunehmend als unpraktikabel heraus, weshalb der Gesetzgeber diese abgeschafft hat.[711]

f.) Abnahmeverweigerung

866 Liefert der Unternehmer das Werk beim Besteller mangelhaft ab, ist dieser nach § 640 I BGB berechtigt, die Abnahme zu verweigern. Dabei dürfen die Mängel nicht nur „unwesentlich" sein (vgl. § 640 I S. 2). Unwesentlich ist ein Mangel, wenn es dem Besteller zumutbar ist, die Leistung als im Wesentlichen vertragsgemäße Erfüllung anzunehmen. Dies ist anhand von Art und Umfang des Mangels sowie seiner konkreten Auswirkungen nach den Umständen des Einzelfalls unter Abwägung der beiderseitigen Interessen zu beurteilen.[712] Ist die für den Besteller erforderliche Gebrauchstauglichkeit des Werks durch den Mangel beeinträchtigt, liegt in der Regel ein wesentlicher Mangel vor. Auch können mehrere Mängel einzeln betrachtet unwesentliche, zusammen aber wesentliche Mängel sein.

Beispiele:

(1) Das Schließen der Haustür ist aufgrund falscher Bemessung des Türrahmens nach dem Einbau nicht möglich. Wegen des Diebstahls- und Beschädigungsrisikos durch Dritte kann das neue Haus noch nicht bezogen werden (wesentlicher Mangel).

(2) Sämtliche Fenster sind leicht undicht. Bei einem einzigen undichten Fenster läge ein unerheblicher Mangel vor. Undichtigkeit bei allen Fenstern ist indessen ein nicht unerheblicher Mangel.

867 Verweigert der Besteller die Abnahme, obwohl keine wesentlichen Mängel am Werk vorliegen, gerät er i.S.d. § 293 BGB in Annahmeverzug. Dieser setzt die Nichtannahme der vertragsgemäß fertig gestellten und i.S.d. §§ 294 ff. BGB angebotenen Leistung voraus.

---

[711] Vgl. BT-Drs. 16/511, S. 16 re.Sp.
[712] BGH NJW 1992, 2481.

Der Besteller gerät sogleich bei Ablieferung des Werks in Annahmeverzug, ohne dass es einer Fristsetzung bedarf.

- Auch wenn der Besteller ohne eigenes Verschulden verhindert war, das Werk entgegenzunehmen, tritt der Annahmeverzug ein.
- Der Annahmeverzug kann von dem Besteller auch nicht allein dadurch vermieden werden, dass er dazu bereit ist, das Werk entgegenzunehmen; vielmehr muss er seinerseits seiner - im Synallagma zur Ablieferungspflicht des Unternehmers stehenden - Hauptleistungspflicht zur Zahlung des Werklohns nachkommen. Er muss also dem Unternehmer den Werklohn anbieten, §§ 298, 641 I BGB.

Als **Rechtsfolge** aus dem Annahmeverzug geht gem. § 644 I S. 2 BGB die **Preisgefahr** auf den **Besteller** über. Darüber hinaus kommt dem Unternehmer das **Haftungsprivileg** des § 300 I BGB zugute. **868**

- Auch kann der Unternehmer gem. § 304 BGB die Erstattung der ihm durch eine etwaige Verwahrung des Werks entstandenen Kosten verlangen.
- Besteht das abzuliefernde Werk in einer Bauleistung an Grundstücken, darf der Unternehmer gem. § 303 BGB nach vorheriger Ankündigung den Besitz aufgeben.

Kommt der Besteller darüber hinaus trotz Mahnung verschuldet seiner Hauptverpflichtung zur Abnahme des Werks nicht nach, gerät er in **Schuldnerverzug** gem. §§ 280 I, II, 286 I BGB. Dann kann der Unternehmer gem. §§ 280 I, II, 286 I BGB den **Verzögerungsschaden** bzw. ab Fälligkeit auch Zinsen gem. § 288 BGB vom Besteller verlangen. **869**

g.) Rechtsverlust durch § 640 II BGB

Kennt der Besteller bei Abnahme des Werks Mängel, stehen ihm gem. § 640 II BGB die in § 634 Nr. 1 bis 3 BGB normierten Rechte nur dann zu, wenn er sich diese bei der Abnahme vorbehält. **870**

> **Beispiel:** A weiß bei Abnahme der von B sanierten Duschkabine, dass die Fugen zwischen den Kacheln nicht hinreichend gegen Wasserschäden an den Wänden schützen. Ein Gewährleistungsanspruch i.S.d. § 634 BGB steht ihm nur dann gegen B zu, wenn er bei der Abnahme die Sanierung zwar als vertragsgerecht anerkennt, zugleich aber deutlich macht, dass er u.U. noch auf seine Gewährleistungsrechte zurückgreifen wird.

bb. Zahlung des Werklohns

Der Besteller hat darüber hinaus die **Pflicht zur Zahlung des Werklohns**. Diese Hauptleistungspflicht ist synallagmatisch zur Herstellungs- und Ablieferungspflicht des Unternehmers. Der Vergütungsanspruch des Unternehmers entsteht mit dem Vertragsabschluss. **Fällig** wird die Vergütung erst mit der Abnahme oder, wenn eine solche wegen der Beschaffenheit des Werks ausgeschlossen ist, mit der Vollendung des Werks (vgl. §§ 641, 646 BGB). Dabei tritt die Fälligkeit dann *nicht* ein, wenn im Zeitpunkt der Abnahme oder der Vollendung des Werks die Vergütung wegen der noch ausstehenden Abrechnung noch nicht feststeht (str.).[713] Die Art der Vergütung ist im Gesetz nicht geregelt. Demnach kann die Vergütung auch in einer anderen Weise als in Geld erfolgen, z.B. in Materialleistungen. Den Parteien steht es nach §§ 631 I, 632 I BGB frei, die Vergütung für die zu erbringende Werkleistung vertraglich zu bestimmen. **871**

> **Hinweis für die Fallbearbeitung:** Erforderlich für einen Werkvertrag ist jedoch, dass die vom Unternehmer zu erbringende Werkleistung auf jeden Fall *entgeltlich* er-

[713] *Soergel*, in: MüKo[3], § 641 Rn 1 m.w.N.; vgl. aber *Sprau*, in: Palandt, § 641 Rn 3.

folgen muss. Ist dies nicht der Fall, liegt vielmehr ein Auftrag oder eine Schenkung vor.

a.) Vereinbarung über die Vergütung

872 Beim Werkvertrag kann die Vergütung zunächst **ausdrücklich vereinbart** werden. Dabei kann eine ausdrückliche Vergütung - und nicht der in § 632 I BGB geregelte Fall der stillschweigenden Vereinbarung - auch dann vorliegen, wenn insoweit keine Worte gewechselt wurden. Anzunehmen ist dies insbesondere, wenn deutlich sichtbare Preislisten aushängen oder dem Besteller in sonstiger Weise bekannt ist, dass der Unternehmer nur gegen einen Werklohn den Erfolg erbringt.

Beispiel: Lässt sich B bei U die Haare schneiden, ohne dass vorher über die Vergütung gesprochen wurde, gilt der Werklohn als ausdrücklich vereinbart.

Hinweis für die Fallbearbeitung: Die Unterscheidung und Abgrenzung einer ausdrücklich vereinbarten Vergütung - ohne Wortwechsel - von einer stillschweigend vereinbarten Vergütung i.S.d. § 632 I BGB ist unter zwei Gesichtspunkten wichtig:

⇨ Zum einen bemisst sich die **Höhe** bei einer stillschweigend vereinbarten Vergütung gem. § 632 II BGB nach dem Üblichen, während die ausdrücklich vereinbarte Vergütung individuell festlegbar ist und dadurch von der üblichen abweichen kann.

⇨ Zum anderen ist die ausdrücklich vereinbarte Vergütung nach § 119 I BGB **anfechtbar**, während die nach § 632 I, II BGB geschuldete übliche Vergütung nicht anfechtbar ist. Beispiel: Hat sich B, als er seine Hemden zu U in die Reinigung bringt, in der Preisliste verlesen, steht ihm ein Recht zur Anfechtung gem. § 119 I BGB zu.

873 Fehlt eine Vereinbarung über die Vergütung, gilt sie gem. § 632 I BGB als **stillschweigend vereinbart**, „wenn die Herstellung des Werks den Umständen nach nur gegen eine Vergütung zu erwarten ist". Dabei verhindert § 632 I BGB die Unwirksamkeit des Vertrags wegen eines offenen (§ 154 BGB) oder versteckten[714] (§ 155 BGB) Einigungsmangels. Grundsätzlich würde nämlich bei einer fehlenden Einigung über den Preis - als *essentialia negotii* - der Vertrag nicht wirksam sein. § 632 I BGB stellt demgegenüber klar, dass von den Parteien eine Vergütung als gewollt anzusehen ist, es sei denn, dass diese ausdrücklich ausgeschlossen wurde. Entscheidend für eine Vergütung ist dabei die **allgemeine Verkehrsanschauung**. Dementsprechend sind die maßgeblichen Umstände abstrakt nur schwer zu beschreiben. Es kommt vielmehr auf die Würdigung des Einzelfalls an. Indizien, die für eine stillschweigend vereinbarte Vergütung sprechen, sind:

- Der Unternehmer ist gewerblich oder freiberuflich tätig und die Tätigkeit fällt in diesen Rahmen.
- Nach dem Wert des Werks und dem Zeit- oder Materialaufwand, um dieses zu erstellen, muss der Unternehmer einen Werklohn bekommen.

b.) Höhe der Vergütung

874 Hinsichtlich der Höhe der Vergütung sind die Parteien in den Grenzen der §§ 134, 138 BGB sowie §§ 305 bis 310 BGB grundsätzlich frei. Fehlt eine Vereinbarung über die Höhe der Vergütung und lässt sie sich auch nicht anderweitig bestimmen, greift die Auffangregelung des § 632 II BGB ein.

Hinweis für die Fallbearbeitung: Eine Bestimmung über die Höhe der Vergütung liegt nicht nur dann vor, wenn sie zahlenmäßig festgelegt ist; vielmehr reicht es aus,

[714] RGZ 93, 299; *Ellenberger*, in: Palandt, § 155 Rn 5.

> wenn sich aus dem Vertrag die Maßstäbe ergeben, nach denen die Vergütung zu berechnen ist.

Die nach § 632 II BGB maßgeblichen Taxen, die bei einer fehlenden Vereinbarung über die Höhe des Werklohnanspruchs zur Anwendung kommen, sind Vergütungssätze, die unter hoheitlicher Mitwirkung oder Genehmigung zustande gekommen sind.[715] 875

Beispiele: Taxen der Architekten und Ingenieure sowie im Einzelfall Rechtsanwälte (vgl. dazu Rn 835).

Kann auf keine Taxe für die Bemessung der Höhe der Vergütung zurückgegriffen werden, bestimmt sich diese gem. § 632 II BGB danach, was als Vergütung für diese Werkleistung als üblich angesehen wird. Für die Üblichkeit ist dabei entscheidend, was zum Zeitpunkt des Vertragsschlusses nach allgemeiner Auffassung der beteiligten Kreise am Ort der Werkleistung für eine Werkleistung dieser Art zu zahlen ist.[716] 876

c.) Fälligkeit der Vergütung, § 641 BGB

aa.) Grundlagen

Der Vergütungsanspruch des Unternehmers entsteht mit dem Vertragsabschluss. Fällig wird die Vergütung mit der Abnahme des Werks i.S.d. § 641 I S. 1 BGB oder mit Eintritt eines der Abnahmesurrogate i.S.d. § 640 I S. 3 BGB. Liefert also der Unternehmer das fertige Werk beim Besteller ab, hat dieser Zug um Zug das Werk abzunehmen und den Werklohn zu zahlen. Dabei fällt die Zahlungsverpflichtung zeitlich zusammen mit der Verpflichtung zur Abnahme. Es ist jedoch zu beachten, dass die Fälligkeit des Werklohns nicht zwingend von der Abnahme abhängt. Die Fälligkeit ist nach § 271 BGB zu bestimmen und ergibt sich demnach vorrangig aus der Vereinbarung zwischen den Parteien. Den Vertragspartnern steht es also frei, eine andere Fälligkeitsregelung als die des § 641 I BGB zu treffen. Sofern solche Abreden in AGB getroffen werden, verstoßen sie jedoch gegen § 307 BGB, wenn sie die Fälligkeit des Werklohns für längere Zeit hinausschieben, ohne dem Unternehmer hierfür einen angemessenen Ausgleich zu gewähren.[717] 877

Beispiele:

(1) Die Parteien können vereinbaren, dass die Fälligkeit der Werklohnzahlung erst bei Abnahme eines gänzlich mangelfreien Werks eintritt. Dadurch wird die Zahlungsverpflichtung des Bestellers bis zur Beseitigung des letzten Mangels hinausgeschoben.

(2) Die Parteien können auch konkludent eine Vereinbarung über die Fälligkeit getroffen haben. So verhält es sich beim Erwerb von Fahrkarten oder Eintrittskarten. Den Besteller trifft in diesen Fällen eine Vorleistungspflicht.

bb.) Vorliegen einer prüfbaren Rechnung

Entgegen der Rspr.[718] ist mit der h.L. stets davon auszugehen, dass für die Fälligkeit der Werklohnzahlung neben der Abnahme eine prüfbare Rechnung vorliegen muss.[719] Dies ist deshalb erforderlich, weil eine Zahlungspflicht, soweit die Vergütungshöhe nicht auf einen bestimmten Gesamtbetrag vertraglich vereinbart ist, erst dann fällig sein kann, wenn dem Besteller eine prüffähige Rechnung vorliegt. 878

---

[715] *Glanzmann*, in: RGRK, § 632 Rn 16.
[716] BGH BB 1969, 1413.
[717] BGHZ 136, 27, 30.
[718] BGHZ 79, 176, 176; OLG Celle MDR 1998, 1476.
[719] *Grimme*, in: NJW 1987, 468, 473.

cc.) Berechtigte und unberechtigte Abnahmeverweigerung

879 Verweigert der Besteller die Abnahme des Werks, ist zwischen der berechtigten und der unberechtigten Abnahmeverweigerung zu unterscheiden:

- Liegen **wesentliche** Mängel am Werk vor, ist der Besteller nach § 640 I S. 2 BGB **berechtigt**, die Abnahme zu verweigern. In diesem Fall wird der Vergütungsanspruch des Unternehmers nicht fällig.
- Liegen hingegen nur **unwesentliche** Mängel vor, ist der Besteller **nicht** dazu **berechtigt**, die Abnahme zu verweigern. Hat der Unternehmer das Werk also vertraglich fertig gestellt und ggf. auch abgeliefert und weigert sich der Besteller nach Ablauf der Frist (vgl. § 640 I S. 3 BGB), das Werk abzunehmen, wird die Werklohnforderung gleichwohl fällig. Der Besteller kann dann aber sein Recht aus § 641 III BGB geltend machen. Weigert sich der Besteller ausdrücklich, ist die Frist für den Eintritt der Fälligkeit entbehrlich.

dd.) Besteller verursacht Unmöglichkeit der Abnahmefähigkeit des Werks

880 Macht es der Besteller dem Unternehmer durch grundlose Verweigerung seiner Mitwirkung unmöglich, das Werk in einen abnahmefähigen Zustand zu versetzen, wird die Werklohnforderung des Unternehmers trotz fehlender Abnahme fällig.

ee.) Werkherstellung für einen Dritten

881 Besondere Probleme entstehen dann, wenn eine Leistungskette entsteht, bei der der Unternehmer weitere Subunternehmer zur Erstellung des dem Besteller versprochenen Werks einsetzt.[720]

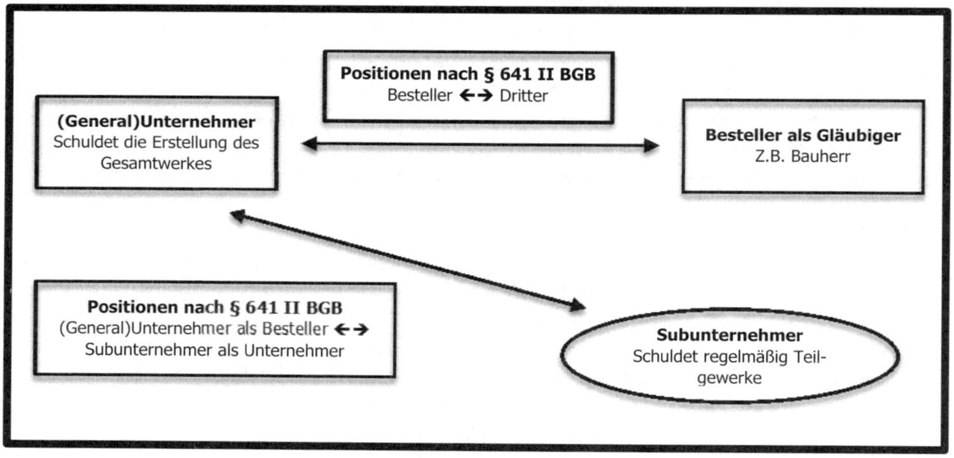

In dieser Konstellation ist Vertragspartner des Bestellers nur der Unternehmer, der als direkter Vertragspartner vielfach als ein Generalunternehmer handelt; mit § 641 II S. 1 BGB soll durch die Durchgriffsfälligkeit gewährleistet werden, dass ein monetärer und partiell rechtlicher Gleichlauf zwischen dem Unternehmer und seinem Subunternehmer bei der Fälligkeit der Vergütungen erreicht wird, ohne dass sich der Generalunternehmer gegenüber seinem Subunternehmer über eine Bezugnahme auf rechtliche Positionen - wie z.B. Leistungsverweigerungsrecht bei Mängeln usw. - eine Zahlung oder Teilzahlung verweigern bzw. sich ihnen entziehen könnte.[721] Die Fälligkeit der Vergütung des Subun-

---

[720] Ähnlich *Huber*, JuS 2009, 23, 24.
[721] BT-Drs. 14/1246, S. 7 re.Sp.

ternehmers wird insoweit partiell von der Voraussetzung der Abnahme des Werks gelöst (str.).[722]

Die Fälligkeit des Werklohnanspruches des Subunternehmers gegenüber dem Unternehmer tritt ein:

- wenn nach § 641 II S. 1 Nr. 1 BGB der Unternehmer vom Besteller als (General) Unternehmer seine Vergütung oder einen Teil der Vergütung erhält, wobei gerade bei Teilzahlungen des Dritten an den (General)Unternehmer diese Zahlungen dem Werk des Subunternehmers vertraglich und inhaltlich zuzuordnen sein müssen,
- wenn nach § 641 II S. 1 Nr. 2 BGB das Werk vom Besteller i.S.d. § 640 I S. 1 BGB abgenommen wurde oder als abgenommen i.S.d. § 640 I S. 3 BGB gilt,
- wenn nach § 641 II S. 1 Nr. 3 BGB der Subunternehmer dem (General)Unternehmer als Besteller erfolglos eine angemessene Frist zur Auskunft über die in § 641 II S. 1 Nr. 1 und 2 bezeichneten Umstände bestimmt hat.
  Mit diesem Auffangtatbestand soll dem Subunternehmer zunächst die Möglichkeit gegeben werden, an die notwendigen Informationen zu kommen, um eine ggf. auch gerichtliche Durchsetzung nach § 641 II S. 1 Nr. 1 oder Nr. 2 BGB zu erreichen;[723] erst wenn keine Auskunft durch den Vertragspartner in Form des (General)Unternehmers erteilt wird, wird der Anspruch des Subunternehmers gesetzlich fällig. Die Bestimmung der Angemessenheit richtet sich dabei nach den allgemeinen Grundsätzen.[724]

Hat allerdings der Besteller den Unternehmer nur gegen die Leistung einer Sicherheit vergütet, kann auch der Subunternehmer vom Unternehmer gem. § 641 II S. 2 BGB die Vergütung nur gegen eine Sicherheitsleistung in entsprechender Höhe verlangen.

ff.) Teilabnahme

Ist eine **Teilabnahme** zwischen den Parteien vereinbart, ändert dies grundsätzlich nichts daran, dass die Werklohnforderung erst bei Abnahme des Gesamtwerks fällig wird. Liegt allerdings auch eine Vereinbarung der Parteien vor, dass die abgenommenen Teile des Werks auch zu diesen Teilen direkt vergütet werden sollen, wird nach § 641 I S. 2 BGB diese **Teilvergütung** jeweils mit der Abnahme des entsprechenden Teils fällig. **882**

gg.) Treu und Glauben

Auch aus den Grundsätzen von Treu und Glauben kann ein Anspruch des Unternehmers auf Teilvergütung vor Abnahme des Gesamtwerks fällig werden. Dies ist der Fall, wenn sich die Vermögensverhältnisse des Bestellers nach Vertragsschluss so drastisch verschlechtern, dass der Werklohnanspruch des Unternehmers gefährdet ist. Voraussetzung für einen nicht vereinbarten Teilvergütungsanspruch vor Abnahme aus § 242 BGB ist zunächst, dass die bereits vom Unternehmer erbrachte Leistung teilabnahmefähig, mängelfrei und für den Besteller auch als Teilleistung von Nutzen ist. Darüber hinaus dürfen für die Gesamtvergütung des Unternehmers vom Besteller keine hinreichenden Sicherheiten vorliegen. **883**

---

[722] BT-Drs. 16/511, S. 16 li.Sp. Vgl. auch *Sprau*, in: Palandt, § 641 Rn 7 m.w.N.
[723] BT-Drs. 16/511, S. 16 li.Sp.
[724] Vgl. dazu *R. Schmidt*, SchuldR AT, Rn 721.

hh.) Verzinsung

884 Gemäß § 641 IV Halbs. 1 BGB ist die dem Unternehmer geschuldete Vergütung ab Abnahme vom Besteller zu verzinsen. Diese Zinspflicht entfällt jedoch bei Stundung der Vergütung, d.h., wenn die Parteien den Zeitpunkt der Fälligkeit der Forderung vertraglich hinausgeschoben haben (vgl. § 641 IV Halbs. 2 BGB).

d.) Vergütung des Kostenvoranschlags, § 632 III BGB

885 Nach § 632 III BGB ist „ein Kostenvoranschlag im Zweifel nicht zu vergüten."

886 Die „Beauftragung" der Erstellung eines **Kostenvoranschlags** soll nur dazu dienen, die veranschlagte Kostenhöhe der zu erbringenden Werkleistung zu erfahren, sie an Konkurrenzangeboten zu messen und insbesondere in den typischen Fällen der erstrebten Instandsetzung technischer Geräte den Nutzen der Reparatur durch einen Vergleich der Kostenhöhe mit dem Zeitwert des Geräts zuverlässig einschätzen zu können.[725]

887 Vor diesem Hintergrund ist in § 632 III BGB geregelt, dass ein Kostenvoranschlag **unentgeltlich** ist, solange der Werkunternehmer nicht beweist, dass er sich mit dem Besteller über die Vergütungspflicht einig geworden ist. Für ein Einigsein reicht es dabei **nicht** aus, wenn der Unternehmer z.B. eine Klausel über Vergütungspflicht in seine den Reparaturauftrag ergänzenden **Allgemeinen Geschäftsbedingungen** einstellt. Vielmehr ist er gehalten, mit dem Besteller eine diesen Werkvertrag hinsichtlich der Erstellung und Vergütung des Kostenvoranschlags ausmachende Vereinbarung zu treffen.[726]

e.) Abschlagszahlungen, § 632a BGB

888 Grundsätzlich ist der Unternehmer gegenüber dem Besteller vorleistungspflichtig, er hat mithin das Werk vorzufinanzieren. Bei vielen Werkverträgen spielt dieser Umstand wegen der geringeren Höhe der Werkleistung und/oder des kurzen Zeitraums keine Rolle; es werden aber auch Werkverträge abgeschlossen, bei denen die zeitlichen und/oder finanziellen Möglichkeiten des Unternehmers überschritten werden. Daher hat der Gesetzgeber gem. § 632a I BGB die Möglichkeit der Abschlagszahlung vorgesehen.[727] Grundsätzlich kann der Unternehmer nach § 632a I S. 1 BGB für bereits erbrachte Teilleistungen in der Höhe Abschlagszahlungen verlangen, wie eine vertragsgemäße Leistung zu einem Wertzuwachs bei dem Besteller durch die Leistung geführt hat.

Bei einem Bauwerk wird regelmäßig bereits durch den Einbau der Materialien i.S.d. §§ 946 ff. BGB ein solcher Wertzuwachs durch den Besteller erzielt.[728] Allerdings sind auch andere Wertzuwächse denkbar, ohne dass bereits Eigentumsübergänge vorliegen, wie dies z.B. bei der Erstellung von Gutachterwerkverträgen der Fall sein kann; dort können bereits ausformulierte Teilgutachten zu dem geforderten Wertzuwachs führen, ohne dass bereits ein Eigentumserwerb erfolgte. Bei Bauträgerverträgen ist allerdings zudem § 632a II BGB zu beachten.

888a Obwohl § 632a BGB die Fälligkeit von bestimmten Teilleistungen abhängig macht, liegt keine abschließende Vergütung für einzelne Teile des Werks, sondern vielmehr eine Anzahlung auf die Vergütung des **Gesamtwerks** vor.[729] Wegen des vorläufigen Charakters dieser Zahlungen bleiben die Haftung und Gewährleistung des Unternehmers unbeeinflusst. Abschlagszahlungen werden demnach nicht als Teilabnahme gewertet. Bei der Schlussabrechnung werden die Abschlagszahlungen vom Unternehmer ausgeglichen,

---

[725] BT-Drs. 14/6040, S. 260.
[726] BGH NJW 1982, 765, 766.
[727] Siehe hierzu auch BT-Drs. 16/9787, S. 1.
[728] Vgl. BT-Drs. 16/9787, S. 18 re.Sp.; *Huber*, JuS 2009, 23, 24.
[729] BGH NJW 1999, 2113, 2114.

dem Besteller steht dann ein Anspruch auf Rückzahlung eventuell vorhandener Überschüsse zu.[730]

Abschlagszahlungen setzen erbrachte **Leistungen des Unternehmers** voraus. Dabei müssen i.S.d. § 632a I S. 2 BGB diese Leistungen **vertragsgemäß**, d.h., sie müssen nach dem Vertrag geschuldet und im Wesentlichen[731] mängelfrei sein, wodurch ein Gleichlauf mit § 640 I S. 2 BGB erreicht wird.[732] Im Umkehrschluss ist entsprechend der eindeutigen gesetzgeberischen Intention eine Abschlagszahlung nicht zu leisten, wenn das Werk wesentliche Mängel enthält.[733] Liegt ein unwesentlicher Mangel vor - kann also der Unternehmer eine Abschlagszahlung verlangen - hat der Besteller allerdings ein Zurückbehaltungsrecht nach §§ 632a I S. 3, 641 III BGB. Darüber hinaus muss beim Unternehmer die Absicht bestehen, das Gesamtwerk zu Ende zu führen. 889

Als weitere Voraussetzung für das Verlangen von Abschlagszahlungen muss gem. § 632a S. 3 BGB für den Besteller **Eigentum** an dem Teilwerk oder den Stoffen und Bauteilen bestehen. Dabei setzt § 632a S. 3 BGB vom Wortlaut her eine Übertragung des Eigentums gem. §§ 929 ff. BGB voraus. Es genügt jedoch auch ein Eigentumserwerb nach §§ 946 ff. BGB im Rahmen der bestimmungsgemäßen Herstellung des Werks, z.B. durch einen Einbau. Erwirbt der Besteller *kein* Eigentum an den Teilleistungen oder den Stoffen und Bauteilen, kann der Unternehmer gem. § 632a S. 3 BGB dem Besteller Sicherheitsleistungen in Höhe der Abschlagszahlung gewähren. Dies erfolgt in der Regel durch eine Bankbürgschaft (vgl. § 232 II BGB). Die Sicherheit ist zurückzugeben, sobald der Besteller Eigentum erwirbt, spätestens jedoch bei Fälligkeit des Werklohns. 890

f.) Vorauszahlungen

Abzugrenzen von den Abschlagszahlungen sind die Vorauszahlungen. Vorauszahlungen sind solche Zahlungen, die wirtschaftlich durch entsprechende Leistungen des Unternehmers noch nicht abgedeckt sind, während Abschlagszahlungen ihnen wertmäßig entsprechende Leistungen des Unternehmers voraussetzen.[734] Durch Vorauszahlungen wird also das Risiko der Insolvenz des Bestellers für den Unternehmer zulasten des Bestellers umgekehrt. Diese Zahlungen kann der Unternehmer vom Besteller nur dann verlangen, wenn sie vertraglich vereinbart sind. Eine solche Vereinbarung über die Vorauszahlung kann allerdings sittenwidrig sein, wenn die Zahlung besonders hoch ist und dem Besteller jegliche Sicherheiten für eine vertragsgemäße Verwendung der Gelder fehlen. 891

b. Neben(leistungs)pflichten des Bestellers

Für den Besteller bestehen Nebenleistungen i.S.d. § 241 II BGB, die er gegenüber dem Unternehmer zu wahren hat. Im Einzelnen bestehen für den Besteller die Pflicht zu **Mitwirkungshandlungen** sowie **Aufklärung-, Obhuts-** und **Sicherungspflichten**. 892

aa. Mitwirkungspflichten, § 642 BGB

Dem Besteller obliegt es zunächst, bei der Werkherstellung mitzuwirken, wenn seine Mitwirkung erforderlich ist, um dem Unternehmer die Herstellung des Werks zu ermögli- 893

---

[730] BGHZ 140, 365, 374.

[731] Zu Summierungseffekten bei Mängeln *Pauly*, ZGS 2009, 347, 348 m.w.N: Durch den weiteren mangelfreien Baufortschritt können zuvor wesentliche Mängel innerhalb eines Baufortschrittes zu unwesentlichen Mängeln werden, sodass eine Abschlagsforderung nachträglich erwächst; gleichfalls können zuvor unwesentliche Mängel durch weitere zusätzlich entstehende Mängel in weiteren Baufortschritten wesentlich werden, wodurch eine Abschlagsforderung nachträglich untergeht.

[732] Vgl. BT-Drs. 16/511, S. 14 re.Sp.

[733] Vgl. BT-Drs. 16/511, S. 14 re.Sp.; *Pauly*, ZGS 2009, 347; a.A. *Leinemann*, NJW 2008, 3747, der einen um den Druckzuschlag i.S.d. § 641 III BGB reduzierten Abschlag fordert.

[734] BGH NJW 1992, 1107, 1108.

chen (vgl. §§ 642, 643 BGB). Der Besteller muss z.B. dem Unternehmer das Werk beschreiben, ihm geistige Vorarbeiten eines Planenden wie Zeichnungen und zuverlässige Unterlagen zukommen lassen und ihm den Raum oder das Grundstück, auf dem das Werk vom Unternehmer geschaffen werden soll, aufnahmebereit zur Verfügung stellen.

Beispiele:

(1) Besteller B muss dem Unternehmer U gestatten, dass dieser sein Grundstück betritt, wenn B dort ein Haus gebaut haben will. Auch muss er U mitteilen, wo genau dieses Haus errichtet werden soll.

(2) Der Besteller B will sich vom Unternehmer U neue Software auf seine Firmencomputer installieren lassen. Hierbei hat er die Mitwirkungspflicht, dem Unternehmer die erforderlichen Vorgaben und Daten zu liefern und ihm insbesondere ein Pflichtenheft zu erstellen, das seine Vorstellungen von der neuen Software beinhaltet.

Hinweis für die Fallbearbeitung: Die Verpflichtung des Bestellers zur Mitwirkung bezieht sich nur auf solche Maßnahmen, die erforderlich sind, um den Unternehmer in die Lage zu versetzen, die von ihm vertraglich übernommene Herstellung des Werks zu bewirken. Der Besteller muss hingegen nicht die Tätigkeit des Unternehmers bei Werkherstellung beaufsichtigen.

894 Die Mitwirkung ist grundsätzlich eine bloße **Gläubiger*obliegenheit***.[735] Der Besteller kann also zur Erfüllung solcher Mitwirkungshandlungen nicht gezwungen werden. Erklärt der Unternehmer aber seine Leistungsbereitschaft und fordert er den Besteller erfolglos zur Mitwirkung auf, führt dies zum Annahmeverzug nach §§ 293 ff. BGB.

895 Unterlässt der Besteller seine Mitwirkungshandlung, obwohl er vom Unternehmer dazu aufgefordert wurde, billigt § 642 I BGB dem Unternehmer für den Fall des Annahmeverzugs eine **angemessene Entschädigung** zu. Dieser dem Werkvertrag eigene Anspruch soll dem Unternehmer dazu verhelfen, eine angemessene Entschädigung für das Bereithalten seiner wirtschaftlichen Kraft zu verlangen. Während nach den allgemeinen Vorschriften der Schuldner beim Annahmeverzug des Gläubigers lediglich den Ersatz von Mehraufwendungen erhält (vgl. dazu § 304 BGB) verleiht § 642 BGB dem Unternehmer beim Werkvertrag eine bessere Rechtsstellung. Dem Unternehmer steht mit § 642 BGB nämlich ein Anspruch auf Entschädigung zu, der vom Verschulden des Bestellers unabhängig ist. Die Höhe dieses Anspruchs ist unter Berücksichtigung der Dauer des Verzugs und der Höhe der Vergütung, aber auch unter dem Umstand zu ermitteln, was der Unternehmer infolge des Verzugs an Aufwendungen erspart hat oder durch anderweitige Verwendung seiner Arbeitskraft erwerben kann.

896 Auch hat der Unternehmer nach § 643 BGB bei unterlassener Mitwirkung des Bestellers das Recht, nach **Fristsetzung** und **Kündigungsandrohung** den Vertrag zu beenden. Voraussetzungen für die **Vertragsaufhebung** nach § 643 BGB sind der Annahmeverzug des Bestellers gem. § 642 und eine Erklärung des Unternehmers i.S.d. § 643 S. 1 BGB. Dabei muss die Erklärung dem Besteller eine angemessene Frist setzen und erkennen lassen, dass bei Untätigbleiben des Bestellers die Aufhebung des Vertrags für die Zukunft nur noch vom Ablauf dieser Frist abhängt.

897 Haben die Parteien hingegen eine Mitwirkungspflicht des Bestellers **vertraglich** vereinbart, wird diese zu einer **echten Mitwirkungsverpflichtung** und bleibt keine Obliegenheit. Unterlässt der Besteller eine solche vertraglich vereinbarte Mitwirkung, tritt bei ordnungsgemäßer Mahnung und bei schuldhaftem Verhalten des Bestellers Schuldner-

---

[735] BGHZ 50, 175.

verzug ein. Als Folge hiervon *können* dem Unternehmer u.U. ein Schadensersatzanspruch statt der Leistung gem. §§ 280 I u. III, 281 BGB und ein Anspruch auf Ersatz des Verzögerungsschadens gem. §§ 280 I u. II, 286 BGB entstehen.

bb. Aufklärungspflichten

Der Besteller hat darüber hinaus die Pflicht zur Aufklärung und Beratung. Sind dem Be- **898**
steller also Umstände bekannt, die eine Werkherstellung behindern oder beim Werk Mängel verursachen könnten, ist er zur Unterrichtung des Unternehmers verpflichtet, wenn dieser die Umstände nicht kennt und auch nur schwer erkennen kann.[736]

cc. Obhuts-, Sicherungs- und Schutzpflichten

Darüber hinaus hat der Besteller eine Obhutsverpflichtung hinsichtlich der Person und **899**
der Arbeitsgeräte des Unternehmers. Der Besteller hat die Räume und Grundstücke, auf denen der Unternehmer sein Werk herstellen soll, so zu beschaffen, dass eine Gefahr für das Leben oder die Gesundheit eines Unternehmers nicht entsteht. Diese Verpflichtung bezieht sich auch auf dem Unternehmer nahestehende Dritte. Auch muss der Besteller den Unternehmer warnen, wenn der Unternehmer selbst oder dessen Arbeitsgeräte gefährdet sind.

> **Beispiele:** Es besteht die Gefahr, dass die Maschinen in der Baugrube durch Grundwasser überflutet werden.

Verletzt der Besteller eine dieser Nebenpflichten schuldhaft, können dem Unternehmer Schadensersatzansprüche gem. §§ 280 ff., 241 II BGB daraus erwachsen.

VIII. Gewährleistungsrecht im Werkvertrag

1. Einleitung

Wie beim Kaufrecht ist der Unternehmer auch beim Werkvertrag gem. § 633 I BGB ver- **900**
pflichtet, dem Besteller das Werk **frei von Sach- und Rechtsmängeln** zu verschaffen. Kommt er dieser synallagmatischen Hauptleistungspflicht nicht nach, regelt das Werkgewährleistungsrecht die einzelnen Rechte, die dem Besteller daraus erwachsen können. Das Gesetz geht parallel zu §§ 434 ff. BGB methodisch in den §§ 633 bis 638 BGB vor.

Sofern das **Werk einen Mangel** im Sinn des § 633 BGB aufweist, können dem **Bestel- 901**
ler die nachfolgenden **Rechte** zustehen:

- §§ 634 Nr. 1, 635 BGB: vorrangiger Anspruch auf Nacherfüllung
- §§ 634 Nr. 2, 637 BGB: <u>bei Nichtvornahme der Nacherfüllung</u> durch den Unternehmer nach Ablauf einer Frist: Selbstvornahme durch den Besteller und Aufwendungsersatzanspruch,
- §§ 634 Nr. 3, 636, 323, 326 V BGB: Rücktritt vom Vertrag
- **oder** wahlweise §§ 634 Nr. 3, 638 BGB: Minderung der Vergütung
- **und** §§ 634 Nr. 4, 636, 280 ff., 311a II BGB: Schadensersatz nach den Vorschriften des allgemeinen Leistungsstörungsrechts
- **oder** wahlweise §§ 634 Nr. 4, 284 BGB: Aufwendungsersatz.

[736] BGH VersR 1964, 238.

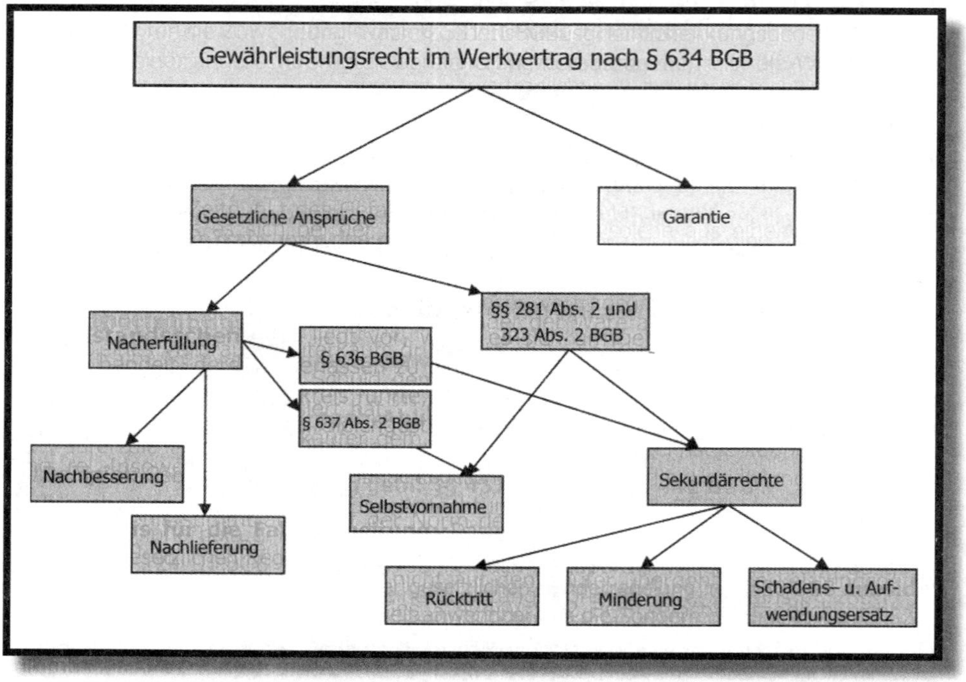

902 Durch die Verweisungen in §§ 634 ff. BGB auf die Vorschriften der §§ 280 ff., 311a II BGB und §§ 323 ff. BGB wird das Werkrecht wie auch das Kaufrecht mit dem allgemeinen Leistungsstörungsrecht verknüpft.[737] Damit werden z.B. die Voraussetzungen eines Schadensersatzanspruchs durch ein Zusammenspiel des besonderen und allgemeinen Leistungsstörungsrechts gebildet. Das Erfordernis eines Sach- oder Rechtsmangels in den jeweiligen Gewährleistungsvorschriften werden als Unterfall einer Pflichtverletzung im Sinn des § 280 I BGB normiert, während sich das Verschuldenserfordernis im Allgemeinen Schuldrecht nach §§ 280 I S. 2, 276 BGB und die Verjährung wiederum im Gewährleistungsrecht finden.

903 Dabei gehen das Kauf- und Werkrecht nahezu identisch vor. Dennoch gibt es zwischen den beiden Typenverträgen signifikante Unterschiede, die dadurch begründet sind, dass der Vertragszweck und die Vertragsmodalitäten z.T. andere Herangehensweisen erfordern.

2. Sach- und Rechtsmangel, § 633 BGB

a. Überblick

904 Wie im Kaufrecht auch, hat sich der Gesetzgeber dazu entschieden, primär auf den subjektiven Fehlerbegriff abzustellen. Dieser spiegelt sich in der Vereinbarung einer Beschaffenheit nach §§ 633 II S. 1 u. S. 2 Nr. 1 BGB wider. Erst wenn eine derartige Vereinbarung nicht getroffen wurde, ist auf den objektiven Fehlerbegriff zurückzugreifen, der in § 633 II S. 2 Nr. 2 BGB Eingang gefunden hat. Dem werden nunmehr nach § 633 II S. 3 BGB das aliud und die Mankoleistung gleichgestellt.

[737] Hierzu allgemein *R. Schmidt*, SchuldR AT, Rn 363 ff.; vgl. auch *Zimmer*, NJW 2002, 1 ff.

Ausgangspunkt für die Rechte des Bestellers ist § 634 BGB, der auf die jeweiligen Rechte verweist. Dem in diesem Sinn unterstellten Mangelbegriff unterfällt auch der **Rechtsmangel** nach § 633 III BGB, wodurch das Gewährleistungsrecht der §§ 634 ff. BGB auch auf den Rechtsmangel direkte Anwendung findet. 905

b. Sachmangel

aa. Subjektiver Fehlerbegriff

a.) Beschaffenheitsvereinbarung

Gemäß § 633 II S. 1 BGB liegt nach dem subjektiven Fehlerbegriff ein Sachmangel vor, wenn die **vereinbarte** Soll-Beschaffenheit von der Ist-Beschaffenheit negativ abweicht. 906

> **Hinweis für die Fallbearbeitung:** Wie im Kaufrecht ist auch beim Werkvertragsrecht explizit darauf hinzuweisen, dass der subjektive Fehlerbegriff primär zu prüfen ist; erst wenn eine Beschaffenheitsvereinbarung nicht vereinbart wurde, kann auf den objektiven Fehlerbegriff zurückgegriffen werden. Der subjektive geht demnach dem objektiven Fehlerbegriff vor.

Dabei ist primär auf die konkreten *ausdrücklichen* oder grundsätzlich auch *konkludenten* vertraglichen Vereinbarungen der Vertragsparteien abzustellen. Bei einer konkludenten Vereinbarung ist die Beschaffenheit aus der Gesamtheit der vertraglichen Abreden zu ermitteln. Bei einer derartigen Auslegung ist mit einzubeziehen, ob der Besteller ein besonderes Interesse an einer bestimmten Beschaffenheit hatte oder welche Funktion das Werk nach dem Willen der Vertragsparteien erfüllen soll.[738] Ein besonderer Einstandswille ist allerdings auch beim Werkvertrag nicht erforderlich. 907

Als **Beschaffenheit** sind die dem Werk anhaftenden Eigenschaften zu verstehen, wobei - wie im Kaufrecht auch - die äußeren Umstände, denen das Werk zwangsläufig unterliegt, mit einzubeziehen sind; ebenfalls werden alle die Faktoren erfasst, die sich auf die Verwendbarkeit des Werks in irgendeiner Weise auswirken können. 908

Vielfach wird zwischen dem Unternehmer und dem Besteller eine so genannte **Leistungsbeschreibung** vorgenommen, in der sie genau festlegen, in welcher Art und Weise das Werk konkret beschaffen zu sein hat, wobei der Unternehmer sich an diese zu halten und das Werk danach auszugestalten hat. 909

Beispiele:

(1) Unternehmer und Besteller legen detailliert die Wanddicke, die Heizungsart und weitere Details des Hauses fest.

(2) Der Künstler soll eine mit dem Boden verbundene Statue auf dem Grundstück des Bestellers errichten. In der Leistungsbeschreibung legen sie nicht nur das Motiv fest, sondern auch die auszuwählenden Farben und die Kunstrichtung.

Ist die Beschaffenheit dann nicht wie vereinbart, liegt ein Sachmangel vor und zwar unbeschadet der Frage, ob dadurch auch die Gebrauchstauglichkeit des Werks gemindert ist oder nicht. Genauso ist es in diesem Fall unbeachtlich, ob das Werk gleichwohl dem Stand der Technik entspricht. Denn der Werkunternehmer hat seine Pflicht *nicht* schon dann erfüllt, wenn das Werk nur den Regeln der Technik entspricht, ohne dabei aber die vertragsgemäße Beschaffenheit erreicht zu haben. Aufgrund des subjektiven 910

---

[738] Vgl. BGH ZGS 2008, 68, 69.

Fehlerbegriffs kann demzufolge auch dann ein mangelhaftes Werk vorliegen, wenn es objektiv mängelfrei ist, aber nicht dem vereinbarten Soll entspricht.

> **Hinweis für die Fallbearbeitung:** Damit dieses Ergebnis unmissverständlich aus § 633 BGB hervorgeht, hat der Gesetzgeber ausdrücklich davon abgesehen, eine Verpflichtung des Unternehmers zur Einhaltung der anerkannten Regeln der Technik zu normieren.[739]

911 Ist allerdings der Vertrag **formbedürftig**, muss sich dieser Umstand auch auf die Beschaffenheitsvereinbarung auswirken; diese ist dann formgültig in den Vertrag expressis verbis aufzunehmen. Ist dies nicht geschehen, kann die Beschaffenheitsvereinbarung dennoch aus den im Vertrag schriftlich festgeschriebenen Vertragsklauseln durch Auslegung ermittelt werden. Ein Rückgriff auf konkludentes Handeln oder mündliche Aussagen ist hingegen nicht möglich.

b.) Nach dem Vertrag vorausgesetzte Eignung

912 Wurde eine Beschaffenheitsvereinbarung nicht getroffen, kommt es gem. § 633 II S. 2 Nr. 1 BGB darauf an, ob das Werk die nach dem Vertrag vorausgesetzte Eignung hat.

913 Gemäß § 633 II S. 2 Nr. 1 BGB liegt danach ein Sachmangel vor, wenn die nach dem **Vertrag vorausgesetzte** *Soll*-Beschaffenheit von der *Ist*-Beschaffenheit negativ abweicht.

914 Hierbei bleiben aber einseitige Vorstellungen des Bestellers genauso unbeachtlich wie solche, gegen die sich der Unternehmer ausdrücklich verwahrt hat.

Auch hierbei sind also die subjektiven Vorstellungen der Parteien maßgeblich. Erst wenn sich bei der Prüfung dieser Kriterien kein Mangel feststellen lässt, ist der objektive Fehlerbegriff zu bemühen.

> **Hinweis für die Fallbearbeitung:** Soweit der Unternehmer dem Besteller eine Eigenschaft gesondert versprochen bzw. zugesichert hat und das Werk diese Eigenschaft nicht besitzt, folgt die Anwendung des Gewährleistungsrechts aufgrund eines Fehlers gem. § 633 II S. 1 BGB (subjektiver Fehlerbegriff), während die Zusicherung erst bei der Frage des Verschuldensmaßstabes für den Unternehmer und beim Haftungsausschluss relevant wird.

bb. Objektiver Fehlerbegriff

915 Das Werk ist gem. § 633 II S. 2 Nr. 2 BGB frei von (**objektiven**) Mängeln, wenn es sich für die **gewöhnliche Verwendung** eignet sowie eine Beschaffenheit aufweist, die bei Werken der **gleichen Art üblich** ist und die der Besteller nach der Art des Werks **erwarten** konnte.

916 Es ist damit - anders als im Fall des § 633 II S. 2 Nr. 1 BGB - erforderlich, dass die **Eignung** zur Verwendung ***und*** die **übliche Beschaffenheit** kumulativ vorliegen. Dabei erläutert das Merkmal der „üblichen Beschaffenheit" allerdings nur, was unter den Voraussetzungen für eine gewöhnliche Verwendung zu verstehen ist[740]; die Einbeziehung dieses unselbstständigen Merkmals erfolgte damit lediglich zur Klarstellung. Auch wurde

---

[739] BT-Drs. 14/6040, S. 261; vgl. auch *Schmidt-Räntsch*, Rn 978.
[740] *Haas*, BB 2001, 1313, 1314.

diese Formulierung gewählt, um dem Missverständnis vorzubeugen, dass der werkvertragliche Sachmangelbegriff inhaltlich vom kaufrechtlichen divergiert.[741]

Zur Bestimmung der Soll-Beschaffenheit kann entgegen der Bestimmung des subjektiven Fehlers auf die anerkannten Regeln der Technik zurückgegriffen werden. Das Werk muss demnach zumindest den Mindeststandards genügen. Dies gilt selbst dann, wenn für derartige Werke Einschränkungen üblich sind. Gleiches gilt, wenn ein besonders günstiger Preis vereinbart wurde oder andere Umstände vorliegen, die den Besteller an der Einhaltung dieser Mindeststandards zweifeln lassen müssten; auch dann führt die Verletzung zu einem Sachmangel. **917**

Beispiele:

(1) *Optische* und *geschmackliche* Abweichung vom Soll-Zustand begründen einen Sachmangel, soweit diese jeweiligen Abweichungen nach der Art des Werks relevant sind.

(2) Minderwertige Werke liegen dann vor, wenn eine Dehnungsfuge oder die Wärmedämmung fehlen. Gleiches gilt, wenn ungeeignetes Baumaterial benutzt wird.

Wie im Kaufrecht auch, reicht für die Annahme eines Sachmangels bei einem Werkvertrag der **Gefahrenverdacht**, wenn durch nachweislich vorhandene Risikomomente ein solcher Verdacht begründet erhärtet wurde. **918**

Wenn der Unternehmer **Subunternehmer** beauftragt, hat er für deren Fehler nach §§ 276, 278 BGB im vollen Umfang einzustehen; die Abweichung von der Normalbeschaffenheit ist also dem Generalunternehmer zuzurechnen. **919**

cc. Aliud und Mankoleistung

Gemäß § 633 II S. 3 BGB sind nunmehr auch ein **falsches Werk (*aliud*)** oder eine **zu geringe Menge** des Werks als mangelhaftes Werk zu betrachten. Diese Vorschrift entspricht der des Kaufvertrags. Die Bedeutung dieses Mangelbegriffs ist beim Werkvertrag - im Gegensatz zum Kaufrecht - vergleichsweise gering. Denn eine Falsch- oder Zuwenigleistung ist bei einer individualisierten Werkleistung (Bau einer Garage; Reparatur einer zerbeulten Stoßstange) wohl generell nicht zu erwarten. Hinzu kommt, dass die Herstellung *beweglicher* Sachen gem. § 651 BGB nunmehr ohnehin dem Kaufrecht unterfällt; die aliud-Lieferung wird dann jedoch über §§ 651, 434 III BGB erfasst und die Rechte sind aus §§ 651, 437 BGB herzuleiten. Dennoch sind solche Fälle des aliuds oder einer Manko-Leistung auch im Werkrecht vorstellbar. **920**

Beispiele:

(1) Manko-Leistung: Nicht alle Fenster wurden durch den Unternehmer einbruchsicher gemacht.

(2) Aliud: Statt der rechten Autotür wird die linke – ebenfalls verbeulte – Tür repariert.

Hinweis für die Fallbearbeitung: Nicht jede *andere* Leistung als die vertraglich geschuldete stellt allerdings ein aliud im Sinn des § 633 II S. 3 BGB dar.

Beispiel: Der Besteller H vereinbart mit dem Klempner K, dass dieser ihm ein Abwasserrohr repariert. Als K das Haus betritt, bemerkt er, dass ein Nagel aus der Wand gebrochen ist und dadurch ein kleines Loch entstand. Er spachtelt das Loch zu und übermalt es mit Farbe. Dann bemerkt er, dass es spät ist, und geht heim.
Die Leistung des K war für H *ersichtlich nicht in Erfüllung seiner Verbindlichkeit* erfolgt. K hatte beim Spachteln gar nicht die Absicht, die Reparatur des Rohres durchzuführen und damit seine Vertragspflicht zu erfüllen. H kann mithin keine Gewährleistungsrech-

[741] BT-Drs., 14/7052, S. 204; *Huber*, in: Huber/Faust, 18. Kapitel, Rn 12.

te geltend machen; ihm steht aber natürlich der Primäranspruch nach wie vor zu. K wiederum steht kein Werklohn zu. Er kann aber seine Pflicht noch nachholen und dann den Lohn fordern. Die Aufwendungen für die Reparatur der Wand kann er allenfalls über die Grundsätze der Geschäftsführung ohne Auftrag einfordern.

dd. Werbeaussagen

921 Anders als im Kaufrecht i.S.d. § 434 I S. 3 BGB hat der Gesetzgeber im Werkrecht davon abgesehen, **Werbeaussagen des Herstellers** in den Mangelbegriff mit einzubeziehen.[742]

Diese Auslassung hat zu Recht Kritik in der Literatur hervorgerufen[743], da auch der Werkunternehmer im Wettbewerbsumfeld versucht, durch öffentliche Werbung Kunden zu akquirieren. Durch diese Akquisition kann nicht *stets* eine Beschaffenheitsvereinbarung zwischen dem Unternehmer und dem Besteller zustande kommen. Zwar können die in der Werbung angepriesenen Eigenschaften des Werks im Einzelfall als Vertragsbestandteil aufgefasst werden, jedoch greift nicht stets diese Fiktion.

Beispiel: Der Unternehmer stellt vorgeplante, standardisierte Häuser her. Diese Häuser werden in Katalogen umfangreich beworben. Ein Kunde nimmt aber von diesen Katalogen keine Kenntnis und es kommt vielmehr ohne Einbeziehung von Werbematerial zu einem Werkvertrag. Das Haus entspricht jedoch nicht den in den Katalogen angepriesenen Qualitätsstandards.

Das Problem ist dann noch leicht zu handhaben, wenn der Unternehmer bei den Vertragsverhandlungen ausdrücklich oder konkludent Bezug auf seine Werbung oder andere öffentliche Äußerungen nimmt. In einem solchen Fall kann eine konkludente Beschaffenheitsvereinbarung nach § 633 II S. 1 BGB angenommen werden.[744] Diese scheidet allerdings dann bereits aus, wenn der Vertragsschluss formbedürftig ist. In diesen Fällen müssen auch die Beschaffenheitsvereinbarungen der Form unterliegen, weshalb eine derartige Einbeziehung nicht mehr möglich wäre, ein Rückgriff auf § 633 II S. 1 BGB scheidet dann aus.

In den Fällen, in denen eine konkludente Beschaffenheitsvereinbarung nicht eingreifen kann oder der Werkunternehmer vereinbarungsgemäß auf bestimmte Materialien eines fremden Produzenten zurückgreift, ist die *analoge* Anwendung des § 434 I S. 3 BGB heranzuziehen.[745] Denn in dem Fall laufen die Erwägungen des Gesetzgebers leer. Der Besteller aber kann sich auf die Werbeaussagen verlassen haben und ist mangels einer entsprechenden Regelung im Werkrecht schutzlos.

Beispiel: B vereinbart mit U, dass ihm dieser sein Kfz etwas „aufmotzt" und neu lackiert. Als Lack sollte der X-Lack der Lackgesellschaft mbH verwendet werden. Diese hatte zuvor öffentlich damit geworben, dass der Lack ganz besonders widerstandsfähig sei. U hätte von diesen Werbeaussagen Kenntnis haben müssen. Nachdem B das Werk abnahm, wollte er sein Fahrzeug gleich unter Extrembedingungen ausprobieren. Nach einer Rallyefahrt durch Sand stellte sich heraus, dass der Lack qualitativ zwar nicht schlechter war als andere; er besaß aber keinesfalls eine *besondere* Widerstandsfähigkeit und war „matt" geworden.

---

[742] Werbung finde nur beim Verkauf von Massenwaren statt, nur dort nutze der Hersteller die Werbung. Zu berücksichtigen sei zudem § 651 BGB, nach dem bei der Lieferung herzustellender beweglicher Sachen ohnehin das Kaufrecht Anwendung finde.

[743] *Huber*, in: Huber/Faust, Kapitel 18, Rn 13; deutlicher *Krebs*, DB 2000, Beilage 14, S. 1, 23.

[744] Weitergehend BT-Drs. 14/6040, S. 216 li.Sp.: In jedem Fall, in dem der Unternehmer selbst Werbung mache, müsse von einer Beschaffenheitsvereinbarung ausgegangen werden.

[745] So nun auch *Voit*, in: Bamberger/Roth, § 633 Rn 7; *Peters/Jacoby*, in: Staudinger (2014), § 633 Rn 172; a.A. wohl *Roth*, JZ 2001, 543, 547.

Ein Mangel im Sinn des *subjektiven* Fehlerbegriffs ist **nicht** gegeben, da die vereinbarte Verwendung des X-Lacks vorgenommen wurde. Eine *Zurechnung* der Aussagen der Lack-GmbH gem. § 278 BGB oder § 164 BGB ist nicht möglich. Ein *objektiver* Mangel scheidet wegen des normalen Standards des Lacks aus. Die Lösung kann nur über die *analoge Anwendung* des § 434 I S. 3 BGB herbeigeführt werden, da sich B auf die Werbeaussagen der Lack-GmbH verlassen hatte.

c. Rechtsmangel

Der Begriff des Rechtsmangels nach **§ 633 III BGB** wird entsprechend der Regelung des § 435 BGB definiert. **922**

Das Werk ist **frei von Rechtsmängeln**, wenn Dritte in Bezug auf das Werk keine oder nur die im Vertrag übernommenen Rechte gegen den Besteller geltend machen können. **923**

Dabei stellt die Regelung über die „vertraglich übernommenen" Rechte Dritter nur klar, was an sich keiner Regelung bedurft hätte. Wegen des Vorrangs der Parteivereinbarung kann eine Belastung mit dem Recht eines Dritten ohnehin keinen Mangel darstellen, wenn der Besteller dieses Recht vertraglich zu tragen bereit war. Denn das belastete Werk stellt dann den vereinbarten Vertragsgegenstand dar, sodass ein Rechtsmangel lediglich bei *weiteren* Belastungen vorliegen könnte.

Problematisch ist, dass § 633 III BGB lediglich dann einen Rechtsmangel vorsieht, wenn ein Dritter sein Recht an dem Werk gegenüber dem Besteller *geltend* machen kann. Die Formulierung kann den Anschein erwecken, dass ein Mangel dann nicht vorliegt, wenn zwar ein Recht eines Dritten an dem Werk besteht, dieses aber nur unter besonderen (weiteren) Umständen *ausgeübt* werden darf. **924**

Beispiel: B hat mit U vereinbart, dass ihm dieser einen wissenschaftlichen Beitrag in Form eines Aufsatzes erstellt. U liefert B das Werk, wobei er aber weitgehend heimlich aus Büchern abgeschrieben hat, an denen ihm keinerlei Urheberrechte zustehen.

Die Urheberrechte der anderen Buchautoren sind „Rechte eines Dritten". Allerdings können sie erst dann geltend gemacht werden, wenn B z.B. gedenkt, auf der Grundlage des Aufsatzes einen öffentlichen Vortrag zu halten (§§ 96 ff. UrhG). Da B aber gar nicht beabsichtigt, einen Vortrag zu halten, könnte man erwägen, einen Rechtsmangel abzulehnen. Nach dem Willen des Gesetzgebers ist der Rechtsmangelbegriff allerdings **objektiv** zu verstehen. Das heißt, es ist allein entscheidend, ob ein Recht des Dritten *besteht.*[746] Unbeachtlich ist, ob dieses Recht auch einen unmittelbaren Anspruch gegen den Besteller begründet.[747] **925**

d. Beweislast

Der Unternehmer trägt vor der Abnahme die Beweislast für das Nichtvorliegen eines Mangels. Nach der Abnahme muss hingegen der Besteller die Mangelhaftigkeit des Werks beweisen, es sei denn, er hat sich seine Rechte gem. § 640 II BGB vorbehalten (str.).[748] **926**

[746] BT-Drs. 14/6040, S. 218.
[747] *Raab*, in: Dauner-Lieb/Heidel/Lepa/Ring, § 9 Rn 37; vgl. auch *Krebs*, DB 2000, Beilage 14, S. 23, der einen Rechtsmangel auch dann annehmen würde, wenn der Dritte Rechte gegenüber *anderen* geltend machen kann.
[748] BGH NJW-RR 1997, 339; a.A.: *Marbach/Wolter*, BauR 1998, 36 ff. m.w.N.

3. Die Rechte des Bestellers

927 Wenn das Werk mangelhaft ist, beschreibt § 634 BGB katalogisiert die Rechte des Bestellers und verweist dabei überwiegend auf die Regelungen des allgemeinen Leistungsstörungsrechts. Durch den Wortlaut („... wenn die Voraussetzungen der folgenden Vorschriften vorliegen ...") wird in § 634 BGB klargestellt, dass die Verweisungen **Rechtsgrundverweisungen** sind und die Voraussetzungen der allgemeinen Regelungen erfüllt sein müssen. Durch §§ 633, 634 BGB werden insoweit lediglich die Merkmale des allgemeinen Leistungsstörungsrechts (wie z.B. die Pflichtverletzung, §§ 280 ff. BGB; die nicht vertragsgemäße Leistung, § 323 BGB) näher - nämlich durch den Begriff des Mangels - beschrieben. Die weiteren Vorschriften der §§ 635 ff. BGB wiederum modifizieren die Regelungen über das allgemeine Leistungsstörungsrecht in einigen Punkten und müssen demnach ebenfalls beachtet werden.

927a Der BGH hat allerdings entschieden, dass solche Verträge i.S.d. § 134 BGB nichtig sind, bei denen Besteller und Unternehmer gemeinsam vereinbaren, eine Leistung innerhalb des Werkvertrags ohne Rechnung – also als **Schwarzarbeit** – durchzuführen, um den Preis zulasten des Steueraufkommens geringer gestalten zu können.[749] Ist der Werkvertrag insoweit nichtig, kann der Besteller (in Abkehr von der vom BGH zuvor ergangenen Rechtsprechung) auch keine Gewährleistungsansprüche aus dem Vertrag geltend machen; der Besteller trägt mithin in derartigen Vertragskonstellationen allein das Kostenrisiko hinsichtlich der Mangelfreiheit des Werks.

Die Mangelhaftigkeit ist demzufolge allein im Zuge des Kondiktionsrechts nach §§ 812 I S. 1 Var. 1, 818 II BGB zu berücksichtigen, wenn der Unternehmer wegen der Nichtigkeit des Werkvertrags eine Kondiktion durchführt und diese nicht nach § 817 S. 2 BGB gesperrt ist. In dem Fall kann der Wert der Mangelhaftigkeit im Zusammenhang mit der Berechnung des Wertersatzes gegengerechnet werden.[750]

a. Nacherfüllungsanspruch, §§ 634 Nr. 1, 635 BGB

Nacherfüllung, §§ 634 Nr. 1, 635 BGB

I. Anspruch entstanden
- Wirksamer Werkvertrag gem. § 631 BGB (ggf. Abgrenzung zu anderen Vertragstypen, z.B. Dienst- oder Reisevertrag) und Fälligkeit der Leistung, § 271 BGB
- Sach- oder Rechtsmangel gem. § 633 BGB; vorrangig subjektiver Fehlerbegriff, nachrangig der objektive. Auch Mankoleistung und aliud sind nunmehr ein Mangel i.S.d. § 633 BGB (nicht erforderlich sind ein Verschulden des Unternehmers oder der fruchtlose Ablauf einer Nachfrist - primäres Recht des Bestellers).

II. Anspruch untergegangen
- Gemäß § 275 I BGB (Einwendung) bei Unmöglichkeit
- Gemäß § 640 II BGB (Einwendung), wenn der Besteller das mangelhafte Werk abnimmt, obwohl er den Mangel kennt und sich seine Rechte nicht vorbehält.

III. Anspruch durchsetzbar
- Verweigerungsrecht des Unternehmers gem. §§ 635 III, 275 II BGB (Einrede)
- Verweigerungsrecht des Unternehmers gem. §§ 635 III, 275 III BGB (Einrede)
- Verweigerungsrecht des Unternehmers (Einrede) gem. § 635 III BGB wegen un-

[749] BGH NJW 2013, 3167 ff. und NJW 2014, 1805, 1806 f.; ausführlich *Lorenz*, NJW 2013, 3132 ff; *Mäsch*, JuS 2014, 355, 356 f.; *Peters*, JA 2014, 248 ff. u. 333 ff; *Stamm*, NJW 2014, 2145 ff.; *Liauw*, Jura 2014, 211, 214 ff. Ausführlich mit Fallbeispiel *R. Schmidt*, BGB AT, Rn 1169 f.
[750] Dazu weiterführend *R. Schmidt*, BGB AT, Rn 1169 f. und *Spickhoff/Franke*, JZ 2014, 465 ff.

verhältnismäßiger Kosten. In die Abwägung fließen das Erfüllungsinteresse, die Bedeutung des Fehlers für das Werk, der Gesamtwert des Werks und die Höhe der Kosten ein. Die Schwelle ist dabei zugunsten des Unternehmers niedriger als bei § 275 II BGB anzusetzen, da der Verweigerungsgrund ansonsten leerliefe. Wenn der Unternehmer nur eine Variante der Nacherfüllung verweigern kann, muss er die andere Variante wählen. Befreit ist er von seiner Pflicht nur, wenn er beide Arten der Nacherfüllung verweigern kann und sich darauf beruft.
- Einrede des Unternehmers aus §§ 635 IV, 348, 320 BGB (gegeben bei Neuherstellung). Problematisch ist, wann der Gegenanspruch des Unternehmers besteht; erst dann kann er die Einrede geltend machen. Der Besteller muss dann Zug um Zug das alte Werk herausgeben.
- Verjährung, § 634a BGB
- Gegebenenfalls Haftungsausschluss (vgl. § 639 BGB)

IV. Inhalt und Folgen
- Der Unternehmer hat das Wahlrecht, den Mangel zu beseitigen oder das Werk neu herzustellen, § 635 I BGB (u.U. ist das Wahlrecht eingeschränkt, wenn er eine Art zu Recht verweigert, die andere aber nicht verweigern kann).
- Der Unternehmer hat alle erforderlichen Aufwendungen zu tragen, § 635 II BGB.
- Gegebenenfalls Gegenanspruch des Unternehmers gem. § 635 IV BGB (s.o. bei der Einrede gem. § 320 BGB)

Zunächst räumt das Gesetz dem Besteller, wie im Kaufrecht auch, ein **Nacherfüllungsrecht** ein. Der Anspruch ist seiner Konzeption nach ein Primäranspruch, also ein modifizierter Erfüllungsanspruch des Bestellers, der bis zur mangelfreien Werkherstellung besteht und durch eine Neuvornahme (Nachlieferung) oder Mangelbeseitigung (Nachbesserung) erfüllt werden kann. 928

aa. Voraussetzungen

Im Vergleich zum Kaufrecht ergeben sich bei den **positiven Voraussetzungen** des Nacherfüllungsanspruchs keine Abweichungen; es wird auf die Ausführungen Rn 280 ff. dazu verwiesen. 929

> **Hinweis für die Fallbearbeitung:** Anders als bei den weiteren Rechten des § 634 BGB erfordert der Anspruch aus §§ 634 Nr. 1, 635 BGB **keinen** erfolglosen Ablauf einer Nachfrist, woraus seine Eigenschaft als *primärer* Rechtsbehelf des Bestellers folgt. Ebenfalls bedarf es **keines** Verschuldens des Unternehmers.

Der Anspruch auf Nacherfüllung darf allerdings ***nicht ausgeschlossen*** sein. Dieser Ausschluss kann sich aus einer Reihe von Rechtsinstituten und Vorschriften ergeben. 930

a.) Unmöglichkeit nach § 275 I BGB

Der stärkste Ausschlussgrund ergibt sich aus einer **Unmöglichkeit i.S.d. § 275 I BGB**. 931
Zwar gehen § 635 BGB und insbesondere § 635 III BGB nicht auf die Anwendbarkeit der Unmöglichkeit ein, jedoch ergibt sich diese bereits aus systematischen Gründen. Eine Leistung, die auf ein unmögliches Werk gerichtet ist, kann nicht durchgesetzt werden, da die Leistungserbringung bereits aus tatsächlichen Gründen nicht möglich ist. Insoweit strahlt das Unmöglichkeitsrecht ohne weiteres auf das Werkvertragsrecht aus.

> **Hinweis für die Fallbearbeitung:** Bei § 275 I BGB handelt es sich um eine *Einwendung*, sodass der Anspruch des Bestellers auch dann ausgeschlossen ist, wenn sich der

> Unternehmer nicht darauf beruft. Durch die Einwendung des § 275 I BGB erlischt der Anspruch per se.

932 Hierbei ist allerdings die *Besonderheit* gegenüber dem Kaufrecht zu beachten: Während beim Kaufrecht der Käufer das Wahlrecht hinsichtlich der Nacherfüllungsvarianten hat, steht beim Werkvertragsrecht nach § 635 I BGB **das Wahlrecht dem Unternehmer** zu. Hieraus ergibt sich die Konsequenz, dass der Anspruch des Bestellers lediglich abstrakt auf eine dieser beiden Nacherfüllungsmöglichkeiten besteht; welche vorgenommen wird, obliegt nicht seinem Einflussbereich. Wegen des Wahlrechts des Unternehmers kommt also eine Unmöglichkeit nach § 275 I BGB erst dann in Betracht, wenn eine Unmöglichkeit bezüglich beider Nacherfüllungsvarianten vorliegt.[751] Solange eine Nacherfüllungsvariante möglich ist, hat der Unternehmer diese vorbehaltlich weiterer Ausschlussgründe vorzunehmen, insoweit verkürzt sich seine Wahlmöglichkeit.[752]

933 Unerheblich ist auch, dass der Unternehmer die Nacherfüllung nicht selbst vornehmen kann. Diesem Umstand kann dadurch vorgebeugt werden, dass er einen zu dieser Vornahme fähigen Dritten einschaltet, der für ihn die Nacherfüllung vornimmt.[753]

> **Hinweis für die Fallbearbeitung:** In derartigen Situationen ist jedoch strikt darauf zu achten, dass kein Fall des § 275 II u. III BGB für den Unternehmer vorliegt und sich der Unternehmer auf diesen Umstand beruft.

b.) Grobes Missverhältnis nach § 275 II u. III BGB

934 Wegen § 635 III BGB sind als weitere **Verweigerungsrechte** und damit zum Ausschluss führende Rechte die § 275 II u. III BGB auf das Werkvertragsrecht anwendbar.

> **Hinweis für die Fallbearbeitung:** Das Verweigerungsrecht des § 275 II u. III BGB wird nicht von Amts wegen berücksichtigt, sondern muss als **Einrede** vom Unternehmer geltend gemacht werden.

935 Da die Rechte aus § 275 II und III BGB neben dem Recht aus § 635 III BGB Anwendung finden können, ist § 275 II BGB von § 635 III BGB *abzugrenzen*. Dabei liegt ein Fall des § 275 II BGB vor, wenn ein unverhältnismäßiger Aufwand vorhanden ist, bei dem die Bestimmung des Aufwands auf den Unternehmer selbst zu beziehen ist; ein Fall des § 635 III BGB ist dagegen gegeben, wenn unverhältnismäßige Kosten im Hinblick auf die Mangelbeseitigung entstehen, wobei der Kostenbezug konkret den Mangel betrifft.[754]

> **Hinweis:** In Bezug auf die Voraussetzungen des § 275 II BGB kann auf die Ausführungen zum Kaufrecht (vgl. Rn 305) und die bei *R. Schmidt*, SchuldR AT, Rn 394 ff. verwiesen werden.

935a Der Anwendungsbereich des § 275 III BGB ist darauf gerichtet, dass der Schuldner Leistungen verweigern kann, wenn sie ihm unter Abwägung des seiner Leistung entgegenstehenden Hindernisses mit dem Leistungsinteresse des Gläubigers nicht zugemutet werden können.

Innerhalb des Werkvertragsrechts hat der Schuldner z.T. Leistungen gegenüber dem Gläubiger persönlich zu erbringen.

---

[751] BT-Drs. 14/6040, S. 265 re.Sp.
[752] Vgl. *Singer*, Jura 2003, 196, 197.
[753] Vgl. *Zimmer*, NJW 2002, 1, 2; *Voit*, in: Bamberger/Roth, § 635 Rn 13.
[754] Vgl. *Peters/Jacoby*, in: Staudinger (2014), § 635 Rn 11; a.A. *Voit*, in: Bamberger/Roth, § 635 Rn 14.

Beispiel: A verpflichtet sich gegenüber B im Rahmen eines Werkvertrags, eine Oper zu komponieren.

Dies kann aber auch dazu führen, dass der Werkunternehmer aufgrund dieser persönlichen Leistungspflicht eine besondere Form der Unmöglichkeit bzw. Unzumutbarkeit erfährt. Der Tatbestand des § 275 III BGB bezieht sich auf solche konkreten Leistungshindernisse, bei denen der Schuldner eine persönliche Unzumutbarkeit bzw. Unmöglichkeit geltend machen kann.[755] Insoweit übernimmt in derartigen Sachverhaltskonstellationen § 275 III BGB die Funktion des § 275 II BGB.[756]

Beispiel: Ein Familienmitglied des Werkunternehmers ist schwer erkrankt und erfordert seine ganze Aufmerksamkeit

c.) Unzumutbarkeit nach § 635 III BGB

Daneben gibt § 635 III BGB dem Werkunternehmer hinsichtlich der Nacherfüllung als Einrede ein weiteres Verweigerungsrecht, das allerdings als Voraussetzung die unverhältnismäßigen Kosten vorsieht. Was unter dem Begriff der unverhältnismäßigen Kosten zu verstehen ist, definiert das Gesetz selbst nicht, weshalb eine Auslegung anhand der widerstreitenden Interessen des Werkunternehmers und des Bestellers zu erfolgen hat. **936**

aa.) Voraussetzungen der Unzumutbarkeit

Zunächst ist hier das **Erfüllungsinteresse** des Bestellers heranziehen. Hat er ein besonders gesteigertes Interesse an der Leistungserbringung, ist dem Unternehmer ein entsprechend höherer Aufwand zuzumuten. Darüber hinaus sind der **Wert** des Werks maßgeblich und die Frage, in welchem **Verhältnis** der bestehende Mangel und die Kosten seiner Behebung dazu stehen. **937**

Übersteigt z.B. die Fehlerbeseitigung den Wert des gesamten Werks evident, können die Kosten als unverhältnismäßig angesehen werden. Das gilt jedenfalls dann, wenn der **Fehler** eine nur **geringe Bedeutung** für die Beschaffenheit des Werks hat.

Hinweis: Diese Vorschrift ist aufgrund dieser Ausführungen im Ansatz mit § 439 III BGB zu vergleichen. Daher kann sehr vorsichtig auf die Erkenntnisse des § 439 III BGB Bezug genommen und im Ansatz auf die dort ausgeführten Kappungsgrenzen des § 439 III BGB zurückgegriffen werden. Vorsicht ist dennoch, wie beim Kaufrecht auch, geboten, sobald ein schematischer Ansatz angewendet wird.

Damit liegen unverhältnismäßige Kosten vor, wenn der zu erzielende Erfolg (oder Teilerfolg) bei Abwägung aller Umstände des Einzelfalls in keinem vernünftigen Verhältnis zur Höhe des dafür mit Sicherheit zu erwartenden Geldaufwands steht. **938**

Hinweis für die Fallbearbeitung: Es kommt demzufolge auf eine genaue und umfangreiche Argumentation an, die sich strikt am Sachverhalt orientieren sollte. Falsch wäre es, wenn diese Argumentation sich auf fiktive Überlegungen bezöge, die mit einer Sachverhaltsauslegung nicht mehr vereinbar wären.

Zu beachten ist bei der Abwägung, dass der Gesetzgeber mit der Regelung des § 635 III BGB einen besonderen Verweigerungsgrund - neben denen des § 275 II und III BGB - schaffen wollte. Die Schwelle, wann von unverhältnismäßigen Kosten ausgegangen werden kann, muss sich demzufolge von § 275 II BGB unterscheiden.[757] Die Anforderungen **939**

---

[755] Vgl. ausführlich *R. Schmidt*, SchuldR AT, Rn 400 ff.
[756] Vgl. *Grüneberg*, in: Palandt, § 275 Rn 30.
[757] BT-Drs. 14/6040, S. 232 li.Sp.

an das Eingreifen des Tatbestands des § 635 III BGB sind wie bei § 439 III BGB weniger streng,[758] d.h., dass § 635 III BGB bereits eingreifen kann, obgleich der Tatbestand des § 275 II BGB noch nicht erfüllt ist.

940 Wie § 439 III BGB stellt aber auch § 635 III BGB einen Ausnahmetatbestand dar, der zwar einen weiteren Anwendungsbereich als § 275 II hat, jedoch insgesamt so eng zu fassen ist, dass kein vorschnelles Aussteigen des Unternehmers aus der Nacherfüllung möglich ist.

940a Als Folge aus der rechtmäßigen Verweigerung des Werkunternehmers aus § 635 III BGB kann der Besteller ohne vorherige Fristsetzung Schadensersatz statt der Leistung aus den §§ 634 Nr. 4, 280 I, 281 I BGB für Mängel der Werkleistung beanspruchen, sofern die Tatbestandsvoraussetzungen des Schadensersatzes vorliegen.[759] Dieser Umstand ergibt sich bereits aus der Tatsache, dass das Erfordernis einer Fristsetzung zur Nacherfüllung dann eine reine Förmelei ist, wenn der Werkunternehmer die Nacherfüllung wegen der Unverhältnismäßigkeit verweigern kann; die Fristsetzung änderte dann an der Tatsache, dass der Besteller keine Nacherfüllung wegen § 635 III BGB verlangen kann, nichts.[760] Es ist zudem bei der Bestimmung des Schadensersatzes zu berücksichtigen, dass ein Gleichlauf des § 251 II S. 1 BGB zu § 635 III BGB anhand der Vorgaben des § 635 III BGB entsteht.

bb.) Lediglich eine Art der Nacherfüllung unzumutbar

941 Fraglich ist, wie es sich auswirkt, wenn der Unternehmer nur ***eine Art* der Nacherfüllung verweigern** (Mangelbeseitigung *oder* Neuherstellung) kann, während ihm die andere zuzumuten ist. Da ihm selbst das Wahlrecht zusteht, entweder den Mangel zu beseitigen oder ein neues Werk herzustellen, könnte er sich für die Variante entscheiden, deren Durchführung er gem. § 635 III BGB verweigern darf. Damit könnte er sich aber seiner Verpflichtung zur Nacherfüllung entziehen.

Der Gesetzgeber führte dazu aus, die Einreden der §§ 275 II u. III, 635 III BGB bezögen sich auf den Nacherfüllungsanspruch **insgesamt**, weil der Anspruch des Bestellers nur auf Nacherfüllung, nicht aber auf eine ihrer Arten gerichtet ist.[761] Daraus geht hervor, dass auch etwaige Einreden des Unternehmers nur dann zu seiner Leistungsbefreiung führen können, wenn sie sich auf die Nacherfüllung insgesamt - also auf beide Arten - beziehen; es muss insofern ein Fall der **absoluten Unzumutbarkeit**[762] vorliegen. Dies ist auch aus wertender Betrachtung nachvollziehbar, da es ansonsten im Belieben des Unternehmers stünde, ob er seiner Pflicht noch nachkommen möchte oder ob er einfach die Form der Nacherfüllung wählt, die er verweigern kann. Die Konstellation, in der lediglich eine *relative Unzumutbarkeit* eingreift, hat *entgegen* dem Kaufrecht beim Werkvertrag also *keine* Relevanz.

> **Beispiel:** B hat mit U vereinbart, dass ihm dieser bei seinem Fahrzeug, welches einen Wert von 150.000,- € hat, innerhalb von 14 Tagen ein modernes Bild auf die Motorhaube aufarbeitet. Das Motiv wird genau besprochen und im Anhang zum Vertrag festgelegt. Der Wert der Arbeit beträgt 5.000,- €. Nachdem U das Bild aufgebracht hat, tropft es wenige Male von der Hallendecke, wobei die Tropfen teilweise auf die frisch lackierte Motorhaube kommen. Dadurch entstehen an diesen Stellen kleine Blasen und Unebenheiten im Lack. Bei Übergabe des Fahrzeugs stellt B diese Unebenheiten fest und verlangt von U die

[758] BT-Drs. 14/6040, S. 232 li.Sp.; *Jaensch*, NJW 2013, 1121, 1124.
[759] Vgl. BGH NJW 2013, 370 LS 1.
[760] Vgl. BGH NJW 2013, 370, 373 mit Anm. *Zepp*.
[761] BT-Drs. 14/6040, S. 265.
[762] Vgl. dazu die Ausführungen zum Kaufrecht bei Rn 300.

Nacherfüllung. Die Neuherstellung kostete U rund 15.000,- €, da er zunächst das Bild aufwendig entfernen, den Wagen für die Bearbeitung neu vorbereiten und anschließend das Bild auftragen sowie für diese Zeit einen entsprechenden Ersatzwagen (vgl. § 635 II BGB) zur Verfügung stellen müsste. Die Ausbesserung des Bildes kostet hingegen nur 1.000,- €. U wählt nach § 635 I BGB, weil er mit B nichts mehr zu tun haben möchte, die Variante, ein neues Werk herzustellen, und beruft sich zugleich aber auf § 635 III BGB.

Fraglich ist daher, ob B von U weiterhin Nacherfüllung i.S.d. § 635 I BGB verlangen kann. Ein wirksamer Werkvertrag i.S.d. § 633 BGB ist zwischen beiden abgeschlossen worden, ein Mangel i.S.d. § 633 II S. 2 Nr. 2 BGB liegt vor. Möglicherweise könnte U die Nacherfüllung nach § 635 III BGB verweigern. Er hat entsprechend § 635 I BGB das ihm zustehende Wahlrecht hinsichtlich der Nacherfüllungsvariante dahingehend ausgeübt, dass er nach § 635 I Var. 2 BGB ein neues Werk herstellen will. Die Herstellung kostet jedoch das Dreifache des ursprünglich zu beanspruchenden Werklohns und übersteigt damit die hier vertretene Kappungsgrenze von 130 % deutlich. Zwar handelt es sich beim Fahrzeug des B mit einem Wert von 150.000,- € um ein sehr wertvolles Fahrzeug, jedoch kann hieraus noch kein gesteigertes Erfüllungsinteresse hergeleitet werden. Das Bild auf der Motorhaube dient alleine der Verschönerung des Fahrzeugs und der Liebhaberei des Besitzers. Das Erfüllungsinteresse des B ist aber auf die einwandfreie Herstellung des Bildes gerichtet, wozu es auch gehört, dass der Lack keine Blasen wirft. Unter Abwägung dieser im konkreten Einzelfall vorliegenden Interessen und unter Berücksichtigung der im Kaufrecht entwickelten und im Werkvertragsrecht entsprechend anzuwendenden pauschalierten Richtwerte ergibt sich für die Neuherstellung des Werks eine Unzumutbarkeit. Dadurch wäre grundsätzlich eine Nacherfüllungspflicht des Unternehmers U ausgeschlossen. Fraglich ist deshalb, wie die Unzumutbarkeitsregel des § 635 III BGB auszulegen ist. Wie oben ausgeführt und hier gezeigt wurde, könnte sich der Unternehmer bei einem derartigen Vorgehen aus seiner Verantwortung stehlen und den Besteller auf die Gewährleistungsrechte wie Minderung verweisen. Dies entspricht aber nicht der Intention des Gesetzgebers in Bezug auf die Nacherfüllungsvorschrift. Daher muss sich die Unzumutbarkeit als absolute Unzumutbarkeit darstellen, erst dann kann der Unternehmer die Nacherfüllung verweigern. Hier ist jedoch die Variante der Nachbesserung mit Kosten von 1.000,- € nicht unzumutbar, weshalb keine absolute, sondern lediglich eine relative Unzumutbarkeit vorliegt. Also ist der Nacherfüllungsanspruch nach § 635 III BGB nicht ausgeschlossen, B kann weiterhin von U Nacherfüllung in Form der Nachbesserung verlangen.

d.) Verwirkung nach § 640 II BGB

Gemäß § 640 II BGB können die Gewährleistungsrechte des Bestellers kraft Gesetzes ausgeschlossen sein, wenn er das Werk **trotz positiver Kenntnis abgenommen** und sich seine Rechte dabei **nicht vorbehalten** hat. Ein Kennenmüssen reicht hingegen nicht einmal bei sehr grober Fahrlässigkeit. Die Kenntnis muss zum Zeitpunkt der Abnahme noch präsent sein; eine vorhergehende Kenntnis von einem Mangel, die wieder in Vergessenheit geraten ist, reicht nicht aus. Handelt es sich hingegen um einen geschäftsgewandten Besteller, bei dem zu erwarten ist, dass sich dieser im Hinblick auf die noch bevorstehende Abnahme Aufzeichnungen macht, ist diese vormalige Kenntnis gleichwohl schädlich; seine Rechte sind nach § 640 II BGB ausgeschlossen. 942

Die Kenntnis muss sich zudem **auf den konkreten Mangel** erstrecken, die Kenntnis einer reinen Wert- bzw. Tauglichkeitsminderung reicht hingegen nicht aus. Erforderlich ist daher, dass der Besteller die negative Abweichung vom Soll in ihrer Bedeutung und Tragweite voll für die Beschaffenheit und deren Verwendbarkeit erfasst; Kenntnis der reinen Mangelsymptome kann nicht ausreichen, da es nicht Sache des Bestellers ist, die möglichen Ursachen des Mangels zu erforschen. 943

944 Der Gesetzgeber hat allerdings bewusst die Schadensersatzansprüche aus dem Anwendungsbereich des Ausschlusstatbestands herausgenommen,[763] weshalb die Ansprüche aus **§ 634 Nr. 4 BGB** dem Besteller damit in jedem Fall **erhalten bleiben**.

§ 640 II BGB findet jedoch keine Anwendung, wenn eine fingierte Abnahme i.S.d. § 640 I S. 3 BGB vorliegt.

945 Die Vertragsparteien können auch im Wege eines **vertraglichen Ausschlusses** die Gewährleistungsrechte beschränken bzw. ausschließen. § 639 BGB gibt hierfür allerdings eine Grenze, die dem Unternehmer die Berufung auf eine solche Vereinbarung verwehrt. Der vertragliche Haftungsausschluss kann demnach dann **unwirksam** sein, wenn der Unternehmer den Mangel **arglistig verschwiegen** hat, wobei das **arglistige Vorspiegeln** einer Mangelfreiheit dem Verschweigen gleichsteht.

946 Arglist liegt vor, wenn der Unternehmer eine objektiv falsche Erklärung über die Beschaffenheit des Werks abgibt, obwohl er zumindest mit dem Fehler rechnete oder die Erklärung einer tatsächlichen Grundlage entbehrte („Erklärung ins Blaue hinein").[764]

947 Nach § 639 BGB ist der Haftungsausschluss unwirksam, wenn der Unternehmer eine **Garantie** für die Beschaffenheit des Werks übernimmt (vgl. dazu § 276 I BGB). Soweit ein Ausschluss nicht im Wege der Individualvereinbarung, sondern im Wege von **allgemeinen Geschäftsbedingungen** in den Vertrag eingebracht wurde, kann seine Unwirksamkeit darüber hinaus aus §§ 305 ff. BGB folgen (vgl. insb. § 309 Nr. 7 u. 8 BGB).

948 Liegt kein wirksamer Vorbehalt durch den Besteller hinsichtlich seiner Rechte vor, verliert er damit seine Rechte aus § 634 Nr. 1 bis 3 BGB, gleichgültig wie gering die Mängel auch sein mögen. Ein solcher Vorbehalt liegt dann vor, wenn der Besteller die Mangelsymptome bezeichnet und erklärt, er wolle diese nicht hinnehmen. Hierbei kommt es auf den Inhalt der Erklärung und nicht auf eine bestimmte Wortwahl an.

e.) Ausschluss durch Fristablauf

949 Wie beim Kaufvertrag geht auch beim Werkvertrag der Nacherfüllungsanspruch dogmatisch den Sekundärrechten (Rücktritt, Minderung, Schadensersatz und Aufwendungsersatz) vor. Für die Anwendbarkeit der Sekundärrechte ist, wie bereits mehrfach ausgeführt wurde, erforderlich, dass die Nacherfüllung nicht bzw. nicht ordnungsgemäß ausgeführt wurde. Damit der Unternehmer, wie auch der Verkäufer, nicht unendlich Zeit beanspruchen können, um der Nacherfüllung nachzukommen, darf der Besteller eine angemessene Frist setzen, innerhalb derer die Nacherfüllung zu erbringen ist. Nach Ablauf dieser Frist kommen dann die Sekundärrechte in Betracht.

950 Fraglich ist in dem Zusammenhang jedoch, zu welchem Zeitpunkt der Nacherfüllungsanspruch erlischt. Beim Werkvertrag wie im Kaufvertrag erlischt der Nacherfüllungsanspruch nach allgemeiner Meinung ***nicht*** **durch den fruchtlosen Ablauf einer vom Besteller gesetzten Frist**, sondern grundsätzlich erst durch die **Ausübung** des Rücktritts- oder Minderungsrechts oder der Geltendmachung des Schadensersatzes *statt* der Leistung.[765]

951 Verbindet der Besteller die Fristsetzung mit einer **Ablehnungsandrohung** bzgl. des Erlöschens des Nacherfüllungsanspruchs, erlischt der Nacherfüllungsanspruch automa-

[763] BT-Drs. 14/6040, S. 267.
[764] BGH NJW 1981, 1441.
[765] Vgl. *Raab*, in: Dauner-Lieb/Heidel/Lepa/Ring, § 9 Rn 52; *Münch*, Jura 2002, 361, 366.

tisch mit dem Fristablauf (str.) [766] Dies ist deshalb systematisch richtig, weil der Besteller aufgrund einer Potestativbedingung i.S.d. § 158 I BGB klar zum Ausdruck bringen kann, dass er nach dem Fristablauf die Nacherfüllung ablehnt. Diese Potestativbedingung führt bei deren Eintritt zur Geltendmachung weiterer Rechte. Der Besteller kann also z.B. seinen Rücktritt unter der aufschiebenden Bedingung des fruchtlosen Fristablaufs erklären.

Hinweis für die Fallbearbeitung: Ob der Erklärung des Bestellers eine solche Bedingung innewohnt, ist vom Einzelfall abhängig und durch Auslegung zu ermitteln.

bb. Inhalt und Folgen

a.) Wahlrecht des Unternehmers

Der Besteller kann gem. § 635 I BGB die Nacherfüllung verlangen. Anders als im Kaufrecht steht allerdings dem Unternehmer das Wahlrecht zu, ob er die Nacherfüllung durch Beseitigung des Mangels oder ob er diese durch Herstellung eines neuen Werks erfüllen will.[767] Dies liegt daran, dass bei Werkverträgen eine andere Interessenlage besteht, da diese nicht auf den Austausch bereits bestehender Massenwaren gerichtet wird, sondern der Unternehmer eng und individuell mit dem Produktionsvorgang verknüpft ist. Ferner hat er die überlegene Sachkunde und kann demgemäß entscheiden, welche Art der Nacherfüllung sinnvoll ist.[768] **Ausnahmen vom Wahlrecht** des Unternehmers sind dann zu machen, wenn die gewählte Art dem Besteller nicht zugemutet werden kann oder dem Unternehmer hinsichtlich einer der beiden Arten ein Verweigerungsrecht gem. §§ 635 III, 275 II und III zusteht (s.o.) bzw. er gem. § 275 I BGB von einer Art der Nacherfüllung befreit ist. 952

b.) Kostentragungspflicht des Unternehmers bei Nacherfüllung

Gemäß § 635 II BGB hat der Unternehmer die für die Nacherfüllung erforderlichen **Aufwendungen**, insbesondere Transport-, Wege-, Arbeits- und Materialkosten, wie im Kaufrecht auch zu tragen. Auch hierher gehören die mit der Mangelbeseitigung verbundenen Vorbereitungs- und Nebenarbeiten, z.B. zur Auffindung des Mangels erforderliche Gutachter- und etwaige Rechtsanwaltskosten.[769] 953

In der Regel ist die Nachbesserung beim Werkvertrag vergleichbar mit dem Kaufvertragsrecht dort zu erbringen, wo sich das nachzubessernde Werk befindet.[770] Daraus ergibt sich für die Kostentragungspflicht des Unternehmers, dass er die Kosten für An- und Abfahrt selbst zu tragen hat; zudem gehen eventuelle Transportkosten zum Sitz des Unternehmers zu seinen Lasten, wenn die Nacherfüllung nur am Ort des Unternehmers durchgeführt werden kann. Ausnahmsweise können Unternehmer und Besteller hinsichtlich des Ortes der Nacherfüllung etwas anderes *individualvertraglich* vereinbaren, wobei dann der Unternehmer diese Vereinbarung darzulegen und notfalls den Beweis hierzu zu erbringen hat; gelingt ihm dies nicht, verbleibt es bei der regelmäßigen Kostentragungspflicht für den Transport. 953a

---

[766] So nun wohl auch *Peters/Jacoby*, in: Staudinger (2014), § 634 Rn 50 f.; a.A. *Dauner-Lieb*, Fälle zum Neuen Schuldrecht, Fall 91, S. 183, die ein Erlöschen bei Fristablauf ablehnt.

[767] Die Regelungen über den Werkvertrag unterfallen nicht der Verbrauchsgüterkaufrichtlinie; die der Richtlinie unterfallenden Verträge mit Werkvertragscharakter i.S.d. § 651 BGB unterfallen dem Kaufrecht; vgl. BT-Drs. 14/6040, S. 265.

[768] BT-Drs. 14/6040, S. 265; vgl. auch *Haas*, BB 2001, 1313, 1320.

[769] BGHZ 113, 251.

[770] BGH ZGS 2008, 151, 152.

c.) Rückgewähr des mangelhaften Werks an den Unternehmer

954 Sofern der Unternehmer die Nacherfüllung in Form der Neuherstellung erbringt, gibt ihm § 635 IV BGB ein Recht, das mangelhafte Werk über die **Rücktrittsvorschriften** zurückzuverlangen.

955 So klar ist, *dass* er dieses Recht hat, so unklar ist der Zeitpunkt, *ab wann* er es ausüben kann.

Grundsätzlich ist die Entstehung erst auf den Zeitpunkt zu legen, in dem der Unternehmer das neue Werk hergestellt hat.[771] Dem Besteller muss die Möglichkeit erhalten bleiben, beim Fehlschlagen der Neuherstellung das Werk zu behalten und entweder eine Mangelbeseitigung im Wege der Selbstvornahme zu veranlassen oder den Werklohn zu mindern. Die Rechte darf der Unternehmer nicht dadurch vereiteln können, dass er die Neuherstellung wählt und auf diese Weise das geleistete Werk sofort zurückerhält.

Allerdings kann in Ausnahmefällen anders zu entscheiden sein. Dies ist z.B. dann der Fall, wenn der Unternehmer das neue Werk nicht erstellen kann, ohne das alte mangelhafte Werk zu zerstören, also dessen Gestalt als Werk vollständig aufzuheben.

> **Beispiel:** Die mangelhaft angebrachte Tapete soll erneuert werden; das Fundament für ein Haus soll vollständig erneuert werden; der mangelhafte Wintergarten soll abmontiert und erneuert werden.

In diesen Fällen ist der Anspruch des Unternehmers schon vor Fertigstellung des neuen Werks gegeben.

Sollte der Besteller im Einzelfall dennoch ein Interesse an dem nicht mehr brauchbaren Werk haben, ist der Anspruch des Unternehmers ausnahmsweise erst nach Herstellung des neuen Werks fällig.

> **Beispiel**: U hat für H ein Gutachten über dessen Wasserschäden im Haus erstellt. Da er dabei nicht sorgfältig genug gearbeitet hat, wird er zur Nacherfüllung verpflichtet und er wählt die Neuerstellung. H möchte das alte Gutachten behalten, bis er das neue Werk bekommt.

956 Den Anspruch auf Rückgewähr des alten Werks kann der Unternehmer gem. §§ 635 IV, 346, 348, 320 BGB dem Besteller entgegenhalten und seine Leistung verweigern, bis ihm dieser Zug um Zug das alte Werk anbietet.

b. Selbstvornahme

957 Abweichend vom Kaufrecht wird dem Besteller in §§ 634 Nr. 2, 637 BGB das **Recht zur Selbstvornahme** gesetzlich eingeräumt, sofern der Unternehmer die Nacherfüllung nicht zu Recht verweigert.

Der Besteller kann - nach fruchtlosem Ablauf einer von ihm gesetzten Frist - den Mangel selbst beseitigen und die dafür erforderlichen Aufwendungen vom Unternehmer ersetzt verlangen. Durch § 637 III BGB hat er für die erforderlichen Aufwendungen einen Anspruch auf einen Vorschuss.

[771] *Huber*, in: Huber/Faust, Kapitel 18 Rn 33.

Selbstvornahme, Aufwendungsersatz, Vorschuss, §§ 634 Nr. 2, 637 BGB

I. Anspruch entstanden

- Werkvertrag, § 631 BGB, Fälligkeit der Leistung, § 271 BGB
- Mangel, § 633 BGB
- Bestehen und Durchsetzbarkeit des Nacherfüllungsanspruchs, § 635 BGB (siehe Prüfungsschema oben)
- Fristsetzung, § 637 I BGB: Die Frist muss angemessen sein; problematisch ist, welche Folgen es hat, wenn sie es nicht ist.
- Fruchtloser Ablauf der Frist, § 637 I BGB oder: Entbehrlichkeit der Frist. Nach § 323 II Nr. 1, Nr. 2 oder Nr. 3 BGB; darüber hinaus bestehen gem. § 637 II S. 2 BGB besondere Gründe, die eine Frist entbehrlich machen.

II. Anspruch untergegangen

Wie bei der Nacherfüllung (dazu das Prüfungsschema vor Rn 927). Allerdings hat der Prüfungspunkt an dieser Stelle keine besondere Relevanz, da ein etwaiges Erlöschen bereits im Rahmen der Nacherfüllung geprüft wurde.

III. Anspruch durchsetzbar

Hier gelten die gleichen Erwägungen wie beim Untergang des Anspruchs. Allerdings kann der Aufwendungsersatzanspruch auch dann verjähren, wenn die Selbstvornahme noch innerhalb der Frist vorgenommen wurde.

IV. Inhalt und Folgen

Selbstbeseitigung des Mangels durch den Besteller, Anspruch auf Ersatz der Aufwendungen und auf Vorschuss, § 637 I, III BGB

aa. Voraussetzungen

a.) Voraussetzungen des Nacherfüllungsanspruchs

Wie sich aus § 637 I BGB ergibt, müssen für eine Selbstvornahme tatbestandlich zunächst die Voraussetzungen des **Nacherfüllungsanspruchs** erfüllt sein. Der Nacherfüllungsanspruch muss also **bestehen** und **durchsetzbar** sein. **958**

Hinweis für die Fallbearbeitung: Denn einerseits bezieht sich die vom Besteller zu setzende Frist auf den Nacherfüllungsanspruch, sodass dieser denklogisch existieren muss. Und andererseits gibt § 637 I Halbs. 2 BGB gerade dann *kein* Recht zur Selbstvornahme, wenn der Nacherfüllungsanspruch vom Unternehmer zu Recht verweigert wird. Die Selbstvornahme stellt damit eine Art Nacherfüllung durch den Besteller selbst dar, weswegen zunächst dessen Bestehen und Durchsetzbarkeit zu prüfen sind. Insoweit ist die Selbstvornahme gegenüber der Nacherfüllung subsidiär.

b.) Angemessene Frist

Darüber hinaus bedarf es einer vom Besteller gesetzten **angemessenen Frist** und deren fruchtlosen Ablaufs. **959**

Hinweis für die Fallbearbeitung: Das Recht zur Selbstvornahme steht dem Besteller auch *ohne Verschulden* des Unternehmers zu. Der Gesetzgeber hielt dies für angemessen, weil bereits der fruchtlose Ablauf einer Nachfrist dazu führe, dass der Besteller sein Vertrauen in den Unternehmer verliere. Darüber hinaus könne der Besteller ohnehin kaum beurteilen, ob den Werkunternehmer ein Verschulden treffe oder nicht.[772]

[772] BT-Drs. 14/6040, S. 266.

aa.) Fristsetzung

960 Das „Setzen" der Frist ist eine rechtsgeschäftsähnliche Handlung, bei der §§ 130 ff. BGB analog gelten.

961 Bei der **Fristsetzung** ist zunächst nötig, dass der Besteller dem Unternehmer die von ihm gerügten Mängel bezeichnet und konkret darlegt sowie deren Behebung verlangt. Es kann zwar von ihm nicht verlangt werden, dass er die Mängel aufgrund ihres äußeren Erscheinungsbildes oder wegen ihrer Auswirkung auf die Eigenschaften des Werks genau und in den technischen Einzelheiten aufzuzeigen vermag; seiner Verpflichtung entspricht es aber, die Mängel so genau zu beschreiben, dass für den Unternehmer verständlich wird, welche Beanstandungen der Besteller vorbringen will.[773] Es genügt also, wenn der Besteller die Mängel aufgrund ihrer äußeren - für ihn erkennbaren - Symptome beschreibt.[774] Darüber hinaus wird man von ihm erwarten können, dass er sein Verlangen nach der Mangelbeseitigung klar zum Ausdruck bringt. Diese Anforderungen an den Besteller sind im Wortlaut des § 637 I BGB angelegt. Denn er muss die Frist *für* eine *Nacherfüllung* setzen, sodass darin implizit seine Obliegenheit gesehen werden muss, die Mängel und die mangelbedingte Nacherfüllung zu beschreiben und zu fordern.

bb.) Angemessenheit

962 Wann eine Frist **angemessen** im Sinn des § 637 I BGB ist, ist unter Berücksichtigung der Interessen der Parteien und der Umstände des Einzelfalls zu bestimmen.[775] Zugunsten des Unternehmers wird zu berücksichtigen sein müssen, dass er u.U. Zeit für die Materialbeschaffung und für Transporte benötigt. Hinzu kommt die unvermeidbare Zeit für die Nachbearbeitung (oder Neuherstellung) des Werks. Dagegen müssen aber auch die Interessen des Bestellers gewahrt bleiben. Für ihn kann eine unverzügliche Leistung des Unternehmers z.B. dann wichtig sein, wenn ein zweiter Unternehmer wegen des Mangels des Werks nicht zur Tat schreiten kann.

> **Beispiel:** Die Bodenfliesen wurden vom Unternehmer U1 am 15.3.2015 mangelhaft verarbeitet. Der Treppenbauer U2 wurde zum 18.3.2015 vom Besteller H geordert. H fordert von U1 Nacherfüllung bis zum 18.3.2015.

963 Problematisch ist, welche Rechtsfolgen es hat, wenn die vom Besteller gesetzte **Frist nicht angemessen lang** bemessen war.

Grundsätzlich könnte eine nicht angemessene Frist zur Unwirksamkeit führen. Dies birgt aber die latente Gefahr in sich, dass die Frist u.U. zu kurz bemessen wird, wodurch der Besteller genötigt wird, dem Unternehmer *besonders* lange Fristen zu gewähren. Dies erscheint insbesondere deshalb unbillig, weil der Besteller oftmals keinen Einblick in die (technischen) Arbeitsvorgänge des Unternehmers hat und damit auch nur schwer abschätzen kann, wie kurz die Frist sein darf. Es sollte ihm daher grundsätzlich möglich sein, eine Frist zu setzen, die er für angemessen hält, ohne dass bei einer Fehleinschätzung seinerseits die Fristsetzung sofort unwirksam wird (str.).[776] Statt der Unwirksamkeit der Frist wird *eine angemessene Frist automatisch in Gang* gesetzt.

Eine Ausnahme davon kann allerdings dann gemacht werden, wenn er die Frist zu kurz bemisst, obwohl er wusste, dass sie nicht angemessen ist oder er auch bei Einhaltung der objektiv angemessenen Frist die Leistung nicht abnehmen will.

---

773 BHGZ 62, 293, 295; *Schmidt*, MDR 1963, 263, 265.
774 BGH NJW-RR 1989, 667 m.w.N.
775 *Münch*, Jura 2002, 361, 366.
776 Vgl. *Sprau*, in: Palandt, § 637 Rn 3 i.V.m § 636 Rn 4; *Grüneberg*, in: Palandt, § 323 Rn 14, a.A. *Canaris*, JZ 2001, 499, 510.

Daraus ergibt sich als Folge, dass an die Stelle der vom Besteller unangemessen zu kurz gesetzten Frist eine **objektiv angemessene Frist** tritt.

> **Hinweis für die Fallbearbeitung:** Dennoch bleibt für den Besteller bei der Fristsetzung ein Risiko: Hat er nach Ablauf seiner gesetzten Frist, die als zu kurz eingestuft wurde, aber vor Ablauf der objektiv angemessenen Frist eine (kostenaufwendige) Selbstvornahme ausgeführt, hat er eine Selbstvornahme *ohne* deren Voraussetzungen durchgeführt, wodurch für ihn grundsätzlich keine Möglichkeit besteht, die Aufwendungen ersetzt zu bekommen. Denn etwaige Ansprüche aus Geschäftsführung ohne Auftrag oder Bereicherungsrecht sind verdrängt. Ein Rückgriff auf § 326 II S. 2 BGB analog ist mit denselben Argumenten wie beim Kaufrecht abzulehnen.[777] Etwas anderes gilt nur dann, wenn eine Fristsetzung im konkreten Fall entbehrlich war.

cc.) Entbehrlichkeit der Fristsetzung

Jedoch bedarf es nicht immer einer Fristsetzung, um das Selbstvornahmerecht ausüben **964**
zu können. Der Gesetzgeber hat in verschiedenen Vorschriften eine Entbehrlichkeit der Fristsetzung normiert, um den besonderen Interessen des Gläubigers der Werkleistung Rechnung zu tragen.

Eine Entbehrlichkeit der Frist kann sich zunächst aus §§ 637 II S. 1, 323 II BGB ergeben. **965**
Insoweit wird auf die Ausführungen bei *R. Schmidt*, SchuldR AT, Rn 471 ff. verwiesen.

Darüber hinaus gibt § 637 II S. 2 BGB einen weiteren Entbehrlichkeitsgrund außerhalb **966**
der allgemeinen Vorschriften. Es ist dann keine Frist erforderlich, wenn die **Nacherfüllung fehlgeschlagen** oder dem Besteller **unzumutbar** ist.

- Das ***Fehlschlagen*** nach § 637 II S. 2 Var. 1 BGB ist grundsätzlich mit dem Begriff **967**
des Kaufrechts gem. § 440 S. 1 BGB vergleichbar.[778] Allerdings sind Besonderheiten im Werkvertragsrecht zu beachten. In Abgrenzung zum Kaufrecht ist beim Werkvertrag problematisch, ob es genügt, wenn nur die *eine*, vom Unternehmer gewählte *Art* der Nacherfüllung fehlgeschlagen ist, während die andere noch möglich wäre. Hat der Unternehmer also z.B. die Mangelbeseitigung gewählt und ist (nur) diese fehlgeschlagen, ist fraglich, ob der Besteller nun sofort zur Selbstvornahme greifen darf oder auch noch einen Versuch der Neuherstellung abwarten muss.

  Entgegen der Auffassung, dass der Unternehmer ein umfassendes auf beide Nacherfüllungsvarianten bezogenes Nachbesserungsrecht habe,[779] muss wohl zugunsten des Bestellers davon ausgegangen werden, dass ein Fehlschlagen *einer* Nacherfüllungsvariante ausreicht, um die Fristsetzung entbehrlich zu machen.[780] Dies lässt sich einerseits damit begründen, dass der Unternehmer dieses Risiko als Ausgleich dafür tragen muss, dass ihm gem. § 635 I BGB die Wahl zwischen beiden Varianten zusteht.[781] Vor allem aber ist nach dem Fehlschlagen *einer* Art der Nacherfüllung bereits faktisch eine gewisse Frist verstrichen, sodass das Vertrauen des Bestellers in den Unternehmer so weit erschüttert ist, dass man ihm ein sofortiges Recht zur Selbstvornahme zugestehen muss.

---

[777] Vgl. *Dauer-Lieb/Dötsch*, ZGS 2003, 250, 251 ff. m.w.N.; a.A. *Peters/Jacoby*, in: Staudinger (2014), § 634 Rn 43.
[778] Vgl. hierzu Rn 375 ff.
[779] *Peters/Jacoby*, in: Staudinger (2014), § 634 Rn 68 f.; einschränkend *Voit*, in: Bamberger/Roth, § 636 Rn 24; *Sprau*, in: Palandt, § 636 Rn 15, die § 440 S. 2 BGB als Indiz heranziehen wollen.
[780] Im Ergebnis auch OLG Bremen ZGS 2006, 87.
[781] *Huber*, in: Huber/Faust, Kapitel 18, Rn 41.

Einigkeit besteht jedoch in den Fällen, in denen ein Bild der Hoffnungslosigkeit bestehe[782]; dann solle ein Versuch generell ausreichen.

968 ▪ Die Fälle der ***Unzumutbarkeit*** werden praktisch selten in Betracht kommen. Zwar sind bei der Beurteilung der Unzumutbarkeit, anders als bei § 323 II Nr. 3 BGB, ausschließlich die Interessen des Bestellers maßgeblich, jedoch ist diese darauf beschränkt, dass dem Besteller eine Nacherfüllung *gerade durch die Person des Unternehmers* nicht zumutbar ist.[783] Die Beurteilung ist aus der Sicht des Bestellers auf der Grundlage objektiver Umstände im Hinblick auf eine ordnungsgemäße Durchführung der Mangelbeseitigung vorzunehmen.

Beispiele:

(1) Der Unternehmer U baut für den Besteller H ein Haus. Dabei hat er sich im gesamten Bauverlauf als wenig sorgfältig und unzuverlässig dargestellt. Nachdem er das Haus wider Erwarten doch noch fertig gestellt hat, weist es einige Mängel auf. H möchte nach allen Querelen mit U diese Mängel *sofort* selbst beseitigen bzw. beseitigen lassen. Er wird gem. § 637 II S. 2 BGB auf das Setzen einer Frist verzichten können.

(2) Der Unternehmer bestreitet den angezeigten Mangel nachdrücklich.

bb. Inhalt und Folgen

969 Der Besteller kann, sofern die Voraussetzungen des § 637 I, III BGB vorliegen, den Mangel **selbst beseitigen oder beseitigen lassen** und den **Ersatz** der **erforderlichen Aufwendungen** hierfür ersetzt verlangen.

Hinweis für die Fallbearbeitung: Sobald der Besteller die Selbstvornahme ausgeübt hat und hierdurch der Mangel beseitigt wurde sowie der Unternehmer die hierfür erforderlichen Aufwendungen ersetzt hat, sind die Mängelrechte i.S.d. § 634 BGB ausgeschlossen, die an die Verletzung des *Erfüllungsinteresses* anknüpfen. Diese sind zunächst die Nacherfüllung, aber auch der Rücktritt, die Minderung, der Schadensersatz statt der Leistung oder der Aufwendungsersatz. Nicht jedoch wird hierdurch z.B. der Mangelfolgeschaden ausgeschlossen, da dieser Schadensersatzanspruch tatbestandlich bei der Pflichtverletzung nicht am Erfüllungsinteresse, sondern an der zusätzlichen Verletzung von Rechtsgütern des Bestellers anknüpft. Selbstverständlich entfällt ebenfalls das Selbstvornahmerecht, wenn bereits durch den Besteller ein anderweitiges Gewährleistungsrecht des § 634 BGB ausgeübt wurde.

a.) Art der Aufwendungen

970 **Erforderlich** sind entsprechend § 670 BGB solche **Aufwendungen**, die ein wirtschaftlich denkender Besteller auf der Grundlage sachkundiger Beratung für eine vertretbare - d.h. geeignete und Erfolg versprechende - Maßnahme der Beseitigung erbringen konnte und musste.[784]

971 ▪ Dazu gehören auch die Kosten zum Auffinden der Schadensursache[785] oder u.U. auch nutzlose Aufwendungen[786], wobei der Besteller gehalten ist, *unnötige* Aufwendungen zu vermeiden.[787] Dabei ist allerdings zu seinen Gunsten zu beachten, dass der Unternehmer es nicht vermochte, ein mangelfreies Werk zu erstellen, und der Besteller nur deshalb zu dem Mittel der Selbstvornahme greifen musste. Man kann ihm daher

[782] *Peters/Jacoby*, in: Staudinger (2014), § 634 Rn 70.
[783] BT-Drs. 14/6040, S. 266.
[784] Frankfurt a.M. NJW-RR 1997, 340; BGH NJW-RR 1991, 651.
[785] BGHZ 113, 251, 252.
[786] BGH WM 1989, 21, 24.
[787] OLG Hamm NJW-RR 1994, 473, 474.

nicht zumuten, auf den preisgünstigsten Ersatzunternehmer zurückzugreifen. Deswegen muss er auch nicht erst mehrere Angebote einholen oder gar eine Ausschreibung vornehmen. Er darf sich vielmehr einen vertrauenswürdigen Unternehmer aussuchen und mit diesem eine freie Preisabsprache treffen, soweit diese nicht deutlich zu hoch ausfällt und den (ersten) Unternehmer damit erheblich benachteiligen würde.

Hinweis für die Fallbearbeitung: Die Beweislast für eine solche überhöhte Absprache trägt allerdings der (erste) Unternehmer.

- Auch die **Arbeitsleistungen des Bestellers selbst** sowie die seiner Familienangehörigen fallen mit unter die ersatzfähigen Posten.[788] Sie sind gem. § 287 ZPO zu schätzen, wobei der Lohn eines durchschnittlichen Arbeitnehmers in diesem Bereich als Anhaltspunkt dienen kann. **972**

- Der Anspruch ist allerdings um die sog. **„Sowieso-Kosten"** zu mindern. Das sind solche Kosten, die für die mangelfreie Herstellung des Werks ohnehin angefallen wären, die der Unternehmer aber nach dem Vertrag nicht zu tragen verpflichtet gewesen wäre. Denn dieser Aufwand wäre dem Besteller dann sowieso entstanden. **973**

- Im Zuge einer Selbstvornahme kann sogar eine Neuherstellung des Werks gerechtfertigt sein. Allerdings wird die Selbstvornahme durch die Vorgaben des § 635 III BGB begrenzt, da in derartigen Fallkonstellationen bereits eine Nacherfüllung ausscheidet und somit der Tatbestand des Selbstvornahmerechts nicht erfüllt ist. Eine unverhältnismäßige Neuherstellung kommt dadurch z.B. bei geringfügigen Mängeln nicht in Betracht. **974**

b.) Vorschuss

Gemäß § 637 III BGB kann der Besteller für die Aufwendungen einen **Vorschuss** verlangen. Der Anspruch richtet sich nach den **mutmaßlichen**[789] Kosten, soweit sie für die Nachbesserung erforderlich sind. Der Besteller hat dabei die Möglichkeit, mit dem Anspruch gegen die Werklohnforderung des Unternehmers aufzurechnen.[790] **975**

c. Rücktritt, §§ 634 Nr. 3 Var. 1, 323, 326 V BGB i.V.m. §§ 636, 346 ff. BGB

Rücktritt, Rückabwicklung, §§ 634 Nr. 3 Var. 1, 636, 346 ff. BGB

I. Anspruch auf Rückabwicklung

Der Rücktritt ist ein Gestaltungsrecht, welches auszuüben ist und sich nach §§ 346 ff., 634 Nr. 3 Var. 1, 636, 323, 326 V BGB richtet.

- Rücktrittserklärung, § 349 BGB; keine Voraussetzung für das Rücktrittsrecht, aber als Ausübung des Gestaltungsrechts notwendig für die Rückabwicklung des Vertrags
- Werkvertrag, § 631 BGB und Fälligkeit (u.U. entbehrlich, §§ 634 Nr. 3, Var. 1, 323 IV BGB)
- Mangel, § 633 BGB
- Angemessene Frist nach §§ 634 Nr. 3 Var. 1, 323 I BGB und fruchtloser Ablauf der Frist nach §§ 634 Nr. 3 Var. 1, 323 I BGB
- bzw. Entbehrlichkeit der Frist

---

[788] BGHZ 59, 328, 332.
[789] BGH BauR 1999, 631, 632.
[790] BGHZ 54, 244.

- ⇨ nach § 323 II Nr. 1, Nr. 2 oder Nr. 3 BGB
- ⇨ oder gem. §§ 634 Nr. 3 Var. 1, 326 V, 323 BGB
- ⇨ sowie gem. § 636 BGB (vgl. Rn 967)

- Kein Ausschluss des Rücktrittsrechts
  - ⇨ gem. §§ 634 Nr. 3, Var. 1, 323 V, S. 2 BGB
  - ⇨ gem. §§ 634 Nr. 3, Var. 1, 323 VI BGB
  - ⇨ gem. §§ 634a III S. 1, 218 BGB
  - ⇨ i.S.d. § 242 BGB Verwirkung des Rücktrittsrechts
  - ⇨ sowie die bei der Nacherfüllung ausgeführten Ausschlussrechte

II. Anspruch untergegangen/durchsetzbar

Weil der Anspruch nur *die Folge* des ausgeübten Rücktrittsrechts ist, sind die Ausschluss- und Hemmungsgründe bereits bei der Frage des Rücktrittsgrunds zu erörtern. Der Anspruch *erlischt* z.B. durch § 362 BGB.

III. Inhalt

Der Anspruch richtet sich nach den allgemeinen Rücktrittsvorschriften der §§ 346 ff. BGB. Dabei ist der Besteller wegen seines gesetzlichen Rücktrittsrechts privilegiert.

aa. Tatbestand

976 Bezüglich des Tatbestands des Rücktrittsrechts beim Werkvertrag i.S.d. §§ 634, 636, 323, 326 V BGB bestehen grundsätzlich keine Abweichungen zum Rücktrittsrecht des Kaufvertrags i.S.d. §§ 437, 440, 323, 326 V BGB. Darum kann auf die dort gemachten Ausführungen verwiesen werden.[791]

977 Ein Rücktrittsrecht beim Werkvertrag kann **zusätzlich** auch dann ausgeschlossen sein, wenn der Anspruch auf Rücktritt vom Besteller i.S.d. § 242 BGB verwirkt worden ist. Hieran müssen jedoch sehr strenge Voraussetzungen gestellt werden. Ein solches Recht ist unter anderem dann anzunehmen, wenn der Besteller das mangelhafte Werk in voller Kenntnis des Mangels dennoch so benutzt, als ob er es dauerhaft behalten wolle; dies kann selbstverständlich dann nicht gelten, wenn der Besteller keine Möglichkeit hatte, sich einen adäquaten Ersatz zu beschaffen, und daher auf das Werk angewiesen war.

> **Beispiel:** Der Besteller hat ein Wohnhaus bezogen, bei dem sich nach der Abnahme herausstellt, dass es erhebliche Baumängel aufweist. In einem solchen Fall bleibt dem Besteller wegen der mit dem Bau eines Hauses verbundenen erheblichen Kosten zunächst keine andere Möglichkeit, als in diesem Haus weiterhin zu wohnen, bis der Vertrag über das Rücktrittsrecht Zug um Zug rückabgewickelt wurde. Eine Verwirkung ist in dem Fall in der Nutzung nicht zu sehen.

bb. Rechtsfolge

978 Soweit das Rücktrittsrecht wirksam ausgeübt wurde, richten sich die Ansprüche der Parteien wie beim Kaufvertrag nach §§ 346 ff. BGB. Danach sind die empfangenen Leistungen grundsätzlich Zug um Zug zurückzugewähren (§§ 346, 348 BGB).

979 ***Besonderheiten*** im Rahmen der allgemeinen Vorschriften der §§ 346 ff. BGB ergeben sich für einen Rücktritt nach §§ 634, 636 BGB, weil dieser ein **gesetzliches** (nicht vertragliches, vgl. § 346 I S. 1 BGB) Rücktrittsrecht darstellt. Der Besteller ist gem. § 346 III Nr. 3 BGB, wie im Übrigen auch beim Kaufvertrag, insoweit privilegiert, als er bei seiner Rückerstattungspflicht des Wertersatzes nur für die *diligentia quam in suis* (Sorg-

[791] Ausführlich Rn 358 ff.

falt in eigenen Angelegenheiten) einzustehen hat.[792] Auch muss er keinen Nutzungsersatz gem. § 347 I S. 2 BGB zahlen, wenn er zwar entgegen den Regeln einer ordnungsgemäßen Wirtschaft keine Nutzungen gezogen hat, dabei aber zugleich die Sorgfalt in eigenen Angelegenheiten wahrte.

Beispiel: H hat sich von U vor seinem Haus einen Nutzgarten anlegen lassen. Entgegen einer ordnungsgemäßen Nutzung hat er daraus keine Nutzungen (§ 100 BGB) gezogen. Es entspricht aber seiner Sorgfalt in eigenen Angelegenheiten, seine wirtschaftlichen Möglichkeiten nicht auszunutzen, da er ohnehin von dem Erbe seiner Großmutter lebt.

Im Fall eines Rücktritts wären die gezogenen Nutzungen gem. § 346 I Halbs. 2 BGB von H herauszugeben. Da er aber keine Nutzungen zog, müsste er eigentlich nach § 347 BGB die Nutzungen herausgeben, die er entgegen den Regeln einer ordnungsgemäßen Wirtschaft nicht zog. Dies muss er im Fall eines gesetzlichen Rücktrittsrechts indes nicht, wenn er bei dem Unterlassen so handelte, wie er in eigenen Angelegenheiten zu handeln pflegt (vgl. aber § 277 BGB).

Neuerdings wird diskutiert, ob der Unternehmer nach erfolgtem Rücktritt ein **mangelhaftes Werk zurücknehmen bzw. beseitigen** muss. 980

Beispiel: U hat aufgrund eines Werkvertrags mit B einen Brunnen auf dem Grundstück des B gebohrt. Wegen Mängel tritt B berechtigterweise zurück. U weigert sich, den noch offenen Brunnen zu verfüllen.

Wie im Kaufrecht der Käufer kann sich im Werkvertragsrecht der Besteller auch darauf berufen, dass der Unternehmer i.S.d. §§ 346 ff. BGB das mangelhafte Werk zurücknimmt bzw. beseitigt, sofern der Besteller ein gesteigertes Interesse daran hat (str.).[793]

Hinweis für die Fallbearbeitung: Das Beseitigungsrecht kann zudem auch im Zuge eines Schadensersatzes aus §§ 634 Nr. 4, 280 I BGB oder des Beseitigungsanspruchs aus § 1004 BGB (str.) geltend gemacht werden.

d. Minderung, §§ 634 Nr. 3 Var. 2, 638 BGB

Minderung, §§ 634 Nr. 3 Var. 2, 638 BGB

Das Gestaltungsrecht *Minderung* ist im Wesentlichen gleich ausgestaltet wie der Rücktritt. Die Unterschiede sind:

- Die Minderungs*erklärung* ist in § 638 I BGB geregelt.
- Gemäß § 638 I S. 2 ist die Minderung auch bei nur unerheblichen Mängeln möglich.
- Bei der Verjährung ist § 634a V BGB zu beachten.
- In der Rechtsfolge kann § 254 BGB entsprechend angewendet werden.

aa. Tatbestand

Der Besteller kann, statt vom Vertrag zurückzutreten, gem. §§ 634 Nr. 3 Var. 2, 638 BGB auch den Werklohn durch Erklärung gegenüber dem Unternehmer **mindern**. 981

Die Voraussetzungen des Minderungsrechts nach §§ 634 Nr. 3 Var. 2, 638 BGB sind mit denen des Minderungsrechts beim Kaufvertrag nach §§ 437 Nr. 2 Var. 2, 441 BGB vergleichbar, weshalb auf die dortigen Erläuterungen verwiesen wird.[794] 982

---

792 *Schwab*, JuS 2002, 630, 635; ausführlich *R. Schmidt*, SchuldR AT, Rn 519 f.
793 Vgl. *Peters/Jacoby*, in: Staudinger (2014), § 634 Rn 103 f.; a.A. *Voit*, in: Bamberger/Roth, § 636 Rn 34.
794 Hierzu ausführlich Rn 393 ff.

> **Hinweis für die Fallbearbeitung**: An dieser Stelle soll jedoch noch einmal hervorgehoben werden, dass im **Gegensatz zum Rücktritt** die Minderung **auch dann** möglich ist, wenn der **Mangel nur unerheblich** ist. Denn gem. § 638 I S. 2 BGB findet der Ausschlussgrund des § 323 V S. 2 BGB keine Anwendung. Für den Unternehmer stellt dies anders als beim Rücktritt auch kein unbilliges Ergebnis dar, weil er lediglich einen geringen Teil seines Werklohns verliert, während er bei einem Rücktritt sein gesamtes Werk praktisch „umsonst" geschaffen hätte.

983 Der Ausschlussgrund des **§ 323 VI BGB** greift auch im Fall der Minderung, wenn der Besteller für den Mangel allein oder weit überwiegend verantwortlich ist. Sofern er nur zu einem Teil verantwortlich ist - und die Verantwortlichkeit unter der Schwelle des § 323 VI BGB liegt - , kann der zu kürzende **Betrag unter entsprechender Anwendung des § 254 BGB** herabgesetzt werden.[795]

bb. Rechtsfolgen

984 Gemäß § 638 BGB braucht der Besteller nur den geminderten Betrag zu zahlen. Die Berechnung der Minderung erfolgt gleichermaßen wie im Kaufrecht (vgl. § 638 III; § 441 III BGB). Auf die dortigen Ausführungen wird verwiesen (vgl. dazu Rn 404 ff.). Daneben besteht gem. § 638 III S. 2 BGB die Möglichkeit, den Minderungsbetrag zu schätzen. Hat der Besteller bereits den gesamten Werklohn gezahlt, kann er den geminderten Betrag gem. §§ 638 IV, 346 I, 347 I BGB zurückverlangen.

e. Schadensersatz, §§ 634 Nr. 4, 280, 281, 283, 311a BGB

985 Der Gesetzgeber hat sich entschieden, das Schadensersatzrecht des Kauf- und des Werkvertrags strukturell und inhaltlich gleich auszugestalten. Hierdurch entsteht in der Regel ein Gleichlauf dieser beiden Rechtsinstitute. Daher kann ohne weiteres auf die im Kaufrecht gemachten Ausführungen (vgl. dazu Rn 412 ff.) mit der Maßgabe verwiesen werden, dass bei der Pflichtverletzung auf das zu erbringende Werk und die damit zusammenhängenden Fragen abzustellen ist.

f. Mängeleinrede

986 Vor der Abnahme kann der Besteller die Zahlung des Werklohns bereits deswegen verweigern, weil seine Leistung noch nicht fällig ist (§ 641 I BGB); nach der Abnahme steht ihm das **Verweigerungsrecht** des § 641 III BGB zu, **soweit** er noch die Beseitigung des Mangels (gemeint: Nacherfüllung) verlangen kann. Wenn die **Nacherfüllung** allerdings gem. §§ 634a BGB **verjährt** ist, steht ihm dieses Recht nicht mehr zu. Gemäß §§ 634a IV S. 1, V; 218 BGB kann er dann auch nicht mehr zurücktreten oder mindern. Nur wenn er den **Werklohn noch nicht bezahlt hat**, kann er ihn gem. § 634a IV S. 2 und V BGB auch dann noch insoweit **verweigern**, als er aufgrund eines Rücktritts (§ 634a IV S. 2 BGB) oder einer Minderung (§ 634a V BGB) dazu berechtigt sein *würde* (Mängeleinrede). Die Voraussetzungen für einen Rücktritt oder eine Minderung müssen demnach vollständig erfüllt sein.

987 Macht der Besteller das Verweigerungsrecht auf der Grundlage eines Rücktrittsrechts geltend, hat der Unternehmer die Möglichkeit, selbst vom Vertrag zurückzutreten, § 634a IV S. 3 BGB. Damit kann er die Rückgabe des mangelhaften Werks bzw. dessen Wertersatz erreichen. Wird das Verweigerungsrecht des Bestellers dagegen auf ein Minderungsrecht gestützt, bedarf es dieser Regelung nicht, weil der Unternehmer nur eines Teils des Lohnes verlustig wird. Der Rücktritt ist ihm dann nicht möglich, da § 634a V BGB nur auf § 634a IV S. 2 BGB und nicht auf § 634a IV S. 3 BGB verweist.

---

[795] BT-Drs. 14/6040, S. 267.

IX. Verhältnis der §§ 633 ff. BGB zu anderen Normen

1. Das Verhältnis zur Anfechtung nach §§ 119 ff. BGB[796]

a. Anfechtung wegen § 119 I BGB

Sofern der Besteller beim Vertragsabschluss einem Willensmangel gem. **§ 119 I BGB** unterlag, steht ihm das Recht der Anfechtung wie beim Kaufrecht dem Käufer grundsätzlich zu, und zwar unabhängig davon, ob er auch Gewährleistungsrechte geltend machen könnte. Die Anfechtungsmöglichkeit wegen eines Inhalts- oder Erklärungsirrtums steht damit **neben** den Rechten aus § 634 BGB.[797] **988**

> **Beispiel**: B gibt sein Kfz in die Werkstatt, weil er seine Beifahrertür neu lackiert bekommen möchte. Beim Vertragsschluss verspricht er sich und sagt dem Meister, er wolle die Fahrertür lackiert haben.

b. Anfechtung wegen § 119 II BGB bzgl. verkehrswesentlicher Eigenschaften der Sache

Anders dagegen verhält es sich bei einem Irrtum über **verkehrswesentliche Eigenschaften der Sache** oder **der Person** im Sinn des **§ 119 II BGB.** **989**

Bei der Bestimmung des Konkurrenzverhältnisses ist, wie im Kaufrecht auch, danach zu differenzieren, welche Vertragspartei eine Anfechtung vornehmen will.

aa. Anfechtung des Unternehmers

Eine Anfechtung wegen eines Eigenschaftsirrtums wird bei einem *Unternehmer* selten möglich sein, dennoch sind solche Konstellationen denkbar. **990**

> **Beispiel:** Der Unternehmer ist berechtigt davon ausgegangen, dass der Besteller derart finanziell in der Lage oder so kreditwürdig ist, den teuren Anbau an dem Wohnhaus zu bezahlen. Nach Vertragsschluss stellt sich jedoch heraus, dass der Besteller eine eidesstattliche Versicherung abgegeben hat.

Wie im Kaufrecht auch kann der Unternehmer wegen eines Irrtums einer Eigenschaft der Sache grundsätzlich den Vertrag anfechten, wobei allerdings die Anfechtung dann ausgeschlossen ist, wenn durch die Anfechtung die Rechte aus der Gewährleistung des Bestellers vernichtet würden. Die Anfechtung ist demnach ausgeschlossen, wenn sich die Eigenschaft auf die Beschaffenheit des Werks bezieht, ein Ausschluss liegt hingegen nicht vor, wenn sonstige Eigenschaften des Werks erfasst werden.

bb. Anfechtung des Bestellers

Vorsicht ist jedoch dann geboten, wenn **der Besteller** eine Anfechtung wegen eines Eigenschaftsirrtums geltend machen will. Von der wohl h. M. wird hier erwogen, dass ein Irrtum gem. § 119 II BGB nicht erst im Wege der *Konkurrenz*, sondern bereits auf der **Tatbestandsseite auszuschließen** sei. **991**

> **Hinweis für die Fallbearbeitung**: Dies ist ein wesentlicher Unterschied zum Kaufrecht, bei dem der Ausschluss grundsätzlich über die Konkurrenz erfolgen soll (vgl. die Ausführungen im Kaufrecht).

---

[796] Vgl. hierzu auch die Ausführungen zum Kaufrecht bei Rn 503 ff.

[797] *Hattenhauer*, JuS 1998, 684, 689.

992 Ein Irrtum im Sinn einer unbewussten Unkenntnis vom wirklichen Sachverhalt ist schon deshalb gar nicht möglich, weil das Werk im Zeitpunkt des Vertragsschlusses noch gar nicht hergestellt ist und sich die irrige Vorstellung also auf die Zukunft bezieht.[798] Der Irrtum scheitert also - *anders als im Kaufrecht* - grundsätzlich daran, dass sich der Besteller gar nicht über „Eigenschaften" des Werks irren kann. Denn Eigenschaften i.S.d. § 119 II BGB sind wertbildende Faktoren einer Sache und damit keine *zukünftigen* Umstände.

> **Hinweis für die Fallbearbeitung**: In einer Klausur kann man mit dieser Ansicht eine gute und knappe Lösung erzielen. Die nachfolgenden Ausführungen über das Konkurrenzverhältnis zwischen § 119 II BGB und dem Gewährleistungsrecht sind daher eher im Kaufrecht - aber dort auch regelmäßig - von hoher Relevanz.

993 Geht man aber mit einer Gegenansicht[799] davon aus, dass Eigenschaften auch zukünftige Umstände erfassen, kommt man zur **Konkurrenzfrage** zwischen § 119 II BGB und dem Gewährleistungsrecht. Darüber hinaus wird wohl auch die h. M. jedenfalls bei *einer* Fallkonstellation einen Eigenschaftsirrtum beim Werkvertrag nicht ablehnen können. Steht nämlich ein wertbildender Faktor des Werks schon bei Vertragsschluss sicher fest, wird auch ein Irrtum hierüber möglich sein, obwohl das Werk noch gar nicht hergestellt ist.

> **Beispiel**: B ist bei U im Geschäft und sieht dort schöne Fensterrahmen. Weil er denkt, dass diese aus Holz seien, schließt er mit U einen Werkvertrag über den Einbau *genau dieser* Fensterrahmen in sein Haus. Später stellt sich heraus, dass es sich um Plastikrahmen handelte. Hier wird man einen Irrtum i.S.d. § 119 II BGB annehmen können, weil die Situation der eines Kaufs gleicht.

Geht man davon aus, dass ein Eigenschaftsirrtum zwar *tatbestandlich* vorliegt, ist eine Anfechtung nach § 119 II BGB, wie im Kaufrecht auch, aber im Wege der *Konkurrenz* durch das Gewährleistungsrecht **ausgeschlossen**. Hierbei ist insbesondere § 640 II BGB zu beachten, wonach die Gewährleistungsrechte aus § 634 Nr. 1 bis 3 BGB ausgeschlossen sind, wenn der Besteller das Werk in Kenntnis des Mangels abnimmt. Allerdings ist hier der Zeitpunkt nicht wie beim Kaufrecht der Zeitpunkt des Vertragsschlusses, sondern er ist dem Vertragsschluss nachgelagert. § 640 II BGB stellt damit auf einen späteren Zeitpunkt ab. Es ist daher sachgerecht, entgegen dem Kaufrecht beim Werkvertragsrecht eine Anfechtung nach §§ 142 I, 119 II BGB nach Vertragsschluss und bis zur Abnahme des Werks vornehmen zu lassen. In diesem Zeitraum entstehen keine Wertungswidersprüche mit dem Gewährleistungsrecht. Ab dem Zeitpunkt, in dem die Abnahme allerdings beginnt, muss jedoch wegen des Regelungszwecks des § 640 II BGB die Anfechtung nach § 119 II BGB ausgeschlossen sein.

994 Durch die rechtliche Gleichbehandlung von Sach- und Rechtsmängeln in §§ 633 ff. BGB werden nun auch Letztere nach den Gewährleistungsvorschriften behandelt. Im Fall eines Rechtsmangels greift mithin die kurze Verjährung und gleichsam besteht das primäre Recht auf Nacherfüllung. Eine Anfechtung gem. **§ 119 II BGB** umginge - wie auch beim Sachmangel - diese gesetzliche Entscheidung. Sie ist damit (wenn nicht schon tatbestandlich) im Wege der Konkurrenz ausgeschlossen.

---

[798] *Köhler*, JuS 1979, 868, 870.
[799] *Adams*, AcP 186 (1986), 453, 478.

c. Anfechtung wegen § 119 II BGB bzgl. verkehrswesentlicher Eigenschaft der Person

Ein weiterer Irrtum des Bestellers im Sinn des **§ 119 II BGB** kann über verkehrswesentliche **Eigenschaften in der Person** des Unternehmers bestehen. In diesem Fall kann grundsätzlich gem. § 119 II BGB angefochten werden.[800] Wenn allerdings die mangelnde Eigenschaft des Unternehmers (z.B. seine unzureichende Fachkenntnis) erst im erbrachten mangelhaften Werk zutage tritt, ist eine Anfechtung ausgeschlossen.[801] Sonst bestünde die Gefahr, dass die besonderen Regelungen der §§ 634a, 635 BGB umgangen würden. 995

d. Anfechtung wegen § 123 BGB

Hat der Werkunternehmer den Besteller durch Drohung oder Täuschung zum Vertragsschluss bewegt, bleibt Letzterem die Möglichkeit einer Anfechtung gem. **§ 123 BGB erhalten**. Zwar besteht auch hier die Möglichkeit, dass durch eine Täuschung allein eine Fehlvorstellung über die Mangelfreiheit des Werks hervorgerufen wird; eine Verdrängung des § 123 BGB ist aber aus Wertungsgesichtspunkten abzulehnen, weil der täuschende Unternehmer nicht schutzbedürftig ist.[802] 996

Die Rechte aus § 634 BGB und § 123 BGB bestehen dabei nebeneinander. Will sich der Besteller vom Vertrag lösen, kann er damit das für ihn leichter zu beweisende Recht geltend machen, ihm steht das freie Wahlrecht zu. Eine erfolglose Anfechtung kann dabei in einen Rücktritt umgedeutet werden, § 140 BGB. Hat der Besteller aber eines seiner Rechte – Rücktritt oder Anfechtung - mit Erfolg ausgeübt, erlischt das andere (str.).[803] Wie der Käufer im Kaufrecht kann auch der Besteller im Werkvertrag neben der Anfechtung analog § 325 BGB auch Schadensersatz verlangen.[804]

2. Das Verhältnis zum Verschulden bei Vertragsschluss (c.i.c.)

Soweit die Pflichtverletzung Ansprüche auslöst, die *unabhängig* von der Beschaffenheit der Sache entstehen, bestehen diese neben etwaigen Gewährleistungsrechten. 997

> **Beispiel:** Der Dachdecker bietet dem Besteller bei den Vertragsverhandlungen in seinem Büro einen beschädigten Stuhl an; der Besteller stürzt und zerreißt sich dabei seine Jacke.

Wenn sich die Pflichtverletzung auf die Beschaffenheit der Sache bezieht, ist grundsätzlich von einem Vorrang der §§ 634 ff. BGB auszugehen[805], z.B. wenn der Unternehmer beim Vertragsschluss falsche Angaben zur Beschaffenheit des Werks macht. Lediglich wenn dabei neben der bloßen Auskunft **ein besonderes Beratungs- und Vertrauensverhältnis** besteht, kann auf die allgemeinen Vorschriften der §§ 280 I, 241 II, 311 II BGB zurückgegriffen werden.[806] Das ist z.B. möglich, wenn der Besteller ein besonderes Vertrauen in die Auskunft seines Vertragspartners setzt und dieser auf Nachfrage ausdrücklich eine schuldhaft falsche Antwort über die Beschaffenheit der Sache gibt.[807] 998

---

800 *Köhler*, JuS 1979, 868, 870.
801 RGZ 62, 282, 284; *Armbrüster*, in: MüKo, § 119 Rn 29.
802 RGZ 104, 1, 3.
803 So wohl auch *Oetker/Maultzsch*, § 8 Rn 162 u. § 2 Rn 322; *Putzo*, in: Palandt (61. Aufl.), vor § 459 a.F. Rn 8; a.A.: OLG Hamburg MDR 1966, 49; OLG München NJW 1953, 424.
804 Siehe dazu Rn 505; im Ergebnis gleich *Sprau*, in: Palandt, vor § 633 Rn 15 m.V.a. *Weidenkaff*, in: Palandt, § 437 Rn 54, die die Schadensersatzvorschriften direkt anwenden.
805 Vgl. Rn 505 ff.; BGH DB 1976, 958; *Oetker/Maultzsch*, § 8 Rn 165; *Sprau*, in: Palandt, vor § 633 Rn 13.
806 Vgl. ausführlich dazu *Lorenz/Riehm*, Rn 664 und Rn 575 ff.
807 BGH ZIP 1984, 962, 965.

Problematisch bleibt es dann aber, welcher Verjährung der Anspruch aus c.i.c. unterfallen soll. Während bei einer mangelunabhängigen Falschberatung die allgemeine Verjährung greift[808], nimmt die Rechtsprechung bei der falschen Beratung über die Beschaffenheit (Mangelfreiheit) der Sache die **kurze Verjährung** des Gewährleistungsrechts an.[809] Nur in besonderen Ausnahmefällen wird die **Regelverjährung** des § 195 BGB angenommen, und zwar dann, wenn der Unternehmer eine **selbstständige Beratungspflicht** übernommen hatte, die als gleichwertige und selbstständige - wenn auch nicht zwingend besonders vergütete - Pflicht angesehen werden kann.[810] In diesem Fall folgt der Anspruch allerdings nicht aus c.i.c., sondern aus pVV des Beratungsvertrags.

> **Hinweis für die Fallbearbeitung:** Es ist im Einzelfall nach dem Willen der Parteien und der Art des Vertragsschlusses zu überprüfen, ob ein besonderes Vertrauensverhältnis oder sogar eine eigenständige Beratungspflicht des Unternehmers bestand. Da für die Übernahme einer solchen *besonderen* Verpflichtung regelmäßig der Rechtsbindungswille des Unternehmers fehlen wird, ist bei ihrer Annahme eher restriktiv vorzugehen.

999 Soweit der Unternehmer allerdings **vorsätzlich** falsche Angaben zur Beschaffenheit des Werks gemacht hat, bestehen die Ansprüche des Bestellers aus c.i.c. mangels Schutzbedürftigkeit des Unternehmers (wie im Kaufrecht) neben den Gewährleistungsrechten (str.).[811]

1000 Bei Falschinformationen über **Rechtsmängel** sind die **gleichen Maßstäbe** anzusetzen wie bei **sachmangelbezogenen** Fehlinformationen.

3. Das Verhältnis zur Nebenpflichtverletzung, insbesondere i.S.d. §§ 280 I, 241 II BGB

1001 Wie im Kaufrecht[812] auch, muss im Werkvertragsrecht eine sorgfältige Abgrenzung vorgenommen werden, ob auf § 280 I BGB über § 634 Nr. 4 Var. 1 BGB verwiesen wird oder ein Fall besteht, der nicht der Verweisungsnorm unterfällt. Dies ist deshalb sehr wichtig, weil bei beiden Konstellationen eine unterschiedliche Verjährung gilt.

Insofern können Nebenpflichtverletzungen sowohl dem einen als auch dem anderen Institut unterfallen. Eine Abgrenzung ist nach den im Kaufrecht bereits ausgeführten Kriterien vorzunehmen, ob die Nebenpflichtverletzung in *einem inneren Zusammenhang zur Mangelhaftigkeit* (dann § 634 Nr. 4 Var. 1 BGB i.V.m. § 634a BGB) oder in *keinem* solchen *inneren Zusammenhang zur Mangelhaftigkeit* (dann §§ 280 I, 241 II BGB direkt i.V.m. §§ 194 ff. BGB) steht.

> **Hinweis für die Fallbearbeitung:** Es gibt zwischen Kauf- und Werkvertragsrecht eine Reihe von Übereinstimmungen hinsichtlich der Rechtsinstitute. Neben aller Vergleichbarkeit muss jedoch eindringlich davor gewarnt werden, die Abgrenzungen des Kaufrechts ohne Beachtung der Besonderheiten des Werkvertragsrechts zu übernehmen.
> Den Unternehmer treffen z.B. z.T. weitreichende **Aufklärungs- und Beratungspflichten** gegenüber dem Besteller. Solche Pflichten entstehen immer dann, wenn der Unternehmer gegenüber dem Besteller einen erheblichen Erfahrungs- und Sachwissensvorsprung hat. Wird diese Aufklärungspflicht verletzt und tritt deshalb durch den unsachgemäßen Umgang mit dem Werk später ein Mangel auf, obgleich das Werk im Zeitpunkt des Gefahrübergangs mängelfrei war, müssen sich die Rechte aus einer

808 BGH NJW 1985, 2472, 2473.
809 So zum alten Kaufrecht (§ 477 BGB a.F.) BGH NJW 1997, 3227, 3228.
810 BGH NJW 1999, 3192 ff.
811 BGH NJW 1999, 1404 ff. m.w.N.; ausführlich dazu Rn 522.; a.A. *Sprau*, in: Palandt, vor § 633 Rn 13.
812 Vgl. hierzu Rn 523 ff.

direkten Anwendung des § 280 I BGB ergeben, ohne dass ein Verweis über § 634 Nr. 4 Var. 1 BGB erfolgt.[813]

4. Das Verhältnis zum Deliktsrecht

a. Grundlagen

Ansprüche aus Delikt sind neben §§ 634 ff. BGB anwendbar[814], wenn durch die fehler- **1002**
hafte Ausführung des Werks auch zugleich ein absolutes Recht des Bestellers im Sinn des § 823 I BGB verletzt wird.

> **Beispiel:** Durch den Mangel werden schon vorhandene - bis dahin unversehrte - Teile des zu behandelnden Gegenstands beschädigt.[815]

Die Ansprüche aus §§ 823 ff. BGB unterliegen nicht den Vorschriften des § 634a BGB, sondern verjähren gem. §§ 195, 199 I, II, III BGB (unter Umständen erst nach dreißig Jahren). Es kann also für den Besteller günstiger sein, sich auf einen deliktischen Anspruch zu berufen. Das Problem dabei ist aber, dass §§ 823 ff. BGB - im Gegensatz zu §§ 633 ff. BGB - nicht das Äquivalenzinteresse, sondern allein das Integritätsinteresse schützen. Soweit also bloß ein mangelhaftes Werk erstellt wurde, liegt darin noch keine Rechtsgutsverletzung, die einen deliktischen Anspruch auslösen könnte.

b. Weiterfresserschaden

Schwierig wird die Problematik im Rahmen des so genannten „Weiterfresserschadens", **1003**
also bei der Frage, ob eine Rechtsgutsverletzung im Sinn des § 823 I BGB dann vorliegt, wenn ein Mangel an einem funktionell abgrenzbaren Teil des Werks vorliegt und dadurch das gesamte Werk beschädigt oder zerstört wird.

> **Beispiel:** Bei dem Bau eines Wintergartens ist eine Schraube mangelhaft eingeschraubt. Dadurch bricht der Wintergarten nach sieben Jahren auseinander, sodass ein Rückgriff auf das Gewährleistungsrecht wegen § 634a BGB nicht möglich ist. Streitig ist hier, ob der Hauseigentümer wegen des zerstörten Werks Ersatz aus § 823 I BGB fordern kann.

Der Besteller wird nach Ablauf der <u>gewährleistungsrechtlichen Verjährung</u> versuchen, **1004**
seinen Anspruch auf eine deliktische Anspruchsnorm zu stützen. Wie allerdings solche Fallkonstellationen zu lösen sind, ist entgegen der aus dem Bundesjustizministerium geäußerten Erwartung[816] weiterhin umstritten, wodurch diese Rechtsproblematik keinesfalls obsolet geworden ist. Sie wird wohl eher an Bedeutung gewinnen, um die durch die Beseitigung der pVV im Bereich der entfernten Mangelfolgeschäden entstandene Lücke auszugleichen.[817]

- Zunächst wurde hierzu vertreten, dass für solche Fälle die Verjährungsnorm des § 634a BGB auch auf das Deliktsrecht anzuwenden sei.[818] Hierdurch könnten Schäden nach § 823 I BGB zu einem späteren Zeitpunkt als dem in § 634a BGB normierten nicht mehr geltend gemacht werden.
- Teilweise wird nunmehr sogar vertreten, dass wegen einer Umgehung der spezielleren Verjährungsregelung des § 634a BGB die Anwendbarkeit des § 823 I BGB generell neben § 634 Nr. 4 BGB ausgeschlossen sei.[819]

---

[813] *Voit*, in: Bamberger/Roth, § 636 Rn 43.
[814] BGH NJW-RR 1996, 1121.
[815] BGHZ 96, 221, 228 ff.
[816] *Geiger*, JZ 2001, 474, 475.
[817] *Zimmermann/Leenen/Mansel/Ernst*, JZ 2001, 684, 692.
[818] Vgl. *Roth*, JZ 2001, 543, 544/551, der jedenfalls bei mangelbedingten Sachschäden eine Umgehung des § 634a BGB durch dessen entsprechende Anwendung auf §§ 823 ff. BGB für notwendig hält.
[819] Vgl. *Oetker/Maultzsch*, § 8 Rn 170.

- Eine sach- und interessengerechte Lösung ist u.E. jedoch entgegen den gerade aufgezeigten Ansichten nur möglich, wenn man zunächst gezielt auf das Tatbestandsmerkmal Eigentumsverletzung i.S.d. § 823 I BGB abstellt. Danach kann ein Anspruch nach § 823 I BGB nur dann vorliegen, wenn sich zum Zeitpunkt der Herstellung des vertraglichen Werks bereits Sachen, die später durch das mangelhafte Werk geschädigt werden, bereits mängelfrei im Eigentum des Bestellers befinden.[820]

Beispiel: A will seinen Wintergarten erweitern. Hierzu soll eine Fußbodenheizung eingebaut werden. Nachweislich ist der Wintergarten vor Einbau der Fußbodenheizung mängelfrei. Beim Einbau dieser Heizungsanlage unterläuft ein Fehler beim Verlegen der Heizungsschläuche, wodurch während des Heizungsbetriebs permanent Wasser austritt. Dieses zieht in den Holzaufbau des Wintergartens, sodass er von unten nach oben fault. Dieser Prozess wird jedoch erst nach sieben Jahren entdeckt. Der Wintergarten ist aufgrund dieser Mängel am Holz nunmehr akut einsturzgefährdet. Der Besteller der Werkleistung und zugleich Eigentümer des Wintergartens verlangt von dem Unternehmer, dass er wegen § 823 I BGB die Kosten für den Ersatz der schadhaften Holzteile trägt.

Anders ist hingegen zu urteilen, wenn es letztlich nur um den Mangel des Werks selbst geht. Hieran hat der Besteller zu keinem Zeitpunkt ein mangelfreies Eigentum erlangt, wodurch eine Eigentumsverletzung durch die Verursachung des Mangels tatbestandlich nicht vorliegen kann.

Beispiel: In Abänderung des obigen Beispiels besteht nur ein Mangel an der Fußbodenheizung, wohingegen der Holzaufbau nicht angegriffen wurde. Soll also nicht wie oben Ersatz für die Holzteile, sondern sollen nur die Kosten für die Reparatur der mangelhaften Fußbodenheizung verlangt werden, geht dieses Begehren ins Leere, da der Besteller zu keinem Zeitpunkt Eigentum an einer mangelfreien Fußbodenheizung erlangt hat, wodurch keine Eigentumsverletzung vorliegen kann.

Hinweis für die Fallbearbeitung: Wird der Schadensersatzanspruch im Übrigen auf § 831 BGB wegen der Haftung für den Verrichtungsgehilfen gestützt, muss zusätzlich beachtet werden, dass es die Möglichkeit der Exkulpation nach § 831 I S. 2 BGB gibt.

Wenn nach den vorgenannten Kriterien festgestellt wurde, dass grundsätzlich ein Anspruch nach § 823 I BGB tatbestandlich vorliegt, muss u.E. weiter danach differenziert werden, zu welchem Zeitpunkt der Schaden eingetreten ist, also ob die Verjährung des § 634a BGB eingreift. Ist das Gewährleistungsrecht des Werkvertrags noch nicht verjährt, bedarf es wie im Kaufrecht auch im Werkvertragsrecht für derartige Schäden einer **Konkurrenzlösung**. Mit ähnlichen Argumenten wie im Kaufrecht ist auch im Werkvertragsrecht eine Anwendbarkeit des Deliktsrechts vor Verjährung des Gewährleistungsrechts auszuschließen. Zwar kennt das Werkrecht das Rechtsinstitut der Selbstvornahme, jedoch ist zu berücksichtigen, dass dieses an eine Selbstvornahme des Bestellers spezielle Voraussetzungen setzt. Wie im Kaufrecht geht die Nacherfüllung durch den Unternehmer der Selbstvornahme durch den Besteller vor. Erst wenn die besonderen Ausnahmemöglichkeiten der §§ 637 II, 323 II BGB vorliegen, kann auf die Selbstvornahme zurückgegriffen werden. Beim Deliktsrecht können jedoch, wie beim Kaufrecht ausgeführt wurde, auch die Beseitigungskosten im Rahmen einer Reparatur durch einen Dritten geltend gemacht werden. Wenn man neben dem Gewährleistungsrecht also das Deliktsrecht zuließe, käme es zu einer Umgehung des strengeren Gewährleistungsrechts und demnach zu einer Perpetuierung des vom Gesetzgeber gewollten Gewährleistungsrechts.

---

[820] So schon *Voit*, in: Bamberger/Roth, § 634 Rn 31.

5. Das Verhältnis zum Produkthaftungsgesetz

Sofern neben vertraglichen Ansprüchen auch solche aus **§ 1 ProdHaftG** vorliegen, sind diese nebeneinander anwendbar. Die Verjährung für Letztere richtet sich nach § 12 ProdHaftG. Als Umsetzung des Abkommens über den europäischen Wirtschaftsraum hat das ProdHaftG **zwingende Wirkung**. Gleichsam wie im Deliktsrecht bleibt die Verjährung des § 12 ProdHaftG damit auch dann bestehen, wenn zugleich Ansprüche aus §§ 634 ff. BGB gegeben sind. Die auch hier kritisierten Wertungswidersprüche, dass dadurch die Verjährung des § 634a BGB[821] unterlaufen werden könne, sind damit hinzunehmen. 1005

6. Das Verhältnis zu den Leistungsstörungsrechten anderer Vertragstypen

Probleme können auch dann auftreten, wenn ein Werkvertrag mit einem **Kaufvertrag** gekoppelt wird. Vereinbaren U und B z.B., dass U auf seinem Grundstück ein Haus errichtet und erst danach das Grundstück an B übereignen soll, ist fraglich, welcher Vertragstyp vorliegt. Auf der Primärebene ist dabei noch unerheblich, ob ein reiner Kauf-, Werk- oder ein kombinierter Kauf- und Werkvertrag vorliegen. Auf der Sekundärebene dagegen ist zwischen den verschiedenen Gewährleistungsrechten zu differenzieren. Für Mängel am Haus greift grundsätzlich das Werkrecht. Hinsichtlich des Grundstücks dagegen ist das Kaufrecht anwendbar. Dies ist v.a. bei der Verjährung von Bedeutung, weil bei Grundstücksmängeln die kurze Verjährung des § 438 I Nr. 3 BGB und nicht die lange des § 634a I Nr. 2 BGB greift.[822] Ein solches Ergebnis macht schon deshalb Sinn, weil der Unternehmer ansonsten zunächst das Grundstück verkaufen würde und erst danach zu einem separaten Werkvertrag bereit wäre. 1006

X. Verjährung

Bei den Verjährungsvorschriften des § 634a BGB hat der Gesetzgeber teilweise das **objektive System** beibehalten, bei welchem die Verjährung mit der Abnahme beginnt (§ 634a II BGB) und teilweise auf das **subjektive System** abstellt, wonach die Frist erst durch die Kenntnis des Mangels bzw. durch grob fahrlässige Unkenntnis (§§ 634a I Nr. 3, 195, 199 I BGB) zu laufen beginnt. Darüber hinaus musste er besondere Vorschriften für den Rücktritt und die Minderung schaffen (§ 634a IV und V BGB), da diese nicht mehr als Ansprüche[823], sondern als Gestaltungsrecht geregelt sind. Die Wirkung der Verjährung besteht in einer **rechtshemmenden Einrede** des Unternehmers, § 214 I BGB. Wenn der Unternehmer allerdings vergisst, die Einrede zu erheben, und er trotz der Verjährung leistet, kann er das Geleistete *nicht* zurückverlangen. Dies ordnet § 214 II BGB an. Die Vorschrift korrespondiert mit § 813 I S. 2 BGB, wonach zwar grundsätzlich das auf eine einredebehaftete Forderung Geleistete zurückverlangt werden kann, aber nicht, wenn es sich um die Einrede der Verjährung handelt. 1007

[821] *Roth*, JZ 2001, 543, 544.
[822] OLG Karlsruhe NJW 1991, 1836.
[823] Vgl. § 634 BGB a.F. (Anspruch auf Wandelung oder Minderung).

1. Werkvertragliche Verjährung nach dem objektiven System bei *Ansprüchen*, §§ 634a I Nr. 1 und 2, II, 634 Nr. 1, 2 und 4 BGB

a. Kurze Verjährung, § 634a I Nr. 1 BGB

1008 **§ 634a I Nr. 1 i. V. m. II BGB** erfasst die Verjährung von **Ansprüchen** (§ 634 Nr. 1, 2 und 4 BGB), die bei einem Werk, dessen Erfolg in der Herstellung, Wartung oder Veränderung einer **Sache** oder in der Erbringung von Planungs- oder Überwachungsleistungen bestehen.

1009 Damit richtet sich die Verjährung auch bei Planungs- und Überwachungsleistungen danach, worauf sich diese Leistungen beziehen und worin sie sich schließlich verkörpern (dazu sogleich unter bb.).[824] Die Frist beträgt in diesen Fällen **zwei Jahre** und beginnt gem. § 634 II BGB mit der **Abnahme** oder einer ernsthaften und endgültigen Abnahmeverweigerung. § 200 BGB ist insoweit verdrängt und findet keine Anwendung, weil „ein anderer Verjährungsbeginn" als der des § 200 BGB „bestimmt ist". Ob der Besteller den Mangel innerhalb der zwei Jahre erkannte oder überhaupt erkennen konnte, ist unbeachtlich; dieses Risiko wird ihm durch die kurze, objektive Verjährung übertragen.[825] Ebenso ist es unerheblich, ob der Unternehmer den Mangel zu vertreten hat; eine längere Frist hielt der Gesetzgeber in solchen Fällen für nicht erforderlich.[826]

> **Beispiel**: Besteller B nimmt am 1.4.2013 sein repariertes Kfz von U entgegen. Die Reparatur ist mangelhaft erfolgt; B erkennt dies aber erst am 2.4.2015. Die Frist beginnt gem. § 634a II BGB mit der Abnahme, also am 1.4.2013. Dieser Tag wird jedoch gem. § 187 I BGB noch nicht mitgerechnet; der Beginn des Fristlaufs ist damit am 2.4.2013. Gemäß § 188 II BGB endet die Frist am 1.4.2015. B kann keine Ansprüche mehr gegen U durchsetzen, selbst wenn der Mangel durch eine schuldhafte Pflichtverletzung entstanden wäre.

b. Lange Verjährung, § 634a I Nr. 2 BGB

1010 Bei **Bauwerken** und Werken, deren Erfolg in der Erbringung von Planungs- oder Überwachungsleistungen hierfür besteht, gelten im Grunde die gleichen Regelungen wie unter aa. mit der Modifikation, dass die Frist statt zwei Jahre **fünf Jahre** beträgt, § 634a I Nr. 2 BGB.

1011 Unter dem Begriff eines **Bauwerks** ist nicht allein die Errichtung eines *Gebäudes* zu verstehen. Der Begriff ist hier **weiter auszulegen** als in § 94 BGB.[827] Mit umfasst sind neben Tiefbauten wie Straßen auch Brücken, Gleisanlagen, Tunnel oder größere ortsfeste technische Anlagen wie Flutlichtmasten o.Ä.[828] Ebenfalls ist der Begriff des Bauwerks **nicht** auf die Neuherstellung **beschränkt**. So können auch Um-, An- und Einbauten darunter subsumiert werden, wenn sie für die Konstruktion, den Bestand, die Erhaltung oder Benutzbarkeit des Gebäudes von wesentlicher Bedeutung sind und mit ihm fest verbunden werden.

> **Beispiele**: Dachreparatur[829], Verlegen eines Spezialfußbodenbelags[830], Teppichverlegung mittels eines Klebers[831], Einbau einer serienmäßigen Küche unter Anpassung an die Wünsche des Bestellers[832], Umbau einer Scheune in einen Schweinestall[833], umfangreiche Ma-

---

[824] Vgl. dazu schon vor der Reform 2002 BGH NJW 1999, 2434 ff.
[825] *Leenen*, JZ 2001, 553, 554; *Zimmermann/Leenen/Mansel/Ernst*, JZ 2001, 684, 688.
[826] Kritisch dazu *Leenen*, JZ 2001, 553, 556.
[827] BGH NJW 1999, 2434, 2435.
[828] Vgl. auch BGH NJW-RR 1992, 849; *Craushaar*, NJW 1975, 993 ff.
[829] BGHZ 19, 319 ff.
[830] BGHZ 53, 43 ff.
[831] BGH NJW 1991, 2486.
[832] BGH NJW-RR 1990, 787, 788.
[833] Hamm NJW-RR 1989, 1048.

lerarbeiten, die im Rahmen eines grundlegenden Umbauvorhabens der vollständigen Renovierung eines Hauses dienen[834]

Gegenbeispiele: Anbringung von Licht- oder Reklameschildern an einem Geschäftshaus[835], Installation einer Wärmepumpe in einer Heizungsanlage[836] oder übliche Instandhaltungs- oder Ausbesserungsarbeiten[837]

Auch die Arbeiten von Subunternehmern stellen Arbeiten an einem Bauwerk dar, wenn sie Gegenstände für das Bauwerk (also Errichtung oder grundlegende Erneuerung) bearbeiten. Dies ist selbst dann der Fall, wenn die Arbeiten nicht auf der Baustelle direkt erfolgen.[838] **1012**

Beispiel: Unternehmer U1 soll mehrere städtische Schwimmbadanlagen von Grund auf erneuern und dabei neue Filteranlagen in die Schwimmbäder einbauen. Dafür gab er zunächst seine Materialien zu U2, damit dieser die Filter von innen mit einer Spezialbeschichtung versehen sollte. Nachdem er das Werk von U2 abgenommen hatte, baute er die Anlagen ein. Vier Jahre später stellt sich heraus, dass die Filteranlagen mangelhaft arbeiten, weil die Innenbeschichtung mangelhaft war. Die Schwimmbadbetreiber gehen mit Erfolg gegen U1 vor. Dieser möchte seinerseits gegen U2 vorgehen, der sich aber auf Verjährung beruft.

Man könnte hier die kurze Verjährung zugunsten des U2 annehmen, weil er direkt nichts mit dem Bauwerk zu tun hatte. Er hat bewegliche Sachen (die Filter) von U1 bekommen und diese verändert. Nach der Rechtsprechung allerdings ist hier auch bei der Arbeit des U2 von einem Bauwerk auszugehen, weil ersichtlich Teile für das Bauwerk zu bearbeiten waren. Es gilt damit die **lange Verjährung** (fünf Jahre ab Abnahme der Beschichtungsarbeiten).

Gemäß § 634a I Nr. 1 und 2 BGB verjähren die Planungs- und Überwachungsarbeiten in der Frist, die bei den Werken gilt, auf die sich die Planungs- und Überwachungsarbeiten beziehen. **1013**

Beispiel[839]: U1 soll für den Geschäftsmann G ein Autohaus mit fest integrierter Hebebühne bauen. Für diese Hebebühne gibt er dem Ingenieur U2 einen Konstruktionsauftrag. U2 erstellt einen genauen Plan, wie die Hebebühne zu konstruieren und einzubauen ist. Dabei unterlaufen ihm Fehler.

Auch hier gilt die lange Verjährung, da sich die Planungsarbeit des U2 später in einem Bauwerk verkörpert.

Hinweis für die Fallbearbeitung: Dass bei Planungsarbeiten die gleiche Verjährung gilt wie bei den Werken, in denen sie sich verkörpern, bedeutet aber *nicht*, dass diese Arbeiten *akzessorisch* mit den Ansprüchen bezüglich des anschließenden körperlichen Werks verjähren. Im vorbezeichneten Beispielsfall verjähren die Ansprüche des U1 gegen den Ingenieur U2 fünf Jahre nach Abnahme der Konstruktionsanleitung. Unerheblich ist dagegen, wann die Hebebühne gebaut und abgenommen wird und wann eventuelle Ansprüche des G gegen U1 verjähren.

---

834 BGH NJW 1993, 3195.
835 OLG Hamm NJW-RR 1990, 789; vgl. aber OLG Hamm NJW-RR 1995, 213.
836 Köln NJW-RR 1995, 337, 338.
837 Hamm NJW-RR 1999, 462.
838 Vgl. BGH DB 2002, 2215; BGH NJW-RR 1990, 1108; BGHZ 72, 206, 209.
839 In Anlehnung an BGH NJW 1999, 2434 f.

2. Regelmäßige Verjährung gem. §§ 634a I Nr. 3, 195 ff. BGB

1014 Für alle nicht von § 634a I Nr. 1, 2 BGB erfassten Werke gelten die allgemeinen Verjährungsvorschriften. Die Frist beginnt grundsätzlich mit Ablauf des Jahres, in welchem der Besteller Kenntnis vom Mangel erlangte oder den Mangel grob fahrlässig nicht erkannte, § 199 BGB.[840] Dabei sind allerdings die objektiven Höchstgrenzen des § 199 II bis IV BGB zu beachten. Unter § 634a I Nr. 3 BGB fallen sämtliche **unkörperlichen Werke** wie z.B. die Erstellung eines Aufsatzes, Gutachtens. Auch fallen darunter die sog. **Software-Pflegeverträge**.[841] Nicht dazu gehört allerdings die Erstellung von Computerprogrammen, sog. Softwareüberlassungsverträge; bei ihnen wird regelmäßig nicht das Werk-, sondern das Kaufrecht angewendet, jedenfalls bei Standardsoftware.[842]

3. Besonderheiten bei Arglist, § 634a III BGB

1015 In § 634a III BGB finden sich besondere Regelungen für die Fälle des § 634a I Nr. 1, 2 und II BGB, also für die Fälle der Verjährung nach dem objektiven System. Sofern der Unternehmer den Mangel arglistig verschweigt bzw. die Mangelfreiheit arglistig vortäuscht, gilt in diesen Fällen die regelmäßige Verjährung nach dem subjektiven System (§§ 195 ff. BGB: 3 Jahre ab Kenntnis). Dies hat für den Besteller grundsätzlich Vorteile. Im Hinblick auf die Fälle des § 634a I Nr. 1 BGB verlängert sich die Frist damit um ein Jahr und der Beginn der Frist fällt erst auf das Ende des Jahres, in welchem er den Mangel erkannte oder grob fahrlässig nicht erkannte, § 199 BGB. Bezüglich der Ansprüche i.S.d. § 634a I Nr. 2 BGB dagegen hat er lediglich den Vorteil des subjektiven Systems. Dabei ist es aber möglich, dass die Regelverjährung auch schon *vor* Ablauf der fünf Jahre abläuft. Für diesen Fall bestimmt § 634a III S. 2 BGB, dass dann die Fünfjahresfrist gilt.

Beispiel: Unternehmer U hat für Besteller B ein Bauwerk errichtet, welches mangelhaft ist. Zuvor hatte er B diesen Mangel arglistig verschwiegen. Kurz nach der Abnahme im Jahr 2010 erkannte B den Mangel. Erst im Jahr 2014 will B gegen U vorgehen; dieser beruft sich auf Verjährung. Da U arglistig handelte, gilt an sich § 634a III BGB. Die Frist läuft damit gem. § 195 BGB drei Jahre und beginnt Ende 2012, § 199 I BGB. Ende 2015 würden damit sämtliche Ansprüche verjährt sein. Gemäß § 634a III S. 2 BGB greift aber nunmehr die Frist des § 634 I Nr. 2, II BGB. Damit läuft die Frist ab der Abnahme fünf Jahre und B kann bis 2017 Ansprüche geltend machen.

4. Besonderheiten für die Gestaltungsrechte, § 634a IV, V BGB

1016 Gemäß § 634a IV und V BGB wird für die Gestaltungsrechte - Rücktritt und Minderung - die Geltung von § 218 BGB angeordnet. Nach dieser Vorschrift, § 218 I S. 1 BGB, ist die Ausübung des Gestaltungsrechts unwirksam, wenn der Anspruch auf Nacherfüllung verjährt ist. Damit wurden **Rücktritts- und Minderungsrecht** unmittelbar **an das Schicksal des Nacherfüllungsanspruchs gekoppelt**. Es gelten insoweit vollumfänglich die obigen Ausführungen unter a. bis c. Sind die dortigen Rechte verjährt, sind die Gestaltungsrechte ausgeschlossen.

Sofern der Unternehmer aber die Nacherfüllung nicht zu erbringen braucht (§§ 275 I bis III; 635 III BGB), könnte man annehmen, dass dann auch die Gestaltungsrechte das **gleiche Schicksal** teilen und nicht mehr ausgeübt werden können. Allerdings sieht § 218 I S. 2 BGB vor, dass die beiden Rechte auch dann mit der Verjährung eines **fikti-**

---

[840] Ausführlich dazu *Witt*, JuS 2002, 105, 106 ff.

[841] Zur Rechtsnatur und zu Arten des Software-Pflegevertrags vgl. *Hering*, CR 1991, 398 ff.; *Bartsch*, NJW 2002, 1526 ff. meint, die Einordnung eines Software- Pflegevertrags als Werk- oder Dienstvertrag sei nicht ergiebig. Bei Leistungsstörungen sei regelmäßig nicht das Gewährleistungsrecht, sondern das Verzugs- oder Unmöglichkeitsrecht anzuwenden.

[842] BGH NJW 1988, 406 ff.; vgl. auch *Marly*, Praxisbuch Softwarerecht, Rn 1190. Bei Individualsoftware ist dagegen das Werkrecht anwendbar (*Marly*, a.a.O. Rn 1190); a.A. *Raab*, in: Dauner-Lieb/Heidel/Lepa/Ring, § 9 Rn 68.

ven Nacherfüllungsanspruchs ausgeschlossen sind. Maßgeblich für die Gestaltungsrechte ist demnach die Verjährung, die für einen durchsetzbaren Anspruch gelten *würde*. § 218 II BGB sieht darüber hinaus auch bei den Gestaltungsrechten vor, dass das trotz einer Verjährung Geleistete nicht mehr zurückverlangt werden kann, § 214 II BGB.

XI. Maßgeblicher Zeitpunkt für die Rechte aus § 634 BGB

1. Grundsätzlich Gleichlauf mit dem Kaufvertrag (ab Gefahrübergang)

Wie im Kaufrecht ist auch beim Werkvertrag von besonderer Bedeutung, ***ab wann*** dem **1017** Besteller die Rechte des § 634 BGB zustehen und in welchem Verhältnis die Gewährleistungsrechte dann zu den **allgemeinen Vorschriften** (§§ 280 ff., 323, 326 V, 311a II BGB) stehen.

Der Gesetzgeber hat sich entschieden, das Gewährleistungsrecht im Kauf- (vgl. §§ 437 **1018** ff. BGB) und im Werkvertragsrechts (vgl. §§ 634 ff. BGB) weitgehend unter besonderer Beachtung der Besonderheiten des Werkvertrags gleich auszugestalten. Insoweit ist u.E. ein Gleichlauf der Rechtsinstitute bei den beiden Typenverträgen zu fordern. Hieraus folgt, dass die Gewährleistungsrechte des § 634 BGB grundsätzlich erst dann eingreifen, wenn ein Gefahrübergang stattgefunden hat.[843] Der Gefahrübergang richtet sich nach den Regeln zur Abnahme des Werks. Maßgeblich für die Beantwortung, wann ein Werk abgenommen wurde, sind §§ 644, 646 BGB.

2. Keine Ausnahme beim Werkvertrag bzgl. Selbstvornahmerecht

Auch bezüglich des Selbstvornahmerechts ist keine Ausnahme zu den oben aufgestellten **1019** Thesen zu machen.[844]

Zwar erkennt der Gesetzgeber im Gegensatz zum Kaufrecht im Werkvertragsrecht das Recht zur Selbstvornahme in § 637 BGB an. Dieses besondere Recht gibt dem Besteller, wie bereits ausführlich dargestellt wurde, die Möglichkeit, den Mangel selbst zu beseitigen, wenn die Voraussetzungen dafür vorliegen. Hierdurch kann der Besteller vor allem finanziellen und organisatorischen Gefahren vorbeugen.

Aber es besteht kein Grund, diesen Regelungsgehalt in die Zeit vor die Abnahme auszudehnen, da § 640 II BGB die Möglichkeit gibt, sich die jeweiligen Rechte vorzubehalten. Der Besteller verliert also seine Rechte nicht, wenn er trotz Kenntnis vom Mangel eine Abnahme vornimmt. Der Besteller wird durch dieses Vorgehen zudem in der Folgezeit nicht schlechter gestellt, da er seine Rechte aus der Gewährleistung im vollen Umfang geltend machen kann. Unter Umständen kann in Einzelfällen zwar eine zeitliche Verzögerung eintreten; diese Verzögerung rechtfertigt jedoch nicht, die Selbstvornahme entgegen der Teleologie des Gesetzes auf einen Zeitpunkt vor der Abnahme auszudehnen. Denn die Teleologie sieht vor, zunächst dem Unternehmer die Möglichkeit zu eröffnen, die Organisation zur Produktion eines vertragsgemäßen Werks zu treffen sowie die Umsetzung dieser Organisation zu planen und durchzuführen. Demnach ist auch bzgl. der Selbstvornahme keine Ausnahme vom Gefahrübergang zu machen. Erst wenn das Werk erbracht und abgenommen wurde, kann der Besteller nach dem Willen des Gesetzgebers die weiteren Rechte geltend machen.

---

[843] Vgl. *Peters/Jacoby*, in: Staudinger (2014), § 634 Rn 11; wohl auch *Schwenker*, in: MüKo^3, § 635 Rn 3; *Voit*, in: Bamberger/Roth, § 634 Rn 3; a.A. *Sprau*, in: Palandt, vor § 633 Rn 7, der weitergehend auch dann die Rechte des § 634 BGB anwenden will, wenn offensichtlich ist, dass der Unternehmer seine Leistung nicht ordentlich erbringen werde oder wolle und diese auch nicht mehr vertragsgerecht erbracht werden könne; *Busche*, in: MüKo, § 635 Rn 5.

[844] Dagegen aber *Voit*, in: Bamberger/Roth, § 634 Rn 23.

XII. Gefahrtragung

1020 §§ 644, 645 BGB beinhalten Sondervorschriften zur Gefahrtragung beim Werkvertrag, wodurch das Schicksal der Gegenleistung (Zahlung des Werklohns) beim **zufälligen** (also von keiner Seite zu vertretenden)[845] Untergang oder der zufälligen Verschlechterung des Werks geregelt wird. Mit „Gefahr" ist dabei die sog. **Gegenleistungs**- oder **Preisgefahr** gemeint.

Beispiel: Der Unternehmer U hat dem Besteller B sein Dach gedeckt. Nach der Abnahme (nach Gefahrübergang, § 644 I BGB) wird das Haus durch einen Blitzschlag zerstört. Gemäß § 644 I BGB trägt der Besteller die Gefahr des zufälligen Untergangs des Werks; er muss also den vollen Werklohn zahlen.

1. Leistungsgefahr

1021 Von der Preisgefahr ist die **Leistungsgefahr** zu unterscheiden. Diese betrifft die Frage, wann der Unternehmer von seiner Pflicht zur Erbringung eines mangelfreien Werks befreit ist.

1022 Über die Leistungsgefahr entscheidet **§ 275 BGB**. Grundsätzlich kann sich der Unternehmer beim Vorliegen der dortigen Voraussetzungen darauf berufen, ein mangelfreies Werk nicht mehr erbringen zu müssen. Sofern er bereits einmal geleistet hat und damit **§ 635 III BGB** anwendbar ist, steht ihm ein weiteres Verweigerungsrecht gegenüber dem Besteller zu.

1023 Daneben können aber auch die **Regelungen über die Preisgefahr** (§ 644 BGB) **Auswirkungen auf die Leistungsgefahr** haben. Denn wenn die Preisgefahr auf den Besteller übergeht, können **danach** eintretende, *zufällige* Verschlechterungen (oder der *zufällige* Untergang) naturgemäß nicht mehr zu einer erneuten Pflicht der Werkerstellung bzw. Mangelbeseitigung führen. Man kann insofern davon sprechen, dass sämtliche Ansprüche allein aus *dem* Werk folgen können, wie es *sich im Zeitpunkt des Gefahrübergangs konkretisiert* hat. Diese Auswirkung der Preis- auf die Leistungsgefahr findet in den Fällen der Abnahme (§ 644 I S. 1 BGB), des Annahmeverzugs (§ 644 I S. 2 BGB) und der Versendung (§ 644 II BGB) statt.

Beispiele:

(1) Unternehmer U hat für B ein Gutachten erstellt. Es wurde vereinbart, dass B das Werk am 2.1.2015 bei U abholt und abnimmt. B vergisst diesen Termin. In der folgenden Nacht werden das Gutachten und sämtliche Kopien von einem Dieb aus dem Haus des U gestohlen. B verlangt ein neues Gutachten. ⇨ Hier ist die Gefahr gem. §§ 644 I S. 2, 293 ff. BGB auf B übergegangen, weil er sich im Zeitpunkt des Untergangs im Annahmeverzug befand.

(2) Unternehmer U hat für B ein Haus errichtet. Am 5.1.2015 nahm B das Werk ab. Nach einigen Tagen stellt er fest, dass der Fußboden mangelhaft verlegt wurde. Darüber hinaus ist durch einen umstürzenden Baum am 6.2.2015 das Dach beschädigt worden. Er verlangt Nacherfüllung bezüglich beider Mängel. ⇨ U ist zur Reparatur des Fußbodens verpflichtet; ein Ausschluss der Gewährleistungsrechte (insbesondere § 640 II BGB) ist nicht ersichtlich. Bezüglich des Daches dagegen trug B die Leistungsgefahr (§ 644 I BGB), sodass U keine Nacherfüllung zu erbringen hat.

---

[845] Sofern eine der Parteien ein Verschulden trifft, sind §§ 644, 645 BGB nicht anwendbar (*Busche*, in: MüKo, § 644 Rn 12).

2. Preisgefahr

Die **Preisgefahr** ist der eigentliche Regelungsgegenstand der §§ 644, 645 BGB. Vor dem Gefahrübergang trägt grundsätzlich der Unternehmer das **volle Risiko** seiner Vergütung. Dies ist die Folge der Erfolgsbezogenheit des Werkvertrags. 1024

Beispiel: U2 wird von U1 beauftragt, einige Filteranlagen für Schwimmbäder mit einer Spezialbeschichtung zu versehen. Nachdem U2 sein Werk vollbracht hat, bricht bei ihm ein Feuer aus und vernichtet die Filteranlagen. U2 kann seinen Werklohn für die getane Arbeit nicht verlangen, weil er die Preisgefahr trug.

a. § 644 I S. 1 und 2, II BGB

Diese Gefahr geht gem. § 644 **I S. 1** BGB mit der **Abnahme** über. Gemäß § 644 **I S. 2** BGB erfolgt der Gefahrübergang im Zeitpunkt des **Annahmeverzugs** des Bestellers, §§ 293 ff. BGB, vgl. auch § 300 II BGB. Darüber hinaus verweist § 644 **II** BGB auf die Vorschrift des **§ 447 BGB**. Danach geht die Gefahr auch dann auf den Besteller über, wenn der Unternehmer das Werk auf dessen Wunsch nach einem anderen Ort als dem Erfüllungsort **versendet**. 1025

Beispiel: U hat für B dessen Kfz repariert. B bittet U, ihm den Wagen nach X zu transportieren, weil er selbst keine Zeit habe, das Kfz abzuholen. U übergibt das Auto an einen Spediteur. Auf der Fahrt wird der LKW des Spediteurs von einem anderen LKW angefahren. Dabei kommt es zu einem Brand, bei dem der PKW des B zerstört wird. U verlangt Zahlung seines Werklohns. Wegen **§§ 644 II, 447 BGB** ist die Gefahr auf B übergegangen. Er ist damit nicht von seiner Pflicht frei geworden und U kann die Zahlung verlangen.

b. § 644 I S. 3 BGB

Die Vorschrift des § 644 I S. 3 BGB normiert, dass der Unternehmer für den zufälligen Untergang oder die Verschlechterung eines vom Besteller gelieferten Stoffs nicht verantwortlich ist. Diese Vorschrift stellt nur klar, was sich ohnehin aus dem Gesetz ergibt. Wenn der Unternehmer einen Stoff des Bestellers bearbeitet, hat er für die Verschlechterung oder den Untergang nur dann einzustehen, wenn er aus § 280 BGB (§§ 276, 278 BGB) oder §§ 823, 831 BGB haftet. Für einen zufälligen Untergang dagegen haftet er nicht. Er muss also keinen Schadensersatz leisten. 1026

Beispiel: Besteller B übergibt U sein Kfz und Materialien, mit denen U das Fahrzeug reparieren soll. In der Nacht wird alles gestohlen, obwohl U sein Geschäft gut verschlossen hatte. U muss nicht für den Verlust haften. Dies folgt schon daraus, dass mangels Verschuldens keine Anspruchsnorm erfüllt ist. § 644 I S. 3 BGB stellt dies klar. Da aber U noch die Preisgefahr trug, kann er auch keine Vergütung verlangen.

c. § 645 I BGB

Daneben regelt § 645 I BGB **zwei weitere Ausnahmen** von dem Grundsatz, dass bis zur Abnahme grundsätzlich der Unternehmer die **Preisgefahr** trägt. Aus Billigkeitsgründen wird hier eine Risikoverteilung zwischen den Parteien vorgenommen, wenn das Werk vor der Abnahme 1027

- infolge eines Mangels des vom Besteller gelieferten Stoffs
- oder infolge einer vom Besteller für die Ausführung des Werks erteilten Anweisung

untergegangen, verschlechtert oder unausführbar geworden ist. In einem solchen Fall kann der Unternehmer zumindest einen der geleisteten Arbeit entsprechenden Teil der Vergütung und Ersatz der Aufwendungen verlangen. Etwas anderes gilt natürlich dann, wenn eine der beiden Parteien ein Verschulden trifft, vgl. § 645 I S. 1 und II BGB.

> **Hinweis für die Fallbearbeitung**: Der Wortlaut des § 645 I BGB scheint darauf hinzuweisen, dass die Norm auch Einfluss auf die *Leistungsgefahr* hätte. Denn wenn der Unternehmer einen der geleisteten Arbeit entsprechenden Teil der Vergütung verlangen kann, könnte man erwägen, dass nunmehr die Erbringung des Werks nicht mehr geschuldet wird und sich der Unternehmer mit dem teilweisen Lohn begnügen muss. Dies trifft indes nicht zu. Der **Unternehmer** ist in den Grenzen von Treu und Glauben **verpflichtet**, den Schaden zu beseitigen und **das Werk zu Ende zu bringen, wenn dessen Herstellung noch möglich ist**. Er kann dann für die Schadensbeseitigung Zug um Zug eine zusätzliche Vergütung verlangen, die nach den Maßstäben des Vertrags zu ermitteln ist.

aa. Mangelhafter Stoff oder mangelhafte Anweisung des Bestellers

1028 Voraussetzung für die Anwendbarkeit des § 645 I BGB sind der Mangel eines vom Besteller gelieferten Stoffs oder der einer Anweisung des Bestellers zur Ausführung des Werks.

1029 Beim **Stoff** kann es sich um Materialien in allen Bereichen der Werkherstellung handeln. Erfasst sind also die Stoffe, mit denen das Werk hergestellt wird (Baumaterialien), an denen das Werk vorzunehmen ist (zu reparierendes Kfz, Baugrundstück) oder die bei der Herstellung verwendet werden (Werkzeug).

1030 Die für § 645 I BGB erforderliche **Mangelhaftigkeit** des Stoffs ist in gleicher Weise zu bestimmen wie der Mangelbegriff des Gewährleistungsrechts. Der BGH[846] hat die Anwendung dieser Regelung auch auf Fälle ausgedehnt, in denen das Werk an oder mit Hilfe einer **Person** - oder dem Besteller selbst - herzustellen ist.

> **Beispiel**: Der Besteller B will sich von U ein großes Bild auf seinen Rücken tätowieren lassen. Nach der Hälfte des Werks stellt sich heraus, dass B gegen die Farbe stark allergisch ist. Das Bild kann daher nicht vollendet werden.
>
> U kann jedenfalls eine Teilvergütung i. S. d. § 645 I BGB verlangen.

1031 Eine **Anweisung** ist die eindeutige Aufforderung des Bestellers an den Unternehmer, die geschuldete Leistung in bestimmter Weise auszuführen, ohne dass der Unternehmer eine andere Wahl hat.[847]

1032 Die Anweisung ist damit nicht ein bloßer Wunsch des Bestellers, dem der Unternehmer nachkommen kann oder nicht, sondern eine Willenserklärung, die auf eine eindeutige Rechtsfolge zielt.

> **Beispiel**: Der Unternehmer U baut für B ein Haus. B gibt U eindeutig vor, welche Subunternehmer er einzusetzen hat. Wird aufgrund eines Verhaltens des Subunternehmers das Werk unausführbar, kann U - der noch die Preisgefahr trägt - eine Teilvergütung verlangen.

bb. Kausalität

1033 Weiterhin müssen der mangelhafte Stoff oder die fehlerhafte Anweisung kausal für die Verschlechterung oder Unausführbarkeit des Werks sein.

---

[846] BGHZ 60, 14, 16 ff.
[847] BGH BauR 1975, 421, 422.

cc. Kein Verschulden

Schließlich setzt § 645 I BGB voraus, dass den Unternehmer und den Besteller kein Verschulden trifft. 1034

Der **Besteller** hat dabei entsprechend den Grundsätzen der §§ 276 ff. BGB ein Verschulden zu vertreten. Hat er in diesem Sinne schuldhaft gehandelt, wird über § 645 II BGB seine weitergehende Haftung ausdrücklich vorbehalten. Damit ist vor allem die Anwendbarkeit des § 326 II BGB angesprochen, wonach der Unternehmer seinen Vergütungsanspruch dann behält, wenn der Besteller allein oder weit überwiegend für die Unausführbarkeit verantwortlich ist.

Tritt allerdings zu dem Verschulden des Bestellers ein weiteres Verschulden des **Unternehmers** hinzu, ist § 645 I BGB nicht anwendbar. Damit ist der Anwendungsbereich des § 645 I BGB nur dann eröffnet, wenn der Umstand, der zum Untergang, zur Verschlechterung oder zur Unausführbarkeit geführt hat, ausschließlich aus der Sphäre des Bestellers herrührt. Das Verschulden des Unternehmers geht insoweit über den Anwendungsbereich des § 276 BGB hinaus und erfasst jedes objektiv pflichtwidrige Verhalten (str.).[848] In dem Fall seines (Mit)Verschuldens bestimmt sich seine Haftung nach den Gewährleistungsvorschriften des Werkvertragsrechts.

> **Hinweis für die Fallbearbeitung**: Der Unternehmer hat nicht nur fehlerhaftes Handeln direkt bei der Ausführung des Werks zu vertreten. Sofern der Besteller einen Stoff für die Ausführung liefert, muss der Unternehmer das Material bei Zweifeln über seine Tauglichkeit bereits *vor* Arbeitsbeginn überprüfen und ggf. dem Besteller seine Bedenken mitteilen. Dabei ist zu beachten, dass der Unternehmer in der Regel über ein größeres Fachwissen verfügt und man von ihm eine gesteigerte Aufmerksamkeit bezüglich der Materialien erwarten kann. Sofern dagegen auch der Besteller „vom Fach" ist, ist die Prüfungspflicht des Unternehmers - wenn auch nicht gänzlich aufgehoben - eingeschränkt.

dd. Rechtsfolge

Der Unternehmer kann im Fall des § 645 I BGB einen der geleisteten Arbeit entsprechenden Teil der Vergütung sowie Ersatz der in der Vergütung nicht inbegriffenen Auslagen verlangen. Dabei trifft ihn die Last, die bisher geleistete Arbeit und die Aufwendungen im Einzelnen darzulegen und zu beweisen.[849] Bei der **Berechnung** ist nicht der Wert des bereits bestehenden Werks zugrunde zu legen, sondern die bisher aufgewendete **Arbeitszeit**. Hat er also bereits 40 % seiner Arbeitszeit abgeleistet, bekommt er auch 40 % der Vergütung, selbst dann, wenn sich die Arbeit bisher überwiegend in der bloßen Vorbereitung des Werks erschöpfte. 1035

ee. Analoge Anwendung des § 645 BGB

Der enge Anwendungsbereich des § 645 BGB führt dazu, dass die Vorschrift in einigen Fällen analog angewendet wird; dies soll grundsätzlich dann möglich sein, wenn die Risikolage im Einzelfall der in der Norm geregelten Risikoverteilung entspricht.[850] Das ist unter anderem so, wenn 1036

---

848 *Schwenker*, in: Erman, § 645 Rn 5; *Oetker/Maultzsch*, § 8 Rn 219 m.w.N.; a.A. *Busche*, in: MüKo, § 645 Rn 10 f.; unklar *Sprau*, in: Palandt, § 645 Rn 7.
849 BGHZ 60, 14, 22.
850 BGHZ 137, 35 ff.

- der Besteller das Werk durch sein Verhalten zerstört oder beschädigt oder unausführbar macht, und zwar auch dann, wenn ihn kein Verschulden trifft[851] (bei Verschulden siehe § 326 II BGB),
- der Besteller eine gebotene Mitwirkungshandlung unterlässt oder seine Obhutspflicht verletzt[852], z.B. indem er auf die in seine Sphäre gelangten Materialien des Unternehmers nicht aufpasst,
- ein Erfüllungsgehilfe des Bestellers (§ 278 BGB) das Werk beschädigt, zerstört oder unausführbar macht,
- der Besteller nicht einen untauglichen, sondern **gar keinen** Stoff oder gar keine Person zur Verfügung stellt[853], obwohl er dazu verpflichtet ist.

Beispiel[854]**:** Der Besteller B hat einen Beförderungsvertrag mit einer Fluglinie geschlossen. Da er nach Indien fliegen möchte, beinhaltet der Vertrag strenge Vorschriften über die Impfungen, die der Fluggast zuvor an sich vornehmen lassen muss. B erfüllte diese Bedingungen nicht und konnte somit nicht mitfliegen. Die Fluglinie kann ihre bereits erbrachte Arbeit (Buchung etc.) vergütet bekommen.

Hinweis für die Fallbearbeitung: Aus den möglichen Analogien darf allerdings *kein* allgemeiner *Sphärengedanke* abgeleitet werden, wonach dem Besteller sämtliche aus seiner Sphäre kommenden Hindernisse zuzurechnen wären (str.).[855] Dies führt insbesondere bei der Zurechnungsfrage des Verhaltens Dritter zu typischen Klausurproblemen:

Beispiel: Der Besteller B lässt sein Haus umfangreich renovieren. Dabei hat er u.a. auch Dachdecker U1 bestellt. Als dieser das Dach zur Hälfte gedeckt hat, brennt das Haus ab, weil der ebenfalls auf der Baustelle beschäftigte Klempner U2 fahrlässig eine Zigarette wegwarf, die das Haus in Brand setzte. U1 verlangt Zahlung seines Werklohns.[856]

1. U1 könnte einen Anspruch aus § 631 I BGB haben. Der Anspruch ist zunächst entstanden. Er könnte aber gem. § 326 I BGB untergegangen sein, weil U1 gem. § 275 I BGB (Wegfall des Leistungssubstrats: Zweckfortfall!) von seiner Leistungspflicht befreit ist. Die Voraussetzungen für diese Leistungsbefreiung des B liegen an sich vor.

2. Fraglich ist, ob der Anspruch gem. § 326 II BGB gleichwohl noch besteht. B hat die Unmöglichkeit aber weder selbst zu vertreten (§ 276 BGB) noch muss er sich das Verschulden des U2 zurechnen lassen. Denn U2 ist nicht Erfüllungsgehilfe (§ 278 BGB) des B, da er nicht *in Erfüllung einer* Verbindlichkeit des *B gegenüber U1* auftrat. Weil die Ausnahme des § 326 II nicht vorliegt, ist B an sich nach wie vor von seiner Gegenleistungspflicht befreit, § 326 I BGB.

U1 könnte aber gem. § 645 I BGB einen Teil seiner Vergütung verlangen, wenn die Voraussetzungen dieser Vorschrift vorlägen. Doch B hat weder einen Stoff geliefert noch eine Anweisung gegeben, sodass eine direkte Anwendung nicht in Betracht kommt.

3. Fraglich ist, ob **§ 645 I BGB hier analog** angewendet werden kann. Eine solche Analogie wird vertreten, wenn der Besteller selbst oder sein Erfüllungsgehilfe den Un-

---

851 BGHZ 136, 303 ff.
852 Vgl. zum unzureichenden Hochwasserschutz durch den Besteller BGH NJW 1997, 3018; BGH NJW 1998, 456 ff.
853 Vgl. *Huber*, JuS 1972, 57, 60.
854 Vgl. BGHZ 60, 14 ff.
855 BGHZ 40, 71, 73 ff.; BGHZ 78, 352, 355; *Sprau*, in: Palandt, § 645 Rn 9; a.A. aber *Beuthien*, Zweckerreichung und Zweckstörung im Schuldverhältnis, S. 242 ff.; *Enneccerus/Lehmann*, § 153 II 1a.
856 Vgl. dazu BGHZ 78, 352 ff.

tergang des Werks - sei es auch schuldlos - herbeiführten. Dies ist aber nicht der Fall, weil B den Brand nicht herbeiführte und U2 nicht sein Erfüllungsgehilfe ist. Man könnte daher lediglich erwägen, dass B für alle Umstände, die seiner Sphäre entstammen, gem. § 645 I BGB analog einstehen muss. Dies würde nach h.M. allerdings eine zu weite Ausdehnung der Vorschrift mit sich führen, sodass die Analogie abzulehnen ist.

4. U1 kann damit keine Vergütung - auch nicht einen Teil davon - von B verlangen. U1 kann aber die Abtretung der Ansprüche des B gegen U2 (§§ 280, 241 II; 823 BGB) über die Grundsätze der **Drittschadensliquidation** verlangen.

XIII. Sicherungsrechte des Unternehmers

Wie sich aus § 641 I BGB ergibt, ist der Unternehmer beim Werkvertrag grundsätzlich vorleistungspflichtig. Dies versetzt ihn in die unpässliche Lage, dem Insolvenzrisiko des Bestellers ausgesetzt zu sein. Aus diesem Grund sehen §§ 647 bis 648a BGB Sicherungsrechte für den Unternehmer vor. **1037**

1. Unternehmerpfandrecht, § 647 BGB

Das **Unternehmerpfandrecht** ist ein **gesetzliches** Pfandrecht, welches der Unternehmer - bei Vorliegen der entsprechenden Voraussetzungen - ohne gesonderte Vereinbarung erwirbt. **1038**

a. Gesicherte Forderung und Sicherungsobjekt

Das Pfandrecht sichert **sämtliche Forderungen** des Unternehmers aus dem **Werkvertrag**.[857] Dazu gehören **1039**

- die Ansprüche aus §§ 631 I, 649 S. 2 BGB,
- der Entschädigungsanspruch gem. § 642 BGB,
- der teilweise Vergütungs- und Aufwendungsersatzanspruch aus § 645 I BGB
- sowie Schadensersatzansprüche aus §§ 280, 241 II, 286, 288 BGB.

Nicht gesichert sind dagegen Forderungen des Unternehmers, die sich auf außervertragliche Anspruchsgrundlagen stützen, z.B. Ansprüche aus Delikt, Bereicherung oder Geschäftsführung ohne Auftrag. Die Sicherungsobjekte sind **bewegliche Sachen** des Bestellers, wohingegen für unbewegliche Sachen § 648 BGB greift. In § 648 II BGB werden auch Schiffe dem Anwendungsbereich des § 647 BGB entzogen und dem § 648 BGB unterstellt. Soweit es sich indes um kleinere Schiffe handelt, die nicht ins Schiffsregister eingetragen werden können, gilt wiederum § 647 BGB. **1040**

Von dem Pfandrecht werden **sämtliche Sachen** erfasst, die der Besteller dem **Unternehmer zur Bearbeitung überlassen** hat, sowie alles, was ihrem rechtlichen Schicksal folgt. **1041**

So erwirbt der Unternehmer, der ein Kfz repariert, das gesetzliche Pfandrecht auch an der Zulassungsbescheinigung Teil II.[858] Dabei ist unbeachtlich, ob die Gegenstände *bereits bearbeitet* wurden oder nicht.[859] **1042**

---

[857] Forderungen aus früheren Verträgen werden nicht geschützt, BGH NJW 1983, 2140.
[858] OLG Köln MDR 1977, 51 ff.
[859] *Peters/Jacoby*, in: Staudinger (2014), § 647 Rn 4.

b. Voraussetzungen

1043 Zur Entstehung des Pfandrechts bedarf es eines **Werkvertrags**.

1044 Dadurch muss der Unternehmer **Besitz** an den Sachen erlangen (§ 854 BGB), wobei mittelbarer Besitz (§ 868 BGB) genügt.[860] Der mittelbare Besitz entsteht dann, wenn der Unternehmer die Sache an einen Subunternehmer weitergibt oder wenn er veranlasst, dass der Gegenstand vom Besteller direkt an den Subunternehmer ausgehändigt wird.

1045 Weiterhin muss es sich um eine Sache ***des* Bestellers** handeln. Dieser muss also **Eigentümer** des Gegenstands sein. Soweit die Sache daher einem Dritten gehört, ist der Pfandrechtserwerb gem. § 647 BGB ausgeschlossen. Wenn der Besteller **die Sache eines Dritten** zum Unternehmer in Bearbeitung gibt, werden zwei Möglichkeiten diskutiert, wie man gleichwohl einen Pfandrechtserwerb des Unternehmers begründen kann.

- Zunächst könnte eine **Genehmigung** des Eigentümers gem. § 185 BGB erwogen werden, die darauf gerichtet ist, den Pfandrechtserwerb *ex tunc* (§ 184 I BGB) als wirksam anzusehen.[861] Problematisch ist dabei aber, dass § 185 BGB auf die Genehmigung einer *Verfügung* abstellt. Da aber § 647 BGB einen gesetzlichen Erwerbstatbestand normiert und gerade *keine rechtsgeschäftliche Verfügung* vorsieht, wäre es systemwidrig, durch § 185 BGB einen Pfandrechtserwerb begründen zu wollen. Denn durch den bloßen Realakt der Übergabe ist keine genehmigungsfähige Verfügung vorgenommen worden.[862]

> **Hinweis für die Fallbearbeitung**: Dieses Ergebnis ändert sich dann, wenn das Pfandrecht *vertraglich* vereinbart wurde.[863] Eine solche Vereinbarung wird regelmäßig in Form von AGB geschlossen. Hierbei ist wiederum streitig, ob solche AGB wirksam sind. Die Rechtsprechung hat insoweit keine Bedenken,[864] während Teile der Literatur der Ansicht sind, solche AGB seien sittenwidrig.[865] In der Klausur dürfte es aber ohnehin meistens schon an einer Genehmigung fehlen, sodass der Streit - ob § 185 BGB anwendbar ist oder nicht - dahinstehen kann. Damit gewinnt regelmäßig das folgende Problem über die Möglichkeit des gutgläubigen Erwerbs an Bedeutung.

- Weiterhin könnte ein **gutgläubiger Pfandrechtserwerb** in Betracht kommen. Handelte es sich um ein vertragliches Pfandrecht, stünde dem wegen § 1207 BGB nichts entgegen; das betrifft auch die Fälle, in denen die Vereinbarung durch AGB geschlossen wurde.[866] Da es sich aber um ein **gesetzliches Pfandrecht** handelt, könnten §§ 1207, 932 ff. BGB lediglich über § 1257 BGB Anwendung finden. Letztere Vorschrift nennt aber ihrem klaren Wortlaut nach nur bereits entstandene Pfandrechte. Das Unternehmerpfandrecht dagegen entstünde erst durch einen gutgläubigen Erwerb, weshalb dieser Fall nicht von § 1257 BGB und damit auch nicht von §§ 1207, 932 ff. BGB erfasst ist (str.).[867] Darüber hinaus wäre es auch hier systemwidrig, einen gutgläubigen Erwerb bei einem gesetzlichen Pfandrecht anzunehmen. Denn §§ 932 ff. BGB schützen lediglich das Verkehrsinteresse bei rechtsgeschäftlichen Verfügungen. Auch spricht § 366 III HGB gegen einen gutgläubigen Erwerb beim Nichthandelskauf; diese Vorschrift begründet als *Sondervorschrift* des Handelsrechts einen Gutglaubensschutz bei gesetzlichen Pfandrechten. Wenn dieser Schutz bereits nach dem BGB existierte, hätte es dieser Norm nicht bedurft und als Ausnahmevorschrift des Handelsrechts ist sie auch nicht analogiefähig. Schließlich wird der Unter-

---

[860] *Glanzmann*, in: RGRK, § 647 Rn 10 ff.
[861] So *Peters/Jacoby*, in: Staudinger (2014), § 647 Rn 12.
[862] BGHZ 34, 122 ff.; Köln NJW 1968, 304; *Raiser*, JZ 1958, 681, 682.
[863] BGH 68, 323 ff.
[864] BGHZ 68, 323 ff.; BGH NJW 1981, 227, 228.
[865] So *Peters/Jacoby*, in: Staudinger (2014), § 647 Rn 14; vgl. auch *Picker*, NJW 1978, 1417.
[866] Vgl. aber den zuvor erwähnten Streit.
[867] BGHZ 34, 122, 127; BGHZ 87, 274, 278; *Bassenge*, in: Palandt, § 1257 Rn 2; vgl. auch *Alexander*, JuS 2014, 1, 6; a.A. *Baur/Stürner*, SachenR, § 55 Rn 40; *Damrau*, in: MüKo § 1257 Rn 3; *Kunig*, JR 1976, 12 ff.

nehmer durch dieses Ergebnis auch nicht unverhältnismäßig belastet, weil er dem Dritten - dem Eigentümer - seine Verwendungsansprüche aus § 994 BGB entgegenhalten kann.

c. Erlöschen oder Verwertung

Sofern der Unternehmer ein Pfandrecht i.S.d. § 647 BGB erworben hat, steht ihm dieses **1046** bis zur Tilgung der zu sichernden Forderung zu, § 1252 BGB. Darüber hinaus erlischt das Pfandrecht mit der Rückgabe der Sache an den Besteller, § 1253 BGB. *Kein* Erlöschensgrund ist indes gegeben, wenn der Unternehmer den Besitz an der Sache unfreiwillig verliert.

Die Verwertung des Pfandrechts erfolgt gem. § 1257 BGB nach den Vorschriften über **1047** vertragliche Pfandrechte, §§ 1228 ff. BGB.

2. Sicherungshypothek, § 648 BGB

Für unbewegliche Sachen und für Schiffe, die ins Schiffsregister eingetragen werden **1048** können, sieht § 648 BGB eine Sicherung des Werkunternehmers durch eine Hypothek vor. Dabei handelt es sich im Gegensatz zum Werkunternehmerpfandrecht um einen schuldrechtlichen Anspruch auf Einräumung einer solchen Hypothek. Die Norm ist abdingbar, allerdings im AGB-Recht nur dann, wenn dem Unternehmer anderweitig hinreichende Sicherheit gewährt wird.[868]

Voraussetzung ist zunächst ein **Werkvertrag** über ein Bauwerk.[869] Darunter fallen auch **1049** Verträge mit Architekten[870], Statikern oder Baubetreuern, nicht aber mit den Lieferanten von Baumaterialien. Die Sicherung kann der Unternehmer nur von seinem direkten Besteller verlangen. Damit hat der Subunternehmer keine Möglichkeit, auf das Sicherungsobjekt des Bestellers zuzugreifen. Er kann sich allein an *seinen* Besteller (den Hauptunternehmer) halten.

> **Beispiel**: U1 baut für B ein Haus auf dessen Grundstück. Dafür hat er sich U2 als Subunternehmer zur Hilfe geholt. Während U1 von B eine Sicherungshypothek verlangen kann, kann U2 keine Sicherung aus § 648 BGB von U1 oder B begehren. Er muss sich anderweitige Sicherheiten von U1 verschaffen (§ 648a BGB).

Die zu **sichernden Forderungen** können – wie auch beim Unternehmerpfandrecht – **1050** alle aus dem Werkvertrag folgenden Ansprüche sein.

Beim **Sicherungsobjekt** ist zu beachten, dass es sich um ein Grundstück handeln **1051** muss, welches im Eigentum des Bestellers steht.

> **Beispiele:**
>
> **(1)** Der Unternehmer U soll für die X-OHG ein Haus auf einem Grundstück bauen. Als er eine Sicherungshypothek von der X-OHG begehrt, wendet diese ein, das Grundstück gehöre gar nicht ihr, sondern Y. Wie sich aber herausstellt, ist Y ein persönlich haftender Gesellschafter der X-OHG. Er haftet daher gem. § 128 HGB und U hat somit gegen ihn einen Anspruch auf Gewährung der Sicherungshypothek.[871]
>
> **(2)** Unternehmer U soll für Mieter M eine grundlegende Renovierung an der Wohnung des E vornehmen. U kann von M keine Hypothek verlangen, da dieser nicht Eigentümer ist, und von E kann er nichts verlangen, da dieser nicht Besteller ist. Wenn

---

[868] BGHZ 91, 139, 146.
[869] RGZ 62, 312, 315.
[870] BGHZ 51, 190, 191.
[871] OLG Hamm BauR 1978, 58.

aber E den M nur als „Strohmann“ eingesetzt hat, kann er aus § 242 BGB dazu verpflichtet sein, eine Sicherungshypothek zu bewilligen.[872]

(3) Unternehmer U soll für die X-GmbH ein Haus auf dem Grundstück der Y-GmbH bauen. Die Y-GmbH hält 95 % der Anteile der X-GmbH. Hier kann sich eine Pflicht der Y-GmbH zur Bewilligung einer Sicherungshypothek ergeben, da sie mit der X-GmbH „wirtschaftlich identisch“ ist.[873]

1052 Nach **§ 648a IV BGB** ist **negative Voraussetzung** der Sicherungshypothek des Bauunternehmers, dass er als Unternehmer nicht bereits gem. § 648a BGB (vgl. dazu Rn 1054 ff.) gesichert ist. Insoweit hat der Unternehmer die Wahl, welches der beiden Sicherungsmittel er einsetzen will. Verbleibt in Abgrenzung zur Sicherungshypothek nach § 648 BGB allerdings ein noch ungesicherter Restvergütungsanspruch, kann dieser über § 648a I BGB zusätzlich abgesichert werden, wobei jedoch bei dieser zusätzlichen Absicherung bei ökonomischer Betrachtung unter Einbeziehung der Besicherung nach § 648 BGB keine Übersicherung durch § 648a BGB eintreten darf.[874]

1053 Hinsichtlich des **Zeitpunkts** folgt aus § 648 I S. 2 BGB einerseits, dass die Sicherung schon vor der Vollendung gewährt werden muss. Andererseits soll dabei die Sicherung den Stand - also die **Höhe** - der bisher geleisteten Arbeiten nicht übersteigen. Das heißt, dass der Vertragsschluss zwar noch kein Sicherungsbegehren begründen kann, der Unternehmer aber auch nicht auf den Zeitpunkt der Fälligkeit warten muss.[875]

Es kommt somit stets auf den jeweiligen Leistungsstand an, für den der Unternehmer darlegungs- und beweispflichtig ist. Für die Berechnung der Höhe ist der auf die erbrachten Leistungsabschnitte entfallende Werklohn anzusetzen. Sofern das Werk indes mangelhaft ist, soll der Unternehmer weder eine Sicherungshypothek noch eine entsprechende Vormerkung verlangen können.[876]

3. Bauhandwerkersicherung, § 648a BGB

1054 § 648a BGB gibt den Bauhandwerkern eine weitere Sicherungsmöglichkeit. Die Norm soll die Schwierigkeiten der Sicherungshypothek überwinden, wie sie sich z.B. beim Auseinanderfallen von Besteller und Grundstückseigentümern stellen. Darüber hinaus kann sich die dingliche Sicherung gem. § 648 BGB dann als unzulänglich erweisen, wenn das Grundstück bereits mehrfach belastet ist.

a. Voraussetzungen

1055 Als Grundvoraussetzung ist auch hier ein **Bauwerkvertrag** erforderlich, insoweit kann auf die obigen Ausführungen verwiesen werden.

1056 Anspruchsberechtigter ist der **Unternehmer** eines Bauwerks. Da bei § 648a BGB nicht allein das Grundstück des Bestellers als Sicherungsobjekt dient, kann hier auch der Subunternehmer eine Sicherheit von seinem Besteller (dem Hauptunternehmer) verlangen. Dabei ist der Subunternehmer auch dann ein Bauhandwerker, wenn er die Sachen für ein Bauwerk bearbeitet, ohne dass er dabei auf der Baustelle direkt an dem Bauwerk tätig wird. Auch Architekten und Statiker können nach § 648a BGB eine Sicherung von ihrem Besteller verlangen; mangels eines Werkvertrags aber regelmäßig nicht die Baustofflieferanten.

---

[872] BGHZ 102, 95, 99.
[873] Vgl. dazu OLG München NJW 1975, 220, 220; *Lenzen*, BauR 1981, 434 ff.
[874] Vgl. *Sprau*, in: Palandt, § 648a Rn 3.
[875] OLG Koblenz NJW RR 1994, 786.
[876] BGHZ 68, 180, 183; *Sprau*, in: Palandt, § 648 Rn 4.

Die verpflichtete Person ist der **Besteller**. Anders als bei § 648 BGB muss der Besteller nicht Eigentümer des Grundstücks sein, sodass die Sicherung auch im Verhältnis des Hauptunternehmers zu seinen Subunternehmern möglich ist. Der Personenkreis wird allerdings durch § 648a VI Nr. 1 BGB eingeschränkt. So sind eine juristische Person des öffentlichen Rechts oder ein öffentlich-rechtliches Sondervermögen *nicht* verpflichtet. Dies beruht auf der mangelnden Insolvenzfähigkeit der öffentlich-rechtlichen Körperschaften. Darüber hinaus ist nach sozialen Gesichtspunkten auch bei *natürlichen Personen, die ein Einfamilienhaus* errichten oder instand setzen lassen, eine Sicherung nach § 648a VI Nr. 2 BGB nicht möglich. Hier ist die lebenslängliche persönliche Haftung des Bestellers als ausreichend anzusehen. Die Errichtung einer Eigentumswohnung ist dabei dem Bau eines Einfamilienhauses gleichzustellen. Allerdings gilt das Privileg des § 648a VI Nr. 2 BGB nur dann, wenn der Besteller die Mittel selbst verwaltet und nicht etwa einem Baubetreuer überlassen hat. Damit ist das Privileg der Bauherrengemeinschaften in den meisten Fällen hinfällig. **1057**

Der **Umfang** der Sicherheit bemisst sich nach den *(voraussichtlichen) Vergütungsansprüchen* des Unternehmers. Dabei kann nunmehr nach geltendem Recht die Sicherheit auch gem. § 648a I S. 3 BGB nach Abnahme verlangt werden; dadurch ist dem Unternehmer die Möglichkeit eingeräumt worden, auch dann eine Sicherheit einzufordern, wenn der Besteller die Zahlungen des Werklohns z.B. wegen Mängelbeseitungsansprüchen teilweise oder vollständig verweigert. Damit ist es unbeachtlich, ob die Leistungen bereits erbracht sind oder nicht. Weiterhin kann der Unternehmer auch für etwaige Nebenforderungen Sicherheit verlangen, und zwar in Höhe von 10 % der Hauptforderung, § 648a I S. 2 BGB. **1058**

> **Beispiel**: Nebenforderungen können Kosten für die Rechtsverfolgung oder Verzugszinsen sein.

Soweit die zukünftigen Vergütungsansprüche nicht feststehen, sind sie gem. § 287 ZPO vom Gericht zu schätzen.[877] Nicht mit einbezogen werden solche Leistungen des Unternehmers, für die er bereits eine Vorauszahlung erhalten hat, da er insoweit kein schutzwürdiges Sicherungsinteresse hat. Mit umfasst sind auch solche Ansprüche nach § 641a I S. 2 BGB von der Bauhandwerkersicherung, die an die Stelle der Vergütung treten.

> **Beispiele:** Schadensersatz oder Aufwendungsersatz des Unternehmers usw.

Das Sicherungsobjekt richtet sich nach §§ 232 ff. BGB. Der Besteller kann also z.B. Geld oder Wertpapiere hinterlegen (§§ 372 ff. BGB) oder bewegliche Sachen verpfänden. Darüber hinaus können gem. § 648a II BGB eine Garantie oder ein sonstiges Zahlungsversprechen eines Kreditinstituts oder Kreditversicherers als Sicherheit dienen. Mit Garantie ist dabei kein selbstständiger Garantievertrag i.S.d. § 311 I BGB, sondern eine Bürgschaft gemeint. Diese muss gem. § 239 BGB selbstschuldnerisch sein. Der Bürge darf dabei nur dann leisten, wenn der Besteller die Forderung des Unternehmers anerkennt oder der Unternehmer ein vorläufig vollstreckbares Urteil gegen den Besteller hat (§§ 708 ff. ZPO) und die Voraussetzungen der Zwangsvollstreckung vorliegen. Dabei kann sich der Bürge gem. § 648a I S. 3 BGB den Widerruf der Bürgschaft für den Fall vorbehalten, dass sich die Vermögensverhältnisse des Bestellers verschlechtern. Der Widerruf kann sich aber nur auf die Vergütungsansprüche des Unternehmers beziehen, die aus den noch nicht erbrachten Werkleistungen folgen. **1059**

---

[877] OLG Karlsruhe NJW 1997, 263, 264.

b. Rechtsfolgen

1060 Der Unternehmer kann nunmehr im Klagewege durchsetzen, dass eine Bauhandwerkersicherung durch den Besteller gestellt wird, da § 648a I BGB als Anspruch ausgestaltet ist.[878] Darüber hinaus kann der Besteller nach § 648a V BGB dem Besteller eine angemessene Frist zur Erbringung der Sicherheit setzen und nach deren Ablauf die weitere **Leistung verweigern**; bezüglich des Zeitrahmens der zu setzenden Frist ist darauf abzustellen, was von einem Besteller zu verlangen ist, der sich in normalen finanziellen Verhältnissen befindet.[879] Gemäß § 648a V BGB kann er darüber hinaus die **Aufhebung** des Vertrags durch Kündigung herbeiführen, wobei er gem. § 648a V S. 2 BGB die vereinbarte Vergütung verlangen kann; allerdings muss er sich dasjenige anrechnen lassen, was er infolge der Aufhebung des Vertrags an Aufwendungen erspart oder durch anderweitige Verwendung seiner Arbeitskraft erwirbt oder böswillig zu erwerben unterlässt.[880] Dabei wird gem. § 648a V S. 3 BGB widerlegbar vermutet, dass ein Betrag in Höhe von 5 % der Vergütung dem Unternehmer auf den noch nicht erbrachten Teil der Werkleistung zusteht. Dem Unternehmer bleibt es aber möglich, einen darüber hinausgehenden Betrag substantiiert darzulegen und notfalls zu beweisen.

1061 Soweit der Besteller eine Sicherheit leistet, kann er die dafür entstehenden **Kosten** bis zu einem Höchstbetrag von 2 % pro Jahr erstattet verlangen. Dies gilt aber nicht, wenn der Unternehmer die Sicherheit nur deshalb aufrechterhalten muss, weil der Besteller Einwendungen gegen die Werklohnforderung erhebt, § 648a III BGB.

XIV. Kündigungsrecht des Bestellers, § 649 BGB

1062 Dem Besteller steht gem. § 649 BGB das Recht zu, jederzeit den Vertrag aufzuheben, jedoch nur bis zur Vollendung des Werks. Die **Kündigung** kann also unmittelbar nach Vertragsschluss und vor oder während der Arbeiten des Unternehmers ausgesprochen werden. Hingegen ist dem Besteller ein Kündigungsrecht verwehrt, wenn das Werk des Unternehmers fertig gestellt ist. Dies gilt auch dann, wenn es vom Besteller noch nicht abgenommen wurde. Hat der Unternehmer also die von ihm geschuldete Leistung erbracht, kann sich der Besteller nicht von seiner Hauptleistungsverpflichtung zur Abnahme des Werks entziehen, indem er kündigt.

1063 Als Rechtsfolge hat die Kündigung die **Aufhebung** des Vertrags für die **Zukunft** und das Erlöschen der noch nicht erfüllten Pflichten. Für die **Vergangenheit** bleibt der Werkvertrag jedoch als Rechtsgrund für bereits erbrachte Leistungen **bestehen**.[881] Der Besteller kann und muss deshalb bereits geleistete Teilwerke behalten. Hinsichtlich dieser Leistungen bestehen die Ansprüche aus §§ 633 ff. BGB fort.[882] Für den Unternehmer bedeutet eine solche Kündigung keine Schädigung, da es ihm in der Regel nicht um die Herstellung des Werks, sondern nur um die Vergütung geht. Einen Ausgleich für das freie Kündigungsrecht des Bestellers bietet ihm § 649 S. 2 BGB. Dieser gibt dem Unternehmer einen Anspruch auf die vereinbarte Vergütung, von der jedoch Ersparnisse oder ein anderweitig erlangter oder böswillig nicht erzielter Erwerb abzuziehen sind. Wie bei § 648a V S. 3 BGB wird auch in § 649 S. 3 BGB widerlegbar vermutet, dass dem Unternehmer 5 % der Vergütung hinsichtlich des noch nicht erbrachten Teils der Werkleistung zustehen.

---

[878] Vgl. BT-Drs. 16/511, S. 17 li.Sp.
[879] BGH NJW 2005, 1939 f.
[880] BT-Drs. 16/511, S. 17 re.Sp.: Damit wird ein Gleichlauf bei der Rechtsfolge zwischen §§ 649 und 648a V BGB hergestellt.
[881] BGH NJW 1982, 2553, 2554.
[882] BGH NJW-RR 2001, 383.

B. Werklieferungsvertrag

Der **Werklieferungsvertrag** ist nach § 651 BGB ein Vertrag über die Herstellung oder Erzeugung einer **beweglichen** Sache. 1064

I. Bewegliche Sache

Der Werklieferungsvertrag bezieht sich demnach vom Wortlaut her ausschließlich auf bewegliche Sachen. Die bewegliche Sache ist daran zu bestimmen, ob das *Endprodukt* eine solche bewegliche Sache ist; nicht hingegen kommt es auf die eingesetzten Stoffe an. 1065

1. Verkörperte geistige Werke

Es kann allerdings bewegliche Sachen geben, bei denen es nicht so sehr auf den äußeren Rahmen ankommt, sondern bei denen vielmehr der geschaffene Inhalt entscheidend ist. Dies kann vor allem bei Verträgen über **verkörperte geistige Werke** sein. 1066

Beispiele:

(1) Bei einem Architektenvertrag stehen nicht so sehr die Blaupausen im Vordergrund, vielmehr ist die geistige, schöpferische Planung entscheidend, die sich lediglich als verkörpertes Werk in den Blaupausen niederschlägt.[883]

(2) Wird ein Gutachten erstellt, ist die gedankliche Herleitung der Lösung der entscheidende Vertragsinhalt, die Niederschrift hingegen ist nur notwendiges Hilfsmittel.

Bei dieser Art von Verträgen muss streng zwischen der geistigen Leistung und der anschließend notwendigen körperlichen Verfestigung bzw. Niederschrift als das Substrat der geistigen Leistung unterschieden werden. Richtet sich der Vertragsinhalt primär auf die Erstellung eines geistigen Werks, muss das Substrat nachrangig eingestuft werden, auch wenn es an den Auftraggeber in körperlicher Form übergeben werden kann. In einem solchen Fall muss entgegen dem Wortlaut aus systematischen Erwägungsgründen die Schaffung des primär geistigen Werks als keine bewegliche Sache eingestuft werden, auch wenn, wie schon ausgeführt, das Substrat eine bewegliche Sache ist. 1067

2. Grundstücke

Dem Wortlaut nach können Grundstücke grundsätzlich nicht als bewegliche Sache eingestuft werden. Dazu zählen auch Baumaßnahmen, bei denen gem. §§ 93, 94 BGB zunächst bewegliche Sachen in ein Bauwerk als **wesentliche Bestandteile** eingebracht werden, das fest mit dem Boden verbunden ist.[884] Damit sind Verträge, die zu einer Herstellung eines Gebäudes verpflichten, nicht auf die Lieferung von beweglichen Sachen gerichtet, sodass § 651 BGB keine Anwendung finden kann; es ist Werkvertragsrecht anzuwenden. 1068

a. Scheinbestandteile

Bei wesentlichen Bestandteilen ist die Zuordnung eindeutig und zweifelsfrei. Interessant wird die Konstellation allerdings, wenn **Scheinbestandteile** nach § 95 BGB auf das Grundstück vom Unternehmer eingebracht werden. 1069

Beispiel: Wegen eines Pachtvertrags soll die auf dem Grundstück errichtete Lagerhalle nach Ende des Vertrags in 20 Jahren wieder zurückgebaut (also abgerissen) werden. Gleiches gilt im Übrigen für ein Erbbaurecht.

---

[883] Vgl. BT-Drs. 14/6040, S. 268 li.Sp.
[884] Hierzu weiterführend *Schuhmann*, ZGS 2005, 250 ff.

Hier wird zwar das Gebäude ebenfalls mit dem Boden/Grundstück durch den Unternehmer verbunden, aufgrund der rechtlichen Wertung des § 95 BGB ist das Gebäude jedoch nicht als zum Grundstück gehörend anzusehen. Das Gebäude könnte damit in Bezug auf den Wortlaut des § 651 BGB als eine bewegliche Sache angesehen werden. Hiergegen ist jedoch aus gesetzessystematischer Sicht anzuführen, dass für den Hersteller des Hauses nicht ohne weiteres erkennbar ist, ob es sich bei der Verbindung des Hauses mit dem Boden rechtlich um einen Fall des § 94 BGB oder eher um den des § 95 BGB handelt. Aus dieser Unsicherheit könnten sich für den Hersteller des Hauses erhebliche rechtliche Konsequenzen ergeben, da das Kaufrecht, wie bereits oben ausgeführt wurde, kein Selbstvornahmerecht i.S.d. § 637 BGB kennt; im Kaufrecht ist ebenfalls nicht die speziellle Absicherungen der Unternehmerrechte der §§ 648, 648a BGB vorgesehen. Die Rechte des Herstellers könnten damit einmal eintreten, wenn es sich um wesentliche Bestandteile handelt, sie könnten jedoch bei einem unwesentlichen Bestandteil genauso ausfallen, wobei dies nur davon abhängt, wie die rechtlichen Eigentumsverhältnisse des Grundstücks sind. Inhaltlich jedoch wird vom Hersteller des Hauses jeweils dieselbe Leistung erbracht, dennoch würde diese bei einem Festhalten an dem reinen Wortlaut zu Unterschieden führen. Aus gesetzessystematischer und teleologischer Sicht muss der Hersteller wegen der absolut gleich erbrachten Leistung, seien es ein wesentlicher Bestandteil oder ein Scheinbestandteil, in beiden Fällen auch gleich behandelt werden.[885] Es ist demzufolge in jedem Fall Werkvertragsrecht anzuwenden.[886]

1069a Etwas anderes gilt allerdings dann, wenn der Unternehmer lediglich die Leistungspflicht übernommen hat, herzustellende oder noch zu erzeugender beweglicher Sachen - wie z.B. Maschinen oder Bauteile für Hallen - an den Besteller zu liefern, ohne diese selbst mit dem Grundstück zu verbinden, da diese zu einem späteren Zeitpunkt von dem Besteller selbst[887] mit dem Grundstück verbunden werden sollen; in dem Fall handelt es sich um bewegliche Sachen, die im Anwendungsbereich des Werklieferungsvertrags einzuordnen sind.[888] Maßgebliche Differenzierung ist in diesem Bereich damit, wer die Errichtung des Bauwerks vertraglich schuldet.

b. Flankierende Maßnahmen

1070 Nur flankierende Maßnahmen, die zur Sicherung, Sanierung oder zum Aufräumen des Grundstücks dienen, sind nachrangig zu berücksichtigen.

> **Beispiele:** Um das Grundstück wird ein sichernder Zaun gezogen; es werden Obstbäume zur Begrünung auf dem Grundstück gepflanzt.

Im Vordergrund steht hier die Verschaffung des Besitzes und Eigentums an dem Grundstück, die Arbeiten am Grundstück sind hingegen zu vernachlässigen. Insoweit ist ohne weiteres Kaufrecht anzuwenden, ohne dass es auf § 651 BGB ankäme.

II. Herstellung oder Erzeugung

1071 Die beweglichen Sachen müssen hergestellt oder erzeugt werden; sind diese bereits bei Vertragsschluss hergestellt, findet ohnehin Kaufrecht direkt Anwendung. Die Herstellung oder Erzeugung einer Sache verlangen, dass das Produkt der Werkleistung eine neue Sache darstellt.

---

[885] *Preusser*, BauR 2002, 231, 241; *Sienz*, BauR 2002, 181, 191; *Voit*, in: Bamberger/Roth, § 651 Rn 3.
[886] Unklar *Sprau*, in: Palandt, § 651 Rn 5.
[887] Dem ist die Beauftragung von Dritten gleichgestellt, solange es nicht der Lieferant der beweglichen Sache ist.
[888] Vgl. ausführlich BGH ZGS 2009, 464, 466 f.; NJW 2009, 2877 ff.

Beispiel: Bringt bspw. B dem U einen Stoff, damit dieser ihm den Saum umnäht, handelt es sich um einen Werkvertrag in Form der Arbeit *an* einer beweglichen Sache. Bringt dagegen B den Stoff zu U, damit dieser ihm einen Anzug daraus näht, stellt U gem. § 950 BGB eine neue Sache her.

Liegt ein solcher Vertrag wie im letzteren Fall vor, stellt sich die Frage, ob das Kauf- oder Werkrecht anwendbar ist. Hierüber trifft § 651 S. 1 BGB eine Regelung. Danach findet grundsätzlich das **Kaufrecht** Anwendung.[889] **1072**

Beispiele: B möchte von U ein Fahrrad gebaut bekommen; B begehrt von U die Herstellung neuer Gartenmöbel.

Nicht erfasst werden damit durch § 651 BGB die Fälle, in denen eine Sache des Bestellers lediglich nur gewartet, repariert oder in anderer Weise behandelt wird. Der Begriff Herstellung erfasst also das Schaffen von etwas Neuem; keine Herstellung liegt dagegen vor, sofern Arbeiten an etwas Bestehendem vorgenommen werden. Es muss durch die Leistung des Auftragnehmers eine *neue Sache i.S.d. § 950 BGB* entstehen, um als Herstellung i.S.d. § 651 BGB angesehen werden zu können. In dem Zusammenhang ist jedoch auch § 950 I S. 1 a.E. BGB zu berücksichtigen, nach dem der Wert der Verarbeitung oder der der Umbildung nicht erheblich geringer sein darf als der Wert des Stoffes (dazu ausführlich *Hütte/Hütte*, SachenR I, Rn 562 ff.). **1073**

Dabei spielt es keine Rolle, ob die Materialien für das Werk vom Besteller oder vom Unternehmer gestellt werden. Werden die Materialen allerdings vom Besteller gestellt, sind etwaige Mängelrechte gem. §§ 651 S. 2 i.V.m. 442 I S. 1 BGB ausgeschlossen, wenn der Mangel auf einen Mangel am Material zurückzuführen ist. **1074**

Beispiel: Der Besteller möchte vom Schneider eine Hose aus einem von ihm mitgebrachten Stoff genäht bekommen. Wenn der Stoff minderwertig ist, kann der Besteller keine Rechte wegen später eintretender Löcher in der Hose geltend machen.

Der Begriff des **Erzeugens** beschreibt die Schaffung von etwas Neuem nicht aus eigener menschlicher Kraft, sondern stellt vielmehr auf die Produktion im Rahmen der Natur ab.

III. Lieferung

Das Gesetz fordert als weitere Voraussetzung die Lieferung. In jüngster Zeit ist allerdings darüber Streit entstanden, wie das vom Gesetzgeber nicht weiter konkretisierte Merkmal Lieferung zu verstehen und in welcher Art und Weise es zu definieren ist. **1075**

- Die momentan h.M.[890] ist der Ansicht, dass die Lieferung derart zu verstehen sei, dass die Lieferung nach dem Sprachgebrauch des BGB die Verschaffung von Besitz und Eigentum meine. Letztlich sei demnach wie bei dem Merkmal Herstellung auf die Verarbeitung i.S.d. § 950 BGB abzustellen. Der Hersteller müsse demzufolge unter Beachtung der Wertverhältnisse Eigentum an der hergestellten beweglichen Sache erlangen, nur so könne die Verweisung des § 651 BGB mit der Pflicht aus § 433 I S. 1 BGB korrespondieren.
- Die Gegenansicht[891] nimmt hiergegen an, der Begriff Lieferung sei nicht rechtlich, sondern vielmehr wirtschaftlich zu verstehen. Es komme nur darauf an, dass die Sachen an den Auftraggeber zurückkämen oder an einen Dritten gelangen würden.

---

[889] A.A. *Leistner*, JA 2007, 81, 85 ff.
[890] *Voit*, in: Bamberger/Roth, § 651 Rn 8 ff. m.w.N.; *Sprau*, in: Palandt, § 651 Rn 2 m.w.N.
[891] Vgl. *Thewalt*, CR 2002, 1, 3 f.; *Peters/Jacoby*, in: Staudinger (2014), § 651 Rn 13.

- Stellungnahme: Nach erstem Anschein spricht die Einfachheit für den Rückgriff auf § 950 BGB. Die Maßstäbe und Wertungen sind bekannt. Allerdings wird in dem Kontext übersehen, dass gerade im Anwendungsbereich des § 950 BGB eine Vielzahl von bislang nicht befriedigend gelösten Rechtsproblemen existiert, die bei einer Anwendung auch auf § 651 BGB ausstrahlten.

  Auch kann die Aussage nicht überzeugen, der Sprachgebrauch spreche für die Anwendung des § 950 BGB. In § 309 Nr. 8b BGB wird nämlich ebenfalls von der Lieferung gesprochen. Hier wird unter Lieferung lediglich die Besitzverschaffung zu Übereignungszwecken verstanden, um eine Ein- und Ausgrenzung bestimmter Vertragsarten vorzunehmen. Der Begriff Lieferung dient damit dazu, die Norm auf solche Vertragstypen zu begrenzen, bei denen ein Vertragselement die Eigentumsverschaffung ist. Dies ist die alleinige Aufgabe, eine darüber hinausgehende Intention hat die Begrifflichkeit Lieferung nicht. Nichts anderes kann aber dann auch bei § 651 BGB gelten. Mit diesem Merkmal soll lediglich klargestellt werden, dass nur solche Verträge gemeint sind, bei denen ein Vertragselement der Austauschcharakter ist.[892] Damit sollen solche Vertragstypen wie der Gesellschaftsvertrag ausgeschlossen werden. Der Sprachgebrauch muss sich demzufolge an dem des § 309 Nr. 8b BGB ausrichten und dieser gibt eine derartige Auslegung, wie sie die h.M. vornimmt, gerade nicht her.

  Nach der hier vertretenen Ansicht kann der Einwand, dass sich aus der Verbindung von §§ 651, 433 I S. 1 BGB die dogmatische Notwendigkeit der Eigentums- und Besitzverschaffung ergebe, nicht überzeugen. § 651 BGB regelt spezielle Fallkonstellationen und unterstellt diese dem Kaufrecht. Ausgangspunkt eines Werklieferungsvertrags ist jedoch kein Kaufvertrag, sondern die Parteien vereinbarten die Herstellung oder Erzeugung einer Sache. Darauf liegt der Schwerpunkt des Vertrags. Der Vertrag hat also werkvertragsähnliche Elemente, die beim Werklieferungsvertrag mit zu berücksichtigen sind. Diese Besonderheit ist mit in die Betrachtung einzubeziehen, ein alleiniger Rückgriff auf das Kaufrecht ginge zu kurz. Dementsprechend verbietet sich ein Rückgriff auf § 950 BGB.

IV. Rechtsfolge

1. Grundlagen

1076 Sind die Voraussetzungen des Werklieferungsvertrags i.S.d. § 651 BGB erfüllt, sind die Vorschriften des Kaufrechts in der maßgeblichen Form anzuwenden. Damit sind die Vorschriften § 632a bis 650 BGB nicht anwendbar; wurde ein Lohn nicht vereinbart, sind die Bestimmungen nach §§ 315 f. BGB heranzuziehen. § 651 S. 2 und 3 BGB ordnen lediglich ergänzende Bestimmungen an. Diesbezüglich differenziert das Gesetz bei Werklieferungsverträgen zwischen **vertretbaren** (§ 91 BGB) und **nicht vertretbaren** beweglichen **Sachen**. Ist eine vertretbare Sache geleistet worden, gilt uneingeschränkt die Anwendbarkeit des Kaufrechts. Handelt es sich dagegen um nicht vertretbare Sachen, ist zwar auch das Kaufrecht anwendbar. Allerdings gelten dann die besonderen Regelungen der §§ 642, 643, 645, 649 und 650 BGB.[893] Dabei wird der maßgebliche Zeitpunkt des Gefahrübergangs nicht durch § 644 BGB, sondern durch §§ 446, 447 BGB bestimmt.

Hinweis für die Fallbearbeitung: Vom Werkvertragsrecht werden damit nunmehr nur noch folgende Fallvarianten erfasst:

- unbewegliche Sachen (dazu gehört auch der Einbau einer beweglichen in eine unbewegliche Sache, die dadurch wesentlicher Bestandteil (§ 94 I BGB) wird),
- Arbeiten *an* beweglichen Sachen (Reparaturen etc.)
- und nicht körperliche Werke (Gutachten, Überwachungsleistungen).

[892] *Thewalt*, CR 2002, 1, 4.
[893] *Reinkenhof*, Jura 2002, 433, 434.

2. Recht zur Selbstvornahme

Durch die Anwendbarkeit des Kaufrechts geht das in § 637 BGB normierte Recht zur **Selbstvornahme** zumindest in direkter Anwendung verloren, da im Kaufrecht, wie dies bereits ausgeführt wurde, ein solches nicht vorgesehen ist. Ein derartiges Recht kann allerdings ohne weiteres als *vertragliche Klausel* vereinbart werden, auch wenn dies im Rahmen von AGB geschieht. 1077

Neuerdings wird vertreten, dass bei einem Werklieferungsvertrag das Recht zur **Selbstvornahme nach § 637 BGB *analog*** anzuwenden sei. Dem ist jedoch **entgegenzuhalten**, dass bereits keine Regelungslücke für solche Werklieferungsverträge besteht, die auf das Kaufrecht verweisen. Dem Besteller ist über § 437 BGB genauso wie dem Käufer ein weitreichendes Gewährleistungsrecht an die Hand gegeben worden. Ihm steht nach Fristsetzung der gesamte Kanon der Rechte offen, wobei auch ein Schadensersatzanspruch statt der Leistung nach §§ 651, 437 Nr. 3 Var. 1, 440, 280 I u. III, 281 I BGB geltend gemacht werden kann. Das Argument, bei einem Nichtreagieren oder einer beharrlichen Verweigerung müsse der Besteller reagieren können, kann nicht durchdringen. Dies sind Fälle, in denen § 281 II BGB einen geeigneten und ausreichenden Spielraum lässt, um derartige Situationen in den Griff zu bekommen. Zudem besteht kein Unterschied zwischen solchen beweglichen Sachen, die im Rahmen eines Kaufvertrags erworben worden sind, und solchen, die im Zuge eines Werklieferungsvertrags hergestellt wurden. Die Produkte sind vergleichbar bzw. identisch. Der Gesetzgeber hat sich im Kaufrecht explizit gegen ein Recht zur Selbstvornahme entschieden. Wegen dieser Vergleichbarkeit der Waren besteht kein Bedürfnis, bei einer Verweisung über Werklieferungsvertrag ins Kaufrecht eine anders lautende Regelung einzuführen.

5. Kapitel - Reisevertragsrecht

A. Vorbemerkung

1078 Beim Reisevertragsrecht hat der Gesetzgeber davon abgesehen, das Gewährleistungsrecht mit dem Allgemeinen Schuldrecht zu verknüpfen. Es sind lediglich in den §§ 651a IV, 651d I, 651e I und 651m BGB Anpassungen vorgenommen und die **Verjährung i.S.d.** § 651g II BGB, wie im Kauf- und Werkrecht, auf zwei Jahre ausgedehnt worden.

1079 Durch Art. 238 EGBGB gilt auch die **Verordnung über die Informationspflichten** von Reiseveranstaltern (BGB-InfoV) für das Reisevertragsrecht. Die InfoV wird durch die Verweisung des § 651a III BGB auf Art. 238 EGBGB in das Reiserecht konkret einbezogen. Der Sinn dieser Zusammenfassung in einer Verordnung liegt darin, dass durch die Zusammenfassung der Verordnungsermächtigungen, die im BGB geregelte Schuldverhältnisse betreffen, eine größere Übersichtlichkeit erzielt werden soll.[894] Flankierend dazu ist die Erteilung einer **Reisebestätigung** in § 651a III BGB geregelt worden.

B. Begriff des Reisevertrags

1080 Der **Reisevertrag** ist gem. § 651a I BGB ein gegenseitiger, entgeltlicher Vertrag, bei dem sich die eine Partei (der **Reiseveranstalter**) gegenüber der anderen Partei (dem **Reisenden**) verpflichtet, eine Gesamtheit von Reiseleistungen (**Reise**) zu erbringen. Der Reisende ist dann seinerseits verpflichtet, dem Reiseveranstalter den vereinbarten Reisepreis zu zahlen.

1081 Das Reisevertragsrecht wurde 1979 zum **Verbraucherschutz bei Pauschalreisen** entwickelt. Dabei ist der Reisevertrag darauf gerichtet, dass der Reiseveranstalter in eigener Verantwortung gegen eine Vergütung des Reisenden einen bestimmten **Erfolg**, nämlich die mangelfreie Durchführung der Reise, herbeiführt.[895] Seinem Wesen nach ist der Reisevertrag also ein aus dem Werkvertrag entwickelter entgeltlicher gegenseitiger Vertrag. Der Reisevertrag wird aber nicht als ein Unterfall des Werkvertrags behandelt, sondern als ein, dem Werkvertrag nur ähnlicher, eigener Vertragstyp (str.). Beim Fehlen einer speziellen Vorschrift in §§ 651a bis 651m BGB kann auf die des Werkvertragsrechts zurückgegriffen werden, sofern die dort getroffenen Bestimmungen nicht dem spezifischen Leitbild des Reisevertragsrechts widersprechen.[896] Vorzuziehen ist es aber, soweit dies möglich ist, die Regelungslücke durch die analoge Anwendung einer der Vorschriften über den Reisevertrag zu schließen. Darüber hinaus sind auch die allgemeinen Vorschriften des Schuldrechts anwendbar, soweit sich nicht aus speziellen Regelungen der §§ 651a ff. BGB etwas anderes ergibt.

> **Hinweis für die Fallbearbeitung**: Nicht zu verwechseln ist der Reisevertrag z.B. mit einem Vertrag, der direkt zwischen der Fluggesellschaft und dem Passagier abgeschlossen wird, bei dem die Fluggesellschaft eine Leistung in Form des Flugs schuldet. Bezüglich derartiger Verträge gelten eigene Regelungen, die unter anderem in der Ausgleichs-Verordnung 2004 geregelt sind.[897]

[894] BT-Drs. 14/ 6040, S. 268.
[895] BGHZ 130, 128.
[896] BGH NJW 1987, 1931, 1933.
[897] Hierzu ausführlich *Staudinger/Schmidt-Bendun*, NJW 2004, 1897 ff.

C. Die Parteien im Reisevertrag

Die Parteien des Reisevertrags werden im Gesetz als Reiseveranstalter und Reisender bezeichnet, § 651a I BGB. 1082

I. Der Reiseveranstalter

Der **Reiseveranstalter** ist derjenige, der in eigener Verantwortung eine **Gesamtheit von Reiseleistungen** als eigene anbietet, wobei er sich Dritter als Leistungsträger bedienen darf.[898] 1083

Eine Gesamtheit von Reiseleistungen liegt dann vor, wenn der Reiseveranstalter wenigstens zwei unterschiedliche Leistungen als Gesamtheit anbietet. In der Regel werden diese unterschiedlichen Reiseleistungen auch von verschiedenen Leistungsträgern erbracht, z.B. Flug und Unterkunft im Hotel. Dabei können Reiseleistungen Leistungen verschiedenster Art sein, soweit sie im *Zusammenhang* mit der zu unternehmenden Reise stehen. 1084

> **Beispiele:** Beförderung des Reisenden und seines Gepäcks durch Zug, Bus oder Flugzeug; Unterkunft und Verpflegung, Besichtigungen, Führungen und Betreuung des Reisenden

Wesentlich ist dabei, dass der Reiseveranstalter eine **Gesamtheit von Reiseleistungen** zu erbringen hat, für die der Reisende einen Gesamtpreis zahlen muss. Dabei reichen z.B. die Beförderung *oder* die Beschaffung einer Unterkunft allein nicht aus.[899] Dann richtet sich das Vertragsverhältnis nach dem Recht der entsprechenden Einzelleistung. 1085

> **Beispiele**:
> **(1)** Wird nur die Benutzung eines Ferienhauses angeboten, ist der Anbieter nicht Reiseveranstalter, sondern - je nachdem, wie er auftritt - Vermittler oder Vermieter.
> **(2)** Bei einer Schiffsreise - wie z.B. einer Kreuzfahrt[900] oder Frachtschiffsreise[901] - handelt es sich allerdings um einen Reisevertrag i.S.d. § 651a I BGB, da dabei mehrere Leistungen wie z.B. Beförderung, Unterkunft zugleich erbracht werden.

Die verschiedenen Leistungen müssen so aufeinander abgestimmt sein, dass sie in ihrer Gesamtheit die Reise ausmachen. Nicht erforderlich ist hingegen, dass alle mit der Reise im Zusammenhang stehenden Leistungen angeboten werden. 1086

> **Beispiel:** Der Reisende kann sich während einer Reise auch selbst um seine Verpflegung kümmern.

Der Reiseveranstalter erbringt die verschiedenen Leistungen in der Regel nicht selbst, sondern z.T. durch andere Unternehmer, die das Gesetz als **Leistungsträger** bezeichnet. Leistungsträger sind z.B. Unternehmer des Verkehrs- und Hotelgewerbes. Sie erbringen entweder eine bestimmte Art von Leistungen, z.B. Unterkunft oder Verpflegung, oder einmalige Einzelleistungen, z.B. den Transfer vom Flughafen zum Hotel, die im Rahmen des Reisevertrags Teilleistungen des Reiseveranstalters sind. Dabei werden aber die Vorbereitung der Reise, die Auswahl und Überprüfung der Leistungsträger sowie die Übermittlung von notwendigen Informationen und die Betreuung des Reisenden vom Reiseveranstalter vorgenommen. Der Reiseveranstalter kann zwar einen Teil der Reise- 1087

---

[898] BGHZ 61, 275, 277.
[899] *Bartl*, NJW 1979, 1384, 1385.
[900] BGH NJW 2013, 1674.
[901] Vgl. EUGH NJW 2011, 505.

leistungen, z.B. die Beförderung, auch selbst erbringen. Reiseveranstalter ist er aber nur dann, wenn er außerdem noch andere Leistungen, die nicht bloß Nebenleistungen sind, anbietet, z.B. Unterkünfte oder Verpflegung. Die **Leistungsträger** sind seine **Erfüllungsgehilfen**, für die er nach **§ 278 BGB** haftet. Dies ergibt sich daraus, dass der Reiseveranstalter gegenüber dem Reisenden die Leistungen zu erbringen hat, für die er sich eines Leistungsträgers bedient. Ob der Reisende neben dem Anspruch gegen den Reiseveranstalter auch einen *direkten* Anspruch gegen den Leistungsträger hat, ergibt sich aus dem zwischen dem Reiseveranstalter und dem Leistungsträger geschlossenen Vertrag. Denkbar ist, dass der Reiseveranstalter auch im Namen und mit Vollmacht des Reisenden die jeweiligen Verträge mit den Leistungsträgern abschließt, die zur Erfüllung des Reisevertrags nötig sind. Näher liegend ist aber, dass der Reiseveranstalter die Verträge im eigenen Namen zugunsten des Reisenden, **§ 328 BGB**, abschließt (str.)[902]. Als Rechtsfolge hat der **Reisende** neben dem Reiseveranstalter, ohne selbst Vertragspartner des Leistungsträgers zu sein, gegen diesen einen **eigenen** Erfüllungsanspruch und bei Leistungsstörungen einen jeweiligen Schadensersatz- und Gewährleistungsanspruch. Dabei wird das Recht des Leistungsträgers, Einwendungen gegen den Reiseveranstalter auch gem. § 334 BGB dem Reisenden gegenüber geltend zu machen, in der Regel als stillschweigend abbedungen angesehen.[903]

Beispiel: Die Fluggesellschaft kann gegenüber dem Beförderungsanspruch des Reisenden nicht einwenden, dass der Reiseveranstalter den Preis für den Flug noch nicht bezahlt habe.

II. Der Reisende

1088 **Reisender** im Sinn des Gesetzes ist der Vertragspartner des Reiseveranstalters, der im eigenen Namen für sich oder für andere Reiseteilnehmer eine Reise bucht.

1089 Daneben kann aber **auch derjenige Reisender werden**, der gem. § 651b BGB in den Vertrag **eintritt**. Dabei übernimmt der Eintretende den Reisevertrag im Wege einer rechtsgeschäftlichen Vertragsübernahme.[904] Der Reisende kann sein Verlangen, einen Dritten in den Vertrag eintreten zu lassen, bis zum Beginn der Reise an den Reiseveranstalter richten.[905] Die Vorschrift des § 651b BGB beruht auf der Überlegung, dass die Person des Reisenden in der Regel keine Bedeutung für den Reiseveranstalter hat. Allerdings kann er nach § 651b I S. 2 BGB dem Eintritt des Dritten widersprechen, sofern dieser den besonderen Reiseerfordernissen nicht genügt oder seiner Teilnahme gesetzliche Vorschriften oder behördliche Anordnungen entgegenstehen.

Beispiele:

(1) Der Reisende hat eine Tauchreise gebucht, der Eintretende verfügt aber über keinerlei Erfahrung in dieser Sportart.

(2) Für eine Reisegruppe wurde vor dem Reiseantritt ein Sammelvisum erteilt. Nachträglich wird diese Reisegruppe um eine Person A erweitert. Diese in die Reisegruppe eintretende Person A hat indes kein Visum; zudem erstreckt sich das Sammelvisum wegen des nachträglichen Beitritts zur Gruppe nicht auf A. Damit wurde bislang A kein Visum erteilt.

Hinweis für die Fallbearbeitung: Die Vertragsübernahme ist aus Gründen des Gläubigerschutzes regelmäßig ein dreiseitiger Vertrag[906], bei dem also grundsätzlich

---

[902] BGHZ 93, 271; *Tonner*, in: MüKo, § 651a Rn 22/25.; a.A.: *Eckert*, in: Staudinger (2003), § 651a Rn 55.
[903] BGHZ 93, 271, 275.
[904] *Teichmann*, in: Jauernig, § 651b, Rn 2; vgl. aber *Tonner*, in: MüKo, § 651b, Rn 5 ff.
[905] AG Baden-Baden NJW-RR 1995, 1263.
[906] BGHZ 96, 302, 307.

die volle Zustimmung des Gläubigers erforderlich ist. In § 651b I BGB wurde dieses Erfordernis zulasten des Reiseveranstalters auf ein mögliches Widerspruchsrecht abgeschwächt. Als Korrektiv ordnet dafür § 651b II BGB die gesamtschuldnerische Haftung des Reisenden und des Eintretenden an.

D. Entstehen des Reisevertrags

Ein Reisevertrag entsteht durch eine **wirksame Einigung** zwischen dem Reiseveranstalter und dem Reisenden i.S.d. §§ 145 ff. BGB. Dabei ist nach h.M. in der Ausgabe der Kataloge kein Vertragsangebot i.S.d. § 145 BGB zu sehen, sondern nur eine ***invitatio ad offerendum***.[907] Ein Angebot liegt also erst bei Buchung des Reisenden vor. Die Annahme des Reiseveranstalters, ggf. durch das ihn vertretende Reisebüro, kann grundsätzlich formfrei erfolgen. Er ist aber gem. § 651a III S. 1 BGB verpflichtet, dem Reisenden spätestens unverzüglich nach Vertragsschluss eine schriftliche Reisebestätigung auszuhändigen. Dabei muss die Bestätigung die in der Rechtsverordnung nach Art. 238 EGBGB bestimmten Angaben enthalten, § 651a III S. 2 BGB. **1090**

Bucht der Reisende eine **Reise für mehrere Personen**, kann er für die anderen als Bote oder als Stellvertreter oder auch allein im eigenen Namen auftreten. Handelt der Reisende bei der Buchung nur im eigenem Namen, ist nur er Reisender und damit auch gem. §§ 651a ff. BGB berechtigt und verpflichtet. Bei **Familienangehörigen**[908] oder Lebensgefährten liegt dann regelmäßig ein Vertrag zugunsten Dritter, § 328 BGB, vor.[909] Die Angehörigen erwerben somit einen eigenen Primäranspruch gegen den Reiseveranstalter und etwaige Schadensersatzansprüche aus § 651f BGB. Nicht dagegen können sie die Gewährleistungsrechte aus §§ 651c, 651d und 651e BGB geltend machen.[910] **1091**
Bei miteinander **nicht verwandten** Personen tritt der Reisende hingegen typischerweise als Vertreter oder als Bote der übrigen auf, z.B. bei der Anmeldung einer Reisegruppe, wodurch zwischen diesen und dem Reiseveranstalter ein Vertrag zustande kommt. Über die allgemeinen Regeln des Stellvertretungsrechts, §§ 164 ff. BGB, sind sie dann berechtigt und verpflichtet und daher selbst Reisende.[911]

E. Inhalt des Reisevertrags

Der **Reisevertrag** hat gem. § 651a I BGB die Erbringung einer *Gesamtheit* von Reiseleistungen durch den Reiseveranstalter und Vergütung der Reise durch den Reisenden zum Inhalt. **1092**

Dadurch unterscheidet sich der Reisevertrag vom **Reisevermittlungsvertrag**, der i.d.R. zwischen dem Reisenden und dem Reisebüro abgeschlossen wird. Der Reisevermittlungsvertrag hat die Herbeiführung eines Vertragsabschlusses zwischen dem Reisenden und einem Anbieter von Reiseleistungen im Wege der Geschäftsbesorgung, §§ 675 ff. BGB, zum Gegenstand. Der Reisevertrag hingegen beinhaltet ein Pauschalangebot des Reiseveranstalters, wodurch dieser verpflichtet wird, in eigener Verantwortung die verschiedenen Leistungen ordnungsgemäß zu erfüllen. Für andere, nicht im Pauschalangebot enthaltene, Leistungen, z.B. für Ausflüge am Urlaubsort[912], kann der Reiseveran- **1093**

---

[907] *Eckert*, in: Staudinger (2003), § 651a Rn 64; a.A.: *Tonner*, in: MüKo, § 651a Rn 35.
[908] AG Düsseldorf NJW-RR 1999, 567.
[909] *Eckert*, in: Staudinger (2003), § 651a Rn 75; ausführlich *Martis*, MDR 2001, 901.
[910] *Martis*, MDR 2001, 901 ff. m.w.N.
[911] Zur Frage, *wer* Reisender ist, vgl. ausführlich *Kauffmann*, MDR 2002, 1036 ff.
[912] Vgl. LG Frankfurt a.M. NJW 2005, 516 zu den Voraussetzungen, wann solche Ausflüge nicht Bestandteil eines Reisevertrags werden: Es reiche aus, wenn im Prospekt stehe, dass es sich bei ihnen um rechtliche Fremdleistungen handele, sie lediglich von einer Partneragentur angeboten würden und vor Ort diese Informationen erneut deutlich sichtbar auf den Tickets aufgedruckt seien.

stalter aber auch als Reisevermittler tätig werden. Gemäß **§ 651a II BGB** bleibt die Formulierung des Reiseveranstalters darüber, ob er die Reise für seine Leistungsträger nur vermittelt oder ob er selbst die Reiseleistungen erbringen will, dann unberücksichtigt, wenn die Umstände seines tatsächlichen Auftretens für einen Reisevertrag sprechen. Der **Reiseveranstalter** kann sich also **nicht seiner Haftung** für Verschulden des Leistungsträgers **dadurch entziehen, dass er selbst den Vertrag mit dem Reisenden als Reisevermittlungsvertrag einstuft**.

Hinweis für die Fallbearbeitung: Der Reisevermittler - das Reisebüro - tritt als Vertreter oder Bote[913] des Veranstalters auf. Der Reisende kann gegen den Vermittler keine Gewährleistungsansprüche geltend machen[914], u.U. aber aus pVV (§ 280 I BGB) des Geschäftsbesorgungsvertrags, z.B. bei schuldhafter, fehlerhafter Beratung.[915]

F. Rechtsfolgen aus dem Reisevertrag

I. Die Position des Reiseveranstalters

1. Anspruch auf Zahlung des Reisepreises

1094 Der synallagmatische Anspruch des Reiseveranstalters gegen den Reisenden ist auf Zahlung des Reisepreises gerichtet, § 651a I S. 2 BGB.

1095 Die **Fälligkeit** tritt gem. §§ 641, 646 BGB grundsätzlich erst nach Beendigung der Reise ein. In der Regel wird dieser Zeitpunkt allerdings durch die **AGB** des Veranstalters vorverlegt. Solche AGB sind wegen § 651m BGB jedoch nur im Rahmen des § 651k IV u. V BGB möglich.

Hinweis für die Fallbearbeitung: Durch **§ 651k BGB** wird der Reisende vor **Insolvenzrisiken** des Reiseveranstalters geschützt. Die Norm sieht in § 651k I BGB vor, dass der Veranstalter durch eine Versicherung oder ein Zahlungsversprechen eines Kreditinstituts sicherstellen muss, dass er den Reisepreis und Aufwendungen des Reisenden ggf. zurückzahlen kann. Gemäß § 651k II BGB besteht für den Versicherer oder das Kreditinstitut (Kundengeldabsicherer) die Möglichkeit, seine Haftung auf 110 Mio. € zu begrenzen.
Der Reiseveranstalter hat dem Reisenden einen direkten Anspruch gegen den Kundengeldabsicherer zu verschaffen und durch die Übergabe eines vom Versicherer ausgestellten **Sicherungsscheins** nachzuweisen, § 651k III BGB.

1096 Nach § 651k IV BGB ist eine Vorverlegung der Fälligkeit **nur dann** möglich, wenn dem Reisenden der **Sicherungsschein übergeben** wurde. Dies wird regelmäßig durch den Reisevermittler erfolgen, der den Schein auf seine Gültigkeit zu überprüfen hat, § 651k III S. 4 BGB. In V S. 2 wird diese Regelung bei Reiseveranstaltern in anderen Staaten der EU oder anderen Vertragsstaaten des Abkommens über den europäischen Wirtschaftsraum dahingehend modifiziert, dass dem Reisenden eine Sicherheitsleistung (V S. 1) nachgewiesen werden muss. Darüber hinaus kann vom Reisenden auch *nach* der Übergabe des Sicherungsscheins zunächst nur eine **Anzahlung** verlangt werden; erst **kurz vor Reisebeginn** hat er den **gesamten Preis** zu bezahlen.[916]

[913] BGHZ 82, 219, 221.
[914] OLG München MDR 1984, 492.
[915] *Tempel*, NJW 1996, 1625, 1635.
[916] BGHZ 100, 157, 168.

Dem **Veranstalter** steht unter den strengen Voraussetzungen des § 651a IV BGB die Möglichkeit zu, den **Reisepreis** nach Vertragsschluss und vor dem Abreisetermin zu **erhöhen**, wenn 1097

- die Erhöhung spätestens mit Ablauf des 21. Tages *vor* dem *vereinbarten* Abreisetermin erfolgte,
- im Vertrag ein ausdrücklicher Erhöhungsvorbehalt mit den genauen Angaben für die Berechnung des neuen Preises vereinbart war,
- eine nachteilige Veränderung einer der in § 651a IV BGB genannten Kostenfaktoren eingetreten ist: Beförderungskosten - z.B. Kerosinzuschlag[917] -, Abgaben für bestimmte Leistungen - z.B. (Flug-) Hafengebühren - oder Änderung des Wechselkurses,
- die Veränderung **kausal** für die Erhöhung des Preises ist, der veränderte Faktor also bereits Bestandteil des ursprünglichen Preises war.

Die Erhöhung ist dem Reisenden gem. § 651a V S. 1 BGB **unverzüglich** (§ 121 BGB: ohne schuldhaftes Zögern) nach Kenntniserlangung vom Erhöhungsgrund mitzuteilen und wird gem. § 130 BGB mit ihrem Zugang wirksam. Soweit der Vorbehalt in den **AGB** geregelt ist, gilt ergänzend § 309 Nr. 1 BGB. Danach ist eine solche Klausel nur wirksam, wenn der Vertrag mindestens vier Monate vor dem Reiseantritt geschlossen wurde. Bei einer Preiserhöhung von **über 5 %** kann der Reisende gem. § 651a V S. 2 u. 3 BGB vom Vertrag **zurücktreten** und stattdessen eine gleichwertige, andere Reise verlangen, sofern der Reiseveranstalter eine solche aus seinem Angebot anbieten kann. 1098

Hinweis für die Fallbearbeitung: Neben der Preiserhöhungsklausel kann im Vertrag auch eine Vorbehaltsklausel für etwaige **Änderungen der Reiseleistungen** enthalten sein. Sofern der Reiseveranstalter eine solche Änderung vornimmt, gilt ebenfalls § 651a V BGB. Die Änderung ist mithin unverzüglich mitzuteilen und eröffnet - im Fall einer erheblichen Änderung - dem Reisenden ein Rücktrittsrecht.

2. Pflichten des Reiseveranstalters

Der Reiseveranstalter hat sämtliche Leistungen zu erbringen, die im *ausgeschriebenen Programm* angeboten wurden. Dabei ist bezüglich der einzelnen Leistungen neben der Reisebestätigung (§ 651a III BGB) und etwaigen Individualabreden auch der vom Veranstalter herausgegebene Prospekt heranzuziehen.[918] Ihm obliegen die vollständige Planung, Organisation und Durchführung der Reise. Die von ihm herangezogenen Leistungsträger hat er sorgfältig auszusuchen und zu überwachen.[919] Daneben obliegen dem Reiseveranstalter Informationspflichten gegenüber dem Reisenden, die durch die BGB-InfoV konkretisiert werden. 1099

Beispiel: Der Veranstalter hat den Reisenden über Besonderheiten und Abweichungen von deutschen Standards im Ausland zu informieren.[920]

II. Die Position des Reisenden

1. Anspruch auf mangelfreie Reise

Der synallagmatische Anspruch des Reisenden entspricht der Hauptpflicht des Veranstalters. Er kann eine ordnungsgemäße Erbringung der vereinbarten Reise verlangen. Gemäß § 651c I BGB muss die Reise fehlerfrei sein und die zugesicherten Eigenschaften 1100

917 *Führich*, NJW 2000, 3672.
918 BGH NJW 2000, 1188.
919 BGHZ 100, 185.
920 BGHZ 100, 157, 175.

haben. Eine Abweichung von den vereinbarten Reiseleistungen muss der Reisende nur dann hinnehmen, wenn der Vertrag insoweit eine Vorbehaltsklausel enthält und die Abweichung im Rahmen des § 651a V BGB bleibt. Ist eine umfangreichere Änderung durch den Veranstalter vorgesehen, kann der Reisende zurücktreten und u.U. eine Ersatzreise verlangen.

2. Pflichten des Reisenden

1101 Die Hauptpflicht des Reisenden besteht in der Zahlung des ***vereinbarten*** Reisepreises. Auch hier muss er etwaige Änderungen nur im Ausnahmefall hinnehmen und kann ggf. zurücktreten und eine Ersatzreise verlangen.

Hinweis für die Fallbearbeitung: Die Zahlung des Reisenden erfolgt in aller Regel nicht direkt an den Reiseveranstalter, sondern an den Vermittler. Letzterer hat dafür vom Veranstalter normalerweise eine **Inkassovollmacht** erhalten, sodass die Leistung des Reisenden an das Reisebüro befreiende Wirkung hat. Als Schutz für den Reisenden wird **in § 651k IV S. 2 BGB** eine solche Inkassovollmacht gesetzlich **vermutet**, wenn der Vermittler den Sicherungsschein übergibt oder sonst die äußeren Umstände ergeben, dass er vom Veranstalter mit der Vermittlung von Reiseverträgen betraut ist. Dies gilt nur dann nicht, wenn ein ausdrücklicher, hervorgehobener Ausschluss der Inkassovollmacht i.S.d. § 651k IV S. 3 BGB vorliegt oder der Reisende wusste oder fahrlässig nicht wusste, dass das Reisebüro nicht zur Einziehung der Forderung ermächtigt war.[921]

G. Gewährleistungsrecht im Reisevertrag

1102 Das Gewährleistungsrecht des Reiserechts (§§ 651c-651h BGB) regelt die Haftung des Reiseveranstalters im Fall des Fehlens einer zugesicherten Eigenschaft oder eines Fehlers der Reise, wenn zwischen den maßgeblichen Vertragsparteien ein Reisevertrag nach § 651a I BGB abgeschlossen wurde.[922] Dabei wird – bis auf § 651f BGB – eine verschuldensunabhängige Haftung des Veranstalters angeordnet. Systematisch geht das Gesetz wie folgt vor:

- § 651c I BGB beschreibt zunächst den Anwendungsbereich des Gewährleistungsrechts durch das Fehlen einer zugesicherten Eigenschaft oder das Vorliegen eines Fehlers.
- § 651c II BGB gibt dem Reisenden das Recht auf Abhilfe für den Fall des Fehlens einer solchen Eigenschaft oder eines Fehlers. § 651c III BGB gewährt ihm ein Selbstvornahmerecht und einen Aufwendungsersatzanspruch für den Fall, dass der Reiseveranstalter keine Abhilfe leistet.
- § 651d BGB regelt die Minderung des Reisepreises.
- § 651e BGB normiert das mangelbedingte Kündigungsrecht des Reisenden und
- § 651f BGB gibt ihm einen Schadensersatzanspruch.
- § 651g BGB legt die Ausschlussfrist und die Verjährung fest, während § 651h BGB begrenzt eine Haftungsbeschränkung zulässt.

Die Rspr. hat nunmehr aber den Anwendungsbereich des Gewährleistungsrechts im Reisevertrag über den des Reisevertrags im Rahmen einer analogen Anwendung erweitert.[923] Zwar sind bei einer Vermietung eines Ferienhauses die § 651a ff. BGB nicht direkt anwendbar, weil eine Mehrheit von Reiseleistungen nicht vertraglich geschuldet ist.,

[921] BT-Drs. 14/5944, S. 12.
[922] Zum Vorrang des Gewährleistungsrechts vor den allgemeinen Vorschriften vgl. *Führich*, NJW 2002, 1082, 1084.
[923] Vgl. BGH NJW 2013, 308, 310 m. krit. Anm. *Müller*.

Die Gewährleistungsvorschriften sollen jedoch analog anwendbar sein,[924] wenn die Vertragsparteien einen Vertrag über ein Ferienhaus abgeschlossen hätten und der Vertragspartner des „Reisenden" als Ferienhausanbieter am Markt auftrete und zugleich bei verständiger Würdigung aus Sicht des Reisenden Reiseleistungen in eigener Verantwortung erbringe, selbst wenn das Ferienhaus einem Dritten gehöre. Insoweit sei im Zusammenhang mit Verbraucherschutzerwägungsgründen die Situation, in der eine Ferienunterkunft als einzelne Reiseleistung geschuldet sei, mit der zu vergleichen, in der der Reiseveranstalter eine Gesamtheit von Reiseleistungen im Zusammenhang mit einer Ferienunterkunft erbringe.

I. Der Reisemangel

Ein Reisemangel liegt vor, wenn die Reise nicht die zugesicherten Eigenschaften hat oder **1103**
mit Fehlern behaftet ist.

1. Fehler

Ein Fehler liegt vor, wenn die *Ist*-Beschaffenheit der Reise nicht mit der vertraglich ver- **1104**
einbarten *Soll*-Beschaffenheit übereinstimmt und dadurch ihr Wert oder ihre Tauglichkeit für den gewöhnlichen oder vertraglich vereinbarten Nutzen eingeschränkt oder aufgehoben sind.[925]

> **Hinweis für die Fallbearbeitung**: Der Begriff des Reisemangels ist eng an die Regelungen im Werkrecht angelehnt. So sieht auch das Reiserecht ein **subjektives** Element für den Mangel vor, indem es auf den vertraglichen Nutzen der Reise abstellt. Ist insoweit keine Vereinbarung ersichtlich, wird - wie in § 633 II Nr. 2 BGB - auf den gewöhnlichen Nutzen, also auf das **objektive** Moment, abgestellt. Ergänzend kann auf die dortigen Erläuterungen im Werkrecht verwiesen werden.

Ausgangspunkt für die Frage der Mangelhaftigkeit sind das gesamte ausgeschriebene **1105**
Programm, also die Individualvereinbarungen der Parteien, sowie die Inhalte der Reisebestätigung und des Prospekts.[926] Dabei ist auch bei Billigreisen oder sog. „Roulettereisen" ein gewisser Mindeststandard für den Reisenden zu wahren.[927] Weicht die Reise negativ von der Soll-Beschaffenheit ab, liegt ein Mangel vor.

Beispiele: Neben dem Hotel befindet sich eine Baustelle, die erheblichen Lärm verursacht[928]; das Hotel ist bei der Anreise noch nicht vollständig errichtet, z.B. ist der Pool noch nicht benutzbar[929]; Abflugverspätungen, soweit sie *erheblich* sind, also mindestens über vier Stunden liegen[930]

Gegenbeispiele: Wohl **kein Mangel** liegt vor, wenn der Reisende bei einer „All-inclusive-Reise" während des Aufenthalts ein nicht abnehmbares Plastikarmband tragen muss (str.)[931] oder wenn der Rückflug von der Mittagszeit auf die Morgenstunden verlegt wird.

---

[924] BGH NJW 2013, 308 LS 2.
[925] *Tonner*, in: MüKo § 651c Rn 7.
[926] Zu Fragen bei Spezialreisen (z.B. Wellness- oder Abenteuerreisen) vgl. *Bergmann*, RRa 2008, 250 ff.
[927] AG Flensburg RRa 1999, 48.
[928] *Martis*, MDR 2001, 901, 903.
[929] LG Bonn NJW-RR 1999, 55.
[930] *Martis*, MDR 2000, 922, 925.
[931] LG Hamburg NJW-RR 2000, 131; LG Frankfurt a.M. NJW-RR 2000, 1161, 1161; a.A.: AG Hannover NJW-RR 1998, 1356, 1356.

1106 Ein Mangel ist dagegen grundsätzlich ausgeschlossen, wenn es sich um bloße Unannehmlichkeiten handelt, die im heutigen **Massentourismus** unvermeidbar sind[932], oder sich lediglich das **allgemeine Lebensrisiko** niedergeschlagen hat.[933]

Beispiele[934]: Verletzungen durch Bienenschwarm, Sportunfälle (z.B. Sturz auf nassem Swimmingpoolboden)

2. Eigenschaften

1107 **Eigenschaften** sind alle rechtlichen oder tatsächlichen Verhältnisse und Beziehungen, die wegen ihrer Art und Dauer nach der Verkehrsanschauung Einfluss auf die Wertschätzung oder Brauchbarkeit der Reise haben.

1108 Die Anforderungen an die ***Zusicherung*** sind gering. Sie soll schon dann vorliegen, wenn der Veranstalter bestimmte Angaben über die Reise macht und diese für den Reisenden ersichtlich von besonderem Interesse waren.[935] Auch wenn der Veranstalter auf Sonderwünsche des Reisenden eingeht und diese ausdrücklich akzeptiert, kann schon eine Zusicherung angenommen werden. Teilweise wird dabei nicht einmal verlangt, dass der Schuldner einen besonderen Einstandswillen für das Vorliegen der Eigenschaften zum Ausdruck bringen muss.[936] Sofern die tatsächliche Reise nicht die zugesicherten Eigenschaften aufweist, liegt ein Reisemangel ungeachtet der Frage vor, ob sich daraus auch wirklich *negative* Auswirkungen auf die Reise ergeben.

II. Abhilfeverlangen, § 651c II BGB

1109 Im Fall eines **Reisemangels** kann der Reisende vom Reiseveranstalter Abhilfe verlangen. Der Anspruch entspricht seinem Wesen nach dem Nacherfüllungsbegehren nach § 635 BGB. Der Reiseveranstalter muss also den **Mangel beseitigen**, er kann aber auch eine ***andere*** **- etwa gleichwertige - Leistung** erbringen, sofern dem Reisenden dies zumutbar ist.[937] In der **Zeit bis zur Abhilfe kann der Reisende den Preis mindern** oder ggf. Schadensersatz verlangen. Dies gilt aber **nicht**, **wenn er eine zumutbare Ersatzleistung abgelehnt** hat.[938]

Das Abhilfebegehren ist an die vom Reiseveranstalter anzugebende Stelle zu richten, sonst an die örtliche Reiseleitung oder ersatzweise an die jeweiligen Leistungsträger.[939] Als **negative Voraussetzung** erfordert § 651c II S. 2 BGB, dass die Abhilfe nicht mit unverhältnismäßigen Kosten verbunden sein darf. Dann nämlich steht dem Reiseveranstalter ein Verweigerungsrecht zu. Auf die Ausführungen zu § 635 III BGB wird entsprechend verwiesen.

> **Hinweis für die Fallbearbeitung**: Der Gesetzgeber hat hier ein Verweigerungsrecht nach § 275 II u. III BGB nicht normiert (vgl. im Gegensatz: § 635 III BGB). Gleichwohl muss das Allgemeine Schuldrecht anwendbar sein. Wenn also ein Fall des § 275 II oder III BGB vorliegt, kann der Reiseveranstalter seine daraus folgende Einrede geltend machen. Ist die Abhilfe gem. § 275 I BGB unmöglich, ist er von der Leistung per se befreit.

---

[932] OLG Düsseldorf NJW-RR 1992, 1330, 1331; *Tempel*, NJW 1997, 2206 ff.
[933] LG Frankfurt a.M. NJW-RR 2001, 52, 52 f.
[934] Eine sehr ausführliche Kasuistik findet sich bei *Rodegra*, MDR 2002, 919 ff.
[935] *Tempel*, NJW 1997, 2206, 2207.
[936] *Eckert*, in: Staudinger (2003), § 651c Rn 44 ff.; a.A. *Tonner*, in: MüKo § 651 a Rn 10.
[937] KG NJW-RR 1993, 1209, 1210.
[938] LG Frankfurt a.M. NJW 1985, 1474.
[939] *Tempel*, NJW 1986, 547, 549.

III. Selbstvornahme und Aufwendungsersatz, § 651c III BGB

Wenn der Reiseveranstalter den Mangel nicht innerhalb einer vom Reisenden gesetzten angemessenen Frist beseitigt, kann der Reisende nach § 651c III BGB den Mangel selbst beheben und die **erforderlichen Kosten erstattet** verlangen. Da sich dieser Anspruch an die werkrechtliche Selbstvornahme anlehnt, ist auch hier Voraussetzung, dass der Anspruch auf Abhilfe durchsetzbar ist. Die Voraussetzungen sind im Einzelnen: 1110

- ein durchsetzbarer Anspruch auf Abhilfe (II), also ein **Reisevertrag**, ein **Mangel**[940] und **keine *berechtigte* Verweigerung** des Reiseveranstalters,
- fruchtloser Ablauf einer vom Reisenden gesetzten **Frist** (die Frist muss angemessen sein; sie richtet sich nach den Umständen des Einzelfalls; zu berücksichtigen sind insbesondere die Art und Schwere des Mangels)
- ***oder* Entbehrlichkeit** der Frist, wenn der Reiseveranstalter die Abhilfe (unberechtigt) verweigert oder ein besonders dringliches Interesse des Reisenden besteht, wenn z.B. der Reiseveranstalter mangels eines örtlichen Beauftragten nicht erreichbar ist und der Reisende sein abhandengekommenes Gepäck auf eigene Kosten suchen muss.

IV. Minderung, § 651d BGB

Die **Minderung** in § 651d BGB ist anders als im Werkrecht kein Gestaltungsrecht, sondern tritt **kraft Gesetzes** automatisch bei Vorliegen der Voraussetzungen ein. Soweit der Reisende den Preis schon bezahlt hat, kann er die Differenz aus §§ 651d I S. 2, 638 IV, 346 ff. BGB **herausverlangen**. Wenn er noch nicht bezahlt hat, kann er dem Primäranspruch des Veranstalters entgegenhalten, von seiner Leistung teilweise befreit zu sein. 1111

Voraussetzung für die Minderung ist - neben einem **Reisevertrag**[941] und einem **Mangel** - lediglich, dass der Reisende es nicht schuldhaft unterlässt, den Mangel **anzuzeigen**. Aufgrund der negativen Formulierung des Gesetzes hat der Veranstalter zu beweisen, dass der Reisende diese Anzeige schuldhaft unterlassen hat. Die Anzeige muss sich an dieselbe Stelle wie das Abhilfebegehren richten und ist in diesem Verlangen mit enthalten. Sie ist **entbehrlich**, wenn der Reiseveranstalter den Mangel unzweifelhaft kennt (str.)[942] oder wenn Abhilfe nicht möglich ist (str.)[943]. 1112

> **Beispiele**: Bewusste Überbuchung des Hotels führt zur Kenntnis des Veranstalters. Befindet sich vor Ort keine andere mögliche Unterkunft, ist eine Abhilfe nicht möglich.

Weiterhin ist die Anzeige dann **entbehrlich**, wenn der Reisende nicht über seine Anzeigepflicht belehrt wurde (Art. 238 EGBGB) oder wenn er minderjährig ist.[944] 1113

Die **Berechnung** der Minderung erfolgt gem. § 651d I S. 1 BGB nach § 638 III BGB, der sich wiederum an § 441 BGB anlehnt. In der Praxis folgt die Berechnung allerdings eher in Form einer Schätzung, wie dies § 638 III **S. 2** BGB auch vorsieht.[945] Eine konkrete Formel gibt es nicht, die Ergebnisse divergieren zudem stark auch innerhalb der Rspr. Grob vereinfacht kann angenommen werden, dass bei der Berechnung die **Intensität** 1114

---

[940] Das LG Frankfurt a.M. NJW-RR 1995, 1521, 1522 verlangt das Vorliegen eines erheblichen Mangels. Da das Gesetz diese Schwelle des Mangels aber nur für die Kündigung (§ 651e I BGB; vgl. auch beim Rücktritt: § 323 V S. 2 BGB) vorsieht, spricht wohl mehr dafür, auch einen unerheblichen Mangel ausreichen zu lassen. Liegt ein solcher „kleiner" Mangel vor, können die Selbstvornahme schon bei der Kostenabwägung des § 651c II BGB berücksichtigt und die Selbstvornahme *damit* ausgeschlossen werden.

[941] Der Reisevertrag kann z.B. nicht mehr bestehen, wenn der Reisende wirksam gekündigt hat. Dann richten sich die Rechtsfolgen nach § 651e BGB.

[942] *Sprau*, in: Palandt, § 651d Rn 4; a.A. LG Düsseldorf RRa 2001, 51 ff.; LG Frankfurt a.M. RRa 2008, 79, 80.

[943] Frankfurt a.M. NJW-RR 1999, 202, 203; a.A. LG Düsseldorf RRa 2001, 51 ff.

[944] AG Bielefeld RRa 1999, 156.

[945] Dazu *Schmid*, MDR 2002, 789, 790.

des Mangels mit der **Länge** seines Auftretens betrachtet und hieraus die Quote ermittelt wird (str.).[946] Bei einem Mangel, der eine 50%ige Minderung zuließe, kann daher nur eine Minderung um 5 % angenommen werden, wenn der Mangel nur an einem von zehn Reisetagen auftritt. Zudem ist problematisch, ob ein Mangel am Ende einer Reise sich rückwirkend auf die gesamte Reise mindernd auswirken kann oder ob nur der betroffene Tag als Minderungstag heranzuziehen ist; der BGH hat nunmehr entschieden, dass bei besonders schweren Ereignissen (z.B. Beinaheabsturz eines Flugzeuges), die zu einem Mangel (auch) am letzten Tag führen, eine Minderung von 100 % möglich ist;[947] die Minderung kann also abweichend von der ansonsten vorherrschenden Praxis nicht nur für den Tag geltend gemacht werden, an dem das Ereignis eintrat, sondern rückwirkend für die gesamte Reise.

V. Kündigung, § 651e BGB

1115 Nach § 651e BGB kann der Reisende bei erheblichen Mängeln oder aus wichtigem, dem Reiseveranstalter erkennbaren Grund den Vertrag kündigen. Sofern er den Preis schon gezahlt hat, kann er das zu viel Geleistete aus dem durch die Kündigung entstandenen **Rückabwicklungsverhältnis herausverlangen**; hat er noch nicht geleistet, kann er sich auf das Freiwerden von seiner Leistungspflicht berufen (§ 651e III BGB).

> **Hinweis für die Fallbearbeitung**: Die Kündigung ist mit dem Rücktritt (§ 323 BGB) insoweit vergleichbar, als auch hier grundsätzlich ein erheblicher Mangel erforderlich ist. Denn die Belastung für den Reiseveranstalter ist bei einer Rückabwicklung beträchtlich. In den Rechtsfolgen weicht die Kündigung aber von den Rücktrittsvorschriften ab, wodurch den Besonderheiten des Reisevertrags Rechnung getragen wird. Das Schuldverhältnis wandelt sich bei einer wirksamen Kündigung in ein gesetzliches Rückabwicklungsverhältnis um.[948]

1. Anwendbarkeit

1116 Für den Zeitraum ***vor*** **Reiseantritt** kann der Reisende u.U. gem. § 651a V BGB oder gem. § 651i BGB zurücktreten. Der Voraussetzungen des § 651e BGB bedarf es in diesen Fällen nicht. Jedoch kann das Kündigungsrecht des **§ 651e BGB auch schon vor dem Reiseantritt** insbesondere dann ausgeübt werden, wenn bereits feststeht, dass die gebuchte Unterkunft nicht bereitgestellt werden kann. Dies ist für den Reisenden insoweit von Vorteil, als er sich dadurch den Rechtsfolgen des § 651i II BGB entziehen kann.

1117 Soweit **höhere Gewalt** vorliegt, ist **§ 651e BGB** indes nicht anwendbar, sondern von § 651j BGB **verdrängt**. Denn dann soll „allein" § 651j BGB gelten und den Veranstalter somit von den Kündigungsfolgen des § 651e BGB für solche Mängel befreien.

1118 Schließlich kann dem Reisenden *neben* § 651e BGB das in **§ 314 BGB** geregelte Kündigungsrecht aus **wichtigem Grund** zustehen.

2. Voraussetzungen des § 651e BGB

1119 Neben einem wirksamen Reisevertrag ist ein **erheblicher Reisemangel** erforderlich. Das bedeutet, dass sowohl ein etwaiger Fehler als auch das Fehlen einer zugesicherten Eigenschaft zu einer erheblichen Beeinträchtigung der Reise führen müssen, um eine Kündigung rechtfertigen zu können. Die **Erheblichkeit** ist auf der Grundlage einer Ge-

---

[946] Vgl. *Putzka*, RRa 2008, 10 ff.; *Martis*, MDR 2001, 901, 905 m.w.N.; a.A.: LG Frankfurt a.M. NJW-RR 1990, 1396, 1397, wonach auch ein nur einmal aufgetretener Mangel den Erholungswert der anderen Tage beeinflussen kann.
[947] BGH ZGS 2008, 399, 400; *Buxbaum*, RRa 2009, 58 ff.
[948] BGHZ 85, 50, 59.

samtwürdigung anhand der konkreten Ausgestaltung der geschuldeten Reise sowie der Art und Dauer der Beeinträchtigung nach objektiven[949] Maßstäben zu entscheiden. Die Rechtsprechung bedient sich hierzu als Hilfskriterium der Minderungsquote.[950] Nach ihrer Ansicht stellt jedenfalls eine Minderung des Reisewertes um 50 % einen erheblichen Mangel dar. Dabei soll der Beeinträchtigung eines besonderen Reisezwecks (z.B. Tauchurlaub) eine gesteigerte Bedeutung zukommen.

Hinweis für die Fallbearbeitung: Der Begriff des erheblichen Reisemangels ist wohl ebenso schwer greifbar wie der eines erheblichen Werkmangels. Die Kriterien der Rechtsprechung sind dabei auch wenig hilfreich, weil die Schätzung der Minderungsquote naturgemäß auch einen konkreten Bemessungsmaßstab vermissen lässt. In der Klausur wird daher bei unklaren Sachverhalten die Entscheidung taktisch zugunsten des erheblichen Mangels fallen. Ansonsten würde man sich die Prüfung der Rechtsfolgen des § 651e BGB (und § 651f II BGB) abschneiden, es sei denn, es lägen ohnehin die Voraussetzungen des § 651e I S. 2 BGB vor.

Sofern ein erheblicher Mangel abgelehnt werden muss, kann das Kündigungsrecht aus § 1120
651e I S. 2 BGB folgen, wenn dem Reisenden die Reise aus einem **wichtigen**, dem Reiseveranstalter **erkennbaren Grund** nicht zuzumuten ist. Dabei ist erforderlich, dass der Antritt oder die Fortsetzung der Reise gerade dem *konkret Betroffenen* wegen eines *in seiner Person* liegenden und erkennbaren Umstands nicht zumutbar sind.

Beispiel: Der Reisende hat ein Zimmer im Erdgeschoss mit Terrasse gebucht. Er kann aber aus organisatorischen Gründen nur ein Zimmer im ersten Stock bekommen. Da R gehbehindert ist und das Hotel über keinen Fahrstuhl verfügt, kann er gem. § 651e I S. 2 BGB kündigen.

Gemäß § 651e II BGB muss der Reisende dem Veranstalter (bzw. der dafür zuständigen 1121
Stelle) gegenüber ein **Abhilfebegehren** geäußert und eine angemessene **Frist** für die Abhilfe gesetzt haben, die **fruchtlos** abgelaufen ist.

Die Frist kann gem. § 651e II S. 2 BGB **entbehrlich** sein, wenn die *Abhilfe unmöglich* 1122
ist oder vom Reiseveranstalter *verweigert* wird oder wenn die sofortige Kündigung des Vertrags durch einen *besonderen* Grund des Reisenden gerechtfertigt wird.

Beispiele: *Besondere* Gründe liegen etwa vor, wenn zahlreiche Mängel vorliegen, deren Behebung bis zum Ende der Reise aussichtslos erscheint, wenn der örtliche Reiseleiter nicht erreichbar ist[951] oder wenn eine zugesicherte Eigenschaft - z.B. die Comfort Class - nicht eingehalten werden kann[952].

Die Kündigung erfolgt durch eine formfreie **Erklärung** gegenüber der örtlichen Reiselei- 1123
tung oder, falls diese nicht vorhanden ist, gegenüber der Zentrale des Reiseveranstalters.[953] Sie kann auch konkludent erfolgen, z.B. wenn der Reisende wegen erheblicher Mängel die Rückzahlung des Geldes verlangt.[954]

---

[949] BGH ZGS 2009, 93, 94; Bonn RRa 2001, 115.
[950] Kritisch hierzu *Eckert*, in: Staudinger (2003), § 651e Rn 13, der diese Vorgehensweise mit der „Berücksichtigung *aller* Umstände des Einzelfalls" für unvermeidbar hält.
[951] LG Frankfurt a.M. NJW-RR 1996, 888.
[952] Vgl. OLG Düsseldorf RRa 2008, 20, 21 f.
[953] *Martis*, MDR 2001, 901, 905.
[954] AG Bad Homburg RRa 2000, 208, 209.

3. Rechtsfolgen

1124 Gemäß § 651e III BGB **verliert** der Reiseveranstalter seinen **Anspruch auf Zahlung** des Reisepreises bei einer wirksamen Kündigung. Hat der Reisende noch nicht bezahlt, kann er sich des Primäranspruchs des Veranstalters mit dem Hinweis auf dessen Untergang erwehren; hat er bereits vorher bezahlt, kann er das Geleistete direkt aus dem **Rückabwicklungsverhältnis** herausverlangen.[955]

1125 Obgleich das Vertragsverhältnis durch die Kündigung in das Rückabwicklungsverhältnis umgewandelt wurde, gibt § 651e IV BGB dem Reisenden noch einen Anspruch auf die **notwendigen Maßnahmen zur Beendigung** der Reise. So muss der Veranstalter u.a. den weiteren Hotelaufenthalt bis zur Beendigung der Reise dulden oder eine Ersatzunterkunft bis zu diesem Zeitpunkt stellen, wenn das Verbleiben im Hotel nicht zumutbar ist. Der Reiseveranstalter ist verpflichtet, die **Maßnahmen zur *unverzüglichen* Beendigung** der Reise zu treffen. Ist die Reise mit einem Charterflug verbunden, hat er dem Reisenden einen möglichst baldigen Linienflug zu verschaffen. Die anfallenden Mehrkosten gehen gem. § 651e IV S. 2 BGB zu seinen Lasten. Ist der geplante Rückflug allerdings in ein bis zwei Tagen, wird man dem Reisenden zumuten könnten, auf diesen Flug zu warten und den Veranstalter dadurch von den *Mehr*kosten zu befreien. **Kein Anspruch** auf Rückbeförderung bzw. Erstattung der Mehrkosten besteht dagegen, wenn der Reisende eine private Rückreisemöglichkeit hatte und diese durch die vorzeitige Beendigung nicht wahrgenommen werden kann.

> **Beispiel**: Der Reisende ist mit Freunden zum Urlaubsort gefahren und sollte von diesen *nach vier Wochen* wieder mit nach Hause genommen werden. Der Transport war **nicht** Bestandteil des Reisevertrags. Nach *einer* Woche erklärt er die Kündigung und verlangt nun ein Rückreiseticket. Das Ticket kann nicht nach § 651e IV S. 2 BGB verlangt werden. Allenfalls über einen etwaigen Schadensersatzanspruch nach § 651f BGB könnte sich der Reisende schadlos halten.

1126 Da der Reiseveranstalter sowohl seinen Primäranspruch verliert als auch mit den Mehrkosten belastet wird, gibt ihm § 651e III S. 2 BGB einen **Entschädigungsanspruch für** die bereits erbrachten und die zur Beendigung der Reise noch zu erbringenden **Leistungen** wie z.B. den Rückflug.[956] Bei den noch zu erbringenden Leistungen kann er natürlich die etwaigen *Mehr*kosten für die Rückreise nicht in den Anspruch mit einbeziehen, vgl. § 651e IV S. 2 BGB. Die **Höhe** des Anspruchs bemisst sich gem. § 651e III S. 2 BGB nach den Vorschriften über die Minderung, § 638 III BGB. Dem Reiseveranstalter ist es vor dem Hintergrund des § 651m BGB nicht gestattet, seinen Ersatzanspruch durch AGB zu pauschalieren (str.).[957] Als Bemessungsgrundlage für den Anspruch können nur die Leistungen herangezogen werden, die auf dem Vertragsverhältnis zwischen dem Veranstalter und dem Reisenden beruhen. Nicht dazu gehören Kosten, die auf Leistungen zwischen dem Veranstalter und seinen Leistungsträgern beruhen.[958]

> **Beispiel**: Nach der Kündigung lässt der Reiseveranstalter die Hotelbuchung stornieren. Der Leistungsträger (das Hotel) berechnet hierfür eine Stornogebühr, die der Veranstalter dem Reisenden als Kosten für eine „noch zu erbringende Leistung" in Rechnung stellt. Die Kosten muss der Reisende nicht gem. § 651e III S. 2 BGB tragen, da sie nicht Bestandteil der zwischen ihm und dem Veranstalter vereinbarten Leistungen sind.

---

[955] BGHZ 85, 50, 59; *Wolter*, AcP 183 (1983) S. 35, 46 f.
[956] LG Frankfurt a.M. RRa 2001, 76 ff.
[957] *Tonner*, in: MüKo § 651e Rn 19; a.A. *Eckert*, in: Staudinger (2003), § 651e Rn 57.
[958] BGH NJW 1990, 572, 573.

Wirtschaftlich gesehen handelt es sich bei dem Entschädigungsanspruch also um eine Art **Teilvergütungsanspruch**, der allerdings dann **nicht** besteht, wenn die Leistungen für den Reisenden infolge der Vertragsaufhebung kein Interesse mehr haben. Dies ist dann der Fall, wenn die Reiseleistungen völlig wertlos waren.[959] 1127

Beispiel: Der Reisende R erhielt am Reiseort eine gänzlich unzumutbare Unterkunft. Aus diesem Grund kündigte er wirksam nach zwei Tagen und reiste am Tag darauf ab.

VI. Schadensersatz, § 651f BGB

Soweit der Reisemangel auf einem vom Reiseveranstalter zu vertretenden Umstand beruht, kann der Reisende gem. § 651f I BGB *unbeschadet* einer Minderung oder einer bereits ausgeübten Kündigung **Schadensersatz wegen Nichterfüllung** verlangen. Bei einer Vereitelung oder einem erheblichen Mangel steht ihm darüber hinaus ein Anspruch wegen **nutzlos aufgewendeter Urlaubszeit** nach § 651f II BGB zu. 1128

1. Konkurrenzen

Der von § 651f I BGB gewährte Schadensersatzanspruch umfasst sämtliche Mangel- und Mangelfolgeschäden.[960] Aus diesem Grund verdrängt er etwaige Ansprüche wegen einer Pflichtverletzung aus **§ 280 I BGB**. **Deliktische** Ansprüche dagegen können neben dem gewährleistungsrechtlichen Anspruch aus § 651f BGB stehen, sofern der Reisemangel zu einer schuldhaften Verletzung eines Rechts des Reisenden führt.[961] Bei der Verletzung **vorvertraglicher Pflichten** - z.B. bei fehlerhaften Katalogangaben - kann ein Anspruch aus **§§ 280 I, 311 II, 241 II BGB** neben § 651f I BGB bestehen. 1129

2. Voraussetzungen

a. Für den Anspruch aus § 651f I BGB

Für einen Anspruch gem. § 651f I BGB müssen folgende Voraussetzungen erfüllt sein: 1130

- Zunächst müssen **Reisevertrag** und **Reisemangel** vorliegen.
- Durch den Wortlaut des § 651f I BGB („...unbeschadet der Minderung oder Kündigung...") hat der Gesetzgeber klargestellt, dass der Schadensersatz zusätzlich zu anderen, bereits ausgeübten Rechten geltend gemacht werden kann. Er hat dabei zugleich bestimmt, dass die Voraussetzungen für die Minderung oder den Rücktritt auch für den Schadensersatzanspruch erfüllt sein müssen. Daher muss der Reisende den Mangel gem. **§ 651d II BGB angezeigt *oder*** gem. **§ 651c III BGB *oder* § 651e II BGB vergeblich Abhilfe verlangt** haben (str.).[962]
- Weiterhin muss der Reiseveranstalter den Mangel **zu vertreten** haben. Durch die negative Formulierung des § 651f I BGB wird das Verschulden vermutet, sodass sich der Veranstalter exkulpieren muss. Damit obliegt es ihm darzulegen, dass weder er selbst noch seine Leistungsträger oder deren Erfüllungsgehilfen schuldhaft gehandelt haben.[963] *Nicht* zu vertreten hat er allerdings solche Umstände, die außerhalb seines Gefahrenbereichs liegen und auf die er keinen Einfluss hat.

  Beispiele: **Zu vertreten hat der Veranstalter**: täuschende Prospektangaben, Überbuchung des Hotels[964] (vgl. dazu auch *Wenzel/Hütte*, Fälle zum BGB II, Kap. 4 Fall 07), ver-

---

[959] Das AG Homburg (in: RRa 2001, 93 ff.) geht bereits bei einer Minderungsquote von 70 % von einer völligen Wertlosigkeit aus.
[960] BGHZ 100, 157, 180; *Blaurock/Wagner*, Jura 1985, 169, 175.
[961] Vgl. *Tonner*, RRa 2008, 62, 63.
[962] BGHZ 92, 177, 179; *Sprau*, in: Palandt, § 651f Rn 4; a.A. *Tonner*, in: MüKo, § 651f Rn 16, 17.
[963] BGHZ 100, 185.
[964] Nach LG Frankfurt a.M. RRa 2008, 121, 122 f. muss eine drohende Überbuchung des Hotels dem Reisenden rechtzeitig mitgeteilt werden. Unterbleibt diese Hauptpflicht, kann der Reisende die Ansprüche mindern oder Schadensersatz verlangen.

meidbare Gefährdungen durch Büffel auf einer Safari.[965] **Nicht zu vertreten hat er**: eine Fischvergiftung trotz allgemein üblicher Zubereitung durch den Hotelkoch (allgemeines Lebensrisiko)[966], Affenbiss in einem Hotel in Kenia.[967] **Ungeklärt** ist, ob der Veranstalter die Folgen eines Streiks zu vertreten hat. Dies wird man wohl bejahen können, wenn der Streik innerhalb seines Einflussbereichs stattfindet, z.B. beim Hotelpersonal, nicht jedoch beim Flughafenpersonal.

- Schließlich muss der Mangel zu einem kausalen **Schaden** geführt haben. Dabei ist neben dem Minderwert der Reise auch jede Beeinträchtigung des Körpers oder des Vermögens des Reisenden umfasst.

b. Für den Anspruch aus § 651f II BGB

1131 Der Anspruch wegen nutzlos aufgewendeter Urlaubszeit stellt einen Ersatz für **immaterielle** Einbußen dar. Er ist damit eine **Ausnahme** von § 253 BGB. Zwar erfasst der neue § 253 II BGB u.U. auch Immaterialschäden, allerdings nur in den dort beschriebenen Fällen. § 651f II BGB greift damit noch weiter als das neue Schadensrecht. Die Anforderungen an diesen Anspruch sind demgemäß strenger als für den Anspruch aus § 651f I BGB. Denn zusätzlich ist erforderlich, dass die Reise **vereitelt** oder **erheblich** beeinträchtigt wurde und der Reisende damit seine **Urlaubszeit nutzlos** aufgewendet hat.

- Der Begriff der **Erheblichkeit** entspricht dem des § 651e I BGB.
- Eine **Vereitelung** liegt vor, wenn die Reise nicht durchgeführt werden kann, z.B. weil der Reiseveranstalter die Reise absagt oder der Reisende wegen einer Überbuchung des Hotels den Urlaubsort verlassen muss und zurückreist.
- Die Urlaubszeit ist dann **nutzlos aufgewendet** worden, wenn der Reisende die im Vertrag vorgesehene Zeit nicht als Urlaub, namentlich für die **Erholung**, nutzen konnte. Dies ist z.B. der Fall, wenn die Reise bald nach Beginn abgebrochen werden muss.

3. Umfang des Schadensersatzanspruchs

a. Aus § 651f I BGB

1132 Der Anspruch aus § 651f I BGB umfasst alle durch den Mangel herbeigeführten Schäden, also die **Mangel- und Mangelfolgeschäden**. Dabei kann der Minderwert der Reise allerdings nur dann geltend gemacht werden, wenn der Reisende den Reisepreis noch nicht gemindert hat. Als Schäden i.S.d. § 651f I BGB kommen insbesondere in Betracht:

- sämtliche **Körperschäden**, die dem Reisenden aufgrund des Mangels zugefügt werden, z.B. durch einen vom Subunternehmer verursachten Verkehrsunfall, durch eine Explosion des Gasherdes im Appartement[968] oder mangelhaft zubereitete Speisen. Wird der Reisende infolge eines vom Veranstalter zu vertretenden Mangels krank, kann der Minderwert der Reise ab diesem Zeitpunkt geltend gemacht werden[969], es sei denn, die Krankheit ist so schwerwiegend, dass sie zu einer vollständigen Entwertung des Reisewertes führt.
- Weiterhin sind alle **Eigentumsverletzungen** zu ersetzen. Dies gilt vor allem für das Gepäck des Reisenden, für das der Veranstalter bei Verlust oder Beschädigung einzustehen hat.
- Schließlich kann der Reisende auch reine **Vermögensschäden** liquidieren, die ihm durch den Mangel entstanden sind. Darunter fallen maßgeblich nutzlose Aufwendungen, z.B. durch den Erwerb von Tauchgeräten für eine Tauchreise, die aber - entgegen der Ankündigungen des Veranstalters - gar keine Möglichkeit zum Ausüben dieser Sportart bietet.

---

[965] München NJW-RR 1999, 1358, 1359.
[966] LG Frankfurt a.M. NJW-RR 1997, 244.
[967] AG München NJW-RR 1996, 1399.
[968] LG Frankfurt a.M. NJW 1983, 2264, 2265.
[969] LG Frankfurt a.M. NJW-RR 1993, 1330, 1331.

Auch die Anreise zum Flughafen stellt eine solche Aufwendung dar, wenn der Flug verschoben wird und der Reisende sich vergeblich zum Flughaften begeben hat.

b. Aus § 651f II BGB

§ 651f II BGB gewährt einen Ersatz für vertane Urlaubszeit. Die Höhe des Anspruchs 1133
bemisst sich nach den jeweiligen Umständen des Einzelfalls. Dabei fließen in die Schadenfallsbewertung der Reisepreis, die Einkommensverhältnisse des Reisenden, die Schwere der Beeinträchtigung und die Schwere des Verschuldens des Reiseveranstalters mit ein. Zu beachten ist weiterhin, dass der Reisende auch die beeinträchtigte Zeit durchaus noch zur Erholung nutzen kann. So ist nicht jede mangelhafte Reise ohne jedweden Erholungswert und auch nach einer *vereitelten* Reise kann die freie Zeit noch zu Hause zur Erholung genutzt werden. Diese Faktoren sind als sog. **Resterholungswert** als Schadensminderungsposten zu berücksichtigen. Für die Höhe des Resterholungswerts sind ebenfalls die jeweiligen Umstände des Einzelfalls relevant, namentlich die Größe der Wohnung oder die Jahreszeit.

Beispiele: Die reisende Hausfrau R hat eine Reise zu den Kanarischen Inseln im November gebucht. Weil die Reise vereitelt wird, muss sie die Wochen zu Hause in Bitterfeld verbringen, wo sie in einer kleinen Wohnung ihren kranken Schwiegervater pflegen muss. Ein Resterholungswert ist hier abzulehnen. Würde sie ein großes Haus an der Ostsee haben, in dem sie sich erholen könnte, wäre der Fall anders zu bewerten.

VII. Haftungsbeschränkung

§ 651h BGB gibt dem Reiseveranstalter in begrenztem Maße die Möglichkeit, seine Haf- 1134
tung gegenüber dem Reisenden zu beschränken. Die Norm ermöglicht eine solche Haftungsbeschränkung aber lediglich für alle vertraglichen Schadensersatzansprüche gegen den Veranstalter. Ausgenommen vom Anwendungsbereich der Norm sind demgemäß außervertragliche Ansprüche, z.B. aus § 823 BGB, sowie die Rechte des Reisenden aus §§ 651c, 651d und 651e BGB.[970] Wegen § 651m BGB ist eine weitergehende Freizeichnung des Reiseveranstalters nicht möglich. Hält er sich allerdings im Rahmen des § 651h BGB, ist eine Haftungsbeschränkung auch im Wege der AGB zulässig.[971] Die Freizeichnung kann eine Beschränkung der Haftung auf den dreifachen Reisepreis beinhalten, wenn

- sie sich *nicht* auch auf Körperschäden bezieht
- *und* sie *nicht* grob fahrlässige oder sogar vorsätzliche Schädigungen betrifft oder der Veranstalter lediglich wegen eines Verschuldens seiner Leistungsträger (§ 278 BGB) haften muss.

In § 651h II BGB wird dem Reiseveranstalter allerdings das Recht zugestanden, sich auf 1135
eine (weitere) Beschränkung zu berufen. Dies gilt dann, wenn sein Leistungsträger einen Schaden verursacht hat und gleichwohl nicht haften muss, weil er sich auf eine Vorschrift berufen kann, die unmittelbar oder mittelbar auf einem internationalen Übereinkommen fußt. Der Sinn liegt darin, dass der Reiseveranstalter nicht schärfer haften soll, als ein Leistungsträger haften müsste, wenn der Schaden ausschließlich in dessen Bereich entstanden wäre. § 651h II BGB gilt allerdings nicht, wenn den Veranstalter auch ein Verschulden trifft, z.B. Auswahl-, Überwachungs- oder Organisationsverschulden.

---

[970] BGHZ 100, 157, 180, 184; *Sprau*, in: Palandt, § 651f Rn 1.
[971] BGHZ 100, 157, 179.

VIII. Ausschlussfrist und Verjährung, § 651g BGB

1136 § 651g BGB regelt die Ausschluss- und Verjährungsfristen für die Gewährleistungsrechte. Sie betrifft **nur Ansprüche aus §§ 651c bis 651f BGB**. Nicht darunter fallen andere Ansprüche, z.B. aus Delikt[972] oder Verschulden bei Vertragsschluss. Eine Vereinbarung, die von § 651g BGB abweicht, ist wegen § 651m BGB nur in den dort normierten Grenzen möglich. Die Berechnung der Fristen erfolgt nach §§ 187 ff. BGB.

1. Ausschlussfrist

1137 Der Reisende muss seine Ansprüche innerhalb eines Monats **nach der vertraglich vorgesehenen** Beendigung der Reise gegenüber dem Reiseveranstalter geltend gemacht haben. Anderenfalls verliert er seine Gewährleistungsrechte. Die **Geltendmachung** ist eine **eindeutige Erklärung** gegenüber dem Reiseveranstalter dahingehend, dass der Reisende seine Ansprüche aus §§ 651c bis 651f BGB erhebt. Adressat der Erklärung sind der Reiseveranstalter selbst bzw. die von ihm benannte Person. Eine besondere **Form** ist nicht einzuhalten und zwar auch dann nicht, wenn die AGB des Veranstalters etwas anderes vorsehen.[973] Wichtig ist lediglich, dass die Ansprüche unzweideutig erhoben werden, denn eine bloße *Ankündigung* der Geltendmachung reicht nicht aus. Darüber hinaus muss der Erklärung des Reisenden zu entnehmen sein, **auf welche Mängel** er sich stützt.

> **Hinweis für die Fallbearbeitung**: Bei den Anforderungen an die Geltendmachung ist stets der Sinn dieser Vorschrift zu beachten. § 651g I BGB soll dem Veranstalter die Prüfung der erhobenen Mängel möglichst bald ermöglichen, damit ihre Rekonstruktion durch den Zeitablauf nicht erschwert wird. Somit wird es dem Veranstalter auch erleichtert, seine Regressansprüche gegen die einzelnen Leistungsträger durchzusetzen, was nach mehreren Monaten - wegen der Beweisschwierigkeiten - kaum noch möglich ist. Aus diesem Grund kann auch das bloße **Abhilfeverlangen** (vgl. § 651c BGB) regelmäßig nicht als konkludente Geltendmachung angesehen werden. Nur wenn damit ausdrücklich eine Anspruchserhebung – z.B. die Androhung gerichtlicher Schritte – verbunden wird, kann ausnahmsweise etwas anderes gelten (str.).[974]

1138 Unterlässt der Reisende die rechtzeitige Anspruchserhebung, steht seinen Ansprüchen eine materiell-rechtliche **Einwendung** des Veranstalters aus § 651g BGB entgegen. Dies gilt allerdings **nicht**, wenn sein Unterlassen auf einem von ihm nicht zu vertretenden Umstand beruht. Kein Verschulden liegt insoweit vor, wenn der Reisende nicht entsprechend § 6 II Nr. 7 u. 8 BGB-InfoV durch den Reiseveranstalter auf die Frist hingewiesen wurde.[975] Ist der Hinderungsgrund indes weggefallen, muss die Geltendmachung unverzüglich nachgeholt werden.

> **Beispiel**: R war während der Reise so schwer erkrankt, dass er auch die nächsten sechs Wochen nach deren Beendigung nicht in der Lage war, seine Ansprüche geltend zu machen. Nachdem er wieder einigermaßen gesund war, musste er ohne schuldhaftes Zögern (vgl. § 121 I BGB) seine Ansprüche erheben.

1139 Zu beachten ist, dass gem. § 651g I S. 2 BGB die Vorschriften des § 174 BGB keine Anwendung finden. Macht also bspw. ein Rechtsanwalt für seinen Mandanten ohne schriftliche Vollmacht die Ansprüche geltend, kann der Reiseveranstalter diese Geltendma-

---

[972] BGHZ 103, 298, 302.
[973] Wegen § 651m BGB; vgl. auch BGHZ 90, 363, 365.
[974] Vgl. dazu *Sprau*, in: Palandt, § 651g Rn 2 a.
[975] AG Hannover RRa 2009, 80, 81 f.

chung nicht zurückweisen und damit auf den baldigen Ablauf der kurzen Ausschlussfrist spekulieren.

2. Verjährung

§ 651g II regelt die Verjährungsfrist, die **zwei Jahre** beträgt. Sie beginnt mit der nach dem Vertrag vorgesehenen Beendigung der Reise. Die Frist kann unter den in § 651m S. 2 BGB normierten Grenzen verkürzt werden. Obgleich das Reisevertragsrecht eine dahingehende Regelung nicht ausdrücklich enthält, ist bei **Arglist** des Veranstalters in Anlehnung an § 634a III BGB die regelmäßige Verjährung des § 195 BGB anzunehmen.[976] **1140**

H. Die Rücktritts- und Kündigungsmöglichkeiten

I. Für den Reiseveranstalter

Der Reiseveranstalter hat die Möglichkeit, vom Vertrag Abstand zu nehmen, wenn der Vertrag eine im Einklang mit § 308 Nr. 4 BGB stehende Änderungsklausel enthält. Eine solche Klausel hat entsprechend den vorbezeichneten Vorschriften den Inhalt, dass der Veranstalter von der Durchführung einer **Gruppenreise** Abstand nehmen kann, wenn die vereinbarte **Mindestteilnehmerzahl** nicht erreicht wurde. **1141**

Darüber hinaus kann dem Veranstalter das in § 314 BGB normierte Kündigungsrecht aus wichtigem Grund zustehen, z.B. wenn ein Jugendlicher auf einer Reise Drogen konsumiert.[977] **1142**

II. Für den Reisenden

Der Reisende hat neben seinem Kündigungsrecht aus § 651e BGB (dazu Rn 1119), seinem Recht aus § 651a V BGB und dem Recht auf Vertragsübertragung gem. § 651b BGB die Möglichkeit, **nach § 651i BGB vor Reisebeginn jederzeit zurückzutreten**. Dieses Recht erlischt allerdings in dem Augenblick, in welchem die Reise angetreten wird. Wenn sich der Reisende danach - also nach Inanspruchnahme der ersten Reiseleistung - gleichwohl vom Vertrag lösen möchte, ist er auf die allgemeinen Vorschriften verwiesen. Wenn er z.B. im Flugzeug schwer krank geworden ist, kann er gem. § 314 BGB kündigen. Die Rückabwicklung erfolgt dann gem. § 649 S. 2 BGB analog. **1143**

Das Rücktrittsrecht aus § 651i BGB hat keine besonderen Voraussetzungen. Erforderlich ist lediglich eine **Rücktrittserklärung** gegenüber dem Reiseveranstalter oder einer empfangszuständigen Stelle, z.B. dem Reisebüro. Dadurch **verlieren der Reiseveranstalter seinen Vergütungsanspruch (§ 651i II S. 1 BGB) und der Reisende seinen Anspruch auf die Reiseleistungen.** **1144**

Anstelle des Vergütungsanspruchs erhält der Veranstalter allerdings gem. § 651i II S. 2 und 3 BGB einen **Entschädigungsanspruch** gegen den Reisenden. Für die Höhe des Anspruchs wird der Reisepreis zugrunde gelegt. Davon sind die ersparten Aufwendungen des Reiseveranstalters abzuziehen sowie das, was er durch anderweitige Verwendung der Reiseleistungen erwerben kann. **1145**

Hinweis für die Fallbearbeitung: Im Vergleich zu § 649 S. 2 Halbs. 2 BGB wird deutlich, dass die Abzugsposten beim Entschädigungsanspruch im Reiserecht zulasten des Veranstalters weitreichender sein können als im Werkrecht. Dort wird dem

[976] BGH NJW 1983, 2699, 2701; *Sprau*, in Palandt, § 651g Rn 4.
[977] AG Bielefeld RRa 1999, 174.

Werkunternehmer nur das abgezogen, was er anderweitig *erwirbt* oder zu erwerben *böswillig* unterlässt. Dem Reiseveranstalter dagegen wird der Entschädigungsanspruch schon dann gekürzt, wenn er eine bloße anderweitige Erwerbs*möglichkeit* hat.

1146 In der Praxis wird dabei regelmäßig von der **Pauschalierungsmöglichkeit** des § 651i III BGB Gebrauch gemacht. Durch eine Individualabrede, vor allem aber durch AGB, können die Parteien einen Entschädigungsbetrag als Prozentsatz des Reisepreises festsetzen. Der Betrag muss die gewöhnlichen Aufwendungen und anderweitigen Erwerbsmöglichkeiten berücksichtigen. Der Veranstalter kann sich im Rahmen seiner AGB auch vorbehalten, entweder einen pauschalierten Entschädigungsbetrag zu verlangen oder aber auf die konkrete Berechnung des § 651i II BGB zurückzugreifen (str.).[978] Eine Pauschalierung, die den Entschädigungsbetrag zu hoch festlegt, ist wegen § 651m BGB unwirksam.

Hinweis für die Fallbearbeitung: Bezüglich der *anderweitigen Erwerbsmöglichkeiten* wird maßgeblich darauf abgestellt, wie viele Tage zwischen dem Rücktritt und dem Reisebeginn liegen. Je näher der Abreisetag rückt, desto geringer ist der Betrag, den der Veranstalter mit seinem Reiseangebot noch erzielen kann.

III. Für den Reisenden und den Veranstalter

1147 Schließlich können sowohl der Reisende als auch der Reiseveranstalter den Vertrag gem. **§ 651j wegen höherer Gewalt** kündigen. Bei diesem Recht handelt es sich um eine gesetzlich kodifizierte Sonderform einer Störung der Geschäftsgrundlage (vgl. § 313 BGB). Das Kündigungsrecht nach § 651j BGB kann von den Parteien sowohl vor als auch nach Reisebeginn ausgeübt werden. Der Anwendungsbereich des § 651j BGB umfasst auch solche Reisekonstellationen, bei denen der Reisende die An- und Abreise zu der im Reisevertrag vereinbarten Pauschalreise selbst organisiert hat, weshalb diese Anreise nicht Teil des Reisevertrags ist und die Anreise wegen höherer Gewalt nicht durchgeführt werden konnte (str.).[979]

Beispiel: A bucht beim Reiseveranstalter B eine Kreuzfahrt in der Karibik. Er bucht zudem selbstständig die rechtzeitige Anreise bei der Fluggesellschaft C. Wegen eines Vulkanausbruchs auf Island ist über Europa und den USA zum Zeitpunkt der Anreise zur Kreuzfahrt ein generelles Flugverbot ausgesprochen worden. A kann nunmehr hinsichtlich der Kreuzfahrt den Reisevertrag nach § 651j BGB gegenüber B kündigen, obgleich die Kreuzfahrt vor Ort stattfinden könnte.

§ 651j BGB regelt **abschließend** die **Lösungsmöglichkeit** vom Vertrag wegen höherer Gewalt; anderweitige Rücktritts- oder Kündigungsrechte – insbesondere aus **§ 651e BGB** – werden **verdrängt**, soweit sie auf Gründe der höheren Gewalt gestützt werden sollen.[980] Nicht beeinträchtigt wird dagegen das Minderungsrecht aus § 651d BGB. Solange keine der Parteien vom Kündigungsrecht Gebrauch macht, kann sich der Reisende für die Zeit der Beeinträchtigung auf die gesetzliche Minderung des Preises berufen.

1148 Die **Kündigungserklärung** ist dem jeweiligen Vertragspartner gegenüber abzugeben; §§ 130 ff. BGB finden insoweit Anwendung. Auch hier kann sich der Reisende an den Veranstalter direkt oder die vom Veranstalter benannte empfangsberechtigte Person wenden.

---

[978] OLG München NJW-RR 1987, 493; a.A. *Tonner*, in: MüKo, § 651i Rn 7.
[979] BGH, NJW 2013, 1674, 1675; BGH NJW 2013, 1674, 1675 m. Anm. Tonner; vgl. zu den Grundlagen auch *Lorenz*, JuS 2014, 589 ff.; a.A. *Mäsch*, JuS 2013, 744, 746.
[980] Vgl. auch BT-Drs. 12/7334.

Voraussetzungen für eine Kündigung sind: 1149

- Ein Kündigungsgrund kann der Eintritt **höherer Gewalt** sein, also eines von außen kommenden, unabwendbaren, von beiden Vertragsparteien unverschuldeten Ereignisses.[981]

  Beispiele: Naturkatastrophen, Krieg oder Seuchen. Bei der Frage, ob auch ein Streik als höhere Gewalt anzusehen ist, ist darauf abzustellen, ob dieser der Sphäre des Veranstalters zuzurechnen ist.

- Der Eintritt höherer Gewalt darf **nicht vorhersehbar** gewesen sein. Dies ist für den Reiseveranstalter nur dann der Fall, wenn er vom Eintritt nichts wissen konnte, obwohl er sich umfassend informiert hat und sich über die politischen, allgemeinen sozialen und geographischen Gegebenheiten des Reiseziels auf dem Laufenden gehalten hat.[982]
- Schließlich muss die höhere Gewalt die Reise **erheblich erschweren, gefährden oder beeinträchtigen.** Bei einer *Beeinträchtigung* handelt es sich um eine negative Beeinflussung des Leistungsinhalts, d.h., dass die Beschaffenheit der Reise - wie auch beim Mangel - von der Soll-Beschaffenheit abweicht. Ob die Beeinträchtigung *erheblich* ist, bestimmt sich nach den gleichen Kriterien wie beim Kündigungsrecht aus § 651e BGB. Bei einer *Erschwerung oder Gefährdung* ist im Gegensatz zur Beeinträchtigung der Leistungsinhalt der Reise (noch) unberührt. Die Verwirklichung des Reiseziels ist dann zwar (noch) möglich, aber bereits gefährdet oder nur unter erschwerten Bedingungen zu erreichen.

  Beispiel: R hat eine Reise nach X gebucht. Sämtliche Reiseleistungen sind mängelfrei; allerdings werden in X vermehrt Terroranschläge gegen Touristen verübt. Das Hotel des R ist ein Luxushotel und damit als „Herberge kapitalistischer Ignoranten" besonders gefährdet. Die Reise ist zwar noch unbeeinträchtigt, aber erheblich gefährdet. R kann damit gem. § 651j BGB zurücktreten.[983]

Sofern eine der Parteien die Kündigung aus § 651j BGB wirksam erklärt hat, ergeben 1150
sich daraus nachstehende **Rechtsfolgen**:

- Durch die Kündigung verliert der Reisende naturgemäß seinen Anspruch auf die noch ausstehenden Reiseleistungen.
- Durch die Verweisung des § 651j II BGB auf § 651e III S. 1 und 2 BGB **verliert der Reiseveranstalter** seinen **Anspruch** auf den vereinbarten **Reisepreis** und erhält stattdessen eine nach § 638 III BGB zu bemessende **Entschädigung**. Sofern der Reisende den vollen Reisepreis bereits gezahlt hat, kann er einen Teil der Vergütung direkt aus § 651j BGB zurückfordern.
- Der Reiseveranstalter hat gem. §§ 651j II, 651e IV S. 1 BGB die für die Beendigung der Reise **notwendigen Maßnahmen** - insbesondere die Rückbeförderung - zu treffen.
- Die Parteien tragen die **Mehr**kosten für die Rückbeförderung jeweils zur Hälfte, weitere Mehrkosten fallen dem Reisenden zur Last, § 651j II S. 3 BGB.

I. Besonderheiten bei Gastschulaufenthalten, § 651l BGB

§ 651l BGB enthält einige, §§ 651a ff. BGB modifizierende Vorschriften bei Reiseverträ- 1151
gen über Gastschulaufenthalte.

- In § 651l I BGB wird zunächst der **Anwendungsbereich** des § 651l BGB erläutert. Danach greifen die Vorschriften nur dann, wenn der Reisevertrag einen mit einem geregelten Besuch einer Schule verbundenen Aufenthalt in einer Gastfamilie im Ausland zum Gegen-

---

[981] BGHZ 100, 185, 188.
[982] *Tonner*, in: MüKo, § 651j Rn 8a.
[983] Kritisch aber LG Düsseldorf RRa 2008, 117, 118, das sogar dann keine höhere Gewalt annimmt, wenn in vier Städten des Landes gleichzeitig terroristische Anschläge verübt wurden.

stand hat (**Gastschulaufenthalt**), und zwar für einen Zeitraum von mindestens drei Monaten. Bei kürzeren Gastschulaufenthalten greift § 651l BGB nur, wenn dies vereinbart ist.

- In § 651l II BGB werden die **Pflichten des Reiseveranstalters** weiter konkretisiert, nämlich im Bereich der Unterbringung, Betreuung und Beaufsichtigung (§ 651l II Nr. 1 BGB) und hinsichtlich der Organisation des Schulaufenthalts (§ 651l II Nr. 2 BGB).
- In § 651l III BGB wird dem Reiseveranstalter im Fall eines Rücktritts nach § 651i BGB sein **Entschädigungsanspruch** aus § 651i II S. 2 und 3, III BGB **verwehrt**, wenn er den Reisenden nicht rechtzeitig über die Gastfamilie und einen Ansprechpartner im Ausland informiert und ihn nicht auf den Aufenthalt vorbereitet hat.
- In § 651l IV BGB wird dem Reisenden ein dem § 651i BGB vergleichbares **Kündigungsrecht** zugesprochen, welches allerdings **grundsätzlich auch noch nach Reisebeginn** ausgeübt werden kann.

6. Kapitel - Dienstvertrag

Das Dienstvertragsrecht ist in der universitären Ausbildung von eher untergeordneter Bedeutung, da zum einen im Dienstrecht kein besonderes Gewährleistungsrecht vorhanden ist und zum anderen seine praktische Relevanz hauptsächlich im Arbeitsrecht liegt, womit seine Prüfungsrelevanz vom allgemeinen Zivilrecht auf den Schwerpunktbereich Arbeitsrecht verlagert wurde. Daher soll lediglich ein Überblick über die allgemeinen Grundsätze des Dienstrechts gegeben werden.

A. Begriff des Dienstvertrags

Der **Dienstvertrag** ist gem. § 611 BGB ein gegenseitiger, entgeltlicher Vertrag, bei dem sich die eine Partei (der **Dienstverpflichtete**) gegenüber der anderen Partei (dem **Dienstberechtigten**) zu einer Leistung von Diensten verpflichtet. Der Dienstberechtigte ist dann seinerseits gem. § 611 I Halbs. 2 BGB verpflichtet, dem Dienstverpflichteten seine Dienste zu vergüten. 1152

Beispiel: Die Sekretärin S ist bei dem Geschäftsmann G dafür angestellt, den ganzen Tag dessen Papiere zu ordnen und Telefonate zu führen. Im Gegenzug ist G gegenüber S verpflichtet, ihr einen entsprechenden Lohn zu vergüten.

Dabei wird beim Dienstvertrag nicht ein bestimmtes Ergebnis geschuldet, sondern nur die **Tätigkeit** als solche. Gegenstand des Dienstvertrags können nach § 611 II BGB Dienste jeder Art sein. Als Dienste werden also irgendwelche Bemühungen verstanden, zu denen sich jemand verpflichtet. Dabei kann es sich z.B. darum handeln, eine Maschine zu bedienen, Zuschauer zu unterhalten, einen Betrieb zu leiten oder eine Krankheit zu behandeln. 1153

Ein Dienstvertrag kann zwischen einem Dienstberechtigten und einem **unselbstständigen, fremdbestimmten** Dienstverpflichteten bestehen. Genauso kann ein Dienstvertrag aber auch zu einer **unabhängigen, eigenbestimmten** Tätigkeit verpflichten. 1154

Dadurch, dass das Dienstrecht neben den unabhängigen vertraglich geschuldeten Tätigkeiten auch die abhängigen erfasst, gilt es als Oberbegriff für das **Arbeitsrecht**. Das Arbeitsrecht ist ein Sonderrecht für abhängige Arbeitnehmer, für die es wegen ihrer sozialen Schutzbedürftigkeit umfangreiche Regelungen aufgestellt hat.[984] Ein Arbeitnehmer ist deswegen besonders schutzbedürftig, weil die vom Dienstberechtigten bezogene Vergütung seine Existenzgrundlage darstellt. Kennzeichnend für Dienstverträge, die nicht Arbeitsverträge sind, ist hingegen die Unabhängigkeit des Dienstverpflichteten. Dies äußert sich darin, dass die Dienste in persönlicher, wirtschaftlicher oder sozialer Selbstständigkeit und Unabhängigkeit geleistet werden. Das trifft insbesondere dann zu, wenn der Dienstverpflichtete selbstständiger Unternehmer ist oder einen freien Beruf ausübt. 1155

Beispiele:

(1) Der Fußball-Lizenzspieler F steht wegen der Weisungsbefugnis seines Vereins in einem abhängigen Dienstverhältnis, sodass die arbeitsrechtlichen Regelungen auch auf ihn Anwendung finden können.

(2) Dagegen übt P, die eine Partnerschaftsvermittlung betreibt, eine wirtschaftlich und sozial selbstständige Tätigkeit aus. Verpflichtet sie sich dazu, für A eine Partnerin zu suchen, liegt ein Dienstvertrag vor.

---

[984] Wie z.B. das KSchG oder das MutterschutzG.

B. Die Parteien im Dienstvertrag

1156 Die Parteien des Dienstvertrags werden vom Gesetz (§§ 611 ff. BGB) als **Dienstberechtigter** und **Dienstverpflichteter** bezeichnet.

I. Der Dienstverpflichtete

1157 **Dienstverpflichteter** ist derjenige, der sich gegenüber dem Dienstberechtigten zur Leistung von Diensten verpflichtet.

1158 Dabei hat der Dienstverpflichtete die Dienste im Zweifel **höchstpersönlich** zu erbringen, § 613 S. 1 BGB. Das bedeutet, dass er weder berechtigt ist, die Leistung durch einen anderen erbringen zu lassen, noch verpflichtet ist, bei persönlicher Verhinderung (wie z.B. bei Erkrankung) eine Ersatzperson zu suchen.

1159 Die Verpflichtung zum Dienst ist **nicht vererblich** und als Ausnahme zu § 398 BGB im Zweifel auch **nicht übertragbar**, § 613 S. 2 BGB. Fehlt eine vertraglich festgelegte Bestimmung über die persönliche Ausführung der geschuldeten Dienste, kann es nach Art des Dienstverhältnisses vorkommen, dass eine Ausnahme von § 613 BGB möglich ist, z.B. bei einem Mandatsvertrag mit einer Anwaltssozietät.[985]

Beispiel: Wendet sich A mit einem Rechtsstreit an eine Anwaltskanzlei, die aus 10 Partnern besteht, bleibt es regelmäßig der Kanzlei überlassen, welchen ihrer Rechtsanwälte sie mit diesem Rechtsstreit betraut. Anders wäre es, wenn A einen ganz bestimmten Anwalt dieser Kanzlei für seinen Rechtsstreit verpflichten würde.

1160 Auch wenn der Dienstverpflichtete zu einer höchstpersönlichen Leistung gem. § 613 BGB verpflichtet ist, verhindert dies nicht, dass er außerhalb der geschuldeten Dienstleistung **Hilfspersonen** einsetzt, z.B. zur Erfüllung von **Nebenpflichten** oder zur **Vorbereitung der Dienstleistung**. Der Dienstverpflichtete haftet dem Dienstberechtigten gegenüber für seine Hilfsperson nach § 278 BGB.

Beispiel: Patient P kommt zum Zahnarzt Z, um eine Routineuntersuchung seiner Zähne vornehmen zu lassen. Z muss an dem hinteren linken Backenzahn des P bohren. Zur Ausübung dieser Tätigkeit bedarf Z der Hilfe seiner Sprechstundenhilfe S, die ihm den Absauger hält. Dabei erfüllt S nur eine Nebenpflicht. Die Dienstleistung wird also trotz der Hilfe der S von Z höchstpersönlich erbracht.

1161 Es können auch mehrere Dienstverpflichtete in einer Gruppe zusammengefasst sein, wenn sie eine Tätigkeit gemeinsam ausführen. Die Dienstverpflichteten werden entweder durch den Dienstberechtigten zu einer Gruppe als so genannte „Betriebsgruppe" zusammengefasst oder sie stellen eine Gruppe durch eigene Abrede dar („Eigengruppe").

Beispiele:
(1) A und B sind Angestellte bei der Säuberungsfirma des G. Werden die beiden in das Haus des T geschickt, um dort die Fenster zu putzen, treten sie als Gruppe auf. Dieses Gruppenarbeitsverhältnis wird durch den Arbeitgeber G begründet.
(2) Verpflichtet sich A mit ihrem Ehemann B dazu, den Hausmeisterjob in ihrem Haus zu übernehmen, bilden die beiden aufgrund eigener Abrede ein Gruppenarbeitsverhältnis.

---
[985] BGH NJW 1963, 1301, 1302; BGHZ 56, 355, 356 ff.

II. Der Dienstberechtigte

Dienstberechtigter ist derjenige, dem der vertraglich vereinbarte Dienst vom Dienstverpflichteten geschuldet wird. Dafür schuldet er dem Dienstverpflichteten seinerseits eine Vergütung für die zu erbringende Leistung. **1162**

Der Berechtigte kann auch **mehrere Dienstverpflichtete** gleichzeitig beschäftigen, so z.B. in größeren Betrieben. Wechselt die Person des Dienstberechtigten in einem Betrieb, **tritt** der neue Inhaber gem. § 613a BGB **in die Rechte und Pflichten** des vorherigen **ein**. Die Inhalte der zwischen dem ehemaligen Dienstberechtigten und den Dienstverpflichteten abgeschlossenen Verträge bleiben dabei unverändert. Dadurch werden den Dienstverpflichteten ihre Arbeitsplätze erhalten und dem Erwerber eingearbeitete Arbeitskräfte zur Verfügung gestellt. Darüber hinaus wird die Kontinuität des amtierenden Betriebsrats gewährleistet und die Haftung des alten und neuen Arbeitgebers abgestimmt. **1163**

C. Entstehen des Dienstvertrags

Ein Dienstvertrag entsteht durch die **wirksame Einigung** zwischen dem Dienstberechtigten und dem Dienstverpflichteten i.S.d. §§ 145 ff. BGB. Vor Abschluss des Vertrags ist der Dienstverpflichtete zur **Auskunft und Offenbarung** verpflichtet. Dabei muss die der bzw. die Verpflichtete nicht von sich aus z.B. eine Schwangerschaft oder eine schwere Behinderung offenbaren; es darf aber nichts verschweigen werden, was die Erfüllung der Arbeitspflicht unmöglich macht oder für die Arbeit an dem Arbeitsplatz von ausschlaggebender Bedeutung ist.[986] **1164**

Der Dienstberechtigte darf nur solche Fragen stellen, an deren Antworten er ein berechtigtes und schutzwürdiges Interesse hat. Nur dann muss der Dienstverpflichtete wahrheitsgemäß antworten. Zulässig sind dabei Fragen vom Dienstberechtigten, die für die auszuübende Tätigkeit von Bedeutung sind.[987]

Als **Rechtsfolge** wahrheitswidriger Auskünfte oder unterbliebener Offenbarungen kann der Dienstberechtigte den Dienstvertrag nach **§§ 119, 123 BGB** anfechten. Ein Recht zur **Anfechtung** ist nur dann ausgeschlossen, wenn auf **unzulässige** Fragen falsche Auskunft gegeben wurde, z.B. bei verneinter vorliegender Schwangerschaft. Auch kann der Dienstberechtigte nicht anfechten, wenn der Anfechtungsgrund im Zeitpunkt der Anfechtung für das Arbeitsverhältnis ohne Bedeutung geworden ist[988] oder wenn dem Dienstberechtigten der Anfechtungsgrund offensichtlich war, z.B. bei einer sichtbaren Behinderung des Dienstverpflichteten. **1165**

> **Hinweis für die Fallbearbeitung:** Eine Anfechtung des Dienstberechtigten wegen Irrtums, § 119 BGB, oder wegen arglistiger Täuschung, § 123 BGB, mit Ex-tunc-Wirkung ist nur so lange uneingeschränkt möglich, wie noch nicht mit dem Vollzug des Dienstverhältnisses begonnen wurde. Dies ergibt sich daraus, dass es bei der Rückabwicklung nach bereicherungsrechtlichen Regelungen zu unbilligen Ergebnissen kommen kann, wenn der Dienstverpflichtete schon Dienste geleistet hat. Deswegen werden die Nichtigkeitsfolgen der Anfechtung dann so weit eingeschränkt, dass sie sich lediglich **ex nunc** auswirken.

[986] BAG NJW 1991, 2723, 2727.
[987] BAG NJW 1994, 1363 ff.
[988] BAG NZA 1988, 731.

D. Inhalt des Dienstvertrags

1166 Der **Dienstvertrag** hat gem. § 611 BGB die Verpflichtung des Dienstverpflichteten zu einer bestimmten Tätigkeit gegen Vergütung durch den Dienstberechtigten zum Inhalt.

- Dadurch unterscheidet er sich vom **Werkvertrag, §§ 631 ff. BGB**, bei dem nicht die Tätigkeit als solche, sondern ein Erfolg geschuldet ist.[989]
- Dienste jeder Art können auch Gegenstand eines **Auftragsverhältnisses, §§ 662 ff. BGB**, sein. Der Auftrag ist jedoch ein unentgeltliches Geschäft, während der Dienstvertrag einen entgeltlichen Austauschvertrag darstellt.[990]
- Auch der **Dienstverschaffungsvertrag** – der einen Vertrag eigener Art darstellt[991] – unterscheidet sich vom Dienstvertrag. Beim Dienstverschaffungsvertrag werden nicht die persönlichen Dienste eines Vertragspartners geschuldet, sondern er zielt vielmehr darauf ab, dass die eine Partei der anderen Dienste eines Dritten verschafft.

1167 Werden spezielle Dienstleistungen geschuldet, sind gesetzliche Sonderregelungen anwendbar, z.B. beim Mäklervertrag, §§ 652-655 BGB, und beim Verwahrungsvertrag, §§ 688-700 BGB.

1168 In der Regel begründen Dienstverträge **Dauerschuldverhältnisse**. Die Hauptleistungspflichten der Parteien werden also wesentlich durch die zeitliche Komponente bestimmt. So schuldet der Dienstverpflichtete nicht die Erbringung von produktiven Einzelleistungen, sondern vielmehr Dienstleistungen in einer bestimmten Arbeitszeit. Dementsprechend erlischt das Schuldverhältnis auch nicht durch Erfüllung, sondern durch einen besonderen Beendigungstatbestand, z.B. durch Ablauf einer vereinbarten Zeit oder durch Kündigung.

E. Rechtsfolgen aus dem Dienstvertrag

1169 Liegt ein wirksamer Dienstvertrag zwischen den Parteien vor, ergeben sich für den Verpflichteten und den Berechtigten bestimmte Haupt- und Nebenleistungspflichten, §§ 611 ff. BGB.

I. Rechte des Dienstberechtigten, §§ 611 ff. BGB

1170 Die Rechte des Dienstberechtigten ergeben sich aus den Haupt- und Nebenleistungspflichten des Dienstverpflichteten.

1. Hauptleistungspflichten des Dienstverpflichteten

1171 Der Dienstverpflichtete hat die Hauptpflicht zur Leistung der versprochenen Dienste, § 611 I BGB. Art und Umfang des zu leistenden Dienstes richten sich in erster Linie nach dem **Vertrag**. Die durch die Formulierung in § 611 BGB („jeglicher Dienste") eingeräumte Vertragsfreiheit ermöglicht dabei sämtliche Ausgestaltungen der Dienstleistungspflicht hinsichtlich Umfang, Zeit und Ort. In der Regel sind die zu erbringenden Dienste im Vertrag aber nur rahmenmäßig festgelegt. Deswegen sind Zeit, Ort und Art der Dienste bei fehlender Vereinbarung nach der Verkehrssitte i.S.d. §§ 157, 242 BGB zu bestimmen. Der Verpflichtete hat also seine Leistung so zu erbringen, wie es in der Branche, im Betrieb oder am Ort als üblich angesehen wird.
Darüber hinaus hat der Dienst*berechtigte* ein **Direktions- und Weisungsrecht**, durch das er auch im Laufe der geschuldeten Leistung durch den Dienstverpflichteten Richtung und Gegenstand der Dienstleistung näher bestimmen kann. Dieses Weisungsrecht findet

[989] Ausführlich hierzu Rn 821 ff.
[990] Vgl. zur Abgrenzung Rn 1558 ff.
[991] *Sprau*, in Palandt, Einf v § 611 Rn 25.

aber seine Schranken, wenn der Vertrag hinsichtlich der Dienstleistung nachträglich einvernehmlich konkretisiert wurde. Das Gleiche gilt, wenn es wegen der Art der geschuldeten Leistung beschränkt ist, z.B. bei künstlerischen oder hochspezialisierten Tätigkeiten. Ist hingegen das vertragliche Weisungsrecht sehr weit gefasst, wird die Abhängigkeit des Dienstverpflichteten vom Dienstberechtigten so groß, dass nicht mehr ein freier Dienstvertrag, sondern vielmehr ein Arbeitsverhältnis vorliegt.

- Leistet der Dienstverpflichtete seine geschuldete Dienstleistung nicht, kann der Dienstberechtigte zwar auf **Erfüllung der Leistung klagen**, doch kann dabei § 888 ZPO einer Vollstreckung des Urteils entgegenstehen. Eine Vollstreckung ist nämlich grundsätzlich nur bei vertretbaren Leistungen möglich, vgl. § 887 ZPO. Beim Dienstvertrag liegt aber in der Regel eine persönlichkeitsgebundene unvertretbare Dienstleistung vor.
- Für den Berechtigten besteht aber die Möglichkeit, den Verpflichteten durch eine vereinbarte **Vertragsstrafe** oder Schadenspauschale bei Nichterfüllung der Dienste zur Leistung zu bewegen.
- Darüber hinaus kann der Dienstberechtigte für den Fall einer Nichtleistung des Dienstverpflichteten die Einrede des **§ 320 BGB** erheben.
- Bei Leistungsstörungen wie Nichterfüllung, Verzug oder Schlechtleistung gilt das **allgemeine Leistungsstörungsrecht**. Bei einer Pflichtverletzung durch den Dienstverpflichteten kann der Berechtigte **gem. § 280 I BGB Ersatz** für den ihm dadurch **entstandenen Schaden** verlangen. Dabei ist für Arbeitsverhältnisse die Beweislastumkehr des § 619a BGB zu beachten. Dem Arbeitgeber steht ein Anspruch aus § 280 I, II BGB danach nur dann zu, wenn er das Vertretenmüssen des Arbeitnehmers für den Schaden nachweisen kann.
- Erbringt der Dienstverpflichtete seine Dienstleistung aus einem von ihm zu vertretenden Grund nicht oder nicht wie geschuldet, kann der Dienstberechtigte unter den Voraussetzungen der **§§ 280 I u. III, 281 BGB Schadensersatz statt der Leistung** verlangen. Hat der Dienstverpflichtete seinen Dienst schuldhaft schlecht oder gar nicht erfüllt und kann die Leistung auch nicht mehr nachgeholt werden[992], liegt Teilunmöglichkeit i.S.d. § 275 BGB vor. Der Dienstberechtigte hat dann das Recht, **gem. §§ 280 I u. III, 283 BGB** unter den Voraussetzungen des **§ 281 BGB Schadensersatz statt der Leistung** zu verlangen. Darüber hinaus ist es dem Dienstberechtigten möglich, gem. **§§ 275, 326 I, 441 III BGB** den **Lohn** des Dienstverpflichteten zu **kürzen**. An die Stelle des Rücktritts i.S.d. § 323 BGB tritt die **Kündigung aus wichtigem Grund, §§ 626, 627, 628 BGB**. Dabei gilt die dienstrechtliche Kündigung gem. §§ 626, 628 BGB als Sondervorschrift für den § 314 BGB. Wenn der Dienstverpflichtete die versprochene Leistung schuldhaft verspätet erfüllt, greifen die allgemeinen Regeln über den **Verzug** i.S.d. **§§ 280 I u. II, 286 BGB** ein.

2. Nebenleistungspflichten des Dienstverpflichteten

Neben dem Anspruch auf Erfüllung der Hauptleistungspflicht hat der Dienstberechtigte **1172**
ein *Recht* auf Wahrung der Nebenleistungspflichten durch den Dienstverpflichteten. Die Nebenleistungspflichten ergeben sich aus § 241 II BGB, nach dem jeder Vertragspartner dazu gehalten ist, auf die Rechtsgüter der Gegenpartei Rücksicht zu nehmen. Die Nebenpflichten des Dienstverpflichteten werden unter dem Oberbegriff der **Treuepflicht** zusammengefasst. Ihre Inhalte hängen von der Art des Dienstverhältnisses ab. Je wesentlicher das Vertrauen für das jeweilige Verhältnis ist, desto stärker und umfassender ist die Treuepflicht.[993] Sie beinhaltet im Einzelnen

---

[992] Wie bspw. beim absoluten Fixgeschäft.
[993] *Mansel*, in: Jauernig, § 611 Rn 23.

- die Wahrung der Interessen des Dienstberechtigten,
- die Schadensabwendung (z.B. muss der Dienstverpflichtete ihm anvertraute Vermögenswerte des Berechtigten schützen und ihn ggf. vor drohenden Schäden warnen)[994],
- die Verschwiegenheitspflicht über Geschäfts- und Betriebsgeheimnisse,
- das Wettbewerbsverbot (insbesondere sind das Abwerben von Kunden des Dienstberechtigten[995] oder konkurrierende Nebentätigkeiten[996] treuwidrig)
- und die Pflicht, keine Schmiergelder anzunehmen.

1172a Verletzt der Dienstverpflichtete eine dieser Nebenpflichten, hat er dem Dienstberechtigten gegenüber auf **Schadensersatz gem. § 280 I BGB i.V.m. § 241 II BGB** für den durch die Pflichtverletzung kausal entstandenen Schaden zu haften. **Gemäß § 282 i.V.m. § 241 II BGB** kann der Berechtigte auch **Schadensersatz statt der Leistung** verlangen, wenn ihm die Leistung durch den Dienstverpflichteten nicht mehr zuzumuten ist. In diesem Fall hat er neben dem Schadensersatzanspruch auch die Möglichkeit nach **§ 626 I BGB** den **Vertrag** aus wichtigem Grund zu **kündigen**.

Hinweis für die Fallbearbeitung: Neben der Regelung des § 619a BGB gibt es im Arbeitsrecht eine weitere relevante Haftungserleichterung für den Dienstverpflichteten: den **innerbetrieblichen Schadensausgleich**. Die Grundidee ist, dass der Arbeitnehmer gegenüber seinem Arbeitgeber einem weniger strengen Verschuldensmaßstab unterliegt. In der Klausurprüfung ist dieser Punkt also im Rahmen des Verschuldens gem. § 276 BGB zu prüfen.

Seit 1994 hat die Rechtsprechung unter Aufgabe des Rückgriffs auf die „gefahrgeneigte Tätigkeit" entschieden, dass dem Arbeitnehmer die Haftungsbeschränkung bei jeder ***betrieblich veranlassten*** Tätigkeit zugutekommt.[997] *Betrieblich veranlasst* sind solche Tätigkeiten, die dem Mitarbeiter arbeitsvertraglich übertragen worden sind und die er im Interesse des Arbeitgebers für den Betrieb ausführt.[998] Die rechtliche Grundlage hierfür findet sich nunmehr auch in **§ 276 I S. 1 BGB**, wonach der Schuldner Vorsatz und Fahrlässigkeit nur dann zu vertreten hat, wenn eine mildere Haftung weder bestimmt noch aus dem sonstigen Inhalt des Schuldverhältnisses zu entnehmen ist.[999]

Der **Umfang der Haftungseinschränkung** hängt von einer Abwägung aller Schadensrisiken ab:
Aufseiten des Arbeitgebers sind bspw. das Betriebsrisiko, der Wert des geschädigten Wirtschaftsguts oder dessen Versicherbarkeit maßgeblich. Beim Arbeitnehmer sind subjektive Umstände (z.B. Unerfahrenheit), Höhe der Vergütung, Gefahrgeneigtheit der Arbeit und vor allem der **Verschuldensgrad** von Bedeutung. So wird man beim **vorsätzlichen** Handeln die volle Haftung des Arbeitnehmers annehmen. Bei nur **leichter Fahrlässigkeit** hingegen hat der Arbeitgeber keinen Anspruch gegen den Arbeitnehmer.[1000] Bei **mittlerer Fahrlässigkeit** ist grundsätzlich eine Quotelung vorzunehmen. Dabei ist nicht stets von einer hälftigen Teilung auszugehen, sondern es sind vielmehr alle Umstände des Einzelfalls maßgeblich.[1001] Bei **grober Fahrlässigkeit** (Verstoß gegen eine Sorgfaltspflicht, die jedem einleuchten muss!)[1002] wurde früher eine volle Haftung des Arbeitnehmers angenommen. Nunmehr soll auch hier re-

[994] BAG NJW 1970, 1861 ff.
[995] BGH WM 1976, 324, 325.
[996] BAG NJW 1977, 646, 646.
[997] BAG (GS) NJW 1995, 210.
[998] BAG (GS) NJW 1995, 210.
[999] *Walker*, JuS 2002, 736, 737.
[1000] *Walker*, JuS 2002, 736, 738; vgl. auch BAG DB 1999, 288: keine leichte Fahrlässigkeit beim Überfahren der Kreuzung bei Rot während eines dienstlichen Anrufs auf dem Handy.
[1001] Ob bei einer Quotelung auch die persönlichen Verhältnisse des Arbeitnehmers berücksichtigt werden müssen, ist zweifelhaft; vgl. *Annuß*, NZA 1998, 1089, 1094.
[1002] BAGE 59, 203, 210.

gelmäßig gequotelt werden, insbesondere dann, wenn das Arbeitsentgelt und das Haftungsrisiko des Arbeitnehmers in einem Missverhältnis stehen.[1003] Lediglich bei gröbster Fahrlässigkeit tendieren die Gerichte wieder zur vollen Haftung.

II. Rechte des Dienstverpflichteten, §§ 611, 617, 618 BGB

Die Rechte des Dienstverpflichteten ergeben sich aus den dienstvertraglichen Haupt- 1173
und Nebenleistungspflichten des Dienstberechtigten.

1. Hauptleistungspflicht des Dienstberechtigten

Die Hauptpflicht des Dienstberechtigten besteht nach § 611 I BGB darin, dem Dienstver- 1174
pflichteten die vereinbarte Vergütung zu gewähren.

a. Höhe der Vergütung

Gemäß § 611 BGB bestimmt sich die Höhe der Vergütung nach der **Vereinbarung** der 1175
Vertragsparteien.[1004] Fehlt eine solche Vereinbarung oder ist sie wegen Lohnwuchers gem. § 138 BGB nichtig, greift die **Auffangregelung des § 612 BGB** ein. Danach ist, soweit keine Taxe besteht, eine übliche Vergütung geschuldet. **Taxen** sind bundes- oder landesrechtlich zugelassene, durch staatliche Verwaltungen festgesetzte Vergütungssätze.[1005] Es bestehen Taxen insbesondere für Rechtsanwälte, Ärzte oder Architekten.[1006] Ist eine Taxe nicht gegeben, ist die **übliche Vergütung** als vereinbart anzusehen. Üblich ist eine Vergütung, die am gleichen Ort in ähnlichen Tätigkeitsbereichen für entsprechende Arbeit unter Berücksichtigung des Lebensalters, des Familienstands und der Kinderzahl bezahlt wird.[1007] Gibt es keine übliche Vergütung, greift § 316 BGB ein, wonach der Dienstverpflichtete die Höhe der Vergütung nach billigem Ermessen bestimmen kann.

b. Fälligkeit der Vergütung

Die Fälligkeit der Lohnforderung bestimmt sich nach § 614 BGB. Danach kann der 1176
Dienstverpflichtete seine Vergütung erst **nach Verrichtung seiner Dienste** verlangen. § 614 BGB sieht also einen von § 271 BGB - zulasten des Dienstverpflichteten - abweichenden Fälligkeitstermin vor, da im Dienstrecht der Grundsatz gilt, dass nur derjenige eine Vergütung erhält, der auch tatsächlich Arbeit geleistet hat. Wurde die **Vergütung nach Zeitabständen** bemessen, wird sie jeweils am Ende dieses Zeitabschnitts fällig, § 614 S. 2 BGB. So ist die Vergütung bei entsprechender Vereinbarung z.B. wöchentlich oder monatlich zu entrichten.

c. Vergütung bei Annahmeverzug des Dienstberechtigten, § 615 BGB

Eine Ausnahme zu dem Grundsatz, dass nur tatsächlich erbrachte Leistungen zu vergü- 1177
ten sind, stellt § 615 BGB dar. Befindet sich der Dienstberechtigte gem. §§ 293 ff. BGB im **Annahmeverzug**, hat er dem Dienstverpflichteten trotz Nichtleistung der Dienste eine Vergütung zu entrichten, **ohne** dass der Dienstverpflichtete zur **Nachleistung** verpflichtet ist, § 615 S. 1 BGB. Die Vorschrift beruht auf dem Grundgedanken, dass der Dienstverpflichtete in der Regel für seinen Lebensunterhalt auf die Vergütung angewiesen ist. Er kann seine Arbeitsleistung, über die er durch das Dienstverhältnis disponiert hat, nicht ohne weiteres anderweitig verwerten. Der Dienstverpflichtete soll aber durch den Annahmeverzug des Dienstberechtigten auch keinen Vorteil erlangen. Deswegen muss er sich gem. § 615 S. 2 BGB Ersparnisse, z.B. Fahrtkosten oder anderweitige durch

---

[1003] BAG DB 1999, 288, 289.
[1004] Vgl. bei Kaufleuten § 354 I HGB; bei Arbeitsverträgen wird die Höhe der Vergütung durch Tarifverträge bestimmt.
[1005] *Schaub*, in: MüKo, § 612 Rn 192.
[1006] *Sprau*, in: Palandt, § 612 Rn 7.
[1007] BGH NJW-RR 1993, 693, 694.

den Annahmeverzug ermöglichte oder böswillig unterlassene Verdienste, anrechnen lassen.

Beispiel: Der Dienstverpflichtete D unterlässt böswillig einen Erwerb, wenn er die von A angebotenen *zumutbaren* Dienste grundlos ablehnt oder vorsätzlich verhindert, dass ihm zumutbare Dienste angeboten werden.[1008]

Hinweis für die Fallbearbeitung: § 615 BGB gibt keinen eigenständigen Anspruch, sondern bewirkt lediglich, dass der Vergütungsanspruch nach § 611 BGB dem Dienstverpflichteten erhalten bleibt. Es liegt somit nach wie vor der Erfüllungsanspruch und kein Schadensersatzanspruch vor. Demnach wird der Vergütungsanspruch in gleichen zeitlichen Abschnitten fällig wie bei tatsächlich geleisteter Arbeit und besteht auch in demselben Umfang.

1178 Ein **Annahmeverzug des Dienstberechtigten** liegt **gem. § 293 BGB** vor, wenn er die vom Dienstverpflichteten am rechten Ort und zur rechten Zeit angebotene Leistung nicht annimmt, § 294 BGB. Unerheblich ist dabei, ob den Dienstberechtigten ein Verschulden trifft. Er gerät z.B. in Annahmeverzug, wenn er dem Verpflichteten in einem **bestehenden Dienstverhältnis** keine oder andere als die vertraglich vereinbarten Dienste zuweist. Auch kann eine Annahmeverweigerung des Dienstberechtigten vorliegen, wenn er dem Dienstverpflichteten z.B. den Zutritt zur Arbeitsstelle verbietet oder ihn von der Arbeit suspendiert. Der Verpflichtete muss dem Dienstberechtigten seine Dienste **erfolglos tatsächlich angeboten haben, § 294 BGB**. Ausnahmsweise genügt ein **wörtliches Angebot gem. § 295 BGB**, wenn der Dienstberechtigte eine notwendige Mitwirkungshandlung unterlässt oder zuvor erklärt hat, die Leistung nicht annehmen zu wollen.

Beispiele: Der Dienstberechtigte D stellt dem Bauarbeiter B keinerlei Arbeitsgeräte und Materialien zur Verfügung; der Dienstherr D verwehrt B den Zutritt zur Baustelle.

1179 Dabei muss der Dienstverpflichtete objektiv **tatsächlich und rechtlich leistungsfähig** sein, § 297 BGB, und seinen **ernsten Willen zur Dienstleistung** in der Erklärung gegenüber dem Berechtigten zum Ausdruck bringen.

1180 Von Bedeutung ist das Verhältnis des Annahmeverzugs zur Unmöglichkeit. Kann der Dienstverpflichtete die Dienstleistung gem. § 275 BGB nicht erbringen, gilt für die Gegenleistung § 326 BGB mit der Folge, dass der Dienstverpflichtete seinen Vergütungsanspruch verlieren kann. Für die Frage der Unmöglichkeit der Leistung kommt es darauf an, ob sie noch nachholbar ist. Dienstleistungen sind meistens zeitlich fixiert und aufgrund von Arbeitszeitschranken nicht oder nur beschränkt nachholbar. Deswegen wird häufig die Leistung durch die Annahmeverweigerung des Dienstberechtigten unmöglich.

Beispiel: Kellner K soll am 1. Weihnachtstag den ganzen Tag im Restaurant des R aushelfen. R schickt den verabredungsgemäß im Restaurant eintreffenden K mangels Bedarfs wieder weg.

1181 In diesem Fall wird der Dienstverpflichtete von seiner Leistung frei, da die Leistung nicht mehr nachholbar ist. Als Rechtsfolge aus dem Annahmeverzug behält er seinen Anspruch auf die Gegenleistung, nämlich seine Vergütung, § 326 II BGB. Da der Verpflichtete nach § 275 BGB von seiner Leistung frei ist und gleichwohl seinen Vergütungsanspruch behält, bedarf es in diesem Fall nicht der besonderen Regelung des § 615 BGB, da sich die gewünschte Rechtsfolge aus den allgemeinen Regeln ergibt.

[1008] BAG NJW 2001, 243.

In anderen Fällen dagegen stellt der Annahmeverzug des Dienstberechtigten nur ein zeitliches Hindernis dar, sodass die Leistung noch nachholbar ist. 1182

Beispiel: Hausfrau H hat den Reinemachemann R für einen bestimmten Tag zum Saubermachen ihrer Wohnung bestellt. H schickt R wieder weg, weil sie ihren Hausputz verschieben will.

In diesem Fall würde der Dienstverpflichtete nach den allgemeinen Regeln nicht von seiner Leistung gem. § 275 BGB frei werden. Er könnte demnach nur dann eine Vergütung verlangen, wenn er seine Dienste nachholt. Die Nachholung würde aber auf Kosten der künftigen Arbeitszeit des Verpflichteten und damit eines möglichen anderen Erwerbs gehen. Dies mutet ihm das Gesetz aber genauso wenig zu wie den Verzicht auf seinen Lohn aus der ohne sein Zutun unterbliebenen Dienstleistung. Der Dienstverpflichtete wird daher von der Verpflichtung zur Nachholung seiner Leistung gem. *§ 615 S. 1 BGB* befreit und behält trotzdem seinen Vergütungsanspruch. Im Ergebnis gleicht die Rechtsfolge damit der Regelung des § 326 II BGB, obwohl der Verpflichtete *nicht nach § 275 BGB* von seiner Leistung frei geworden ist.

d. Vergütung bei vorübergehender Dienstverhinderung, § 616 BGB

Auch § 616 BGB ist eine **Ausnahme vom Grundsatz**, dass nur gegen tatsächlich erbrachte Leistung eine Vergütung zu erfolgen hat. Der Dienstverpflichtete behält seinen Vergütungsanspruch, wenn er für eine „verhältnismäßig **nicht erhebliche Zeit** durch einen **in seiner Person** liegenden Grund **ohne sein Verschulden** an der Dienstleitung **verhindert** wird“, § 616 S. 1 BGB. Dabei muss er sich aber gem. § 616 S. 2 BGB denjenigen Betrag anrechnen lassen, den er für die Zeit der Verhinderung aus einer gesetzlichen Kranken- oder Unfallversicherung erhält. 1183

Der Verhinderungsgrund muss in der Person des Dienstverpflichteten oder in seinen persönlichen Verhältnissen begründet sein. Es wird dabei zwischen Krankheit und anderen Hinderungsgründen unterschieden. 1184

- Die **Krankheit** als Verhinderungsgrund kann jede, auch unfallbedingte, physische oder psychische Beeinträchtigung sein, die die Erbringung der Dienstleistung unmittelbar oder mittelbar unmöglich macht. Auch die zur Ausheilung erforderliche Zeit und Arztbesuche fallen hierunter.
- **Andere Hinderungsgründe** aus den persönlichen Verhältnissen, die die Dienstleistung unmöglich machen, können z.B. eine Verhaftung, ein Todesfall von Angehörigen, Krankheit des Kindes sowie andere wichtige Familienereignisse wie eine Hochzeit sein.

Der Dienstverpflichtete darf nur für eine verhältnismäßig nicht erhebliche Zeit an der Dienstleitung verhindert sein. Für eine krankheitsbedingte Verhinderung des Arbeitnehmers enthält § 3 I EntGFortzG eine Beschränkung von 6 Wochen. Bei anderen Verhinderungen ist auf den konkreten Einzelfall abzustellen, wobei die Gesamtdauer des Dienstvertrags, verflossene und noch zu erwartende Beschäftigungszeit und die für die Verhinderung objektiv erforderliche Zeit zu berücksichtigen sind. 1185

2. Nebenleistungspflichten des Dienstberechtigten

Der Dienstberechtigte hat gegenüber dem Verpflichteten bestimmte Nebenleistungs- und Schutzpflichten zu wahren. Diese Pflichten lassen sich unter dem Begriff der **Fürsorgepflichten** zusammenfassen, die der Treuepflicht des Dienstverpflichteten entsprechen. Die Fürsorgepflichten beruhen auf § 241 II BGB und werden teilweise durch §§ 617 - 619 BGB konkretisiert. 1186

a. Schutzpflichten

1187 Schutzpflichten des Dienstberechtigten bestehen zunächst für das **Leben und die Gesundheit** des Dienstverpflichteten. Diese sind in §§ 617, 618 BGB geregelt.

- Der Dienstberechtigte hat gem. **§ 617 BGB** bei Erkrankung des Dienstverpflichteten die erforderliche **Verpflegung und ärztliche Behandlung** zu gewähren. Dies gilt aber nur dann, wenn gem. § 617 I S. 1 BGB der Dienstverpflichtete in die **häusliche Gemeinschaft** des Dienstberechtigten aufgenommen wurde. Die häusliche Gemeinschaft muss dabei *nicht* die persönliche Gemeinschaft des Dienstberechtigten sein. Es genügt, wenn der Berechtigte einen gemeinschaftlichen Haushalt für seine Dienstverpflichteten eingerichtet hat wie z.B. ein Wohnheim. Entscheidend ist nur, dass der Dienstverpflichtete keinen eigenen Hausstand unterhält.

- Nach **§ 618 I BGB** hat der Dienstberechtigte die Pflicht, den Dienstverpflichteten vor jeder Gefahr für das Leben oder die Gesundheit zu schützen. Er muss demnach das gesamte Betriebsgelände so einrichten und unterhalten, dass niemand zu Schaden kommt. Ausgenommen sind nur solche Bereiche, zu denen dem Dienstverpflichteten der Zutritt untersagt ist. Die gleiche Pflicht trifft den Berechtigten hinsichtlich der zu verwendenden Vorrichtungen und Arbeitsgeräte, z.B. Maschinen, Werkzeuge oder das zu verarbeitende Material.

  Beispiele: Unter das gesamte Betriebsgelände fallen sowohl Treppen und Zugänge als auch Baustellen, Arbeits- und Pausenräume.

- Darüber hinaus hat der Dienstberechtigte gem. **§ 618 I BGB** die Pflicht, unter seiner **Leitung zu erbringende Dienstleistungen** so zu regeln, dass der Dienstverpflichtete möglichst gegen Gefahren für Leben und Gesundheit geschützt ist. Vom Dienstberechtigten wird also insbesondere die Einhaltung von **Unfallverhütungsvorschriften** verlangt wie z.B. die Bereitstellung und Verwendung von Schutzkleidung.[1009]

- Ist der Dienstverpflichtete gem. **§ 618 II BGB** in die häusliche Gemeinschaft des Dienstberechtigten aufgenommen, hat dieser auch während der Erholungszeiten auf die Interessen des Verpflichteten Rücksicht zu nehmen. Er muss dann auch dafür Sorge tragen, dass die in § 618 II BGB aufgezählten Rechtsgüter des Dienstberechtigten wie Gesundheit, Sittlichkeit und Religion gewahrt bleiben. Die Verpflegung und die zu bewohnenden Räume sind dementsprechend nach den zu wahrenden Interessen auszugestalten.

- Daneben trifft den Dienstberechtigten auch eine Pflicht, das **Eigentum** des Dienstverpflichteten zu schützen. So hat er dafür zu sorgen, dass die Gegenstände des Dienstverpflichteten wie Arbeitskleidung, Geräte oder ein Auto so aufbewahrt werden können, dass sie vor Beschädigung weitgehend sicher sind.

  Beispiel: Stellt der Dienstberechtigte den Dienstverpflichteten einen Parkplatz zum Abstellen ihrer Autos zur Verfügung, muss er dafür sorgen, dass der Parkplatz verkehrssicher angelegt ist.

Hinweis für die Fallbearbeitung: Verletzt der Dienstberechtigte eine dieser Schutzpflichten, ergeben sich für den Dienstverpflichteten folgende **Rechte**:

- ein Erfüllungsanspruch auf ein entsprechendes Tun oder Unterlassen,
- ein Leistungsverweigerungsrecht gem. § 273 BGB,
- ein Schadensersatzanspruch wegen Fürsorgepflichtverletzung gem. §§ 280 I, 241 II BGB i.V.m. § 618 III BGB, wobei der Umfang des Anspruchs durch die entsprechende Anwendung der §§ 842 - 846 BGB geregelt wird,
- u.U. ein Anspruch auf Entschädigung wegen immateriellen Schäden, § 253 II BGB,
- ein Recht zur außerordentlichen fristlosen Kündigung bei besonders schweren Verstößen, § 626 BGB.

[1009] BAG BB 1998, 2527, 2528.

Die Bestimmungen der §§ 617, 618 BGB sind gem. **§ 619 BGB** zum Schutz des Dienstverpflichteten **nicht vertraglich abdingbar** oder beschränkbar. 1188

b. Nebenpflichten

Die Nebenpflichten des Dienstberechtigten umfassen: 1189

- **Sorgfaltspflichten** wie die Verpflichtung, den Lohn und die Lohnabzüge richtig zu berechnen,
- **Auskunfts- und Hinweispflichten** wie die Verpflichtung, Auskunft über die Berechnung des Lohns oder über Angaben zu geben, die im Zusammenhang mit dem Dienstverhältnis für wirtschaftliche Dispositionen des Dienstverpflichteten von Bedeutung sind,
- **Nachweispflichten** wie die, ein Zeugnis auszustellen (§ 630 BGB),
- die **Gleichbehandlungspflicht**, insbesondere bei der Lohnzahlung die Dienstverpflichteten unterschiedlichen Geschlechts gleich zu behandeln,
- die **Beschäftigungspflicht**, die sich darin äußert, den Dienstverpflichteten die durch Dienstvertrag vereinbarte Tätigkeit verrichten zu lassen,
- und die **Urlaubsgewährungspflicht**, worunter die einem Dienstverpflichteten für eine bestimmte Zeit zu gewährende Befreiung von der Dienstleistung zu verstehen ist.
- Die **Fürsorgepflichten** des Dienstberechtigten sind vom Dienstverpflichteten einklagbar. Verletzt der Dienstberechtigte eine dieser Nebenpflichten, kann der Dienstverpflichtete gem. § 280 I BGB i.V.m. § 241 II BGB **Schadensersatz wegen Pflichtverletzung** verlangen. Bei schwerwiegenden Pflichtverletzungen kann ein wichtiger Grund für eine außerordentliche Kündigung gem. § 626 BGB gegeben sein.

F. Beendigung des Dienstverhältnisses

Die Beendigung des Dienstverhältnisses ist in §§ 620-627 BGB geregelt. In §§ 628-630 BGB sind die einzelnen Folgen einer Beendigung normiert. Mit der Beendigung erlöschen grundsätzlich die Hauptpflichten zur Dienstleistung und Vergütung. Es können nachwirkende Abwicklungs- und Nebenpflichten verbleiben, z.B. im Fall der fristlosen Kündigung nach § 628 BGB oder die Pflicht zur Zeugniserteilung nach § 630 BGB. Daneben sind auch Pflichten zur Rückgabe von Arbeitsmitteln und Arbeitspapieren sowie ein nach Beendigung des Dienstverhältnisses bestehendes Wettbewerbsverbot möglich. Die Beendigungsgründe lassen sich danach unterscheiden, ob das Dienstverhältnis durch rechtsgeschäftliche Erklärung der Parteien aufgelöst wird oder unabhängig von ihrem Willen erlischt. 1190

I. Rechtsgeschäftliche Beendigungsgründe

- Ein rechtsgeschäftlicher Beendigungsgrund des Dienstverhältnisses kann ein Aufhebungsvertrag, § 311 I BGB, sein. So kann durch eine vertragliche Vereinbarung das Dienstverhältnis jederzeit ohne Rücksicht auf Kündigungsschutzbestimmungen und Kündigungsfristen beendet werden. 1191
- Auch eine Anfechtung des Dienstvertrags nach §§ 119, 123 BGB beendet das Dienstverhältnis. Dabei wirkt die Anfechtung hinsichtlich der Beendigung des Dienstverhältnisses nur für die Zukunft.
- Ein Rücktritt vom Dienstvertrag gem. §§ 346 ff., 323 ff. BGB ist nur bis zum Antritt des Dienstverhältnisses, d.h. bis zum Beginn der Erfüllung von Dienstverpflichtungen, möglich. Nach diesem Zeitpunkt ist der Rücktritt stets ausgeschlossen und es kann nur noch eine Kündigung erfolgen.

- Wichtigster Beendigungsgrund für Dienstverhältnisse ist die Kündigung. Dabei wird zwischen der an bestimmte Fristen gebundenen ordentlichen Kündigung, §§ 620 II, 621, 622 BGB, und der außerordentlichen fristlosen Kündigung, §§ 626, 627 BGB, unterschieden.

1. Ordentliche Kündigung, §§ 621, 622 BGB

1192 Liegt ein Dienstverhältnis vor, bei dem sich weder durch vertragliche Vereinbarung noch aus dem Zweck eine Befristung entnehmen lässt, können es die Parteien unter Einhaltung der **gesetzlichen Kündigungsfristen**, **§§ 621, 622 BGB**, jederzeit **ordentlich kündigen**, § 620 II BGB. Durch das Einhalten bestimmter Kündigungsfristen soll dem jeweils anderen Teil die Möglichkeit gegeben werden, sich auf die neue Lage einzustellen. Bei Dienstverhältnissen, die nicht Arbeitsverhältnisse sind, sind die Parteien hinsichtlich der **Vereinbarung** von Kündigungsfristen frei, da § 621 BGB abdingbar ist. Ist keine Frist vereinbart, gelten für Dienstverhältnisse die Bestimmungen des § 621 BGB. Die Kündigungsfristen für Dienstverhältnisse, § 621 BGB, unterscheiden sich von denen für Arbeitsverhältnisse, § 622 BGB. So richten sich die Fristen für die Kündigung eines Dienstverhältnisses nach der **zeitlichen Bemessung der Vergütung** und nicht nach der Dauer des Arbeitsverhältnisses. Für Arbeitsverhältnisse gibt es darüber hinaus zahlreiche Kündigungsschutzregelungen wie z.B. im KSchG, die § 622 BGB teilweise überlagern und ergänzen. Der Kündigungsschutz für Arbeitnehmer wird dadurch allgemein verstärkt. So ist z.B. eine Kündigung während bestimmter Zeiten wie bei Schwangerschaft, Mutterschaftsurlaub oder der Ausbildung völlig ausgeschlossen.

2. Außerordentliche Kündigung, § 626 BGB

1193 Das Dienstverhältnis kann von jedem Vertragspartner aus wichtigem Grund ohne Einhaltung einer bestimmten Kündigungsfrist jederzeit gekündigt werden, § 626 BGB. Dabei stellt § 626 BGB den allgemeinen Grundsatz dar, nach dem keine Partei an einem Dauerschuldverhältnis festgehalten werden soll, wenn ihr ein Festhalten nach Treu und Glauben, § 242 BGB, nicht mehr zugemutet werden kann.[1010] Für eine außerordentliche Kündigung muss ein **wichtiger Grund** vorliegen, § 626 I BGB.

1194 Dafür sind Tatsachen erforderlich, aufgrund derer dem Kündigenden unter **Berücksichtigung aller Umstände** und unter **Abwägung der beiderseitigen Interessen** die **Fortsetzung des Dienstverhältnisses** bis zum Ablauf der Kündigungsfrist bei ordentlicher Kündigung oder bis zur vereinbarten Beendigung des Dienstverhältnisses **nach Treu und Glauben nicht mehr zuzumuten ist.**[1011]

1195 Dabei kommt eine außerordentliche Kündigung nach dem **Ultima-Ratio-Prinzip** nur in Betracht, wenn alle anderen, nach den jeweiligen Umständen möglichen und angemessenen milderen Mittel wie z.B. eine Abmahnung, Versetzung, einverständliche Abänderung der Arbeitsbedingung oder eine ordentliche Kündigung unzumutbar sind. Bei **verhaltensbedingten Gründen** kann eine außerordentliche Kündigung aber nur dann erfolgen, wenn eine **Abmahnung** vorausgegangen ist.

- **Wichtige Gründe für den Dienstberechtigten** sind z.B.: Nichteinhaltung von Arbeitsschutz- und Sicherheitsvorschriften, Arbeitsverweigerung, Unpünktlichkeit, sexuelle Belästigung am Arbeitsplatz, Konkurrenztätigkeiten, Nichtanzeigen oder Vortäuschen einer Erkrankung, Urlaubsüberschreitung, Selbstbeurlaubung, Verrat von Betriebs- und Geschäftsgeheimnissen.

[1010] Vgl. den durch die Schuldrechtsreform 2002 eingeführten § 314 BGB (dazu *R. Schmidt*, SchuldR AT, Rn 838 ff.).
[1011] BGH NJW 1993, 463, 464.

- **Wichtige Gründe für den Dienstverpflichteten** sind z.B.: Verletzung von Fürsorgepflichten, Beleidigungen, Verdächtigungen, erhebliche Lohnrückstände, unberechtigte Suspendierung.

Dabei kann § 626 BGB von den Parteien nicht abbedungen werden. Vertragliche Einschränkungen des außerordentlichen Kündigungsrechts sind demnach unwirksam. **1195**

Wurden dem Dienstverpflichteten die Dienste aufgrund einer besonderen Vertrauensstellung zum Dienstberechtigten übertragen, ist **kein wichtiger Grund** für die außerordentliche Kündigung **erforderlich**, § 627 I BGB. Für eine fristlose Kündigung nach § 627 BGB ist Voraussetzung, dass der Dienstverpflichtete, ohne in einem dauernden Dienstverhältnis mit festen Bezügen zu stehen, Dienste höherer Art zu leisten hat, die in der Regel aufgrund **besonderen Vertrauens** übertragen werden. **1196**

- In einem **nicht dauernden Dienstverhältnis** steht der Verpflichtete, wenn das Dienstverhältnis nach der Verkehrsanschauung nicht für längere Zeit eingegangen wird, z.B. bei einer zweimonatigen Vertretung eines Anwalts. Es handelt sich also nicht um eine Verpflichtung für ständige und langfristige Aufgaben und beide Vertragsteile gehen auch nicht von der Möglichkeit und Zweckmäßigkeit einer Verlängerung aus.[1012]
- **Feste Bezüge** liegen nicht vor, wenn keine auf Dauer vereinbarte bestimmte Entlohnung für eine Gesamtdienstleistung vereinbart ist, sondern nur eine für einzelne Dienstleistungsakte.
- **Dienste höherer Art** sind solche, die ein überdurchschnittliches Maß an Fachkenntnissen, Kunstfertigkeit oder wissenschaftlicher Bildung voraussetzen. Dienste höherer Art, die aufgrund besonderen Vertrauens übertragen werden, sind z.B. die Tätigkeit des Arztes, des Rechtsanwalts, des Wirtschaftsprüfers oder des Ehe- und Partnerschaftsvermittlers.
- Die übertragenen Dienste müssen ferner im Allgemeinen und nicht nur im Einzelfall aufgrund **besonderen Vertrauens** übertragen werden. Es muss sich also **objektiv** um Dienste handeln, die aus besonderem Vertrauen übertragen werden. Das besondere Vertrauensverhältnis ist dabei als persönliches Vertrauen zu verstehen, das sich nicht lediglich auf die Sachkompetenz, sondern auch auf die Person des Vertragspartners erstreckt.[1013] Verträge mit Institutionen wie z.B. mit privaten Bildungseinrichtungen oder Sprachschulen sind deswegen nicht auf ein besonderes Vertrauen zurückzuführen.[1014]

Auch wenn die Voraussetzungen des § 627 I BGB vorliegen, darf das Dienstverhältnis vom Dienstverpflichteten **nicht zur Unzeit** gekündigt werden, § 627 II BGB. Dem Dienstberechtigten hingegen steht jederzeit ein uneingeschränktes Kündigungsrecht nach § 627 I BGB zu. Zur Unzeit kündigt der Dienstverpflichtete, wenn die Kündigung zu einem Zeitpunkt erfolgt, in dem der Berechtigte nicht in der Lage ist, sich die Dienste anderweitig zu besorgen. Dies bedeutet z.B. für Rechtsanwälte, dass sie das Mandat nicht in oder kurz vor der mündlichen Verhandlung oder dem Ablauf wichtiger Fristen niederlegen dürfen.[1015] Auch darf eine ärztliche Behandlung nur dann abgebrochen werden, wenn bis zum Eintreffen eines anderen Arztes weder das Leben noch die Gesundheit des Patienten gefährdet sind. Es muss dem Dienstberechtigten also die Möglichkeit erhalten bleiben, sich eine Ersatzkraft zu besorgen. Kündigt der Dienstverpflichtete das Dienstverhältnis **zur Unzeit**, ohne dass ein wichtiger Grund i.S.d. § 626 BGB vorliegt, ist die **Kündigung zwar nicht unwirksam**, aber verpflichtet den Dienstverpflichteten nach § 627 II S. 2 BGB zum **Schadensersatz**.[1016] **1197**

[1012] BGH NJW 1984, 1531 ff.
[1013] *Schlosser*, NJW 1980, 273, 274.
[1014] OLG Frankfurt a.M. NJW 1981, 2760 ff.
[1015] OLG Düsseldorf VersR 1988, 1155.
[1016] BGH NJW 1987, 2808.

1198 Liegt eine fristlose Kündigung nach §§ 626, 627 BGB vor, wird das Dienstverhältnis mit sofortiger Wirkung aufgelöst. Die **Rechtsfolgen** der berechtigten fristlosen Kündigung regelt § 628 BGB. Die außerordentliche Kündigung beendet das Dienstverhältnis ex nunc, sodass der Verpflichtete einen seinen bisherigen Leistungen entsprechenden Teil der Vergütung verlangen kann, § 628 I S. 1 BGB. Ein Anspruch auf Teilvergütung steht dem Dienstverpflichteten dann aber nicht zu, wenn er selbst ohne wichtigen Grund gekündigt oder wenn er den anderen Teil durch sein treuwidriges Verhalten zur Kündigung veranlasst hat und die bisherigen Leistungen für den Dienstberechtigten unverwertbar geworden sind, § 628 I S. 2 BGB.

Nach § 628 II BGB ist derjenige Teil, durch dessen Verhalten die außerordentliche Kündigung veranlasst wurde, dem anderen Teil zum Ersatz des durch die Aufhebung des Dienstverhältnisses entstehenden Schadens verpflichtet. Dabei setzt der Schadensersatzanspruch eine schuldhafte Vertragsverletzung voraus, die ein Recht zur außerordentlichen Kündigung begründet hat.[1017] Der Umfang des zu ersetzenden Schadens bestimmt sich nach §§ 249 ff. BGB. Der Anspruchsberechtigte ist demnach so zu stellen, wie er bei Fortbestand des Dienstverhältnisses gestanden hätte.[1018] Der Dienstberechtigte kann also seinen entgangenen Gewinn oder höhere Kosten für eine Ersatzkraft verlangen. Kündigt der Dienstverpflichtete außerordentlich, kann er als Schadensersatz seine entgangene Vergütung verlangen. Ein Schadensersatzanspruch gem. § 628 BGB ist jedoch ausgeschlossen, wenn beide Teile einen wichtigen Grund für eine außerordentliche Kündigung haben.[1019]

II. Selbsttätige Beendigungsgründe

1199

- Das Dienstverhältnis kann durch **Zeitablauf** gem. § 620 I BGB beendet werden. Dies ist der Fall, wenn der Dienstvertrag nur für eine bestimmte Zeit oder für einen bestimmten, zeitlich begrenzten Dienst abgeschlossen wurde. Gemäß § 620 I BGB endet das Dienstverhältnis dann mit dem Ablauf der Zeit, für die es eingegangen ist, mit der Erledigung des betreffenden Dienstes oder mit dem Eintritt des Ereignisses, bis zu dem es andauern sollte.

  Beispiel: B ist als Hilfe für die Obsternte bei Bauer U eingestellt. Sein Dienstverhältnis endet mit Beendigung der Ernte, ohne dass es dafür einer weiteren Erklärung bedarf. Ebenso verhält es sich, wenn A als Vertreter für den erkrankten B eingesprungen ist. Dann endet das Dienstverhältnis zwischen A und U mit der Rückkehr des B.

  Bis zum Ablauf der im Dienstvertrag vereinbarten Zeit kann das Dienstverhältnis nicht ordentlich, sondern nur außerordentlich, §§ 626, 627 BGB, gekündigt werden. Dies ergibt sich aus einem Umkehrschluss zu § 620 II BGB. Wird das Dienstverhältnis nach Beendigung fortgesetzt, gilt es gem. § 625 BGB als auf unbestimmte Zeit verlängert, sofern nicht der Dienstberechtigte ohne schuldhaftes Zögern widerspricht. Das verlängerte Dienstverhältnis kann dann von jedem Teil mit der gesetzlichen Frist gekündigt werden, auch wenn vorher andere Fristen vertraglich vereinbart waren.

- Durch **Zeitablauf** endet das Dienstverhältnis auch bei Tod oder Vollendung eines bestimmten Lebensjahres des Dienstverpflichteten.

- Eine **Beendigung** des Dienstverhältnisses kann sich auch aus der **Art der Dienstleistung** oder bei **Zweckerreichung gem. § 620 II BGB** ergeben. Auch hierbei handelt es sich um eine befristete Dienstleistung, die aber nicht kalendermäßig oder zeitlich bestimmt ist. Die Beendigung erfolgt vielmehr bei Eintritt eines bestimmten Ereignisses. Dabei muss der auf diese Befristung angelegte Wille der Parteien Vertragsinhalt geworden sein.

[1017] BGH WM 1995, 1288 ff.
[1018] BGH NJW 1993, 1386.
[1019] BGHZ 44, 271 ff.

Beispiele:

(1) Bei der Krankenpflege oder einer therapeutischen Behandlung endet das Dienstverhältnis beim Tod des Dienstberechtigten oder durch das Ende der Krankheit.

(2) Muss eine Kollegin wegen Urlaubs oder Schwangerschaft vertreten werden, endet das Dienstverhältnis bei deren Rückkehr.

- Durch eine **Störung der Geschäftsgrundlage** gem. § 313 BGB kann das Dienstverhältnis nur in Ausnahmefällen beendet werden. Und zwar nur dann, wenn eine Kündigung aus den gleichen Umständen, die die Geschäftsgrundlage berührt haben, nicht möglich war, z.B. bei Kriegsereignissen oder Naturkatastrophen.

7. Kapitel - Miete, Pacht

1200 Gegenstand der Vertragsverpflichtungen bei einem Miet- bzw. Pachtverhältnis ist gerade **nicht** die endgültige Übertragung eines Vermögensgegenstands, es soll kein Wechsel in der Güterzuordnung vorgenommen werden. Vielmehr ist Gegenstand die nur zeitweilige Überlassung eines Gegenstands, bei der die rechtliche Zuordnung des Vermögensgegenstands zum ursprünglichen Vermögen unverändert bleibt (sog. **Gebrauchsüberlassung**). Der Miet- bzw. Pachtvertrag begründet dabei ein zumeist befristetes Dauerschuldverhältnis. Aus diesem Dauerschuldverhältnis ergeben sich Leistungspflichten, die während eines längeren Zeitraums kontinuierlich oder in regelmäßigen Abständen wiederholt zu erfüllen sind. Die Verpflichtung besteht so lange fort, bis der Vertrag beendet ist. Das kann zum einen durch Zeitablauf, zum anderen auf andere Weise, z.B. durch Kündigung, geschehen.

A. Mietvertrag

1201 Der Mietvertrag wird in §§ 535 bis 580a BGB geregelt. Das Mietrecht ist seit jeher eines der wichtigsten Rechtsgebiete des BGB, da es fast jeden Bürger betrifft.[1020] Denn nahezu jeder tritt im Rechtsverkehr als Mieter oder Vermieter auf.

I. Einleitung

1202 Auf der einen Seite sind die Menschen überwiegend auf gute und bezahlbare Wohnungen angewiesen. Auf der anderen Seite stellen Erträge aus der Vermietung von Wohnungen häufig eine Existenzgrundlage oder Alterssicherung für Menschen dar. Die Wohnungswirtschaft stellt dementsprechend einen sehr bedeutenden Wirtschaftssektor dar.

1203 Das Mietrecht verfolgt in Ansehung dieser wirtschaftlichen Erfordernisse Leitgedanken, die bei einer systematischen Analyse der jeweiligen Normen als Ausgangspunkt heranzuziehen sind:

- Mieter und Vermieter sollen ihre Rechte und Pflichten so weit wie möglich selbst erkennen können, ohne einen rechtlichen Beistand nehmen zu müssen.[1021]
- Beachtung der Garantie des Eigentums gem. Art. 14 I GG einschließlich seiner sozialen Verpflichtung i.S.d. § 14 II GG und die Verantwortung und Fürsorgepflicht des Mieters gegenüber der Mietsache sowie die partnerschaftliche Kooperationspflicht zwischen Mietern und Vermietern.[1022]

1204 Der Gesetzgeber hat sich beim Aufbau des Mietrechts an dem logischen System des BGB eng orientiert. Es wurden die allgemeinen Vorschriften als ein allgemeiner Teil vor die Klammer gezogen. Darin sind solche Regelungen getroffen worden, die unabhängig von der Art der vermieteten Sache für alle Arten von Mietverhältnissen gelten. Die besonderen Mietverhältnisse in Form von Mietverhältnissen über Wohnraum und Mietverhältnisse über andere Sachen wurden als besonderer Teil ausgestaltet. Die Vorschriften innerhalb des Besonderen Teils hinsichtlich des Mietverhältnisses über Wohnraum sind nach dem zeitlichen Ablauf eines Mietverhältnisses geordnet worden.

[1020] Vgl. *Grundmann*, NJW 2001, 2497; vgl. auch *Leenen/Fleischhauer*, JuS 2005, 709 ff.
[1021] BT-Drs. 14/4553, 34.
[1022] BT-Drs. 14/4553, 34.

II. Ansprüche des Mieters und des Vermieters

Ansprüche des Mieters
I. Wirksamer Mietvertrag: Einigung der Parteien
1. Einigung bzgl.
a. Mietsache: nur Sachen gem. § 90 BGB (sonst Pacht)
b. Mietzins
2. Entgeltlichkeit
3. Form: i.d.R. formfrei (Ausnahme: §§ 550, 578 BGB)
II. Kein Untergang/Erlöschen
1. Kauf bricht nicht Miete gem. §§ 566, 578 BGB
2. Aufhebungsvertrag (gem. § 311 I BGB)
3. Kündigung (siehe gesonderte Ausführungen)
4. Zeitablauf bei Befristung gem. § 542 II BGB
III. Rechtsfolge
1. Gewährung der Mietsache
2. Erhaltung der Mietsache in vertragsgemäßem Zustand
a. Beseitigung auftretender Mängel, die nicht vom Mieter verschuldet sind
b. Wettbewerbsschutz bei Raumvermietung zu gewerblichen Zwecken
c. Ist die Sache untergegangen und hat der Vermieter dies verschuldet, besteht ein Anspruch auf Schadensersatz oder Rücktrittsrecht.

1. Wirksamer Mietvertrag sowie Übergang

a. Grundlagen

Das Mietverhältnis ist ein Schuldverhältnis. Aus diesem erwachsen für beide Parteien Leistungspflichten, die zueinander im Verhältnis von Leistung und Gegenleistung stehen, weshalb der Mietvertrag ein zweiseitig verpflichtender Schuldvertrag ist. **1205**

Ein **Mietvertrag** kommt durch zwei übereinstimmende wirksame Willenserklärungen zustande, die darauf gerichtet sind, dass dem einen Vertragspartner die entsprechende Sache, wobei die Sache eine solche des § 90 BGB ist, zum Gebrauch vorübergehend überlassen wird und der andere Vertragspartner dafür ein Entgelt leistet. **1206**

Das Entgelt ist die Gegenleistung für die Gebrauchsgewährung. Es kommt dabei nicht darauf an, wie hoch das Entgelt festgesetzt wurde. Auch wenn dieses verhältnismäßig niedrig vereinbart ist, liegt dadurch ein Mietvertrag vor. Zahlt indessen der Vertragspartner lediglich die durch seinen Gebrauch verursachten Kosten z.B. für die Heizung, kann die Wohnung jedoch ansonsten unentgeltlich bewohnen, liegt ein Leihvertrag vor.[1023] **1207**

> **Beispiel:** Der Mieter muss ausschließlich die Kosten für Heizung, Strom oder Warmwasser bezahlen.[1024]

Eine Entgeltlichkeit liegt allerdings dann vor, wenn die Vertragsparteien vereinbarten, dass der „Mieter" die Kosten für Steuern, Versicherungen und sonstige notwendige Ausgaben zu übernehmen hat. **1208**

[1023] *Lützenkirchen*, WM 2004, 58, 59.
[1024] Vgl. OLG Dresden ZMR 2003, 250 f.

1209 Der Mietzins besteht regelmäßig in einer Geldsumme. Denkbar wäre aber auch, als Mietzins eine bestimmte Menge vertretbarer Sachen oder eine andersartige Leistung festzulegen. Möglich ist die Abgeltung der Mietzinszahlung auch in der vollständigen oder in einem nicht unbeträchtlichen Teil in Form von Dienstleistungen, in der Herstellung eines Werks. Es liegt dann allerdings typologisch kein reiner Mietvertrag vor; vielmehr ist ein gemischter Vertrag anzunehmen. Regelmäßig wird dies ein Austauschvertrag mit atypischer Gegenleistung sein.

b. Form

1210 Mietverträge sind grundsätzlich formfrei. Einer Form bedürfen nach § 550 BGB lediglich Mietverträge über Wohnräume sowie nach §§ 578 I, 550 BGB ebenfalls solche über Grundstücke. Mit der Schriftform[1025] soll erreicht werden, dass sich die Vertragsparteien vollständig über die Rechte und Pflichten auch bei lang andauernden Mietverhältnissen informieren können. Außerdem hat diese eine Klarstellungs-, Beweis- und Warnfunktion.[1026] Die Schriftform ist dabei zwingend vorgeschrieben.[1027] Wird die Schriftform nicht beachtet, folgt daraus aber **nicht**, dass der Mietvertrag nichtig ist, da § 550 BGB lex specialis gegenüber § 125 BGB ist. Der Mietvertrag gilt als für eine unbestimmte Zeit geschlossen, sofern der Mietvertrag eine längere Vertragsdauer als ein Jahr haben sollte. Bezüglich der Rechtsfolge ist § 550 BGB nicht abdingbar.[1028] Abzustellen ist bei der Bestimmung der Jahresfrist auf denjenigen Zeitpunkt, zu dem das Mietverhältnis vereinbarungsgemäß in Vollzug gesetzt wird.

c. Mehrpersonenverhältnisse

1211 Nicht zwingend ist, dass sich die vertragschließenden Parteien auch tatsächlich als Anspruchsgegner gegenüberstehen.

aa. Wechsel aufseiten des Vermieters

1212 Nach § 566 I BGB tritt der Erwerber an die Stelle des Vermieters, wenn der vermietete Wohnraum nach der Überlassung an den Mieter von dem Vermieter an eine dritte Person (dem Erwerber) veräußert wurde. Ist der vorherige Eigentümer nicht gleichzeitig der Vermieter gewesen, muss hinsichtlich des neuen Eigentümers danach differenziert werden, ob die Vermietung mit oder ohne Zustimmung des früheren Eigentümers vorgenommen wurde.

- Ist die Vermietung ohne eine solche Zustimmung erfolgt, ist § 566 I BGB unanwendbar.[1029]

> **Hinweis für die Fallbearbeitung:** Einen gutgläubigen Erwerb des Mietrechts nach §§ 893 oder 2367 BGB gibt es nicht. Der neue Eigentümer kann damit nach § 985 BGB Herausgabe der Mietsache verlangen. Der Vermieter haftet dem Mieter in dieser Fallkonstellation auf Schadensersatz wegen Nichterfüllung.

1213
- Ist die Vermietung allerdings mit Zustimmung des vorherigen Eigentümers erfolgt, muss der Mieter so gestellt werden, als habe der neue Vermieter selbst vermietet. Der Erwerber der Mietsache tritt damit in sämtliche Rechte und Pflichten des Miet-

---

[1025] Zu allgemeinen und speziellen Fragen der Schriftform des Mietvertrags vgl. *Mankowski*, ZMR 2002, 481 ff.
[1026] *Michalski*, WM 1998, 1993, 1994.
[1027] Ausführlich *Heile*, NZM 2002, 505 ff.; *Haas*, Das neue Mietrecht, 135; *Beuermann/Blümmel*, Das neue Mietrecht, 97; *Sternel*, ZMR 2001, 937; dagegen *Löwe*, NZM 2000, 577, 580 f.; *Eckert*, NZM 2001, 409; unklar insgesamt BT-Drs. 14/4553, 47.
[1028] BT-Drs. 14/4553, 47.
[1029] Vgl. dazu BGH NJW 1974, 1551.

verhältnisses ein.[1030] Wurde die Sache durch mehrere Eigentümer vermietet, müssen alle Eigentümer der Vermietung zustimmen.

Überlassen bedeutet dabei, dass der Mieter in die Lage versetzt wird, die Sache ver- 1214
tragsgemäß zu gebrauchen.

Es kommt dabei nicht darauf an, ob der Erwerber in das Rechtsverhältnis eintreten will. 1215
Die Rechtsfolge ergibt sich vielmehr zwingend aus dem Gesetz. Mit dem Eigentümerwechsel findet zudem eine Zäsur statt. Alle bereits fälligen Ansprüche verbleiben beim Veräußerer, die noch nicht fälligen hingegen gehen auf den Erwerber über.

Beispiele: Der Mieter hat Ansprüche gegen den früheren Eigentümer wegen überzahlter Mietzinsen oder Nebenkosten.[1031]

Der Erwerber muss das Mietverhältnis in dem Zustand übernehmen, in dem es sich im 1216
Augenblick des Eigentumserwerbs befindet.[1032] Damit ist er auch an Pflichten gebunden, die sich erst ergeben, wenn der Vermieter ein ihm vor dem Eigentumserwerb vertraglich eingeräumtes Gestaltungsrecht erst später ausübt.

Abweichende Vereinbarungen sind möglich, da § 566 BGB nicht zwingendes Recht ist. Es 1217
bedarf aber der Zustimmung aller drei Parteien, weil es sich anderenfalls um einen Vertrag zulasten des jeweils beteiligten Dritten handelte.[1033] Ein Ausschluss kann nicht durch Formularvertrag herbeigeführt werden, da dies gegen die Inhaltskontrolle gem. §§ 305, 307 BGB verstößt.

Die Ergebnisse sind entsprechend nach § 578 I u. II BGB auch auf Grundstücke und auf 1218
solche Räume anwendbar, die keine Wohnräume sind.

bb. Wechsel aufseiten des Mieters

Es können sich aber auch aufseiten des Mieters Veränderungen ergeben. Mietverhältnis- 1219
se enden nicht mit dem Tod des Mieters, sondern gehen im Wege der Gesamtrechtsnachfolge gem. § 1922 BGB auf den Erben über, sofern nicht eine Sonderrechtsnachfolge durch das Mietrecht vorgesehen ist.[1034] Solche Sonderrechtsnachfolgen sind in §§ 563 bis 563b BGB umfassend geregelt.[1035]

2. Fortbestand des Vertrags

Der Vertrag darf zudem nicht erloschen bzw. untergegangen sein. 1220

- Dies kann zum einen durch Kündigung erfolgen,
- zum anderen kann bezüglich des Mietvertrags ein Aufhebungsvertrag gem. § 311 BGB geschlossen worden sein.
- Zu beachten ist auch § 542 II BGB, wonach das Mietverhältnis durch Zeitablauf beendet werden kann.

[1030] Vgl. LG Berlin NJW-RR 1994, 781.
[1031] OLG Düsseldorf NJW-RR 1994, 1101, 1102.
[1032] Vgl. BGH WPM 1995, 2115.
[1033] LG Berlin GE 1989, 409.
[1034] BT-Drs. 14/4553, 60.
[1035] BT-Drs. 14/4553, 60 und 61; ausführlich dazu *Grundmann*, NJW 2001, 2497, 2502.

3. Rechtsfolge

a. Ansprüche des Mieters

aa. Gebrauchsgewährung

1221 Der Vermieter ist nach § 535 I S. 1 BGB primär verpflichtet, dem Mieter den Gebrauch während der Mietzeit zu gewähren.

1222 Der Vermieter hat dementsprechend dem Mieter zu ermöglichen, den üblichen oder den im Vertrag speziell geregelten **Gebrauch** von der Sache machen zu können. Inwieweit der Mieter tatsächlich Gebrauch von der Mietsache macht, obliegt ausschließlich seiner Entscheidung.

1223 Die Pflicht des Vermieters ist also nur darauf gerichtet, das „Gebrauchmachen" zu ermöglichen. Dazu hat er die Sache seinem Vertragspartner zu überlassen. Hierfür ist in aller Regel erforderlich, die Sache dem Mieter zu übergeben. Die Übergabe hat dabei in einem solchen Zustand zu erfolgen, der den vertragsmäßigen Gebrauch ermöglicht. Der Vermieter hat also dafür Sorge zu tragen, dass die Sache frei von Sach- und Rechtsmängeln ist, wobei sich diese Verpflichtung implizit aus § 535 I BGB ergibt. Einer besonderen Regelung wie in § 433 I S. 2 BGB bedarf es daher nicht.

1224 In speziellen Fallkonstellationen kommt der Vermieter seiner vertraglichen Pflicht auch nach, wenn er dem Mieter die Sache ausschließlich während bestimmter Zeiten zugänglich macht, die mit dem Vertrag vereinbar sind.

> **Beispiel:** Vermietung eines Klaviers, wobei die Nutzung in den Räumen des Vermieters zu erfolgen hat.

1225 Die Überlassung der Sache setzt in aller Regel auch voraus, dass der Vermieter dem Mieter den unmittelbaren Besitz i.S.d. § 854 BGB verschafft; dazu gehören auch alle unwesentlichen Bestandteile und Zubehörstücke der vermieteten Sache.

> **Beispiel:** Schlüssel von Wohnungen oder Kraftfahrzeugen

1226 Der Vermieter hat dem Mieter die Sache aber nicht nur zum Gebrauch zu *überlassen,* sondern sie ihm auch zu diesem Zweck für die Dauer der Mietzeit zu *belassen.* Die Verpflichtung zum Belassen stellt aufgrund des Charakters des Mietvertrags als Dauerschuldverhältnis eine andauernde Verpflichtung dar, die so lange fortwährt, bis der Mietvertrag endet. Die Übergabe ist dagegen eine einmalige Leistung, mit der in der Regel das Mietverhältnis als Dauerverhältnis in Vollzug gesetzt wird.

1227 Die Verpflichtung zum Belassen beinhaltet, dass zum einen eine Pflicht zur Duldung der Nutzung besteht. Zum anderen hat der Vermieter jegliche vertragswidrige Störungen zu unterlassen. Der Vermieter hat es demgemäß hinzunehmen, dass der Mieter den vertragsmäßigen Gebrauch vornimmt.

> **Beispiel:** A und B haben einen Mietvertrag über eine Penthousewohnung in München abgeschlossen. Dafür soll B monatlich 500,- € zahlen, wobei die Mietzinszahlungen jeweils rechtzeitig bei A eingehen. Da B fast jeden Abend mit anderen Damen nach Hause kommt, lässt A das Schloss auswechseln, um B auf den Pfad der Tugend zurückzuführen. B soll den neuen Schlüssel nur erhalten, wenn B in Zukunft ein solides Leben führt. A ist zu einem solchen Vorgehen **nicht** berechtigt.

Aus der Pflicht zur fortdauernden Gebrauchsgewährung können sich aber auch **Nebenpflichten** ergeben, die ein positives Tun des Vermieters erfordern. 1228

Der Vermieter von Wohn- oder Geschäftsräumen ist vertraglich verpflichtet, solche Störungen zu verhindern, die von anderen Hausbewohnern verursacht werden, soweit sie das übliche oder zugelassene Maß überschreiten. In dem Fall hat er die ihm zumutbaren Maßnahmen zu treffen.[1036] 1229

> **Beispiel**[1037]**:** Ein Mieter eines Mehrparteienhauses übt regelmäßig sechs Stunden Klavier am Tag. Hier hat der Vermieter dafür zu sorgen, dass die Ruhezeiten eingehalten werden *und* dass die Übungsdauer auf ein erträgliches Maß reduziert wird.

Wenn explizit Gegenstand des Mietvertrags eine bestimmte gewerbliche Nutzung ist, ist der Vermieter nach Treu und Glauben verpflichtet, den vertraglichen Gebrauch des Mieters nicht dadurch zu beeinträchtigen, dass er in dem gleichen Gebäude oder auf demselben Grundstück ein Konkurrenzunternehmen eröffnet.[1038] Es spielt keine Rolle, ob der Vermieter oder ein Dritter das Konkurrenzunternehmen eröffnen wollen. 1230

> **Beispiele:** eine zweite Gaststätte; Lebensmittelgeschäft Edeka neben Schlecker; mehrere Ärzte gleicher Fachrichtung

bb. Erhaltung des vertragsgemäßen Zustands

Der Vermieter ist nach § 535 I S. 2 BGB weiterhin dazu verpflichtet, 1231

- die vermietete Sache dem Mieter in einem zu dem vertragsmäßigen Gebrauch geeigneten Zustand zu überlassen
- *und* sie während der Mietzeit in diesem Zustand zu erhalten.

a.) Grundlagen

Welcher Zustand allerdings dem vertragsgemäßen Gebrauch tatsächlich entspricht, ergibt sich aus dem im Mietvertrag vereinbarten Gebrauchszweck, da die Mietsache speziell für diesen geeignet sein muss. Die Parteien können den jeweiligen Zweck entweder ausdrücklich oder konkludent vereinbaren. Ein Anhaltspunkt bei der Beurteilung im Rahmen einer konkludenten Vereinbarung kann die Höhe des jeweiligen Mietzinses sein. 1232

> **Beispiel:** A mietet bei B eine Hochseeyacht, um mit dieser an einem Rennen teilzunehmen, welches um die Welt geht. Dementsprechend wurde der Mietzins pro Monat auf 20.000,- € festgelegt. Will A hingegen ein Segelboot, welches für eine Familie geeignet ist, lediglich für eine Kreuzfahrt über die Ostsee für eine Woche mieten, wird der Mietzins unter 1.500,- € liegen.

Der Vermieter ist wegen des Dauerschuldcharakters des Mietvertrags auch dazu verpflichtet, die zur Erhaltung oder Wiederherstellung notwendigen Vorkehrungen zu treffen und die erforderlichen Reparaturen ausführen zu lassen. Diese kontinuierliche Verpflichtung des Vermieters, dem Vertrag entsprechend die Sache instand zu setzen, rechtfertigt sich dadurch, dass der Mieter im Gegenzug die vereinbarte Miete für die gesamte Vertragsdauer gem. § 535 II BGB entrichtet. 1233

Der Vermieter hat auch solche Verschlechterungen zu beheben, die durch den Gebrauch des Mieters entstanden sind, sofern diese i.S.d. § 538 BGB nicht durch den Mieter zu 1234

[1036] BGH LM Nr. 8 zu § 536.
[1037] Vgl. OLG Frankfurt a.M. WuM 1984, 303; AG Frankfurt a.M. WuM 1997, 430.
[1038] OLG Celle OLGR Celle 2000, 150 f.; OLG Düsseldorf NZM 2001, 1033; OLG Schleswig MDR 2001, 81; BGH NJW 1979, 1404, 1405.

vertreten sind. Der Mieter hat sie **nicht zu vertreten**, wenn ein **vertragsmäßiger Gebrauch** vorlag.

Beispiele: übliche Verschmutzung einer Tankstelle[1039]; Abnutzung von Böden, selbst wenn Schäden durch „Pfennigabsätze" entstanden sind[1040]

b.) Verkehrssicherungspflicht

1235 Die Instandhaltungspflicht umfasst auch die Verkehrssicherungspflicht.[1041] Der Vermieter hat darauf zu achten, dass von der Sache keine Gefahren für die Mieter und deren Angehörigen ausgehen. Er hat also alle erforderlichen Maßnahmen zu ergreifen, um drohende Gefahren rechtzeitig abzuwenden.

Beispiele: ausreichende Abdeckung eines Schachts, der sich auf dem vermieteten Grundstück befindet[1042]; auf Flächen, auf denen üblicherweise Kinder spielen, dürfen vom Vermieter keine giftigen Pflanzenschutzmittel versprüht werden.[1043]

1236 In Teilen können diese Verkehrssicherungspflichten aber speziell auf den Mieter durch Vertrag übertragen werden.[1044]

Beispiel: Vermieter und Mieter vereinbaren in dem Mietvertrag eine Pflicht des Mieters zum Schneeräumen.

1237 Die Überwälzung der Sicherungspflichten ist nur dann wirksam vorgenommen worden, wenn die Vereinbarung eindeutig ist und dem Mieter hinreichend verdeutlicht wird, welche Pflichten auf ihn zukommen.[1045] Dem Mieter muss also erläutert werden, wann, in welcher Form und in welcher Intensität er sich um die Sicherheit zu kümmern hat.[1046]

1238 Begrenzt wird allerdings die Pflicht des Vermieters zur Beseitigung von Gefahren wiederum durch ein **Vertreten** des Mieters. Eine Beseitigungspflicht des Vermieters liegt also dann **nicht** vor, wenn der Mieter die Gefahr selbst durch schuldhaftes Verhalten hervorgerufen hat. Außerdem braucht der Vermieter den fraglichen Schaden nicht zu beseitigen, wenn die Beseitigung selbst nach § 275 BGB unmöglich ist.

1239 Die Instandhaltungspflicht ist aber kein unerlässlicher Bestandteil der Verpflichtung zur Gebrauchsgewährung. Sie kann durch Vertrag *beschränkt* oder *ganz ausgeschlossen* werden.

Beispiel: Schönheitsreparaturen durch den Mieter

1240 Hat der Mieter die konkreten Instandhaltungsarbeiten durch Vertrag wirksam übernommen, ist der Vermieter von seiner Instandhaltungspflicht befreit.

c.) Schönheitsreparaturen

1241 Der Gesetzgeber hat bewusst auf die Regelung von **Schönheitsreparaturen**[1047] bei der Mietrechtsmodernisierung verzichtet. Solche Reparaturen sind darauf gerichtet, die

---

[1039] Vgl. OLG Düsseldorf NJW-RR 1993, 712 f.
[1040] Vgl. OLG Karlsruhe NJW-RR 1997, 139 f.
[1041] *Emmerich*, in: Emmerich/Sonnenschein, § 535 Rn 14 f.
[1042] AG Potsdam GE 1996, 1251, 1253.
[1043] LG München NJW-RR 1990, 217 f.
[1044] *Hitpaß*, DW 2002, Nr. 1, 14.
[1045] Vgl. *Hitpaß*, DW 2002, Nr. 1, 14.
[1046] Zur Räumungspflicht von Schnee vgl. *Hitpaß*, DW 2004, 64 f. und 50.
[1047] Ausführlich hierzu *Harsch*, MDR 2004, 785 ff.; *R. Schmidt*, BGB AT, Rn 1580.

durch das Nutzen bzw. Bewohnen der Räume negativen Substanzveränderungen zu beseitigen und die Mietsache wieder in einen normalen Mietzustand zurückzuversetzen.

Nach Auffassung der Rspr. ist eine Abwälzung der Instandhaltungsarbeiten nach Maßgabe der §§ 305, 307 BGB vom Vermieter auf den Mieter durch AGB sowohl bei Wohn- als auch bei Gewerberäumen dann nicht zulässig, wenn es sich bei den Klauseln um starre Fristenpläne oder starre Anforderungen bei Beendigung (Endrenovierungsklausel) des Mietverhältnisses handelt.[1048] Es sind damit solche AGB-Klauseln unwirksam, die eine Renovierung vorschreiben, obgleich ein solcher Bedarf (noch) nicht besteht.[1049] Gleichfalls unzulässig ist das Erheben eines Mietzuschlags wegen der Unwirksamkeit von Schönheitsreparaturklauseln.[1050] 1242

Beispiel: Das Vertragsformular enthält die Klausel, dass Schönheitsreparaturen nach einem starren, vom Mieter einzuhaltenden, Fristenplan vorzunehmen sind.[1051]

Allerdings ist der Einzelfall maßgeblich, denn letztlich kann die Frage nach der Regelung der Schönheitsreparaturen nie schematisch beantwortet werden. Ihre Beantwortung hängt vielmehr entscheidend von der gesamten Vertragsgestaltung und der Interessenlage der Parteien im Einzelfall ab.[1052]

Neben der (bedingten) Zulässigkeit von Bestimmungen für Schönheitsreparaturen in Formularmietverträgen können solche Klauseln allerdings *individuell* im Mietvertrag durch die Vertragsparteien durch einen nachträglichen Zusatz im Mietvertrag vereinbart werden.[1053] Teilweise wird sogar angenommen, dass solche Klauseln noch individuell im Rahmen des Übernahmeprotokolls vereinbart werden können (str.).[1054]

Wenn die Abwälzung der Instandhaltungsarbeiten wirksam erfolgt ist, ist es eine Hauptpflicht des Mieters, die angezeigten Maßnahmen durchzuführen. Bei einer schuldhaften Nichterfüllung hat der Vermieter einen Anspruch auf Schadensersatz wegen Nichterfüllung. Der zu ersetzende Schaden kann in dem Fall die Kosten der „Ersatzvornahme" übersteigen, wenn die Sache wegen ihres Zustands einige Zeit unvermietbar war. 1243

d.) Keine Pflicht zur Neuherstellung

Die Erhaltungspflicht des Vermieters umfasst hingegen **nicht** die Pflicht zu einer **Neuherstellung** einer untergegangenen Mietsache.[1055] 1244

Der Ausschluss einer Wiederherstellungspflicht ist unabhängig davon, ob er den Untergang zu vertreten hat. Es sind insoweit die Regeln über die Unmöglichkeit der Leistung i.S.d. §§ 275 ff., 323 ff. BGB anzuwenden. Liegt ein Verschulden des Vermieters vor, hat der Mieter auf der einen Seite Schadensersatzansprüche oder kann auf der anderen Seite das Rücktrittsrecht ausüben.

[1048] BGH NZM 2008, 890 ff.; KG WE 2009 Heft 1, 9 f.; AG Wedding WE 2009 Heft 3, 15 f.; umfassend *Beyer*, ZGS 2009, 353 ff.; *Lehmann-Richter*, ZMR 2009, 15 ff.; *Dose*, NZM 2009, 381 ff. zu Gewerbeimmobilien.
[1049] Vgl. *Derleder*, NZM 2009, 227.
[1050] Ausführlich *Häublein*, ZMR 2009, 1 ff. m.w.N.
[1051] BGH NJW 2004, 2586 f.; vgl. auch BGH NJW 2005, 425 f. für *Wohnraum*; BGH NJW 2005, 2006 f. für *Gewerberaum*; *Wiek*, WuM 2005, 10 ff.
[1052] BT-Drs. 14/4553, 40; *Hemming*, WuM 2005, 165 ff.
[1053] BGH NZM 2009, 233, 234.
[1054] BGH NZM 2009, 233, 234; kritisch aber *Derleder*, NZM 2009, 227, 228.
[1055] Für Pacht vgl. BGH NJW 1992, 1036.

e.) Schadensersatzpflichten

1245 Die Erhaltungspflicht ist eine Leistungspflicht. Eine dagegen verstoßende Verletzung verpflichtet den Vermieter den Personen gegenüber zum Schadensersatz, denen ein Schaden dadurch entstanden ist.

cc. Verteilung der auf der Mietsache ruhenden Lasten

1246 Der Vermieter trägt nach § 535 I S. 3 BGB während der Mietzeit die auf der Sache ruhenden *Lasten*. Die Parteien können aber etwas anderes vereinbaren, da die Vorschrift dispositiv ist.[1056]

Beispiele: Kanalisations- und Müllabfuhrgebühren

1247 Er ist weiterhin nach § 536a II BGB verpflichtet, dem Mieter die erforderlichen Aufwendungen zu ersetzen, die der Mieter gemacht hat, um die notwendige Beseitigung eines Mangels vorzunehmen. Dies ist deshalb gerechtfertigt, weil die Sache der Substanz nach dem Vermieter bleibt. Für andere als erforderliche Aufwendungen braucht der Vermieter dem Mieter gem. § 539 I BGB nur nach den Vorschriften über die Geschäftsführung ohne Auftrag Ersatz zu leisten.

b. Ansprüche des Vermieters

Ansprüche des Vermieters
I. Primäranspruch (§ 535 II BGB): Mietzinszahlung
II. Duldungspflichten des Mieters
▪ Wegen Instandhaltungsarbeiten (§ 554 II BGB)
▪ Wegen Rücksichtnahme bzw. Kontrolle (241 II BGB)
III. Schadensersatzansprüche
▪ Wegen übermäßigen Gebrauchs der Mietsache (§§ 280 ff.)
▪ Wegen Schäden durch schuldhaftes Unterlassen der Anzeige (536c II BGB)
▪ Wegen schuldhafter Nichtvornahme von Notmaßnahmen (§§ 280 ff.)
▪ Wegen verspäteter Rückgabe der Mietsache (§546a BGB)
IV. Unterlassungsanspruch (§ 541 BGB)
V. Gesetzliches Vermieterpfandrecht an eingebrachten Sachen des Mieters (§§ 562 ff., 1257, 1227 BGB)
VI. Anspruch auf Rückgabe/Räumung der Mietsache (§ 546 BGB)
VII. Anspruch auf Beseitigung von Störung aus § 1004 BGB

aa. Primäranspruch: Mietzinszahlung

1248 Primäre Rechtsfolge des Mietvertrags ist die Pflicht des Mieters, den vereinbarten Mietzins zu entrichten.

1249 Die Höhe des **Mietzinses** unterliegt nach § 557 I BGB im Grundsatz der freien Vereinbarung durch die Parteien, da der Mietpreis im Rahmen der Vertragsfreiheit und der Privatautonomie ausgehandelt werden können soll.[1057]

[1056] BT-Drs. 14/4553, 40.
[1057] BT-Drs. 14/4553, 52.

a.) Arten der Mietzinsbestimmung

Allerdings sind für die Wohnraummiete die Regelungen über die Miethöhe zu beachten: 1250

Gemäß § 557 II BGB können die Vertragsparteien die Mieterhöhungen als **Staffelmiete** oder **Indexmiete** vereinbaren. 1251

- Die Staffelmiete nach § 557a BGB sieht vor, dass die Miete für bestimmte Zeiträume in unterschiedlicher Höhe vorgesehen werden kann. Für die Staffelmiete ist die Schriftform erforderlich. Zu beachten ist dabei, dass die Miete oder die jeweilige Erhöhung in einem Geldbetrag zu nennen sind. Nach § 557a II BGB muss aber die Miete zumindest für jeweils mindestens ein Jahr gleich bleiben. Eine zwischenzeitliche Erhöhung ist ausgeschlossen. Zu beachten ist für den Mieter, dass das ordentliche Kündigungsrecht auf gewisse Zeit ausgeschlossen werden kann; nach § 557a III BGB allerdings nur für höchstens vier Jahre seit Abschluss der Staffelmiete. 1251a
- Die Vertragsparteien können aber auch eine Indexmiete nach § 557b I BGB vereinbaren; die Miete orientiert sich dann an dem **Index**[1058] des Statistischen Bundesamts. Die Miete muss auch hier jeweils mindestens ein Jahr gleich bleiben. Ist eine Indexmiete vereinbart worden, kann in der Zwischenzeit die Miete nach § 557b II BGB nicht aus einem anderen Grund erhöht werden. Ausgenommen sind nur die Fälle, in denen die Wohnung i.S.d. § 559 BGB modernisiert[1059] wird oder sich i.S.d. § 560 BGB die Betriebskosten ändern. 1252

Ansonsten greifen die Regelungen der §§ 558 ff. BGB ein. Danach kann der Vermieter die Zustimmung zu einer Erhöhung der Miete bis zur ortsüblichen Vergleichsmiete verlangen, wenn in den letzten 15 Monaten die Miete unverändert geblieben ist.[1060] Allerdings ist die Mieterhöhung durch die Kappungsgrenze des § 558 III BGB begrenzt, nach der die Mieterhöhungen innerhalb der letzten drei Jahre nicht mehr als 20 % übersteigen dürfen. Die Erhöhung von 20 % ist auf den Zeitpunkt zu beziehen, der zeitlich genau drei Jahre vor dem Wirksamwerden der aktuellen Mieterhöhung liegt. Die anzusetzende Miete ist die Grundmiete (Nettomiete), d.h., der gezahlte Betrag für die Betriebskostenvorauszahlungen und Betriebskostenpauschalen werden nicht mit berücksichtigt. 1253

Hinweis für die Fallbearbeitung:
§ 558 I BGB enthält die Anspruchsgrundlage, nach der dem Vermieter gegenüber dem Mieter ein Anspruch auf Zustimmung zu einer Mieterhöhung zusteht. Es müssen dabei folgende Voraussetzungen vorliegen:

- die Einhaltung der Jahressperrfrist gem. § 558 I S. 2 BGB,
- das Nichtüberschreiten der ortsüblichen Vergleichsmiete gem. § 558 I S. 1, II BGB,
- die Einhaltung der Kappungsgrenze gem. § 558 III BGB
- und die Geltendmachung in einem formellen Verfahren.

Haben die Vertragsparteien eine Staffelmiete vereinbart und ist ein Teil dieser Staffelmietabrede wegen eines Gesetzesverstoßes *unwirksam*, bleibt allerdings der Teil i.S.d. § 139 BGB wirksam, der mit dem Gesetz vereinbar ist.[1061] 1253a

---

[1058] Ausführlich zur Indexmiete *Grothe*, NZM 2002, 54 ff.

[1059] Zur Zulässigkeit einer Mieterhöhung wegen Modernisierung BGH DWW 2009, 64 f.; *Mersson*, DWW 2009, 122 ff: Unnötige, unzweckmäßige oder überhöhte Aufwendungen können nicht zur Erhöhung der Miete führen. Zudem ist nach AG Dortmund DWW 2009, 65, 66 f. der § 554 III BGB zu beachten, nach dem der Vermieter vorab die Maßnahmen abgekündigt haben muss und der Mieter sich hiermit ausdrücklich oder konkludent einverstanden erklären muss. Dazu ausführlich *Mersson*, DWW 2009, 206 ff.

[1060] Zu prozessualen Fragen ausführlich *Wieser*, MDR 2001, 977 ff.

[1061] BGH NJW-Spezial 2012, 291.

b.) Unangemessen hohe Miete

1254 Ist die Miete unangemessen hoch, ist die Vereinbarung über den Mietzins nach §§ 134, 138 BGB nichtig. Ansonsten bleibt der Vertrag gem. § 139 BGB gültig. Unangemessen hoch sind Mieten, die die ortsübliche Vergleichsmiete nicht unwesentlich übersteigen. Nicht unwesentlich ist eine Überschreitung um mehr als 20 %.

c.) Aufteilung der Mietzinszahlungen

1255 Die Verpflichtung zur Zahlung des Mietzinses kann

- auf einmal für die gesamte Mietzeit erfüllt werden (etwa bei der kurzfristigen Miete: für Mietfahrzeuge, Faschingskleidung)
- oder periodisch, also in regelmäßig wiederkehrenden Zeitabständen (z.B. monatlich oder vierteljährlich),

zu erfüllen sein. Im letzteren Fall stellt der jeweilige Mietzins die Gegenleistung für die Gebrauchsgewährung der Mietsache während eines bestimmten Zeitabschnitts dar. Grundsätzlich ist nach § 579 S. 1 u. 2 BGB die Miete am Ende der Mietzeit bzw. am Ende des Zeitabschnitts zu entrichten. Der Vermieter hat demnach vorzuleisten. Da § 579 BGB dispositiv ist, können jedoch auch andere Vereinbarungen getroffen werden.[1062] Nach § 556b I BGB hat der Mieter bei der Wohnraummiete zu Beginn, spätestens bis zum dritten Werktag der einzelnen Zeitabschnitte den Mietzins zu entrichten. § 556b I BGB ist allerdings abdingbar, weshalb die Parteien individuelle Regelungen treffen können.[1063]

d.) Vorübergehender Fortfall oder Einschränkung der Zahlungspflicht

1256 Der vorübergehende Fortfall oder eine Einschränkung der Zahlungspflicht können sich daraus ergeben, dass der Mieter für eine gewisse Zeit wegen eines Sach- oder Rechtsmangels die Mietsache nicht oder nicht im vollen Maße vertragsgemäß nutzen kann. Gleichfalls ist der Mieter gem. § 537 II BGB von seiner Zahlungspflicht befreit, solange der Vermieter die Mietsache einem Dritten überlassen hat und nun außerstande ist, dem Mieter den Gebrauch zu gewähren. Liegt der Hinderungsgrund, durch den der Mieter an der Nutzung der Sache gehindert wird, in der Person des Mieters selbst, wird er gem. § 537 I BGB nicht von seiner Leistungspflicht befreit.

> **Beispiele:** notwendiger Wohnortwechsel, da er sich beruflich verändert hat[1064]; Krankheit; Zuteilung eines Messestands, der jedoch nicht in das Konzept des Mieters passt[1065]

1257 Insgesamt hat der Mieter alle Umstände zu vertreten, die in seinen Risikobereich fallen.[1066] Der *Vermieter* muss sich in solchen Fallkonstellationen aber ersparte Aufwendungen wie bspw. Reinigungs- oder Betriebskosten sowie die Vorteile anrechnen lassen, die er aus einer anderweitigen Verwertung erlangt hat.
Sofern aber der Fortfall des Gebrauchs auf Umständen beruht, die nicht in der Person des Mieters, sondern in anderen Umständen begründet sind, ist nach § 314 I BGB ein Fortfall der objektiven Geschäftsgrundlage anzunehmen, sodass der Mietvertrag vom Mieter gekündigt werden kann.

> **Beispiel:** Ein Haus wird unter Denkmalschutz gestellt. Anschließend ist die Nutzung des Hauses als Restaurant nicht mehr erlaubt. Der Betreiber des bis dahin dort ansässigen Restaurants kann dieses nicht mehr weiter fortführen.

[1062] BT-Drs. 14/4553, 74.
[1063] BT-Drs. 14/4553, 52.
[1064] Vgl. LG Gießen NJW-RR 1995, 395.
[1065] Vgl. OLG Frankfurt a.M. MDR 1981, 231.
[1066] Vgl. BGH NJW-RR 1991, 267.

e.) Zahlungsverzug

Kommt der Mieter mit seiner Zahlung des Mietzinses in Verzug, hat er gem. § 288 BGB Verzugszinsen zu entrichten und einen nachweisbaren weiteren Verzugsschaden zu ersetzen. Solange die Mietsache dem Mieter noch nicht übergeben ist, kann der Vermieter nach § 323 I BGB vom Vertrag zurücktreten. Hat der Mieter jedoch den Besitz an der Mietsache erlangt, wird § 323 BGB durch die fristlose Kündigung verdrängt, denn § 543 II Nr. 3 BGB trifft insoweit eine Sonderregelung. **1258**

f.) Typenkombination bei Mietverträgen

Grundsätzlich wird der Mietzins in Form von Geld geleistet. Wie eingangs ausgeführt, gibt es jedoch auch Vertragsgestaltungen, in denen eine **Typenkombination** vorliegt. **1259**

Für die **Typenkombination** ist charakteristisch, dass der Vertrag Elemente mehrerer gesetzlich geregelter Typen enthält, die sich auf unterschiedliche Bestandteile der Leistung beziehen. **1260**

Die Ausgestaltung der Typenkombination unterscheidet sich dabei weiter in zwei Untervarianten: **1261**

- **Vertrag mit mehrfachtypischer Leistung:** Darunter ist ein Vertragswerk zu verstehen, bei dem eine der beiden Leistungen aus mehreren Elementen verschiedenartiger Typologie zusammengesetzt ist.

  Beispiele: Bei einem Restaurantvertrag[1067] finden sich Elemente eines Dienst-, Miet- und Kaufvertrags wieder. Der Konzertvertrag enthält Elemente des Werk- und Mietvertrags.

- **Vertrag mit anderstypischer Gegenleistung:** In dieser Konstellation stehen sich aufseiten der Leistung und Gegenleistung verschiedene Typenverträge gegenüber.

  Beispiel: Eine Person mietet eine Wohnung in einem Mehrfamilienhaus und erbringt, anstatt Miete zu zahlen, Leistungen als Hausmeister. Die Hausmeistertätigkeit ist dabei ein Dienstvertrag. Hier stehen sich also Mietvertrag und Dienstvertrag als Leistung und Gegenleistung gegenüber.

Die Verträge sind grundsätzlich nach der **Trennungstheorie**[1068] zu behandeln. Es sind also die Normen des jeweiligen Typenvertrags auf die entsprechende (Teil-)Leistung anzuwenden. **1262**

Beispiel: A hat eine Wohnung bei B gemietet. Er kann in der Wohnung kostenlos wohnen, muss dafür jedoch die Wohnanlage von 50 Wohneinheiten als Hausmeister betreuen. Der Urlaubsanspruch richtet sich dabei nach Dienstleistungsrecht, wohingegen sich Pflichten, die sich auf die Wohnung selbst beziehen, aus dem Mietrecht ergeben. Gleiches hat für die *Verjährungsfristen* zu gelten.

Zu berücksichtigen ist bei der **Kündigung** des Vertrags **§ 576b BGB**. Wird der Dienstvertrag gekündigt, wird damit nicht auch automatisch der Mietvertrag über Wohnraum gekündigt. Denn nach § 576b BGB gelten für den überlassenen Wohnraum die Vorschriften über Mietverhältnisse entsprechend, sofern der Mieter, der zugleich auch Dienstverpflichteter (Arbeitnehmer) war, den Wohnraum überwiegend mit Einrichtungsgegenständen ausgestattet hat oder in dem Wohnraum mit seiner Familie oder mit Personen lebt, mit denen er einen auf Dauer angelegten gemeinsamen Haushalt führt. Die Vorschrift ist nach § 576b II BGB **zwingend**.

[1067] *Canaris*, Jus 1970, 219 f.
[1068] Siehe dazu die Ausführungen zur gemischten Schenkung, Rn 724.

1263 Nach dem **Absorptionsprinzip** ist hingegen vorzugehen, wenn eine unterschiedliche Behandlung der verschiedenen Teile eines solchen Vertrags zu **untragbaren praktischen Komplikationen** führte.

Beispiele:

(1) Bei einem Altenheim stehen nebeneinander das Mietverhältnis und dienstvertragliche Komponenten. Es können insofern bei einer **Kündigung** des Vertrags nicht unterschiedliche Kündigungsrechte in Betracht kommen, denn das Wohnrecht aufgrund des Mietvertrags hat für den Bewohner des Heims dann keine Bedeutung, wenn die Betreuung in Form des Dienstvertrags fortfällt. Daher müssen die Kündigungsvorschriften des Mietvertrags auf das gesamte Rechtsverhältnis Anwendung finden, denn ansonsten könnte durch den Umweg über das Dienstvertragsrecht der Kündigungsschutz des Mietvertrags ausgehöhlt werden.[1069]

(2) A will ihre Lieblingsgruppe die „Toten Hosen" besuchen. Da sie aber nicht stehen möchte und kann, erwirbt sie eine Karte, die einen Sitzplatz beinhaltet. Als sie zu dem Konzert erscheint, wird ihr mitgeteilt, dass entgegen der ursprünglichen Planung ein Bereich mit Sitzplätzen nicht geschaffen wurde. Der Konzertvertrag beinhaltet in dieser Form also werk- und mietvertragliche Elemente.[1070] Ist der Konzertveranstalter aus organisatorischen Gründen nicht in der Lage, einem Besucher mit einer Platzkarte eine Sitzgelegenheit zu verschaffen, liegt ein Fall der **Unmöglichkeit** vor. Hat A kein Interesse mehr an dem Konzert, sind die Regeln des Mietvertrags, insbesondere § 536a I BGB, auf den **gesamten** Vertrag anzuwenden.[1071] A kann also Schadensersatz wegen des nutzlos aufgewendeten Kaufpreises geltend machen, wobei der Schaden den gesamten Kaufpreis umfasst und nicht nur die Differenz zu einem Stehplatz. Dem Konzertbesucher steht dann auch ein Schadensersatzanspruch wegen der nutzlos aufgewendeten Freizeit zu, wobei sich der Anspruch nach dem erzielbaren Einkommen des Geschädigten richtet.[1072] Nicht dagegen soll die Konzertbesucherin nach einer später ergangenen Entscheidung solche Kosten ersetzt bekommen, die dadurch entstehen, dass ihr aufgrund der Anreise Fahrt- und Übernachtungskosten entstanden sind.[1073]

Hinweis für die Fallbearbeitung: Wegen der Vielgestaltigkeit und der Besonderheiten der konkreten vertraglichen Regelungen der Parteien kann der entsprechende Lebenssachverhalt nicht schematisch bestimmt werden. Es ist jeweils auf den von den Parteien verfolgten Zweck und die jeweilige Interessenlage sowie die besonderen Umstände zu achten.

1264 Untragbare praktische Komplikationen liegen zumindest dann vor, wenn sich die **jeweiligen** Normen der verschiedenen Vertragstypen widersprechen.

Hinweis für die Fallbearbeitung: Die Normen müssen im Hinblick auf den Sinn und Zweck sowie auf den gesetzessystematischen Zusammenhang untersucht und entsprechend dem Zweck des Vertrags angepasst werden. D.h., es ist die Norm anzuwenden, die nach Auslegung am ehesten anhand dieser Kriterien geeignet ist, das Problem sach- und interessengerecht zu lösen. Z.T. hat der Gesetzgeber die Entscheidung bereits wie in § 576b BGB getroffen.

[1069] BGH NJW 1979, 1288 f.; nach BGH NJW 2005, 2008 ff. ist es jedoch möglich, vertragliche Kündigungsmöglichkeiten zu schaffen, die sich an dem HeimG orientieren und damit zum Mietrecht abweichende Regelungen enthalten.

[1070] AG Passau NJW 1993, 1473.

[1071] Ausführlich AG Herne-Wanne NJW 1998, 3651, 3652; kritisch dazu *Larenz/Canaris*, § 63 II, die eine Anwendbarkeit auf den Konzertbesuch aus systematischen Erwägungen ablehnen.

[1072] Ausführlich dogmatisch herleitend AG Herne-Wanne NJW 1998, 3651, 3652 f.; kritisch dagegen *Roth*, Jus 1999, 220, 223.

[1073] LG Lüneburg NJW 2002, 614.

Neben dem praktischen Bedürfnis, die Vertragsprobleme mit Hilfe der Absorptionstheorie zu lösen, sind Lebenssachverhalte denkbar, in denen zwar eine unterschiedliche Beurteilung unter Praktikabilitätsgesichtspunkten durchaus möglich ist, es **dem Sinn und Zweck der Norm** jedoch widerspricht, diese auf den konkreten Lebenssachverhalt anzuwenden. 1265

Beispiel: A hat einen bestimmten Tisch in einem Restaurant in Timmendorf drei Tage vor seinem Besuch dort bestellt, da man von diesem Tisch einen herrlichen Blick auf die Ostsee hat. Allerdings ist der Ausblick durch Baumaßnahmen vor dem Restaurant schon am Tag der Bestellung und auch während seines Besuchs versperrt. Für A hat der in dem Restaurantvertrag mietrechtliche Teil eine erhebliche Bedeutung. Er möchte darum von dem Betreiber des Restaurants Schadensersatz nach **§ 536a I BGB** haben. Entgegen der oben geschilderten Konstellation beim Konzert widerspricht es dem Sinn und Zweck dieser Vorschrift, sie hier anzuwenden. Denn für den Betreiber des Restaurants entstünde ein erhebliches, unkalkulierbares finanzielles Risiko, wenn er aufgrund der Garantiehaftung für solche Konstellationen zu haften hätte. Der Restaurantbetrieb zeichnet sich gerade durch eine hohe und fortgesetzte Fluktuation der Kundschaft aus, wodurch die Möglichkeit eines solchen Schadenseintritts immanent ist. Die Garantiehaftung ist aber für eine Konstellation gedacht, in der eine **begrenzte und überschaubare** Anzahl von Personen die Vertragsleistung in Anspruch nimmt. Bei einem Konzertbesuch ist gerade dies der Fall, da der Veranstalter es selbst in der Hand hat, die Menge der zu verkaufenden Karten zu bestimmen und ausschließlich mit einer begrenzten Anzahl von Personen den Vertrag abzuschließen, wobei er auch entscheiden kann, ob er Sitz- oder Stehplätze anbietet.
Bei dem Konzertbesuch besteht das Risiko ausschließlich hinsichtlich der **begrenzten** Anzahl von Besucherkarten.

bb. Duldungspflichten des Mieters

Als weitere Ansprüche des Vermieters aus dem Mietvertrag können den Mieter verschiedene **Duldungspflichten** treffen. 1266

a.) Instandhaltung und Modernisierung der Mietsache

Den Mieter treffen verschiedene Duldungspflichten, sofern es dem Vermieter darum geht, die Räume instand zu halten, denn der Vermieter muss die tatsächliche Möglichkeit erhalten, seinen vertraglichen Verpflichtungen aus dem Mietvertrag nachzukommen. Die Duldungspflicht ist also das Gegenstück zur Erhaltungspflicht. 1267

aa.) Erhaltungsaufwendungen i.S.d. § 555a BGB

Der Mieter von Räumen hat demnach gem. § 555a I BGB Erhaltungsmaßnahmen grundsätzlich uneingeschränkt[1074] zu dulden. Darunter sind solche Arbeiten zu verstehen, die für die Instandhaltung oder Instandsetzung der Mietsache erforderlich sind. Erfasst werden damit solche Arbeiten, die den vertragsgemäßen Zustand erstmals oder wieder herstellen. Insbesondere sind solche Arbeiten mit eingeschlossen, die für Ausbesserungen oder eine Erneuerung schadhafter Gegenstände oder Gebäudeteile, Schönheitsreparaturen und vorbeugende Maßnahmen erforderlich sind.[1075] 1268
Nicht unter den Anwendungsbereich des § 555a BGB fallen die Modernisierungsmaßnahmen, die nach den §§ 555b ff. BGB zu beurteilen sind.

[1074] *Eisenschmid*, Schmidt-Futterer, § 555a Rn 21.
[1075] Vgl. *Weidenkaff*, in: Palandt, § 555a Rn 2.

1269 Insoweit ist es problematisch, wie weit die **Duldungspflicht reicht**. Denn die Mietsache muss nicht zwangsläufig mit dem vollständigen Gebäude oder Teilen des Gebäudes identisch sein.[1076]

Beispiel: Der Mieter hat eine Wohnung in einem Wohnhaus gemietet, in dem 10 Parteien wohnen. Er hat damit nur einen Teil des Gebäudes gemietet.

1270 Legt man dabei den Begriff der Mietsache eng aus, werden Maßnahmen an anderen Gebäudeteilen nicht mehr erfasst. Der gestörte Mieter, bei dem die Maßnahme nicht durchgeführt wird, braucht die Maßnahme und die damit einhergehende Störung nicht zu dulden.

Beispiel: Bei Mieter A werden neue Wasserrohre verlegt, da die alten durchgerostet sind. Dazu ist es notwendig, die Wand aufzustemmen. Hierdurch wird der Mieter B, der unterhalb des A wohnt, erheblich gestört.

1271 Ein Unterlassungsanspruch des Dritten führte zu dem Ergebnis, dass der Vermieter seiner Pflicht aus dem Mietvertrag nicht nachkommen könnte. Ihm wäre demnach seine Leistungspflicht unmöglich. Dies widerspricht aber der Intention der Vorschrift, die gerade die Erhaltung der Mietsache fördern will. Die Vorschrift ist daher so zu interpretieren, dass der Begriff der Mietsache *weit* auszulegen ist.[1077] Dementsprechend werden sowohl Verbesserungen an der Mietsache selbst als auch an Teilen des Gebäudes außerhalb der Mietsache wie z.B. in der Nachbarwohnung erfasst.

1272 Nach § 555a I BGB sind diese Maßnahmen jedoch nur dann zu dulden, wenn die konkrete Erhaltungsmaßnahme **erforderlich** ist, wobei diese Erforderlichkeit nach objektiven Kriterien zu bestimmen ist. Der Vermieter hat hierbei allerdings einen Beurteilungsspielraum hinsichtlich der Umstände der konkreten Maßnahme; unnötige Beeinträchtigungen des Mieters haben allerdings zu unterbleiben.

1273 Als **Gegenanspruch** zur Duldungspflicht des Mieters kann der Mieter nach § 555a III S. 1 BGB Ersatz für solche Aufwendungen verlangen, die er infolge der Erhaltungs- und Modernisierungsmaßnahmen machen musste.

Beispiele:
(1) vorübergehendes Verlassen der Wohnung und Anmietung eines Hotelzimmers
(2) neue Tapeten oder vorzeitiger Anstrich

Der Anspruch setzt *nicht* voraus, dass ein konkreter Schaden eingetreten ist. Neben den Schäden hat der Vermieter jegliche dem Mieter entstandenen, kausalen Beschränkungen auszugleichen. Den Vermieter trifft auch dann die Pflicht, die Aufwendungen zu ersetzen, wenn ihn *kein* Verschulden an der störenden Maßnahme trifft, insoweit ist die Haftung als Garantiehaftung ausgestaltet.[1078] Der Ersatz braucht allerdings nur in einem angemessenen Rahmen erbracht zu werden; vor dem Hintergrund des konkreten Einzelfalls sind also die jeweiligen Lebensumstände des Mieters oder dessen Geschäftstätigkeit zu berücksichtigen. Nach § 555a III S. 2 BGB kann der Mieter vom Vermieter zudem einen Vorschuss verlangen.

[1076] *Sternel*, ZMR 2001, 937, 941.
[1077] *Emmerich*, in: Staudinger (2014) § 555a Rn 9; *Franke*, DWW 2009, 15, 17 f.; wohl dagegen *Sternel*, ZMR 2001, 937, 941 (die Duldungspflicht solle vielmehr aus Treu und Glauben abgeleitet werden, um dadurch eine größere Flexibilität zu erreichen).
[1078] *Sternel*, ZMR 2001, 937, 942.

Den Vermieter trifft zudem nach § 555a II BGB die Verpflichtung, dem Mieter rechtzeitig die Erhaltungsmaßnahme **anzukündigen.** Bei der Beurteilung, ob die Maßnahme rechtzeitig angezeigt wurde, sind der Umfang der Beeinträchtigung durch die Erhaltungsmaßnahmen sowie deren Dringlichkeit zu berücksichtigen. Von der Ankündigungspflicht ist nur dann eine Ausnahme zu machen, wenn die Einwirkung auf die Mietsache nur unerheblich ist oder wenn die Erhaltungsmaßnahme sofort zwingend durchgeführt werden muss. **1274**

bb.) Modernisierungsmaßnahmen

In Abgrenzung zu § 555a BGB hat der Mieter gem. § 555b BGB auch Maßnahmen zu dulden, die der Modernisierung der Mietsache dienen.[1079] Unter diesen Maßnahmen sind nach der Legaldefinition die in § 555b Nr. 1 bis 7 BGB genannten Bauvorhaben zu verstehen. Hauptanwendungsbereich sind die energetischen Sanierungen nach § 555b Nr. 1 bis 3 BGB und nach § 555b Nr. 7 BGB die Schaffung von neuem Wohnraum.[1080] Die Modernisierungsmaßnahmen gehen dabei in Abgrenzung zum § 555a I BGB in der Intensität und Reichweite über die Arbeiten der Erhaltungsmaßnahmen hinaus.[1081] **1275**

> **Hinweis für die Fallbearbeitung:** Den Vermieter trifft dabei die Darlegungs- und Beweislast, dass es sich um eine Modernisierungs- und nicht um eine Erhaltungsmaßnahme handelt.

Diese Duldungspflicht erfasst nach dem weiten Begriff „Mietsache" grundsätzlich auch Maßnahmen an Teilen des Gebäudes. Nicht umfasst ist allerdings, dass die betroffene Mietsache deshalb beeinträchtigt wird, um eine andere Mietsache zu verbessern.

Beispiel: In der Nachbarwohnung des B sollen neue Heizungen eingebaut werden. Dafür muss bei dem Mieter A in dessen Wohnung der Fußboden aufgebrochen werden.

Denn die Modernisierung einer anderen Mietsache dient nicht der Verbesserung der mittelbar beeinträchtigten Mietsache. Solche Störungen hat der Mieter lediglich dann zu dulden, wenn dies nach Treu und Glauben als geboten erscheint.

Der Vermieter hat dem Mieter auch bei der Modernisierungsmaßnahme diese gem. § 555c I BGB in Textform i.S.d. § 126b BGB **anzukündigen**. Diese Ankündigung hat zudem nach § 555c I S. 1 BGB spätestens drei Monate vor dem Beginn der Modernisierungsmaßnahme gegenüber dem Mieter zu erfolgen, wobei das Anschreiben die in § 555c I S. 2 BGB enthaltenen Informationen aufweisen muss. Eine Anzeige kann allerdings dann nach § 555c IV BGB unterbleiben, wenn die Modernisierungsmaßnahme nur mit einer unerheblichen Einwirkung auf die Sache (z.B. Austausch von Heizungsventilen) verbunden ist *und* – kumulativ – nur zu einer unerheblichen Mieterhöhung (nicht mehr als 5 % - str.)[1082] führt. **1276**

Den Mieter treffen dabei nach § 555d I BGB die **Duldungspflichten** hinsichtlich der durchzuführenden Maßnahmen, soweit nicht eine Ausnahme nach § 555d II S. 1 BGB erfüllt ist. **1276a**

Eine solche Ausnahme liegt vor, wenn sie für den Mieter oder einen anderen Angehörigen zu Störungen führen, die nicht mehr zu rechtfertigen sind. Angehörige können alle

[1079] Ausführlich zu diesem Komplex *Flatow*, NJW 2013, 1185 ff.
[1080] Ausführlich BT-Drs. 17/10485, S. 18 re.Sp. ff.
[1081] *Weidenkaff*, in: Palandt, § 555b Rn 2.
[1082] Vgl. AG Rheine ZMR 2010, 458.

Personen sein, die auf gewisse Dauer mit dem Mieter in einem gemeinsamen Haushalt leben.[1083]

Beispiele: Ehefrau, Kinder, Menschen in eheähnlicher Lebensgemeinschaft

Es wurde aber vom Gesetzgeber versäumt, entgegen § 563 II S. 4 BGB eine dauerhafte Zugehörigkeit zum Haushalt zu fordern. Als Umkehrschluss lässt sich entnehmen, dass auch solche Personen vom Schutzbereich erfasst werden, die in den Haushalt des Mieters vorübergehend integriert sind.[1084] Entscheidend ist lediglich ein gemeinsames Wirtschaften.[1085]

Beispiele: länger verweilender Besuch, Pflege- und Hilfskräfte

1276b Wegen der auf der einen Seite sich anschließenden Möglichkeit einer Mieterhöhung i.S.d. § 559 I BGB und auf der anderen Seite den sich aus der Baumaßnahme entstehenden Beeinträchtigungen - wie z.B. Ausschluss des Minderungsrechts nach § 536 Ia BGB[1086] - hat der Gesetzgeber in § 555e I BGB für den Mieter ein **Sonderkündigungsrecht** vorgesehen; dieser kann demnach, sofern nicht die Einschränkungen der §§ 555e II, 555c IV BGB - Unerheblichkeit der Maßnahme - eingreifen, das Mietverhältnis außerordentlich zum Ablauf des übernächsten Monats kündigen.

1276c Die Vertragsparteien können gem. § 555f BGB nach Vertragsbeginn **abweichende Vereinbarungen** treffen, haben aber dabei zu beachten, dass bei der Ankündigung der Maßnahme gem. § 555c V BGB und bei dem Sonderkündigungsrecht gem. § 555e III BGB keine Regelungen zum Nachteil des Mieters getroffen werden können.

b.) Treu und Glauben

1277 Ferner treffen den Mieter Duldungspflichten auch aus Treu und Glauben. Der Mieter hat eine Besichtigung der von ihm gemieteten Räume durch den Vermieter oder seinen Beauftragten grundsätzlich zu dulden, wenn evidente Vertragsverletzungen vorliegen[1087] oder das Haus verkauft bzw. das Objekt neu vermietet werden soll. Nicht mehr von der Verpflichtung auf Rücksichtnahme umfasst ist, wenn die Kontrollen dazu dienen, lediglich den Mieter in seiner Privatsphäre auszuspionieren oder eine regelmäßige Zustandskontrolle[1088] durchzuführen. In einem solchen Fall braucht der Mieter die Besichtigung der Wohnung nicht zu dulden. Die Begehung der Wohnung hat zudem nicht zur „Unzeit" vorgenommen zu werden und darf nicht über Gebühr ausgedehnt werden.

cc. Schadensersatzansprüche

1278 Aus dem Mietverhältnis können sich auch Schadensersatzansprüche für den Vermieter ergeben. Der Schadensersatz richtet sich dabei grundsätzlich nach §§ 280 ff. BGB.

a.) Grundlagen

1279 Der Mieter hat aus dem Mietvertrag das Recht, die Sache auch zu gebrauchen. Mit dem Gebrauch wirkt der Mieter aber auf die Sache ein, wodurch Veränderungen oder Verschlechterungen an der Mietsache hervorgerufen werden können.

[1083] BR-Drs. 439/00, 124.

[1084] *Sternel*, ZMR 2001, 937, 942; *Emmerich*, in: Staudinger (2014), § 555a Rn 9; enger *Börstinghaus/Eisenschmid*, S. 186.

[1085] *Blank/Börstinghaus*, § 554 Rn 29; dagegen *Börstinghaus/Eisenschmid*, S. 186.

[1086] Vgl. dazu ausführlich Rn 1378a.

[1087] Vgl. dazu AG Rheine WuM 2003, 315; *Herrlein*, ZMR 2007, 247 ff.

[1088] Dazu LG München II NZM 2009, 277.

Den Mieter trifft dabei jedoch die Pflicht, eine über den vertragsmäßigen Gebrauch hinausgehende Abnutzung und jede mutwillige oder vermeidbare Beschädigung der Mietsache zu unterlassen. Er hat mit ihr sorgsam und schonend umzugehen. Dies ergibt sich schon aus § 241 II BGB.

- Bleibt der Mieter innerhalb seiner vertraglichen Nutzungsrechte, hat er die Verschlechterungen nach § 538 BGB nicht zu vertreten.
- Überschreitet der Mieter hingegen die vertraglich gesetzten Grenzen eines vertragsgemäßen Gebrauchs und wird die Mietsache durch ein Übermaß oder eine unachtsame Nutzung beschädigt, kann der Vermieter nach §§ 280 ff. BGB Schadensersatz verlangen, soweit ihm ein Schaden entstanden ist.[1089]

Die Vereinbarung einer Vertragsstrafe ist nach § 555 BGB unwirksam. Erfasst werden 1280
durch das Verbot auch solche Klauseln, bei denen bei vorzeitiger Kündigung eine Pauschale von z.B. einer Monatsmiete zu leisten ist.[1090]

b.) Obhutspflichten des Mieters

Der Mieter ist mit der Sachherrschaft über die Sache und deren Fürsorge für sie betraut 1281
worden.

Er hat demzufolge die Sache in der erforderlichen und üblichen Weise zu pflegen. Dazu 1282
kann es auch gehören, soweit ihm das möglich und zumutbar ist, Gefahren von ihr abzuwenden. Den Mieter trifft insofern hinsichtlich der Mietsache eine **Obhutspflicht,** die auch ein positives Tun von dem Mieter erfordern kann. Daher hat er gem. § 536c I BGB dem Vermieter unverzüglich Anzeige zu erstatten, sofern sich im Laufe der Mietzeit ein Mangel an der Mietsache zeigt oder eine Vorkehrung gegen eine nicht vorhergesehene Gefahr erforderlich wird (vgl. dazu Rn 1357).

Unterlässt der Mieter die Anzeige **schuldhaft**, ist er nach § 536c II S. 1 BGB zum Ersatz 1283
des daraus entstehenden Schadens verpflichtet, wozu neben dem schuldhaften Unterlassen auch die schuldhafte Verzögerung der Anzeige gehört. Im Hinblick auf die Anzeigeobliegenheit i.S.d. § 536c II S. 1 BGB sind nur das Wissen oder das grob fahrlässige Verhalten bzw. Unwissen des Mieters umfasst (vgl. auch Rn 1358).[1091] Vor allem aber muss *zwischen der mangelnden Anzeige und dem Schaden eine **Kausalität*** bestehen. Wäre der Schaden auch eingetreten, wenn der Mieter diesen angezeigt hätte, fehlt es gerade an dieser Kausalität. Zudem ist der Schadensersatz darauf gerichtet, dass der Zustand geschaffen wird, der bei rechtzeitiger Anzeige hätte hergestellt werden können.[1092] Der Mieter hat also die Kosten zu tragen, die gerade dadurch entstanden sind, dass er nicht rechtzeitig angezeigt hat. Darüber hinausgehende Kosten werden demgegenüber nicht erfasst.

Hinweis für die Fallbearbeitung: Der BGH[1093] hat nunmehr entschieden, dass der *Vermieter* die Darlegungs- und Beweislast dafür trägt, ob und wie der Mieter die Mangelanzeige i.S.d. § 536c I BGB gegenüber dem Vermieter erstattet hat. Insoweit trägt der Vermieter nunmehr für sämtliche Tatbestandsmerkmale des § 536c II S. 1 BGB die volle Beweislast. Gelingt ihm diese nicht, ist die vom Vermieter angestrengte Klage abzuweisen (str.).

[1089] *Gruber*, WuM 2002, 252, 253.
[1090] Vgl. OLG Karlsruhe NZM 2000, 708.
[1091] Vgl. *Weidenkaff*, in: Palandt, § 536c Rn 7.
[1092] BGH NJW 1993, 1061, 1063.
[1093] Vgl. BGH NJW 2013, 1299, 1300 f.

1283a Darüber hinaus ist § 536c II S. 2 BGB zu beachten, nach dem Rechte des Mieters **ausgeschlossen** werden, wenn er - der Mieter - die Mangelanzeige unterlassen hat. Danach gilt, dass, soweit der Vermieter infolge der Unterlassung der Anzeige nicht Abhilfe schaffen konnte, der Mieter nicht berechtigt ist, die sich aus § 536 BGB ergebenden Minderungsrechte, Schadensersatzansprüche nach § 536a I BGB oder der Abhilfe i.S.d. § 543 III BGB ohne die Bestimmung einer angemessenen Frist geltend zu machen. Diese Regelung ist deshalb geboten, weil der Vermieter mit Übergabe der Mietsache an den Mieter keinen eigenen, direkten Zugriff auf diese mehr hat; er ist insoweit auf die Informationen des Mieters angewiesen, um die für die Erhaltung notwendigen Maßnahmen durchzuführen, wenn die Mietsache mangelbehaftet wird. Vor diesem Hintergrund hat sich der Gesetzgeber entschieden, den Anspruch auf Aufwendungsersatz nach § 536a II BGB unberührt zu lassen, weshalb der Mieter diesen trotz der unterlassenen Anzeige geltend machen kann.

Hinweis für die Fallbearbeitung: Auch bei § 536c II S. 2 BGB sieht der BGH[1094] schon lange die Darlegungs- und Beweislast beim Vermieter.

1284 Der Mieter braucht grundsätzlich einen Mangel nicht selbst zu beseitigen. Allerdings hat der Mieter nach § 241 II BGB dann den Mangel selbst zu beheben, wenn dies zur Verhütung eines größeren Schadens angezeigt, also sofortiges Handeln erforderlich ist. Die Maßnahme muss sich als *Notmaßnahme* darstellen. Eine solche muss zumindest dann angenommen werden, wenn eine unmittelbare Gefahr der Verschlechterung oder des Untergangs der Mietsache bevorsteht und der Vermieter zur Mangelbeseitigung nicht imstande oder nicht schnell genug erreichbar ist.[1095] Die Pflicht trifft den Mieter aber nur dann, wenn die drohende Gefahr verhältnismäßig leicht für ihn abzuwenden ist.

Beispiel: Auf dem Dach des gemieteten Hauses liegt nach heftigem Schneefall knapp ein Meter hoch Schnee. Das Dach droht unter dem Gewicht des Schnees zusammenzubrechen. Der Vermieter wohnt gut 300 Kilometer entfernt und kann aufgrund der Witterungsverhältnisse nicht rechtzeitig anreisen. ⇨ Hier ist es aus Treu und Glauben die Pflicht des Mieters, das Dach vom Schnee zu befreien, sofern er sich nicht dadurch in Lebensgefahr begibt. Vgl. auch Rn 1412.

1285 Verstößt der Mieter gegen diese Pflicht schuldhaft, muss er den dem Vermieter entstandenen Schaden nach § 280 BGB ersetzen.[1096]

c.) Rückgabepflicht des Mieters

1286 Der Mieter hat nach § 546 BGB die Mietsache nach Beendigung des Mietverhältnisses zurückzugeben. Kommt der Mieter der Rückgabeverpflichtung nicht nach, kann der Vermieter die Räumung durch gerichtlichen Titel einklagen und durchsetzen lassen. Nicht zulässig ist hingegen, die Räumung im Wege der „Selbstjustiz" durchzusetzen; in dem Fall treffen den Vermieter gegenüber dem „früheren" Mieter Schadensersatz[1097]- und Rückgabepflichten.[1098] Nicht als eine solche Selbstjustiz wird allerdings die Einstellung der Bereitstellung von Versorgungsleistungen wie Heizung, Warmwasser usw. angesehen, sofern dem Vermieter aus dem Fortsetzen der Nutzung durch den Mieter ein stetig wachsender Schaden entstünde.[1099]

[1094] Vgl. BGH NJW 2013, 1299, 1300 f.
[1095] Vgl. zu erst *Mittelstein*, Miete, S. 341 f.
[1096] *Gruber*, WuM 2002, 252, 253.
[1097] AG Reinbek ZMR 2008, 710.
[1098] Vgl. ausführlich zu den Folgen *Lehmann-Richter*, NZM 2009, 177 ff.; *Bosch*, NZM 2009, 530 ff.
[1099] Vgl. BGH NZM 2009, 482 ff.

aa.) Entschädigung nach § 546a I BGB

Zusätzlich und flankierend zu der Möglichkeit der gerichtlichen Durchsetzung der Räumung der Wohnung kann der Vermieter gem. § 546a I BGB für die Dauer der konkreten Vorenthaltung als Entschädigung weiterhin den vereinbarten Mietzins oder die Miete verlangen, die für vergleichbare Sachen ortsüblich sind. 1287

Beispiel[1100]**:** A hat als Mieter die Wohnung zum 30.4. gekündigt. Die Übergabe erfolgt aber erst zum 15.5. Er hat dann für den Zeitraum vom 1.5. bis einschließlich dem 15.5. entsprechend Nutzungsentschädigung zu zahlen.

Der Vermieter kann demnach unter Umständen auch eine höhere als die bisherige Miete verlangen, sofern die vereinbarte Miete hinter der ortsüblichen zurückbleibt. Der Gesetzgeber hat mit § 546a I BGB klargestellt, dass kein Wahlrecht des Vermieters besteht.[1101] Vielmehr erhält der Vermieter zumindest den vereinbarten Mietzins. Ist jedoch der ortsübliche Mietzins höher als der vereinbarte Mietzins, muss der Mieter diesen Mietzins statt des vertraglich vereinbarten Mietzinses bezahlen.[1102] Der Mieter hat selbst dann den Mietzins zu entrichten, wenn er entschuldigt ist.

Beispiel: Der Mieter liegt im Krankenhaus.

Dagegen ist der Anspruch nach § 275 I BGB ausgeschlossen, wenn die Rückgabe dem Mieter unmöglich ist, weil die Sache untergegangen oder dem Mieter abhandengekommen ist. Hat der Mieter die Unmöglichkeit der Herausgabe allerdings zu vertreten, haftet er nach §§ 280, 283 BGB auf Schadensersatz wegen Nichterfüllung. 1288

Kann der Mieter die Mietsache deshalb nicht herausgeben, weil er sie **untervermietet**[1103] hat und der Untermieter sich ihm gegenüber auf den Fortbestand des Untermietvertrags beruft, muss der Mieter gemäß § 546a BGB einstehen, da es in seine Sphäre fällt, sich auf eine vorzeitige Beendigung des Mietverhältnisses und seine daran folgende Rückgabepflicht einzurichten.[1104] Auch kann der Mieter den Hauptvermieter nicht auf dessen Herausgabeanspruch gegen den Untermieter gemäß § 546 II BGB verweisen.[1105] Ein *Verschulden des Mieters* ist daher grundsätzlich *nicht* erforderlich. 1289

bb.) Entschädigung nach § 546a II BGB

Nach § 546a II BGB kann darüber hinaus ein weitergehender Schaden geltend gemacht werden. Dieser kann sowohl in einem Verzugsschaden bestehen als auch in der Konstellation, in der der Mieter nachvertragliche Pflichten nicht ausgeführt hat. 1290

Beispiel: Der Mieter hat sich individualvertraglich verpflichtet, nach Auszug aus der Wohnung die Räume zu renovieren. Hat der Mieter während der Mietzeit allerdings in der Wohnung geraucht, wodurch es zu einer nachhaltigen Schädigung der Mietsache gekommen ist, ist dies vertragswidrig und kann zu Schadensersatzansprüchen führen.[1106] Soweit der Schadensersatz diese Kosten der Wiederherstellung der Mietsache betrifft, unterscheidet er sich vom Anspruch auf Schadensersatz wegen Nichterfüllung der mietvertraglichen Pflicht zur Vornahme der Schönheitsreparaturen. In dieser Konstellation kommt § 280 I BGB als Anspruchsgrundlage in Betracht.

[1100] Vgl. BGH ZGS 2006, 6.
[1101] BT-Drs. 14/4553, 44.
[1102] BT-Drs. 14/4553, 44.
[1103] Ausführlich zu Fragen der Untervermietung: *Seyfarth*, NZM 2002, 200 ff.; nach BGH NJW-Spezial 2005, 294 kann grds. ein Recht des Mieters auf Untervermietung bei Wohnraum nicht ausgeschlossen werden, etwas anderes gilt jedoch bei gewerblichen Mietverhältnissen.
[1104] BGHZ 90, 145, 148 f.
[1105] BGHZ 90, 145, 149 f.
[1106] LG Baden-Baden WuM 2001, 603.

Sind allerdings Gegenstand der Vermietung Wohnräume, muss zudem § 571 BGB beachtet werden.

cc.) Zwangskauf durch Schadensersatz statt der Leistung

1291 Durch die **Schuldrechtsmodernisierung** wurde auch ein Anspruch auf Schadensersatz statt der Leistung gem. §§ 280 I u. III, 281 BGB eingeführt, der auch grundsätzlich auf die Rückgabe der Mietsache anwendbar ist.[1107] Der Vermieter kann danach nach erfolgloser Verstreichung der Frist die Entgegennahme der Mietsache verweigern und dafür Schadensersatz in Geld verlangen. Der Schadensersatz beläuft sich dabei auf den vollen Ersatz des Wertes der Mietsache gegen eine Übertragung der Sache.[1108] Insoweit kann auch von einem **Zwangskauf** des Mieters gesprochen werden.[1109]

1292 Handelt es sich bei der Mietsache um einen Gegenstand des täglichen Lebens (Buch, Mietfahrrad usw.), kann der Zwangskauf durchaus interessengerecht sein. Anders ist dies allerdings bei Mietverhältnissen über **Wohn**- und **Grundstücksmiete**. Denn hier wäre der Schadensersatz vielfach so hoch, dass ihn die Mieter nicht aufbringen könnten. Dadurch wären in einem erheblichen und nicht mehr hinnehmbaren Maße die Dispositions- und wirtschaftliche Bewegungsfreiheit des Mieters eingeschränkt. Dies hat auch der Gesetzgeber gesehen. Daher lässt er nicht nur für die Wohnungsmiete, sondern auch für Mietverhältnisse mit anderen Mietgegenständen (Kraftfahrzeuge usw.) einen Ausschluss hinsichtlich des Zwangskaufs über den Grundsatz von Treu und Glauben nach § 242 BGB generell zu. Damit soll bei besonderen Fallgestaltungen dem Rechtsanwender ein Korrektiv zur Verfügung gestellt werden, um unter anderem Missbrauchsfälle bezüglich des Zwangskaufs vermeiden zu können.[1110]

1293 Ohne weiteres ist aufgrund der erheblichen Kosten bei dem Grundstücks- und Wohnungsmietvertrag von einem solchen Verstoß gegen diesen Grundsatz aus Treu und Glauben auszugehen.[1111] Dafür spricht auch die Teleologie des Gesetzes. Denn in § 571 I S. 2 BGB normiert das Gesetz selbst, dass der weitere Schadensersatz bei einer verspäteten Rückgabe nur insoweit zu ersetzen ist, wie die Billigkeit eine Schadloshaltung erfordert.

dd. Unterlassungsansprüche

a.) Grundlagen

1294 Der Vermieter kann überdies gem. § 541 BGB auf Unterlassung klagen, wenn der Mieter von der Sache einen vertragswidrigen Gebrauch macht und diesen ungeachtet einer Abmahnung des Vermieters fortsetzt. Die Unterlassungsklage ist auch dann möglich, wenn ein **schuldhaftes** Verhalten des Mieters nicht vorliegt.

> **Beispiel:** A hat einen Ferrari bei der Firma B für ein halbes Jahr gemietet. Der Wagen ist für den Straßenverkehr zugelassen und ausschließlich für diesen bestimmt. A nutzt den Wagen jedoch auch am Wochenende für die Teilnahme an diversen Rennen. Dabei wird der Wagen durch die hohen Belastungen wiederholt ohne Verschulden des A beschädigt. Zwischenzeitlich hat B den A abgemahnt.

[1107] BT-Drs. 14/6040, S. 138 f.; vgl. nun auch sehr ausführlich *Schwab*, NZM 2003, 50 ff.
[1108] Vgl. *Gruber*, WuM 2002, 252, 253.
[1109] BT-Drs. 14/6040, S. 139.
[1110] BT-Drs. 14/6040, S. 139.
[1111] Vgl. *Gruber*, WuM 2002, 252, 253; kritisch *Schwab*, NZM 2003, 50, 52: Im Ergebnis zwar gleich, in der Begründung bestehen Unterschiede. Statt auf Treu und Glauben als Korrektiv zurückzugreifen, solle vielmehr verstärkt auf den Gedanken von Räumungsfristen nach BGB und ZPO zurückgriffen werden. Insoweit spiele insbesondere § 721 ZPO eine besondere Rolle.

Bei einer Mehrzahl von Mietern kann Unterlassung nur vom störenden Mieter verlangt werden. Wird eine Unterlassungsklage angestrengt, ist diese ausschließlich gegen den störenden Mieter zu richten. 1295

Findet zwischen der Abmahnung und Klageerhebung ein Wechsel hinsichtlich des Vermieters statt, wird die Abmahnung gegenstandslos, da die Beurteilung eines vertragswidrigen Verhaltens in vielen Fällen von den besonderen persönlichen Verhältnissen des jeweiligen Vermieters und dessen Beziehung zum Mieter abhängt. 1296

b.) Gebrauchsüberlassung an Dritte

Ein Fall, in dem ein vertragswidriger Gebrauch vorliegt, ist in § 540 BGB geregelt. 1297

aa.) Untermietvertrag

Der Mieter hat, wenn er die Sache an einen Dritten überlassen will, die Erlaubnis des Vermieters einzuholen. Damit ist die Möglichkeit einer Untervermietung generell von der Erlaubnis des Vermieters abhängig (vgl. auch *Wenzel/Hütte*, Fälle zum BGB II, Kap. 4 Fall 05). 1298

Eine **Überlassung an einen Dritten** liegt immer dann vor, wenn der Dritte aufgrund der Vereinbarung mit dem Mieter ein selbstständiges Besitzrecht an der Sache erwirbt und dadurch die Sache unter Ausschluss des Mieters gebrauchen darf.[1112] 1299

Beispiele:

(1) A verreist für viele Monate nach Neuseeland. Er verleiht seinem Freund B deshalb die in Berlin liegende Wohnung, da dieser in seinem Urlaub unbedingt Berlin kennen lernen möchte.

(2) Soll allerdings die Wohnung von B bewacht und versorgt werden, liegt in der Regel ein Gefälligkeitsverhältnis und kein Auftrag vor, sodass kein Besitzrecht begründet wird. Damit liegt aber auch **kein** Überlassen vor.

(3) Wird in den Räumen ein Gewerbe betrieben, liegt eine unerlaubte Überlassung vor, wenn die gemieteten Räume an den Erwerber des Gewerbebetriebs übergeben werden, ohne dass der Vermieter zugestimmt hat. Dies gilt auch dann, wenn eine Abtretung der Mietrechte vertraglich vereinbart war.

bb.) Aufnahme von Dritten in die Wohnung

Sollen dritte Personen in die Wohnung für längere Zeit mit aufgenommen werden, sind diese als Dritte zu beurteilen, wenn sie die gesamte Wohnung mit oder neben dem Mieter nutzen. Allerdings ist ein unselbstständiger Mitgebrauch dann ohne Erlaubnis des Vermieters möglich, wenn die dritte Person lediglich einige Zeit zu Besuch in der Wohnung verweilt. Geht der Gebrauch über den Besuch hinaus, wird die Person also in das Wohnverhältnis eingegliedert, bedarf es nach § 553 I BGB einer Erlaubnis des Vermieters, die nach § 553 I S. 1 BGB grundsätzlich zu gewähren ist. Allerdings ist in dem Zusammenhang § 553 I S. 2 BGB zu beachten, nach dem der Vermieter eine Erlaubnis verweigern kann, wenn in der Person des Dritten ein wichtiger Grund liegt, der Wohnraum übermäßig belegt würde oder dem Vermieter die Überlassung aus sonstigen Gründen nicht zugemutet werden könnte. Ausgenommen von § 553 BGB sind davon die Konstellationen, in denen nahe Verwandte, Ehe- oder Lebenspartner mit in die Wohnung aufgenommen werden sollen, ohne dass sie zugleich Mieter sind. 1300

[1112] BayObLG NJW 1998, 1324, 1325.

Beispiele:

(1) Die in der Wohnung lebenden Eltern nehmen ihre Tochter nach ihrem Studium wieder als Dritte in die Wohnung auf.

(2) *Anders* hingegen ist die Situation zu beurteilen, wenn die Eltern mit ihrem Sohn in der Wohnung gemeinsam leben, aber nach seiner Volljährigkeit ihren Lebensmittelpunkt nach Mexiko verlegen, wodurch danach die Wohnung ausschließlich durch den volljährigen Sohn weitergenutzt wird. In einem solchen Fall bedarf es der Erlaubnis des Vermieters zur Weiternutzung durch den Sohn; ist eine solche nicht vorhanden, liegt eine unerlaubte Überlassung an einen Dritten vor.[1113]

1301 Unter dem Zusammenleben von Lebenspartnern wurde bislang nur die nichteheliche heterosexuelle Lebensgemeinschaft verstanden.[1114] Der Gesetzgeber hat entschieden, dass es auf eine sexuelle Orientierung der Lebenspartner nicht ankommt. Es werden also alle Formen von Lebenspartnerschaften erfasst.[1115] Maßgebend ist aber, dass eine besonders enge Lebensgemeinschaft ähnlich einer Ehe zwischen den Lebenspartnern besteht.[1116] Es bedarf jedoch nur so lange keiner Erlaubnis für die Aufnahme von Lebenspartnern, wie die Partnerschaft Bestand hat.[1117]

1302 Unter einer **Lebensgemeinschaft** ist daher eine auf Dauer angelegte Lebensgemeinschaft zu verstehen, die keine weitere Bindungen gleicher Art zulässt und sich durch eine innere Bindung auszeichnet, die ein gegenseitiges Füreinandereinstehen begründet und dadurch über die reine Wohn- oder Wirtschaftsgemeinschaft hinausgeht.[1118]

Beispiele: Hetero- bzw. homosexuelle Partnerschaft[1119]; Zusammenleben älterer Menschen, die eine Alternative zu einem Altenheim suchen: Ihr gegenseitiges Füreinander einstehen kann durch wechselseitige Vollmachten dokumentiert werden.

1303 Die Erlaubnis ist eine einseitige empfangsbedürftige Willenserklärung. Sie kann auch konkludent erteilt werden. Eine längere Duldung kann als konkludente Erteilung der Erlaubnis angesehen werden.

ee. Beseitigungsanspruch nach § 1004 BGB

1303a Daneben hat der Vermieter gegen den Mieter auch noch unter Umständen Ansprüche aus § 1004 BGB auf Beseitigung von Störungen, sofern die Voraussetzungen erfüllt sind.[1120] Zugunsten des Vermieters birgt der Anspruch aus § 1004 BGB gegenüber den Schadensersatzansprüchen den Vorteil, dass kein Verschulden des Mieters vorliegen muss. Für die Konstellation des Mietvertrags ist die Besonderheit zu beachten, dass sich der Mietvertrag *in Abwicklung* - ansonsten greifen wegen § 541 BGB die spezielleren Vorschriften des Mietrechts - befindet und der *Vermieter zudem Eigentümer* der Mietsache ist.[1121] Liegen die Voraussetzungen des § 1004 BGB vor, hat der Vermieter einen Anspruch gegen den (ehemaligen) Mieter auf zukünftige Beseitigung der Beeinträchtigung. Kommt der Mieter seiner Verpflichtung aus § 1004 BGB nicht nach, kann der Vermieter zudem Erstattungsansprüche aus Geschäftsführung ohne Auftrag oder Bereicherungsrecht haben.

[1113] Vgl. LG Frankfurt a.M. GE 2002, 183 f.
[1114] BGHZ 121, 116, 124, allerdings zum Eintrittsrecht.
[1115] BT-Drs. 14/4553, 61.
[1116] BT-Drs. 14/4553, 61.
[1117] LG Berlin WuM 1995, 38.
[1118] BT-Drs. 14/4553, 38.
[1119] Zum Lebenspartnerschaftsgesetz vgl. *R. Schmidt*, FamR, 3. Aufl. 2015, Rn 443 ff.
[1120] Dazu ausführlich *Hütte/Hütte*, SachenR I, Rn 651 ff.
[1121] Ausführlich *Dickersbach*, DWW 2009, 215 ff.

III. Gewährleistungsrechte

Beim Mietvertrag hat der Mieter neben dem Erfüllungsanspruch zwei weitere rechtliche Möglichkeiten, auf eine Leistung des Vermieters, die nicht dem Mietvertrag entspricht, zu reagieren. Zum einen steht ihm das Minderungsrecht nach § 536 BGB zu, zum anderen kann er nach § 536a BGB Schadens- und Aufwendungsersatz verlangen.[1122] **1304**

1. Abgrenzungen

Die allgemeinen Leistungsstörungsregelungen sind dann anzuwenden, wenn die Störung der Leistungspflicht des Vermieters auf einem anderen Grund als einem Sach- bzw. Rechtsmangel beruht. **1305**

Für die speziellen Leistungsstörungsregelungen ist Ausgangspunkt jeglicher Abgrenzung, dass bei deren **direkter** Anwendung die Mietsache vom Vermieter an den Mieter stets überlassen worden sein muss.[1123] **1306**

a. Unmöglichkeit/Unvermögen

aa. Anfängliches Unvermögen

Ist der Vermieter nicht in der Lage, aufgrund eines schon vor Abschluss des Vertragsabschlusses liegenden Leistungshindernisses die Sache dem Mieter zu überlassen, obgleich ein Dritter dazu in der Lage wäre, liegt auf der Seite des Vermieters ein **anfängliches Unvermögen** vor. **1307**

> **Beispiel:** Der Vermieter A hat gegenüber dem Vormieter B das Mietverhältnis über eine Wohnung wirksam beendet. B gibt die Wohnung trotz Beendigung des Mietvertrags in der Folgezeit nicht heraus. Dennoch schließt A einen Mietvertrag mit einem neuen Mieter C ab. Da B die zu vermietende Wohnung noch bewohnt und nicht herausgibt, kann A gegenüber C nicht erfüllen. B hat dabei nach wirksamer Beendigung des Mietverhältnisses kein Recht zum Besitz mehr. Insofern kann kein Rechtsmangel nach § 536 III BGB vorliegen, sondern ein tatsächliches Hindernis. Da Verträge über Wohnraum in aller Regel absolute Fixgeschäfte sind,[1124] kann die Leistung nicht nachgeholt werden. Es liegt daher Unvermögen des Vermieters vor.

> **Hinweis für die Fallbearbeitung:** Ist das Mietgeschäft allerdings kein absolutes Fixgeschäft, muss zum Verzug abgegrenzt werden. Neben den weiteren Verzugsvoraussetzungen ist im Hinblick auf den Mietvertrag erforderlich, dass
> - ⇨ eine spätere Leistung vom Mietvertrag zugelassen wird
> - ⇨ und die Leistung noch innerhalb des Erfüllungszeitraums möglich ist.

Der Mietvertrag ist in einer solchen Sachverhaltskonstellation wirksam. Es gelten die Regeln der §§ 311a II, 323, 275 I bis III BGB in direkter Anwendung, da das anfängliche Unvermögen dem nachträglichen Unvermögen gleichgesetzt ist.[1125] Der Vermieter hat für sein Unvermögen einzustehen, wenn er bei Vertragsschluss das Leistungshindernis kannte oder er die Unkenntnis zu vertreten hat, es liegt also eine Verschuldenshaftung vor.[1126] **1308**

Der **Vermieter** kann sich hinsichtlich der Haftung in Bezug auf die rechtzeitige Freimachung der Mieträume durch den Vormieter oder die rechtzeitige Bezugsfertigkeit der **1309**

1122 Vgl. dazu auch *Lorenz/Eichhorn*, JuS 2014, 783 ff.
1123 BGHZ 136, 102, 106.
1124 Vgl. BGH WuM 1991, 25, 26; *Emmerich*, NZM 2002, 362, 364.
1125 BT-Drs. 14/6040, 128.
1126 Vgl. *Eisenschmid*, in: Schmidt-Futterer, § 536 Rn 576; *Kandelhard*, WuM 2003, 1, 8 geht darüber hinaus. Er will im Hinblick auf § 276 I BGB nach dem schärferen Maßstab des § 536a I BGB eine Garantiehaftung annehmen.

Räume vertraglich **freizeichnen**. Bei Formularverträgen ist dies allerdings nur möglich, wenn nach § 309 Nr. 7b, 8 BGB kein Ausschluss der groben Fahrlässigkeit oder Vorsatzes vorliegt. Ein Ausschluss kann ferner dann nicht vorgenommen werden, wenn der Vermieter eine Garantie für den Bezugszeitpunkt abgegeben hat.

Beispiel: Dem Mieter wird ein bestimmter Übergabetermin (1.1.2015) zugesagt.

bb. Anfängliche Unmöglichkeit

1310 Nach § 311a I BGB führt die anfängliche Unmöglichkeit des Schuldners nicht zur Nichtigkeit des Vertrags; er ist damit wirksam.

1311 Streitig ist jedoch, ob §§ 536, 536a BGB in entsprechender Weise auch dann anzuwenden sind, wenn vor Übergabe eine anfängliche Unmöglichkeit hinsichtlich der Leistungserbringung vorlag.

- Zum Teil wird in der Literatur[1127] vertreten, dass bei der Abgrenzung strikt auf den Zeitpunkt der Übergabe der Mietsache abzustellen sei; liege also eine anfängliche Unmöglichkeit vor, müsse auf §§ 311a II, 276 BGB abgestellt werden. Im Einzelfall sei aber genau zu prüfen, ob eine Garantiehaftung i.S.d. § 276 I S. 1 BGB in Betracht komme, wofür konkrete Anhaltspunkte vorliegen müssten. In Ergänzung wird nunmehr weitergehend gefordert, dass dennoch eine Haftung nach § 122 BGB analog anzuwenden sei, wenn der Vermieter nachweisen könne, keine Kenntnis von der Unmöglichkeit gehabt zu haben und er diese Kenntnis auch nicht vertreten müsse. Der Mieter könne damit das negative Interesse verlangen.[1128]
- Dagegen ist allerdings einzuwenden, dass die Anwendung dogmatisch den mietrechtlichen Vorschriften widerspricht, es muss bei der Anwendung der §§ 536, 536a BGB auch vor Übergabe der Mietsache verbleiben.[1129] Der Anspruch nach § 311a II BGB setzt entgegen den mietrechtlichen Vorschriften ein Vertreten des Schuldners voraus. Zwar ist mit § 311a I BGB durch den Gesetzgeber eine Einstandspflicht des Schuldners normiert worden.[1130] Das Wesen des Mietvertrags sieht aber die stillschweigende Garantie des Vermieters bei Abschluss des Vertrags für die Tauglichkeit zum vertragsgemäßen Gebrauch voraus,[1131] weshalb der Gesetzgeber diese Garantiehaftung für den Vermieter eingeführt hat, die das positive Interesse des Mieters umfasst. Vor diesem Hintergrund entscheidet sich, ob eine Garantiehaftung des Vermieters vorliegt oder er ausschließlich bei einem Vertretenmüssen haftet, allein durch die Übergabe der Mietsache, wodurch die unterschiedliche Haftung des Schuldners allein durch einen bloßen Realakt begründet wird. Zudem ist zu beachten, dass aufgrund des Wesens des Mietvertrags in Form der auch anfänglichen Garantiehaftung der Vermieter von Anfang verschuldensunabhängig[1132] für die Vertragstauglichkeit der Mietsache einzustehen hat. Eine Erkennbarkeit des Schuldners - wie in § 311a II BGB vorgesehen - ist im Mietrecht nicht vorgesehen,[1133] womit der Vermieter auch das Risiko bezüglich aller unbekannten Umstände, die zur Untauglichkeit führen, trägt.[1134]

  Die analoge Anwendung des § 122 BGB mag eventuell ein gangbarer Weg bei Vertragsformen sein, bei denen keine Garantiehaftung für die Mangelfreiheit wie im Mietrecht be-

---

[1127] Vgl. *Eisenschmid*, in: Schmidt-Futterer, § 536 Rn 534.
[1128] Vgl. *Canaris*, in: Schulze/Schulte-Nölke, Die Schuldrechtsreform vor dem Hintergrund des Gemeinschaftsrecht, 2001, S. 44 ff. u. 66; wohl auch *Lorenz/Riehm*, Rn 334; dagegen *Faust*, in: Huber/Faust, Kap. 7, Rn 36 ff.
[1129] Vgl. *Teichmann*, in: Jauernig, § 536 Rn 2; *Derleder*, WuM 2002, 407, 407 f. u. 411; *Reese*, JA 2003, 162, 164 ff.; differenzierend *Kandelhard*, WuM 2003, 1, 7 f.; im Ansatz wohl auch *Sternel*, WuM 2002, 244, 254 Fn 32; vgl. auch Horst, DWW 2002, 6, 11 f.; unklar, aber wohl dem zuneigend *Hau*, JuS 2003, 130, 132; ablehnend *Ehlert*, in: Bamberger/Roth, § 536 Rn 9.
[1130] *Canaris*, JZ 2001, 499, 505.
[1131] Vgl. BGH NJW 1971, 424.
[1132] *Schach*, in: Kinne/Schach/Bieber, § 536a Rn 4.
[1133] *Emmerich*, in: Emmerich/Sonnenschein, § 536a Rn 3.
[1134] *Emmerich*, in: Staudinger (2014), § 536a Rn 4.

steht. Beim Mietrecht ist es aber unerheblich, ob der Mangel erkennbar, verschuldet oder vermeidbar war.[1135] Der Vermieter hat für die Gebrauchstauglichkeit der Sache einzustehen, er hat aus dieser Garantiehaftung einen Schadensersatz zu leisten, der auf das **positive** Interesse gerichtet ist. Mit dem weitreichenden Schadensersatzrecht der §§ 536, 536a BGB wird dem Umstand Rechnung getragen, dass der Mieter keine Einwirkungs- oder Erkenntnismöglichkeiten hinsichtlich des Zustands der Mietsache hat.[1136] Die Beschränkung des Mieters als Gläubiger auf das negative Interesse entspricht damit zum einem nicht dem Zweck und der Reichweite der gesetzlich weitergehenden Garantieregelung des Mietrechts und zum anderen nicht der besonderen Orientierung am Mieterschutz.

Hinweis für die Fallbearbeitung: Beide Anspruchssysteme § 311a, 536, 536a BGB gewähren inhaltlich dasselbe, wobei gutachterlich die Rechtsfolgen getrennt voneinander hergeleitet und geprüft werden sollten. Dogmatisch maßgeblich wird die Unterscheidung der Anspruchsgrundlagen dann, wenn der Vermieter sich über das Verschulden enthaften kann. In dem Fall ist eine generelle Entscheidung herbeizuführen.

Gleichgültig ist in dem Zusammenhang zudem, ob die anfängliche Unmöglichkeit wegen der *Nichtexistenz* der Mietsache oder wegen eines *anfänglichen unbehebbaren Sachmangels* entstanden ist. **1312**

Beispiel: Beim Grundstück liegt ein öffentlich-rechtliches Gebrauchshindernis vor.

cc. Nachträgliches Unvermögen und nachträgliche Unmöglichkeit

Bei der nachträglichen Unmöglichkeit bzw. dem nachträglichen Unvermögen ergeben sich teilweise besondere Probleme hinsichtlich der Abgrenzung zum Gewährleistungsrecht des Mietrechts, da die Mietsache auf der einen Seite vollständig zerstört, auf der anderen Seite lediglich leicht beschädigt sein kann. **1313**

a.) Vollständiger Untergang

Geht die Mietsache nachträglich *vollständig* unter, müssen die allgemeinen Vorschriften über die Unmöglichkeit gelten.[1137] In dem Fall kann der Vermieter die Leistung ohne weiteres nach § 275 BGB verweigern. Zwar kann der Mieter **nicht** nach § 323 BGB zurücktreten, ihm steht aber im Gegenzug das außerordentliche fristlose Kündigungsrecht nach §§ 543 II Nr. 1, 569 BGB zu. Liegen die Voraussetzungen des § 326 II BGB vor, hat der Mieter die Unmöglichkeit also zu vertreten, kann der Vermieter von dem Mieter entgegen § 326 I BGB den Mietzins weiter verlangen, ohne dass der Mieter den Vertrag außerordentlich fristlos kündigen oder die Wiederherstellung der Mietsache verlangen könnte. Hat hingegen der Vermieter die Unmöglichkeit verursacht, stehen dem Mieter die Rechte aus §§ 280 bis 283 BGB zu. **1314**

Beispiele: Explosion des Hauses; Totalschaden einer Maschine

b.) Teilweiser Untergang

Kompliziert wird die Abgrenzung allerdings dann, wenn die Sache lediglich *teilweise* zerstört oder beschädigt wurde: In dem Fall könnten die Regelungen über Teilunmöglichkeit in Betracht kommen, oder, wenn die Sache lediglich leicht beschädigt worden ist, dies als Mangel anzusehen sein; in dem Fall hätten die Vorschriften über die Gewährleistung zu gelten. **1315**

[1135] *Inzinger*, in: Hannemann/Wiegner, § 24 Rn 126.
[1136] *Inzinger*, in: Hannemann/Wiegner, § 24 Rn 126.
[1137] Vgl. BGH MDR 1991, 329, 330.

Hinweis für die Fallbearbeitung: Die besonderen Abgrenzungsprobleme liegen zwischen diesen beiden Extrempositionen. § 275 II BGB gibt für die Teilunmöglichkeit eine gesetzliche Regelung unter Zumutbarkeitsgesichtspunkten.

1316 Die Wichtigkeit der genauen Abgrenzung wird daran erkennbar, dass der Vermieter nach § 535 I S. 2 BGB die Mietsache, wenn es sich um einen Sachmangel und nicht um eine Teilunmöglichkeit handelt, in einen vertragsgerechten Zustand zu versetzen hat. Ihn träfe damit eine Wiederherstellungspflicht, wohingegen bei einer Teilunmöglichkeit er eine solche Wiederherstellungspflicht nicht hätte, er mithin von der Leistung frei würde.

1317 Eine *Abgrenzung* ist nach den sich aus §§ 275 II, 313 I BGB ergebenden Rechtsgrundsätzen vorzunehmen:

1318 Ein **Sachmangel** liegt demnach immer dann vor, wenn die teilweise Beschädigung in ihrem Grad unterhalb der Grenzen dieser Normen liegt. Werden die Grenzen hingegen überschritten, liegen eine teilweise Unmöglichkeit oder ein teilweises Unvermögen vor.

1319 Der Schuldner kann die Leistung nach § 275 II S. 1 BGB verweigern, soweit diese einen Aufwand erfordert, der unter Beachtung des Inhalts des Schuldverhältnisses und der Gebote von Treu und Glauben in einem groben Missverhältnis zu dem Leistungsinteresse des Gläubigers steht. Einzufließen hat auch, ob i.S.d. § 275 II S. 1 BGB der Schuldner (Vermieter) das Leistungshindernis selbst zu vertreten hat.

1320 Mit § 275 II BGB wird also die **praktische** bzw. **faktische** Unmöglichkeit geregelt, bei der die Erbringung der Leistung zwar theoretisch noch möglich ist, jedoch der dafür erforderliche Aufwand in einem **groben** Missverhältnis zu dem Interesse des Gläubigers an der Leistung steht.

1321 Ein solches **grobes Missverhältnis** liegt dann vor, wenn die Wiederherstellung der Sache offensichtlich unverhältnismäßige Kosten erzeugte, die nicht durch das Interesse des Gläubigers gerechtfertigt wären. Kein vernünftiger Schuldner versuchte also, die Leistung ernsthaft zu erbringen, kein vernünftiger Gläubiger erwartete sie ernsthaft.

Beispiel: A hat von B ein Grundstück gemietet, auf dem auch Gebäude stehen. Diese bestehen aus mehreren Einzelgebäuden. Unter anderem befindet sich eine Stallung auf dem Grundstück, welche aus dem 17. Jahrhundert stammt und renoviert werden müsste. Sie bietet einen sehr romantischen Anblick, sie wird jedoch vom Mieter nicht genutzt. Ihn erfreut nur der Anblick. Die Herstellung würde den Vermieter 2 Mio. € kosten. Hier ist in Bezug auf das Interesse des Mieters zur Wiederherstellung der Stallung ein krasses Missverhältnis anzunehmen.

Hinweis für die Fallbearbeitung: Auf die allgemeinen Grundsätze des § 275 II BGB ist zurückzugreifen (dazu *R. Schmidt*, SchuldR AT, Rn 394).

1322 Liegt kein Fall des § 275 II BGB vor, ist weiterhin zu überprüfen, ob es dem Vermieter i.S.d. § 313 I BGB zugemutet werden kann, die Sache wieder herzustellen. Insofern ist eine Abgrenzung anhand der Störung der Geschäftsgrundlage vorzunehmen; dementsprechend muss eine Situation der **wirtschaftlichen Unmöglichkeit**[1138] vorliegen.

1323 Dem Vermieter ist diese Wiederherstellung nur zuzumuten, sofern sich die jeweiligen Kosten innerhalb der zumutbaren Opfergrenzen befinden.[1139] Die Voraussetzungen für

---

[1138] Zur Einordnung in § 313 BGB siehe *R. Schmidt*, SchuldR AT, Rn 795.
[1139] Vgl. BGH NJW-RR 1991, 204, 205.

einen Wegfall der Wiederherstellungspflicht aufgrund des Erreichens der Opfergrenze sind eng auszulegen und auf Ausnahmen zu beschränken.[1140] Erst wenn die wirtschaftliche Beschädigung einer vollständigen Zerstörung gleichkommt, kann davon ausgegangen werden, dass die Opfergrenze erreicht ist.[1141]

Beispiele:

(1) In einem Wohnhaus fällt der Fahrstuhl aus, weil er aufgrund des Alters erhebliche Defekte aufweist. Eine Instandsetzung kostet 85.000,- €. Hier ist aufgrund der Höhe der Kosten bei einer Wiederherstellung die zumutbare Opfergrenze überschritten.[1142]

(2) Bei einem Haus sind Undichtigkeiten im Bereich des Kellers aufgetreten, wodurch der Keller bei Regen vielfach durchnässt ist. Eine fachgerechte Sanierung kostet rund 20.000,- € zzgl. USt. Die Reparaturen kommen zum einen der Substanz des Hauses selbst zu und zum anderen muss berücksichtigt werden, dass das Überschreiten der Opfergrenze nur eine Ausnahme wie z.B. bei einer Naturkatastrophe sein kann.[1143] Eine Sanierung überschreitet demnach nicht die zumutbare Opfergrenze i.S.d. § 313 I BGB.

Bei einer echten Teilunmöglichkeit finden für den zerstörten Teil der Mietsache die Un- **1324**
möglichkeitsregeln Anwendung, wogegen hinsichtlich des verbleibenden nutzbaren Teils der Mietvertrag bestehen bleibt.

Eine **echte Teilunmöglichkeit** ist anzunehmen, sofern die Mietsache tatsächlich teilbar **1325**
ist und der Mieter mit dem verbleibenden Teil der Mietsache noch etwas anfangen kann.

Beispiel: Intaktes Wohnhaus und angrenzender Geräteschuppen

Zu berücksichtigen sind in dem Fall §§ 326 I S. 1 Halbs. 2, 441 III BGB, nach denen die Mietzahlung gemindert werden kann.

b. Erfüllungsanspruch

Der Erfüllungsanspruch nach § 535 I BGB wird durch § 536 BGB nicht beseitigt. Zur **1326**
Durchsetzung dieses Anspruchs steht dem Mieter auch die Einrede des nicht erfüllten Vertrags zu, d.h. dem Mieter wird dadurch ein *Zurückbehaltungsrecht* nach § 320 BGB eingeräumt, wenn die Sache Mängel hat.[1144] Dieses Zurückbehaltungsrecht wegen eines Mangels an der Mietsache tritt aber erst ein, wenn der Mieter dem Vermieter den Mangel angezeigt oder der Vermieter anderweitig von dem Mangel Kenntnis erlangt hat; das Zurückbehaltungsrecht kann also erst für die fälligen Mieten geltend gemacht werden, die zeitlich nach der Anzeige des Mangels beim Verkäufer liegen.[1145] Das Recht besteht so lange, wie der Mieter am Vertrag selbst festhält[1146] und der vertragsgemäße Zustand nicht wieder hergestellt ist.[1147] Wird das Mietverhältnis aber beendet, kann sich der Mieter nicht mehr auf die Einrede des § 320 BGB berufen.[1148] Das gilt im Übrigen auch, wenn der Altvermieter das Mietobjekt an einen Neuvermieter veräußert; zum Nachteil des Mieters kann dieser gegenüber dem Altvermieter das Zurückbehaltungsrecht wegen

[1140] *Eisenschmid*, in: Schmidt-Futterer, § 536 Rn 557; *Voelskow*, in: MüKo, §§ 535, 536 a.F. Rn 65.
[1141] *Kandelhard*, WuM 2003, 1, 10.
[1142] Vgl. AG Hannover WuM 1999, 331: bereits ab 42.500,- €.
[1143] LG Osnabrück, WuM 1992, 119, 120.
[1144] BGHZ 84, 42, 46; *Schenkel*, NZM 1998, 502 ff.
[1145] BGH JA 2011, 706, 707.
[1146] OLG Köln ZMR 2001, 532.
[1147] Vgl. *Weidenkaff*, in: Palandt, § 536 Rn 6; *Schenkel*, NZM 1998, 502, 504; dagegen OLG Frankfurt a.M. NZM 2000, 186, 188.
[1148] *Schenkel*, NZM 1998, 502, 504.

eines Mangels nicht mehr ausüben und muss nunmehr, sofern nicht Minderungsrechte eingreifen, die zurückbehaltenen Beträge an den Altvermieter auszahlen.[1149]

Hinweis für die Fallbearbeitung: Sind allerdings zum Zeitpunkt des Eigentumsübergangs die beanstandeten Mängel noch vorhanden, kann der Mieter nunmehr gegenüber dem Neuvermieter das Zurückbehaltungsrecht geltend machen.

1327 Bei einer verhältnismäßigen Geringfügigkeit eines noch bestehenden Mangels ist aber die Einschränkung des Zurückbehaltungsrechts gem. § 320 II BGB zu beachten. Ob eine verhältnismäßige Geringfügigkeit vorliegt, ist anhand von Treu und Glauben gem. § 242 BGB jeweils im Einzelfall festzustellen.

1328 Das Zurückbehaltungsrecht ist dabei auf das Zwei- bis Dreifache, gelegentlich bei schweren Mängeln auch das Fünffache der Nachbesserungskosten beschränkt.[1150]

1329 Das Zurückbehaltungsrecht kann individualvertraglich ausgeschlossen werden,[1151] wohingegen ein Ausschluss mittels eines Formulars nach § 309 Nr. 2a BGB nicht möglich ist.

c. culpa in contrahendo gem. § 311 II BGB

1330 Die Rechtsfolgen des Verschuldens bei Vertragsverhandlung sind in § 311 II BGB geregelt. Ein diesbezüglicher Schadensersatzanspruch kann aus §§ 280, 311 II Nr. 1, 241 II BGB geltend gemacht werden. Besondere Abgrenzungsprobleme ergeben sich jedoch zu §§ 536 f. BGB, da das Mietrecht nur unzureichend auf die neuen Regelungen des Allgemeinen Schuldrechts abgestimmt wurde.

1331 Nach übereinstimmender Ansicht kann die c.i.c. neben den Gewährleistungsregeln des Mietrechts angewendet werden, wenn der Vermieter geradezu *vorsätzlich* gehandelt hat[1152] oder es sich um eine Verletzung von Aufklärungspflichten handelt, die nicht mit einem Sach- oder Rechtsmangel im Zusammenhang stehen.

- Nach einer neuerdings bestehenden Minderansicht soll die c.i.c. neben den Vorschriften der §§ 536, 536a BGB auch Anwendung finden, wenn es sich um *fahrlässiges* Verhalten handele.[1153] Dies ergebe sich vor allem daraus, dass das Gewährleistungsrecht beim Mietrecht Nichtleistungsregel sei.
- Zu **berücksichtigen** ist aber auch, dass das Gewährleistungsrecht für Mietverträge Sonderregelungen getroffen hat.[1154] In § 536b BGB ist eine solche Sonderregelung gegenüber dem Allgemeinen Schuldrecht normiert. Der Mieter kann sich dann nicht auf einen Mangel berufen, wenn er bei Vertragsschluss Kenntnis vom Mangel hat. Dieser Gesichtspunkt spielt hingegen bei der c.i.c. tatbestandlich keine Rolle. Ließe man die c.i.c. neben dem besonderen Gewährleistungsrecht bezüglich des Mietrechts zu, umginge man die Privilegierung des Vermieters, da er entgegen der Intention des Gesetzgebers über die c.i.c. haften müsste. Hinzu kommt noch, dass die c.i.c. dogmatisch auch Unterschiede in Bezug auf die Garantiehaftung für anfängliche Mängel hat, da die c.i.c. ein Verschulden des Vermieters voraussetzt.

Demnach kann ein Schadensersatzanspruch aus §§ 280 I, 311 II, 241 II BGB neben einem Anspruch aus §§ 536, 536a BGB nicht angewendet werden, sofern die Mietsache

---

[1149] Ausführlich BGH JA 2007, 58 ff.
[1150] *Lützenkirchen*, WM 2004, 58, 67.
[1151] *Schenkel*, NZM 1998, 502, 504.
[1152] Vgl. BGH NJW 2002, 208, 210 f.
[1153] So *Emmerich*, ZMR 2002, 362, 363; *Emmerich*, in: MüKo, § 311 Rn 140 ff.; *Emmerich*, in: Emmerich/Sonnenschein, vor § 535 Rn 27.
[1154] BGH NJW 1980, 777, 780.

überlassen wurde, Gegenstand der rechtlichen Beurteilung ein Mangel ist und der Vermieter fahrlässig handelte.[1155]

Die c.i.c. ist dennoch nicht generell durch § 536a BGB ausgeschlossen. Denn wenn die Mietsache nicht überlassen wurde, können die Gewährleistungsregeln des Mietrechts grundsätzlich keine (direkte) Anwendung finden.[1156] Dies ist damit zu begründen, dass das Überlassen im Rahmen der mietrechtlichen Gewährleistungsregeln bei Mietsachen gem. § 536 BGB Tatbestandvoraussetzung ist. Wenn aber die speziellen Regeln nicht eingreifen, sind die allgemeinen Regeln anzuwenden. Dementsprechend kann die c.i.c. vor Überlassung der Mietsache an den Mieter angewendet werden.[1157] **1332**

d. Anfechtung

Auch Mietverträge sind anfechtbare Rechtsgeschäfte, wobei allerdings zu beachten ist, dass der Mietvertrag ein Dauerschuldverhältnis darstellt. Daher kann die Wirkung des § 142 I BGB mit der Wirkung ex tunc zu unbilligen Ergebnissen führen, wenn z.B. sämtliche Mietzinszahlungen über §§ 812 ff. BGB zurückzugewähren sind. **1333**

In diesem Kontext ist allerdings weitgehend unstreitig, dass eine Anfechtung i.S.d. §§ 119, 123, 142 BGB **vor** Übergabe der Mietsache ohne weiteres möglich ist[1158], da in diesem Zusammenhang regelmäßig keine Probleme mit zurückzugewährenden Leistungen bestehen. **1334**

Für den Fall, dass die Anfechtung **nach** Übergabe vorgenommen wird, ist es hingegen lebhaft umstritten, ob eine Anfechtung überhaupt rechtlich zulässig ist und – wenn dies rechtlich zulässig sein sollte - mit welcher Wirkung die Anfechtung ausgeübt werden könne. **1335**

Im Rahmen des **Ob** wird teilweise in der Literatur vertreten, dass ab dem Zeitpunkt der Übergabe der Mietsache eine Anfechtung generell von dem sofortigen Kündigungsrecht nach § 543 BGB verdrängt sei (sehr str.).[1159] Dieser generelle Ausschluss des Anfechtungsrechts wird u.E. jedoch - in Aufgabe der vormals hier vertretenen Auffassung - den vielschichtigen Anfechtungsgründen nicht gerecht. Vielmehr muss danach differenziert werden, was der Anknüpfungspunkt der Anfechtung ist. **1335a**

- Die Anfechtung nach § 123 BGB ist nicht ausgeschlossen, die Anfechtung ist auch neben den Kündigungs- und Gewährleistungsregeln anwendbar[1160]: Bei der Anfechtung wegen einer arglistigen Täuschung oder einer Drohung nach § 123 BGB muss berücksichtigt werden, dass das geschützte Rechtsgut die freie Selbstbestimmung, die Entschließungsfreiheit auf rechtsgeschäftlichem Gebiet ist.[1161] Der Erklärende soll sich nicht an seiner Willenserklärung festhalten lassen, die er nur aufgrund eines vorsätzlich herbeigeführten Irrtums gebildet hat;[1162] der arglistig Täuschende soll in jeder Hinsicht nicht aus seinem arglistigen Handeln profitieren können. Diesem Schutzzweck wird aber die sofortige Kündigung nach § 543 BGB nicht gerecht, da der Regelungsgegenstand für solche Fälle gedacht ist, in denen ein ähnlicher Anknüpfungspunkt vorliegt, wie dies bei den speziel-

1155 *Graf von Westphalen*, NZM 2002, 368, 374 f.; *Grüneberg*, in: Palandt, § 311 Rn 44; *Grundmann*, DWW 2002, 6, 16; *Eisenschmid*, in: Schmidt-Futterer, § 536 Rn 608; wohl auch *Schulze*, in: Hk-BGB, § 311 Rn 14.
1156 Siehe dazu aber die Ausnahme in Rn 1311.
1157 Zum alten Recht vgl. BGHZ 136, 102, 106; vgl. auch *Grüneberg*, in: Palandt, § 311 Rn 44.
1158 Vgl. BGH ZGS 2008, 474, 476 m.w.N.; BGH JA 2009, 303 ff. mit zustimmender Anm. von Stadler; einschränkend aber *Eisenschmid*, in: Schmidt-Futterer[8] § 536 Rn 496 für § 119 II BGB; *Häublein*, in: MüKo, vor § 536 Rn 24, nur Irrtümer, die keine Sach- oder Rechtsmängel sind; nunmehr offen gelassen *Eisenschmid*, in: Schmidt-Futterer[11] § 536 Rn 596 für § 119 II BGB.
1159 Vgl. etwa *Sternel*, Rn 245; *Eckert*, in: Hk-BGB, § 536 Rn 4.
1160 Vgl. BGH ZGS 2008, 474, 477 f. m.w.N (zu Gewerberaummiete); a.A. *Ehlert*, in: BeckOK BGB, § 536 Rn 13 m.w.N.
1161 Vgl. Mot. I zum BGB S. 204.
1162 Vgl. *Armbrüster*, in: MüKo, § 123 Rn 1.

len Kündigungstatbeständen der Fall ist;[1163] die in §§ 569 ff. BGB speziellen Kündigungsgründe decken aber gerade nicht den Fall der arglistigen Täuschung ab, sondern beziehen sich direkt auf die Durchführung des Mietverhältnisses.

- Ebenfalls ist die Anfechtung nach § 119 I BGB auch nach Übergabe der Mietsache möglich[1164]: Diese Anfechtungsgründe sind praktisch wohl von geringerer Relevanz, jedoch sind Konstellationen denkbar (z.B. es liegt ein Verschreiben bei der Höhe des Mietzinses vor, Irrtum über den Umfang der vermieteten Räumlichkeiten), die erst nach der Übergabe der Mietsache offenbar werden können. Diese Anfechtungsgründe aus § 119 I BGB finden sich jedoch nicht vollständig in den Regelungen des Kündigungsrechts wieder, wodurch u.E. eine Rechtsschutzlücke entgegen den gesetzlichen Reglungen zulasten des betroffenen Vertragspartners entstünde. Vor diesem Hintergrund müssen das aus einem Dauerschuldverhältnis resultierende Bestandsinteresse und u.U. (konstruktiv) mögliche Rückabwicklungsprobleme in der Interessenabwägung der Vertragsparteien zurücktreten.

- Nicht hingegen ist die Anfechtung nach § 119 II BGB nach Übergabe der Mietsache rechtlich zulässig[1165]: Die durch § 119 II BGB geregelten Fallkonstellationen (z.B. Zahlungsfähigkeit des Mieters, Sachmangel bei der Mietsache usw.) werden umfassend und abschließend durch das Gesetz im Sachmängelgewährleistungs- sowie Kündigungsrecht geregelt. Auch wenn in der Gerichtspraxis durch z.T. lange Verfahrens- und ggf. Vollstreckungszeiten (z.B. bei Räumungsklagen wegen Nichtzahlung von Mietzins) für die einzelnen Vertragsparteien im jeweiligen Einzelfall zum Teil erhebliche finanzielle Probleme (Folgekosten bei Mietnomaden) entstehen können, rechtfertigen diese Umstände nicht, die speziellen und vorrangigen Wertungen des Gesetzgebers im Mietrecht zu umgehen. Vor allem ist zu beachten, dass der Gesetzgeber zugunsten des Mieters mit §§ 536 ff. BGB weitreichende Regelungen im Gewährleistungsrecht zugunsten des Mieters getroffen hat, die der Vermieter mit einer Anfechtung eventuell umgehen könnte. Hinzu kommt noch die Festlegung von sozialen Schutzvorschriften wie z.B. §§ 573, 574 f. BGB zugunsten des Mieters, die bei Ermöglichung der Anfechtung nach § 119 II BGB umgangen werden könnten. Bei einer derart vom Gesetzgeber bewusst fein austarierten Interessenabwägung ist es Aufgabe dieses Gesetzgebers, eventuellen Missständen durch eine Neujustierung der Interessenlagen zwischen Vermieter und Mieter zu begegnen.

1335b Beim **Wie** wird für die zulässige Anfechtung vielfach vertreten, dass die Wirkung entgegen der gesetzlichen Vorgabe beim Mietrecht ähnlich wie beim Arbeitsrecht nur ex nunc wirken könne, da ansonsten bei Rückabwicklung des Mietverhältnisses zu große Probleme entstünden.[1166] Demgegenüber ist u.E. zu berücksichtigen, dass die Rechtsfolge nicht von den Bestimmungen der §§ 105, 134, 138 BGB abweicht, dazu aber nicht vertreten wird, eine Modifikation zugunsten des Mietrechts vorzunehmen. Relevante Differenzierungsgründe zwischen der Anfechtung und den weiteren Rechten mit Wirkung ex tunc gibt es nicht, vielmehr ist die Entscheidung des Gesetzgebers zur Rückabwicklung auch in Bezug auf die Dauerschuldverhältnisse eindeutig. Die im Arbeitsrecht gefundene Modifikation bei der Anfechtung ist insoweit aber nicht übertragbar, da beim Mietrecht keine derart intensive und existenzstützende Rechtsbeziehung zwischen Vermieter und Mieter wie beim Arbeitgeber und Arbeitnehmer bestehen. Demzufolge verbleibt es bei der gesetzlichen Rechtsfolge mit der Wirkung ex tunc i.S.d. § 142 I BGB.[1167]

[1163] Vgl. *Blank*, in: Schmidt-Futterer, § 543 Rn 4.
[1164] Ebenso *Fischer*, NZM 2005, 567, 570 f.; *Blank*, in: Schmidt-Futterer, § vor 535 Rn 7.
[1165] Vgl. *Teichmann*, in: Jauernig, § 536 Rn 2; a.A. *Fischer*, NZM 2005, 567, 572; einschränkend *Blank*, in: Schmidt-Futterer, vor § 535 Rn 7.
[1166] Vgl. *Blank*, in: Schmidt-Futterer, vor § 535 Rn 7 m.w.N.
[1167] Vgl. BGH ZGS 2008, 474, 477; *Heintzmann*, in: Soergel, § 542 Rn 2; *Emmerich*, NZM 1998, 692, 694 f.; zu den rechtlichen Auswirkungen ausführlich *Schmid*, WuM 2009, 155 ff.

2. Schlechterfüllung

a. Mängelgewährleistungsrecht

aa. Minderung

Minderung

I. Tatbestand

1. Abschluss eines *wirksamen Mietvertrags* gem. § 535 BGB (s.o.)
2. *Mangel* nach § 536 BGB
   - Die Mangelhaftigkeit der Sache kann sich nach § 536 I S. 1 und 2 BGB daraus ergeben, dass die Tauglichkeit zum vertragsgemäßen Gebrauch *vollständig* oder *teilweise* aufgehoben ist.
   - Ein **Sachmangel** liegt vor, wenn die Ist-Beschaffenheit von der vertraglich vereinbarten Soll-Beschaffenheit abweicht. Ansonsten ist, wenn eine konkrete Beschaffenheitsvereinbarung fehlt, auf den nach der Verkehrsauffassung üblichen Gebrauch abzustellen und anhand dessen sind die Anforderungen an die Beschaffenheit der Sache zu ermitteln.
   - Der Mangel darf allerdings nach § 536 I S. 3 BGB nicht **unerheblich** sein.
   - Keine Anwendung findet § 536 I S. 3 BGB hingegen auf die *zugesicherte Eigenschaft*. Fehlt die zugesicherte Eigenschaft, gleich wie geringfügig sie sein mag, liegt ein Sachmangel vor.
   - Dem Sachmangel ist nach § 536 II BGB gleichgestellt, dass der Mietsache eine **zugesicherte Eigenschaft** fehlt oder später wegfällt: Die Eigenschaft ist zugesichert, wenn sich aus den Umständen ergibt, dass der Vermieter für das Vorhandensein oder Nichtvorhandensein einer Eigenschaft unbedingt einstehen will.
   - Dem Sachmangel steht nach § 536 III BGB der **Rechtsmangel** gleich. Ein Rechtsmangel nach § 536 III BGB liegt danach vor, wenn dem Mieter der vertragsgemäße Gebrauch der Mietsache durch ein Recht eines **Dritten** ganz oder teilweise entzogen wird.
3. *Überlassen* der Mietsache
   - Überlassen ist eine Mietsache, wenn der Mieter in die Lage versetzt wird, die Sache vertragsgemäß zu gebrauchen.
4. *Anzeigepflicht* des Mieters gem. § 536c BGB
5. *Kein Ausschluss* des Gewährleistungsrechts
   - **Vertraglicher Ausschluss**: Die Vertragsparteien können aufgrund des § 536d BGB im Mietvertrag vereinbaren, dass Ansprüche, die auf einem Mangel beruhen, ausgeschlossen sind oder beschränkt werden. Zu beachten ist aber § 536 IV BGB.
   - **Kenntnis vom Mangel**: Hat der Mieter bei Vertragsabschluss Kenntnis von dem Mangel, sind die Gewährleistungsrechte i.S.d. § 536 BGB durch § 536b S. 1 BGB ausgeschlossen.
   - **Verwirkung**: Die Verwirkung kann sich aus dem strengeren Grundsatz von Treu und Glauben gem. § 242 BGB in Anlehnung an den Rechtsgedanken aus § 814 BGB ergeben. Hingegen ist eine analoge Anwendung des § 536b BGB nicht möglich (str.).
   - **Verursachung durch den Mieter**: Hat der Mieter den Mangel alleine oder weit überwiegend verursacht, behält der Vermieter nach § 326 II BGB den Anspruch auf die Gegenleistung, ohne selbst leisten zu müssen.
   - **Modernisierungsmaßnahme nach § 555b Nr. 1 BGB:** Liegt eine Modernisierungsmaßnahme vor und führt die Beeinträchtigung zu keiner vollständigen Untauglichkeit der Mietsache, ist der Minderungsanspruch nach § 536 Ia BGB ausgeschlossen.

II. Rechtsfolge

- Automatische Mietminderung
- Der geminderte Mietzins ergibt sich bei einer teilweisen Gebrauchsaufhebung aus dem Verhältnis des alten Mietzinses zum neuen geminderten Mietzins wie der Wert der mangelfreien Sache zur mangelhaften Sache.
- Gegenstand der Minderung ist die Bruttomiete: Auch die Nebenkosten sind mit in die Minderung einzubeziehen (str.).
- Eine Minderung kommt allerdings dann nicht in Betracht, wenn der Mieter trotz Vertragsbeendigung wohnen bleibt und dafür nach §§ 546a I BGB den Mietzins als Mindestschaden fortzuzahlen hat. Bei Wohnraum ist allerdings § 571 I BGB zu beachten, wonach ein Vertretenmüssen des Mieters erforderlich ist.

Hinweis für die Fallbearbeitung: Ein *Verschulden* des Vermieters bezüglich des Mangels ist bei der Minderung ***nicht*** erforderlich. Es besteht insofern eine Garantiehaftung für die Mangelfreiheit der Sache.

a.) Sach- und Rechtsmangel

1336 Zunächst bedarf es für die Minderung nach § 536 I BGB eines Sachmangels, wobei dem Sachmangel nach § 536 III BGB der Rechtsmangel gleichgestellt ist.

aa.) Sachmangel

1337 Die Mangelhaftigkeit der Sache kann sich nach § 536 I S. 1 und 2 BGB daraus ergeben, dass die Tauglichkeit zum vertragsgemäßen Gebrauch vollständig oder teilweise aufgehoben ist.

1338 Ein **Sachmangel** liegt vor, wenn die Ist-Beschaffenheit von der vertraglich vereinbarten Soll-Beschaffenheit abweicht.[1168]

Hinweis für die Fallbearbeitung: Damit geht eine Beschaffenheitsvereinbarung der Einhaltung von bestimmten technischen Normen vor.[1169] Erst wenn es an einer Beschaffenheitsvereinbarung fehlt, ist die Einhaltung der maßgeblichen technischen Normen geschuldet.

1339 Eine solche Beschaffenheitsvereinbarung kann auch konkludent erfolgen.[1170] Dann muss aber der Vermieter (bei Umwelteinflüssen) aus dem Verhalten des Mieters nach dem objektiv zu bestimmenden Empfängerhorizont i.S.d. §§ 133, 157 BGB erkennen, dass der Mieter die Fortdauer des Zustandes, der Gegenstand der Beschaffenheitsvereinbarung sein soll, für die unbestimmte Dauer des Mietvertrags als ein maßgebliches Kriterium für den Vertragsschluss und damit für den vertragsgemäßen Gebrauch der Mietsache (z.B. Wohnung) ansieht, und der Vermieter muss diesem Begehren des Mieters auch zustimmen. Haben die Parteien hingegen keine (solche) Beschaffenheit vereinbart und auch keine detaillierten Angaben über den Gebrauchszweck der Mietsache im Vertrag gemacht, ist auf den nach der Verkehrsauffassung üblichen Gebrauch abzustellen und anhand dessen sind die Anforderungen an die Beschaffenheit der Sache zu ermitteln.

1340 Zur Beschaffenheit einer Mietsache gehören nicht nur die *physischen Eigenschaften*, sondern auch alle *rechtlichen*, *tatsächlichen* und *wirtschaftlichen Verhältnisse* sowie *Umweltbeziehungen*.[1171]

[1168] BGH NJW 2000, 1714, 1715; NJW 2005, 2773 f.
[1169] Vgl. BGH NJW 2005, 218 f.; NJW 2005, 2773 f.
[1170] Vgl. BGH NJW 2013, 680, 681.
[1171] Vgl. ausführlich *Lames*, NZM 2007, 465, 466 ff.

Beispiele:

(1) Durch Mitmieter oder Nachbarn entsteht erheblicher Lärm oder die Wohnungsanlage verwahrlost.[1172]

(2) Ist in einem Gewerberaummietvertrag eine Konkurrenzschutzklausel vereinbart und verstößt der Vermieter dagegen, stellt dies einen Mangel dar.[1173]

(3) Bei einer gemieteten EDV-Anlage liegt ein Mangel vor, wenn der Drucker gebrauchsuntauglich ist[1174] oder eine Programmsperre nicht nur kurzfristig vor Ablauf der Nutzungszeit eintritt[1175].

Sie müssen zudem einen engen Zusammenhang mit der physischen Beschaffenheit der Mietsache aufweisen und den Gebrauchswert der Mietsache unmittelbar negativ beeinflussen. Nicht ausreichend ist dementsprechend, wenn die Beeinträchtigung ausschließlich **mittelbar** auf die Mietsache einwirkt.[1176] 1341

Beispiel: Mangelnder Ausbau einer günstigen Verkehrsanbindung führt zu geringer Akzeptanz eines Einkaufszentrums. Diese mangelnde Akzeptanz beeinflusst lediglich mittelbar den Mietvertrag.

Der Mangel darf allerdings nach § 536 I S. 3 BGB nicht **unerheblich** sein. 1342

An einer **Erheblichkeit** fehlt es dann, wenn die Minderung der Gebrauchstauglichkeit nach objektiver Anschauung nicht spürbar ins Gewicht fällt oder der Fehler schnell und mit geringem Kostenaufwand beseitigt werden kann.[1177] Nicht Anwendung findet § 536 I S. 3 BGB hingegen auf die zugesicherte Eigenschaft. Fehlt die zugesicherte Eigenschaft, gleich wie geringfügig sie sein mag, liegt ein Sachmangel vor.[1178]

bb.) Zugesicherte Eigenschaft

Dem Sachmangel ist nach § 536 II BGB gleichgestellt, dass der Mietsache eine zugesicherte Eigenschaft fehlt oder sie später wegfällt. 1343

Als **Eigenschaften** kommen alle Umstände in Betracht, die einen tatsächlichen oder rechtlichen Einfluss auf die allgemeine Bewertung der Sache haben und dieser nicht nur vorübergehend anhaften.[1179] 1344

Erfasst werden demnach neben den physischen Eigenschaften auch noch solche Umweltbeziehungen der Mietsache, die gerade ihren Grund in der Beschaffenheit des Mietobjekts selbst haben.[1180] 1345

Hierbei ist es nicht erforderlich, dass die Eigenschaft für die Gebrauchstauglichkeit der Sache von Bedeutung ist. 1346

Die Eigenschaft ist **zugesichert**, wenn sich aus den Umständen ergibt, dass der Vermieter für das Vorhandensein oder Nichtvorhandensein einer Eigenschaft unbedingt einstehen will. 1347

[1172] Ausführlich *Börstinghaus*, NZM 2004, 48 ff.
[1173] Vgl. ausführlich BGH JA 2013, 225 ff.
[1174] OLG Hamm NJW-RR 1993, 1527.
[1175] *Wuermeling*, CR 1994, 585, 588.
[1176] BGH NJW 2000, 1714, 1716 f.
[1177] LG Freiburg ZMR 1976, 210, 211.
[1178] *Hinz/Ormanschick/Riecke/Scheff*, Das neue Mietrecht, 2001, § 3 Rn 9; *Inzinger*, in: Hannemann/Wiegner, § 25 Rn 6.
[1179] BGH LM 549 BGB Nr. 4; *Bieber*, in: Kinne/Schach/Bieber, § 536 Rn 11.
[1180] BGH ZIP 2000, 887, 889.

1348 Es reicht dagegen für die Annahme einer Zusicherung nicht aus, dass der Vermieter reine Beschaffenheitsangaben oder Angaben zum Verwendungszweck macht.[1181] Wenn der Vermieter die Angaben lediglich mündlich abgegeben und nicht explizit schriftlich fixiert hat, kann dies als gewichtiges Indiz für einen fehlenden Zusicherungswillen angesehen werden.[1182] Dies gilt vor allem deshalb, weil bei Wohnraum nach § 550 BGB der Mietvertrag schriftlich abgeschlossen werden muss.

Hinweis für die Fallbearbeitung: Bei Berücksichtigung dieser Definition deckt sich die zugesicherte Eigenschaft begrifflich mit dem Beschaffenheitsbegriff des § 536 I S. 1 BGB, wodurch das Fehlen oder der Wegfall einer solchen zugleich immer auch einen Sachmangel der Mietsache darstellen. Die zugesicherte Eigenschaft hat aber in zwei Fällen eine besondere Bedeutung:

- Soll ein Schadensersatz nach § 536a I Var. 2 BGB durch den Mieter geltend gemacht werden, bedarf es eines Vertretenmüssens des Vermieters. Im Fall einer Eigenschaftszusicherung liegt aber eine Garantie i.S.d. § 276 I S. 1 BGB vor, die ein Verschulden des Vermieters für die an ein Vertretenmüssen anknüpfende Haftungsfolge entbehrlich macht. Mit anderen Worten heißt dies, dass der Vermieter bei einer zugesicherten Eigenschaft auch dann haftet, wenn er den Sachmangel nicht wegen Fahrlässigkeit oder Vorsatz zu vertreten hat.
- Entgegen der gesetzlichen Regelung des § 536 I S. 3 BGB kann der Mieter einen Schadensersatzanspruch auch bei einem unerheblichen Sachmangel geltend machen, sofern bzgl. dieses Sachmangels eine Eigenschaft zugesichert wurde.

1349 Größenangaben bei Grundstücken und Wohnungen gelten nicht als gesetzlich zugesichert. Vielmehr orientiert sich die Beurteilung einer Zusicherung an den allgemeinen Regeln. Wird eine Größenangabe in dem Mietvertrag schriftlich fixiert, kann grundsätzlich davon ausgegangen werden, dass der Vermieter die Größe zusichern will, wenn zumindest die Größe die Berechnungsgrundlage für den Mietzins ist oder bestimmte Größenangaben zu den Zimmern gemacht werden. Daneben stellt es i.d.R. aber auch einen Mangel i.S.d. § 536 I BGB dar, wenn eine gemietete *Wohnung* eine Wohnfläche aufweist, die mehr als 10 % unter der im Mietvertrag angegebenen Fläche liegt.[1183] Eine Darlegung des Mieters, dass hierdurch die Tauglichkeit der Wohnung zum vertragsgemäßen Gebrauch gemindert ist, bedarf es jedoch nicht.

cc.) Rechtsmangel

1350 Dem Sachmangel steht nach § 536 III BGB der Rechtsmangel gleich. Ein Rechtsmangel nach § 536 III BGB liegt danach vor, wenn dem Mieter der vertragsgemäße Gebrauch der Mietsache durch ein Recht eines **Dritten** ganz oder teilweise entzogen wird.

1351 **Dritter** ist derjenige, der ein schuldrechtliches oder dingliches Recht an der Sache hat, durch dessen Ausübung der Mietgebrauch beeinträchtigt wird.

1352 Die bloße Existenz des Dritten reicht jedoch nicht aus. Es ist vielmehr notwendig, dass der Dritte sein Recht auch tatsächlich ausübt und gerade diese Ausübung zu der Gebrauchsbeeinträchtigung führt.[1184] Erforderlich ist daher, dass der Dritte sein Recht nicht nur dem Vermieter, sondern auch dem Mieter entgegenhalten kann. Nicht erforderlich ist in dem Zusammenhang, dass der Dritte den ihm zustehenden Herausgabeanspruch auch

---

[1181] Vgl. BGH NJW 1980, 777, 778.
[1182] OLG Hamburg NZM 1998, 307.
[1183] Vgl. BGH NJW 2005, 2773 f.; BGH NJW 2004, 1947, 1948 f.; BGH NJW 2005, 218 f. zur fristlosen Kündigung bei Flächenabweichungen bei gewerblichen Mietverhältnissen.
[1184] Vgl. BGH NZM 1999, 461.

tatsächlich geltend macht; es reicht vielmehr aus, diesen dem Mieter gegenüber anzudrohen.[1185]

Beispiele:

(1) Wird die Mietsache **doppelt vermietet**,[1186] hat jeder Mieter einen Anspruch auf Überlassung der Mietsache. Die Mietsache kann jedoch nur an einen Mieter übergeben werden. Für die Zuteilung der Mietsache kommt es auf die zeitliche Abfolge der Vertragsabschlüsse nicht an.[1187] Erhält ein Mieter entweder durch freiwillige Übergabe durch den Vermieter die Mietsache oder setzt er als Erster die Überlassung durch Klage durch, können die anderen Mieter den Erhalt der Mietsache nicht mehr erzwingen. Die Überlassung der Mietsache an die anderen Mieter ist dem Vermieter insoweit subjektiv unmöglich (Unvermögen).[1188] Wer als Erster den rechtmäßigen Mietbesitz erhält, ist vor dem Zugriff der anderen Mieter geschützt. Die übrigen nicht besitzenden Mieter können jedoch Schadensersatzansprüche nach §§ 536 III, 536a BGB geltend machen. Sie können aber auch einen auf die Zukunft gerichteten Leistungsanspruch fordern, der dann möglich wird, wenn der aktuell besitzende Mieter die Wohnung wieder räumt.

Eine einstweilige Verfügung i.S.d. §§ 935, 936 ZPO, um sich bei einem Mehrfachvermietung die Wohnung zu sichern, ist **unzulässig**, da der Vermieter sich frei entscheiden kann, wem gegenüber er erfüllen möchte und wer stattdessen seinen Schaden ersetzt bekommen soll.[1189] Dagegen muss im Vorfeld eines *zweiten* Vertragsabschlusses mit einem Mieter richtigerweise eine einstweilige Verfügung in Form einer Sicherungsverfügung gem. §§ 935, 938 ZPO ausnahmsweise dann zulässig sein, wenn der Vermieter und ein Dritter bewusst zum Schaden des Mieters zusammenarbeiten und zu erwarten ist, dass der zweite Mietvertrag zügig erfüllt wird.[1190]

(2) Hat ein Mieter die Wohnung an einen Untermieter **weitervermietet** und wird das Hauptmietverhältnis beendet, kann der Hauptvermieter die Sache nach § 546 II BGB auch von dem Untermieter herausverlangen. Wird dieser Anspruch geltend gemacht, liegt ein Rechtsmangel im Verhältnis zwischen Mieter und Untermieter vor.[1191]

Insoweit reicht die konkrete Gefahr aus, dass durch einen Dritten der Sachgebrauch des Mieters beeinträchtigt wird. Keinen Rechtsmangel stellt hingegen eine öffentlich rechtliche Beschränkung dar.[1192] **1353**

b.) Überlassen

Der Mangel kann nach § 536 I S. 1 BGB entweder im Zeitpunkt der Überlassung oder danach eintreten. Erforderlich ist grundsätzlich jedoch, dass die Mietsache an den Mieter **überlassen** wurde.[1193] Nur in dem eng begrenzten Fall der *anfänglichen Unmöglichkeit* ist eine analoge Anwendung des § 536 BGB auch dann möglich, wenn die Sache noch nicht überlassen ist. **1354**

Überlassen ist eine Mietsache, wenn der Mieter in die Lage versetzt wird, die Sache vertragsgemäß zu gebrauchen. **1355**

1185 Vgl. BGH NJW 1996, 46, 47.
1186 Dazu ausführlich mit umfassenden Erläuterungen zu dem Problem *Kluth/Grün*, NZM 2002, 473 ff.
1187 Vgl. BGH MDR 1962, 398.
1188 Vgl. AG Lichtenberg ZMR 2003, 118 f.
1189 KG Berlin ZMR 2007, 614; OLG Frankfurt a.M. ZMR 1997, 22, 23; dagegen OLG Düsseldorf NJW-RR 1991, 137, 138; *Kluth/Grün*, NZM 2002, 473, 475 ff.
1190 *Kluth/Grün*, NZM 2002, 473, 475.
1191 Vgl. dazu auch BGH NJW 1996, 46, 47.
1192 *Inzinger*, in: Hannemann/Wiegner, § 25 Rn 28.
1193 Vgl. BGHZ 136, 102, 106.

1356 Fehlt es an einer solchen Überlassung, kann der Mieter keine Rechte aus Minderung geltend machen, insoweit ist § 536 BGB nicht anwendbar. Der Überlassungsvorgang ist ein rein tatsächlicher Vorgang, der in der Regel in der Besitzverschaffung bestehen wird. Dies muss aber nicht notwendigerweise der Fall sein.

c.) Mängelanzeige

1357 Der Mieter hat dem Vermieter den Mangel gem. § 536c I BGB anzuzeigen, wenn sich dieser im Laufe der Mietzeit zeigt, ansonsten ist entsprechend den obigen Ausführungen (Rn 1283a) ein Anspruch auf Minderung oder Schadensersatz gem. § 536c II BGB ausgeschlossen.

1358 Ein Mangel **zeigt sich**, wenn er sichtbar zutage tritt oder wenn er von einem durchschnittlichen Mieter ohne weiteres wahrgenommen werden kann, wobei der Mieter allerdings keine Nachforschungspflicht hat.[1194]

1359 Der Mieter muss nicht unbedingt positive Kenntnis von dem Mangel haben, es reicht vielmehr aus, wenn er **grob fahrlässig** den Mangel nicht erkannt hat.[1195] Da die Mängelanzeige den Vermieter in die Lage versetzen soll, die Mietsache in einen vertragsgemäßen Zustand zu versetzen, entfällt die Anzeigepflicht allerdings dann gem. § 242 BGB, wenn der Vermieter von dem Mangel bereits weiß oder nach den Gesamtumständen wissen müsste. Die Kenntnis eines Erfüllungsgehilfen muss sich der Vermieter zurechnen lassen. Dem ist die Situation gleichgestellt, in der die Mangelbeseitigung unmöglich ist, denn dann wirkt sich die unterlassene Mängelanzeige nicht ursächlich auf eine eventuelle Verschlechterung der Sache aus. Eine konkrete Prüfpflicht zur dezidierten Erforschung von verdeckten Mängeln besteht seitens des Mieters ebenfalls nicht, weshalb ihn kein Verschulden trifft, wenn er einen verdeckten Mangel übersieht.[1196]

> **Hinweis für die Fallbearbeitung:** Zeigt der Mieter einen Mangel an, trägt er die Darlegungs- und Beweislast. Er hat hierbei den Mangel der Mietsache hinreichend genau zu beschreiben, wobei allerdings bei wiederkehrenden Beeinträchtigungen (wie z.B. Lärm, Verschmutzungen) ein detailliertes und exaktes Verlaufsprotokoll oder Ähnliches *nicht* anzufertigen ist (str.).[1197]

1360 **„Im Laufe der Miete“** meint, dass die Anzeigepflicht in dem Augenblick beginnt, in dem die Mietsache überlassen, und dann endet, wenn sie an den Vermieter zurückgegeben wird.

1361 Gleiches gilt, wenn eine Maßnahme zum Schutz der Mietsache erforderlich wird, um eine drohende Gefahr von dieser abzuwenden. Nicht erforderlich ist, dass die Gefahr konkret besteht. Es reicht aus, dass eine solche droht.

> **Beispiele:** morsche Bäume, sehr schwerer Sturm, lose Dachziegel

1362 Eine Anzeigepflicht besteht hingegen nicht, wenn der Vermieter die Gefahr ebenso gut abwenden kann oder es keine Möglichkeit gibt, ihr vorzubeugen oder abzuhelfen.

d.) Gewährleistungsausschluss

1363 Es darf darüber hinaus kein Ausschluss des Gewährleistungsrechts vorliegen. Dieser kann sich sowohl aus dem Rechtsgeschäft selbst als auch aus dem Gesetz ergeben.

[1194] Vgl. BGH WM 1976, 537, 538.
[1195] BGHZ 68, 281, 283 f.; wohl dagegen *Weimar*, DB 1972, 615, 616.
[1196] *Oetker/Maultzsch*, § 5 Rn 77.
[1197] BGH NJW-Spezial 2012, 321.

aa.) Vertraglicher Ausschluss

Die Vertragsparteien können aufgrund des § 536d BGB in dem Mietvertrag vereinbaren, dass Ansprüche, die auf einem Mangel beruhen, ausgeschlossen sind oder beschränkt werden. Die Vorschrift ist damit anwendbar auf die Sach- und Rechtsmängel. Die Vertragsklauseln sind aber bei einer formularmäßigen Verwendung an §§ 305, 307 BGB zu messen. Wird eine Individualabrede getroffen, sind die Grenzen der §§ 138, 242 BGB einzuhalten. **1364**

Gemäß § 536 IV BGB ist eine Vereinbarung auf Ausschluss der Gewährleistungsrechte allerdings dann unzulässig, wenn Gegenstand des Vertrags die **Wohnraummiete** ist. **1365**

bb.) Kenntnis vom Mangel

Hat der Mieter bei **Vertragsabschluss** Kenntnis von dem Mangel, sind die Gewährleistungsrechte i.S.d. § 536 BGB durch § 536b S. 1 BGB ausgeschlossen. **1366**

Eine Kenntnis des Mangels liegt aber nur dann vor, wenn der Mieter den Umstand kennt, der zu einer Störung führen wird, er aber Dauer und Ausmaß nicht überschauen kann. Er muss also zumindest um den konkreten Mangel und dessen generelle Auswirkung auf die Gebrauchstauglichkeit wissen.[1198] **1367**

> **Beispiel:** Der Mieter mietet eine Wohnung in der Nähe eines idyllischen Kanals an. Wenig später wird dort eine Großbaustelle eingerichtet, um den Kanal auch für große Flussschiffe nutzbar zu machen. Der Ausbau dauert an dieser Stelle ein knappes Jahr und bringt wegen der Erdarbeiten erhebliche Lärmbelästigungen mit sich. Von dem Ausbau hatte der Mieter bei der Anmietung Kenntnis. Ihm war jedoch nicht bekannt, welche Dauer und welchen Umfang die Ausbauarbeiten haben würden. Er ging davon aus, dass es sich um einen Zeitraum von weniger als drei Monaten handeln werde. Daher hat der Mieter den Mangel nach der hier vertretenen engeren Ansicht nicht gekannt.

Besonderheiten gelten bei saisonal auftretenden Mängeln. Eine entsprechende Kenntnis bei solchen Mängeln kann erst dann angenommen werden, wenn die Störungen nicht nur vereinzelt, sondern gehäuft und über die gesamte Saison auftreten, wodurch der Mieter erkennen musste, dass an dem Mietobjekt ein grundlegender Defekt vorhanden ist.[1199] **1368**

> **Beispiel:** Im Winter fällt regelmäßig und in kurzen Abständen die Heizung aus.

Beruht die Unkenntnis über den Mangel bei Vertragsabschluss auf grober Fahrlässigkeit, ist nach § 536b S. 2 BGB in entsprechender Weise zu verfahren, es sei denn, dass der Vermieter den Mangel arglistig verschwiegen hat. In dem Fall stehen dem Mieter die Mängelgewährleistungsrechte zu. **1369**

Erlangte der Mieter erst nach Abschluss des Vertrags, aber vor bzw. während der Überlassung von dem Mangel Kenntnis, muss er sich seine Rechte **bei der Annahme** der Mietsache vorbehalten. **1370**

> **Beispiel:** Wird im Übergabeprotokoll vermerkt, dass sog. Klopfgeräusche in allen Heizkörpern laut zu hören sind, muss die Mieterin in dem Übergabeprotokoll diesbezüglich einen Vorbehalt vermerken.[1200]

[1198] OLG Naumburg, ZMR 2001, 617; LG Mannheim WuM 1996, 338; LG Mannheim WuM 2000, 185; *Sternel*, WuM 2002, 244, 248; im Ergebnis weiter LG Lübeck WuM 1998, 690, u. OLG München NJW-RR 1994, 654, die die Kenntnis des <u>Gefährdungspotentials</u> ausreichen lassen, sofern der Mieter mit einer <u>Störung rechnen</u> musste.
[1199] OLG Dresden NZM 2002, 662, 663.
[1200] AG Hamburg GE 2002, 11.

1371 Der Vorbehalt ist eine einseitige empfangsbedürftige Willenserklärung, der der Vermieter entnehmen können muss, dass sich der Mieter seine Rechte vorbehält. Die Erklärung bedarf keiner Form.

1372 Der Vorbehalt muss eindeutig formuliert sein. Dafür ist u.a. erforderlich, dass eine eindeutige Willensäußerung vom Mieter dahingehend gemacht wird, auf welchen Zeitraum sich der Vorbehalt beziehen soll.[1201]

cc.) Verwirkung

1373 Das Gewährleistungsrecht darf auch nicht **verwirkt** sein. Dies gilt auch für die Minderung.

1374 Ein Sonderfall der Verwirkung war nach der früheren Rechtsprechung die Konstellation, dass der Mieter in **Kenntnis** eines Mangels drei bis sechs Monate die Miete **vorbehaltlos** weiter gezahlt hat, obgleich der Mangel nachträglich aufgetreten ist. In dieser Fallkonstellation sollte bislang § 539 BGB a.F. analog angewendet werden. Der Gesetzgeber hat diese Problematik gesehen und sich ausdrücklich gegen eine analoge Anwendung des § 536b BGB ausgesprochen.[1202] Er hält die Regelung des § 536c BGB vielmehr für ausschließlich anwendbar und vor allem ausreichend.[1203] Insofern kommt eine analoge Anwendung des § 536b BGB in Zukunft nicht mehr in Betracht.[1204]

Hinweis für die Fallbearbeitung: Es empfiehlt sich seit der Entscheidung des Gesetzgebers nunmehr, zunächst die Analogie zu prüfen, diese mit den vorgenannten Ergebnissen abzulehnen und anschließend die Verwirkung nach § 242 BGB zu prüfen. In diesem Zusammenhang ist darauf hinzuweisen, dass die gleichen Grundsätze im Kündigungsrecht anzuwenden sind.[1205]

1375 Die Verwirkung kann sich aber aus dem strengeren Grundsatz von Treu und Glauben gem. § 242 BGB in Anlehnung an den Rechtsgedanken aus § 814 BGB ergeben.[1206] Zahlt der Mieter über einen sehr langen Zeitraum die volle Miete, kann eine Verwirkung angenommen werden.

Beispiel[1207]**:** Der Mieter zahlt seinen Mietzins über 5 Jahre ungemindert weiter.

1376 Bei der Beurteilung der Verwirkung seiner Rechte muss unbedingt berücksichtigt werden, dass dem Mieter eine Überlegungsfrist zugestanden werden muss, um sich zu entscheiden, welche rechtlichen Mittel hinsichtlich des Mangels zu ergreifen sind. Zu berücksichtigen ist ferner das Verhalten des Vermieters. Dementsprechend können Gründe, die aus der Sphäre des Vermieters kommen, nicht dem Mieter zugerechnet werden.

Beispiel: Der Vermieter beginnt mit der Beseitigung des Mangels am Dach. Nach kurzer Zeit geht ihm vorübergehend das Geld aus, sodass die Arbeiten eingestellt werden. Als er wieder zu Geld kommt, werden die Arbeiten nicht wieder aufgenommen. Der Mieter reagiert allerdings auf dieses Verhalten nicht. Hier darf dem Mieter die Untätigkeit nicht angelastet werden, da die Gründe aus der Sphäre des Vermieters kommen.

[1201] AG Hermeskeil WuM 2005, 239.
[1202] *Wichert*, ZMR 2001, 262, 263.
[1203] BT-Drs. 14/4553, 41.
[1204] Ausführlich *Wichert*, ZMR 2001, 262, 263; *Eisenschmid*, WuM 2001, 215; AG Rudolfstadt NZM 2002, 163; bestätigend BGH NZM 2003, 679, 680; BGH WuM 2007, 72 f.; *Streyl*, NZM 2004, 15 f.; sehr krit. *Sternel*, ZMR 2002, 1, 2.
[1205] Vgl. BGH ZGS 2007, 4, 5.
[1206] BT-Drs. 14/4553, 41.
[1207] In Anlehnung an BGH NJW-RR 1992, 267, 268.

Dem steht es gleich, wenn der Vermieter bestimmte Zusagen gegenüber dem Mieter rechtlich verbindlich tätigt, deren Ausführung aber für eine bestimmte Zeit aufschiebt. Gegen Treu und Glauben verstößt es auch, wenn der Mieter seinen ihm obliegenden Pflichten aus dem Mietvertrag hinsichtlich einer Mangelbeseitigung nicht nachkommt. Der Mieter hat nämlich, wie dies bereits ausführlich dargelegt wurde, aus dem Mietvertrag folgend eine Duldungspflicht, wenn der Vermieter den Mangel beseitigen will. 1377

Beispiel: In der Wohnung des A funktioniert im Sommer bei einem Testlauf die Heizung nicht. Daher beauftragt der umsichtige Vermieter B kurzfristig einen Handwerker, der den Mangel rechtzeitig vor dem Winter beseitigen soll. Dies kann nur dadurch geschehen, dass durch den Handwerker auch die Wohnung des A für Arbeiten betreten wird. B weist A rechtzeitig auf den Termin mit dem Handwerker hin. Dieser lässt den Monteur jedoch nicht in die Wohnung, da sich kurzfristig eine erotische Verabredung ergeben hat, die er sich nicht entgehen lassen möchte. Auch bei wiederholten Versuchen des Handwerkers kann dieser die Heizung wegen einer Zutrittsverweigerung durch A nicht reparieren. Als der Winter naht und die Freundin bei den Liebesspielen über die Kälte klagt, macht A gegenüber seinem Vermieter B erbost Minderung in Höhe von 50 % geltend. Der Anspruch ist jedoch wegen Treu und Glauben ausgeschlossen,[1208] da der Mieter zwar nicht den Mangel verursacht hat, jedoch die Beseitigung kausal durch sein vertragswidriges Verhalten verhindert wurde.

Hinweis für die Fallbearbeitung: Inzwischen wird diskutiert, inwieweit auch der *Vermieter* seinen Anspruch auf den Mietzins verlieren kann, wenn er eine Mietminderung über einen längeren Zeitraum widerspruchslos hingenommen hat, obgleich ein Anspruch auf Minderung nicht bestand. Zumindest unter Berücksichtigung der Verwirkungsregeln des § 242 BGB ist dies dann anzunehmen, wenn der Mieter aufgrund des Verhaltens des Vermieters darauf vertrauen durfte, die vereinbarte Miete werde nicht rückwirkend verlangt werden.[1209] Dies ist dann der Fall, wenn ein illoyales Verhalten des Vermieters dazu führt, dass das tatsächlich bestehende Vertrauen des Mieters darauf, es würden keine Ansprüche mehr geltend gemacht, enttäuscht wird, obgleich sich der Mieter darauf tatsächlich bereits eingerichtet hatte. In Anwendung der nunmehr ergangenen Entscheidung des BGH zur analogen Anwendung des § 536b BGB hinsichtlich des Mieters und der hier gemachten Ausführungen zum Mieter muss es auch Auswirkungen auf die umgekehrte Situation in Bezug auf den Vermieter haben: Mag unter Umständen die Ansicht richtig sein, dass eine planwidrige Regelungslücke hinsichtlich dieses Problems tatsächlich vorliegt, dass der Gesetzgeber nicht beredt geschwiegen hat.[1210] Gegen eine analoge Anwendung spricht aber zumindest das Merkmal „die vergleichbare Interessenlage". Ausgangspunkt der Regelung in § 536b BGB sind das Wissen oder das Verhalten des *Mieters*. An ihn knüpft die Norm an, der Vermieter ist hingegen nicht Regelungsgegenstand dieser Vorschrift. Zudem ist Regelungsziel der Ausschluss von Gewährleistungsrechten des Mieters. In der hier vorliegenden Konstellation geht es hingegen um eine im Synallagma stehende Hauptleistungspflicht in Form des Mietzinses. Insoweit liegt keine vergleichbare Interessenlage vor.[1211]

dd.) Mangelverursachung durch den Mieter

1378 Ausdrücklich soll abschließend auf eine Selbstverständlichkeit hingewiesen werden. Hat der Mieter den Mangel selbst verursacht bzw. zu vertreten, muss das ihm zustehende Minderungsrecht nach § 536 I BGB ausgeschlossen sein. Dies ergibt sich aus § 326 II BGB, nach dem der Vermieter von seiner Leistung frei wird und den Anspruch auf die

[1208] Vgl. auch LG Hamburg GE 2001, 83, 84.
[1209] Vgl. BGH NZM 2003, 355 f.; *Lützenkirchen*, WM 2004, 58, 63.
[1210] Ausführlich herleitend *Ventsch/Storm*, NZM 2003, 577, 579 f.; anders wohl *Wichert*, ZMR 2000, 65, 68.
[1211] Vgl. dazu *Wichert*, ZMR 2000, 65, 86; anders aber *Timme*, NZM 2003, 508, 509; *Ventsch/Storm*, NZM 2003, 577, 579 f.

Gegenleistung behält, wenn der Mieter den Mangel alleine oder weit überwiegend zu vertreten hat.

ee.) Modernisierungsmaßnahme durch den Vermieter

1378a Der Gesetzgeber wollte mit der Regelung der Modernisierungsmaßnahme[1212] Rechtsicherheit gerade für die Vermieter schaffen, damit diese einen Anreiz haben, energetische Maßnahmen durchzuführen und neuen Wohnraum zu schaffen. Begleitend dazu hat der Gesetzgeber das **Minderungsrecht** nach § 536 Ia BGB dahingehend **eingeschränkt**, dass während einer Modernisierungsmaßnahme eine Minderung i.S.d. § 536 I BGB[1213] wegen der Tauglichkeit außer Betracht bleibt, soweit eine Maßnahme i.S.d. § 555b Nr. 1 BGB durchgeführt wird. Umfasst sind dabei aber nur solche Beeinträchtigungen i.S.d. § 536 I S. 2 BGB, bei denen die Tauglichkeit der Nutzbarkeit nicht vollständig aufgehoben ist.[1214] Einschränkende Voraussetzung hinsichtlich des Anwendungsbereichs des § 536 Ia BGB ist das Vorliegen der Voraussetzungen der §§ 555c f. BGB (str.).[1215]

Treffen eine solche privilegierte Modernisierungsmaßnahme und andere Modernisierungsmaßnahmen im Rahmen einer zusammenhängenden Baumaßnahme aufeinander, kann nach § 287 II ZPO ermittelt werden, in welchem Umfang die Beeinträchtigungen in den Anwendungsbereich der §§ 555b Nr. 1, 536 Ia BGB fallen und in welchem Umfang die anderen Modernisierungsmaßnahmen für Beeinträchtigungen sorgen.[1216] Der Anteil, der nicht privilegiert ist, kann dann nach § 536 I S. 2 BGB zu einer Minderung der Miete führen. Werden privilegierte Modernisierungsmaßnahmen mit Erhaltungsmaßnahmen, die in einem inneren Zusammenhang mit der konkreten Modernisierung stehen, durchgeführt, kann wegen der Erhaltungsmaßnahmen ebenfalls keine Minderung geltend gemacht werden.[1217]

> **Beispiel:** Neue Wärmedämmung an der Außenwand und anschließend neues Verputzen der Wände.

Wird allerdings die Tauglichkeit der Wohnung durch die privilegierte Modernisierungsmaßnahme vollständig aufgehoben, bleibt das Minderungsrecht nach § 536 I S. 1 BGB erhalten. Trotz des Regelungsbereichs des § 536 Ia BGB kann der Mieter die jeweiligen Schadensersatz- oder Aufwendungsersatzansprüche geltend machen.[1218]

e.) Rechtsfolge

aa.) Vollständige Unbrauchbarkeit

1379 Der Mieter wird, wenn die Mietsache im Ganzen nicht zu gebrauchen ist, von der Entrichtung des Mietzinses befreit. Die Befreiung dauert so lange fort, bis die Gebrauchstauglichkeit wiederhergestellt ist. Das ist insbesondere dann der Fall, wenn der Vermieter die Sache in Besitz nimmt, um den Mangel zu beseitigen.[1219]

> **Beispiel:** Der Vermieter will den Motor des vermieteten Wagens reparieren lassen und fährt daher damit in die Werkstatt.

[1212] Vgl. ausführlich Rn 1275.
[1213] Dazu ausführlich Rn 1336 ff.
[1214] Vgl. BT-Drs. 17/10485, S. 17 re.Sp.
[1215] Vgl. *Weidenkaff*, in: Palandt, § 536 Rn 23a.
[1216] Vgl. BT-Drs. 17/10485, S. 18 li.Sp.
[1217] Vgl. BT-Drs. 17/10485, S. 18 li.Sp.
[1218] Vgl. BT-Drs. 17/10485. S. 18 li.Sp.
[1219] BGH NJW 1987, 432.

bb.) Teilweise Unbrauchbarkeit

Ist die Gebrauchstauglichkeit hingegen nur teilweise aufgehoben, vermindert sich der Mietzins entsprechend. 1380

(a.) Berechnung

Der geminderte Mietzins ergibt sich aus dem Verhältnis des alten Mietzinses zum neuen geminderten Mietzins wie der Wert der mangelfreien Sache zur mangelhaften Sache. Bei einer Auflösung dieser Gleichung ergibt sich nachfolgende Berechnungsformel: 1381

$$\text{Geminderter Mietzins} = \frac{\text{Wert der mangelhaften Sache x alter Mietzins}}{\text{Wert der mangelfreien Sache}}$$

Beispiele:

(1) Die Wohnung kostet nach Mietvertrag einen Mietzins von 600,- € pro Monat. Der Wert der mangelfreien Sache ist 500,- €. Die Wohnung hat im mangelhaften Zustand hingegen nur einen Wert von 450,- €. Aus der Formel ergibt sich demnach die Berechnung: (450 x 600)/500 = 540. Das Ergebnis von 540,- € stellt demnach den geminderten monatlichen Mietzins dar. Hat der Mieter bereits die Miete in Höhe von 600,- € entrichtet, kann er nach § 812 I S. 1 Var. 1 BGB die überzahlte Miete in Höhe von 60,- € wieder herausverlangen. Aber auch hier ist darauf zu achten, dass dies nur möglich ist, wenn keine Verwirkung eingetreten ist.

(2) Die Miete für die Lagerhalle beträgt laut Mietvertrag monatlich 20.000,- €. Durch ein Leck im Dach kommt ständig Wasser in die Lagerhalle, dadurch werden eingelagerte Gegenstände feucht. Die Miete für die Lagerhalle im mangelhaften Zustand hat daher lediglich einen Wert von 13.500,- €. Der Wert der Miete für die mangelfreie Lagerhalle beträgt jedoch 21.000,- €. Laut Berechnung [(13.500 x 20.000) / 21.000] ergibt sich damit ein geminderter Mietzins von 12.857,14 €.

Hinweis für die Fallbearbeitung: Bei Nennung von Zahlen sind diese in das Gutachten einzubeziehen.

(b.) Berechnungsgrundlage: Netto- oder Bruttomiete

Bislang ist es allerdings umstritten, ob sich bei **Wohnungen** der Mietzins auf die Brutto- oder auf die Nettomiete bezieht. Strikt zu beachten ist, dass die Minderung entscheidend vom Einzelfall abhängt. Haben die Vertragsparteien eine Bruttomiete vereinbart, ist es völlig unstreitig, dass die im Mietpreis kalkulatorisch enthaltenen Betriebskosten mit zur Miete zählen. Anders ist es hingegen, wenn die Vertragsparteien sich darauf geeinigt haben, dass eine Nettomiete zu zahlen ist und daneben die real anfallenden Nebenkosten auszugleichen sind. 1382

- Eine Ansicht meint, dass grundsätzlich der Mietzins i.S.d. § 535 BGB die **Bruttomiete** sei.[1220] Werde über die Nebenkosten gesondert abgerechnet, seien die fraglichen Beträge, die auf den Minderungszeitraum entfielen, also auf die Netto- bzw. Kaltmiete hinzuzurechnen.

  Beispiele: Heizung, Lift, Versicherungen

[1220] BGH NJW 2005, 1713, 1714; KG WM 2004, 17 f.; *Eisenschmid*, in: Schmidt-Futterer, § 536 Rn 375; *Sternel*, WuM 2002, 244, 246.

Dieser Betrag sei deshalb entscheidend für die Minderungsberechnung.

- Eine Gegenansicht geht dagegen davon aus, dass sich der Mietzins auf die **Nettomiete** beziehe.[1221] Es sollten allerdings solche Nebenkosten bei der Berechnung des Mietzinses Berücksichtigung finden, die gerade durch die Herabsetzung der Gebrauchstauglichkeit erfasst würden.

  Beispiel: Die Heizung ist defekt oder arbeitet schlecht.

  Stellungnahme: Es ergäben sich für den Mieter besondere Probleme, wenn man der Ansicht folgte, die auf eine Nettomiete abstellt. Denn es ist für den Mieter nicht immer ohne weiteres sofort festzustellen, auf welche Nebenkosten sich der Mangel konkret erstreckt. Hinzu kommt die Tatsache, dass Nebenkostenabrechnungen vielfach sehr kompliziert gestaltet sind, sodass der Mieter nicht in der Lage sein wird, die relevanten Kosten in der Gesamtabrechnung zu erkennen. Dadurch entstehen für den Mieter Unsicherheiten, da er bei seiner Mietminderung nicht weiß, ob er nicht durch eine falsche Berücksichtigung von Nebenkosten zu viel im Rahmen der Minderung zurückbehalten hat. Es ist daher aus Praktikabilitätsgründen und um die Rechtssicherheit zu gewährleisten, auf die Bruttomiete abzustellen. Hinzu kommt noch, dass die Mietzinszahlung und der Mietgebrauch in einem Äquivalenzverhältnis stehen. Der Mieter will seine Wohnung nutzen und ist auf diese auch existentiell angewiesen. Er braucht diese als Lebensmittelpunkt, um alle zu seiner Lebensführung gehörenden Aktivitäten seinen Bedürfnissen entsprechend vornehmen zu können.[1222] Dazu gehören in Ermangelung einer abweichenden Vereinbarung auch die Versorgung mit Wasser, Energie oder auch Heizung sowie die Entsorgung von Müll.[1223] Die Betriebskosten sind insoweit mit dem Gebrauch der Wohnung unlösbar verbunden, sie lassen sich darum von der Gewährpflicht des Vermieters nicht lösen.

cc.) Angemessenheitsprüfung

1383 Zu beachten ist aber, dass § 536 I S. 2 BGB zusätzlich eine Angemessenheitsprüfung vorsieht, sofern die Tauglichkeit lediglich teilweise gemindert wurde. **Damit kann der errechnete Wert lediglich ein erster Ansatzpunkt sein.**[1224] Einzufließen haben darüber hinaus im Rahmen einer umfassenden Abwägung

- die Interessen des Mieters und des Vermieters,
- die Beeinflussbarkeit oder das Verschulden des Vermieters bezüglich des Mangels,
- die Bedeutung der Mietsache für den Mieter
- oder auch der Funktionswert der Mietsache.

> **Hinweis für die Fallbearbeitung:** Es hat dementsprechend eine umfangreiche und ausführliche Abwägung aller Interessen stattzufinden, die die Besonderheiten der konkreten Sachverhaltskonstellation exakt zu berücksichtigen hat.

dd.) Minderung kraft Gesetzes

1384 Die Minderung tritt automatisch ein, d.h. ohne weiteres kraft Gesetzes, sobald und solange die Gebrauchstauglichkeit der Sache aus den genannten Gründen herabgesetzt oder aufgehoben ist.[1225] Einer diesbezüglichen gestaltenden Erklärung des Mieters bedarf es daher nicht.

[1221] OLG Düsseldorf NJW-RR 1994, 399, 400; LG Berlin WuM 1998, 28; LG Berlin WuM 2005, 53 zur Flächenabweichung bei vereinbarter Nettomiete.
[1222] BayObLG NJW 1981, 1275.
[1223] *Sternel*, WuM 2002, 244, 246.
[1224] *Sternel*, ZMR 2002, 1, 2; *Kinne*, GE 2001, 1105, 1106.
[1225] *Sternel*, WuM 2002, 244, 245; OLG Düsseldorf NJW-RR 1994, 399, 400.

Da die Minderung kein Anspruch ist, kann dieser auch nicht verjähren.[1226]

Der Vermieter kann in dem Zusammenhang nicht einwenden, dass der Mieter in dem fraglichen Zeitraum von der Mietsache nur einen eingeschränkten oder keinen Gebrauch gemacht habe.

ee.) Minderung bei Mangeleintritt während eines Zahlungszeitraums

Ein weiteres Problem ergibt sich dadurch, dass für die Wohnungsmiete der Mieter gem. **1385**
§ 556b I BGB bzw. nach §§ 578, 579 II BGB **vorleistungspflichtig** ist. Tritt der Mangel erst in der Mitte des Mietmonats auf, erscheint es problematisch, ob dem Mieter weiterhin ein Zurückbehaltungsrecht gem. § 273 BGB oder die Einrede des nicht erfüllten Vertrags gem. § 320 BGB zustehen.

- Insofern könnte man der Auffassung sein, dass aufgrund der synallagmatischen Verbindung von Mietzins und Überlassung der Mietsache ein Zurückbehaltungsrecht für die laufende Mietzinsperiode dogmatisch **unzulässig** sei, da der Gesetzgeber die Pflichtenstellungen der Parteien geändert hat.[1227] War früher der Vermieter gesetzlich vorleistungspflichtig, trifft nun den Mieter diese Pflicht. Insoweit bestehen tatsächlich dogmatische Bedenken.
- Zu **beachten** ist aber auch, dass der Gesetzgeber mit dieser Regelung lediglich der bislang bestehenden Praxis entsprechen wollte.[1228] Eine Absicht, die Rechte des Mieters weitergehend zu beschränken, hatte der Gesetzgeber nicht.[1229] Es muss vielmehr davon ausgegangen werden, dass dem Gesetzgeber ein redaktioneller Fehler unterlaufen ist, denn die Regelung ist rechtssystematisch verunglückt, da die Anzeigepflicht des Mieters mit der Garantiehaftung und der automatischen Anpassung des Mietzinses an das Äquivalent der Wohnraumüberlassung nicht zu vereinbaren ist. Ist nämlich der Mieter z.B. mit seinen Mietzinszahlungen in Verzug und zahlt der Mieter erst am 15. des Monats, kann er - tritt der Mangel erst am 10. des Monats auf - die Mietzinsminderung noch vollziehen, weil sich der Mietzins mit dem Auftreten des Mangels reduziert.[1230] Bislang war es für die Rechte des Mieters unschädlich, wenn zwischen den Parteien die Fälligkeit als Vorleistung vertraglich vereinbart war.[1231] Zu beachten ist daher insbesondere, dass der Gesetzgeber dem Mieter in § 556b II BGB ein Zurückbehaltungsrecht eingeräumt hat.

Aus dieser räumlichen, funktionellen und systematischen Stellung der beiden Absätze muss geschlossen werden, dass dem Mieter weiterhin auch bezüglich des Mangels ein solches Zurückbehaltungsrecht **zustehen** soll.[1232] Es ist insoweit eine dahingehende teleologische Reduktion vorzunehmen.

ff.) Ausschluss der Minderung

Eine Minderung kommt allerdings dann nicht in Betracht, wenn der Mieter trotz Vertragsbeendigung die Mietsache weiterhin gebraucht und dafür nach §§ 546a I BGB den Mietzins als Mindestschaden fortzuzahlen hat. Bei Wohnraum ist allerdings § 571 I BGB zu beachten, wonach ein Vertretenmüssen des Mieters bei der Geltendmachung eines Anspruchs aus § 546a II BGB erforderlich ist. **1386**

[1226] OLG Düsseldorf NJW-RR 1994, 399, 400.
[1227] Vgl. auch *Sternel*, ZMR 2001, 937, 938; *Langenberg*, WuM 2001, 523, 525.
[1228] BT-Drs. 14/4553, 52; BR-Drs. 439/00, 130.
[1229] *Eisenschmid*, WuM 2001, 215, 218.
[1230] Damit wird der vertragsuntreue Mieter gegenüber dem vertragstreuen Mieter bessergestellt.
[1231] Vgl. *Eisenschmid*, in: Schmidt-Futterer, § 535 Rn 637; BGHZ 84, 42 ff.
[1232] So schon *Eisenschmid*, WuM 2001, 215, 218; *Hinz/Ormanschick/Riecke/Scheff*, § 4 Rn 47 f.; *Sternel*, WuM 2002, 244, 247; wohl auch *Gellwitzki*, WuM 2001, 373, 379.

gg.) Irrtum des Mieters über die Minderungshöhe

1387 Irrt sich der Mieter hinsichtlich der Minderungshöhe, sodass er zu viel mindert, kommt er mangels Verschuldens mit der Differenz grundsätzlich nicht in Verzug.

bb. Schadensersatz nach § 536a I BGB

1388 § 536a BGB fasst den Schadensersatz und einen Aufwendungsersatz für die eigenständige Beseitigung des Mangels durch den Mieter zusammen. Nach § 536a I BGB haftet der Vermieter für **Schäden**, die durch einen Mangel entstanden sind, wogegen der Vermieter nach § 536a II BGB **Aufwendungsersatz** zu leisten hat.

Anspruch auf Schadensersatz nach § 536a I BGB

I. Tatbestand

Bezüglich des Tatbestands kann grds. auf die Ausführungen zu § 536 BGB zurückgegriffen werden. Allerdings sind spezielle Besonderheiten zu beachten:

- Beim *anfänglichen Mangel* ergeben sich keine abweichenden Tatbestandvoraussetzungen gegenüber dem Anspruch aus § 536 BGB: Es reicht, dass ein Mangel vorliegt, da den Vermieter eine umfassende Garantiepflicht trifft; der Schaden muss lediglich auf Risiken beruhen, die bei Vertragsschluss bereits angelegt waren.
- Bei einem *nachträglichen Mangel* muss der Vermieter den Mangel verschuldet haben. Dies kommt gegenüber § 536 BGB als zusätzliche Voraussetzung hinzu.
  - ⇨ Das Verschulden kann ausschließlich dann ausnahmsweise entfallen, wenn der Vermieter eine Eigenschaft zugesichert hat.
  - ⇨ Für die Bestimmung der Nachträglichkeit kommt es nicht auf den Zeitpunkt an, zu dem der Mangel der Mietsache erkennbar wird, sondern entscheidend ist der Zeitpunkt, bei dem die Ursache für den Mangel gesetzt worden ist.
  - ⇨ Ein Verschulden des Vermieters hinsichtlich der nachträglichen Entstehung des Mangels liegt vor, sofern er diesen nach §§ 276 bis 278 BGB zu vertreten hat.
  - ⇨ Ein Verschulden ist zumindest dann anzunehmen, wenn der Vermieter die sich aus § 535 I BGB ergebenden Prüfungs- und Verkehrssicherungspflichten schuldhaft nicht wahrnimmt.
- Der *Verzug* der Mangelbeseitigung ist anhand der in §§ 286, 287 BGB normierten Voraussetzungen festzustellen. Diese sind als zusätzliche Voraussetzungen zu denen des § 536 BGB zu prüfen. Kommt allerdings der Mieter gem. § 293 ff. BGB vorab bereits in Annahmeverzug, kann ein Verzug des Vermieters nicht mehr entstehen.

II. Rechtsfolge

- Liegt ein Mangel vor, kann der Mieter Ansprüche auf Minderung und Schadensersatz gleichzeitig stellen, da sich §§ 536, 536a BGB nicht gegenseitig ausschließen. Der Mieter ist daher berechtigt, neben der Mietminderung den **weitergehenden** Schaden geltend zu machen.
- Nach allgemeiner Meinung ist jedenfalls der eigentliche Nichterfüllungsschaden (positives Interesse) zu ersetzen.
- Nach ganz überwiegender Meinung ist entgegen dem Kauf- und Werkvertragsrecht auch jeglicher Mangelfolgeschaden von § 536a I BGB erfasst, da zwischen Mangel- und Mangelfolgeschaden nicht unterschieden wird.
- Mit einbezogen sind auch die Kündigungsfolgeschäden: Diese sind Schäden, die dem Mieter dadurch entstehen, dass er den Mietvertrag aufgrund des Mangels und der fehlenden Mangelbeseitigung kündigen und entsprechend neu disponieren muss.
- Ersatzberechtigt sind nicht nur der Mieter, sondern auch Dritte: Allerdings sind nur solche dritte Personen ersatzberechtigt, die in den Schutzbereich des Mietvertrags mit einbezogen sind (Vertrag mit Schutzwirkung zugunsten Dritter).

- Ein Mitverschulden des Mieters ist entsprechend § 254 BGB zu berücksichtigen.
- Beim Mangelfolgeschaden kann in einem Wohnungsmietvertrag die leichte Fahrlässigkeit nicht ausgeschlossen werden.

a.) Tatbestand

Schadensersatz kann der Mieter verlangen, wenn **1389**

- gem. § 536a I Var. 1 BGB ein Mangel i.S.d. § 536 BGB bei **Vertragsschluss** vorhanden ist,
- gem. § 536a I Var. 2 BGB ein solcher Mangel **später** zustande kommt, sofern der Vermieter den Mangel zu **vertreten** hat,
- oder gem. § 536a I Var. 3 BGB der Vermieter mit der Beseitigung des Mangels in **Verzug** kommt.

Bezüglich des Tatbestands kann grds. auf die Ausführungen zum § 536 BGB zurückgegriffen werden. Allerdings sind spezielle Besonderheiten zu beachten (dazu auch *Wenzel*, Fälle zum BGB I, Kap. 4).

aa.) Anfänglicher Mangel

Beim anfänglichen Mangel ergeben sich keine abweichenden Tatbestandvoraussetzun- **1390**
gen gegenüber dem Anspruch aus § 536 BGB.

Es reicht, dass ein Mangel vorliegt, da den Vermieter eine umfassende Garantiepflicht **1391**
trifft. Um die (verschuldensunabhängige) Garantiehaftung auszulösen, genügt es, wenn der Schaden auf Risiken beruht, die bei Vertragsschluss bereits angelegt waren.

> **Beispiel:** Aufgrund eines Materialfehlers im Zuleitungsrohr zur Gasheizung kommt es in der vermieteten Wohnung zu einer Gasexplosion.

Auch wenn der Vermieter den Mangel bei Anwendung der äußersten Sorgfalt nicht hätte **1392**
erkennen können, haftet er dennoch aufgrund seiner Garantiehaftung.[1233] Diese weitreichende Garantiehaftung ergibt sich aus der Tatsache, dass sich der Mieter in einen von dem Vermieter beherrschten Bereich begibt und somit seine Rechtsgüter einer von ihm vielfach nicht oder nur unzureichend zu kontrollierenden Gefahr aussetzt.

bb.) Nachträglicher Mangel

Beim **anfänglichen** Mangel ist die Haftung für Schäden **verschuldensunabhängig**, **1393**
wohingegen der Vermieter den Mangel bei einem **nachträglichen** Mangel **verschuldet** haben muss.

Hinweis für die Fallbearbeitung:

- ⇨ Zu den bei § 536 I BGB bisher ausgeführten Tatbestandsvoraussetzungen kommt bei § 536a I Var. 2 BGB also die zusätzliche Voraussetzung eines Verschuldens des Vermieters hinzu.
- ⇨ Das Verschulden kann ausschließlich dann ausnahmsweise entfallen, wenn der Vermieter eine Eigenschaft zugesichert hat. Das bedeutet hinsichtlich eines nachträglichen Mangels, dass, wenn der Mietsache eine solche zugesicherte Eigenschaft fehlt oder diese später entfällt, der Vermieter im Fall eines dem Mieter entstandenen Schadens einen Schadensersatz nach § 536a I Var. 2 BGB auch dann zu leisten hat, wenn ihn kein Verschulden nach § 276 I S. 1 Halbs. 1 BGB trifft.

[1233] Vgl. BGHZ 63, 333, 335; *Esser/Weyers*, 139; dagegen *Diederichsen*, AcP 1965, 150, 168.

1394 Für die Bestimmung der **Nachträglichkeit** kommt es **nicht** auf den Zeitpunkt an, zu dem der Mangel der Mietsache erkennbar wird, sondern entscheidend ist der Zeitpunkt, bei dem die Ursache für den Mangel gesetzt worden ist. Ein **Verschulden** des Vermieters hinsichtlich der nachträglichen Entstehung des Mangels liegt vor, sofern er diesen nach §§ 276 bis 278 BGB zu vertreten hat.
Ein Verschulden ist zumindest dann anzunehmen, wenn der Vermieter die sich aus § 535 I BGB ergebenden Prüfungs- und Verkehrssicherungspflichten schuldhaft nicht wahrnimmt.

Beispiele:
(1) Zur **Verkehrssicherungspflicht**: Das Gras an Kinderspielplätzen ist auch an solchen Stellen, die nur weniger zugänglich sind, so kurz abzuschneiden, dass dort befindliche gefährliche Gegenstände rechtzeitig erkannt und beseitigt werden können.
(2) Zur **Prüfungspflicht**: Der Vermieter hat die Zuleitungen zu Wasservorrichtungen in der Wohnanlage zu kontrollieren.[1234]
(3) **Nicht** zu den Prüfpflichten des Vermieters hingegen zählt es, die Mieter dahingehend zu überwachen, was und in welcher Form sie etwas in das Abwassersystem des Mietshauses einleiten. Kommt es z.B. wegen einer Einleitung von Katzenstreu durch unvernünftige Mieter zu einer Verstopfung des Rohrsystems und entstehen dadurch bei anderen Mietern Sachschäden am Mobiliar, trifft den Vermieter dann kein Verschulden an einem solchen Schaden, wenn er keine positive Kenntnis von dem konkreten Verhalten der unvernünftigen Mieter hatte oder ihm keine ähnlichen Umstände bekannt waren.[1235] Die anderen Mieter können dem Vermieter auch nicht als Erfüllungsgehilfen gem. § 278 BGB zugerechnet werden. Der geschädigte Mieter kann deshalb keinen Schadensersatzanspruch gem. §§ 536, 536a BGB geltend machen, da der Mangel nachträglich durch das Verhalten des Mitmieters entstanden ist und der Vermieter diesen nicht zu vertreten hat.

1395 Der Vermieter haftet für alle Personen, die er zur Erfüllung einer dem Mieter gegenüber bestehenden Pflicht einsetzt. Erfüllungsgehilfe ist daher jede Person, die bei, in oder an der Mietsache bestellt wird. Dem Vermieter kann allerdings nur ein solches Fehlverhalten des Erfüllungsgehilfen nach § 278 BGB zugerechnet werden, das der Erfüllungsgehilfe in Ausübung der ihm übertragenen Verpflichtungen begangen hat. Für die bei der Gelegenheit begangenen Verfehlungen haftet der Vermieter als Geschäftsherr hingegen nicht.

cc.) Verzug

1396 Der Verzug der Mangelbeseitigung ist anhand der in §§ 286, 287 BGB normierten Voraussetzungen festzustellen.

Beispiel: Der Mieter wird durch einen Mitmieter in der Ausübung des vertragsgemäßen Gebrauchs gestört. Schreitet der Vermieter trotz Mahnung gegen die Störung nicht ein, liegt ein Verzug hinsichtlich der Störungsbeseitigung vor.

Eine Mahnung kann in dem Zusammenhang unter Umständen i.S.d. § 286 II Nr. 4 BGB entbehrlich sein, wenn aus besonderen Gründen unter Abwägung der beiderseitigen Interessen der sofortige Eintritt des Verzuges gerechtfertigt ist. Eine solche Situation kann erfüllt sein, wenn der Vermieter als Schuldner die alsbaldige Leistung (Mangelbeseitigung) angekündigt hat, aber den Mangel dennoch nicht beseitigt.[1236]

[1234] Vgl. OLG Saarbrücken NJW 1993, 3077, 3078.
[1235] LG Duisburg GE 2001, 15, 16.
[1236] Vgl. BGH ZGS 2008, 149, 150.

Hinweis für die Fallbearbeitung: Maßgebliches Abgrenzungskriterium ist die Ankündigung des Vermieters zur Mangelbeseitigung. Hier ist vor dem Hintergrund der gesetzlichen Intention des § 286 II BGB auf der einen Seite und dem konkreten Willen der Vertragsparteien – insbesondere des Vermieters – auf der anderen Seite zu überprüfen, ob eine besondere Ausnahmesituation gerechtfertigt ist, die von der Regel der Mahnung eine Abweichung zulässt. Die Ankündigung des Vermieters ist insoweit sorgfältig darauf hin zu untersuchen, ob sie bereits die Mangelbeseitigung als solche implizit enthält oder ob die Ankündigung lediglich die Aussage umfasst, Maßnahmen zu ergreifen, den Mangel konkret festzustellen und lediglich Vorbereitungen zur Mangelbeseitigung (Einholen von Kostenvoranschlägen usw.) zu treffen.

Generell zu beachten ist aber, dass der Vermieter nicht in Verzug kommt, wenn der Mieter sich vorab bereits in Annahmeverzug nach § 293 BGB befand. **1397**

Beispiel: A hat in seiner von B gemieteten Wohnung wegen eines Materialfehlers einen Wasserschaden. B teilt A in einem Brief mit, er werde in zwei Tagen um 13.00 Uhr den Mangel beheben. A lässt B aber an diesem Tag nicht in die Wohnung, da er sich gerade ein Fußballspiel im Fernsehen ansehen möchte.

b.) Rechtsfolge

aa.) Grundlagen

Liegt ein Mangel vor, kann der Mieter Ansprüche auf Minderung und Schadensersatz gleichzeitig stellen, da sich §§ 536, 536a BGB nicht gegenseitig ausschließen. Der Mieter ist daher berechtigt, neben der Mietminderung den **weitergehenden** Schaden geltend zu machen. Umfasst jedoch bereits der Schadensersatz die Wertminderung der vermieteten Sache, scheidet daneben eine erneute Minderung wegen desselben Mangels aus.[1237] **1398**

Nach allgemeiner Meinung ist jedenfalls der eigentliche Nichterfüllungsschaden (positives Interesse) zu ersetzen. **1399**

Schaden wegen Nichterfüllung ist der Nachteil, der darin besteht, dass der Mieter die Leistung mangelhaft erhält, wodurch insbesondere der Minderwert, die Mangelbeseitigungskosten, Vertragskosten und entgangener Gewinn vom Anspruch erfasst werden.[1238] **1400**

Zu berücksichtigen ist jedoch, dass ein Mitverschulden des Mieters allerdings gem. § 254 zu berücksichtigen ist. **1401**

bb.) Mangelfolgeschaden

Nach ganz überwiegender Meinung ist auch jeglicher Mangelfolgeschaden von § 536a I BGB erfasst, da zwischen Mangel- und Mangelfolgeschaden nicht unterschieden wird.[1239] Eine Eingrenzung bei § 536a I Var. 1 BGB wird demnach **nicht** danach vorgenommen, ob der Schaden auch bei Anwendung äußerster Sorgfalt nicht zu erkennen war.[1240] **1402**

[1237] Vgl. BGHZ 92, 177, 180.
[1238] BGH NZM 1998, 666.
[1239] *Brox/Elsing*, Jus 1976, 1, 6; *Blank/Börstinghaus*, § 536a Rn 28; LG Karlsruhe WuM 1998, 22; BGH NJW-RR 1991, 970; einschränkend *Larenz/Canaris*, § 48 III; dagegen *Voelskow*, in: MüKo[3], § 538 Rn 13.
[1240] BGH NJW 1971, 424, 425; so aber *Larenz/Canaris*, § 48 III.

1403 Zu ersetzen sind vom Vermieter daher auch Schäden, die an Sachen des Mieters entstanden sind, sowie Schädigungen der Gesundheit des Mieters.[1241]

Beispiel: Die Wohnung ist durch einen erheblichen verdeckten Schimmelbefall eigentlich unbewohnbar. Durch den Schimmel wird die Mieterin A schwer krank und hat Behandlungskosten in Höhe von 3.000,- €. Zudem müssen beim Auszug wertvolle Teppiche vernichtet werden, da diese nicht mehr vom Schimmel zu reinigen sind.

1404 Mit einbezogen sind auch die Kündigungsfolgeschäden.[1242] Diese sind Schäden, die dem Mieter dadurch entstehen, dass er den Mietvertrag aufgrund des Mangels und der fehlenden Mangelbeseitigung kündigen und entsprechend neu disponieren muss.

Beispiele: Umzugskosten; Maklerkosten, um eine neue Wohnung zu finden

1405 Bei der **gewerblichen** Vermietung kann der Mieter demnach nutzlose Aufwendungen ersetzt verlangen, die er im Vertrauen auf die Mangelfreiheit der Mietsache gemacht hat. Allerdings ist Voraussetzung, dass der Mieter die Aufwendungen bei vertragsgemäßem Einsatz des Mietobjekts wieder erwirtschaftet hätte.[1243] Dem Vermieter steht es jedoch offen, den Nachweis zu führen, dass die Kosten bzw. der Schaden auch ohne den Mangel entstanden wären.[1244]

Beispiel: A mietet von B ein Restaurant, um ein Spezialitätenrestaurant zu eröffnen, das etwa 42 Plätze haben soll. Für die Erlaubnis, ein solches zu eröffnen, muss nachgewiesen werden, dass genügend Parkplätze vorhanden sind. Dieser Nachweis misslingt. B kann jedoch nachweisen, dass A aufgrund der Lage und der besonderen Gestaltung des Restaurants keinen Gewinn hätte erwirtschaften können.[1245]

1406 Ein vertraglicher Anspruch auf Schadensersatz des Mieters hinsichtlich eines Mangelfolgeschadens, für den der Vermieter aufgrund leichter Fahrlässigkeit einzustehen hat, kann bei einem **Wohnungsmietvertrag** *nicht* durch eine Formularklausel in dem Mietvertrag ausgeschlossen werden, da dies gegen §§ 305, 307 BGB verstößt.[1246] Denn durch den Haftungsausschluss wird eine Einschränkung der Instandhaltungspflicht des Vermieters bewirkt, der den Vertragszweck des Wohnungsmietvertrags gefährdet, da an den von dem Mieter in die Wohnung eingebrachten Einrichtungsgegenständen Sachschäden entstehen können, gegen die sich der Mieter nicht ausreichend versichern kann.[1247]

cc.) Vertrag mit Schutzwirkung zugunsten Dritter

1407 Ersatzberechtigt ist nicht nur der Mieter, sondern auch Dritte sind es. Allerdings sind nur solche dritte Personen ersatzberechtigt, die in den Schutzbereich des Mietvertrags mit einbezogen sind. Insofern liegt ein **Vertrag mit Schutzwirkung** zugunsten Dritter vor. Einbezogen sind solche Personen, denen der Mieter Schutz und Fürsorge zu gewähren hat. Ob eine solche Fürsorge allerdings vorliegt, ist danach zu bestimmen, ob zwischen dem Mieter und dem Dritten ein diesbezügliches Rechtsverhältnis besteht.

Beispiel: Fürsorgepflicht bei eigenen Kindern

[1241] Vgl. BGH NJW-RR 1991, 970.
[1242] LG Saarbrücken NZM 1999, 411.
[1243] BGH ZMR 1994, 253; OLG Düsseldorf ZMR 1992, 446, 447.
[1244] Vgl. OLG München ZMR 1995, 401.
[1245] Dazu ausführlich OLG München ZMR 1995, 401, 402 ff.
[1246] BGH WuM 2002, 141, 142 ff.
[1247] BGH WuM 2002, 141, 143.

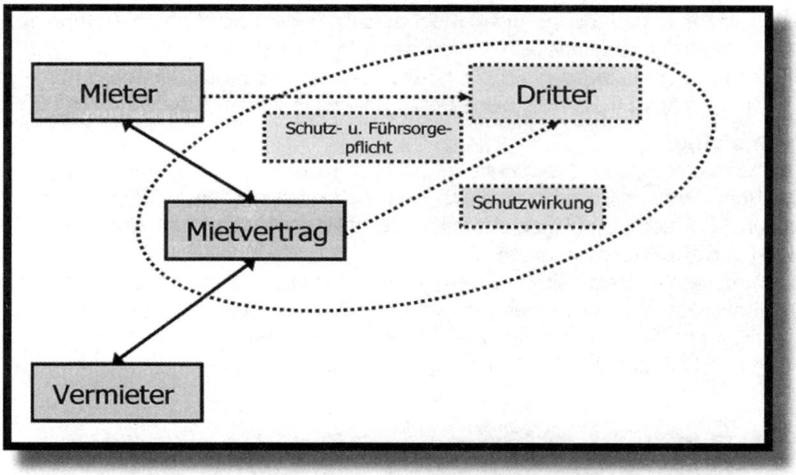

Hinweis für die Fallbearbeitung: Zu beachten ist auch § 823 BGB, wenn eine Verletzung der Sicherungspflichten vorliegt.

Um allerdings den Kreis der in die Schutzwirkung eines Mietvertrags mit einzubeziehenden Dritten nicht zu groß werden zu lassen, ist darauf abzustellen, ob nach dem Inhalt des Vertrags bestimmungsgemäß auch eine vertragslose dritte Person mit der Mietsache in Berührung kommt und auf diese Weise Sach- oder Personenschäden erleidet. **1408**

Beispiel: Dies ist zu bejahen bei Vorbehaltslieferanten und Sicherungseigentümern im Rahmen eines Mietvertrags über Lagerräume.

Ist die Einlagerung jedoch nicht gewerblich, sondern ausschließlich privat, kann eine Einbeziehung des Dritten nur angenommen werden, wenn der Vermieter erkennen konnte, dass ein Dritter mit der Mietsache in Berührung kommt. **1409**

Beispiel: Ist A ein Untermieter des B, der die Wohnung von C gemietet hat, hat A lediglich gegen seinen Vermieter B einen Schadensersatzanspruch. Ein Anspruch gegen C kommt hingegen nicht in Betracht.

Besteht für die vertragsfremden Personen ein Schadensersatzanspruch, haben diese einen eigenen selbstständigen Schadensersatzanspruch gegen den Vermieter. **1410**

c.) Aufwendungsersatz nach § 536a II BGB

Anspruch auf Aufwendungsersatz nach § 536a II BGB

I. Tatbestand
- Es muss ein wirksamer Mietvertrag vorliegen (s.o),
- der *Mieter* muss
  - ⇨ einen Mangel (s.o.)
  - ⇨ selbst beseitigen,
- der *Vermieter*
  - ⇨ entweder mit der Beseitigung in Verzug (s.o.)
  - ⇨ oder die umgehende Beseitigung zur Erhaltung oder Wiederherstellung der Mietsache objektiv notwendig sein
    - ⇨ Die Maßnahme muss sich als Notmaßnahme darstellen: Ein Aufschub der Maß-

nahme darf daher nicht möglich sein, eine unmittelbare Gefahr einer Verschlechterung oder eines Untergangs muss vorliegen.
⇨ Die Kosten müssen sich als notwenige Aufwendungen darstellen.
- es darf kein Ausschluss oder keine Beschränkung des Anspruchs vorliegen (s.o.).

II. Rechtsfolge
- Der Vermieter ist zum *Wertersatz* verpflichtet: Es ist ein eigener Anspruch!
- Die Höhe des Anspruchs richtet sich nach den tatsächlichen Aufwendungen; einzubeziehen sind auch die Eigenleistungen des Mieters, sofern sich diese anhand eines Marktwertes bestimmen lassen.
- Der Anspruch erstreckt sich auf die gesamte Mietsache, also auch auf Zubehör.
- Der Anspruch auf Aufwendungsersatz schließt weitergehende Schadensersatzansprüche nicht aus. Ab dem Zeitpunkt der Mangelbeseitigung durch den Mieter ist das Recht aus § 536 BGB auf Minderung sachlogisch ausgeschlossen.

a.) Tatbestand

1411 Ein Anspruch auf Aufwendungsersatz besteht, wenn der Mieter im Rahmen eines wirksamen Mietvertrags einen Mangel selbst beseitigt, der Vermieter entweder in Verzug oder die umgehende Beseitigung zur Erhaltung der Wiederherstellung objektiv notwendig ist und keine Ausschlussgründe für den Anspruch bestehen.

Hinweis für die Fallbearbeitung: Das normierte Selbsthilferecht ist sehr weitreichend ausgestaltet, deshalb sind die Voraussetzungen strikt zu beachten.

1412 Weitgehend kann auf die bereits zuvor ausführlich gemachten Ausführungen verwiesen werden. Es sind daher lediglich nur noch die Besonderheiten an dieser Stelle darzustellen:

- Der Vermieter muss <u>entweder</u> mit der Beseitigung des Mangels im **Verzug** sein.

  Der Vermieter ist mit der Beseitigung des Mangels im **Verzug**, wenn die Voraussetzungen der §§ 286, 287 BGB vorliegen. Der Verzug muss sich auf die Pflicht des Vermieters beziehen, den konkreten Mangel zu beseitigen.

- <u>Oder</u> die umgehende Beseitigung des Mangels muss zur Erhaltung oder Wiederherstellung des Bestands der Mietsache objektiv **notwendig** sein (siehe dazu bereits Rn 1284).

  Beispiel: Das ist der Fall beim Rohrbruch in der Wohnung, bei ausgefallener Heizung im Winter oder bei Unfällen mit Kraftfahrzeugen wegen fehlender Fahrbereitschaft, nicht aber, wenn es lediglich um die Herstellung des vertragsgemäßen Zustands oder aufschiebbare Mangelbeseitigung geht.[1248]

1413 Die Notmaßnahme muss zudem **objektiv erforderlich** sein. Es kommt damit ausschließlich auf die tatsächlichen Umstände des Einzelfalls an.

b.) Rechtsfolge

1414 Der Vermieter ist zum **Wertersatz** verpflichtet. Es gelten damit §§ 256, 257 BGB. Der Anspruch erfasst jedoch nur die notwendigen Aufwendungen.

[1248] Vgl. dazu BGH NJW-RR 1993, 522, 523.

Notwendige Aufwendungen sind nur solche, die auch der Eigentümer der Sache selbst unbedingt hätte aufwenden müssen, um die Sache zu erhalten, d.h., sie sind objektiv unausweichlich zur Erhaltung oder zur ordnungsgemäßen Bewirtschaftung der Sache erforderlich.[1249] 1415

Als solche sind die Aufwendungen anzusehen, wenn diese ggf. nach einem fachmännischen Rat geeignet und notwendig sind. 1416

Hinweis für die Fallbearbeitung: Liegen keine notwendigen Aufwendungen vor, kann der Mieter die Erstattung seiner Kosten allerdings als sonstige Aufwendungen nach § 539 I BGB verlangen, sofern die Voraussetzungen der GoA sämtlich erfüllt sind. Zu beachten ist dabei, dass bei den Voraussetzungen des § 683 S. 1 BGB strenge Maßstäbe anzulegen sind. Eine Ersatzpflicht des Vermieters scheidet deshalb aus, wenn der Mieter die Verwendungen nur für eigene Zwecke und in seinem eigenen Interesse gemacht hat (eine bloße Duldung des Vermieters bei Maßnahmen, zu deren Untersagung der Vermieter berechtigt wäre, reicht nicht aus).[1250]

Gleichfalls kann, sofern die Voraussetzungen einer GoA nicht vorliegen, ein Anspruch des Mieters unter dem Gesichtspunkt einer ungerechtfertigten Bereicherung nach §§ 684 S. 1, 812 f. BGB in Betracht kommen. Dafür ist jedoch erforderlich, dass die Verwendung zu einer Wertsteigerung der Mietsache geführt hat.

Weiterhin ist auch ein Bereicherungsanspruch denkbar, wenn der Vermieter früher als vereinbart das Vertragsverhältnis kündigt. Hat der Mieter in einem solchen Fall Investitionen getätigt, die eine Wertsteigerung der Mietsache begründen, bezieht sich der Bereicherungsanspruch auf den Wert, den der Vermieter tatsächlich erzielen kann oder hätte erzielen können. Anhaltspunkt dafür ist in erster Linie die Zahlung eines höheren Mietzinses durch einen Nachmieter.[1251]

Die **Höhe** des Ersatzanspruchs richtet sich nach den tatsächlichen Aufwendungen, die dem Mieter entstanden sind. Einzubeziehen ist auch eine Eigenleistung des Mieters, wenn sich die Eigenleistung anhand eines **Marktwertes** bestimmen lassen kann.[1252] Auszunehmen sind jedoch solche Leistungen, die der Mieter aufgrund des Schutzzwecks der Norm selbst zu tragen hat. 1417

Hinweis für die Fallbearbeitung: Nicht erfasst werden daher solche Eigenleistungen, die erforderlich sind, um überhaupt die drohende Gefahr i.S.d. § 536a II Nr. 2 BGB feststellen zu können, oder Kosten, die durch eine außergerichtliche Abwicklung entstanden sind.

Der Aufwendungsersatzanspruch kann sich auch auf solche Teile erstrecken, die Zubehör der gemieteten Sache sind; insofern erstreckt sich der Anspruch auf die **gesamte** Mietsache. 1418

Der Anspruch auf Aufwendungsersatz schließt weitergehende Schadensersatzansprüche nicht aus. Ab dem Zeitpunkt der Mangelbeseitigung durch den Mieter ist das Recht aus § 536 BGB auf Minderung sachlogisch ausgeschlossen. 1419

b. Erfüllungsanspruch und Nachbesserung

Der Vermieter hat die Pflicht, dem Mieter die Sache in einem vertragsgemäßen Zustand zu überlassen und vor allem auch zu belassen. Wird dem Mieter dieser vertragsmäßige 1420

[1249] Vgl. BGH WM 1993, 79 (st. Rspr.).
[1250] Ausführlich BGH NZM 1999, 19, 20.
[1251] BGH NZM 1999, 19, 20.
[1252] Vgl. dazu in einem ähnlichen Fall BGH MDR 1996, 1113 f.; *Blank/Börstinghaus*, § 536a Rn 46.

Gebrauch nicht bzw. nicht in vollem vertraglichen Umfang gewährt, hat der Mieter primär einen **Erfüllungsanspruch** auf eine vertragsgemäße Überlassung, da Nichtleistung vorliegt. Gleichfalls einen primären Erfüllungsanspruch hat der Mieter, wenn ihm die Sache vertragswidrig entzogen wird.

- Der Mieter kann in einem solchen Fall seine Rechte gerichtlich geltend machen. Abhängig von der konkreten Situation kann sich das Begehren auf ein Tun, Unterlassen oder ein Dulden richten.

  Beispiele:
  (1) Für *Tun*: Übergabe des Schlüssels zum Penthouse
  (2) Für *Unterlassen*: kein Rasenmähen am Samstag um 0.00 Uhr
  (3) Für *Dulden*: Der Mieter B kommt aus der Türkei und möchte sich über kulturelle und politische Angelegenheiten seines Landes auf dem Laufenden halten. Daher beschließt er, eine funkgesteuerte Satellitenanlage auf dem Dach zu installieren, um seine Heimatsender empfangen zu können.

- Der Mieter kann aber auch nach § 543 I u. II S. 1 Nr. 1 BGB das Mietverhältnis fristlos kündigen.

1421 Der Erfüllungsanspruch umfasst auch einen Anspruch auf Nachbesserung hinsichtlich der Mängel, die bei der Übergabe vorhanden sind oder während der Mietzeit entstehen, denn der Vermieter ist während der gesamten Mietzeit zur Instandhaltung der Mietsache verpflichtet.

IV. Beendigung des Mietverhältnisses (durch Kündigung)

1422 Das Kündigungsrecht sieht beim Mietvertrag drei Formen der Kündigung vor:

- die ordentliche Kündigung,
- die außerordentliche befristete Kündigung
- und die außerordentliche fristlose Kündigung.

> **Hinweis für die Fallbearbeitung:** Da das Mietrecht vielfach Unterscheidungen vornimmt, muss bei den einzelnen Kündigungsformen regelmäßig die konkrete Mietsache berücksichtigt werden.

1. Die ordentliche Kündigung

Ordentliche befristete Kündigung im Mietrecht

1. Einleitung

Bei einem Dauerschuldverhältnis wäre ein Rücktritt wegen der §§ 346 ff. BGB unbillig, da sich aus dem Rückgewährschuldverhältnis grundsätzlich die Pflicht ergibt, dem anderen die empfangenen Leistungen zurückzugewähren. Dies ist bei der Miete kaum möglich, denn die im Vordergrund des Vertrags stehende Nutzung der Mietsache ist nicht zurückzugeben. Daher kommt nur die Kündigung als lex specialis in Betracht.

2. Voraussetzungen

a. *Kündigungserklärung:*

- Die Kündigung ist eine einseitige empfangsbedürftige Willenserklärung, die darauf gerichtet sein muss, das vertragliche Mietverhältnis nach Ablauf einer bestimmten Frist zu beenden.
- Die Erklärung ist gegenüber dem jeweiligen Vertragspartner abzugeben. Liegt aufseiten der Mieter eine Personenmehrheit vor, muss grundsätzlich gegenüber allen Mietern gekündigt werden, es sei denn, die Mieter haben individual- oder formularvertraglich mit dem Vermieter vereinbart, dass im Innenverhältnis eine Stellvertretung

vorliegt, sie sich also gegenseitig vertreten.

- Die Kündigungserklärung ist grundsätzlich nicht formbedürftig. Bei Wohnraummietverträgen hingegen muss die Kündigung nach § 568 I BGB schriftlich erfolgen. Hierbei ist die Form nach § 126 BGB gemeint.
- Die Kündigung bedarf weiterhin grundsätzlich keiner Begründung. Eine Ausnahme findet sich wieder bei dem Wohnraummietvertrag; bei diesem sind nach § 573 III, 573a III BGB die Gründe anzugeben. Hierbei hat der Vermieter alle Gründe anzugeben, auf die er sich später stützen will. Der jeweilige Grund ist so genau zu bezeichnen, dass er identifiziert und von anderen Gründen unterschieden werden kann.

b. *Kündigungsgrund:*

- Bei der Wohnraummiete ist vom Vermieter ein Grund für die Kündigung anzugeben: Wohnraum ist jeder zum Wohnen bestimmte Raum, der Innenteil eines Gebäudes ist, wobei entscheidend der Zweck ist, den der Mieter mit der Anmietung des Mietobjekts vertragsgemäß verfolgt.
- Liegt ein Mietverhältnis über einen vom Vermieter möblierten Raum vor, der in einer Wohnung gelegen ist, in der der Vermieter ebenfalls lebt, ist dieser Raum nicht gem. § 549 II Nr. 2 BGB als Wohnraum i.S. eines Kündigungsgrunds anzusehen, es sei denn, das Zimmer wurde an eine Familie oder Mieter in einer artverwandten Beziehung zum dauernden Gebrauch vermietet.
- Seitens des Vermieters muss auch ein berechtigtes Interesse an der Beendigung des Mietverhältnisses bestehen. Der Mieter kann ohne Angabe von Gründen den Mietvertrag kündigen.
  - ⇨ Als berechtigtes Interesse können in einem Prozess nur die Gründe gem. § 573 III S. 1 BGB angesehen werden, die im Kündigungsschreiben angegeben sind. Die Angabe von Gründen stellt damit eine formale Wirksamkeitsvoraussetzung dar.
  - ⇨ Nur im Rahmen des § 573 III S. 2 BGB können solche Gründe nachträglich eingeführt werden, die nachträglich entstanden sind. Die Gründe müssen nach Abgabe der Kündigungserklärung entstanden sein. Diese Ausnahmeregelung kann demnach nur Anwendung finden, wenn die Kündigung nicht von Anfang an unwirksam, der im Kündigungsschreiben angegebene Grund nachträglich fortgefallen und der neue Kündigungsgrund erst nach Ausspruch der Kündigung entstanden sind.
  - ⇨ Ein vereinbartes Rücktrittsrecht kann durch den Vermieter gem. § 572 I BGB nicht geltend gemacht werden, sobald der Wohnraum dem Mieter überlassen wurde. Ebenfalls ist eine zum Nachteil des Mieters vereinbarte auflösende Bedingung gem. § 572 II BGB unwirksam.
  - ⇨ § 573 II BGB normiert explizit drei Gründe für eine Kündigung: schuldhafte Pflichtverletzung des Mieters, Eigenbedarf des Vermieters und eine angemessene wirtschaftliche Verwertung. Die Vorschrift ist allerdings nicht abschließend: Es kommen weitere solche Kündigungsgründe in Betracht, die in ihrem Gewicht vergleichbar sind: Betriebsbedarf, öffentliches Interesse (sog. B-Schein).

c. *Frist:*

- Bei Wohnraummietverhältnissen gilt: Mieter und Vermieter haben nach § 573c I S. 1 BGB zunächst dieselbe Kündigungsfrist von drei Monaten. Eine Verkürzung der Frist durch den Vermieter ist wegen § 573 IV BGB nicht möglich. Die Fristen des Vermieters verlängern sich jeweils mit Bestand des Mietverhältnisses.
- Bei möbliertem Wohnraum i.S.d. § 549 II Nr. 2 BGB gilt nach § 573c III BGB eine gesonderte Frist: zum 15. eines Monats zum Ablauf desselben Monats.
- Bei anderen Mietverhältnissen als Wohnraum ergibt sich die Kündigungsfrist aus § 580a BGB.

d. *Widerspruch des Mieters:*

- Der Mieter kann gem. §§ 574 ff. BGB der Kündigung widersprechen. Die Einschränkungen und Formalien in Bezug auf das Widerspruchsrecht sind zu beachten.

3. Rechtsfolge

Der Mietvertrag wird mit Wirkung ex nunc aufgelöst.

1423 Das Ende eines Mietverhältnisses kann nach § 542 I BGB durch Kündigung durch jede Vertragspartei herbeigeführt werden. Voraussetzung dafür ist jedoch, dass die gesetzlichen Vorschriften beachtet werden. Dadurch soll klargestellt werden, dass es nicht nur auf die Einhaltung der Kündigungsfristen ankommt, sondern im Fall der Vermieterkündigung regelmäßig weitere Voraussetzungen vorliegen müssen, insbesondere die in § 573 BGB genannten.[1253]

a. Kündigungserklärung

1424 Die Kündigung ist eine **einseitige empfangsbedürftige Willenserklärung**. Diese Erklärung muss darauf gerichtet sein, das vertragliche Mietverhältnis nach Ablauf einer bestimmten Frist zu beenden. Empfangsbedürftigkeit bedeutet den **Zugang der Erklärung** nach den allgemeinen Regeln.[1254] Inhaltlich muss die Kündigungserklärung präzise genug formuliert sein, damit dem Vertragspartner - sei es der *Mieter*, sei es der *Vermieter* - erkennen kann, dass der Mietvertrag vorzeitig beendet werden soll.

1425 Die Kündigung ist zudem gegenüber dem Mieter (oder dessen *Stellvertreter* bzw. *Empfangsboten*, wenn zulässig) zu erklären.

aa. Personenmehrheit

1426 Ist die Mietsache hingegen an mehrere Personen vermietet worden, handelt es sich um eine **Personenmehrheit**. In diesem Fall muss die Kündigung gegenüber *allen* Mietern erklärt werden.[1255] Die Kündigung gegenüber *einem* Mieter reicht allerdings dann aus, sofern im Mietvertrag individual- oder formularartig vereinbart wurde, dass sich die Mieter auch bei dem Empfang von Kündigungserklärungen des Vermieters gegenseitig vertreten.[1256] Die Empfangsvollmacht entbindet den Vermieter allerdings nicht davon, gegenüber allen Mietern die Kündigung zu erklären. Es reicht insofern die Adressierung an einen von mehreren Mietern nicht aus.[1257] Zieht vor Kündigung ein Mieter aus, scheidet dieser grundsätzlich aus dem Mietverhältnis nicht aus, weshalb auch gegenüber diesem die Kündigung zu erklären ist.[1258]

Beispiel: A und B haben gemeinsam in Hamburg eine Wohnung gemietet, in der sie zusammen in eheähnlicher Lebensgemeinschaft leben. A verzieht aus beruflichen Gründen nach München. Er kündigt allerdings nicht gegenüber seinem Vermieter. Nach einiger Zeit trennen sich A und B. Als der Vermieter das Haus abreißen will, um dort ein Bürogebäude zu errichten, kündigt er nur der B, da er von der Trennung der beiden weiß.[1259]

[1253] Vgl. *Kinne*, ZMR 2001, 511, 512 f.

[1254] Gerade bei Rechtsstreitigkeiten können sich jedoch Beweisfragen ergeben, in denen der genaue Zeitpunkt des Zugangs von Bedeutung ist. Dabei gibt es beweisrechtliche Unterschiede hinsichtlich des gewählten Mittels der Mitteilung. Diese untersucht ausführlich *Hosenfeld*, NZM 2002, 93 ff.

[1255] OLG Frankfurt a.M. WuM 1991, 103.

[1256] LG Berlin MDR 1984, 849.

[1257] LG Berlin GE 2000, 281.

[1258] LG Berlin GE 1995, 311.

[1259] *Hülsmann*, NZM 2004, 124 ff.: In umgekehrter Konstellation können ebenfalls Probleme auftauchen. Will einer der (verheirateten) Mieter die gemeinsame Wohnung verlassen und möchte diese kündigen, sperrt sich aber der in der Wohnung verbleibende Mieter gegen eine solche Kündigung, können sich verschiedene rechtliche Konstruktionen anbieten, um die Interessenkonflikte der sich trennenden Mieter zu lösen.

Müssen mehrere Kündigungen durch den Vermieter erklärt werden, ist die Kündigung nur wirksam, wenn alle Kündigungen in einem unmittelbaren engen zeitlichen Zusammenhang stehen.[1260] 1427

bb. Schriftform

Die gegenüber dem Vertragspartner abzugebende Kündigungserklärung ist grundsätzlich nicht formbedürftig. Anders ist die Rechtslage bei der **Wohnraummiete**. Bei ihr muss nach § 568 I BGB die Kündigung **schriftlich** erfolgen. Dabei ist die Schriftform nach § 126 BGB gemeint.[1261] Erfolgt die Kündigung per Fax, wird die Wahrung der Schriftform überwiegend abgelehnt.[1262] In diesem Zusammenhang sind §§ 126 III, 126a BGB zu beachten, wonach die Schriftform gewahrt ist, wenn die Erklärung in **elektronischer** Form abgegeben wird. 1428

cc. Begründung der Kündigung

Die Kündigung bedarf grundsätzlich **nicht der Begründung**. Etwas anderes gilt jedoch bei der **Wohnraummiete**, denn nach §§ 573 III, 573a III BGB sind die **Gründe der Kündigung** anzugeben. Diese Pflicht dient ausschließlich dem Zweck, dass der Mieter die Möglichkeit erhält, sich frühzeitig Klarheit über seine Rechtsstellung zu verschaffen, weshalb es keiner allzu hohen formalen Anforderungen an den Kündigungsgrund bedarf.[1263] Dennoch hat der Vermieter seine Kündigung zu begründen. In der Rechtsprechung hat sich die Auffassung herausgebildet, dass eine relativ weitreichende Begründungspflicht besteht. Der Vermieter hat dementsprechend alle Kündigungsgründe in dem Kündigungsschreiben zu benennen, auf die er sich stützen will.[1264] Es reicht dabei nicht aus, lediglich den Gesetzestext wiederzugeben.[1265] Der jeweilige Grund muss so genau benannt werden, dass er identifiziert und von den anderen Gründen unterschieden werden[1266] und dass der Mieter seine Rechtsverteidigung darauf einstellen kann.[1267] Begrenzt wird diese Verpflichtung allerdings durch zwei Grundsätze: 1429

- Es dürfen nur solche Angaben vom Vermieter verlangt werden, die dem berechtigten Interesse des Mieters dienen,[1268] weshalb die Begründungspflicht nicht formalistisch gehandhabt werden darf.[1269]
- Es muss außerdem gewährleistet werden, dass der Zugang zur gerichtlichen Sachprüfung nicht durch unzumutbar hohe Anforderungen an die vorgerichtliche Begründungspflicht verwehrt wird.[1270]

Daher muss es ausreichen, wenn das Kündigungsschreiben die maßgeblichen Gründe in ausreichender Weise erkennen lässt, wohingegen die damit zusammenhängenden Tatsachen zu einem späteren Zeitpunkt nachgeschoben werden können, um damit den Kündigungsgrund auszufüllen, zu erläutern und zu ergänzen.[1271] 1430

[1260] OLG Düsseldorf NJW-RR 1987, 1369, 1370.
[1261] *Kinne*, ZMR 2001, 599, 605.
[1262] BGHZ 121, 224, 228; *Kinne*, ZMR 2001, 599, 605; dagegen AG Köln WuM 1992, 194; vgl. auch GemS-OGB NJW 2000, 2340 ff.; *Maihold*, JA 2001, 273 ff.; vgl. auch FG Hamburg NJW 2001, 992; BGH NJW 2005, 2086 ff.; zu Formfragen allgemein *R. Schmidt*, BGB AT, Rn 1109 ff.
[1263] BT-Drs. 14/4553, S. 66.
[1264] LG Hamburg WuM 1993, 679.
[1265] LG Berlin GE 1995, 313.
[1266] LG München I WuM 1989, 296.
[1267] AG Coesfeld WuM 1989, 298; LG Hamburg WuM 1993, 679.
[1268] *Blank/Börstinghaus*, § 573 Rn 176.
[1269] BVerfG NJW 1992, 2411, 2412.
[1270] *Blank/Börstinghaus*, § 573 Rn 176 m.w.N.
[1271] LG Bonn, WuM 1991, 270; BayObLG WuM 1985, 50, 51.

> **Hinweis für die Fallbearbeitung:** Es ist denkbar, dass in der Kündigung mehrere Kündigungsgründe angegeben werden. Diese müssen jeweils einzeln auf ihre Zulässigkeit und Wirksamkeit geprüft werden. Sind Kündigungsgründe zudem nachgeschoben worden, muss genau geprüft werden, ob dies mit der Regelung des § 573 III S. 2 vereinbar ist. Es ist darauf zu achten, dass die Begründung nicht schematisch wirkt, sondern speziell am **Einzelfall** ausgerichtet ist.

1431 Darüber hinaus soll der Vermieter nach § 568 II BGB den Mieter rechtzeitig auf die Möglichkeit hinweisen, dass dieser gegen die Kündigung Widerspruch nach §§ 574 ff. BGB erheben kann. Diese grundsätzliche Hinweispflicht erstreckt sich auch auf die Form und die Frist des Widerspruchs.

1432 **Rechtzeitig** ist der Hinweis, wenn er so zeitig erfolgt, dass der Mieter den Kündigungswiderspruch 2 Monate vor Beendigung des Mietverhältnisses erklären kann.

1433 Die Formvorschrift ist dabei nach ihrem Inhalt zwingend. Wird der Hinweis durch den Vermieter nicht erteilt, kann der Widerspruch gem. § 574b II S. 2 BGB noch im ersten Termin des Räumungsrechtsstreits erklärt werden.

b. Kündigungsgrund

1434 Im Rahmen der ordentlichen Kündigung können Vermieter und Mieter das Mietverhältnis grundsätzlich ohne Angabe von Gründen kündigen. Etwas anderes gilt freilich bei der **Wohnraummiete**.

aa. Begriff des Wohnraums

1435 **Wohnraum** ist jeder zum Wohnen bestimmte Raum, der Innenteil eines Gebäudes ist,[1272] wobei entscheidend der Zweck ist, den der Mieter mit der Anmietung des Mietobjekts vertragsgemäß verfolgt.[1273]

1436 Wie sich aus dieser Definition ergibt, gehören zum Wohnraum auch solche Räume, die als **Nebenräume** eine für den Mieter hilfsweise dienende Funktion haben.

Beispiele: Keller, Badezimmer, Flur

1437 Da ausschließlich bei der Beurteilung, ob der Mieter den Raum als Wohnraum nutzen will, auf den Vertragszweck abgestellt wird, können darüber hinaus auch solche Räume Wohnräume sein, die eigentlich als **Geschäftsräume** konzipiert wurden, selbst wenn diese Nutzung baurechtswidrig ist. Dagegen werden nach § 549 II Nr. 1 BGB Räume, die lediglich zum **vorübergehenden Gebrauch** genutzt werden (z.B. Wochenend- oder Ferienwohnungen), nicht als Wohnräume eingestuft. Bei Zweitwohnungen muss wiederum geprüft werden, ob diese als Wohnung oder lediglich zum vorübergehenden Gebrauch vermietet wurden.

1438 Langfristig vermietete Ferienwohnungen oder Häuser können danach **nicht** mehr als vorübergehend angemietet angesehen werden, sondern sind als Wohnraum zu behandeln, sofern der Mieter diese Räume als seinen Lebensmittelpunkt nutzt.[1274]

1439 In § 549 II Nr. 2 BGB ist weiter normiert, dass solche Räume, die ein Teil des vom **Vermieter selbst** bewohnten Wohnraums sind und die er überwiegend mit Einrichtungsgegenständen ausgestattet hat, **nicht als Wohnraum** zu behandeln sind. In einem sol-

[1272] *Kinne*, ZMR 2001, 511, 512.
[1273] BayObLG GE 1995, 1483, 1485.
[1274] *Kinne*, ZMR 2001, 511, 513 m.w.N.

chen Fall bedarf es folgerichtig keines Kündigungsgrunds. Ausgenommen werden damit jedoch nicht alle möblierten Zimmer, sondern nur solche, die ein Teil der vom Vermieter selbst bewohnten Wohnung sind.[1275] Zu berücksichtigen ist aber, dass von dieser Regel zwei wichtige Ausnahmen bestehen:

- Wurden diese Zimmer an eine Familie zum dauernden Gebrauch vermietet, sind die Räume als Wohnräume im Sinn des Gesetzes anzusehen.
- Der Familie sind zudem solche Beziehungen gleichgestellt, die auf Dauer angelegt sind **und** einen gemeinsamen Haushalt führen.
  - ⇨ Die Dauerhaftigkeit ist anhand von Indizien festzustellen, weshalb der Einzelfall entscheidend ist.[1276] Damit trägt der Mieter die Beweislast, sodass er die maßgeblichen Tatsachen darlegen und beweisen muss. Die Beweislast endet jedoch bei solchen Nachforschungen, die unerträglich in die Intimsphäre des Beweispflichtigen eingreifen.
  - ⇨ Die Dauerhaftigkeit kann dann problemlos unterstellt werden, wenn die Partner bereits über einen längeren Zeitraum zusammen gelebt haben. Die Vorschrift muss dabei weit ausgelegt werden. Entscheidend ist **nicht**, dass die Beziehung tatsächlich über einen längeren Zeitpunkt besteht. Vielmehr kommt es ausschließlich darauf an, dass sie auf eine solche Dauer angelegt ist. Ansonsten würde das Gesetz solche Fallkonstellationen nicht erfassen, in denen die Mieter gerade zusammengezogen sind, um auf Dauer zusammenzuleben. Dies widerspräche aber dem Sinn des Gesetzes.[1277] Ob dies der Fall sein soll, lässt sich praktikabel anhand von Indizien beweisen. Ein stichhaltiges Indiz ist es, wenn die Personen einen **gemeinsamen Haushalt** führen.

    Beispiel: Die 70-jährige A und der 73-jährige B wollen nicht ins Altersheim und mieten deshalb in dem großen Haus des C die zusammenhängenden möblierten Zimmer im ersten Stock, wobei C selbst im Erdgeschoss wohnt. A und B wollen einen gemeinsamen Haushalt führen und in Zukunft füreinander sorgen.

Nicht als Wohnraum zu qualifizieren sind gem. § 549 II Nr. 3 BGB auch solche Räume, 1440
die eine juristische Person des öffentlichen Rechts oder ein anerkannter privater Träger der Wohlfahrtspflege angemietet haben, um diese an Personen mit dringendem Wohnbedarf zu überlassen. Allerdings muss der Mieter bei Vertragsschluss auf die Zweckbestimmung hingewiesen werden.

Beispiele: Zimmer für obdachlose Familien, für Asylbewerber

bb. Berechtigtes Interesse an der Beendigung des Mietverhältnisses

Als Regel sieht § 573 I BGB vor, dass der **Vermieter** nur kündigen kann, sofern er ein 1441
berechtigtes Interesse an der Beendigung des Mietverhältnisses hat.

a.) Grundlagen

Als berechtigte Interessen des Vermieters werden gem. § 573 III S. 1 BGB im Prozess 1442
nur die im Kündigungsschreiben angegebenen Gründe berücksichtigt. Verhindert werden soll mit dieser Vorschrift, dass Kündigungsgründe nachgeschoben werden können.[1278]

Die Angabe der Kündigungsgründe im Kündigungsschreiben stellt damit eine **formelle** 1443
(Wirksamkeits-)Voraussetzung für die Kündigung dar.

Diese Regelung gilt - wie gesagt - nur für den Vermieter. Dem **Mieter** steht es hingegen 1444
bei einem **unbefristeten** Mietverhältnis frei, auch ohne Angabe eines Grunds zu kündi-

---

[1275] *Börstinghaus/Eisenschmid*, S. 145; zu Problemen in Verbindung mit Studentenwohnungen *Martinek*, NZM 2004, 6 ff.
[1276] *Blank/Börstinghaus*, § 549 Rn 14.
[1277] So schon *Blank/Börstinghaus*, § 549 Rn 15.
[1278] BT-Drs. 14/4553, S. 66.

gen. Ausnahmsweise zulässig ist nach § 573 III S. 2 BGB, Gründe zu berücksichtigen, die **nachträglich** entstanden sind. Nachträglich bedeutet in diesem Zusammenhang, dass die Gründe **nach** Abgabe der Kündigungserklärung entstanden sein müssen. Nicht erfasst sind daher solche Gründe von § 573 III S. 2 BGB, die zwar vor der Kündigungserklärung bereits vorliegen, dem Vermieter jedoch erst nach der ausgesprochenen Erklärung bekannt werden.[1279]

b.) Ersetzung von Kündigungsgründen seitens des Vermieters

1445 Fraglich ist jedoch, ob durch § 573 II S. 2 BGB ein bei Ausspruch der Kündigung unwirksamer Kündigungsgrund durch einen wirksamen, nachträglich entstandenen, ersetzt werden kann. Dies hängt maßgeblich von der rechtsdogmatischen Einordnung der Vorschrift ab. Zu beachten ist, dass, wenn die Wirksamkeit einer Willenserklärung von dem Vorliegen bestimmter Tatbestandsvoraussetzungen abhängig ist, die allgemeinen Grundsätze gelten. Der Tatbestand muss demzufolge zum Zeitpunkt der Erklärung vorliegen, ansonsten ist die Erklärung **unwirksam.**[1280] In einem solchen Fall muss der Vermieter erneut kündigen.

1446 Die Ausnahmeregelung des § 573 III S. 2 BGB kann demnach nur dann Anwendung finden, wenn die Kündigung

- nicht von Anfang an unwirksam war,
- der im Kündigungsschreiben angegebene tragende Grund nachträglich fortgefallen
- und der neue Kündigungsgrund erst nach Ausspruch der Kündigung entstanden ist.

1447 **Nicht** erforderlich ist hingegen, dass der neue Grund, der in zulässiger Weise i.S.d. § 573 III S. 2 BGB in das Kündigungsverfahren eingeführt wird, mit dem alten Grund **gleichartig** sein muss.[1281]

c.) Ausschluss des Rücktrittsrechts

1448 Um eine Umgehung des Kündigungsschutzes zu verhindern, wird durch § 572 I BGB vorgeschrieben, dass sich der Vermieter auf ein vereinbartes **Rücktrittsrecht** nicht **berufen** kann, wenn der Wohnraum an den Mieter **überlassen** worden ist.

1449 Bei der Wohnraummiete wird dem Mieter die Sache **überlassen**, wenn der Mieter die Wohnung bzw. das Haus vertragsgemäß in Gebrauch nehmen kann. Dafür ist die Besitzüberlassung nebst Schlüsselübergabe entscheidend.[1282] Wurde der Wohnraum bereits **vor** Abschluss des Mietvertrags überlassen, ist dieser frühere Zeitpunkt maßgeblich.

1450 Da dieses Recht ausschließlich für den Vermieter ausgeschlossen wird, ist es nach der Neufassung der Vorschrift auf der anderen Seite rechtlich zulässig, dass die Vertragsparteien ein solches Recht des Mieters vereinbaren, welches auch nach Überlassung vom Mieter in Anspruch genommen werden kann. Ist die Mietsache noch **nicht** überlassen worden, kann sich auch der Vermieter auf ein vertraglich vereinbartes Rücktrittsrecht berufen.

[1279] *Weidenkaff*, in: Palandt, § 573 Rn 51; *Blank*, in: Schmidt-Futterer[7], § 564b a.F. Rn 301; dagegen *Voelskow*, in: MüKo[3], § 564b Rn 68a.

[1280] BVerfG NJW-RR 2000, 673.

[1281] *Weidenkaff*, in: Palandt, § 573 Rn 51; dagegen LG Heidelberg WuM 1992, 30, 31 (bei Gleichartigkeit und unmittelbarem zeitlichem Zusammenhang).

[1282] *Kinne*, ZMR 2001, 599, 608.

d.) Ausschluss der auflösenden Bedingung

Gleichfalls ist es gem. § 572 II BGB unzulässig, dass der Vermieter sich auf eine Vereinbarung beruft, nach der das Mietverhältnis zum Nachteil des Mieters auflösend bedingt ist. § 572 II BGB untersagt damit nicht grundsätzlich die auflösende Bedingung hinsichtlich der Mietverträge. Vielmehr kann sich **ausschließlich der Mieter darauf berufen**. Das Mietverhältnis endet also im Fall des Eintritts der Bedingung, wenn es der Mieter will. 1451

> **Beispiel:** Vereinbarung in einem Mietvertrag, der mit einer Wohnungsgenossenschaft abgeschlossen wurde, nach dem das Mietverhältnis dann endet, wenn der Mieter nicht mehr Mitglied der Genossenschaft ist.

Problematisch erscheint jedoch die Voraussetzung der **Nachteiligkeit** der Bedingung. Dadurch muss jede Bedingung sorgfältig darauf untersucht werden, ob sie für den Mieter einen solchen Nachteil überhaupt bedeutet. 1452

e.) Berechtigtes Interesse des Vermieters

§ 573 II BGB normiert selbst drei Tatbestände, bei deren Verwirklichung ein *berechtigtes Interesse* des Vermieters an der Beendigung des Mietverhältnisses gegeben ist. 1453

aa.) Schuldhafte Pflichtverletzung des Mieters

Nach § 573 II Nr. 1 BGB liegt ein solcher Grund vor, wenn der Mieter seine vertraglichen Pflichten **schuldhaft** und in nicht unerheblichem Maße verletzt hat. 1454

Der Begriff der vertraglichen Pflichten ist in einem umfassenden Sinn zu verstehen. Damit sind sämtliche vertragliche und gesetzliche Pflichten erfasst, die den Mieter aus dem Mietvertrag treffen. Erfasst werden damit auch die Nebenpflichten des Mieters. Insofern kommt ein Verstoß durch Tun, Dulden oder Unterlassen in Betracht. 1455

> **Beispiele:**
> **(1)** Nichtausführen der vertraglich übernommenen Schönheitsreparaturen.[1283] Erforderlich ist für eine Kündigung jedoch, dass sich die Wohnung gerade deshalb nicht mehr in einem ordentlichen Zustand befindet und die Gefahr von Substanzschäden besteht.[1284]
> **(2)** Wird beharrlich nicht der Pflicht nachgekommen, das Treppenhaus zu reinigen, kann dies ebenfalls ein Kündigungsgrund sein.[1285]
> **(3)** Zahlt der Mieter wiederholt seine Heizkostenvorauszahlung nicht, kann dem Mieter gekündigt werden, ohne dass die Voraussetzungen einer fristlosen Kündigung vorliegen müssten.[1286]

Erforderlich ist jedoch, dass der Pflichtverletzung eine gewisse **Bedeutung** zukommt, die Pflichtverletzung also **erheblich** ist.[1287] 1456

> **Beispiel:** Kommt ein Mieter wiederholt innerhalb von wenigen Jahren in diversen Mietangelegenheiten (Verbrauchsablesung von Heizung und Wasser, Mieterhöhungszustimmung, Reparaturen usw.) seiner *Kooperationspflicht* mit dem Vermieter nicht nach, kann daran anschließend eine ordentliche Kündigung ausgesprochen werden.[1288]

[1283] LG Hamburg WuM 1984, 85.
[1284] LG Münster WuM 1991, 33; AG Ellwangen WuM 1991, 104.
[1285] AG Frankfurt a.M. WuM 1988, 153; dagegen AG Friedberg WuM 1986, 231 [LS].
[1286] BGH NJW-Spezial 2013, 65.
[1287] AG Hamburg GE 2001, 227, 228.
[1288] LG Hamburg GE 2001, 227, 228.

1457 Ausgeschlossen werden damit solche Kündigungen, die auf völlig unbedeutenden Gründen beruhen. Auf der anderen Seite ist eine Kündigung zumindest dann begründet, wenn eine außerordentliche fristlose Kündigung zulässig wäre. Der Gesetzgeber hat bei der Normierung ein Stufenverhältnis geschaffen, weshalb auch solche Kündigungsgründe in Betracht kommen, die nicht die Intensität eines Grunds für eine außerordentliche fristlose Kündigung erreichen. Für die ordentliche Kündigung muss der Grund also eine Pflichtverletzung zum Gegenstand haben, die von einigem Gewicht ist. Die Kündigung darf aber nicht außer Verhältnis zu der Pflichtverletzung stehen. Bei einmaligen Verstößen ohne eine Wiederholungsgefahr kommt die Kündigung nur in Betracht, wenn das Vertrauensverhältnis der Parteien **nachhaltig** gestört worden ist.

Beispiel/Gegenbeispiel:
(1) Eine nachhaltige Störung liegt **nicht** vor, wenn der Mieter in einem sich verschärfenden Schriftwechsel den Vermieter beleidigt[1289].
(2) Eine nachhaltige Störung kann aber vorliegen, wenn der Mieter eine leichtfertige Strafanzeige gegen den Vermieter wegen Betrugs erstattet. [1290]

1458 Kommt es wiederholt zu den gleichen Verstößen, muss sorgfältig abgewogen werden, ob das gewählte Mittel Kündigung im Verhältnis zur Pflichtverletzung steht.

Beispiel: Eine Unerheblichkeit kann dann noch angenommen werden,
(1) wenn der Mieter die Getränkekisten im Treppenhaus abgestellt
(2) oder gelegentlich Handwerkern den Zutritt zur Wohnung verweigert hat.

Hinweis für die Fallbearbeitung: Verkehrt ist es, eine schematische Lösung erreichen zu wollen. Es kommt erheblich auf den Einzelfall an. Es muss daher eine sorgfältige Abwägung vorgenommen werden, in der die gegensätzlichen Interessen der Vertragsparteien abgewogen werden.

1459 Von § 573 II Nr. 1 BGB erfasst werden nur solche Handlungen, die der Mieter **verschuldet** hat. Verschulden bedeutet dabei nach § 276 BGB Vorsatz und Fahrlässigkeit, wobei es bei der Fahrlässigkeit grundsätzlich nicht auf den Grad des Verschuldens ankommt.

Hinweis für die Fallbearbeitung: Liegt lediglich leichteste Fahrlässigkeit vor, kann sich dies auf die Abwägung hinsichtlich der Erheblichkeit auswirken.

1460 Der Mieter hat nach § 278 BGB auch für das Verschulden seiner gesetzlichen Vertreter oder Erfüllungsgehilfen einzustehen. War der Dritte jedoch schuldunfähig, kann sich der Vermieter nicht auf diesen Kündigungsgrund berufen. Es kann aber ein Verschulden des Mieters sein, wenn er die schuldunfähige Person nicht genügend **selbst** beaufsichtigt hat.

Beispiel: Der 6-jährige Sohn des Mieters spielt mit dem Wasserhahn über der Badewanne. Zuvor hatte er den Abfluss der Badewanne verschlossen. Er verlässt das Badezimmer, ohne den Wasserhahn wieder zu verschließen, wodurch erhebliche Mengen Wasser durch die Decke in die untere Etage dringen, da die Eltern erst vier Stunden später nach der Arbeit nach Hause kommen.

1461 Hat der Hauptmieter Teile seiner Wohnung untervermietet, muss er für das Verschulden des Untermieters gem. § 540 II BGB einstehen. Gleichgültig ist dabei, ob die Untervermietung durch den Vermieter gestattet war oder nicht.

[1289] LG Münster WuM 1991, 688, 689.
[1290] BVerfG NZM 2002, 61; a.A. noch AG Reutlingen WuM 1991, 98.

bb.) Eigenbedarf des Vermieters

Gemäß § 573 II Nr. 2 BGB kann auch **Eigenbedarf** des Vermieters, seiner Familienangehörigen oder von Personen, die zu seinem Haushalt gehören, ein berechtigtes Interesse darstellen. Wird allerdings der Eigenbedarf lediglich vorgetäuscht, ohne dass der Kündigungsgrund erfüllt ist, entsteht zulasten des Vermieters eine Schadensersatzpflicht; dabei ist sogar eine einvernehmliche Beendigung unschädlich, solange der Mieter an den Kündigungsgrund glaubt.[1291] 1462

Die Absicht des Vermieters, die vermieteten Räume selbst zu bewohnen oder von einer der berechtigten Personen bewohnen zu lassen, reicht als Eigenbedarf aus, wenn er hierfür vernünftige und nachvollziehbare Gründe hat.[1292] Nicht vorausgesetzt wird, dass der Vermieter bislang unzureichend untergebracht war bzw. sich in einer Notlage befunden hat. Vielmehr ist es die Entscheidung des Vermieters, welchen Wohnbedarf er für sich und seine Angehörigen als angemessen ansieht.[1293] Der Vermieter soll also das Recht erhalten, in seinem eigenen Haus wohnen zu dürfen.[1294] Deshalb scheidet ein Eigenbedarf nicht schon aus, weil der Vermieter oder die Person, die zu seinem Hausstand gehört, bislang angemessen und würdig untergebracht waren. Denn dieser Grundsatz ergibt sich bereits aus Art. 14 I GG, da die **Nutzbarkeit** ein Teil der Eigentumssicherung ist. 1463

Hinweis für die Fallbearbeitung: Es ist daher lediglich zu prüfen, ob die Kündigung wegen Eigenbedarfs auf vernünftigen, nachvollziehbaren Gründen beruht.[1295] Voraussetzung ist bei der Beurteilung, dass der Vermieter die Eigennutzung auch tatsächlich und ernsthaft beabsichtigt, wobei diesbezüglich Beweis erhoben werden kann.[1296] Hat das erkennende Gericht aufgrund von tatsächlichen und rechtlichen Gründen Zweifel an dem geltend gemachten Eigenbedarf des Eigentümers, müssen diese generell nachvollziehbar und vertretbar sein, sie dürfen also nicht gegen das Willkürverbot des Art. 3 I GG verstoßen.[1297]

Den Eigenbedarf kann der Vermieter für sich **selbst**, seine **Familienangehörigen** und **Angehörige seines Haushalts** geltend machen. Anders als bei den Angehörigen seines Haushalts brauchen die Familienangehörigen, zu deren Gunsten Eigenbedarf geltend gemacht wird, nicht im Haushalt des Vermieters gelebt zu haben. 1464

Beispiele:

(1) Hat der Eigentümer mehrere Wohnungen für seine Kinder wegen Eigenbedarfs gekündigt, damit diese mit ihren Familien in seinem Haus mit ihm zusammenleben können, steht einem Eigenbedarf nicht entgegen, wenn sich nachträglich die ursprüngliche Aufteilung der Wohnungen unter den Familienangehörigen ändert.[1298]

(2) Als Familienangehörige können daher auch nicht verwandte Personen wie der Schwager angesehen werden, solange ein besonders enger Kontakt zu dieser Person besteht.[1299]

1291 BGH NZM 2009, 429 f.
1292 BVerfGE 68, 361, 371; 79, 292, 293.
1293 BVerfGE 68, 361, 373; LG Hamburg ZMR 2004, 39.
1294 *Vogel*, JZ 1975, 73, 74; BVerfG JZ 1985, 528, 530.
1295 BVerfG NJW-RR 1993, 1357.
1296 BVerfG NJW 1990, 3259; nicht zulässig ist es hingegen, einen Kinderwunsch durch einen Schwangerschaftstest nachweisen zu lassen (BVerfG NJW 1995, 1480, 1481).
1297 BVerfG WuM 2002, 19, 20 f.
1298 OLG Köln ZMR 2004, 33 ff.
1299 BGH NZM 2009, 353.

1465 Der Vermieter muss die Räume als **Wohnung** benötigen.[1300] Ein Eigenbedarf liegt demzufolge nicht vor, wenn die zu kündigende Wohnung wegen einer Erweiterung des Unternehmens durch den Vermieter zu **geschäftlichen** Zwecken genutzt werden soll.[1301]

1466 Die Kündigung kann allerdings **unwirksam** sein, wenn diese **treuwidrig** oder **rechtsmissbräuchlich** war.[1302] Ein Fall des Rechtsmissbrauchs liegt insbesondere dann vor, wenn der Eigenbedarf für den Vermieter bei Abschluss des Mietvertrags vorhersehbar war, ohne dass ein Zeitmietvertrag gem. § 575 BGB abgeschlossen wurde.[1303] Die Kündigung kann auch unwirksam sein, wenn der Kündigungsgrund durch den Vermieter treuwidrig **selbst** herbeigeführt wurde, um das Mietverhältnis beenden zu können.[1304]

> **Beispiel:** Der Wohnungseigentümer A hat eine Tochter, die in Freiburg Rechtswissenschaften studieren will. Noch geht sie ein Jahr zur Schule in Köln. Der Vater hat vor langer Zeit eine Wohnung in Freiburg gekauft. Diese ist nicht vermietet. Obgleich er weiß, dass die Tochter in ca. 14 Monaten mit dem Studium in Freiburg beginnen wird, vermietet er seine Wohnung ohne eine Befristung und auch ohne den Hinweis, dass ein Fall des Eigenbedarfs eintreten werde.

1467 Im Übrigen sind die Sperrfristen des § 577a BGB zu beachten, die zu einer Kündigungsbeschränkung bei **Wohnungsumwandlung** führen. Eine solche liegt vor, wenn Wohnungseigentum geschaffen wurde, das nach Überlassung der Wohnung an den betreffenden Mieter begründet und erst danach veräußert worden ist.

1468 Entgegenstehende Interessen des Mieters sind auf dessen Widerspruch ausschließlich nach § 574 BGB zu berücksichtigen.

cc.) Angemessene wirtschaftliche Verwertung

1469 Als dritter gesetzlich normierter Kündigungsgrund kommt gem. § 573 II Nr. 3 BGB die Verhinderung einer **angemessenen wirtschaftlichen Verwertung** in Betracht. Denn der Vermieter darf die Wohnung unabhängig von ihrer Vermietung wirtschaftlich nutzen und verwerten.

1470 Der Kündigungsgrund liegt vor, wenn **kumulativ**

- der Vermieter die Absicht hat, die Mietsache anderweitig wirtschaftlich zu verwerten,
- der Bestand des Mietverhältnisses der Verwertung entgegensteht,
- die Verwertung nach den Gesamtumständen angemessen ist
- und durch die Hinderung an der Verwertung ein erheblicher Nachteil für den Vermieter entsteht.[1305]

1471 Die Absicht der Verwertung muss sich nicht zwangsläufig auf das gesamte Grundstück beziehen; es genügt vielmehr, wenn ein Teil davon erfasst wird.[1306]

> **Beispiel:** A hat ein Haus, in dem fünf Wohnungen sind. Die Wohnungen sind alle unterschiedlich groß. Die Einnahmen aus den Mietzinszahlungen ihrer Mieter sind die finanzielle Grundlage der A. Nachdem ihre Kinder ausgezogen sind, will sie die große Wohnung, in der sie zurzeit lebt, gerne vermieten und stattdessen in die kleinste Wohnung einziehen, die jedoch von B bewohnt wird.

1300 *Kinne*, ZMR 2001, 511, 517.
1301 LG Karlsruhe WuM 1980, 249.
1302 Vgl. BGH JA 2009, 146 zur Andienung von Alternativwohnraum.
1303 BVerfG NJW 1989, 970, 972.
1304 *Sonnenschein*, NJW 1993, 161, 168.
1305 *Schönleber*, NZM 1998, 601, 603.
1306 BVerfG NJW 1992, 105, 106.

Die Absicht kann sich zudem auf den **Weiterverkauf**[1307], aber auch auf eine anderweitige Nutzung wie Verpachtung richten. 1472

Beispiel[1308]**:** A hat ein Grundstück, aus dessen Vermietung er einen monatlichen Mietzins von 350,- € erzielt. Nachbar B betreibt auf seinem Nachbargrundstück eine Tagesstation, in der Personen kurzfristig betreut werden. Er möchte von A dessen Grundstück pachten, um sich geschäftlich zu vergrößern. Durch die Pacht kann A einen Pachtzins von 3.000,- € erzielen.

Die wirtschaftliche Verwertung umfasst also neben dem Verkauf des Objekts auch die 1473
beabsichtigte **Sanierung**[1309], den **Abbruch** des Gebäudes sowie dessen **Neubau** und die Vermietung von Wohnungen zu **gewerblichen Zwecken**.[1310]

Beispiel: Bei einem Sanierungsvorhaben sollen Badezimmer in die Wohnungen eingebaut werden. Daher werden jeweils zwei nebeneinander liegende Wohnungen zu einer Wohnung umgebaut, wobei in die vormals kleine Wohnung ein Badezimmer und eine große Küche integriert werden sollen.

Bei der Beurteilung der Angemessenheit der Kündigung sind die persönlichen und wirt- 1474
schaftlichen Verhältnisse des Vermieters in vollem Umfang zu berücksichtigen.[1311] Von einer Angemessenheit kann deshalb nur gesprochen werden, wenn dem Vermieter ein berechtigtes Interesse an der angestrebten Verwertung zugebilligt werden kann. Insofern müssen insbesondere die Maßstäbe der §§ 134, 138 BGB berücksichtigt werden.

Beispiele:

(1) Will der Vermieter in dem Wohnhaus ein Bordell einrichten (und dabei die Prostituierten ausbeuten, vgl. §§ 180a, 181a StGB), ist dies sittenwidrig und kann daher nicht gebilligt werden.

(2) Die bloße Erzielung von Spekulationsgewinnen kann unter keinen Umständen als angemessene Wertung angesehen werden. In dem Zusammenhang ist zu berücksichtigen, dass eine angemessene wirtschaftliche Verwertung der vermieteten Wohnung nicht dadurch verhindert wird, dass der Verkaufspreis hinter der allgemeinen Teuerungsrate seit dem Kauf zurückgeblieben ist.[1312]

(3) Stehen in einer Region oder Stadt erhebliche Mengen an Wohnungen frei, weil es viele Abwanderungen gab, kann es sinnvoll sein, die Häuser ersatzlos abzureißen. Fraglich ist aber in dem Zusammenhang, auf welche Rechtsgrundlage die Kündigung zu stützen ist. Der BGH hat nunmehr entschieden, dass es keine wirtschaftliche Verwertung i.S.d. § 573 II Nr. 3 BGB darstellt, wenn ein ersatzloser Abriss vorgenommen werden soll;[1313] vielmehr bestimmt sich der Kündigungsgrund nach § 573 I S. 1 BGB. Ein Abriss i.S.d. § 573 I S. 1 BGB kommt bei einer wirtschaftlichen Sichtweise in Betracht,[1314] sofern es in diesem Gebäude erhebliche Leerstände gibt.[1315] Diese durch den Leerstand bedingte Kündigung einer Wohnung, die für den Rückbau vorgesehen ist, ist

---

[1307] BVerfG ZMR 2004, 95 ff.: Eine Verwertungskündigung kann auch dann ausgesprochen werden, wenn der Verkaufserlös bei einer unvermieteten Wohnung um ein Vielfaches höher ist als bei einer vermieteten Wohnung. Dieser Umstand ist von den Gerichten in besonderer Weise zu würdigen.

[1308] Nach AG Uelzen WuM 1997, 374 ff.

[1309] Dazu BGH DWW 2009, 100, 101 f.

[1310] *Kinne*, ZMR 2001, 511, 519.

[1311] *Schönleber*, NZM 1998, 601, 603.

[1312] LG Hamburg WuM 2001, 196, 197.

[1313] Vgl. BGH NJW 2004, 1736, 1737.

[1314] Anders ist nach OLG Dresden, NZM 2003, 356 ff. hinsichtlich der Geschäftsraummiete zu entscheiden. Nach dieser Ansicht ist eine Kündigung wegen eines Abrisses nicht wirksam; sehr kritisch dazu *Taubenek*, NZM 2003, 337, 340.

[1315] *Riecke*, DW 2002, Nr. 8, 2.

zumindest als Ultima Ratio möglich, wenn alle Bemühungen des Vermieters, den Mieter auch durch freiwillige Zahlungen zum Auszug zu bewegen, gescheitert sind.[1316]

1475 Der Vermieter muss demnach vernünftige und nachvollziehbare Gründe dafür haben, dass er gerade jetzt die wirtschaftliche Verwertung anstrebt. Den Gerichten ist es jedoch verwehrt, die wirtschaftlichen Planungen des Eigentümers durch eigene, tatsächliche oder vermeintlich vernünftigere Entscheidungen zu ersetzen.[1317]

Beispiel: Ein berechtigtes Kündigungsinteresse liegt vor, wenn der Verkauf des vermieteten Objekts nur dann für einen angemessenen Preis möglich ist, falls die Wohnung **unvermietet** ist. Es ist hingegen nicht erforderlich, dass ohne die geplante Verwertung ein Existenzverlust des Vermieters droht. Der Verkauf muss auch nicht zwingend sein.[1318]

1476 Die erheblichen Nachteile lassen sich nur aufgrund des Einzelfalls unter Berücksichtigung der persönlichen und wirtschaftlichen Verhältnisse des Vermieters beurteilen, wobei der Maßstab nicht anhand objektiver, sondern subjektiver Kriterien zu bestimmen ist.[1319] Dementsprechend kann vermögenden Vermietern mehr als unvermögenden zugemutet werden.[1320] Allerdings dürfen die Voraussetzungen an die Feststellung eines Nachteils nicht überspannt werden.[1321]

Der Kündigungsschutz darf **nicht** so weit führen, dass

- er sich als faktisches Verkaufshindernis darstellt,
- durch ihn ein angemessener Preis beim Verkauf nicht mehr erzielt werden kann,
- von dem Vermieter verlangt wird, er müsse in Existenznot geraten,
- oder dass der Verkauf als zwingend erscheint.

dd.) Berechtigtes Interesse nach § 573 I BGB

1477 Da die gesetzliche Regelung nicht abschließend ist, kommen weitere Fallgruppen in Betracht, in denen ein berechtigtes Interesse an einer Kündigung vorliegt.[1322] Grundlage der Kündigung ist § 573 I BGB. Diese Kündigungsgründe müssen aber ein **ähnliches** Gewicht haben wie die in § 573 II BGB normierten Gründe.

(a.) Werkswohnung

1478 Ein in der Praxis nicht zu unterschätzender Grund ist der des **Betriebsbedarfs**. Die Wohnung wird dabei als Werkmietwohnung oder Dienstwohnung genutzt.

1479 Scheidet der Arbeitnehmer aus dem Arbeitsverhältnis aus, ist der Arbeitgeber, der gleichzeitig Vermieter ist, ebenfalls berechtigt, die Wohnung zu kündigen, um die Wohnung für andere Arbeitnehmer verwenden zu können. Nicht ausreichend ist es aber, wenn ausschließlich das Dienstverhältnis (Arbeitsvertrag) beendet worden ist; es muss vielmehr ein nachvollziehbarer und vernünftiger Grund hinzukommen. Dies ist dann der Fall, wenn sich Werksangehörige für eine Dienstwohnung beworben haben.[1323] Dies muss erst recht für den Fall gelten, dass in der Wohnung eine betriebsfremde Person wohnt und die Werkswohnung dringend für eine betriebsangehörige Person gebraucht

[1316] Vgl. LG Gera NZM 2003, 640 f.; AG Halle NZM 2002, 782; kritisch aber *Taubenek*, NZM 2003, 337, 341 f.; *Sternel*, WuM 2003, 243 ff.; vgl. auch AG Leipzig WuM 2003, 276, 277.
[1317] *Schönleber*, NZM 1998, 601, 604.
[1318] BVerfG NJW 1991, 3270, 3271.
[1319] *Schönleber*, NZM 1998, 601, 604.
[1320] Vgl. LG Wiesbaden WuM 1993, 54.
[1321] *Wetekamp*, NZM 1999, 485, 489.
[1322] BVerfG NJW 1992, 105, 106.
[1323] Kreisgericht Cottbus WuM 1994, 68.

wird.[1324] Dabei ist gleichgültig, ob der Vermieter selbst Eigentümer der Wohnung ist oder ein Belegrecht an der Wohnung hat.[1325]

Die Kündigung ist jedoch dann ausgeschlossen, wenn sie sich als **Rechtsmissbrauch** darstellt. 1480

Beispiele: Dem Vermieter ist der Grund der betrieblichen Inanspruchnahme bei Vertragsschluss bekannt oder er war für ihn zumindest abzusehen; der Vermieter hat mehrere Dienstwohnungen, wobei einige frei sind.

(b.) Öffentliches Interesse

Ein weiterer, diesbezüglich anerkannter Grund ist das **öffentliche Interesse**. Die Belegung von Sozialwohnungen ist an den Nachweis der Berechtigung gebunden. Dafür erhält der Interessent, wenn er eine bestimmte Einkommensgrenze nicht überschreitet, einen Wohnberechtigungsschein (sog. **B-Schein**). Wird eine Sozialwohnung an eine Person vermietet, die einen Wohnberechtigungsschein weder bei Vertragsschluss noch nach Überlassung der Wohnung nachweisen kann, hat der Vermieter das Recht, aus dem Gesichtspunkt des öffentlichen Interesses das Mietverhältnis wieder zu kündigen.[1326] Es müssen allerdings noch weitere Umstände hinzutreten. Dies kann der Fall sein, wenn die Wohnung für eine andere Person benötigt wird, die eine Wohnberechtigung erhalten hat. 1481

Fällt allerdings die Wohnberechtigung **nachträglich** fort, liegt keine mit § 573 II BGB vergleichbare Interessenlage vor, weshalb eine Kündigung auf dieser Grundlage ausscheidet.[1327] 1482

(c.) Fortgesetzte Verstöße gegen vertragliche Pflichten

Entgegen § 573 II Nr. 1 BGB kann dem Mieter auch in dem Fall gekündigt werden, wenn er seine Vertragspflichten in erheblicher, jedoch unverschuldeter Weise verletzt. Der Kündigungsgrund ist aber nur bei einem **wiederholten** Verstoß erfüllt. 1483

Beispiel: Der Mieter A hat wiederholt von seinem Arbeitgeber, der P-AG, sein Gehalt nicht erhalten. Dadurch hat er am Monatsbeginn durch sonstige hohe private Ausgaben, die zu einem großen Teil auf sein privates Vergnügen zurückzuführen sind, nicht genug Geld, um seine Miete zu bezahlen. Er kommt in Zahlungsverzug.

ee.) Kein berechtigtes Interesse

Ein berechtigtes Interesse wird durch das Gesetz in folgenden Fällen nicht anerkannt: 1484

- wenn die zu kündigende Wohnung auf der Grundlage von § 573 II Nr. 3 S. 1 BGB gekündigt wird, um die Wohnung anderweitig zu vermieten, um damit eine höhere Miete zu erzielen,
- oder wenn der Vermieter die Mieträume im Zusammenhang mit einer beabsichtigten oder nach Überlassung an den Mieter erfolgten Begründung von Wohnungseigentum veräußern will, vgl. § 573 II Nr. 3 Halbs. 3 BGB.
- Auch eine Kündigung des Vermieters zum Zweck der Mieterhöhung bei Mietverträgen über Wohnraum ist gem. § 573 II BGB ausgeschlossen. Der Vermieter hat jedoch das Recht, unter den Voraussetzungen der §§ 558 ff. BGB die Zustimmung des Mieters zur Mieterhö-

---

[1324] LG Berlin NZM 2001, 852.
[1325] LG Darmstadt WuM 1991, 268.
[1326] OLG Hamm NJW 1982, 2563; AG Köln WuM 1983, 192; dagegen LG Köln MDR 1976, 143.
[1327] AG Lüdenscheid WuM 1990, 553, 554.

hung zu verlangen. Verweigert der Mieter seine Zustimmung, kann der Vermieter den Mieter auf Erteilung der Zustimmung gem. § 558b II BGB verklagen.

ff.) Ausnahmen nach §§ 573a, 573b BGB

1485 In den in §§ 573a, 573b BGB normierten Situationen kann der Vermieter das Mietverhältnis kündigen, ohne dass es eines berechtigten Interesses i.S.d. § 573 BGB bedarf.[1328]

- Wenn der Vermieter mit dem Mieter in einem **Zweifamilienhaus** wohnt, kann der Vermieter gem. § 573a I BGB den Mietvertrag kündigen, ohne dass ein berechtigtes Interesse an der Beendigung des Mietverhältnisses vorliegt. Damit soll bei persönlichen Spannungen zwischen dem Vermieter und dem Mieter und seiner Familie die für den Vermieter infolge des nahen Zusammenlebens unzumutbare Lage beendet werden können. Insbesondere soll darauf verzichtet werden, die Gründe für die Zerrüttung des Mietverhältnisses gerichtlich aufzuklären. Nach § 573a III BGB ist allerdings in dem Kündigungsschreiben explizit anzugeben, dass sich die Kündigung auf die Voraussetzungen des § 573a I oder II BGB bezieht.
- Ebenfalls braucht der Vermieter kein besonderes Interesse nach § 573 BGB, wenn er i.S.d. § 573b I BGB eine Teilkündigung hinsichtlich solcher Nebenräume aussprechen will, die nicht zum Wohnen bestimmt sind, um dort anschließend neuen Wohnraum zu schaffen.

c. Kündigungsfrist

1486 Die ordentliche Kündigung ist grundsätzlich an eine Kündigungsfrist gebunden. Die Länge der gesetzlichen Kündigungsfrist ist danach verschieden, ob es sich um Mietverhältnisse über Grundstücke, (Wohn-)Räume oder bewegliche Sachen handelt.

aa. Wohnraummietverhältnisse

1487 Bei den Wohnraummietverhältnissen sind die gesetzlichen Kündigungsfristen des Mieters und des Vermieters unterschiedlich gestaltet.

1488 Der **Mieter** hat grundsätzlich nach § 573c I S. 1 BGB eine Kündigungsfrist von **drei Monaten** einzuhalten. Die Kündigungsfrist ist dabei der Zeitraum zwischen dem Kündigungstag, vor dessen Ablauf die Kündigungserklärung spätesten nach § 130 BGB zugehen muss, und dem Kündigungstermin, an dem das Mietverhältnis enden soll.

1489 Die **Fristberechnung** bestimmt sich nach §§ 187 ff. BGB. Insoweit sind auch §§ 130 ff. BGB zu beachten.

1490 Der Kündigungstag kann auch vor dem Beginn des Mietverhältnisses liegen. Der Mietvertrag kann also auch dann gekündigt werden, wenn die Mietsache noch nicht überlassen wurde.[1329] Dafür ist es **nicht** erforderlich, dass die Vertragsparteien eine entsprechende vertragliche Vereinbarung getroffen haben.[1330]

1491 Ist die Kündigung **verfristet**, ist diese zum genannten Termin nichtig. Allerdings entfaltet die Kündigung zum nächstmöglichen Termin ihre rechtliche Wirkung. Es bedarf demnach keiner erneuten Kündigungserklärung.

1492 § 573c IV BGB sieht vor, dass zwischen Mieter und Vermieter eine vertragliche Vereinbarung abgeschlossen werden kann, in der die Parteien festlegen, dass die Kündigungsfrist geringer als drei Monate sein kann. Eine Verlängerung der Frist ist hingegen nicht zuläs-

---

[1328] Weiterführend *Skrobek*, ZMR 2007, 511 ff.
[1329] BGHZ 73, 350, 352.
[1330] BGHZ 73, 350, 352; dagegen *Voelskow*, in: MüKo^3, § 565 a.F. Rn 16, der die Kündigungsfrist erst dann beginnen lassen will, wenn die Mietsache überlassen wurde.

sig, da § 573c IV BGB normiert, dass Vereinbarungen zulasten des Mieters unwirksam sind. Insofern sind solche Vertragsklauseln wegen §§ 573c, 575 BGB unwirksam, in denen die Vertragsparteien ein gesetzliches Kündigungsrecht des Mieters generell ausschließen.[1331] Statt dieser unwirksamen Vertragsklausel tritt das gesetzliche Kündigungsrecht des § 573c BGB an deren Stelle. Es gilt also eine dreimonatige Kündigungsfrist.

Der **Vermieter** hat nach § 573c I S. 1 BGB zunächst grundsätzlich ebenfalls die gleiche **1493**
Kündigungsfrist einzuhalten. Die dreimonatige Frist ist gem. § 573c IV BGB auch nicht abdingbar, sodass es sich um eine Mindestfrist handelt. Allerdings sind die Fristen des Mieters im Vergleich zu denen des Vermieters[1332] zusätzlich asymmetrisch ausgestaltet.[1333]

Für den **Vermieter** gilt gem. § 573c I S. 1 BGB weiterhin eine Kündigungsstaffel mit **1494**
verlängerten Kündigungsfristen, die abhängig von der Dauer des Mietverhältnisses ist.[1334] Die Verlängerung beträgt nach fünf bzw. acht Jahren jeweils drei Monate. Damit beträgt die **längste** Kündigungsfrist neun Monate.

- Für die Berechnung der Kündigungsfrist des Vermieters kommt es rechtlich auf die tatsächliche Überlassung der Wohnung an. Die Dauer der Überlassung fängt auch vor Beginn des Mietverhältnisses an, wenn die Wohnung bereits durch den zukünftigen Mieter genutzt wird.[1335] Einzubeziehen in die Zeitberechnung ist die Zeit, in der der jetzige Mieter aufgrund eines Mietvertrags des früheren Ehegatten in der Wohnung gelebt hat.[1336]
- Außerdem ist als einheitlicher Zeitraum anzurechnen, wenn der Mieter im selben Haus von einer Wohnung in eine andere Wohnung umgezogen ist.[1337] Dies gilt zumindest dann, wenn der Umzug vom Vermieter veranlasst wurde.[1338]

Bei **möbliertem Wohnraum** i.S.d. § 549 II Nr. 2 BGB gilt nach § 573c III BGB eine **1495**
gesonderte Frist. Die Kündigung ist bis zum 15. eines Monats zum Ablauf desselben Monats möglich. Ist allerdings der Kündigungstag ein Samstag, Sonntag oder Feiertag, ist § 193 BGB unanwendbar.

Der Mieterschutz ist bei **Werkmietwohnungen** eingeschränkt, da diese vom Arbeitge- **1496**
ber oder von einem Dritten mit Rücksicht auf das Bestehen eines Dienstvertrags vermietet werden. Dem Vermieter muss daher eine Beendigung des Mietverhältnisses erleichtert werden, wenn das Arbeitsverhältnis aufgelöst wurde. Diesem Erfordernis trägt § 576 I BGB Rechnung.

> **Hinweis für die Fallbearbeitung:** Bei den Kündigungserklärungen ist strikt darauf zu achten, welches Vertragsverhältnis gekündigt werden soll. Zwar können Arbeits- und Mietvertrag in einer Erklärung gekündigt werden, dies ist aber genau zu prüfen.

bb. Andere Mietverhältnisse

Nach § 580a BGB ist bei den Mietverhältnissen danach zu differenzieren, welche Art von **1497**
Vertragsgegenstand Teil des Mietvertrags ist.

1331 LG Krefeld NJW 2003, 1464 f.

1332 Zur verfassungsrechtlichen Zulässigkeit der asymmetrischen Fristen *Börstinghaus*, NZM 2002, 49, 50; vgl. auch *Stumpf*, ZMR 2002, 495 ff.

1333 *Gather*, Das Grundeigentum 2001, 814, 815.

1334 *Eisenschmid*, WuM 2001, 215, 220.

1335 *Kinne*, ZMR 2001, 599, 608; unklar *Weidenkaff*, in: Palandt, § 573c Rn 11.

1336 OLG Stuttgart WuM 1984, 45.

1337 LG Bonn WuM 1987, 322; *Börstinghaus/Eisenschmid*, 518; dagegen *Weidenkaff*, in: Palandt, § 573c Rn 11; Kinne, ZMR 2001, 599, 608.

1338 AG Kerpen WuM 1994, 77, 78.

- Nach § 580a I BGB kann das Mietverhältnis von beiden Parteien über Grundstücke, Räume, die keine Geschäftsräume sind, oder Schiffe, die im Schiffsregister eingetragen sind, in entsprechender Frist gekündigt werden, die allerdings abhängig von der Mietdauer ist. In diesem Sinn kommen nur solche Räume in Betracht, die nicht zu Wohnzwecken oder gewerblichen Zwecken dienen. Die Kündigungsfrist über Wohnraum ist allerdings durch § 573c BGB geregelt.

  Beispiele: privat genutzte Garagen, Lagerstätten oder Werkstätten

- Bemisst sich die Mietdauer nach Tagen, kann der Mietvertrag an jedem Tag zum Ablauf des folgenden Tages gekündigt werden. Ist die Vertragsdauer nach Wochen bemessen, kann der Vertrag spätestens am ersten Werktag der Woche zum Ablauf des nächsten Sonnabends gekündigt werden. Erstreckt sich der Zeitraum auf Monate oder längere Abschnitte, ist das Mietverhältnis fristgerecht gekündigt, wenn das Vertragsverhältnis spätestens am dritten Werktag eines Kalendermonats zum Ablauf des übernächsten Monats gekündigt wurde. Diese Frist verlängert sich allerdings bei unbebauten Grundstücken, die zu gewerblichen Zwecken genutzt werden, oder bei Schiffen, die im Handelsregister eingetragen sind, dahingehend, dass nur zum Ablauf eines Kalendervierteljahrs gekündigt werden kann.
- Bei Mietverhältnissen über gewerbliche Räume ist die Kündigung gem. § 580a II BGB bis spätestens zum dritten Werktag eines Kalendervierteljahrs zum Ablauf des nächsten Kalendervierteljahrs zu erklären.
- Bei den beweglichen Sachen ist nach § 580a III BGB die Kündigung bei einer Vermietungsdauer, die sich nach Tagen bemisst, an jedem Tag zum Ablauf des nachfolgenden Tages möglich. Besonderheiten ergeben sich lediglich bei längeren Vertragszeiten. In dem Fall kann die Erklärung bis zum dritten Tag vor demjenigen Tag erklärt werden, mit dessen Ablauf das Mietverhältnis enden soll.

d. Widerspruch des Mieters

1498 Der Mieter hat die Möglichkeit, der Kündigung i.S.d. § 574 I BGB zu widersprechen. Der Widerspruch bedarf gem. § 574b I S. 1 BGB der Schriftform. Der Vermieter kann die Fortsetzung des Mietverhältnisses gem. § 574b II BGB ablehnen, wenn der Widerspruch vom Mieter nicht spätestens zwei Monate vor der Beendigung des Mietverhältnisses erklärt wird. Zu beachten ist vor allem die Pflicht des Vermieters, den Mieter auf sein Widerspruchsrecht hinzuweisen (s.o.). Ein Verstoß des Vermieters gegen diese Pflicht hat allerdings **nicht** zur Folge, dass die Kündigung unwirksam ist. Vielmehr kann in einem solchen Fall der Widerspruch auch noch im ersten Termin des Räumungsrechtsstreits durch den Mieter erklärt werden.
Erfolg hat der Widerspruch nur, wenn die Beendigung des Mietverhältnisses auch unter Berücksichtigung der berechtigten Interessen des Vermieters für den Mieter oder seine Familie eine nicht zu rechtfertigende Härte bedeutet. Es sind also die Interessen des Vermieters und die des Mieters gegeneinander abzuwägen, wobei sich die jeweiligen Interessen gleichwertig gegenüberstehen.

Hinweis für die Fallbearbeitung: Es wäre verkehrt, an dieser Stelle schematisch eine Lösung herzuleiten. Wichtig ist die genaue und detaillierte Auseinandersetzung mit dem relevanten Einzelfall.

1499 Der Gesetzgeber hat in § 574 II BGB selbst eine Härte normiert. Eine solche liegt danach vor, wenn angemessener Ersatzwohnraum zu zumutbaren wirtschaftlichen und persönlichen Bedingungen nicht beschafft werden kann.

Bei der vorzunehmenden Würdigung der berechtigten Interessen des Vermieters sind nach § 574 III BGB ausschließlich die Interessen zu berücksichtigen, die in dem Kündigungsschreiben vom Vermieter als Gründe angegeben wurden. Zu beachten sind auch die nachträglich entstandenen Gründe. Ist allerdings dem Vermieter die Fortsetzung des Mietverhältnisses zu den bisherigen Bedingungen nicht zumutbar, kann der Mieter die Fortsetzung nach § 574a I BGB nur zu angemessenen Bedingungen verlangen. **1500**

Die Sozialklausel gilt nicht bei Mietverhältnissen, die aus einem der in § 575 I BGB genannten Gründe in zulässiger Weise befristet sind. **1501**

e. Unwirksamkeit der ordentlichen Kündigung durch fristgerechte Nachzahlung

In § 569 III Nr. 2 BGB ist für die außerordentliche fristlose Kündigung aus wichtigem Grund geregelt, dass diese Kündigung auch unwirksam wird, wenn der Vermieter bis spätestens bis zum Ablauf von zwei Monaten nach Eintritt der Rechtshängigkeit des Räumungsanspruchs befriedigt wird oder sich eine öffentliche Stelle zur Befriedigung verpflichtet. **1502**

U.E. ist der Regelungsgehalt auch auf die ordentliche Kündigung dann analog anzuwenden, wenn die Kündigung ausschließlich mit Zahlungsverzug begründet wird (str.).[1339] Für diese Auffassung spricht in praktischer Hinsicht, dass bei Zahlungsverzug der Vermieter die Wahlmöglichkeit bei Beachtung der jeweiligen Tatbestandsvoraussetzungen hat, sich zwischen der ordentlichen und der außerordentlichen Kündigung zu entscheiden. Ob dem Mieter die Möglichkeit des § 569 III Nr. 2 BGB zusteht, hängt also rein von der Entscheidung des Vermieters ab, die eine zufällige sein kann. Es könnte also die Situation entstehen, dass der Mieter bei der außerordentlichen Kündigung mehr geschützt wäre als bei der ordentlichen Kündigung.

> **Hinweis für die Fallbearbeitung:** Wenn eine analoge Anwendung nicht befürwortet wird, dann ist im Rahmen des § 573 BGB das Verschulden des Mieters im Einzelfall unter Beachtung aller Umstände und der jeweiligen Interessenlagen der Vertragsparteien zu prüfen.[1340]

f. Besonderheiten des Zeitmietvertrags

aa. Grundlagen

Der Gesetzgeber hat den befristeten Mietvertrag über Wohnraum abschließend geregelt.[1341] Danach ist der Zeitmietvertrag nur für bestimmte, gesetzlich normierte Ausnahmesituationen zulässig, die in § 575 I S. 1 Nr. 1 bis Nr. 3 BGB geregelt sind. Voraussetzungen sind daher, dass die **1503**

- Räume für den Eigenbedarf oder Familienangehörige oder Angehörige des Haushalts des Vermieters in Zukunft ab einem bestimmten Zeitpunkt gebraucht werden,
- die Räume in zulässiger Weise beseitigt oder wesentlich verändert werden
- oder die Räume zu einem späteren Zeitpunkt an einen Dienstverpflichteten vermietet werden sollen.

Dem Mieter ist der Grund der Befristung bei Vertragsschluss schriftlich mitzuteilen. Wird **1504**
ein Zeitmietvertrag abgeschlossen, der auf einem anderen Grund basiert, als das Gesetz

---

[1339] AG Öhringen WuM 2005, 44 f. m. Anm. *Flatow.*; a.A. wohl KG DWW 2009, 26, 27; BGH MDR 2005, 680 f.
[1340] Siehe dazu KG WE 2009 Heft 1, 16 f.
[1341] Ausführlich *Hinz*, WuM 2009, 79, 80 ff.

es vorsieht, ist dieser gem. § 575 I S. 2 BGB als unbefristeter Mietvertrag einzuordnen. Dieser Zeitmietvertrag ist im Übrigen nicht ordentlich kündbar.[1342]

bb. Auswechseln der Beendigungsgründe

1505 Denkbar ist auch die Konstellation, dass zwischenzeitlich ein Befristungsgrund fortfällt und dafür ein anderer entsteht.

> **Beispiel:** Eigentlich sollte das Haus vom Vermieter nach Ablauf des befristeten Mietverhältnisses grundlegend modernisiert werden, was mindestens zwölf Monate dauern sollte. Da der Vermieter jedoch nicht mehr so viel Geld investieren kann, wird die Entscheidung zur Modernisierung zwei Jahre vor Vertragsbeendigung aufgegeben. Nun will der Vermieter aber seiner Tochter die Wohnung zur Verfügung stellen, weil sie in der Stadt studieren möchte.

1506 Ein **Auswechseln** der Beendigungsgründe **ist unzulässig**, da der Vermieter ansonsten Befristungsgründe auf Vorrat einführen könnte.[1343] Ein Auswechseln liegt allerdings dann nicht vor, wenn der Befristungsgrund gleich bleibt, er jedoch durch einen lediglich geänderten Sachverhalt ausgefüllt wird.[1344]

> **Beispiele:**
> **(1)** Eigentlich soll die Tochter des Vermieters nach Ablauf des Zeitmietvertrags in die Wohnung einziehen. Allerdings entscheidet sich diese anders und zieht nach München. Der Sohn des Vermieters macht eine Banklehre in der Stadt, in der die Wohnung liegt, daher soll der Sohn nun die Wohnung erhalten.
> **(2)** Das Haus sollte eigentlich grundlegend saniert werden. Bei den Planungen stellt sich aber heraus, dass die Kosten zu hoch sind. Es lohnen sich nur ein vollständiger Abriss des Hauses und ein anschließender Neubau.

Dieses Ergebnis ist systematisch richtig, denn bei Abschluss des Vertrags sind nicht immer alle Details tatsächlich vollständig bekannt. Vielfach wird der Vermieter nur wissen, dass er den Wohnraum ab einem bestimmten Zeitpunkt nicht mehr vermieten will. Dem Vermieter muss bei seiner auf die Zukunft gerichteten Planung also die Möglichkeit gegeben werden, Entscheidungen an die neu entstandenen Umstände anzupassen. Vielfach kann der Vermieter gerade bei Erneuerungen des Objekts im Vorfeld nicht verbindlich aussagen, ob Sanierung oder Abriss mit anschließendem Neubau die bessere Lösung sind. Zwänge man ihn dennoch, im Mietvertrag bis ins letzte Detail anzugeben, warum der Mietvertrag befristet wird, konterkarierte man die Intention des Gesetzgebers. Dieser wollte mit der Befristungsmöglichkeit gerade einen Anreiz schaffen, den Wohnraum nicht freistehen zu lassen, sondern diesen auch befristet zur Verfügung zu stellen.

cc. Zeitweiliger Ausschluss der Kündigungsmöglichkeit des Mieters beim unbefristeten Mietvertrag

1507 Beim Zeitmietvertrag ist die ordentliche Kündigung generell ausgeschlossen.[1345] Es ist in Abgrenzung dieses Vertragstyps zum unbefristeten Mietvertrag jedoch problematisch, ob bei einem **unbefristeten Mietvertrag zeitweilig** vertraglich vereinbart werden kann, dass das Recht zur ordentlichen Kündigung ebenfalls **ausgeschlossen** werden kann. Diese Frage ist lebhaft umstritten.

[1342] BGH WuM 2009, 48.
[1343] *Sternel*, ZMR 2002, 1, 4; *Börstinghaus/Eisenschmid*, 560.
[1344] BT-Drs. 14/4553, 71; *Kinne*, ZMR 2001, 684, 689; *Grundmann*, NJW 2001 2504; wohl auch *Weidenkaff*, in: Palandt, § 575 Rn 16; dagegen *Börstinghaus/Eisenschmid*, 560; *Sternel*, ZMR 2002, 1, 4.
[1345] *Weidenkaff*, in: Palandt, Rn 3; dagegen (zu Unrecht) *Häublein*, ZMR 2004, 1 ff.

- Die h.M.[1346] ist bei einer generalisierenden Betrachtung der Auffassung, dass ein zeitlich befristeter Ausschluss der Kündigungsfrist bei einem unbefristeten Vertrag durch die Vertragsparteien im Zuge des Mietvertrags im Grundsatz *individuell* bzw. teilweise auch *formularvertraglich*[1347] vereinbart werden könne. Dies sei deshalb möglich, weil keine unzumutbare Belastung des Mieters eintrete, da er schließlich einen Nachmieter stellen könne[1348]. Zudem sei das Kündigungsschutzrecht dahingehend zu verstehen, dass der Mieter primär vor dem Verlust des Wohnraums geschützt werden solle und es im Zuge der Vertragsautonomie auch möglich sein müsse, dem Vermieter bei der Vertragsgestaltung einen Handlungsspielraum einzuräumen.

- Dagegen ist allerdings einzuwenden, dass der Gesetzgeber mit den in § 573c BGB normierten kurzen Fristen für den Mieter eine erheblich gesteigerte Mobilität erreichen wollte. Dies sicherte der Gesetzgeber durch § 573c IV BGB ab, nach dem eine zum Nachteil des Mieters abweichende Vereinbarung zwischen den Parteien unwirksam ist. Der Gesetzgeber hat damit bereits ausgeschlossen, dass die Parteien längere Kündigungsfristen vertraglich vereinbaren. Daraus muss geschlussfolgert werden, dass es dem Konzept des Gesetzgebers widerspricht, wenn eine ordentliche Kündigung zeitweise generell ausgeschlossen wird. Dies ist insoweit eine zum Nachteil des Mieters abweichende Vereinbarung. Eine ordentliche Kündigung kann bei einem unbefristeten Mietvertrag demzufolge vertraglich nicht ausgeschlossen werden.[1349]

Hinweis für die Fallbearbeitung:

1. Bei Annahme der h.M. stellt sich die Folgefrage, ob dem Mieter andere Rechtsinstitute zur Loslösung vom Mietvertrag zur Verfügung stehen. Hierbei sind insbesondere die Rechtsinstitute der AGB-Kontrolle[1350], der Störung der Geschäftsgrundlage sowie die Ausweichstrategien der Untervermietung und der Beschaffung eines Ersatzmieters zu prüfen.[1351]

2. Betreffen die Mietverhältnisse keinen Wohnraum, ist davon auszugehen, dass das Recht zur ordentlichen Kündigung wegen des Fortfalls der besonderen Schutzbedürftigkeit zeitweise vertraglich ausgeschlossen werden kann.

2. Außerordentliche befristete Kündigung

Bei der außerordentlichen befristeten Kündigung ist zwischen Wohnraum und anderen Mietsachen zu unterscheiden. Beim Wohnraum regelt § 573d BGB die Voraussetzungen, wohingegen § 580a IV BGB für die sonstigen Mietgegenstände anwendbar ist. Die außerordentliche befristete Kündigung ist nur zulässig, sofern diese vom Gesetz dem Vermieter ausdrücklich eingeräumt wird. Ansonsten verweisen die Vorschriften der außerordentlichen befristeten Kündigung auf die der ordentlichen Kündigung, sodass deren Voraussetzungen vorliegen müssen. **1508**

3. Außerordentliche fristlose Kündigung

Der Gesetzgeber hat den Vertragsparteien unter bestimmten Voraussetzungen zugebilligt, die Kündigung auch ohne die ansonsten zu beachtenden Fristen auszusprechen. Im Kern geht es darum, dass die Einhaltung von Kündigungsfristen unbillig wäre und für den betroffenen Vertragspartner eine unzumutbare Härte darstellen würde. Freilich sind **1509**

[1346] Vgl. BGH NJW 2004, 1448, 1449; *Timme*, NJW 2004, 1639 ff.; *Derleder*, NZM 2001, 648, 649; vgl. auch *Wiek*, WuM 2005, 369 ff.; die Rechtsprechung im Schaubild zusammenfassend *Börstinghaus*, NJW 2009, 1391, 1392.

[1347] Vgl. BGH NJW 2004, 3117, wenn ein beidseitiger Kündigungsrechtsausschluss erfolgt ist, der eine Zeitspanne von vier Jahren nicht überschritten hat.

[1348] Siehe dazu die Ausführungen Rn 1511 ff.

[1349] Ausführlich Sternel, ZMR 2002, 1, 4; *Börstinghaus/Eisenschmid*, 558 f.; *Lammel*, WuM 2003, 123 ff.; *Börstinghaus*, WuM 2003, 487 ff.; LG Krefeld NZM 2003, 309; AG Itzehoe WuM 2003, 213 f.; weitgehend auch *Ormanschick*, GE 2001, 274 f.; offengelassen von *Börstinghaus*, ZGS 2009, 221, 222 ff. mit umfassendem Überblick über die Rechtsprechung.

[1350] Vgl. dazu BGH WuM 2009, 47, 48.

[1351] Ausführlich hierzu *Streyl*, WuM 2005, 183 ff.

an die Feststellung der unzumutbaren Härte hohe Anforderungen zu stellen, die der Gesetzgeber allgemein durch die Regelung des § 543 BGB und speziell für die Wohnraummiete durch die Regelung in § 569 BGB prädeterminiert hat.

Bei der Bestimmung des Verhältnisses dieser beiden Regelungen zueinander ist die Brückenvorschrift des § 549 I BGB zu beachten, wonach für Mietverhältnisse über Wohnraum §§ 535 bis 548 BGB gelten, soweit sich nicht aus §§ 549 bis 577a BGB etwas anderes ergibt. Damit folgt der Gesetzgeber dem Prinzip, „vor die Klammer zu ziehen": Die allgemeinen Vorschriften werden durch die speziellen überlagert und in ihrer Anwendung teilweise gesperrt.

1510 Ausgangspunkt ist somit die Vorschrift des § 543 I S. 1 BGB, wonach jede Vertragspartei bei Vorliegen eines **wichtigen Grunds** das Mietverhältnis fristlos kündigen kann. Da der Begriff des „wichtigen Grunds" höchst unbestimmt ist, hat der Gesetzgeber in § 543 I S. 2 BGB auf die **Unzumutbarkeit der Einhaltung der Kündigungsfrist** abgestellt und dabei eine **Einzelfallabwägung** angeordnet. Bei dieser Einzelfallabwägung ist wiederum der Katalog des § 543 II BGB heranzuziehen, wonach ein wichtiger Grund insbesondere dann vorliegt, wenn die Mietpartei, der gegenüber gekündigt werden soll, mindestens eine der dort genannten Tatbestände erfüllt hat. Bei der Wohnraummiete erweitert § 569 BGB die Gründe für eine fristlose Kündigung.[1352]

- Wichtigste Fälle der außerordentlichen fristlosen Kündigung durch den **Vermieter** sind der *Zahlungsverzug des Mieters*[1353] (vgl. § 543 II Nr. 3 BGB) und der *vertragswidrige Gebrauch der Mietsache* durch den Mieter, der etwa dadurch entsteht, dass der Mieter die Sache *durch Vernachlässigung der ihm obliegenden Sorgfalt erheblich gefährdet* oder sie *unbefugt einem Dritten überlässt*[1354] (vgl. § 543 II Nr. 2 BGB) sowie das Vorenthalten des Mieters hinsichtlich der von ihm zu erbringenden Sicherheitsleistung (vgl. § 569 IIa BGB).
- Wichtigste Fälle der außerordentlichen fristlosen Kündigung durch den **Mieter** sind die *Nichtüberlassung der Mietsache*, deren *Entzug durch den Vermieter* (vgl. § 543 II Nr. 1 BGB) oder die *Beschaffenheit der Mietsache*, deren Benutzung mit einer erheblichen Gefährdung der Gesundheit verbunden ist (vgl. § 569 I S. 1 BGB).

4. Nachmieterstellung durch den Mieter

a. Überblick

1511 Der Mietvertrag kann nicht nur durch eine Kündigung des Vermieters oder des Mieters beendet werden, sondern vielmehr gibt es auch die Möglichkeit, dass Mieter und Vermieter sich auf einen **Nachmieter** einigen. Dieses Vorgehen spielt dann eine besondere Rolle, wenn zwischen den Vertragsparteien ein *Zeitmietvertrag* abgeschlossen wurde und dadurch die ordentliche Kündigung ausgeschlossen ist. Die kurzen Kündigungsfristen des Mieters nach § 573c I BGB können auch noch zu lang sein, wenn der Mieter z.B. wegen einer neuen Arbeitsstelle gezwungen ist, kurzfristig in eine andere Stadt umzuziehen. Allerdings besteht keine Pflicht des Vermieters innerhalb der Grenzen des § 242 BGB, den Mietvertrag bei einer solchen Stellung eines geeigneten Nachmieters aufzuheben.

1512 Eine Stellung eines Nachmieters durch den derzeitigen Mieter kann auf zwei Wegen erfolgen:

[1352] Weiterführend *O'Sullivan*, ZMR 2002, 250 ff.
[1353] Dazu AG Dortmund WuM 2003, 389 f.; LG Hamburg WuM 2003, 504 f.; *Gellwitzki*, WuM 2003, 612; *Blank*, NZM 2009, 113 ff. zu schleppender Zahlungsweise.
[1354] Vgl. AG Hamburg NZM 2003, 42; OLG Düsseldorf ZMR 2003, 177.

- Zum einen können die Vertragsparteien in dem Mietvertrag individualvertraglich oder formularvertraglich vereinbart haben, dass der Mieter einen Nachmieter stellen kann (*Nachfolgeklausel*).
- Auf der anderen Seite kann sich auch ein entsprechendes Recht ergeben, wenn zwar keine Nachfolgeklausel vereinbart wurde, aber sich aus § 242 BGB ein entsprechendes Recht zur Stellung eines Nachmieters ergibt, also die Grenzen des § 242 BGB ausnahmsweise überschritten sind.

b. Nachfolgeklausel

Sehr häufig haben die Parteien im Mietvertrag eine Nachfolgeklausel getroffen. Aufgrund dieser ist dann der Vermieter verpflichtet, den Mieter aus dem Mietvertrag zu entlassen, wenn der Mieter einen oder mehrere zumutbare Nachmieter stellen kann, die vorbehaltlos bereit sind, anstelle des bisherigen Mieters in den Mietvertrag einzutreten. Die Auswahl des Nachfolgemieters obliegt ausschließlich dem Vermieter. Verweigert der Vermieter hingegen den Abschluss eines Mietvertrags mit jedem der vorgeschlagenen Nachmieter ohne sachlich gerechtfertigten Grund, kann der Mieter seine Entlassung aus dem Vertrag rechtlich verlangen. **1513**

Beispiele:

(1) Der gestellte Nachmieter ist nach allen Gesichtspunkten geeignet, lediglich ist er ausländischer Herkunft. In einem solchen Fall liegt kein sachlich gerechtfertigter Grund vor, ihn als Mieter abzulehnen.[1355]

(2) Eigentlich schätzt der Vermieter Studenten und vermietet diesen seine Wohnungen. Nur Jura- und Lehramtsstudenten vermietet er die Wohnungen nicht, weil diese nach seiner Ansicht „immer alles besser wissen". Dies ist auch kein sachlich gerechtfertigter Grund für eine Ablehnung.

Maßgeblich sind allerdings die ganz konkreten Klauseln, die die Parteien miteinander vereinbart haben. **1514**

c. Entlassung bei überwiegendem Mieterinteresse

Sind derartige Klauseln nicht vereinbart worden, bleibt die Möglichkeit der Entlassung aufgrund der überwiegenden Mieterinteressen i.S.d. § 242 BGB. Zwar besteht wie ausgeführt eine solche Pflicht für den Vermieter innerhalb der Grenzen des § 242 BGB nicht[1356], dennoch gibt es Situationen, in denen es geboten erscheint, eine Ausnahme zuzulassen. Voraussetzung dafür ist, dass das Interesse des Mieters an der Vertragsauflösung das des Vermieters an der Vertragsfortführung deutlich überwiegt und der vom Mieter vorgeschlagene Ersatzmieter vorbehaltlos bereit ist, in den bisherigen Mietvertrag einzusteigen, und dieser dem Vermieter zumutbar ist. **1515**

Das **dringende berechtigte Interesse des Mieters** an einem vorzeitigen Auszug kann nicht allein an wirtschaftlichen oder persönlichen Gründen oder Motiven des Mieters festgemacht werden. Vielmehr müssen die Gründe derart weitreichend sein, dass ihm ein Festhalten am Vertrag schlechterdings nicht zuzumuten ist und die Gründe nicht aus seinem Risikobereich entstammen, er sie also nicht selbst freiwillig herbeigeführt hat.[1357] **1516**

Beispiele: nicht die günstigere Wohnung; jedoch der *unaufschiebbare* Arbeitsplatzwechsel[1358]

[1355] Vgl. BGH WM 1970, 93.
[1356] Vgl. *Lützenkichen*, WM 2004, 58, 61.
[1357] OLG Zweibrücken WuM 1998, 147, 148 f.
[1358] LG Baden-Baden NJW-RR 1997, 75.

1517 Der Ersatzmieter muss dazu auch noch **vorbehaltlos** bereit sein, in den bisherigen Mietvertrag einzusteigen. Ein neuer Mietvertrag zwischen neuem Mieter und dem Vermieter ist hingegen gegen den Willen des Vermieters nicht möglich, um etwa einen niedrigeren Mietzins zu vereinbaren. Lehnt der Nachmieter einen vorbehaltlosen Eintritt in den bestehenden Mietvertrag ab, kann ihn der Vermieter ablehnen.

1518 Der Nachmieter darf zudem auch **nicht unzumutbar** sein. Eine solche Zumutbarkeitsbeurteilung darf allerdings nicht anhand übertriebener Anforderungen vorgenommen werden. Persönliche Antipathien, vage Befürchtungen oder objektiv nicht nachvollziehbare bestehende Vorbehalte gegenüber bestimmten Mieterkreisen können keine Berücksichtigung finden.[1359]

1519 Der Eintritt in den Mietvertrag geschieht durch dreiseitigen Vertrag der Beteiligten bzw. durch Vertrag des Nachmieters mit dem Mieter unter Zustimmung des Vermieters. Der Nachmieter ist dann Rechtsnachfolger des Mieters. Ist der Vermieter bereit, über die Vertragsklauseln mit dem Nachmieter neu zu verhandeln, können auch zwischen dem Mieter und dem Vermieter ein Aufhebungsvertrag und zwischen dem Nachmieter und dem Vermieter ein neuer Vertrag geschlossen werden. Sobald der vorherige Mieter aus dem Vertrag entlassen wurde und der Nachmieter in den Vertrag nachgefolgt ist, können gegen den vorherigen Mieter wegen mangelnder Solvenz des Nachmieters keine Regressansprüche geltend gemacht werden. Das Risiko trägt der Vermieter alleine.

1520 Bei einer **grundlosen Ablehnung** eines Nachmieters verletzt der Vermieter eine vertragliche Nebenpflicht, die zu einem Schadensersatzanspruch nach § 280 I BGB des Mieters führt, der darauf gerichtet ist, dass er aus dem Vertrag entlassen wird und eine gezahlte Kaution zurückerhält. Dem steht es gleich, wenn der Vermieter eine Zustimmung verweigert, um eine Mieterhöhung durchzusetzen oder andere Zusatzbedingungen an eine Nachfolge zu stellen.

[1359] BGH ZMR 2003, 413 f.

B. Pacht

Der **Pachtvertrag** ist ein gegenseitiger Vertrag, bei dem sich der Verpächter gem. § 581 I S. 1 BGB verpflichtet, dem Pächter den Gebrauch des Gegenstands und den Genuss der Früchte für die Dauer der Pachtzeit zu gewähren; der Pächter hat nach § 581 I S. 2 BGB die Pflicht, dem Verpächter den vereinbarten Pachtzins zu zahlen. 1521

I. Vertragseinordnung

Der Pachtvertrag muss vor allem gegenüber dem Mietvertrag abgegrenzt werden. Beim 1522
Pachtvertrag kommen neben den Sachen i.S.d. § 90 BGB anders als beim Mietvertrag auch unkörperliche Gegenstände als Pachtobjekte in Frage. Damit erfasst die Pacht auch **Rechte**.

Beispiel: Pacht eines gesamten Unternehmens: Allerdings handelt es sich nur dann um Pacht, wenn das Unternehmen in seiner Gesamtheit geführt wird wie z.B. eine Apotheke. Wer hingegen einzelne Sachen oder Räume nutzt, um dort eine eigene von dem anderen Unternehmen losgelöste Unternehmung zu führen, mietet diese.

Es kann weiterhin danach abgegrenzt werden, dass der Mietvertrag ausschließlich den 1523
Gebrauch der Sache gewährt, wohingegen der Pachtvertrag dem Pächter auch den Bezug der Früchte nach § 99 BGB einräumt.[1360]

Werden durch einen einheitlichen Vertrag mehrere Sachen teils nur zum Gebrauch und 1524
teils auch zur Fruchtnutzung vertraglich überlassen, muss auf den Hauptgegenstand des Vertrags und den Vertragszweck abgestellt werden. Gleiches muss dann gelten, wenn durch einen gemeinsamen Vertrag zum einen Sachen und zum anderen Rechte überlassen werden sollen.

Beim Pachtverhältnis steht nicht der Gebrauch, sondern vielmehr die Fruchtziehung 1525
durch den Pächter im Vordergrund.

Beispiel: landwirtschaftlicher Betrieb

Früchte können aus dem Pachtgegenstand sowohl unmittelbar als auch mittelbar gezo- 1526
gen werden.

Beispiele: *unmittelbar*: Tierprodukte wie Milch, Kälber oder Bodenprodukte wie Früchte; dazu gehören auch Sand, Kies oder Mineralwasser, solange diese naturgemäß oder in verkehrsüblicher Weise abgebaut werden; *mittelbar*: der Pachtzins bei Verpachtung eines Betriebs

II. Pflichten der Parteien

Gemäß 581 II BGB sind die Vorschriften aus dem Mietvertrag entsprechend anzuwen- 1527
den, soweit es nicht spezielle Regelungen gibt oder eine Landpacht vertraglich vereinbart ist.

Der Verpächter hat dem Pächter den Gebrauch des Gegenstands und den Genuss der 1528
Früchte zu gewähren, die nach den Regeln einer ordnungsmäßigen Wirtschaft als Ertrag anzusehen sind.

Gewährung des Fruchtgenusses bedeutet, dass der Verpächter dem Pächter die 1529
Möglichkeit verschaffen muss, die Früchte des Gegenstands als Eigentum zu erwerben.

[1360] *Voelskow*, NJW 1983, 910, 911.

1530 Dem Pächter ist also nicht nur der Gebrauch, sondern vor allem auch die Nutzung einzuräumen. Damit muss der Verpächter unter anderem für die Tauglichkeit der Nutzbarkeit rechtlich einstehen, wobei er aber nicht für einen zu erwirtschaftenden Gewinn verantwortlich ist. Denn durch den Pachtvertrag wird nur die abstrakte Nutzungsmöglichkeit, nicht aber der konkrete Nutzen erfasst. Etwas anderes kann jedoch vertraglich vereinbart werden.

Beispiel: Durch besondere Abrede wird der Verpächter dadurch am Gewinn beteiligt, dass sich die Pachthöhe an diesem orientiert.

1531 Primär trägt insoweit der Pächter das Risiko, dass die gepachtete Sache Gewinn abwirft.

Hinweis für die Fallbearbeitung: Wichtig ist, auch hier das Abstraktionsprinzip zu beachten. Der Pächter erlangt nicht alleine durch den Pachtvertrag das Eigentum an den Früchten. Der Eigentumserwerb richtet sich vielmehr nach § 956 BGB.

1532 Auf der einen Seite hat der Pächter darauf zu achten, dass er keine Übermaßfrüchte zieht. Auf der anderen Seite ist zu berücksichtigen, dass er entgegen dem Mieter auch eine Gebrauchspflicht zumindest hinsichtlich der landwirtschaftlichen Grundstücke hat, da die Nichtnutzung regelmäßig zu einer Verschlechterung der Pachtsache führt. In aller Regel wird sich eine solche Betriebspflicht aus den Umständen ergeben.

Beispiel: Ein Unternehmen wird verpachtet. Wird dieses nicht weitergeführt, verliert es seine Stellung am Markt. Die Kunden wenden sich vom Unternehmen ab.

Hinweis für die Fallbearbeitung: Inzwischen wird z.T. ebenfalls auch für Mietverträge hinsichtlich der Geschäftsraummiete eine Betriebspflicht angenommen. Die Betriebspflicht kann sich aus den AGB ergeben. Möglich ist unter Umständen aber auch eine Vereinbarung durch schlüssiges Verhalten. Besondere Relevanz kann die Betriebspflicht hinsichtlich eines möglichen Schadensersatzes entfalten, denn §§ 280, 282, 241 II BGB sind auch hier zu beachten (*Hamann*, ZMR 2001, 581, 583).

III. Besonderheiten

1533 Wenn ein Grundstück gem. § 582 BGB mit Inventar verpachtet wird, obliegt es dem Pächter, für die Erhaltung des Inventars zu sorgen. Ihn trifft damit die Erhaltungspflicht während seiner Nutzung. Müssen nach endgültiger Abnutzung neue Gegenstände angeschafft werden, obliegt es deshalb dem Pächter, dafür einzustehen. Er hat dementsprechend alle anfallenden Kosten für Abnutzung und Beseitigung zu übernehmen.

1534 Nach § 582 II S. 1 BGB ist es jedoch Aufgabe des Verpächters, die Inventarstücke zu ersetzen, die ohne Verschulden des Pächters zerstört worden sind. Der Verpächter trägt damit die Gefahr eines zufälligen Untergangs oder einer Verschlechterung. Die Versicherung des Inventars ist damit grundsätzlich Aufgabe des Verpächters.

1535 Wird hingegen das Inventar durch einen Grundstückspächter zum Schätzungswert mit der Verpflichtung, es bei der Beendigung der Pachtzeit zum Schätzungswert zurückzugeben, übernommen, trägt der Pächter gem. § 582a I S. 1 BGB auch die Gefahr der zufälligen Verschlechterung oder des Untergangs. Er hat zudem gem. § 582a I S. 2 BGB nach den Regeln einer ordnungsgemäßen Wirtschaft für die Erhaltung des in der Form übernommenen Inventars Sorge zu tragen.

1536 Besonderheiten ergeben sich auch hinsichtlich der Kündigungsfrist gem. § 584 BGB. Danach kann nur zum Schluss eines Pachtjahres gekündigt werden, wenn Gegenstand des Pachtvertrags ein Recht oder ein Grundstück sind. Zudem werden nach § 584a BGB bestimmte mietrechtliche Kündigungsbestimmungen ausgeschlossen.

8. Kapitel - Leihe

A. Wesen des Leihvertrags

Durch den in §§ 598 ff. BGB geregelten Leihvertrag wird der Verleiher verpflichtet, dem Entleiher den **Gebrauch einer Sache unentgeltlich zu gestatten**. 1537

> **Hinweis für die Fallbearbeitung:** In ganz seltenen und speziellen Konstellationen ist es konstruktiv möglich, dass eine so genannte *gemischte Leihe* vorliegt (eine Sache wird zu einem erheblich niedrigeren Wert vermietet, als es der Marktwert tatsächlich erforderte). Bei derartigen Konstellationen sind die Grundsätze der gemischten Schenkung entsprechend heranzuziehen.

So gesehen, stellt die Leihe das unentgeltliche Gegenstück zur Miete dar. Dies bedeutet allerdings nicht, dass der Verleiher alle Pflichten eines Vermieters und der Entleiher alle Pflichten eines Mieters hätten. Bezüglich des Verleihers trägt das Gesetz dem Umstand der Unentgeltlichkeit der Gebrauchsüberlassung sogar in besonderem Maße Rechnung, indem es die Pflichten des Verleihers gegenüber denjenigen des Vermieters deutlich abschwächt und ihm eine Haftungsprivilegierung zuspricht (vgl. § 599 BGB).

B. Abgrenzung zu anderen Instituten

Bevor jedoch zu den einzelnen Vertragspflichten Stellung genommen werden kann, muss - gerade wegen der Unentgeltlichkeit der Leihe und der damit verbundenen Haftungsprivilegierung - eine Abgrenzung zu anderen Instituten vorgenommen werden 1538

I. Allgemeiner Sprachgebrauch

Der Begriff Leihe wird im allgemeinen Sprachgebrauch nicht immer in juristisch richtiger Weise verwandt. Deshalb muss ein Jurist sorgfältig abwägen, wie das Wort Leihe tatsächlich gemeint ist. 1539

Beispiel: Beim „Bootsverleih" oder bei der entgeltlichen „Leihbücherei" liegt entgegen dem verwendeten Wortbestandteil „Leihe" kein Leihvertrag, sondern ein **Mietvertrag** vor. Denn hier ist es nach der allgemeinen Verkehrsauffassung üblich, für die Gebrauchsüberlassung ein Entgelt zu zahlen. Insoweit gilt auch für die Leihe: *falsa demonstratio non nocet*.

Die Leihe ist daher zum einen gegenüber dem verwandten Mietvertrag und zum anderen aber auch gegenüber anderen Rechtsinstituten abzugrenzen.

II. Sachdarlehensvertrag

Ist Gegenstand der Gebrauchsüberlassung eine *verbrauchbare* Sache, liegt kein Leihvertrag, sondern ein Sachdarlehensvertrag nach § 607 BGB vor, denn bei der Leihe muss gem. § 604 I BGB *dieselbe* Sache wieder zurückgegeben werden. Wird diese Sache hingegen verbraucht, hat der Sachdarlehensnehmer gem. § 607 I S. 2 BGB lediglich eine andere Sache von gleicher Art, Güte und Menge zurückzugewähren. 1540

Beispiel: L „leiht" sich von seinem Nachbarn N drei Eier, um einen Kuchen backen zu können. Am nächsten Tag gibt er ihm drei andere Eier als Ersatz zurück. ⇨ Da L dem N selbstverständlich nicht *dieselben* Eier zurückgeben konnte (diese befinden sich nun im Kuchen), kommt ein Leihvertrag nicht in Betracht. Es liegt ein Sachdarlehensvertrag gem. § 607 BGB vor.

1541 Der zweite Unterschied liegt darin begründet, dass beim Sachdarlehensvertrag der Vertragsgegenstand nach §§ 929 ff. BGB auf den Darlehensnehmer übereignet wird, beim Leihvertrag dagegen der Verleiher das Eigentum an der Sache behält.

Hinweis für die Fallbearbeitung: Zu beachten ist, dass das **Gelddarlehen** in § 488 BGB geregelt ist. Damit wollte der Gesetzgeber das Gelddarlehen im Zusammenhang mit (sonstigen) Finanzierungshilfen und Ratenlieferungsverträgen regeln. § 607 BGB ist auf das Gelddarlehen damit unanwendbar geworden.

Beispiel: L „leiht" sich von N 100,- €, um seine Freundin am Samstag zum Essen einladen zu können. Nach einer Woche gibt er N den gleichen Betrag zurück. ⇨ Bei dem Vertrag kann es sich nicht um einen Leihvertrag handeln, da L über das Geld nach seinen Vorstellungen verfügen soll. Ihm wurde dafür das Eigentum an dem Geld übertragen. Damit aber scheidet bereits eine Leihe aus. Es kann darum nur ein Darlehensvertrag nach § 488 BGB in Betracht kommen. Wurde für die Überlassung des Geldes keine Verzinsung vereinbart, handelt es sich um ein zinsloses Darlehen.

III. Gefälligkeitsverhältnisse

1542 Bei „Leihgeschäften" des täglichen Lebens muss zudem häufig gegenüber dem Gefälligkeitsverhältnis ohne Rechtsbindungswillen abgegrenzt werden. Jeweils völlig unproblematisch ist es, wenn die Parteien ausdrücklich entweder einen Leihvertrag vereinbart oder sich auf eine rein gefällige Überlassung der Sache geeinigt haben. Schwierig wird es jedoch, wenn eine solche klare Vereinbarung nicht vorliegt und stattdessen die Erklärungen ausgelegt werden müssen.

Hinweis für die Fallbearbeitung: Liegt Letzteres vor, haften die Parteien lediglich nach dem Eigentümer-Besitzer-Verhältnis (EBV, §§ 985 ff. BGB) und ggf. auch aus ungerechtfertigter Bereicherung (§§ 812 ff. BGB) und Delikt (§§ 823 ff. BGB).

1543 Allerdings ist bislang in der Literatur und Rechtsprechung nicht hinreichend geklärt worden, wie das Gefälligkeitsverhältnis gegenüber dem Vertrag abzugrenzen ist.

- In Rechtsprechung[1361] und Literatur[1362] wird vertreten, dass ein Rechtsbindungswille vorhanden sein müsse, der nicht nach dem inneren Willen des Leistenden zu beurteilen sei, sondern vielmehr danach, ob der Leistungsempfänger unter den gegebenen Umständen nach Treu und Glauben mit Rücksicht auf die Verkehrssitte auf einen solchen Willen schließen könne. Es komme also darauf an, wie sich dem objektiven Beobachter das jeweilige Handeln darstelle. Eine vertragliche Bindung sei insbesondere dann zu bejahen, wenn erkennbar sei, dass für den Leistungsempfänger wesentliche Interessen wirtschaftlicher Art auf dem Spiel stünden und er sich auf die Zusage verlasse oder wenn der Leistende an der Angelegenheit ein rechtliches oder wirtschaftliches Interesse habe. In der Regel sei daher bei so genanntem Gefälligkeitshandeln des täglichen Lebens, bei Zusagen im gesellschaftlichen Verkehr oder bei Vorgängen, die diesen ähnlich seien, ein Rechtsbindungswille zu verneinen.
- Ein Problem dieses Ansatzes ist, dass er zu unbestimmt ist und zu viele Deutungen zulässt. Dementsprechend kommen vielfach unterschiedliche Gerichte bei einem identischen materiellen Problem zu divergierenden Entscheidungen. So stellen in der Rechtsprechung die so genannte Fahrgemeinschaft oder auch die wechselseitige Beaufsichtigung von Kindern besondere Probleme dar. Hierzu hat sich bis heute keine einheitliche Rechtsprechung herausgebildet. Dies liegt insbesondere daran, dass vornehmlich auf die Sicht des Erklärungsempfängers abgestellt wird und aus seiner Sicht anhand von Treu und Glauben mit

[1361] Vgl. BGH NJW 1992, 498 f. mit zahlreichen w.N.
[1362] *Wolf/Neuner*, AT, § 28 Rn 17.

Rücksicht auf die Verkehrssitte entschieden werden soll. Diese Voraussetzungen sind jedoch in der Form zu vage und bieten einen zu weitgehenden Beurteilungsspielraum. Eine Rechtssicherheit kann damit nicht erreicht werden.
Zudem wird verkannt, dass es gerade um den Rechtsbindungswillen des Leistenden geht. Dieser Bindungswille ist ein elementarer Bestandteil der erforderlichen Willenserklärung. Denn liegt dieser Wille unmissverständlich nicht vor, ist eine wirksame Willenserklärung nicht abgegeben worden. Es kann also nicht nur darauf ankommen, welche Interessen aufseiten des Leistungsempfängers maßgeblich sind.[1363] Vielmehr haben auch die Beweggründe, Motive oder der verfolgte Zweck des Leistenden mit in die Beurteilung einzufließen.
Zu der Beurteilung, ob ein Rechtsbindungswille des Leistenden vorliegt, müssen demnach neben der umfangreichen Beurteilung aus der Warte bzw. Sicht des Leistungsempfängers noch *zusätzlich* aufseiten des Leistenden **nach außen erkennbare Merkmale** hinzutreten, die im Zusammenwirken mit den Äußerungen des Empfängers den wechselseitigen Willen einer Vertragsbindung verlautbaren lassen. Dementsprechend muss nicht nur beim Leistungsempfänger ein wirtschaftliches oder rechtliches Interesse an der Leistung bestehen. Hinzukommen muss als Korrelat das wirtschaftliche oder rechtliche Interesse des Leistenden selbst. Er muss also ein *immanentes Eigeninteresse* an der Leistungserbringung haben. Hat er im Einzelfall ein solches Eigeninteresse feststellbar nicht, steht es dem allerdings gleich, wenn er im Bereich der zu erbringenden Leistung *besondere berufliche Kenntnisse* hat, die einer Berufsausbildung gleichkommen.[1364]

Beispiel: A ist Arbeitskollege von B. Zudem übt A in seiner Freizeit noch eine Nebentätigkeit als ausgebildeter Rentenberater aus. Während der Arbeitszeit wird A von B bezüglich seiner Anwartschaft befragt. A gibt B unentgeltlich eine kurze Auskunft. Diese ist allerdings falsch. B hat gerade wegen der Rentenanwartschaft ein eigenes wirtschaftliches wie rechtliches Interesse an der Beratung. A hatte dagegen kein eigenes wirtschaftliches oder rechtliches Interesse. Diesbezüglich kommt eine wechselseitige Verlautbarung des Willens nicht in Betracht. Aber A ist ausgebildeter Berater für Rentenangelegenheiten und hat daher besondere berufliche Kenntnisse, die einer Berufsausbildung gleichkommen. Der Rechtsbindungswille des A ist damit zu bejahen.

C. Pflichten des Verleihers

Gemäß § 598 BGB ist der Verleiher verpflichtet, dem Entleiher die Sache **unentgeltlich** 1544
zu überlassen. Dabei ist die Sache in dem Zustand zu überlassen, in dem sie sich befindet. Der Verleiher muss die Sache zuvor also nicht in einen besseren Zustand bringen oder Erhaltungsmaßnahmen ergreifen. Umgekehrt könnte der Entleiher auch nicht mindern, da eine Gegenleistungspflicht gerade nicht besteht. Auch eine Kündigung kommt nicht in Betracht, da diese dem Entleiher keinen Vorteil bringen würde – er kann die mangelhafte Sache einfach zurückgeben. Letztlich bleibt nur eine Haftung des Verleihers auf **Schadensersatz** für den Fall, dass dieser dem Entleiher eine mit einem Rechts- und/oder Sachmangel behaftete Sache überlässt und dabei den Mangel arglistig verschweigt (§ 600 BGB). Zu beachten ist jedoch die **Haftungsprivilegierung** nach § 599 BGB, wonach der Verleiher - entgegen der allgemeinen Verschuldenshaftung nach § 276 I S. 1 BGB - lediglich für **Vorsatz** und **grobe Fahrlässigkeit** haftet (vgl. *Wenzel/Hütte*, Fälle zum BGB II, Kap. 4 Fall 08).

D. Pflichten des Entleihers

Hauptpflicht des Entleihers ist die **Rückgabe** der geliehenen Sache. Die Anlässe, die zu 1545
einer Rückgabe verpflichten, sind in § 604 BGB geregelt. Darüber hinaus hat der Entlei-

[1363] So schon *Gehrlein*, VersR 2000, 415, 416 f.
[1364] Im Ergebnis auch *Gehrlein*, VersR 2000, 415, 418.

her - da er schon den Vorteil der unentgeltlichen Nutzung hat - die **gewöhnlichen Kosten der Erhaltung** der geliehenen Sache (bei der Leihe eines Tieres insbesondere die Fütterungskosten) zu tragen (§ 601 I S. 1 BGB). Der Entleiher kann allerdings gem. § 601 II S. 1 BGB etwaige sonstige Aufwendungen nach den Vorschriften über die GoA ersetzt verlangen.[1365] Es gilt aber die Verjährungsfrist des § 606 BGB.

Beispiel: L leiht sich von N dessen Auto, um in die nächstgrößere Stadt zu fahren. Dort angekommen, steigt Rauch aus dem Motorraum. Der Wagen kann nur durch eine Werkstattreparatur wieder fahrbereit gemacht werden. L bezahlt noch an Ort und Stelle die Reparaturkosten i.H.v. 145,- €. Zu Hause verlangt er von N die Erstattung der Kosten. ⇨ Dies kann er gem. § 601 I S. 1 BGB i.V.m. §§ 677, 683 S. 1 BGB.

1546 Schließlich versteht es sich von selbst, dass der Entleiher die Sache nur vertragsgemäß gebrauchen darf und dass insbesondere eine **Weiterverleihung** oder gar eine **Vermietung** nur mit Zustimmung des Verleihers erfolgen dürfen (§ 603 BGB).

1547 Ansprüche des Verleihers wegen Veränderung oder Verschlechterung der Sache **verjähren** gem. § 606 S. 1 BGB in **sechs Monaten**. Die Verjährung beginnt gem. § 606 S. 1 i.V.m. § 548 I S. 2 BGB mit dem Zeitpunkt, in dem der Verleiher die Sache zurückerhält. Ansprüche aus dem Deliktsrecht verjähren gem. § 195 BGB in **drei Jahren**. Insbesondere entfaltet die kurze Verjährungsfrist des § 606 BGB keine Sperrwirkung bzgl. der deliktischen Haftung.

E. Übertragung der Haftungsprivilegierung auf sonstige Gefälligkeitsverhältnisse

1548 Bei den Gefälligkeiten des täglichen Lebens ist ein Rechtsbindungswille nicht erkennbar. Soweit ein solcher nicht vorhanden ist, bestehen auch kein etwaiger Auftrag i.S.d. § 662 BGB oder eine entgeltliche Geschäftsbesorgung i.S.d. § 675 BGB, was zu einer vertraglichen Haftung führen könnte. Liegt eine Gefälligkeit ohne Rechtsbindung vor, haften die Parteien lediglich nach dem **Eigentümer-Besitzer-Verhältnis** (EBV, §§ 985 ff. BGB) und ggf. auch aus **ungerechtfertigter Bereicherung** (§§ 812 ff. BGB) sowie aus **Delikt** (§ 823 ff. BGB).

1549 Anders stellt sich die Situation dar, wenn man auf der Grundlage der Verfolgung *eigener rechtlicher* bzw. *wirtschaftlicher Interessen* oder der *Ausübung beruflicher Fertigkeiten* des Gefälligen zu einer Vertragsbindung gelangt. Liegen ein Leihvertrag oder eine Schenkung vor, greift ein gesetzlich normiertes Haftungsprivileg ein. Anders ist dies jedoch bei dem ***Auftrag*** oder der ***entgeltlichen Geschäftsbesorgung***. Bei ihnen hat der Gesetzgeber eine solche nicht vorgesehen. Strittig ist aber insoweit, ob dennoch eine solche bei diesen beiden Vertragsarten angewendet werden kann.

- Der BGH lehnt es ab, die einschlägigen Haftungsprivilegierungstatbestände auf andere unentgeltliche Vertragsverhältnisse bzw. auf Gefälligkeitsverhältnisse mit Rechtsbindung zu übertragen, vielmehr sei bei diesen der strenge Haftungsmaßstab des § 276 I BGB anzuwenden. Denn nach Auffassung des BGH handelt es sich nur bei den gesetzlich geregelten unentgeltlichen Vertragsverhältnissen um vom Gesetzgeber besonders ausgeformte Vertragsverhältnisse, in deren Rahmen die Einschränkung der Haftung (vgl. §§ 521, 599, 690 BGB) ein Äquivalent für die Unentgeltlichkeit der Leistung darstelle.[1366]

[1365] Zur GoA vgl. ausführlich *R. Schmidt*, SchuldR BT II, Rn 38 ff.

[1366] BGH NJW 1992, 2474, 2475.

- Der BGH wird von weiten Teilen der Literatur[1367] heftig kritisiert. Zwar sehe das Gesetz im Gegensatz zu Schenkung, Leihe und unentgeltlicher Verwahrung bei der Ausführung eines Auftrags keine Haftungserleichterung vor, die Ausführung eines Auftrags erfolge aber ebenso unentgeltlich. Daher seien §§ 599, 600 BGB auch auf den unentgeltlichen Auftrag analog anzuwenden. Der strenge Haftungsmaßstab des § 276 BGB solle nur dann Anwendung finden, wenn der Auftrag eine entgeltliche Geschäftsbesorgung i.S.d. § 675 BGB darstelle, also eine selbstständige Tätigkeit wirtschaftlicher Art für einen anderen sei.
- Neuerdings wird die Ansicht dieser Literatur in einem Bereich wieder eingeschränkt. Danach solle derjenige auch bei einem unentgeltlichen Auftrag vollumfänglich haften, in dessen Berufsbild die unentgeltliche Tätigkeit fällt.[1368] Dann habe sich der Auftragnehmer auch wegen leichter Fahrlässigkeit zu verantworten.
- Stellungnahme: Das Wesen der Leihe ist, dass dem Vertragspartner eine Sache unentgeltlich zur Verfügung gestellt wird. Ihm soll der Nutzen der Sache entgegen z.B. der Miete unentgeltlich zugutekommen. Aber nichts anderes gilt auch beim Auftrag. Zwar kommt der Gläubiger der Leistung nicht in den Genuss einer Sache, aber er erhält stattdessen eine auf der Ausübung des Auftrags basierende Leistung, der eine Gegenleistung nicht gegenübersteht. Er zieht demgemäß auch aus dem Auftrag einen unentgeltlichen Nutzen.

  In beiden Konstellationen wendet der Schuldner also etwas hin. Ausschließlich die zugewendete Leistung ist unterschiedlich. Es ist jedoch nicht ersichtlich, warum der Schuldner besser gestellt werden soll, nur weil er eine Sache an den Gläubiger unentgeltlich überlässt. Dies machte nur Sinn, wenn durch die Sache Gefahren ausgingen, die weit über die Leistungen des Auftrags hinausgehen. Dies kann aber nicht festgestellt werden. Beiden unentgeltlichen Leistungsarten haften zwar unterschiedliche typische Gefahren an, in der Intensität sind sie aber vergleichbar. Es macht nämlich keinen Unterschied, ob der Entleiher durch ein defektes Fahrrad körperlich verletzt wird oder der Auftraggeber durch das Versagen der im Rahmen eines Auftrags reparierten Bremsen einen körperlichen Schaden erleidet. Insofern ist das Gegenseitigkeitsverhältnis bei beiden Vertragsarten gleichartig gelagert; die jeweiligen Interessen hinsichtlich beider Vertragstypen sind aufseiten des Schuldners dementsprechend vergleichbar. Eine entsprechende Haftungsbeschränkung fehlt bei dem Auftrag, insofern liegt eine Regelungslücke vor. Der Gesetzgeber hat zu dieser auch nicht beredt geschwiegen. Die Regelungslücke ist mithin im Rahmen einer Analogie zu schließen. Demzufolge ist die Ansicht der Rechtsprechung unbegründet.

  Hinzuweisen ist aber auch darauf, dass es innerhalb der beruflichen Tätigkeiten nicht erlaubt sein kann, sorglos zu handeln. Zu Recht hat deshalb ein Kaufmann im Rahmen einer unentgeltlichen Geschäftstätigkeit seine volle kaufmännische Sorgfalt zu beachten.[1369] Aber auch in anderen Fachrichtungen hat dieser das Sonderwissen und die besonderen Fähigkeiten generell anzuwenden, um von dem Vertragspartner einen möglichen Schaden fernzuhalten. Ansonsten wäre es dogmatisch schwer zu begründen, warum er bei entgeltlicher Tätigkeit aufgrund eines Vertrags diese Sorgfalt schulden soll, bei einem unentgeltlichen Vertrag hingegen nachlässig sein darf. Denn dies führte bereits zu einem systematischen Bruch im Hinblick auf § 241 II BGB.[1370] Daher ist der letztgenannten Ansicht zuzustimmen, die bei einer Tätigkeit im Rahmen des ausgeübten Berufsbildes eine Privilegierung des Schuldners ablehnt.

  Beispiel: Der Kfz-Mechaniker C repariert *unentgeltlich* im Rahmen eines Auftrags den alten Jaguar XJ seines Freundes D. Durch eine *leicht* fahrlässige Unachtsamkeit bei den Reparaturarbeiten erleidet D später bei der Fahrt nach Hause einen Körperschaden. Dass er nur leicht fahrlässig gehandelt hat, kann C in einem Prozess auch belegen. Nach der hier vertretenen Auffassung hat C aufgrund des § 280 I BGB die durch seine Unachtsamkeit entstandenen Schäden zu ersetzen.

[1367] *Medicus/Petersen*, BR, Rn 369; *Flume*, AT, § 7 Ziff. 6.
[1368] *Gehrlein*, VersR 2000, 415, 418 f.
[1369] *Flume*, AT, 2. Band, § 7 Ziff. 5.
[1370] Ähnlich *Gehrlein*, VersR 2000, 415, 419

9. Kapitel - Auftrag und entgeltliche Geschäftsbesorgung

1550 Obgleich in einer kapitalistischen Wirtschaftsverfassung, in der Güter und Dienstleistungen in aller Regel nur gegen Entgelt angeboten werden, die **unentgeltliche** Geschäftsbesorgung ungewöhnlich erscheint, gibt es dennoch eine Reihe von Anwendungsfeldern, in denen ein Auftragsverhältnis i.S.d. § 662 BGB eingesetzt wird. Vor allem ist zu beachten, dass die Regelungen des Auftragsverhältnisses z.T. auch Anwendung auf andere Vertragstypen, z.B. die **entgeltliche Geschäftsbesorgung** nach § 675 BGB oder die **Geschäftsführung ohne Auftrag** gem. § 677 BGB, finden.

A. Der Auftrag

Ansprüche aus Auftrag

I. Wirksamer Auftrag: Einigung der Parteien

1. Geschäftsbesorgung
   a. Fremdbezogenheit des Geschäfts
   b. Rechtsbindungswille
2. Unentgeltlichkeit

II. Kein Untergang/Erlöschen

1. Widerruf des Auftraggebers gem. § 671 I BGB
2. Kündigung des Beauftragten gem. § 671 I und II BGB
3. Im Zweifel durch Tod des Beauftragten gem. § 673 BGB

III. Rechtsfolge: Unvollkommen zweiseitig verpflichtender Vertrag

1. Ansprüche des Auftraggebers
   a. Ausführung des Auftrags
   b. Herausgabe des Erlangten gem. § 667 BGB
   c. Befolgung der Weisungen und Anzeige bei Abweichung gem. § 665 BGB
   d. Auskunft und Rechenschaft gem. § 666 BGB
   e. Haftung nach allgemeinen Regeln
2. Ansprüche des Beauftragten
   a. Ersatz der notwendigen Aufwendungen gem. § 670 BGB
   b. Vorschuss gem. § 669 BGB
   c. Haftung des Auftraggebers nach allgemeinen Regeln

I. Wirksamer Vertrag

1551 Nach § 662 BGB ist der Auftrag ein Schuldvertrag, in dem sich der Beauftragte durch den Auftrag verpflichtet, „ein ihm von dem Auftraggeber übertragenes Geschäft für diesen unentgeltlich zu besorgen". Dabei handelt es sich um einen unvollkommenen zweiseitigen Vertrag, da nur der Beauftragte Pflichten übernimmt, wogegen Pflichten für die andere Partei zwar entstehen können, aber nicht eintreten müssen und daher keine Gegenleistung für die Leistung des Beauftragten darstellen.

1. Geschäftsbesorgung

a. Inhalt

1552 Im allgemeinen Sprachgebrauch wird das Wort Auftrag unter anderem in der Bedeutung verwendet, dass z.B. beim Bauauftrag die Begriffe Auftraggeber als Besteller und der Auftragnehmer als der Unternehmer jeweils in synonymer Weise Anwendung finden, obgleich das Vertragsverhältnis eines Werkvertrags gegeben ist.

Die inzwischen ganz h.M.[1371] nimmt bei der juristischen Festlegung einer Geschäftsbesorgung eine sehr weitreichende Bestimmung vor, die sich allerdings vom allgemeinen Sprachgebrauch unterscheidet. Es wird danach **jede** fremdbezogene Tätigkeit umfasst. Die für den Auftrag charakteristische Leistung „Geschäftsbesorgung" beinhaltet deshalb jede selbstständige und unselbstständige, wirtschaftliche oder nicht wirtschaftliche sowie rechtsgeschäftliche oder tatsächliche Tätigkeit im fremden Interesse.[1372] 1553

Beispiele:
(1) Eine *tatsächliche* Tätigkeit liegt vor, wenn sich die Person bereit erklärt, bei einem Umzug zu helfen und im Zuge dessen einen Schrank unentgeltlich von Kiel nach München zu transportieren.
(2) Eine *rechtsgeschäftliche* Tätigkeit liegt hingegen vor, wenn jemand beauftragt wurde, eine seltene und exquisite Flasche Wein für ein Beisammensein mit Freunden zu besorgen.

- Für den Kauf kann dem Beauftragten eine Vollmacht erteilt worden sein, weshalb er im Namen des Auftraggebers die rechtsgeschäftliche Erklärung abgibt und den Vertrag so in dessen Namen abschließt. Dabei ist nach dem Abstraktionsprinzip strikt zwischen dem Auftragsverhältnis und der Vollmacht sowie der Vollmachtserklärung und den Vollmachtswirkungen zu unterscheiden.
- Auf der anderen Seite kann aber der Auftrag auch vorsehen, dass das Rechtsgeschäft (hier Kauf des Weines) durch den Beauftragten im eigenen Namen vorgenommen wird, wodurch er selbst berechtigt und verpflichtet wird. Allerdings muss aufgrund des Auftragsverhältnisses der Beauftragte den erworbenen Gegenstand an den Auftraggeber rechtsgeschäftlich weiter übertragen.
- Ausnahmsweise kann der Auftrag auch eine Prozessstandschaft, sofern diese prozessual zulässig ist, zum Gegenstand haben. Eine solche zulässige Ausnahme ist die Beauftragung des Gesamtbetriebsrats durch einen Einzelbetriebsrat.[1373] Dann sind die Regeln der §§ 662 ff. BGB analog anzuwenden, soweit sie auf das besondere Innenverhältnis von Einzel- und Gesamtbetriebsrat passen.[1374]

Im fremden Interesse handelt der Beauftragte, wenn er die vom Auftraggeber übertragenen Geschäfte für diesen besorgt; die Geschäfte müssen also eine Angelegenheit des Auftraggebers sein. Das Interesse an der Angelegenheit muss beim Auftraggeber so ausgestaltet sein, dass er diese ansonsten auch selbst wahrgenommen hätte. Die Ergebnisse der Geschäftsbesorgung müssen dabei dem Auftraggeber zufließen. Dem steht jedoch nicht entgegen, dass der Beauftragte seine eigenen Interessen oder Interessen weiterer Personen gleichfalls verfolgt. 1554

Beispiel: A und B beauftragen C, für das wichtige Qualifikationsspiel für die Weltmeisterschaft im Fußball Sitzplatzkarten zu besorgen. C ist mit A und B befreundet, mit denen er sich verabredet hat, das Spiel gemeinsam anzusehen. Deshalb kauft er drei Karten. Er hat mithin ein eigenes Interesse an der Besorgung der Karten, um das Spiel gemeinsam mit seinen Freunden besuchen zu können.

Es reicht demnach aus, wenn der Auftraggeber wenigstens auch ein Interesse an der vom Beauftragten übernommenen Tätigkeit hat. Unzulässig ist dagegen die Situation, in der der Auftrag lediglich im Interesse des Beauftragten erteilt wird. 1555

1371 BGHZ 56, 204, 207; *Sprau*, in: Palandt, § 662 Rn 2; siehe auch *Seiler*, in: MüKo, § 662 Rn 12 ff.
1372 Vgl. BGHZ 56, 204, 207.
1373 Vgl. BAG AP Nr. 2 zu § 50 BetrVG 1972.
1374 *Behrens/Kramer*, DB 1994, 94.

1556 Die Geschäftsbesorgung kann zudem im Umfang sehr unterschiedlich sein. So kann eine **einmalige** Tätigkeit Gegenstand des Auftragsverhältnisses sein. Möglich ist aber auch ein größerer Komplex von **zusammenhängenden** Angelegenheiten.

Beispiel: die Vermögensbetreuung des elterlichen Geldes durch deren Kind, das gerade eine Banklehre absolviert hat

Ist der Gegenstand des Auftragsverhältnisses ein größerer Komplex von zusammenhängenden Angelegenheiten, können die Parteien neben der in jedem Detail vorgegebenen Regelungsmöglichkeit auch vereinbaren, dass die Leistung des Beauftragten zunächst nur dem Rahmen nach abgesteckt und durch spätere Weisungen des Auftraggebers i.S.d. § 665 BGB präzisiert wird.

1557 Da der Wortlaut „besorgen" und die Regelungen der §§ 667, 670 BGB einem Unterlassen oder bloßem Dulden entgegenstehen, kann die Geschäftsbesorgung ausschließlich in einer Tätigkeit bestehen.

1558 Besonderes Wesensmerkmal des Auftrags ist die **Unentgeltlichkeit** der übernommenen Geschäftsbesorgung. Unter Unentgeltlichkeit ist das Fehlen eines Entgelts für die Tätigkeit zu verstehen, wohingegen Aufwendungen dadurch nicht ausgeschlossen werden. Es wird also der Lohn für eine zu erbringende Aufgabe ausgeschlossen. Gerade darin liegt ein Unterschied zu der Vertragsart des Dienst- und Werkvertrags.[1375] Als ein Entgelt wird nicht aufgefasst, wenn der Auftraggeber dem Beauftragten nach dem Erbringen der vereinbarten Leistung eine Anerkennung zukommen lässt.[1376] Die Anerkennung wird von dem Entgelt dahingehend abgegrenzt, welche Bedeutung die Parteien selbst der Leistung beimessen, wobei dies anhand aller Umstände des Einzelfalls ermittelt werden muss.

Hinweis für die Fallbearbeitung: Für die Abgrenzung und Beurteilung des Einzelfalls können die nachfolgenden Indizien heranzogen werden:

- ⇨ Bezeichnung der Leistung wie z.B. Belohnung, Trinkgeld aus Dankbarkeit usw., die für eine Anerkennung und gegen ein Entgelt sprechen.
- ⇨ Ferner können der Wert und der Zeitpunkt der Zahlung eine maßgebliche Rolle bei der Beurteilung spielen. Ist die Höhe in das Belieben des Auftraggebers gestellt, ist ebenfalls von einer Anerkennung auszugehen. Ist die Zahlung bei Vertragsschluss nicht vereinbart worden, wird diese aber nach Auftragserledigung entrichtet, spricht dieses ebenfalls für eine bloße Erkenntlichkeit.

1559 Wird hingegen nach Vertragsschluss und vor Besorgung des Geschäfts von den Parteien ein Entgelt nachträglich vereinbart, hat dies Auswirkungen auf den Charakter des Vertrags. Eine solche Vereinbarung wandelt den zuvor gegebenen Auftragsvertrag in einen entgeltlichen Vertrag über Tätigkeiten für einen anderen um.

Beispiele: Werk-, Dienst- oder Maklervertrag

1560 Im täglichen Sprachgebrauch werden vielfach auch einzelne Weisungen im Rahmen eines bestehenden Schuldverhältnisses als „Auftrag" bezeichnet. Allerdings wird hierdurch kein neuer Auftragsvertrag abgeschlossen, da die Weisung bereits ein anderweitig bestehendes Vertragsverhältnis lediglich rechtlich konkretisiert.

[1375] Als Abgrenzungsmerkmal zu den entgeltlichen Vertragstypen hingegen sollte das Merkmal der Unentgeltlichkeit nicht herangezogen werden, da die Regelung des § 675 BGB zu beachten ist.
[1376] Kritisch dazu *Schulze*, in: Hk-BGB, § 622 Rn 8.

Beispiel: A arbeitet bei B in einer Glashütte. Er ist arbeitsvertraglich seit 10 Jahren dort ununterbrochen beschäftigt. B erteilt ihm eines Tages die Weisung, zur Glashütte des C zu fahren, da dort ein wichtiger Auftrag zu erfüllen sei. Hierbei handelt es sich um eine Weisung des B im Rahmen seines Direktionsrechts als Arbeitgeber, welches sich aus dem Arbeitsvertrag ergibt. Es wird kein neuer Auftrag erteilt.

Hinweis für die Fallbearbeitung: Auf die einzelnen unterhalb der Definition aufgezeigten Probleme sollte nur dann eingegangen werden, wenn sich aus dem Sachverhalt diesbezüglich Anhaltspunkte ergeben.

b. Vertragsschluss

Da es sich bei dem Auftrag um einen echten Vertrag handelt, durch den Rechte und Pflichten begründet werden, bedarf es zur Begründung eines Auftragsverhältnisses eines wirksamen Vertragsschlusses. Es sind insoweit die allgemeinen Regeln über den Vertragsschluss anwendbar. Das Angebot auf Abschluss eines Auftragsvertrags kann deshalb sowohl von dem Auftraggeber als auch vom Beauftragten gemacht werden. Eine Annahme kann auch durch konkludentes Handeln erfolgen, z.B. durch den Beginn der Ausführung. **1561**

Der Auftrag ist in der Regel formfrei. Es bedarf grundsätzlich auch nicht der Form nach § 311b BGB, wenn dem Auftrag die Veräußerung eines Grundstücks zugrunde liegt.[1377] **1562**

Hinweis für die Fallbearbeitung: In den überwiegenden Fällen der Praxis ist das Auftragsverhältnis mit einer Vollmacht verbunden. Dabei stellt das Auftragsverhältnis das Grundverhältnis dar. Beide Rechtsinstitute sind jedoch wegen des Abstraktionsprinzips grundsätzlich voneinander zu trennen.

Sind hingegen der Auftrag **unwiderruflich** und die diesbezüglich erteilte Vollmacht ebenfalls **unwiderruflich** bindend, besteht Formzwang nach § 311b BGB. Sofern Gegenstand des Auftrags die Beschaffung eines Grundstücks ist, ist der Auftragsvertrag formbedürftig i.S.d. § 311b I Var. 2 BGB, da der Auftragsvertrag für den Beauftragten eine Erwerbspflicht begründet und ansonsten die für den Grundstückserwerb geltenden Formvorschriften umgangen werden könnten.[1378] **1563**

§ 663 BGB schreibt dem Beauftragten vor, dass er eine Anzeigepflicht gegenüber dem Auftraggeber hat, wenn er den Auftrag ablehnen will, sofern er sich für gewisse Geschäfte öffentlich bestellt hat und dieser konkrete Auftrag in diese Kategorie fällt. Rechtsfolge des § 663 BGB bei mangelnder Ablehnung ist aber **nicht**, dass wie beim § 362 HGB das Schweigen als eine zustimmende Willenserklärung fingiert wird, vielmehr bleibt es bei der Grundsatzentscheidung, dass das Schweigen auf einen Antrag weder eine Zustimmung noch eine Ablehnung bedeutet.[1379] Es ergeben sich aber für den Auftraggeber Schadensersatzansprüche aus §§ 280 I, 311 II, 241 II, 663 BGB. Dies ist gerechtfertigt, weil das Schweigen durch das vorherige Verhalten in Form des öffentlichen Erbietens das Vertrauen erweckt hat, zur erbotenen Geschäftsführung fähig und willens zu sein,[1380] und insofern eine Situation des § 311 II Nr. 1 BGB entstand, da zwischen den Parteien ein Vertrauensverhältnis des in Betracht stehenden Vertrags entstanden ist. **1564**

[1377] RGZ 62, 335, 336.
[1378] *Grüneberg*, in: Palandt, § 313 Rn 18.
[1379] *Coester-Waltjen*, Jura 2001, 567.
[1380] *Coester-Waltjen*, Jura 2001, 567.

c. Abgrenzung zum Gefälligkeitsverhältnis

1565 Besondere Schwierigkeiten macht die Abgrenzung des Auftrags gegenüber dem bloßen Gefälligkeitsverhältnis. Dabei können sich Probleme ergeben, die für die Beteiligten z.T. erhebliche Konsequenzen haben können.

Beispiele:

(1) A hat beim Rubbellos 25.000,- € gewonnen. Deshalb möchte sie mit ihrem Lebensgefährten eine längere, über drei Monate dauernde Reise machen. Sie bittet daher ihre vertrauenswürdige Freundin B, ihre Blumen wöchentlich zu gießen, und gibt ihr den Schlüssel für ihre Wohnung. Die Freundin muss dafür zweimal in der Woche jeweils 40 Kilometer anfahren, wodurch ihr erhebliche Kosten entstehen.

(2) Eltern vereinbaren, ihre Kinder abwechselnd zu beaufsichtigen. Als das Kind der A von B beaufsichtigt wird, kommt es aus Unachtsamkeit der B zu einem folgenschweren Unfall, wodurch die Gesundheit des Kindes erheblich beschädigt wird. Für die Arztbehandlung entstehen Kosten i.H.v. 10.000,- €.

1566 Es kommt für das Rechtsgeschäft des Auftrags auf den entsprechenden beiderseitig vorhandenen **Rechtsbindungswillen** der Beteiligten an. Wird ausdrücklich über den Abschluss eines Auftragsvertrags verhandelt, ergeben sich keine Schwierigkeiten. Im umgekehrten Fall, in dem sich beide Parteien übereinstimmend ausdrücklich darüber im Klaren sind, dass es sich bei der Leistungserbringung ausschließlich um eine Gefälligkeit handeln soll, bestehen ebenfalls keine rechtlichen Probleme. Unklar ist die Rechtslage jedoch, wenn die Parteien über einen Vertragsschluss nicht sprechen, sondern wenn nur eine „Bitte" oder „Verabredung" wie in den oben aufgezeigten Beispielen geäußert werden.

Zu der Beurteilung, ob ein *Rechtsbindungswille* des Leistenden vorliegt, müssen, wie dies bereits bei der Leihe ausführlich hergeleitet wurde,[1381] neben der umfangreichen Beurteilung aus der Warte bzw. Sicht des Leistungsempfängers noch zusätzlich aufseiten des Leistenden **nach außen erkennbare Merkmale** hinzutreten, die im Zusammenwirken mit den Äußerungen des Empfängers den wechselseitigen Willen einer Vertragsbindung verlautbaren lassen.[1382] Zum einen muss also der Auftraggeber annehmen können und dürfen, dass der Beauftragte nach dem Inhalt seiner Erklärung eine Rechtspflicht zur sorgfältigen Ausführung der ihm anvertrauten Tätigkeit übernimmt. Auf der anderen Seite muss der Beauftragte als Ausdruck des *wechselseitigen* Willens ein **immanentes Eigeninteresse** an der Leistungserbringung haben. Hat er im Einzelfall ein solches Eigeninteresse feststellbar nicht, steht es dem allerdings gleich, wenn er im Bereich der zu erbringenden Leistung **besondere berufliche Kenntnisse** hat, die denen einer Berufsausbildung gleichkommen.

1567 Besondere Relevanz entfaltet die Abgrenzung zum Gefälligkeitsverhältnis für die Haftung der beteiligten Personen (vgl. dazu ausführlich *Wenzel*, Fälle zum BGB II, Kap. 4 Fall 08 Rn 2 f.). Liegen ein Auftrag oder ein auf eine Beratung oder Auskunftserteilung gerichteter Vertrag[1383] (z.B. bei einem Steuerberater, Rechtsanwalt oder Anlageberater) nicht vor, wird die Haftung bei dem Gefälligkeitsverhältnis grundsätzlich über das Rechtsinstitut der unerlaubten Handlungen geregelt.

Hinweis für die Fallbearbeitung: Daher empfiehlt es sich bei der Bearbeitung des Falls, umfassend zu argumentieren und alle relevanten und im Einzelfall entscheiden-

[1381] Vgl. dazu ausführlich Rn 1542 ff.
[1382] *Gehrlein*, VersR 2000, 415, 417.
[1383] Dazu ausführlich *Larenz/Canaris*, § 56 VI.

den Gesichtspunkte sorgfältig in die Bearbeitung mit einzubeziehen. Eine interessengerechte Wertung hat demnach mit äußerster Umsicht zu erfolgen und darf nicht schematisch vorgenommen werden. Es gibt keine feststehenden Ergebnisse. Der Bearbeiter ist daher frei, anhand umfassender Argumentation ein vertretbares Ergebnis herzuleiten.

2. Kein Untergang/Erlöschen

a. Widerruf und Kündigung

Nach § 671 I Halbs. 1 BGB kann der Auftraggeber jederzeit widerrufen, wogegen der **1568**
Auftrag von dem Beauftragten nach § 671 I Halbs. 2 BGB jederzeit unter den Voraussetzungen des § 671 II und III BGB gekündigt werden kann. Die Einräumung einer jederzeitigen Lösung vom Vertrag liegt darin begründet, dass der Auftraggeber regelmäßig ein besonderes Vertrauensverhältnis zu dem Beauftragten haben wird.[1384] Ist dies aus bestimmten Gründen zerstört, ist es für den Auftraggeber unzumutbar, seine Belange durch einen anderen (den Beauftragten), dem er das notwendige Vertrauen nicht mehr entgegenbringt, weiterhin vertreten zu lassen. Bei dem Beauftragten dagegen sind die Fremdnützigkeit und die gleichzeitige Unentgeltlichkeit des Auftrags ausschlaggebend.

Damit ermöglicht die Vorschrift die jederzeitige Lösung vom Auftragsvertrag durch eine **1569**
einseitige empfangsbedürftige Willenserklärung. Die allgemeinen Regeln einer Willenserklärung sind auch hier anzuwenden. Zur Wirksamkeit bedarf es insbesondere keiner speziellen Form, eine konkludente Erklärung ist ebenfalls zulässig.

Beispiel: Rückgabe der Vollmachtsurkunde vor Auftragsausführung

Obwohl das Gesetz Kündigung und Widerruf terminologisch trennt, ist für die wirksame Anwendung eine ausdrückliche und korrekte Bezeichnung nicht erforderlich, eine Falschbezeichnung schadet insofern nicht. Es reicht vielmehr aus, dass der entsprechende Wille, den Auftrag zu beenden, aus der Erklärung deutlich hervorgeht und dass die Erklärung dem Vertragspartner i.S.d. § 130 BGB zugeht.

Hinweis für die Fallbearbeitung: Auch wenn es unschädlich ist, in einer Erklärung die Ausdrücke nicht oder falsch zu verwenden, hat der Bearbeiter eines Gutachtens darauf zu achten, die richtige Terminologie zu wählen. Es empfiehlt sich daher, zunächst exakt zu definieren und erst anschließend festzustellen, dass ein falscher Ausdruck verwandt wurde.

Die **Wirkung** des Widerrufs und der Kündigung kann ausschließlich in die Zukunft ge- **1570**
richtet sein. Ein bereits vollzogener Auftrag kann daher nicht mehr widerrufen werden.[1385] Eventuell bereits entstandene Ansprüche werden durch einen Widerruf oder die Kündigung nicht berührt, sondern dienen nunmehr der Abwicklung des Auftragsverhältnisses, so insbesondere auf der Seite des Beauftragten §§ 666, 667 BGB und auf der Seite des Auftraggebers § 670 BGB.

aa. Widerruf

Obgleich einseitige Rechtsgeschäfte prinzipiell bedingungsfeindlich i.S.d. § 158 BGB sind, **1571**
ist wegen der weniger schutzwürdigen Position des Beauftragten seit jeher anerkannt, dass der Widerruf des Auftraggebers unter einer **aufschiebenden** Bedingung erfolgen kann.

[1384] BGH WM 1971, 956.
[1385] RGZ 107, 136, 139.

Beispiel: für den Todesfall

1572 Eine **auflösende** Bedingung ist hingegen auch bei dem Widerruf unzulässig.

1573 In bestimmten Konstellationen kann der Auftraggeber auf sein Widerrufsrecht **verzichten**.

1574 Die **Verzichtserklärung** ist zulässig, wenn der Auftraggeber durch eine besondere Vereinbarung dem Beauftragten einen Anspruch auf Ausführung des Auftrags eingeräumt hat *oder* der Auftrag nicht alleine dem Interesse des Auftraggebers, sondern mindestens ebenso dem des Beauftragten dient.

1575 Der BGH[1386] fordert für die zweite Variante aber zusätzlich, dass die beiderseitigen Interessen zumindest gleichwertig sein müssen.

Der zulässige Verzicht ist durch die entsprechende Anwendung des § 671 III BGB begrenzt. Auf eine Widerrufsmöglichkeit im Fall eines wichtigen Grunds kann demzufolge nicht verzichtet werden. Eine Verzichtserklärung ist ferner **unzulässig**, wenn der Auftrag ausschließlich den Interessen des Auftraggebers dient, da sich dieser ansonsten unter die „Vormundschaft" eines Dritten stellte.

1576 Grundsätzlich muss ein Widerruf nicht begründet werden. Hat allerdings der Auftraggeber auf sein Widerrufsrecht verzichtet und übt den Widerruf über die entsprechende Anwendung des § 671 III BGB aus wichtigem Grund aus, muss er seinem Vertragspartner einen Grund mitteilen. Unterlässt er die Mitteilung, muss er den Schaden des Beauftragten begleichen, den dieser dadurch erlitten hat, dass er davon ausgegangen ist, der Widerruf sei unwirksam. Der Schadensersatz richtet sich dabei nach § 280 I S. 1 BGB.

1577 Hat der Auftraggeber einen anderen beauftragt, sein **Vermögen** zu verwalten, und liegt bei Abwesenheit des Auftraggebers ein Widerrufsgrund vor, rechtfertigt dieser Grund eine Bestellung eines Pflegers i.S.d. § 1911 I BGB.

1578 Mit dem Widerruf des Auftrags erlischt zugleich nach § 168 S. 1 BGB eine dem Beauftragten erteilte Vollmacht.

bb. Kündigung durch den Beauftragten

1579 Auch die Kündigung durch den Beauftragten ist jederzeit möglich. Zu beachten ist allerdings die in § 671 II BGB normierte Beschränkung. Danach darf die Kündigung nicht zur Unzeit erfolgen.

1580 Zur **Unzeit** kündigt der Beauftragte dann, wenn es dem Auftraggeber nicht unter zumutbaren Anstrengungen möglich ist, das Geschäft, welches Gegenstand des gekündigten Auftrags ist, selbst oder mit Hilfe eines Ersatzmannes oder auf andere Weise auszuführen.

Beispiele: A hat ihrem Ehemann B durch Bereitstellung einer dinglichen Sicherheit eine vorübergehende Kredithilfe gewährt, damit B ein Unternehmen aufbauen und betreiben kann, an dem A nicht beteiligt ist. A und B lassen sich scheiden. Nach der Scheidung kündigt A das Auftragsverhältnis in Form der Bereitstellung der dinglichen Sicherheit. Ob die Kündigung zur Unzeit erfolgt ist, hängt im Besonderen davon ab, inwieweit A dem B die Möglichkeit gibt, eine andere Kredithilfe zu beschaffen.

[1386] BGH WM 1971, 956, 957.

Eine zur Unzeit erfolgte Kündigung ist dennoch **wirksam**. Das Auftragsverhältnis wird durch die Kündigung beendet. Allerdings sieht § 671 II S. 2 BGB vor, dass der Beauftragte gegenüber dem Auftraggeber den sich daraus ergebenden Schaden zu ersetzen hat. **Anspruchsgrundlage** ist § 671 II S. 2 BGB dabei selbst. Der Auftraggeber ist also nach § 249 BGB so zu stellen, als wenn eine Kündigung zur Unzeit nicht erfolgt wäre. Noch nicht geklärt ist hingegen, ob das Erfüllungsinteresse des Auftraggebers vom Schadensersatz mit umfasst ist.[1387] 1581

Der Schadensersatz ist nach § 671 II S. 1 Halbs. 2 BGB dann ausgeschlossen, wenn ein wichtiger Grund vorliegt. Der wichtige Grund ist in dem Zusammenhang entsprechend den in § 626 BGB herausgearbeiteten Grundsätzen zu beurteilen. Es kann daher auf die dort gemachten Ausführungen verwiesen werden. 1582

Hinweis für die Fallbearbeitung: Allerdings muss bei der Übertragung der Grundsätze darauf geachtet werden, dass solche Gründe, die der Beauftragte im Wege eines *vorwerfbaren* Verhaltens verursacht hat, im Hinblick auf den Auftrag unberücksichtigt zu bleiben haben, da ansonsten die von ihm begangenen vorwerfbaren Vertragsverletzungen noch zu seinen Gunsten wirken könnten.

Die Regelungen des § 671 II u. III BGB hinsichtlich der Kündigungsbefugnis sind zwingendes Recht. 1583

Dagegen ist es bei einer Kündigung des Auftrags möglich, diese aufschiebend bedingt zu erklären.[1388] Dies ist deshalb mit dem allgemeinen Grundsatz der ansonsten bestehenden Bedingungsfeindlichkeit bei einseitigen Rechtsgeschäften und dem Wesen des Auftrags vereinbar, weil der Auftraggeber seinen erteilten Auftrag jederzeit widerrufen kann, wenn ihn die Rechtsunsicherheit stört. Die Schutzwürdigkeit des Auftraggebers ist demzufolge stark vermindert. 1584

b. Tod

Der Auftrag erlischt **im Zweifel** gem. § 673 S. 1 BGB wegen Höchstpersönlichkeit, ferner auch durch den Tod des **Beauftragten**. 1585

Hinweis für die Fallbearbeitung: Die gesetzliche Wendung *im Zweifel* begründet eine Auslegungsregel. Es sind alle relevanten Belange des konkreten Einzelfalls in die Beurteilung mit einzubeziehen.

- Es ist deshalb zunächst danach zu fragen, ob der Auftragsvertrag gerade für den Fall des Todes abgeschlossen wurde. Ist dies der Fall, reicht der Auftrag entsprechend den Vereinbarungen über den Tod hinaus.
- Wird lediglich das Vermögen der Person tangiert, ist eher davon auszugehen, dass der Auftrag über den Tod hinausreichen sollte. Je stärker jedoch der Auftrag auf die Person zugeschnitten ist, desto eher muss davon ausgegangen werden, dass mit dem Tod der Auftrag erlischt.
- Sind sowohl ein ausdrücklicher Wille als auch ein Wille aus dem Vertragsinhalt nicht zu ermitteln, muss auf den hypothetischen Willen abgestellt werden.

Dieses Ergebnis ist eine logische Folge des § 664 I S. 1 BGB, nach dem der Beauftragte im Zweifel die Ausführung des Auftrags selbst vorzunehmen hat. Die Erben des verstorbenen Beauftragten müssen in einer solchen Konstellation beim Auftraggeber in aller Regel unverzüglich Anzeige erstatten. Die Anzeige ist eine geschäftsähnliche Handlung, 1586

[1387] Siehe dazu *Mansel*, in: Jauernig, § 671 Rn 4; *Steffen*, in: RGRK, § 671 Rn 16; *Seiler*, in: MüKo, § 671 Rn 13.
[1388] So *Berger*, in: Erman, § 671 Rn 2; *Steffen*, in: RGRK, § 671 Rn 5; *Seiler*, in: MüKo, § 671 Rn 4.

die weitgehend nach den Regeln der Willenserklärung zu behandeln ist. Sie kann somit formlos übermittelt werden und geht analog § 130 BGB zu. Es reicht die rechtzeitige Absendung.

1587 Nur unter bestimmten Voraussetzungen haben die Erben eine **Notbesorgungspflicht** nach § 673 S. 2 Halbs. 2 BGB. Die Pflicht zur weiteren Besorgung setzt für die Erben ein, sofern mit einem Aufschub eine Gefahr verbunden ist.

Beispiel[1389]**:** A ist wegen seiner politischen und religiösen Verfolgung aus dem Kongo nach Deutschland geflohen. Hier wird sein Asylantrag nicht anerkannt und er wird anschließend ohne weiteres Zuwarten nach dem letztinstanzlichen Urteil mit dem Flugzeug von Berlin aus abgeschoben. Kurz vor dem Abflug schließen der Diplomat B, der ebenfalls aus dem Kongo stammt, und A einen Auftrag darüber ab, dass B das Eigentum des A in Form von wertvollem Goldschmuck und Diamanten aus der Wohnung holt und bei einer Schweizer Bank in einem Schließfach deponiert, damit es nicht bei der Wohnungsauflösung in Blankenese gestohlen wird. B verstirbt allerdings vor Ausführung des Auftrags an einem Herzinfarkt. Die Räumung der Wohnung steht jedoch unmittelbar bevor. Der inzwischen im Kongo angelangte A konnte dadurch keine notwendigen weitergehenden Maßnahmen veranlassen. In dem Fall besteht für die Erben des B, die sich ebenfalls in Deutschland aufhalten, eine Notbesorgungspflicht, da ansonsten die reale Gefahr besteht, dass bei dem Ausräumen der Wohnung zumindest ein Teil der Wertgegenstände abhandenkommt.

1588 Für die Notbesorgung ist nicht Voraussetzung, dass mit der Ausführung des Auftrags zum Zeitpunkt des Todes des Beauftragten bereits begonnen wurde. Vielmehr besteht während der Notpflichtigkeit der Auftrag in allen seinen rechtlichen Wirkungen fort, d.h. die Rechte und Pflichten gehen auf die Erben über. Durch diese Fiktion werden den Erben unter anderem Aufwendungsersatzansprüche aus § 670 BGB zugesichert.

1589 Stirbt hingegen der **Auftraggeber** oder verliert er seine Geschäftsfähigkeit, gilt der Auftrag nach § 672 S. 1 BGB im Zweifel als **fortbestehend**. Obgleich ein Anspruch auf Ausführung des Auftrags nach § 664 II BGB nicht übertragbar ist, gehen Rechte und Pflichten aus dem Auftrag auf die Erben über. Praktische Bedeutung erlangen solche über den Todesfall hinaus wirkende Aufträge vor allem bei der Verwaltung von Vermögensgegenständen.

Beispiel: Auftrag in Verbindung mit einer postmortalen Vollmacht

Hinweis für die Fallbearbeitung: Auch hinsichtlich des Todes des Auftraggebers oder seiner Geschäftsunfähigkeit ist die *Zweifelsfallregelung* anwendbar. Es ist daher auf die Ausführungen hinsichtlich des Todes des Beauftragten zu verweisen.

1590 Ebenfalls ist bezüglich der Notbesorgung auf die oben gemachten Ausführungen zu verweisen. Wurde im Rahmen des Auftrags eine Vollmacht erteilt, wird diese als fortbestehend nach §§ 168, 169 BGB fingiert.

3. Rechtsfolge

1591 Der Auftrag ist ein unvollkommen zweiseitig verpflichtender Vertrag. Zu unterscheiden ist bei der Rechtsfolge im Hinblick auf den Anspruchsteller, da aus der Ausführung des Auftrags sowohl dem Auftraggeber als auch dem Beauftragten Ansprüche entstehen können.

[1389] Siehe dazu den realen Fall bei *Hannover*, Die Republik vor Gericht, Band I, 169.

II. Ansprüche des Auftraggebers

1. Hauptleistungspflicht des Beauftragten

Die **Hauptpflicht** des Beauftragten ist die **Führung des übertragenen Geschäfts**. Das Führen hat mit der gebotenen und im Verkehrskreis üblichen Sorgfalt zu erfolgen. **1592**

Kann ein Erfolg bei der Führung des Geschäfts erzielt werden, der über den erstrebten Erfolg hinausgeht, ohne dass der Auftraggeber weitere finanzielle Mittel aufzuwenden hat, ist dieser durch den Beauftragten zu realisieren.[1390] **1593**

> **Beispiel**[1391]**:** Es sollen ca. 50 % der Anteile an einer Bank A von der Bank B erworben werden. Es steht ein Gesamtvolumen von 32 Mio. CHF zur Verfügung. Für den Erwerb wird der Wertpapierhändler C eingeschaltet. Aufgrund von günstigen Umständen sind die Aktienkurse leicht gesunken, sodass 50 % der Aktienanteile nur noch einen Kurswert von 28 Mio. CHF haben. Der Wertpapierhändler C unterlässt es dennoch, den finanziellen Rahmen auszuschöpfen. Vielmehr beendet er den Ankauf von Aktien, als die 50 % Aktienanteile der Bank A erworben worden sind. Die 4 Mio. CHF bleiben ungenutzt.

Das dabei aufzuwendende Maß an Sorgfalt ergibt sich zum einen aus seiner speziellen Treuepflicht[1392] und zum anderen aus dem Grundsatz aus Treu und Glauben, der die Treuepflicht im Umfang auf ein insgesamt zu leistendes Maß begrenzt. **1594**

Die Erteilung eines Auftrags geschieht in der Regel aufgrund eines besonderen persönlichen Vertrauens. **1595**

> **Beispiel:** Verwaltung von Vermögenswerten des Auftraggebers

Das Gesetz trägt dem durch die Bestimmung Rechnung, dass im Zweifel die Übertragung der Ausführung des Auftrags nach § 664 I S. 1 BGB an einen Dritten für unzulässig erklärt wird. Die Übertragung der Ausführung an einen Dritten, die vom Gesetz als **Substitution** bezeichnet wird, muss von einer Zuziehung eines Gehilfen, die dagegen grundsätzlich statthaft ist, unterschieden werden.

Der **Gehilfe** wird bei der Ausführung des Auftrags nicht in eigener Verantwortung tätig, sondern handelt als Hilfsperson des Beauftragten. **1596**

> **Beispiel:** Der Steuerberater weist seine Sekretärin an, eine diktierte Erklärung vom Band abzuschreiben.

Die Hinzuziehung eines Gehilfen ist zulässig, sofern sich nicht aus dem Auftrag oder der Eigenart des Auftrags etwas anderes ergibt. Ein Verschulden des Gehilfen bei der Ausführung hat der Beauftragte gem. §§ 664 I S. 3, 278 BGB wie eigenes Verschulden zu vertreten. **1597**

Eine Substitution liegt hingegen vor, wenn der zuerst Beauftragte die Ausführung des Auftrags so an den Dritten weitergibt, dass dieser die Geschäfte in der Folge als Selbstbeauftragter führt. Es besteht mithin eine **Selbstständigkeit** bei der Ausführung des Auftrags.[1393] **1598**

Der zunächst Beauftragte hat im Fall einer zulässigen Substitution nur sein eigenes Verschulden bei der Auswahl oder Unterrichtung sowie eventuell bei einer notwendigen **1599**

[1390] So BGH ZIP 1983, 781, 783 f.
[1391] Siehe dazu den ähnlichen Fall des BGH ZIP 1983, 781 f.
[1392] Siehe dazu auch BGH NJW 1982, 1752.
[1393] *Frhr. von Gablenz*, Die Haftung der Banken bei Einschaltung Dritter, 1983, 104, 114 ff.; ähnlich *Berger*, in: Erman, § 664 Rn 1.

Anleitung und Überwachung des Dritten zu vertreten. Ein Verschulden des Substituenten kann dem Beauftragten gem. § 664 I S. 2 BGB hingegen nicht zugerechnet werden. Der Substituent führt den Auftrag zwar nach den ihm von dem ersten Beauftragten mitgegebenen Weisungen aus, im Gegensatz zum Gehilfen geschieht dies jedoch in eigener Verantwortung. Sein Handeln ist nicht auf die bloße Unterstützung wie beim Gehilfen ausgerichtet, sondern der Auftrag wird von ihm **selbstständig** ausgeführt. Er tritt insofern an die Stelle des ersten Beauftragten.[1394]

Hinweis für die Fallbearbeitung: Zu unterscheiden sind bei dem erlaubten Einsatz einer Substitution zwei Konstellationen:

⇨ Der zunächst Beauftragte B reicht den Auftrag aufgrund einer ihm durch den Auftraggeber A dahingehend erteilten Vollmacht an den Substituenten C weiter. Der Auftrag wird also namens des Auftraggebers A erteilt. In einer solchen Konstellation tritt der Substituent C an die Stelle des zunächst Beauftragten B. Es handelt sich um eine *Weitergabe* des Auftrags, wodurch die Verpflichtungen des zuerst Beauftragten B beendet sind, der Auftrag ist für ihn erloschen.

⇨ Auf der anderen Seite ist es aber auch möglich, dass der zuerst Beauftragte B dem Auftraggeber A verpflichtet bleibt, somit eine Unterbeauftragung vorgenommen wird. In einem solchen Fall ist der Substituent C ein **Unterbeauftragter**, der ausschließlich zu seinem Auftraggeber B eine rechtliche Beziehung hat. Der zuerst Beauftragte B bleibt deshalb dem Auftraggeber A gegenüber verpflichtet. Daher hat der Beauftragte B den Unterbeauftragten C zu überwachen und ihm ggf. Weisungen zu erteilen.

1600 Ist die Substitution unzulässigerweise erfolgt, liegt eine vertragswidrige Pflichtverletzung vor, die zu einer Schadensersatzpflicht des zuerst Beauftragten i.S. einer pVV nach § 280 BGB führen kann. Die Schadensersatzpflicht tritt ein, wenn die Auftragserfüllung durch den Substituenten nicht oder fehlerhaft durchgeführt wurde und dadurch ein adäquat kausaler Schaden durch die Substitution entstanden ist. Eine Schadensersatzpflicht tritt dagegen **nicht** ein, sofern die Erledigung der Aufgabe in der geschuldeten Quantität und Qualität erfolgte.[1395] Ist der vertraglichen Pflicht in vollem Umfange nachgekommen worden, stellt ein Verweis des Auftraggebers auf eine Unzulässigkeit der Substitution einen Verstoß gegen Treu und Glauben gem. § 242 BGB dar.

1601 Eine besondere Sorgfaltspflicht ergibt sich aus § 663 BGB. Danach hat derjenige, der sich öffentlich erboten hat, die Pflicht, eine Ablehnung des an ihn gerichteten Auftrags unverzüglich gegenüber dem Auftraggeber zu erklären.

1602 Es erbietet sich derjenige öffentlich, der einer unbestimmten Anzahl von Personen gegenüber kundtut, dass er zur Besorgung von Geschäften bereit sei.

1603 Das Erbieten kann sowohl ausdrücklich als auch konkludent erfolgen.

Beispiele: Schild am Geschäftshaus sowie Gartenzaun oder ein Rundschreiben

1604 Das Sicherbieten ist nach allgemeinen Grundsätzen **kein** Angebot. Es stellt vielmehr eine *invitatio ad offerendum* dar. Hat aber der Auftraggeber ein Angebot gemacht und verstößt der Beauftragte gegen die Pflicht der unverzüglichen Ablehnung, kann sich bei Vorliegen der Voraussetzungen der §§ 280 I, 311 II, 341 II BGB eine Schadensersatzpflicht ergeben. Der Schadensersatz ist dabei auf das **negative** Interesse begrenzt, da

---

[1394] BGH DB 1958, 133.
[1395] *Hansen*, BB 1989, 2418; *Steffen*, in: RGRK, § 664 Rn 9.

ein Vertrag gerade nicht vorliegt. Der Auftraggeber ist demnach so zu stellen, als ob er rechtzeitig von dem Nichtabschluss erfahren hätte.

> **Hinweis für die Fallbearbeitung:** Bevor allerdings an einen Schadensersatzanspruch gedacht werden kann, muss im Rahmen des Vertragsschlusses geprüft werden, ob nach § 151 BGB eine Annahmeerklärung gegenüber dem Antragenden entbehrlich war.

Zu beachten ist aber auch § 362 I HGB. Danach sind im kaufmännischen Rechtsverkehr 1605 ein Schweigen bzw. ein Unterlassen der unverzüglichen Ablehnung des Angebots unter den Voraussetzungen des § 362 I HGB als Annahmeerklärung zu fingieren. Diese Norm hat ganz überwiegend keine Auswirkung auf das unentgeltliche Auftragsrecht des § 662 BGB. Bei der gewerblichen und demnach entgeltlichen Geschäftsbesorgung ist die Relevanz jedoch hoch, da die überwiegenden geschäftsbesorgungsvertraglichen Werkunternehmen oder gewerblichen Dienstleister gem. §§ 1 ff. HGB Kaufmann sind.

> **Hinweis für die Fallbearbeitung:** Sind die Voraussetzungen des § 663 BGB und die des § 362 I HGB zugleich erfüllt, tritt § 663 BGB hinter § 362 HGB zurück, da die Regelungen über das Handelsgeschäft *lex specialis* sind. Es kommt daher durch Schweigen oder Unterlassen einer unverzüglichen Ablehnung ein Vertrag zustande, ein Schadensersatzanspruch kann *nicht* geltend gemacht werden.

2. Herausgabe des Erlangten

Der Beauftragte hat neben seiner Pflicht zur Führung des Geschäfts nach § 667 BGB 1606 dem Auftraggeber „alles, was er zur Ausführung des Auftrags erhält und was er aus der Geschäftsbesorgung erlangt, herauszugeben".

- Zur Ausführung hat der Beauftragte etwas erhalten, wenn das Erhaltene den Beauftragten rechtlich (z.B. durch Vollmachtsurkunde) oder tatsächlich (z.B. durch Vorschuss) in die Lage versetzen sollte, das Geschäft durchzuführen. Insbesondere sind die dem Beauftragten ausgehändigten Unterlagen wie Urkunden, Belege oder Korrespondenzen zurückzugeben. Es kann allerdings nur etwas herauszugeben sein, das noch bei dem Beauftragten vorhanden ist.[1396] Wurde z.B. das erhaltene Geld im Rahmen des Auftrags ausgegeben, kann dieses nicht mehr herausverlangt werden.[1397]
- Weiterhin hat der Beauftragte die Gegenstände, die er aus der Geschäftsführung erlangt hat, herauszugeben. Das Erlangte muss also eine Folge seiner Tätigkeit gewesen sein. Zwischen der Ausführung des Auftrags und dem Erhalt der Sachen muss ein **innerer Zusammenhang** bestehen. Besteht dieser innere Zusammenhang, muss der Beauftragte auch das Erlangte herausgeben, was sich als Mehrleistung darstellt.[1398]

  Beispiele:
  (1) Gegenstand der Herausgabe können in dieser Variante Rechte und tatsächliche Positionen sein, z.B. obligatorische oder dingliche Rechte.[1399]
  (2) Wird die Herausgabe von Geld geschuldet, ist auch § 288 I BGB anzuwenden und entsprechend abzurechnen.[1400]

Der Anspruch ist in der 1. Variante **fällig**, sobald das Erhaltene zur Ausführung des Auf- 1607 trags nicht benötigt wird. In der 2. Variante hingegen wird dieser fällig, sobald der Anspruch des Auftraggebers auf Herausgabe entstanden ist.

[1396] OLG Frankfurt a.M. WM 1984, 1369, 1371.
[1397] Siehe dazu OLG Hamm MDR 1947, 65, 66; OLG Frankfurt a.M. BB 1948, 216.
[1398] OLG Hamburg, MDR 1982, 670.
[1399] Zu Einzelfragen siehe ausführlich *Seiler*, in: MüKo, § 667 Rn 12 ff.
[1400] Vgl. BGH, ZGS 2005, 479.

1608 Es gelten hinsichtlich der **Leistungsstörungen** die allgemeinen Regeln, allerdings mit der Ausnahme, dass die Gefahr bei der Übermittlung von Geld der Auftraggeber trägt.[1401]

1609 Die Ansprüche sind zudem nach den allgemeinen Regeln **abtretbar** und **pfändbar**.

1610 Eine **Aufrechnungsbefugnis** steht dem Beauftragten jedoch nur bei solchen Gegenansprüchen zu, deren Grund im Auftragsverhältnis selbst besteht.[1402]

3. Auskunftspflicht des Beauftragten

1611 Der Beauftragte ist nach § 666 BGB verpflichtet, dem Auftraggeber die erforderlichen Nachrichten und Auskünfte zu geben sowie nach Ausführung des Auftrags Rechenschaft abzulegen. Der Gesetzgeber hat mit dieser Norm bezweckt, dem Auftraggeber die notwendigen Informationen zukommen zu lassen, die er braucht, um seine geänderte Rechtsstellung beurteilen und Folgerungen daraus ziehen zu können.

- Bei der **Auskunftspflicht** hat der Beauftragte dem Auftraggeber alle dem Auftraggeber unbekannten Informationen zu verschaffen, die dieser benötigt, um seine Rechte wahrnehmen, Pflichten erfüllen und sachgerechte Entscheidungen treffen zu können.
- Die **Auskunftserteilung** erfolgt nur auf Verlangen des Auftraggebers. Inhalt und Grenzen der Auskunft bestimmen sich nach dem Verlangen des Auftraggebers unter Beachtung des konkreten Rechtsverhältnisses, des Zwecks des § 666 sowie des Grundsatzes von Treu und Glauben.[1403] Die Beantwortung der Fragen kann auf einzelne Fragestellungen, aber auch auf die Erörterung eines Gesamtbereichs abzielen. Dabei brauchen nur solche Auskünfte erteilt zu werden, die sich auf das konkrete Rechtsverhältnis beziehen.[1404] Hingegen sind Auskunftsverlangen missbräuchlich, die unangemessen häufig gestellt werden oder die umfangreiche und detaillierte Ermittlungen des Beauftragten erfordern, ohne dass ein berechtigtes Interesse besteht.
- Die **Rechenschaftslegung** umfasst die Pflicht des Beauftragten, den Auftraggeber über den gesamten Ablauf und die Ergebnisse der Geschäftsführung nach Ausführung des Vertrags zu informieren. Die Maßstäbe für Umfang und Form ergeben sich aus der Verkehrsüblichkeit und den Umständen des Einzelfalls unter Berücksichtigung von Treu und Glauben,[1405] z.B. das vollständige Beifügen der Belege, soweit dies üblich ist und sie vorhanden sind.

1612 Entsteht aus einer schuldhaften Nicht-, Schlecht- oder zu spät erfolgten Erfüllung der Pflichten aus § 666 BGB ein adäquat kausaler Schaden des Geschäftsherrn, haftet der Beauftragte nach § 280 BGB auf Schadensersatz.

4. Anzeige bei Abweichung von Weisungen des Auftraggebers

1613 Der Beauftragte hat die Pflicht, sich an die Weisungen des Auftraggebers zu halten. Er hat diese mithin zu befolgen und umzusetzen.[1406]
Das gilt sowohl für die zuerst erteilte Weisung als auch für deren Widerruf sowie eine neu erteilte Weisung.[1407] Die *Weisungsgebundenheit* besteht vor allem auch dann, wenn der Beauftragte diese nicht für zweck- oder interessengemäß hält, da der Auftraggeber der Herr des Geschäfts ist.

[1401] BGHZ 28, 123, 127 ff.
[1402] BGH WM 1972, 53, 54.
[1403] BGH WM 1984, 1164, 1165.
[1404] OLG Neustadt MDR 1965, 293.
[1405] BGHZ 41, 318, 321.
[1406] BGH WM 1984, 1443 f.
[1407] BGH VersR 1960, 491, 492.

Die Weisung ist eine **empfangsbedürftige Willenserklärung**, insofern gelten die allgemeinen Regeln. 1614

Eine **Weisung** ist eine einseitige Anordnung des Auftraggebers, die dem Beauftragten Gegenstand sowie Art und Weise seines Tuns vorschreibt. 1615

Es muss sich dementsprechend aus der Äußerung des Auftraggebers eindeutig entnehmen lassen, dass der Beauftragte die Anordnung zu befolgen hat. Ansonsten liegt eine reine Empfehlung vor, die der Beauftragte zwar zu berücksichtigen hat, die er jedoch nicht befolgen muss, wenn er der Ansicht ist, ein anderes Handeln sei zweckdienlicher.

Eine Weisung ist im Übrigen widerruflich, wobei der Widerruf selbst eine Weisung ist. 1616
Das Widerrufsrecht des Auftraggebers erlischt allerdings dann, wenn der Beauftragte die Weisung ausgeführt hat.[1408] Der Widerruf hat ausschließlich gegenüber dem Beauftragten zu erfolgen. Zu beachten ist, dass die bis zum Widerruf entstandenen Rechtsfolgen nicht durch den Widerruf beseitigt werden.

Beispiele: Auskunftsrechte nach § 666 BGB, Aufwendungsersatz nach § 670 BGB

Der Beauftragte hat grundsätzlich die Pflicht, dem Auftraggeber **anzuzeigen**, wenn die 1617
konkrete Sachlage nicht mit den Vorstellungen des Auftraggebers im Einklang steht, und hat insbesondere seinen Entschluss **abzuwarten**. Die Anzeige ist eine empfangsbedürftige Erklärung, die als eine geschäftsähnliche Handlung einzuordnen ist. Die allgemeinen Vorschriften über Rechtsgeschäfte sind insoweit analog anzuwenden.

Entsprechend ist die **Dauer** der Wartezeit analog § 147 II BGB zu bestimmen.[1409] Nach 1618
§ 147 II BGB kommt es unter anderem auf die regelmäßigen Umstände an. Die regelmäßigen Umstände sind die gegenwärtigen allgemeinen Verhältnisse, die für den Erklärenden erkennbar sind. Dabei sind nicht die subjektiven Erwartungen, sondern ein objektiver Maßstab anzulegen. Es sind deshalb neben den Umständen des Einzelfalls auch die branchenüblichen Gewohnheiten zu berücksichtigen. Ebenfalls sind solche Umstände bezüglich des Empfängers der Nachricht einzubeziehen, die dem Erklärenden bekannt sind.

Es kann in bestimmten Situationen jedoch nach § 665 S. 2 Halbs. 2 BGB die Pflicht ent- 1619
stehen, von der Weisung abzuweichen, sofern mit der Aufschiebung der Ausführung des Auftrags Gefahr verbunden ist.

Eine **Gefahr** liegt in einer Situation vor, in der durch die Anzeige und ein Zuwarten der 1620
Entschließung des Auftraggebers ein zeitlicher Aufschub entsteht, der für die Ausführung einen Nachteil entstehen lässt oder wodurch dieser zumindest droht.

Beispiel[1410]**:** Die Firma A beauftragt die Firma B, Produktionsmaschinen für die chemische Industrie während des Kosovokonflikts in einem Sammellager einzulagern, bis der Konflikt endgültig ausgetragen ist, um anschließend die Fabrik neu aufzubauen. Im nationalen Konflikt droht allerdings akut die Gefahr, dass die serbische Armee die Produktionsmaschinen beschlagnahmen wird, um diese selbst zu nutzen. Daraufhin schafft die Firma B ohne zu warten entgegen den Weisungen der A die Maschinen aus dem Land und kann so das Eigentum der A retten.

[1408] BGH NJW 1991, 2210, 2211.
[1409] *Sprau*, in: Palandt, § 665 Rn 9; dagegen *Seiler*, in: MüKo, § 665 Rn 19.
[1410] Siehe dazu den realen Fall in RGZ 114, 375, 377.

1621 Die konkrete Gefahrenlage muss darüber hinaus anders sein, als es sich der Auftraggeber bei Weisungserteilung vorgestellt hat. Außerdem muss der Beauftragte i.S. des § 665 S. 1 BGB annehmen dürfen, dass der Auftraggeber die Abweichung billigen wird. Eine Billigung kann angenommen werden, wenn das Handeln von der Weisung in der Art abweicht, dass es nach Sinn und Zweck des Auftrags und unter Berücksichtigung der konkreten Situation interessengemäß ist und zudem dem mutmaßlichen Willen des Auftraggebers entspricht. Eine zweite Konstellation, in der der Beauftragte von der Weisung abzuweichen hat, ist die bereits geschilderte Möglichkeit, ein Geschäft zu **vorteilhafteren** Bedingungen abschließen zu können, als dies die Weisungen des Auftraggebers vorsahen. Gesetzlich ist diese Pflicht in § 387 HGB normiert, nicht hingegen im Auftragsrecht. Dennoch erkennt das Auftragsrecht diese Pflicht an, da Weisungen grundsätzlich so zu verstehen sind, dass sie die günstigeren Bedingungen mit umfassen sollen.[1411] Es kann somit keine Abweichung gegeben sein. Anders ist es jedoch dann, wenn die günstigeren Bedingungen dazu genutzt werden, um z.B. den Markt zu manipulieren. Es ist daher konkret auf den vorliegenden Einzelfall abzustellen.

1622 Wird **unberechtigt** von der Weisung des Auftraggebers abgewichen, liegt ein Fall der Nichterfüllung vor,[1412] der Anspruch auf weisungsgerechte Ausführung bleibt mithin bestehen. Dadurch erhält der Auftraggeber über das aus der weisungswidrigen Führung vom Beauftragten Erlangte allerdings auch keinen Anspruch auf Herausgabe, da das Erlangte außerhalb des Vertrags lag. Auf der anderen Seite steht dem Beauftragten auch kein Aufwendungsersatz nach § 670 BGB zu. Sollte allerdings die Ausführung unmöglich geworden sein, sind die allgemeinen Regeln der Unmöglichkeit anzuwenden.

III. Ansprüche des Beauftragten

1. Ersatz der notwendigen Aufwendungen

a. Einleitung

1623 Aufgrund der Unentgeltlichkeit der Tätigkeit in einem Auftragsverhältnis schuldet der Auftraggeber dem Beauftragten keine Vergütung. Gleichwohl hat der Beauftragte nach § 670 BGB einen Anspruch auf Ersatz seiner Aufwendungen, die ihm durch die Auftragserfüllung entstanden sind.

1624 **Aufwendungen** sind besondere Vermögensopfer, die jemand für einen bestimmten Zweck bewusst erbringt.

Beispiele: Geldauslagen wie Reisekosten, Porto oder Telefongebühren

1625 Die Aufwendungen sind in dem Zusammenhang nicht nur auf die objektiv erforderlichen beschränkt, sondern es können vielmehr auch die, die der Beauftragte subjektiv den Umständen entsprechend für erforderlich halten durfte, verlangt werden. Es reicht allerdings nicht aus, dass bei dem Beauftragten ein kausaler Vermögensverlust eingetreten ist, der Verlust erfordert darüber hinaus ein **bewusstes** und **gezieltes** Veranlassen des Beauftragten.

1626 Hinzu kommt noch, dass die Aufwendungen gerade zum **Zweck** der Auftragsausführung gemacht werden müssen. Es muss also ein finaler Zusammenhang zwischen Ausführung und Aufwendung bestehen. Der Beauftragte muss dabei die Aufwendungen für **erforderlich** gehalten haben. Die Erforderlichkeit ist anhand eines subjektiv- objektiven Maßstabs zu bestimmen.

[1411] Motive II, S. 536.
[1412] BGH WM 1962, 460, 461.

Maßgebend ist deshalb die Situation des Beauftragten im Zeitpunkt der Erbringung der Aufwendungen in einer Ex-ante Sicht, die aus der Sicht eines verständig handelnden Dritten zu beurteilen ist. 1627

Es kommt demzufolge nicht auf das tatsächliche Urteil an, sondern darauf, was der Beauftragte nach sorgfältiger Prüfung der ihm bekannten Umstände des Falls vernünftigerweise aufzuwenden hatte.[1413] 1628

Beispiel/Gegenbeispiel:
(1) *erforderlich* ⇨ Einlagerungskosten für nicht abgenommene Ware
(2) *nicht erforderlich* ⇨ nach § 134 BGB verbotene Geschäftsbesorgung, Schmiergelder oder Zahlung einer verjährten Schuld des Auftraggebers

b. Verzinsung

Der Auftraggeber hat die Aufwendungen seit dem Zeitpunkt der Entstehung zu verzinsen. 1629

c. Ersatz von beim Beauftragten entstandenen Schäden

Bislang weitgehend ungeklärt ist die Frage, inwieweit bei der Geschäftsbesorgung entstandene **Schäden** dem Beauftragten durch den Auftraggeber zu ersetzen sind. Diesbezüglich hat es bislang eine heftige und seit Jahrzehnten andauernde wissenschaftliche Diskussion gegeben. 1630

Hinweis für die Fallbearbeitung: Um eine systematische Prüfung vornehmen zu können, muss genau danach differenziert werden, aus welcher Situation sich der Schaden ergeben hat und ob und auf welcher Seite ein Verschulden besteht.

Fallkonstellation 1: Die erste denkbare Konstellation ist, dass der Auftraggeber den bei dem Beauftragten entstandenen Schaden verschuldet hat.

Fallkonstellation 2: Der Beauftragte hat den Schaden selbst verursacht.

Fallkonstellation 3: Es ist auch möglich, dass der Schaden bei Vornahme der Geschäftsbesorgung zufällig eingetreten ist, ein Verschulden weder bei dem Auftraggeber noch aufseiten des Beauftragten vorliegt.
Eine generell richtige Prüfungsreihenfolge existiert nicht. Die weitere Prüfung ist danach auszurichten, ob ein Verschulden einer der Vertragsparteien festzustellen ist. Kann ein Verschulden des Auftraggebers wie in Fallkonstellation 1 angenommen werden, ist die Prüfung jedenfalls hinsichtlich der *Aufwendungen* beendet.

aa. Verschulden des Auftraggebers

Hat der Auftraggeber wie in der **Fallkonstellation 1** den Schaden bei dem Beauftragten verschuldet, kommt nicht das Rechtsinstitut des Ersatzes von Aufwendungen in Betracht. Vielmehr sind die Regeln der pVV oder c.i.c. anzuwenden, es ist also ein Schadensersatzanspruch nach § 280 I BGB bzw. §§ 280, 311 II, 241 II BGB zu prüfen. Insofern sind die allgemeinen Regeln anwendbar. Der Auftraggeber hat ein Verschulden seiner Erfüllungsgehilfen nach § 278 BGB zu vertreten. 1631

Beispiel: Der Auftraggeber A weiß, dass das bei ihm im Briefkasten eingeworfene Päckchen mit gefährlichen Bakterien verseucht ist. Um sich selbst nicht zu gefährden, bittet er seinen Arbeitskollegen B, das Pulver aus dem Briefkasten zu nehmen und zu entsorgen, *ohne ihn auf die vorliegende Gefahr hinzuweisen*. Nach Entsorgung des Pulvers erkrankt B und muss ärztlich mit einem teuren Antibiotikum behandelt werden.

[1413] BGHZ 95, 375, 388.

bb. Zufälliger Schadenseintritt

1632 Dagegen entstehen in der **Fallkonstellation 3** bei rein zufällig entstandenen Schäden, bei denen ein Verschulden generell **nicht** festzustellen ist, keine Schadensersatzansprüche, die der Beauftragte geltend machen könnte. Aus dem Gesetz ist eine Lösung des Konflikts bei direkter Rechtsanwendung nicht ersichtlich, da der Gesetzgeber bewusst auf eine Regelung im Rahmen des § 670 BGB verzichtet hat.

a.) Rechtliche Einordnung

1633 Bislang hat sich keine einheitliche Linie herausgebildet, wie der Konflikt des zufällig entstandenen Schadens zu lösen ist. Es haben sich jedoch inzwischen zwei Hauptströmungen entwickelt.

- Nach einer im Vordringen befindlichen Ansicht soll der Grundsatz der *Risikozurechnung bei Tätigkeit im fremden Interesse* anzuwenden sein.[1414] Es werde von der Allgemeinheit als unangemessen empfunden, dass der Auftraggeber die Früchte des Auftrags erhalte, während der Beauftragte einen Schaden selbst zu tragen habe. Es müsse deshalb aufgrund der Sozialordnung eine Schadensüberwälzung auf den Auftraggeber vorgenommen werden. Eine Zurechnung der Haftung ergebe sich daher daraus, dass die Tätigkeit des Beauftragten gerade im Interesse des Auftraggebers liege und vor allem auch auf seine Veranlassung hin geschehen sei. Der Ersatzanspruch solle so einen schadensersatzrechtlichen Charakter gewinnen, wodurch §§ 249 ff. BGB sowie §§ 844, 845 BGB anwendbar seien. Dogmatische Grundlage für die Haftung sei die sich aus dem Vertrag ergebende Vertragshaftung für entstandene Schäden.[1415]
- Dagegen wird von der h.M.[1416] weiterhin vertreten, § 670 BGB sei analog bzw. im Rahmen einer teleologischen Extension anzuwenden. Die Schäden seien als Aufwendungen zu qualifizieren und entsprechend zu begleichen.
- Stellungnahme: Überzeugender und demnach vorzugswürdiger ist die Risikozurechnung aufgrund einer Tätigkeit im fremden Interessenkreis. Nur sie bietet eine dogmatische Grundlage, um spezielle Schadensfälle sachgerecht lösen zu können. Einen Todesfall und die daraus entstehenden Ansprüche Dritter wie z.B. Unterhaltsleistungen können mit dem Regelungszweck der Aufwendungen nach § 670 BGB nicht mehr in Einklang gebracht werden, da der Beauftragte sich nicht „aufgewendet" hat, als er bei der Geschäftsbesorgung verstarb. Der Beauftragte kann sich nicht als Vermögensopfer einbringen, da er schon dem Verständnis nach kein Vermögen ist. Ein Todesfall geht insoweit deutlich über die Teleologie des Gesetzes hinaus. Dennoch besteht durchaus ein evidentes Bedürfnis, auch solche Konstellationen sachgerecht entscheiden zu können. Die Ansprüche sind im Regelungsbereich der unerlaubten Handlungen normiert. Es stellt daher kein rechtliches und dogmatisches Problem dar, §§ 844, 854 BGB analog auf das Auftragsverhältnis anzuwenden, sofern der Schaden eben diesen schadensrechtlichen Charakter hat.[1417]

> **Hinweis für die Fallbearbeitung:** Die nachfolgenden Ergebnisse werden durch die Rechtsprechung bei der analogen Anwendung des § 670 BGB in gleichem Maße erreicht, insoweit besteht kein relevanter Unterschied. Zu beachten ist beim Prüfen der Voraussetzungen, dass sich mit der analogen Anwendung eine Reihe von Folgeproblemen gerade in den Randbereichen ergibt, die in der systematischen und argumentativen Begründung liegen:
>
> ⇨ Tod des Beauftragten, §§ 844, 845 BGB,
>
> ⇨ ein Verschulden bzw. Mitverschulden des Beauftragten.

[1414] *Canaris*, RdA 1966, 41, 42 f.; *Sprau*, in: Palandt, § 670 Rn 12; *Schulze*, in: Hk-BGB, § 670 Rn 9.
[1415] Dazu ausführlich *Genius*, AcP 1973, 481, 522 f.
[1416] BGH NJW 1993, 2234, 2235; *Mühl*, in: Soergel, § 670 Rn 7.
[1417] So auch *Genius*, AcP 1973, 481, 518.

b.) Rechtliche Ausgestaltung

Danach ist eine Haftung des Auftraggebers möglich und zulässig. Zunächst muss der Schaden adäquat kausal verursacht worden sein. Darüber hinaus ist *zusätzlich* nach der Art der Gefahr zu differenzieren, die den Schaden verursacht hat. Danach werden Gefahren des täglichen Lebens, also das **allgemeine Lebensrisiko,** nicht von der Haftung des Auftraggebers erfasst, außer der Auftraggeber hat sich ausdrücklich vertraglich dazu verpflichtet. Vielmehr muss der Schaden adäquat kausal mit dem Auftrag zusammenhängen, die Gefahr sich als eine **tätigkeitsspezifische** und **gesteigerte** Gefahr des Auftrags darstellen. 1634

Beispiel[1418]**:** Das Mitglied A der freiwilligen Feuerwehr hilft dem Nachbarn B beim Löschen eines Brandes. Als der Brand gelöscht ist, rollt er die ausgelegten Wasserschläuche wieder zusammen. Dabei knickt der Feuerwehrmann mit dem linken Fuß um, wodurch er eine Distorsion des linken oberen Sprunggelenks erleidet. Allerdings war das Sprunggelenk bereits vor dem Einsatz vorgeschädigt. Durch die neuerliche Verletzung sind dem Sozialversicherungsträger Kosten in Höhe von rund 7.500.- € entstanden. Dieser möchte die Kosten von dem Hauseigentümer B ersetzt haben. Beim Zusammenrollen von Schläuchen entwickelt sich allerdings kein tätigkeitsspezifisches Risiko aus der typischen Tätigkeit eines Feuerwehrmannes. Die neuerliche Verletzung ist vielmehr auf die Vorverletzung zurückzuführen. Es bestand also lediglich ein allgemeines Lebensrisiko, dass das geschwächte Sprunggelenk erneut nachgeben könnte. Eine Haftung ist daher auszuschließen.

Das tätigkeitsspezifische Risiko ist dabei anhand des konkreten Vertrags und der Umstände des Einzelfalls zu ermitteln. 1635

Der Ersatzanspruch richtet sich nach den allgemeinen Regeln der §§ 249 ff. BGB. Diese können aber durch den Grundsatz von Treu und Glauben eingeschränkt sein, wodurch in besonders gelagerten Fällen die Entschädigung auf ein angemessenes Maß herabgesetzt wird. 1636

Beispiel: B ist eine wohlhabende und angesehene Person der Filmwelt. Er hat eine Frau und zwei Kinder. Eines Tages sieht er, wie ein junger Mann A, der ebenfalls Familie hat, im Baggersee zu ertrinken droht. B überlegt nicht lange und springt in das eiskalte Wasser und kann A retten. Allerdings erliegt B wenig später einem Kälteschock, der durch das eiskalte Wasser ausgelöst wurde. Die Familie des verstorbenen B verlangt von A Schadensersatz analog § 844 II BGB. B hatte ein durchschnittliches monatliches Einkommen von 100.000,- €. A ist nur Hilfsarbeiter und Alleinverdiener. Er hat ein monatliches Einkommen von 1.200,- €. Dementsprechend kann nicht der Maßstab zur Unterhaltspflicht im Maßstab des Verdienstes des B herangezogen werden, sondern muss bei Beachtung von Treu und Glauben gem. § 242 BGB so ausgestaltet sein, dass A seiner Ersatzpflicht nachkommen kann, ohne selbst finanziell überfordert zu sein.

cc. Verursachung durch den Beauftragten

Besonderheiten ergeben sich für den Fall, dass der Beauftragte wie in der **Fallkonstellation 2** den Schaden selbst verursacht oder mitverschuldet hat. 1637

Beispiel: A ist schwer krank und muss dringend in ein Krankenhaus gebracht werden. Ein Krankenwagen oder Hubschrauber ist nicht rechtzeitig erreichbar, sodass sein Freund B ihn mit seinem Wagen ins Krankenhaus fährt. Dabei hält sich B wegen des akut bedrohlichen Gesundheitszustands des A nicht immer an die Geschwindigkeitsbeschränkungen. Dadurch schafft es B in einer engen Kurve nicht, rechtzeitig zu bremsen, sodass der Wagen mit mäßiger Geschwindigkeit gegen eine Mauer prallt, wodurch dieser im vorderen

[1418] Nach BGH NJW 1993, 2234, 2235.

Bereich beschädigt wird. Es entsteht ein Sachschaden von 2.500,- €. Anschließend bringt B den A ohne weitere Zwischenfälle ins Krankenhaus. A überlebt aufgrund des beherzten Eingreifens des B.

1638 Der Schaden des Beauftragten ist durch den Auftraggeber zu ersetzen, selbst wenn der Beauftragte den Schaden verschuldet hat. Allerdings ist das Verschulden nach § 254 BGB zu berücksichtigen und führt zu einer Anspruchsminderung. In besonders evidenten Fällen kann dies sogar zu einem Ausschluss nach § 254 BGB führen. Die Situation ist auch nicht anders zu beurteilen, wenn der Beauftragte einen Gegenstand des Auftraggebers in Ausführung des Auftrags beschädigt.[1419] In analoger Anwendung des § 254 BGB ist das Verschulden des Beauftragten auch hier zu berücksichtigen. Ein Schmerzensgeldanspruch gem. § 253 II BGB kann allerdings nicht gewährt werden.[1420]

d. Ersatz der Arbeitskraft

1639 Unklar ist, ob der Beauftragte bzw. Geschäftsführer Kosten für seine **Arbeitskraft** erstattet bekommen kann, wenn er diese bei der Führung des Auftrags eingesetzt hat. Zieht man die Regelung des § 1835 III BGB heran, wird man die Arbeitskraft als Aufwendung ansehen und vergüten müssen. Zu berücksichtigen ist aber, dass das Wesen des Auftrags gerade die Unentgeltlichkeit gem. § 662 BGB ist. Die Vertragsparteien waren sich also bei Vertragsschluss insbesondere darüber einig, dass der Geschäftsführer für die Erledigung des Geschäftes keine Vergütung erhalten sollte. Dies ist gerade ein Abgrenzungsmerkmal z.B. gegenüber der entgeltlichen Geschäftsbesorgung. Ließe man die Arbeitskraft als Aufwendung generell zu, könnte man diese Abgrenzung nicht mehr vornehmen. Insofern wäre die Unentgeltlichkeit des gesetzlich geregelten Auftrags dogmatisch generell in Frage gestellt. Zudem passt die entsprechende Anwendung des § 1835 III BGB systematisch nicht. Denn § 1835 I BGB verweist zunächst auf die Vorschriften des § 670 BGB. Insofern soll im Rahmen des § 1835 BGB derselbe Aufwendungsbegriff wie in § 670 BGB gelten, nicht dagegen wird der Aufwendungsbegriff des § 1835 BGB durch die Regelung in III bestimmt. § 1835 III BGB hat vielmehr lediglich eine ergänzende Funktion. Er fingiert ausschließlich für bestimmte Fälle des Vormundschaftsrechts die Arbeitskraft als Aufwendung. Diese Regelungstechnik verwehrt es aber, die im Vormundschaftsrecht speziell angeordnete Fiktion zu einem allgemeinen Rechtsgedanken aufzuwerten und durch eine Interpretation des Aufwendungsbegriffs oder mittels einer Analogie in das Auftragsrecht zu transformieren.

Hinweis für die Fallbearbeitung: Anders kann dies jedoch für die Geschäftsbesorgung ohne Auftrag (GoA) beurteilt werden. Hier erscheint es durchaus möglich, die Arbeitsleistung als Aufwendung einzuordnen.[1421]

1640 Damit kann der Geschäftsführer grundsätzlich **nicht** für seine für die Auftragsausführung eingesetzte Arbeitskraft Aufwendungsersatz verlangen, auch wenn er diese im Rahmen seiner beruflichen oder gewerblichen Tätigkeit vorgenommen hat.[1422]

1641 Ausnahmsweise allerdings gilt etwas anderes dann, wenn sich die zum Auftrag gehörende Tätigkeit zwar zunächst nicht, aber **nach Abschluss** des Auftragsvertrags **unvorhersehbar** doch als **erforderlich** erweist.[1423]

[1419] *Canaris*, RdA 1966, 41, 43.
[1420] Vgl. *Schulze*, in: Hk-BGB, § 670 Rn 10 zur alten Rechtslage.
[1421] So auch *Coester-Waltjen*, Jura 2001, 567, 569; *R. Schmidt*, SchuldR BT II, Rn 103.
[1422] OLG Celle NdsRepfl 1993, 244 ff.
[1423] Ausführlich *Köhler*, JZ 1985, Arbeitsleistung als Aufw., 359, 360; *Sprau*, in: Palandt, § 670 Rn 3.

Beispiel: Siehe dazu das Beispiel um den Kosovokonflikt. Bezüglich der Verwirklichung des Auftrags liegt hier eine Gefahrensituation i.S.d. § 665 S. 2 Halbs. 2 BGB vor. Nach Abschluss des Auftrags hat sich in unvorhergesehener Weise die Notwendigkeit ergeben, die Maschinen aus dem Land zu schaffen. Ist der Geschäftsführer auch Spediteur, kann er seine Arbeitskraft ausnahmsweise ersetzt verlangen. Denn der Beauftragte hätte als Geschäftsführer ansonsten in dieser Situation einen Dritten mit dieser Tätigkeit betrauen müssen. In dem Fall hätte der Auftraggeber die dafür entstandenen Aufwendungen ohne weiteres zu ersetzen. In dieser Konstellation darf aber der Auftraggeber nicht entlastet werden, nur weil der Geschäftsführer selbst die Gefahr im Rahmen seiner beruflichen oder gewerblichen Tätigkeit beseitigt hat, anstatt einen Dritten hinzuziehen. Eine entsprechende Privilegierung des Auftraggebers ist deshalb wegen der Gesetzessystematik mit § 665 S. 2 Halbs. 2 BGB nicht zu vereinbaren.

2. Vorschuss

Der Auftraggeber hat dem Beauftragten einen Vorschuss gem. § 669 BGB zu leisten, **1642** wenn dies vom Beauftragten verlangt wird. Der Vorschuss ist ausschließlich auf Geld gerichtet und bemisst sich in der Höhe nach dem objektiv zur Ausführung des Auftrags erforderlichen Aufwand. Ohne Leistung des Vorschusses kann der Beauftragte die Ausführung verweigern. Ein Anspruch auf Vorschuss besteht allerdings dann nicht, wenn dieser vertraglich ausgeschlossen war oder eine Vereinbarung getroffen wurde, dass Auslagen zunächst vom Beauftragten aufzubringen sind und anschließend nach § 670 BGB abgerechnet werden sollen.

B. Der Geschäftsbesorgungsvertrag

Anspruch aus entgeltlicher Geschäftsbesorgung

I. Wirksamer Vertragsschluss: Einigung der Parteien

1. Geschäftsbesorgung
    a. Fremdbezogenheit des Geschäfts
    b. Tätigkeit wirtschaftlicher Art
    c. Eigenverantwortlichkeit des Geschäftsführers (Selbstständigkeit)
    d. Wahrnehmung fremder Vermögensinteressen (Vermögensbezug)
2. Entgeltlichkeit

II. Rechtsfolge

1. Vertragliche Vereinbarungen
2. Spezialitätsgrundsatz
3. Entsprechende Anwendbarkeit von Auftragsrecht, sofern § 675 BGB dies vorsieht
4. Vorschriften des Dienst- oder Werkvertragsrechts

III. Nichtigkeit der Geschäftsbesorgung/des Auftrags

Rückabwicklung des nichtigen Vertrags nach Bereicherungsrecht

In der modernen Dienstleistungswirtschaft sind Verträge weit verbreitet, bei denen die **1643** Regeln der entgeltlichen Geschäftsbesorgung Anwendung finden. Insbesondere das Bankrecht ist neben den neu geschaffenen §§ 675c ff. BGB hiervon betroffen. Aber auch Verträge mit Rechtsanwälten oder Wirtschaftsprüfern unterliegen den Regelungen des § 675 BGB. Die Geschäftsbesorgung gegen Entgelt ist außerordentlich häufig, sodass die Norm im Rechtsverkehr große Bedeutung hat.

I. Wirksamer Vertragsschluss

1644 Gemäß § 675 I BGB muss Vertragsgegenstand eine auf einen Dienst- oder Werkvertrag gerichtete Geschäftsbesorgung sein. Eine Geschäftsbesorgung ist eine selbstständige Tätigkeit wirtschaftlicher Art im fremden Interesse.[1424] Für die Fallbearbeitung bietet sich folgende Definition an:

1645 **Geschäftsbesorgung** ist eine selbstständige entgeltliche Tätigkeit wirtschaftlicher Art, die in der Wahrnehmung des Vermögensinteresses eines anderen besteht.[1425]

1646 Damit ist die Geschäftsbesorgung bei § 675 I BGB enger als bei § 662 BGB gefasst.

1. Ausrichtung des Vertrags auf eine Tätigkeit

1647 Eine wichtige Voraussetzung ist nach der o.g. Definition, dass die Geschäftsbesorgung auf eine Tätigkeit *ausgerichtet sein muss*. Es ist mithin ein **aktives** Tun erforderlich; ein passives Unterlassen, Dulden oder schlichtes Gewährenlassen reichen nicht.

1648 Die Tätigkeit kann sowohl auf rechtsgeschäftliche als auch auf rechtsgeschäftsähnliche sowie auf tatsächliche Handlungen gerichtet sein.

Beispiele:
(1) zu *rechtsgeschäftlich*: Abschluss von Verträgen wie Kaufvertrag
(2) zu *rechtsgeschäftsähnlich*: Mängelrüge, Anzeige nach § 673 BGB bei Todesfall
(3) zu *tatsächlich*: Verbindung oder Verarbeitung, Kontrolle von Lagerbeständen

2. Selbstständigkeit

1649 Zudem muss die Tätigkeit des Geschäftsführers selbstständig sein.

1650 **Selbstständig** ist die Tätigkeit des Geschäftsführers, wenn er die Möglichkeit hat, eigenverantwortlich Überlegungen anzustellen und die anfallenden Geschäfte entsprechend dieser eigenen Willensbildung abzuwickeln.

1651 Ihm muss bei der Ausübung also ein Ermessens- und Gestaltungsspielraum gerade gegenüber dem Geschäftsherrn verbleiben. Nicht gemeint ist damit eine absolute Selbstständigkeit, die Selbstständigkeit ist lediglich „relativ". Sie ist an die zu erfüllende Aufgabe gebunden und hat den Vermögensinteressen des Geschäftsherrn zu dienen. Die geschuldete Tätigkeit wird deshalb dem Geschäftsbesorgenden in aller Regel nur **rahmenmäßig** nach dem zu erwartenden Erfolg oder Inhalt beschrieben, wobei der Rahmen eigenverantwortlich auszufüllen ist.

1652 Insoweit ist der Geschäftsbesorgungsvertrag **nicht** auf Arbeitsverhältnisse anwendbar, da der Arbeitnehmer gerade diese Selbstständigkeit nach dem Wesen des Arbeitsvertrags nicht eingeräumt bekommt.

3. Wirtschaftlichkeit

1653 Die selbstständige Tätigkeit muss einen wirtschaftlichen Charakter haben.

1654 **Wirtschaftlich** ist der Charakter, wenn die Tätigkeit des Geschäftsbesorgenden der Art nach dem Bereich des Wirtschaftslebens im weiteren Sinn angehört.

Beispiele/Gegenbeispiele:

[1424] BGH NJW-RR 1992, S. 560; dagegen *Seiler*, in: MüKo, § 662 Rn 12 f.
[1425] BGH NJW 1989, S. 1217; *Giesen*, Jura 1994, 352, 356.

(1) Banken, Versicherungen, Autohändler, Steuerberater
(2) nicht dagegen: Heilende Berufe, Künstler, Erzieher

4. Vermögensbezug

Die wirtschaftlich selbstständige Tätigkeit muss vor allem auch einen Bezug zu dem Vermögen des Geschäftsherrn aufweisen und sich auf dieses auswirken; durch die selbstständige Geschäftsbesorgung muss also eine Einflussnahme auf den Vermögensstatus des Geschäftsherrn ausgehen. 1655

Beispiel: Die Bank nimmt im Auftrag des Kunden Investmentgeschäfte vor.

Nicht erforderlich ist aber, dass das Vermögen des Geschäftsherrn vermehrt oder vermindert wird. 1656

Beispiel: Eine Bank verwaltet im Rahmen eines Depotvertrags die Wertpapiere.

Die selbstständige wirtschaftliche Tätigkeit hat also in gezielter, gesteuerter und voraussehbarer Weise eine Einwirkung auf das Vermögen des Geschäftsherrn erkennen zu lassen. 1657

5. Fremdnützigkeit

Im **fremden Interesse** liegt eine Tätigkeit, sofern ein Geschäft an sich vom Geschäftsherrn selbst in Wahrnehmung seiner Vermögensinteressen zu besorgen war. 1658

Für den Aufgabenbereich hat der Geschäftsherr insofern ursprünglich selbst zu sorgen gehabt, der Aufgabenbereich wurde ihm aber durch einen anderen in Form des Geschäftsbesorgenden abgenommen.[1426] 1659

Beispiel: Der Rechtsanwalt, der seinen Mandanten berät; die Vermögensverwaltung durch eine Bank; die Beurteilung eines Unternehmens durch einen Wirtschaftsprüfer. Dagegen sind nicht die Fälle erfasst, in denen eigene Geschäfte geführt werden wie bei Leistungen, die von Handwerkern an die Besteller erbracht werden; die Überprüfung von einer Bank angekaufter und diskontierter Wechsel.

6. Entgeltlichkeit

Die Geschäftsbesorgung ist schließlich **gegen Vergütung** zu erbringen. Dies ergibt sich aus dem Erfordernis, dass Gegenstand einer Geschäftsbesorgung nur ein Dienst- oder Werkvertrag sein kann. Ist ausdrücklich eine Vergütung nicht vereinbart worden, ist eine Entgeltlichkeit anzunehmen, sofern den Umständen nach beim Dienstvertrag i.S.d. § 612 I BGB oder beim Werkvertrag i.S.d § 632 I BGB eine Vergütung zu erwarten ist. 1660

II. Rechtsfolge

1. Gesetzliche Analogie zum Auftragsrecht

§ 675 I BGB normiert, dass „die Vorschriften der §§ 663, 665 bis 670, 672 bis 674 BGB und wenn dem Verpflichteten das Recht zusteht, ohne Einhaltung einer Kündigungsfrist zu kündigen, auch die Vorschrift des § 671 II BGB entsprechende Anwendung" finden. 1661

[1426] BGHZ 54, 223, 229; BGH NJW-RR 1992, 560; *Berger*, in: Erman, § 675 Rn 12; kritisch dazu *Martinek*, in: Staudinger, § 675 Rn A 34 f.

1662 Auf die Vorschriften kann allerdings nur dann zurückgegriffen werden, wenn nicht anderweitige vertragliche Parteivereinbarungen getroffen wurden, die vorrangig heranzuziehen sind. Ebenfalls wird die entsprechende Anwendung durch spezielle Regelungen im BGB oder außerhalb des BGB verdrängt.

Beispiele: §§ 675c bis 676c BGB oder §§ 343, 362 HGB

Erst danach ist das jeweilige Auftragsrecht in entsprechender Weise zu berücksichtigen. Die Besonderheiten des entgeltlichen Geschäftsbesorgungsvertrags sind einzubeziehen.

Hinweis für die Fallbearbeitung: Bei dem unentgeltlichen Auftrag kann der Beauftragte nach § 670 BGB Ersatz für den Aufwand verlangen. Als Aufwand gelten auch Porto für Briefe, Kosten für Zugfahrten oder Übernachtungskosten bei mehrtägigen Einsätzen. Der entgeltliche Geschäftsbesorgungsvertrag zeichnet sich gerade durch die Vergütung der Tätigkeit aus. Der Geschäftsbesorger erhält in dem Rahmen einen Lohn für die erbrachten Dienste oder das erstellte Werk. Es ist daher genau zu prüfen, ob angefallene Kosten der geschilderten Art bereits durch den Vergütungsanspruch abgegolten wurden.

1663 Greift keine der vorgenannten Regelungen ein, sind die Normen des jeweiligen Vertragstyps (Dienstvertrag oder Werkvertrag) heranzuziehen.

Hinweis für die Fallbearbeitung: Die unterschiedlichen Normen der verschiedenen Regelungsbereiche sowie die vertraglichen Abreden können zu konträren Ergebnissen führen, wenn sie gleichzeitig angewendet werden. Dieser Widerspruch wird durch das Gesetz dadurch gelöst, dass eine Rangfolge der anzuwendenden Vorschriften gebildet wurde, die vom Bearbeiter genau zu beachten ist:

- vertragliche Vereinbarungen,
- Spezialitätsgrundsatz,
- entsprechende Anwendbarkeit von Auftragsrecht,
- Vorschriften des Dienst- oder Werkvertragsrechts.

2. Außergesetzliche Analogie zum Auftragsrecht

1664 In § 675 BGB wurde vom Gesetzgeber keine Verweisung auf § 664 BGB vorgenommen. Es stellt sich damit die Frage, ob dennoch die Grundsätze des § 664 BGB auch auf den entgeltlichen Geschäftsbesorgungsvertrag entsprechend anzuwenden sind. Bei der Beantwortung dieser Frage ist zu berücksichtigen, dass die entgeltliche Geschäftsbesorgung entweder zum Gegenstand eine Dienst- oder eine Werkleistung haben kann.
Ist Gegenstand der entgeltlichen Geschäftsbesorgung die Erbringung einer *Dienstleistung*, bedarf es einer Analogie des § 664 I S. 1 u. 2 BGB nicht. Denn im Recht des Dienstvertrags ist in § 613 BGB geregelt, dass die zur Dienstleistung verpflichtete Person den Dienst im Zweifel in Person zu leisten hat und der Anspruch auf die Dienste im Zweifel nicht übertragbar ist. Insofern wird durch diese Vorschrift die gleiche Regelung getroffen, die Gegenstand des § 664 I S. 1 u. 2 BGB ist. Eine Analogie ist also schon deshalb entbehrlich, weil keine Regelungslücke besteht, die geschlossen werden müsste.[1427] Anders ist zu entscheiden, wenn es vertraglich gestattet ist, die Ausführung auf einen Dritten zu übertragen. Dann kann auf Regelungen des Dienstvertrags nicht zurückgegriffen werden. § 664 I S. 2 u. 3 BGB sind dann entsprechend anzuwenden.[1428]

1665 Im *Werkvertragsrecht* ist dagegen eine Regelung vergleichbar mit der des § 613 BGB nicht normiert. Mit Rücksicht auf das bei der entgeltlichen Geschäftsbesorgung zugrunde liegende

[1427] RGZ 161, 68, 70; wohl dagegen *Seiler*, in: MüKo, § 675 Rn 13.
[1428] BGH NJW 1952, S. 257; *Sprau*, in: Palandt, § 664 Rn 1; *Seiler*, in: MüKo, § 675 Rn 13.

enge persönliche Vertrauensverhältnis ist daher auch § 664 I S. 1 BGB entsprechend anzuwenden. Ist eine Übertragbarkeit der Ausführung ausnahmsweise dennoch dem Geschäftsbesorgenden vertraglich eingeräumt worden, sind selbstverständlich § 664 I S. 2 u. 3 BGB entsprechend anzuwenden. Einer analogen Anwendung des § 664 II BGB bedarf es hingegen nicht, da sich aus der Wertung des § 399 BGB bereits ergibt, dass der Gläubiger seinen Anspruch nicht abtreten darf. Denn den Schuldner trifft eine derartige Leistungspflicht, die wegen des persönlichen Charakters seiner Leistungspflicht gerade auf den Gläubiger zugeschnitten ist.

III. Nichtigkeit des Geschäftsbesorgungsvertrags oder des Auftrags

Es kann sich aus dem Gegenstand des Geschäftsbesorgungs- bzw. Auftragsverhältnisses **1666**
oder aus rechtlichem Grund eine Nichtigkeit des Vertrags ergeben.

> **Beispiel:** Frau A beauftragt den Menschenhändler X, ihr ein Baby aus Osteuropa zu besorgen, da sie selbst keine Kinder bekommen kann.

In der Rechtsprechung und Literatur ist bislang nicht abschließend geklärt worden, wie **1667**
das nichtige Vertragsverhältnis abgewickelt werden soll.

- Der überwiegende Teil der Rechtsprechung geht in aller Regel davon aus, dass die Vorschriften der GoA gem. §§ 677 ff. BGB hinsichtlich einer Abwicklung des nichtigen Geschäftsbesorgungs- bzw. Auftragsverhältnisses anzuwenden sei, selbst wenn dieses nach §§ 134, 138 BGB nichtig sei.[1429] Ein Aufwandsersatz für eine Leistung könne allerdings dann nicht verlangt werden, wenn diese gegen ein gesetzliches Verbot verstoße und nach § 134 BGB nichtig sei.[1430]
- Die Literatur und teilweise die neuere Rechtsprechung lehnen den Rückgriff auf die Regelungen der GoA ab.[1431] Vielmehr sei eine Rückabwicklung des nichtigen Geschäftsbesorgungs- bzw. Auftragsverhältnisses im Rahmen der §§ 812, 818 BGB vorzunehmen, da ansonsten methodische Fehler vorlägen.
- Stellungnahme: Die Rechtsinstitute der GoA und des Bereicherungsrechts unterscheiden sich in Hinsicht auf die hier interessierende Rückabwicklung von Verträgen vor allem bezüglich der Haftung. Das Bereicherungsrecht beschränkt die Haftung durch die Begrenzung der Herausgabepflicht, die in §§ 817, 818 BGB geregelt ist. Aufgabe des Bereicherungsrechts nach § 812 I S. 1 Var. 1 BGB ist gerade, nichtige Vertragsverhältnisse rückabzuwickeln, da ein Rechtsgrund für das durch Leistung Erlangte nicht vorlag. Das Bereicherungsrecht ist damit das richtige Rechtsinstitut, um bei nichtigen Verträgen einen Ausgleich zu schaffen. Ließe man jedoch eine Abwicklung über die GoA zu, würde die eingeschränkte Haftung der §§ 817, 818 BGB umgangen, ohne dass die Wertungen der §§ 817, 818 BGB berücksichtigt werden könnten. Hinzu kommt, dass der Anwendungsbereich der GoA nicht eröffnet ist. Die GoA setzt voraus, dass der Geschäftsführer ein Geschäft für einen anderen besorgt. Der handelnde Geschäftsführer will aber im Fall des Geschäftsbesorgungsverhältnisses ausschließlich seinen vertraglichen Verpflichtungen nachkommen, die allerdings rechtlich nicht bestehen. Der Verpflichtete will damit kein fremdes Geschäft besorgen. Selbst wenn man mit der Rechtsprechung das „auch fremde Geschäft" zulässt, kann ein Fremdgeschäftsführungswille des Handelnden bei vertraglichen Verpflichtungen auch unter systematischen Gesichtspunkten nicht angenommen werden. Die GoA setzt jedoch diesen Willen als konstitutives Element voraus. Dementsprechend ist die GoA methodisch nicht anwendbar.

[1429] BGHZ 101, 393, 399; BGH NJW-RR 1993, 200; BGH NJW 1997, 47, BayObLG NJW 2000, 155.
[1430] Vgl. BGH NJW-RR 1997, 564.
[1431] *Einsele*, JuS 1998, 401; OLG Koblenz NJW 1999, 2904; 1996, 665; BGH NJW 1995, 727.

10. Kapitel - Finanzierungsrecht

A. Leasingvertrag

1668 Das Leasing hat sich zu einer in der Wirtschaft vielfach verwendeten Finanzierungsform entwickelt. Gerade für Firmen, die ein kapitalintensives Anlagevermögen haben, hat das Leasing finanzielle Vorteile.

Beispiel: Der Leasingnehmer kann die Leasingraten in vollem Umfang als Betriebsausgaben absetzen und dadurch seinen steuerpflichtigen Gewinn verringern, wohingegen er als Eigentümer das Anlagevermögen in seinen Jahresabschlüssen bilanzieren müsste. Hierfür gelten jedoch die meist niedrigeren Abschreibungen des Bilanzrechts.

1669 Aber auch Privatpersonen gehen immer häufiger dazu über, Gegenstände nicht zu kaufen, sondern einen Leasingvertrag abzuschließen.

Beispiel: Leasing von Kraftfahrzeugen über spezielle Leasingfirmen

1670 Der Leasingvertrag ist eine besondere Schöpfung der Kreditinstitute und der Industrie, um deren Kunden den Konsum finanziell leichter zu machen bzw. ihnen Investitionen frühzeitiger zu ermöglichen. Das Leasing ist in den USA entwickelt worden. An ihm sind regelmäßig drei Personen beteiligt:

- der Hersteller oder Lieferant,
- der Leasinggeber
- und der Leasingnehmer.

1671 Beim Leasing sind zwingend zwei verschiedene Vertragsverhältnisse voneinander zu unterscheiden. Denn der Leasinggeber erwirbt selbst die Leasingsache von dem Hersteller/Lieferanten im Rahmen eines Kaufvertrags (Deckungsgeschäft). Das eigentliche Leasinggeschäft wird hingegen zwischen dem Leasinggeber und dem Leasingnehmer abgeschlossen.

1672 Beim eigentlichen **Leasinggeschäft** verpflichtet sich auf der einen Seite der Leasinggeber, dem Leasingnehmer die Leasingsache zum Gebrauch zu überlassen, wohingegen der Leasingnehmer auf der anderen Seite als Gegenleistung ratenweise das vereinbarte Entgelt zu entrichten hat.

I. Leasingformen

1673 Bislang hat sich kein einheitliches Leasingmodell herauskristallisiert. Vielmehr wird die Gestaltung des Leasingvertrags entscheidend von dem Nutzungsbereich oder dem Nutzungszweck bestimmt. Auf die Gestaltung des Vertrags wirkt zudem ein, ob der Produzent gleichzeitig als Leasinggeber agiert. Beim Leasing haben sich deshalb in der Vergangenheit weitgehend drei spezielle Arten entwickelt.

1. Operating-Leasing

1674 Beim Operating-Leasing wird der Vertrag so gestaltet, dass dieser entweder von vornherein nur eine kurzfristige Gebrauchsüberlassung vorsieht oder auf unbestimmte Zeit geschlossen ist, dem Leasingnehmer aber ein Recht zu einer kurzfristigen Kündigung vertraglich eingeräumt wird.

Beispiel[1432]**:** Ein Unternehmen A benötigt dringend eine neue EDV-Anlage. Da die Anforderungen für die EDV stetig zunehmen und sich damit schnell ändern, vereinbart A mit einer Leasingfirma B, dass eine vollständige EDV-Anlage einschließlich der benötigten Programme geleast werden soll. A wird ein kurzfristiges Kündigungsrecht eingeräumt. Nach Ende des Leasingvertrags soll die Anlage an B zurückgegeben werden.

Der Leasingnehmer zahlt als Gegenleistung ein entsprechendes Entgelt für die zeitweilige Gebrauchsüberlassung. Anwendung findet diese Leasingform besonders in den Industriebereichen, die darauf angewiesen sind, neueste Technik zu verwenden. Denn der Leasingnehmer kann sich wegen der kurzen Laufzeit oder aber zumindest kurzfristigen Lösungsmöglichkeit zügig auf neue Entwicklungen einstellen. Das Investitionsrisiko und auch das Überalterungsrisiko trägt ausschließlich der Leasinggeber. Um das Leasinggut im Wert möglichst langfristig zu erhalten und anschließend weiter nutzen zu können, übernimmt dieser grundsätzlich die Kosten für eine fachgerechte Wartung des Objekts. **1675**

Auf einen solchen Vertragstyp sind grundsätzlich die Regeln des Mietrechts anzuwenden.[1433] **1676**

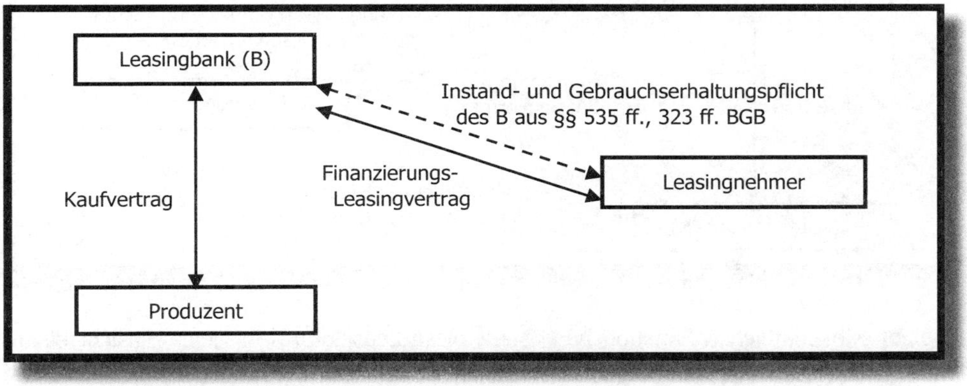

Wird dem Leasingnehmer vertraglich das Recht eingeräumt, das Leasingobjekt nach einer bestimmten Zeit zu erwerben, wobei die bislang gezahlten Raten angerechnet werden, handelt es sich um einen sog. **Mietkauf**. Nimmt der Leasingnehmer sein Optionsrecht wahr, wird das Mietverhältnis durch einen Kauf abgelöst. Ab diesem Zeitpunkt sind die Regeln des Kaufrechts anzuwenden. **1677**

2. Finanzierungs-Leasing[1434]

Anders stellt sich die Situation beim sog. Finanzierungs-Leasing dar. Denn bei ihm übernimmt der Leasinggeber die Rolle eines Kreditgebers. Der Unterschied zum Operating-Leasing besteht darin, dass der Vertrag eine längere Vertragslaufzeit hat. Zudem ist der Vertrag während einer „Grundlaufzeit" unkündbar.[1435] **1678**

Das vom Leasingnehmer während der Grundlaufzeit vertraglich zu leistende Entgelt entspricht den Anschaffungs- und Finanzierungskosten und beinhaltet darüber hinaus einen gewissen Gewinn für den Leasinggeber. Der Leasingnehmer trägt bei dieser Leasingform das Finanzierungsrisiko, da er zusätzlich sämtliche Kosten, die sich auf den Erhalt der **1679**

[1432] In Anlehnung an LG Stuttgart CR 1986, 382 ff.
[1433] BGH NJW 1998, 1637, 1639; *Emmerich*, Jus 1990, 1, 3.
[1434] Vgl. dazu auch *Löhnig/Gietl*, JuS 2009, 491, 492.
[1435] *Wolf*, JuS 2002, 335.

Sache beziehen, und darüber hinaus das Risiko hinsichtlich eines Untergangs zu tragen hat.[1436]

Beispiel: Die vor einigen Jahren gegründete Computerfirma A benötigt mehr Bürofläche. Um die eigenen Bedürfnisse optimal erreichen zu können, soll ein eigenes Gebäude auf einem bereits der Firma gehörenden Grundstück errichtet werden. Um allerdings steuerrechtliche Vorteile in Anspruch nehmen zu können, beschließt A, das Gebäude von einer Baufirma errichten zu lassen und es anschließend von dieser Firma zu leasen.[1437]

1680 Nach den gängigen AGB der Leasingfirmen ist der Leasinggeber zudem von der Mängelhaftung freigestellt. Ein Verstoß gegen §§ 305, 307 BGB wäre es jedoch, den Leasingnehmer an einem mangelbehafteten Leasinggut festzuhalten. Daher werden dem Leasingnehmer die Gewährleistungsansprüche des Leasinggebers gegenüber dessen Vertragspartner in Gestalt des Herstellers bzw. Lieferanten abgetreten.

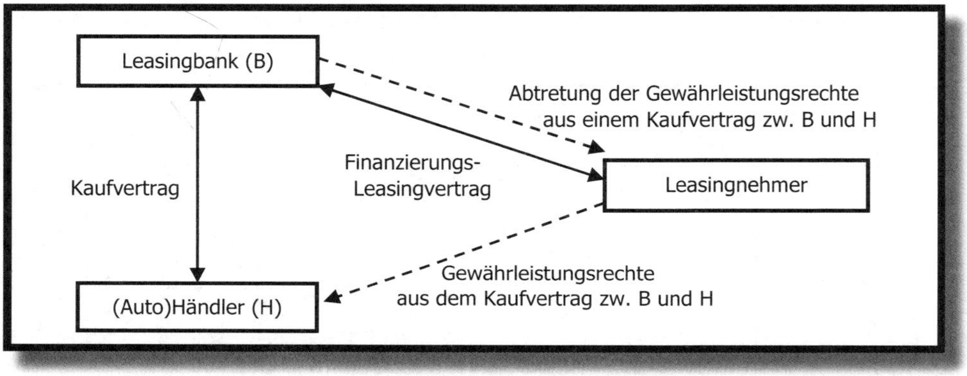

1681 Seiner wirtschaftlichen Funktion nach steht diese Leasingform in vieler Hinsicht einem finanzierten Kauf gem. § 507 BGB bzw. einem verbundenen Vertrag i.S.d. § 358 BGB gleich, weil der Leasingnehmer den Substanzwert des Leasingobjekts in Raten zahlt. Demnach finden zunächst die Regeln des Mietvertragsrechts entsprechende Anwendung,[1438] die allerdings bei Verbraucherleasingverträgen durch die Regelungen des § 506 I BGB ergänzt werden; damit sind insbesondere auch die bedeutsamen §§ 358 bis 360 BGB zusätzlich anzuwenden.

3. Hersteller-Leasing

1682 Das Hersteller-Leasing zeichnet sich dadurch aus, dass der Hersteller bzw. Lieferant selbst den Leasingvertrag mit dem Leasingnehmer abschließt, wobei in vielen Fällen der Hersteller allerdings eine mit ihm wirtschaftlich verflochtene Leasingfirma gegründet hat.[1439] Statt des für das Finanzierungs- oder Operating-Leasing typischen Dreiecksverhältnisses zwischen dem Hersteller, dem von ihm **unabhängigen** Leasinggeber und dem Leasingnehmer stehen sich hier nur Leasinggeber und Leasingnehmer gegenüber.

Diese Leasingform dient weitgehend dazu, dem Hersteller bzw. Lieferanten im Wesentlichen ein Medium zu schaffen, um den Absatz seiner Waren zu erhöhen. Ein damit ver-

---

1436 BGH NJW 1998, 1637, 1639; *Wolf*, JuS 2002, 335, 336.
1437 Ausführlich zum Immobilienleasing *Emmerich*, Jus 1990, 1, 3.
1438 BGHZ 97, 135, 139; *Wolf*, JuS 2002, 335 f.; *Emmerich*, Jus 1990, 1, 4; *Larenz/Canaris*, § 66 II 2; *Oetker/Maultzsch*, § 16 Rn 56 ff.: Ihrer Auffassung nach handelt es sich um eine Kombination aus Elementen des Kredit- und Geschäftsbesorgungsvertrags.
1439 *Koch*, in: MüKo, Leasing Rn 7.

bundenes Finanzierungsinteresse ist dabei nur zweitrangig. Obgleich ein leasingtypisches Dreiecksverhältnis fehlt, das formal beim Finanzierungsleasing vorhanden ist, ist das Herstellerleasing als **eine Form des Finanzierungsleasings** einzuordnen.[1440]

II. Besonderheiten beim Leasing

Die jeweiligen Vertragspflichten hängen maßgeblich davon ab, welches Vertragsverhält- **1683** nis relevant ist, da in diesem Dreiecksverhältnis zwei Verträge abgeschlossen werden. Deshalb ist der Vertrag zwischen dem Hersteller bzw. Lieferanten und dem Leasinggeber von dem Vertrag zwischen dem Leasinggeber und dem Leasingnehmer strikt zu trennen (vgl. dazu ausführlich *Wenzel*, Fälle zum BGB II, Kap. 04 Fall 09).

1. Deckungskauf

Die Ware muss grundsätzlich durch den Leasinggeber bei einem Hersteller beschafft **1684** werden. Daher ist in diesem Verhältnis stets Kaufrecht anzuwenden, wobei aber auch Werk- oder Werklieferungsverträge in Betracht kommen.[1441] Die Vertragsparteien treffen damit die vertraglich normierten Pflichten.

Unter Umständen können die gekauften Waren durch den Leasinggeber nicht sofort bezahlt werden, da diese vielfach sehr teuer sind. Daher refinanzieren Leasingfirmen sich bei anderen Kreditinstituten. Hierbei kommen die allgemeinen Grundsätze hinsichtlich der Sicherung der Refinanzierung zur Anwendung.

> **Beispiele:** Sicherungseigentum an die finanzierende Bank; Gewährung eines Lieferantendarlehens mit Eigentumsvorbehalt bzw. verlängertem Eigentumsvorbehalt

Liegt eine Schlecht- bzw. Nichtleistung in dem Deckungsverhältnis vor, sind die allge- **1685** meinen Regeln anzuwenden.

2. Leasinggeschäft[1442]

Die Pflichten von Leasinggeber und Leasingnehmer ergeben sich hingegen aus dem **1686** zwischen ihnen geschlossenen Leasingvertrag. Auf diesen sind die Regelungen des Mietvertrags grundsätzlich entsprechend anzuwenden.

> **Hinweis für die Fallbearbeitung:** Es ist bei einer entsprechenden Anwendung zu überlegen, ob eine Norm vom Sinn und Zweck auf den Leasingvertrag anzuwenden ist. Bestehen diesbezüglich Zweifel, muss dies in dem Gutachten erörtert werden. Wichtig ist auch, dass das Verhältnis zwischen Regel und Ausnahme aufgezeigt wird, d.h., es sind die mietrechtlichen Vorschriften als Grundlage zu beachten. Die konkreten Regelungen des Leasingvertrags müssen sich an diesen messen lassen.

a. Pflicht zur Gebrauchs- und Instandhaltung

Nach § 535 BGB träfe den Leasinggeber neben der Pflicht zur *Gebrauchsüberlassung* **1687** außerdem die Pflicht zur *Gebrauchserhaltung* bzw. *Instandhaltung* der Leasingsache.

Bis auf das Operating-Leasing haben die Leasingformen einen **Finanzierungszweck**. **1688** Diesem widerspräche es, dem Leasinggeber die Kosten zur Erhaltung der zu finanzierenden Leasingsache aufzuerlegen, denn er übernimmt nur die Zwischenfinanzierung, der Nutzen soll beim Leasingnehmer verbleiben.[1443] Deshalb sind diese allgemeinen vertrag-

---

[1440] Vgl. BGH NJW 1998, 1637, 1638 f.; *Koch*, in: MüKo, Leasing, Rn 8.
[1441] *Wolf*, JuS 2002, 335.
[1442] Zu Detailfragen vgl. *Weber*, NJW 2005, 2195 ff.
[1443] *Wolf*, JuS 2002, 335 f.

lichen Pflichten bei den finanzierungsartigen Leasingverträgen in deren AGB regelmäßig abbedungen. Eine Überwälzung der Sach- und Preisgefahr auf den Leasingnehmer ist für diese Leasingverträge typisch und wird allgemein auch i.S.d §§ 305, 307 II Nr. 2 BGB im Hinblick auf § 446 BGB, der eher als die mietrechtlichen Vorgaben auf den Leasingvertrag passt, für zulässig gehalten.[1444] Der Leasingnehmer trägt damit das Risiko, entgegen §§ 535 ff., 323 ff. BGB die Leasingraten auch dann weiter bezahlen zu müssen, wenn die Sache verschlechtert oder vernichtet wurde. Auf ein Verschulden seinerseits kommt es nicht an.

1689 Wie gerade ausgeführt, ist der **Gefahrübergang**[1445] beim Leasingvertrag entgegen der mietvertraglichen Konstruktion in aller Regel durch den abgeschlossenen Leasingvertrag nach dem kaufrechtlichen Vorbild ausgestaltet. Der Leasingnehmer trägt dadurch i.S.d. § 447 BGB auch das Risiko der zufälligen Verschlechterung oder des zufälligen Untergangs bereits ab Übergabe oder Auslieferung an die Transportperson.

Beispiel: Eine (komplizierte) Maschine wird von dem Hersteller A an den Spediteur B übergeben, damit er die Maschine zu dem Leasingnehmer C anliefert. Während des Transports wird der Fahrer unverschuldet in einen Unfall verwickelt, wodurch die Maschine beschädigt wird. Der Schaden an der Maschine beträgt 10.000,- €. Aufgrund des Leasingvertrags muss der Leasingnehmer die Reparaturkosten selbst übernehmen.

Hinweis für die Fallbearbeitung: Zu berücksichtigen ist aber, dass die Transporteure Versicherungen abschließen. Es ist also vom Einzelfall abhängig, inwieweit dem Leasingnehmer tatsächlich Kosten entstehen.

1690 Allerdings unterliegen derartige Klauseln einigen Einschränkungen, die die besonderen Belange des Leasingnehmers berücksichtigen. Sie sind insoweit einer Risikogewichtung und Risikoverteilung zu unterwerfen. Nach einer solchen Austarierung der Risikoanteile der Vertragspartner des Leasingvertrags kann den Leasingnehmer nur ein Risiko treffen, welches dem **Einflussbereich** des Leasingnehmers zugehört.

1691 Zunächst ist unter Beachtung dieser Gesichtspunkte eine Einschränkung zugunsten des Leasingnehmers in den Fällen zu machen, in denen sich die Leasingsache nicht (mehr) in seinem Besitz befindet, sondern der Leasinggeber oder ein Dritter die Sache insbesondere deshalb in ihrem Besitz haben, um Nacherfüllungsansprüchen wie Nachbesserungsarbeiten nachzukommen.

Beispiel: A hat bei B das Kfz geleast. Da aber die Bremsen nicht ordnungsgemäß funktionieren, muss der Wagen zum Vertragshändler C, bei dem das Fahrzeug im Rahmen des Deckungskaufs erworben wurde, zur Nachbesserung in die Werkstatt. Bevor der Wagen repariert werden kann, brennt die Werkstatt des C samt dem Leasingfahrzeug des A ab. Hier befand sich das Fahrzeug nicht im Einflussbereich des A. Ihn treffen insoweit nicht die besonderen Klauseln aus dem Leasingvertrag, die ihm die Gefahrtragung und Instandhaltungspflichten und Risiken auferlegen, vielmehr kann er sich auf die Rechte der §§ 535 ff., 323 ff. BGB mit den rechtlichen Folgen berufen.

1692 In dieselbe Richtung gehen Einschränkungen bei einer Lieferung einer Leasingsache, die zunächst noch **anzuliefern <u>und</u> vor allem aufgrund des Leasingvertrags anschließend zu montieren** ist. In derartigen Konstellationen ist der Leasinggeber entsprechend dem Rechtsgedanken aus § 446 BGB seiner Gebrauchsüberlassungspflicht erst nachgekommen, wenn er nach Abschluss der Montagearbeiten dem Leasingnehmer die (tatsächliche) Möglichkeit der Nutzung der Leasingsache eingeräumt hat.

[1444] *Emmerich*, JuS 1990, 1, 5; BGH WM 1975, 1203, 1204; BGHZ 97, 65, 76.
[1445] Zu dem besonderen Problem einer *fehlerhaften Übernahmebestätigung* BGH NJW 2005, 365 ff.

Beispiel: A least bei B eine komplexe Fertigungsmaschine, um mit dieser Elemente für Autokräne herzustellen. Die Maschine wird ordnungsgemäß angeliefert und ist zu diesem Zeitpunkt noch in Ordnung. Doch während der Montage, die vom Produzenten der Maschine vorgenommen wird, stürzt die Maschine vom Sockel und wird dadurch vollständig beschädigt. Hierdurch konnte B dem A die tatsächliche Möglichkeit der Nutzung nicht einräumen, weshalb ein Gefahrübergang nach dem Rechtsgedanken des § 446 BGB nicht stattgefunden hat. Die Sach- und Preisgefahr verbleibt also bei B.

Gleiches muss u.E. auch für die Fälle gelten, in denen die Leasingsache an einen Spediteur übergeben wird und durch eine weitere Drittfirma vor Ort montiert werden soll. In solchen vertraglich vereinbarten Fallkonstellationen muss eine Abweichung von der Risikoverteilung der §§ 446 f. BGB vorgenommen werden. **1693**

Ein derartiger Ausschluss bzw. eine Überwälzung der Gefahr können jedoch entgegen den beiden oben genannten Begrenzungen der AGB-Klauseln dann geltend gemacht werden, wenn dem Leasinggeber zusätzliche Rechte durch die AGB eingeräumt werden, die darauf gerichtet sind, dass sie im Gegenzug zur Risikoübernahme i.S.d. Rechtsgedankens des § 285 BGB die möglichen Ersatzansprüche z.B. in Form von vertraglichen und deliktischen Schadensersatzansprüchen abgetreten bekommen; hierdurch wird ein adäquater Risikoausgleich geschaffen, der gerade die finanziellen Belange des Leasingnehmers berücksichtigt. **1694**

Beispiel: A least bei B eine komplexe Fertigungsmaschine, um mit dieser Elemente für Autokräne herzustellen. Die Maschine wird ordnungsgemäß von einem Spediteur C angeliefert und ist zu diesem Zeitpunkt noch in Ordnung. Doch während der Montage, die von einem Werkunternehmer D vorgenommen wird, stürzt diese Maschine aufgrund des Verschuldens des Werkunternehmers vom Sockel und wird dadurch vollständig beschädigt. Für solche Fälle wurde im Leasingvertrag vereinbart, dass i.S.d. Rechtsgedankens des § 285 BGB mögliche Ersatzansprüche an A abgetreten werden. A trägt damit, anders als im obigen Beispiel, die Sach- und Preisgefahr und muss die Leasingraten erbringen. Allerdings kann er sich im Gegenzug an D schadlos halten, indem er vertragliche und deliktische Schadensersatzansprüche geltend macht.

Die vorgenannten Ausführungen sind hingegen **nicht** auf das Operating-Leasing anwendbar, da diese Finanzierungsform hauptsächlich die Gebrauchsüberlassung zum Gegenstand hat und dementsprechend eng am Mietrecht orientiert ist. Hier kann der Leasingnehmer seine Rechte prinzipiell aus §§ 535, 323 ff. BGB geltend machen, wenn die Mietsache sich verschlechtert hat oder diese untergegangen ist. Eine Risikoabwägung wie bei den anderen Leasingformen ist daher entbehrlich. **1695**

Wie beim Operating-Leasing wird auch beim **Finanzierungsleasing** hinsichtlich des **Kfz-Leasings** die Möglichkeit durch eine AGB-Kontrolle eingeschränkt, die Pflicht zur Gebrauchserhaltung bzw. Instandhaltung des Leasinggebers zulasten des Leasingnehmers einzuschränken. Denn in dieser Konstellation soll die AGB-Klausel bezüglich der Überwälzung der Sach- und Preisgefahr gegen §§ 305, 307 BGB verstoßen, wenn dem Leasingnehmer für den Fall des völligen Verlustes und der erheblichen Beschädigung nicht ein kurzfristiges Kündigungsrecht eingeräumt wird.[1446] Es kann aber eine Vereinbarung getroffen werden, dass der Leasingnehmer zur Ausgleichszahlung verpflichtet ist.[1447] **1696**

[1446] Grundlegend BGH NJW 1987, 377, 387 f.; NJW 1992, 683, 684 f.; NJW 1998, 2284, 2285.
[1447] BGH NJW 1998, 2284, 2285; NJW 1998, 3270, 3271.

b. Schlechterfüllung

1697 Wird das Mietrecht *nicht* durch die AGB ausgeschlossen, ergeben sich beim Leasingvertrag keine Unterschiede zu den mietrechtlichen Vorschriften.

In der Praxis werden die mietrechtlichen *Gewährleistungsvorschriften* nahezu bedeutungslos, weil in aller Regel ein Gewährleistungsausschluss vereinbart wird.

aa. AGB-Kontrolle

1698 Wird über den Leasinggegenstand ein **Individualvertrag** abgeschlossen, kann ein entsprechender Ausschluss ohne weiteres vereinbart werden. Problematischer erscheinen hingegen Vereinbarungen, die durch **Formularvertrag** abgeschlossen wurden.

1699 Durch **Formularvertrag** abgeschlossene Vereinbarungen sind dann mit §§ 305, 307, 309 Nr. 8b BGB **vereinbar** und daher wirksam, wenn der Leasinggeber im Gegenzug seine Gewährleistungsrechte i.S.d. § 437 BGB, die ihm aus seinem Vertrag mit dem Hersteller bzw. Lieferanten zustehen, an (seinen Vertragspartner) den Leasingnehmer abtritt (str.).[1448]

1700 Hierbei ist jedoch zu beachten, dass der Leasinggeber nicht völlig frei in der Ausgestaltung dieser Abtretungskonstruktion ist. Behält er sich in den AGB das Recht vor, die Rechte aus dem Deckungsgeschäft (dem Kaufvertrag) selbst wahrzunehmen, obgleich er diese Rechte an den Leasingnehmer abgetreten hat und die eigenen Gewährleistungspflichten aus dem Leasingvertrag ausgeschlossen wurden, führt dies dazu, dass dieser Gewährleistungsausschluss und die damit verbundene Freizeichnung im Verhältnis Leasinggeber und Leasingnehmer unwirksam sind und die gesetzlichen Gewährleistungsrechte des Mietrechts entsprechend wieder aufleben.[1449]

Dieses Ergebnis ist damit zu begründen, dass in dem Fall gegen § 307 I BGB verstoßen wird. Durch den Ausschluss des Gewährleistungsrechts im Verhältnis zwischen Leasingnehmer und Leasinggeber wird der Leasingnehmer zunächst hinsichtlich der Mängel rechtlos gestellt. Dies ist ein klarer Verstoß gegen die Grundsätze aus Treu und Glauben, wodurch eine unangemessene Benachteiligung vorliegt. Dieser kann nur dadurch begegnet werden, dass der vertragliche Ausschluss durch eine Erweiterung der Rechte des Leasingnehmers in anderer Hinsicht kompensiert wird. Ihm muss demnach ein in etwa gleichwertiges Äquivalent zugestanden werden. Dem Leasingnehmer muss, ohne vom Vertragspartner Leasinggeber oder Dritten beeinflusst zu werden, das Recht eingeräumt werden, eigenverantwortlich über die Geltendmachung von Rechten wegen eines Mangels zu entscheiden. Dies kann grundsätzlich nur die *vorbehaltlose* Abtretung von Gewährleistungsrechten aus dem Kaufvertrag sein.

Etwas anderes kann nur ausnahmsweise dann gelten, wenn der Leasingnehmer selbst seinen vertraglichen Pflichten aus dem Leasingvertrag in evidenter Weise nicht nachkommt.[1450] Für solche Fälle kann sich der Leasinggeber den Widerruf der Abtretung vorbehalten.

bb. Nacherfüllung

1701 In § 437 Nr. 1 BGB wird für das kaufrechtliche Gewährleistungsrecht normiert, dass zunächst eine Nacherfüllung vom Käufer im Rahmen seines Wahlrechts zu fordern ist.

[1448] BGHZ 81, 298, 302; BGH NJW 1985, 129, 130; *Jaggy*, BB 2002, Beil. 5, 14, 16; *Zahn*, DB 2002, 985; *Tiedtke/Möllmann*, DB 2004, 583, 583 f.; dagegen *Graf von Westphalen*, DB 2001, 1291, 1292 f.; *ders.* ZIP 2001, 2258, 2263 (Rücktritts- und Minderungsrecht des Kaufvertrags sind nicht abtretbar).
[1449] BGH NJW-RR 2003, 51; *Weber*, NJW 2003, 2348, 2351.
[1450] OLG Rostock NJW-RR 2002, 1712.

Die Nacherfüllung kann in einer Nachbesserung oder in einer Nachlieferung bestehen. Durch die Abtretung dieser Rechte können sich allerdings einige rechtliche Verwerfungen ergeben, die im Zusammenhang mit den gesetzlichen Vorgaben und dem Wunsch stehen, die Leasingverträge im Zuge von AGB möglichst weitreichend auszugestalten. Ein besonderes Problem stellt eine Beschränkung des Leasingnehmers auf eine bestimmte Nacherfüllungsvariante dar. Die Problematik wird besonders dadurch kompliziert, dass nicht nur die Vertragsbedingungen des Leasingvertrags rechtliche Auswirkungen haben, sondern der Kaufvertrag zwischen Verkäufer und Leasinggeber sich möglicherweise ebenfalls auf das Leasinggeschäft auswirken kann.

Wurde in dem **Deckungskauf keine abweichende Regelung** zum Gewährleistungs- 1702
recht des Kaufvertragsrechts getroffen, ergeben sich keine Folgewirkungen auf den Leasingvertrag. In einem derartigen Fall stellt sich mithin nur die Frage, **ob im Leasingvertrag eine Beschränkung zulässig** ist. Hierbei ist u.E. danach zu differenzieren, ob es sich bei dem Leasinggeschäft um ein Geschäft zwischen einem Verbraucher und einem Unternehmer oder ein solches Leasinggeschäft handelt, bei dem Leasingnehmer und Leasinggeber jeweils Unternehmer sind.

- Bei Ersterem ist u.E. der Rechtsgedanke des § 475 I BGB maßgeblich, nach dem die Rechte aus §§ 437 ff. BGB nicht zulasten des Verbrauchers eingeschränkt werden dürfen. In einem solchen Fall muss dem Leasingnehmer das Recht auf die Wahl der Nacherfüllungsvariante verbleiben. Durch AGB oder Individualvertrag kann dies nicht auf die Nachbesserung beschränkt werden.[1451]
- Anders ist dies jedoch bei der zweiten Konstellation zu beurteilen. Kaufverträge, an denen nur Unternehmer beteiligt sind, werden nicht durch §§ 474 I, 475 I BGB erfasst, in ihnen kann also etwas anderes vereinbart werden. § 439 I BGB ist in dem Fall dispositives Recht. Dieses Ergebnis muss Auswirkungen auf das abgetretene Recht aus Kaufvertrag haben. Leasinggeber und Leasingnehmer können demnach die Wahl der Nacherfüllungsvarianten beschränken oder auf eine bestimmte Variante festlegen.[1452]

Rechtlich schwierig wird es hingegen, wenn **bereits im Deckungskauf** das Gewährleis- 1703
tungsrecht des Kaufvertrags durch Individualvertrag oder die AGB modifiziert wurde und es sich beim Leasinggeschäft um einen *Verbrauchervertrag* handelt. Da Leasinggeber und Verkäufer in aller Regel Unternehmer i.S.d. § 14 BGB sind, finden §§ 474, 475 BGB keine Anwendung, die Vertragsparteien können also das Gewährleistungsrecht freier gestalten. Fraglich ist in dem Zusammenhang, wie sich der Umstand auf das Leasinggeschäft auswirkt, wenn im Deckungsgeschäft z.B. ein Ausschluss einer Nachbesserung vorgenommen wurde.

Zwischen Leasinggeber und Leasingnehmer wird vereinbart, dass die dem Leasinggeber zustehenden Gewährleistungsrechte abgetreten werden. Grundlage der Abtretung sind also nur die rechtlich tatsächlich bestehenden Gewährleistungsrechte. Insoweit sind auch nur diese abtretbar. Der Leasingnehmer, auch wenn er Verbraucher ist, kann also nicht verlangen, alle gesetzlich vorgesehenen Rechte zu erhalten, sondern muss sich mit den dem Leasinggeber zustehenden Rechten begnügen.[1453]

Allerdings gilt für die dem Leasinggeber zur Verfügung stehenden Rechte, dass diese entsprechend den obigen Ausführungen wegen des Rechtsgedankens der §§ 474, 475 BGB bei der Abtretung nicht weiter einschränkbar sind.

[1451] Vgl. *Graf von Westphalen*, ZGS 2007, 219.
[1452] Ähnlich *Schmalenbach/Sester*, WM 2002, 2184, 2189; vgl. auch *Zahn*, DB 2002, 985, 989; dagegen *Reinking*, ZGS 2002, 229, 232; *Graf von Westphalen*, ZIP 2001, 2258, 2259.
[1453] Vgl. BGH ZGS 2006, 107, 109 f.; *Tiedtke/Möllmann*, DB 2004, 583, 586; a.A. *Omlor*, ZGS 2008, 220, 221 ff.

Wurden im Verhältnis des Deckungskaufs zwischen dem Verkäufer und dem Leasinggeber sämtliche Gewährleistungsrechte ausgeschlossen, gilt dieser Ausschluss nach den obigen Ausführungen auch zulasten des Verbrauchers. In einem derartigen Fall stehen dem Leasingnehmer allerdings die mietrechtlichen Gewährleistungsrechte wegen § 307 I BGB zu.[1454]

1704 Die Nacherfüllung kann neben der Nachbesserung auch die Nachlieferung umfassen, sofern diese Variante nicht entsprechend den gerade aufgezeigten Voraussetzungen ausgeschlossen wurde. Wird die Nachlieferung des Leasinggegenstands vom Leasingnehmer im Rahmen der abgetretenen Rechte aus dem Deckungskaufvertrag verlangt, wird nicht er, sondern der Leasinggeber Eigentümer des neu gelieferten Leasinggegenstands, der Leasingnehmer wird entsprechend dem Leasingvertrag nur Besitzer.

cc. Rückabwicklung

1705 Wenn der Leasingnehmer das vom Leasinggeber abgetretene Rücktrittsrecht gem. § 437 Nr. 2 Var. 1 BGB gegenüber dem Hersteller erfolgreich ausübt,[1455] wandelt sich der zwischen Leasinggeber und Hersteller bzw. Verkäufer bestehende **Kaufvertrag** in ein Abwicklungsschuldverhältnis um. Es sind insoweit die allgemeinen Rücktrittsvoraussetzungen zu beachten.

1706 Fraglich ist indes, welche rechtlichen Folgen die Rückabwicklung des Deckungskaufvertrags für den **Leasingvertrag** hat.

1707 Handelt es sich um ein **Verbraucher-Finanzierungs-Leasing** (Leasingnehmer ist Verbraucher gem. § 13 BGB; Leasinggeber ist Unternehmer i.S.d. § 14 BGB), sind zudem die Vorschriften der §§ 506 I und II, 358 bis 360 BGB zu beachten.

Der Verbraucher-Finanzierungs-Leasingvertrag fällt dann unter den Anwendungsbereich des § 506 I und II BGB, wenn er vertraglich unter § 506 II Nr. 1, 2 oder 3 BGB einzuordnen ist:

- Nach § 506 II Nr. 1 BGB wird der Verbraucherleasingvertrag - als sonstige entgeltliche Finanzierungshilfe - erfasst, bei dem der Leasingnehmer eine Erwerbspflicht hinsichtlich des Leasingguts hat. Im Gebrauchsüberlassungsvertrag oder in einem Zusatzvertrag ist dann geregelt, dass der Leasingnehmer zum Ablauf des Leasingvertrags die Leasingsache zu kaufen hat.
- § 506 II Nr. 2 BGB regelt die Vertragskonstellationen, in denen der Leasinggeber gegenüber dem Leasingnehmer das Recht hat, von diesem zu verlangen, die Leasingsache zu kaufen. Solche Leasingverträge beinhalten insoweit die klassische Andienung.[1456] In dieser Konstellation ist mithin geregelt, dass der Leasinggeber am Ende des Vertrags bzw. des Nutzungszeitraums das Wahlrecht hat, die Leasingsache wieder zurückzunehmen oder aber im Rahmen der Andienung zu verlangen, dass der Leasingnehmer die Sache endgültig erwirbt.
- § 506 II Nr. 3 BGB ist auf solche Vertragsgestaltungen ausgerichtet, bei denen zwar keine Erwerbsverpflichtung wie bei § 506 II Nr. 1 oder 2 BGB vorgesehen ist, aber der Verbraucher bei Beendigung des Leasingvertrags für einen bestimmten Wert des Gegenstands einzustehen hat. Die Vertragspartner haben also bei Vertragsschluss einen bestimmten Wert, eine Art Restwertgarantie, vereinbart.[1457] Eine solche Rest-

---

[1454] BGH ZGS 2006, 107, 110.
[1455] *Weidenkaff*, in: Palandt, Einf v § 535 Rn 40; BGHZ 94, 44 ff.; wohl dagegen *Oetker/Maultzsch*, § 16 Rn 66.
[1456] BT-Drs. 16/11643, S. 92 li.Sp.
[1457] BT-Drs. 16/11643, S. 92 li.Sp.

wertgarantie verschafft dem Leasinggeber wie bei den anderen beiden Vertragsvarianten eine Vollamortisation des Vertragsgegenstands, die durch den Verbraucher finanziert wird.

- Außerhalb dieser gesetzlich geregelten Leasingvertragstypen hat die Praxis ein Modell entwickelt, bei dem keine Kaufverpflichtung des Leasingnehmers und keine Restwertgarantie vorgesehen sind, die Vertragspartner des Leasingvertrags jedoch vereinbaren, dass der Leasingnehmer entsprechend einer genauen Kilometerabrechnung für die Amortisation der Leasingsache aufzukommen hat. Da § 506 II BGB eine abschließende Regelung enthält,[1458] ist entsprechend der h.M. diese Leasingform *analog* § 506 II Nr. 3 BGB zu behandeln, weshalb der Verweis des § 506 I BGB anzuwenden ist.[1459]

Fraglich ist im Anwendungsbereich des § 506 I BGB dabei aber, ob die §§ 358, 359 BGB Anwendung im Hinblick auf das Verbraucher-Finanzierungs-Leasing finden. **1707a**

- Nach neuerdings wohl h.M. wird im Hinblick auf diese Regelungen vertreten, dass diese keine Anwendung finden könnten, weil der Verbraucher anders als beim Darlehensvertrag nicht zwei Verträge (Darlehens- bzw. Finanzierungsvertrag und Beschaffungsvertrag) abgeschlossen habe, sondern nur Vertragspartner des Finanzierungsvertrags in Form des Finanzierungsleasings sei.[1460] Insoweit sei weder eine direkte noch eine analoge Anwendung möglich.
- Dem sind aber der klare Wortlaut und die systematische Intention des Gesetzgebers zu § 506 I BGB entgegenzusetzen, wonach der Gesetzgeber die §§ 358 bis 360 BGB als „entsprechend anzuwenden" vorgibt. Er hat insoweit eine *Rechtsgrundverweisung* geschaffen.[1461] Hierdurch ist „der Tatbestand der jeweiligen Vorschrift, auf die verwiesen wird, im Einzelfall festzustellen." „Die „entsprechende" Anwendung bedeutet außerdem, dass die Vorschriften, auf die verwiesen wird, jeweils im Lichte des konkreten Finanzierungshilfevertrags anzuwenden sind." Der Gesetzgeber hat sich nunmehr explizit dahingehend auch zu den Finanzierungshilfen, unter die explizit auch die Finanzierungs-Leasingverträge zu subsumieren sind,[1462] eingelassen und klargestellt, dass der Bereich der §§ 358 III, 359 BGB angepasst an die Finanzierungsleasingverträge anzuwenden ist.[1463] Es liegt insoweit kein Redaktionsversehen vor, vielmehr sind die §§ 358 III, 359 BGB nach dem Willen des Gesetzgebers so an die Finanzierungs-Leasingverträge anzupassen, dass die Regelungen auf diese Vertragsform passen.[1464]

Die entsprechende Anwendung des § 359 BGB erfordert vor dem Hintergrund des § 358 III BGB mithin eine wirtschaftliche Verflechtung der einzelnen Verträge in Form des Kaufvertrags sowie des Finanzierungs-Leasingvertrags. Eine solche wirtschaftliche Einheit besteht immer dann, wenn der Leasinggeber den Kaufpreis aus dem Amortisationsanspruch des Leasingvertrags bezahlt, was regelmäßig bei den Konstellationen des § 506 II BGB der Fall ist. Vor allem sind nach § 358 III BGB dann wirtschaftliche Verflechtungen vorhanden, wenn der Leasinggeber und der Produzent der Ware bzw. Unternehmer

---

[1458] Vgl. *Schürnbrand*, in: MüKo, § 506 Rn 25; a.A. *Bülow*, WM 2014, 1413, 1415.
[1459] Ausführlich *Bayerle*, JA 2013, 659, 661 f. m.w.N.
[1460] BGH NJW 2014, 1519 m.w.N. zur alten gesetzlichen Regelung.
[1461] BT-Drs. 16/11643, S. 91 re.Sp.
[1462] Vgl. ausführlich BT-Drs. 16/11643 li.Sp.
[1463] BT-Drs. 16/11643, S. 91 f.
[1464] Vgl. *Graf von Westphalen*, Der Leasingvertrag, Rn 378; ebenso zu §§ 3, 9 VerbrKrG OLG Rostock, OLGR 1996, 89, 90; *Oetker/Maultzsch*, § 3 Rn 108 u. § 16 Rn 72.; *Weidenkaff*, in: Palandt, § 506 Rn 2 u.5; vgl. auch *Reiner/ Kaune*, WM 2002, 2314, 2323; *Weber*, NJW 2003, 2348, 2349; differenzierend Bülow in: *Bülow/Artz*, Verbraucherkreditrecht, § 506 Rn 91; *Kessal-Wulf*, in: Staudinger, Stand 2012, § 358 Rn 43; *Tiedtke/Möllmann*, DB 2004, 583, 585 m.w.N., die danach unterscheiden, ob ein sog. „Eintrittsmodell" oder ein „Indirektes Leasing" vorliegt: Beim „Indirekten Leasing", wenn also der Verbraucher als Leasingnehmer nur den Leasingsvertrag abschließt, soll keine Anwendbarkeit der §§ 358, 359 BGB möglich sein. Beim „Eintrittsmodell", bei dem der Leasingnehmer zunächst das Leasinggut kauft und dies im Nachgang an den Leasinggeber überträgt, sind die §§ 358, 359 BGB anzuwenden.

miteinander rechtlich oder wirtschaftlich verflochten sind.[1465] Dies ist etwa der Fall, wenn der Leasinggeber zum selben Konzern gehört, wie z.B. der Produzent der Ware.

1708 Beim **Operating-Leasing** und dem **Finanzierungs-Leasing**, bei denen der Leasingnehmer kein *Verbraucher* ist, sind die Vorschriften der §§ 358, 359 BGB hingegen nicht anwendbar. Hieraus ergeben sich für den Leasingnehmer Besonderheiten, die vor der Rückabwicklung des Leasingvertrags zu beachten sind.

1708a Bevor der Leasingnehmer sich – im Rahmen der leasingtypischen Abtretungskonstruktion – auf eine Rückabwicklung des Leasingvertrags gegenüber dem Leasinggeber berufen kann, hat er zunächst die ihm aus der Abtretung zustehenden Gewährleistungsrechte aus dem Deckungsgeschäft gegenüber dem Verkäufer geltend zu machen und ggf. gerichtlich durchzusetzen.[1466] Erst nachdem die Klage auf Rückabwicklung gegenüber dem Verkäufer der Ware eingereicht worden ist, kann der Leasingnehmer die Zahlung der Leasingraten im Rahmen eines Zurückbehaltungsrechts zunächst vorläufig einstellen (str.).[1467]

1709 Ist der Rücktritt in Bezug auf das Deckungsgeschäft erfolgreich vollzogen worden, bewirkt dieser, dass dem Leasingvertrag von vornherein die Geschäftsgrundlage i.S.d. § 313 BGB fehlt.[1468] Entsprechend den gerade gemachten Ausführungen hat der Leasingnehmer ein Zurückbehaltungsrecht hinsichtlich der Leasingraten nach Klageerhebung. Solange dieser Prozess nicht entschieden ist, kann der Leasingnehmer also nicht (vorläufig) auf Zahlung der Leasingraten in Anspruch genommen werden.[1469] Wenn allerdings der Verkäufer die Voraussetzungen eines Rücktritts ohne Erhebung einer Klage *anerkennt*, gilt ab dem Zeitpunkt des Zugangs der Rücktrittserklärung die Befreiung von der Leistungspflicht bezüglich der fälligen Leasingraten.

1710 Die bislang gezahlten Leasingraten sind nach § 812 I S. 1, Var. 1. BGB vom Leasinggeber zurückzuzahlen. Eine in den AGB des Leasinggebers aufgeführte abweichende Klausel, die einen entsprechenden Kondiktionsanspruch des Leasingnehmers gegenüber dem Leasinggebers ausschließt, ist mit § 307 BGB nicht vereinbar und daher unwirksam.[1470]

1711 Der Leasingnehmer hat allerdings den Nutzen, den er aus dem Gebrauch der Sache gezogen hat, dem Leasinggeber zu erstatten.[1471] Insofern ist die Saldotheorie anwendbar. In Anwendung dieser Saldotheorie kann der Leasinggeber jedoch nicht die Kosten geltend machen, die ihm im Rahmen des Vertrags entstanden sind; auch der gezahlte Kaufpreis selbst kann nicht angesetzt werden.[1472]

> **Beispiel**[1473]**:** Die Vertragsparteien schlossen einen Leasingvertrag über eine EDV-Anlage für unbestimmte Dauer ab. Dafür sollten monatliche Raten gezahlt werden. Die Anlage arbeitete jedoch trotz mehrmaliger Nachbesserungen nicht zur Zufriedenheit des Leasingnehmers. Deshalb nahm der Leasingnehmer, dem die Gewährleistungsrechte gegenüber dem Hersteller abgetreten worden waren, die Rückabwicklung des Kaufvertrags vor. Zwischenzeitlich hat der Leasinggeber dem Leasingnehmer zwar ein Austauschgerät zur Verfügung gestellt, das jedoch nach kurzer Zeit ebenfalls defekt war. Mit diesem konnte er

---

[1465] Vgl. *Oetker/Maultzsch*, § 3 Rn 108 u. § 16 Rn 72.
[1466] Vgl. *Harriehausen*, NJW 2014, 3407.
[1467] Vgl. BGH NJW 2010, 2798; OLG Karlsruhe ZGS 2007, 277, 278; *Tiedtke/Möllmann*, DB 2004, 583, 584; a.A. *Graf von Westphalen*, ZIP 2001, 2258 ff.
[1468] BGH NJW 1985, 796, 797; BGH NJW 1990, 314, 315; OLG Hamm CR 1995, 535, 536; *Bayerle*, JA 2013, 659, 664 f.
[1469] *Reinicke/Tiedtke*, DB 1985, 2085, 2089; dagegen OLG Hamburg DB 1985, 2091 f.
[1470] BGHZ 114, 57, 65.
[1471] BGH NJW 1990, 314, 316 f.
[1472] BGH NJW 1990, 314, 316.
[1473] In Anlehnung an BGH NJW 1990, 314 ff.

eine begrenzte Zeit von 600 Stunden arbeiten. Für diesen Zeitraum hat der Leasingnehmer eine Nutzungsgebühr zu leisten, die seiner Forderung aus Bereicherungsrecht entgegengehalten werden kann.

Der Leasinggeber haftet bei einer Freizeichnung ausnahmsweise dem Leasingnehmer 1712
wegen einer Schlecht- oder Nichtleistung dann, wenn die abgetretenen Ansprüche gegen den Lieferanten wegen dessen Vermögenslosigkeit tatsächlich nicht durchsetzbar sind.[1474] Der Leasinggeber trägt insofern das **Insolvenzrisiko** des Lieferanten bei einem Finanzierungs-Leasing, auch wenn er sich wirksam freigezeichnet hat. Denn ansonsten würde man den Leasingnehmer rechtlos stellen.[1475]

Hinweis für die Fallbearbeitung: Die Rechtlosigkeit zeigt sich dadurch, dass der Leasingnehmer keine eigenen Gewährleistungsrechte gegenüber dem Leasinggeber hat. Gleichfalls könnte er die ihm rechtlich zustehenden Rechte gegenüber dem Lieferanten faktisch nicht mehr durchsetzen, da dieser insolvent ist. Der Leasingnehmer trüge damit sämtliche Lasten und Risiken hinsichtlich einer mangelhaften Leasingsache.

Auch wenn der Leasingnehmer die Nachlieferung als Nacherfüllungsvariante wählt, entfällt nicht die Geschäftsgrundlage i.S.d. § 313 BGB. Denn die Nacherfüllung führt zwar zum Erhalt einer anderen neuen Sache, jedoch stellt der Anspruch auf Nachlieferung dogmatisch eine Modifizierung des ursprünglichen Anspruchs des Käufers dar. Mithin bleibt das ursprüngliche Vertragsband zwischen dem Leasinggeber als Käufer und dem Verkäufer der Leasingsache bestehen. Zudem ist zu berücksichtigen, dass es dem Leasinggeber nicht darauf ankommt, eine bestimmte Sache im Rahmen eines Stückkaufs zu erhalten, sondern es kommt dem Leasingnehmer schon wegen seiner aufgrund des abgetretenen Rechts abgegebenen Erklärung in Form der Nachlieferung entscheidend nur darauf an, das Leasinggut entsprechend seinen Vorgaben und Nutzungsvorstellungen zu erhalten, er will also eine gleichwertige, nicht dieselbe Sache erhalten.[1476] 1713

dd. Einrede des nicht erfüllten Vertrags

Das Leistungsverweigerungsrecht des § 320 BGB kann auf den Leasingvertrag im Verhältnis Leasingnehmer und Leasinggeber auch dann nicht angewendet werden, wenn keine mangelfreie Leasingsache geliefert wurde.[1477] Der Leasingnehmer kann daher gegenüber dem Leasinggeber die Mangelhaftigkeit nicht entgegenhalten und hat die Leasingraten zunächst zu erbringen. Erst wenn weitergehende Rechte aus dem abgetretenen Gewährleistungsrecht in Form des Rücktritts (s.o.) durch den Leasingnehmer geltend gemacht werden, wirkt sich dies auf den Leasingvertrag aus. 1714

c. Versicherungspflicht des Leasingnehmers

Die AGB sehen, wie bereits ausgeführt, vielfach vor, dass der Leasingnehmer die Preis- und Sachgefahr zu tragen hat. Daher beinhalten die AGB der Leasinggeber in der Regel die rechtlich zulässige Pflicht[1478], dass der Leasingnehmer die Leasingsache auf eigene Rechnung zu versichern hat, um so das im Eigentum des Leasinggebers stehende Gut wirksam vor finanziellem Verlust zu schützen. 1715

[1474] OLG Hamm CR 1995, 535, 536.
[1475] BGH NJW 1991, 1746, 1748.
[1476] Vgl. *Tiedtke/Möllmann*, DB 2004, 583, 587.
[1477] Vgl. *Zahn*, DB 2002, 985, 987; *Reinking*, ZGS 2002, 229, 232; *Godefroid*, BB 2002, Beil. 5, 2, 5; offengelassen von *Weber*, NJW 2003, 2348, 2351; dagegen *Tiedtke/Möllmann*, DB 2004, 583, 584 f.; *Graf von Westphalen*, DB 2001, 1291, 1293.
[1478] BGHZ 116, 278, 283.

Beispiel: Die Firma A hat eine Maschine im Wert von 10.000.000,- € bei der Firma B geleast. Durch einen unverschuldeten Brand wird die Maschine vollständig zerstört. A hat die Maschine deshalb geleast, weil sie nicht genug Eigenkapital hat, um eine solch teure Maschine kaufen zu können. Müsste sie selbst den Schaden begleichen, wäre sie insolvent. Dadurch verlöre auch B erheblich an Kapital. Um diesem Risiko vorzubeugen, hatte A die Maschine auf eigene Kosten zu versichern.

d. Kündigung des Leasingvertrags

1716 Wird der Leasingvertrag außerordentlich gekündigt, steht der kündigenden Partei ein Schadensersatzanspruch wegen Nichterfüllung zu, sofern die Gegenseite den Kündigungsgrund zu vertreten hat. Der Anspruch entsteht in dem Augenblick, in dem die Kündigungserklärung zugeht.[1479] Der Anspruch umfasst das positive Interesse. Für den Schadensersatzanspruch des Leasinggebers bedeutet dies, dass er volle Amortisation seiner Aufwendungen im Zusammenhang mit der Anschaffung und Finanzierung des Leasinggegenstands verlangen kann,[1480] es sind also der Zeitwert oder der Restvertragswert auszugleichen. Diese Vereinbarung kann auch in den AGB abgeschlossen werden, da eine solche Bestimmung nicht gegen § 307 I BGB verstößt.[1481] Nicht zulässig dagegen ist die Klausel in den AGB, wonach im Fall der Kündigung sämtliche noch ausstehenden Raten sofort fällig werden. Der Leasinggeber muss sich durch die vorzeitige Vertragsbeendigung ersparte Aufwendungen anrechnen lassen.

Beispiel: Neuabschluss eines Leasingvertrags über einen entsprechenden Leasinggegenstand

1717 Begleicht der **Leasingnehmer** die entsprechenden Leasingraten **nicht fristgemäß**, ist dies eine Vertragsverletzung nach § 535 II BGB. Der Leasinggeber kann daher die allgemeinen Rechtsfolgen der §§ 280 I u. II, 286 f. BGB geltend machen. Ferner stellt dies einen Kündigungsgrund nach § 543 I u. II Nr. 3 BGB dar.

B. Darlehensvertrag

I. Inhalt und Bedeutung des Darlehensvertrags

1718 Der Darlehensvertrag ist ein Gebrauchsüberlassungsvertrag, bei dem je nach überlassenem Objekt zwischen dem **Gelddarlehen** (§§ 488-512 BGB) und dem **Sachdarlehen** (§§ 607-609 BGB) zu unterscheiden ist. Gegenstand dieses Abschnitts bildet allein das Gelddarlehen.

1719 Wie sich aus § 488 I BGB ergibt, überlässt bei einem Gelddarlehensvertrag der Darlehensgeber dem Darlehensnehmer Kapital. Im Gegenzug verpflichtet sich der Darlehensnehmer i.d.R. zur Zahlung eines Zinses (= **verzinsliches Darlehen**) und zur Rückzahlung des Darlehensbetrags. In Ausnahmefällen, die aber kaum praktische Relevanz im Geschäftsleben haben, gibt es auch **zinslose Darlehen**. Im privaten Lebensbereich hingegen findet sich dieser Vertragstypus häufiger wieder.

Beispiel: Jurastudent A hat sich in den letzten Monaten neu eingekleidet. Nunmehr fehlt ihm das Geld, um sich die Studienliteratur für das nächste Semester zu kaufen. Daher gibt ihm seine Freundin B das hierfür erforderliche Bargeld. Sie vereinbaren, dass er es ihr in monatlichen Raten zu 30,- € zurückzahlen solle. Auch wenn Sie ihm, dem allgemeinen Sprachgebrauch folgend, das Geld „leiht", handelt es sich um ein zinsloses Darlehen (vgl. hierzu Rn 1726).

[1479] BGHZ 118, 282, 294 f.
[1480] BGH ZIP 1995, 286, 288.
[1481] BGH ZGS 2007, 7.

Während der verzinsliche Darlehensvertrag, der den gesetzlichen Regelfall bildet, ein gegenseitiger Vertrag ist, liegt bei zinslosen Darlehen kein gegenseitiger, wohl aber ein zweiseitig verpflichtender Vertrag vor. 1720

Bei dem verzinslichen Darlehensvertrag stehen die Zinszahlungspflicht und die Gebrauchsüberlassungspflicht im Gegenseitigkeitsverhältnis, wodurch ein **gegenseitiger Vertrag** i.S.d. §§ 320 ff. BGB vorliegt. Die in § 488 I S. 2 Halbs. 2 BGB normierte Pflicht zur Rückzahlung der Darlehenssumme steht hingegen nach h.M. nicht in diesem Gegenseitigkeitsverhältnis,[1482] weshalb diese Rückzahlungspflicht der Darlehenssumme auch als Nebenpflicht einzuordnen ist (str.).[1483]

Durch den Darlehensvertrag wird wie bei allen Gebrauchsüberlassungsverträgen ein *Dauerschuldverhältnis* begründet, da das Darlehen stets für einen bestimmten oder unbestimmten Zeitraum gewährt wird. Das Darlehen ist also über einen kurzen, konkreten Zeitpunkt hinaus zu gewähren. 1721

> **Beispiel:** Hat A sein Geld im Auto vergessen und kann deshalb die Rechnung im Restaurant nicht bezahlen, liegt in dem Bezahlen der Rechnung durch B noch kein Darlehensvertrag, wenn A 5 Minuten später B das Geld am Auto zurückgibt.

Im Unterschied zu anderen Gebrauchsüberlassungsverträgen (z.B. Leihe, Miete) besteht bei dem Darlehensvertrag, der sich auf **Stückgeld** (Bargeld) bezieht, die Besonderheit, dass die zum Gebrauch überlassene Sache zu übereignen ist, es also zu einer Eigentumsübertragung vom Darlehensgeber zum Darlehensnehmer hinsichtlich des Bargeldes kommt. Daraus folgt zudem, dass auch der Rückzahlungsanspruch auf Übereignung und nicht bloß auf die Herausgabe von Besitz gerichtet ist.[1484] 1722

Der Darlehensvertrag kann sich aber neben dem Stückgeld auch auf **Giralgeld** bzw. **Buchgeld** (z.B. Forderungen gegen die kontoführende Bank[1485]) beziehen. Dies ist regelmäßig der Fall, wenn die Bank ihrem Bankkunden auf einem Konto ein Darlehen einräumt. Hier schuldet der Darlehensgeber dem Darlehensnehmer die Gutschrift des zugesagten Betrags auf dem durch den Vertrag vereinbarten Konto. Statt der Übereignung des Geldes wird durch den Darlehensgeber (Bank) ein Schuldanerkenntnis i.S.d. §§ 781, 780 BGB i.V.m. dem Girovertrag gegenüber dem Darlehensnehmer (Bankkunden) abgegeben. 1723

Inhalt des Darlehensvertrags ist damit, dem Darlehensnehmer den zugesagten Betrag wirtschaftlich zu dessen Verfügung zu stellen. 1724

II. Abgrenzung

Der Darlehensvertrag ist abzugrenzen vom Leihvertrag (§§ 598 ff. BGB), vom Mietvertrag (§§ 535 ff. BGB) sowie von der Schenkung (§§ 516 ff. BGB) und der Verwahrung (§§ 688 ff. BGB). 1725

1. Leihvertrag, §§ 598 ff. BGB

Beim Leihvertrag wird für eine bestimmte Zeit eine Sache unentgeltlich zum Gebrauch überlassen. Am Ende der Vertragslaufzeit ist *dieselbe* Sache wieder zurückzugeben, womit es also nur zu einer Besitz-, nicht zu einer Eigentumsübertragung während der Lauf- 1726

[1482] Vgl. *Weidenkaff*, in Palandt, Einf v § 488 Rn 3.
[1483] *Wörlen/Metzler-Müller*, SchuldR BT, Rn 2; a.A. *Schlechtriem*, SchuldR BT, Rn 216: Hauptpflicht.
[1484] *Medicus/Lorenz*, SchuldR II, Rn 288.
[1485] Vgl. dazu auch *Wenzel/Hütte*, Fälle zum BGB II, Kapitel 5 Fall 08 Rn 3.

zeit des Vertrags kommt. Demgegenüber ist beim Darlehensvertrag nicht die Sache selbst, sondern eine *andere* Sache gleicher Art, Güte und Menge zurückzugeben. Der Darlehensvertrag gestattet also nicht nur den Gebrauch, sondern auch den Verbrauch der Sache.

Beispiel für Leihe: Fragt A seinen Freund B, ob er mit dessen Fahrrad in den nächsten Wochen zur Uni fahren dürfe, liegt eine Leihe[1486] vor. Sollte die Gebrauchsüberlassung entgeltlich erfolgen, liegt Miete vor.

Beispiel für Darlehen: „Leiht" sich DN bei DG ein Ei zum Kuchenbacken, liegt, sofern überhaupt ein vertragliches Verhältnis begründet werden sollte, gerade keine Leihe, sondern ein Sachdarlehensvertrag vor, weil DN das Ei verbrauchen darf und ein anderes Ei zurückzugeben hat.

2. Mietvertrag, §§ 535 ff. BGB

1727 Vom Mietvertrag unterscheidet sich der Darlehensvertrag ebenfalls dadurch, dass beim Mietvertrag nur der (entgeltliche) Gebrauch und nicht der Verbrauch der Sache gestattet ist. Am Ende der Mietzeit ist ebenfalls die Mietsache selbst und nicht eine gleichartige Sache zurückzugeben.

3. Schenkung, §§ 516 ff. BGB

1728 Bei der Schenkung kommt es wie beim Darlehensvertrag bzgl. des Stückgelds zur Übereignung der Sache. Der Unterschied zwischen beiden Vertragstypen ist jedoch, dass bei der Schenkung die Rückgabepflicht der Sache entfällt.

4. Verwahrung, §§ 688 ff. BGB

1729 Der Verwahrungsvertrag gem. § 688 BGB begründet für den Verwahrer neben der Aufbewahrungspflicht die Rückgabepflicht der Sache selbst. Auch hier kommt es also nicht zu einer Übereignung der Sache. Anders liegt dies allerdings bei der unregelmäßigen Verwahrung gem. § 700 BGB; bei ihr erfolgt eine Eigentumsübertragung auf den Verwahrer. Der Unterschied zum Darlehensvertrag liegt in der unterschiedlichen Interessenlage. Das Hauptinteresse beim Verwahrungsvertrag liegt beim Hinterleger der Sache, es steht also die Aufbewahrung der Sache im Vordergrund; beim Darlehensvertrag liegt das Hauptinteresse primär beim Darlehensnehmer, der die Zurverfügungstellung von Kapital begehrt.[1487] Ein Darlehen ist insbesondere dann gegeben, wenn die Rückforderung nicht jederzeit zulässig ist, um dem Darlehensnehmer die Nutzungsmöglichkeit zu sichern.

III. Darlehensarten

1730 Der Darlehensvertrag ist volkswirtschaftlich einer der wichtigsten Typenverträge, da Investitionen und Konsum vielfach erst durch das Finanzierungsinstrument ermöglicht werden; vielfach übersteigen nämlich die Kostenvolumina bei sofortiger Fälligkeit die finanziellen Handlungsmöglichkeiten der Unternehmer oder Privatpersonen. Diese finanzielle Deckungslücke wird mit einem Darlehen geschlossen, wodurch die Anschaffung sofort getätigt werden kann.

Beispiele:

(1) A hat im Fernsehen das neue Porsche 911 Turbo Cabrio gesehen. Er will das Auto sofort haben. Es kostet aber 150.000,- €. Als bisheriges Kapital ist lediglich 70.000,- € vorhanden. Die Lücke von 80.000,- € muss A finanzieren, also ein Darlehen aufneh-

---

[1486] Zur Abgrenzung des Leihvertrags zum Gefälligkeitsverhältnis vgl. Rn 1542 f.

[1487] Natürlich besteht auch stets ein Interesse der anderen Partei am Vertragsschluss, insbesondere bei entgeltlichen Verträgen, dies jedoch meist erst im zweiten Schritt.

men. Erhält A das Darlehen, kann er den Wagen sofort erwerben, ansonsten müsste er bis zum Erreichen des Kaufpreises Rücklagen bilden.

(2) Unternehmer B hat einen lukrativen Auftrag abschließen können. Für diesen stehen ihm jedoch noch nicht die geeigneten Maschinen zur Verfügung. Das Investitionsvolumen beträgt 1.500.000,- €. An Rücklagen sind nur 750.000,- € vorhanden, sodass die Deckungslücke mit einem Darlehen geschlossen werden muss, um die notwendige Investition vornehmen zu können.

Durch die Vielgestaltigkeit der Einsatzgebiete des Darlehensvertrags muss dieser im Einzelfall auf den konkreten Lebenssachverhalt zugeschnitten werden. Dabei haben sich in der Vergangenheit bestimmte vereinheitlichende Muster herausgebildet, die je nach Zweck und Inhalt in folgende Darlehensarten zu unterscheiden sind:

1. Unterscheidung nach Sicherheiten

a. Personalkredit

Von einem Personalkredit wird gesprochen, wenn die Sicherung des Kredits allein durch Personen erfolgt, d.h. z.B. durch eine Bürgschaft (§ 765 BGB) oder eine Schuldübernahme (§ 414 BGB) eines Dritten. **1731**

b. Bodenkredit/Immobiliardarlehen

Beim Bodenkredit wird die Sicherung des Kredits durch eine Hypothek oder Grundschuld vorgenommen. Es sind dabei die Sonderregelungen der §§ 1113-1203 BGB zu beachten. **1732**

c. Lombardkredit

Ein Lombardkredit wird durch ein Pfandrecht an beweglichen Sachen (§§ 1204-1296 BGB) gesichert. Auch die Sicherung durch die in der Praxis sehr relevante Sicherungsübereignung (§ 930 BGB) kommt in Betracht. **1733**

d. Pachtkredit

Der Pachtkredit als eine Sonderform des Lombardkredits wird durch ein Pfandrecht am landwirtschaftlichen Inventar gesichert. **1734**

e. Baudarlehen

Die Sicherung des Baudarlehens erfolgt durch eine Hypothek oder Grundschuld am zu bebauenden Grundstück. Die Darlehenssumme ist dabei zweckgebunden für den Neu-, Um- oder Ausbau eines Gebäudes. **1735**

2. Unterscheidung nach Rückzahlungsart

a. Teilzahlungskredit

Der Teilzahlungskredit, der auch als Raten- bzw. Abzahlungskredit bezeichnet wird, ist ein Darlehen, das in gleichbleibenden, meist monatlichen Raten zurückzuzahlen ist. **1736**

b. Kontokorrentkredit/Dispositionskredit

Der Kontokorrentkredit ermöglicht einem Kontoinhaber, Geld innerhalb eines vereinbarten Kreditrahmens abzurufen. Bei diesem Vertrag handelt es sich um einen sog. Krediteröffnungsvertrag, in dem die konkrete Darlehenssumme zunächst noch unbestimmt, aber limitiert ist. Zwar beschränkt sich dem Wortlaut nach der Anwendungsbereich des § 504 I BGB auf Verbraucherdarlehensverträge, jedoch ist vom Gesetzgeber insoweit allgemein klargestellt worden, dass es sich bei Kontokorrentkrediten um einen Darlehensvertrag handelt.[1488] Konkretisiert wird die Darlehenssumme erst durch die einzelne Inan- **1737**

[1488] BT-Drs. 16/11643, S. 89 li.Sp.

spruchnahme des Kredits (durch Auszahlungen, Überweisungen oder Abbuchungen). Die Rückzahlung kann der Kontoinhaber dabei flexibel vornehmen.[1489] Der Krediteröffnungsvertrag ist damit ein Rahmenvertrag mit Darlehenscharakter.[1490]
Im Bereich des *Verbraucherdarlehensvertrags* ist diese Form wegen der besonderen Schutzbedürftigkeit speziell in § 504 BGB geregelt; der Gesetzgeber hat hierbei zum Schutz des Darlehensnehmers besondere Schutzvorschriften in § 504 I u. II BGB eingefügt, die neben Informationsrechten z.B. auch den Ausschluss von Vorfälligkeitsentschädigungen beinhalteten.[1491]

c. Annuitätendarlehen

1738 Als Annuitätendarlehen wird ein Darlehen bezeichnet, das durch gleichbleibende Raten, die sich aus Zahlungen von Zinsen und Tilgung der Kreditsumme zusammensetzen, zurückgezahlt wird. Während die Höhe der Rate über die gesamte Laufzeit konstant bleibt, verändert sich innerhalb der Rate der Anteil von Zins und Tilgung. Bei Hypothekendarlehen, die regelmäßig zu einem hohen Betragswert valutieren, überwiegt zu Beginn der Laufzeit der Zinsanteil gegenüber dem Tilgungsanteil. Dieses Verhältnis kehrt sich aber nach einiger Zeit um. Je geringer die Kreditsumme aufgrund der geleisteten Tilgung wird, desto geringer wird der Zinsanteil, da die Zinsen abhängig von der Kreditsumme sind.

> **Beispiel:** B gewährt N ein Hypothekendarlehen in Höhe von 200.000,- € zu einem anfänglichen Effektivzins von fünf Prozent und einer Laufzeit von 30 Jahren. Beide vereinbaren, dass N jeden Monat 1073,64 € zurückzahlen soll.
>
> Die erste Rate setzt sich damit aus 833,33 € Zinsanteil und 240,31 € Tilgung zusammen. Im zweiten Monat sind die Zinsen nicht mehr auf 200.000 €, sondern nur noch auf 199.759,69 € zu berechnen.

Bei Konsumentendarlehen, bei denen die Kreditsumme gering und die Laufzeit kurz sind, ist ein solcher Effekt nicht festzustellen.

> **Beispiel:** B gewährt N ein Darlehen in Höhe von 10.000 € zu einem anfänglichen Effektivzins von 5 % und einer Laufzeit von 12 Monaten. Beide vereinbaren, dass N jeden Monat 856,07 € zurückzahlen soll.
>
> Die erste Rate setzt sich damit aus 41,67 € Zinsanteil und 814,40 € Tilgung zusammen. Im zweiten Monat sind die Zinsen nicht mehr auf 10.000 €, sondern nur noch auf 9.143,93 € zu berechnen.

3. Kreditverträge, die in Verbindung mit anderen Verträgen gewährt werden

a. Bauspardarlehen

1739 Das Bauspardarlehen ist eine Sonderform des Baudarlehens, das aufgrund eines Bausparvertrags gewährt ist. Kennzeichnend für ein Bauspardarlehen ist die vorherige Ansparung eines bestimmten Geldbetrags vor der Auszahlung des Darlehens.

[1489] *Köhler/Lorenz*, SchuldR II, 6. Kapitel, Rn 126.
[1490] Vgl. *Berger*, in: MüKo, Vor § 488 Rn 64.
[1491] Ausführlich dazu BT-Drs. 16/11643, S. 89 re.Sp.

b. Brauereidarlehen

Das Brauereidarlehen ist stets mit einem Bierlieferungsvertrag verbunden. Dabei gewährt eine Brauerei einem Gastwirt, mit dem ein Bierbezugsvertrag besteht, ein Darlehen.[1492] 1740

c. Arbeitgeberdarlehen

Dieses Darlehen ist mit einem Arbeitsvertrag verbunden, wobei die Rückzahlung in der Regel in Raten durch Verrechnung mit dem Arbeitslohn geschieht.[1493] 1741

d. Mieterdarlehen

Hier gewährt der Mieter dem Vermieter ein Darlehen (z.B. zur Instandsetzung von Wohnräumen).[1494] Die Rückzahlung wird grundsätzlich durch die (ratierliche) vertragliche Aufrechnung mit den Mietforderungen durchgeführt.[1495] 1742

e. Vereinbarungsdarlehen

Ein Vereinbarungsdarlehen[1496] liegt immer dann vor, wenn Geld aus einem anderen Grund (z.B. aus einem Kaufvertrag) geschuldet wird und die Parteien vereinbaren, dass das Geld nicht als Kaufpreis, sondern als Darlehen geschuldet wird. Dabei muss durch Auslegung ermittelt werden, ob die alte Schuld bestehen bleiben oder durch eine neue ersetzt werden soll. Im ersten Fall liegt eine **Schuldabänderung** vor, bei der alle gegen die alte Schuld bestehenden Einwendungen sowie bestehende Sicherheiten erhalten bleiben. Im zweiten Fall wird die alte Schuld durch die neue Schuld ersetzt, wobei bei der **Schuldersetzung (= Novation)** jedoch kein Übergang der Einwendungen und Sicherungsrechte erfolgt. Als dritte Möglichkeit kommt ein **konstitutives Schuldanerkenntnis** gem. § 781 BGB in Betracht, wonach die Darlehensschuld ohne Rücksicht auf das Bestehen der alten Schuld begründet werden soll. 1743

> **Hinweis für die Fallbearbeitung:** In aller Regel ist bei der Auslegung von einer Schuldabänderung auszugehen, da dies für den Schuldner aufgrund des Beibehalts der Einwendungen zu keinerlei Rechtsverlust führt.

4. Sonstige Darlehensarten

a. Akzept- oder Wechselkredit

Beim Akzeptkredit gewährt eine Bank ihrem Kunden, der gleichzeitig Aussteller des Wechsels ist, einen Kredit, in dem sie den Wechsel ihres Kunden akzeptiert und der Kunde dadurch seinen Wechsel an einen Dritten diskontieren (= verkaufen) kann. Durch den Akzept der Bank haftet die Bank für ihren Kunden. 1744

b. Verbraucherdarlehen

Das Verbraucherdarlehen (früher Verbraucherkredit) ist in §§ 491 ff. BGB gesondert geregelt. Hierbei handelt es sich um ein Darlehen, das einem Verbraucher i.S.v. § 13 BGB gewährt wird.[1497] 1745

c. Bank- oder Sparkasseneinlagen

Bank- oder Sparkasseneinlagen sind entweder als Darlehen oder als unregelmäßige Verwahrung zu qualifizieren; die Unterscheidung führt aber wegen § 700 I S. 1 BGB zu keinem großen Unterschied. Als Unterscheidungskriterium kann auf die Verfügbarkeit des 1746

[1492] Vgl. auch *R. Schmidt*, BGB AT, Rn 1231.
[1493] *Weidenkaff*, in: Palandt, § 611 Rn 92.
[1494] Vgl. BGH NJW 2003, 1317.
[1495] *Weidenkaff*, in: Palandt, Einf v 535 Rn 114.
[1496] Dieses war vor der Schuldrechtsreform 2002 ausdrücklich in § 607 II BGB a.F. geregelt; heute ergibt sich auch ohne ausdrückliche Regelung die Möglichkeit eines Vereinbarungsdarlehens bereits aus § 311 I BGB.
[1497] Zu den Besonderheiten des Verbraucherdarlehens siehe ausführlich Rn 1796.

Geldes abgestellt werden. Ist hierbei die Verfügung über das Guthaben ohne die Einhaltung einer Frist möglich, liegt ein unregelmäßiger Verwahrungsvertrag i.S.v. § 700 BGB vor; wird hingegen eine Kündigungsfrist (wie z.B. bei Fest- oder Termingeldern) vereinbart, steht nicht die Verwahrung, sondern die Kapitalaufnahme im Vordergrund, sodass ein echter Darlehensvertrag gem. § 488 BGB anzunehmen ist.[1498]

d. Darlehen aus öffentlichen Mitteln

1747 Ein Darlehen aus öffentlichen Mitteln wird häufig durch Verwaltungsakt bewilligt, die Abwicklung erfolgt jedoch nach dem im BGB geregelten Gelddarlehen (Zweistufentheorie).[1499]

e. Fremdfinanzierung von Prozessen

1748 Eine neue Darlehensform stellt die Fremdfinanzierung von Prozessen gegen Gewinnbeteiligung dar. Diese Form wird vielfach dann gewählt, wenn die Prozessführung zu hohen Anfangs- und Folgekosten führt, die der Prozessbeteiligte nicht aufbringen kann oder will.

f. Darlehensvermittlungsvertrag

1749 In den §§ 655a bis 655e BGB ist der Darlehensvermittlungsvertrag geregelt. Ein solcher Vertrag ist vereinbart, wenn ein Makler, der Unternehmer i.S.v. § 14 BGB ist, einen Darlehensvertrag einem Verbraucher vermittelt. Im Mittelpunkt steht nicht das gewährte Darlehen, sondern dessen Vermittlung. Damit ist der Darlehensvermittlungsvertrag seiner Rechtsnatur nach dem Makler- und nicht dem Darlehensvertrag zuzuordnen.[1500]

IV. Parteien des Darlehensvertrags

1750 Die Parteien des Darlehensvertrags werden gemäß der gesetzlichen Terminologie der §§ 488 ff. BGB als Darlehensgeber und Darlehensnehmer bezeichnet.

1. Der Darlehensgeber

1751 Gemäß § 488 I S. 1 BGB ist der Darlehensgeber verpflichtet, dem Darlehensnehmer einen vereinbarten Geldbetrag zur Verfügung zu stellen. In der klassischen Konstellation des Kreditvertrags handelt es sich bei dem Darlehensgeber um ein Geldinstitut i.S.d. KWG, also um eine Bank bzw. Sparkasse, das seinem Kunden ein Darlehen gewährt. Bei den Bank- oder Sparkassen*einlagen* ist hingegen der Bankkunde Darlehensgeber, der durch seine Spareinlage der Bank oder Sparkasse einen Kredit gewährt. Bei dem – in §§ 491 ff. BGB geregelten – Verbraucherdarlehen ist als Besonderheit zu berücksichtigen, dass der Darlehensgeber Unternehmer i.S.v. § 14 BGB sein muss[1501], was bei den Banken und Sparkassen stets der Fall ist.

2. Der Darlehensnehmer

1752 Der Darlehensnehmer ist gem. § 488 I S. 2 BGB zur Zinszahlung und zur Rückgewähr der Darlehensschuld verpflichtet. Darlehensnehmer ist in der o.g. klassischen Konstellation des Darlehensvertrags der Bankkunde, dem das Darlehen gewährt wird. Bei der Spareinlage ist die Bank der Darlehensnehmer. Beim Verbraucherdarlehen gem. §§ 491 ff. BGB muss der Darlehensnehmer Verbraucher i.S.v. § 13 BGB sein.

[1498] *Hüffer*, in: MüKo § 700, Rn 16.

[1499] Vgl. dazu *R. Schmidt*, AllgVerwR, 18. Aufl. 2015, Rn 49 und 1008 ff.

[1500] Aus diesem Grund vgl. Rn 1834 ff.

[1501] Zu den weiteren Besonderheiten des Verbraucherkredits siehe Rn 1796 ff.

V. Entstehen des Darlehensvertrags

Es ist bzgl. § 488 I BGB unumstritten, dass der Darlehensvertrag ein **Konsensualvertrag**[1502] ist. Er ist also ein Vertrag, der bereits durch übereinstimmende Willenserklärungen (= Konsens) zustande kommt. Die Auszahlung des Geldes als Realakt ist für den Vertragsschluss nicht von Bedeutung, es liegt deshalb **kein Realvertrag** vor. Die Auszahlung ist lediglich für die Entstehung des Rückzahlungsanspruchs von Bedeutung[1503]. Der Darlehensvertrag kommt damit bereits durch die Einigung der Vertragsparteien zustande. 1753

Durch Angebot und Annahme gem. §§ 145 ff. BGB müssen sich die Parteien i.S.d. § 488 I u. II BGB also darüber einigen, 1754

- dass der Darlehensgeber dem Darlehensnehmer den Darlehensbetrag wirtschaftlich zur Verfügung stellt,
- dass der Darlehensnehmer dem Darlehensgeber Zinsen in bestimmter Höhe zu zahlen
- und dass der Darlehensnehmer dem Darlehensgeber den Darlehensbetrag bei vereinbarter Fälligkeit oder bei Fälligkeit gem. § 488 II BGB zurückzuzahlen hat.

Der Vertrag kann in dem Zusammenhang ausdrücklich oder konkludent abgeschlossen werden. Während der ausdrückliche Abschluss regelmäßig keine Beurteilungsschwierigkeiten aufweist, ist die Beurteilung des konkludenten Abschlusses eines Darlehensvertrags aufgrund der Vielfalt der Gestaltungsmöglichkeiten sehr komplex. Ob ein Vertrag konkludent abgeschlossen worden ist, muss anhand der §§ 133, 157 BGB vor dem Hintergrund der besonderer Vorgaben der §§ 488, 491 BGB ermittelt werden. 1755

Beispiele:

(1) Die stillschweigende Gewährung einer *Kontoüberziehung* ist noch nicht als Darlehen zu qualifizieren, ausschlaggebend ist vielmehr die vom Darlehensgeber zu beweisende Einigung.

(2) Auch die *Lohnvorauszahlung* ist kein Darlehen, sondern als eine Vorauszahlung auf Lohn und Gehalt zu bewerten.

VI. Wirksamkeitshindernisse

Wie bei jedem Vertrag muss auch bei einem Darlehensvertrag die Einigung wirksam erfolgt sein. Das Darlehensrecht ist dabei besonders hinsichtlich einer Übervorteilung des Darlehensnehmers durch den Darlehensgebers anfällig. 1756

Besondere Bedeutung erlangt daher die Möglichkeit der Nichtigkeit wegen eines Verstoßes gegen § 138 BGB (**Sittenwidrigkeit bzw. Wucher**). Denn es besteht bei Darlehensverträgen vielfach die Gefahr von wucherischen Zinsen, die sowohl den Tatbestand des § 138 II BGB als auch den des § 138 I BGB erfüllen können. 1757

1. Wucher

Der Tatbestand des Wuchers gem. § 138 II BGB erfordert 1758

- neben dem *objektiven* Tatbestandsmerkmal des objektiven Missverhältnisses zwischen Leistung und Gegenleistung
- noch ein *subjektives* Tatbestandsmerkmal, nämlich die Ausbeutung einer bestehenden Schwächesituation (Zwangslage, Unerfahrenheit, mangelndes Urteilsvermögen,

---

[1502] Früher (vor der Schuldrechtsreform) war streitig, ob Darlehen ein Real- oder Konsensualvertrag war.
[1503] *Schlechtriem*, SchuldR BT, Rn 202.

erhebliche Willensschwäche) der anderen Vertragspartei. Diese wiederum setzt die **Kenntnis des Darlehensgebers von der Schwächesituation** und deren **vorsätzliche Ausnutzung**, jedoch keine Ausbeutungsabsicht, voraus.[1504]

Hinweis für die Fallbearbeitung: Der subjektive Tatbestand ist allerdings auch vom Darlehensnehmer zu beweisen, was regelmäßig sehr schwer sein wird. Bei der Prüfung dieses Merkmals ist insoweit sehr sorgfältig der Sachverhalt auszuwerten und im Zweifel anhand der Beweislastregeln zu entscheiden. Daher begründet sich die Nichtigkeit eines objektiv wucherischen Darlehensvertrags häufig allein aus der Sittenwidrigkeit nach § 138 I BGB.

2. Sittenwidrigkeit

1759 Die Sittenwidrigkeit gem. § 138 I BGB setzt voraus, dass das sittenwidrige Rechtsgeschäft mit den grundlegenden Wertungen der Rechts- oder Sittenordnung unvereinbar ist.[1505]

1760
- Als *objektives* Merkmal ist bei Darlehensverträgen regelmäßig darauf abzustellen, dass eine überhöhte Verzinsung gegeben ist, wenn also die Leistung und Gegenleistung in einem **auffälligen Missverhältnis** stehen. Ob eine Verzinsung überhöht ist, lässt sich durch einen Vergleich des vertraglich vereinbarten Zinses mit dem üblichen Marktzins beurteilen. Nach ständiger Rspr. des BGH ist ein auffälliges Missverhältnis zu bejahen, wenn der Vertragszins den marktüblichen Effektivzins **relativ um 100 %**[1506] oder **absolut um 12 %-Punkte**[1507] übersteigt.

  In den Grenzfällen, in denen die relative Zinsdifferenz lediglich zwischen 90 % und 100 % liegt, muss die mögliche Sittenwidrigkeit anhand aller Tatsachen des Einzelfalls ermittelt werden. Grundsätzlich kann selbst in diesem Bereich der Vertrag noch objektiv sittenwidrig sein, wenn die zusätzlichen Vertragsbedingungen oder weitere Rahmenbedingungen wie z.B. Fehlinformation durch den Darlehensgeber eine Sittenwidrigkeit indizieren.[1508] Eine Unterschreitung dieser formelhaft vorgegebenen Grenze von 90 % schließt regelmäßig ein auffälliges Missverhältnis bzgl. der relativen Grenze aus; eine Sittenwidrigkeit könnte dann nur noch aus der alternativ möglichen absolut vorliegenden Grenze von mehr als 12 % entstehen.

  Beispiel[1509]**:** G entdeckt zufällig das Zeitungsinserat der Kredithai GmbH, in dem diese damit wirbt, man vergebe Kredite bis zu 10.000,- € in bar ohne Bonitätsprüfung. G sieht hierin die einzige Chance, die drohende Zwangsvollstreckung in ihr mittlerweile bescheidenes Vermögen abzuwenden. Deshalb ist sie auch bereit, einen Zinssatz von 26,7 % zu akzeptieren (marktüblicher Zins: 8,9 % p.a. effektiv). Es liegt damit eine relative Überschreitung von 200 % und eine absolute von 17,8 % vor.

1761
- In *subjektiver* Hinsicht muss der Kreditgeber zudem die schwächere Lage des Kreditnehmers bewusst zu seinem Vorteil ausnutzen oder sich leichtfertig der Erkenntnis verschließen, dass der Kreditnehmer sich nur wegen seiner schwächeren Lage auf die drückenden Bedingungen einlässt (sog. „**wucherähnliches Geschäft**").[1510] In subjektiver Hinsicht ist die Sittenwidrigkeit also vor dem Hintergrund der objektiven Tatsachen regelmäßig zu bejahen, wenn auf der Seite des Kreditgebers ein gewerblicher Kreditgeber steht und auf der Seite des Kreditnehmers ein Nichtkaufmann. Bei

[1504] *Schmidt*, BGB AT, Rn 1181 ff.
[1505] *Schmidt*, BGB AT, Rn 1209 ff.
[1506] BGHZ 104, 102, 105; 110, 336, 338.
[1507] BGHZ 110, 336, 338.
[1508] Vgl. BGHZ 104, 102, 105.
[1509] Ausführlich hierzu *R. Schmidt*, BGB AT, Rn 1259 ff. u. *R. Schmidt*, SchuldR BT II, Rn 307.
[1510] Vgl. BGHZ 80, 153, 159 f.; 128, 255, 257 f. (st. Rspr.); vgl. auch BGH NJW 2002, 429 ff. und BGH NJW 2003, 1860, 1861.

einem besonders groben Missverhältnis (Überschreiten des marktüblichen Effektivzinses relativ um 200 %) ist die verwerfliche Gesinnung zu unterstellen; der Kreditgeber muss dann besondere Gründe vorbringen, um den Vorwurf der Sittenwidrigkeit zu entkräften.

VII. Ansprüche aus dem Darlehensvertrag

1. Ansprüche des Darlehensnehmers/Pflichten des Darlehensgebers

a. Überlassung des Geldes

Die Hauptpflicht des Darlehensgebers liegt gem. § 488 I S. 1 BGB in der Zurverfügungs- **1762** stellung der vereinbarten Darlehenssumme, mithin in der Übereignung des Stückgeldes oder der Einräumung des Buchgeldes. Die Auszahlung der Darlehensvaluta bei Banken erfolgt in den meisten Fällen nicht als Barzahlung, sondern bargeldlos durch Gutschrift per Überweisung auf das Konto des Darlehensnehmers.

Eine Erfüllung der Hauptleistungspflicht tritt regelmäßig erst ein, wenn das Stückgeld **1763** übereignet wurde oder das Buchgeld auf dem im Vertrag vereinbarten Konto des Darlehensempfängers entsprechend dem Vertrag gutgeschrieben und nicht storniert wurde. In Ausnahmefällen können die Parteien entsprechend etwas anderes vereinbaren, sodass der Darlehensgeber auch eine ihm zustehende Forderung an den Darlehensnehmer abtreten oder einem Dritten die Anweisung erteilen kann, an den Darlehensnehmer zu leisten. Daneben kann der Darlehensgeber auch statt des Geldes einen Gegenstand, den der Darlehensnehmer veräußern soll, übergeben. Der erzielte Erlös wird dann als Darlehen gewährt. In den beiden letztgenannten Varianten ist das Darlehen erst dann empfangen, wenn der Darlehensnehmer das Geld auch erhalten hat.[1511] Ferner kann die Zahlung, sofern vereinbart, auch auf ein Konto eines Dritten (z.B. des Verkäufers einer Sache) vorgenommen werden. Liegt eine solche vertragliche Vereinbarung hingegen nicht vor, sind die Regeln der §§ 362 II, 364 BGB anzuwenden.

Bei dem *Verbraucherdarlehensvertrag* wird dem Darlehensgeber durch § 499 II S. 1 BGB **1763a** die Möglichkeit eingeräumt, die Auszahlung des Darlehens aus einem sachlichen Grund zu verweigern, wenn es sich um ein Darlehen ohne Rückzahlungszeitpunkt handelt **und** die Vertragsparteien dieses Recht zugunsten des Darlehensgebers vereinbart haben; bei der Vereinbarung sind die Vorgaben des § 492 BGB zu beachten. Die Vereinbarung der Vertragsparteien kann aber nur den sachlich gerechtfertigten Grund als Anknüpfungspunkt haben, wobei als sachlich gerechtfertigter Grund

- die Verschlechterung der Vermögensverhältnisse des Darlehensnehmers zwischen Abschluss des Darlehensvertrags und dem Auszahlungstermin
- **oder** die missbräuchliche Verwendung der Gelder anzusehen sein wird, wenn also die Verwendung der Gelder nicht der eigentlichen vertraglichen Intention entspricht.[1512] Wann ein solcher sachlich gerechtfertigter Grund vorliegt, kann nur anhand einer Einzelfallabwägung unter Beachtung der besonderen Interessen der Vertragsparteien sowie der gesetzlichen Intention vorgenommen werden.

Hinweis für die Fallbearbeitung: § 499 II S. 1 Var. 1 BGB hat dabei Berührungspunkte zu § 490 I BGB. Beide Vorschriften haben eine gewisse Schnittmenge an Fallkonstellationen (Vermögensverschlechterung), die über beide Rechtsinstitute gelöst werden könnten, wobei die Kündigung die endgültige Lösung vom Vertrag ermöglich-

[1511] *Brox/Walker*, SchuldR BT, § 17 Rn 22.
[1512] Vgl. BT-Drs. 16/11643, S. 85 li.Sp.

te, das Leistungsverweigerungsrecht den Vertrag im Bestand hingegen unberührt ließe.

b. Nebenpflichten

1764 Als Nebenpflicht obliegen dem Darlehensgeber zunächst die allgemeinen Aufklärungspflichten über alle wesentlichen Umstände i.S.d. § 241 II BGB. Zusätzlich kann den Darlehensgeber die Pflicht treffen, den Darlehensnehmer auf den Abschluss einer Restschuldversicherung hinzuweisen bzw. ihm selbst eine anzubieten.[1513] Bei den verbundenen Geschäften besteht die Obliegenheit des Darlehensgebers, sich über die Bonität des Geschäftspartners zu erkundigen.[1514] Vor allem muss er den Darlehensnehmer auf Gefahren oder Risiken **(= konkreter Wissensvorsprung)** sowie auf eigene Interessenkonflikte hinweisen, die allein dem Darlehensgeber bekannt sind.[1515] Gerade bei diesen Interessenkonflikten, die u.a. dadurch entstehen können, dass der Darlehensgeber selbst das zu finanzierende Geschäft alleinig oder mit angestoßen hat, können zu einem erheblichen finanziellen Schaden bei den Darlehensnehmern führen.

Beispiel: Die Bank B hat für sich den Immobilienmarkt entdeckt. Sie arbeitet mit Maklern zusammen, die Immobilien und Kredite an Kunden vermitteln. B gewährt dann diesen Kunden die zur Finanzierung dieser Immobilien nötigen Hypothekendarlehen. B ist an den Provisionsgeschäften beteiligt (verbundenes Geschäft). Die Immobilien sind jedoch sog. Schrottimmobilien, bei denen die Darlehensnehmer große finanzielle Einbußen hinnehmen müssen und die Darlehen nicht mehr tilgen können. Hier muss die Bank wegen der Verflechtung[1516] mit den Maklern über besondere Risiken hinsichtlich der Immobilien aufklären.

1765 Häufig bestehen die Aufklärungspflichten bereits vor Vertragsschluss, sodass bei einer Nebenpflichtverletzung eine c.i.c.-Haftung nach §§ 280 I, 241 II BGB in Betracht kommt.

2. Ansprüche des Darlehensgebers/Pflichten des Darlehensnehmers

1766 Nicht nur der Darlehensgeber hat die gerade zuvor aufgezeigten Pflichten, sondern vielmehr treffen auch den Darlehensnehmer eigene Pflichten, die er vertraglich zu erfüllen hat.

a. Abnahme des Geldes bei verzinslichen Darlehen

1767 Zunächst ist der Darlehensnehmer bei verzinslichen Darlehen zur Abnahme des angebotenen Geldes verpflichtet.[1517] Je nach Vertragsinhalt kann die Nichtabnahme zu einem Schuldner- oder Gläubigerverzug führen.[1518]

b. Zahlung der Zinsen

1768 Unabhängig davon, ob das Darlehen bereits ausgezahlt wurde, besteht gem. § 488 I S. 2 Halbs. 1 BGB eine Pflicht zur Zinszahlung in vereinbarter Höhe. In der Praxis wird aber dennoch häufig zwischen der Zeit vor und nach der Auszahlung des Geldes unterschieden und für die Zeit vor der Abnahme des Geldes häufig ein gesonderter Zins (**sog. Bereitstellungszins**) berechnet.

[1513] Dabei sind der Darlehensvertrag und die Restschuldversicherung ein verbundener Vertrag, *Sänger/Wigand*, ZGS 2009, 447 ff.
[1514] *Schlechtriem*, SchuldR BT, Rn 212.
[1515] BGHZ 159, 294 ff.; OLG Dresden OLG-NL 2002, 265, 267.
[1516] Zur Begriffsbestimmung BGH WE 2009 Heft 6, 18.
[1517] BGH NJW 1991, 1817 ff.
[1518] Vgl. dazu *Mülbert*, WM 2002, 465 ff.

Der vereinbarte Darlehenszins ist nach Auszahlung in regelmäßigen Zeitabständen (z.B. monatlich oder vierteljährlich) zu leisten und berechnet sich in Prozentsätzen vom überlassenen Kapital, wobei feste (= **Festzinsdarlehen)** oder variable Zinssätze (**variables Darlehen**, Zinssatz abhängig vom Markt) vereinbart werden können. Die Zinshöhe und die Fälligkeit der Zinsen bestimmen sich in den meisten Fällen nach der von den Parteien getroffenen Vereinbarung. Die Zinshöhe ist lediglich durch § 138 BGB begrenzt. Fehlt es ausnahmsweise an einer Vereinbarung, bestimmt sich die Höhe des Zinses nach § 246 BGB bzw. nach § 352 HGB und die Fälligkeit nach § 488 II BGB. Eine im Voraus getroffene Zinseszinsabrede ist gem. § 248 I BGB nichtig. 1769

3. Rückzahlung der Darlehenssumme

Ferner besteht gem. § 488 I S. 2 Halbs. 2 BGB die Pflicht des Darlehensnehmers zur Rückzahlung der Darlehenssumme. Diese Pflicht ist keine Gegenleistungs-, sondern eine gesetzlich normierte Pflicht, die als Nebenleistungspflicht zu qualifizieren ist (str.).[1519] 1770

Neben einem **Darlehensvertrag** setzt der Rückzahlungsanspruch allerdings den **Empfang des Darlehens** sowie die **Fälligkeit der Rückzahlung** gem. Vereinbarung oder gem. § 488 III BGB voraus. In der Regel hat der Darlehensnehmer zu vertraglich festgesetzten Zeitpunkten ratierlich die Darlehenssumme zurückzuführen; diese wird also in vertraglich bestimmten Teilsummen zurückgezahlt. § 500 II BGB sieht für das *Verbraucherdarlehen* vor, dass der Darlehensnehmer seine Verbindlichkeiten jederzeit ganz oder teilweise vorzeitig erfüllen kann; ausgenommen davon ist allerdings nach § 503 I BGB die Konstellation, in der das Verbraucherdarlehen zugleich ein Immobiliardarlehen ist. Unbenommen bleibt dem Darlehensgeber zudem die außerordentliche Kündigungsmöglichkeit des § 490 I BGB.[1520] 1771

4. Sonstige Nebenpflichten

Als Nebenpflicht bestehen für den Darlehensnehmer oft die Pflicht zur Beschaffung von Sicherheiten sowie die zur Auskunftserteilung über seine Vermögensverhältnisse. 1772

VIII. Pflichtverletzungen

Bei Pflichtverletzungen der Vertragsparteien gelten generell die Regelungen des allgemeinen Schuldrechts, insoweit kann zunächst auf die Ausführungen von *R. Schmidt*, SchuldR AT, Rn 363 ff. verwiesen werden. Darüber hinaus sind jedoch noch die speziellen Probleme zu beachten. 1773

1. Pflichtverletzungen des Darlehensgebers

Gerät der Darlehensgeber mit seiner Hauptpflicht - der Zurverfügungstellung des Geldes - **in Verzug**, hat der Darlehensnehmer einen Anspruch auf Ersatz des Verzögerungsschadens gem. §§ 280 I, II, 286 BGB. 1774

> **Beispiel:** A konnte wegen der durch die Bank B nicht bereitgestellten Darlehenssumme das geplante Warentermingeschäft nicht durchführen, wodurch A die dort ansonsten zu verbuchenden Kurssteigerungen nicht erwirtschaften konnte.

Ferner kann der Darlehensnehmer gem. §§ 280 I u. III, 281 BGB verfahren. 1775

> **Beispiel:** Wie im obigen Beispiel kauft A jedoch die Warenkonstrukte für 100.000,- €, da er davon ausgeht, dass das Darlehen in Höhe von 100.000,- € dem vereinbarten Konto 01

[1519] Vgl. *Oetker/Maultzsch*, § 3 Rn 25; *Wörlen/Metzler-Müller*, SchuldR BT, Rn 22: Nebenleistungspflicht; a.A. *Schlechtriem*, SchuldR BT, Rn 216: Hauptpflicht.
[1520] Vgl. dazu Rn 1787.

bei der Bank B gutgeschrieben wurde. Jedoch hat die Bank B das Geld auf ein nicht mehr genutztes Konto des A bei der Bank C überwiesen. Das Konto 01 weist zum Zeitpunkt vor Vornahme des Warentermingeschäft ein Saldo von 0,- € auf. Nach Ausführung des Warentermingeschäfts ist ein Saldo von 100.000,- € im Soll entstanden. Der Schaden liegt in den Zinsaufwendungen, die A wegen des Sollsaldos von 100.000,- € zu entrichten hat.

Es ist umstritten, ob ein Rücktritt wegen Nichterfüllung gem. § 323 BGB möglich sein soll, sofern der Darlehensbetrag noch nicht zur Verfügung gestellt wurde,[1521] oder ob mit der u.E. sachgerechteren und konsequenteren Ansicht bereits mit Vertragsschluss § 323 BGB durch fristlose Kündigung gem. §§ 490 III, 314 BGB ersetzt wird, weil ein Dauerschuldverhältnis bereits durch den Vertragsschluss begründet wurde und es auf die Auszahlung[1522] nicht mehr ankommt.[1523]

1776 Verletzt der Darlehensgeber **Nebenpflichten**, kommt eine Haftung nach §§ 280 I, 311 II, 241 II BGB (c.i.c.) bei vorvertraglichen Nebenpflichten und eine Haftung nach § 280 I BGB (pVV) bei Nebenpflichtverletzungen nach Vertragsschluss in Betracht.

Beispiel: A will Geld anlegen. Er ist jedoch unerfahren und lässt sich deshalb von der Bank B beraten. Diese rät ihm zu Optionspapieren, da man mit diesen Traumrenditen erwirtschaften könne. Aus steuerlichen Gründen rät ihm die Bank, zur Finanzierung der Anschaffung der Optionen ein Darlehen aufzunehmen. Die Kurse sind wider Erwarten stark gefallen, wodurch der Wert der Optionen nicht mehr der Darlehenesvaluta entspricht. Wegen des besonderen Risikos und der Unerfahrenheit des A hätte B den A vorvertraglich über das Verlustrisiko aufklären müssen.

2. Pflichtverletzungen des Darlehensnehmers

1777 Verletzt der Darlehensnehmer seine Vertragspflichten, muss er bei **Nichtabnahme des Darlehens** nach den Regeln des Gläubiger- u. Schuldnerverzugs gem. §§ 293 ff. bzw. §§ 280 I u. II, 286 BGB sowie bei Leistungsverzögerung gem. §§ 280 I u. III, 281, 283 bzw. 323 BGB oder gem. einzelvertraglicher Regelungen (z.B. einer Vereinbarung über eine Nichtabnahmeentschädigung) haften.

1778 Leistet der Darlehensnehmer nicht die im Vertrag vereinbarten Zahlungen (Zinsen und/ oder Tilgung), kann der Darlehensgeber Schadensersatz gem. §§ 280 II, 286 BGB sowie Verzugszinsen gem. § 288 I BGB (bei Verbraucherdarlehen i.V.m. § 497 I BGB) fordern.

1779 Bei einer Verletzung von **Nebenpflichten** finden auch hier §§ 280 I bzw. 280 I, 311 II, 241 BGB Anwendung.

IX. Beendigung des Darlehensvertrags

1780 Der Darlehensvertrag wird in der Regel entweder durch eine Kündigung oder (als praktisch häufigster Fall) durch Ablauf der vereinbarten Überlassungsfrist beendet.[1524] Bei zinslosen Darlehen ist gem. § 488 III S. 3 BGB als gesetzlicher Ausnahmefall eine Beendigung des Darlehensvertrags durch Rückzahlung des überlassenen Kapitals jederzeit ohne eine vorherige Kündigung möglich.

[1521] *Weidenkaff*, in: Palandt, § 488 Rn 21; *Oetker/Maultzsch*, § 3 Rn 16.

[1522] Vgl. dazu Rn 1753.

[1523] *Schellhammer*, SchuldR, Rn 325.

[1524] Als weitere Beendigungsgründe kommen der Rücktritt, der Widerruf bei Verbraucherdarlehensverträgen, die Rückabwicklung gem. § 358 BGB bei verbundenen Verträgen, der Eintritt einer auflösenden Bedingung gem. § 158 II BGB, eine Anfechtung gem. §§ 142, 119, 123 BGB sowie ein Aufhebungsvertrag in Betracht, vgl. *Weidenkaff*, in: Palandt, § 488 Rn 28-30.

1. Fristablauf

Regelmäßig werden in den Darlehensverträgen vertragliche Regelungen über das Ende des Vertragsverhältnisses getroffen. Neben den gesetzlichen und vertraglichen Kündigungsmöglichkeiten spielt daher vor allem diese Vereinbarung der Parteien über die Dauer des Vertrags eine Rolle. Das Darlehen kann nämlich unbegrenzt (fristlos) oder bis zu einem bestimmten Termin (Fristablauf) gewährt werden. Ob und in welchem Maße ein Fristablauf vorliegt, muss dem Darlehensvertrag entnommen werden. Darlehensverträge mit Banken enthalten regelmäßig einen Fristablauf, zu dem die Rückzahlung spätestens fällig wird. Beim Ratenkredit und teilweise auch beim Annuitätendarlehen besteht entsprechend den vertraglichen Gestaltungen zum Zeitpunkt des Fristablaufs keine Verbindlichkeit mehr gegenüber dem Darlehensgeber. Bei anderen Vertragsgestaltungen (z.B. beim Dispositionskredit, Annuitätendarlehen, Wechselkredit) kommt es hingegen vor, dass zu diesem Zeitpunkt der Darlehensnehmer die noch offene Darlehenssumme zurückzahlen muss. **1781**

2. Kündigung

Gesetzliche Regelungen über die Kündigung des Darlehensvertrags finden sich in § 488 III BGB sowie in §§ 489 f., 499 f. BGB.[1525] **1782**

a. Ordentliche Kündigung

Nach § 488 III S. 1 BGB besteht der Grundsatz, dass das Darlehen, für das **kein Rückzahlungstermin** – also *un*befristete Darlehensverträge – vereinbart wurde, zur Rückzahlung fällig wird, wenn **eine Partei** das Darlehen kündigt. Die Kündigungsfrist beträgt bei fehlender Vereinbarung gem. § 488 III S. 2 BGB drei Monate. Die Parteien können allerdings auch kürzere Fristen vereinbaren. Nach § 499 I Var. 2 BGB ist bei *Verbraucherdarlehensverträgen*, die durch den Darlehensgeber gekündigt werden sollen, ergänzend eine Mindestkündigungsfrist von zwei Monaten vorgesehen; dabei ist auf die Textform des § 492 V BGB zu achten, nach der Erklärungen des Darlehensgebers, die dem Darlehensnehmer gegenüber nach dem Vertragsschluss abzugeben sind, schriftlich zu erfolgen haben. Der Darlehensnehmer kann hingegen gem. § 500 I S. 1 BGB das Verbraucherdarlehen ganz oder teilweise kündigen, ohne eine Frist einzuhalten. Den Vertragsparteien steht es allerdings gem. § 500 I S. 2 BGB frei, Fristen von bis zu maximal einem Monat zu vereinbaren. Ein Kündigungsgrund ist jeweils nicht erforderlich. **1783**

Als Spiegelbild zur Kündigungsmöglichkeit nach § 500 BGB hat der Gesetzgeber unter den abschließenden Voraussetzungen des § 502 I S. 2 BGB die **Vorfälligkeitsentschädigung** zugunsten des Darlehensgebers vorgesehen. Allerdings ist diese Vorfälligkeitsentschädigung – anders als in § 490 II S. 3 BGB - begrenzt. Die Begrenzung ist durch § 502 I S. 2 Nr. 1 BGB grundsätzlich auf maximal 1 % des vorzeitig zurückgezahlten Betrags bzw. auf 0,5 %, sofern der Zeitraum zwischen vorzeitiger und vereinbarter Rückzahlung weniger als ein Jahr beträgt, ausgerichtet **und**[1526] durch § 502 I S. 2 Nr. 2 BGB als weitere Obergrenze auf den Betrag beschränkt, der sich maximal aus dem Betrag der Sollzinsen ergibt, die der Darlehensnehmer in dem Zeitraum zwischen der vorzeitigen und der vereinbarten Rückzahlung zu entrichten hätte. **1783a**

Beispiele:

(1) A hat bei der Bank B ein Darlehen aufgenommen. Die Darlehenssumme beträgt 100.000,- €. Der Zinssatz beträgt gesetzlich zulässig 10 %. 10.000,- € sind bei der Kündigung i.S.d. § 500 BGB bereits zurückgezahlt worden. Es valutieren also noch

---

[1525] Ausführliches Gutachten hierzu *Lucke*, www.uni-leipzig.de/bankinstitut/dokumente/2002-10-09-01.pdf.
[1526] Zur ausdrücklichen kumulativen Anwendung BT-Drs. 16/11643, S. 87 re.Sp.

90.000,- €, die von A an B zurückzahlen sind. Das Darlehen wäre in 11 Monate fällig gewesen.

Aus *§ 502 I S. 2 Nr. 1 Var. 2 BGB* ergibt sich ein Maximalbetrag von 450,- € [90.000,- / 100 * 0,5 = 450,- €] als Vorfälligkeitsentschädigung.

Nach *§ 502 I S. 2 Nr. 2 BGB* beträgt dieser 8250,- €. [90.000,- / 100 * 10 = 9.000 pro Jahr Zinsen durch 12 Monate mal 11 Monate Laufzeit = 8.250,- € entgangene Zinsen].

Die Deckelung der Vorfälligkeitsentschädigung findet also über § 502 I S. 2 Nr. 1 Var. 1 BGB statt, die Bank B kann demnach nur maximal 450,- € verlangen.[1527]

(2) C hat bei der Bank B ein Darlehen aufgenommen. Die Darlehenssumme beträgt 100.000,- €. Der Zinssatz beträgt 2 %. Das Darlehen wird i.S.d. § 500 II BGB 2 Monate vor Fälligkeit zurückgezahlt. Restsumme ist 9.000,- €.

Nach *§ 502 I S. 2 Nr. 1 Var. 2 BGB* ist die Obergrenze 45,- € [9.000 / 100 * 0,5 = 45,- €].

Nach *§ 502 I S. 2 Nr. 2 BGB* ist die Obergrenze lediglich 30,- €. [9.000 / 100 * 2 = 180,- € pro Jahr / 12 Monate * 2 Monate = 30,- €].

Die Begrenzung findet demzufolge nach § 502 I S. 2 Nr. 2 BGB statt, die Bank B kann also maximal 30,- € als Vorfälligkeitsentschädigung verlangen.

In speziellen Fällen ist die Vorfälligkeitsentschädigung i.S.d. § 502 II BGB allerdings ausgeschlossen.

1784 Ist hingegen ein **bestimmter Rückzahlungszeitpunkt bzw. eine bestimmte Vertragslaufzeit** zwischen den Parteien des Darlehensvertrags vereinbart worden, kann gem. § 489 BGB nur der Darlehensnehmer das Darlehen aufgrund der *gesetzlichen* Vorschriften ordentlich kündigen; unbenommen bleiben aber vertragliche Vereinbarungen zugunsten des Darlehensgebers und des Darlehensnehmers. Im Hinblick auf die *gesetzlichen* Kündigungsrechte stehen dem Darlehensnehmer nur die in § 489 I u. II BGB normierten Konstellationen zu:

- gem. § 489 I Nr. 1 BGB bei Ablauf der Sollzinsbindung vor dem vereinbarten Rückzahlungstermin und wenn keine neue Vereinbarung über den Sollzins getroffen wurde. Die Kündigungsfrist beträgt hier einen Monat frühestens für den Ablauf des Tages, an dem die Sollzinsbindung endet. Sollzinssatz ist nach § 489 V BGB der gebundene oder veränderliche periodische Prozentsatz, der pro Jahr auf das in Anspruch genommene Darlehen zu leisten ist.
- gem. § 489 I Nr. 2 BGB, wenn nach dem Empfang des Darlehens zehn Jahre abgelaufen sind. Die Kündigungsfrist liegt hier bei sechs Monaten.
- gem. § 489 II BGB jederzeit bei einem Darlehen mit variablem Darlehenszins. Die Kündigungsfrist beläuft sich dabei auf drei Monate.

Für den *Verbraucherdarlehensvertrag* i.S.d. § 491 I BGB[1528] hat der Gesetzgeber zudem in § 499 I Var. 1 BGB eine Modifikation in Bezug auf das Kündigungsrecht des Darlehensgebers bei *Vertragsabreden* vorgenommen. Durch § 499 I BGB wird ein vertragliches Kündigungsrecht des **Darlehensgebers** bei einem Verbraucherdarlehensvertrag ebenfalls ausgeschlossen, es ist mithin unwirksam. Daraus ergibt sich, dass dem Darlehensgeber vertraglich nur ein Kündigungsrecht eingeräumt werden kann, sofern das Verbraucherdarlehen *un*befristet ist.[1529]

[1527] Zum konkreten Inhalt des Schadensersatzanspruches vgl. ausführlich BT-Drs. 16/11643, S. 87.
[1528] Vgl. dazu Rn 1796.
[1529] Vgl. BT-Drs. 16/11643, S. 85 li.Sp.

Nach einer Kündigung - gleich mit welchem Kündigungsgrund - hat der Darlehensnehmer das Darlehen innerhalb von zwei Wochen zuückzuerstatten. Kommt es entgegen der Kündigungserklärung des Darlehensnehmers nicht zur Rückzahlung des Darlehens innerhalb dieser Frist, gilt die Kündigung gem. § 489 III BGB als nicht erfolgt; insoweit wird dann aufgrund des Gesetzes fingiert, dass eine Kündigung mit der Wirkung ex tunc nicht erfolgt ist. Damit soll ein Missbrauch durch den Darlehensnehmer verhindert werden, bei dem er z.B. durch die Kündigung auf die unter Umständen niedrigeren Verzugszinsen statt der vertraglichen Zinsen spekuliert.[1530] **1785**

Im Gegensatz zu § 488 III BGB kann das Kündigungsrecht des § 489 I und II BGB wegen § 489 IV S. 1 BGB grundsätzlich[1531] nicht abbedungen werden. **1786**

b. Außerordentliche Kündigung

aa. Kündigung des Darlehensgebers gem. § 490 I BGB

Der Darlehensgeber hat vor der Valutierung (Auszahlung) des Darlehens im Zweifel stets und danach **in der Regel** die Möglichkeit zur außerordentlichen Kündigung, wenn **1787**

- in den Vermögensverhältnissen des Darlehensnehmers
- *oder* in der Werthaltigkeit einer für das Darlehen gestellten Sicherheit eine wesentliche Verschlechterung eintritt oder droht
- und dadurch die Rückzahlung des Darlehens gefährdet ist.

Unter dem Merkmal der Wesentlichkeit ist zu verstehen, dass unter Beachtung der Gesamtumstände die Rückzahlung des Darlehens gefährdet ist.[1532] Die Gesamtschau ist dabei nicht nur auf die persönlichen Vermögensverhältnisse, sondern auch auf die zuvor und ggf. nachträglich gestellten Sicherheiten zu richten. Erst wenn diese Gesamtumstände unter Einbeziehung aller Umstände zu einer solchen Gefährdung kommen, wird der Tatbestand des § 490 I BGB ausgelöst.

> **Hinweis für die Fallbearbeitung:** Maßgeblich ist also der Einzelfall, es sind alle Umstände sorgfältig in die Beurteilung einzubeziehen und zu bewerten. Eine schematische Lösung verbietet sich insoweit. Im Gutachten sind die jeweiligen Belange der Vertragsparteien dezidiert herauszuarbeiten und zu gewichten. Dafür ist erforderlich, sowohl den Sachverhalt, als auch das jeweilige sichernde Rechtsinstitut (Bürgschaft, Grundschuld usw.) in seiner rechtlichen und wirtschaftlichen Bedeutung umfassend zu analysieren.

Ausnahmsweise kann vor diesem Hintergrund dem Darlehensgeber aber die außerordentliche Kündigung des Darlehens trotz einer bestehenden Gefährdung der Rückzahlung verwehrt sein, wenn die Gesamtwürdigung aller Umstände ergibt, dass es dem Darlehensgeber zuzumuten ist, das Darlehen noch weiterhin bestehen zu lassen. Dies ist insbesondere dann der Fall, wenn gerade die Kündigung des Darlehens die Vermögenssituation des Darlehensnehmers vehement verschlechterte, während ihm eine weitere Überlassung des Darlehens die Rückführung in Raten noch ermöglichen würde.[1533] Ist aber abzusehen, dass dem Darlehensnehmer eine Rückführung des Darlehens nicht mehr möglich sein wird, bleibt es bei der grundsätzlichen Kündigungsmöglichkeit nach § 490 I BGB. **1788**

[1530] Vgl. *Berger*, in: MüKo, § 489 Rn 26.
[1531] Etwas anderes gilt, wenn der Darlehensnehmer eine der in § 489 IV S. 2 BGB aufgeführten Körperschaften des öffentlichen Rechts ist.
[1532] Vgl. *Rohe*, in: Bamberger/Roth, § 490 Rn 8.
[1533] *Medicus/Lorenz*, SchuldR II, Rn 291.

1789 Eine Verschlechterung der Vermögensverhältnisse oder der Sicherheiten muss nicht eingetreten sein, vielmehr reicht das Gefährdungspotential einer derartigen Verschlechterung, sofern diese sich sichtbar abzeichnet.[1534] In dem Zusammenhang kann aber der bloße Verdacht einer Vermögensverschlechterung nicht ausreichen, vielmehr muss bei dieser Bestimmung auf objektiv verifizierbare Indizien zurückgegriffen werden.[1535] Sinn und Zweck der Kündigungsmöglichkeit gem. § 490 I BGB ist es nämlich, handeln zu können und sich so vor einem Vermögensverlust zu schützen, bevor es durch die eingetretene Insolvenz des Darlehensnehmers zu spät ist.

1790 Daneben ergibt sich für die Banken auch aus Ziff. 19 III S. 2 BankenAGB ein Widerrufsrecht, sofern diese Vertragsbestandteil des Darlehensvertrags geworden ist. Neben den bereits gesetzlich eingeräumten Kündigungsrechten wird dort noch zusätzlich vereinbart, dass die Bank kündigen kann, wenn der Kunde als Darlehensnehmer unrichtige Angaben gegenüber der Bank gemacht hat, die zu einer Fehlentscheidung seitens der Bank führten. Zudem kann die Bank das Vertragsverhältnis auf dieser Grundlage auflösen, sofern der Darlehensnehmer nicht entsprechend seiner Obliegenheit die Sicherheiten verstärkt, wenn dies als angezeigt erscheint.

bb. Kündigung des Darlehensnehmers gem. 490 II BGB

1791 Der Darlehensnehmer hat bei einem Darlehen mit einem gebundenen Sollzinssatz ebenfalls nach § 490 II S. 1 BGB ein Recht zur außerordentlichen Kündigung, sofern er ein **berechtigtes Interesse** hat. Wie sich aus § 490 II S. 2 BGB ergibt, ist das insbesondere der Fall, wenn der Darlehensnehmer das beliehene Objekt anderweitig verwerten will. Dazu zählt insbesondere der Verkauf des Objekts, wobei unerheblich ist, aus welchen Gründen ein solcher Verkauf vorgenommen werden soll.

Beispiele: Scheidung, Krankheit, Arbeitslosigkeit oder auch einfach ein gutes Angebot

1792 Hinsichtlich der Kündigungsfrist ist zu beachten, dass sie gem. §§ 490 II S. 1, 488 III S. 2 BGB drei Monate beträgt.[1536] Die Möglichkeit zur außerordentlichen (fristgerechten) Kündigung entsteht aber erst, sofern der Darlehensnehmer das Darlehen sechs Monate zuvor vollständig empfangen hat.

1792a Der Darlehensgeber hat gem. § 490 II S. 3 BGB bei einer solchen Kündigung des Darlehensnehmers einen Anspruch auf Ersatz des Schadens, der ihm durch die vorzeitige Kündigung entsteht. In der Praxis wird dieser Schadensersatzanspruch als sog. **Vorfälligkeitsentschädigung** bezeichnet. Die Vorfälligkeitsentschädigung kann jedoch nur bei Eintritt eines konkreten Schadens geltend gemacht werden. Sind die Zinsen in der Zwischenzeit gestiegen, wodurch der Darlehensgeber das Geld zu einem (weitaus) besseren Zinssatz vergeben kann, besteht bereits kein Anspruch auf eine Vorfälligkeitsentschädigung.

cc. Weitere Kündigungsmöglichkeiten gem. § 490 III BGB

1793 Aus § 490 III BGB ergibt sich, dass die außerordentliche Kündigung des Darlehensvertrags nicht abschließend in §§ 490 I u. II BGB geregelt ist. § 490 III BGB stellt also klar, dass daneben auch noch die Kündigungsmöglichkeiten gem. §§ 313, 314 BGB in Betracht kommen können.

[1534] Vgl. BT-Drs. 14/6040, S. 254.
[1535] Vgl. *Freitag*, WM 2001, 2370, 2373.
[1536] Außerordentlich ist hier also nicht gleich fristlos.

> **Hinweis für die Fallbearbeitung:** Allerdings hat die Kündigungsmöglichkeit gem. § 490 I BGB als lex specialis gegenüber §§ 490 III, 314 BGB Vorrang. Erst wenn kein von § 490 I BGB erfasster Grund vorliegt, ist die Kündigungsmöglichkeit gem. §§ 490 III, 314 BGB zu prüfen.

Ein Kündigungsgrund gem. §§ 490 III, 314 BGB liegt z.B. vor, wenn der Darlehensnehmer mit der Zinszahlung in Verzug gerät, ohne dass die Rückzahlung des Darlehens gefährdet ist.[1537] **1794**

Bei Störungen der Geschäftsgrundlage kommt ferner eine Kündigung gem. §§ 490 III, 313 III S. 2 BGB in Betracht. Hierunter fallen insbesondere die Fälle, in denen ein korrespondierendes Rechtsverhältnis vorzeitig beendet wird. So kann z.B. ein Darlehen an den Schwiegersohn bei Scheidung der Ehe gekündigt werden.[1538] Eine solche Kündigungsmöglichkeit besteht hingegen nicht, wenn der Darlehensnehmer das Darlehen nicht mehr benötigt oder er den mit der Darlehensvaluta angeschafften Gegenstand verloren hat, da das Verwendungsrisiko allein beim Darlehensnehmer liegt.[1539] **1795**

X. Besondere Formen des Darlehensvertrags

1. Verbraucherdarlehensvertrag

Das Verbraucherrecht soll den teilweise geschäftlich unerfahrenen Marktteilnehmer vor unüberlegten Handlungen oder Übervorteilung durch marktbeherrschende Unternehmer schützen. Der Abschluss von Darlehen kann nämlich weitreichende Konsequenzen für den Darlehensnehmer haben, da für z.T. längere Zeit finanzielle Mittel für die Tilgung gebunden werden. Um einen effektiven Schutz des Verbrauchers zu gewährleisten, ist in § 511 S. 1 BGB normiert worden, dass grundsätzlich[1540] nicht zum *Nachteil* des Verbrauchers von den Vorschriften der §§ 491 bis 510 BGB abgewichen werden darf. Mit dieser Vorschrift soll der Schutz in allen Bereichen der Kredit- und Ratenlieferungsverträge erreicht werden. Ob ein Umgehungsgeschäft i.S.d. § 511 S. 2 BGB im Einzelfall vorgenommen werden sollte, ist anhand objektiver Auslegungsgesichtspunkte zu bestimmen. Liegt ein Umgehungsgeschäft vor, sind die Regelungen zum Verbraucherdarlehen anzuwenden. Bei der Prüfung, ob ein Umgehungsgeschäft vorliegt, ist nicht darauf abzustellen, ob eine bestimmte Absicht des Unternehmers vorgelegen hat. **1796**

a. Anwendungsbereich

Der in §§ 491 bis 510 BGB geregelte Verbraucherdarlehensvertrag liegt vor, wenn ein Darlehensgeber als Unternehmer i.S.d. § 14 BGB[1541] einem Verbraucher i.S.d. § 13 BGB entgeltlich ein Darlehen gewährt. **1797**

Sinn und Zweck der Vorschriften über den Verbraucherdarlehensvertrag ist wie bei allen Verbraucherverträgen der Schutz des Verbrauchers. Dieser Schutz soll beim Verbraucherdarlehensvertrag gewährt werden durch: **1798**

- die explizite Aufklärung über die Kosten des Kredites, die sich sonst häufig bei den komplexen Verträgen und ihrer meist langen Laufzeit für den Verbraucher überhaupt nicht überblicken lassen,
- das zweiwöchige Widerrufsrecht des Verbrauchers gem. §§ 495 I, 355 BGB
- sowie den Schutz vor Verlust der Einwendungen gem. § 496 I BGB.

[1537] Eine Gefährdung wäre ein Grund gem. § 490 I BGB und ginge als lex specialis §§ 490 III, 314 BGB vor.
[1538] BGH FamRZ 1973, 252 ff.
[1539] *Grüneberg*, in: Palandt, § 313 Rn 36.
[1540] Vgl. BT-Drs. 16/11643 re.Sp.: Ausnahmen können vertraglich für §§ 493 III, 500 I S. 1 BGB vorgesehen werden.
[1541] Zur Einstufung als Unternehmer bei einem Darlehen BGH ZGS 2009, 139, 140.

1799 Wie sich aus der systematischen Stellung der §§ 491 bis 510 BGB ergibt, beziehen sich diese Vorschriften allein auf das Gelddarlehen und finden keine Anwendung auf das in §§ 607 ff. BGB geregelte Sachdarlehen.

1800 Des Weiteren ist gem. § 491 II Nr. 1 bis 5 BGB die Anwendbarkeit der Vorschriften über die Verbraucherkreditverträge **ganz ausgeschlossen** bei:

- Bagatelldarlehen (= Darlehen, die netto 200,- € nicht übersteigen),
- Darlehen durch Pfandhäuser,[1542]
- Rückzahlung von Darlehen binnen drei Monaten bei geringen Kosten,[1543]
- Arbeitgeberdarlehen,
- Darlehen von öffentlich-rechtlichen Anstalten.

1801 **Teilweise ausgeschlossen** ist die Anwendung gem. § 491 III BGB bei einem nach den Vorschriften der ZPO errichteten gerichtlichen Protokoll oder durch einen gerichtlichen Beschluss. Hier bedarf es häufig des besonderen Verbraucherschutzes nicht, da dieser bereits durch die Aufklärung durch das Gericht gewährt wird.

1802 **Entsprechende Anwendung** finden §§ 491 bis 498 BGB dagegen auf:

- den Schuldbeitritt
- und die befreiende Schuldübernahme.

1803 Daneben lassen sich die Vorschriften über den Verbraucherdarlehensvertrag gem. § 506 I u. II BGB auch entsprechend anwenden auf:

- den Zahlungsaufschub
- und die sonstigen Finanzierungshilfen[1544].

b. Form und Inhalt

1804 Das Verbraucherdarlehen nach § 491 BGB sieht allerdings einige Besonderheiten gegenüber einem reinen Darlehensvertrag gem. § 488 BGB vor. Neben dem besonderen Schriftformerfordernis nach §§ 492 I S. 1, 126 BGB sind durch den Darlehensgeber zusätzlich noch spezielle Inhaltsvorgaben bzw. Informationspflichten nach §§ 491a I, 492 II BGB zu beachten, die überwiegend ebenfalls in schriftlicher Form zu erfüllen sind.

1805 Unter schriftlicher Form ist zunächst die Form des § 126 BGB vorgesehen.[1545] Damit gelten die allgemeinen Grundsätze.[1546] Hierbei gilt auch beim Darlehensvertrag, dass die Unterschriften des Darlehensnehmers und des Darlehensgebers gem. § 126 II S. 1 BGB auf derselben Urkunde abzugeben sind.

1806 Ein Vertragsabschluss in elektronischer Form i.S.d. § 126a BGB ist nunmehr nach §§ 492 I S. 1, 126 III BGB möglich. Die eigenhändige Unterschrift des Darlehensnehmers kann durch die qualifizierte elektronische Signatur ersetzt werden.

1807 Besonderheiten bestehen allerdings bei dem Schriftformerfordernis hinsichtlich *Vollmachten*. Nach § 167 II BGB bedarf die Vollmachtserteilung regelmäßig nicht der Form, die das spätere Rechtsgeschäft erfordert.[1547] Bei Erteilung einer Vollmacht zum Abschluss

---

[1542] BT-Drs. 16/11643, S. 76 re.Sp.
[1543] BT-Drs. 16/11643, S. 76 re.Sp.: zinsfreie oder besonders kostengünstige Darlehen wie bei Kredit- oder Debitkarten.
[1544] Finanzierungsleasinggeschäfte sowie Teilzahlungsgeschäfte sind in §§ 500-504 BGB besonders geregelt, vgl. § 499 II BGB. Auch für Ratenlieferungsverträge findet sich in § 505 BGB eine Sonderregelung.
[1545] BT-Drs. 16/11643, S. 79 re.Sp.
[1546] Vgl. ausführlich *R. Schmidt*, BGB AT, Rn 1097 ff.
[1547] Vgl. dazu die Ausführungen zum Kaufrecht bei Rn 57; vgl. auch *R. Schmidt*, BGB AT, Rn 652 ff.

eines Verbraucherdarlehens sind dagegen gem. § 492 IV BGB die Schriftform sowie die gesetzlichen Mindestangaben auch in der Vollmachtsurkunde einzuhalten.[1548] Ist dennoch ein Verbraucherdarlehensvertrag von einem derartigen vollmachtlosen Vertreter abgeschlossen worden, gilt für die Genehmigung i.S.d. § 184 I BGB ebenfalls das Schriftformerfordernis des § 492 IV BGB (str.),[1549] da der weitreichende Schutzzweck des § 492 BGB ansonsten unterlaufen werden könnte oder der Verbraucher entgegen der gesetzlichen Intention nicht die notwendigen Informationen erhielte. Aufgrund der hohen gesetzlichen Hürden kommt praktisch eine Vertretung wohl nicht mehr in Betracht.

Sollten ein Verbraucherdarlehensvertrag oder eine auf ein solches Geschäft ausgerichtete Vollmacht diesen eben beschriebenen Formerfordernissen nicht genügen, führt dies nach der Sonderregelung des § 494 I BGB in Abwandlung des § 125 S. 1 BGB grundsätzlich zur Nichtigkeit des Vertrags. Die Nichtigkeit i.S.d. § 494 I BGB erstreckt sich zeitlich zunächst nur auf den Zeitpunkt *vor* der Auszahlung des Darlehens. **1808**

Nach der Auszahlung - also dem Empfang bzw. der Beanspruchung des Darlehens - heilt die **Erfüllung** des Vertrags gem. § 494 II S. 1 BGB[1550] den Formmangel und der Vertrag wird wirksam.[1551] § 494 II S. 1 BGB stellt insoweit einen Ausnahmetatbestand zu § 125 S. 1 BGB dar. Dies gilt jedoch nur für den Kreditvertrag. Leidet die Vollmacht an einem Formmangel, bleibt diese nichtig. **1809**

Trotz der Wirksamkeit des Vertrags bleibt der Formmangel nicht ohne Konsequenzen: **1810**

- Gemäß § 494 II S. 2 BGB ermäßigt sich der Zinssatz bei fehlender Angabe des Sollzinssatzes, des effektiven Jahreszinses oder des Gesamtbetrags auf den gesetzlichen Sollzinssatz nach § 246 BGB.
- Eine zu niedrige Angabe des Sollzinssatzes führt gem. § 494 III BGB zu einer Ermäßigung des Zinses.

Welcher gesetzliche **Mindestinhalt** Bestandteil des Verbraucherkreditvertrags sein muss, ergibt sich aus § 492 II BGB i.V.m. Art. 247 §§ 6 bis 13 EGBGB. Zudem sind bei vorvertraglichen Informationen die Angaben nach Art. 247 § 3 I Nr. 1 bis 16 EGBGB - wie z.B. Name und Anschrift des Darlehengebers, Art des Darlehens, effektiver Jahreszins usw. - zu enthalten. **1811**

Diese Vorgaben gelten nach § 504 I und II BGB auch für die *Überziehungskredite.*[1552] **1812**

In der Vergangenheit haben Banken vermehrt besicherte Hypotheken und Grundschuldkredite an Dritte, vor allem an private equity fonds (umgangssprachlich: Heuschrecken), veräußert, die daran im Anschluss im rechtlichen Graubereich oder unter Beugung des Rechts versucht haben, die Grundstücke gewinnbringend zwangsversteigern zu lassen. Da die Folgewirkungen für die Darlehensnehmer weitreichend sind, hat sich der Gesetzgeber entschlossen, mit dem Risikobegrenzungsgesetz[1553] dem Verbraucher durch größere **Informationsrechte** eine bessere und umfassendere Entscheidungsmöglichkeit bei Immobiliardarlehensverträgen i.S.d. § 503 I BGB zu verschaffen. **1813**
Mit § 491a I BGB i.V.m. Art. 247 § 9 I S. 2 EGBGB soll sichergestellt werden, dass der Darlehensnehmer im Fall einer Abtretbarkeit oder Übertragbarkeit des Darlehens über

[1548] *Weidenkaff*, in: Palandt, § 492 Rn 19.
[1549] Unklar *Weidenkaff*, in: Palandt § 492 Rn 20 u. § 494 Rn 6 m.w.N.
[1550] Hierin besteht ein Unterschied zu § 125 S. 1 BGB, bei dem eine totale Nichtigkeit eintritt, eine Heilung also nicht mehr möglich ist.
[1551] Vgl. auch dazu §§ 311b I S. 2, 518 II, 766 S. 3 BGB.
[1552] Vgl. BT-Drs. 16/11643, S. 89 li.Sp.
[1553] Vgl. BT-Drs. 16/9821, S. 14 ff.

diesen Umstand von Anfang an rechtzeitig und umfassend informiert wird. Diese Information ist wegen des bei Immobilienkrediten üblicherweise vorhandenen besonderen Vertrauens des Darlehensnehmers hinsichtlich einer längerfristigen und einvernehmlichen Bindung erforderlich;[1554] vielfach waren diese überrascht, als ihnen neue Gläubiger gegenüberstanden. Inhaltlich hat der Darlehensgeber den Darlehensnehmer explizit und deutlich darauf hinzuweisen, dass er nach deutschem Recht berechtigt ist, ohne das Mitwirken des Darlehensnehmers die Forderung an einen Dritten i.S.d. § 398 BGB abzutreten. Das Merkmal Deutlichkeit lässt sich an den Kriterien des § 355 BGB ausrichten, die dort für die Widerrufsbelehrung gelten. Deutlichkeit erfordert also eine solche Darstellung in der Vertragsurkunde, dass die Informationen nicht innerhalb der weiteren Vertragspassagen untergehen.[1555] Sind allerdings die Informationen gesetzwidrig unterblieben, sollen sich die Rechtsfolgen gerade nicht nach § 494 BGB, der die Rechtsfolgen von Formmängeln regelt, richten,[1556] da dies ohne weitere Begründung des Gesetzgebers unangemessen wäre. Vielmehr soll der Darlehensnehmer einen Schadensersatzanspruch aus Pflichtverletzung erhalten, der sich aus §§ 280 I, 311 II BGB ergibt. Der Schadensersatzanspruch ist darauf gerichtet, dass entweder der Vertrag aufgelöst wird, wenn der Darlehensnehmer beweisen kann, dass er diesen Vertrag bei Kenntnis der Übertragbarkeit nicht abgeschlossen hätte, *oder* der Darlehensnehmer einen Anspruch auf Vereinbarung eines nachträglichen Abtretungsverbots hat, das im Gegenseitigkeitsverhältnis mit der Vereinbarung eines eventuell von dem Darlehensgeber erhobenen handelsüblichen Zinsaufschlages steht; sowohl Abtretungsverbot als auch der handelsübliche Zinsaufschlag wirken allerdings ex nunc, also ab dem Zeitpunkt der Vereinbarung.[1557]

1813a Darüber hinaus hat der Gesetzgeber mit § 493 BGB[1558] die Informationspflichten des Darlehensgebers für die Fälle des Endes der Zinsbindungspflicht oder des Vertragsendes geregelt. Anwendbar ist § 493 BGB auf alle Verbraucherdarlehen. Damit hat der Gesetzgeber für den Darlehensnehmer sehr wesentliche Zeitpunkte aufgegriffen, die entscheidend für die jeweils notwendigen Anschlussfinanzierungen sind. Er hat jeweils spätestens drei Monate vor dem entsprechenden Ereignis den Darlehensnehmer zu informieren.

- Bei § 493 I S. 1 BGB ist Anknüpfungspunkt die Vertragsgestaltung, dass die Zinsbindungsfrist vor Ablauf der Gesamtlaufzeit des Darlehens eintritt.[1559] Der Darlehensgeber muss nicht zwingend in derartigen Vertragsgestaltungen am Vertrag festhalten, daher hat er dem Darlehensnehmer zunächst einmal kundzutun, ob er überhaupt bereit ist, eine neue Zinsbindungsabrede abzuschließen. Liegt eine solche Bereitschaft vor, hat der Darlehensgeber nach § 493 I S. 2 BGB dem Darlehensnehmer den Zinssatz mitzuteilen, der zu diesem Zeitpunkt vom Darlehensgeber angeboten wird.
- Eine entsprechende Regelung für das nahende Ende der Vertragslaufzeit findet sich in § 493 II BGB, nach der der Darlehensgeber dem Darlehensnehmer in entsprechender Anwendung seine Bereitschaft zur Fortsetzung des Darlehensverhältnisses und ggf. den jeweiligen gültigen Zinssatz mitteilen muss.
- § 493 IV BGB erstreckt den Anwendungsbereich der Informationspflichten auch auf den Zessionar, sofern eine offene Zession vereinbart wurde.[1560]

[1554] Vgl. BT-Drs. 16/9821, S. 14 re.Sp.; *Artz*, ZGS 2009, 23, 25.
[1555] Vgl. BT-Drs. 16/9821, S. 15 li.Sp.
[1556] Vgl. BT-Drs. 16/9821, S. 15 li.Sp.
[1557] Ausführlich *Redecker*, ZGS 2009, 254, 256 ff.
[1558] Für wenige Monate war dieser Regelungsbereich in § 492a BGB a.F. enthalten.
[1559] Zu verkehrsüblichen Vertragsgestaltungen *Langenbucher*, NJW 2008, 3169, 3170 f.
[1560] Zu den Modalitäten umfangreich *Artz*, ZGS 2009, 23, 26 ff. zu § 1 I Nr. 1 bis Nr. 3 BGB-InfoV.

Kommt der Informationsverpflichtete seinen Obliegenheiten nicht nach, kann dies wiederum zu Schadensersatzansprüchen des Darlehensnehmers führen.

c. Das Widerrufsrecht gem. § 495 BGB

Das in §§ 495, 355 BGB geregelte Widerrufsrecht des Verbrauchers dient in besonderem 1814
Maße dem Schutz des Verbrauchers. Durch die Möglichkeit, seine Willenserklärung fristgerecht – gem. § 355 II BGB innerhalb von 14 Tagen – zu widerrufen, wird dem Verbraucher Gelegenheit gegeben, sich der wirtschaftlichen Bedeutung und Tragweite des Darlehensvertrags bewusst zu werden. Allerdings sind die Modifikationen des § 356b I BGB sowie die Ausnahme nach § 356b II BGB zu beachten.

Entscheidet sich der Darlehensnehmer dazu, sein Widerrufsrecht auszuüben, muss er 1815
seinen Widerruf entsprechend § 355 I S. 2 u. 3 BGB innerhalb der 14-tägigen Frist gem. § 355 I S. 1 BGB erklären. Für die Wahrung der Frist genügt nach § 355 I S. 5 BGB die rechtzeitige Absendung.

Die Widerrufsfrist beginnt grundsätzlich nach §§ 495 I, 355 II S. 2 BGB mit Abschluss 1816
des Vertrags zu laufen, wobei allerdings durch § 356b BGB weitere formelle Voraussetzungen normiert wurden, die bei der Bestimmung des Beginns der Widerrufsfrist zu beachten sind. Für den Beginn des Fristlaufs ist gem. § 356b I BGB zunächst maßgeblich, dass der Darlehensgeber dem Darlehensnehmer kumulativ zum Vertragsschluss i.S.d. § 355 II S. 2 BGB eine für den Darlehensnehmer bestimmte Vertragsurkunde, den schriftlichen Antrag des Darlehensnehmers oder eine Abschrift eines der beiden Dokumente zur Verfügung gestellt hat.
Wie auch bei anderen Widerrufsfristen beginnt die Frist des § 495 I BGB zudem nur zu laufen, wenn die Widerrufsbelehrung gem. §§ 495, 355 II, 356 I BGB ordnungsgemäß erteilt wurde. Insoweit sind die Vorgaben des Art. 246a § 1 II S. 1 Nr. 1 EGBGB durch den Darlehensgeber einzuhalten. Darüber hinaus hat der Darlehensgeber allerdings auch die nach §§ 356b II, 492 II BGB erforderlichen Angaben zu machen. Ist gegen § 356b II BGB verstoßen worden, beginnt die Widerrufsfrist erst mit der Nachholung der Angaben i.S.d. § 492 VI BGB und beträgt gem. § 356b II S. 2 BGB abweichend zu § 355 II S. 1 BGB einen Monat. In dem Zusammenhang muss z.B. der Darlehensgeber dem Darlehensnehmer den Widerruf so verständlich darlegen und grafisch gestalten, dass dieser auch als unbefangener, rechtsunkundiger Leser den Eindruck erhält, er - der Darlehensnehmer - könne sich nicht nur von dem finanzierten Geschäft, sondern auch von dem damit verbundenen Darlehensvertrag lösen.[1561]

Ist der Widerruf in Textform und innerhalb der Widerrufsfrist ordnungsgemäß ausgeübt 1817
worden, hat der Darlehensnehmer das Darlehen gem. §§ 357, 346 - 354 BGB zurückzuzahlen.

d. Einwendungen des Darlehensnehmers gem. § 496 I BGB

Neben dem Widerrufsrecht erfährt der Verbraucher als Darlehensnehmer durch § 496 I 1818
BGB weiteren Schutz, wonach bei einer Abtretung der Darlehensrückforderung ein Verzicht auf die Rechte gem. § 404 BGB (sog. Einwendungsdurchgriff) und gem. § 406 BGB (Aufrechnungsmöglichkeit gegenüber dem Altgläubiger) nicht möglich ist.

[1561] Vgl. ausführlich BGH ZGS 2009, 422, 423 f.

e. Der Verzug des Darlehensnehmers und dessen Folgen

1819 Ebenfalls aus Gründen des Verbraucherschutzes hat der Gesetzgeber in § 497 BGB besondere Regelungen bzgl. der Höhe von Verzugszinsen (§§ 497 I, 288 BGB) und der Anrechnung von Zahlungen auf die Hauptschuld (§ 497 III S. 1 BGB) getroffen.

1820 Gerät der Darlehensnehmer mit seinen Zahlungen in Verzug, kann der Darlehensgeber grundsätzlich Schadensersatz gem. §§ 280 III, 286 BGB verlangen. Bei Verbraucherdarlehen bestimmt sich die Höhe der Verzugszinsen nach §§ 497 I S. 1, 288 I BGB, wonach Verzugszinsen in Höhe von 5 % über dem in § 247 I BGB normierten Basiszinssatz der EZB zu zahlen sind. Bei Immobilienverbraucherdarlehen betragen die Verzugszinsen gem. § 503 II BGB 2,5 % über dem Basiszinssatz der EZB.

1821 Ist der Verbraucher nur in der Lage, einen Teil seiner Zahlungen zu leisten, ist eine von § 367 BGB abweichende Anrechnungsreihenfolge auf die bestehende Schuld in § 497 III S. 1 BGB normiert worden. Während Teilzahlungen nach § 367 BGB zunächst auf die Kosten, dann auf die Zinsen und zuletzt auf die Hauptforderung angerechnet werden, ist gem. § 497 III S. 1 BGB die Anrechnung von Teilzahlungen zunächst auf die Kosten, dann auf die Hauptforderung und zuletzt auf die Zinsen vorzunehmen. Diese Anrechnungsreihenfolge bringt für den Verbraucher den Vorteil, dass ihm dadurch eine größere Chance eingeräumt wird, seinen „Schuldenberg" zu minimieren, da eine Anrechnung auf die Hauptschuld vor einer Anrechnung auf die Zinsen bewirkt, dass durch die Minimierung der Hauptschuld gleichzeitig eine Verringerung der weiterhin anfallenden Zinsen gegeben ist, da sich die Zinsen auf der Grundlage der noch bestehenden Restschuld berechnen.

1822 Allerdings gilt diese geänderte Anrechnungsreihenfolge gem. § 503 I BGB nicht bei Immobilienverbraucherdarlehen.

f. Das Kündigungsrecht des Darlehensgebers gem. § 498 BGB bei Teilzahlungsdarlehen

1823 Weiteren Schutz erfährt der Verbraucher bei Teilzahlungsdarlehen dadurch, dass gem. § 498 BGB das Kündigungsrecht des Darlehensgebers an folgende Voraussetzungen gebunden ist:

1. Der Verbraucher muss mit zwei aufeinanderfolgenden Raten ganz oder teilweise in Verzug sein und diese Raten müssen mind. 10 % bzw. 5 % des Nennbetrags des Darlehens betragen, § 498 I S. 1 Nr. 1 BGB.
2. Es muss eine zweiwöchige Frist zur Zahlung des rückständigen Betrags erfolglos verstrichen sein. Bei der Fristsetzung muss dem Verbraucher gleichzeitig die Gesamtfälligstellung des Darlehens angedroht worden sein, § 498 I S. 1 Nr. 2 BGB.

1824 Sind diese Voraussetzungen erfüllt und kommt es zur Kündigung durch den Darlehensgeber, ist zu beachten, dass sich gem. § 498 II BGB die Restschuld um die Zinsen und die sonstigen laufzeitabhängigen Kosten[1562] des Darlehens, die auf die Zeit nach der Kündigung entfallen, vermindert.

1825 Die Anwendung des § 498 BGB auf Immobilienverbraucherkreditverträge ist gem. § 503 III BGB zu modifizieren: Der Darlehensnehmer muss zwar auch mit zwei aufeinanderfolgenden Teilzahlungen ganz oder teilweise in Verzug geraten sein, jedoch ist in Abweichung zu § 498 I BGB der Nennbetrag nicht 10 %, sondern dieser muss (lediglich) <u>in Höhe von 2,5 %</u> betroffen sein. Dies ist deshalb sinnvoll, weil bei Immobiliardarlehen in

[1562] Beachte: nicht um die laufzeitunabhängigen Kosten.

der Regel ein deutlich höherer Betrag als bei den sonstigen Teilzahlungsdarlehen Vertragsgegenstand ist, wodurch für den Darlehensgeber auch ein höheres wirtschaftliches Risiko besteht, wenn der Darlehensnehmer seinen Rückzahlungsverpflichtungen nicht nachkommt.

g. Verbundene Verträge, § 358 BGB

Ein verbundener Vertrag liegt gem. § 358 III S. 1 BGB vor, wenn ein Vertrag über die Lieferung einer Ware (oder die Erbringung einer anderen Leistung) und ein Verbraucherkreditvertrag mit dem Inhalt, dass das Darlehen ganz oder teilweise der Finanzierung der Ware (bzw. Leistung) dient, derart miteinander verbunden sind, dass beide Verträge eine wirtschaftliche Einheit bilden.[1563] **1826**

Ein verbundener Vertrag kann in zweierlei Erscheinungsformen auftreten: **1827**

- Zum einen kann der leistende Unternehmer selbst die Gegenleistung des Verbrauchers finanzieren, der Unternehmer ist also gleichzeitig Darlehensgeber, und der Verbraucher hat die zwischen den beiden vereinbarten Teilzahlungen auch direkt an den Unternehmer zu zahlen, § 358 III S. 2, 1. Fall BGB.
- Zum anderen kann der Kredit auch durch einen Dritten gewährt werden, der direkt an den Verkäufer (bzw. an den Erbringer der Leistung) zahlt, während der Verbraucher seine Rückzahlungen an den Dritten zu leisten hat, § 358 III S. 3, 2. Fall BGB.

Bei allen Konstellationen ermöglichen §§ 358, 359 BGB dem Verbraucher, sich von dem verbundenen Vertrag ebenfalls zu lösen oder den sog. **Einwendungsdurchgriff** geltend zu machen. Dieser berechtigt den Verbraucher dazu, die Rückzahlung des Kredits zu verweigern, soweit er gegenüber dem Unternehmer, mit dem er den anderen Vertrag (in der Regel den Kaufvertrag) geschlossen hat, Einwendungen geltend machen kann, die ihn zur Verweigerung seiner Leistung berechtigen würden. **1828**

> **Beispiel:** K benötigt einen Fernseher und begibt sich in das Geschäft des V. K hat lediglich 200,- € angespart, sodass sein Geld nur für einen sehr kleinen Röhrenfernseher ausreicht. Da er aber lieber einen großen Flachbildfernseher haben würde, kommt ihm das Angebot im Geschäft des V sehr gelegen. V wirbt nämlich damit, dass er auch Fernseher verkauft, dessen Kaufpreis der Käufer nicht sofort, sondern in monatlichen Raten zahlen kann. K ist begeistert und entscheidet sich für einen großen Flachbildfernseher im Wert von 1200,- €. Er unterschreibt einen Verbraucherkreditvertrag, in dem er sich verpflichtet, ab nächsten Monat Raten in Höhe von 120,- € an die B-Bank zu zahlen. Die B-Bank verpflichtet sich im Gegenzug, den Kaufpreis an V zu zahlen. K nimmt den Fernseher sofort mit. Nachdem der Fernseher in den ersten zwei Monaten wunderbar funktioniert hatte, beginnt das Bild des Fernsehers gelegentlich auszusetzen und das Gerät stellt sich zudem oft selbstständig aus. K reklamiert dies sofort bei V, der aber darauf nicht reagiert. K stellt deshalb seine Ratenzahlungen an die B-Bank ein. Nachdem K zwei Raten nicht gezahlt hat, setzt ihm die B-Bank eine zweiwöchige Frist zur Zahlung der rückständigen Raten und droht für den Fall der Nichtzahlung die sofortige Fälligstellung des Restdarlehens an.
> K kann der B-Bank entgegenhalten, dass ihm gegenüber V Gewährleistungsrechte zustehen. Diese berechtigen ihn gem. § 359 S. 1 BGB, die Ratenzahlungen zu verweigern, da V auf das Nacherfüllungsverlangen des K nicht reagiert hat und dieses damit im Sinn von § 359 S. 3 BGB fehlgeschlagen ist.

Nach § 358 II S. 1 BGB ist der Verbraucher auch an den mit dem Darlehen verbundenen Vertrag nicht mehr gebunden, sofern der Verbraucher einen Widerruf hinsichtlich seiner Willenserklärung bzgl. des Darlehens erklärt hat. Es sind jedoch Fallkonstellationen **1828a**

[1563] Vgl. *R. Schmidt*, SchuldR AT, Rn 1049c.

denkbar, in denen der Verbraucher am Grundgeschäft (z.B. Kauf des Fernsehgerätes) festhalten will, sich jedoch vom verbundenen Finanzierungsvertrag lösen möchte; in dem Fall wird teilweise ein **isolierter Widerruf** des Darlehensvertrags befürwortet (str.).[1564]

> **Beispiel:** A hat bei dem Autohändler B einen Porsche 911 Cabrio Bi-Turbo für 250.000,- € gekauft. Davon sind 200.000,- € zu 8,5 % finanziert, weil zum Zeitpunkt des Vertragsabschlusses des Kaufvertrags nicht genügend finanzielle Mittel sofort vorhanden waren. Kurz nach Abschluss des Kauf- und des damit verbundenen Darlehensvertrags erbt A noch innerhalb der Widerrufsfrist ein beträchtliches Vermögen. Nunmehr will A zwar weiterhin den Wagen erwerben, diesen aber vollständig wegen der erheblichen Zinsbelastung bar bezahlen. Der Kaufpreis für das Fahrzeug ist aber kurzfristig um 10.000,- € gestiegen. Daher möchte er nur den Darlehensvertrag nicht mehr gegen sich gelten lassen, am Kaufvertrag jedoch wegen des besseren Preises festhalten.

Aufgrund des eindeutigen Wortlauts des § 358 II BGB, der strikten, systematischen Verknüpfung beider Verträge auch vor dem Hintergrund der Systematik zu § 358 I BGB sowie der durch die Norm gewollten sofortigen und vollständigen Rechtssicherheit aller beteiligten Vertragspartner kann ein isolierter Widerruf allerdings u.E. nicht befürwortet werden.[1565] Der Käufer muss, wenn er an dem ursprünglichen Erwerb festhalten will, einen neuen Kaufvertrag abschließen und das Risiko bewusst eingehen, eventuell für ihn finanziell schlechtere Konditionen zu erhalten.

2. Andere Finanzierungshilfen

1829 Neben dem klassischen Gelddarlehensvertrag regelt das BGB in §§ 506 BGB die sog. Finanzierungshilfen sowie in § 510 BGB den Ratenlieferungsvertrag. Bei den Finanzierungshilfen ist zwischen dem Zahlungsaufschub, dem Finanzierungsleasingvertrag, dem Teilzahlungsgeschäft und den sonstigen Finanzierungshilfen zu unterscheiden.

a. Zahlungsaufschub, § 506 I BGB

1830 Durch einen Zahlungsaufschub wird die Fälligkeit einer Forderung auf einen späteren als den eigentlich gesetzlich vorgeschriebenen Zeitpunkt verschoben. Die Stundung einer Forderung stellt einen typischen Anwendungsfall des Zahlungsaufschubs dar. § 506 I BGB sieht dabei vor, dass die §§ 358 bis 360, 491a bis 502 BGB entsprechend auf die Zahlungsaufschübe anzuwenden sind. Die Verweisung auf die jeweiligen Vorschriften stellt eine Rechtsgrundverweisung[1566] dar[1567]; entsprechend müssen die Tatbestandsmerkmale der relevanten Normen, auf die verwiesen wurde, zu den Voraussetzungen der Verweisungsnorm ebenfalls erfüllt sein.

> **Hinweis für die Fallbearbeitung:** Von besonderer Bedeutung bei der Prüfung ist vor dem Hintergrund der Rechtsgrundverweisung, ob verbundene Verträge i.S.d. § 358 BGB vorliegen. Generell gilt aber bei der Analyse, dass die Normen, auf die verwiesen wird, im Lichte des konkreten Finanzierungshilfevertrags auszulegen sind.[1568]

b. Finanzierungshilfen, Finanzierungsleasing usw., § 506 II BGB

1831 Die wirtschaftlich wichtigste Form der sonstigen Finanzierungshilfen ist das Finanzierungsleasing. Entsprechend den obigen Ausführungen kann der Sinn und Zweck eines Finanzierungsleasingvertrags so zusammengefasst werden, dass dieser in der mittelfris-

---

[1564] Vgl. *Pfeiffer*, ZGS 2008, 409, 410; *Ring*, in: AnwKom, § 358 Rn 7; *Grüneberg*, in: Palandt, § 358 Rn 7.
[1565] Vgl. so auch *Habersack*, in: MüKo, § 358 Rn 20 u. 22; *Kessal-Wulf*, in: Staudinger, § 358 Rn 55; *Wildemann*, in: JurisPK-BGB, § 358 Rn 51.
[1566] Allgemein *R. Schmidt*, BGB AT, Rn 41.
[1567] Vgl. BT-Drs. 16/11643, S. 91 re.Sp.
[1568] BT-Drs. 16/11643, S. 91 re.Sp.

tigen Finanzierung des Leasinggegenstands liegt (Rn 1678 ff.). Bei der Beurteilung der Rechtsregime ist darauf zu achten, ob der Finanzierungsleasingvertrag ein Verbrauchervertrag ist oder ob die Verträge zwischen Unternehmern abgeschlossen wurden. Beim Verbrauchervertrag hat der Gesetzgeber in § 506 I u. II BGB vorgesehen, dass die weitreichenden Schutzvorschriften des Verbraucherdarlehensvertrags auch die Finanzierungshilfen und damit auf das Finanzierungsleasing anwendbar sind.

Eine entgeltliche Finanzierungshilfe i.S.d. 506 II BGB ist anzunehmen, wenn (kumulativ) **1831a**
zwischen einem Verbraucher und einem Unternehmer ein Vertrag abgeschlossen wurde, der auf die entgeltliche Nutzung eines Gegenstandes abstellt **und** (alternativ)

- der Verbraucher zum Erwerb des Gegenstandes - aufgrund des Gebrauchsüberlassungsvertrags oder eines weiteren Vertrags - verpflichtet ist (vgl. § 506 II S. 1 Nr. 1 BGB),
- der Unternehmer vom Verbraucher den Erwerb des Gegenstandes - wie beim Mietkauf oder teilweise dem *Finanzierungsleasing* - verlangen kann (vgl. § 506 II S. 1 Nr. 2) oder
- der Verbraucher bei Beendigung des Vertrags für einen bestimmten Wert des Gegenstandes einzustehen hat – garantierte Abnahme des Verbrauchers zum vertraglich festgesetzten Restwert [teilweise Vertragsbedingung beim *Finanzierungsleasing*] (vgl. § 506 II S. 1 Nr. 3 BGB).

Insgesamt wollte der Gesetzgeber erreichen, dass durch den weiten Anwendungsbereich gerade des § 506 II S. 1 Nr. 2 und 3 BGB etwaige Umgehungstatbestände ausgeschlossen werden. Zwar sollen mietvertragliche Konstellationen nicht unter diese Schutzvorschriften fallen, jedoch soll gerade verhindert werden, dass die Unternehmer Vertragsgestaltungen wählen, mit denen im Zusammenhang mit Finanzierungshilfen die Schutzvorschriften des Verbraucherdarlehensrechts umgangen werden könnten, in dem ausschließlich Mietrecht anwendbar würde. Allerdings erkennt der Gesetzgeber gerade für § 506 II S. 1 Nr. 3 BGB an, dass eine vorzeitige Rückzahlung i.S.d. § 500 II BGB wirtschaftlich und rechtlich konstruktiv nicht möglich ist, weshalb diese Möglichkeit nach § 506 II S. 2 BGB gleichzeitig mit der damit zusammenhängenden Vorfälligkeitsentschädigung ausgeschlossen wird.

Unter dem Tatbestandsmerkmal **Gegenstand** kann es sich sowohl um eine bewegliche oder **1831b**
unbewegliche Sache i.S.d. § 90 BGB sowie um Forderungen und sonstige Vermögensgegenstände (BT-Drs. 16/11653, S. 92 li.Sp.). Damit werden bei dem verbundenen Vertrag sämtliche Formen eines Kauf-, Werk- oder Dienstvertrags erfasst.

c. Teilzahlungsgeschäfte, §§ 506 III BGB

Ein Teilzahlungsgeschäft ist eine Sonderform des Zahlungsaufschubs gem. § 506 I BGB. Das **1832**
Teilzahlungsgeschäft ist in § 506 III BGB geregelt und wird durch die besonderen Regelungen der §§ 506 IV, 507 f. BGB konkretisiert. Gemäß § 506 III BGB handelt es sich bei einem Teilzahlungsgeschäft um einen Vertrag, der die Lieferung einer bestimmten Sache oder die Erbringung einer bestimmten Leistung gegen Teilzahlungen zum Gegenstand hat. Es findet hier eine Vorfinanzierung durch den Unternehmer statt, der sofort die volle Leistung erbringt, selbst aber nur Teilleistungen vom Verbraucher erhält.

d. Ratenlieferungsvertrag, § 510 BGB

Bei dem Ratenlieferungsvertrag gem. § 510 BGB hingegen findet im Unterschied zum Teilzah- **1833**
lungsgeschäft keine Vorfinanzierung durch den Unternehmer statt, vielmehr zahlt der Verbraucher nach jeder Lieferung. Der Verbraucher ist aufgrund der langfristigen Bindung eines Ratenlieferungsvertrags und der damit fortlaufenden Zahlungsverpflichtungen ähnlich schutzwürdig wie bei einem Verbraucherdarlehensvertrag.

11. Kapitel - Maklervertrag

A. Begriff des Maklervertrags

I. Bedeutung und Inhalt des Maklervertrags

1834 Der Hauptanwendungsbereich des in **§§ 652 - 656 BGB** geregelten Maklervertrags[1569] liegt im Wesentlichen im Bereich der Immobilien-, Wohnungs- und Kreditvermittlung[1570].

1835 Der Maklervertrag ist ein Vertrag, mit dem sich der Kunde (= **Auftraggeber**[1571]) verpflichtet, dem **Makler** für den erfolgreichen Nachweis (Nachweisvertrag, § 652 I Var. 1 BGB) oder die erfolgreiche Vermittlung (Vermittlungsvertrag, § 652 I Var. 2 BGB) eines Vertrags mit einem Dritten einen Maklerlohn (= Courtage oder Provision) zu zahlen.

1836 Im Gegensatz zum Auftraggeber, der zur Lohnzahlung verpflichtet ist, ist der Makler nach Abschluss eines Maklervertrags grundsätzlich zu keiner Leistung verpflichtet. Deshalb handelt es sich bei einem Maklervertrag auch um einen **einseitig verpflichtenden Vertrag.**[1572]

1837 Der Nachweis bzw. die Vermittlung eines Vertrags sind aber Anspruchsvoraussetzungen für den Maklerlohn gem. § 652 BGB.

1838 § 652 I BGB unterscheidet zwischen dem Nachweis- und dem Vermittlungsmakler. Während der **Nachweismakler** lediglich einen Interessenten benennt, versucht der **Vermittlungsmakler** durch Mitwirkung an den Vertragsverhandlungen den Vertragsabschluss herbeizuführen.

In der Praxis fallen die beiden Formen häufig zusammen.[1573] So benennt der Makler einen Interessenten und fördert gleichzeitig den Abschluss des Vertrags mit diesem, weil der Lohnanspruch des Nachweismaklers wie der des Vermittlungsmaklers den **Abschluss des Vertrags voraussetzt**.

II. Abgrenzung

1839 Der klassische Maklervertrag ist abzugrenzen vom Maklerdienst- sowie vom Maklerwerkvertrag. Auch ist der Makler vom Versicherungsvertreter, der im allgemeinen Sprachgebrauch noch regelmäßig als Versicherungsagent bezeichnet wird, zu unterscheiden.

Diese Abgrenzungen erlangen deshalb besondere Bedeutung, weil sich die besonderen Formen des Maklervertrags als Mischverträge darstellen, deren systematische Einordnung und die damit verbundenen Rechtsregime sich nicht immer ohne weiteres feststellen lassen. Dies liegt daran, dass das Maklerrecht dispositives Recht ist, die Parteien also aufgrund ihres Parteiwillens z.B. Typenverträge miteinander vermischen[1574] können, wie dies z.B. beim Maklerdienst- und Maklerwerkvertrag der Fall ist.

1840 Die Typenkombination ist grundsätzlich nach der Trennungstheorie zu behandeln. Insoweit sei auf die vorherigen Ausführungen im Rahmen des Schenkungs- und Mietrechts verwiesen.[1575]

[1569] Im BGB als „Mäklervertrag" bezeichnet.
[1570] Daneben kommt dem Handelsmakler nach §§ 93 ff. HGB große praktische Bedeutung zu.
[1571] Beachte: Es liegt aber kein Auftrag im Sinne der §§ 662 ff. BGB vor.
[1572] Etwas anderes gilt beim Maklerdienstvertrag und bei der Sonderform des Alleinauftrags.
[1573] *Roth*, in: MüKo, § 652 Rn 94.
[1574] Vgl. dazu auch Rn 719 u. 1259.
[1575] Vgl. Rn 1262 u. 723.

Die genaue Einordnung des Typus ist insbesondere für die Haftungsregime notwendig. Zudem muss der Typenkombinationsvertrag grundsätzlich, sofern AGB verwandt werden, der Regelung des § 307 II BGB standhalten können. Die einzelnen Vertragsbestandteile sind dann am jeweiligen Leitbild des entsprechenden Typenvertrags zu messen. Von einem Maklervertrag kann dann ausgegangen werden, wenn die wesentlichen Elemente des Vertrags noch dem Typus Maklervertrag i.S.d. § 652 BGB nachempfunden wurden. **1841**

1. Maklerdienstvertrag

Wollen die Parteien eine Pflicht des Maklers zum Tätigwerden begründen, müssen sie einen Maklerdienstvertrag vereinbaren. Auf einen solchen Vertrag sind §§ 611 ff. BGB entsprechend regelmäßig neben den Regelungen des Maklerrechts anzuwenden. **1842**

Bei einem Maklerdienstvertrag kann demzufolge der Makler *entgegen* dem Maklervertrag dazu verpflichtet werden, eine Leistung zu erbringen; dies kann u.a. neben dem Nachweis auch der Abschluss des Vertrags sein. Die Dienstleistung wird zusätzlich vereinbart, die Leistungspflichten stehen dann entsprechend §§ 611 ff. BGB in einem Gegenseitigkeitsverhältnis. **1843**

2. Maklerwerkvertrag

Beim Maklervertrag verpflichtet sich der Makler entgegen dem Werkvertrag in der Regel nicht, einen bestimmten Erfolg herbeizuführen. In bestimmten Sonderkonstellationen jedoch wird der Maklervertrag mit dem Werkvertrag kombiniert, wodurch den Makler bestimmte Pflichten aus dem werkrechtlichen Teil des Vertrags treffen. **1844**

> **Beispiel**: Der Makler ist beauftragt, den Mietern eines Sanierungsobjekts Ersatzwohnraum zu verschaffen.
>
> Grundsätzlich hat der Makler keine Leistungspflicht, da der Maklervertrag ein einseitig verpflichtender Vertrag ist. In diesem Fall hat der Makler jedoch die Hauptleistungspflicht übernommen, aktiv nicht nur die Gelegenheit einer Ersatzwohnung zu verschaffen, sondern den konkreten Erfolg des erfolgreichen Abschlusses des (Ersatz)Mietvertrags zu erreichen.

Ein Maklerwerkvertrag liegt bspw. auch vor, wenn der Makler als Erfolg eine erfolgreiche Finanzierungsvermittlung schuldet (vgl. auch Rn 1749 zum Darlehensvermittlungsvertrag) und der Kunde die Abnahme der vermittelten Finanzierung zusagt[1576].

3. Versicherungsvertreter

Der Versicherungsvertreter i.S.d. § 59 II VVG ist im Unterschied zum Versicherungsmakler als Vertreter eines Versicherungsunternehmens tätig. Dies hat zur Folge, dass eine Zurechnung der durch den Versicherungsvertreter für das Unternehmen abgegebenen Willenserklärung gem. §§ 164 ff. BGB erfolgt. Demgegenüber gibt der Makler keine für die Versicherung bindende Willenserklärung ab, sondern vermittelt lediglich den Vertrag zwischen Versicherer und Versicherungsnehmer. **1845**

> **Hinweis für die Fallbearbeitung:** Die heutige Bedeutung des Maklervertrags spiegelt sich in den Regelungen des BGB nicht wider. Die knappen Regelungen im BGB (§§ 652 - 656 BGB) werden daher in der Praxis oft durch abweichende Parteivereinbarungen ersetzt, die sich in vorformulierten Vertragstexten oder AGB befinden. Die Wirksamkeit solcher Vereinbarungen ist damit häufig im Rahmen einer Inhaltskontrolle gem. §§ 307 ff. BGB zu überprüfen.

1576 *Schellhammer*, SchuldR, Rn 570 m.w.N.

Beispiele für nichtige Klauseln:

(1) Vereinbarung, dass der Anspruch auf Maklerlohn lediglich vom Eintritt des beabsichtigten Erfolgs und nicht von der Maklerleistung abhängig ist (Unwirksamkeit gem. § 307 II Nr. 1 BGB)

(2) Vereinbarung, dass die Höhe des Aufwendungsersatzes an die Höhe des Kaufpreises des zu vermittelnden Objekts gekoppelt ist (str., ob Unwirksamkeit gem. § 307 II Nr. 1 BGB vorliegt[1577])

4. Auftrag/Geschäftsbesorgungsvertrag

1846 Der Auftrag sieht in gewisser Weise ähnlich wie der Maklervertrag die Besorgung eines vereinbarten Geschäfts vor. Vom Auftrag unterscheidet sich der Maklervertrag jedoch darin, dass der Auftrag unentgeltlichen und der Maklervertrag entgeltlichen Charakter hat. Zwar ist der Geschäftsbesorgungsvertrag, der auf den Regeln des Auftrags aufbaut, wie der Maklervertrag entgeltlich, jedoch ist hier das entscheidende Abgrenzungsmerkmal die regelmäßig mangelnde Pflicht zum Tätigwerden des Maklers, die hingegen beim Beauftragten besteht.

B. Parteien des Maklervertrags

I. Der Makler

1847 Der Makler ist grundsätzlich nur Vertragspartner des Auftraggebers. Eine Vertragsbeziehung zwischen dem Dritten (dem Vertragspartner des Auftraggebers im nachgewiesenen bzw. vermittelten Vertrag) und dem Makler besteht regelmäßig nicht[1578]. Etwas anderes gilt nur bei einer Doppeltätigkeit des Maklers (Doppelauftrag).

Auch ist er nur ausnahmsweise Erfüllungsgehilfe des Auftraggebers i.S.d. § 278 BGB, nämlich nur, wenn er mit Wissen und Wollen des Auftragsgebers als dessen Repräsentant auftritt.[1579] Allein typische Maklertätigkeiten wie die Erstellung eines Exposés sind dafür nicht ausreichend.[1580]

II. Der Auftraggeber

1848 Durch den Abschluss des vom Makler nachgewiesenen oder vermittelten Vertrags mit einem Dritten geht der Auftraggeber neben dem Maklervertrag mit dem Makler ein weiteres Vertragsverhältnis mit dem Dritten ein. Die Bezeichnung des Vertragspartners als „**Auftraggeber**" besteht dabei in den meisten Fällen nur in dem Vertragsverhältnis Makler - Auftraggeber.[1581]

Zwar ist der Abschluss des Vertrags zwischen dem Auftraggeber und dem Dritten Voraussetzung für den Vergütungsanspruch des Maklers; beide Vertragsverhältnisse sind jedoch streng voneinander zu trennen, um die richtigen Ansprüche auch gegenüber dem jeweils richtigen Vertragspartner geltend zu machen[1582].

C. Abschluss des Maklervertrags

1849 Bezüglich des Vertragsschlusses finden die allgemeinen Regeln der §§ 145 ff. BGB Anwendung. Der Maklervertrag kann daher nicht nur **ausdrücklich**, sondern auch **kon-**

[1577] Vgl. *Roth*, in: MüKo, § 652 Rn 213.
[1578] *Sprau*, in: Palandt, Einf v § 652 Rn 8.
[1579] Vgl. *Sprau*, in: Palandt, Einf v § 652 Rn 9 m.w.N.
[1580] Vgl. OLG Hamm NJW-RR 2001, 564.
[1581] Es sei denn, dass ein Auftrag vermittelt oder nachgewiesen wird.
[1582] So ist bspw. in den meisten Fällen der Maklervertrag völlig unerheblich, wenn es um Ansprüche aus dem Vertrag zwischen dem Dritten und dem Auftraggeber geht.

kludent abgeschlossen werden. Für einen konkludenten Abschluss ist jedoch erforderlich, dass das Verhalten der Parteien den Willen erkennen lässt, dass *entgeltlich* ein Vertrag vermittelt oder nachgewiesen werden soll.[1583] Ob und in welchem Umfang diese Entgeltlichkeit vom *Makler* verlangt wird, muss in Zweifelsfällen im Rahmen der §§ 133, 157 BGB aus Sicht des objektiven Empfängerhorizonts ermittelt werden. Für den Auftraggeber gilt hierzu, dass die einfache Meldung auf ein Inserat für einen Vertragsschluss noch nicht ausreichend ist.[1584] Das Verhalten des *Auftraggebers* ist bei konkludenten Willenserklärungen dahingehend auszulegen, ob aus Sicht des objektiven Empfängerhorizonts dessen Verhalten als Inanspruchnahme oder Gefallenlassen von Maklerdiensten in Kenntnis der Entgeltlichkeit verstanden werden kann.[1585] Tritt vor diesem Hintergrund eine Person erkennbar als Makler im Internet auf und hat dort ein Objekt mit einem konkreten Hinweis auf eine Provision eingestellt, kommt ein Maklervertrag dann zustande, wenn das Objekt vom Makler und dem potentiellen Käufer und zugleich Auftraggeber besichtigt und zu einem späteren Zeitpunkt vom Auftraggeber erworben wird.[1586]

Hinweis: Nach den allgemeinen Beweislastregeln muss der Makler, wenn er den Maklerlohn verlangt, den Vertragsschluss im Zweifel darlegen und beweisen. Es liegt also an ihm, die Klarheit hierfür zu schaffen. Jede Unklarheit besonders konkludenter Vertragsabschlüsse geht damit zulasten des Maklers. Es empfiehlt sich daher der Abschluss eines schriftlichen Maklervertrags.

Grundsätzlich kann der Vertrag auch *formlos* geschlossen werden. Bei Übernahme einer 1850
Erwerbs- oder Veräußerungspflicht[1587] bzgl. eines Grundstücks ist jedoch **§ 311b I BGB** zu beachten.[1588]

I. Die Willenserklärung des Maklers

Der Wille des Maklers wird häufig durch die Übermittlung oder Übergabe eines Exposés 1851
unter Hinweis auf seinen Provisionsanspruch erklärt.

Beispiel: Wird eine Wohnung besichtigt und übergibt dort der Makler das Exposé, in dem auf eine Entgeltlichkeit hingewiesen wird, ist hierin eine Willenserklärung des Maklers zu sehen.

Zeitungsannoncen und Aushänge sind allerdings nach den Regeln der invitatio ad offe- 1852
rendum noch kein Angebot.

II. Die Willenserklärung des Auftraggebers

Eine Willenserklärung des Auftraggebers ist gegeben, wenn dieser Maklerdienste entge- 1853
gennimmt und er dabei Kenntnis davon hat oder haben müsste, dass er bei Abschluss des Hauptvertrags, also des nachgewiesenen oder vermittelten Vertrags, eine Vergütung zu zahlen hat.[1589] Die Entgegennahme der Dienste kann bspw. in der Anforderung von Unterlagen oder in der Objektbesichtigung mit dem Makler liegen.[1590]

[1583] Vgl. dazu auch *Dehner*, NJW 2002, 3747 ff; *Drasdo*, NJW-Spezial 2012, 353 f.
[1584] BGH NJW 2002, 817 f.; NJW 2002, 1945 ff.
[1585] Vgl. *Oetker/Maultzsch*, § 10 Rn 12.
[1586] BGH NJW-Spezial 2012, 449.
[1587] Dies gilt auch dann, wenn sich der Auftraggeber zur Zahlung einer Vertragsstrafe verpflichtet, falls er mit einem vermittelten Interessenten nicht abschließt (vgl. BGH NJW 1980, 1622 f.), oder eine Vergütung unabhängig vom Erfolg vereinbart wird (vgl. BGH NJW 1987, 54).
[1588] Entsprechend kommt bei Vollzug des vermittelten Grundstückgeschäfts auch die Heilung des Formmangels gem. § 311b I S. 2 BGB zur Anwendung (vgl. BGH WM 1989, 918 ff.).
[1589] OLG Celle MDR 2001, 500 ff.
[1590] BGH NJW 2000, 282 ff.

Hinweis: Wichtig ist, dass der Provisionsanspruch noch vor dem Objektnachweis deutlich gemacht wird.[1591] Bei der Beurteilung, ob dies geschehen ist, sind stets die Gesamtumstände zu beachten.

Beispiel: M inseriert in der Zeitung das Haus des D zum Verkauf. A meldet sich auf die Annonce und vereinbart mit M einen Besichtigungstermin. Nach der Besichtigung des Objekts übergibt M dem A das Exposé, das in seinen AGB auf den Provisionsanspruch des M hinweist. A erwidert zunächst nichts und entscheidet sich später, das Haus zu kaufen. M verlangt seinen Maklerlohn gem. § 652 BGB.
Der Anspruch des M auf Maklerlohn besteht mangels eines Maklervertrags nicht. Das Schweigen des A ist nicht als Zustimmung zu werten. Zum einen muss bei in AGB beigefügten Provisionsverlangen auf diese deutlich hingewiesen werden, zum anderen musste A auch nicht von vorneherein davon ausgehen, dass der Makler von ihm eine Provision verlangen werde, da M durch die Aufgabe des Inserats erkennbar für D tätig geworden ist. Ein Doppelauftrag, der einen Provisionsanspruch sowohl von D als auch von A begründen würde, stellt einen Ausnahmefall dar (vgl. § 654 BGB) und hätte daher einer ausdrücklichen Vereinbarung bedurft.[1592]

D. Ansprüche aus dem Maklervertrag

I. Ansprüche des Maklers/Pflichten des Auftraggebers

1. Anspruch auf Maklerlohn gem. §§ 652 I S. 1, 653 BGB

1854 Wichtigster Anspruch des Maklers ist der Anspruch auf Maklerlohn (= Provision oder Courtage) gem. §§ 652 I S. 1, 653 BGB.

a. Voraussetzungen

1855 Dieser Anspruch setzt neben dem Maklervertrag gem. § 652 BGB den Abschluss eines Hauptvertrags durch den Auftraggeber mit dem Dritten sowie die Kausalität zwischen der Maklertätigkeit und dem Vertragsschluss des Hauptvertrags voraus.

aa. Erfolgreiche Maklertätigkeit

1856 Für eine erfolgreiche Maklertätigkeit muss der Auftraggeber mit einem Dritten einen Vertrag (= Hauptvertrag) geschlossen haben, den ihm der Makler nachgewiesen bzw. vermittelt hat. In den meisten Fällen ist der Hauptvertrag ein Kauf-, Miet- oder Darlehensvertrag.

a.) Maßgeblicher Vertrag

1857 Dabei ist grundsätzlich auf den Abschluss des schuldrechtlichen Vertrags (z.B. des Grundstückskaufvertrags) und nicht auf das dingliche Erfüllungsgeschäft (die Übertragung des Eigentums) abzustellen.

1858 Dieser schuldrechtliche Hauptvertrag muss zudem grundsätzlich zwischen dem Dritten und dem Auftraggeber abgeschlossen worden sein (**Kongruenz**). Schließt hingegen der Dritte einen Vertrag mit einer Person ab, die nicht mit dem Auftraggeber übereinstimmt, kommt grundsätzlich kein Maklerlohnanspruch zustande. Dies kann jedoch nicht unbegrenzt gelten, da ansonsten der Auftraggeber im Rahmen von Umgehungsgeschäften den Maklervertrag ins Leere laufen lassen könnte.

Beispiel: Als Auftraggeber tritt zunächst die Schrott OHG auf. Nach den ausführlichen Besichtigungen kommt es jedoch mit dem Gesellschafter B der Schrott OHG zu dem Ver-

---

[1591] BGH NJW 2002, 817 ff.
[1592] BGH NJW 2000, 282 ff.

tragsschluss, der die Kenntnis zu diesem Objekt über seine Tätigkeit bei der Firma erlangt hat.

Besteht in solchen Fallkonstellationen zwischen dem Auftraggeber und dem tatsächlichen Vertragspartner des Dritten eine wirtschaftliche Identität, ist eine inhaltliche Kongruenz zwischen dem Hauptvertrag und dem Inhalt des Maklervertrags anzunehmen. Ob dies tatsächlich der Fall ist, muss anhand einer wertenden Gewichtung geprüft werden, bei der die vertraglichen Beziehungen und die Risiken der Parteien zu berücksichtigen sind. Als Umgehung muss in diesem Sinn angenommen werden, wenn z.B. im Rahmen von Verwandtschafts- oder Eheverhältnissen ein Austausch der Vertragspartner vor dem Hintergrund des Maklervertrags vorgenommen wird. Hier verbleibt der Maklerlohnanspruch des Maklers gegenüber seinem Auftraggeber, auch wenn dieser nicht Vertragspartner des Hauptvertrags mit dem Dritten wurde; ihm wird insoweit der Hauptvertrag aufgrund einer wertenden Gewichtung i.S.d. § 652 I S. 1 BGB wirtschaftlich zugerechnet. Sind hingegen die Verflechtungen geringer ausgeprägt, kann im Einzelfall eine Zurechnung nicht indiziert sein. 1859

Hinweis für die Fallbearbeitung: Bei der Erarbeitung der Lösung sollte darauf geachtet werden, dass alle Erkenntnisse des Einzelfalls verwertet und umfassend bewertet werden. Maßgeblich sollte Berücksichtigung finden, inwieweit ein Umgehungsgeschäft zu befürchten ist. 1860

b.) Nachweis oder Vermittlung eines wirksamen Hauptvertrags

Erforderlich ist stets, dass der **Hauptvertrag wirksam** abgeschlossen wurde.[1593] Ist der Hauptvertrag von Anfang an unwirksam, besteht kein Provisionsanspruch des Maklers. Es dürfen also keine anfänglichen Unwirksamkeitsgründe bzgl. des Hauptvertrags vorliegen. Als **anfängliche Unwirksamkeitsgründe** kommen dabei in Betracht: 1861

- Formnichtigkeit, §§ 311b I, 125 BGB[1594] ,
- Gesetzeswidrigkeit, § 134 BGB,
- Sittenwidrigkeit, § 138 BGB,
- ursprüngliche Unmöglichkeit, § 275 I BGB,
- Anfechtung nach § 142 I BGB[1595].

Differenziert werden muss bei der Vereinbarung einer **Bedingung**. Dabei ist zwischen einer auflösenden und einer aufschiebenden Bedingung zu unterscheiden. Bei der *aufschiebenden* Bedingung entsteht der Anspruch auf Provision erst mit Eintritt der Bedingung - § 652 I S. 2 BGB; vorher kann vom Makler kein Provisionsanspruch geltend gemacht werden. Etwas anderes ist jedoch hinsichtlich der *auflösenden* Bedingung geregelt. Hier entsteht der Provisionsanspruch sofort; tritt die Bedingung zu einem späteren Zeitpunkt ein, berührt dies jedoch den Anspruch nicht, er bleibt zugunsten des Maklers wegen des Interesses des Maklers an der Rechtsbeständigkeit bestehen (str.) [1596], denn die auflösenden Bedingungen können z.T. über mehrere Jahre hinweg vereinbart werden. Ließe man den Fortfall des Anspruchs zu, müsste der Makler in diesen Fallkonstellationen über Jahre hinweg aufgrund seiner Abhängigkeit von seinem Auftraggeber und dem Dritten finanzielle Vorsorge treffen. Dies führte zu erheblichen finanziellen Mehrbelastungen, die dem Makler nicht mehr zumutbar wären. 1862

[1593] Ausführlich dazu *Moraht*, DWW 2009, 162, 167 ff.
[1594] Beachte auch hier die Heilungsmöglichkeit gem. § 311b I S. 2 BGB.
[1595] BGH NJW 2001, 966 f.; *Schmidt*, JuS 2001, 506; *Würdinger*, NZM 2009, 535, 537.
[1596] *Oetker/Maultzsch*, § 10 Rn 18 m.w.N.; a.A. *Reuter*, in: Staudinger (2010), §§ 652, 653 Rn 118 ff; *Werner*, in: Erman, § 652 Rn 38.

1863 Kommt es hingegen zu einer **nachträglichen Rückabwicklung** aufgrund eines Rücktritts des zunächst wirksamen Hauptvertrags oder wird der wirksame **Hauptvertrag nicht erfüllt**, lässt dies den Provisionsanspruch des Maklers grundsätzlich unberührt[1597]. Der Makler trägt damit nur das Abschluss-, nicht das Erfüllungsrisiko. Dieses trägt der Auftraggeber.[1598]

1864 Unterschiedlich zu beurteilen sind die Auswirkungen des **Rücktritts vom Hauptvertrag** auf den Provisionsanspruch allerdings in folgenden Ausnahmefällen:

- Ist ein **vertragliches Rücktrittsrecht** vereinbart, das befristet und von keinen weiteren Voraussetzungen abhängig ist, steht dieses Rücktrittsrecht einer aufschiebenden Bedingung gleich. Es führt anders als das ohne zeitliche Beschränkung vertraglich vereinbarte Rücktrittsrecht, bei dem der Provisionsanspruch sofort entsteht, dazu, dass der Anspruch auf Maklerlohn analog § 652 I S. 2 BGB erst entsteht, wenn die Rücktrittsfrist ohne Ausübung des Rücktrittsrechts verstrichen ist.[1599]
- Bei einem anfänglichen Mangel gem. §§ 437 Nr. 2, 323 (i.V.m. § 326 V) BGB ist umstritten, wie sich das gesetzliche Rücktrittsrecht auf den Provisionsanspruch auswirkt. Hierbei bleibt der Provisionsanspruch grundsätzlich erhalten und entfällt nur dann, wenn ausnahmsweise trotz Vorliegens eines Mangels die Anfechtung nach § 119 II BGB zugelassen wird.[1600]
- Liegen eine **wirtschaftliche Verflechtung** oder **Identität vor, ist also** der Makler auf der einen Seite selbst Vertragspartner des Hauptvertrags oder mit dem Dritten wirtschaftlich verflochten, besteht kein Provisionsanspruch des Maklers, wenn ein Rücktritt durchgeführt wird.[1601]

1865 Nach § 654 BGB schließt eine **Verwirkung** den Provisionsanspruch des Maklers aus. Dafür ist eine schwerwiegende Pflichtverletzung des Maklers erforderlich, die bei oder nach Abschluss des Maklervertrags vorgenommen wurde. Hierbei muss der Makler vorsätzlich oder leichtfertig gehandelt haben; es muss insoweit der Eindruck entstanden sein, dass er des Maklerlohns unwürdig erscheint. Wird der Makler ohne vertragliche Vereinbarung auch für den Dritten tätig, liegt ein **Doppelauftrag** vor, der insbesondere dann zum Verlust des Provisionsanspruchs führt, wenn der Makler als Vermittlungsmakler für beide Seiten arbeitet. Erlauben die Auftraggeber ausnahmsweise eine solche Doppeltätigkeit, ist der Makler zu strenger Neutralität verpflichtet, die er letztlich nur wahren kann, wenn er sich nicht an den Preisverhandlungen beteiligt.

1866 Ferner kann auch ein **schwerer Vertrauensbruch** den Provisionsanspruch des Maklers verwirken. Ein solcher wird jedoch nur bei vorsätzlicher oder grob fahrlässiger Verletzung einer wesentlichen Vertragspflicht anzunehmen sein. § 654 BGB findet in solchen Fällen entsprechende Anwendung.[1602]

bb. Kausalität zwischen Maklertätigkeit und Vertragsschluss

1867 Liegen sowohl ein wirksamer Makler- als auch ein wirksamer Hauptvertrag vor, ist als letzte Voraussetzung für den Provisionsanspruch die Kausalität zwischen der Maklertätigkeit und dem Vertragsschluss des Hauptvertrags zu prüfen. Der Nachweis oder die Ver-

---

[1597] Bei besonderen Umständen kann sich durch Auslegung des Maklervertrags jedoch auch ausnahmsweise der Ausschluss des Provisionsanspruchs ergeben; vgl. BGH JZ 1997, 120.
[1598] *Sprau*, in: Palandt, § 652 Rn 34.
[1599] Vgl. dazu *Waibel/Reichstädter*, Jura 2002, 649 m.w.N.
[1600] BGH NJW 2001, 966; a.A. *Schmidt*, JuS 2001, 506 m.w.N.; vgl. zur Problematik des Verhältnisses von § 119 II zu § 434 BGB auch Rn 506.
[1601] Eine persönliche Verbindung, z.B. eine Ehe, steht einem Provisionsanspruch des Maklers aber nicht entgegen; vgl. *Dehner*, NJW 1997, 18 ff.
[1602] BGH NJW 2000, 3067 f.

mittlung des Geschäfts müssen zumindest mitursächlich für den Vertragsschluss des Hauptvertrags gewesen sein.[1603] Kennt der Interessent das Objekt bereits vor dem Nachweis bzw. der Vermittlung durch den Makler, fehlt es am erforderlichen Kausalzusammenhang.

> **Beispiel:** Der Makler (M) weist seinem Kunden (K) Gewerberäume nach, die K auch anschließend bei M anmietet. Einige Zeit später mietet K zusätzlichen Gewerberaum bei M im selben Gebäude an. M will auch hierfür Maklerprovision haben. Diese Kausalität ergibt sich nicht ohne weiteres aus der erstmaligen, erfolgreichen Maklertätigkeit, sondern muss dezidiert festgestellt werden.[1604]

Allerdings hat der Interessent nach den Regeln des Prima-facie-Beweises seine Vorkenntnis zu beweisen, weil nach allgemeiner Lebenserfahrung eine Kenntnis des Interessenten zunächst nicht anzunehmen ist.[1605]

Gelegentlich kommen Fallkonstellationen vor, in denen die Vertragsverhandlungen hinsichtlich des Hauptvertrags ins Stocken geraten, ein Hauptvertrag jedoch später zwischen dem Auftraggeber und dem Dritten abgeschlossen wird. Hierdurch kann in begrenzten Ausnahmefällen die Kausalität durchbrochen werden. Jedoch kann nicht jede Verhandlungsunterbrechung zu einer solchen Durchbrechung führen, sondern die Verhandlungen mussten aufgrund einer wertenden Betrachtung endgültig und umfassend eingestellt worden, das Interesse des Auftraggebers muss also insoweit vollends erloschen sein; erst in zeitlich signifikant späteren, völlig neu aufgenommenen und durchgeführten Verhandlungen darf es zu dem Abschluss des Hauptvertrags gekommen sein.[1606] In dem Sinn reicht es nicht aus, wenn sich die Verhandlungen lediglich in die Länge ziehen. Ebenso kann die Kausalität nicht durchbrochen werden, wenn der Auftraggeber vor Abschluss des Hauptvertrags den Maklervertrag kündigt. **1868**

b. Rechtsfolgen

Bei Vorliegen der oben genannten Voraussetzungen hat der Auftraggeber dem Makler gem. § 652 BGB die vereinbarte Vergütung zu zahlen. Fehlt eine Vereinbarung über die Vergütung, gilt gem. § 653 I BGB eine Vergütung dann als vereinbart, wenn die Erbringung der Maklerleistung nur gegen Entgelt zu erwarten ist. Ist lediglich die Höhe der Vergütung nicht vereinbart, greift § 653 II BGB, wonach die taxmäßige oder übliche Vergütung zu zahlen ist.[1607] Handelt es sich bei dem vermittelten Vertrag um einen Dienstvertrag, ist gem. § 655 BGB auch eine richterliche Herabsetzung eines unverhältnismäßig hohen Maklerlohns möglich.[1608] **1869**

2. Anspruch auf Aufwendungsersatz

Wie sich aus § 652 II BGB ergibt, bedarf es für den Anspruch auf Aufwendungsersatz einer Vereinbarung, da das Gesetz einen Aufwendungsersatzanspruch des Maklers grundsätzlich nicht vorsieht. Diese Vereinbarung ist auch in AGB möglich. Wird keine konkrete Aufwandsentschädigung, sondern lediglich eine Pauschale vereinbart, darf diese aber nur in mäßiger Höhe geltend gemacht werden (BGHZ 99, 374 ff.). **1870**

[1603] BGH NJW 1983, 1849 ff.
[1604] BGH WE 2009 Heft 2, 17.
[1605] *Schellhammer*, SchuldR, Rn 556.
[1606] Vgl. *Oetker/Maultzsch*, § 10 Rn 28 m.w.N.
[1607] *Sprau*, in: Palandt, § 652 Rn 2 f.
[1608] Vgl. *Rieble*, DB 1994, 1780.

3. Schadensersatzanspruch des Maklers wegen einer Nebenpflichtverletzung des Auftraggebers

1871 Die Nebenpflichten des Auftraggebers liegen darin, dass er die ihm vom Makler vermittelten Informationen vertraulich behandelt. Ferner muss er den Makler darüber informieren, wenn er nicht mehr zum Geschäftsabschluss bereit ist oder er ein Eigengeschäft vornehmen will.

Verletzt der Auftraggeber diese Pflichten, kommt ein Schadensersatzanspruch des Maklers gem. §§ 280 I, 241 II, 311 II BGB (bei Verletzung einer vorvertraglichen Pflicht) bzw. gem. § 280 I BGB (bei Verletzung einer vertraglichen Nebenpflicht) in Betracht.

II. Ansprüche des Auftraggebers/Pflichten des Maklers

1872 Wie dargestellt, besteht grundsätzlich keine Pflicht des Maklers im Rahmen eines reinen Maklervertrags zum Tätigwerden, deshalb kommen nur Nebenleistungsansprüche in Betracht.

Der Makler ist verpflichtet, den Auftraggeber über alle vertragswesentlichen Umstände aufzuklären und den Vertragsschluss nicht zu gefährden. Eine Verletzung dieser vertraglichen oder vorvertraglichen Treuepflicht oder Nebenpflicht kann einen Schadensersatzanspruch des Auftraggebers gem. §§ 280 I S. 1, 241 II, 311 II BGB bzw. § 280 I BGB begründen.

E. Beendigung des Maklervertrags

1873 Bei einem **unbefristeten Maklervertrag** kann dieser von beiden Parteien durch Kündigung oder Widerruf[1609] entsprechend § 671 BGB beendet werden. Ein **befristeter Maklervertrag** endet durch Zeitablauf. Ferner ist bei Vorliegen eines wichtigen Grundes eine Kündigung gem. § 314 BGB möglich. Daneben besteht stets die Möglichkeit, den Maklervertrag durch einen Aufhebungsvertrag zu beenden. Ebenso führt gem. § 673 BGB analog der Tod des Maklers zu einer Beendigung des Vertragsverhältnisses. Der Tod des Auftraggebers führt analog § 672 BGB zu keiner Beendigung, räumt aber den Erben ein Kündigungsrecht ein.

F. Besondere Formen des Maklervertrags

I. Alleinauftrag

1874 Beim Alleinauftrag, bei dem sich der Auftraggeber verpflichtet, keinen weiteren Makler einzuschalten, entsteht die Pflicht des Maklers, im Interesse des Auftraggebers tätig zu werden, sodass es sich um einen **gegenseitigen Vertrag** handelt[1610]. Auf den Alleinauftrag finden damit §§ 320 ff. BGB Anwendung.
Wird abredewidrig ein weiterer Makler eingeschaltet, der einen Vertragsschluss vermittelt, besteht der Provisionsanspruch wegen der erforderlichen Kausalität zwischen Maklertätigkeit und Vertragsschluss nur für diesen weiteren Makler. Allerdings kann der zuerst beauftragte Alleinmakler einen Schadensersatzanspruch in Höhe des entgangenen Gewinns gem. §§ 280 I, 252 BGB geltend machen.

II. Doppelmakler

1875 Ein Tätigwerden als Doppelmakler, der für beide Parteien handelt, erfordert strenge Objektivität (BGH WM 1992, 279 ff.), um eine Verwirkung des Lohnanspruchs gem. § 654 BGB zu vermeiden. Vertragliche Abmachungen dürfen diesen Grundsatz der Objektivität nicht unterlaufen.[1611] Während eine Tätigkeit des Maklers als Nachweismakler für beide Seiten oder als Nachweismakler für die eine und als Vermittlungsmakler für die andere Seite zwangsläufig noch keine Probleme bzgl. der Objektivität nach sich ziehen muss[1612], wird eine Beeinträchtigung der Neutralität bei einer Tätigkeit als Vermittlungsmakler für beide Seite grundsätzlich

---

[1609] Kündigt der Auftraggeber, wird dies als Widerruf bezeichnet.
[1610] BGH WM 1981, 561; a.A. *Schellhammer*, SchuldR, Rn 569.
[1611] *Reuter*, in: Staudinger (2010), § 654 Rn 5 ff.
[1612] BGH NJW-RR 2003, 991.

anzunehmen sein, da eine neutrale Vermittlung für beide Seiten hohe Anforderungen an den Makler stellt. Da im Gesetz von einer Tätigkeit des Maklers nur für einen Auftraggeber ausgegangen wird, bedarf es für den Doppelauftrag stets einer besonderen Vereinbarung.

III. Darlehensvermittlungsvertrag

Die Darlehensvermittlung ist in §§ 655a-655e BGB geregelt. Aus § 655a BGB ergibt sich, dass für einen Darlehensvertrag, den ein Unternehmer (§ 14 BGB) einem Verbraucher (§ 13 BGB) vermittelt oder nachweist (makelt), die Regelungen der §§ 655b-655d BGB zu beachten sind, von denen nicht zulasten des Verbrauchers abgewichen werden darf, § 655e BGB. **1876**

Gemäß § 655b I BGB ist die **Schriftform** des Darlehensvertrags erforderlich. Daneben ergibt sich aus dieser Norm die Pflicht, die Vergütung des Maklers in einem Prozentsatz anzugeben. **1877**

§ 655c S. 1 BGB regelt, dass eine Pflicht des Verbrauchers zur Vergütung nur im Fall einer erfolgreichen Darlehensgewährung[1613], die auch nicht mehr gem. §§ 355, 312 BGB (bei Haustürgeschäften) bzw. gem. §§ 355, 495 I BGB (bei Verbraucherdarlehensverträgen) widerrufen werden darf, besteht. Für die Umschuldung ergibt sich aus § 655c S. 2 BGB, dass Voraussetzung für den Vergütungsanspruch ist, dass der effektive Jahreszins des neuen Darlehens nicht höher als der des abzulösenden Darlehens sein darf. **1878**

Weitere Entgelte als die von § 655c BGB umfasste Vergütung sind (bis auf die in § 655d S. 2 BGB geregelten erforderlichen Auslagen) gem. § 655d S. 1 BGB nicht zulässig. **1879**

IV. Ehemaklervertrag

§ 656 BGB gestaltet den Vergütungsanspruch des Ehemaklers als **Naturalobligation** mit der Folge, dass einerseits der Vergütungsanspruch nicht einklagbar ist, andererseits aber eine bereits gezahlte Vergütung grundsätzlich[1614] nicht mehr zurückgefordert werden kann. Aus diesem Grund werden in der Praxis häufig hohe Vorauszahlungen gefordert. **1880**

V. Partnervermittlungsvertrag

Für den Partnervermittlungsvertrag, der den Ehemaklervertrag in der Praxis weitestgehend ablöst, finden je nach Ausgestaltung des Vertrags und ggf. dessen Auslegung § 656 BGB oder die Regelungen des Dienstvertrags (§§ 611 ff. BGB) Anwendung[1615]. Im Fall der Anwendung des § 656 BGB wird auch hier der Charakter der Naturalobligation des Provisionsanspruchs häufig durch Vorauszahlungen unterlaufen. Eine Möglichkeit zur Rückforderung bereits bezahlter Vergütung ist dann gegeben, wenn die versprochenen Leistungen hinter den tatsächlichen Leistungen und Möglichkeiten so weit zurückbleiben, dass ein Fall der arglistigen Täuschung vorliegt. Bei Dienstverträgen ist auch an die Anwendung des Sonderkündigungsrechts gem. § 627 BGB zu denken.[1616] **1881**

G. Sonderbestimmungen

Sonderbestimmungen finden sich etwa in §§ 93 ff., 354 HGB für Handelsmakler, in §§ 296, 296a SGB III für die Wohnungsvermittlung im Wohnungsvermittlungsgesetz und für die Arbeitsvermittlung. **1882**

[1613] Ausschlaggebend ist die Leistung des Darlehens, nicht lediglich der Abschluss des Darlehensvertrags; vgl. *Sprau*, in: Palandt § 655c Rn 2.
[1614] Etwas anderes gilt bei Unwirksamkeit des Maklervertrags (z.B. wegen Sittenwidrigkeit); hier ist eine Rückforderung stets möglich.
[1615] BGH MDR 1985, 31, 32 f.; *Sprau*, in: Palandt, § 656 Rn 6.
[1616] *Schlechtriem*, SchuldR BT, Rn 550 m.w.N.

Kaufrecht 22 ff.
Abgrenzung zum Tausch 20
Abgrenzung zur Miete 24
Abgrenzung zur Schenkung 23
Abgrenzung zur Gattungsschuld 344
Abnahmepflicht 82
Abstraktionsprinzip 26
Abweichen von Anweisungen 165
AGB-Kontrolle 318
Agenturgeschäfte 599
Aliud 236
- Mindermenge 236
- Mit höherem Wert 243
Alltagsgeschäft 248
Angemessene Frist 361
Änderungsvertrag 249
Äquivalenzinteresse 543
Auflösende Bedingung 131
Aufschiebende Bedingung 130
Aufwendungsersatz 473
Ausschluss
- Vertraglich 316
Bedeutung 14
Beschaffenheit 173, 175
Bringschuld 137
Demontagepflicht 392
Doppelkauf 21
Drittschadensliquidation 164
Eigenverschulden 306
Eigentumsvorbehalt 580
Elektive Konkurrenz 282
Entbehrlichkeit 371
Fälligkeit 359
Fehlerbegriff
- Gebrauchsanweisung 228
- Gewöhnliche Verwendung 194
- Montageanleitung 222
- Objektiver 191
- Öffentliche Aussagen 203, 211
- Subjektiver 178
- Vertraglich vorausgesetzte Verwendung 186
Fehlschlagen 375
Flaschenpfand 92
Form 55
Garantie 547
- Beschaffenheitsgarantie 554, 568
- Haltbarkeitsgarantie 556, 569
- Herstellergarantie 561
- Verkäufergarantie 560
Gattungskauf 149, 237
Gefahrtragung 112
Gefahrübergang 120, 272
Gegenleistungsgefahr 142
Gehilfe 210
Gestaltungsrecht 391
Gewährleistungsfristen s. Verjährung
Grundstückskaufvertrag 56
Haftungsausschluss 323
Handkauf 28
Handelskauf 325, 643
Hauptpflichten 70, 77
- Sachmangelfreiheit 72
Hersteller 209
Holschuld 145
Identitätsaliud 236, 346
IKEA-Klausel 75
Integritätsinteresse 543
just-in-time-Vertrag 458
Kauf auf Probe 655
Kauf sonstiger Gegenstände 110
Kauf zur Probe 658
Kaufpreis 45
- Bestimmbarkeit 49
- Fälligkeit 48
- Preisbestimmungsklausel 51
- Zinsen 54
Kaufpreiszahlung 77
Kettengewährleistungen 490
Konkurrenzen 503
- Anfechtung 503
- Bereicherungsrecht 532
- Culpa in contrahendo 517
- Deliktsrecht 536
- Positive Vertragsverletzung 523
- Störung der Geschäftsgrundlage 531
- Weiterfressermangel 542
Kontokorrentvorbehalt 592
Kosten
- der Nacherfüllung 348
- für die Übergabe 167
- Verbaute mangelh. Sache 349c
Leistungsgefahr 115
Leistungsort 139
Leistungsstörungsrecht 168
Lockangebote 304
Mangelkenntnis 307
Mangelverdacht 229
Mankolieferung 254
Markenartikel 201
Mietvertrag 24
Minderung 393
- Analoge Anwendung 273a
- Berechnung 404
- Mehrheit von Gegenständen 409
- Mitverantwortung 408
- Personenmehrheit 401
- Teilbeträge 410
- Überzahlung 406
- Verjährung 407
Montageanleitung 222, 349g
Nacherfüllung 280
Nacherfüllungsanspruch 71
Nachlieferung 333
- Gattungskauf 334
- Nicht vertretbare Sachen 340
- Nutzungsersatz 356
- Stückkauf 338
- Vertretbare Sachen 341
Nebenpflichten 74
- Gesetzliche 90
- Vertragliche 91
Neuwertiger Gegenstand 200
Nutzungen 125

Platzkauf 138
Preisgefahr 116
Qualifikationsaliud 335
Rechte 40
Rechtskauf 93
- Verität 94
- Verjährung 109
- Verschuldensmaßstab 107
Rechtsmangel 259
- Beschaffenheitszusage 266
- Buchrechte 262
- Haftungsbeschränkung 260
- Öffentlich-rechtliche Lasten 267
Rücktritt 358
Sachen 33
Sachgefahr 114
Sachkauf 59
- Besitzübergabe 60
- Eigentumsverschaffung 65
- Zubehör 69
Sachmangel 170
Schadensersatz 412
- Anfängliche Unmöglichkeit 421
- Einfacher Schadensersatz 467
- Mangelfolgeschaden 460
- Mitverschulden 466
- Nachträgliche Unmöglichkeit 430
- Nichtleistung 444
- Nutzungsausfallschäden 470
- Relatives Fixgeschäft 458
- Schlechterfüllung 453
- Verzögerte Nacherfüllung 472
- Weiterfressermangel 463
Schenkung 23
Schickschuld 146
Selbstvornahme 354
Streckengeschäft 143
Stückkauf 148, 238
Transportperson 150
- Auslieferung 155
- Eigene Leute 151
- Umleitung der Ware 157
Transportrisiken 161
Unberechtigte Verweigerung 353
Unerheblichkeit 385
Unmöglichkeit der Leistung 287, 370
Untersuchungspflicht des Verkäufers 427, 455
Unverhältnismäßigkeit 374
Unzumutbarkeit 288, 378
- Absolute 300
- Relative 292
Verbrauchsgüterkauf 595
- Agenturgeschäfte 599
- Beweislastumkehr 609, 638
- Gebrauchtwagenhandel 597
- Handelskauf 643
- Nutzungsersatz 356
- Rückgriff/Regress 626
- Überschießende Privilegierung 647
- Unternehmereigenschaft 600
- Versandhandel 605, 622
- Zwingendes Recht 603
Verjährung 481
- AGB 486
- Einrede der Verjährung 407
- Hemmung 494
- Kettengewährleistung 490
- Mangelfolgeschaden 488
- Neubeginn durch Anerkenntnis 497
Versandhandel 622
Verschulden bei Vertragsschluss 517
Verschulden des Transporteurs 163
Verschulden Dritter 164
Versendungskauf 134
Vertragsgegenstand 38
Vertragsschluss 31
Vertretbare Sachen 341
Verursachen durch Käufer 389
Verzug 160
Wahlrecht 281
Wiederkauf 670

Schenkung 688 ff.

Anstandsschenkung 773
Auflage 712, 746, 761
Auslobung 710
Dreiecksschenkung 713
Form 739
Gefälligkeitsverhältnis 694
Gemischte Schenkung 704
- Absorbtionsmethode 722
- Form 726
- Gemilderte Trennungstheorie 724
- Grober Undank 738
- Haftungsprivilegierung 729
- Kombinationsmethode 723
- Minderung 737
- Nacherfüllung 733
- Rücktritt 736
- Typenkombinationsvertrag 719
- Typenverschmelzungsvertrag 720
Gewährleistung 783
Grober Undank 770
Haftung 790
Handschenkung 693
Mittelbare Schenkung 713
Notbedarf 757
Privilegierung 788
Schenkungsversprechen 693
Verarmung des Schenkers 762
Verzeihung 776
Widerruf 738
Zweckschenkung 755

Werkvertrag 797 ff.

Abgrenzung zum Dienstvertrag 822
Abgrenzung zum Kaufvertrag 821
Abnahme 853
Abnahmeerklärung 861
Abnahmeverweigerung 866, 879
Abschlagszahlungen 888
Annahmeverzug 867
Anwaltsvertrag 835
Architektenvertrag 831

Aufklärungspflichten 898
Bauvertrag 830
Beförderungsvertrag 800
Beratungspflichten 843
Besteller 815
Billigung des Werks 860
Erfüllungsgehilfe 808
Fertigstellungsbescheinigung 865
Gefahrtragung 1017, 1020
Geistige Leistung 859
Gewährleistungsrecht 900
Gläubigerobliegenheit 894
Konkurrenzen 988
- Anfechtung 988
- Deliktsrecht 1002
- Nebenpflichtverletzung 1001
- Produkthaftungsgesetz 1005
- Verschulden bei Vertragsschluss 997
- Weiterfresserschaden 1003
Kostenvoranschlag 885
Kündigung 1062
Leistungsbeschreibung 909
Leistungsgefahr1021
Mängeleinrede 986
Mangelhafte Anweisung 1028
Mankoleistung 920
Minderung 981
Mitwirkungspflichten 893
Nacherfüllungsanspruch 928
- Fristablauf 949
- Grobes Missverhältnis 934
- Kostentragungspflicht 953
- Rückgewähr 954
- Unmöglichkeit 931
- Unzumutbarkeit 936
- Verwirkung 942
- Wahlrecht 952
Obhutspflichten 848, 899
Preisgefahr 1024
Rechnung 878, 927a
Rechte des Bestellers 927
Rechtsmangel 922
Rücktritt 976
Sachmangel 904
- Aliud 920
- Beschaffenheitsvereinbarung 906
- Objektiv 915
- Subjektiv 906
- Vorausgesetzte Eignung 912
- Werbeaussagen 921
Schadensersatz 985
Selbstvornahme 957
- Angemessene Frist 959
- Aufwendungen 970
- Entbehrlichkeit der Fristsetzung 964
- Vorschuss 975
Sicherungspflichten 850
Sicherungsrechte 1037
- Bauhandwerksicherung 1054
- Sicherungshypothek 1048
- Unternehmerpfandrecht 1038
Subunternehmer 808
Teilabnahme 882
Transportvertrag 832
Übergabe 840
Unkörperliche Werke 802
Unternehmer 806
- Mehrheit 810
- Nebeneinander 811
Vergütung 874
Verjährung 1007
Verkehrssicherungspflichten 850
Vertrag mit Schutzwirkung zugunsten Dritter 850
Verwahrungspflichten 842
Verzinsung 884
Vorauszahlungen 891
Wartungsvertrag 833
Werklieferungsvertrag 1064
- Geistige Werke 1066
- Grundstücke 1068
- Selbstvornahme 1077
- Vertretbare Sachen 1076
Werklohn 871

Reisevertragsrecht 1078 ff.

Abhilfeverlangen 1109
Aufwendungsersatz 1102
Gastschulaufenthalt 1151
Gewährleistungsrecht 1102
Haftungsbeschränkung 1034
Kündigung 1115, 1141
Minderung 1111
Reisemangel 1103
- Eigenschaften 1107
- Fehler 1104
Reisender 1088
Reiseveranstalter 1083
Reisevermittlungsvertrag 1093
Rücktritt 1141
Schadensersatz 1128
Selbstvornahme 1110
Veranstalter 1083
Verjährung 1136

Dienstvertrag 1152 ff.

Abgrenzung zum Auftrag 1166
Abgrenzung zum Werkvertrag 1166
Abmahnung 1194
Annahmeverzug 1178
Beendigung Dienstverhältnis 1190
Dienstberechtigter 1162
Dienstverhinderung 1183
Dienstverpflichteter 1157
Dienstvertrag 1166
Direktionsrecht 1177
Kündigung 1192
Leistungspflichten 1170
Nebenleistungspflicht 1172, 1186
Schutzpflichten 1187
Taxe 1175
Vergütung 1175

Miete 1200 ff.

Aufnahme in die Wohnung 1300
Aufwendungsersatz 1275, 1411
B-Schein 1481

Duldungspflichten 1266
Erhaltungsaufwendungen 1268
Form 1210
Fortfall der Zahlungspflicht 1256
Gebrauchsüberlassung 1221, 1297
Gewährleistungsausschluss 1363
- Kenntnis vom Mangel 1366
- Vertraglicher Ausschluss 1363
- Verursachung durch den Mieter 1378
- Verwirkung 1373
Gewährleistungsrechte 1304
Indexmiete 1251
Instandhaltung 1267
Konkurrenzen 1305
- Anfängliches Unvermögen 1307
- Anfängliche Unmöglichkeit 1310
- Anfechtung 1333
- Culpa in Contrahendo 1330
- Erfüllungsanspruch 1326
- Nachträgliches Unvermögen 1313
- Teilweiser Untergang 1315
- Vollständiger Untergang 1314
Kündigung 1422
- Auflösende Bedingungen 1451
- Eigenbedarf des Vermieters 1462
- Ersetzung von Kündigungsgründen 1445
- Fortgesetzte Verstöße 1483
- Fristgerechte Nachzahlung 1502
- Kündigungserklärung 1424
- Kündigungsfrist 1486
- Kündigungsgrund 1434
- Möblierter Wohnraum 1495
- Modernisierung 1276c
- Öffentliches Interesse 1481
- Rücktrittsrecht 1448
- Schuldhafte Pflichtverletzung 1454
- Werkswohnung 1478
- Widerspruch 1498
- Wirtschaftliche Verwertung 1469
Lebenspartnerschaften 1301
Mängelanzeige 1357
Mehrpersonenverhältnisse 1211
Mietvertrag 1205
Mietzahlung 1248
Minderung 1336
- Berechnung 1381
- Mangeleintritt während eines Zahlungsraumes 1385
- Modernisierung 1276b
- Teilweise Unbrauchbarkeit 1380
- Vollständige Unbrauchbarkeit 1379
- Wirkung 1384
Modernisierungsmaßnahmen 1275
Nachmieterstellung 1511
Neuherstellung 1244
Obhutspflichten 1281
Rechtsmangel 1350
Rückgabepflicht 1286
Sachmängel 1337
- Beschaffenheit 1338
- Zugesicherte Eigenschaft 1343
Schadensersatz 1388
- Anfänglicher Mangel 1390
- Mangelfolgeschaden 1402
- Nachträglicher Mangel 1393
- VSD 1407
- Verzug 1396
Schlechterfüllung 1336
Schönheitsreparatur 1241
Staffelmiete 1251
Trennungstheorie 1262
Treu und Glauben 1277, 1377, 1282
Typenkombination 1259
Unterlassungsansprüche 1294
Untervermietung 1289, 1298
Verkehrssicherungspflicht 1235
Vertragsgemäßer Zustand 1231
Zahlungsverzug 1258
Zeitmietvertrag 1503
Zurückbehaltungsrecht 1326
Zwangskauf 1291

Pacht 1521 ff.

Leihe 1537 ff.

Gefälligkeitsverhältnis 1542
Haftungsprivilegierung 1544, 1548
Pflichten des Leihers 1545
Sachdarlehen 1540

Auftrag 1550 ff.

Anzeigepflicht 1613
Arbeitskraft 1639
Auftrag 1551
Aufschiebende Bedingung 1571
Auslösende Bedingung 1572
Auskunftspflicht 1611
Ersatz von Schäden 1630
Form 1562
Gefahr 1587
Gefälligkeitsverhältnis 1565
Gehilfe 1596
Geschäftsbesorgung 1552
Geschäftsführung 1592
Hauptleistungspflicht 1592
Herausgabe des Erlangten 1606
Kündigung 1579
Notbesorgungspflicht 1587
Notwendige Aufwendungen 1623
Tod 1585
Unentgeltlichkeit 1558
Unzeit 1580
Verzinsungen 1629
Vorschuss 1642
Weisung 1556
Widerruf 1568

Geschäftsbesorgung 1643 ff.

Entgeltlichkeit 1660
Fremdnützigkeit 1658
Nichtigkeit 1666
Selbstständigkeit 1649
Vergütung 1660
Vermögensbezug 1655
Wirtschaftlichkeit 1653

Leasing 1668 ff.

Deckungskauf 1684
Finanzierungs-Leasing 1678
Hersteller-Leasing 1682
Kündigung 1716
Mietkauf 1677
Operating-Leasing 1674
Pflicht zur Gebrauchs- u. Instandhaltung 1687
Schlechterfüllung 1697
- AGB-Kontrolle 1698
- Einrede des nichterfüllten Vertrags 1714
- Nacherfüllung 1701
- Rückabwicklung 1705
- Verbraucher-Leasing 1681, 1707
Versicherungspflicht 1715

Darlehensrecht 1718 ff.

Abgrenzung
- Leihvertrag 1726
- Mietvertrag 1727
- Schenkung 1728
- Verwahrung 1729
Bargeld 1722
Beendigung
- Außerordentliche Kündigung 1787
- Fristablauf 1781
- Kündigung wegen Verzugs 1794
- Ordentliche Kündigung 1783
- Störung der Geschäftsgrundlage 1795
Buchgeld 1723
Darlehensarten
- Annuitätendarlehen 1738
- Arbeitgeberdarlehen 1741
- Aus öffentlichen Mitteln 1747
- Baudarlehen 1735
- Bauspardarlehen 1739
- Brauereidarlehen 1740
- Darlehensvermittlungsvertrag 1749
- Dispositionskredit 1737
- Fremdfinanzierung von Prozessen 1748
- Immobiliardarlehen 1732
- Lombardkredit 1733
- Mieterdarlehen 1742
- Novation 1743
- Pachtkredit 1734
- Personalkredit 1731
- Sparkasseneinlagen 1746
- Teilzahlungskredit 1736
- Verbraucherdarlehen 1745
- Wechselkredit 1744
Darlehensgeber 1751
Darlehensnehmer 1752
Dauerschuldverhältnis 1721
Finanzierungsleasingvertrag 1831
Gegenseitiger Vertrag 1720
Gelddarlehen 1718
- zinslos 1719
Hauptpflicht des Darlehensgebers 1762
Hauptpflichten des Darlehensnehmers
- Abnahme des Geldes 1767
- Tilgung 1770
- Zinszahlung 1768
Konsensualvertrag 1753
Nebenpflichten des Darlehensgebers 1764
Pflichtverletzung des Darlehensgebers 1774
Pflichtverletzung des Darlehensnehmers 1777
Ratenlieferungsvertrag 1833
Sachdarlehen 1718
Sittenwidrigkeit 1759
Teilzahlungsgeschäft 1832
Verbraucherdarlehen 1796
- Abtretung 1818
- Anwendbarkeit 1797
- Einwendungsdurchgriff 1828
- Elektronische Form 1806
- Folgen der Formunwirksamkeit 1808
- Form 1804
- Isolierter Widerruf des Darlehens 1828a
- Kündigung 1823
- Mindestinhalt 1812
- Verbundene Verträge 1826
- Verzug 1819
- Vollmachten 1807
- Widerrufsrecht 1814
Vorfälligkeitsentschädigung 1783a, 1792
Vertragsschluss 1753
Wirksamkeitshindernisse 1756
Wucher 1758
Zahlungsaufschub 1830

Maklervertrag 1834 ff.

Abgrenzung
- Auftrag 1846
- Maklerdienstvertrag 1842
- Maklerwerkvertrag 1844
- Typenkombination 1840
- Versicherungsvertreter 1845
Alleinauftrag 1874
Auftraggeber 1848
Beendigung 1873
Begriffsbestimmung 1835
Darlehensvermittlungsvertrag 1876
Doppelmakler 1875
Ehemaklervertrag 1880
Erfolgreiche Maklertätigkeit 1856
Form 1850
Hauptvertrag 1858
- Bedingung 1862
- Rückabwicklung 1863
- Rücktritt 1864
- Vertrauensbruch 1866
- Verwirkung 1865
- Wirksamkeit 1860
Inhalt 1834
Kausalität 1867
Makler 1847
Nachweismakler 1838
Partnervermittlungsvertrag 1881
Pflichten des Auftraggebers
- Aufwendungsersatz 1870
- Maklerlohn 1854
- Schadensersatz 1871
Pflichten des Maklers
- Nebenpflichten 1872
Vermittlungsmakler 1838
Vertragsschluss 1849
Zeitungsinserate 1853